JUS PUBLICUM

Beiträge zum öffentlichen Recht

Band 33

Stefan Oeter

Integration und Subsidiarität im deutschen Bundesstaatsrecht

Untersuchungen zu Bundesstaatstheorie unter dem Grundgesetz

Mohr Siebeck

Stefan Oeter: Geboren 1958; 1979–83 Studium der Rechts- und Politikwissenschaften in Heidelberg; 1987–97 wissenschaftlicher Referent am Max-Planck-Institut für ausländisches öffentliches Recht und Völkerrecht in Heidelberg; 1990 Promotion; 1991 Gastdozent an der Universität Alcalá de Henares (Madrid); 1997 Habilitation; seit 1997 Lehrstuhlvertretungen an den Universitäten Heidelberg und Frankfurt/Oder.

Als Habilitationsschrift gedruckt mit Unterstützung der Max-Planck-Gesellschaft, München.

Die Deutsche Bibliothek – CIP-Einheitsaufnahme

Oeter, Stefan:
Integration und Subsidiarität im deutschen Bundesstaatsrecht:
Untersuchungen zu Bundesstaatstheorie unter dem Grundgesetz /
Stefan Oeter. – Tübingen: Mohr Siebeck, 1998
(Jus publicum; Bd. 33)
ISBN 3-16-146885-6

Das Buch wurde von Gulde-Druck in Tübingen aus der Garamond-Antiqua belichtet, auf alterungsbeständiges Werkdruckpapier der Papierfabrik Weissenstein in Pforzheim gedruckt und von der Großbuchbinderei Heinr. Koch in Tübingen gebunden.

ISSN 0941-0503

Vorwort

Das Bundesstaatsrecht ist in jüngster Zeit wieder in das Zentrum der öffentlichen Aufmerksamkeit gerückt. Doch die Debatte scheint sich im Kreise zu drehen, betrachtet man die Argumente vor der Folie der seit Jahrzehnten immer wieder geübten Kritik am Bundesstaat des Grundgesetzes. Ein vertieftes Nachdenken über die bundesstaatstheoretischen Prämissen des deutschen Bundesstaatsrechts findet dagegen leider nur selten statt. Dies hängt sicherlich mit der Phobie gegenüber allen Formen der Bundesstaatstheorie zusammen, die die deutsche Verfassungsrechtslehre seit langem beherrscht. Bundesstaatstheorie – so das stets wiederholte Argument – sei unter einer ausgefeilten positiven Bundesstaatsverfassung wie der des Grundgesetzes überflüssig geworden.

Ob diese These zutrifft, oder ob nicht vielmehr bundesstaatstheoretische Annahmen die konkrete Arbeit am Bundesstaatsrecht auch unter dem Grundgesetz zutiesft prägen, ist Thema der vorliegenden Arbeit. Die Schrift bemüht sich im Verlaufe ihrer letztlich vorrangig verfassungs- und dogmengeschichtlichen Untersuchungen im Ergebnis um eine ‚Historisierung' des deutschen Bundesstaatsrechts (und der damit verbundenen Versatzstücke einer Bundesstaatstheorie unter dem Grundgesetz), um so das Prozeßhafte und Dynamische des deutschen Bundesstaatsmodells herauszuarbeiten. Nur in genetischer Perspektive – so die fundierende Arbeitshypothese – lassen sich Stärken und Probleme des deutschen Bundesstaatsrechts angemessen erfassen. In dieser Herangehensweise entspricht sie nach Auffassung des Autors auch einer elementaren Notwendigkeit, die historische Dimension im aktuellen Umgang mit Problemen des Staatsorganisationsrechts zurückzugewinnen.

Die vorliegende Untersuchung ist in den Jahren 1993 bis 1996 am Heidelberger Max-Planck-Institut für ausländisches öffentliches Recht und Völkerrecht entstanden. Sie wurde im Sommer 1996 von der Juristischen Fakultät der Universität Heidelberg als Habilitationsschrift angenommen. Das Manuskript wurde dementsprechend im Sommer 1996 abgeschlossen; allerdings wurde die Schrift für die Drucklegung noch einmal überarbeitet und es wurden, soweit möglich, Literatur und Rechtsprechung bis Ende 1997 in den Fußnoten berücksichtigt.

Besonderen Dank möchte ich an dieser Stelle meinem hochgeschätzten Lehrer, Herrn Professor Dr. Jochen Abr. Frowein, für die stete Unterstützung und die Geduld aussprechen, ohne die eine derartige Arbeit nicht hätte entstehen können. Die Freiheit und Zeit, die er mir in der Endphase der Arbeit als Referent am Heidelberger Max-Planck-Institut gewährte, haben ebenso wie die vielfältigen Anregungen und die jahrelange methodische Schulung, die ich in der kritischen Auseinandersetzung mit ihm erfuhr, erst die vorliegende Untersuchung ermöglicht.

Seiner Unterstützung und Förderung, seinem Rat, seinem Ansporn, aber auch seiner Rolle als Widerpart in Fragen der methodischen Herangehensweise verdanke ich sehr viel. Ich werde an die Jahre mit ihm, die mich zutiefst geprägt haben, auch in vielen Jahren noch gerne zurückdenken.

Herrn Professor Dr. Eberhard Schmidt-Aßmann möchte ich für die schnelle Erstattung des Zweitgutachtens und für die kritischen Anmerkungen, aber auch die im Rahmen der Überarbeitung gegebenen wertvollen Anregungen danken. Ebenfalls Dank aussprechen möchte ich ferner meinen Kollegen am Institut, die mir im Gespräch vielfältige Anregungen gegeben haben und deren Kollegialität und Freundschaft die Jahre am Heidelberger Max-Planck-Institut zu einer ebenso prägenden wie bereichernden Phase meines Lebens haben werden lassen.

Last but not least bin ich meiner Ehefrau Gabriele zu Dank verpflichtet. Sie war das sprichwörtliche Opfer dieser Arbeit und hat all die Unbilden, die mit einer so monomanischen Tätigkeit wie der Erstellung einer derart ausgreifenden Arbeit verbunden sind, tapfer getragen und mir in mancher Phase des Zweifelns wieder aufgeholfen.

Zuguterletzt möchte ich der Max-Planck-Gesellschaft und ganz persönlich den Direktoren des Heidelberger Max-Planck-Institutes für das Zurverfügungstellen eines Druckkostenzuschusses danken, ohne den die Veröffentlichung dieser wahrlich nicht dünn geratenen Arbeit kaum möglich gewesen wäre. Ebenso danken möchte ich dem Verlag J.C.B. Mohr für die Aufnahme der Arbeit in seine Schriftenreihe „Jus publicum".

Heidelberg – Frankfurt/Oder, Winter 1997 Stefan Oeter

Inhaltsverzeichnis

Dritter Teil
Deutsche Bundesstaatstheorie im Spiegel der Verfassungsrechtslehre

Einleitung

Integration und Subsidiarität im Deutschen Bundesstaatsrecht

Integration und Subsidiarität – das im Titel der Arbeit in den Vordergrund gestellte Begriffspaar weckt beim Leser unweigerlich Assoziationen an das Gemeinschaftsrecht. Beide Begriffe bezeichnen Schlüsselkonzepte des Rechts der europäischen Integration mit einem komplizierten (und umstrittenen) konzeptionellen Hintergrund. Beide Begriffe lassen sich gleichzeitig als moderne Ausprägungen des alten Triepel'schen Gegensatzpaares von ‚Unitarismus' und ‚Föderalismus' begreifen. ‚Integration' steht in dieser Perspektive für das Bemühen um immer weitere Vergemeinschaftung staatlicher Funktionen der in der Union zusammengeschlossenen Staaten, ‚Subsidiarität' dagegen für das Bestreben, die Organe der Gemeinschaft an gerade dieser fortschreitenden Zentralisierung der Aufgabenerfüllung zu hindern. Die Begriffe bezeichnen insoweit politische Gegenpole, die in einer dialektischen Spannung stehen. Entgehen kann kein Zusammenschluß von Staaten, Staatenverbund oder Bundesstaat dieser Spannung. Es ist vielmehr im Kern Aufgabe eines jeden Systems föderaler Organisation, diese Spannung fruchtbar in ein Institutionengefüge zu fassen und über eine entsprechende institutionelle Balance zur produktiven Kraft der steten Weiterentwicklung des staatlichen Gefüges umzuformen.

Die vorstehend beschriebene Grundspannung ist jedem Beobachter der Gemeinschaftsentwicklung vertraut. Nun ist die vorliegende Arbeit allerdings im Kern keine Schrift zum Gemeinschaftsrecht, sondern eine Untersuchung zum deutschen Verfassungsrecht. Die angedeutete Parallele zur gemeinschaftsrechtlichen Diskussion hat gleichwohl ihren guten Sinn. Auch das deutsche bundesstaatliche Gefüge bedarf einer steten Diskussion um die richtige Balancierung von Integration und Subsidiarität. Die von seiten vor allem der Länder vorgetragene Kritik an der voranschreitenden Zentralisierung der staatlichen Funktionen in Händen der Gemeinschaftsorgane könnte mit genau der gleichen Berechtigung auch gegenüber der verfassungsrechtlichen Entwicklung unter dem Grundgesetz vorgebracht werden. Ob das Grundgesetz die Aufgabe, die Spannung von Integrationstendenzen und Subsidiaritätsforderungen fruchtbar zu fassen, wirklich so viel besser löst als die rechtliche Grundordnung der Gemeinschaften, wäre erst noch zu überprüfen. Einen Beitrag zu dieser Überprüfung zu leisten, ist mit eine Aufgabe der vorliegenden Arbeit.

Doch das Begriffspaar ‚Integration' und ‚Subsidiarität' wurde noch aus einem ganz anderen Grund gewählt. Beides sind im Kern genuine Begriffe der deutschen Verfassungstheorie, die eine recht lange und komplizierte begriffsgeschichtliche Tradition hinter sich haben.[1] Beide Begriffe bezeichnen in der Geschichte der deutschen Staatsrechtsdogmatik und Verfassungstheorie Konzepte von großem geistigem Einfluß auf das bundesstaatsrechtliche Denken der deutschen Verfassungsrechtslehre.

Der Begriff der ‚Integration' verdankt seine Prominenz dabei der ‚Integrationslehre' von *Rudolf Smend* – ein wichtiger Neuansatz der Verfassungstheorie der Weimarer Republik, der nicht zuletzt aus der tiefgründigen Auseinandersetzung Smends mit den Problemen des deutschen Bundesstaatsrechts hervorgegangen ist. Daß die ‚Integrationslehre' die Verfassungsrechtswissenschaft der Bundesrepublik zutiefst beeinflußt hat, ist in jüngster Zeit überzeugend herausgearbeitet worden.[2]

Der Begriff der ‚Subsidiarität' stammt dagegen bekanntlich aus der katholischen Soziallehre und ist erst nach 1945 im Zuge der Renaissance katholischer Naturrechtslehren in die Staatsrechtsdogmatik eingedrungen. In den Anfangsjahren der Bundesrepublik spielte das Konzept eine zentrale Rolle in der theoretischen Begründung betont föderalistischer Bundesstaatsrechtskonzeptionen, die sich in Reaktion auf den vorherrschend unitarischen Geist der Zeit zu formieren begannen.[3] In den späteren Jahren ist das Konzept dann zwar allgemein für untauglich zur Begründung staatsrechtlicher Theorieansätze erklärt worden.[4] Im theoriegeschichtlichen ‚Geschiebe' des großen Stroms staatsrechtlicher Debatten ist es aber im Untergrund doch immer weiter mitgeschleppt worden, um dann plötzlich in der Diskussion um die angemessene föderale Balance zwischen Europäischer Gemeinschaft und Mitgliedstaaten wieder nach oben gespült zu werden.

Das Beispiel des Subsidiaritätskonzeptes demonstriert anschaulich, daß es überaus wichtig ist, sich auch mit scheinbar überholten theoretischen Konzepten zu beschäftigen. Wie jede wissenschaftliche Disziplin, so führt auch die Rechtswissenschaft eine enorme Menge an teils von ihr verarbeiteten oder umgeformten, teils auch für überholt erklärten und scheinbar abgestorbenen Theorieansät-

---

[1] Vgl. nur *R. Smend*, Stichwort ‚Integration', in: Evangelisches Staatslexikon, Bd. 1, 3. Aufl. 1987, Sp. 1354ff., sowie *M. Mols*, Stichwort ‚Integration', in: Staatslexikon, herausgeg. von der Görres-Gesellschaft, Bd. 3, 7. Aufl. 1987, Sp. 111ff., außerdem *A. Rauscher / A. Hollerbach*, Stichwort ‚Subsidiarität', ebda., Bd. 5, 7. Aufl. 1989, Sp. 386ff., sowie *O. von Nell-Breuning*, Stichwort ‚Subsidiaritätsprinzip', in: Staatslexikon der Görres-Gesellschaft, Bd. 7, 6. Aufl. 1962, Sp. 826ff. und *R. Herzog*, Stichwort ‚Subsidiarität', in: Evangelisches Staatslexikon, Bd. 2, 3. Aufl. 1987, Sp. 3563ff.

[2] Die vorliegende Untersuchung verdankt in dieser Frage viel der gründlichen Studie von *S. Korioth*, Integration und Bundesstaat. Ein Beitrag zur Staats- und Verfassungslehre Rudolf Smends, 1990, S. 228ff., insbes. 245ff., 280ff.

[3] Als ein Beispiel siehe *G. Schnorr*, Die Stellung der Ländervertretungen im System der deutschen Verfassungen seit 1815, AöR 76 (1950/51), 259, 280 (Subsidiaritätsprinzip als grundlegendes Konstruktionsprinzip einer jeden Bundesverfassung); vgl. insoweit auch eingehend *J. Isensee*, Subsidiaritätsprinzip und Verfassungsrecht, 1968, S. 224ff.

[4] Vgl. nur *P. Lerche*, Föderalismus als nationales Ordnungsprinzip, VVDStRL 21 (1964), S. 66, 74ff.

zen mit sich, die untergründig doch weiter wirksam sind, da sie das theoretische Denken, ja die theoretische Wahrnehmung der gegenwärtigen Teilnehmer des fachwissenschaftlichen Diskurses geprägt haben. Viele Konzepte und Einzeldebatten sind nur mit einem Blick auf diese begriffs- und theoriegeschichtlichen Hintergründe zu verstehen, die weiter in den Vorgaben und Fragestellungen des laufenden Diskurses mitschwingen.

In ganz besonderem Maße gilt diese Problematik nun für das Bundesstaatsrecht. Praktisch alle Beiträge zu bundesstaatsrechtlichen Grundfragen betonen ganz generell die ‚Historizität' des jeweiligen Modells bundesstaatsrechtlicher Konstruktion, die „konkret-geschichtliche Individualität" des vom Grundgesetz ‚verfaßten' Bundesstaates.[5] *Josef Isensee* hat recht treffend den Föderalismus ganz generell eine „radizierte Staatsidee" genannt.[6] Der Bundesstaat des Grundgesetzes sei „Staatsform deutscher Herkunft und deutscher Prägung". Er wurzele im politischen Boden Deutschlands und lasse sich von ihm nicht ablösen. Der Föderalismus, wie er im Grundgesetz staatsrechtliche Gestalt annehme, beanspruche deshalb nicht universale Geltung.[7] Er sei den rechtlichen und realen Gegebenheiten „vor Ort" verhaftet, hänge von bestimmten räumlichen und politischen, historischen und kulturellen Voraussetzungen des einzelnen Landes ab. Wenn sich die Bundesrepublik Deutschland in Art. 20 Abs. 1 GG als „Bundesstaat" definiere, so übernehme sie damit nicht das generelle Konzept der Allgemeinen Staatslehre, gleichsam als vorgefertigtes, konfektioniertes System. Der Bundesstaat sei vielmehr Unikat.[8] Er ist – mit anderen Worten – nur aus seiner Geschichte heraus zu verstehen.

Je länger man sich mit Fragen des Bundesstaatsrechts beschäftigt, desto bewußter wird einem, wie richtig diese Bemerkungen sind. Die ausgreifenden rechtsvergleichenden Untersuchungen (und die weitgehenden rechtsvergleichenden Ambitionen), mit denen der Autor dieser Studie die Fragestellung der Balance zwischen Integration und Subsidiarität zunächst anging, haben ihn im Kern genau dies gelehrt. Rechtsvergleichung hilft in einem derart stark durch nationale Traditionen der Verfassungsgeschichte und Verfassungstheorie geprägten Bereich wie dem Bundesstaatsrecht vor allem dabei, sich über die Eigenheiten des jeweiligen nationalen Bundesstaatsmodells klar zu werden. Die Verfassungsvergleichung liefert eine ‚Kontrastfolie', auf deren Hintergrund die Besonderheiten des jeweiligen Modells klarer zu erfassen sind als in der beschränkten Wahrnehmung ungebrochener Kontinuität, die den Selbstverständlichkeiten des eigenen Systems verhaftet bleibt. Rechtsvergleichende Befunde scheinen in der Endfassung der Arbeit daher auch nur an wenigen Stellen auf, in Stadien der Untersuchung, in denen

[5] So etwa *K. Hesse*, Grundzüge des Verfassungsrechts der Bundesrepublik Deutschland, 20.Aufl. 1995, S. 96; *K. Stern*, Das Staatsrecht der Bundesrepublik Deutschland Bd. I, 2.Aufl. 1984, S. 648; *F. Ossenbühl*, Föderalismus nach 40 Jahren Grundgesetz, DVBl. 1989, 1230.

[6] *J. Isensee*, Idee und Gestalt des Föderalismus im Grundgesetz, in: J. Isensee / P. Kirchhof (Hrsg.), Handbuch des Staatsrechts der Bundesrepublik Deutschland, Bd. IV, 1990, § 98 Rdnr. 2.

[7] AaO., Rdnr. 2.

[8] AaO., Rdnrn. 3 und 5.

es wichtig ist, sich der Besonderheiten des jeweiligen Modells vergleichend zu vergewissern.[9]

Will man diese Besonderheiten aber in ihrer eigenen Logik verstehen, so bedarf es eines intensiven Blickes in die Verfassungsgeschichte (und in die verfassungsrechtliche Dogmengeschichte). Jedes Bundesstaatsmodell ist ein Produkt seiner Geschichte, das im Kern nur aus dieser Geschichte heraus verstehbar ist. Für den Bundesstaat des Grundgesetzes gilt diese Beobachtung nun auf eine besonders vertrackte Weise. Die deutsche Verfassungsgeschichte ist geprägt durch eine Reihe radikaler Brüche in der Entwicklungsgeschichte. Ein unmittelbarer Rückgriff auf ältere Schichten der Verfassungsentwicklung und Verfassungsrechtsdogmatik verbietet sich daher eigentlich. Doch die deutsche Verfassungsentwicklung ist zugleich – trotz aller vordergründigen Brüche – im Untergrund von einer tiefwurzelnden Kontinuität geprägt. Eine Untersuchung der Geschichte des deutschen Bundesstaatsrechts macht dies besonders deutlich: Jede neue Bundesstaatsverfassung ist eine bewußte Anknüpfung an die vorhergehenden Verfassungen, im Rückgriff auf die konstruktiven Grundprinzipien bundesstaatlicher Kompetenzteilung wie in der Verwendung des ganzen Arsenals an bundesstaatsrechtlichen Institutionen und Gestaltungsformen, die die früheren Verfassungen zur Verfügung stellen.[10] Zugleich aber ist jede neue Verfassung eine bewußte Antwort auf Probleme der alten Verfassung, transponiert damit die Fragestellungen der vorhergehenden Debatte in einen neuen Bezugsrahmen des verfassungsrechtlichen Diskurses, der aber zugleich die alte Debatte aufhebt und weiterführt.

Derartige Kontinuitäten lassen sich gerade auch über den Bruch der Jahre 1933 bis 1945 hinweg beobachten, waren doch die Mitglieder des Parlamentarischen Rates in ihrer überwältigenden Mehrheit altgediente Politiker und Ministerialbeamte der Weimarer Republik, deren gedanklichen Bezugsrahmen die verfassungsrechtlichen Konstruktionen und Problemstellungen der Weimarer Verfassung darstellten. Es ist faszinierend, auf dem Hintergrund der Weimarer Debatten die Protokolle der Beratungen des Parlamentarischen Rates zu lesen, die Wiederauflage der bundesstaatsrechtlichen Streitpunkte zwischen Reichsbürokratie und den in ihren Traditionen festgefügten bayerischen Ministerialbeamten zu verfolgen, aber auch die tiefgründige Prägung der wichtigsten Mitglieder des Parlamentarischen Rates in den gedanklichen Kategorien der Reichsreformdebatte der späten Zwanziger Jahre.

Daß angesichts dieser Kontinuitäten die Verfassungsrechtslehre relativ unbekümmert an theoretische und verfassungsrechtsdogmatische Debatten und Stellungnahmen der vorausliegenden verfassungsgeschichtlichen Schichten anknüpft, darf insoweit kaum verwundern. Besonders anschaulich vorführen läßt

---

[9] Aufbauen kann die Arbeit hier auf den bahnbrechenden rechtsvergleichenden Untersuchungen von *M. Bothe*, Die Kompetenzstruktur des modernen Bundesstaates in rechtsvergleichender Sicht, 1977, insbes. S. 46ff., 84ff., 128ff.

[10] Im Verständnis dieser Kontinuitäten ist der Verfasser den Forschungen von *Thomas Nipperdey* verpflichtet – siehe insbes. *T. Nipperdey*, Der Föderalismus in der deutschen Geschichte, in: T. Nipperdey, Nachdenken über die deutsche Geschichte, 1986, S. 60ff.

sich diese nahezu ohne jedes historische Problembewußtsein erfolgende Anknüpfung an ältere Diskurse und Konzepte in der Entwicklung des Instituts der Bundestreue, auf die in der folgenden Untersuchung an mehreren Stellen näher eingegangen wird.[11]

Nun ist ein derartiges gedankliches Überspringen der verfassungsgeschichtlichen Brüche ohne vertiefte Reflektion der Schwierigkeiten einer Transformation historischer Konzepte in eine neue Verfassungsordnung nicht ohne Probleme. Verfassungsrechtslehre tendiert in diesen Bahnen allzuleicht dazu, Altvertrautes fortzusetzen, die Unterschiede und bewußten Umorientierungen einer neuen Verfassung zu glätten und hinwegzuinterpretieren. Die Untersuchung der Verfassungsrechtslehre der frühen Bundesrepublik wird diese Tendenz anschaulich vorführen, neigte eine starke Strömung in der bundesrepublikanischen Verfassungsrechtslehre doch von Anfang an dazu, die (zum Teil sicherlich von den Alliierten auch erzwungene) Grundentscheidung für ein die Autonomie der Länder betonendes Bundesstaatssystem unter Rückgriff auf die Weimarer Konzepte vom unitarischen Bundessstaat als einer Art ‚dezentralisierten Einheitsstaates' zu korrigieren. Das stete Bewußthalten – oder heute oft mehr: Wiederbewußtmachen – der Kontinuitäten, aber auch der immanenten Probleme allzu unreflektierten Rückgriffes auf scheinbare Kontinuitäten, wäre in dieser Perspektive eine wichtige Aufgabe der Staatsrechtslehre.

Doch an dieser Stelle stößt die Skizzierung des theoretischen Bezugsrahmens der Arbeit wiederum auf einen komplizierten theoretischen Diskurs mit zutiefst historischer Verwurzelung, eine Art historischen ‚Minenfeldes' geradezu. Das Plädoyer für einen dezidiert verfassungsgeschichtlichen, für einen ‚genetischen' Blickwinkel auf das Bundesstaatsrecht, sieht sich in den Bezügen deutscher Theoriedebatte schnell dem Vorwurf des ‚Historismus' ausgesetzt. In den herrschenden Kategorien des begrifflich-konstruktiven Staatsrechtspositivismus Laband'scher Prägung[12] ist ein derartiger Ansatz am Rande des ‚Unjuristischen', eher Politik- oder Geschichtswissenschaft als ein ernstzunehmender Beitrag zur rechtswissenschaftlichen Dogmatik.

Diese Arbeit ist gleichwohl bewußt kein Versuch begrifflich-konstruktiver Erfassung des Bundesstaatsrechts. Dies hängt mit den bis heute nicht wirklich gelösten Problemen des Streites um die Angemessenheit des aus dem Zivilrecht in das Staatsrecht übertragenen Instrumentariums des begrifflichen Konstruktivismus zusammen. Die vorliegende Untersuchung stellt sich dabei gezielt auf den Boden der von *Otto von Gierke* schon vor gut hundert Jahren formulierten Kritik am staatsrechtlichen Positivismus Laband'scher Prägung: Die Herausarbeitung der Eigentümlichkeiten des juristischen Denkens im Staatsrecht und die damit bewirkte Schwerpunktverlagerung auf die klassisch juristische Methode der logi-

---

[11] Die Arbeit stützt sich insofern auf die grundlegenden Studien zur Entwicklung des Instituts der Bundestreue in der Habilitationsschrift von *H. Bauer*, Die Bundestreue, 1992.

[12] Vgl. zur Entwicklung dieses Paradigmas die tiefgründige Arbeit von *W. Pauly*, Der Methodenwandel im deutschen Spätkonstitutionalismus, 1993, insbes. S. 171ff., 209ff.

schen Ableitung von Begriffen aus Begriffen ist unbestreitbar das große Verdienst des Laband'schen Werks gewesen; die Überschätzung des Leistungsvermögens der formalen Logik aber ist zugleich die Achillesferse des ganzen Unternehmens.[13] Es ist dies eine Kritik, die bis heute dem Erbe des staatsrechtlichen Positivismus gegenüber ihre Berechtigung hat[14], ja unter dem Grundgesetz mit der zunehmenden Orientierung der Staatsrechtswissenschaft an der notwendig stark begrifflich-deduktiv geprägten Rechtsprechung des Bundesverfassungsgerichts eher noch an Aktualität gewonnen hat.[15]

Es ist – so kritisierte bereits *Gierke* – ein Trugschluß zu glauben, mit bloß logischen Begriffen lasse sich der „Totalgehalt des Rechts" erfassen. Zu Recht glaube ja niemand mehr „an die Dogmen des Rationalismus, der in aprioristischer Weise aus irgend einer angeblich gemeingültigen Aussage der menschlichen Vernunft heraus ein Musterrecht logisch zu deduzieren und an ihm das positive Recht zu messen unternahm". Wenn die Jurisprudenz auch in der Zwischenzeit „den gegebenen Stoff des positiven Rechts als geschichtliche Realität hinzunehmen und zu achten gelernt" habe, so habe sie doch in der gedanklichen Ausgestaltung dieses Stoffes die rationalistischen Trugbilder keineswegs bezwungen und drohe gerade auf der vom Staatsrechtspositivismus Laband'scher Prägung eingeschlagenen Bahn sich von Neuem tief darin zu verstricken. Denn immer wieder verleite die einseitige Überschätzung der formalen Logik zur Behandlung der Rechtsbegriffe im Sinne logischer Kategorien. Immer wieder gerate es in Vergessenheit, daß die Rechtsbegriffe ganz im Gegenteil „lebendige geschichtliche Geistesgebilde" seien, welche der Jurist zwar aus den ihnen immanenten Ideen heraus „verstehen, entfalten und formen, nicht aber nach einem von außen herangebrachten Schema deuten, zerreißen und umschaffen" solle. Immer wieder falle die Jurisprudenz in die „dünkelhafte Überhebung des souveränen Verstandes zurück, der mit dem armseligen Apparate toter begrifflicher Rubriken das Leben meistern will, statt in dem unversieglichen Jungbrunnen des Lebens die alten Begriffe zu läutern und neue Begriffe zu schöpfen".[16]

Diese Worte mögen für heutige Juristengenerationen etwas arg altmeisterlich klingen, auch zu sehr von Gedanken und Begriffen der organischen Rechtslehre durchwaltet sein; richtig sind sie nach Auffassung des Verfassers gleichwohl. Richtig und wichtig ist bis heute der Kernpunkt der Gierke'schen Kritik – das an sich notwendige und fruchtbare Streben „nach begrifflicher Ablösung der rechtlichen Seite des Staatslebens von dessen übrigem Gehalte" werde in der Übertreibung des Laband'schen Formalismus verkehrt in den „unrichtigen Gedanken ei-

---

[13] *O. von Gierke*, Labands Staatsrecht und die deutsche Rechtswissenschaft, Schmollers Jahrbuch 7 (1883), S. 1097, 1110ff.

[14] Zum Fortwirken des Gesetzespositivismus vgl. nur *F. Müller*, Juristische Methodik, 6. Aufl. 1995, S. 70ff.

[15] Siehe nur die kritischen Bemerkungen von *B. Schlink*, Die Entthronung der Staatsrechtswissenschaft durch die Verfassungsgerichtsbarkeit, Der Staat 28 (1989), S. 161ff., außerdem *F. Müller* (Fn. 14), S. 34ff., 114ff.

[16] *O. von Gierke*(Fn. 13), S. 1111.

ner genetischen Isolierung des Rechts". Nun könne zwar, so räumte *Gierke* ein, der größte Teil der juristischen Tagesarbeit bei einer Beschränkung des Gesichtsfeldes auf das Rechtsgebiet glatt verlaufen. Ein volles Verständnis aber für „das Wesen und den Gehalt der Rechtsinstitute, wie es doch da unentbehrlich ist, wo prinzipielle Fragen gelöst oder Grundbegriffe umgestaltet werden sollen", lasse sich so nicht gewinnen. „Denn was wissenschaftlich begriffen werden soll, muß vor allem genetisch erklärt werden. Das Recht aber wird und wächst nicht aus sich heraus. Wohl ist es eine eigentümliche und nur sich selbst gleiche geistige Potenz, die erst in der Ausgestaltung ihrer Wirkungssphäre zu einem selbständigen Reiche ihre Kräfte voll entfaltet. Allein zugleich ist es eine einzelne soziale Funktion und bildet einen Teil des Gemeinlebens". Darum sei das Werden des Rechts zugleich auf Schritt und Tritt durch das Werden der gesamten äußeren Lebensverhältnisse und inneren Anschauungen der Gesamtheit bedingt und bestimmt.[17]

Als geschichtliches Produkt kann Recht also nur aus seiner Geschichte begriffen werden. Die „juristische Methode" muß daher zugleich durch und durch „historische Methode" sein – und zwar nicht in der im Kern ungeschichtlichen Art und Weise, in der die Rechtsgeschichte nur als „das große Arsenal" benutzt wird, „aus welchem sich Waffen mannigfacher Art holen lassen, um diese oder jene willkürlich ersonnene begriffliche Kombination zu verfechten".[18] Vielmehr bedarf – und dies gilt bis heute in unverminderter Aktualität – jeder „dogmatische Neubau", jede Grundsatzarbeit an den dogmatischen Fundamenten, der vertieften historischen Reflexion. Ohne den theoretischen Unterbau historischer und philosophischer Grundlagenarbeit wird Rechtswissenschaft – um es modern auszudrücken – allzuleicht völlig selbstreferenziell, droht Rechtswissenschaft sich „in ein Netz grundloser und in sich widerspruchsvoller Meinungen" zu verstrikken, „wie sie aus der am Schein klebenden und ihren Standpunkt nach Bedürfnis wechselnden naturalistischen Betrachtungsweise hervorsprießen". Die philosophischen Axiome würden dann „nur mit ungleich willkürlicheren Annahmen vertauscht, welche dadurch, daß sie als angeblich selbstverständliche Aussagen des gesunden Menschenverstandes jedem Beweise und jeder Kontrolle entrückt werden, noch keinen objektiven wissenschaftlichen Wert erlangen". Gerade vor diesen „höchst fragwürdigen Prämissen seiner logischen Schlußfolgerungen" aber hat der Staatsrechtspositivismus Laband'scher Prägung immer haltgemacht in der kritischen Durchdringung des Stoffes.[19]

Die Folgen, vor denen *Gierke* zu Recht warnen wollte: Eine sehr breite Strömung in der modernen deutschen Rechtswissenschaft trieb (und treibt) einem positivistischen Formalismus zu, der „in sonderbarer Weise" das alte Naturrecht wiederaufleben läßt. Gespensterhaft erstehe es „von den Toten, in aller seiner dürftigen Kahlheit, aber ohne seine einstige Größe. Oder sind es etwa nicht die überwunden geglaubten Schemen der naturrechtlichen Doktrin, die uns überall

[17] AaO., S. 1113.
[18] AaO., S. 1114f.
[19] AaO., S. 1120.

hinter der nach neuester Mode zurechtgestutzten Verlarvung entgegenblicken? Ist es nicht derselbe rationalistische Grundzug, dieselbe Leerheit der formalen Abstraktion, dieselbe versengende Dürre überwuchernder logischer Deduktion?"[20]

Die Fundamentalkritik von *Otto von Gierke* wurde deshalb hier so ausführlich wiedergegeben, weil sie – wenn auch vielleicht in etwas altmodischem Gewande – die Kernpunkte der modernen rechtstheoretischen und methodenkritischen Einwände gegen einen zu unreflektierten positivistischen Ansatz in der Staatsrechtslehre im Kern bereits voll ausformuliert hat. Der Einwand ließe sich unschwer auch in den Begriffen der zeitgenössischen Methodenlehre formulieren, etwa in der Kategorie des ‚Vorverständnisses'[21]. Angesichts der Pluralität der Rechtsfindungs- und vor allem Auslegungsmethoden muß nicht nur eine Methodenwahl getroffen werden[22], die ihrerseits methodisch kaum steuerbar ist[23] und die, weil letztlich willkürlich zu treffen, zu unaufholbaren Gewißheitsverlusten im juristischen Denken führt[24]. Rechtsauslegung – bzw. richtiger: Konkretisierung des Rechts – muß zudem auch immer den „nicht-juristischen Elementen des im umfassenden Sinne ideologischen Vorverständnisses" gegenüber auf der Hut sein, diese permanent kritischer Überprüfung unterziehen, wenn es ihr auch nie gelingen wird, diese abzuschütteln, angesichts der allgemeinen Vorurteilshaftigkeit allen Verstehens.[25] (Verfassungs-)Rechtliche Dogmatik, Theorie und Methodik müssen – in den Worten von *Friedrich Müller* ausgedrückt – „Mittel zur Verfügung stellen, die spezifisch juristischen Momente dieser Vorurteilshaftigkeit selbständig als norm- und sachbezogenes Vorverständnis der Rechtswelt zu begründen, sie verdeutlichend abzugrenzen, zu differenzieren und sie damit als strukturierten, kontrollierbaren und diskutierbaren Faktor in den Vorgang der Konkretisierung einzubringen."[26] Das juristische Vorverständnis und der Versuch seiner rationalen Rechtfertigung, die in verfassungsrechtlicher Praxis eng mit der Wechselwirkung von Verfassungsrechtsdogmatik und Staats- und Verfassungstheorie zusammenhängen, sollte der Ort sein – noch einmal mit den Worten von *Friedrich Müller* – „einer aus der Praxis erwachsenden, einer nicht um ihrer selbst, sondern um der Rationalität und Richtigkeit der zu produzierenden Entscheidung willen anzustellenden Ideologiekritik"[27].

Derartige – als Teil rechtswissenschaftlicher Arbeit verstandene – Ideologiekritik im Sinne des Versuches einer Strukturierung, Kontrolle und Diskussion des die juristische Arbeit leitenden Vorverständnisses tut nun im Bundesstaatsrecht besonders not. Angesichts des Fehlens einer allgemein als „richtig" angesehenen

[20] AaO., S. 1191f.

[21] Siehe nur *J. Esser*, Vorverständnis und Methodenwahl, 1970, sowie als Fortentwicklung *F. Müller* (Fn. 14), S. 162ff.

[22] Vgl. nur *J. Esser* (Fn. 21), S. 121ff.

[23] Siehe insoweit nur *B. Schlink*, Bemerkungen zum Stand der Methodendiskussion in der Verfassungsrechtswissenschaft, Der Staat 19 (1980), S. 73, 93ff.

[24] So etwa *G. Haverkate*, Gewißheitsverluste im juristischen Denken, 1977, S. 156ff.

[25] *F. Müller* (Fn. 14), S. 162.

[26] AaO.

[27] AaO.

geschlossenen Bundesstaatstheorie[28] und der evidenten Problematik ‚pluralistischer Bundestaatstheorien‘[29], die angesichts ihrer Offenheit kaum zur rationalen Strukturierung der wechselnden Vorverständnisse geeignet sind[30], bleibt die Bundesstaatsrechtslehre im Umgang mit ihrem theoretischen Vorverständnis auf sich selbst verwiesen. Der offene Diskurs über die nicht-juristischen Prämissen der rechtsdogmatischen Grundlagenarbeit aber ist in der deutschen Staatsrechtslehre eher selten; insoweit hat sich – wie von *Gierke* befürchtet – der juristische Formalismus der Laband-.Schule tatsächlich durchgesetzt.

Der „naturalistische Fehlschluß“, die „am Schein klebende“ Abstützung auf angeblich selbstverständliche Aussagen des gesunden Menschenverstandes liegt unter diesen Bedingungen nahe, wenn dieser Rückgriff auf die ‚Intuition‘ auch allzuoft in die Irre geht. Eine rationale Kontrolle oder auch nur offene Diskussion der bundesstaatstheoretischen Grundannahmen, also des politisch-historischen Vorverständnisses der Verfassungsrechtslehre und -rechtsprechung, verstanden als Ausprägung der obwaltenden Bundesstaats*ideologie*, gibt es leider kaum. Hier versucht die vorliegende Arbeit einen Beitrag zu leisten, in der wissenschaftlichen Erfassung wie in der Kritik dieses Vorverständnisses. Daß dieses Vorverständnis zutiefst unitarisch geprägt ist, traditionell in der Mehrheit orientiert ist auf das Ideal der Rechtseinheit oder – in materialen Begriffen – auf das Leitprinzip der „Einheitlichkeit der Lebensverhältnisse“, fällt dabei übrigens in einer vergleichenden Betrachtung unschwer auf.

Die wissenschaftliche Erfassung dieses Vorverständnisses kann nur genetisch erfolgen, im Blick auf die historischen Grundprägungen des deutschen Bundesstaatsdenkens. Ein Blick in die neuere historische Forschung gibt dabei interessante Aufschlüsse in die verfassungs- wie geistesgeschichtlichen Hintergründe der schon im späten 19.Jahrhundert so dezidiert unitarischen Haltungen der deutschen Staatsrechtslehre. Wie das erste Kapitel aufzuzeigen sucht, hatte schon ein Teil gerade der liberal und demokratisch denkenden Juristenschaft des mittleren 19. Jahrhunderts ein gebrochenes Verhältnis zu Konzepten föderalen Staatsaufbaus. Der Bismarck'sche Streich, mit der bundesstaatlichen Verfassung des Reiches – ohne die die Vereinigung nie zustandegekommen wäre – die monarchischen Exekutiven gegenüber Forderungen weitergehender Parlamentarisierung abzuschirmen, hat diese Vorbehalte im ‚demokratischen Lager‘ des deutschen Bürgertums nicht gerade abzubauen geholfen. Man wird sich in dieser Perspektive kaum verwundern können, daß – wie das zweite Kapitel nachzeichnet – gerade die liberalen Staatsrechtler des Reiches – wie *Albert Haenel* – betont unitarische Positionen in Fragen der Bundesstaatsrechtsdogmatik vertraten.

---

[28] Zum Fehlen einer allgemein anerkannten Bundesstaatstheorie vgl. nur *H. Bauer* (Fn. 11), S. 218ff., insbes. 227f.

[29] Zur Konzeption einer ‚pluralistischen Bundesstaatstheorie‘ siehe insbes. *P. Häberle*, Diskussionsbeitrag, in: VVDStRL 46 (1988), S. 148ff., sowie eingehender *ders.*, Aktuelle Probleme des deutschen Föderalismus, Die Verwaltung 24 (1991), S. 169, 183ff.

[30] Vgl. zur Problematik einer derartigen ‚offenen‘ Bundesstaatstheorie etwa *H. Bauer* (Fn. 11), S. 227f.

Mit dem Umsturz 1918/19 wurden genau die Strömungen politisch herrschend, die traditionell dem Bundesstaat am reserviertesten gegenübergestanden hatten. Die staatsrechtlichen Folgen sind Gegenstand des dritten Kapitels. Die ersten Entwürfe des bedeutenden linksliberalen Staatsrechtlers *Hugo Preuß*, die Beratungen der Weimarer Nationalversammlung, aber auch die nachfolgende Verfassungspraxis waren geprägt durch ein stetes Bemühen, die nur widerwillig akzeptierten Reste eines traditionalen Föderalismus im Verfassungssystem der Republik zurückzudrängen, zugunsten des republikanischen Ideals eines ‚dezentralisierten Einheitsstaates'. Einen letzten Höhepunkt erlebte der für die Weimarer Jahre so kennzeichnende Kampf um die Unitarisierung in der Reichsreformbewegung der späten Zwanziger Jahre. Die Reichsreform im Rahmen der Verfassung scheiterte; doch eine Ironie der Geschichte wollte es, daß in Form eines Staatsstreiches zunächst ihr Hauptbegehren – die Verschmelzung Preußens mit dem Reich – doch verwirklicht wurde, in ausdrücklicher Anknüpfung an die Reichsreformbestrebungen, bis die ganze Weimarer Verfassung einer ‚Reichsreform' ganz anderer Art zum Opfer fiel, in logischer Fortsetzung des mit dem ‚Preußenschlag' begonnenen Weges.

Nach der Katastrophe des ‚Dritten Reiches' knüpften Verfassungspolitik und Verfassungsrechtslehre unmittelbar an die Jahre der Weimarer Republik an, wie im vierten Kapitel dargestellt wird. Nicht nur die personelle Kontinuität, die sich insofern nach 1945 einstellte, sondern auch die theoretische und rechtsdogmatische (gewillkürte) Kontinuität zur Weimarer Verfassung sind frappierend. Bezeichnend sind die Wiederauflagen der Reichsreformdebatte wie der Kämpfe zwischen Reichsbürokratie und bayerischer Verwaltung, die der Parlamentarische Rat erlebte. Die vielfältige Anknüpfung an Weimar, die die Bundesstaatsverfassung des Grundgesetzes kennzeichnet, fällt bei näherer Betrachtung sofort auf. Wo das Grundgesetz bewußt föderalistischer gestaltet ist als die Weimarer Verfassung, ist dies kaum jemals ein Verdienst des Parlamentarischen Rates, sondern geht weitenteils auf Interventionen der alliierten Militärgouverneure zurück. Kennzeichnend ist in diesem Punkt insbesondere die Geschichte der grundgesetzlichen Finanzverfassung.

Der Umgang mit der neuen Verfassung, und insbesondere mit den betont föderalistischen Elementen der neuen Verfassung, fiel der Staatsrechtslehre, aber auch der politischen Praxis und der Verfassungsgerichtsbarkeit der jungen Bundesrepublik schwer, wie das fünfte, sechste und siebte Kapitel im Einzelnen untersuchen. Insbesondere die Teile der Bundesstaatsverfassung, die auf die Eingriffe der Besatzungsmächte zurückzuführen sind, stießen zunächst vielfach auf heftige Ablehnung. Die berühmte Rechtsprechung des Bundesverfassungsgerichts zur ‚Bedürfnisklausel' des Art. 72 Abs. 2 GG, aber auch die zur Finanzverfassung ergangene Rechtsprechung und vor allem die nachfolgende Praxis der Ausführungsgesetzgebung sind in diesem Kontext zu sehen.

Auch mit zunehmendem zeitlichem Abstand zur Verfassunggebung entspannte sich die Situation nicht wirklich. Die relativ kruden Angriffe direkt gegen das Bundesstaatssystem des Grundgesetzes verschwanden – die Versuche, bestimmte

Grundentscheidungen der Verfassung zu relativieren und über verfassungsrechtsdogmatische Systembildungen partiell auch zu korrigieren, nahmen dagegen eher zu. Der im achten Kapitel analysierte unerwartete Aufsteig des Instituts der Bundestreue zu verfassungsrechtlicher Prominenz, angestoßen durch die kaum hinterfragte Anknüpfung des Verfassungsgerichts an die unitarische Spätweimarer Lehre zur Bundestreue, wäre in diesem Zusammenhang zu nennen, aber auch die Ende der Fünfziger Jahre einsetzende systematische Rezeption der Smend'schen Integrationslehre, die mit der geradezu paradigmatischen Schrift von *Konrad Hesse* zum ‚unitarischen Bundesstaat' eine ganz ausdrücklich als unitarisch konzipierte Bundesstaatsrechtslehre hervorbrachte.

Die in den Sechziger Jahren einsetzenden Bemühungen um verfassungsrechtswissenschaftliche Verarbeitung der Tendenz zur Ausbildung von Formen eines ‚kooperativen Föderalismus', die Thema des neunten Kapitels sind, konnten an die so gelegten theoretischen Ansätze anknüpfen. Die Aufwertung der Rechtseinheit, ja der angeblich durch das Sozialstaatsprinzip geforderten ‚Einheitlichkeit der Lebensverhältnisse', zu Leitprinzipien der Bundesstaatsrechtslehre ist prägend für die theoretische wie rechtsdogmatische Entwicklung der Epoche. Die diese Periode abschließenden Arbeiten der Enquêtekommission Verfassungsreform könnte man geradezu als (wenn auch letztlich gescheiterten) kodifikatorischen Höhepunkt dieser Strömung bewerten.

Die Reformeuphorien der Wendejahre um 1970 verpufften im Verlaufe der Siebziger Jahre erkennbar. Aus der Politikwissenschaft drang das Paradigma der ‚Politikverflechtungsfalle' schnell in die verfassungsrechtliche Diskussion ein. Die Skepsis gegenüber zunehmender Verflechtung und Vereinheitlichung auch im Kreise der Staatsrechtler nahm zu. Wie das zehnte Kapitel darlegt, setzte eine theoretische Renaissance der Bundesstaatlichkeit ein; erste Ansätze, die Bundesstaatsrechtslehre von den unitarischen Überformungen der Jahrzehnte zuvor zu befreien, wurden erkennbar. Selbst das Bundesverfassungsgericht nahm wichtige Korrekturen an seiner zunächst recht unitarisch geprägten Rechtsprechung der frühen Jahre vor. Einen ersten Höhepunkt erlebte diese neue – auch verfassungspolitische – Bewegung in den Schriften zum vierzigjährigen Jubiläum des Grundgesetzes. Doch die Bilanz der folgenden Jahre ist eher gemischt. Mit der Wiedervereinigung ging in der Verfassungspraxis ein massiver Unitarisierungsschub einher. Die nötigen Verfassungsänderungen gaben den Ländern zwar zugleich einen Hebel, verfassungspolitische Korrekturen an bestimmten Problempunkten der grundgesetzlichen Regelungen zum Bundesstaatsgefüge durchzusetzen. Die Reichweite und vor allem praktischen Erfolgsaussichten dieser Korrekturen am Text der Verfassung sind jedoch eher zweifelhaft, wie eine genauere Analyse zeigt.

Untersucht man auf der Basis dieser genetischen Erfassung der deutschen Bundesstaatsrechtslehre in Wechselwirkung mit den geistesgeschichtlichen und verfassungspolitischen Entwicklungen der jüngeren deutschen Geschichte, also dem diachronisch angelegten ersten und zweiten Teil der Arbeit, den gegenwärtigen Stand der Bundesstaatsrechtsdogmatik, so lassen sich die Spuren dieser Orientierung an unitarischen Paradigmen in vielfältiger Weise aufzeigen. Der dritte Teil der Arbeit versucht sich an einer derartigen Momentaufnahme des Bestandes an bundesstaatsrechtlicher Dogmatik unter dem Grundgesetz, wobei er naturgemäß in vielem kursorisch bleiben muß, eher eine Skizze als einen voll ausgebauten Überblick über den Stand der Bundesstaatsrechtslehre darstellt. Doch das Erkenntnisinteresse der Arbeit, das Herauspräparieren der weitenteils unbewußt bleibenden bundesstaatstheoretischen Grundannahmen und Ideologeme der deutschen Bundesstaatsrechtsdogmatik, erfordert auch keinen flächendeckenden, handbuchartigen Überblick über alle Details des Bundesstaatsrechts. Die in der Arbeit vorgenommene Beschränkung auf die besonders problematischen Teilbereiche der Bundesstaatsrechtslehre genügt unter der gewählten Perspektive vollauf.

Die Ergebnisse sind frappierend: Schon in den theoretischen Aussagen der Bundesstaatsrechtslehre finden sich die unitarischen Vorstellungen, die das bundesstaatstheoretische Vorverständnis der Verfassungsrechtswissenschaft prägen, überaus deutlich wiedergespiegelt, wie das elfte Kapitel eingehend aufzuzeigen sucht. Noch deutlicher wird die Einseitigkeit des theoretischen Vorverständnisses in den im zwölften Kapitel in den Mittelpunkt der Untersuchung gerückten Details der Verfassungsrechtsdogmatik zur Verteilung der Gesetzgebungs- und Verwaltungskompetenzen. Das Bedauern über die völlige Neutralisierung der ‚Bedürfnisklausel' des Art. 72 Abs. 2 GG gehört mittlerweile schon beinahe zum Gemeingut in der deutschen Staatsrechtsliteratur. Daß zugleich aber die für das Bundesstaatsgefüge des Grundgesetzes wohl letztlich sehr viel gefährlichere Unitarisierung im Bereich der Verwaltung weitgehend unkommentiert geblieben ist, kann wohl einzig mit dem Verständnis des Ideals der ‚Rechtseinheit' als eines Selbstzweckes erklärt werden. Von einigen wenigen frühen Ansätzen – etwa bei *Arnold Köttgen* – abgesehen, ist der Zusammenhang zwischen ‚Verrechtlichung' im Verwaltungsrecht, Intensivierung der gerichtlichen Kontrolldichte durch die Verwaltungsgerichte und zunehmender Schieflage im grundgesetzlichen System der Kompetenzteilung kaum jemals systematisch problematisiert worden. Die neueren Ansätze der Verwaltungsrechtslehre zum Problem der Kontrolldichte, insbesondere die Versuche der sogen. ‚normativen Ermächtigungslehre', den funktionell-rechtlichen Zusammenhang zwischen verfassungsrechtlicher Funktionenteilung und der Befugnis zur Konkretisierung von Normen des Verwaltungsrechts zu erfassen und für die verwaltungsrechtsdogmatische Disziplinierung der Konkretisierungsinstanzen nutzbar zu machen, sind aus der Perspektive des Bundesstaatsrechts eigentlich längst überfällig. Sieht man genau hin, so spricht einiges dafür, hier Bemühungen um eine angemessenere Funktionenverteilung geradezu für bundesstaatsrechtlich geboten zu halten.

Die Untersuchung der verfassungsrechtlichen Ausformungen des Konzeptes des ‚Beteiligungsföderalismus' im zwölften Kapitel erbringt ähnliche Ergebnisse, was die Dominanz unitarischer Vorverständnisse betrifft. Schon die Orientierung der Länder auf eine ‚Kompetenzkompensation', also auf die Kompensation verlorengehender Gesetzgebungs- und Verwaltungskompetenzen durch Mitwirkungsbefugnisse über den Bundesrat, weist in diese Richtung. Das Erschrecken der Staatsrechtslehre ob des daraus hervorgegangenen Ergebnisses, das vielfach als angeblich der Grundkonzeption der Verfassung widersprechend hingestellt wird, sowie die daraus resultierenden Versuche, die Mitwirkung des Bundesrates über eine entsprechende Auslegung der Beteiligungstatbestände wieder zu reduzieren, sind noch weit deutlichere Beispiele eines derartigen Vorverständnisses. In eine endgültige Krise gerät das aus aus einem derartigen Verständnis des Bundesstaates abgeleitete Modell des ‚Beteiligungsföderalismus' allerdings im Gefolge der fortschreitenden Übertragung von Kompetenzen auf die Organe der Europäischen Gemeinschaften. Die ‚Kompetenzkompensation' wird ausgehebelt, ein neuer Mechanismus der Kompensation auf höherer Ebene ist nur schwer denkbar. Das verzweifelte Bemühen der Länder, insoweit gleichwohl kompensatorische Beteiligungsmodelle zu schaffen, droht letztlich kontraproduktiv zu werden: Enden können derartige Modelle nur in einer ‚Überverflechtung', so sie denn überhaupt funktionieren.

Die extremste Ausprägung hat das unitarische Bundesstaatsmodell der deutschen Verfassungsrechtstradition in der Finanzverfassung gefunden, die Gegenstand des dreizehnten Kapitels ist. Die Bewahrung des unitarischen Modells der Erzberger'schen Finanzreform war der Mehrheit im Parlamentarischen Rat nicht geglückt; die Intervention der alliierten Militärgouverneure hatte hier im Interesse der Sicherung der Bundesstaatlichkeit des neuen Staatsgebildes ein Trennsystem (zumindest dem Prinzip nach) erzwungen. Die Proteste der Finanzspezialisten waren heftig; die darauffolgenden jahrzehntelangen Bemühungen um Korrektur dieser Grundentscheidung, die Scheibchen für Scheibchen die Finanzverfassung umformten, waren letztlich mit der Großen Finanzreform von 1969 erfolgreich. Aus dem Trennsystem der Alliierten war damit dann doch wieder das erstrebte Verbundsystem geworden. Die Wirkungen dieses Systems auf das bundesstaatliche System der Kompetenzverteilung allerdings sind bedenklich. Die Entscheidung über das Aufkommen an Finanzmitteln ist nahezu völlig beim Bund zentralisiert. Aufgaben- und Finanzveranwortung werden tendenziell auseinandergerissen, mit umsichgreifenden Systemen von Mischfinanzierungen als Folge. Politische Verantwortlichkeit wird in einem derartigen System letztlich zerstört – und dies alles dem Ideal der Rechtseinheit zuliebe, die – so die Argumentation schon 1948/49 – unterschiedliche Steuerbelastung in den einzelnen Ländern kategorisch ausschließen müsse.

Die Detailuntersuchungen führen damit im Ergebnis auf ein normatives Leitbild der ‚Einheitlichkeit der Lebensverhältnisse', das in der der bundesstaatsrechtlichen Literatur zwar immer wieder wie ein ‚deus ex machina' aufscheint, dessen rechtsdogmatische Ableitung und Stellung im Normengefüge aber zugleich immer äußerst unklar geblieben ist. Im Text der Verfassung hat ein derartiges Leitprinzip keine wirkliche Kodifikation gefunden, und auch ansonsten ist die normative Geltung eines derartigen ‚Superrechtssatzes' nur schwer begründbar, wie das fünfzehnte Kapitel aufweist.

Letztlich ist der Frage aber auf der rein normativen Ebene auch wohl kaum beizukommen. Seine Bedeutung gewinnt das aufgezeigte Einheitlichkeitsparadigma wohl weniger aus irgendeiner normativen Verfestigung als aus seiner unauslöschlichen Verankerung im bundesstaatstheoretischen Vorverständnis der deutschen Verfassungsrechtslehre. Sinnvoll zu diskutieren ist das Leitbild daher im Kern auch nur auf einer außerrechtlichen Ebene. Vergegenwärtigt man sich – wie es das fünfzehnte Kapitel unternimmt – die neueren Erkenntnisse der theoretischen Naturwissenschaften, insbesondere der Chaostheorie und der Theorien zur Selbstorganisation komplexer Systeme, ferner die Ergebnisse der betriebswirtschaftlichen Organisationslehre, der im Vordringen befindlichen Schule der ‚Neuen Institutionenökonomik' in der ökonomischen Theorie und letztlich auch die Folgerungen der klassischen liberalen Schulen der politischen Ökonomie, so kann man nur feststellen: Das traditionelle Einheitsparadigma des deutschen Bundesstaatsdenkens beruht auf einem fatalen Trugschluß, der von Einheit auf Gerechtigkeit schließt, von Organisationsgröße auf Effizienz der Aufgabenerfüllung, von zwangsweiser, hierarchischer Gleichschaltung der staatlichen Aufgabenerfüllung auf deren Effektivität.

Die Folgerungen einer derartigen Kritik sind weitreichend, können in der Folge in den Schlußfolgerungen aber nur knapp skizziert werden. Daß es an der Zeit wäre, sich der Stärken des Bundesstaates zu besinnen, drängt sich angesichts der in der Arbeit ausgebreiteten Befunde benachbarter Disziplinen geradezu auf. Welche verfassungsrechtsdogmatischen (aber auch verfassungspolitischen) Konsequenzen daraus zu ziehen wären, läßt sich auch noch relativ einfach ableiten. Diese Einsichten jedoch im Detail des Bundesstaatsrechts umzusetzen, fordert ein Maß an Selbstkritik, an kritischem Umgang mit dem eigenen Vorverständnis, das traditionsgeprägten Disziplinen wie dem Staatsrecht erfahrungsgemäß schwerfällt. Doch ohne kritische Überprüfung der den dogmatischen Weichenstellungen zugrundegelegten theoretischen (und ideologischen) Grundannahmen wird es kaum gelingen, altetablierte Strukturen der Bundesstaatsrechtsdogmatik zu überholen und auf eine neue, angemessenere Basis zu stellen. Nur im reflektierten Umgang mit dem eigenen Vorverständnis kann es gelingen, sauber zwischen den normativen Anforderungen der Verfassung selbst und den darüber gelegten Wucherungen konkretisierender Dogmatik und theoriegeleiteter Ausformung weiterer Unterprinzipien und ergänzender Sätze des ungeschriebenen Verfassungsrechts zu differenzieren.

Erster Teil

Der Bundesstaat des Grundgesetzes – verfassungsgeschichtliche Wurzeln und Entstehungsgeschichte

1. Kapitel

Der verfassungsgeschichtliche Hintergrund

1.1. Bundesstaatlichkeit und die deutsche Tradition dezentraler Organisation von Herrschaft

Das deutsche Bundesstaatsmodell ist im Kern ein Produkt des 19. Jahrhunderts. Die machtpolitische Grundlage für die deutsche Einigung war zwar mit der Annexion der nord- und mitteldeutschen Fürstentümer durch Preußen gelegt worden. Vereinigung aller deutschen Staaten in einem gemeinsamen Staatswesen (unter Einschluß der großen süddeutschen Staaten) war aber nur in der Form eines Bundesstaates zu denken. Die Verfassung des Norddeutschen Bundes von 1867 als der Urtext der deutschen Bundsstaatsverfassung war deutlich auf diese Perspektive hin konzipiert.

Der deutsche Bundesstaat von 1867 und dann 1871 war insoweit ein Kunstprodukt klassischer Kabinettspolitik, eine Schöpfung im Geiste des preußischen Ministerpräsidenten Bismarck[1]. Doch zugleich war er auch etwas ganz anderes, eine in gewissem Sinne logische Folgerung aus Jahrhunderten deutscher Geschichte, die zuvorderst immer Geschichte der Territorien gewesen war[2]. Anders denn als Bundesstaat war ein die deutschen Lande einigender Gesamtstaat – und sei es auch nur in der dann tatsächlich verwirklichten kleindeutschen Lösung – zu Mitte des 19. Jahrhunderts wohl kaum vorstellbar[3]. Zu tief verwurzelt waren nicht nur der eingefleischte Partikularismus der traditionellen Fürstenstaaten, sondern auch das regionale (oder wohl genauer: territoriale) Eigenbewußtsein der Bewohner der Länder Deutschlands[4]. Zwar waren diese Länder ihrerseits in vielerlei

---

[1] Zur bestimmenden Rolle Bismarcks bei der Formulierung des Verfassungstextes vgl. *T. Nipperdey*, Deutsche Geschichte 1866–1918, Bd.II, 1992, S. 109; *H. Boldt*, Deutscher Konstitutionalismus und Bismarckreich, in: M. Stürmer (Hrsg.), Das kaiserliche Deutschland, 1970, S. 119ff.; *G.A. Craig*, Deutsche Geschichte 1866–1945, 1981, S. 45ff.; siehe außerdem die Tübinger Antrittsvorlesung von *G. Anschütz*, Bismarck und die Reichsverfassung, 1899, S. 2ff.

[2] Vgl. in diesem Sinne vor allem *T. Nipperdey*, Der Föderalismus in der deutschen Geschichte, in: T. Nipperdey, Nachdenken über die deutsche Geschichte, 1986, S. 60ff.

[3] Besonders klar arbeitet dies *Thomas Nipperdey* in seiner großangelegten Synthese der deutschen Geschichte der ersten Hälfte des 19.Jahrhunderts heraus – siehe z.B. *T. Nipperdey*, Deutsche Geschichte 1800–1866, 1983, S. 310; vgl. aber auch die kurz nach der Reichsgründung geschriebenen Bemerkungen von *R. von Mohl*, Das deutsche Reichsstaatsrecht, 1873, S. 111ff.

[4] Vgl. dazu ausführlich *T. Schieder*, Partikularismus und Nationalbewußtsein im Denken des deutschen Vormärz, in: T. Schieder, Nationalismus und Nationalstaat. Studien zum nationalen

Hinsicht Kunstprodukte, bürokratische Gebilde nach dem Vorbild des französischen Zentralstaates, die gerade erst sechzig Jahre zuvor von Napoleons Gnaden ihre endgültige territoriale Gestalt gefunden hatten (man denke dabei insbesondere an Bayern, Württemberg und Baden)[5]. Dieser Traditionsmangel war auch in den Köpfen der betroffenen Bevölkerungen noch vielfach gegenwärtig, führte – gerade im alten Adel, im Patriziat der ehemaligen Reichsstädte und in Teilen der bäuerlichen Bevölkerung – zu erheblichen Widerständen gegenüber den ‚neuen' Staatsgebilden; als zentralistischer Einheitsstaat mit einer Regierung weit entfernt in Wien oder Berlin aber wäre ein deutscher Staat gleichwohl für die Masse der Deutschen wohl kaum vorstellbar gewesen, dazu war das Prinzip dezentraler Herrschaft in Deutschland zu tief verwurzelt[6].

1.2. *Staatsbildung als Konsolidierung von Territorialherrschaft*

Die einzelnen Territorien waren – wie schon angeklungen ist – der Keim der Staatsbildung gewesen, die Einheiten sich formierender territorialer Herrschaft, in denen der Prozeß der Monopolisierung von Herrschaftsbefugnissen (und von Gewaltmitteln) stattgefunden hatte[7]. Die Lehnsherrschaft des Königs hatte in Deutschland schon im Mittelalter weitgehend ihre reale Bedeutung verloren. Das mehrfache Aussterben von Königshäusern und damit verbunden die Festigung des Wahlkönigtums wie das Fehlen eines sich stetig vergrößernden Hausguts der Könige, vor allem aber die Überbeanspruchung der Königsherrschaft durch das damit verkoppelte Kaisertum, der Kampf um die Ansprüche des Kaisertums in

---

Problem im modernen Europa. Hrsgg. von O. Dann und H.U. Wehler, 2. Aufl. 1992, S. 166ff.; vgl. außerdem *R. von Mohl* (Fn. 3), S. 112.

[5] Vgl. insoweit die Beiträge von *W. Volkert* zu Bayern, *B. Mann* und *G.F. Nüske* zu Württemberg sowie *H. Ott* zu Baden in: K.G.A. Jeserich / H. Pohl / G.-C. von Unruh (Hrsg.), Deutsche Verwaltungsgeschichte, Bd. 2: Vom Reichsdeputationshauptschluß bis zur Auflösung des Deutschen Bundes, 1983, S. 503ff., 551ff., 583ff.; vgl. daneben *O. Kimminich*, Deutsche Verfassungsgeschichte, 2.Aufl. 1987, S. 307ff. sowie *T. Nipperdey*, Deutsche Geschichte 1800–1866, 1983, S. 69ff. und *T. Schieder* (Fn. 4), S. 173ff.

[6] *Thomas Nipperdey* formuliert in der Bewertung der 1814/15 vielfach propagierten Konzepte eines deutschen Bundesstaates plastisch: „Und man kann fragen, ob für die Menschen, die aus dem regional-partikularen und ständischen alten Reich kamen, der nationale Bundesstaat nicht etwas Unzeitgemäßes war, der moderne Partikularstaat dagegen, der trotz aller Bürokratie dem Einzelnen noch nah und anschaulich war, eine notwendige Übergangsstufe zum modernen Staat, ob die partikulare und und egoistische Souveränitätsräson der süddeutschen Fürsten nicht, jenseits ihrer Absicht, eine allein zeitgemäße Entwicklungsstufe hervorbrachte, ob hier eine List der Vernunft waltete" – *T. Nipperdey* (Fn. 5), S. 98; vgl. auch *ders.* (Fn. 2), S. 72.

[7] Siehe dazu die immer noch grundlegende Arbeit von *O. Brunner*, Land und Herrschaft, 5.Aufl. 1965, insb. S. 357ff., sowie speziell aus der Sicht der Verfassungs- und Verwaltungsgeschichte *H. Boldt*, Deutsche Verfassungsgeschichte, Bd. 1: Von den Anfängen bis zum Ende des älteren Deutschen Reiches 1806, 2.Aufl. 1990, S. 193ff.; *D. Willoweit*, Die Entwicklung und Verwaltung der spätmittelalterlichen Landesherrschaft, in: K.G.A. Jeserich / H. Pohl / G.-C. von Unruh (Hrsg.), Deutsche Verwaltungsgeschichte, Bd. 1: Vom Spätmittelalter bis zum Ende des Reiches, 1983, S. 66ff.; *O. Kimminich* (Fn. 5), S. 109ff.; *H. Duchhardt*, Deutsche Verfassungsgeschichte 1495–1806, 1991, S. 18ff., 29ff., 52ff.

Italien und die dadurch hervorgerufene Dauerauseinandersetzung mit dem Papsttum hatten das Königtum an der Konsolidierung seiner Herrschaftsbasis gehindert[8]. Als nach dem Interregnum das Königtum unter den Luxemburgern und dann den Habsburgern allmählich wieder an Machtbasis gewann, waren die Territorialgewalten, die sich in weiten Teilen zu Landesherrschaften verdichtet hatten, schon zu festgefügt, als daß der Kaiser noch den Sieg über sie hätte davontragen können[9]. Jeder Ansatz zur Herausbildung einer ernsthaften Zentralgewalt stieß schnell an den vereinten Widerstand der Partikulargewalten, die im Prinzip auf Selbständigkeit und Autonomie bedacht waren, und weniger auf Mitbestimmung in zentralen Angelegenheiten wie in den Staaten mit schon übermächtig gewordenem Königtum.

Anläufe zur Umformung des Reiches in einen echten Staat wurden dementsprechend schon seit dem Spätmittelalter praktisch nur noch bündisch gedacht[10]. Schon der mit dem Titel „Reichsreform" belegte Versuch der Befriedung des disparaten Gebildes nach außen, vor allem aber nach innen, also gegen Fehde und Selbsthilfe, konnte nur in föderaler Form Gestalt finden[11]. Die dabei angelegte Verfassung des Reiches mußte, um das ansatzweise Funktionieren einer Zentralgewalt zu verwirklichen, notwendig die prinzipielle Autonomie der „Reichsstände" und deren weitgehende Mitbestimmung gewährleisten. Mit dem Reichshofrat, dem Geheimen Rat, der Reichskanzlei sowie Reichstag und Reichskammergericht entstanden zwar erste Ansätze gemeinsamer staatlicher Institutionen[12] –

[8] Siehe dazu knapp *T. Nipperdey* (Fn. 2), S. 61 sowie *O. Kimminich* (Fn. 5), S. 110ff., 121ff., ferner *P.-J. Heinig*, Die Vollendung der mittelalterlichen Reichsverfassung, in: R. Mussgnug (Red.), Wendemarken in der deutschen Verfassungsgeschichte, 1993, S. 7, 10ff.

[9] Vgl. nur *H. Grundmann*, Wahlkönigtum, Territorialpolitik und Ostbewegung im 13. und 14. Jahrhundert (Gebhardt, Handbuch der deutschen Geschichte Bd. 5), Taschenbuchausgabe 1973, S. 95ff.,113ff., 227ff. sowie *H. Boldt* (Fn. 7), S. 248ff.

[10] Siehe nur *T. Nipperdey* (Fn. 2), S. 61ff., und *R. Koselleck*, Bund, Bündnis, Föderalismus, Bundesstaat, in: Geschichtliche Grundbegriffe. Historisches Lexikon zur politisch-sozialen Sprache in Deutschland, Bd. 1, 1972, S. 582, 585ff., aber auch schon *O. von Gierke*, Das deutsche Genossenschaftsrecht, Bd. 1: Rechtsgeschichte der deutschen Genossenschaft, 1868, S. 508ff. Vgl. ferner *P. Moraw*, Von offener Verfassung zu gestalteter Verdichtung. Das Reich im späten Mittelalter 1250–1490, Studienausgabe 1989, S. 416ff..

[11] Vgl. zur sogen. „Reichsreform" die Überblicksdarstellungen von *P. Moraw*, Die Reichsreform und ihr verwaltungsgeschichtliches Ergebnis, in: K.G.A. Jeserich / H. Pohl / G.-C. von Unruh (Hrsg.), Deutsche Verwaltungsgeschichte, Bd. 1: Vom Spätmittelalter bis zum Ende des Reiches, 1983, S. 58ff.; *F. Hartung*, Deutsche Verfassungsgeschichte vom 15. Jahrhundert bis zur Gegenwart, 9. Aufl. 1969, S. 18ff.; *H. Boldt* (Fn. 7), S. 253ff.; *H. Duchhardt* (Fn. 7), S. 83ff.; *G. Oestreich*, Verfassungsgeschichte vom Ende des Mittelalters bis zum Ende des alten Reiches, 1974, S. 56ff.; *D. Willoweit*, Deutsche Verfassungsgeschichte, 1990, S. 88ff., ferner ausführlich *H. Angermeier*, Die Reichsreform 1410–1555. Die Staatsproblematik Deutschlands zwischen Mittelalter und Gegenwart, 1984.

[12] Zur Ämterverfassung des frühneuzeitlichen Reiches vgl. *H. Duchhardt* (Fn. 7), S. 31ff., 83ff. sowie *H. Boldt* (Fn. 7), S. 256f., ferner P. Moraw, Organisation und Funktion von Verwaltung im ausgehenden Mittelalter (ca. 1350–1500), in: K.G.A. Jeserich / H. Pohl / G.-C. von Unruh (Hrsg.), Deutsche Verwaltungsgeschichte, Bd. 1: Vom Spätmittelalter bis zum Ende des Reiches, 1983, S. 21ff.

man könnte sagen: eine Art „institutionelles Minimum" bündischer Integration; aber das Schwergewicht der Macht lag weiter an den Höfen der großen Reichsstände. Umgekehrt wurde mit diesen Institutionen zugleich die Mitsprache der Reichsstände an den rudimentären Verfahren gemeinsamer Entscheidungsfindung besiegelt und festgeschrieben[13]. Ohne die jeweils konkret einzuholende Zustimmung der Reichsstände konnte es kein gemeinsames Handeln geben, womit allenfalls so etwas wie eine ‚Staatengemeinschaft' entstanden war, sicherlich aber kein ‚Staat' im modernen Sinne mit über bürokratische Apparate organisierten Mechanismen zentraler Entscheidungsfindung.

Durch die Reformation wurden dann Autonomie und Eigenständigkeit der Reichsstände noch verfestigt. Die bündischen Einungen der Reichsstände wurden zu konfessionellen Kampforganisationen – was hieß, daß der konfessionelle Bürgerkrieg sich in den föderalen Formen reichsrechtlicher Legitimität vollziehen konnte[14]. Der Herrschaftskompromiß der beiden Lager mußte im Gefolge noch den dezentralen Charakter des Reiches verfestigen, wurde doch die konfessionelle Zweiteilung des Gemeinwesens zum Grundaxiom der Verfassungsordnung des Reiches erhoben[15]. Die Sicherung und Bewahrung des konfessionellen Gleichgewichts als ‚ultima ratio' der frühneuzeitlichen Reichsordnung aber schloß eine Verfestigung zentraler – ‚staatlicher' – Herrschaftsinstitutionen denknotwendig aus.

Der Westfälische Friede von 1648 gab diesem labilen bündischen Gebilde dann noch eine internationale Absicherung bzw. Garantie: mit dem „Instrumentum Pacis Osnabrugense" erhob man den föderativen Charakter des Reiches geradezu zum Angelpunkt europäischer Gleichgewichtspolitik[16]. Bündnisrecht und Kriege der Reichsstände gegeneinander unter Einbeziehung auswärtiger Mächte sollten für dieses Gebilde in der Folge charakteristischer sein als gemeinsame Aktionen nach außen, wenn auch mit der „Reichsdefensionalordnung" und der Organisation in Reichskreisen Ansätze einer gemeinsamen Verteidigungsorganisation nach außen wie eines Monopols legitimer Gewaltsamkeit nach innen gelegt waren[17]. Versuche, den Reichsständen das ‚ius armorum' und das ‚ius foederis' als Attribute moderner Souveränität zu nehmen (so im Prager Frieden zwischen Kaiser bzw. Liga und Union 1635 beinahe geschehen), waren mit dem Westfälischen Frieden jedoch endgültig gescheitert[18]. Das Reich blieb ein Bund halb- und dreiviertelsouveräner Territorialherrschaften, die mit dem gemeinsam von Reichstag und Kaiser auszuübenden Recht einheitlicher Gesetzgebung und gemeinschaftli-

---

[13] Siehe v.a. *H. Boldt* (Fn. 7), S. 262ff. sowie *P.-J. Heinig* (Fn. 8), S. 18ff.

[14] *R. Koselleck* (Fn. 10), S. 611ff.

[15] Vgl. *H. Boldt* (Fn. 7), S. 267; *O. Kimminich* (Fn. 5), S. 215; *H. Duchhardt* (Fn. 7), S. 107ff., 121ff.; *K.O. von Aretin*, Das Alte Reich 1648–1806, Bd. 1, 1993, S. 20f., 44ff.

[16] Vgl. dazu insbes. *H. Duchhardt* (Fn. 7), S. 166ff. sowie *K.O. von Aretin* (Fn. 15), 22ff., ferner *G. Schmidt*, Der Westfälische Frieden – eine neue Ordnung für das Alte Reich?, in: R. Mußgnug (Red.), Wendemarken in der deutschen Verfassungsgeschichte, 1993, S. 45ff.

[17] Siehe dazu *H. Boldt* (Fn. 7), S. 270ff. und *K.O. von Aretin* (Fn. 15), S. 148ff.

[18] Siehe *H. Boldt* (Fn. 7), S. 274ff.; *H. Duchhardt* (Fn. 7), S. 163f.; *R. Koselleck* (Fn. 10), S. 615f.

cher Abgabenerhebung[19], bestimmten außen- und verteidigungspolitischen Reservatrechten des Kaisers, den in ständischer Selbstverwaltung vergemeinschafteten Befugnissen innerer Friedenswahrung sowie den Instituten gewissermaßen „supranationaler" Rechtsprechung durch Reichskammergericht und Reichshofrat[20] zwar wichtiger Souveränitätsrechte ermangelten, aufgrund des Fehlens einer echten Reichsexekutive jedoch kaum mehr irgendeiner Bedrohung in ihrer Eigenständigkeit unterlagen[21].

Die Befriedungsleistung dieses eigenartigen Gebildes, das sich allen Versuchen der Einordnung in den Kategorien moderner Staatslehren widersetzte[22], ist zwar lange Zeit unterschätzt worden[23]. Ein derartig heterogenes Gemisch von nach sprachlich-kultureller, konfessioneller wie politischer Prägung völlig unterschiedlichen Gemeinwesen konnte wohl kaum anders als in extrem dezentralen, „bündischen" Formen organisiert werden. Auch in der Wahrung persönlicher Freiheiten schnitt das System des alten Reiches wohl weit besser ab als gemeinhin unterstellt. Führt man den dezentralen Charakter des Reiches zusammen mit dem im Gefolge der Konfessionskonflikte verankerten ‚ius emigrationis', so war die Chance persönlicher Freiheitswahrung in einem solchermaßen durch Vielfalt der Glieder und Unterschiedlichkeit in der Entwicklung und Struktur der einzelnen Gemeinwesen gekennzeichneten losen „Staatenverbund" weit besser gewährleistet als in den auf Vereinheitlichung drängenden Zentralstaaten Westeuropas[24]. Machtpolitisch zukunftsweisend in einer zunehmend durch zentral verwaltete bürokratische Einheitsstaaten gekennzeichneten Welt war das „irregulare aliquod corpus et monstro simile" (*Pufendorf*) aber sicherlich nicht, wenn auch die Reichspublizistik des 18. Jahrhunderts mit *Johann Jakob Moser*, *Johann Stephan Pütter*, *Justus Möser* und *Johannes von Müller* ernsthafte Versuche einer Neubewertung (und Ehrenrettung) des Reichsgefüges im Sinne eines Gefüges ‚bündischer Integration' unternahm, das auf konföderativem Wege zur staatlichen Einheit führen könne.[25] Der Siegeszug der napoleonischen Heere, in dessen Gefolge

---

[19] Vg. dazu *H. Boldt* (Fn. 7), S. 273; *O. Kimminich* (Fn. 5), S. 231.

[20] Zur inneren Friedenswahrung und Gerichtsbarkeit vgl. *H. Duchhardt* (Fn. 7), S. 43ff., 84ff.; 96ff.; vgl. außerdem *K.O. von Aretin* (Fn. 15), S. 85ff., 142ff.

[21] Vgl. *H. Boldt* (Fn. 7), S. 270f., 276; *O. Kimminich* (Fn. 5), S. 236ff.

[22] Zum rechtsdogmatischen Streit des 17. und 18. Jahrhunderts um die richtige Einordnung des Reiches vgl. vor allem *O. Kimminich* (Fn. 5), S. 221ff.; *K.O. von Aretin* (Fn. 15), S. 37ff.; *R. Koselleck* (Fn. 10), S. 630ff.; *G. Schmidt* (Fn. 16), S. 48ff.; *B. Grzeszick*, Vom Reich zur Bundesstaatsidee, 1996, S. 54ff.; vgl. ferner eingehend *A. Randelzhofer*, Völkerrechtliche Aspekte des Heiligen Römischen Reiches nach 1648, 1967, S. 19ff., 297ff. sowie *B.M. Kremer*, Der Westfälische Friede in der Deutung der Aufklärung. Zur Entwicklung des Verfassungsverständnisses im Hl. Röm. Reich Deutscher Nation vom Konfessionellen Zeitalter bis ins späte 18. Jahrhundert, 1989, S. 46ff.

[23] Vgl. allerdings zum Wandel der allgemeinen Beurteilung im Gefolge der Aufklärung *K.O. von Aretin* (Fn. 15), S. 14, 24ff., 43f.

[24] So zu Recht *O. Kimminich* (Fn. 5), S. 274f.

[25] Vgl. nur *R. Koselleck* (Fn. 10), S. 632ff. und *K.O. von Aretin* (Fn. 15), S. 24ff., 43f., ferner eingehend *B. Grzeszick* (Fn. 22), S. 72ff., *B.M. Kremer* (Fn. 22), S. 67ff., *D. Wyduckel*, Ius Publicum. Grundlagen und Entwicklung des Öffentlichen Rechts und der deutschen Staatsrechtswis-

das Reich sang- und klanglos von der Bildfäche verschwand, beendete jedoch zunächst einmal die theoretischen Debatten über das Reich als ‚Staatenverein', als Keim einer künftigen nationalen Einung im „deutschen Bund" der Fürsten, Stände, ja der ganzen Nation.

Der Reichsdeputationshauptschluß brachte den (im Kern geradezu durch einen revolutionären Akt herbeigeführten) völligen Sieg der Territorialstaaten[26]. Der Gewaltstreich zulasten der kleineren Reichsstände höhlte die Legitimität des überkommenen Institutionengefüges endgültig aus. Man wird dies als den abschließenden Triumph der seit dem Mittelalter sichtbaren zentrifugalen Tendenzen sehen müssen[27]. Die nahezu völlig zur leeren Hülle verkommenen gemeinsamen Institutionen wurden im Gefolge wenig später sang- und klanglos aufgelöst[28]. Der Prozeß der Territorialstaatsbildung hatte seinen krönenden Abschluß in der Bildung vollsouveräner Klein- und Mittelstaaten gefunden. Der Sieg der modernen Territorialstaaten war dabei sogar ein doppelter: Es gelang ihnen nicht nur, die Einschränkungen ihrer Souveränität abzuschütteln, die in den gemeinsamen Institutionen des Reiches (als Staatenverbund mit eigenen Hoheitsbefugnissen) noch verkapselt gewesen waren, sondern zugleich konnten sie auch nach innen ihre Herrschaftsgewalt festigen. Die neuen Staaten wurden territorial konsolidiert, und gleichzeitig wurden die für das alte Reich so typischen Formen ständischer Selbstverwaltung und Mitregierung innerhalb der Territorien[29] abgeschafft (die noch im späten 18. Jahrhundert durch Interventionen der Reichsorgane zugunsten der Stände in Württemberg und Mecklenburg eine partielle Festigung erfahren hatten[30]). An die Stelle der vielfältig gestuften Mechanismen korporativer Selbstverwaltung und Partizipation trat der zentralisierte bürokratische Herrschaftsapparat des autoritären Einheitsstaates nach französischem Muster[31]. Auf begeisterte Zustimmung in Volk und Ständen stieß diese Entwicklung nicht, doch

---

senschaft, 1984, S. 194ff. sowie *M. Stolleis*, Geschichte des öffentlichen Rechts in Deutschland, Bd. 1, 1988, S. 258ff., 298ff., 309ff., 317ff.

[26] Zum Reichsdeputationshauptschluß vgl. *O. Kimminich* (Fn. 5), S. 280ff. sowie ausführlich *E.R. Huber*, Deutsche Verfassungsgeschichte seit 1789, Bd. I: Reform und Restauration, 1957, S. 42ff.

[27] Gleichwohl ist die Formulierung von *Ernst-Rudolf Huber* etwas übersteigert, wenn dieser schreibt: „Erst mit der Bildung vergrößerter und gefestigter deutscher Mittelstaaten konnte die Suprematie Österreichs in Deutschland endgültig gebrochen und die Libertät, die Unabhängigkeit der Territorien von Kaiser und Reich, zur Souveränität der deutschen Teilstaaten gesteigert werden. Sein schon im Westfälischen Frieden verfolgtes außenpolitisches Ziel, die sinnzerstörende Übersteigerung des deutschen Föderalismus zum Partikularismus und Separatismus, erreichte Frankreich damit vollends." – *E.R. Huber*, Verfassungsgeschichte Bd. I (Fn. 26), S. 41.

[28] Zur Auflösung des Reiches vgl. *E.R. Huber*, Verfassungsgeschichte Bd. I (Fn. 26), S. 68ff.

[29] Vgl. zu den Institutionen ständischer Mitregierung *H. Duchhardt* (Fn. 7), S. 181ff.

[30] Vgl. dazu *H. Duchhardt* (Fn. 7), S. 233ff. sowie allgemein zum Schutz der Rechte der Landstände durch Kaiser und Reichshofrat *K.O. von Aretin* (Fn. 15), S. 91ff.

[31] Besonders verdeutlicht wird dieser Charakter der Reformen bei *T. Nipperdey*, (Fn. 3), S. 70ff., der den „etatistisch-bürokratischen Zug" der Reformen herausstreicht. Vgl. aber daneben auch *E.R. Huber*, Verfassungsgeschichte Bd. I (Fn. 26), S. 87ff.; *T. Schieder* (Fn. 4), S. 173ff.; *H.-P. Ullmann*, Staatsverwaltung an der Wende vom 18. zum 19. Jahrhundert, in: R. Mußgnug (Red.), Wendemarken in der deutschen Verfassungsgeschichte, 1993, S. 123ff.

Alternativen waren kaum erkennbar. Der Obrigkeitsstaat hatte das Gesetz des Handelns an sich gerissen, und die Gesellschaft hatte sich mit den neuen Zuständen abzufinden. Während aber die Mehrheit der traditionellen Aristokratie, das Altbürgertum der ehemaligen Reichsstädte und Teile der Bauernschaft in rückwärtsgewandter Verklärung der Zustände des alten Reiches versanken, träumten radikale bürgerliche Intellektuelle schon vom nationalen Einheitsstaat nach dem Modell der französischen Republik. Die Mehrheit des Bürgertums dagegen freundete sich mit den neuen Staatswesen bald an (in Süddeutschland zumindest). „Für das aufstrebende Bürgertum, für den Liberalismus boten sich Staat und Monarchie – totz feudaler Restpositionen, trotz obrigkeitlicher Struktur – als Partner beim Fortgang der Reformen an."[32]

1.3. Der Deutsche Bund und der Kampf um die föderale Organisation des Reiches

Mit dem Wiener Kongreß wurde der politische Status quo, der durch die nunmehr vollsouveränen monarchisch-bürokratischen Fürstenstaaten geprägt war, völkerrechtlich festgeschrieben. Beherrschende Gebilde des deutschen Staatensystems waren – neben den in Macht und territorialem Umfang arrondierten Mächten Preußen und Österreich – die neuen Flächenstaaten Süd- und Mitteldeutschlands[33]. Bündische Integration, deren Notwendigkeit man durchaus einsah, erwies sich in der Folge nur noch in den souveränitätswahrenden Formen des Staatenbundes als verwirklichbar[34], obwohl auch bundesstaatlich orientierte Konzepte im Zusammenhang des Wiener Kongreßes zunächst erwogen worden waren[35]. Zwar ging die Verfassung des Deutschen Bundes in einigen Punkten doch über die rein völkerrechtlichen Kategorien der Gleichordnung hinaus[36]; neben der Wahrung der äußeren und inneren Sicherheit, die in den Händen eines klassischen Gesandtenkongresses lag, des Bundestages[37], bestanden aber weder

[32] *T. Nipperdey* (Fn. 3), S. 79; vgl. auch *T. Würtenberger*, Staatsverfassung an der Wende vom 18. zum 19. Jahrhundert, in: R. Mußgnug (Red.), Wendemarken in der deutschen Verfassungsgeschichte, 1993, S. 85, 99, 103ff., 107f.

[33] Zu Hintergrund und Ergebnissen dieser stabilitätsorientierten Konsolidierungspolitik vgl. *T. Nipperdey* (Fn. 3), S. 87ff. sowie *E.R. Huber*, Verfassungsgeschichte Bd. I (Fn. 26), S. 476ff.

[34] Vgl. insoweit nur *T. Nipperdey* (Fn. 3), S. 92ff. sowie in großer Detailfülle zu den Verhandlungen des Wiener Kongreßes *E.R. Huber*, Verfassungsgeschichte Bd. I (Fn. 26), S. 532f., 545ff.

[35] Zu den Bundesplänen, vor allem von Stein, Humboldt und Hardenberg, siehe *E.R. Huber*, Verfassungsgeschichte Bd. I (Fn. 26), S. 510ff.; *E. Deuerlein*, Föderalismus. Die historischen und philosophischen Grundlagen des föderativen Prinzips, 1972), S. 67ff.; *T. Nipperdey* (Fn. 3), S. 94ff.; *B. Grzeszick* (Fn. 22), S. 197ff.

[36] Zu den Ansätzen eines eigenen Exekutivapparates des Deutschen Bundes vgl. den Beitrag von *H.J. Schenk*, Ansätze zu einer Verwaltung des Deutschen Bundes, in: K.G.A. Jeserich / H. Pohl / G.-C. von Unruh (Hrsg.), Deutsche Verwaltungsgeschichte, Bd. 2: Vom Reichsdeputationshauptschluß bis zur Auflösung des Deutschen Bundes, 1983, S. 155ff.; vgl. ferner *R. Koselleck* (Fn. 10), S. 655ff.; *B. Grzeszick* (Fn. 22), S. 232ff.

[37] Zu Struktur und Kompetenzen des Bundestages (bzw. der Bundesversammlung, wie das

ernsthafte Kompetenzen noch Organe bündischer Integration: keine eigene Exekutive, kein echtes Bundesgericht, keine wirklichen Homogenitätsgarantien zugunsten der einzelstaatlichen Verfassungen mit entsprechenden Interventionsrechten[38]. Das Interventionsrecht entwickelte sich nur reaktiv, im Kampf gegen die liberal-demokratische Bewegung, d.h. im Interesse der Bewahrung des föderativ-staatenbündischen Charakters des Systems[39]. Zu weiteren nach der Wiener Schlußakte im Ansatz eigentlich möglichen gemeinsamen Regelungen und Politiken – wie in den Bereichen Zoll, Handel oder Schiffahrt – ist es dagegen nicht gekommen. Die preußisch-österreichische Doppelhegemonie (und der daraus folgende Dualismus), die das Funktionieren des Bundes prägten[40], ließ eine Intensivierung der Mechanismen bündischer Integration kaum zu. Gemeinsame Politik im Rahmen des Deutschen Bundes beruhte in der Regel auf der informellen Vorverständigung der beiden beherrschenden Mächte Österreich und Preußen, außerhalb des institutionellen Gefüges des Bundes[41]. Institutionell verdichtete Zusammenarbeit in einem Einzelbereich wie der Zollpolitik bedurfte daher, wenn überhaupt möglich, eines Arrangements außerhalb des Deutschen Bundes, wie die Gründung des parallel zum Deutschen Bund geschaffenen Zollvereins demonstrierte. Der unter dem Druck Preußens entstandene Zollverein gab den verstreuten preußischen Gebieten wie den nord- und mitteldeutschen Kleinstaaten eine Möglichkeit, wenigstens das aus ökonomischen Motiven für erforderlich gehaltene Minimum an Integration – rechtlicher und wirtschaftlicher Integration – herzustellen[42].

Der Deutsche Bund dagegen war in allererster Linie ein System der zwischenstaatlichen Friedenssicherung, der Wahrung von Stabilität (und Gleichgewicht) in Mitteleuropa[43]. Als solches lag sein Zweck jenseits der bürgerlich-liberalen

---

Organ ursprünglich hieß) vgl. *E.R. Huber*, Verfassungsgeschichte Bd.I (Fn.26), S.588ff., 594ff.

[38] Siehe *T. Nipperdey* (Fn.3), S.355ff. und *O. Kimminich* (Fn.5), S.322ff.; im Detail stellen sich in der Bewertung der Organ- und Kompetenzstruktur des Bundes aber immer noch erhebliche Zweifelsfragen, vgl. *E.R. Huber*, Verfassungsgeschichte Bd.I (Fn.26), S.598ff., 616, 619ff. sowie *W. Siemann*, Wandel der Politik – Wandel der Staatsgewalt. Der Deutsche Bund in der Spannung zwischen „Gesammt-Macht" und „völkerrechtlichem Verein", in: H. Rumpler (Hrsg.), Deutscher Bund und deutsche Frage 1815–1866, 1990, S.59ff.; vgl. auch jüngst *W. Mößle*, Die Verfassungsautonomie der Mitgliedstaaten des Deutschen Bundes nach der Wiener Schlußakte, Der Staat 33 (1994), S.373ff. sowie *B. Grzeszick* (Fn.22), S.237ff.

[39] Siehe *E.R. Huber*, Verfassungsgeschichte Bd.I (Fn.26), S.622, 631ff.; *R. Koselleck* (Fn.10), S.659; *T. Nipperdey* (Fn.3), S.355 sowie jüngst *W. Mößle* (Fn.38), S.379ff.

[40] Siehe zu dieser Frage die sehr quellenreiche Darstellung von *A. Kaernbach*, Bismarcks Konzepte zur Reform des Deutschen Bundes, 1991, S.20ff. sowie *E.R. Huber*, Verfassungsgeschichte Bd.I (Fn.26), S.667ff.

[41] Siehe *A. Kaernbach* (Fn.40), S.30ff.

[42] Vgl. dazu *E.R. Huber*, Deutsche Verfassungsgeschichte seit 1789, Bd.II: Der Kampf um Einheit und Freiheit 1830–1850, 1960, S.282ff.; *R. Koselleck* (Fn.10), S.659ff.; *T. Nipperdey* (Fn.3), S.358ff.; vgl. außerdem als detaillierte Darstellung zur Organisationsstruktur des Zollvereins den Beitrag von *F. Schönert-Röhlk*, Aufgaben des Zollvereins, in: K.G.A. Jeserich / H. Pohl / G.-C. von Unruh (Hrsg.), Deutsche Verwaltungsgeschichte, Bd.2: Vom Reichsdeputationshauptschluß bis zur Auflösung des Deutschen Bundes, 1983, S.286ff.

[43] Vgl. die Studie von *W.D. Gruner*, Der Deutsche Bund und die europäische Friedensord-

Vorstellungen bundesstaatlicher Integration Deutschlands in einem Gesamtstaat[44]. Im Gegenteil: Über die – gerade von Metternich[45] – bewußt angestrebte Ausrichtung auf die Wahrung von Gleichgewicht und Stabilität, die notwendig die Garantie der Unabhängigkeit und Unverletzlichkeit seiner Mitgliedstaaten einschloß, wurde der Deutsche Bund zum Instrument der Absicherung und Bewahrung des monarchisch-partikularstaatlich geprägten Status quo. Er war das „Vehikel der Restaurationspolitik"[46], das logische Gegenbild zum Reform- und Einheitsstreben der nationalliberalen bürgerlichen Bewegung, für die Streben nach institutioneller Reform, nach Konstitutionalisierung, und Streben nach Einheit Deutschlands in einem gemeinsamen Staat unauflösbar verknüpft waren[47]. Zwar war das Streben der eher kleinen Gruppe republikanisch Gesinnter nach einem nationalen Einheitsstaat französischen Musters, nach der „nation une et indivisible", das Anliegen einer radikalen Minderheit[48]. Das Gros des liberal gesinnten Bürgertums war eher reformistisch orientiert, hoffte auf eine evolutionäre Umbildung des Gefüges aus partikularen Fürstenstaaten in einen Bundesstaat konstitutioneller Monarchien[49]. Doch die Frontstellung des deutschen Republikanismus gegen jegliches bündische System hat hier eine erste frühe Prägung erfahren, wurde der Deutsche Bund doch (nicht ganz zu Unrecht) als fürstenstaatliches Bollwerk gegen die bürgerlichen Forderungen nach politischer Reform empfunden[50] – und die Erfahrungen der Folgezeit waren nicht dazu angetan, dieses früh gelegte Ressentiment abzubauen.

Im Entwurf der Bundesverfassung von 1849 fand das gemäßigt-reformistische Konzept der liberalen Mehrheit seinen geradezu idealtypischen Ausdruck. Die zunächst weitgehend erreicht scheinende Umformung der Einzelstaaten in kon-

---

nung, in: H. Rumpler (Fn. 38), S. 235ff., sowie *T. Nipperdey* (Fn. 3), S. 361ff.; *E.R. Huber*, Verfassungsgeschichte Bd. I (Fn. 26), S. 538.

44 In diesem Sinne siehe z.B. *T. Nipperdey* (Fn. 2), S. 70.

45 Vgl. dazu *E.R. Huber*, Verfassungsgeschichte Bd. I (Fn. 26), S. 530ff., insbes. 538ff., und *T. Nipperdey* (Fn. 3), S. 96ff.

46 Ausdruck von *T. Nipperdey* (Fn. 2), S. 71.

47 Vgl. *E.R. Huber*, Verfassungsgeschichte Bd. II (Fn. 42), S. 380ff., und *T. Nipperdey* (Fn. 3), S. 307ff., 387f.; vgl. außerdem *E.-W. Böckenförde*, Die Einheit von nationaler und konstitutioneller politischer Bewegung im deutschen Frühliberalismus, in: E.-W. Böckenförde (Hrsg.), Moderne deutsche Verfassungsgeschichte, 1815–1918, 1972, S. 27ff., insbes. 31ff.

48 Siehe *E.R. Huber*, Verfassungsgeschichte Bd. II (Fn. 42), S. 381f., 792; *E. Deuerlein* (Fn. 35), , S. 80; *T. Nipperdey* (Fn. 2), S. 73ff.

49 *T. Nipperdey* (Fn. 3), S. 73ff., 310; *E.R. Huber*, Verfassungsgeschichte Bd. II (Fn. 42), S. 381f.; vgl. als herausragende Verkörperung dieser Tendenz die einschlägigen Schriften von *F. von Gagern*, *P. Pfizer* und *C.T. Welcker* – siehe dazu *S. Brie*. Der Bundesstaat. Eine historisch-dogmatische Untersuchung, Erste Abtheilung, 1874, S. 50ff., ferner *B. Grzeszick* (Fn. 22), S. 279ff. sowie *M. Dreyer*, Föderalismus als ordnungspolitisches und normatives Prinzip. Das föderative Denken der Deutschen im 19. Jahrhundert, 1987, S. 110ff.

50 *T. Nipperdey* schreibt von der prägenden großen „Erfahrung der Zeitgenossen: der Bund, das Organ des Föderalismus, als Inkarnation der Restauration, des Systems Metternich, der Gegnerschaft gegen den liberal-nationalen Geist der Zeit, gegen den politischen Willen der Nation, den Willen zur Verfassung" – *ders.*, (Fn. 2), S. 71f.

stitutionelle Staaten parlamentarischer Prägung[51] sollte einhergehen mit der Bewahrung dieser Staaten in einem wirklichen Bundesstaat. „Wirklicher Bundesstaat", da das neuzugründende Deutsche Reich mit einer Zentralgewalt, einem föderativen Parlament und einer Bundesgerichtsbarkeit als Organen und mit eigenständigen Bundeskompetenzen als Wirkungsbereich durchaus als ein effektives System bündischer Integration angelegt war[52]. Interessant ist, daß schon dieser erste Entwurf einer deutschen Bundesverfassung vom Reich, also dem Gesamtstaat, als Träger der Souveränität ausging, dem die Befugnis zur Gestaltung seiner Verfassung – wenn auch unter gebührender Beteiligung der Gliedstaaten im Verfahren der Verfassungsänderung – zustehen sollte. „Dieser Bundesstaat beruht auf einer herrlichen Vereinigung von zwei Elementen, dem nationalen Elemente der Gemeinsamkeit, und dem Elemente partikularer Eigentümlichkeit ... Die Bundesgewalt verwirklicht den Nationalwillen, aber sie ist beschränkt durch organische Gesetze, welche nach dem Zwecke der Bundesverfassung die Grenzen der Macht bestimmen: sie fordert Gehorsam von jedem Einzelstaate, soweit dies notwendig zur Erreichung des Bundeszwecks ist."[53] Die dem Reichsparlament eingeräumte Gesetzgebungsgewalt sollte die Legislativbefugnis der Länder weitgehend verdrängen, und zudem sollte ein Verfassungsgericht des Reiches die Entscheidungsgewalt der Gliedstaaten in Verfassungsstreitigkeiten klar beschränken[54]. Die Reichsverfassung von 1849 trug damit bereits einen deutlich unitarischen Charakter[55], gerade auch wenn man sie mit ihren Vorbildern vergleicht, der amerikanischen Bundesverfassung sowie vor allem der nahezu zeitgleich zur Revolution von 1848/49 erarbeiteten Schweizerischen Bundesverfassung von 1848. Völlig aus der Luft gegriffen oder gar utopisch war ein derartiges Projekt eines Bundesstaates mit starker Zentralgewalt nicht, denkt man etwa – wie dies der Nationalversammlung vor Augen gestanden haben wird – an die zeitlich nahezu parallel erfolgte Umwandlung der Eidgenössischen Konföderation in einen echten Bundesstaat, bewirkt im Gefolge des Sonderbundkrieges mit der Schweizerischen Bundesverfassung von 1848[56].

---

[51] Vgl. *T. Nipperdey* (Fn. 3), S. 605f. sowie ausführlich zu den Ergebnissen der Märzrevolution in den Einzelstaaten *E.R. Huber*, Verfassungsgeschichte Bd.II (Fn. 42), S. 502ff.

[52] Die Literatur zur „Paulskirchenverfassung" ist nahezu unüberschaubar; vgl. insoweit nur die ausführliche Darstellung bei *E.R. Huber*, Verfassungsgeschichte Bd.II (Fn. 42), S. 767ff., insbes. S. 791ff. (zum Bundesstaatsproblem) und bei *J.-D. Kühne*, Die Reichsverfassung der Paulskirche, 1985, S. 29ff. sowie die umfangreiche Bibliographie in *D. Willoweit* (Fn. 11), S. 222f.; zur Rolle der Revolution von 1848 in der Entwicklung der „Bundesstaats"-Theorie vgl. auch die bis heute unentbehrliche dogmengeschichtliche Untersuchung von *S. Brie* (Fn. 49), S. 71ff.

[53] *C.J.A. Mittermaier*, Bericht des Verfassungsausschusses, Motivation zum Art. 1 der Reichsverfassung, in: Stenographische Berichte der Deutschen Nationalversammlung, Bd. 4, Sp. 2722ff. (29. 10. 1848) – zitiert nach *R. Koselleck* (Fn. 10), S. 665.

[54] Ibid.

[55] Siehe – neben *E.R. Huber*, Verfassungsgeschichte Bd.II (Fn. 42), S. 794 – vor allem *T. Nipperdey* (Fn. 2), S. 75.

[56] Zur Entstehung der Schweizer Bundesverfassung von 1848 vgl. *E. His*, Geschichte des neuern Schweizerischen Staatsrechts, Bd. 3, 1938, S. 12ff. sowie *E. Bucher*, Die Bundesverfassung von 1848, in: Handbuch der Schweizer Geschichte, Bd. 2, 1977, S. 987ff.

Der Versuch evolutionärer Umformung des deutschen Staatengefüges in einen modernen Bundesstaat, als der die Revolution von 1848 zu begreifen ist, scheiterte – wie bekannt – auf tragische Weise[57]. Das Vertrauen des deutschen Bürgertums in seine Fähigkeit, die notwendige Reform aus eigener Kraft durchzuführen, aber diesen Umbau zugleich in geordneten Bahnen zu halten, war mit dem Scheitern der Revolution von 1848 im Kern zerbrochen. Der Druck auf Reform des Deutschen Bundes war jedoch im Gefolge der Ereignisse von 1848/49 spürbar gestiegen. Das sogen. „Interim", das die preußisch-österreichische Doppelhegemonie institutionalisierte[58], mußte zwar nach kurzer Zeit der Wiederherstellung der alten staatenbündischen Institutionen weichen. Der Druck auf Reformen war damit aber nicht aufgefangen, und eine ganze Serie von Reformplänen beschäftigte die Politik der deutschen Höfe in den folgenden fünfzehn Jahren. Der preußische Versuch, mit der Erfurter Union die Gagern'sche Lösung eines „engeren" und eines „weiteren Bundes" durchzusetzen, war allerdings bereits 1851 gescheitert[59]. Das österreichische Streben nach Ausbau seiner „Präsidialmacht" dagegen stieß konstant auf das preußische Streben nach Anerkennung der vollen Gleichberechtigung[60]. Alle Vorstöße auf Weiterentwicklung der tradierten Verfassungsinstitutionen des Bundes über eine Ausweitung der Kompetenzen der Bundesorgane, die Verstärkung des Mehrheitsprinzips (gerade auch zulasten Preußens) und die allmähliche Umwandlung des staatenbündischen Gefüges in eine bundesstaatliche Konstruktion (wenn auch rein intergouvernementaler Prägung) wurden in der Folge von Preußen blockiert[61], das eine Mediatisierung unter österreichischer Vorherrschaft fürchtete[62].

Die Flucht nach vorne, die Preußen mit der Politik Bismarcks antrat, indem es im Bündnis mit der nationalliberalen Bewegung die Einigung der deutschen Länder in einem gemeinsamen Staat mit direkt gewählten Nationalparlament auf seine Fahnen schrieb[63], verschob die Positionen auf geradezu dramatische Weise. Bis

---

[57] Das tragische Dilemma der Beratungen um eine Bundesverfassung schildert eindringlich *T. Nipperdey* (Fn. 2), S. 75ff.; zur Verwerfung der Reichsverfassung vgl. die detaillierte Darstellung bei *E.R. Huber*, Verfassungsgeschichte Bd.II (Fn. 42), S. 851ff. sowie *T. Nipperdey* (Fn. 3), S. 661ff.; siehe außerdem *K. Griewank*, Ursachen und Folgen des Scheiterns der deutschen Revolution von 1848, in: E.-W. Böckenförde (Hrsg.), Moderne deutsche Verfassungsgeschichte, 1972, S. 40ff.

[58] Vgl. *E.R. Huber*, Verfassungsgeschichte Bd.II (Fn. 42), S. 883f. sowie *A. Kaernbach* (Fn. 40), S. 45ff.

[59] Zur „Erfurter Union" von 1849 vgl. *E.R. Huber*, Verfassungsgeschichte Bd.II (Fn. 42), S. 885ff. sowie *T. Nipperdey* (Fn. 3), S. 670ff., ferner *R. Koselleck* (Fn. 10), S. 666f.

[60] Siehe *A. Kaernbach* (Fn. 40), S. 73ff., 169ff. sowie *E.R. Huber*, Deutsche Verfassungsgeschichte seit 1789, Bd.III: Bismarck und das Reich, 1963, (Fn. 42), S. 129ff.

[61] Vgl. *T. Nipperdey* (Fn. 3), S. 684ff., 704ff. sowie die detaillierte Darstellung von *A. Kaernbach* (Fn. 40), S. 74ff., 97ff., 158ff., 191ff. und von *E.R. Huber*, Verfassungsgeschichte Bd.III (Fn. 60), S. 399ff., insb. S. 418ff., 434ff.

[62] Siehe die entsprechenden Äußerungen Bismarcks in seiner Zeit als Bundestagsgesandter, wiedergegeben bei *A. Kaernbach* (Fn. 40), S. 80ff.

[63] Vgl. zur Entwicklung dieser Politik die Studie von *A. Kaernbach* (Fn. 40), dort insb. 108ff., 121ff., 133ff., 187ff., 211f., 220ff. sowie *T. Nipperdey* (Fn. 3), 765ff., 778f.

in das Jahr 1863 hinein hatte Bismarck – wie neuere Forschungen belegen[64] – eher eine Reform des Deutschen Bundes nach preußischen Vorstellungen angestrebt als die (im Kern beinahe revolutionäre) Vereinigung in einem Bundesstaat. Erst das Scheitern seiner Einigungsbemühungen mit Österreich brachte ihn dazu, die Zerstörung des Deutschen Bundes hinzunehmen, ja diese gar anzustreben, und an dessen Stelle den alternativen Entwurf des Zollvereins zur Grundlage seiner Politik einer (mehr oder weniger zwangsweisen) Integration der deutschen Staaten in einem Bundesstaat unter preußischer Vorherrschaft zu erheben.

Dieser Wechsel der Initiative erwies sich für das Verfassungsmodell des daraus hervorgegangenen Bundesstaates als äußerst folgenreich. Als Motor der Integration war das auf Festigung seiner Vormachtstellung bedachte Königreich Preußen und dessen Bürokratie an die Stelle der vormals als treibende Kraft fungierenden bürgerlichen Nationalbewegung getreten. Doch damit ist man schon bei der Entstehungsgeschichte der Verfassung des Deutschen Reiches von 1871, die im folgenden Kapitel untersucht sei.

[64] Siehe dazu vor allem die detaillierte Studie von *A. Kaernbach* (Fn. 40), dort insbes. S. 191ff., 198ff.; vgl. außerdem *T. Nipperdey* (Fn. 3), S. 774ff.

2. Kapitel:
Das Deutsche Reich und dessen Bundesverfassung

2.1. *Die Konstruktionsprinzipien der Reichsverfassung von 1867/1871*

Für *Bismarck* und seine Zeitgenossen war es unter der Perspektive der politischen Notwendigkeiten eine Selbstverständlichkeit, daß der Zusammenschluß der deutschen Staaten nur in den Formen einer bundesstaatlichen Verfassung möglich war[1]. Allerdings: Das Kalkül gerade Bismarcks ging – nach allem, was wir inzwischen aus der insoweit sehr intensiven historischen Forschung wissen – weit über diese Anerkennung praktischer Notwendigkeiten hinaus[2]. Die föderale Konstruktion des neuen Staates sollte ganz bewußt dazu dienen, die parlamentarisch-demokratischen Elemente der neuen Verfassung in einen Rahmen zu stellen und so einzudämmen. Die Forderung nach dem nationalen Parlament, in direkten und gleichen Wahlen bestimmt, war als revolutionäre Waffe gedacht gewesen, auch in der Hand der preußischen Regierung[3]; sie stiftete nicht nur das Bündnis mit der national-liberalen Bewegung, sondern half zugleich Österreich auszuste-

---

[1] Siehe zu den immer in bundesstaatlichen Kategorien geprägten Vorstellungen Bismarcks von einem deutschen Staat unter preußischer Führung *A. Kaernbach*, Bismarcks Konzepte zur Reform des Deutschen Bundes, 1991, S. 122f.; vgl. auch *T. Nipperdey*, Deutsche Geschichte 1866–1918, Bd.II, 1992, S. 40f. sowie *P. Laband*, Die Wandlungen der deutschen Reichsverfassung, 1895, S. 5ff.

[2] „Das Ergebnis des Kompromisses unter der bestimmenden Prägung des Siegers Bismarck war das komplizierte Gefüge der Verfassung (...), das Neben- und Gegeneinander von Bundesrat, Reichskanzler und Reichstag, von Reich und Preußen, ein Gefüge gegenseitiger Abhängigkeiten und Hemmungen, die Eindämmung eines möglichen Parlamentarismus durch den Föderalismus und die Eindämmung des überlieferten „Partikularismus" durch den unitarischen Zug des Reiches." – *T. Nipperdey* (Fn. 1), S. 109; vgl. daneben auch *H. Boldt*, Deutscher Konstitutionalismus und Bismarckreich, in: M. Stürmer (Hrsg.), Das kaiserliche Deutschland, 1970, S. 119ff.; *G.A. Craig*, Deutsche Geschichte 1866–1945, 1981, S. 45ff.; *T. Schieder*, Vom Norddeutschen Bund bis zum Ende der Monarchie. Grundzüge der politischen Entwicklung und geistige Grundlagen, in: K.G.A. Jeserich / H. Pohl / G.-C. von Unruh (Hrsg.), Deutsche Verwaltungsgeschichte III, 1984, S. 1ff., 5. Siehe außerdem die Tübinger Antrittsvorlesung von *G. Anschütz*, Bismarck und die Reichsverfassung, 1899, S. 2ff.; *H. Preuß*, Großdeutsch, Kleindeutsch und die Idee des nationalen Staates, in: H. Preuß, Obrigkeitsstaat und großdeutscher Gedanke, 1916, S. 27, 50f. sowie *E. Kaufmann*, Bismarcks Erbe in der Reichsverfassung, 1917, S. 21ff.

[3] Das „demokratische Wahlrecht war für Bismarck nach seinem eigenen Ausdruck die stärkste seiner Künste im politischen Streite um die Vorherrschaft in Deutschland" – *H. Preuß*, Die Wandlungen des deutschen Kaisergedankens, 1917, S. 19. Siehe auch *T. Nipperdey*, Deutsche Geschichte 1800–1866, 1983, S. 707, 766, 778f. sowie *A. Kaernbach* (Fn. 1), S. 193ff.

chen im Kampf um die Hegemonie im neuen Bund. Es war jedoch eine gefährliche Waffe, die der Gegenmittel bedurfte, zumindest in den Augen eines Konservativen wie Bismarck[4]. Dieses Gegenmittel lieferte der Bundesstaat. Bundesstaatlichkeit hieß in der Konstruktion der neuen Verfassung, daß das nationale Parlament auf die Gesetzgebung beschränkt blieb. Exekutivische Organe des Bundes waren eigentlich kaum vorgesehen. Regierung und Verwaltung blieben Domäne der Gliedstaaten, mit der preußischen Regierung als quasi kommissarischem Verwalter der Außen- und Verteidigungspolitik, den Regierungen der Bundesstaaten ansonsten als nahezu uneingeschränkten Inhabern der internen Exekutivgewalt[5]. Regierung und Verwaltung in den Ländern aber waren eine Angelegenheit der monarchischen Exekutiven. Abstimmung der einzelstaatlichen Politiken und Kontrolle der Regierungsakte des Bundes wurde dementsprechend nahezu alleinige Domäne des Bundesrates, als der Vertreterversammlung der monarchischen Exekutiven der Gliedstaaten. Die für die konkrete Machtverteilung im neuen Staate so entscheidende Exekutivgewalt konnte damit in den Händen der monarchisch geprägten Bürokratien gehalten werden, und das in sich eigentlich revolutionäre Element der allgemeinen und gleichen Volkswahl wurde vereinbar, da eingegrenzt in seiner Bedeutung, mit dem semi-konstitutionellen Staatsmodell des monarchisch-bürokratisch geprägten deutschen Fürstenstaates des 19. Jahrhunderts[6].

Der Urtypus dieses Verfassungsmodells läßt sich schon in voller Klarheit in der Verfassung des Norddeutschen Bundes von 1867 aufweisen[7]. Diese Verfassung war – wie *Thomas Nipperdey* es resümierend ausgedrückt hat – „Waffenstillstand und Kompromiß“[8]. Sie hat „föderalistische und parlamentarische Prinzipien ge-

---

[4] Vgl. insbes. *T. Nipperdey* (Fn. 1), S. 107ff., und *H. Boldt* (Fn. 2), S. 128ff. *E. Kaufmann* (Fn. 2), S. 22f., hat dies in den Satz gefaßt: „Der Föderalismus war und blieb Bismarck nicht alleiniger Selbstzweck, so sehr seine Äußerungen im Reichstage diesen Schein erwecken könnten, sondern er ist ihm zugleich und nicht minder stark Kampfmittel gegen jede Parlamentarisierung.“

[5] Vgl. dazu nur die knappe Analyse der Verfassung des Norddeutschen Bundes bei *T. Nipperdey* (Fn. 1), S. 40ff. sowie *G.A. Craig* (Fn. 2), S. 46, außerdem *E. Kaufmann* (Fn. 2), S. 21ff.

[6] Siehe dazu nur *H. Boldt* (Fn. 2), S. 119ff.; *G.A. Craig* (Fn. 2), S. 46, sowie *T. Nipperdey*, der von „Bismarcks komplizierter Konstruktion“ schreibt, „den Bundesrat als kaum greifbaren Gegenpol des Parlamentes zu installieren und so eine Parlamentarisierung nach Möglichkeit zu blockieren“ – *T. Nipperdey* (Fn. 1), S. 43. Im gleichen Sinne auch schon *H. Preuß*, Das deutsche Volk und die Politik, 1916, S. 152ff. sowie *C. Schmitt*, Hugo Preuss: Sein Staatsbegriff und seine Stellung in der deutschen Staatslehre, 1930, der die Bismarck'sche Reichsverfassung als ein „System umgangener Entscheidungen“ kennzeichnete – ebda., S. 6f.

[7] Zu Entstehung und Gehalt der Bundesverfassung von 1867 vgl. insbes. *E.R. Huber*, Deutsche Verfassungsgeschichte seit 1789, Bd. III: Bismarck und das Reich, 1963, S. 644ff., 655ff.; vgl. außerdem die recht ausführliche Darstellung der Entstehungsgeschichte bei *A. Haenel*, Deutsches Staatsrecht Bd. I, 1892, S. 14ff. sowie bei *M. von Seydel*, Kommentar zur Reichsverfassung, 2. Aufl. 1897, S. 13ff., ferner *L. Le Fur / P. Posener*, Bundesstaat und Staatenbund, 1902, S. 120ff. und *G. Grosch*, Die Gründung des Norddeutschen Bundes und des Deutschen Reiches, AöR 29 (1912), S. 126ff.

[8] *T. Nipperdey* (Fn. 1), S. 797; im gleichen Sinne siehe auch *E.R. Huber*, Verfassungsgeschichte Bd. III (Fn. 7), S. 774f.

geneinander ausbalanciert. Sie hat gewiß die Parlamentsmacht durch einen föderalistischen Bundesrat und die Position der Regierung sehr eingeschränkt, ja blockiert, aber sie hat auch ein dynamisches Parlament auf der Grundlage des allgemeinen Wahlrechts geschaffen und konsolidiert. Sie hat eine nicht-parlamentarische Herrschaftsordnung auf Zeit gesichert, aber sie hat auch ein dualistisches Gleichgewichtssystem installiert, das viele Entwicklungsmöglichkeiten gerade des Parlamentes bot."[9] Festzuhalten bleibt aber: Die Grenzen dieses Modells beschränkter parlamentarischer Mitwirkung waren eindeutig. Trotz des Einstiegs in eine weitreichende Gesetzgebungstätigkeit war das Parlament in einer ganz eigenen Art von faktischer Zuständigkeitsverteilung gefangen: Wirtschaft und Recht wurden eine Domäne der Liberalen (über das Parlament), Militär und Außenpolitik dagegen blieben allein Sache der monarchischen Regierung[10]. Und diese Regierung zeigte bald eine andere Struktur als ursprünglich gedacht. Der Bundesrat (als eher schwerfälliges föderales Organ) war unfähig, als wirkliche Exekutive zu fungieren[11], sodaß das Amt des Bundeskanzlers, ursprünglich von Bismarck nur als eine Art Geschäftsstellenleiter des Bundesrates konzipiert[12], sich schnell gegenüber dem Bundesrat verselbständigte und ein beträchtliches politisches Eigengewicht gewann[13].

Ähnliches ließe sich für das durch den revidierten Zollvereinsvertrag geschaffene Zollparlament sagen. Letztlich war es nichts anderes als ein durch ebenfalls direkt und allgemein gewählte Abgeordnete aus den vier Südstaaten und Luxemburg erweitertes Parlament des Norddeutschen Bundes, mit einer Beschränkung auf den Kompetenzbereich des Zollvereins[14]. Auch hatten die Regierungen der Einzelstaaten weiter die exekutivischen Funktionen in der Hand, was bei dem Machtungleichgewicht zugunsten Preußens hieß, daß auch hier ein Modell eines „hegemonialen Bundesstaates" entstanden war[15].

Die Reichsgründung von 1871[16] setzte den Schlußstrich unter die 1848 einge-

---

[9] *T. Nipperdey* (Fn. 1), 797; vgl. auch im gleichen Sinne *G.A. Craig* (Fn. 2), S. 49.

[10] *T. Nipperdey* (Fn. 1), S. 48; vgl. auch *E.R. Huber*, Verfassungsgeschichte Bd.III (Fn. 7), S. 657.

[11] Siehe dazu *H.O. Meisner*, Bundesrat, Bundeskanzler und Bundeskanzleramt (1867–1871), in: E.-W. Böckenförde (Hrsg.), Moderne deutsche Verfassungsgeschichte 1815–1918, 1972, S. 76ff.; vgl. außerdem *E.R. Huber*, Verfassungsgeschichte Bd.III (Fn. 7), S. 849.

[12] Vgl. *E.R. Huber*, Verfassungsgeschichte Bd.III (Fn. 7), S. 651, 658ff.; *H.O. Meisner* (Fn. 11), S. 78; *P. Laband*, Wandlungen der Reichsverfassung (Fn. 1), S. 9.

[13] *T. Nipperdey* (Fn. 1), S. 48, 100f.; *E.R. Huber*, Verfassungsgeschichte Bd.III (Fn. 7), S. 658ff., 821ff.; *H.O. Meisner* (Fn. 11), S. 77ff.; *H. Boldt* (Fn. 2), S. 126; *G.A. Craig* (Fn. 2), S. 59f.; siehe außerdem *P. Laband*, Wandlungen der Reichsverfassung (Fn. 1), S. 10ff.

[14] Zur Revision des Zollvereinsvertrages und zur Stellung des Zollparlamentes vgl. *E.R. Huber*, Verfassungsgeschichte Bd.III (Fn. 7), S. 629ff. sowie *T. Nipperdey* (Fn. 1), S. 30ff.; vgl. daneben aber auch *A. Haenel*, Deutsches Staatsrecht Bd.I (Fn. 7), S. 37ff.

[15] Ausdruck von *E.R. Huber*, vgl. *ders.*, Verfassungsgeschichte Bd.III (Fn. 7), S. 635.

[16] Der Begriff der „Reichsgründung" ist nicht unproblematisch. Die Frage, ob es sich bei der „Reichsgründung" von 1871 tatsächlich um die konstitutive Neugründung eines Staates gehandelt habe, war und ist umstritten. Die herrschende Lehre in der Staatsrechtsliteratur der Kaiserzeit nahm an, die Vorgänge von 1871 seien nur als eine Erweiterung des Norddeutschen Bundes

leitete verfassungsrechtliche Entwicklung zum kleindeutschen Bundesstaat. Zwar kam die Reichsverfassung den Forderungen der Nationalliberalen nach Einheit formal nur sehr bedingt entgegen – *Heinrich von Treitschke* zum Beispiel hatte noch 1865 verkündet, das Beispiel von Bundesstaaten wie der USA oder der Schweiz sei auf Deutschland in keiner Weise anwendbar, denn nichts anderes als der Einheitsstaat sei das Ziel der Geschichte Deutschlands[17]. Dieser Einheitsstaat jedoch war nicht nur für die Monarchen und Regierungen der Einzelstaaten inakzeptabel, sondern paßte auch nicht in das verfassungspolitische Kalkül, das *Bismarck* verfolgte. Die Verfassung solle – so hatte er schon 1867 erklärt – in der Form noch an einen Staatenbund erinnern, praktisch dagegen solle sie die Form eines Bundesstaates aufweisen, mit „elastischen, unscheinbaren, aber weitgreifenden Ausdrücken“[18]. Die Norddeutsche Bundesverfassung von 1867 war diesen Vorgaben in nahezu idealer Weise gerecht geworden; insoweit war es dann nur folgerichtig, daß die neue Reichsverfassung nur eine geringfügig modifizierte Variante der Verfassung des Norddeutschen Bundes war.

Der neue Staat verband – wie es einer der großen Kenner der deutschen Geschichte des 19.Jahrhunderts ausgedrückt hat – „unterschiedliche Traditionen und Prinzipien der mächtigen Kräfte der Zeit in einer kunstvollen, vielleicht künstlichen Synthese: die national-unitarischen, die föderativen, die hegemonialen, die liberalen und die obrigkeitlich-antiparlamentarischen Prinzipien“[19]. Das im allgemein, gleich und direkt gewählten Reichstag verkörperte liberale Prinzip der Volkssouveränität wurde aufgefangen und eingegrenzt durch das im Bundesrat in das System integrierte traditionelle Prinzip der monarchischen Souveränität[20]. Die nach vorne, auf Unitarisierung drängende Gesetzgebungstätigkeit des bürgerlichen Parlamentes wurde ausbalanciert durch die alleinige Verfügungsgewalt der monarchischen Bürokratien über die Exekutivgewalt, für die Polizei und Innenverwaltung die der einzelstaatlichen Fürsten, für Außenpolitik und Militär die Gewalt des „Kaisers“ und preußischen Königs als des exekutivischen Organs des Bundes[21]. Die Einordnung dieses Gefüges in den Kategorien der ‚Souveräni-

---

unter gleichzeitiger Umbenennnung und verfassungsrechtlicher Reorganisation anzusehen – vgl. insoweit die umfangreichen Nachweise der zeitgenössischen Literatur bei *E.R. Huber*, Verfassungsgeschichte Bd.III (Fn.7), S.761, sowie *G. Grosch* (Fn.7), S.163ff. *E.R. Huber* dagegen vertritt mit durchaus plausiblen Argumenten die These, das Reich von 1871 sei tatsächlich als ein neuer Bundesstaat anzusehen – siehe *ders.*, Verfassungsgeschichte Bd.III (Fn.7), S.764ff.

[17] Siehe dazu *T. Nipperdey*, Der Föderalismus in der deutschen Geschichte, in: T. Nipperdey, Nachdenken über die deutsche Geschichte, 1986, S.60ff., 79.

[18] Zitiert nach *T. Nipperdey* (Fn.17), S.80; vgl. auch *E. Kaufmann* (Fn.2), S.34.

[19] *T. Nipperdey* (Fn.17), S.80. *Carl Schmitt* hat dies pejorativ als einen „dilatorischen Kompromiß von Monarchie und Demokratie“ bezeichnet – *C. Schmitt* (Fn.6), S.7.

[20] Siehe hierzu insbes. *G.A. Craig* (Fn.2), S.50, sowie *E.R. Huber*, Verfassungsgeschichte Bd.III (Fn.7), S.774f., 849.

[21] Siehe das scharf formulierte Urteil von *T. Nipperdey* über die Grundkonstruktion der Reichsverfassung: „Reichsleitung und Bundesrat waren (...) ganz und gar verzahnt. Die verfassungsmäßige Stellung der unverantwortlichen verbündeten Regierungen relativierte die Verantwortlichkeit des Kanzlers, konterkarierte eine verantwortliche Regierung des Reiches – das war der Sinn der komplizierten Konstruktionen. Der Föderalismus war als Schutzschild des monar-

tät' oder gar der ‚Kompetenz-Kompetenz' – eines (Kampf-)Begriffes, der erst in der Auseinandersetzung mit den Verfassungen von 1867 und 1871 seine eigentliche Prägung fand – bereitete der Staatsrechtslehre erhebliche Schwierigkeiten[22]. Dies ist auch kaum verwunderlich: Ob nun eigentlich die ‚Souveränität' beim Volke oder bei den Monarchen, beim Bund oder den Ländern lag, war in der Verfassung letztlich offengeblieben[23].

Das war angesichts der widerstrebenden verfassungspolitischen Zielsetzungen von Altkonservativen und Liberalen, von Föderalisten und Unitariern, von Regierungen der Einzelstaaten als Verteidigern des status quo und Verfechtern des nationalen Einheitsstaates als Anhängern einer gesamtsstaatlichen Parlamentarisierung auch weise, wenn es auch den Kern eines langandauernden verfassungstheoretischen Streites in der Staatsrechtslehre der Kaiserzeit gelegt hat[24]. Die Of-

---

chischen Prinzips gegen ein Vordringen des Reichsparlaments und gar den Parlamentarismus organisiert." – *T. Nipperdey* (Fn. 1), S. 93; vgl. aber auch *G.A. Craig* (Fn. 2), S. 46ff. sowie *T. Schieder* (Fn. 2), S. 5ff., außerdem *H. Preuß* (Fn. 2), S. 51.

[22] Die Staatsrechtslehre vor 1918 hat diese Frage weitgehend mit der Formel von der „Fürstenaristokratie" beantwortet, und vom Bundesrat als dem letztlichen Träger der Souveränität. Die spätere unitarisch-republikanische Staatslehre hat sich mit dieser Konstruktion dann sehr schwer getan. Schon *R. Thoma* hat die Konzeption als „konstruktiv unhaltbar und politisch irreführend" bezeichnet – *R. Thoma*, Das Staatsrecht des Reiches, in: G. Anschütz / R. Thoma (Hrsg.), Handbuch des deutschen Staatsrechts Bd.I, 1930, S. 72 – und *E.R. Huber* schrieb im Rückblick von einem „verblüffenden Anachronismus", der einzig dazu gedient habe, sich dem „politisch allein relevanten Meinungsstreit, ob das Reich eine Monarchie oder eine Demokratie sei, durch eine scheinwissenschaftliche Verschiebung der Fragestellung" zu entziehen – *E.R. Huber*, Verfassungsgeschichte Bd.III (Fn. 7), S. 849.

[23] Die traditionelle Verfassungsgeschichtsschreibung hat diesen Befund – wenn auch mit etwas anderer Zielrichtung – schon deutlich herausgearbeitet. *E.R. Huber* allerdings ist hier wohl etwas zu harmonisierend, wenn er von der „lebendigen Spannung" spricht, die „zwischen der demokratischen und der monarchischen Komponente der Verfassung" bestanden habe und die dem System ein „inneres Gewaltengleichgewicht" vermittelt habe – *E.R. Huber*, Verfassungsgeschichte Bd.III (Fn. 7), S. 774f.

[24] Ein Teil der Verfassungsrechtsliteratur ging davon aus, Träger der Souveränität unter der Reichsverfassung von 1871 sei allein das Reich – siehe in diesem Sinne *P. Laband*, Das Staatsrecht des Deutschen Reiches, Bd.I, 1.Aufl. 1876, S. 73ff.; *A. Haenel*, Studien zum Deutschen Staatsrechte, Erste Studie: Die vertragsmäßigen Elemente der Deutschen Reichsverfassung, 1873, S. 239ff.; *O. Mejer*, Einleitung in das Deutsche Staatsrecht, 2.Aufl. 1884, S. 25ff., 294f.; *P. Zorn*, Staatsrecht des deutschen Reiches, 2.Aufl. 1895, S. 61ff.; siehe außerdem *E.R. Huber*, Verfassungsgeschichte Bd.III (Fn. 7), S. 786f., 791, 794ff. Eine gegenteilige Position vertrat – gestützt auf die Annahme eines staatenbündischen Charakters des Reiches – v.a. *M. von Seydel*, der behauptete, Inhaber der Souveränität seien allein die Gliedstaaten – *M. von Seydel*, Der Bundesstaatsbegriff, ZGStW 28 (1872), S. 185ff.; *ders.*, Kommentar zur Reichsverfassung, 2.Aufl. 1897, S. 13ff. Eine dritte, vermittelnde Lehre ging für den Bundesstaat von einer zwischen Bund und Staaten geteilten Souveränität aus – vgl. dazu grundlegend *G. Waitz*, Grundzüge der Politik, 1862, S. 42ff., 162ff.; außerdem *R. von Mohl*, Encyclopädie der Staatswissenschaften, 2.Aufl. 1872, S. 367; *G. Meyer*, Staatsrechtliche Erörterungen über die Deutsche Reichsverfassung, 1872, S. 12ff., 74ff.; *J.C. Bluntschli*, Allgemeine Staatslehre, 6.Aufl. 1886, S. 560ff.; *F. von Martitz*, Das Staatsrecht des deutschen Reichs von P. Laband. Eine Kritik, ZStW 32 (1876), S. 555. Als Überblick über den Meinungsstand vgl. die Darstellung von *A. Haenel*, Deutsches Staatsrecht Bd.I (Fn. 7), S. 201ff. sowie *H. Preuß*, Gemeinde, Staat, Reich als Gebietskörperschaften, 1889, S. 33ff.

fenheit der Verfassung war nicht nur Schwäche, sondern sie war Stärke zugleich, denn sie hielt das Verfassungssystem offen für weitere Entwicklung. Sie versprach den Kämpfern für gesamtdeutsche Einheit wie für Verfassungsstaatlichkeit und Volkssouveränität einen Spielraum für verstärkte Integration und Unitarisierung sowie für den Ausbau parlamentarischer Mitwirkungsbefugnisse, ohne die einzelstaatlichen Souveräne, deren Zustimmung es für die Gründung des Bundesstaates bedurfte, durch allzu weitgehende offene Zugeständnisse an den nationalliberalen Zeitgeist zu verprellen[25]. Das System war entwicklungsoffen angelegt, bedurfte der weiteren Ausfüllung in der Verfassungspraxis[26].

Gleichwohl sind wichtige Grundbausteine des deutschen Bundesstaatsmodells in dieser Kompromißverfassung von 1867 bzw. 1871 entscheidend geprägt worden. Dies gilt zum einen für den fundamentalen Ansatz der Kompetenzaufteilung, der prinzipiell zwischen Gesetzgebungskompetenzen einerseits und Verwaltungs- bzw. Vollzugskompetenzen andererseits trennt, zum anderen für das bis heute beibehaltene Bundesratssystem als einer direkten Mitwirkung der Landesregierungen an der Gesetzgebung des Bundes. Beides sind Konzepte, die eng miteinander zusammenhängen.

Die Aufspaltung und Trennung von Gesetzgebungskompetenzen einerseits, Vollzugs- bzw. Verwaltungskompetenzen andererseits war eine Konzeption, die zeitgenössischen Bundesstaatssystemen eher fremd war[27]. Traditionelle Bundesstaatsverfassungen wie die der USA versuchten die Ebenen der Staatlichkeit in ihrem Tätigkeitsbereich möglichst strikt voneinander zu trennen[28], indem sie bestimmte sachlich definierte Politikbereiche den gedanklich zunächst als allzuständig gedachten Gliedstaaten entzogen und dem Bund als Kompetenz zuwiesen. Wenn in einem bestimmten Politikbereich kompetent, dann sollte der Bund diesen aber auch vollumfänglich betreuen dürfen, in Gesetzgebung wie in Regierung

---

[25] Siehe in diesem Zusammenhang v.a. die Äußerung des Abgeordneten *von Sybel* in der verfassungsberatenden Sitzung des Reichstages 1871, in der er als Aufgabe der Verfassungsgebung formulierte: „die Bildung einer lebensfähigen Centralgewalt für Deutschland, stark genug, um alle Culturaufgaben des modernen Staates wirksam und schöpferisch in die Hand zu nehmen, und doch so weit beschränkt, um den deutschen Fürsten und Particularstaaten nicht das Gefühl der vollständigen Unterwerfung und Mediatisierung zu geben, und doch so weit abhängig von der parlamentarischen Organisation, um das politische Gewissen der gesammten Nation nicht zu verletzen" – zitiert nach *M. von Seydel*, Kommentar zur Reichsverfassung (Fn. 24), S. 121f.

[26] Vgl. *T. Nipperdey* (Fn. 1), S. 85ff.

[27] Dieser Unterschied zwischen der Bundesstaatskonstruktion des Deutschen Reiches und denen der klassischen Bundesstaaten USA und Schweiz wurde schon von den Zeitgenossen wahrgenommen, so z.B. besonders deutlich von *J.C. Bluntschli* in seiner Staatslehre – *J.C. Bluntschli*, Allgemeine Staatslehre, 6. Aufl. 1886, S. 561f.; siehe außerdem *G. Anschütz*, Bismarck und die Reichsverfassung, 1899, S. 13ff.; *H. Triepel*, Die Reichsaufsicht, 1917, S. 71ff. sowie *E. Kaufmann* (Fn. 2), S. 64ff. Der zeitgenössischen Bundesstaatstheorie bereitete diese Abweichung vom vorausgesetzten „Idealtyp" des Bundesstaates allerdings erhebliche Schwierigkeiten – siehe dazu den Literaturüberblick von *S. Brie*, Der Bundesstaat. Eine historisch-dogmatische Untersuchung, Erste Abtheilung: Geschichte der Lehre vom Bundesstaate, 1874, S. 155ff., insbes. S. 160–183.

[28] Siehe *J.C. Bluntschli* (Fn. 24), S. 561, außerdem *G. Anschütz* (Fn. 27), S. 13f.; *E. Kaufmann* (Fn. 2), S. 65; *H. Triepel* (Fn. 27), S. 73f., 78

und Verwaltung. Die Idee, die Gesetzgebung zu einer einzelnen Sachfrage dem Parlament des Bundes zuzuweisen, die exekutivische Durchführung der so in ihrem rechtlichen Rahmen vorbestimmten Politik dann aber den Verwaltungen der Länder zu überlassen, war dem vor allem von der Anschauung des amerikanischen Systems geprägten zeitgenössischen Bundesstaatsverständnis zunächst eher fremd. Für die deutsche Bundesverfassung von 1867 bzw. 1871 jedoch war gerade diese Aufspaltung staatlicher Befugnisse und Aufgaben kennzeichnend, mit gleichzeitiger Verkettung von Reich und Einzelstaaten über die partikularstaatliche Ausführung der Reichsgesetzgebung[29]. Die Gründe dafür sind oben schon angedeutet: Bismarck, der die Grundlinien der Verfassung im Entwurfsstadium maßgeblich bestimmte, wollte den nationalliberalen Forderungen nach Parlamentarisierung und Integration über ein direkt gewähltes gesamtdeutsches Parlament formal weit entgegenkommen. Zugleich wollte er aber die Exekutive möglichst vollumfänglich gegen die Einwirkung und Kontrolle dieses neuen gesamtstaatlichen Parlamentes abschirmen[30]. Diese Abschirmung nun ließ sich am besten dadurch erreichen, daß alle exekutivischen Funktionen Domäne der Gliedstaaten blieben, wo sie der Kontrolle des Reichstags entzogen waren, nur der – insoweit in der Regel deutlich weniger effektiven – Aufsicht der nach Zensuswahlrecht gewählten Parlamente der Gliedstaaten unterlagen[31]. Einen eigenen Verwaltungsapparat des Bundes durfte es dementsprechend im Prinzip nicht geben; soweit – wie im Bereich der Außenpolitik und des Militärs – Verfügung des neuen Gesamtstaates über eine vereinheitlichte Exekutive doch im Einzelfall nötig waren, schrieb man deren Leitung dem Bundesrat als der „staatenbündisch" konstruierten Versammlung der Vertreter der Einzelstaatsregierungen zu, mit der die alten monarchischen Gewalten und ihre Bürokratien im Verfassungsgefüge repräsentiert waren[32]. Der preußische König und dessen Minister bzw. dessen

[29] Diesen vom traditionellen „Trennsystem" abweichenden Charakter des Reiches als „Verbundsystem" hat unter den Staatsrechtslehrern der Kaiserzeit besonders deutlich *G. Anschütz* herausgestellt – siehe *ders.*, Bismarck und die Reichsverfassung, 1899, S. 16ff., 37; vgl. außerdem *O. Mayer*, Republikanischer und monarchischer Bundesstaat, AöR 18 (1903), S. 337ff. sowie *P. Laband*, Wandlungen der Reichsverfassung (Fn. 1), S. 8f., außerdem *E. Kaufmann* (Fn. 2), S. 64ff.; *H. Triepel* (Fn. 27), S. 97ff.

[30] *G.A. Craig* (Fn. 2), S. 45f.

[31] Vgl. *E.R. Huber*, Verfassungsgeschichte Bd. III (Fn. 7), S. 85ff.; *ders.*, Deutsche Verfassungsgeschichte seit 1789, Bd. IV: Struktur und Krisen des Kaiserreichs, 2. Aufl. 1982, S. 368ff., 394f., 405ff., 414f., 416, 420, 431. Zum Ausnahmefall Mecklenburg, wo bis 1918 sogar nur eine altständische Vertretung, unter Dominanz der Ritterschaft, an der politischen Willensbildung beteiligt war, vgl. *E.R. Huber*, Verfassungsgeschichte Bd. IV, S. 422ff.

[32] Siehe dazu die Äußerung von *O. Hintze* in „Die Entstehung der modernen Staatsministerien" (1908): Grund für das Fehlen eines kollegialen Staatsministeriums sei der bundesstaatliche Charakter des Reiches. „Die Politiker, welche verantwortliche Reichsministerien verlangen, pflegen zugleich auch an eine unitarische Umgestaltung der Verfassung zu denken." – abgedruckt in: *O. Hintze*, Staat und Verfassung, herausgeg. v. G. Oestreich, 3. Aufl. 1970, S. 275ff., 318. Siehe auch *M. von Seydel*, Kommentar zur Reichsverfassung (Fn. 24), S. 124ff.; vgl. außerdem *R. Mußgnug*, Die rechtlichen und pragmatischen Beziehungen zwischen Regierung, Parlament und Verwaltung, in: K.G.A. Jeserich / H. Pohl / G.-C. von Unruh (Hrsg.), Deutsche Verwaltungsgeschichte III, 1984, S. 109ff., 110.

Staatsapparat fungierten dann als quasi kommissarische Ausführungsorgane der in der Regel im Einvernehmen der einzelstaatlichen Regierungen getroffenen „bündischen" Beschlüsse[33] – eine Konstruktion, die nicht nur die Souveränität der Einzelstaaten zu schonen schien, sondern die zugleich die preußische Hegemonie ebenso effizient sicherte wie sie sie nach außen verhüllte[34].

Die Trennung von Gesetzgebungs- und Verwaltungskompetenzen mußte unter der Prämisse dieser verfassungsrechtlichen Konstruktion die logische Konsequenz sein. Sollte das Parlament nicht zu einem rein symbolischen Organ degradiert werden, so war es – wenn schon nicht mit der Befugnis effektiver Kontrolle der Regierung – doch mit weitreichenden Gesetzgebungskompetenzen in den für die sich entwickelnde bürgerliche Gesellschaft so wichtigen Bereichen Zivil- und Zivilprozeßrecht, Straf- und Strafprozeßrecht sowie im Wirtschaftsrecht auszustatten[35]. Der Reichstag machte von diesen Befugnissen in der Folge ausgreifenden Gebrauch, kam damit dem Bedürfnis der Zeit nach vereinheitlichender Kodifikation der wichtigsten Rechtsmaterien nach[36], und etablierte sich als Zentrum der öffentlichkeitswirksamen politischen Debatte[37].

Dieser Kompetenzausstattung des Reichstags sollte aber keine Verwaltungskompetenz des Bundes entsprechen, die nach einem ausgebauten Verwaltungsapparat des Bundes, und demfolgend nach einer – über die parlamentarische Ministerverantwortlichkeit u.U. wieder parlamentarisch rückgekoppelten – Bundesregierung verlangt hätte. Verwaltung sollte – soweit irgend möglich – Reservatbereich der Gliedstaaten bleiben, auch soweit die entsprechenden Sachmaterien

[33] Zur Praxis der Einmütigkeit der Entscheidungsfindung im Bundesrat, die durch Vorverhandlungen und gegebenenfalls Ausübung entsprechenden politischen Druckes durch Preußen gesichert wurde, vgl. *T. Nipperdey* (Fn. 1), S. 88.

[34] Siehe *H. Boldt* (Fn. 2), S. 125: *T. Nipperdey* (Fn. 1), S. 94; *T. Schieder* (Fn. 2), S. 7f.; allerdings hat *Heinrich Triepel* in seiner grundlegenden Monographie „Unitarismus und Föderalismus im Deutschen Reiche" (!907) herausgearbeitet, daß die Konstruktion der Reichsverfassung insoweit durchaus ambivalente Wirkung hatte, die Einbindung des preußischen Staates in die Reichsorganisation nämlich gleichzeitig auch eine Tendenz zur Mediatisierung Preußens beinhaltete – ebda., S. 109.

[35] Zur verfassungsrechtlichen Stellung des Reichstages vgl. *E.R. Huber*, Verfassungsgeschichte Bd.III (Fn. 7), S. 861ff. und *R. Mußgnug* (Fn. 32), S. 112ff., sowie aus der Perspektive der politischen Geschichte *G.A. Craig* (Fn. 2), S. 51ff. und *T. Nipperdey* (Fn. 1), S. 102ff.; zum Katalog der Gesetzgebungskompetenzen des Art. 4 RV vgl. *E.R. Huber*, Verfassungsgeschichte Bd.III (Fn. 7), S. 909ff. sowie *R. Morsey*, Die öffentlichen Aufgaben und die Gliederung der Kompetenzen zwischen Norddeutschem Bund, Reich und Bundesstaaten (1867–1914), in: K.G.A. Jeserich / H. Pohl / G.-C. von Unruh (Hrsg.), Deutsche Verwaltungsgeschichte III, 1984, S. 128ff.

[36] *T. Nipperdey* spricht davon, Rechtseinheit sei für die liberalen Bürger seit 1848 nicht nur ein notwendiges Stück der nationalen Integration, sondern von geradezu „symbolisch-metapolitischer Bedeutung" gewesen – siehe *T. Nipperdey* (Fn. 1), S. 182; vgl. auch *E.R. Huber*, Verfassungsgeschichte Bd.III (Fn. 7), S. 779, 861; *ders.*, Verfassungsgeschichte Bd.IV (Fn. 31), S. 140f., sowie *R. Mußgnug* (Fn. 32), S. 113f. Siehe außerdem *H. Triepel*, Unitarismus und Föderalismus im Deutschen Reiche, 1907, S. 53ff. sowie die Zusammenstellung der bis 1897 erlassenen Reichsgesetze bei *M. von Seydel*, Kommentar zur Reichsverfassung (Fn. 24), S. 70–115.

[37] Vgl. *T. Nipperdey* (Fn. 1), S. 87.

durch Bundesgesetze reguliert waren[38]. Die Einzelstaaten blieben organisatorisch Träger der Verwaltung, das Justiz- und Schulwesen eingeschlossen[39]. Sie stellten das Verwaltungspersonal, regelten die Verwaltungsorganisation und steuerten die Verwaltungsabläufe, einschließlich der in jeder Verwaltung erforderlichen politischen Richtungsentscheidungen[40]. Selbst dort, wo gemeinsames Handeln unabdingbar war, wie in der Außenpolitik[41] und in der Verteidigung[42], sollten die im Bundesrat vereinigten Regierungen und Verwaltungen der Einzelstaaten als Exekutive fungieren, mit dem preußischen König und dem Bundeskanzler als ausführenden Organen, und nicht eine verselbständigte Exekutive des Bundes mit von den Einzelstaaten und deren monarchischen Gewalten unabhängiger Legitimation entstehen.

Die Konstruktion des Bundesrates als einer Versammlung der Vertreter der einzelstaatlichen Exekutiven wird bei diesem Grundansatz plausibel[43]. Eine echte zweite Kammer im Stile der amerikanischen Senatslösung, mit direkt gewählten Vertretern der Einzelstaaten bzw. Einzelstaatsbevölkerungen, hätte nicht nur die monarchischen Regierungen der Einzelstaaten auf der Bundesebene mediatisiert, sondern hätte auch im Inhaltlichen deutlich unitarisierende Wirkung gehabt[44]. Nur von den auf Wahrung der einzelstaatlichen (Rest-)Souveränität bedachten Gliedstaatsregierungen war zu erwarten, daß sie allzu forscher Vereinheitlichung

---

38 Vgl. dazu *R. Mußgnug*, Die Ausführung der Reichsgesetze durch die Länder und die Reichsaufsicht, in: K.G.A. Jeserich / H. Pohl / G.-C. von Unruh (Hrsg.), Deutsche Verwaltungsgeschichte III, 1984, S. 186ff. Die Hauptgebiete des klassischen Verwaltungsrechts blieben allerdings in der alleinigen Gesetzgebungskompetenz der Einzelstaaten – vgl. *E.R. Huber*, Verfassungsgeschichte Bd.III (Fn. 7), S. 911.

39 Dies hat schon deutlich *H. Triepel* als Grundzug der Reichsverfassung herausgearbeitet – siehe *H. Triepel* (Fn. 34), S. 17; vgl. aber auch *G.A. Craig* (Fn. 2), S. 47; *T. Nipperdey* (Fn. 1), S. 112; *E.R. Huber*, Verfassungsgeschichte Bd.III (Fn. 7), S. 777, 964f., sowie im Detail *W. Frotscher*, Übersicht über die Verwaltungsorganisation in den Bundesstaaten, in: K.G.A. Jeserich / H. Pohl / G.-C. von Unruh (Hrsg.), Deutsche Verwaltungsgeschichte III, 1984, S. 407ff.; *K.-E. Claussen*, Justizverwaltung 1867–1918, ebda., S. 452ff.; *L. Burchardt*, Kultur- und Bildungswesen, ebda., S. 466ff.

40 Vgl. *E.R. Huber*, Verfassungsgeschichte Bd.III (Fn. 7), S. 964 sowie *R. Thoma*, Das Staatsrecht des Reiches, in: G. Anschütz / R. Thoma (Hrsg.), Handbuch des Deutschen Staatsrechts, Bd.I, 1930, S. 72f.

41 Zur auswärtigen Gewalt des Reichs vgl. *E.R. Huber*, Verfassungsgeschichte Bd.III (Fn. 7), S. 930ff.

42 Zur Wehrverfassung des Kaiserreichs vgl. *E.R. Huber*, Verfassungsgeschichte Bd.III (Fn. 7), S. 988ff.

43 Zur politischen Stellung des Bundesrates im Verfassungsgefüge des Reiches vgl. *T. Nipperdey* (Fn. 1), S. 88ff.; vgl. außerdem *H.O. Meisner* (Fn. 11), S. 76ff., *R. Thoma* (Fn. 40), S. 72 und *E. Kaufmann* (Fn. 2), S. 57ff., sowie die grundlegenden Staatsrechtswerke der Zeit, z.B. *P. Laband* (Fn. 24), S. 230ff., und *R. von Mohl*, Das deutsche Reichsstaatsrecht, 1873, S. 228ff. Allerdings bereitete die Konstruktion des Bundesrates der am Vorbild der amerikanischen und Schweizer Verfassung orientierten Bundesstaatstheorie erhebliche Schwierigkeiten – siehe nur den dogmengeschichtlichen Überblick bei *S. Brie* (Fn. 27), S. 175ff. m.w.N.

44 Zu den entsprechenden Vorschlägen und zum Widerstand Bismarck's gegen derartige Konzepte vgl. *T. Nipperdey* (Fn. 1), S. 89 sowie *L. Le Fur / P. Posener* (Fn. 7), S. 140ff. und *E. Kaufmann* (Fn. 2), S. 15ff., 21ff.

widerstehen würden[45]. Nur die direkte Repräsentation der im Prinzip von den Monarchen eingesetzten Regierungen war auch geeignet, ein Gegengewicht zum Parlament – als der Verkörperung der Volkssouveränität – zu setzen, eine Ausprägung des gegenläufigen traditionellen Prinzips der monarchischen Souveränität in die Willensbildung des Bundes zu integrieren[46]. Nur auf der Grundlage dieser Konstruktion ließ sich die für das Selbstverständnis der Bundesglieder so wichtige Fiktion vertreten, die Gliedstaaten – die „verbündeten Regierungen" – seien die eigentlichen Träger der Souveränität, die mit dem Bundesrat die Exekutive des Reiches stellten[47], oder gar – in der für Bismarck so typischen verfassungsrechtlichen Auffangposition – das Reich sei im Kern ein von den Gliedstaaten geschaffener „Fürstenbund", der im Ernstfall auch durch eine gegenteilige Entscheidung der Fürsten wieder zu „kündigen" und aufzulösen sei[48].

Nur die direkte Vertretung der gliedstaatlichen Verwaltungen war schließlich geeignet, den durch die Trennung von Gesetzgebungs- und Verwaltungskompetenzen auftretenden Koordinationsbedarf zu befriedigen, die im Detail entscheidenden Landesverwaltungen zu einer wenigstens im Ansatz miteinander vereinbaren Politik zu verbinden[49]. Echte Koordination der Details der Verwaltungspraxis über den Bundesrat – wie im System der Bundesrepublik – hat es im Kaiserreich zwar kaum gegeben. Die Kontrolle über die ordnungsgemäße Ausfüh-

---

[45] „Der Bundesrat blieb ein Bollwerk des Föderalismus, er verhinderte – nicht eigentlich in Konflikten, aber als Barriere und durch passiven Widerstand – eine überstarke und institutionelle Ausdehnung von Reichskompetenzen auf Kosten der Eigenstaatlichkeit der Bundesstaaten, Änderungen des Verfassungsgefüges durch Unitarisierung oder Borussifizierung des Reiches" – *T. Nipperdey* (Fn. 1), S. 92; vgl. auch *R. von Mohl* (Fn. 44), S. 272ff.

[46] Besonders prägnant insoweit *H. Preuß*, Deutschlands Republikanische Reichsverfassung, 2. Aufl. 1923, S. 45: „Die sich so ergebende Stellung der verbündeten Regierungen, des Bundesrates, hemmte die Herausbildung einer wirklich selbständigen, auf eigenen Füßen stehenden Reichsregierung; aber sie bot eine treffliche Hülle für die Hegemonie Preußens, seiner Obrigkeitsregierung und der in Preußen sonst herrschenden Mächte. Und indem sie die Entwicklung zur selbständigen Reichsregierung hemmte, hemmte sie zugleich wirkungsvoll das Fortschreiten der einheitlichen Volksvertretung, des Reichstages zum Parlamentarismus."

[47] Siehe dazu die Präambel der Verfassung von 1871, die – in Anlehnung an Art. 1 der Bundesakte von 1815 – erklärte, der preußische König als Vertreter des Norddeutschen Bundes und die süddeutschen Fürsten schlößen „einen ewigen Bund"; vgl. auch *E.R. Huber*, Verfassungsgeschichte Bd. III (Fn. 7), S. 778, 788, 849, sowie *A. Haenel*, Studien zum Deutschen Staatsrechte (Fn. 24), S. 92ff.; *M. von Seydel*, Kommentar zur Reichsverfassung (Fn. 24), S. 13ff., 124ff.; *G. Anschütz* (Fn. 27), S. 28ff.

[48] So zahlreiche öffentliche Erklärungen von *O. von Bismarck*, vgl. z.B. die Erklärung vor dem Bundesrat am 5. April 1884. abgedruckt in: Hirth's Annalen 1886, S. 350ff., oder die Reichstagsreden, die *O. Mayer* (Fn. 2), S. 364f., zitiert; zustimmend insoweit *M. von Seydel*, Kommentar zur Reichsverfassung (Fn. 24), S. 23, und *O. Mayer* (Fn. 29), S. 361ff. Vgl. zur politischen Funktion dieser These *G.A. Craig* (Fn. 2), S. 50; *T. Nipperdey* (Fn. 1), S. 87f.; *E.R. Huber*, Verfassungsgeschichte Bd. III (Fn. 7), S. 788f. Die „Fürstenbund"-These wurde allerdings in der Mehrheit schon von den Staatsrechtlern der Kaiserzeit abgelehnt – siehe z.B. *A. Haenel*, Studien zum Deutschen Staatsrechte (Fn. 24), S. 31ff., 68ff.; *R. von Mohl*, Das deutsche Reichsstaatsrecht, 1873, S. 49ff.; *P. Laband* (Fn. 24), S. 60ff.

[49] Für diese Funktion des Bundesrates siehe *H. Triepel* (Fn. 34), S. 73ff.; vgl. auch *J. Hatschek*, Deutsches und Preussisches Staatsrecht Bd. I, 2. Aufl. 1930, S. 795ff.

rung der Reichsgesetze („abhängige Reichsaufsicht") wie das Einschreiten gegen die Mißachtung sonstiger Reichspflichten („selbständige Reichsaufsicht") und schließlich die Reichsexekution gegen einzelne Bundesglieder standen aber unter der unmittelbaren Aufsicht des Bundesrates[50]. Damit kam ihm eine Art Letztentscheidungsfunktion in der Koordination der einzelstaatlichen Verwaltungen zu. Gleichzeitig sicherte die Vertretung der mit dem Gesetzesvollzug betrauten Gliedstaatsregierungen im Bundesrat, daß die im Gesetzesvollzug gewonnenen Erfahrungen direkt in den Gesetzgebungsprozeß einfließen konnten, denn der Bundesrat war nicht nur Steuerungsorgan der Bundesexekutive, sondern zugleich gleichberechtigtes Organ der Reichsgesetzgebung, mit eigenem Gesetzesinitiativrecht und einem Veto im Gesetzgebungsverfahren[51]. Da der Bundeskanzler kein eigenes Recht der Gesetzesinitiative hatte, gingen sogar alle Gesetzesvorschläge der Reichsleitung formell vom Bundesrat aus, über Vermittlung der Hegemonialmacht Preußen, deren Vertreter – an oberster Stelle der ja faktisch mit dem Reichskanzler personenidentische preußische Ministerpräsident – die Vorschläge auch der Reichsämter in das Gesetzgebungsverfahren einspeisten[52]. Zwar entwickelte sich in der Verfassungspraxis später das Institut der „Präsidialvorlage"; deren Vereinbarkeit mit der Verfassung (bzw. das Erstarken dieser Praxis zu Verfassungsgewohnheitsrecht) blieb allerdings bis 1918 heftig umstritten[53].

Um es kurz zusammenzufassen: Die im Ergebnis retardierende Funktion der von Bismarck dem Deutschen Reich mitgegebenen Bundesstaatskonstruktion ist kaum zu leugnen. Zwar wurde dem Bedürfnis der bürgerlichen Gesellschaft nach einem relativ einheitlichen rechtlichen Rahmen Raum gegeben; der von bürgerlichen Politikern der Zeit als „telos" der modernen Verfassungsentwicklung verstandene Prozeß der fortschreitenden Parlamentarisierung der Politik wurde durch dieses Arrangement aber auf längere Sicht aufgehalten bzw. eingegrenzt, wurde in seiner Sprengkraft für die etablierten Herrschaftsverhältnisse entschärft[54]. Die Exekutive – Verwaltung, Diplomatie, Militär – waren der parlamentarischen Kontrolle dauerhaft entzogen, blieben eine Domäne der monarchischen Gewalten und des Adels und der von diesen dominierten Bürokratien. Die in der frühen liberalen Bewegung als selbstverständlich gesetzte Identität von nationaler Einheit und von Freiheit in der Gestalt parlamentarischer Regierungsform war aufgelöst, der Föderalismus war zum „Bollwerk des deutschen konstitutionellen,

---

[50] Art. 7 Abs. 1 Nr. 3, 19 RV. Siehe dazu *H. Triepel*, Die Reichsaufsicht, 1917, dort insbes. S. 102ff., 164ff., 411ff., 685ff.; *E.R. Huber*, Verfassungsgeschichte Bd. III (Fn. 7), S. 1022ff.; *R. Mußgnug* (Fn. 38), S. 199ff.

[51] Die wechselseitige Abhängigkeit von „Trennsystem" und Partizipation des Bundesrates an der Gesetzgebung hat besonders deutlich herausgearbeitet *E. Kaufmann* (Fn. 2), S. 65f.; zur Rolle des Bundesrates im Gesetzgebungsverfahren (Art. 7 RV) vgl. auch ausführlich *E.R. Huber*, Verfassungsgeschichte Bd. III (Fn. 7), S. 851, 857ff.

[52] Siehe dazu *E.R. Huber*, Verfassungsgeschichte Bd. III (Fn. 7), S. 857f.

[53] Vgl. *E.R. Huber*, Verfassungsgeschichte Bd. III (Fn. 7), S. 858f. m.w.N.

[54] Siehe in diesem Sinne z.B. *M. Stürmer*, Bismarcks Deutschland als Problem der Forschung, in: M. Stürmer (Hrsg.), Das kaiserliche Deutschland, 1970, S. 7, 15f., sowie *H. Boldt* (Fn. 2), S. 126ff.

also nichtparlamentarischen Systems" geworden, „des monarchisch-bürokratischen Obrigkeitsstaates, der monarchischen Herrschaft über Parlament und Parteien"[55]. Das Verhältnis der Oppositionsparteien des Kaiserreichs zum Bundesstaatsprinzip hat unter dem Eindruck dieser Erfahrungen eine folgenschwere Prägung erfahren. Linksliberale und Sozialdemokraten wurden zu eingefleischten Gegnern föderaler Modelle, empfand man doch – unter den Zuständen des Kaiserreiches nicht ganz ohne Berechtigung – den Bundesstaat als Vehikel konservativer Beharrung. Der Einheitsstaat französischer Prägung wurde zum hochstilisierten Gegenbild, zum Ideal des modernen Staatswesens[56]. Einzig die katholische Oppositionspartei des Zentrum scherte aus dieser Linie aus, bot doch der Föderalismus in seiner anti-borussischen Zielrichtung – die man im Sinne einer Bewahrung katholischer Freiheitsräume in einzelnen Staaten nutzen konnte – dem Zentrum ein Instrument gegen die als drohend empfundenen Gefahren preußisch-protestantischer Hegemonie[57]. Das Zentrum war „föderalistisch" aus Opposition gegen das dominante preußische Element des neuen Staates, und es fand für diese Position in der katholischen Sozialphilosophie mit dem Subsidiaritätsprinzip schließlich auch eine einleuchtende theoretische Abstützung[58].

2.2. *Fortentwicklung des Bundesstaates in der Verfassungspraxis*

Die Verfassungsentwicklung der Jahrzehnte bis 1914 hat die beschriebenen Tendenzen eher verstärkt als abgemildert. Die in das System von Anfang an eingebaute faktische Hegemonialrolle Preußens[59] prägte bald unverkennbar das neue ‚Deutsche Reich'[60]. Zwar bedeutete die in der Verfassungspraxis etablierte Ver-

[55] *T. Nipperdey* (Fn. 1), S. 93. Vgl. auch *M. Weber*, Parlament und Regierung im neugeordneten Deutschland, 1918, S. 146: „Denn eine dynastisch-bureaukratische Pfründenversicherung, praktisch sich äußernd in einer Garantie weitgehender Kontrollfreiheit der Bureaukratie, war und ist das, was hinter dem Schlagwort vom „Schutz des Föderalismus" in Deutschland stand und steht."

[56] Siehe die glänzende Analyse der Rolle der politischen Parteien im Prozeß der Unitarisierung des Reiches und der gesellschaftlichen und ideologischen Hintergründe der unitarischen Orientierung von Nationalliberalen, Freisinnigen und Sozialdemokraten bei *H. Triepel* (Fn. 34), S. 90ff.

[57] So – gestützt auf seine umfangreichen Forschungen zum Parteiensystem des Kaiserreichs – *T. Nipperdey* (Fn. 1), S. 340ff.; siehe außerdem *H. Triepel* (Fn. 34), S. 99ff., insbes. 102f., ferner *E.R. Huber*, Verfassungsgeschichte IV (Fn. 31), S. 50ff.

[58] *T. Nipperdey* (Fn. 17), S. 85.

[59] Siehe dazu *E.R. Huber*, Verfassungsgeschichte Bd. III (Fn. 7), S. 798ff., sowie *H. Triepel* (Fn. 34), S. 111ff.; außerdem *E. Kaufmann* (Fn. 2), S. 85ff.; *M. Weber* (Fn. 55), S. 132ff.; *G. Anschütz*, Das preußisch-deutsche Problem, 1922, S. 3f.; *ders.*, Der deutsche Föderalismus in Vergangenheit, Gegenwart und Zukunft, VVDStRL 1 (1924), S. 11, 14f.; *K. Bilfinger*, Der Einfluß der Einzelstaaten auf die Bildung des Reichswillens, 1923, S. 110ff.; *ders.*, Der deutsche Föderalismus in Vergangenheit, Gegenwart und Zukunft, VVDStRL 1 (1924), S. 35, 42f.; *R. Thoma* (Fn. 40), S. 74ff.; vgl. auch – als Stimmen der Gründungsperiode des Reiches – *R. von Mohl*, Das deutsche Reichsstaatsrecht, 1873, S. 107ff., oder *O. Mejer* (Fn. 24), S. 296.

[60] Für den traditionellen Versuch einer Legitimation und Überhöhung dieser Hegemonialkonstruktion siehe *E.R. Huber*, Verfassungsgeschichte Bd. III (Fn. 7), S. 780, 798f.

koppelung des Amtes des preußischen Ministerpräsidenten mit dem des Reichskanzlers[61] auch eine Inpflichtnahme Preußens – vor allem des preußischen Staatsapparates – für die Belange des Reiches[62]; Reichsbelange und preußische Belange wurden jedoch in dieser Personalunion tendenziell ununterscheidbar[63]. Der preußische Hof, die preußischen Eliten, die preußische Verwaltung wurden gesellschaftlich und politisch tonangebend[64]. Berlin war das Entscheidungszentrum, in dem die Fäden der Politik zusammenliefen. Der Bund fand seine symbolische Verkörperung in der Person des preußischen Königs – als Kaiser – und des preußischen Ministerpräsidenten – als Reichskanzler – und bediente sich zunächst weitgehend der preußischen Behörden in der Ausführung seiner Politik[65]; in den Jahrzehnten nach 1871 gewannen dann allerdings die rasch aufgebauten Reichsämter zusehends an Bedeutung und verdrängten allmählich die preußischen Behörden aus ihrer Stellung als kommissarische Organe der Bundespolitik[66].

Die dem Bundesrat ursprünglich nach der Konzeption der Verfassung zugeschriebene Rolle als Leiter der Exekutive und bestimmendes Organ der Gesetzgebung hat dieses Gremium in der Realität nie ausfüllen können[67]. Dies hing schon mit der praktischen Beschickung des Gremiums zusammen. Eine Versammlung der Landesregierungen war er nie wirklich, noch nicht einmal eine Ministerrunde. Er war vielmehr ein Gremium instruktionsgebundener Bevollmächtigter – nur selten eines Landesministers, öfters spezifisch abgeordneter hoher Ministerialbeamter, meist aber der Berliner Gesandten der Bundesstaaten[68]. Die eigentliche Detailarbeit wurde – zwecks Nutzung des Sachverstandes der Bürokratien – an mit Fachbeamten besetzte Ausschüsse delegiert, die im Reichskanzleramt nichtöffentlich (und damit der politischen Öffentlichkeit entzogen) tag-

---

[61] Vgl. dazu *T. Nipperdey* (Fn. 1), S. 95f.; *E.R. Huber*, Verfassungsgeschichte Bd. III (Fn. 7), S. 825ff.; *R. Thoma* (Fn. 40), S. 75f.

[62] Vgl. *E.R. Huber*, Verfassungsgeschichte Bd. III (Fn. 7), S. 800ff. sowie *G. Anschütz*, Das preußisch-deutsche Problem, 1922, S. 4, außerdem *K. Bilfinger*, Der Einfluß der Einzelstaaten auf die Bildung des Reichswillens, 1923, S. 113ff.

[63] Zu den daraus folgenden Problemen vgl. *T. Nipperdey* (Fn. 1), S. 96, 114f.; vgl. auch *E. Kaufmann* (Fn. 2), S. 50ff. sowie *M. Weber* (Fn. 55), S. 140ff., insbes. 145f.

[64] Siehe dazu *G.A. Craig* (Fn. 2), S. 97f. sowie *T. Nipperdey* (Fn. 1), S. 97; vgl. außerdem *R. Thoma* (Fn. 40), S. 79f.

[65] Siehe *T. Nipperdey* (Fn. 1), S. 95, sowie *E.R. Huber*, Verfassungsgeschichte Bd. III (Fn. 7), S. 800f., 834.

[66] Vgl. dazu *T. Nipperdey* (Fn. 1), S. 112ff., 486ff.; *E.R. Huber*, Verfassungsgeschichte Bd. III (Fn. 7), S. 833ff.; *R. Morsey*, Die Erfüllung von Aufgaben des Norddeutschen Bundes und des Reiches durch Behörden des Bundes und des Reiches, in: K.G.A. Jeserich / H. Pohl / G.-C. von Unruh (Hrsg.), Deutsche Verwaltungsgeschichte III, 1984, S. 138, 147ff. ; außerdem *P. Laband*, Wandlungen der Reichsverfassung (Fn. 1), S. 14ff. sowie *H. Triepel* (Fn. 34), S. 61f., 67ff., der die unitarische Wirkung dieser Änderungen der Behördenorganisation schon 1907 sehr deutlich herausgestellt hat.

[67] Siehe dazu *T. Nipperdey* (Fn. 1), S. 90; *H.O. Meisner* (Fn. 11), S. 76ff.; *E.R. Huber*, Verfassungsgeschichte Bd. III (Fn. 7), S. 852.

[68] Siehe *H.O. Meisner* (Fn. 11), S. 77; *T. Nipperdey* (Fn. 1), S. 90; *E.R. Huber*, Verfassungsgeschichte Bd. III (Fn. 7), S. 852f., 856f.

ten[69]. Der Bundesrat hatte keinen eigenen Apparat; Vorlagen kamen in der Regel aus den preußischen Ministerien und später dann zunehmend aus den Reichsämtern. Im Regelfall waren diese Vorlagen zwar mit den großen und mittleren Staaten abgestimmt, deren Belange als berührt angesehen wurden[70]. Die Vertreter der kleinen Staaten waren jedoch nahezu immer uninformiert über die Vorlagen und hatten diese dann innerhalb kurzer Fristen durchzuberaten. Da sie instruktionsabhängig waren, konnten sie kaum Absprachen untereinander treffen, und waren auf bloßes Reagieren beschränkt. Mehr oder weniger zähneknirschend hatten sie zum Schluß in der Regel mit den Vertretern Preußens zu stimmen, um die von ihren Regierungen aus allgemeinpolitischen Motiven gewünschte Geschlossenheit der „verbündeten Regierungen" zu wahren[71]. Die preußische Regierung und Bürokratie beherrschte so indirekt nahezu völlig das Verfahren des Bundesrates, mit der paradoxen Folge, daß über den faktischen Geschlossenheitszwang der Bundesrat eine zusehends unitarische Wirkung erlangte[72]. Dies gilt übrigens selbst für die Stellung der an sich leistungsfähigen Mittelstaaten. Aus der Sicht eines Betroffenen, des langjährigen württembergischen Diplomaten *Karl Bilfinger*, liest sich dies so: „Die Ressorts der Einzelstaaten hatten in steigendem Umfang ihren Gesamtministerien nicht mehr Entwürfe zu Landesgesetzen und -verordnungen, sondern zu Bundesratsinstruktionen vorzulegen und dabei sachlich neben den besonderen Landesinteressen das Wohl des Reiches zu wahren, taktisch neben den Strömungen im Lande und im Landtag auf die Verhältnisse im Bundesrat, bei der Reichsleitung und im Reichstag zu achten. Bisherige Regierungsarbeit im Lande verwandelte sich in die Betätigung von Einfluß außerhalb des Landes, auf den Reichswillen."[73]

Zudem ist das administrative Eigengewicht Preußens im Auge zu behalten. Deutschland war zwar als Bundesstaat verfaßt; mehr als zwei Drittel des deutschen Territoriums und der deutschen Bevölkerung waren aber Gebiet und Volk des einen dominanten Gliedstaates Preußen, verwaltet von einer auf Berlin ausgerichteten zentralistischen Verwaltung. Andere Bundesstaaten konnten allenfalls Inseln oder Reservate abweichender politischer Ansätze bilden. Tonangebend und für die Masse der Bevölkerung und Wirtschaft bestimmend blieb die von Preußen eingeschlagene Linie[74].

---

69 *Heinrich Triepel* beschrieb den Bundesrat 1907 folgendermaßen: „Die zeitunglesende Welt wird in der Tat mit aufregenden Schaustellungen von dieser Seite her verschont. Der Bundesrat arbeitet in der Stille. Aber die Hauptsache ist, daß er arbeitet, und daß er meistens vortrefflich arbeitet. Es ist schon seit langem der Ehrgeiz der deutschen Staaten, ihre besten Verwaltungskräfte in den Bundesrat zu senden; auf diese Weise ist die hohe Körperschaft allmählich zu einer Elitetruppe des deutschen Beamtentums geworden." – *H. Triepel* (Fn. 34), S. 85.

70 Solche Abklärungen der Bundesratsvorlagen wurden mit Bayern, Sachsen, Württemberg und seit 1890 auch Baden üblich – vgl. *T. Nipperdey* (Fn. 1), S. 91, aber auch *K. Bilfinger* (Fn. 62), S. 7, 13ff.

71 Vgl. insoweit *T. Nipperdey* (Fn. 1), S. 90f., außerdem *M. Weber* (Fn. 55), S. 133f., 148.

72 *T. Nipperdey* (Fn. 1), S. 94; siehe auch *E. Kaufmann* (Fn. 2), S. 35f.

73 *K. Bilfinger* (Fn. 62), S. 3.

74 *W. Schücking* schrieb 1913 – mit deutlich negativem Unterton – von „jenem eigentümlichen

Nur in einem Punkt trug das Reich bis zum Schluß Züge einer staatenbündischen Konstruktion – im Finanzwesen. Auch in diesem Bereich hatte das Bismarck'sche Mißtrauen gegen eine allzu weitgehende Parlamentarisierung zunächst einmal tiefe Spuren in der Verfassung hinterlassen. Verfügung des Reiches über eigene Steuern hätte potentiell Kontrolle des Reichstages über Finanzen und Steuern bedeutet. Beließ man die Steuergesetzgebung dagegen den Ländern, so gab es nur Mitsprache der – in der Regel nach Mehrklassenwahlrecht gewählten – Landtage. Als Herren über Einnahmen und Steuern hatte die Verfassung daher die Einzelstaaten bestimmt, die diese Rolle auch bis fast zum Ende des Kaiserreiches eifersüchtig hüteten. Auf direkte Steuern hatten sie de facto das Monopol, auch die indirekten Steuern fielen weitgehend in ihre Hoheit[75]. Dem Bund waren – neben Einnahmen aus Vermögen und Eigenbetrieben – nur einige indirekte Steuern, nämlich bestimmte Verbrauchssteuern wie Salz-, Zucker-, Tabak-, Bier-, Branntwein- und Zündholzsteuern, sowie Verkehrssteuern wie etwa die Stempelabgaben auf Wertpapiertransaktionen und Lotterielose, außerdem noch die Zölle als Eigeneinnahmen zugewiesen[76]. Diese Mittel reichten aber nicht zur Dekkung des Finanzbedarfs aus, und es mußte auf die eigentlich nur als Übergangslösung bis zur Schaffung eines Systems eigener Reichssteuern gedachten Matrikularbeiträge der Länder zurückgegriffen werden[77]. Alle Versuche, den Bund – durch Schaffung des in Art. 70 der Verfassung vorgesehenen Systems eigener Reichssteuern – finanziell auf eigene Füße zu stellen, scheiterten am Widerstand der Einzelstaaten[78]. Bismarck gelang es zwar 1879, über die Schutzzollpolitik die Eigeneinnahmen des Reiches beträchtlich zu erhöhen; der zugleich eingegangene politische Kompromiß einer Rücküberweisung bestimmter überschießender Beträge an die Länder (sogen. „Franckensteinsche Klausel") schuf jedoch ein Verbundsystem, das letztlich die prinzipielle finanzpolitische Abhängigkeit des Reiches eher zementierte als milderte[79].

Gleichwohl stieg der Anteil des Reiches an den öffentlichen Einnahmen und Ausgaben immer weiter an – auf schließlich 35,3% der öffentlichen Gesamtaus-

---

Prozeß der „Verpreußung", mit dem sich leider noch kein Historiker deutscher Kultur beschäftigt hat" – *W. Schücking*, Neue Ziele der staatlichen Entwicklung, 2. Aufl. 1913, S. 14ff.

[75] Zur Finanzverfassung des Reichs vgl. *E.R. Huber*, Verfassungsgeschichte Bd. III (Fn. 7), S. 945ff.; siehe außerdem *A. Haenel*, Deutsches Staatsrecht Bd. I (Fn. 7), S. 370ff. und *K.M. Hettlage*, Die Finanzverwaltung (Steuern, Zölle), in: K.G.A. Jeserich / H. Pohl / G.-C. von Unruh (Hrsg.), Deutsche Verwaltungsgeschichte III, 1984, S. 250ff.

[76] *T. Nipperdey* (Fn. 1), S. 169; *E.R. Huber*, Verfassungsgeschichte Bd. III (Fn. 7), S. 947ff. Siehe außerdem *A. Haenel*, Deutsches Staatsrecht Bd. I (Fn. 7), S. 389ff.

[77] Zur Rolle der Matrikularbeiträge siehe *E.R. Huber*, Verfassungsgeschichte Bd. III (Fn. 7), S. 950ff.; vgl. außerdem *T. Nipperdey* (Fn. 1), S. 169, 384 sowie *P. Laband*, Wandlungen der Reichsverfassung (Fn. 1), S. 25ff.

[78] *T. Nipperdey* (Fn. 1), S. 170ff., 400ff., 413f.; vgl. daneben auch *G.A. Craig* (Fn. 2), S. 96f., 248ff.; *E.R. Huber*, Verfassungsgeschichte Bd. III (Fn. 7), S. 951ff.

[79] *E.R. Huber*, Verfassungsgeschichte Bd. III (Fn. 7), S. 951f.; *T. Nipperdey* (Fn. 1), S. 170f., 401f. Zur verfassungsrechtlichen Problematik des mit der „Franckenstein'schen Klausel" gewählten Weges vgl. *A. Haenel*, Deutsches Staatsrecht Bd. I (Fn. 7), S. 383; *P. Laband*, Wandlungen der Reichsverfassung (Fn. 1), S. 27ff.; *H. Triepel* (Fn. 34), S. 48f.

gaben im Jahre 1913 (bei einem Anteil der Länder von 31,8% und der Gemeinden von 32,9%)[80]. In der Bedeutung der vom Reich wahrgenommenen Aufgaben – und demfolgend im politischen Gewicht des Reiches – gab es also durchaus eine Bewegung hin zu mehr Einheit und Zentralgewalt, mit entsprechenden Machtverlusten der Gliedstaaten und deren Bürokratien. Diesem Aufgabenzuwachs der Zentrale entsprachen nur nicht die von der Verfassung unmittelbar dem Reich zugewiesenen eigenen Ressourcen der Aufgabenerfüllung.

2.3. Der Streit der Verfassungsrechtslehre um die juristische Konstruktion des Bundesstaates

Was sich in der Folge bis zum Ende der Monarchie (und der Bismarck'schen Reichsverfassung) entwickelte, war eine zunehmend größer werdende Spannung zwischen Verfassungstext und Verfassungswirklichkeit. Während die Verfassungspraxis von einem Prozeß voranschreitender Unitarisierung geprägt war, zeigte die Verfassungsurkunde von 1871 einen stark föderalistischen, wenn nicht in Teilen sogar staatenbündischen Geist. Die Staatsrechtslehre tat sich – gerade angesichts ihrer dezidiert positivistischen Prägung – verständlicherweise schwer, diese Spannung aufzugreifen und in ihrer Dogmatik gedanklich zu verarbeiten.

Erschwerend hinzu kam insoweit der in der Verfassung strukturell angelegte Grundlagenstreit um die Quelle der Souveränität, um „Verfassungsstaat" oder „Fürstenbund", Souveränität des Reiches oder Souveränität der Staaten bzw. Monarchen. Je nach Perspektive (und politischer Präferenz) konnte man in die Reichsverfassung eine eher staatenbündische Konstruktion hineinlesen, oder umgekehrt in der Reichsverfassung die endgültige Mediatisierung der Einzelstaaten erblicken, durch die das Reich zum Staat – als dem alleinigen Träger der Souveränität – geworden sei[81]. In der Sprache der Zeit hat *Paul Laband* die Frage so formuliert: „Ist das Reich eine juristische Person des öffentlichen Rechts oder ist es ein Rechtsverhältnis unter den Deutschen Staaten, welche das Reich bilden oder sich zum Reich verbunden haben?"[82] Aus der Verfassung selbst ließ sich die-

[80] *T. Nipperdey* (Fn. 1), S. 177f.

[81] Wie sehr dieser Streit die Zeitgenossen bewegte, läßt sich an der knappen Skizze des Meinungsstandes durch *F. von Martitz* in seiner Rezension des Laband'schen Staatsrechts ersehen: „Es ist freilich eine gewichtige Frage und das Gewoge der Meinungen ist bunt. Der deutsche Jurist, der dieselben Revue passiren lässt: dort auf der äussersten Linken, in völkerrechtlichem Nebel verschwimmend, der gemüthvolle Staatsvertrag der deutschen Souveräne zu staatlicher Besorgung einiger gemeinsamer Angelegenheiten (Seydel); hier auf der äussersten Rechten, bayonettfunkelnd und sehr ungemüthlich, der preussisch-deutsche Einheitsstaat mit den seiner Krone in föderativer Form untergeordneten Nebenlanden (v. Treitschke): ruft sehnsüchtig un poco piu luce." – *F. von Martitz*, Das Staatsrecht des deutschen Reichs von P. Laband. Eine Kritik, ZStW 32 (1876), S. 555, 560f. Vgl. auch aus der Sicht der Wissenschaftsgeschichte *M. Stolleis*, Geschichte des öffentlichen Rechts in Deutschland, Bd. II, 1992, S. 365ff.

[82] *P. Laband* (Fn. 24), S. 58.

se Frage nicht zwingend beantworten[83]. Die unitarisch gesinnten Positivisten des Reichsstaatsrechts – wie *Paul Laband, Albert Haenel* oder *Philipp Zorn* – argumentierten, mit dem Inkrafttreten der Verfassung ende das ursprünglich vertragliche Verhältnis, das auf Gründung des Bundesstaates gerichtet gewesen sei, durch Erfüllung und es trete die staatsrechtliche Organisation an seine Stelle[84]. Die denklogisch nur als einheitlich und unteilbar vorstellbare Souveränität könne aber in einem staatsrechtlichen Gefüge. d.h. in einem herrschaftlich, durch Über- und Unterordnungsverhältnisse strukturierten Gebilde, nur dem Oberstaat, also dem Bund zustehen[85].

Die betont partikularstaatlich-monarchisch orientierten Föderalisten unter den Staatsrechtlern verfochten dagegen umgekehrt die These vom Reich als einem nach wie vor staatenbündischen Zusammenschluß[86] – wohl sehend, daß die schnell herrschend werdende positivistische Schule des Reichsstaatsrechts deutlich unitarische Züge trug[87]. Da die Gründung des Reiches in völkervertraglicher Form erfolgt sei und die einzelnen Staaten sich über die Bundesverträge die Fortdauer als Staaten gesichert hätten, könne es sich bei der bündischen Oberkonstruktion des Reiches nur um einen Staatenbund handeln, denn – so die auch von den Gegnern geteilte Prämisse – „trotz aller thatsächlich vorhandenen Uebergänge und Mittelbildungen ist niemals ein Staat ein Staatenbund und niemals ein Staatenbund ein Staat; es giebt kein politisches Gebilde, das beides zugleich ist, denn das Eine ist die Negation des Andern“[88]. Seien die Mitglieder des Reiches aber weiterhin Staaten, so die Folgerung, dann könne das Reich kein wirklicher Staat mit eigener Souveränität sein, sondern nur ein Staatenbund[89].

Diese dogmatische Konstruktion, die vor allem mit der Person des bayerischen Verfassungsrechtlers *Max von Seydel* verknüpft ist, fand zwar keinen großen Anhang in der Staatsrechtslehre. Als akademische Mindermeinung, die zugleich die

---

[83] Selbst *Paul Laband* räumt dies, zumindest in der ersten Auflage seines „Staatsrechts des Deutschen Reiches“, noch ein – *P. Laband* (Fn. 24), S. 59.

[84] *P. Laband* (Fn. 24), S. 60; *A. Haenel*, Studien zum Deutschen Staatsrechte (Fn. 24), S. 68ff.; *ders.*, Deutsches Staatsrecht Bd. I (Fn. 7), S. 60; *P. Zorn* (Fn. 24), S. 61ff.; *H. Triepel* (Fn. 34), S. 24f.; *G. Grosch* (Fn. 7), S. 133f., 137ff.; vgl. außerdem mit gleicher Zielrichtung *G. Jellinek*, Die Lehre von den Staatenverbindungen, 1882, S. 171ff.

[85] *P. Laband* (Fn. 24), S. 73ff.; *A. Haenel*, Studien zum Deutschen Staatsrechte (Fn. 24), S. 56ff.; *ders.*, Deutsches Staatsrecht Bd. I (Fn. 7), S. 803ff., insbes. 806; *O. Mejer* (Fn. 24), S. 25ff.; *G. Jellinek* (Fn. 84), S. 171ff.; *P. Zorn* (Fn. 24), S. 61ff.; *ders.*, Die Entwicklung der Staatsrechts-Wissenschaft seit 1866, JöR Bd. I (1907), S. 47, 61.

[86] So vor allem *M. von Seydel*, Der Bundesstaatsbegriff, ZStW 28 (1872), S. 185ff.; *ders.*, Kommentar zur Reichsverfassung, 2. Aufl. 1897, S. 13ff., 123ff.; vgl. auch dessen Schüler *H. Rehm*, Allgemeine Staatslehre, 1899, S. 127ff., außerdem *O. Mayer* (Fn. 29), S. 361ff., insbes. S. 371 Fußn. 55.

[87] Siehe *M. von Seydel*, Kommentar zur Reichsverfassung (Fn. 86), S. 7: „Die neueren Bundesstaatstheorien tragen, (...) alle weniger oder mehr und manchmal sogar sehr bewußt, den Keim des Unitarismus in sich.“

[88] So *P. Laband* (Fn. 24), S. 56.

[89] Siehe in diesem Sinne vor allem *M. von Seydel*, Kommentar zur Reichsverfassung (Fn. 86), S. 6ff.

Position wichtiger Gliedstaatsregierungen widerspiegelte[90], blieb sie jedoch bis zum Umbruch 1918 präsent und prägte das Selbstverständnis der entschiedenen Föderalisten.

Was in der Debatte der Jahrzehnte nach 1871 dagegen völlig verschwand, war die in der altliberalen Staatsrechtslehre bis 1871 weithin herrschend gewesene[91] Vorstellung, das Wesen des Bundesstaates bestehe gerade nicht in einer wie auch immer begründeten Absolutheit der Souveränität (sei es des Bundes oder der Glieder), sondern umgekehrt in der **Teilung** der Souveränität[92]. So hatte schon *Georg Waitz*, der als Begründer dieser Lehre galt, 1853 in seiner Schrift über „Das Wesen des Bundesstaates" geschrieben: „Der Bundesstaat ist diejenige staatliche Bildung, wo ein Theil der staatlichen Aufgaben, des staatlichen Lebens gemeinsam ist, ein anderer den einzelnen Theilen als selbständigen Staaten zusteht. Es findet eine zwiefache Organisation des Volkes zum Staate statt, theils in Gesammtheit, teils nach selbständigen Theilen."[93] Und *Robert von Mohl* hatte noch

---

[90] „Bekanntlich hat Bayern, geführt von großen Juristen, stets die Auffassung vertreten, daß eine Souveränität für das Reich nicht anzuerkennen sei, sondern daß die Souveränität bei den Ländern liege." – *W. Jellinek*, Die Wandlungen in den Aufgaben und im Zuständigkeitsverhältnis von Reich und Ländern. Von der Reichsgründung bis zum Jahre 1919, in: B. Harms (Hrsg.), Recht und Staat im Neuen Deutschland, Bd.I, 1929, S. 127, 139. Vgl. außerdem die Literaturübersicht von *P. Zorn*, Die Entwicklung der Staatsrechts-Wissenschaft seit 1866, JöR Bd.I (1907), S. 47, 61f.

[91] Noch 1876 schreibt *P. Laband* (Fn. 24), S. 73, von der „von Waitz aufgestellten Begriffsbestimmung, die bis in die neueste Zeit die fast ausschließliche und unbestrittene Herrschaft behauptete"; vgl. auch *H. Preuß*, Gemeinde, Staat, Reich als Gebietskörperschaften, 1889, der seine Untersuchung mit einem Zitat von Waitz beginnt, „dessen Theorie von der getheilten Souveränität lange Jahre unsere Wissenschaft beherrschte" (S. 1).

[92] Als Begründer dieser Lehre gilt v.a. *G. Waitz*, der dabei sehr stark von *A. de Tocquevilles* „De la démocratie en Amérique" inspiriert war – siehe nur *G. Waitz*, Grundzüge der Politik, 1862, S. 162ff.; daneben *H.A. Zachariä* – siehe *ders.*, Deutsches Staats- und Bundesrecht, Erster Theil, 2.Aufl. 1853, § 27 (S. 93ff.). Als weiterer wichtiger Vertreter dieses Ansatzes sticht insbes. *R. von Mohl* hervor – siehe *ders.*, Encyclopädie der Staatswissenschaften, 2.Aufl. 1872, S. 367; *ders.*, Das deutsche Reichsstaatsrecht, 1873, S. 29ff., 50f. Vgl. außerdem *C.F. von Gerber*, Grundzüge eines Systems des Deutschen Staatsrechts, 2. Aufl. 1869, S. 238ff.; *J.B. Westerkamp*, Über die Reichsverfassung, 1873, S. 40; *J.C. Bluntschli*, Allgemeine Staatslehre, 6.Aufl. 1886, S. 560ff.; *F. von Martitz* (Fn. 24), S. 555; *S. Brie*, Zur Lehre von den Staatenverbindungen, Grünhut's Zeitschrift 11 (1884), S. 85, 154; *C. Bornhak*, Die vertragsmäßigen Grundlagen der Reichsverfassung, AöR 7 (1890), S. 329, 345ff.; *R. Mode*, Doppelsouveränität im deutschen Reiche, 1900, S. 38ff., 71ff.; *J. Hausmann*, Das Deutsche Reich als Bundesstaat, AöR 33 (1915), S. 82ff. Zur dogmatischen Entwicklung dieser Theorie siehe ausführlich die dogmengeschichtliche Untersuchung von *S. Brie* (Fn. 27), S. 92ff. sowie *H. Preuß* (Fn. 91), S. 20ff. Zur nach 1871 dominanten Polemik gegen diese Auffassung, die sich vor allem auf das begriffliche Argument der logischen Unteilbarkeit der Souveränität bezog, vgl. *P. Laband* (Fn. 24), S. 73ff.; *M. von Seydel*, Kommentar zur Reichsverfassung (Fn. 86), S. 4, 6ff.; *A. Haenel*, Studien zum Deutschen Staatsrechte (Fn. 24), S. 56ff.; *ders.*, Deutsches Staatsrecht Bd.I (Fn. 7), S. 798ff., insbes. S. 802; *O. Mejer* (Fn. 24), S. 25ff.; *G. Jellinek* (Fn. 84), S. 171ff.; *P. Zorn* (Fn. 24), S. 61ff.; *H. Triepel* (Fn. 34), S. 71ff.

[93] Hier zitiert nach der leicht überarbeiteten späteren Fassung in *G. Waitz*, Grundzüge der Politik, 1862, S. 43. Vgl. zu Waitz und dessen Bundesstaatslehre auch *M. Stolleis* (Fn. 81), S. 365f., sowie *E. Deuerlein*, Föderalismus, 1972, S. 89ff. und *M. Dreyer*, Föderalismus als ordnungspoli-

1873 in seinem Werk zum neuen Reichsstaatsrecht geschrieben: „Allerdings hören die Gliederstaaten nicht auf, abgesondert zu bestehen, ihre eigene Verfassung und Verwaltung zu haben, einen bestimmten Theil der Zwecke eines Staates selbstständig und mit eigenen Mitteln und nach eigenen Bestimmungen zu verfolgen; allein ein, durch die Zuständigkeit der Bundesgewalt bestimmter Theil der Souveränität geht für sie verloren und an die Bundesorgane über."[94] Die rasch vordringende positivistische Schule, die auf Systematik, logische Konsequenz und strenge Begrifflichkeit abstellte, und die sehr deutlich politische Färbung der altliberalen Schule als „unjuristisch" ablehnte[95], hielt der alten Bundesstaatslehre vor, sie verforme den so wichtigen Souveränitätsbegriff bis zur vollkommenen Unkenntlichkeit, lasse ihn zur Chimäre werden[96]. Bei richtigem Verständnis des Begriffes der Souveränität – als „die oberste, höchste, nur sich selbst bestimmende Macht" – schließe dieser Begriff „das Merkmal der Unbeschränktheit logisch ein und folglich auch das Merkmal der Unteilbarkeit"[97]. Oder – in der Zuspitzung auf die Frage der Kompetenz-Kompetenz: „In der Rechtsmacht des Staates über seine Competenz liegt die oberste Bedingung der Selbstgenugsamkeit, der Kernpunkt seiner Souveränität"[98]. Eine solche Souveränität aber konnte nur einem staatlichen Subjekt zustehen, dem Reich eben nach der Vorstellung dere Mehrheit der Verfassungsrechtler[99]. In der – wenn auch symptomatischen – Überspitzung der Souveränitätsdoktrin bei *J. von Held* liest sich das dann so: „Alle sog. Staatenverbindungen sind in der That Etappen auf dem Einigungs- oder Enteinigungswege der Völker, also Uebergangsstationen, die sich eben deshalb den genauen

---

tisches und normatives Prinzip. Das föderative Denken der Deutschen im 19. Jahrhundert, 1987, S. 204ff.

[94] *R. von Mohl* (Fn. 43), S. 29f.

[95] Zu der mit dem Siegeszug des Laband'schen Reichsstaatsrechts verbundenen Tendenz, Erwägungen der Politik aus der Staatsrechtswissenschaft zu verdrängen, vgl. etwa *F. von Martitz* in seiner Rezension zu P. Labands Staatsrecht des deutschen Reiches 1876: „Es handelt sich darin um Jurisprudenz. Also vor Allem nicht um politisches Räsonnement. ‚Für das Staatsrecht', so sagt er, ‚ist zur Zeit nichts dringender nöthig, als die Erkenntniss, dass sich eine juristische Deduktion nicht ersetzen lässt durch historisch-politische, ethische und sociale Betrachtungen.' Man könnte den Satz als Motto auf das Buch schreiben." – *F. von Martitz* (Fn. 81), S. 556. Siehe auch die berühmte Kritik durch *O. von Gierke*, Labands Staatsrecht und die deutsche Rechtswissenschaft, Schmollers Jahrbuch 7 (1883), S. 1097, 1100ff., sowie die Labands Leistung herauskehrende Darstellung von *P. Zorn*, Die Entwicklung der Staatsrechts-Wissenschaft seit 1866, JöR Bd. I (1907), S. 47, 64ff. Zum damit verbundenen Paradigmenwechsel der Wissenschaft vom öffentlichen Recht allgemein vgl. *M. Stolleis*, Verwaltungsrechtswissenschaft und Verwaltungslehre 1866–1914, in: K.G.A. Jeserich / H. Pohl / G.-C. von Unruh (Hrsg.), Deutsche Verwaltungsgeschichte III, 1984), S. 85ff. sowie *W. Pauly*, Der Methodenwandel im deutschen Spätkonstitutionalismus, 1993, S. 10ff., 168ff., 186ff.

[96] So in besonderer Schärfe *P. Laband* (Fn. 24), S. 73ff.

[97] So die Kritik von *P. Laband* (Fn. 24), S. 73; vgl. im gleichen Sinne auch *M. von Seydel*, Kommentar zur Reichsverfassung (Fn. 86), S. 3.

[98] *A. Haenel*, Studien zum Deutschen Staatsrechte (Fn. 24), S. 149.

[99] Als – wenn auch einsame – Kritik an dieser Position in der Rechtswissenschaft der Jahrhundertwende siehe *R. Mode*, Doppelsouveränität im deutschen Reiche, 1900, insbes. S. 38ff., 71ff.

staatsrechtlichen Bestimmungen entziehen müssen."[100] Das natürliche Ergebnis dieses Entwicklungsganges werde das völlige Aufgehen der Einzelstaaten im Reich sein. Dem Reich „als einem staatsrechtlichen Wesen" gegenüber könnten die deutschen Partikularstaaten dementsprechend nur noch als „selfgovernmentale, territoriale Unterabtheilungen" aufgefaßt werden[101].

Die deutsche Staatsrechtswissenschaft hatte sich – wie es ein Außenseiter der Staatsrechtslehre der Kaiserzeit, nämlich *Hugo Preuß*, formulierte – „im Gespinnst des Souveränitätsbegriffs" verfangen „wie die Fliege im Gewebe der Spinne"[102]. Begünstigt wurde der Siegeszug einer solch rigiden Souveränitätsvorstellung und einer darauf gestützten unitarischen Bundesstaatstheorie dabei sicherlich durch die eigenwillige Ausformung der deutschen Bundesstaatsverfassung. In einer weitgehend auf Verzahnung von zentraler Gesetzgebung und einzelstaalicher Verwaltung ausgerichteten Aufgabenteilung verlor die ältere Vorstellung von einer echten Teilung der Souveränität an Überzeugungskraft. Hatte diese Konzeption vor dem Hintergrund der klassischen Bundesstaatskonstruktionen – Vereinigte Staaten, Schweiz – noch einiges an Plausibilität für sich beanspruchen können, so wies die Hegemonialkonstruktion des deutschen Bundesstaates von 1867/1871 bereits deutliche Züge eines integrierten Systems mit einer Hierarchie von Reich und Ländern auf. Als das Wesen des Bundesstaates erschien in der Folge dem deutschen Staatsrecht – halb von der Anschauung der neuen Verfassungskonstruktion geprägt, halb aber auch von dem Wunsch nach möglichst weitgehender Einheit diktiert – die prinzipielle Unterordnung der Gliedstaaten unter den Bund[103], oder – noch zugespitzter: „Grade das ist wesentlich für den Begriff des Staatenstaats oder zusammengesetzten Staates und folglich auch für den Bundesstaat, der nur eine Art desselben ist, daß sich die Centralgewalt zum Zweck der Erreichung der staatlichen Aufgaben der Gliedstaaten bedient."[104] Die Besonderheiten des Bismarck'schen Bundesstaatsmodells waren damit unversehens zum Wesensmerkmal des abstrakt-staatsheoretisch formulierten Idealtypus des Bundesstaates als solchen mutiert – zumindest in den Augen deutscher Autoren[105]. Die Konzentration des staatsrechtlichen Positivismus auf den Text der Verfassung und die daraus zu gewinnenden logischen Deduktionen, in Abkehr von der eher staatstheoretisch-rechtsvergleichenden Perspektive der älteren liberalen Staatsrechtslehre, hat die darin steckende Blickverengung ohne Zweifel deutlich

---

[100] *J. von Held*, Die Verfassung des deutschen Reichs vom staatsrechtlichen Standpunkte betrachtet. Ein Beitrag zu deren Kritik, 1872, S. 29.

[101] Ebda., S. 143.

[102] *H. Preuß*, Gemeinde, Staat, Reich als Gebietskörperschaften, 1889, Vorbemerkung S. VI.

[103] Siehe *P. Laband* (Fn. 24), S. 76ff., 94ff.

[104] *P. Laband* (Fn. 24), S. 78.

[105] Siehe die kritische Auseinandersetzung mit dem Laband'schen Staatsrecht durch *O. von Gierke*. Gierke warf Laband vor, in seiner Konstruktion des Bundesstaates Besonderheiten des Reiches zu „dem Bundesstaate überhaupt eignenden Erscheinungen" zu erklären – siehe *O. von Gierke* (Fn. 95), S. 1161; siehe außerdem im gleichen Sinne *S. Brie*, Zur Lehre von den Staatenverbindungen, Grünhut's Zeitschrift 11 (1884), S. 85, 154f.

gefördert[106]. Aber auch die durchgängig nationalliberale bis nationalkonservative Prägung der neuen Generation von Staatsrechtlern mit ihrer – unter politischem Blickwinkel – klar unitarischen Ausrichtung auf einen möglichst durchsetzungsfähigen deutschen Machtstaat wird nicht wenig zu dieser Veränderung der staatstheoretischen Prämissen beigetragen haben[107].

Was allerdings der dominanten positivistischen Schule des Reichsverfassungsrechts schwerfiel, war die gedankliche Verarbeitung und Erklärung der Residuen staatenbündischer Konstruktion in der Verfassung und der Verfassungspraxis, vor allem aber im Selbstverständnis der das Reich tragenden Monarchien. In den unitarischen Kategorien der hierarchischen Einordnung der Einzelstaaten in ein von der Souveränität des Reiches geprägtes Gesamtsystem waren diese Überbleibsel der alten monarchischen Souveränitäten und der Gleichberechtigung der „verbündeten Regierungen" nicht vermittelbar. Die feinfühligen Köpfe unter den deutschen Staatsrechtlern nahmen diese Spannung im übrigen sehr deutlich wahr. *Otto von Gierke* hatte schon 1883 in seiner berühmten Auseinandersetzung mit dem Laband'schen Staatsrecht der gängigen Lehre vorgeworfen, sie müsse „entweder dem Deutschen Reiche oder den deutschen Einzelstaaten die staatliche Qualität rauben". Er bestreite aber „der Jurisprudenz das Recht, in solcher Weise die Geschichte zu verkehren, die Verfassung umzudenken und das Rechtsbewußtsein der Nation zu ignorieren"[108]. Und *Otto Mayer* mokierte sich 1903, die deutsche Staatsrechtswissenschaft habe die Bismarck'sche Verfassungskonstruktion nie wirklich akzeptiert. Sie glaube immer noch, seine (des Fürsten Bismarck) „unzulänglichen juristischen Anschauungen verbessern zu müssen, indem sie noch irgend eine centrale Konstruktion hinzufügt, sei es etwas wie einen wirklichen Reichssouverän, sei es eine ohne erkennbaren Träger frei in der Luft schwebende Reichsstaatsgewalt"[109]. Bei „aller sonstigen Zerfahrenheit der Theorie" sei es „geradezu die Losung und die Hauptaufgabe geworden für jeden, der sich mit diesen Dingen beschäftigt, wie er das Reich von seiner Vertragsgrundlage an irgend einem Punkte, früher oder später, loskonstruiert"[110]. Dabei sei nur in der Gestalt „vertragsmäßiger Einigung der Souveräne ein monarchischer Bundesstaat

[106] Schon *F. von Martitz* warf in einer Rezension 1876 dem Laband'schen Staatsrecht vor: „...so fürchte ich doch, dass solche Behauptungen ohne genügende Kenntniss ausländischer föderaler Rechtszustände gewagt werden; ich fürchte, dass Vf. sich damit auf ein Gebiet begiebt, auf dem er nicht zu Hause ist. Jeder Nordamerikaner wird ihm die Unrichtigkeit solcher Thesen aus und an seiner eigenen Person deduciren können." – *F. von Martitz* (Fn. 81), S. 569. Allgemein zum Paradigmenwechsel der Staatsrechtswissenschaft nach 1866 vgl. neuerdings *W. Pauly*, Der Methodenwandel im deutschen Spätkonstitutionalismus, 1993, insbes. S. 168ff., 209ff. sowie *M. Stolleis* (Fn. 81), S. 330ff., 343ff., außerdem die klassischen Schriften von *G. Jellinek*, Der Kampf des alten mit dem neuen Recht, 1907, in: ders., Ausgewählte Schriften und Reden, Bd. I, 1911, S. 392, 422f. und *P. Zorn*, Die Entwicklung der Staatsrechts-Wissenschaft seit 1866, JöR Bd. I (1907), S. 47, 52ff., 60ff.

[107] Vgl. *M. Stolleis* (Fn. 81), S. 345, sowie *M. Friedrich*, Paul Laband und die Staatsrechtswissenschaft seiner Zeit, AöR 111 (1986), S. 197, 200.

[108] *O. von Gierke* (Fn. 95), S. 1159f.

[109] *O. Mayer* (Fn. 29), S. 366.

[110] *O. Mayer* (Fn. 29), S. 371.

möglich; der einheitliche Souverän, der für republikanische Verhältnisse selbstverständlich ist und der sich dort auch mit dem Bundesstaate verträgt, führt hier zum Einheitsstaat"[111]. Oberstes Lebensprinzip des monarchischen Bundesstaates sei vielmehr die Vertragstreue der Bundesgenossen, oder – wie Bismarck es ausgedrückt habe: „Das Reich hat die feste Basis in der Bundestreue der Fürsten."[112]

Die nach der Jahrhundertwende einsetzende kritische Auseinandersetzung der jüngeren Generation von Staatsrechtlern mit der positivistischen „Erstarrung" der Staatsrechtslehre[113] knüpfte an diesem eher politisch gedachten Konzept der „Bundestreue" an. Aufbauen konnte sie dabei auf wichtige Arbeiten von *Paul Laband*, *Conrad Bornhak* und *Heinrich Triepel*, in denen schon seit längerem der dynamische Charakter der Reichsverfassung betont worden war, der trotz der betont föderalistischen Grundkonstruktion der Reichsverfassung zu einer immer weiter voranschreitenden Unitarisierung geführt habe[114]. Während die Reichsverfassung der weiteren Entwicklung des föderativ-staatenbündischen Elements der Verfassung „schier unübersteigliche Hindernisse" entgegensetze, habe sie der „Verstärkung des unitarischen Prinzips verhältnismäßig geringe" Widerstände in den Weg gelegt, sodaß die unitarischen Elemente der Verfassung – wie in der Praxis geschehen – „durch Majoritätsbeschlüsse der gesetzgebenden Organe fort und fort erweitert und vertieft werden können"[115]. In diesem Prozeß der Unitarisierung sah die Mehrheit der Staatsrechtslehre eine tiefe geschichtliche Notwendigkeit, der geradezu eine eigene normative Wirkung zugeschrieben wurde. In den Worten von *Heinrich Triepel*: „In der Lage, in der wir uns befinden, ist es weder angebracht, noch auch nur möglich, kostbare Kräfte in der dutzendfachen Vervielfältigung von Arbeiten zu zersplittern, die, in **eine** Richtung gebracht, die Leistungsfähigkeit der Gesamtheit verdoppeln können. Für den Kampf um den „Platz an der Sonne", in den wir eingetreten sind, braucht es nicht bloß Soldaten, Kanonen und Schiffe, sondern der Anspannung **aller** ökonomischen und geistigen Fähigkeiten unter **einheitlicher Leitung**. Nicht Arbeitsteilung, sondern Arbeitsvereinigung tut uns bitter not. Eine Verzettelung staatlicher Verwaltungstätigkeit um partikularistischer Velleitäten willen ist ein Luxus, den wir uns heute nicht mehr gestatten können."[116]

Der Bismarck'sche Ansatz der „Bundestreue" hatte nun allerdings eigentlich genau die gegenteilige Zielrichtung gehabt. Die im Bund vereinten Fürsten sollten vor allzu weitgehender Unitarisierung bewahrt werden, denn in der Stabilität der

---

[111] *O. Mayer* (Fn. 29), S. 365.

[112] *O. Mayer* (Fn. 29), S. 370.

[113] Siehe zu dieser Bewegung die programmatische Schrift von *W. Schücking*, Neue Ziele der staatlichen Entwicklung, 2. und 3. Aufl. 1913, dort insbes. § 1: Staatsrecht und Politik (S. 7–12). Vgl. außerdem *S. Korioth*, Erschütterungen des staatsrechtlichen Positivismus im ausgehenden Kaiserreich, AöR 117 (1992), S. 212ff., sowie *M. Stolleis* (Fn. 94), S. 105f.

[114] *P. Laband*, Die Wandlungen der deutschen Reichsverfassung, 1895; *ders.*, JöR 1 (1907), S. 1ff.; *C. Bornhak*, Wandlungen der Reichsverfassung, AöR 26 (1910), S. 373ff.; *H. Triepel*, Unitarismus und Föderalismus in der Reichsverfassung, 1907, dort insbes. S. 38ff.

[115] *H. Triepel* (Fn. 114), S. 38.

[116] *H. Triepel* (Fn. 114), S. 79f. (Hervorhebungen im Original).

monarchischen Ordnungen der Teilstaaten lag das eigentliche Widerstandspotential der von Bismarck entworfenen Verfassungsordnung gegenüber dem Prozeß einer fortschreitenden Parlamentarisierung des Reiches, dem Bismarck hatte einen Riegel vorschieben wollen[117]. Dies herausgearbeitet zu haben, ist das große Verdienst von *Rudolf Smend*[118]. Als einer der prononciertesten Kritiker der etablierten „juristisch-formalen" Schule der Staatsrechtswissenschaft stellte er sich insoweit in seiner 1916 erschienenen Schrift über „Ungeschriebenes Verfassungsrecht im monarchischen Bundesstaat"[119] ganz bewußt auf den Boden der monarchisch-föderalistischen Prägung der Verfassung. Dem – vor allem bei *Triepel* und *Bornhak* – mit deutlich unitarischer Zwecksetzung unternommenen[120]Versuch, die Entwicklungen der Verfassungspraxis in den Formen des Verfassungsgewohnheitsrechts dogmatisch einzufangen, gab er eine neue Richtung, indem er vorrangig an die Bismarck'sche Figur der „Bundestreue" anknüpfte. Das „Treueverhältnis" der Verbündeten untereinander sei eine bisher weitgehend verkannte verfassungsgewohnheitsrechtliche Grundlage des Reichsstaatsrechts, die gleichberechtigt neben die im Verfassungstext ausgeprägte Überordnung des Reiches über die Staaten zu stellen sei[121]. „Reich und Einzelstaaten stehen nicht nur in dem Verhältnis der Ueber- und Unterordnung, das die staatsrechtliche Auslegung aus der Reichsverfassung zunächst als ihren Hauptinhalt entnehmen muß, sondern zugleich in dem Verhältnis des Bundes zu den Verbündeten: d.h. jeder der Verbündeten schuldet den anderen und dem Ganzen die Bundes-, die „Vertrags"-Treue und hat in diesem Sinne seine reichsverfassungsmäßigen Pflichten zu erfüllen und seine entsprechenden Rechte wahrzunehmen."[122] Als Begründung diente – wie so oft im Reichsstaatsrecht – eine Analogie zum Zivilrecht: „Wie neben den sonstigen Vorschriften über den Inhalt der einzelnen Schuldverhältnisse für den Geist ihrer Erfüllung der Grundsatz von Treu und Glauben rechtlich maßgebend ist, so für den Inhalt der Vorschriften der Reichsverfassung, soweit die Einzelstaaten irgendwie beteiligt sind, der Grundsatz der Vertragstreue und der bundesfreundlichen Gesinnung."[123] Die Seydel'sche Überspitzung der Umdeutung des Bundesstaates in einen Staatenbund konnte so vermieden werden, ohne die vertraglichen Grundlagen des Bundesverhältnisses völlig hinter der Subordinationsordnung der geschriebenen Verfassung verschwinden zu lassen. Der latent vorhandene staatenbündische Zug der Verfassung sollte – so die Intention von *Smend* – wieder stärker in das Bewußtsein gerückt werden[124], unter gleichzeitiger Wahrung des staatsrechtlichen Integrationsmechanismus der bundesstaatlichen

---

117 Siehe insoweit auch *E. Kaufmann* (Fn. 2), S. 21ff.

118 Zu *Smend's* Versuch einer Neuorientierung des Bundesstaatsrechts siehe *S. Korioth*, Integration und Bundesstaat, 1990, S. 18ff., S. 32ff.

119 Veröffentlicht in: Festgabe für Otto Mayer, 1916, S. 247ff.

120 Siehe v.a. *C. Bornhak* (Fn. 114), S. 374f., 381, 385f., 392 sowie *H. Triepel*, Die Reichsaufsicht, 1917, S. 444ff., 451; vgl. dazu auch *S. Korioth* (Fn. 118), S. 31.

121 *R. Smend* (Fn. 119), S. 258ff.; siehe auch im gleichen Sinne *E. Kaufmann* (Fn. 2), S. 31.

122 *R. Smend* (Fn. 119), S. 260/61.

123 Ebda., S. 261.

124 Mit gleicher Zielrichtung vgl. auch *E. Kaufmann* (Fn. 2), S. 98.

Ordnung. Das von Bismarck in den politischen Sprachgebrauch eingeführte Konzept der „Bundestreue" wurde – im Sinne einer Bewahrung der monarchisch-bündischen Prägung des Gesamtsystems[125] – von *Smend* im Ergebnis unversehens zum zentralen Rechtsbegriff erhoben, der die Lücken der geschriebenen Verfassung ausfüllen sollte.

Als Versuch einer Rückbesinnung auf den (auch) staatenbündisch-monarchischen Charakter der Reichsverfassung[126] kam der *Smend*'sche Vorstoß zu spät. Der Zusammenbruch der monarchischen Ordnung zwei Jahre später entzog allen Bemühungen um eine föderalistische Renaissance den Boden. Doch die staatsrechtliche Kategorienbildung, die *Smend* mit der Umformung des Bismarck'schen „Bundestreue"-Topos in einen Rechtsbegriff unternommen hatte, sollte sich als äußerst folgenreich erweisen, wenn auch auf dem Boden einer völlig anderen Staatsordnung und mit wieder deutlich verschobener Zielsetzung.

---

[125] Zur traditional-monarchischen Zielrichtung der Schrift Smend's vgl. *S. Korioth* (Fn. 113), S. 222f. sowie *ders.*, Integration und Bundesstaat, 1990, S. 62ff., 79ff.

[126] *Erich Kaufmann*, der insoweit der Auffassung von *Smend* folgte, schrieb von den „vertragsmäßigen Elementen" in der Reichsverfassung – *E. Kaufmann* (Fn. 2), S. 39. Als verfassungspolitische Kritik an den dahinterstehenden politischen Vorstellungen siehe vor allem *M. Weber* (Fn. 55), S. 146ff.

3. Kapitel:

Die Weimarer Republik und die Zerstörung des Bundesstaates

3.1. Krieg und Revolution

Der Krieg erwies sich – wie so oft – als der Agent des Wandels. Im Falle der deutschen Reichsverfassung wirkte er als der große Gleichmacher und Vereinheitlicher[1]. Hatten die Einzelstaaten bis dahin eifersüchtig über ihre Kompetenzen gewacht, vor allem im Bereich der Exekutive, so brachte die Kriegswirtschaft der Jahre 1914–18 einen enormen Zentralisierungsschub. Das Ermächtigungsgesetz vom 4. August 1914[2] lieferte den Ansatz einer „kommissarischen Diktatur" der Zentralbehörden[3]. Zwar delegierte der Reichstag damit formal nur – in Gestalt einer Notstandsbefugnis – die Rechtsetzungskompetenz allein auf den Bundesrat, wahrte somit vordergründig die föderale Ordnung; die Dominanz der preußischen Bürokratie im Bundesrat ließ dies aber zum Ansatzpunkt einer ungehemmten Zentralisierung werden. Und der Ansatzpunkt wurde bald kräftig genutzt[4]. Die Bedürfnisse der Kriegswirtschaft verlangten nach möglichst effizienter Ressourcenbewirtschaftung, nach zentraler Planung der strategisch wichtigen Kreisläufe der Wirtschaft[5]. Der Ansatz einer Zentralverwaltungswirtschaft, der vor allem ab 1916 unter der Ägide der Heeresleitung offen ersichtlich im Reich entstand[6], war notwendig ein Instrument unitarischer Zusammenfassung der Kräfte. Während das Volk unter dem Druck gemeinsamer Erfahrungen, Erlebnisse und Belastungen endgültig zur ‚einheitlichen Nation' zusammengeschmolzen wurde,

---

1 Siehe dazu *T. Nipperdey*, Der Föderalismus in der deutschen Geschichte, in: T. Nipperdey, Nachdenken über die deutsche Geschichte, 1986, S. 60ff., 88.

2 RGBl. 1914, S. 327; vgl. dazu eingehend *E.-R. Huber*, Deutsche Verfassungsgeschichte seit 1789, Bd. V: Weltkrieg, Revolution und Reichserneuerung 1914–1919, 1978, S. 62ff.

3 Zum Charakter des damit geschaffenen Notstandsregimes als „kommissarischer Diktatur" siehe *E. Schiffer*, Zur Diktatur des Bundesrats, DJZ 20 (1915), Sp. 1158ff. sowie *C. Schmitt*, Die Diktatur von den Anfängen des modernen Souveränitätsgedankens bis zum proletarischen Klassenkampf, 2. Aufl. 1928, S. 3ff., 25ff.; vgl. auch *E.R. Huber*, Verfassungsgeschichte Bd. V (Fn. 2), S. 65f. sowie *E. Eimers*, Das Verhältnis von Preußen und Reich in den ersten Jahren der Weimarer Republik, 1969, S. 17ff., außerdem *E.W. Böckenförde*, Der Zusammenbruch der Monarchie und die Entstehung der Weimarer Republik, in: K.G.A. Jeserich / H. Pohl / G.-C. von Unruh (Hrsg.), Deutsche Verwaltungsgeschichte IV, 1985, S. 2, 6f.

4 Vgl. nur *E.R. Huber*, Verfassungsgeschichte Bd. V (Fn. 2), S. 69ff.

5 Siehe nur die ausführliche Analyse bei *E.R. Huber*, Verfassungsgeschichte Bd. V (Fn. 2), S. 73ff. m.w.N.

6 Vgl. dazu *E.R. Huber*, Verfassungsgeschichte Bd. V (Fn. 2), S. 79ff., 88ff.

wandelte sich das Regierungs- und Verwaltungssystem des Reiches in Richtung auf die Strukturen eines Einheitsstaates. Die Bedürfnisse der Rüstung und der Kriegswirtschaft verlangten zwingend nach einheitlicher Planung und Steuerung von Industrie, Landwirtschaft und Transportwesen, und führten letztlich zur bürokratischen Zentralisierung, in der (wenn auch zunächst vorübergehenden) Aneignung von Kompetenzen durch das Reich wie in der Vereinheitlichung der Verwaltung.

Zugleich verlangte die Zusammenfassung aller Kräfte nach innerer Befriedung, nach Herstellung politischen und sozialen Konsenses[7]. Die so lange aufgeschobene Parlamentarisierung der Institutionenverfassung war letztlich die Folge. Das immer weitere Nachgeben gegenüber den Forderungen auf Demokratisierung, die Integration der Sozialdemokraten in das politische Gefüge, schließlich die drohende Niederlage brachen den lange so zähen Widerstand der traditionalen Kräfte und der „verbündeten Regierungen" gegen die Parlamentarisierung[8]. Der Reichstag wurde gegen Ende des Krieges zum eigentlichen Machtzentrum[9], ohne daß die bundesstaatliche Struktur des Reiches damit jedoch formal angetastet worden wäre.

Der Zusammenbruch der monarchischen Ordnung im November 1918 stellte dann aber auf einmal ganz neu die Verfassungsfrage. An diesem Punkt erwiesen sich zwei Faktoren als von ganz besonderer Bedeutung. Zum einen war dies die klar unitarische Ausrichtung der Gruppen und Parteien, die in der Stunde des Zusammenbruchs die Führung übernehmen mußten[10]. Zum anderen zeitigte der Sieg der Gerber-Laband-Schule, das rigide Souveränitätsdenken, das selbst einen dissidenten Liberalen wie *Albert Haenel* zur Kategorie der „Kompetenz-Kompetenz" gebracht hatte, im Neuanfang seine eigentliche Wirkung.

An die Macht gelangten mit der „Revolution" des Spätjahrs 1918 die politischen Gruppierungen, die bis dahin immer an den Rand gedrängt worden waren: Linksliberale und Sozialisten. Deren verfassungspolitische Orientierung war aber seit jeher klar unitarisch. Leitbild der republikanischen Liberalen und der Sozialdemokraten war immer der Einheitsstaat der französischen Republik, die ‚république une et indivisible' der französischen Revolution gewesen[11]. Föderale Konstruktionen wie der Bundesstaat der Bismarck-Verfassung standen bei ihnen traditionell im Geruch eines Instruments der Reaktion, wurden als Versuche einer Bewahrung des (monarchischen) Status quo verachtet. Große Rücksichtnahme auf die föderalistischen Traditionslinien der deutschen Geschichte, auf die Ei-

[7] Vgl. dazu nur *E.R. Huber*, Verfassungsgeschichte Bd.V (Fn.2), S.116ff. m.w.N.

[8] Vgl. allerdings zu den Schwierigkeiten dieses Prozesses *E.R. Huber*, Verfassungsgeschichte Bd.V (Fn.2), S.119ff., 129ff., 140ff., 151ff., 312ff., 380ff., außerdem *W. Apelt*, Geschichte der Weimarer Reichsverfassung, 1946, S.29ff. sowie *E.W. Böckenförde* (Fn.3), S.7.

[9] Vgl. *E.R. Huber*, Verfassungsgeschichte Bd.V (Fn.2), S.395ff., 528ff., 584ff.

[10] Vgl. *T. Nipperdey* (Fn.1), S.88f., außerdem *E. Eimers* (Fn.3), S.23ff. sowie *G. Schulz*, Zwischen Demokratie und Diktatur. Verfassungspolitik und Reichsreform in der Weimarer Republik, Bd.I, 1963, S.101ff.

[11] Für die Sozialdemokratie vgl. die Detailstudie von *H. Heidegger*, Die deutsche Sozialdemokratie und der nationale Staat 1870–1920, 1956, dort insbes. S.30ff.

genstaatlichkeit der alten Fürstentümer und Königreiche, war von ihnen nicht zu erwarten, sahen sie diese Traditionslinien doch als etwas Rückständiges und Überholtes an, das zu überwinden sei, kaum aber als bewahrenswerten Kernbestand deutscher Verfassungsüberlieferung[12].

Selbst die im bürokratischen Apparat nach wie vor tonangebenden Juristen der alten monarchischen Verwaltung dachten untergründig in unitarischen Kategorien[13]. Dies war vor allem ein Erbe des Reichsstaatsrechts und dessen begriffsjuristischer Prägung. Einer der zentralen Begriffe des spätkonstitutionellen Staatsrechts war die Kategorie der Souveränität gewesen. Konnte man sich Souveränität – wie die allgemein herrschende Lehre – aber nur als denknotwendig einheitlich und unteilbar vorstellen, dann mußte die Souveränität im Bundesstaat beim Bund liegen[14]. Damit war jedoch die entscheidende Weichenstellung weiterer Verfassungsentwicklung implizit vorweggenommen. Verfassunggebung mußte unter diesem Denkansatz notwendig von Anfang an auf der Bundesebene stattfinden, in Ausübung des „pouvoir constituant" der Gesamtnation[15]. Die Gliedstaaten hatten sich dem so gesetzten Rahmen einzufügen, ihre Verfassungsgebung wurde akzessorisch. Der Sprung weg vom originären Bundesstaat, dem die Verfassungen der Gliedstaaten vorausliegen und in dem der Bund durch Zusammenschluß

---

[12] „Viele Mitglieder der verfassunggebenden Nationalversammlung wollten entschieden mehr als einen bloß bundesstaatlichen Unitarismus, sie wollten geradewegs den Einheitsstaat." – *G. Anschütz*, Der deutsche Föderalismus in Vergangenheit, Gegenwart und Zukunft, VVDStRL 1 (1924), S. 11, 17. Vgl. auch die Äußerung des Mitglieds der Nationalversammlung *W. Kahl*, Entspannung des Unitarismus, DJZ 28 (1923), Sp. 701f.: „Die Mehrheitsstimmung neigte zweifellos zum Einheitsstaat."

[13] Vgl. die Schilderung der Vorbesprechung zum Verfassungsentwurf im Reichsamt des Innern bei *E.R. Huber*, Verfassungsgeschichte Bd.V (Fn. 2), S. 1179.

[14] Als geradezu prototypische Ausformung dieses Souveränitätsverständnisses siehe *H. Heller*, Die Souveränität, 1927, S. 110ff., dort inbes. S. 117 mit dem pointierten Satz: „Wird mit dem Staats- und Souveränitätsverständnis ernst gemacht, so ist man nicht in der Lage, den Ländern die Eigenschaften eines Staates zuzusprechen." Vgl. allerdings in entgegengesetztem Sinne noch *J. Hatschek*, Deutsches und Preussisches Staatsrecht Bd.I, 2.Aufl.1930, S. 85ff., insbes.S. 94, der für das Deutsche Reich auf die Waitz'sche Souveränitätsteilung rekurrierte.

[15] „Die Grundlage und der Ausgangspunkt für den Verfassungsbau der demokratischen Republik konnte nur die nationale Einheit des deutschen Volkes sein. Scharf und unbedingt mußte das Prinzip vorangestellt und anerkannt werden, daß hier nicht verschiedene „Völker" einen Bund schließen, sondern daß ein Volk sich selbst seine Verfassung gibt, innerhalb deren es sich in Stämme und Länder gliedern mag." – *H. Preuß*, Deutschlands Republikanische Reichsverfassung, 2.Aufl. 1923, S. 47f. Vgl. auch *G. Anschütz*, Die kommende Reichsverfassung, DJZ XXIV (1919), Sp. 113, 116f.; *ders.*, Drei Leitgedanken der Weimarer Reichsverfassung, 1923, S. 10f.; *L. Wittmayer*, Schwächen der neuen deutschen Bundesstaatslehre, Zeitschrift für öffentliches Recht 3 (1922/23), S. 503, 513ff.; *O. Meißner*, Das Staatsrecht des Reichs und seiner Länder, 2.Aufl. 1923, S. 16, 23ff.; *F. Stier-Somlo*, Deutsches Reichs- und Landesstaatsrecht, Bd.I, 1924, S. 237ff., insbes. aber S. 352ff.; *F. Poetzsch-Heffter*, Handkommentar der Reichsverfassung, 3.Aufl. 1928, S. 11ff.; *G. Anschütz*, Kommentar zur Reichsverfassung, 14.Aufl. 1932, Rdnrn.1ff. zum Vorspruch sowie Rdnr.3 zu Art. 1, außerdem *W. Apelt* (Fn. 8), S. 48ff. sowie *E.R. Huber*, Verfassungsgeschichte Bd.V (Fn. 2), S. 1078; *ders.*, Verfassungsgeschichte Bd.VI: Die Weimarer Reichsverfassung, 1981, S. 67f.; *R. Grawert*, Reich und Republik – Die Form des Staates von Weimar, Der Staat 28 (1989), S. 481, 501f.

der Glieder entsteht, war damit vorgezeichnet[16], es konnte der „unitarische Bundesstaat" entstehen. Wie es in der Denkschrift zum ersten Entwurf der neuen Reichsverfassung hieß: Der neue Staat müße „als im wesentlichen einheitlicher Volksstaat auf das freie Selbstbestimmungsrecht der deutschen Nation in ihrer Gesamtheit gegründet werden", könne folglich nicht „aus einem Bunde der bisherigen Einzelstaaten in ihrer neuen Gestalt als Freistaaten hervorgehen", sondern nur aus einer „demokratischen Selbstorganisation des ganzen deutschen Volkes nach den inneren Lebensnotwendigkeiten des modernen Nationalstaates"[17]. *Carl Schmitt* hat diesen qualitativ wichtigen Schritt wenige Jahre später nicht ganz unzutreffend als den Schritt zum „Bundesstaat ohne bündische Grundlage" bezeichnet[18].

3.2. Die Weimarer Reichsverfassung

Der neue Reichsminister des Innern, der zum Erarbeiten der ersten Entwürfe einer neuen Reichsverfassung ausersehen wurde, der Staatsrechtslehrer *Hugo Preuß*, verkörperte die beiden Einflüsse auf eine geradezu idealtypische Weise. Als Staatsrechtslehrer war er im Kaiserreich immer ein Außenseiter geblieben[19]. Dazu trug sicherlich seine theoretische Prägung als Schüler von *Otto von Gierke* bei, noch mehr aber seine politischen Neigungen als Linksliberaler mit deutlichen Affinitäten zur Sozialdemokratie[20]. In seiner Habilitationsschrift von 1889, „Gemeinde, Staat, Reich als Gebietskörperschaften", hatte er auf der Basis der Gierke'schen organischen Staatslehre eine Theorie des Bundesstaates als eines Gefüges gestufter Selbstverwaltung entworfen, die man genausogut als Blaupause eines Modells „dezentralisierter Einheitsstaatlichkeit" verstehen könnte[21]. 1919 bekam

---

[16] Die Weimarer Reichsverfassung ist dementsprechend auch ohne ausdrückliche Befragung oder Zustimmung der Länder in Kraft gesetzt worden – vgl. *E.R. Huber*, Verfassungsgeschichte Bd.V (Fn. 2), S. 1205.

[17] Die Denkschrift wurde veröffentlicht mit dem Verfassungsentwurf vom 20. Januar 1919 im Deutschen Reichsanzeiger 1919, Nr. 15, Erste Beilage; hier zitiert nach *J. Mauersberg*, Ideen und Konzeption Hugo Preuß' für die Verfassung der deutschen Republik 1919 und ihre Durchsetzung im Verfassungswerk von Weimar, 1991, S. 102.

[18] *C. Schmitt*, Verfassungslehre, 1928, S. 389f.; siehe auch in gleicher Richtung schon *F. Stier-Somlo* (Fn. 15), S. 373.

[19] Zu den Gründen dafür vgl. die Erinnerungen von *Gerhard Anschütz*, Aus meinem Leben, 1993, S. 121ff., ferner *J. Mauersberg* (Fn. 17), S. 13ff.

[20] Vgl. *J. Mauersberg* (Fn. 17), S. 14; *Walter Jellinek* beschrieb ihn mit den Worten, er sei „wohl der am weitsten links gerichtete Staatsrechtslehrer des damaligen Deutschlands" gewesen – *W. Jellinek*, Entstehung und Ausbau der Weimarer Reichsverfassung, in: G. Anschütz/R. Thoma (Hrsg.), Handbuch des Deutschen Staatsrechts, Bd.I, 1930, S. 127.

[21] Sein politischer Gesinnungsgefährte *G. Anschütz* hat ihn charakterisiert mit dem Satz: „Die Ziele, denen er zustrebte, lassen sich, wenn man kurz sein will mit den Schlagworten Unitarismus, Demokratie, parlamentarische Regierung bezeichnen. Sein Ideal war der deutsche Einheitsstaat..." – *G. Anschütz* (Fn. 19), S. 121. Vgl. auch zu den theoretischen Grundansätzen von Preuß *J. Mauersberg* (Fn. 17), S. 16ff., 25ff.

er nun die Möglichkeit, seine theoretischen Vorstellungen eines ‚einheitlichen' Bundesstaates in den Text einer Verfassung für die neue deutsche Republik zu giessen. Der erste Entwurf ging denn auch, stark von *Hugo Preuß* und dessen Selbstverwaltungstheorie geprägt, deutlich in die Richtung eines dezentralisierten Einheitsstaates[22]. Die Kompetenzen des Reiches sollten erheblich ausgeweitet werden[23], die Reichsaufsicht bei der Ausführung von Reichsgesetzen wollte er bis hin zur Schaffung einer Disziplinargewalt des Reichs über Landesbeamte ausgebaut wissen[24], der Bundesrat schließlich sollte durch ein ‚Staatenhaus' aus von den Landesparlamenten gewählten Volksvertretern ersetzt werden[25]. Zugleich war der Entwurf von der (von vielen anderen geteilten[26]) Auffassung geprägt, das Reich bedürfe dringend einer territorialen Neuorganisation; insbesondere müße das nach Bevölkerung, Fläche und Ressourcen übermächtige Land Preußen im Sinne einer ausgewogenen Organisation der Reichsstruktur in mehrere Länder aufgespalten werden[27]. Dieses offen angestrebte Ziel einer Zerschlagung Preussens stieß schon in den internen Beratungen im Reichsamt des Innern auf Widerspruch[28]; aufgrund der Debatten im Rat der Volksbeauftragten wurde der entsprechende Passus dann soweit entschärft, daß aus dem Text des offiziellen Vorentwurfes keine eindeutigen Rückschlüsse auf die Zielrichtung der Neugliederung mehr zu ziehen waren[29].

---

[22] Vgl. *E.R. Huber*, Verfassungsgeschichte Bd.V (Fn.2), S.1179; *J. Mauersberg* (Fn.17), S.66ff.; *G. Schulz* (Fn.10), S.126ff.; *W. Apelt* (Fn.8), S.57ff.; außerdem *W. Jellinek*, Revolution und Reichsverfassung, JöR IX (1920), S.1, 47; *F. Giese*, Kommentar zur Reichsverfassung, 3.Aufl. 1921, S.33ff.; *F. Stier-Somlo* (Fn.15), S.236ff., 248ff.; *F. Poetzsch-Heffter*, Komm. z. RV (Fn.15), S.14f. *G. Anschütz* schrieb 1919 ganz lakonisch: „Das Werk des Staatssekretärs ist ausgeprägt und unverschleiert unitarisch" – *G. Anschütz*, Der Aufbau der obersten Gewalten im Entwurf der deutschen Reichsverfassung, DJZ 24 (1919), Sp.199; siehe außerdem *ders.*, Komm.z.RV (Fn.15), S.16ff.

[23] Vgl. *J. Mauersberg* (Fn.17), S.106ff. sowie *F. Stier-Somlo* (Fn.15), S.239ff. und *G. Anschütz*, Komm.z.RV (Fn.15), S.17

[24] Vgl. *W. Jellinek* (Fn.22), S.47f.; *J. Mauersberg* (Fn.17), S.110ff.

[25] Vgl. *J. Mauersberg* (Fn.17), S.118ff. sowie *E.R. Huber*, Verfassungsgeschichte Bd.V (Fn.2), S.1180; *W. Apelt* (Fn.8), S.58; *W. Jellinek* (Fn.22), S.47f.; *F. Stier-Somlo* (Fn.15), S.246; *G. Schulz* (Fn.10), S.130f.

[26] Vgl. die Beispiele zahlreicher einschlägiger verfassungspolitischer Stellungnahmen Anfang 1919 bei *J. Mauersberg* (Fn.17), S.83ff. und bei *L. Biewer*, Reichsreformbestrebungen in der Weimarer Republik, 1980, S.44ff. sowie als herausragendes Beispiel *G. Anschütz*, DJZ 24 (1919), Sp.117.

[27] Siehe §29 des Erstentwurfes der Verfassung vom 3.1.1919 – abgedruckt bei *J. Mauersberg* (Fn.17), S.87ff.; vgl. dazu auch die Preuß'sche Denkschrift, in Auszügen wiedergegeben bei *J. Mauersberg* (Fn.17), S.103ff. sowie *G. Anschütz*, Das preußisch-deutsche Problem, 1922, S.9ff., und *L. Biewer* (Fn.26), S.40ff. Als Polemik gegen dieses Anliegen der Denkschrift siehe *R. Friedberg*, Preußen in dem Entwurf der künftigen Reichsverfassung, DJZ XXIV (1919), Sp.193ff. sowie *F. Stier-Somlo* (Fn.15), S.249ff.

[28] Zu den internen Beratungen im Reichsamt des Innern vgl. *J. Mauersberg* (Fn.17), S.60ff., inbes. S.69ff., außerdem *W. Jellinek* (Fn.20), S.128 sowie *G. Schulz* (Fn.10), S.129f.

[29] Vgl. zu den Debatten, die zum Regierungsentwurf vom 20. Januar 1919 führten, die detaillierte Darstellung bei *J. Mauersberg* (Fn.17), S.122ff., außerdem *G. Schulz* (Fn.10), S.132ff., 136ff.

Der zentralisierende Impetus des Preuß'schen Entwurfes hatte von Anfang an erhebliche Konflikte mit den Ländern heraufbeschworen[30]. In Teilen des Reiches (insbes. in Bayern) herrschte eine offen anti-preußische Stimmung, die gegen jede Form von Zentralgewalt gerichtet war. Unter dem Eindruck der militärischen Niederlage machte man „Berlin", d.h. das hegemonial von Preußen beherrschte Reich, für alle Fehlgriffe der deutschen Politik verantwortlich[31]. Ein Teil der siegreich aus den Wahlen zur Verfassunggebenden Nationalversammlung hervorgegangenen Parteien der bürgerlichen Rechte und der Mitte war zudem schon aus prinzipiellen Erwägungen auf eine weitestgehende Bewahrung der bundesstaatlichen Strukturen des Reiches bedacht[32]. Außerdem war die politische Konsolidierung in den meisten Ländern schneller vonstatten gegangen als auf der Reichsebene[33]. Gerade in Preußen hatte sich, nachdem im November 1918 zunächst eine parallele Regierungsstruktur aus Staatsministerium und Rat der Volksbeauftragten entstanden war, im März 1919 bereits eine recht stabile Koalitionsregierung aus Mehrheitssozialdemokraten, Zentrum und Linksliberalen gebildet[34], die in keiner Weise gewillt war, die errungene Machtposition ohne weiteres preiszugeben im Interesse einer ‚idealen' Verwaltungsgliederung des neuen Reiches[35]. Das organisatorische Gewicht der Länder machte sich über den auf bayrisches Bestreben geschaffenen „Staatenausschuß" dann bald auch im Prozeß der Verfassungsgebung bemerkbar[36]. Die Intervention der um Wahrung ihrer Stellung bemühten Landesregierungen[37] (und der Landesverbände der Parteien) führte letztlich zur Abschwächung der unitarischen Elemente in den Beratungen der Weimarer Na-

---

30 Zur Reaktion der Öffentlichkeit nach Bekanntwerden der Entwürfe vgl. *J. Mauersberg* (Fn. 17), S. 125f.; *W. Apelt* (Fn. 8), S. 63ff.; *L. Biewer* (Fn. 26), S. 46f., außerdem *H. Nawiasky*, Grundprobleme der Reichsverfassung, Erster Teil: Das Reich als Bundesstaat, 1928, S. 142, sowie *G. Anschütz*, Komm.z.RV (Fn. 15), S. 18.

31 Vgl. *E.R. Huber*, Verfassungsgeschichte Bd.V (Fn. 2), S. 1015; *T. Nipperdey* (Fn. 1), S. 88; *G. Schulz* (Fn. 10), S. 232f.; siehe außerdem *H. Nawiasky* (Fn. 30), S. 187.

32 Vgl. dazu *E.R. Huber*, Verfassungsgeschichte Bd.V (Fn. 2), S. 960, 969, 972f., außerdem *F. Stier-Somlo* (Fn. 15), S. 373f. sowie *H. Nawiasky* (Fn. 30), S. 83ff.

33 Als Gefahr für seine Neugliederungsvorstellungen sah *Hugo Preuß* diesen Umstand bereits in seiner Denkschrift zum ersten Verfassungsentwurf – vgl. dazu *J. Mauersberg* (Fn. 17), S. 102. Vgl. auch *H. Preuß* (Fn. 15), S. 48 sowie aus der Sicht des Historikers *E. Eimers* (Fn. 3), S. 37ff. und *G. Schulz* (Fn. 10), S. 102ff., ferner *R. Grawert* (Fn. 15), S. 501.

34 *E.R. Huber*, Verfassungsgeschichte Bd.V (Fn. 2), S. 1013 sowie im Detail *E. Eimers* (Fn. 3), S. 41ff., 70ff., außerdem *G. Schulz* (Fn. 10), S. 104ff.

35 Vgl. *E. Eimers* (Fn. 3), S. 85ff., 92ff. sowie *G. Schulz* (Fn. 10), S. 234ff., außerdem *K.D. Erdmann*, Die Weimarer Republik, 1980, S. 120f. und *E.W. Böckenförde* (Fn. 3), S. 13f.

36 Vgl. *E.R. Huber*, Verfassungsgeschichte Bd.V (Fn. 2), S. 1025, 1077ff., 1181ff.; *W. Apelt* (Fn. 30), S. 64ff., 71ff.; *G. Schulz* (Fn. 10), S. 141f., 149ff., 156ff.; *J. Mauersberg*(Fn. 17), S. 127ff., 132ff.; *W. Jellinek* (Fn. 22), S. 34f., 48f.; *F. Giese*, Komm. z. RV (Fn. 22), S. 27f., 37f.; *F. Stier-Somlo* (Fn. 15), S. 195f., 201ff., 255ff.; *F. Poetzsch-Heffter*, Komm. z. RV (Fn. 15), S. 14ff.; *G. Anschütz*, Komm.z.RV (Fn. 15), S. 19ff., 24.

37 Vgl. zur Intervention der preußischen Regierung *J. Mauersberg* (Fn. 17), S. 177ff. sowie *E. Eimers* (Fn. 3), S. 92ff., zur Intervention der süddeutschen Regierungen *K. Bilfinger*, Der Einfluß der Einzelstaaten auf die Bildung des Reichswillens, 1923, S. 39ff.; insgesamt vgl. auch *G. Schulz* (Fn. 10), S. 142ff., 149ff., 180ff.

tionalversammlung, und im Ergebnis zur formalen Bewahrung des Bundesstaatscharakters für die neue Republik, ebenso wie zur Vereitelung aller weitergehenden Neugliederungspläne, da eine Länderneugliederung gegen den Widerstand der betroffenen Länder im Prinzip nur mittels verfassungsändernden Reichsgesetzes möglich sein sollte[38] (einzig die Bildung des Landes Thüringen und der Anschluß von Coburg an Bayern gelang unter der Geltung des Art. 18 WRV). Wie *Hermann Heller* es zu Ende der Weimarer Republik ausdrückte: „Die Weimarer Verfassung ist auf halbem Wege stehengeblieben, sie hat Sein und Schein der ‚Länder' nicht zur Deckung gebracht. Sie hat ihnen den Schein einer staatsähnlichen Organisation belassen, mit Regierungen, Ministern, Gesandten und Parlamenten, und hat trotzdem ihr wahres Sein als bloße Verwaltungskörper kaum gewahrt."[39]

Man kann also nicht sagen, daß der Preuß'sche Entwurf ohne Folgen geblieben wäre. Die Länder hatten im Effekt erhebliche Einbußen in ihrer Machtstellung wie ihrer Kompetenzausstattung hinzunehmen[40]. Die Gesetzgebungskompetenzen des Reiches wurden im Verfassungsausschuß der Nationalversammlung noch einmal erheblich ausgedehnt[41], unter Aufspaltung in die bis heute geläufigen Ka-

---

[38] Vgl. *E.R. Huber*, Verfassungsgeschichte Bd.V (Fn. 2), S. 1196f.; *G. Schulz* (Fn. 10), S. 161ff.; *W. Jellinek* (Fn. 22), S. 49, 51; *G. Anschütz* (Fn. 12), S. 18f. Zum Problem der Neugliederung siehe auch *H. Preuß* (Fn. 15), S. 48ff. sowie *H. Nawiasky*, Die Bestimmungen der Reichsverfassung über die Gebietsgewalt der Länder, Hirth's Annalen 1919, S. 1ff., außerdem *K. Bilfinger* (Fn. 37), S. 83ff.; *F. Stier-Somlo*, Wege der Erneuerung der Weimarer Reichsverfassung, ZgesStW 78 (1924), S. 496, 513f.; *F. Poetzsch-Heffter*, Vom Staatsleben unter der Weimarer Verfassung (vom 1. Januar 1920 bis 31. Dezember 1924), JöR 13 (1925), S. 1, 54ff.; *G. Anschütz*, Komm.z.RV (Fn. 15), Rdnrn. 1ff. zu Art. 18; *F. Giese*, Die Rechtsformen der Gebietsveränderung, in: G. Anschütz / R. Thoma (Hrsg.), Handbuch des Deutschen Staatsrechts Bd.I, 1930, S. 234, 238ff.

[39] *H. Heller*, Die Neuordnung des Reiches im Verhältnis zu seinen Ländern, 1931, in: H. Heller, Gesammelte Schriften, Bd. 2, 1971, S. 393, 396.

[40] „Soviel steht fest, das Reich ist heute bedeutend einheitsstaatlicher als nach der Bismarckschen Reichsverfassung. Es hat umfassendere Zuständigkeiten auf dem Gebiete der Gesetzgebung, mehr reichseigene Verwaltung, größeren Einfluß auf die Länder und ist von den Ländern unabhängiger als bisher." – *W. Jellinek* (Fn. 22), S. 69. Vgl. auch *H. Nawiasky*, Der föderative Gedanke in und nach der Reichsverfassung, in: Politische Zeitfragen 3 (1921), S. 137, 145ff.; *G. Anschütz*, Drei Leitgedanken der Weimarer Reichsverfassung, 1923, S. 12ff.; *W. Kahl*, Entspannung des Unitarismus, DJZ 28 (1923), Sp. 700ff.; *O. Meißner*, Das Staatsrecht des Reichs und seiner Länder, 2.Aufl. 1923, S. 28ff.; *H. Triepel*, Der Föderalismus und die Revision der Weimarer Reichsverfassung, Zeitschrift für Politik 14 (1924), S. 193, 198f.; *A. Graf zu Dohna*, Das Werk von Weimar, in: B. Harms (Hrsg.), Recht und Staat im Neuen Deutschland, Bd.I, 1929, S. 68, 90f.; *F. Stier-Somlo*, Die verfassungsrechtliche Entwicklung in Preußen seit dem Jahre 1918, ibid., S. 249, 270ff.; *R. Thoma*, Das Reich als Bundesstaat, in: G. Anschütz / R. Thoma (Hrsg.), Handbuch des Deutschen Staatsrechts Bd.I, 1930, S. 169, 170ff. Siehe außerdem *E.R. Huber*, Verfassungsgeschichte Bd.VI (Fn. 15), S. 59ff. und *W. Frotscher*, Organisation der Reichsverwaltung und der Länderverwaltungen, einschließlich Vorschläge zur Reichsreform, in: K.G.A. Jeserich / H. Pohl / G.-C. von Unruh (Hrsg.), Deutsche Verwaltungsgeschichte IV, 1985, S. 111, 113f.

[41] Vgl. *W. Jellinek* (Fn. 22), S. 69, *E.R. Huber*, Verfassungsgeschichte Bd.V (Fn. 2), S. 1194 und *E. Mäding*, Aufgabenfelder und Aufgabenordnung der Republik, in: K.G.A. Jeserich / H. Pohl / G.-C. von Unruh (Hrsg.), Deutsche Verwaltungsgeschichte IV, 1985, S. 92, 100ff. Siehe außerdem *F. Stier-Somlo* (Fn. 15), S. 384ff.; *H. Nawiasky*, Die Grundgedanken der Reichsverfassung, 1920, S. 42f.; *O. Meißner* (Fn. 40), S. 29ff.; *J. Popitz*, Die Wandlungen in den Aufgaben und im Zuständigkeitsverhältnis von Reich und Ländern auf Grund der Weimarer Verfassung, in: Recht

tegorien der ausschließlichen und der konkurrierenden Gesetzgebungszuständigkeit sowie der Grundsatzgesetzgebung[42]. Die letztere sollte dann sogar Materien wie das Beamten- sowie das Schul- und Hochschulrecht umfaßen. Ob diese neue Figur der Grundsatzgesetzgebung allerdings im Ergebnis beschränkt war auf den Erlaß legislatorischer Vorgaben, die nur gegenüber den Ländern einen verbindlichen Rahmen für deren weitere Gesetzgebung liefern sollten, oder ob sie auch die Befugnis einschloß, gegenüber den Bürger direkt anwendbare Normen zu setzen, blieb zunächst offen. Die Verfassungsrechtslehre hat die Frage dann in der Folge im Sinne des Reiches beantwortet, indem sie dem Reichsgesetzgeber auch bei der Grundsatzgesetzgebung das Recht zugestand, bestimmte grundsätzlich wichtige Regelungen mit unmittelbarer Rechtswirkung für die Bürger zu erlaßen[43].

Das mit dem Gesandschaftsrecht verbundene traditionelle Recht auf Pflege eigener auswärtiger Beziehungen war auf einen minimalen Restbestand in Art. 78 Abs. 2 WRV zusammengeschrumpft, nämlich das Recht der Länder „in Angelegenheiten, deren Regelung der Landesgesetzgebung zusteht", Verträge mit auswärtigen Staaten zu schließen – und dies auch nur mit Zustimmung des Reichs[44]. Das System der Reichsaufsicht hatte eine schärfere Form erhalten als in der alten Bismarck'schen Reichsverfassung[45]. Einen deutlichen Schub an Verrechtlichung erhielt das Verhältnis zwischen Reich und Ländern zudem durch die Schaffung der Institution des Staatsgerichtshofes, der ein System gerichtlicher Streitbeilegung für intra-föderale Streitigkeiten zur Verfügung stellte[46]. Auch die Finanz-

---

und Staat im Neuen Deutschland, herausgeg. von B. Harms, 1929, S. 152, 158ff.; *G. Lassar*, Die verfassungsrechtliche Ordnung der Zuständigkeiten, in: G. Anschütz / R. Thoma (Hrsg.), Handbuch des Deutschen Staatsrechts Bd.I, 1930, S. 301, 304ff.

[42] Vgl. *E. Jacobi*, Einheitsstaat oder Bundesstaat, 1919, S. 7ff.; *W. Kahl* (Fn. 12), Sp. 704; *F. Stier-Somlo* (Fn. 15), S. 384ff.; *J. Hatschek* (Fn. 14), S. 114ff.; *G. Anschütz*, Komm.z.RV (Fn. 15), Kommentierungen zu Art. 6,7,9 und 10; *G. Lassar* (Fn. 41), S. 304ff.; außerdem *J. Mauersberg* (Fn. 17), S. 158, und *E.R. Huber*, Verfassungsgeschichte Bd.VI (Fn. 15), S. 409.

[43] Vgl. zum Problem *H. Nawiasky* (Fn. 30), S. 150; als Exponenten der reichsfreundlichen h.M., derzufolge Art. 10 auch zum Erlaß unmittelbar verbindlichen Rechts ermächtige, siehe *F. Poetzsch-Heffter* (Fn. 38), S. 35; *ders.*, Vom Staatsleben unter der Weimarer Verfassung II. Teil (vom 1. Januar 1925 bis 31. Dezember 1928), JöR 17 (1929), S. 1, 14; *G. Anschütz*, Komm.z.RV (Fn. 15), Rdnr. 7 zu Art. 10; *J. Hatschek* (Fn. 14), S. 117f.; *G. Lassar*(Fn. 41), S. 306f.

[44] Vgl. *F. Poetzsch-Heffter*, Komm. z. RV (Fn. 15), Rdnrn. 4ff. zu Art. 78; *G. Anschütz*, Komm.z.RV (Fn. 15), Rdnrn. 3ff. zu Art. 78.

[45] Vgl. *W. Jellinek* (Fn. 22), S. 76; *H. Preuß* (Fn. 15), S. 53; *E. Jacobi* (Fn. 42), S. 9f.; *F. Stier-Somlo* (Fn. 15), S. 389ff.; *F. Poetzsch-Heffter* (Fn. 38), S. 43ff.; *J. Hatschek* (Fn. 14), S. 122ff.; *G. Anschütz*, Komm.z.RV (Fn. 15), Rdnrn. 1ff. zu Art. 15; *ders.*, Die Reichsaufsicht, in: G. Anschütz / R. Thoma (Hrsg.), Handbuch des Deutschen Staatsrechts Bd.I, 1930, S. 363, 364ff., außerdem *E.R. Huber*, Verfassungsgeschichte Bd.VI (Fn. 15), S. 638ff. und *R. Mußgnug*, Das Reich als Republik 1918–1932: Die Ausführung der Reichsgesetze durch die Länder und die Reichsaufsicht, in: K.G.A. Jeserich / H. Pohl / G.-C. von Unruh (Hrsg.), Deutsche Verwaltungsgeschichte IV, 1985, S. 330, 343ff. Relativierend insoweit *H. Nawiasky* (Fn. 41), S. 153ff. sowie S. 245f.

[46] Siehe dazu *H. Triepel*, Wesen und Entwicklung der Staatsgerichtsbarkeit, VVDStRL 5 (1929), S. 2, 23ff. sowie ausführlich *ders.*, Streitigkeiten zwischen Reich und Ländern, in: Festga-

verfassung schließlich war durch eine massive Zentralisierung geprägt. Das System der Matrikularbeiträge war abgeschafft worden, die Finanzen des Reiches auf eine eigene Steuergrundlage gestellt worden[47], mit einer eigenen Finanzverwaltung als organisatorischer Basis[48], die tendenziell sogar die Steuerverwaltung der Länder ersetzen sollte.

Wesentliche Züge der alten Bismarck'schen Bundesstaatsverfassung blieben allerdings erhalten[49]. Die Länder blieben – trotz aller Abstriche an ihrer Kompetenzausstattung – die eigentlichen Träger der Verwaltung[50]. Zugegeben, die Reichsaufsicht war in ihrem Instrumentarium ausgebaut worden, die Bereiche der reichsunmittelbaren Verwaltung ausgedehnt worden[51]; der besondere Charakter des Verbundmodells blieb gleichwohl erhalten, ja trat mit der weitgehenden Marginalisierung der Länder im Bereich der Gesetzgebung und mit der intensivierten Reichsaufsicht im Kern sogar noch deutlicher hervor[52]. Die Länder blie-

---

be für Wilhelm Kahl, 1923, S. 51ff. Vgl. außerdem *F. Stier-Somlo* (Fn. 15), S. 399ff. sowie *E.R. Huber*, Verfassungsgeschichte Bd.VI (Fn. 15), S. 546ff.

[47] Vgl. *W. Jellinek* (Fn. 22), S. 76ff.; *H. Nawiasky* (Fn. 41), S. 41; *T. von Pistorius*, Das neue Reichsfinanzrecht, JöR 10 (1921), S. 1, 11ff.; *W. Markull*, Kommentar zum Gesetz über den Finanzausgleich zwischen Reich, Ländern und Gemeinden, 1923, S. 12; *H. Triepel* (Fn. 40), S. 201f.; *F. Poetzsch-Heffter*, Komm. z. RV (Fn. 15), Rdnrn. 2f. zu Art. 8; *J. Popitz* (Fn. 41), S. 159f.; *O. Bühler*, Die Zuständigkeitsverteilung auf dem Gebiete des Finanzwesens, in: G. Anschütz/R. Thoma (Hrsg.), Handbuch des Deutschen Staatsrechts, Bd.I, 1930, S. 321, 327ff., außerdem *E.R. Huber*, Verfassungsgeschichte Bd.VI (Fn. 15), S. 488, 494, sowie *F. Menges*, Reichsreform und Finanzpolitik, 1971, S. 148ff.

[48] Vgl. dazu *W. Jellinek* (Fn. 22), S. 74f.; *H. Nawiasky* (Fn. 40), S. 150; *ders.*, (Fn. 41), S. 42; *W. Markull* (Fn. 47), S. 14ff.; *G. Lassar*, Die reichseigene Verwaltung, in: Recht und Staat im Neuen Deutschland, herausgeg. von B. Harms, 1929, S. 207, 216ff.; *O. Bühler* (Fn. 47), S. 324f., 341f., außerdem *E.R. Huber*, Verfassungsgeschichte Bd.VI (Fn. 15), S. 490ff. und *K.M. Hettlage*, Das Reich als Republik 1918–1932: Die Finanzverwaltung, in: K.G.A. Jeserich / H. Pohl / G.-C. von Unruh (Hrsg.), Deutsche Verwaltungsgeschichte IV, 1985, S. 177ff. Kritisch zur damit verbundenen finanzverfassungsrechtlichen Mediatisierung der Länder *K. Bilfinger*, Der deutsche Föderalismus in Vergangenheit, Gegenwart und Zukunft, VVDStRL 1 (1924), S. 35, 48f.

[49] Darauf hat schon sehr früh v.a. *H. Nawiasky* hingewiesen – siehe *H. Nawiasky* (Fn. 40), S. 149. Vgl. auch *G. Anschütz* (Fn. 12), S. 16: „Die neue Verfassung aber erscheint, indem sie die staatsrechtliche Entwicklung da aufnimmt und weiterführt, wo sie schon vor dem Zusammenbruch gestanden hatte, nicht als Antithese der alten, sondern als ihre geradlinige Fortbildung."

[50] So schrieb *H. Preuß* wenige Jahre nach Erlaß der Weimarer Verfassung: „Unverkennbar entspricht die starke Dezentralisation der inneren Verwaltung einem herrschenden Zuge des deutschen Volksgeistes, dem zu widerstreben gerade im Interesse des nationalen Einheitsgefühls sich unter den heutigen Verhältnissen verbietet." – *H. Preuß* (Fn. 15), S. 53. Vgl. allerdings mit Blick auf Art. 14 WRV *J. Popitz* (Fn. 41), S. 160f. sowie *G. Anschütz*, Komm.z.RV (Fn. 15), Rdnrn. 1ff. zu Art. 14.

[51] Siehe *W. Jellinek* (Fn. 22), S. 69ff.; *H. Preuß* (Fn. 15), S. 53ff.; *F. Stier-Somlo* (Fn. 15), S. 389ff.; *F. Poetzsch-Heffter* (Fn. 38), S. 39ff.; *J. Popitz* (Fn. 41), S. 165 sowie im Detail *G. Lassar* (Fn. 48), S. 207ff., außerdem *O. Bühler*, Reichsbehörden und -körperschaften: Übersicht über die Behördenorganisation des Reiches, in: G. Anschütz / R. Thoma (Hrsg.), Handbuch des Deutschen Staatsrechts Bd.I, 1930, S. 586ff. Vgl. schließlich aus Sicht der neueren Verwaltungsgeschichte *W. Frotscher* (Fn. 40), S. 112ff. sowie *R. Mußgnug* (Fn. 45), S. 333ff.

[52] Dies ging so weit, daß *H. Preuß* – ganz im Sinne seiner Selbstverwaltungslehre – von der „Dezentralisation durch eine stark entwickelte Selbstverwaltung im Rahmen der nationalen Or-

ben eindeutig die Träger der ausführenden Verwaltung, wenn auch das Reich endgültig die rechtsförmliche Steuerung und Koordination des Staatshandelns über das Medium der Gesetzgebung weitgehend an sich gezogen hatte. Dem entsprach in der weiteren Praxis die Herausbildung einer neuen, eigentlich nicht in der Verfassung vorgesehenen Figur der weisungsabhängigen „Mediatverwaltung" reichsrechtlich geregelter Materien durch die Landesverwaltungen[53]. Diese sogen. ‚Reichsauftragsverwaltung' wurde rechtlich auf Art. 14 WRV gestützt, blieb aber in ihrer verfassungsrechtlichen Zulässigkeit bis zuletzt umstritten[54].

Zudem hatte sich mit der Ausgestaltung der Stellung des Reichsrates gegen den Widerstand von *Hugo Preuß* das alte Bundesratsmodell durchgesetzt[55], das man als eine besondere Eigentümlichkeit des Bismarck'schen Bundesstaates bezeichnen kann. Der Reichsrat blieb wie der Bundesrat im Grundsatz ein Gremium aus weisungsgebundenen Regierungsvertretern, wenn auch mit einer Modifikation bei den preußischen Stimmen: die auf zwei Fünftel der Gesamtstimmem heraufgesetzte Stimmenzahl Preußens wurde entschärft durch die Aufspaltung der Stimmen auf je zur Hälfte weisungsgebundene Vertreter der Regierung und zur Hälfte weisungsungebundene Vertreter der Provinzen[56]. Die Konstruktion des Reichsrats war damit von Anfang an durch eine deutliche Anomalie geprägt; zu-

---

ganisation des Reiches" schrieb. „Der Unterschied zwischen autonomen Ländern und autonomen Provinzen vermindert sich so immer mehr, bis er sich gänzlich verflüchtigt. Die Frage, ob den großen landschaftlichen Selbstverwaltungskörpern noch „staatlicher" Charakter zuzusprechen sei, verliert jede praktische Bedeutung." – *H. Preuß* (Fn. 15), S. 55f. Vgl. auch *W. Kahl* (Fn. 12), Sp. 704, der schrieb, die Länder seien „in Wahrheit Reichsprovinzen mit einiger Ausstattung von Autonomie und Selbstverwaltung", oder *H. Nawiasky* (Fn. 41), S. 45f., der meinte, die Länder seien „nicht wesentlich anders gestellt wie etwas freier behandelte Selbstverwaltungskörper". Als Vertreter der Gegenauffassung vgl. jedoch z.B. *K. Bilfinger* (Fn. 37), S. 73ff.

[53] Vgl. dazu *E.R. Huber*, Verfassungsgeschichte Bd.VI (Fn. 15), S. 483f. sowie *F. Poetzsch-Heffter*, Vom Staatsleben unter der Weimarer Verfassung III.(letzter) Teil (vom 1. Januar 1929 bis 31. Januar 1933), JöR 21 (1933/34), S. 1, 29f., außerdem *R. Mußgnug* (Fn. 45), S. 339ff.

[54] Für die Verfassungsmäßigkeit der Auftragsverwaltung siehe z.B. *F. Poetzsch-Heffter*, Komm. z. RV (Fn. 15), Rdnr.3 zu Art. 14; *ders.*, Vom Staatsleben unter der Weimarer Verfassung, JöR 13 (1925), S. 1, 41f.; *G. Anschütz*, Komm. z. RV (Fn. 15), Rdnr.4 zu Art. 14; *ders.*, Die Reichsaufsicht (Fn. 45), S. 367ff.; *G. Lassar*, Gegenwärtiger Stand der Aufgabenverteilung zwischen Reich und Ländern, in: G. Anschütz / R. Thoma, Handbuch des Deutschen Staatsrechts, Bd.I, 1930, S. 312, 314f. Gegenteiliger Ansicht insbes. *E. Forsthoff*, Die unmittelbare Reichsaufsicht, AöR NF 19 (1930), S. 61ff., insbes. S. 80f. unter Verweis auf die Entstehungsgeschichte des Art. 15 WRV.

[55] Vgl. *J. Mauersberg* (Fn. 17), S. 191; *G. Schulz* (Fn. 10), S. 151ff.; *K.D. Erdmann* (Fn. 35), S. 121; *E.R. Huber*, Verfassungsgeschichte Bd.V (Fn. 2), S. 1182, sowie *ders.*, Verfassungsgeschichte Bd.VI (Fn. 15), S. 374ff. Siehe außerdem *H. Preuß* (Fn. 15), S. 57ff.; *H. Nawiasky* (Fn. 30), S. 39ff.; *J. Hatschek* (Fn. 14), S. 790ff.; *G. Anschütz*, Komm.z.RV (Fn. 15), Einl. Rdnr. 26 sowie Vorbem. vor Art. 60; *K. Bilfinger*, Der Reichsrat: Bedeutung und Zusammensetzung, in: G. Anschütz / R. Thoma (Hrsg.), Handbuch des Deutschen Staatsrechts Bd.I, 1930, S. 545, 546f.

[56] Art. 61 und 63 WRV; vgl. zur Entstehung dieser Lösung *E.R. Huber*, Verfassungsgeschichte Bd.V (Fn. 2), S. 1194; *ders.*, Verfassungsgeschichte Bd.VI (Fn. 15), S. 377ff.; *W. Jellinek* (Fn. 22), S. 51; *H. Nawiasky* (Fn. 41), S. 54f.; *A. Graf zu Dohna* (Fn. 40), S. 95; *J. Hatschek* (Fn. 14), S. 810ff. Kritisch gegenüber dieser Lösung z.B. *K. Bilfinger* (Fn. 48), S. 56 sowie *ders.* (Fn. 37), S. 135ff. und *ders.* (Fn. 55), S. 547, 557.

gleich blieb das schwierige Verhältnis zwischen Reich und Preußen durch diesen halbherzigen Schritt im Kern ungelöst, ja wurde geradezu zu einem Zentralproblem der Republik, zu einem Mühlstein am Hals der neuen Staatsordnung, der alle Bemühungen um eine Weiterentwicklung der Weimarer Verfassung belasten mußte[57].

Der Reichsrat hatte nach Art. 74 WRV im Prinzip nur noch ein suspensives Veto gegen Gesetzesbeschlüsse des Reichstages, das vom Reichstag mit qualifizierter Mehrheit überstimmt werden konnte. Der Einfluß der Länder im Gesetzgebungsverfahren war dadurch deutlich geschmälert[58]. Zudem war das Recht zum Erlaß von Verordnungen und allgemeinen Verwaltungsvorschriften vom Bundesrat auf die Reichsregierung übergegangen, die dabei nur in ganz bestimmten Fällen noch der Zustimmung des Reichsrats bedurfte[59]. Für die meisten Länder wie für Teile der Staatsrechtslehre wurde diese Herabstufung der Stellung des Reichsrates zu einem der Hauptangriffspunkte gegen die Bundesstaatskonzeption der Weimarer Reichsverfassung[60]. Forderungen, das Einspruchsrecht des Reichsrates in ein absolutes Zustimmungsrecht umzuwandeln, nach dem Vorbild des alten Bundesrates, gewannen schon wenige Jahre nach der Gründung der Republik erheblich an Gefolgschaft[61]. Zu einer einschlägigen Reform der Reichsverfassung ist es gleichwohl nie gekommen.

Die schwache Stellung des Reichsrates machte sich in der Folge in einem zusehends dichter werdenden Netz von normativen Vorgaben des Reichsgesetzgebers bemerkbar. Die im System der Kompetenzverteilung für den Bereich der Gesetzgebung eingebauten Schranken – die Bedürfnisklausel des Art. 9 WRV insbesondere sowie das Institut der Grundsatzgesetzgebung – erwiesen sich als schon im Ansatz ungeeignet zur Beschränkung der Aktivitäten des Reichsgesetzgebers[62]. Reichsregierung und Reichstag nutzten den erweiterten Katalog der Gesetzgebungszuständigkeiten nahezu umfassend aus, regelten die ihnen zugewiesenen

---

57 Vgl. dazu die eingehenden Ausführungen bei *F. Poetzsch-Heffter* (Fn. 38), S. 70ff. sowie die Kritik des preußischen Ministerpräsidenten *O. Braun*, Deutscher Einheitsstaat oder Föderativsystem?, 1927, S. 19ff., außerdem *W. Apelt*, Vom Bundesstaat zum Regionalstaat, 1927, S. 48ff.

58 Vgl. *W. Jellinek* (Fn. 22), S. 76; *H. Preuß* (Fn. 15), S. 61; *H. Nawiasky* (Fn. 40), S. 155ff.; *ders.* (Fn. 41), S. 56f.; *H. Triepel* (Fn. 40), S. 198f.; *K. Bilfinger*, Der Reichsrat: Zuständigkeit und Verfahren, in: G. Anschütz / R. Thoma (Hrsg.), Handbuch des Deutschen Staatsrechts Bd. I, 1930, S. 559, 561f. Vgl. außerdem *E.R. Huber*, Verfassungsgeschichte Bd. VI (Fn. 15), S. 383f.

59 Siehe Art. 179 WRV sowie Art. 77 WRV; vgl. auch *H. Nawiasky* (Fn. 41), S. 57 sowie *K. Bilfinger* (Fn. 58), S. 560.

60 Vgl. dazu *H. Triepel* (Fn. 40), S. 193f., außerdem *F. Stier-Somlo* (Fn. 38), S. 576ff. sowie zu den föderalistischen Revisionsbestrebungen der Bayerischen Volkspartei *G. Schulz* (Fn. 10), S. 401ff.

61 Siehe z.B. die gleichgerichteten Reformvorschläge der beiden Berichterstatter zum Thema Föderalismus auf der Tagung der Deutschen Vereinigung der Staatsrechtslehrer in Jena 1924 – *G. Anschütz* (Fn. 12), S. 27ff.; *K. Bilfinger*(Fn. 48), S. 50ff. Vgl. aber auch *H. Triepel* (Fn. 40), S. 218ff. sowie *H. Nawiasky*, Weg und Ziele einer föderalistischen Ausgestaltung der Reichsverfassung, DJZ 28 (1923), Sp. 707 und *W. Apelt* (Fn. 8), S. 390f.

62 Siehe dazu die Kritik von *H. Triepel* (Fn. 40), S. 216 und *J. Popitz* (Fn. 41), S. 158f. sowie *W. Kahl* (Fn. 12), Sp. 704, außerdem *J. Hatschek* (Fn. 14), S. 98f. und *G. Lassar* (Fn. 41), S. 307f.

Materien so erschöpfend wie irgend möglich[63]. Zudem schufen sie durch entsprechende Verordnungsermächtigungen, oft ohne weitere Zustimmungserfordernisse zugunsten des Reichsrats, noch sehr viel weitergehende Möglichkeiten administrativer Rechtsetzung[64]. Diese gaben dann wiederum die Grundlage weiterer konkretisierender Verfügungen und Erlasse des zuständigen Reichsministers ab und begründeten letztlich entsprechende Aufsichtsbefugnisse der Reichsministerien gegenüber der Landesverwaltung[65]. Der Handlungsspielraum der Länder im Bereich der Verwaltung schrumpfte damit immer weiter zusammen, insbesondere wenn man bedenkt, daß auch Fragen des Behördenaufbaus z.T. recht eingehend in der Reichsgesetzgebung geregelt wurden[66].

Als besonders fatal für die Eigenständigkeit der Länder aber erwiesen sich die oben schon angesprochenen Änderungen der Finanzverfassung[67]. Die umfassende Gesetzgebungskompetenz des Reiches über Abgaben und Steuern, einschließlich etwaiger Regelungen über reine Landesabgaben (Art. 11 WRV), hatte eine gravierende Einbruchstelle geschaffen[68]. Mit der Erzberger'schen Finanzreform wurden diese verfassungsrechtlichen Befugnisse dann auch sehr schnell umfassend ausgenutzt[69]. Es steht außer Zweifel, die Aufbringung der immensen Reparationen und die Sanierung der zerrütteten Währung verlangten nach einer wirksamen Nutzung der Steuerkraft und nach einer Zentralisierung und Effektivierung der Finanzverwaltung[70]. Mit der neuen Finanzverfassung entstand jedoch ein Verbundsystem[71], das die Länder in völlige finanzpolitische Abhängigkeit

---

[63] Vgl. zu dieser Tendenz *F. Poetzsch-Heffter*, Vom Staatsleben unter der Weimarer Verfassung II. Teil (vom 1. Januar 1925 bis 31. Dezember 1928), JöR 17 (1929), S. 1, 12ff.

[64] Vgl. *J. Popitz* (Fn. 41), S. 162 sowie *G. Lassar* (Fn. 48), S. 241.

[65] Vgl. das von *J. Popitz* angeführte Beispiel der öffentlichen Wohlfahrtspflege – *J. Popitz* (Fn. 41), S. 162f.; vgl. außerdem *R. Mußgnug* (Fn. 45), S. 337.

[66] Siehe zu diesem Problem *J. Popitz* (Fn. 41), S. 164f.; vgl. außerdem *R. Mußgnug* (Fn. 45), S. 332f., 337

[67] „Aus der Sozietätswirtschaft des Reichs von 1871 ist eine Eigenwirtschaft geworden, die in der Hauptsache die Züge der Einheitsstaatswirtschaft trägt." – *T. von Pistorius* (Fn. 47), S. 1. *Otto Braun* bemerkte dazu bewertend: „Mit der Wegnahme der Finanzhoheit ist den Ländern das Rückgrat ihrer staatlichen Selbständigkeit gebrochen." – *O. Braun*, Deutscher Einheitsstaat oder Föderativsystem?, 1927, S. 23.

[68] „Durch den Übergang der vollen Steuerhoheit auf das Reich war die Existenzmöglichkeit der Länder als Staaten an der Wurzel angefaßt und in Frage gestellt." – *W. Kahl* (Fn. 12), Sp. 704. Vgl. auch *T. von Pistorius* (Fn. 47), S. 12; *F. Poetzsch-Heffter* (Fn. 38), S. 35; *O. Bühler* (Fn. 47), S. 327ff.; *G. Lassar* (Fn. 54), S. 315; *W. Apelt* (Fn. 57), S. 47, sowie *E.R. Huber*, Verfassungsgeschichte Bd. VI (Fn. 15), S. 494f. und *E. Mäding* (Fn. 41), S. 100.

[69] Vgl. nur *T. von Pistorius* (Fn. 47), S. 12ff.; *A. Hensel*, Grundsätzliches zur Reform des Finanzausgleichsrechts, Steuer und Wirtschaft 3 (1924), Sp. 577, 584ff. sowie eingehend *F. Menges* (Fn. 47), S. 184ff.; *G. Schulz* (Fn. 10), S. 215ff.; *K.M. Hettlage* (Fn. 48), S. 183f.

[70] Siehe *T. von Pistorius* (Fn. 47), S. 13; *A. Hensel* (Fn. 69), Sp. 584; *W. Markull* (Fn. 47), S. 13, außerdem *G. Schulz* (Fn. 10), S. 167f., 216 und *K.D. Erdmann* (Fn. 35), S. 135.

[71] Besonders klar herausgearbeitet hat die Notwendigkeit eines derartigen Verbund- oder Mischsystems *J. Popitz*, Die staatsrechtlichen Grundlagen des öffentlichen Finanzwesens, unter besonderer Berücksichtigung des Finanzausgleichs zwischen Reich und Ländern, in: Recht und Staat im Neuen Deutschland, herausgeg. von B. Harms, 1929, S. 176, 198ff.

vom Reich brachte, zu „Kostgängern des Reiches"[72] werden ließ – wenn auch ein Großteil der Länder selbst den Verbund mit der anteiligen Partizipation an den großen Steuern verlangt hatte[73]. Die Einnahmen der Länder bestanden fast nur noch aus prozentualen Anteilen am allgemeinen Steueraufkommen (Länder und Gemeinden zunächst zwei Drittel der Einkommen- und Körperschaftssteuer, dann 75%, Länder außerdem 20% der Erbschaftssteuer, später entfallen, sowie 50% der Grunderwerbsteuer, später 100%, zudem Länder und Gemeinden 15% der Umsatzsteuer, später 30%)[74]. Eigene Steuern waren den Ländern nur noch in beschränktem Umfang zugewiesen, und dies auch nur in einem engen Korsett begleitender reichsgesetzlicher Regelungen[75]. Kompensiert wurde dies nur durch erste Ansätze eines vertikalen Finanzausgleichs. Nach dem Finanzausgleichsgesetz von 1923 bzw. 1926[76] hatte das Reich den Ländern die entstehenden Kosten zu ersetzen, wenn es ihnen neue Aufgaben durch Reichsgesetze auferlegte oder bestehende Aufgaben erweiterte[77]. De facto scheint diese Bestimmung allerdings weitgehend Theorie geblieben zu sein, denn der preußische Ministerpräsident *Otto Braun* bemerkte 1927 zur finanzpolitischen Wirklichkeit: „Praktisch gestaltet sich die Sache heute so, daß durch die Reichsgesetzgebung den Ländern fortdauernd neue Lasten auferlegt werden, ohne daß ihnen die Möglichkeit eröffnet wird, sich neue Einnahmen zu verschaffen."[78] Wirkung entfaltete nur die andere wichtige Bestimmung des Finanzausgleichsgesetzes, derzufolge leistungsschwache Länder Anspruch auf einen Zuschuß aus dem Einkommensteueranteil des Reiches hatten, wenn ihre Einnahmen unter 80% des Reichskopfdurchschnitts blieben[79] – eine Bestimmung, die schnell zu einem der wichtigsten Konfliktfelder zwischen Reich und Preußen avancierte.

---

[72] *T. von Pistorius* (Fn. 47), S. 13.

[73] Vgl. *W. Markull* (Fn. 47), S. 17ff.

[74] Vgl. *T. von Pistorius* (Fn. 47), S. 13; *A. Hensel* (Fn. 69), Sp. 586f.; *J. Popitz* (Fn. 71), S. 199f.; *O. Bühler* (Fn. 47), S. 335ff. Zur Änderung der Anteile im Zeitverlauf vgl. *E.R. Huber*, Verfassungsgeschichte Bd. VI (Fn. 15), S. 497.

[75] Vgl. *W. Markull* (Fn. 47), S. 152ff.; *F. Poetzsch-Heffter*, Komm. z. RV (Fn. 15), Rdnrn. 1ff. zu Art. 11; *H. Nawiasky* (Fn. 30), S. 30f.; *J. Popitz* (Fn. 71), S. 198f.; *G. Anschütz*, Komm. z.RV (Fn. 15), Rdnr.6 zu Art. 10,11; *O. Bühler* (Fn. 47), S. 328ff., 332ff. sowie *E.R. Huber*, Verfassungsgeschichte Bd. VI (Fn. 15), S. 496f.

[76] Der Finanzausgleich war zunächst geregelt durch das Landessteuergesetz v. 30.3. 1920 (RGBl. 1920 I, S. 402); umbenannt in „Gesetz über den Finanzausgleich zwischen Reich, Ländern und Gemeinden (Finanzausgleichsgesetz)" durch das Gesetz zur Änderung des Landessteuergesetzes v. 23.6. 1923 (RGBl. 1923 I, S. 483); ersetzt durch das Finanzausgleichsgesetz v. 27.4. 1926 (RGBl. 1926 I, S. 203). Zu Entstehung und Systematik des Gesetzes vgl. eingehend *W. Markull* (Fn. 47), S. 20ff., 25ff. sowie *F. Menges* (Fn. 47), S. 230ff., 272ff.

[77] § 59 Finanzausgleichsgesetz 1923 (seit 1926 § 54): „Das Reich darf den Ländern oder Gemeinden (Gemeindeverbänden) neue Aufgaben nur zuweisen, wenn es gleichzeitig für Bereitstellung der erforderlichen Mittel Sorge trägt.(...)". Vgl. dazu *W. Markull* (Fn. 47), S. 468ff.; *J. Popitz* (Fn. 41), S. 174; *O. Bühler* (Fn. 47), S. 339.

[78] *O. Braun*, Deutscher Einheitsstaat oder Föderativssystem?, 1927, S. 23f.

[79] § 31 Finanzausgleichsgesetz 1923 (seit 1926 § 35): „Wenn der Anteil eines Landes, auf den Kopf seiner Bevölkerung berechnet, in einem Steuerjahr um mehr als zwanzig vom Hundert hinter dem Durchschnittssatze zurückbleibt, der von der Summe der Anteile der Länder auf den

Insgesamt entstand so eine weitgehende finanzpolitische Abhängigkeit der Länder vom Reich. Das Reich verfügte über die Höhe und Struktur der Einnahmen der Länder, konnte im Gefolge dann über Dotationen und zweckgebundene Subventionen Einfluß auf die Politik der Länder nehmen[80]. Die Polizeihoheit der Länder z.B. wurde dadurch stark ausgehöhlt, daß das Reich die Schutzpolizei der Länder mit Subventionen von rund 200 Mio. Mark jährlich teilweise finanzierte[81]. Die Länder waren unter die berühmten „goldenen Zügel" des Reiches geraten. Wie *Johannes Popitz* es formulierte: „Die Länder leisten wohl Widerstand im politischen Meinungskampf, nicht aber da, wo es sich um die finanziellen Auswirkungen eines Zuständigkeitsstreites handelt. Der Wunsch nach Entlastung, nach dem finanziellen Eintreten des Reiches ist stärker als alle Sorgen um die Einzelstaatlichkeit. Man wird zu dem Urteil kommen müssen, daß hier überstarke Kräfte am Werk sind, die ein Zurück kaum möglich machen."[82]

3.3. Der Kampf um die „Reichsreform"

Trotz dieser starken Unitarisierung der Verfassungsstruktur des Reiches im Gefolge der Verfassung von 1919 blieb die Weimarer Republik aber doch stets von Erscheinungen der Desintegration gezeichnet. Der Konflikt zwischen Bayern und Reich hatte schon in der Gründungsphase der Republik die Konsolidierung der neuen Ordnung behindert[83]. Mit der Besetzung der Rheinlande und der Förderung separatistischer Bewegungen durch Frankreich bestand auch im Westen eine erhebliche Gefahr für die Einheit des deutschen Staates[84]. Die Schlesienkämpfe der Jahre 1919/20[85], die folgenden Abstimmungen in Oberschlesien, die Verselbständigung des Danziger Gebietes im Freistaat Danzig und schließlich die ungesicherte Lage des territorial vom Reich getrennten Ostpreußen[86] ließen auch im Osten den Gebietsbestand des Reiches als äußerst gefährdet erscheinen. Dazu

Kopf der Gesamtbevölkerung entfällt, so ist der Anteil des Landes für dieses Jahr bis zur Erreichung der Grenze von zwanzig vom Hundert nachträglich aus den dem Reiche verbleibenden Einnahmen an Einkommensteuern zu ergänzen." Vgl. dazu *W. Markull* (Fn. 47), S. 391 ff.; *J. Popitz* (Fn. 71), S. 205; *O. Bühler* (Fn. 47), S. 337 ff.

[80] Zum daraus folgenden Problem vgl. *J. Popitz* (Fn. 41), S. 170 ff. sowie *G. Lassar* (Fn. 48), S. 239 f. und *ders.* (Fn. 54), S. 316, außerdem *A. Hensel* (Fn. 69), Sp. 584 f.; *F. Poetzsch-Heffter* (Fn. 38), S. 40; *ders.* (Fn. 63), S. 23 f.; *W. Apelt* (Fn. 8), S. 389; *R. Mußgnug* (Fn. 45), S. 338.

[81] Siehe *J. Popitz* (Fn. 41), S. 170 f. sowie *R. Mußgnug* (Fn. 45), S. 338.

[82] Zitiert nach *G. Lassar* (Fn. 48), S. 234.

[83] Vgl. *E.R. Huber*, Verfassungsgeschichte Bd. V (Fn. 2), S. 1014 ff., 1113 f.; *F. Poetzsch-Heffter* (Fn. 38), S. 73 ff.

[84] Vgl. *E.R. Huber*, Verfassungsgeschichte Bd. V (Fn. 2), S. 1128 ff.; *ders.*, Deutsche Verfassungsgeschichte seit 1789, Bd. VII: Ausbau, Schutz und Untergang der Weimarer Republik, 1984, S. 292 ff., 431 ff., 462 ff.; außerdem *G. Schulz* (Fn. 10), S. 310 ff.

[85] Vgl. *E.R. Huber*, Verfassungsgeschichte Bd. V (Fn. 2), S. 1146 ff. sowie *ders.*, Verfassungsgeschichte Bd. VII (Fn. 84), S. 185 ff.

[86] Vgl. zu diesem Problem eingehend *G. Schulz* (Fn. 10), S. 266 ff.

kamen innere Unruhen und Aufstände[87], Konflikte der Reichsregierung mit einzelnen Landesregierungen[88], die bis zur Reichsexekution gegen die thüringischen Staaten 1920 und gegen Sachsen 1923 eskalierten[89].

Das Bewußtsein von der Bedrohtheit der inneren Einheit des Reiches[90], das das Denken dieser Jahre prägte, darf insofern kaum verwundern. Verwundern darf dann aber auch nicht, daß Teile der Verfassungsrechtslehre von einem starken Streben nach Einheit erfüllt waren, nach Einheit des Staates wie nach Einheitlichkeit der staatlichen Organisationsstrukturen. Forderungen nach Verfassungsreform, nach Reichsreform waren ein Ausdruck dieses Strebens[91]. Der Bundesstaat laufe letztlich auf eine gigantische Verschleuderung von Ressourcen hinaus, schaffe er doch eine „Doppelverwaltung und ein Übermaß an Schreibwerk"[92]. Der Föderalismus führe „zu einer starken Verschwendung, zu einem Übermaß an Parlamenten, Regierungen, Ministerien, Verwaltungsapparaten"[93]. Das „unorganische Nebeneinander von Reichstag und Reichsregierung auf der einen Seite, preußischem Landtag und preußischer Regierung mit ihrer Zuständigkeit für zwei Drittel des Reiches auf der anderen Seite" wurde beklagt, das „unerträglich" geworden sei „und die Wirksamkeit außen- und innenpolitischer Maßnahmen des Reiches in Frage" stelle. Das „Chaos durch den Aufbau getrennter und voneinander völlig unabhängiger Reichs- und Länderverwaltungen" habe letztlich „kostspielige Vielregiererei und Lähmung der Verwaltungskraft" zur Folge[94].

Bemühungen um eine durchgreifende „Reichsreform" waren die Folge dieser weithin geteilten Problemdiagnose, einer Reichsreform, die auf Umwandlung der Länder in „hochpotenzierte Selbstverwaltungskörper" abzielte, um so die beklagten Reibungsverluste zu minimieren[95]. Zwar hatte schon Anfang 1920 Reichsinnenminister *Koch-Weser* in einer Denkschrift zur Bundesstaatsreform eingeräumt, der Katalog der dem Reiche eingeräumten Zuständigkeiten reiche „auf Jahrzehnte hinaus" aus, um „im Wege der Gesetzgebung das Reich dem Ty-

---

[87] Vgl. *E.R. Huber*, Verfassungsgeschichte Bd.V (Fn.2), S.1099ff. sowie *E.R. Huber*, Verfassungsgeschichte Bd.VII (Fn.84), S.100ff.

[88] Siehe hier insbes. den Konflikt zwischen Reichsregierung und Bayern 1922/23 – vgl. dazu *E.R. Huber*, Verfassungsgeschichte Bd.VII (Fn.84), S.345ff., 364ff., 412ff., 469ff.

[89] Vgl. zu diesen Fällen *E.R. Huber*, Verfassungsgeschichte Bd.VI (Fn.15), S.741ff.; *F. Poetzsch-Heffter* (Fn.38), S.96ff.; *G. Schulz* (Fn.10), S.435ff.

[90] *K. Bilfinger* sprach von „pathologischen anarchischen Erscheinungen" in den Beziehungen zwischen dem Reich und einigen Einzelstaaten – *K. Bilfinger* (Fn.48), S.47.

[91] Siehe nur *F. Stier-Somlo*, Wege der Erneuerung der Weimarer Reichsverfassung, ZgesStW 78 (1924), S.496, 545ff., außerdem aus der Perspektive der neueren Verwaltungsgeschichte *W. Frotscher* (Fn.40), S.130ff.

[92] *F. Stier-Somlo* (Fn.40), S.275.

[93] *F. Stier-Somlo* (Fn.40), S.275; siehe außerdem *O. Koellreutter*, Der deutsche Staat als Bundesstaat und als Parteienstaat, 1927, S.21ff., 30ff.

[94] *F. Stier-Somlo* (Fn.40), S.276; vgl. auch die zusammenfassende Darstellung der unitarischen Kritik bei *H. Nawiasky* (Fn.30), S.88ff., insbes. 91f., sowie *G. Schulz* (Fn.10), 322ff.

[95] Vgl. dazu *G. Schulz* (Fn.10), S.249ff. und *W. Apelt* (Fn.8), S.391ff.; vgl. daneben auch *F. Stier-Somlo* (Fn.91), S.533ff.; *R. Thoma* (Fn.40), S.184ff.; *H. Nawiasky* (Fn.30), S.94ff.

pus eines Einheitsstaates anzunähern“[96]. Änderungen der Verfassung wurden gleichwohl weithin für nötig gehalten[97]. Die anfängliche Konzentration auf die Frage einer Länderneugliederung, die 1920 in der Schaffung der „Zentralstelle für die Neugliederung des Reiches“ gipfelte[98], brachte aber keine wirklichen Ergebnisse. Zunächst behalf man sich daher mit pragmatischen Lösungsansätzen, die geeignet waren, etwaige Reibungsverluste zu minimieren. Reich und Länder entwickelten schnell Instrumente der informellen Koordination. Ministerpräsidentenkonferenzen wurden in wechselnden Abständen einberufen, gemeinsame Chefbesprechungen zwischen den Ressortchefs des Reiches und Preußens, eventuell unter Hinzuziehen weiterer Landesminister, wurden allgemein üblich[99]. Deutliche Ansätze eines ‚Kooperativföderalismus‘ entstanden. Die allmähliche Konsolidierung der Zusammenarbeit mündete dann in eine deutliche politische Aufwertung der Tätigkeit des Reichsrates. Die Ministerpräsidentenkonferenzen wurden seltener, der Reichsrat mauserte sich dafür zum ständig tagenden Organ, die Anwesenheit von Reichsministern bei Sitzungen des Reichsrates wurde häufiger, der Reichsrat eroberte sich vor allem in der Vorberatung der Gesetze ein immer größeres Gewicht als Stimme der Länder[100].

Der Charakter der sich einstellenden Kooperation war allerdings ambivalent. Reichsregierung und Preußen strebten nach Unitarisierung der Reichsverfassung, wozu die Verlagerung der intra-föderalen Abstimmung in den Reichsrat gut paßte, Bayern und einige der kleineren Länder dagegen strebten nach einer Reföderalisierung des Reiches[101]. Rückkehr zu den bündischen Verfassungsstrukturen des Bismarck-Reiches (allerdings ohne preußische Hegemonie) war die Devise, die sich insbesondere die Bayerische Volkspartei mit ihren Bamberger Programmen von 1920 und 1922 auf die Fahnen geschrieben hatte[102]. Mit der politischen Zerreißprobe des Konfliktes zwischen Reich und Bayern um die Republikschutzgesetzgebung 1923/24[103] kam dieser Widerstreit gegenläufiger Tendenzen offen an die Oberfläche. Das Reich drohte unter den gegenläufigen Tendenzen zerrissen zu werden. Eine gewisse Besinnung setzte darauf bei den Hauptakteuren ein. Zumindest die Reichsregierung Marx 1923/24, an der auch die Bayeri-

---

96 Zitiert nach *G. Schulz* (Fn. 10), S. 253; zu den Grundlinien der Denkschrift vgl. auch *L. Biewer* (Fn. 26), S. 49ff.

97 Vgl. die Denkschrift des ehemaligen preußischen Innenministers und preußischen Staatskommissars für die Verwaltungsreform *Bill Drews* vom 27. 1. 1920, referiert bei *L. Biewer* (Fn. 26), S. 51ff.

98 Vgl. dazu *G. Schulz* (Fn. 10), S. 302ff.; *L. Biewer* (Fn. 26), S. 53ff.; *F. Poetzsch-Heffter* (Fn. 38), S. 58ff., ferner *G. Anschütz*, Komm.z.RV (Fn. 15), Rdnr.2 zu Art. 18.

99 Vgl. dazu *G. Schulz* (Fn. 10), S. 320ff.

100 Vgl. *G. Schulz* (Fn. 10), S. 496ff.

101 Vgl. nur *L. Biewer* (Fn. 26), S. 60ff., 66ff., 76ff., 80ff., außerdem *W. Frotscher* (Fn. 40), 133.

102 Zu den beiden Bamberger Programmen der BVP vgl. *F. Poetzsch-Heffter* (Fn. 38), S. 99ff.; *G. Schulz* (Fn. 10), S. 332f.; *E.R. Huber*, Verfassungsgeschichte Bd. VI (Fn. 15), S. 205f.; *L. Biewer* (Fn. 26), S. 67f.

103 Vgl. dazu *G. Schulz* (Fn. 10), S. 404ff. sowie *E.R. Huber*, Verfassungsgeschichte Bd. VII (Fn. 84), S. 311ff., 343ff., 364ff., 402ff., 469ff.

sche Volkspartei beteiligt war, erklärte sich – im Gefolge einer erneuten bayerische Denkschrift zur Bundesstaatsreform – zu grundlegenden Korrekturen der bis dahin deutlich unitarisch orientierten Reichspolitik bereit[104]. Daß es letztlich dann doch zu keinen gravierenden Veränderungen kam, war eindeutig der Beharrlichkeit der Ministerialbürokratie geschuldet, die keine Schmälerung der Reichskompetenzen hinzunehmen gesonnen war, vor allem aber der Instabilität der häufig wechselnden Reichsregierungen, die zwischen den unterschiedlichen Strömungen lavieren mußten, um zu bestehen. Zudem war die eigentliche Zentral- und Scharnierpartei des Weimarer Systems, das Zentrum, selbst in unitarisch und föderalistisch orientierte Flügel zerrissen, stand auch permanent in Koalitionen mit Parteien der unitarisch gesonnenen Linken wie mit Rechtsparteien föderalistischer Prägung, zwischen deren Positionen sie eine Balance halten mußte, um koalitionsfähig zu bleiben (und die für das Funktionieren der Demokratie nötigen Mehrheiten zu sichern)[105].

Der Ruf nach Reichsreform blieb zwar weiter ein wichtiges Thema; doch verbanden die einzelnen politischen Gruppierungen damit sehr unterschiedliche Zielvorstellungen[106], was im Ergebnis den Erhalt des Status quo eher begünstigte. 1927/28 erlebte die Debatte um die weiter für nötig gehaltene Reichsreform jedoch erneut einen Höhepunkt. Ausgangspunkt waren dabei die zusehends deutlicher zutage tretenden Reibungsflächen zwischen Reich und Preußen, die von Koalitionen sehr unterschiedlicher Zusammensetzung regiert wurden. 1927 erhob auch der preußische Ministerpräsident *Otto Braun* die Forderung nach einer Grundlagenreform des Reiches, die die Doppelspurigkeiten und Reibungsverluste der unausgewogenen föderalen Struktur im Sinne einer Zentralisierung des Verfassungsgefüges überwinden solle[107]. Ausgangspunkt war dabei das – weithin geteilte – Unbehagen am Nebeneinander von „preußischem Problem" und dem „Vorhandensein von lebensunfähigen kleinen Ländern"[108]. Die unrationelle Größe und Gliederung der Kleinstaaten führe zu großen Belastungen, da sich diese Länder aus eigener Kraft „natürlich nicht alle die Einrichtungen schaffen und erhalten" könnten, „die sie haben müssen, um ihre Aufgaben als selbständige Län-

---

[104] Vgl. die bei *G. Schulz* (Fn. 10), S. 457ff. wiedergegebenen Äußerungen verschiedener Reichsminister im Januar 1924. Gegen diese Vorstellungen einer Reföderalisierung kämpften vor allem Reichswehrminister *Otto Geßler* – vgl. zu dessen Denkschrift *L. Biewer* (Fn. 26), S. 60ff. – sowie Reichswirtschaftsminister *Eduard Hamm* – vgl. *G. Schulz* (Fn. 10), S. 460f. – und der Chef der Heeresleitung *Hans von Seeckt* – zu dessen Konzeptionen vgl. *G. Schulz* (Fn. 10), S. 462ff.

[105] Zu diesem Dilemma vgl. *L. Biewer* (Fn. 26), S. 103ff. sowie *G. Schulz* (Fn. 10), S. 509ff., 567f.; vgl. außerdem *K.D. Bracher*, Die Auflösung der Weimarer Republik, 5.Aufl. 1971, S. 496f.

[106] Siehe die Darstellung der Reformdebatte bei *H. Nawiasky* (Fn. 30), S. 94ff., 118ff. sowie *L. Biewer* (Fn. 26), S. 74f., 77ff., 80ff., 88ff., 103ff., 109ff., außerdem *G. Schulz* (Fn. 10), S. 477ff. und *W. Apelt* (Fn. 8), S. 386ff. sowie *W. Frotscher* (Fn. 40), S. 133f.

[107] *O. Braun* erhob diese Forderung in einer Rede, gehalten vor der sozialdemokratischen Studentenvereinigung am 24. 2. 1927 in Berlin, veröffentlicht als Broschüre unter dem Titel „Deutscher Einheitsstaat oder Föderativssystem?", 1927. Vgl. zum Hintergrund dieser Rede auch *H. Schulze*, Otto Braun oder Preußens demokratische Sendung, 1977, S. 584ff.

[108] Diese Formeln verwendete selbst die Zentrumspartei in ihren ‚Leitsätzen zur Reichsreform' v. 8. 3. 1928 – vgl. dazu *L. Biewer* (Fn. 26), S. 105f.

der im Rahmen der Reichsverfassung zu erfüllen“[109]. Der überzogene Finanzausgleich führe in den Kleinstländern zu aufgeblähten Verwaltungsapparaten und unverantwortlicher Verschwendung, während andererseits Preußen die Mittel fehlten, um elementaren Bedürfnissen seiner Bürger gerecht zu werden[110]. In Gesetzgebung und Verwaltung komme es zu „Reibungen und Dissonanzen aller Art, die einen erheblichen Kraftaufwand erheischen, der meist nutzlos vertan wird“[111]. Kurz, „der jetzige Zustand in dem deutschen Föderativstaat ist überaus unwirtschaftlich und teuer und in seinem Ergebnis auch so wenig befriedigend, daß er dringend Abänderung erheischt. Insbesondere ist das Nebeneinander des Großstaats Preußen und des Reichs mit den beiden Regierungen hier in Berlin auf die Dauer unhaltbar.“[112] Deutschland „in seiner völligen Verarmung und bedrückt von den hohen Kriegslasten“ könne sich – so die Schlußfolgerung – „den Luxus eines so teuern und unzweckmäßigen Staatsaufbaues auf die Dauer nicht leisten.“[113] Als Ideallösung schwebe einem da natürlich die Forderung nach dem „aus Reichsprovinzen zusammengesetzten Einheitsreich“ vor, das „den Provinzen, Kreisen und Gemeinden die weitgehendste Selbstverwaltung unter einheitlicher Reichszentralgewalt“ einräume[114]. Doch diese Lösung sei politisch nicht durchsetzbar. Als praktisch durchführbarer Weg zur Lösung der Probleme bleibe: „Das Reich muß alle Möglichkeiten, die ihm die Reichsverfassung auf legislativem wie administrativem Gebiete gibt, **restlos** ausschöpfen. In **der** Richtung kann noch vieles geschehen. [...] Dann werden die Länder mehr und mehr ihrer Eigenstaatlichkeit entkleidet und tatsächlich zu Verwaltungsorganen herabgedrückt. Damit würde sich der letzte Schritt, die verfassungsrechtliche Umgestaltung des Föderativstaates zum Einheitsstaat wesentlich erleichtern, ja geradezu aufdrängen. Sollte die Umsetzung in den zahlreichen Regierungen und Parlamenten der Länder und auch in den gesetzgebenden Körperschaften des Reiches noch Schwierigkeiten machen, dürfte es nicht schwer fallen, eine mächtige Volksbewegung zu entfachen, die dann über all jene kleinlichen Partikularisten hinweg gehen würde, die sich der deutschen Einheitsbewegung hindernd in den Weg stellen.“[115]

Die Gedanken von *Otto Braun* werden hier exemplarisch zitiert, da sie als prototypische Verkörperung des Gedankenguts der Verfechter einer Reichsreform angesehen werden können. Und ein Gutteil der Funktionseliten in Reich und Ländern waren Anhänger des Reichsreformgedankens[116]. Wenn auch nicht immer in den Lösungskonzepten, so doch zumindest in der Problemdiagnose

---

[109] *O. Braun* (Fn. 107), S. 21.
[110] Ebda., S. 21 ff.
[111] Ebda., S. 26.
[112] Ebda., S. 27.
[113] Ebda., S. 28.
[114] Ebda., S. 30.
[115] Ebda., S. 34/35.
[116] Vgl. die systematisierende Darstellung des Reichsreformschrifttums und der entsprechenden politischen Konzeptionen bei *L. Biewer* (Fn. 26), S. 80 ff., 94 ff., 109 ff.

stimmten fast alle führenden Persönlichkeiten Deutschlands überein[117]. Dies kann schon an der Flut von Schriften ersehen werden, mit denen sich führende Politiker an der Reichsreformdebatte dieser Jahre beteiligten. Natürlich traten dabei Vertreter der von Grund auf unitarischen Deutschen Demokratischen Partei besonders hervor, wie der preußische Finanzminister *Hermann Höpker-Aschoff*[118], der sächsische Innenminister *Willibald Apelt*[119], Reichsinnenminister *Wilhelm Külz*[120] und der Vorsitzende der DDP, der ehemalige Reichsinnenminister *Erich Koch-Weser*[121]. Aber ebenso natürlich Sozialdemokraten, so neben *Otto Braun* der badische Innenminister *Adam Remmele*[122] oder der hessische Innenminister *Wilhelm Leuschner*[123], außerdem Zentrumspolitiker wie der ehemalige preußische Ministerpräsident *Adam Stegerwald*[124] oder Reichskanzler *Wilhelm Marx*[125]. Selbst Politiker aus DVP und DNVP (einschließlich *Alfred Hugenberg*) propagierten unitarisierende Reformen der Organisationsstruktur des Reiches[126]. Hinzu kam die breit abgestützte Aktivität des 1928 gegründeten, einflußreichen „Bundes zur Erneuerung des Reiches" unter der Führung des ehemaligen Reichskanzlers *Hans Luther*[127].

Im Zentrum der Kritik standen dabei nahezu immer die „unsinnigen" und verschwenderischen Länderparlamente, daneben auch die überzogenen Ministerialverwaltungen der Länder[128]. Parlamentarismuskritik mischte sich hier des öfteren auch mit Ansätzen ständestaatlicher Vorstellungen[129]. Die grundsätzliche Berechtigung der Kritik sollte gleichwohl nicht verkannt werden. Besonders deutlich wird dies an einem weiteren Leitmotiv der Kritik: der Klage über die Situation und Rolle der kleineren Länder, die aus sich heraus ersichtlich nicht mehr den gestellten Aufgaben gerecht werden konnten, zur Wahrung ihrer Selbständigkeit

---

[117] *O. Braun* stellte 1927 gar die Behauptung auf, „die Überzeugung von der Unhaltbarkeit der heutigen verfassungsrechtlichen Struktur des Reiches" sei „mit der Zeit Allgemeingut aller im öffentlichen Leben stehenden Deutschen geworden" – Rede anläßlich der Einweihung der preußischen Gesandschaft in München am 24. 11. 1927, zitiert bei *G. Schulz* (Fn. 10), S. 508.

[118] Siehe *H. Höpker-Aschoff*, Deutscher Einheitsstaat. Ein Beitrag zur Rationalisierung der Verwaltung, 1928.

[119] Siehe *W. Apelt*, Vom Bundesstaat zum Regionalstaat, 1927.

[120] Vgl. zu den verfassungspolitischen Vorstellungen von Reichsinnenminister Külz *L. Biewer* (Fn. 26), S. 87f.

[121] Siehe vor allem *E. Koch-Weser*, Einheitsstaat und Selbstverwaltung, 1928. Vgl. zur Rolle von Koch-Weser auch *L. Biewer* (Fn. 26), S. 84f., 88f.

[122] Siehe *A. Remmele*, Vorschläge für die Reichs- und Länder-Reform, 1929.

[123] Vgl. zu den verfassungspolitischen Vorstößen von Leuschner *L. Biewer* (Fn. 26), S. 101, sowie die Chronik für das erste Vierteljahr 1929 in der Zeitschrift „Reich und Länder", Bd. 3 (1929/30), S. 1f.

[124] Vgl. *L. Biewer* (Fn. 26), S. 94f.

[125] Vgl. zu den Reichsreformvorstellungen von Reichskanzler Marx am Vorabend der Länderkonferenz Januar 1928 *G. Schulz* (Fn. 10), S. 584.

[126] Vgl. *L. Biewer* (Fn. 26), S. 95f.; *G. Schulz* (Fn. 10), S. 580ff.; *K.D. Bracher* (Fn. 105), S. 499f.

[127] Vgl. dazu *L. Biewer* (Fn. 26), S. 109ff.; *G. Schulz* (Fn. 10), S. 590.

[128] Siehe z.B. *E. Koch-Weser* (Fn. 121), S. 16ff., 26f.

[129] So besonders deutlich im „deutschnationalen Notprogramm" Alfred Hugenbergs vom April 1929, vgl. dazu *G. Schulz* (Fn. 10), S. 581f.

somit auf die Unterstützung der leistungsfähigeren Einheiten angewiesen waren. Wie tief die Krise dieser Länder ging, zeigten Vorstöße einzelner Länder wie Hessens oder Mecklenburg-Strelitz, die mit dem Begehren an das Reich herantraten, sich als „Reichsländer" unmittelbar in die Reichsverwaltung einzugliedern, oder zumindest das kostenaufwendige Justizwesen dem Reich zu überlassen[130].

Umfang und Tiefe der Kritik am „Stückwerk" der Weimarer Verfassung in Fragen der Bundesstaatlichkeit waren ein wichtiges Phänomen, das entscheidend ist zum Verständnis der Entwicklung des deutschen Bundesstaatsdenkens. Die Politik konnte sich dieser breit getragenen Forderung auf Dauer nicht so ohne weiteres entziehen. Um die Debatte zu kanalisieren, beschloß die Reichsregierung daher Ende 1927 die Einberufung einer gemeinsamen Konferenz von Reichsregierung und Ländervertretern, auf der die Frage etwaiger Verwaltungs-und Verfassungsreformen beraten werden sollte[131]. Die Zielrichtung dieses Unternehmens war zwar schon innerhalb der Reichsregierung streitig. Zumindest auf das zu erörternde Kernproblem konnte man sich im Reichskabinett aber einigen: „Die Behebung der auf die Dauer unmöglichen Unzuträglichkeiten, die sich aus dem Nebeneinanderbestehen von Reichs- und Länderhoheit" ergaben[132]. Die „Länderkonferenz" am 16.-18. Januar 1928[133] führte dann zur Einsetzung eines Verfassungsausschußes, paritätisch zusammengesetzt aus Vertretern der Reichsregierung (meist Reichsministern) und Vertretern der Länder (zum Großteil die Regierungschefs der wichtigeren Länder)[134].

Der Verfassungsausschuß, der in der Folge nur wenige Male zusammentrat[135], verlagerte die Arbeiten in zwei Unterausschüße, die Fragen der Neugliederung einerseits und der Zuständigkeitsabgrenzung zwischen Reich und Ländern sowie Organisation der Länder andererseits getrennt behandelten[136]. Während der Erste Unterausschuß zu Gliederungsfragen seine Arbeiten zurückstellte, gelangte man im Zweiten Unterausschuß innerhalb zweier Jahre zu einem konsentierten Ergebnis[137]. Am 21. Juni 1930 konnte der Verfassungsausschuß auf der Grundlage

---

[130] Vgl. dazu *G. Schulz* (Fn. 10), S. 565, 584 Fußn. 50; *L. Biewer* (Fn. 26), S. 100f. sowie Chronik zum ersten Vierteljahr 1929, Reich und Länder 3 (1929/30), S. 1f., 5.

[131] Vgl. *G. Schulz* (Fn. 10), S. 564ff., zum Hintergrund der Entscheidung auch *H. Schulze* (Fn. 107), S. 589ff., außerdem *F. Poetzsch-Heffter* (Fn. 63), S. 64ff. und *W. Frotscher* (Fn. 40), S. 135.

[132] Beschluß der Reichsregierung auf der Kabinettssitzung v. 11. 1. 1928 – zitiert bei *G. Schulz* (Fn. 10), S. 580.

[133] Zur Länderkonferenz vom Januar 1928 vgl. v.a. *F.A. Medicus*, Reichsreform und Länderkonferenz. Die Beratungen und Beschlüsse der Länderkonferenz und ihrer Ausschüsse, 1930, S. 3ff. sowie *L. Biewer* (Fn. 26), S. 117ff., daneben auch *F. Poetzsch-Heffter* (Fn. 63), S. 65ff.

[134] Vgl. *G. Schulz* (Fn. 10), S. 585ff.; *F.A. Medicus* (Fn. 133), S. 6ff., 10ff.; *L. Biewer* (Fn. 26), S. 120f.

[135] Zu den Sitzungen des Verfassungsausschusses vgl. *F.A. Medicus* (Fn. 133), S. 13ff. sowie *F. Poetzsch-Heffter* (Fn. 63), S. 68f.

[136] Vgl. *G. Schulz* (Fn. 10), S. 591f.; *L. Biewer* (Fn. 26), S. 122, sowie ausführlich *F.A. Medicus* (Fn. 133), S. 25ff. und *A. Brecht*, Das Zuständigkeitsreferat und die Beschlüsse des Unterausschusses der Länderkonferenz, Reich und Länder 3 (1929/30), S. 70ff.

[137] Zu den Arbeiten der Unterausschüsse vgl. *F.A. Medicus* (Fn. 133), S. 28ff., sowie *A. Brecht*

zweier Gemeinschaftsreferate der dafür gebildeten Arbeitsgruppen Beschlüsse fassen zu den Themen „1. die Abgrenzung der Zuständigkeiten zwischen Reich und Ländern, 2. Organisation der Länder und den Einfluß der Länder auf das Reich“[138]. Die beiden Ausarbeitungen des Verfassungsausschusses, das sogen. „Zuständigkeitsreferat“ und das sogen. „Organisationsreferat“, waren maßgeblich geprägt durch die beiden die Arbeitsgruppen fachlich tragenden Länderministerialbeamten, den preußischen Ministerialdirektor *Arnold Brecht* und den sächsischen Ministerialdirektor *Fritz Poetzsch-Heffter*[139]. Die „differenzierte Gesamtlösung“, die der Verfassungsausschuß anstrebte, verknüpfte eine moderate Neugliederung, bei der die kleineren norddeutschen Länder durch einfaches Reichsgesetz in Preußen eingegliedert werden sollten, mit einer „Reichsland“-Lösung für das preußische Problem. Der durch die beschränkte Neugliederung hergestellte norddeutsche Einheitsstaat sollte durch die Verschmelzung der preußischen Regierung mit der Reichsregierung in unmittelbare Reichsverwaltung überführt werden. Die bisherigen preußischen Provinzen sollten dafür zu „Ländern neuer Art“ aufgewertet werden, die als Selbstverwaltungskörperschaften die eigentlichen Träger des neuen dezentralisierten Einheitsstaates werden sollten. während Bayern, Sachsen, Württemberg und Baden als „Länder alter Art“ ihre bisherige Eigenständigkeit im Prinzip behalten sollten. Im Verhältnis zu den „Ländern neuer Art“ sollte die unmittelbare Reichsverwaltung erheblich ausgedehnt werden (unter Einschluß des Justizwesens, der Polizeiverwaltung, der Kommunalaufsicht, der Gewerbeaufsicht und wesentlicher Teile der Kulturverwaltung, insbesondere des Schulwesens); alle anderen Materien sollten als vom Reich auf die Länder delegierte Auftragsverwaltung unter der Aufsicht und direkten Weisungsbefugnis des Reiches ausgeübt werden. Und auch im Verhältnis zu den „Ländern alter Art“ sollte der Einfluß des Reiches beträchtlich verstärkt werden. Der Verwaltungsaufbau aller Länder sollte nach reichseinheitlichen Bestimmungen angeglichen werden und eine Reihe bisheriger Länderzuständigkeiten voll auf das Reich übertragen werden[140].

Die Beschlüsse des Verfassungsausschusses konnten allerdings keine rechtliche Verbindlichkeit beanspruchen[141]. Sie wären umzusetzen gewesen durch entsprechende verfassungsändernde Gesetze unter Beteiligung des Reichstages und

(Fn. 136), S. 70ff. und *ders.* Die Beschlüsse des Unterausschusses der Länderkonferenz zum Organisationsreferat, Reich und Länder 3 (1929/30), S. 265ff.

138 Siehe Verfassungsausschuß der Länderkonferenz, Niederschrift über die Verhandlungen vom 21. Juni 1930 und Beschlüsse des Verfassungsausschusses über 1. die Abgrenzung der Zuständigkeiten zwischen Reich und Ländern, 2. Organisation der Länder und den Einfluß der Länder auf das Reich, Berlin 1930, S. 58ff.; vgl. auch *G. Schulz* (Fn. 10), S. 592ff.; *F.A. Medicus* (Fn. 133), 52ff., S. 65ff.; *L. Biewer* (Fn. 26), S. 123.

139 Vgl. insbes. *H. Schulze* (Fn. 107), S. 594f. sowie *L. Biewer* (Fn. 26), S. 126.

140 Zum Inhalt der Beschlüsse vom 21. Juni 1930 siehe *F.A. Medicus* (Fn. 133), S. 56ff. (mit wörtlichem Abdruck der beiden zugrundeliegenden Referate S. 65ff., 69ff.), daneben auch *G. Schulz* (Fn. 10), S. 592ff.; *L. Biewer* (Fn. 26), S. 124ff.; *W. Frotscher* (Fn. 40), S. 135f.; *W. Apelt* (Fn. 8), S. 396ff.; *H. Heller* (Fn. 39), S. 400ff.

141 Vgl. zum Streit über die Wirkungen dieser Beschlüsse *G. Schulz* (Fn. 10), S. 594.

Reichsrates. Zwar forderte der Reichstag unmittelbar nach Abschluß der Arbeiten des Verfassungsausschusses, durch Beschluß vom 24. Juni 1930, die Reichsregierung auf, „dem Reichstag einen Gesetzentwurf über eine umfassende Reichsreform insbesondere mit dem Ziele der Beseitigung des Dualismus zwischen Reich und Preußen und einer zweckmäßigen Abgrenzung der Zuständigkeiten zwischen Reich und Ländern vorzulegen“[142]. Die Regierung Brüning hatte jedoch weit drängendere Probleme als eine risikoreiche Reform der Reichsverfassung, die einer Zwei-Drittel-Mehrheit in Reichstag und Reichsrat bedurft hätte, und in Teilen der Länder auf deutliche Reserven stieß[143]. Der angestrebte Entwurf eines verfassungsändernden Gesetzes blieb aus, die Bemühungen um eine Reichsreform versandeten in der Krisis der Spätjahre der Republik[144].

3.4. Der Bundesstaat im Verfassungsrechtsdenken

Auch in der Verfassungsrechtsdogmatik machte sich das schon beinahe verzweifelte Streben nach Sicherung der Einheit des Reiches bemerkbar[145]. Das Rechtsinstitut der „Bundestreue“, das von *Rudolf Smend* kurz vor dem Ende des alten Reiches mit einer deutlich föderalistischen Zielrichtung herausgearbeitet worden war[146], im Sinne einer Wahrung der Stellung der Einzelstaaten, erfuhr unter dem Druck der unitarischen Stimmung der Zeit bald eine gravierende Umpolung. Hatte sich die Staatsrechtslehre zunächst gegenüber der Bundestreue als Rechtsinstitut eher reserviert gezeigt[147], vor allem im Blick auf die methodischen Schwächen der Smend'schen Position[148], so erfuhr das Institut gegen Ende der Zwanziger Jahre auf einmal eine deutlich positivere Resonanz.

---

[142] Siehe *F.A. Medicus* (Fn. 133), S. 63 (mit Abdruck des Reichstagsbeschlusses im Anhang, auf S. 75) sowie *G. Schulz* (Fn. 10), S. 601 und *W. Frotscher* (Fn. 40), S. 136.

[143] Vgl. dazu *G. Schulz* (Fn. 10), S. 594ff. sowie *W. Apelt* (Fn. 8), S. 400ff., außerdem *K.D. Bracher* (Fn. 105), S. 495f.

[144] Zum Schicksal der privaten Gesetzentwürfe von *A. Brecht* und *F. Poetzsch-Heffter* vgl. *G. Schulz* (Fn. 10), S. 602ff. sowie *L. Biewer* (Fn. 26), S. 128f.

[145] Besonders deutlich ist dies bei *R. Smend*, Verfassung und Verfassungsrecht, 1928, wo es in der Abschlußpassage des Ersten Teils (S. 74) heißt, „die Besinnung auf den integrierenden Sinn aller staatlichen Ordnung“ sei „um so angebrachter in einem Bundesstaat voller Spannungen zwischen Gesamtstaat und Einzelstaaten, in einem Volk ohne selbstverständliche nationalstaatliche Geschlossenheit.“

[146] *R. Smend*, Ungeschriebenes Verfassungsrecht im monarchischen Bundesstaat, in: Festgabe für Otto Mayer, 1916, S. 247ff. Vgl. dazu *S. Korioth*, Integration und Bundesstaat, 1990, S. 32ff. sowie *H. Bauer*, Die Bundestreue, 1992, S. 56ff.

[147] Zustimmend zunächst neben einer Rezension von *L. Wittmayer*, AöR 36 (1917), S. 233, 240, wohl nur *H. Triepel*, Die Reichsaufsicht, 1917, S. 369 Fußn. 4, 451f., sowie *E. Kaufmann*, Bismarcks Erbe in der Reichsverfassung, 1917, S. 31 Fußn. 11. Zusammenfassend vgl. die Untersuchung der Rezeptionsgeschichte bei *H. Bauer* (Fn. 146), S. 64ff., 73ff., außerdem *S. Korioth*, Integration und Bundesstaat, 1990, S. 193ff.

[148] Kritik in methodischer Hinsicht (fehlender Nachweis der Bildung von Gewohnheitsrecht) wurde v.a. durch *G. Anschütz* geübt in *G. Meyer / G. Anschütz*, Deutsches Staatsrecht, 7. Aufl. 1919, S. 697f.

Zunächst hatte noch die Rezeption der „Bundestreue“ als einer bündischen Rechtsposition der Einzelstaaten gegen das Reich überwogen, also als Instrument der Bewahrung einzelstaatlicher Positionen gegenüber dem Reich[149]. Doch bereits zu Mitte der Zwanziger Jahre interpretierten einzelne Autoren, wie z.B. *Heinrich Triepel*, den Treuegedanken schon primär als Verpflichtung der Gliedstaaten, sich in das Gesamtgefüge des Bundesstaates einzuordnen und zu dessen geordneten Funktionieren beizutragen[150]. Der „Bundestreue“-Gedanken mutierte damit vom Recht der Glieder auf Wahrung des bündischen Prinzips, der er ursprünglich gewesen war, zur Pflicht der Glieder, sich in das Verfassungsgefüge des Gesamtstaates planmäßig einzuordnen. Mit vertauschten Vorzeichen aber wurde er nun unschwer zum Medium der Unitarisierung, wie am deutlichsten die Erläuterungen von *Gerhard Anschütz* zu Reichsaufsicht und Reichsexekution in dem von diesem zusammen mit *Richard Thoma* herausgegebenen Handbuch des Deutschen Staatsrechts zeigen. *Anschütz* berief sich auf – wie er es an anderer Stelle formulierte – „allgemeine, ungeschriebene, aus der Gliedstellung der Länder in und zum Reich folgende Grundsätze“[151], unter die er insbesondere den „reichsverfassungsmäßigen Grundsatz“ zählte, wonach die Länder verpflichtet seien, „ihr Verhalten den rechtlich anerkannten Lebensinteressen des Reichs anzupassen“[152]. Was er damit meinte, wird aus einer dies ergänzenden Erläuterung in seinem Beitrag im Handbuch ersichtlich: „Zu den Interessen der hier vorschwebenden Art gehört namentlich das Interesse des Reichs an der Unterlassung von Störungen seiner auswärtigen Politik durch Handlungen oder Unterlassungen der Länder. Das Reich ist ferner nicht bloß interessiert daran, sondern hat auch ein Recht darauf, daß die Länder und ihre Organe dem Reiche ... das Maß von Achtung entgegenbringen, welches sie ihrem Haupte als dessen Glieder schulden.“[153]

Überraschen kann eine derart einheitsfixierte Bemerkung aus der Feder von *Anschütz* eigentlich nicht, war doch dieser als unitarisch orientierter Republikaner bekannt. Allerdings dürfte angesichts der Erfahrungen der jungen Republik die Mehrheit seiner Kollegen ähnliche Auffassungen gehegt haben[154]. Bemerkenswert ist an den Ausführungen von *Anschütz* vor allem die Unbefangenheit, mit der dieser, obwohl er doch gemeinhin als einer der Hauptvertreter des Weimarer „Positivismus“ geführt wird, sich 1930 das zu Anfang von der Laband-Schule mit so viel Skepsis beäugte Konzept der überpositiven ‚Bundestreue‘ zu

---

[149] Als Rezeption in diesem Sinne siehe z.B. *K. Bilfinger* (Fn.37), S.8f., 52ff.

[150] Siehe nur *H. Triepel*, Streitigkeiten zwischen Reich und Ländern, in: Festgabe der Berliner Juristischen Fakultät für Wilhelm Kahl, 1923, T.II S.73.

[151] *G. Anschütz*, Komm.z.RV (Fn.15), S.114 Fußn.2.

[152] *G. Anschütz*, Die Reichsaufsicht (Fn.45), S.368 – unter Berufung auf Triepel.

[153] *G. Anschütz*, Die Reichsaufsicht (Fn.45), S.369.

[154] Siehe als ein typisches Beispiel nur *G. Lassar* (Fn.41), S.304, der die Ausübung von Gesetzgebungs- und Verwaltungszuständigkeiten ganz generell an den „Rechtssatz der bundesfreundlichen Haltung für Reich und Länder unter Vorrang des Reichsinteresses“ gebunden sehen wollte. Vgl. auch allgemein zur breiten Verwendung des ‚Bundestreue‘-Gedankens in den letzten Jahren der Weimarer Republik *H. Bauer* (Fn.146), S.82ff.

eigen machte. Auch der „gemäßigte Positivismus" als der ‚mainstream' der Weimarer Staatsrechtslehre war – dies zeigt sich hier wieder einmal – von dem Rigorismus des Laband'schen Ansatzes schon weiter entfernt als dessen literarische Gegner zuzugestehen bereit waren[155]. Die Methodendiskussion der Zwanziger Jahre[156] hatte die alten Verhärtungen gelockert und selbst die am positiven Verfassungstext orientierten ‚positivistischen' Staatsrechtler für historische Erwägungen, politische Zweckkalküle sowie Analysen der politischen Wirklichkeit offen werden lassen[157]. Wie *Richard Thoma* es in seinen grundlegenden methodischen Bemerkungen im Eingangskapitel des Handbuchs in Absetzung vom „einseitigen Logizismus" und der „nur-positivistischen Selbstbeschränkung" der Gerber-Laband-Schule formulierte: „Die Aufgabe ist, ein jedes Institut sowohl positivistisch zu fixieren, als auch zu begreifen als einen im Strom der Geschichte stehenden Versuch der Lösung eines politischen Problems."[158] Die juristische Untersuchung erhebe sich „erst dann zu voller Wissenschaftlichkeit, wenn sie mit der Ordnung und Auslegung der Rechtssätze die Darlegung ihrer ‚vic ac potestas' verbindet, ihre Geschichte aufdeckt, ihren politischen Zweck, ihre soziale Bedeutung ergründet und sie von einem anzugebenden Bewertungsmaßstabe aus kritisch beleuchtet."[159] Politische Erwägungen fanden in dieser Konzeption des ‚aufgeklärten' Positivismus ohne große Probleme Eingang in die verfassungsrechtliche Argumentation[160].

Dies zeigt sich mit aller Deutlichkeit an der Entwicklung der Rechtsprechung des Staatsgerichtshofes des Deutschen Reiches zu Fragen der Bundesstaatlichkeit[161]. Schon recht früh beriefen sich einzelne Länder in staatsgerichtlichen Verfahren gegen andere Länder auf Grundsätze der bündischen Treuepflicht. Bremen argumentierte z.B. 1924 im Verfahren gegen Preußen über die Fortgeltung der Industrie- und Fischereiklauseln der Staatsverträge zwischen Preußen und Bremen über Bremerhaven ganz zentral mit Argumenten der aus dem Bundesverhältnis folgenden Rücksichtnahmepflichten: Der Zusammenschluß der Länder

---

155 Vgl. dazu *W. Heun*, Der staatsrechtliche Positivismus in der Weimarer Republik, Der Staat 28 (1989), S. 377, 379.

156 Vgl. dazu insbes. *M. Friedrich*, Der Methoden- und Richtungsstreit. Zur Grundlagendiskussion der Weimarer Staatsrechtslehre, AöR 102 (1977), S. 161ff.; *D. Wyduckel*, Ius Publicum, 1984, S. 299ff., 316ff.; *K. Rennert*, Die „geisteswissenschaftliche Richtung" in der Staatsrechtslehre der Weimarer Republik, 1987, S. 41ff., außerdem *U. Scheuner*, 50 Jahre deutsche Staatsrechtswissenschaft im Spiegel der Verhandlungen der Vereinigung der Deutschen Staatsrechtslehrer, Teil I: Die Vereinigung der Deutschen Staatsrechtslehrer in der Zeit der Weimarer Republik, AöR 97 (1972), S. 349ff.

157 Vgl. dazu vor allem *W. Heun* (Fn. 155), S. 385ff.

158 *R. Thoma*, Gegenstand. – Methode. – Literatur, in: G. Anschütz / R. Thoma (Hrsg.), Handbuch des Deutschen Staatsrechts Bd. I, 1930, S. 1, 5.

159 *R. Thoma* (Fn. 158), S. 6.

160 Dessen war sich die Weimarer Staatsrechtslehre auch durchaus bewußt – siehe vor allem *R. von Laun*, Der Staatsrechtslehrer und die Politik, AöR 43 (1922), S. 145ff. sowie *H. Triepel*, Staatsrecht und Politik, 1927. Vgl. dazu auch *D. Wyduckel* (Fn. 156), S. 317ff.

161 Vgl. dazu insbesondere die detaillierte Analyse bei *J. Vetter*, Die Bundesstaatlichkeit in der Rechtsprechung des Staatsgerichtshofs der Weimarer Republik, 1979, S. 59ff.

im Deutschen Reich bringe es mit sich, „daß ein Teil auf lebensnotwendige Interessen des anderen Teiles Rücksicht zu nehmen habe“[162]. Im nachfolgenden Verfahren Bremens gegen die Länder Preußen, Thüringen und Braunschweig wegen der Verunreinigung des Weserwassers berief sich Bremen ebenfalls zentral auf die „selbstverständliche Bundespflicht der zu einem Reiche vereinigten Länder, die Lebensinteressen eines anderen Landes zu berücksichtigen“. Der Staatsgerichtshof erkannte in einer Zwischenentscheidung vom 9. Juni 1928 dann auch ausdrücklich an, daß es zulässig sei, im staatsgerichtlichen Verfahren Klagen auf Ansprüche zu stützen, „die ein Land gegen ein anderes Land mit der Behauptung erhebt, daß letzteres seine staatlichen Hoheitsrechte in einer Weise ausübe, die mit den gegenseitigen Rechten und Pflichten der zum Deutschen Reich vereinigten Länder nicht verträglich sei.“[163]

Auch in der Zwischenentscheidung vom 18. Juni 1927 im Verfahren der Länder Württemberg und Preußen gegen Baden wegen der Probleme der Donauversinkung[164], in der der Staatsgerichtshof die grundsätzliche Anwendbarkeit des Völkerrechts im Verhältnis der Länder zueinander anerkannt hatte, berief man sich inhaltlich auf Grundsätze der Bundestreue. Schon die Zugehörigkeit zur Völkerrechtsgemeinschaft begründe – so argumentierte der Staatsgerichtshof – gewisse Einschränkungen der Gebietshoheit; aus ihr folge eine allgemeine Pflicht der Staaten zur gegenseitigen Achtung und Rücksichtnahme. Die Regeln des internationalen Flußrechts, die insoweit im Prinzip einschlägig seien, belegten dies zur Genüge. Noch enger als diese allgemeine Völkergemeinschaft sei aber die Gemeinschaft, in der die Länder als Glieder des Deutschen Reichs zueinander stünden[165]. Bei der Auslegung und Anwendung völkerrechtlicher Prinzipien auf Interessenstreitigkeiten zwischen Ländern sei dementsprechend die besonders enge Gemeinschaft (als staatsrechtlich verbundene Glieder des Reiches) in Betracht zu ziehen, was gesteigerte Anforderungen an die Pflicht zur gegenseitigen Rücksichtnahme begründe[166].

Das auf intensivierte Rechtsbindung, auf Vergemeinschaftung der Länder gerichtete Streben des Staatsgerichtshofes ist den Zeitgenossen nicht entgangen. Insbesondere *Richard Thoma* hat das Urteil unter methodischen Aspekten scharf angegriffen. Die tragenden Erwägungen seien „natürlich nicht aus Schlußfolgerungen der juristischen Logik gewonnen“, sondern entsprüngen „einem politi-

---

[162] Siehe Entscheidung des Staatsgerichtshofes v. 29. Juni 1925 – StGH 7/23 – i.S. Bremen gegen Preußen, abgedruckt bei *H.-H. Lammers / W. Simons*, Die Rechtsprechung des Staatsgerichtshofs für das Deutsche Reich und des Reichsgerichts auf Grund Artikel 13 Absatz 2 der Reichsverfassung, Bd.I, 1929, S. 198, 200.

[163] Zwischenentscheidung v. 9. Juni 1928 – StGH 5/25 – i.S. Bremen gegen Preußen, Thüringen und Braunschweig, abgedruckt bei *H.-H. Lammers / W. Simons* (Fn. 162), Bd.I, S. 207ff. (Leitsatz).

[164] Zwischenentscheidung v. 18. Juni 1927 – StGH 7/25 – i.S. Württemberg und Preußen gegen Baden, abgedruckt bei *H.-H. Lammers / W. Simons* (Fn. 162), Bd.I, S. 178–198.

[165] Ebda., S. 186.

[166] Zur gängigen Interpretation der Entscheidung als Durchbruch der Bundestreuedoktrin siehe *J. Vetter* (Fn. 161), S. 154ff.; *H. Bauer* (Fn. 146), S. 95f.

schen Werturteil, das die Interessen der Nation und die Idee der Gemeinschaft dem partikularen Sonderinteresse überordnet“[167]. Gleiche Vorwürfe ließen sich dagegen zunächst gegen die Judikatur des Staatsgerichtshofes zum Reich-Länder-Verhältnis nicht erheben. Hier argumentierte der Gerichtshof deutlich vorsichtiger. Einige Entscheidungen mögen insoweit zwar untergründig ebenfalls von Vorstellungen eines Gemeinschaftsverhältnisses und einer gesteigerten bündischen Treuepflicht geprägt gewesen seien[168]. Tragendes Argument wurde die Treuepflicht der Bundesglieder jedoch erst in der fatalen Entscheidung des Staatsgerichtshofes zum Preußenschlag, die das Ende der Weimarer Republik mit besiegelte.

Parallel zur Neubewertung und Anverwandlung des Bundestreuegedankens ging ein erneutes Wiederaufflammen der theoretischen Grundlagendebatte um die juristisch-konstruktive wie staatstheoretische Durchdringung und Erfassung des Bundesstaates. *Hermann Heller* hat zwar 1926 die „Krisis der Staatslehre“ beschworen[169]. Diese Krise ging jedoch einher mit einer raschen Aufeinanderfolge von gegen die gängige Lehrmeinung ankämpfenden, konzeptionell tiefgründigen, wenn auch in der Tendenz gegenläufigen Entwürfen zur Staatstheorie. *Hermann Heller* selbst räumte einige Jahre später in seiner „Staatslehre“ ein, diese Krisis sei nicht mit einer Verfallserscheinung gleichzusetzen. „Im Gegenteil! Die chaotische Verwirrung in den staatstheoretischen Auseinandersetzungen der deutschen Nachkriegszeit bedeutet, verglichen mit dem früheren Zustande und mit der gegenwärtigen Lage der ausländischen Staatslehre, zweifellos ein höheres geistiges Stadium, und wenn nicht schon selbst eine wissenschaftliche Renaissance, so ist sie doch das Symptom einer tiefer erlebten Problematik und einer ernsteren methodischen Besinnung.“[170]

Als Vorläufer dieser Grundlagendebatte der späten Zwanziger Jahre könnte man *Hans Nawiasky* anführen. Dieser hatte sich 1920 in seinem allein dem Bundesstaatsproblem gewidmeten staatstheoretischen Werk „Der Bundesstaat als Rechtsbegriff“ zwar noch stark auf die klassischen Ansätze von *Waitz* und *Haenel* gestützt. Das Wiederaufgreifen des Waitz'schen Grundgedankens der geteilten Staatlichkeit (und Souveränität) läutete allerdings eine erkennbare theoretische Absetzbewegung vom herrschaftlich-unitarischen Bundesstaatsparadigma der Gerber-Laband-Schule ein. Das Charakteristikum des Bundesstaates bestehe – so führte *Nawiasky* aus – in der Unvollständigkeit und gegenseitigen Ergänzungsbedürftigkeit von Bund und Gliedstaaten. Erst beide Teile zusammen bildeten einen vollständigen Staat[171]. Während der Bundesstaat ein Staat sei, dessen

---

[167] *R. Thoma*, Die Staatsgerichtsbarkeit des Deutschen Reiches, in: Die Reichsgerichtspraxis im deutschen Rechtsleben. Festgabe der juristischen Fakultäten zum 50jährigen Bestehen des Reichsgerichts, Bd. 1, 1929, S. 179, 196.

[168] Vgl. dazu *J. Vetter* (Fn. 161), S. 158f.

[169] *H. Heller*, Die Krisis der Staatslehre, 1926, in: H. Heller, Gesammelte Schriften, Bd. 2, 1971, S. 3ff.

[170] *H. Heller*, Staatslehre, 1934, S. 30.

[171] Siehe *H. Nawiasky*, Der Bundesstaat als Rechtsbegriff, 1920, S. 115.

Kompetenz aus dem gemeinsamen Ausschnitt der Kompetenzen mehrerer dadurch verbundener Staaten bestehe, seien die Gliedstaaten umgekehrt Staaten, die dadurch verbunden seien, daß ein bestimmter Ausschnitt ihrer Zuständigkeit einem anderen besonderen (partiellen) Staat zugewiesen sei[172]. Die Gliedstaaten seien somit, je nach Reichweite der Bundesgewalt, teilweise untergeordnete rechtliche Körperschaften, teilweise vollqualifizierte Staaten. Über Souveränität verfügten, je nach Bereich, beide Teile, Bund wie Gliedstaaten[173]. Herrschaft des Bundes und Herrschaft der Glieder seien im Bundesstaat notwendig als gleichgeordnet zu sehen; es könne ebensowenig eine Überordnung der Glieder über den Bund wie des Bundes über die Glieder geben[174]. *Hans Kelsen* ging einige Jahre später in seiner „Allgemeinen Staatslehre" von 1925 von einer ähnlichen Grundannahme aus. Auch er knüpfte an den Befund der Kompetenzteilung als der Grundlage der Bundesstaatlichkeit an. Das Konzept der Kompetenzaufteilung sei der eigentliche politische Kern der Bundesstaatsidee[175]. Der Bundesstaat stelle allerdings nur einen spezifischen Fall der Dezentralisation dar. Die Normierung der Dezentralisation bilde den wesentlichen Gehalt der Gesamtverfassung, nämlich der Bund und Länder, Reich und Gliedstaaten zu einem Ganzen zusammenfassenden Bundesverfassung[176]. Diese Gesamtverfassung, deren wesentlichsten Bestandteil die Kompetenzaufteilung bilde, dürfe jedoch „nicht mit der unter ihr stehenden Sonderverfassung des Bundes (Reiches) verwechselt werden, die ebenso wie die Verfassungen der Gliedstaaten (Länder) nur die Verfassung einer Teilgemeinschaft ist..."[177] Dahinter steckte die Idee einer Dreigliedrigkeit des Bundesstaates, bei der sich Bund und Gliedstaaten als Teilgemeinschaften erst zum Gesamtstaat als eigener Staatspersönlichkeit mit eigener Verfassung ergänzen[178]. Wie *Kelsen* es 1929 in einem Diskussionsbeitrag auf der Frankfurter Staatsrechtslehrertagung formulierte: „Koordination der Rechtsordnungen von Bund und Gliedstaat setzt eine dritte (höhere) Ordnung voraus; denn es ist nicht vorstellbar, daß zwei Rechtsgemeinschaften Teile eines Ganzen sind, wenn nicht angenommen wird, daß eine darüberstehende Ordnung die Teilung vornimmt."[179]

Dieser Gedanke der Dreigliedrigkeit erscheint nun zunächst als überraschend für einen Autor, der üblicherweise als logischer Vollstrecker des positivistischen Programms gesehen wird. *Hermann Heller* z.B. hat ja – um nur ein Beispiel der gängigen Bewertung zu geben – die „Reine Rechtslehre" 1926 als den „zu spät geborenen Erben des logistischen Rechtspositivismus" bezeichnet, als „die folge-

---

172 *H. Nawiasky* (Fn. 171), S. 29.

173 *H. Nawiasky* (Fn. 171), S. 47.

174 *H. Nawiasky* (Fn. 171), S. 21.

175 Siehe auch besonders deutlich *H. Kelsen*, Wesen und Entwicklung der Staatsgerichtsbarkeit, VVDStRL 5 (1929), S. 30, 81f.

176 *H. Kelsen* (Fn. 175), S. 82 sowie *ders.*, Allgemeine Staatslehre, 1925, S. 194.

177 *H. Kelsen* (Fn. 175), S. 82; vgl. daneben auch ausführlicher *ders.*, Allgemeine Staatslehre, 1925, S. 198ff.

178 *H. Kelsen*, Allgemeine Staatslehre, 1925, S. 199f.

179 Aussprache zu den Berichten von F. Fleiner und J. Lukas zum Thema „Bundesstaatliche und gliedstaatliche Rechtsordnung", VVDStRL 6 (1929), S. 57.

richtige Erfüllung des soziologie- und wertfremden Programms des Labandismus"[180]. Methodisch mag diese Bewertung nun nicht ganz falsch sein; in seiner Bundesstaatstheorie weicht Kelsen jedoch fundamental vom Erbe der Gerber-Laband-Schule ab. Und dies ist konsequenter als man zunächst annehmen könnte. *Heller* hat direkt im Anschluß an die eben zitierte Bemerkung eingeräumt, Kelsen wolle „die Rechts- und Staatslehre von allem psychologisch-soziologischen und politisch-wertenden Schmuggelgut" reinigen, das die Laband-Schule „noch illegitim mit sich führte"[181]. Genau um ein solches „politisch-wertendes Schmuggelgut" handelte es sich aber beim Laband'schen Dogma der alleinigen Souveränität des Bundes. Begründet war dieses Dogma nicht rechtslogisch, aus den Normen selbst, sondern es war Ausfluß politischer Wertung, entstammte dem politischen Wollen der führenden Staatsrechtslehrer des Kaiserreiches. Wie *Hans Kelsen* selbst bemerkt hat: Die traditionelle deutsche Staatsrechtstheorie habe sich bei der Lösung des Problems der Souveränität im Bundesstaat alles andere als von den „politischen Wünschen unbeeinflußt gezeigt. Im Gegenteil, sie hat es gerade für ihre Aufgabe angesehen, ihre „Theorie" diesen Wünschen anzupassen und hat dieses sacrificium intellectus, wie so häufig, damit bemäntelt, daß sie betonte, nicht „abstrakte, weltfremde Spekulation" betreiben, sondern dem „wirklichen Leben" dienen, das „Leben" erklären zu wollen. Daß dabei die Theorie vom wesentlich souveränen Staat recht kuriose Verrenkungen erfahren mußte, versteht sich von selbst."[182]. Es hat mithin seine eigene Logik, wenn *Kelsen* stattdessen an Ansätze anknüpft, die sich in der durch *Otto von Gierke* geführten kritischen Auseinandersetzung mit Laband finden. Insbesondere in Gierkes Methodenkritik klingen deutliche Ansätze einer dreigliedrigen Bundesstaatslehre an, die Kelsen aufgriff und weiterentwickelte[183].

Zu einer ähnlich kritischen Bewertung des klassischen Bundesstaatsdenkens – wenn auch aus ganz anderer Perspektive – kam wenig später *Carl Schmitt*. In seiner Verfassungslehre von 1928 bestritt er ebenfalls das gängige Dogma von der denknotwendigen Souveränität des Bundes und der Unterordnung der Gliedstaaten unter den Bund. „Weder darf die Gesamtexistenz des Bundes die Einzelexistenz der Mitgliedstaaten, noch darf diese Existenz der Mitgliedstaaten jene des Bundes aufheben. Weder sind die Mitgliedstaaten einfach subordiniert, Untergebene des Bundes, noch ist der Bund ihnen subordiniert und untergeben. Der Bund besteht nur in dieser existenziellen Verbindung und diesem Gleichgewicht...Das Wesen des Bundes liegt in einem Dualismus der politischen Existenz,

---

180 *H. Heller* (Fn. 169), S. 15f.

181 *H. Heller* (Fn. 169), S. 16.

182 *H. Kelsen*, Allgemeine Staatslehre, 1925, S. 116/17; zum reformulierten (und von „ideologischem Schmuggelgut" gereinigten) Souveränitätsbegriff von Kelsen siehe *ders.*, Das Problem der Souveränität und die Theorie des Völkerrechts, 2. Aufl. 1928, dort insbes. S. 22, 108, sowie *ders.*, Der soziologische und der juristische Staatsbegriff, 2. Aufl. 1928, S. 47ff., 86ff. Vgl. dazu auch jüngst *W. Pauly*, Souveräner Staat und Staatenverbindungen, in: G. Jellinek, Die Lehre von den Staatenverbindungen, herausgeg. und eingeleitet von W. Pauly, 1996, S. VII, XIIff.

183 *O. von Gierke*, Labands Staatsrecht und die deutsche Rechtswissenschaft, Schmollers Jahrbuch 7 (1883), S. 1097, 1167ff.

in einer Verbindung bundesmäßigen Zusammenseins und politischer Einheit auf der einen Seite mit dem Weiterbestehen einer Mehrheit, einem Pluralismus politischer Einzeleinheiten auf der anderen Seite."[184] Ein derartiger Schwebezustand müße nun – so wäre eigentlich anzunehmen – an sich zu vielen Konflikten führen, die einer Entscheidung bedürften. Doch sei im bündischen System gerade das Offenhalten dieser Konflikte charakteristisch: „Bei jeder Mehrheit selbständiger, politisch existierender Größen ist dieser existenzielle Konflikt immer möglich und die Frage der Souveränität, d.h. der letzten existenziellen Entscheidung, bleibt daher immer offen."[185] Oder noch etwas apodiktischer ausgedrückt: „Es gehört aber zum Wesen des Bundes, daß die Frage der Souveränität zwischen Bund und Gliedstaaten immer offen bleibt, so lange der Bund als solcher neben den Gliedstaaten als solchen existiert. Spricht man von einem Bund, in welchem nicht die Mitgliedstaaten, sondern der Bund als solcher souverän ist, spricht man von einem Gebilde, in welchem nur der „Bund", d.h. das ganze als solches, politische Existenz hat, dann liegt in Wahrheit ein souveräner Einheitsstaat vor."[186]

Der Bund als politische Existenzform sei also notwendig durch Antinomien geprägt. Diese Antinomien seien jedoch in der Praxis nicht unauflöslich. Deren Lösung erblickte *Carl Schmitt* vielmehr in der als wesentlich vorausgesetzten substantiellen Homogenität der Bundesmitglieder[187]. Nicht irgendeine rechtliche Vereinbarung, sondern allein die substantielle Homogenität und der daraus folgende Wille zur Einheit seien Garant für den Bestand des Bundes.

Hier macht sich untergründig die der Schmitt'schen Verfassungslehre zugrundeliegende Vorstellung bemerkbar von der Verfassung als dem „Prinzip des dynamischen Werdens der politischen Einheit, des Vorganges stets erneuter Bildung und Entstehung dieser Einheit aus einer zugrundeliegenden oder im Grunde wirkenden Kraft und Energie."[188] Der Staat sei nicht nur als etwas Bestehendes, ruhend Statisches, sondern immer auch „als etwas Werdendes, immer von neuem Entstehendes" aufzufassen. „Aus den verschiedenen, entgegengesetzten Interessen, Meinungen und Bestrebungen muß die politische Einheit sich täglich neu bilden", müße sich das Gemeinwesen – nach dem Ausdruck von *Rudolf Smend* – täglich neu „integrieren"[189]. Die gedankliche Affinität mit der Smend'schen Integrationslehre, auf deren 1924 formulierte Kerngedanken *Schmitt* hier rekurrierte, ist nicht zu verkennen.

Ihre eigentliche Formulierung fand die Integrationslehre allerdings erst nach Niederschrift der Schmitt'schen Verfassungslehre, in dem ebenfalls im Jahre 1928 veröffentlichten Werk „Verfassung und Verfassungsrecht" von *Rudolf Smend*[190].

---

184 *C. Schmitt*, Verfassungslehre, 1928, S. 371.

185 *C. Schmitt* (Fn. 184), S. 372.

186 *C. Schmitt* (Fn. 184), S. 373.

187 *C. Schmitt* (Fn. 184), S. 375ff.

188 *C. Schmitt* (Fn. 184), S. 5.

189 *C. Schmitt* (Fn. 184), S. 6.

190 Vgl. zur Smend'schen Integrationslehre *H. Kelsen*, Der Staat als Integration, 1930, S. 45ff.; *H. Mayer*, Die Krisis der deutschen Staatslehre und die Staatsauffassung Rudolf Smends, 1931,

Dieser Versuch, die Probleme der Staatstheorie unter Anknüpfung an die zeitgenössische Lebensphilosophie phänomenologischer Prägung zu durchdenken[191], sollte sich im Nachhinein als der wirklich folgenreiche Neuansatz zu einer staatstheoretischen und verfassungsrechtswissenschaftlichen Konstruktion des Bundesstaates erweisen. Auch *Smend* setzte sich dabei bewußt ab vom rechtswissenschaftlichen Positivismus, oder – wie er es nannte: Formalismus[192]. Labands „zum Teil unbewußte und jedenfalls unformulierte, weil prinzipwidrige Sachvoraussetzungen" seien „eine unkontrollierbare Fehlerquelle seiner sich zu Unrecht als formalistisch und voraussetzungslos gebenden Argumentationen"[193]. Noch schärfer ging er mit der ‚reinen Rechtslehre' Kelsens ins Gericht. Wie *Smend* es in seinem Einleitungskapitel über „Methodische Grundlagen" formulierte: „Die Leistungen, die dem naiven Formalismus möglich waren, weil er in der Tat – wie niemand besser gezeigt hat, als Kelsen – kein reiner Formalismus, kein Methodenmonismus war: diese Leistungen sind dem reinen Formalismus eben darum versagt, weil er rein ist. Der juristische Formalismus bedarf vielmehr methodischer Erarbeitung der materialen – um nicht zu sagen soziologischen und teleologischen – Gehalte, die Voraussetzung und Gegenstand seiner Normen sind. Insbesondere also bedarf die Staatsrechtslehre einer materialen Staatstheorie."[194] Und genau diese materiale Staatstheorie suchte *Rudolf Smend* der Staatsrechtswissenschaft zu liefern[195].

Staats- und Staatsrechtslehre haben es – so *Smend* in Anknüpfung an die phänomenologische Methode von *Theodor Litt*[196] – „zu tun mit dem Staat als Teil der geistigen Wirklichkeit. Geistige Kollektivgebilde sind als Teile der Wirklichkeit nicht statisch daseiende Substanzen, sondern die Sinneinheit reellen geistigen Lebens, geistiger Akte. Ihre Wirklichkeit ist die einer funktionellen Aktualisierung, Reproduzierung, genauer einer dauernden geistigen Bewältigung und Weiterbildung..."[197]Der Staat lebe und sei da nur „in diesem Prozeß beständiger Erneuerung, dauernden Neuerlebtwerdens; er lebt, um Renans berühmte Charakterisierung der Nation auch hier anzuwenden, von einem Plebiszit, das sich jeden Tag

---

S. 32ff.; *R. Bartlsperger*, Die Integrationslehre Rudolf Smends als Grundlegung einer Staats- und Rechtsphilosophie, 1964, S. 8ff.; *P. Badura*, Staat, Recht und Verfassung in der Integrationslehre, Der Staat 16 (1977), S. 305ff., *M. Mols*, Allgemeine Staatslehre oder politische Theorie?, 1969, S. 131ff.; *S. Korioth*, Integration und Bundesstaat, 1990, S. 92ff.

[191] Vgl. auch als Untersuchung zu den geistesgeschichtlichen Wurzeln und Hintergründen des Smend'schen Werkes *K. Rennert*, Die „geisteswissenschaftliche Richtung" in der Staatsrechtslehre der Weimarer Republik, 1987, dort insbes. S. 67ff., 141ff., 214ff., außerdem *S. Korioth* (Fn. 190), S. 113ff.; *R. Bartlsperger* (Fn. 190), S. 4ff.; *M. Mols*, S. 142ff.

[192] Vgl. dazu auch *S. Korioth* (Fn. 190), S. 107ff., 111ff.

[193] *R. Smend*, Verfassung und Verfassungsrecht, 1928, S. 128/29.

[194] *R. Smend* (Fn. 193), S. 5.

[195] Vgl. auch *S. Korioth* (Fn. 190), S. 123ff.

[196] Zum Einfluß konkret der Kulturphilosophie von Theodor Litt auf Smend vgl. *K. Rennert* (Fn. 191), S. 141ff.; *S. Korioth* (Fn. 190), S. 113ff. *R. Bartlsperger* (Fn. 190), S. 4ff., 26ff.; *H. Kelsen*, Der Staat als Integration, 1930, S. 6ff.

[197] *R. Smend* (Fn. 193), S. 18.

wiederholt“[198]. Dieser „Kernvorgang des staatlichen Lebens“, wenn man so wolle, seine „Kernsubstanz“, sei es, das mit dem Begriff der „Integration“ zu kennzeichnen sei[199].

Die Verfassung sei – so *Smend* in der Konsequenz dieses Ansatzes – nichts anderes als die rechtliche Ordnung „des Lebens, in dem der Staat seine Lebenswirklichkeit hat, nämlich seines Integrationsprozesses. Der Sinn dieses Prozesses ist die immer neue Herstellung der Lebenstotalität des Staates, und die Verfassung ist die gesetzliche Normierung einzelner Seiten dieses Prozesses.“[200]

Besonderes Augenmerk richtete *Smend* dabei auf die Probleme der Bundesstaatlichkeit[201]. Eine Bundesstaatstheorie müße per se ganzheitlich orientiert sein. Sie dürfe sich nicht auf „objektivierende Mechanistik und Teleologie“ beschränken, oder auf bloße Rechtstheorien des Bundesstaates[202]. Sie dürfe sich auch nicht damit begnügen, wie es *Triepel* getan habe, als Grundlage der föderativen Gestaltung etwa zwei politische Grundtriebe, einen föderalistischen und einen unitarischen, anzunehmen, zwischen denen dann ein Kompromiß geschloßen wird. Denn, bei aller Trennung beider Tendenzen etwa in ihren parteimäßigen Trägern, sei es doch der Sinn des Bundesstaats, „sie nicht als zwei feindliche Mächte zu amalgamieren, durch einen Kompromiß äußerlich zusammenzuspannen, sondern ihre Lebenseinheit kraft innerer Notwendigkeit zu sein, eine Einheit, in der sie nicht zwei Bestandteile, sondern zwei Momente sind, und die ihrerseits nicht ihr heteronomes Joch, sondern ihr eigenes gemeinsames Wertgesetz ist“[203]. Eine Bundesstaatstheorie habe darzutun, wieso der Bundesstaat ein sinnvolles politisches System sein könne[204]. Sie habe deshalb „darzutun, wieso sinngemäß die Einzelstaaten im Bundesstaat nicht unvermeidliche Hypotheken auf der als Ideal zu wünschenden konsolidierten Einheitsstaatlichkeit des Gesamtstaats, auch nicht lediglich in ihrem Ansichsein nützliche Nebeneinrichtungen und Entlastungen des Ganzen sind, sondern gerade eine positive Kraftquelle für das Ganze, in ihrer Selbständigkeit ‚gerade die Stärke des Reiches', und wie eben deshalb zugleich die Einordnung in das Ganze eine positive Wesens- und Lebenserfüllung für die eingeordneten Glieder ist.“[205]

Staatliche Lebenswirklichkeit sei Integration, und als nächstliegenden Sinn der bundesstaatlichen Integration habe man zunächst stets mit einem gewissen Recht „die dauernde Einordnung des Lebens der Einzelstaaten in das Ganze angesehen; mehr passiv durch Aufsicht (Triepel), mehr aktiv durch Willensbeteiligung ver-

---

198 Ebda.

199 Zum Begriff der ‚Integration‘ und dem Smend'schen Verständnis des Staates als eines Systems der Integration vgl. *S. Korioth* (Fn. 190), S. 123ff.

200 *R. Smend* (Fn. 193), S. 78. Zum Verfassungsbegriff der Integrationslehre vgl. auch *M. Mols* (Fn. 190), S. 199ff.

201 Vgl. dazu ausführlich die Untersuchung von *S. Korioth* (Fn. 190), S. 152ff.

202 *R. Smend* (Fn. 193), S. 116f.

203 *R. Smend* (Fn. 193), S. 117/18.

204 Zu diesem zentralen Postulat der Smend'schen Integrationslehre des Bundes vgl. *S. Korioth* (Fn. 190), S. 164f.

205 *R. Smend* (Fn. 193), S. 118.

schiedenster Art (*Bilfinger*). Der Kern liegt aber darin, daß die Einzelstaaten in einem gesunden Bundesstaat nicht nur Integrationsobjekt, sondern vor allem auch Integrationsmittel sind."[206] Darin bestehe auch der vielfach verkannte Kerngedanken der alten Reichsverfassung von 1867; Bismarck habe die Einzelstaaten und ihr noch in voller Kraft stehendes legitimes Staatsethos als Kräfte und Werte eingesetzt, die fähig gewesen seien, den neuen Bundesstaat zu legitimieren. Die Weimarer Verfassung aber habe diese Ordnung der Dinge zum Teil zerstören, zum Teil umkehren müßen. Zerstört sei „jenes Integrationsgebäude, das beruhte auf der unerschütterlichen Solidarisierung der Reichsspitze und der Einzelstaaten im Kartell der Fürsten und Bürokratien". Aufgegeben sei „der Aufbau des Reichs auf den Ländern, die jetzt mehr als Widerstände bewertet, nicht so sehr einbezogen als mattgesetzt werden." Trotzdem sei das System der bundesstaatlichen Integration durch die Natur der Sache in Resten erhalten geblieben. Der Einfluß und das Einflußrecht der Länder werde gerechtfertigt durch ihre Leistungen für das Reich. Die Gewährleistung der ihnen noch gebliebenen Rechtsstellung sei auch „nicht einfach als Schutz von Sonderinteressen zu verstehen: sie können in Ausübung ihrer Rechte, die sie integrierend in das Reichsganze einfügen soll, gerade um ihre Eigenart kommen, indem sie mehr Reichs- als Landespolitik machen."[207]

Entscheidend am Einflußrecht der Länder auf das Reich sei nicht so sehr „der Gewinn, den die Länder für ihre sachlichen Sonderinteressen daraus ziehen können, so wichtig diese Seite der Sache sein mag – bekanntlich machen die Länder dem Reich gegenüber zum guten Teile nicht ihre eigene, sondern Reichspolitik bestimmter Richtung". Entscheidend sei vielmehr auch hier „das formale Moment: diese Beteiligung an der Reichsgewalt ist ein Ersatz für die ihnen sonst verloren gegangene Staatsgewalt, aber in dieser Beteiligung führen sie ein weiteres Stück politischen Lebens, auch hier verwirklichen sie ihre Staatsnatur."[208]

Der Weimarer Verfassung seien allerdings im einzelnen „verfassungspolitische Rechenfehler" unterlaufen. Smend konstatierte, „gewisse unitarische Überspannungen und Grundrechtsinhalte" seien „eher eine Belastung als eine Förderung der Einheit und Kraft des Ganzen". Der tiefere Grund dieser Schwächen der Verfassung liege in einer eigentümlichen Verwechslung von normierten Aufgaben einer- und als sichere Grundlage gewährleisteten integrierenden Kräften und legitimierenden Werten andererseits"[209].

Kompensieren wollte *Smend* diese Schwäche durch eine starke Betonung des Rechtsinstituts der Bundestreue, also der Pflicht der obersten Reichs- und Länderorgane, bei Differenzen in Verhandlungen einen Ausgleich zu suchen[210]. An

[206] *R. Smend* (Fn. 193), S. 118/19. Kritisch zur hier erkennbar werdenden Verwässerung des Integrationsbegriffes *S. Korioth* (Fn. 190), S. 166.

[207] *R. Smend* (Fn. 193), S. 125/26.

[208] *R. Smend* (Fn. 193), S. 169.

[209] *R. Smend* (Fn. 193), S. 126. Zur politischen Zielrichtung dieser Ausführungen vgl. *S. Korioth* (Fn. 190), S. 167ff.

[210] Siehe zur Rolle der Bundestreue in Smend's Bundesstaatslehre *S. Korioth* (Fn. 190), S. 201ff.

der Rechtssatzqualität der Bundestreue hatte *Smend* keine Zweifel; er schrieb vielmehr unbefangen von der „materiellrechtlichen Pflicht der obersten Reichsorgane zu Ausgleich und Verständigung, zu integrierendem Zusammenwirken"[211], ohne diese Rechtspflicht im Detail dogmatisch abzuleiten. Der „Grundgedanke der Zusammenordnung von Reich und Ländern" ergebe ohne weiteres den „allgemeinen bündischen Rechtssatz" der bundesfreundlichen Haltung: die Verfassung verpflichte „Reich und Länder nicht nur zu formaler Korrektheit gegeneinander in Erfüllung ihrer staatsrechtlichen Pflichten und allenfalls rücksichtsloser Anwendung formal gegebener Befugnisse, unter eventueller Anrufung der verfahrensmäßigen Garantien durch Reichsaufsicht und Staatsgerichtshof, sondern verpflichtet zur Einigkeit, zu stetem Suchen und Herstellen guten bundesfreundlichen Verhältnisses"[212]. Der Sinn der aufgegebenen bundesfreundlichen Verständigung binde diese Verständigung zugleich inhaltlich: bei allem gebotenen Ausgleich gehe „das Reichsinteresse vor, hat das Einzelrecht sich dem gesamtstaatlichen Rechtsgedanken unterzuordnen."[213]

Die Umpolung des Bundestreuegedankens, die Transformation des Rechtsgrundsatzes der Bundestreue vom Garanten föderaler Eigenständigkeit zum Medium des integrierenden Zusammenwirkens, zum Integrationsmittel, hatte damit auch bei *Rudolf Smend* ihren Niederschlag gefunden. Das Motiv dafür war offensichtlich. Wie *Smend* selber 1975 im Rückblick bemerkt hat: „Die Krise der Weimarer Verfassung war die Lage, für die die Integrationslehre eine juristische Lösung suchte."[214] Oder wie er kurze Zeit davor beinahe noch deutlicher bemerkte: Anliegen der Integrationslehre sei „ein richtiges, volleres Verständnis des Rechts, und zumal des Staatsrechts überhaupt" gewesen, „allerdings mit der politischen Pointe gegen den chaotischen Zerfall des Weimarer Staates, daher der Akzent auf ‚Integration'"[215].

Die mit „Verfassung und Verfassungsrecht" erstmals systematisch als Staats- und Verfassungstheorie formulierte Integrationslehre stieß sofort auf großen Widerhall[216]. Die Reaktionen waren zwar sehr widersprüchlich, reichten von begeisterter Zustimmung bis zu erbittertem Widerspruch, waren gekennzeichnet – wie es ein Schweizer Staatsrechtslehrer 1945 formuliert hat – von „panegyrischem Lob und leidenschaftlicher Ablehnung"[217]. *Hans Kelsen*, als Reaktion auf dessen

[211] *R. Smend* (Fn. 193), S. 143f.

[212] *R. Smend* (Fn. 193), S. 170f. Zur Problematik der Smend'schen Ableitung der Bundestreue aus dem ihm eigenen Verfassungsbegriff, der die Verfassung vor allem als Mittel der Integration sieht, vgl. *S. Korioth* (Fn. 190), S. 201ff., insbes. S. 212ff., 215ff., 219ff.

[213] *R. Smend* (Fn. 193), S. 171.

[214] *R. Smend*, Artikel ‚Integration', in: Evangelisches Staatslexikon, 2. Aufl. 1975, Sp. 1024, 1025f.

[215] *R. Smend*, in: F. Nuscheler / W. Steffani (Hrsg.), Pluralismus. Konzeptionen und Kontroversen, 1972, S. 27.

[216] *H. Kelsen*, gegen dessen Staatslehre Smends „Verfassung und Verfassungsrecht" in starkem Maße gerichtet war, schrieb 1930 von der „starken Wirkung", die die Integrationstheorie im Kreise der Fachgenossen ausgelöst habe – *H. Kelsen*, Der Staat als Integration, 1930, S. 2.

[217] So *W. Kaegi*, Die Verfassung als rechtliche Grundordnung des Staates, 1945, S. 142.

Staatslehre von 1925 die Integrationslehre in erheblichem Maße zu verstehen ist[218], antwortete 1930 mit einer bissigen Gegenschrift zu Smends Ausführungen, in der er Smend's Ansatz als „Apologie der Diktatur", ja als Kampftheorie gegen die Weimarer Verfassung wertete[219]. Einige Autoren der Kelsen-Schule warfen Smend ganz offen „antidemokratisch-konservatives" Denken vor[220]. Die wichtigsten Exponenten des ‚gemäßigten' Weimarer Positivismus blieben gleichfalls skeptisch. So wies *Richard Thoma* in seinem grundlegenden Einleitungskapitel zum Handbuch des deutschen Staatsrechts zwar anerkennend auf die theoretischen Leistungen der Smend'schen Integrationstheorie hin. Es sei dies „eine für die soziologische Theorie und die systematische Erfassung des Staatsrechts wertvolle und fruchtbare Betrachtungsweise". Der Beweis indes, so fährt *Thoma* fort, „daß die Besinnung auf die Integrationsfunktion allen Verfassungsrechts eine Hilfe zu bieten vermöchte bei der Entscheidung schwieriger exegetischer Fragen, ist nicht erbracht"[221]. In die gleiche Richtung ging die Kritik von *Fritz Stier-Somlo*, der in seinem Artikel „Verfassung, Verfassungsrecht" im Handwörterbuch der Rechtswissenschaft schrieb, es sei „ein schwerer Irrtum", wenn man annehme, „daß nur die Integration zur Lösung der Probleme der Staats- und Staatsrechtslehre dienlich sei, wie denn auch Smend die Beweise der Verwendbarkeit seiner Lehre schuldig bleibt und bleiben muß. Alle Beispiele seines Buches haben mit Lösung jener Probleme nichts zu tun, sondern führen nur tiefer in eine philosophisch-romantische Mystik hinein."[222] Der Smend'sche Ansatz sei deshalb als „vollkommen ungeeignet" für die Staatsrechtswissenschaft abzulehnen; daß „diese Integrationslehre auch nur einen einzigen Satz des Verfassungsrechts erklären, wissenschaftlich vertiefen und bereichern könnte, ist nicht erwiesen und nicht anzunehmen." Die „Ausschaltung alles Rechtlichen" führe vielmehr „zu allgemeinen philosophischen Deklamationen", und man müße die Frage stellen, „ob dem Staatsrecht bei Anwendung ausschließlich solcher Methode nicht die Gefahr droht, den Rang als juristische Disziplin überhaupt zu verlieren und völlig zu einer politischen Scheinjurisprudenz zu entarten"[223].

Selbst *Carl Schmitt*, der *Smend* gedanklich deutlich näher stand als die Vertreter des klassischen staatsrechtlichen Positivismus[224], meinte 1929, Smends Integrationslehre laße sich „eher als allgemeine Gesellschaftslehre wie als spezifische

---

[218] Vgl. *S. Korioth* (Fn. 190), S. 99f.

[219] *H. Kelsen*, Der Staat als Integration, 1930, dort insbes. S. 76f., 90f.

[220] Siehe nur *H. Mayer* (Fn. 190), S. 90 und *S. Rohatyn*, Die verfassungsrechtliche Integrationslehre, Zeitschrift für öffentliches Recht 9 (1930), S. 261, 275, außerdem *H. Kelsen* (Fn. 216), S. 58, 81f.

[221] *R. Thoma* (Fn. 158), S. 5.

[222] *F. Stier-Somlo*, Artikel „Verfassung, Verfassungsrecht", in: Handwörterbuch der Rechtswissenschaft, Bd. VI, 1929, S. 387, 390.

[223] Ebda.

[224] Zu den – trotz aller vordergründigen Unterschiede – recht starken gedanklichen Verbindungslinien zwischen Carl Schmitt und Rudolf Smend vgl. *F. Stier-Somlo* (Fn. 222), S. 390, außerdem *E. Kaufmann*, Gesammelte Schriften, Bd. III, 1960, Vorwort S. XXXV, sowie ausführlich *S. Korioth* (Fn. 190), S. 143ff.

Staatstheorie verstehen“[225]. Dies hielt *Schmitt* allerdings nicht davon ab, intellektuell Anleihen beim Smend'schen Integrationsgedanken zu nehmen und das Topos der Integration, dessen er sich schon in der Verfassungslehre von 1928 zustimmend bedient hatte, in seinen Argumentationen aufzugreifen[226].

Andere Autoren griffen noch deutlicher auf Denkfiguren und Argumentationstopoi der Integrationslehre zurück. Als extremes Beispiel sei hier *Otto Koellreutter* erwähnt. Die gezielte Verschmelzung des Integrationsansatzes mit dem Programm des ‚nationalen Staates‘ wurde von *Koellreutter* 1929 in seiner Schrift „Integrationslehre und Reichsreform“ ausdrücklich zum Programm einer konkretisierenden Weiterentwicklung der Integrationslehre erhoben. Der Wechsel der staatsrechtlichen Legitimitätsquelle erfordere notwendigerweise einen „Wechsel der Integration, die heute auch für die Länder nur noch national bedingt sein kann“[227]. Staatliche Herrschaft der Einzelstaaten könne nur aus der Integrationsleistung für die Gesamtnation gerechtfertigt werden. Soweit die Länder aber zur „nationalen Integration“ außerstande seien, sei „diese staatliche Herrschaft technischer Leerlauf und damit sinnlos geworden“[228]. Das gelte für die Parlamente der kleinen Länder wie für deren parlamentarische Regierungen. „Vom Standpunkt nationaler Integration aus sind sie nicht nur entbehrlich, sondern direkt schädlich.“[229] Eine generelle Bejahung des Bundesstaates und vor allem der Existenz der konkreten Länder aus ihrer Integrationswirkung sei heute nicht mehr angebracht; jedes Land und jede Befugnis der Länder müße auf ihren möglichen Integrationswert hin überprüft werden[230]. Alles laufe auf den dezentralisierten Einheitsstaat hin. Und der anstehende Generationswechsel in der politischen Führung werde wohl der entscheidende Faktor sein, um die Umwandlung Deutschlands in den dezentralisierten Einheitsstaat zum Abschluß zu bringen, wie *Koellreutter* im abschließenden Satz seiner Schrift bemerkte[231].

3.5. Der ‚Preußenschlag‘ und das Ende der Bundesstaatlichkeit

Wie schnell und wie radikal der Übergang zum Einheitsstaat dann vollzogen werden würde, hatte allerdings auch *Otto Koellreutter* nicht wissen können. Entscheidende Weichenstellungen für die Aushebelung des Bundesstaates wurden dabei zwar schon einige Zeit vor der nationalsozialistischen Machtergreifung gesetzt, mit den von Reichspräsident Hindenburg eingesetzten Präsidialkabinetten Brüning, Papen und Schleicher. Von besonderer Tragweite war der Versuch des Deutschnationalen *von Papen*, unter Rückgriff auf die präsidialen Sonderbefug-

225 *C. Schmitt*, Der Hüter der Verfassung, AöR NF 16 (1929), S. 161, 221.
226 Siehe nur *C. Schmitt* (Fn. 225), S. 220f.
227 *O. Koellreutter*, Integrationslehre und Reichsreform, 1929, S. 19.
228 *O. Koellreutter* (Fn. 228), S. 16.
229 Ebda., S. 17.
230 *O. Koellreutter* (Fn. 228), S. 26f.
231 Ebda., S. 28.

nisse das „preußische Problem" zu lösen. Ihr volles systemzerstörendes Potential sollten diese Maßnahmen allerdings erst im Kontext der von den Nationalsozialisten betriebenen ‚nationalen Revolution' entfalten.

Als Schwachstelle der Verfassung, über die das bundesstaatliche Gefüge ausgehebelt werden konnte, erwies sich zunächst vor allem die „Diktaturgewalt" des Reichspräsidenten nach Art. 48 WRV, also das System der in der Verfassung angelegten Notstandsbefugnisse. Schon früh hatte die Verfassungsrechtslehre darauf hingewiesen, daß hier eine weiche Flanke der verfassungsrechtlichen Regelungen über die bundesstaatliche Kompetenzverteilung bestand[232]. Über die Notstandskompetenzen der Art. 48 II-IV konnte im Ernstfall das ganze System der Gesetzgebungs- und Verwaltungszuständigkeiten durchbrochen werden[233]. „Die im Übergang der vollziehenden Gewalt liegende Machtkonzentration, die Vereinigung von Zuständigkeiten in der Hand des Reichspräsidenten oder seiner zivilen oder militärischen Kommissare, verändert alle diejenigen Verfassungsbestimmungen, welche die Zuständigkeiten regeln und durchbricht sogar das ganze, einer bundesstaatlichen Verfassung wesentliche System der Verteilung der Zuständigkeiten."[234] Die Reichsregierung begann ab 1930 diese Möglichkeit dann auch bewußt zu nutzen, wie aus der rechtlichen Begründung der Dietramszeller Notverordnung zur Sicherung der Haushalte von Ländern und Gemeinden vom 24. August 1931 ersichtlich ist. Der Reichsminister des Inneren erklärte in diesem Zusammenhang: „Bei Ausübung der ihm auf Grund des Artikels 48 zustehenden Befugnisse ist der Reichspräsident an die normale verfassungsmäßige Zuständigkeitsabgrenzung zwischen Reich und Ländern nicht gebunden. Er vereinigt also die Zuständigkeit sowohl des einfachen Reichsgesetzgebers wie auch des Landesgesetzgebers in sich. Soweit er danach Maßnahmen trifft, die sonst zur Zuständigkeit des Landesgesetzgebers gehören, gehen sie den abweichenden Bestimmungen des Landesrechts vor."[235] Proteste einzelner Länder, insbesondere Bayerns, gegen dieses Vorgehen führten zu keinem Erfolg[236]. Im Gegenteil, der Staatsgerichtshof bestätigte in zwei Entscheidungen vom 5. Dezember 1931 die Kompetenz des Reichspräsidenten, im Rahmen der Notstandsmaßnahmen des Art. 48

---

232 Siehe nur *H. Nawiasky*, DJZ 28 (1923), Sp. 709f.; *C. Schmitt*, Die Diktatur des Reichspräsidenten nach Art. 48 der Reichsverfassung, VVDStRL 1 (1924), S. 63, 66ff.; *F. Poetzsch-Heffter* (Fn. 38), S. 36; *F. Stier-Somlo* (Fn. 91), S. 573ff.; *H. Nawiasky*, Die Auslegung des Art. 48 Abs. 2 RV, AöR NF 9 (1925), S. 42f.; *ders.* (Fn. 30), S. 23f.; *G. Anschütz*, Komm. z.RV (Fn. 15), Fn. 16 zu Art. 48. Vgl. auch die weiteren Nachweise bei *E.R. Huber*, Verfassungsgeschichte Bd. VI (Fn. 15), S. 707f. sowie die Nachweise der entsprechenden Staatspraxis bei *F. Poetzsch-Heffter* (Fn. 53), S. 14f.

233 Zur Problematik der Diktaturgewalt des Reichspräsidenten vgl. eingehend *E.R. Huber*, Verfassungsgeschichte Bd. VI (Fn. 15), S. 687ff. sowie *T. Wisser*, Die Diktaturmaßnahmen im Juli 1930 – Autoritäre Umwandlung der Demokratie?, in: Offene Staatlichkeit. Festschrift für Ernst-Wolfgang Böckenförde zum 65. Geburtstag, 1995, S. 415ff.

234 *C. Schmitt* (Fn. 232), S. 67.

235 Zitiert nach *F. Poetzsch-Heffter* (Fn. 53), S. 14.

236 Vgl. *F. Poetzsch-Heffter* (Fn. 53), S. 59ff.

auch Rechtsnormen in grundsätzlich der Zuständigkeit der Länder unterfallenden Materien zu erlassen[237].

Eine noch über diese Einbruchstelle hinausgehende Gefahr für den bundesstaatlichen Bestand eröffnete das scharfe Instrument der Reichsexekution. Zwar gab es seit Anbeginn eine Diskussion über die Voraussetzungen der Reichsexekution[238]. Ein Teil der Literatur vertrat die Ansicht, der Schritt zur Reichsexekution sei erst zulässig nach Klärung der zugrundeliegenden Rechtsfragen durch den Staatsgerichtshof. Erst nach Abschluß des verfassungsgerichtlichen Verfahrens dürfe zur eigentlichen Exekutionshandlung geschritten werden[239]. Wichtige Stimmen, meist unitarischer Orientierung, hielten die Durchführung der Reichsexekution aber auch schon während eines schwebenden verfassungsgerichtlichen Verfahrens für möglich[240].

Von welcher Brisanz diese verfassungsrechtsdogmatische Streitfrage war, erwies sich mit dem gemeinhin als ‚Preußenschlag' bezeichneten Staatsstreich der Reichsregierung *von Papen* 1932, in dessen Verlauf die preußische Regierung *Otto Braun für abgesetzt erklärt wurde[241]. Durch Verordnung vom 20. Juli 1932[242] bestellte der Reichspräsident auf Antrag der Reichsregierung den Reichskanzler zum Reichskommissar für Preußen. Reichskanzler von Papen* entfernte auf Grund der ihm so erteilten Ermächtigung alle preußischen Minister aus ihren Ämtern und übernahm selbst zusammen mit einigen von ihm eingesetzten Kommissaren die Geschäfte der preußischen Staatsregierung. Die Reichsregierung nahm damit schon seit längerem (vor allem in Kreisen der Reichswehr) schwelende Bestrebungen auf, die blockierte Reichsreform „auf kaltem Wege"[243] herbeizuführen, nämlich unter Ausnutzung der diktatorischen Notstandsvollmachten des Art. 48 der Reichsverfassung[244]. Die als Maßnahme der Reichsexekution und der

---

[237] *H.-H. Lammers / W. Simons* (Fn. 162), Bd.V, S. 154 Ziff. 4 e, sowie S. 202 Ziff. 3 a.

[238] Vgl. nur *H. Nawiasky* (Fn. 30), S. 66ff. sowie *G. Anschütz*, Die Reichsexekution, in: G. Anschütz / R. Thoma (Hrsg.), Handbuch des Deutschen Staatsrechts Bd.I, 1930, S. 377, 378f.

[239] So z.B. *H. Triepel*, Streitigkeiten zwischen Reich und Ländern, in: Festgabe für Wilhelm Kahl, 1923, S. 51, 61ff.; *F. Poetzsch-Heffter*, Komm. z. RV (Fn. 15), Rdnr.3 zu Art. 48; *H. Nawiasky* (Fn. 30), S. 68.

[240] Siehe z.B. *G. Anschütz*, Komm. z. RV (Fn. 15), Rdnr.4 zu Art. 48;.

[241] Zum sogen. ‚Preußenschlag' vgl. die ausführlichen Darstellungen bei *E.R. Huber*, Verfassungsgeschichte Bd.VII (Fn. 84), S. 1015ff.; *K.D. Bracher* (Fn. 105), S. 501ff., 510ff.; *H. Schulze* (Fn. 107), S. 740ff.; *H. Grund*, „Preußenschlag" und Staatsgerichtshof im Jahre 1932, 1976, S. 60ff.; *G. Schulz*, Zwischen Demokratie und Diktatur, Bd.III: Von Brüning zu Hitler, 1992, S. 920ff.

[242] Verordnung betreffend die Wiederherstellung der öffentlichen Sicherheit und Ordnung im Gebiet des Landes Preußen, RGBl. 1932 I, S. 377

[243] Der Begriff der „Reichsreform auf kaltem Wege" wurde von den Beteiligten selbst verwendet – siehe *H. Schulze* (Fn. 107), S. 697.

[244] Vgl. die detaillierte Darstellung dieser Bestrebungen durch den preußischen Ministerialdirektor *Brecht* in der Verhandlung vor dem Staatsgerichtshof am 11. Okt. 1932, in: Preußen contra Reich. Stenogrammbericht der Verhandlungen vor dem Staatsgerichtshof in Leipzig vom 10. bis 14. und vom 17. Oktober 1932, 1933, S. 80ff., außerdem *H. Schulze* (Fn. 107), S. 735f.; vgl. daneben zu den entsprechenden Überlegungen des Reichskanzlers Brüning *E.R. Huber*, Verfassungs-

Notstandsdikatur deklarierte Übernahme der preußischen Regierungsgewalt durch die Reichsregierung konnte sich dabei inhaltlich zwar nur auf recht fadenscheinige Vorwände stützen[245]; im Ergebnis war sie jedoch von durchschlagender Wirkung, brachte sie doch mit der Regierungsgewalt über das Land Preußen den Polizeiapparat für fast zwei Drittel des Reichsterritoriums unter die Kontrolle der selbst ohne parlamentarische Basis agierenden Reichsregierung.

Die für abgesetzt erklärte Preußische Staatsregierung erhob gegen diesae Maßnahme sofort Klage vor dem Staatsgerichtshof des Deutschen Reiches, unterstützt von parallelen Anträgen der Freistaaten Bayern und Baden[246] sowie der preußischen Landtagsfraktionen der Sozialdemokraten und des Zentrums. Das Verfahren vor dem Staatsgerichtshof, das in einer sechs Tage währenden mündlichen Verhandlung im Oktober 1932 gipfelte, ist bundesstaatsrechtlich in mehrfacher Hinsicht interessant. Vertreten durch die Elite der deutschen Staatsrechtslehrer, thematisierten die Parteien ausführlich die ebenso brisanten wie schwierigen Fragen der Auslegung der beiden verschiedenen Absätze des Art. 48 RV. Schon aus diesen Debatten läßt sich so manches über das unterschiedliche Bundesstaatsverständnis der Verfahrensbeteiligten ablesen. Interessant ist der intellektuelle Schlagabtausch der führenden Staatsrechtslehrer und -praktiker des Reiches aber vor allem in Hinblick auf den Gebrauch des ‚Bundestreue'-Arguments. Die in sich widersprüchliche Entstehungsgeschichte des Instituts schlägt sich hier in offen gegensätzlichem Gebrauch der Bundestreue nieder. Bundestreue wird als Grundlage einer Pflicht zur Einordnung in die Politik des Reiches (also die Politik der Reichsregierung) ebenso geltend gemacht wie als Basis einer Pflicht des Reiches auf Achtung der Eigenständigkeit der Länder.

Zu einer eher traditionellen Interpretation der ‚Bundestreue' neigten dabei verständlicherweise die Vertreter der gegen das Reich klagenden Landesregierungen und der preußischen Landtagsfraktionen. Einige der Prozeßbevollmächtigten erwähnten dabei nur eher beiläufig – ohne deren Existenz zu leugnen – eine bundesstaatliche Treuepflicht bzw. einen Grundsatz des „bundesfreundlichen Einvernehmens", wie der Vertreter der Zentrumsfraktion, Professor *Hans Peters*, oder

geschichte Bd. VII (Fn. 84), S. 1009ff. sowie *H. Schulze* (Fn. 107), S. 696ff., schließlich *G. Schulz* (Fn. 241), S. 916f., 922 zu den einschlägigen Forderungen der DNVP.

245 Zu der mehr als dürftigen amtlichen Begründung, mit der die Notverordnung am 20. 7. 1932 öffentlich gerechtfertigt wurde, vgl. *K.D. Bracher* (Fn. 105), S. 515ff.; daß die Reichsregierung Papen das Problem der mangelnden rechtlichen Begründung durchaus sah, belegen die kabinettsinternen Debatten über die juristische Rechtfertigung der Maßnahmen, vgl. *H. Schulze* (Fn. 107), S. 741, sowie *G. Schulz* (Fn. 241), S. 924ff. Siehe allerdings als Apologetik der von ihm als „Reichsintervention in Preußen" bezeichneten Machtübernahme der Reichsregierung *E.R. Huber*, Verfassungsgeschichte Bd. VII (Fn. 84), S. 1009ff., in Anlehnung an *C. Schmitt*, Die Verfassungsmäßigkeit der Bestellung eines Reichskommissars für das Land Preußen, DJZ 37 (1932), Sp. 953ff.; als Gegenschrift zu Schmitt's Argumentation vgl. *H. Mayer*, Verfassungsbruch oder Verfassungsschutz?, Die Justiz 7 (1931/32), S. 545ff. sowie *H. Heller*, Ist das Reich verfassungsmäßig vorgegangen?, Frankfurter Zeitung Nr. 591/592 v. 10. 8. 1932, S. 1f., nachgedruckt in: *H. Heller*, Gesammelte Schriften, Bd. 2, 1971, S. 405ff.

246 Zur Position der süddeutschen Länder vgl. *G. Schulz* (Fn. 241), S. 932ff.

der bayerische Staatsrat *von Jan*[247]. *Hans Nawiasky*, ebenfalls in der Prozeßvertretung Bayerns, argumentierte dagegen ganz gezielt mit der Bundestreue in der ihr ursprünglich von *Smend* gegebenen Form. Aus dem Faktum – so *Nawiasky* – daß den Ländern im Bundesstaat Staatscharakter zukomme, folge im Falle von Divergenzen die Pflicht des Reiches, „den Ländern gegenüber als Staaten so zu handeln, wie man das eben gegenüber Staaten tut". Wenn schon – so *Nawiasky* weiter – „im Völkerrecht eine solche Verpflichtung besteht, wo die Staaten sich feindlich und fremd gegenüberstehen, so doch erst recht in einem Bundesstaat, wo die Teile aufeinander angewiesen sind, und erst in ihrem Zusammensein das Ganze des Reichs ergeben."[248]

Ganz konträr dagegen die Form, die der Bundestreuegedanken in der Argumentation der Vertreter der Reichsregierung erlangte. *Karl Bilfinger*, der bis dato in seinen Schriften eher als gemäßigter Vertreter des föderalistischen Standpunktes hervorgetreten war, spitzte den Ansatz der allgemeinen Treuepflicht der Länder zu einer „allgemeinen Gehorsamspflicht" zu. Bei der Bundestreue handele es sich „um ein spezifisch bundesstaatlich charakteristisches Sicheinordnen des Landes als Glied des Reiches in das Ganze"[249]. Er konnte dabei ausdrücklich an *Laband* anknüpfen, der ja sein Staatsrecht ganz gezielt in Kategorien der Über- und Unterordnung begründet hatte. Aus dieser „Einordnungspflicht" folge faktisch eine Verpflichtung, die Politik der Reichsregierung zu stützen und sich loyal in deren Verwirklichung einzuordnen. Darunter rechne nicht zuletzt auch die „Einhaltung loyaler Verkehrsformen gegenüber dem Reich". Die Verletzung all dieser allgemein definierten Treuepflichten begründe aber die Reichsexekution[250].

Ins Extrem übersteigert wurde dieser Gedanke einer einseitig die Länder an die Politik des Reiches bindenden Treuepflicht von *Carl Schmitt*, dem zweiten wichtigen Prozeßvertreter des Reiches. Zwar stehe in der Verfassung nichts von Bundestreue. Bei einem solchen Institut des ungeschriebenen Rechts habe man zugegebenermaßen das Problem einer „schwer meßbaren Pflicht"[251] – einer Pflicht, die in der Folge ein weites Ermessen des Reichspräsidenten als des „Hüters der Verfassung" begründe. Damit sei unbestreitbar eine ganz besondere Machtfülle geschaffen. Um der zentrifugalen Gefahren der staatlichen Zersplitterung und der Parteienstaatlichkeit zu wehren, nehme die Verfassung diese Gefahren aber in Kauf[252]. Denn was es heiße, „wenn eine Partei sich der Landesstaatsgewalt bemächtigt, sie nun ausübt im Interesse ihrer Partei und die staatlichen Machtmittel ihrer Parteimacht benutzt, wenn sich also die Vielstaatlichkeit, die staatliche Zersplitterung mit der zum Bürgerkrieg treibenden Parteizersplitterung verbindet", das müße dem Verfassungsinterpreten vor Augen stehen. Man dürfe nicht geltend machen, gegenüber der ungeheuren Machtfülle des Art. 48 müsse es einen Schutz

---

247 Siehe Preußen contra Reich (Fn. 244), S. 140 (Peters), und S. 143 (von Jan).
248 Preußen contra Reich (Fn. 244), S. 173.
249 Preußen contra Reich (Fn. 244), S. 150.
250 Ebda.
251 Preußen contra Reich (Fn. 244), S. 177.
252 Preußen contra Reich (Fn. 244), S. 180.

geben, „denn damit zerstört man gerade wieder den Schutz, den die Machtfülle gewähren soll, den Schutz gegen die Zerstörung des Reiches“[253]. Die im Kern rein teleologische Argumentation, die nicht nur den Text der Verfassung, sondern auch das ungeschriebene Rechtsinstitut der Bundestreue dem *telos* der Wahrung der Reichseinheit anverwandelt, ja diesem instrumentell unterordnet, ist deutlich aus diesen Worten herauszulesen. *Hermann Heller*, der Prozeßvertreter der preußischen Landtagsfraktion der Sozialdemokraten, hat diesen rein instrumentellen Gebrauch der bundesstaatlichen Treuepflicht in der Verhandlung auch deutlich angeprangert. Es sei bezeichnend, daß die Reichsregierung für den Vorwurf der für Art. 48 Abs. 1 nötigen Pflichtverletzung ihren Ausgang nehme von so allgemeinen Kategorien wie einer „allgemeinen Gehorsamspflicht“, einer „allgemeinen Treuepflicht“. Man habe den Vorwurf so allgemein und gewunden umschrieben, da man „beim besten Willen aus all den vorgebrachten Behauptungen eine Pflichtverletzung Preußens gegen das Deutsche Reich nicht konstruieren“ könne. „Man hat sich also“ – so *Heller* – „auf die allgemeine Treuepflicht zurückgezogen...Da juristische Begriffe nicht gegeben waren, ist es verständlich, daß man auf diesen eher moralischen Begriff ‚Treupflicht‘ Wert legte.“[254]

Die Kontroverse vor dem Staatsgerichtshof veranschaulicht drastisch das verfassungsrechtliche Gefahrenpotential einer so allgemein gefaßten – und damit dehnbaren – Kategorie wie der Bundestreue. Schon zu diesem Zeitpunkt, als Gestalt und Zielrichtung der ‚Treuepflicht‘ noch äußerst umstritten waren, war man sich der Risiken deutlich bewußt, die der Umgang mit einem nach entgegengesetzten Richtungen beinahe beliebig interpretierbaren Konzept für ein im Prinzip auf Klarheit und Berechenbarkeit gegründetes Gefüge wie das einer Verfassung mitsichbringt.

Der Staatsgerichtshof zeigte in seiner Hauptsacheentscheidung zum Verfahren der preußischen Staatsregierung gegen das Reich vom 25. Oktober 1932[255] denn auch äußerste Vorsicht im Umgang mit den Kategorien der bundesstaatlichen Treuepflicht. Die vor allem von *Carl Schmitt* vertretene These einer unauflöslichen Verquickung der Tatbestände der Reichsexekution in Art. 48 Abs. 1 WRV und der Notstandsdiktatur des Art. 48 Abs. 2 WRV wurde dabei vom Staatsgerichtshof klar abgelehnt. Beide Institute seien streng zu trennen[256]. Die Voraussetzungen der Reichsexekution, die von der Reichsregierung behauptet worden waren, lägen nicht vor, da es an einer Pflichtverletzung Preußens i. S. d. Art. 48 Abs. 1 WRV fehle[257]. Interessant sind dabei die Ausführungen zu der vom Reich behaup-

[253] Ebda., S. 181.

[254] Preußen contra Reich (Fn. 244), S. 169.

[255] Siehe *H.-H. Lammers / W. Simons* (Fn. 162), Bd. VI, S. 33ff. Zum Urteil vgl. nur *H. Kelsen*, Das Urteil des Staatsgerichtshofs vom 25. Oktober 1932, Die Justiz 8 (1932/33), S. 65ff.; *H. Triepel*, Die Entscheidung des Staatsgerichtshofs im Verfassungsstreite zwischen Preußen und dem Reiche, DJZ 37 (1932), Sp. 1501ff.; *H. Nawiasky*, Zum Leipziger Urteil, BayVBl. 80 (1932), S. 338ff.

[256] *H.-H. Lammers / W. Simons* (Fn. 162), Bd. VI, S. 56f.

[257] Ibid., S. 57ff.

teten Pflichtverletzung durch Reden preußischer Minister, insbesondere des Innenministers Severing[258]. Der Staatsgerichtshof räumte hierbei ein, „daß in Zeiten höchster politischer Spannung in besonders scharfen öffentlichen Angriffen von Ministern eines Landes auf die Politik des Reichs unter Umständen eine Verletzung der Treuepflicht gefunden werden kann“[259]. Wenn man die gerügten Äußerungen aber im Licht der damaligen Umstände sehe, könne man die Grenzen der gebotenen Zurückhaltung nicht als überschritten ansehen[260].

Die Voraussetzungen des Art. 48 Abs. 2 WRV sah der Staatsgerichtshof dagegen als erfüllt an[261]. Es sei offenkundig, daß die Verordnung vom 20. Juli 1932 in einer Zeit schwerer Störung und Gefährdung der öffentlichen Sicherheit und Ordnung erlassen worden sei. Aus der Größe der Gefahr ergebe sich zugleich, daß es „das Recht und die Pflicht des Reichspräsidenten“ gewesen sei, „zur Wiederherstellung der öffentlichen Sicherheit und Ordnung alle ihm geeignet erscheinenden Mittel anzuwenden, soweit sie mit der Reichsverfassung vereinbar sind“. Der Reichgspräsident konnte insoweit nach pflichtmäßigem Ermessen handeln. Er konnte im Rahmen dieses Ermessens „zu der Auffassung gelangen, daß es geboten sei, zu diesem Zwecke nicht nur die polizeilichen Machtmittel Preußens in die Hand des Reichs zu legen, sondern die gesamten staatlichen Machtmittel des Reichs und Preußens in einheitliche Bahnen zu lenken.“[262] Die getroffenen Maßnahmen seien insoweit im Prinzip von Art. 48 Abs. 2 WRV gedeckt. Ein Fall des Ermessensmißbrauchs oder der Ermessensüberschreitung sei nicht festzustellen[263].

Die Grenzen der Notstandsdiktatur nach Art. 48 Abs. 2 WRV seien allerdings nicht in jeder Hinsicht eingehalten[264]. So gewährleiste Art. 17 RV „jedem Lande den Bestand einer aus dem Lande selbst hervorgehenden, eigenwüchsigen Landesregierung, die des Vertrauens der Volksvertretung bedarf“. An die Stelle dieser Landesregierung könne, auch vorübergehend, kein anderes Organ gesetzt werden. „Wenn die Mitglieder dieser Regierung“ – so der Staatsgerichtshof weiter – „dauernd oder vorübergehend ihres Amtes enthoben oder auch nur an der Amtsausübung tatsächlich völlig verhindert werden“, so werde dem Lande entzogen, was ihm durch Art. 17 gewährleistet sei[265]. Die Amtsenthebung der preußischen Staatsregierung wurde somit als nicht durch Art. 48 Abs. 2 RV gedeckt angesehen.

---

[258] Vgl. zur Einordnung dieser Urteilspassage in die gängigen Kategorien von Treuepflicht und Bundestreue *H. Grund* (Fn. 241), S. 118ff.; *J. Vetter* (Fn. 161), S. 135ff.; *H. Bauer* (Fn. 146), S. 93f.

[259] Siehe *H.-H. Lammers / W. Simons* (Fn. 162), Bd. VI, S. 58.

[260] Vgl. zur Bewertung der einschlägigen Passagen des Urteils *H. Grund* (Fn. 241), S. 119ff.

[261] *H.-H. Lammers / W. Simons* (Fn. 162), Bd. VI, S. 59ff.

[262] Ibid., S. 60.

[263] Vgl. zum Umfang der Prüfung durch den StGH und zum „Ermessen“ des Reichspräsidenten *H. Grund* (Fn. 241), S. 127ff., 136ff.

[264] Vgl. zu den Ausführungen des Staatsgerichtshofs zu den Grenzen der Diktaturgewalt nach Art. 48 Abs. 2 RV *H. Grund* (Fn. 241), S. 142ff. sowie die an der Begründung des Gerichts geübte Kritik von *H. Kelsen* (Fn. 255), S. 73ff.

[265] *H.-H. Lammers / W. Simons* (Fn. 162), Bd. VI, S. 62.

Auch die Übernahme der preußischen Reichsratsstimmen durch den Reichskommissar habe die von der Reichsverfassung gesteckten Grenzen überschritten, als „eine dem Wesen des Reichsrats widersprechende Veränderung seiner Zusammensetzung". Die Reichsratsstimmen Preußens seien weiterhin durch die geschäftsführende preußische Staatsregierung zu führen[266].

Die damit erzielte Lösung der Preußenfrage trug ersichtlich Kompromißcharakter[267]. Zwar war der Staatsgerichtshof dem Begehren der preußischen Staatsregierung äußerlich weitgehend gefolgt: Die (ehrenrührige) Behauptung einer Pflichtverletzung durch die preußische Regierung Braun war in ihrer fehlenden Berechtigung festgestellt worden, die Reichsexekution gemäß Art. 48 Abs. 1 RV verneint, die Amtsenthebung der Regierung Braun für rechtswidrig erklärt worden. Der Reichsreform „auf kaltem Wege" war ein Riegel vorgeschoben worden, indem das Bestehen einer durch die (Landes-) Volksvertretung demokratisch legitimierten eigenen Landesregierung als durch Art. 17 RV geschützt erklärt wurde[268]. An der mit dem ‚Preußenschlag' herbeigeführten faktischen Machtverschiebung wurde jedoch im Ergebnis nichts geändert. Die preußische Staatsregierung bestand zwar formal noch, verfügte nach dem Urteil des Staatsgerichtshofes auch wieder über die von ihr geführte Hälfte der preußischen Reichsratsstimmen; die eigentlichen staatlichen Machtbefugnisse waren und blieben jedoch in Händen des Reichskommissars[269]. Wie der Staatsgerichtshof in seiner entscheidenden Passage zur Diktaturgewalt des Art. 48 Abs. 2 RV festgestellt hatte: „Die Befugnisse der preußischen Minister in Landesangelegenheiten konnten unter Belassung der gegenwärtigen Minister in ihren Amtsstellungen vorübergehend von der Landesstaatsgewalt abgetrennt und dem Reichskommissar als Reichsorgan übertragen werden."[270]

Mit der vom Staatsgerichtshof sanktionierten „vorübergehenden Zuständigkeitsverschiebung" war – ohne daß die Beteiligten dies so gewollt hatten – der Weg zur nationalsozialistischen Machtergreifung bereitet[271]. Die Ernennung von

---

[266] Ibid., S. 62f.

[267] Zur politischen Bewertung des Urteils vgl. *K.D. Bracher* (Fn. 105), S. 557ff. und *G. Schulz* (Fn. 241), S. 1000ff. sowie *E.R. Huber*, Verfassungsgeschichte Bd. VII (Fn. 84), S. 1125ff., außerdem die kritische Analyse von *H. Kelsen* (Fn. 255), S. 91, der dem Staatsgerichtshof zwar das Bemühen um einen Kompromiß attestierte, zugleich aber treffend feststellte: „Auf dem goldenen Mittelweg, den das Urteil des Staatsgerichtshofs gesucht hat, ist die Verfassung von Weimar nicht gerettet worden."

[268] Zu den gleichwohl in der Regierung Papen weiterhin gehegten Vorstellungen einer Reichsreform „von oben", eines „Neuen Staates", siehe *G. Schulz* (Fn. 241), S. 1006ff.

[269] Zugespitzt, wenn auch nicht ganz falsch, die Bewertung von *K.D. Bracher* (Fn. 105), S. 559: „Es war ein Urteil von grotesker Zwiespältigkeit: sein rechtlicher Teil sprach für den preußischen Standpunkt, während sein politischer Grundtenor mit der Anerkennung des einmal Geschehenen dem staatsstreichförmigen Belieben einer nur auf die Autorität des Reichspräsidenten und die Machtmittel der Reichswehr gestützten Regierung entgegenkam." Vgl. auch die Kritik von *H. Kelsen* (Fn. 255), S. 81ff., der 1932 von einer „rechtlich wie politisch unmöglichen Situation", schrieb, in die das Gericht Reichs- wie preußische Staatsregierung gebracht habe.

[270] *H.-H. Lammers / W. Simons* (Fn. 162), Bd. VI, S. 63.

[271] Siehe dazu *K.D. Bracher* (Fn. 105), S. 637.

Hitler zum Reichskanzler, mit Frick als Reichsinnenminister und Göring als stellvertretendem Reichskommissar für Preußen sowie kommissarischem Verwalter des preußischen Innenministeriums, gewährte den Nationalsozialisten kurze Zeit später ungehinderten Zugriff auf die entscheidenden Schlüsselpositionen des deutschen Staatswesens[272].

Die als Hauptprogrammpunkt der Reichsreform ersehnte Annäherung an den Einheitsstaat folgte unmittelbar auf dem Fuße. Die wiederum als Maßnahme der Reichsexekution gemäß Art. 48 Abs. 1 WRV deklarierte Verordnung vom 6. Februar 1933 setzte sich offen über das Urteil des Staatsgerichtshofes hinweg und erklärte die preußische Staatsregierung für endgültig abgesetzt[273]. Das „Ermächtigungsgesetz" vom 24. 3. 1933[274] setzte de facto die verfassungsrechtliche Zuständigkeitsverteilung außer Kraft, indem es der Reichsregierung gestattete, Gesetze unter Ausschluß des in Art. 68–77 RV vorgesehenen Verfahrens und unter Abweichung von der Reichsverfassung zu erlassen. Durch die beiden Gleichschaltungsgesetze vom 31. März und 7. April[275] wurden die Länderparlamente „neu gebildet", es wurden Reichsstatthalter in den Ländern eingesetzt, über die das Reich maßgeblichen Einfluß auf die Zusammensetzung der Landesregierungen ausübte, die außerdem die Politik der Landesregierungen überwachen und für „Beobachtung der vom Reichskanzler aufgestellten Richtlinien der Politik" sorgen sollten[276]. Das „Gesetz über den Neuaufbau des Reiches" vom 30. Januar 1934[277] setzte dann den Schlußstein. Art. 1 des Gesetzes erklärte, „daß das deutsche Volk über alle innenpolitischen Grenzen und Gegensätze hinweg zu einer unauflöslichen, inneren Einheit verschmolzen ist". Die Volksvertretungen der Länder wurden in Art. 2 für aufgehoben erklärt, die Hoheitsrechte der Länder auf das Reich übergeleitet und die Landesregierungen der Reichsregierung als weisungsabhängig unterstellt. Mit Gesetz vom 14. Februar 1934[278] wurde schließlich auch der Reichsrat beseitigt.

---

[272] Vgl. zur ‚Machtergreifung' *K.D. Bracher* (Fn. 105), S. 632ff.; *E.R. Huber*, Verfassungsgeschichte Bd. VII (Fn. 84), S. 1255ff.

[273] Vgl. dazu *W. Apelt* (Fn. 8), S. 437 sowie *H. Schulze* (Fn. 107), S. 778ff.

[274] Gesetz zur Behebung der Not von Volk und Reich vom 24. März 1933, RGBl. 1933 I, S. 141.

[275] Vorläufiges Gesetz zur Gleichschaltung der Länder mit dem Reich vom 31. März 1933, RGBl. 1993 I, S. 153; Zweites Gesetz zur Gleichschaltung der Länder mit dem Reich vom 7. April 1933, RGBl. 1933 I, S. 173.

[276] Vgl. zu den Gleichschaltungsgesetzen *W. Frotscher* (Fn. 40), S. 137 sowie *R. Morsey*, Die Zeit des Nationalsozialismus 1933–1945: Die verfassungspolitische Entwicklung, in: K.G.A. Jeserich / H. Pohl / G.-C. von Unruh (Hrsg.), Deutsche Verwaltungsgeschichte Bd. IV, 1985, S. 696, 698. Vgl. ferner – als für das Selbstverständnis des Staatsrechts der ‚nationalen Revolution' aufschlußreiches Dokument – *K. Bilfinger*, Das Reichsstatthaltergesetz, AöR NF 24 (1934), S. 131ff.

[277] RGBl. 1934 I, S. 75.

[278] RGBl. 1934 I, S. 89.

4. Kapitel:

Die Besetzung Deutschlands und die Wiedererrichtung des Bundesstaates

4.1. Neuordnungspläne der Besatzungsmächte

Eine staatsrechtliche und territoriale Neuordnung war in Deutschland nach 1945 nicht zu umgehen. Den deutschen Staat weiter als zentralisierten Einheitsstaat so bestehen zu lassen, wie ihn die Nationalsozialisten geschaffen hatten, war für die gegen Deutschland kämpfenden Alliierten undenkbar. Die Bedrohung mußte gebannt werden, die nach den Erfahrungen der vergangenen Jahre (und Jahrzehnte) von allen Nachbarn in einem starken deutschen Einheitsstaat erblickt wurde. Zerschlagung des zentralistischen Einheitsstaates, Schaffung föderaler Strukturen in Deutschland war in dieser Perspektive eine *conditio sine qua non* der neuen Friedensordnung Europas. In den Kriegsplänen zumindest der Westalliierten spielte die Aufspaltung (dismemberment) oder zumindest die Dezentralisierung Deutschlands dementsprechend eine entscheidende Rolle. Föderalisierung setzte man dabei gleich mit einer Schwächung des deutschen Staates. Der Bundesstaat sollte einen Staat schaffen, von dem keine Bedrohung mehr ausgehen konnte[1].

Dazu kamen ideologische Fixierungen, die nicht zuletzt durch deutsche Emigranten geprägt waren[2]. Um das Wiederaufleben eines faschistischen, eines totalitären Systems zu verhindern, schien eine föderale Struktur als angemessener denn der Zentralismus preußischer Tradition. Der Zentralismus, den man mit der Tendenz zur steten Akkumulation von Macht gleichsetzte, sei – so meinte man – gegenüber dem Mißbrauch der Macht weitaus anfälliger als ein föderatives System[3]. Dahinter stand eine ideologisch geprägte Geschichtsdeutung: Preußen, als dessen Erbe man Hitler sah, stand in den Augen der Sieger für die Kontinuität von Militarismus, Autoritarismus, Zentralismus in Deutschland. Preußen und der preußisch geprägte Zentralstaat mußten zerschlagen werden, sollte die von Deutschland ausgehende Gefahr ein für allemal beseitigt werden[4].

---

[1] Vgl. dazu nur *T. Nipperdey*, Der Föderalismus in der deutschen Geschichte, in: T. Nipperdey, Nachdenken über die deutsche Geschichte, 1986, S. 60, 96, sowie *G. Wehner*, Die Deutschlandpolitik der Westalliierten von 1945 bis 1955, Aus Politik und Zeitgeschichte B 51/1989, S. 3ff.

[2] Vgl. dazu *H.-P. Schwarz*, Vom Reich zur Bundesrepublik, 2.Aufl. 1980, S. 92ff.

[3] Vgl. *T. Nipperdey* (Fn. 1), S. 96; *H.-P. Schwarz* (Fn. 2), S. 94f.

[4] Vgl. dazu nur *H.-P. Schwarz* (Fn. 2), S. 93f.; *T. Nipperdey* (Fn. 1), S. 9

Im Detail wichen die Pläne der Alliierten für eine Neuordnung Deutschlands allerdings erheblich voneinander ab. Selbst innerhalb des politischen Apparates der einzelnen Siegermächte bestanden dabei erhebliche Divergenzen, wie die Diskussion um den sogen. ‚Morgenthau-Plan' zwischen US-Schatzamt, State Department und Kriegsministerium zeigt. Hatte US-Schatzminister *Morgenthau* zunächst für eine Aufteilung Deutschlands in eine Reihe eher agrarisch strukturierter Klein- bzw. Mittelstaaten plädiert[5], so trat das klassische außenpolitische Establishment aus übergeordneten weltpolitischen Gesichtspunkten eher für eine schnelle Rekonstruktion des tradierten deutschen Staatswesens ein[6]. Das Kriegsministerium, dem die unmittelbare Verantwortung für die Besatzungspolitik oblag, war außerdem vor allem an einer schnellen Wiederherstellung einer funktionsfähigen deutschen Verwaltung interessiert[7], um die Verantwortung für die besetzten Gebiete sukzessive auf die Deutschen verlagern zu können. Den Ausschlag für die amerikanische Haltung gegenüber Deutschland gab schließlich das sich verschlechternde Verhältnis zu Rußland. Deutschland wurde als Bollwerk gegen den Kommunismus gebraucht[8]. Zwar blieb die Forderung nach einer Föderalisierung Deutschlands eine Grundbedingung jeder amerikanischen Rekonstruktionspolitik, doch der zu schaffende Bundesstaat mußte politisch und administrativ in der Lage sein, der schwierigen wirtschaftlichen und sozialen Probleme Herr zu werden.

Ähnliche Motive bewegten die britische Deutschlandpolitik. Machtpolitische Motive des „containment" gegenüber sowjetischen Hegemoniebestrebungen waren hier schon 1945 beherrschend[9]. Ideologische Präferenzen für föderale Organisationsformen – wie auf amerikanischer Seite – waren kaum vorhanden; Dezentralisierung und Konzepte der „basic democracy" galten aber auch hier als politische Leitlinie, wenn auch mit starker Orientierung auf die administrative Funktionsfähigkeit des zu schaffenden Systems[10]. Die Organisation der von den Briten errichteten Zentralbehörden in Minden war zunächst stark zentralistisch geprägt; die aus wirtschaftlichen Zwängen 1947 erfolgende Unterordnung unter den amerikanischen Kurs verhalf dann föderalistischen Konzepten auch in der britischen Zone zum Durchbruch[11].

Deutlich abweichende Vorstellungen bestanden in dieser Hinsicht dagegen auf französischer und sowjetischer Seite. Die französische Politik war klar auf eine politische und wirtschaftliche Zerstückelung Deutschlands orientiert – ganz im Sinne traditioneller französischer Sicherheitskonzepte, die in der Schwächung

[5] Zur historischen Bewertung des sogen. ‚Morgenthau-Plans' siehe jüngst *B. Greiner*, Die Morgenthau-Legende, 1995; vgl. außerdem *H.-P. Schwarz* (Fn. 2), S. 58ff., 92ff., 110ff. sowie *T. Eschenburg*, Jahre der Besatzung 1945–1949, 1983, S. 30f.

[6] Vgl. dazu *H.-P. Schwarz* (Fn. 2), S. 63ff.; *T. Eschenburg* (Fn. 5), S. 33f.

[7] Zum Dilemma der amerikanischen Militärregierung in Deutschland vgl. *H.-P. Schwarz* (Fn. 2), S. 109ff.

[8] Vgl. insoweit vor allem *H.-P. Schwarz* (Fn. 2), 73ff., S. 119ff.

[9] *H.-P. Schwarz* (Fn. 2), S. 112, 149ff.; *T. Eschenburg* (Fn. 5), S. 41f.

[10] Vgl. *H.-P. Schwarz* (Fn. 2), S. 171.

[11] *H.-P. Schwarz* (Fn. 2), 125, S. 168ff.

Deutschlands die einzige Garantie gegen die von Deutschland ausgehenden Gefahren sah[12]. Annektion linksrheinischer Teile Deutschlands, Schaffung französischer Satellitenstaaten im Vorfeld, Abtrennung und Internationalisierung des Saarlandes und des Ruhrgebietes, schließlich Aufteilung der Restgebiete Deutschlands in möglichst viele Einzelstaaten mit allenfalls staatenbündischer Verbindung waren die strategischen Vorstellungen[13]. Die dualistische Struktur der französischen Besatzungsverwaltung führte allerdings auch im französischen Bereich zu deutlichen internen Divergenzen über die Details der Besatzungspolitik[14].

Der sowjetischen Deutschlandpolitik war, nach anfänglichem Schwanken zwischen Zerstückelungsplänen und Einheitswahrung, umgekehrt eher an einer Erhaltung bzw. Wiederherstellung der deutschen Einheit gelegen, unter sowjetischer Dominanz natürlich im Ergebnis[15]. Die im Kern zentralistische Organisation der sowjetischen Besatzungszone[16] wurde als Modell verstanden, das in einem späteren Stadium auf ganz Deutschland auszudehnen sei. Dezentralisierung und Demokratisierung, die Zielvorgabe der Potsdamer Beschlüsse, wurde dabei – ganz im Rahmen des leninistischen Verfassungsdenkens – eher als verfassungsrechtliche Fassade zur Blendung des Klassenfeindes denn als wirklich anzustrebendes Staatsstrukturprinzip verstanden[17]. So wurden in der sowjetischen Besatzungszone zwar am schnellsten Länderverwaltungen begründet, diese wurden aber zugleich innerlich ausgehöhlt durch die parallel errichteten Zentralbehörden und die umfassende Überwachung und Beaufsichtigung seitens der SMAD[18].

Nachdem mehrere Versuche, deutsche Zentralbehörden oder zumindest eine einheitliche Wirtschaftsverwaltung für ganz Deutschland aufzubauen, am Widerstand vor allem Frankreichs gescheitert waren[19], begnügten sich Amerikaner und Briten zunächst mit der Gründung einer gemeinsamen Bizonen-Verwaltung[20].

---

[12] Vgl. dazu *H.-P. Schwarz* (Fn. 2), S. 181f., 188; *E. Wolfrum*, Französische Besatzungspolitik und deutsche Sozialdemokratie, 1991, S. 25ff.; *G. Wehner* (Fn. 1), S. 5.

[13] *H.-P. Schwarz* (Fn. 2), S. 182ff., 188ff.; *E. Wolfrum* (Fn. 12), S. 169ff.; *G. Wehner* (Fn. 1), S. 5; *T. Eschenburg* (Fn. 5), S. 43f..

[14] Siehe *E. Wolfrum* (Fn. 12), S. 34ff.

[15] *H.-P. Schwarz* (Fn. 2), S. 236ff.; *T. Eschenburg* (Fn. 5), S. 39.

[16] Vgl. dazu *J. Foitzik*, Die sowjetische Militäradministration in Deutschland, Aus Politik und Zeitgeschichte B 11/1990, S. 43, 44ff.

[17] *T. Eschenburg* (Fn. 5), S. 76.

[18] Vgl. *G.-C. von Unruh*, Die Lage der deutschen Verwaltung zwischen 1945 und 1949, in: K.G.A. Jeserich / H. Pohl / G.-C. von Unruh (Hrsg.), Deutsche Verwaltungsgeschichte Bd. V, 1987, S. 70, 84f.; *J. Foitzik* (Fn. 16), S. 44ff.; *T. Eschenburg* (Fn. 5), S. 76f.; *M.E. Foelz-Schroeter*, Föderalistische Politik und nationale Repräsentation 1945–1947, 1974, S. 20.

[19] Vgl. *H.-P. Schwarz* (Fn. 2), S. 189 sowie *G. Wehner* (Fn. 1), S. 3ff., außerdem *T. Eschenburg* (Fn. 5), S. 53.

[20] Zur Entwicklung der Bizonen-Verwaltung vgl. *M.E. Foelz-Schroeter* (Fn. 18), S. 61ff.; *W. Benz*, Vorform des „Weststaats": die Bizone 1946–1949, in: T. Eschenburg, Jahre der Besatzung 1945–1949, 1983, S. 375ff.; *ders.*, Von der Besatzungsherrschaft zur Bundesrepublik, 1984, S. 35ff.; *G.-C. von Unruh* (Fn. 18), S. 85f.; *W. Vogel*, Westdeutschland 1945–1950. Der Aufbau von Verfassungs- und Verwaltungseinrichtungen über den Ländern der drei westlichen Besatzungszonen, Teil I, 2. Aufl. 1989, S. 21ff.

Frankreich konnte dann unter entsprechendem amerikanischen Druck ab 1947 allmählich eingefügt werden in das amerikanische Konzept einer Trizonen-Verwaltung, die in einen neuzugründenden Weststaat mit bundesstaatlicher Struktur münden sollte[21]. Der entscheidende Durchbruch wurde dabei auf der Londoner Sechs-Mächte-Konferenz im ersten Halbjahr 1948 erzielt. Die ursprünglich nur als unverbindlicher Meinungsaustausch zwischen den Vertretern der Westalliierten gedachten Verhandlungen über die künftige Struktur Deutschlands führten im Ergebnis zum Beschluß, die Westzonen alsbald in einem neuen Staat zu organisieren und dazu bis Ende des Jahres 1948 eine verfassunggebende Versammlung einzuberufen[22]. Von den Siegermächten sollten dabei in Vorverhandlungen nur Leitlinien für eine künftige deutsche Verfassung entwickelt werden, um nicht den Eindruck aufkommen zu lassen, man habe den Deutschen eine Verfassung oktroyiert[23]. Die Londoner Konferenz verabschiedete dementsprechend zum Abschluß ihrer Arbeiten im Juni 1948 Empfehlungen an die Militärgouverneure, um die gewünschte Richtung des Verfassungsprozesses vorzustrukturieren. Dieser sogen. „letter of advice" enthielt ein Rahmenprogramm von sechs Punkten, mit denen wesentliche Züge der Verfassung festgelegt wurden, die Modalitäten der Wahl der verfassunggebenden Versammlung bestimmt und das Verfahren der Ablösung der unbeschränkten Besatzungsgewalt durch ein formelles Besatzungsstatut geregelt wurde[24]. Dieses Rahmenprogramm stellte die politische Grundlage der dann später von den Militärgouverneuren verabschiedeten ‚Frankfurter Dokumente' dar.

4.2. Wiedererrichtung der Länder

Zunächst weitgehend unabhängig von den politischen Zielvorstellungen einer Neuordnung kam es in den Besatzungszonen zur Rekonstruktion der deutschen Lokalverwaltung, dann bald auch der Länderverwaltungen[25]. Nach Kapitulation

---

[21] Zur Entwicklung der gemeinsamen Politik der Westalliierten vgl. *H.-P. Schwarz* (Fn. 2), S. 126ff., 131ff., außerdem *W. Vogel* (Fn. 20), S. 36ff.

[22] Vgl. *G. Wehner* (Fn. 1), S. 5f. sowie *J. V. Wagner*, Einleitung, in: Der Parlamentarische Rat 1948–1949. Akten und Protokolle, herausgeg. für den Deutschen Bundestag von K.G. Wernicke, für das Bundesarchiv von H. Booms, Bd. 1: Vorgeschichte, bearb. von J.V. Wagner, 1975, S. XIVff., außerdem *J. Gimbel*, Amerikanische Besatzungspolitik in Deutschland 1945–1949, 1971, S. 260ff.; *J.F. Golay*, The Founding of the Federal Republic of Germany, 1958, S. 6ff.; *S. Rothstein*, Die Londoner Sechsmächtekonferenz 1948 und ihre Bedeutung für die Gründung der Bundesrepublik Deutschland, 1968, S. 21ff., 43ff.

[23] *G. Wehner* (Fn. 1), S. 6 sowie *J. V. Wagner* (Fn. 22), S. XIX.

[24] Letter of Advice to Military Governors regarding German Constitution, London 12. 5. 1948, abgedruckt in: Foreign Relations of the United States, Diplomatic Papers, 1948, Vol.II, S. 240f.; siehe dazu *G. Wehner* (Fn. 1), S. 6f. sowie *J. V. Wagner* (Fn. 22), S. XVIII.

[25] Vgl. dazu *G.-C. von Unruh* (Fn. 18), S. 70ff.; *M.E. Foelz-Schroeter* (Fn. 18), S. 15f.; *M. Stolleis*, Besatzungsherrschaft und Wiederaufbau deutscher Staatlichkeit 1945–1949, in: J. Isensee / P. Kirchhof (Hrsg.), Handbuch des Staatsrechts der Bundesrepublik Deutschland, Bd.I, 1987, S. 173, 195ff., außerdem den Sammelband von *W. Först (Hrsg.)*, Die Länder und der Bund. Beiträge zur Entstehung der Bundesrepublik Deutschland, 1989.

und Besetzung hatte die deutsche Verwaltung zunächst nur in Form der Kommunalverwaltungen und der Kreisverwaltungen fortbestanden[26]. Die Besatzungsmächte setzten in ihren Zonen sofort neue Bürgermeister und Landräte ein, die sie vorrangig „im politischen und administrativen Personalreservoir der Weimarer Republik" fanden[27]. Da die Koordination der deutschen Verwaltungen aber nicht allein durch die Militärregierung geleistet werden konnte, ging man bald auch zur Wiederbelebung der Provinzial- und Länderverwaltungen über, setzte neue Regierungspräsidenten und Oberpräsidenten sowie in den wieder- bzw. neuerrichteten Ländern Ministerpräsidenten ein.

Verwaltungseinheiten waren dabei zunächst die historischen Territorialgliederungen aus der Zeit der Weimarer Republik, die in Restbeständen das ‚Dritte Reich' überdauert hatten. Die Aufteilung Deutschlands in vier Besatzungszonen zerschnitt allerdings des öfteren alte Länder bzw. Provinzen[28]. So verfügte etwa Frankreich nur über Rumpfbestandteile von alten Ländern. Dies zwang dann dazu, abgespaltene Teile von Ländern als Einheiten zu verselbständigen (wie im Falle Südbaden) oder Länderfragmente und Provinzen zu neuen Einheiten zusammenzufassen (wie in den Fällen Württemberg-Hohenzollern und Rheinland-Pfalz)[29]. In der amerikanischen Zone wurde entweder direkt an alte Ländertraditionen angeknüpft (Bayern und Bremen) oder es wurden Reste ehemaliger Länder mit anderen Länderrümpfen (Nordwürttemberg/Nordbaden) oder ehemaligen preußischen Provinzen zu neuen Einheiten verschmolzen (Großhessen)[30]. Die SMAD gliederte schon im Juli 1945 ihre Besatzungszone in die – nach Auflösung Preußens 1947 dann zu Ländern erhobenen – Provinzen Brandenburg und Sachsen (mit Anhalt) sowie die Länder Mecklenburg (mit Vorpommern vereinigt), Thüringen (unter Einschluß der ehemals preußischen Teilgebiete) und Sachsen (einschließlich der niederschlesischen Lausitz)[31]. Einzig die britische Besatzung begnügte sich zunächst noch mit der Beibehaltung der alten preußischen Provinzialgliederung, die durchsetzt war mit verstreuten Einsprengseln der alten Länder Braunschweig, Oldenburg, Lippe-Detmold, Schaumburg-Lippe[32]. Erst in einem recht späten Stadium ging dann auch die britische Militärregierung dazu über, mehrere ehemalige preußische Provinzen und ehemals selbständige Länder

---

[26] Vgl. *G.-C. von Unruh* (Fn. 18), S. 71ff., 76ff.; *T. Eschenburg* (Fn. 5), S. 71ff.

[27] So *T. Eschenburg* (Fn. 5), S. 73.

[28] Zur Aufteilung Deutschlands in Besatzungszonen vgl. *T. Eschenburg* (Fn. 5), S. 24f.; vgl. auch *J. V. Wagner* (Fn. 22), S. LVIIff.

[29] Zur Bildung der Länder Württemberg-Hohenzollern und Rheinland-Pfalz durch die französische Militäradministration vgl. *T. Eschenburg* (Fn. 5), S. 95ff.; *J. V. Wagner* (Fn. 22), S. LVIII; *M. Stolleis* (Fn. 25), S. 205ff.; *B. Diestelkamp*, Die Verfassungsentwicklung in den Westzonen bis zum Zusammentreten des Parlamentarischen Rates (1945–1948), NJW 1989, S. 1312, 1314, sowie die Beiträge von *K.-J. Matz* und *H. Küppers* in W. Först (Fn. 25), S. 33ff., 165ff.

[30] Zur Bildung der Länder in der amerikanischen Zone vgl. *T. Eschenburg* (Fn. 5), S. 77ff.; *M. Stolleis* (Fn. 25), S. 195ff.; *B. Diestelkamp* (Fn. 29), S. 1314.

[31] *T. Eschenburg* (Fn. 5), S. 76.

[32] Siehe *T. Eschenburg* (Fn. 5), S. 87ff.; *J. V. Wagner* (Fn. 22), S. LVIII; *B. Diestelkamp* (Fn. 29), S. 1314; *M. Stolleis* (Fn. 25), S. 200ff.

zu den beiden neuen Flächenländern Nordrhein-Westfalen und Niedersachsen zusammenzufügen[33].

Die Besatzungspolitik der Anfangszeit war zunächst ganz auf die Konsolidierung der neuen Länderverwaltungen und der komplementären Zentralbehörden für die jeweilige Zone ausgerichtet. Die Schwerpunktsetzung zwischen Länderverwaltung und Zentralbehörden wies dabei allerdings starke Unterschiede auf. War die sowjetische Besatzungszone von Anfang an durch eine faktische Dominanz der deutschen Zentralbehörden und vor allem der zentralistisch strukturierten SMAD gekennzeichnet[34], und wies auch die britische Zone mit den Zentralbehörden in Minden eine eher zentralistische Verwaltungsorganisation auf[35], so war die amerikanische Politik deutlich auf den Ausbau der Länder orientiert, mit nur einer recht schwach ausgebildeten zentralen Behörde für die Gesamtzone, dem Länderrat in Stuttgart[36].

Die Schaffung starker Länder als Gegengewicht gegen die später unvermeidliche Errichtung von Zentralinstanzen war erklärtermaßen eines der Hauptziele der Politik des amerikanischen Militärgouverneurs *Lucius D. Clay*[37]. Der Aufbau der deutschen Verwaltungen unter den von der Militärregierung eingesetzten und allein von der Besatzungsmacht abhängigen Ministerpräsidenten – *Reinhold Maier* in Württemberg-Baden, *Karl Geiler* in Hessen, *Fritz Schäffer*, dann *Wilhelm Hoegner* in Bayern – schritt zügig voran. Besonders konsequent wurde diese Wiedererrichtung einer eigenen Landesverwaltung in Bayern betrieben, und zwar sowohl unter dem ersten Ministerpräsidenten *Fritz Schäffer*, als ehemaliger bayerischer Staatsrat und letzter Vorsitzender der BVP vor der Machtergreifung ein offensiver Vertreter des bayerischen Eigenstaatsbewußtseins, aber auch unter *Wilhelm Hoegner*, der sich trotz seiner politischen Herkunft aus der Sozialdemokratie ebenfalls als überzeugter Föderalist erwies[38]. Das bayerische Beharren auf Eigenständigkeit der Länder verfiel dabei bald wieder in die alten Muster des Kampfes gegen jegliche Form der zentralen Institutionenbildung. So konnte schon die Gründung und Konsolidierung des Länderrates Ende 1945 nur gegen den erbitterten Widerstand der bayerischen Staatsregierung durchgesetzt werden[39]. „Bayern" – so erklärte Ministerpräsident *Hoegner* – „führt einen jahrhundertelangen Kampf gegen die Zentralgewalt des Reiches. Ich muß als Bayer gegen die Schaffung einer neuen Zentralgewalt scharf Stellung nehmen."[40]

---

33 Vgl. dazu *T. Eschenburg* (Fn. 5), S. 88, 91, sowie die Beiträge von *D. Brosius* und *W. Först* in W. Först (Fn. 25), S. 109ff., 135ff..

34 Vgl. *T. Eschenburg* (Fn. 5), S. 76.

35 Vgl. *T. Eschenburg* (Fn. 5), S. 86f.

36 Zum Länderrat vgl. *T. Eschenburg* (Fn. 5), S. 85f., außerdem *M.E. Foelz-Schroeter* (Fn. 18), S. 25ff., 37f. und ausführlich *W. Vogel* (Fn. 20), S. 57ff.

37 Siehe *H.-P. Schwarz* (Fn. 2), S. 115, außerdem *B. Pieroth*, Amerikanischer Verfassungsexport nach Deutschland, NJW 1989, S. 1333, 1335.

38 Vgl. *M.E. Foelz-Schroeter* (Fn. 18), S. 16f.

39 Vgl. *M.E. Foelz-Schroeter* (Fn. 18), S. 25ff.

40 Zitiert nach: *M.E. Foelz-Schroeter* (Fn. 18), S. 25.

Die neuen Länderverwaltungen litten allerdings zunächst unter einem elementaren Manko: Ihre Legitimation entstammte der Einsetzung durch die Besatzungsmacht, nicht der Zustimmung des eigenen Volkes[41]. Eine eigene demokratische Legitimation war aber nötig, sollten die Länder wirklich stabilisiert werden. In der amerikanischen Zone folgten dementsprechend auf den Aufbau der Länder bereits im ersten Halbjahr 1946 Wahlen zur Bildung demokratischer Vertretungskörperschaften, beginnend auf der Kommunal- und Kreisebene, dann fortschreitend zu den Wahlen verfassunggebender Landesversammlungen im Juni 1946[42]. In der französischen und britischen Zone verzögerten sich die Kommunalwahlen bis zum Oktober 1946; auf deren Grundlage wurden dann die Landtage bzw. Landesversammlungen in indirekter Wahl (über die Kommunal- und Kreisparlamente) bestellt[43]. Die Zusammensetzung der Landesparlamente machte in fast allen Ländern Umbesetzungen der Landesregierungen nötig, oft auch einen Wechsel der Ministerpräsidenten[44]. Die Landesregierungen, meist weiter in der Form von Allparteienregierungen, gingen gestärkt aus den Wahlen hervor, verfügten sie doch jetzt auch über eine demokratische Legitimation.

Die Bildung der Länder fand ihren Abschluß mit dem Prozeß der Verfassunggebung[45]. Die ausdrücklich als verfassunggebende Versammlungen gewählten ersten Landesparlamente erarbeiteten innerhalb recht kurzer Zeit Verfassungen für ihre Länder, in der Regel auf der Grundlage der Landesverfassungen der Weimarer Zeit, wenn auch unter grundlegender Überarbeitung dieser Vorläuferverfassungen[46]. Die ersten dieser ‚Landesordnungen' traten in der amerikanischen Zone schon im November/Dezember 1946 in Kraft, formell erlassen als Akt der Militärregierung; die Länder der französischen Zone folgten im Mai 1947[47]. Einzig in der britischen Zone schob man den Erlaß von Landesverfassungen auf, bis sie dann nach Inkrafttreten des Grundgesetzes verabschiedet werden konnten.

Inhaltlich betonten diese Verfassungen zum einen den Staatscharakter der Länder, trafen damit eine Vorentscheidung in Richtung auf ein bundesstaatliches System. Zum anderen aber betonten sie das Selbstverständnis der Länder als Gliedstaaten eines zukünftigen deutschen Gesamtstaats[48]. Einzig Bayern sah in Art. 178 seiner Verfassung einen späteren *Beitritt* zu einem Bundesstaat vor: Bayern werde „einem künftigen deutschen demokratischen Bundesstaat beitreten. Er soll auf einem freiwilligen Zusammenschluß der deutschen Einzelstaaten beruhen, deren staatsrechtliches Eigenleben zu sichern ist" – eine Art Vorläuferformel der Identitätswahrungsklausel des neuen Art. 23 GG. Der amerikanische Militär-

---

41 Zu den daraus resultierenden Problemen vgl. *M.E. Foelz-Schroeter* (Fn. 18), S. 35ff.

42 Zu den Kommunal- und Landtagswahlen 1946 vgl. *T. Eschenburg* (Fn. 5), S. 231ff.

43 *T. Eschenburg* (Fn. 5), S. 233f.

44 *T. Eschenburg* (Fn. 5), S. 235ff.

45 Siehe dazu *T. Eschenburg* (Fn. 5), S. 242ff. und *B. Diestelkamp* (Fn. 29), S. 1316ff. sowie ausführlich *F.R. Pfetsch*, Verfassungspolitik der Nachkriegszeit, 1985, dort insbes. S. 55ff., 89ff.

46 *T. Eschenburg* (Fn. 5), S. 242.

47 *T. Eschenburg* (Fn. 5), S. 242.

48 Vgl. *F.R. Pfetsch* (Fn. 45), S. 55f., 77; *T. Eschenburg* (Fn. 5), S. 243.

gouverneur General *Clay* betonte darauf in seinem Genehmigungsschreiben zur bayerischen Verfassung vom 24. Oktober 1946, die Genehmigung dürfe in keiner Weise als Zustimmung zu einem Separatismus Bayerns verstanden werden. Der in der Verfassung ausgedrückte Wille, einem späteren deutschen Bundesstaat beizutreten, müße als bindende Anweisung an die Vertreter Bayerns ausgelegt werden, die später an den Beratungen über die zukünftige Regierungsform Deutschlands teilnehmen werden. Ein Recht, die Teilnahme an irgendeiner Form der deutschen Regierung (government) zu verweigern, bestehe nicht[49]. Der Spielraum selbst der bayerischen Landespolitik war damit deutlich abgesteckt.

Ausführliche Grundrechtskataloge[50] und Bestimmungen zur Wirtschafts- und Sozialordnung, mit denen die Voraussetzungen für eine eher planwirtschaftliche staatliche Bedarfsplanung und Wirtschaftssteuerung geschaffen werden sollten[51], waren charakteristisch für die meisten dieser Landesverfassungen.

4.3. Haltung der Parteien zur künftigen Verfassungsstruktur

Gegenüber den recht schnell von den Besatzungsmächten wieder aufgebauten Länderbürokratien und den Landesregierungen als Exponenten eigenständiger deutscher Politik waren die politischen Parteien zunächst im Hintertreffen. Hatten die Länderverwaltungen sich schon gegen Ende des Jahres 1945 weitgehend verfestigt, so behinderten die Militärregierungen zunächst ganz gezielt den Aufbau der politischen Parteien[52]. Die politische Betätigung der Deutschen unterlag zunächst weitreichenden Restriktionen, und auch als mit den ersten Wahlen auf Kommunal- und Kreisebene Ansätze eines Wiederauflebens politischer Aktivität entstanden, blieb der Aufbau großräumiger Parteiorganisationen verboten.

Im Verhältnis der Parteien zu „ihren" Ministerpräsidenten und Landesministern hatte dies schwerwiegende Folgen. Mit den Landesregierungen hatten sich von den Parteien weitgehend unabhängige Machtzentren gebildet, die nicht gewillt waren, sich den nur allmählich herausbildenden Parteiapparaten unterzuordnen[53]. Deutliches Zeichen dieser Versuche der Länderexekutiven, auf die weitere Gestaltung der deutschen Staatsordnung entscheidenden Einfluß auszuüben, waren die Ministerpräsidentenkonferenzen, zunächst in Bremen, dann im Juni 1947 in München[54]. Gegen den Widerstand der sozialdemokratischen Parteilei-

[49] Zitiert nach *T. Eschenburg* (Fn. 5), S. 243; vgl. außerdem *F. Glum*, Zwischen Wissenschaft, Wirtschaft und Politik, 1964, S. 586, sowie *P.J. Kock*, Bayerns Weg in die Bundesrepublik, 1983, S. 235.

[50] Zur Rolle der Grundrechte in den Landesverfassungen nach 1945 vgl. *F.R. Pfetsch* (Fn. 45), S. 33ff.

[51] Vgl. dazu *T. Eschenburg* (Fn. 5), S. 246ff.

[52] Vgl. *M.E. Foelz-Schroeter* (Fn. 18), S. 40ff.

[53] *M.E. Foelz-Schroeter* (Fn. 18), S. 43ff.

[54] Zur Bremer Ministerpräsidentenkonferenz vgl. *M.E. Foelz-Schroeter* (Fn. 18), S. 81ff.,; zur Münchener Ministerpräsidentenkonferenz ebda., S. 103ff., außerdem *T. Eschenburg* (Fn. 5), S. 275ff.

tung unter *Kurt Schumacher*[55], und unter starken Vorbehalten der Militärregierungen, suchten die Ministerpräsidenten hier die politische Initiative an sich zu ziehen – wenn auch im Ergebnis erfolglos[56].

Zugleich wurden von den Landesregierungen Vorschläge für die künftige Ausgestaltung der Bundesverfassung erarbeitet, für deren Behandlung ein Sonderausschuß des Länderrates der amerikanischen Zone eingerichtet wurde. Besonders profilierte sich dabei die bayerische Staatsregierung. Noch unter Ministerpräsident *Hoegner* erarbeitete der Verfassungsreferent der bayrischen Staatskanzlei, *Friedrich Glum*, 1946 einen Entwurf einer Bundesverfassung mit stark staatenbündischen Zügen[57]. Die Regierungsgewalt des Bundes sollte nach diesem Entwurf in den Händen eines Kollegialorgans aus Vertretern der Landesregierungen liegen, der nach dem Vorbild des Schweizer Bundesrates organisiert sein sollte. Als gesetzgebendes Organ wurde ein ‚Bundestag' vorgesehen, der aus jeweils auf vier Jahre aus der Mitte der Landtage gewählten Delegierten der Landesparlamente bestehen sollte. Die extrem länderfreundliche Konstruktion, die diesem Modell zugrundelag, fand zwar weitreichende Zustimmung in Bayern[58], stieß jedoch bei den anderen Landesregierungen auf Bedenken und wurde schon im Länderrat soweit abgemildert, daß man neben einem direkt aus Volkswahlen hervorgehenden Parlament (Bundestag) nur noch eine direkte Vertretung der Landesregierungen als zweite Kammer forderte, also eine Rückkehr zum Bundesratsmodell der Bismarck'schen Verfassung[59]. Zu einer wirklichen Verständigung über die Organisation des anzustrebenden Bundesstaates kam es aber selbst im Länderrat nicht, geschweige denn im Rahmen der Bizonengremien.

Die verfassungspolitische Initiative ging damit an die Parteien über. Deren Vorstellungen tendierten nun von Anfang an in eine völlig andere Richtung. Dies gilt zunächst und vor allem für die SPD, deren Organisationskern im Exil fortbestanden hatte und die schon unmittelbar nach der Kapitulation und Besetzung als in der Zielrichtung gesamtdeutsche Partei rekonstituiert wurde[60]. Die in Hannover ansässige West-Parteileitung unter *Kurt Schumacher* knüpfte hier sehr schnell wieder an die zentralistische Tradition der Sozialdemokratie an und begann, einen

---

[55] *T. Eschenburg* (Fn. 5), S. 277; *K.-U. Gelberg*, Hans Ehard. Die föderalistische Politik des bayerischen Ministerpräsidenten 1946–1954, 1992, S. 90.

[56] Über das Scheitern der Konferenz und deren Gründe vgl. *T. Eschenburg* (Fn. 5), S. 279f., sowie *M.E. Foelz-Schroeter* (Fn. 18), S. 129ff.

[57] Siehe dazu *F. Glum* (Fn. 49), S. 590f.; der Entwurf ist veröffentlicht in: *F. Glum*, Der künftige deutsche Bundesstaat, 1948, S. 31ff.

[58] Besonders deutlich ist dies aus dem „Föderalistischen Manifest" des Jahres 1946 zu ersehen, das die Unterschrift nicht nur von *Hans Nawiasky* trug, der als Berater von Ministerpräsident *Hoegner* die Entstehung der bayerischen Landesverfassung begleitet hatte, sondern auch des auf Hoegner folgenden Ministerpräsidenten *Ehard* und des Kultusministers *Hundhammer* – vgl dazu *F.R. Pfetsch* (Fn. 45), S. 81.

[59] Siehe dazu *F. Glum* (Fn. 49), S. 601f.

[60] Vgl. zur komplizierten Organisationsgeschichte der SPD in den Jahren ab 1945 *M.G.M. Antoni*, Sozialdemokratie und Grundgesetz, Bd. 1: Verfassungspolitische Vorstellungen der SPD von den Anfängen bis zur Konstituierung des Parlamentarischen Rates 1948, 1991, S. 120ff., außerdem *T. Eschenburg* (Fn. 5), S. 172f., 180.

unter einheitlicher Leitung stehenden Parteiapparat wiederaufzubauen[61]. Dabei sorgte schon die personelle Kontinuität der führenden Parteifunktionäre wie der programmatischen Inhalte dafür, daß das traditionelle unitarisch-republikanische Ideal der Sozialdemokratie das Denken und Wollen der Partei in Fragen des künftigen Staatsaufbaus beherrschte.

Jetzt schien endlich eine Gelegenheit gekommen, in einem wirklichen Neuanfang mit dem ‚reaktionären' Erbe des Föderalismus aufzuräumen und den deutschen Staat dem alten Ideal der Demokraten gemäß umzuformen, diesen dem Vorbild der französischen ‚république une et indivisible' folgend in einen dezentralisierten Einheitsstaat umzuwandeln[62]. Verstärkt wurde diese schon historisch angelegte Tendenz zur zentralistischen Organisationsstruktur noch durch die in der Partei herrschenden Vorstellungen von einer im Kern planwirtschaftlich ausgerichteten neuen Wirtschaftsordnung, die unweigerlich nach einer starken Zentralisierung der Entscheidungsstrukturen verlangte[63]. Schon in den Londoner ‚Richtlinien für eine deutsche Staatsverfassung' vom November 1945[64], dem Positionspapier der Exilparteiorganisation, war – ganz dem Preuß'schen Konzept der gestuften Dezentralisierung entsprechend – „ein Einheitsstaat mit weitgehender Dezentralisierung und Selbstverwaltung" gefordert worden, der durch eine weitreichende Neugliederung der Länder flankiert werden sollte[65]. Auch *Kurt Schumacher* als der bald unbestrittene Parteiführer des Westens vertrat derartige Vorstellungen eines ‚dezentralisierten Einheitsstaates' im Sinne der Weimarer Reichsreformkonzepte. Entsprechend fielen dann die auf dem Nürnberger Parteitag von 1947 abgefaßten „Richtlinien für den Aufbau der Deutschen Republik"[66] aus, deren Konzeption sich „kaum von einem dezentralisierten Einheitsstaat Weimarer Prägung unterschied"[67]. „Die Deutsche Republik" –so hieß es dort unter Punkt A.4. – „wird ein Bundesstaat sein müssen, in dem sowohl die Einheitlichkeit der Regierungsgewalt als auch die damit vereinbarte Eigenständigkeit der Länder im Sinne einer gesunden Dezentralisation gewährleistet ist." Der künftige

---

[61] Vgl. dazu *M.G.M. Antoni* (Fn. 60), S. 125ff. sowie *T. Eschenburg* (Fn. 5), S. 173ff.

[62] Vgl. zur Kontinuität dieses gedanklichen Erbes *M.G.M. Antoni* (Fn. 60), S. 69ff., 106f., 130, 157ff., sowie *ders.*, Sozialdemokratie und Grundgesetz, Bd. 2: Der Beitrag der SPD bei der Ausarbeitung des Grundgesetzes im Parlamentarischen Rat, 1992, S. 64f., daneben auch *H.-P. Schwarz* (Fn. 2), S. 542ff.

[63] Vgl. dazu *T. Eschenburg* (Fn. 5), S. 176 sowie die bei *W. Grewe*, Antinomien des Föderalismus, 1948, auf S. 21 wiedergegebene symptomatische Äußerung von *Alfred Weber*: „Jede einheitliche Staatsplanung, die heute auf wirtschaftlichem und sozialem Gebiet ganz unentbehrlich ist", könne „nur bürokratisch, großorganisatorisch" und „nicht in föderativer Aufspaltung" vollzogen werden.

[64] Abgedruckt bei: *M.G.M. Antoni* (Fn. 60), S. 303ff.

[65] Siehe *M.G.M. Antoni* (Fn. 60), S. 106.

[66] Abgedruckt bei: *M.G.M. Antoni* (Fn. 60), S. 323ff. sowie bei *F.R. Pfetsch* (Fn. 45), S. 109ff.

[67] So *W. Soergel*, Konsensus und Interessen, 1969, S. 58ff.; vgl. außerdem *J. V. Wagner* (Fn. 22), S. XXVIII sowie *P. Bucher*, Einleitung, in: Der Parlamentarische Rat 1948–1949. Akten und Protokolle, herausgeg. für den Deutschen Bundestag von K.G. Wernicke, für das Bundesarchiv von H. Booms, Bd. 2: Der Verfassungskonvent auf Herrenchiemsee, bearb. von P. Bucher, 1981, S. XXXVIff.

Staat wurde als unitarischer Bundesstaat gedacht, in dem einzig das Gesamtvolk als ‚pouvoir constituant' auftritt („Die Reichsgewalt geht von dem ganzen deutschen Volk aus...“). Zwar sollte neben dem ‚Reichstag' ein ‚Reichsrat' aus Vertretern der Landtage an der Gesetzgebung beteiligt sein; die Länder sollten aber nur noch mit residualen Gesetzgebungskompetenzen ausgestattet werden, und in der vollziehenden Gewalt wurde die Auftragsverwaltung der Länder unter Weisung der Reichsregierung als Regelform der Vollziehung gefordert[68].

Der damit klar artikulierte Drang zu eher zentralistischen Organisationsformen stieß zwar auf deutliche Widerstände in den süddeutschen Landesverbänden, insbesondere in Bayern. Die Parteileitung in Hannover konnte sich jedoch im Ergebnis gegen die widerstrebenden Tendenzen durchsetzen, wie an der Ablösung des prononciert föderalistischen *Wilhelm Hoegner* als bayerischen Landesvorsitzenden 1947 ablesbar wurde[69].

Eine vergleichbare Kontinuität im Erbe der ‚Reichsreform'-Gedanken läßt sich auch für die FDP nachweisen. Gegründet als Sammelbecken für die Anhänger der beiden alten liberalen Parteien, die aus der nationalliberalen Bewegung hervorgegangene DVP und die im Erbe des Fortschritts stehende DDP[70], waren zunächst ehemalige Politiker der DDP in der Partei führend (*Reinhold Maier*, *Theodor Heuß*, *Hermann Höpker-Aschoff*). Gerade die in der republikanischen Tradition der Fortschrittspartei geprägte DDP, der ja auch *Hugo Preuß* angehört hatte, war aber eine der Hauptantriebskräfte der Reichsreformbewegung gewesen. Es gab kaum ein wichtiges Mitglied der Weimarer DDP, das nicht im Kontext der Reichsreformbewegung offensiv für eine unitarisierende Reform der Reichsverfassung eingetreten wäre.

Dem entsprachen die Forderungen nach einem reinen ‚Verwaltungsföderalismus', wie sie nach 1945 von Liberalen erhoben wurden[71]. Als Beispiel sei hier aus den „Richtlinien für die künftige Verfassung“ der FDP der britischen Zone vom 27. August 1947 zitiert[72]. Dort hieß es unter Punkt 1: „Das Reich, die Verkörperung des einigen Deutschen Volkes, ist eine Republik.“ der neue Staat wurde zwar als Bundesstaat nach dem Vorbild der Weimarer Republik gedacht; dieses Modell sollte allerdings im unitarischen Sinne, unter Anknüpfung an die ‚Reichsreform'-Gedanken, modifiziert werden. Für die Abgrenzung der „Gesetzgebungsmacht des Reiches“ wurden einerseits die Art. 6ff. der Weimarer Verfassung als „brauchbare Grundlage“ empfohlen. Die neue Verfassung sollte aber insoweit darüber hinausgehen, als für das Erziehungs- und Bildungswesen die Aufstellung „ein-

---

68 Vgl. *M.G.M. Antoni* (Fn. 60), S. 162ff.

69 *T. Eschenburg* (Fn. 5), S. 182.

70 Vgl. zur Entstehung der FDP insbes. *D. Hein*, Zwischen liberaler Milieupartei und nationaler Sammlungsbewegung. Gründung, Entwicklung und Struktur der Freien Demokratischen Partei 1945–1949, 1985, außerdem *T. Eschenburg* (Fn. 5), S. 202ff.

71 Vgl. dazu im Detail *K.-H. Lamberty*, Die Stellung der Liberalen zum föderativen Staatsaufbau in der Entstehungsphase der Bundesrepublik Deutschland 1945–1949, 1981; vgl. außerdem *P. Bucher* (Fn. 67), S. XLIXff. sowie *T. Aders*, Die Utopie vom Staat über den Parteien. Biographische Annäherungen an Hermann Höpker Aschoff, 1994, S. 244.

72 Abgedruckt bei: *F.R. Pfetsch* (Fn. 45), S. 103ff.; vgl. dazu auch *P. Bucher* (Fn. 67), S. Lf.

heitlicher Grundsätze" durch den Reichsgesetzgeber gefordert wurde. Auch im Bereich der Verwaltung wurde an das System der Weimarer Verfassung angeknüpft. Auch hier verband man damit allerdings die Forderung nach weitergehender Unitarisierung: „Die Landesverwaltung ist an die Reichsgesetze gebunden. Auf manchen Gebieten muß sie auch einem Weisungsrecht oberster Reichsstellen unterworfen werden. Dies gilt insbesondere für die Wirtschaftsverwaltung, die Arbeitsverwaltung, die Sozialversicherung und das Straßenverkehrswesen."[73]

Im Parlamentarischen Rat stimmte dann die Mehrzahl der FDP-Vertreter mit der SPD für Vorschläge einer möglichst weitgehenden Unitarisierung des Staatsaufbaus. Der Ordoliberale *Wilhelm Röpke*, der selbst nach 1945 mit föderalen Vorstellungen hervorgetreten war[74], hat diesen unter Liberalen herrschenden Antiföderalismus 1949 in einem Artikel beklagt mit den Worten, es scheine „in Deutschland auch außerhalb des Kreises der Sozialisten ... weitherum zur Gewohnheit geworden zu sein", von Föderalismus „als einer bösartigen Marotte von Querköpfigen zu reden, die der Einheit des Ganzen widerstreben"[75] – eine Bemerkung, die vor allem auf seine Kollegen im liberalen Lager gemünzt war.

Komplizierter war das Meinungsbild dagegen in den neugegründeten christdemokratischen Parteien. Als Sammelparteien neuen Typs konnten CDU und CSU nicht unbesehen auf historische Traditionslinien ihrer Vorläuferparteien zurückgreifen, wollten sie ihren Grundansatz als ‚Volkspartei' ernstnehmen[76]. Zwar waren in der CDU der Rheinlande, aber auch Württembergs, Badens und Hessens, das Erbe des Zentrums und damit natürlich das Erbe der katholischen Soziallehre mit ihren Vorstellungen vom Vorrang der kleinen Einheiten und dem Subsidiaritätsprinzip prägend[77]. In den vorwiegend protestantischen Regionen des Nordens waren für die neugegründete CDU aber eher nationalkonservativ-unitarische Strömungen bestimmend, was die innerparteiliche Debatte über den Aufbau des künftigen Staates äußerst schwierig werden ließ[78]. Die ersten programmatischen Papiere der regional gebildeten Gruppierungen waren in der Frage des Staatsaufbaus daher regelmäßig betont zurückhaltend: Außer dem allgemeinen Bekenntnis zur Bundesstaatlichkeit als Grundprinzip war diesen Programmpapieren nicht viel an Aussage zu entnehmen[79].

Besonders zerrissen in persönlicher wie programmatischer Hinsicht war die bayerische Neugründung der CSU. Diese war deutlich gespalten in mehrere sich

---

[73] *F.R. Pfetsch* (Fn. 45), S. 104.

[74] Zur Rolle von *Wilhelm Röpke* in den Jahren nach 1945 vgl. *H.-P. Schwarz* (Fn. 2), S. 393ff.

[75] *W. Röpke*, Föderalismus – national und international, Neue Zürcher Zeitung v. 24. 5. 1949.

[76] Zur komplizierten Gründungsgeschichte der christdemokratischen Parteien vgl. nur *E. Deuerlein*, CDU/CSU 1945–1957, 1957, S. 38ff. sowie *T. Eschenburg* (Fn. 5), S. 183ff.

[77] Besonders deutlich ist dies z.B. in den zahlreichen Publikationen des rheinland-pfälzischen Politikers (und dann Justizministers) *Adolf Süsterhenn* im „Rheinischen Merkur" in den Jahren nach 1945 – vgl. dazu *R. Ley*, Föderalismus-Diskussion innerhalb der CDU/CSU, 1978, S. 24, sowie *H.-P. Schwarz* (Fn. 2), S. 409, 413ff.

[78] Vgl. *T. Eschenburg* (Fn. 5), S. 193f.

[79] Siehe dazu *R. Ley* (Fn. 77), S. 19ff.

befehdende Flügel, einen eher traditionalistisch-altbayerischen Flügel in der Kontinuität der BVP um *Alois Hundhammer* und den ersten Nachkriegs-Ministerpräsidenten Bayerns (und letzten Vorsitzenden der BVP in der Weimarer Ära) *Fritz Schäffer* sowie einen eher modernistischen und gesamtdeutsch-föderalistisch orientierten Flügel um *Joseph Müller*, mit einer agrarisch-populistischen Gruppierung um Landtagspräsidenten *Horlacher* als Zünglein an der Waage[80]. Einig war man sich im Grunde nur in der Beteuerung, das Eintreten für einen föderalistischen Staatsaufbau dürfe nicht gleichgesetzt werden mit Separatismus[81]. Während aber der traditionalistische Flügel den Schwerpunkt allein auf die möglichst weitgehende Wahrung der Eigenständigkeit Bayerns legte, hatte der auf Gründung einer modernen Massenpartei zielende Flügel um *Joseph Müller* zugleich die Notwendigkeit der Schaffung eines funktionsfähigen deutschen Bundesstaates im Auge[82]. Nachdem Versuche gescheitert waren, die Programmdiskussion aufzuschieben, fielen die ersten verfassungspolitischen ‚Richtlinien' der Partei vom 17. Mai 1946 zunächst betont partikularistisch aus: In Punkt 1 wurde die unwandelbare Treue der CSU zum bayerischen Volk und Staat betont und es wurde verlangt, daß entsprechend dem „von alters her in Bayern verwurzelten demokratischen Gedanken" die „Neuauflage des Reiches von unten her, das heißt auf der Grundlage selbständiger Staaten" zu erfolgen habe[83]. Dem Bund solle nur überlassen werden, „was zur Erhaltung seiner politischen und wirtschaftlichen Einheit notwendig" sei – nach Auffassung der Traditionalisten ein Bekenntnis zur Übertragung von Zuständigkeiten auf den Bund durch „vertragsmäßige Vereinbarung"[84]. Das „Grundsatzprogramm" der Partei und deren „Dreißig Punkte der Union", beide vom Dezember 1946, fielen dann wieder deutlich zurückhaltender aus, betonten neben dem Bekenntnis zum Föderalismus und der Ablehnung jeglicher Form von Zentralismus und Separatismus nur die Forderung nach dem Bundesstaat, in dem die Gliedstaaten eine eigene „Staatspersönlichkeit darstellen"[85].

Zu ersten zonenübergreifenden Diskussionen über die künftige Programmatik der christdemokratischen Parteien kam es im Rahmen des Mitte 1946 etablierten „Zonenverbindungsausschußes" in Frankfurt a.M., dann verstärkt in der Anfang 1947 gegründeten „Arbeitsgemeinschaft der Christlich-Demokratischen und Christlich-Sozialen Union Deutschlands", einem losen Zusammenschluß der regionalen Parteiverbände[86]. Der im Rahmen der „Arbeitsgemeinschaft" gebildete ‚Verfassungsausschuß' unter der Leitung von *Heinrich von Brentano* sollte auf

---

[80] Vgl. zu Gründung und Entwicklung der CSU *A. Mintzel*, Geschichte der CSU, 1977, S. 58ff. sowie *T. Eschenburg* (Fn. 5), S. 198ff.; außerdem *R. Ley* (Fn. 77), S. 26f. und *K.-U. Gelberg* (Fn. 55), S. 37ff.

[81] *R. Ley* (Fn. 77), S. 27.

[82] Vgl. *A. Mintzel* (Fn. 80), S. 213ff. sowie *R. Ley* (Fn. 77), S. 27f.

[83] Zitiert nach *R. Ley* (Fn. 77), S. 27; siehe auch *A. Mintzel* (Fn. 80), S. 207f.

[84] Siehe *R. Ley* (Fn. 77), S. 27.

[85] Siehe dazu *A. Mintzel* (Fn. 80), S. 213ff., außerdem *R. Ley* (Fn. 77), S. 28.

[86] Zu deren Gründung vgl. *R. Ley* (Fn. 77), S. 34ff. sowie ausführlich *B. Kaff*, Einleitung, in: Die Unionsparteien 1946 – 1950. Protokolle der Arbeitsgemeinschaft der CDU/CSU Deutschlands und der Konferenzen der Landesvorsitzenden, 1989, S. IXff.

der Grundlage der allgemein formulierten Ziele – Wiederherstellung der politischen und wirtschaftlichen Einheit mittels eines bundesstaatlichen Zusammenschlusses der deutschen Länder – den Entwurf einer zukünftigen Verfassung Deutschlands ausarbeiten[87].

Schon bei Gründung des Verfassungsausschusses führte dabei die Frage zu hitzigen Debatten, ob der Zusammenschluß zu einem Bundesstaat durch Vertrag zwischen den einzelnen Ländern erfolgen könne oder ob im Sinne der Einheitswahrung nur die Einsetzung einer zentralen verfassunggebenden Versammlung in Betracht komme[88]. Die Frage blieb auch in der Folge umstritten zwischen den stark unitarisch orientierten Landesverbänden der sowjetischen Zone und den auf Wahrung der Länderstaatlichkeit bedachten süddeutschen Parteiorganisationen[89].

Der vom Verfassungsausschuß erstellte Entwurf bemühte sich im Ergebnis um einen Kompromiß zwischen unitarischen Strömungen und traditionellen Föderalisten. Die vorgeschlagene Zweite Kammer auf Bundesebene war als Mischsystem nach dem Vorbild der Bundesverfassung von 1849 konzipiert, mit zur Hälfte von den Landesregierungen, zur Hälfte von den Landesparlamenten bestimmten Vertretern der Länder. In der Frage der Gesetzgebungskompetenzen war der Entwurf eher unitarisch angelegt, sprach er doch dem Bund Kompetenzen der Grundsatzgesetzgebung auch in klassischen Materien der Ländergesetzgebung zu, wie dem Schutz der öffentlichen Sicherheit und Ordnung, dem Beamtenrecht, ja gar zur „Aufstellung einheitlicher Bildungsziele", womit Fragen der Dauer des Schulbesuchs, der Abschlußprüfungen und der Zulassungsbedingungen zu Hochschulen gemeint waren. In Fragen der Verwaltung hielt der Entwurf dagegen an der traditionellen Vollziehungskompetenz der Länder fest; bundeseigene Verwaltung sollte eng umgrenzte Ausnahme bleiben.[90]

Als Reaktion auf diesen insgesamt recht unitarisch ausgefallenen Entwurf legte der sogen. ‚Ellwanger Kreis', ein stark von Mitgliedern der süddeutschen Länderexekutiven dominierter Diskussionszirkel innerhalb der CDU/CSU[91], Anfang 1948 einen Gegenentwurf zu einer Bundesverfassung vor. Dieser Entwurf betonte gezielt die Rolle der Länder und plädierte für das klassische Bundesratsmodell, also eine zweite Kammer aus Vertretern der Landesregierungen, die den Ländern die Mitsprache in der Bundespolitik sichern sollte. Die Verteilung der Gesetzgebungszuständigkeiten verzichtete auf das Institut der Grundsatzgesetzgebung und schränkte den Katalog der Kompetenzen des Bundes deutlich ein; auch in der

---

[87] Zu Mandat, Zusammensetzung und Tätigkeit des Verfassungsausschusses der „Arbeitsgemeinschaft" vgl. *R. Ley* (Fn.77), S.36ff., 41ff.

[88] Vgl. *R. Ley* (Fn.77), S.36f.

[89] Vgl. *R. Ley* (Fn.77), S.43ff.

[90] Vgl. zu den Ergebnissen der Arbeit des Verfassungsausschusses *R. Ley* (Fn.77), S.41ff., 45ff., außerdem *R. Salzmann*, Einleitung, in: Die CDU/CSU im Parlamentarischen Rat. Sitzungsprotokolle der Unionsfraktion, 1981, S. XXVIf. sowie *P. Bucher* (Fn.67), S. XLIIff.

[91] Zu Entstehung und Tätigkeit des ‚Ellwanger Kreises' vgl. *R. Ley* (Fn.77), S.54ff. und *K.-U. Gelberg* (Fn.55), S.66ff. sowie ausführlich *W. Benz*, Föderalistische Politik in der CDU/CSU. Die Verfassungsdiskussion im Ellwanger Kreis 1947/48, VfZ 25 (1977), S.776ff.

Frage der Vollziehung war der Entwurf bewußt restriktiv formuliert. Für die Finanzverfassung wurde schließlich ein Trennsystem vorgeschlagen, bei dem nur bestimmte Steuern dem Bund zugewiesen werden sollten; auch nur über diese Steuern sollte er Gesetzgebungskompetenz erhalten. Eventuell das Maß der dadurch gewährten Ressourcen übersteigender Bedarf sollte aus Matrikularbeiträgen der Länder gedeckt werden.[92]

Die durch den Ellwanger Entwurf ausgelöste innerparteiliche Diskussion zeigte, daß eine Übereinstimmung über den bundesstaatlichen Aufbau zwischen den unterschiedlichen christdemokratischen Gruppierungen nur schwer zu erzielen sein würde. Während die in den Länderexekutiven tätigen Politiker und die Parteiverbände Süd- und Südwestdeutschlands eher das betont föderalistische Modell des Ellwanger Kreises bevorzugten, zeigten die CDU der britischen Zone, aber auch allgemein die zusehends um Stärkung bemühten Parteiapparate (einschließlich der von Parteifunktionären dominierten „Arbeitsgemeinschaft") eher Präferenz für den unitarisch orientierten Entwurf des ‚Verfassungsausschusses'[93]. Als schwierig erwies sich dabei vor allem die Frage der Zweiten Kammer und die damit verbundene Frage der Mitwirkung der Länder an der Bundespolitik[94]. Deren Zusammensetzung wie Kompetenzen (Gleichberechtigung mit der Ersten Kammer oder nur suspensives Veto?) blieben bis in die Beratungen des Parlamentarischen Rates innerparteilich umstritten[95].

4.4. Von der Londoner Sechsmächte-Konferenz zum Parlamentarischen Rat

4.4.1. Die Londoner Sechsmächte-Konferenz

Die Würfel für die Gründung eines westdeutschen Separatstaates, also für den Ausbau der drei Westzonen zu einem eigenständigen Staat, waren auf der Londoner Konferenz in der ersten Hälfte des Jahres 1948 gefallen. Die im „Letter of Advice" vom 12. Mai 1948[96]an die alliierten Militärgouverneure enthaltenen Vorgaben für den föderativen Aufbau einer deutschen Verfassung wurden zunächst nicht öffentlich bekanntgegeben, um den Eindruck eines Verfassungsdiktats der Alliierten zu vermeiden[97]. Die Militärgouverneure informierten in eigens dazu

---

[92] Siehe zum Verfassungsentwurf des ‚Ellwanger Kreises' *R. Ley* (Fn. 77), S. 57ff., insbes. S. 61ff., außerdem *W. Benz* (Fn. 91), S. 812f.; *R. Salzmann* (Fn. 90), S. XXVIIf.; *J. V. Wagner* (Fn. 22), S. XXIX; *P. Bucher* (Fn. 67), S. XLIVff.; *K.-U. Gelberg* (Fn. 55), S. 71.

[93] Vgl. *R. Ley* (Fn. 77), S. 64ff. sowie *R. Salzmann* (Fn. 90), S. XXVIIIf., außerdem *J. V. Wagner* (Fn. 22), S. XXIX.

[94] *R. Ley* (Fn. 77), S. 65; *R. Salzmann* (Fn. 90), S. XXX; *W. Benz* (Fn. 91), S. 817.

[95] Vgl. *R. Ley* (Fn. 77), S. 67ff.

[96] Siehe oben Fußn. 24 sowie *R. Mußgnug*, Zustandekommen des Grundgesetzes und Entstehen der Bundesrepublik Deutschland, in: J. Isensee / P. Kirchhof (Hrsg.), Handbuch des Staatsrechts, Bd. I, 1987, S. 219, 224ff.

[97] Siehe *J. V. Wagner* (Fn. 22), S. XIX sowie *J. Gimbel* (Fn. 22), S. 274.

anberaumten Besprechungen Ende Juni 1948 zunächst die Ministerpräsidenten der Länder nur recht unbestimmt über den Inhalt der Beschlüsse der Londoner Konferenz[98]. Daß die Befürchtungen nicht ganz unberechtigt waren, die alliierten Vorgaben könnten als Diktat empfunden werden, zeigte z.B. die Reaktion der Parteiführung der SPD auf die Londoner Beschlüsse. Auf einer gemeinsamen Konferenz von Parteivorstand, Parteiausschuß und sozialdemokratischen Ministerpräsidenten am 28./29. Juni 1948 legte die Partei mit Blick auf die föderalistischen Forderungen der Alliierten Verwahrung gegen alle Versuche ein, „Deutschland verfassungsrechtliche Konstruktionen aufzuzwingen"[99].

4.4.2. Die Frankfurter Dokumente

In genauere Vorgaben umgesetzt wurden die Beschlüsse dann mit den sogen. ‚Frankfurter Dokumenten'[100], die den Ministerpräsidenten am 1. Juli 1948 von den drei alliierten Militärgouverneuren übergeben wurden[101]. In Dokument I wurden die Regierungschefs der westdeutschen Länder aufgefordert, eine Verfassunggebende Versammlung einzuberufen zur Ausarbeitung einer demokratisch-föderativen Verfassung, „die die Rechte der beteiligten Länder schützt, eine angemessene Zentralinstanz schafft und die Garantien der individuellen Rechte und Freiheiten enthält". Mit Dokument II wurden die Länderregierungen aufgefordert, die Ländergrenzen einer Überprüfung im Sinne einer Vermeidung zu großer und zu kleiner Länder zuzuführen, und in Dokument III wurden die Grundzüge eines zukünftigen Besatzungsstatuts bekanntgegeben[102].

In ihrem verfassungsrechtlichen Teil waren die ‚Frankfurter Dokumente' dabei weiterhin bewußt unbestimmt gehalten, weit unpräziser als die zugrundeliegenden Beschlüsse der Londoner Konferenz[103]. Hatten diese ein Zweikammersystem gefordert, zudem bestimmte Anforderungen für die Verteilung der Gesetzgebungskompetenzen aufgestellt (keine Bundeskompetenzen im Erziehungswesen, kulturellen Bereich und der kommunalen Selbstverwaltung, beschränkte Zuständigkeit der Zentralorgane im öffentlichen Wohlfahrtswesen und in Fragen der Polizei, Beschränkungen der Steuererhebungsrechte des Bundes), so begnügten sich die ‚Frankfurter Dokumente' mit der Forderung nach einer „Regierungs-

---

[98] Vgl. *J.V. Wagner* (Fn.22), S. XIX.

[99] Siehe *M.G.M. Antoni* (Fn.60), S.187f.

[100] Abgedruckt in Bonner Kommentar, Bd.I, Einleitung, S.40ff. sowie in: Der Parlamentarische Rat 1948–1949. Akten und Protokolle, herausgeg. für den Deutschen Bundestag von K.G. Wernicke, für das Bundesarchiv von H. Booms, Bd.1: Vorgeschichte, bearb. von J.V. Wagner, 1975, S.30ff.

[101] Vgl. das Protokoll der Konferenz der Militärgouverneure mit den Ministerpräsidenten der westdeutschen Besatzungszonen, Frankfurt, 1. Juli 1948, abgedruckt in: Der Parlamentarische Rat 1948–1949, Bd. I (Fn.100), S.22ff.

[102] Zu den ‚Frankfurter Dokumenten' vgl. *T. Eschenburg / W. Benz*, Der Weg zum Grundgesetz, in: T. Eschenburg (Fn.5), S.459ff.; *W. Benz*, Von der Besatzungsherrschaft zur Bundesrepublik, 1984, S.156ff.; *R. Mußgnug* (Fn.96), S.226ff.

[103] Vgl. *J.V. Wagner* (Fn.22), S. XXVII.

form des föderalistischen Typs", wobei ein Gleichgewicht zwischen Wahrung der Rechte der Länder und Schaffung einer „angemessenen Zentralinstanz" anzustreben sei. Bezüglich des weiteren Vorgehens waren die ‚Frankfurter Dokumente' allerdings sehr konkret: Eine Verfassunggebende Versammlung sei bis 1. September 1948 nach von den Länderparlamenten bestimmten Verfahren zu wählen. Die fertige Verfassung sei dann von den Militärgouverneuren zu „ratifizieren", anschließend durch Referendum in den Ländern anzunehmen, wobei sie in Kraft trete, wenn sie in mindestens zwei Dritteln der Länder angenommen worden sei.

4.4.3. Die Reaktionen der Ministerpräsidenten

Mit der Übergabe der ‚Frankfurter Dokumente' an die Ministerpräsidenten der Länder hatten die Militärgouverneure noch einmal den Länderregierungen die Initiative in der Gestaltung des weiteren Vorgehens zugespielt[104]. Dies blieb nicht ohne Widerspruch von Seiten der politischen Parteien – ein Verweis darauf, daß innerparteilich erhebliche inhaltliche Differenzen zwischen den Ministerpräsidenten und den Parteiapparaten bestanden[105]. Die Ministerpräsidenten trafen sich aber schon eine Woche später in Koblenz, am 8.-10. Juli, um eine gemeinsame deutsche Haltung zu den Vorschlägen der Besatzungsmächte zu entwickeln[106]. Schon bei den parteiinternen Vorbesprechungen hatte sich dabei herauskristallisiert, daß allseits der Schritt zu einer ‚Verfassunggebenden Nationalversammlung' nach dem Vorbild von Weimar gescheut wurde; lieber wollte man nur einen Ausschuß aus Delegierten der Landtage zur Erarbeitung eines vorläufigen Organisationsstatuts schaffen, um mit Rücksicht auf die zu wahrende Einheit Deutschlands den provisorischen Charakter der Maßnahmen zu betonen[107]. In diesem Punkt konnte dann auch leicht Konsens unter den Regierungschefs der Länder erzielt werden[108]. Als schwieriger erwies sich dies dagegen in den Detailfragen. Wie sollte der ‚vorläufige Ausschuß' zusammengesetzt werden, welche Kompetenzen sollte er haben, wie sollte die Verfassung dann endgültig in Kraft gesetzt werden? Man einigte sich schließlich auf einen durch die Landtage zu beschickenden ‚Parlamentarischen Rat', und das von diesem erarbeitete ‚Grundgesetz' sollte nicht durch ein Referendum angenommen und in Kraft gesetzt werden

[104] Siehe *J.V. Wagner* (Fn.22), S. XXX sowie *K.-U. Gelberg* (Fn.55), S.126ff.

[105] Vgl. dazu *M.G.M. Antoni* (Fn.60), S.193ff. sowie *J.V. Wagner* (Fn.22), S. XXXff.

[106] Zur Ministerpräsidentenkonferenz in Koblenz vgl. *J.V. Wagner* (Fn.22), S. XXXVIff.; *M.G.M. Antoni* (Fn.60), S.195ff.; *W. Benz* (Fn.102), S.163ff.; *K.-U. Gelberg* (Fn.55), S.130ff. Siehe auch das Protokoll der Konferenz, abgedruckt in: Der Parlamentarische Rat 1948–1949, Bd.1 (Fn.100), S.60ff.

[107] Vgl. *J.V. Wagner* (Fn.22), S. XXXIIIf.; *M.G.M. Antoni* (Fn.60), S.193ff.; *R. Mußgnug* (Fn.96), S.228f.; *K.-U. Gelberg* (Fn.55), S.137ff. Vgl. auch als besonders prägnant in diesem Punkt die Bemerkungen des Justizministers von Württemberg-Hohenzollern, *Carlo Schmid*, auf der Koblenzer Ministerpräsidentenkonferenz – siehe das Protokoll der Konferenz, abgedruckt in: Der Parlamentarische Rat 1948–1949, Bd.1 (Fn.100), S.90.

[108] Vgl. *J.V. Wagner* (Fn.22), S. XXXVII sowie *M.G.M. Antoni* (Fn.60), S.197f.; siehe auch Protokoll der Koblenzer Ministerpräsidentenkonferenz (Fn.106), S.68ff.

– dies hätte zu sehr an vollgültige Verfassunggebung erinnert – sondern nur durch die Ministerpräsidenten nach Anhörung der Landtage[109]. In der Frage der Überprüfung der Ländergrenzen war man zum Ergebnis gekommen, daß „eine grundsätzliche und endgültige Lösung geboten ist", die „eingehender Prüfung" bedürfe[110] – mit anderen Worten: das Thema war so heikel, daß man dessen Behandlung lieber verschob. Angesichts der wechselseitigen Gebietsansprüche der nach 1945 gebildeten Länder und der divergierenden Neugliederungsvorstellungen der Landesregierungen kann dies auch kaum verwundern[111].

Die Militärgouverneure hielten die Reaktion der Ministerpräsidenten – nicht ganz zu Unrecht – für ein Zurückschrecken vor der Weststaatsgründung[112]. Die französische Militärregierung versuchte dies Zögern auszunutzen, um von den ungeliebten Londoner Beschlüssen wegzukommen und die Verschmelzung der drei Zonen zu einem gemeinsamen Staat zu hintertreiben[113]. Dies konnte von Amerikanern und Briten überspielt werden. In der Sache jedoch blieben die Militärregierungen hart: Entweder die Londoner Bedingungen würden akzeptiert, oder es komme so bald zu keiner Eigenstaatlichkeit des besetzten Deutschlands[114]. Nach mehreren Beratungen auf Schloß Niederwald bei Rüdesheim rangen sich dann schließlich die Ministerpräsidenten doch zum Kompromiß mit den Besatzungsmächten durch, unter Beharren auf dem provisorischen Charakter der zu treffenden Maßnahmen, der in den Benennungen 'Parlamentarischer Rat' und ‚Grundgesetz' zum Ausdruck kommen solle, aber auch im Fehlen eines Plebiszits über die Annahme der neuen Verfassung[115]. Bei einer gemeinsamen Konferenz der Ministerpräsidenten mit den drei alliierten Militärgouverneuren am 26. Juli 1948 konnte dann auf dieser Basis Einvernehmen mit den Besatzungsmächten über den Weg zur Erstellung einer Verfassung für den zu gründenden Weststaat erzielt werden – allerdings unter vorläufiger Ausklammerung der Frage des Plebiszits über die Verfassung und des Zeitplans für die Länderneugliederung[116].

---

[109] Vgl. den Kommissionsbericht der Ministerpräsidentenkonferenz zu Dokument I und die Aussprache dazu – Protokoll der Konferenz, abgedruckt in: Der Parlamentarische Rat 1948–1949, Bd. 1 (Fn. 100), S. 98ff., außerdem das Antwortschreiben der Ministerpräsidenten an die Militärgouverneure vom 10. 7. 1948, abgedruckt in: Der Parlamentarische Rat 1948–1949, Bd. 1 (Fn. 100), S. 143ff., dort insbes. S. 146f.; vgl. auch *J. V. Wagner* (Fn. 22), S. XXXVIII sowie *M. G. M. Antoni* (Fn. 60), S. 198f.

[110] So die Formulierung im Antwortschreiben der Ministerpräsidenten an die Militärgouverneure vom 10. 7. 1948, abgedruckt in: Der Parlamentarische Rat 1948–1949, Bd. 1 (Fn. 100), S. 144f.

[111] Vgl. dazu *F. R. Pfetsch* (Fn. 45), S. 76, außerdem *J. V. Wagner* (Fn. 22), S. LXIff..

[112] Vgl. *W. Benz* (Fn. 102), S. 167f.; *J. V. Wagner* (Fn. 22), S. XLII, XLV; *K.-U. Gelberg* (Fn. 55), S. 148ff. Vgl. auch die Aufzeichnung der Besprechung der vier Ministerpräsidenten der amerikanischen Zone mit General Clay in Frankfurt am 12. 7. 1948, abgedruckt in: Der Parlamentarische Rat 1948–1949, Bd. 1 (Fn. 100), S. 151ff.

[113] Vgl. *J. V. Wagner* (Fn. 22), S. XLIIIf.; *W. Benz* (Fn. 102), S. 168f.

[114] Vgl. *J. V. Wagner* (Fn. 22), S. XLVIff.; *W. Benz* (Fn. 102), S. 171f.

[115] Vgl. *J. V. Wagner* (Fn. 22), S. XLIXff.; *W. Benz* (Fn. 102), S. 172ff.; *K.-U. Gelberg* (Fn. 55), S. 153ff.

[116] Vgl. zum Ergebnis der Konferenz vom 26. 7. 1948 *J. V. Wagner* (Fn. 22), S. LIff. sowie *K.-U.*

Dem Zusammentritt des Parlamentarischen Rates stand damit grundsätzlich nichts mehr im Wege. Die Parteien einigten sich ohne Probleme auf das Verfahren der Benennung der Mitglieder des Parlamentarischen Rates – Wahl durch die Landtage nach dem proportionalen Anteil der Fraktionen in den Landesparlamenten, wobei die Benennung der einzelnen Kandidaten den Fraktionen überlassen blieb. Als Ort der Beratungen wurde Bonn bestimmt, und als Zeitpunkt des Zusammentretens einigte man sich auf den 1. September 1948.[117]

4.4.4. Der Herrenchiemseer Verfassungskonvent

Doch zuvor unternahmen die Landesregierungen noch einen letzten Versuch, dem drohenden Verlust der Initiative in der Formulierung der neuen Verfassung zu begegnen. Über den von den Ministerpräsidenten für Mitte August 1948 nach Herrenchiemsee einberufenen Verfassungskonvent[118]suchten sie den Parlamentarischen Rat durch einen autoritativen Verfassungsentwurf der Länder zu binden. Das durch die Landesregierungen beschickte Gremium von Sachverständigen aus Politik und Bürokratie erarbeitete einen in betont föderalistischem Geist gehaltenen Entwurf einer Bundesverfassung[119]. Die ursprünglich intendierte Bindungswirkung des Entwurfs scheiterte allerdings am Widerstand der SPD, die nicht gewillt war, den Entwurf dem Parlamentarischen Rat als Regierungsvorlage der Länder zuzuleiten, sondern die auf dessen Charakter als reinem Arbeitspapier bestand[120].

Entscheidende Fragen des Aufbaus des neuen Bundesstaates hatten sich schon in den Beratungen des Verfassungskonvents als überaus kontrovers erwiesen. Zum einen war dies die grundsätzliche Frage nach der Quelle der Staatsgewalt: Während insbesondere die bayerischen Vertreter die Staatsgewalt im Prinzip allein in den Ländern angesiedelt sahen, womit der Bund eines Aktes der Übertragung von Hoheitsbefugnissen durch die Länder bedurfte, um tätig werden zu können[121], wollte die Mehrheit der Delegierten an die nach wie vor als fortbestehend gedachte Reichsgewalt (und damit die einheitliche Volkssouveränität des gesamten deutschen Volkes) anknüpfen, die es in einer neu zu schaffenden Bundesgewalt zu reorganisieren gelte[122].

Gelberg (Fn. 55), S. 164ff.; vgl. auch das Protokoll der Konferenz, abgedruckt in: Der Parlamentarische Rat 1948–1949, Bd. 1 (Fn. 100), S. 273ff.

[117] Vgl. *J. V. Wagner* (Fn. 22), S. LIVf.; *R. Mußgnug* (Fn. 96), S. 230f.; *R. Morsey*, Verfassungsschöpfung unter Besatzungsherrschaft, DÖV 1989, S. 471ff.

[118] Vgl. dazu *J. V. Wagner* (Fn. 22), S. LVf., *K.-U. Gelberg* (Fn. 55), S. 172ff. sowie ausführlich *P. Bucher* (Fn. 67), S. VIIff.

[119] Abgedruckt in: Der Parlamentarische Rat 1948–1949. Akten und Protokolle, herausgeg. für den Deutschen Bundestag von K.G. Wernicke, für das Bundesarchiv von H. Booms, Bd. 2: Der Verfassungskonvent auf Herrenchiemsee, bearb. von P. Bucher, 1981, S. 579ff.

[120] *J. V. Wagner* (Fn. 22), S. LVI; *P. Bucher* (Fn. 67), S. CXVff.; *K.-U. Gelberg* (Fn. 55), S. 178ff.

[121] Vgl. in diesem Sinne auch den im Bericht des Unterausschusses I des Verfassungskonvents wiedergegebenen Minderheitsstandpunkt, in: Der Parlamentarische Rat 1948–1949, Bd. 2 (Fn. 119), S. 189, 195f.

[122] Besonders prägnant in diesem Sinne sind die Äußerungen des hessischen Staatssekretärs

Mit der Konstruktion der Bundesstaatlichkeit verknüpft war auch die zweite wichtige Streitfrage nach der Natur der Zweiten Kammer: Senatslösung oder Bundesrat? Von verschiedenen Seiten wurde das Festhalten am überlieferten Bismarck'schen Bundesratsmodell als verfehlt, als ‚historisierend' angesehen, und es wurde die Schaffung einer zweiten Kammer aus direkt gewählten Abgeordneten im Stile des amerikanischen Senats gefordert[123]. Die Mehrheit der Delegierten und Sachverständigen hielt allerdings eine Rückkehr zum traditionellen deutschen Bundesratsmodell für nötig, über das die Landesregierungen an der Bundesgesetzgebung zu beteiligen seien[124]. Wie weit im Gefolge aber der Einfluß des Bundesrates auf die Gestaltung der Politik des Bundes gehen sollte, blieb umstritten. Die bayerische Vorstellung einer vollkommenen Gleichberechtigung des Bundesrates mit dem Bundestag, wenn nicht einer Präponderanz des ‚föderalen' Organs über das direkt gewählte Parlament fand jedenfalls keine breite Zustimmung[125]. Die Mehrheit bevorzugte eine eher kontrollierend-bremsende Funktion nach dem Vorbild der Weimarer Verfassung, bei der dem Bundesrat im Regelfall nur ein überwindbares (suspensives) Veto zukommen sollte. Ein volles Veto sollte ihm nur bei bestimmten Gesetzen zustehen, durch „die das bundesstaatliche Gefüge eine grundlegende Änderung erfährt", wie im Bereich der Schaffung neuer Bundesverwaltungen und -behörden, bei der Unterwerfung der Länder unter die Bundesauftragsverwaltung und bei der Übernahme von neuen Ausgaben zu neuen Zwecken auf den Bundeshaushalt[126].

Damit im Zusammenhang stand die – weitgehend unkontroverse – Frage der Ausführung der Bundesgesetze. Wie in den Vorläuferverfassungen von 1867/71 und 1919 sollte Regelfall die landeseigene Ausführung der Bundesgesetzgebung (mit reiner Rechtsaufsicht) bleiben. Die bundeseigene Verwaltung sollte in ihrem

---

Brill in der 1. Plenarsitzung des Verfassungskonvents am 11.8.1948, in: Der Parlamentarische Rat 1948–1949, Bd. 2 (Fn. 119), S. 77f.; vgl. auch die Bemerkungen der Delegierten *Beyerle*, a.a.O., S. 91f., *Danckwerts*, a.a.O., S. 97, *Drexelius*, a.a.O., S. 99f., *Carlo Schmid*, a.a.O., S. 102; siehe außerdem die Darstellung des Debattenstands im Abschlußdokument des Verfassungskonvents ‚Bericht über den Verfassungskonvent auf Herrenchiemsee vom 10. bis 23. August 1948', abgedruckt in: Der Parlamentarische Rat 1948–1949, Bd. 2 (Fn. 119), S. 504, 509ff.

123 Siehe die Äußerungen des hessischen Staatssekretärs *Brill* in der Plenarsitzung des Verfassungskonvents, in: Der Parlamentarische Rat 1948–1949, Bd. 2 (Fn. 119), S. 83f., 132f.; außerdem *Baade*, a.a.O., S. 146f., *Carlo Schmid*, a.a.O., S. 149ff.; vgl. auch zu den entsprechenden Debatten im Unterausschuß III des Verfassungskonvents *P. Bucher* (Fn. 67), S. Cff. sowie den Abschlußbericht des Unterausschusses III, abgedruckt in: Der Parlamentarische Rat 1948–1949, Bd. 2 (Fn. 119), S. 279, 286ff., schließlich den zusammenfassenden Bericht im Schlußdokument des Verfassungskonvents (Fn. 122), S. 542ff.

124 Siehe in diesem Sinne in den Plenardebatten des Verfassungskonvents *Süsterhenn*, in: Der Parlamentarische Rat 1948–1949, Bd. 2 (Fn. 119), S. 128f., 147ff., *Beyerle*, a.a.O., S. 130, *Küster*, a.a.O., S. 131, *Zürcher*, a.a.O., S. 137, *Pfeiffer*, a.a.O., S. 137ff., *Spitta*, a.a.O., S. 140 sowie den Bericht des Unterausschusses III des Verfassungskonvents, a.a.O., S. 279, 284f., 288ff., außerdem den mündlichen Bericht durch den Berichterstatter *Küster* an das Plenum, a.a.O., S. 369ff. und das Schlußdokument des Verfassungskonvents (Fn. 122), S. 540ff.

125 Vgl. *P. Bucher* (Fn. 67), S. XCVIff.

126 Siehe den Bericht des Unterausschusses III, in: Der Parlamentarische Rat 1948–1949, Bd. 2 (Fn. 119), S. 279, 290f., 304.

Umfang gegenüber Weimar wieder eingeschränkt werden, dafür die unter der Weimarer Verfassung entwickelte Figur der Auftragsverwaltung, deren Rechtmäßigkeit bis 1933 umstritten geblieben war, in der Verfassung regularisiert werden[127].

Als heftig umstritten erwies sich schließlich – selbst unter den Delegierten der Landesregierungen – der Grundaufbau der Finanzverfassung[128]. Während die Delegierten Bayerns für eine Rückkehr zur Bismarck'schen Finanzverfassung eintraten, also ein System der grundsätzlichen Ländersteuerhoheit mit Matrikularbeiträgen an den Bund[129], befürwortete ein Teil der anderen Sachverständigen eher ein Trennsystem, bei dem die Finanzquellen zwischen Bund und Ländern sorgfältig aufzuteilen seien, um jeden Hoheitsträger seinem Bedarf entsprechend mit Finanzmitteln auszustatten[130]. Zusammenzuhalten sei dies System dann durch ein vom Bund geregeltes System eines umfassenden interregionalen Finanzausgleichs. Debatten über die Frage, welche Steuern welchem Hoheitsträger zuzuweisen seien, versandeten zunächst. Im einschlägigen Unterausschuß II konnte man sich dann aber auf ein Modell der grundsätzlichen Bundesgesetzgebung für Umsatz- wie Einkommens- und Vermögenssteuer einigen, bei dem die Länder innerhalb eines gewissen bundesrechtlich festgelegten Rahmens Bestimmungsgewalt über Steuer- und Hebesätze wie Freibeträge behalten sollten, oder zumindest (so eine Alternativvariante) das Recht der Erhebung von Zuschlägen zur Einkommensteuer[131].

4.5. *Beratungen im Parlamentarischen Rat*

Angesichts der Meinungsunterschiede innerhalb des Kreises der Landesregierungen, die den Herrenchiemseer Verfassungskonvent geprägt hatten, war auch eine nur politische Bindung des Parlamentarischen Rats an die Verfassungsvorschläge der Länder kaum zu erwarten.[132] Der Parlamentarische Rat als der Ersatz einer

[127] Siehe den Abschlußbericht des Unterausschusses III, in: Der Parlamentarische Rat 1948–1949, Bd. 2 (Fn. 119), S. 279, 306ff., sowie das Schlußdokument des Verfassungskonvents (Fn. 122), S. 561ff.

[128] Siehe die Bemerkungen des Berichterstatters *Baade* in seinem mündlichen Abschlußbericht an das Plenum, in: Der Parlamentarische Rat 1948–1949, Bd. 2 (Fn. 119), S. 484ff.; vgl. außerdem *P. Bucher* (Fn. 67), S. LXXXVIIff.

[129] Siehe den dem Verfassungskonvent unterbreiteten bayerischen Vorschlag ‚zur Regelung des Bundesfinanzwesens', abgedruckt in: Der Parlamentarische Rat 1948–1949, Bd. 2 (Fn. 119), S. 236f.; vgl. auch *P. Bucher* (Fn. 67), S. LXXXVIIff.

[130] Vgl. *P. Bucher* (Fn. 67), S. LXXXIXff. sowie *W. Renzsch*, Finanzverfassung und Finanzausgleich, 1991, S. 56ff.; vgl. außerdem den Bericht des Unterausschusses II des Verfassungskonvents, in: Der Parlamentarische Rat 1948–1949, Bd. 2 (Fn. 119), S. 243, 271, die abschließenden mündlichen Erläuterungen durch den Berichterstatter *Baade*, a.a.O., S. 484f. sowie das Schlußdokument des Verfassungskonvents (Fn. 122), S. 533f.

[131] Vgl. den Bericht des Unterausschusses II unter Punkt D.I.II.1. sowie unter Punkt III. (Vorschlag Art. C Abs. 2 a) – abgedruckt in: Der Parlamentarische Rat 1948–1949, Bd. 2 (Fn. 119), S. 269, 217ff. sowie das Schlußdokument des Verfassungskonvents (Fn. 122), S. 535f.

[132] Vgl. *R. Mußgnug* (Fn. 96), S. 234, sowie *K. Kröger*, Die Entstehung des Grundgesetzes, NJW 1989, S. 1318, 1319.

Verfassunggebenden Versammlung wurde vielmehr von Anfang an weit stärker durch die verfassungspolitischen Programme der politischen Parteien geprägt als durch die im Herrenchiemseer Entwurf ausgedrückten Vorschläge der Landesregierungen.[133] Die traditionell eher unitarische Orientierung der wichtigen Parteien – und vor allem von deren Parteiapparaten – fand so direkten Eingang in den Prozeß der Verfassunggebung.

4.5.1. Die Präambel

Dies zeigte sich schon an den grundsätzlichen Debatten zur Formulierung der Präambel. In Herrenchiemsee waren in der Frage der Präambel zwei gegensätzliche Konzeptionen aufeinandergeprallt. Der Mehrheitsvorschlag von Herrenchiemsee hatte mit dem Satz beginnen wollen: „Das deutsche Volk in den Ländern Baden, Bayern ... durch seine verfassungsmäßigen und gesetzlichen Organe handelnd...“; die Minderheit hatte dagegen den Anfangssatz vorgeschlagen: „Die Länder Baden, Bayern ... bilden zur Wahrung der gemeinsamen Angelegenheiten des deutschen Volkes eine bundesstaatliche Gemeinschaft ...“ Konnte der ‚pouvoir constituant‘ in den Augen der Mehrheit nur das „deutsche Volk“ in seiner Gesamtheit sein, so sah die Minderheit umgekehrt die einzelnen Länder als Träger des Verfassunggebungsprozesses, der in einem bundesstaatlichen Zusammenschluß dieser mit originärer Souveränität ausgestatteten Länder gipfeln sollte[134].

Im Parlamentarischen Rat fand diese Diskussion zunächst keine Wiederholung. Im Grundsatzausschuß, in dem der Wortlaut der Präambel als erstes beraten wurde, herrschte praktisch einhelliger Konsens, daß Ausgangspunkt der Formel die Volkssouveränität des deutschen Gesamtvolkes sein müsse[135]. Dieser Konsens kam im Entwurf des eingesetzten Redaktionsausschußes zur Präambel zum Ausdruck. Nach einer kurzen Geschichtsdarstellung sollte es in der Präambel heißen: „Erfüllt von dem Willen, seine Freiheitsrechte zu schützen, die Einheit der Nation zu erhalten und eine neue staatliche Ordnung Deutschlands vorzubereiten, hat das deutsche Volk, vertreten durch die in den Ländern Baden, Bayern ... gewählten Abgeordneten...“[136] Auf Proteste gegen die Erwähnung der Länder in der Präambel erklärte *Carlo Schmid* als Berichterstatter des eingesetzten Redaktionsausschußes: „Hier erscheinen die Länder nicht als Rechtsträger, als Mitge-

---

[133] Vgl. nur *R. Morsey* (Fn. 117), S. 473f.

[134] Vgl. zu diesen beiden Konzeptionen *W. Matz*, in: K.-B. von Doemming / R.W. Füsslein / W. Matz, Entstehungsgeschichte der Artikel des Grundgesetzes, JöR NF 1 (1951), S. 1, 21f.

[135] Vgl. die Diskussion in der 7. und 8. Sitzung des Grundsatzausschusses zwischen *Hermann von Mangoldt*, *August Zinn*, *Theodor Heuß* und *Carlo Schmid*, in: Der Parlamentarische Rat 1948–1949. Akten und Protokolle, herausgeg. für den Deutschen Bundestag von K.G. Wernicke, für das Bundesarchiv von H. Booms, Bd. 5/I: Ausschuß für Grundsatzfragen, bearb. von E. Pikart und W. Werner, 1993, S. 156ff., 172ff.; vgl. auch die resümierende Darstellung bei *W. Matz*, JöR NF 1 (1951), S. 22ff.

[136] Abgedruckt bei *W. Matz*, JöR NF 1 (1951), S. 24f.; siehe auch den Bericht über den Entwurf von *Carlo Schmid*, in: Der Parlamentarische Rat 1948–1949, Bd. 5/I (Fn. 135), S. 229ff.

stalter am Verfassungswerk, sondern lediglich als Wahlkreise, in denen die Abgeordneten zum Parlamentarischen Rat gewählt worden sind."[137]

Eine derartige Abwertung der Rolle der Länder stieß in der Folge dann doch auf starken Widerstand. Der rheinland-pfälzische Justizminister *Süsterhenn*, selbst Mitglied des Parlamentarischen Rats, kritisierte im Plenum die völlige Ausblendung der Länder in der vorgeschlagenen Präambel. Die Länder seien nicht nur „irgendwie politische Realitäten", sondern sie seien bis dato „eigentlich sogar die einzigen politischen Realitäten höheren Grades, wenigstens auf der politischen Ebene.." Dies müße in der Präambel ihren Ausdruck finden, schon im Hinblick auf die spätere Verabschiedung des Grundgesetzes in den Ländern.[138] In der Unionsfraktion regte sich allgemein Widerspruch gegen die vorgeschlagene Präambel.[139] Die bayerische Staatsregierung schließlich warf in einer „vorläufigen Äußerung" dem Präambelentwurf des Grundsatzausschußes vor, er gehe „hart daran vorbei, die Länder überhaupt totzuschweigen" und verleugne in seinem Wortlaut „bewußt und gewollt den föderalistischen Typ"[140].

In seiner zweiten Lesung der Präambel kam der Grundsatzausschuß daher nicht auf seinen ursprünglichen Entwurf zurück, sondern befaßte sich mit einer Reihe inzwischen bekanntgewordener anderer Vorschläge[141]. Der bayerische Vorschlag, der den Vorstößen Bayerns im Herrenchiemseer Verfassungskonvent entsprach (Eingangsformel: „Die Länder Baden, Bayern... schließen sich zu einer bundesstaatlichen Gemeinschaft zusammen ...")[142], fand keine Zustimmung. Der Ausschußvorsitzende *von Mangoldt* (CDU) monierte, die Formel „schließen sich zusammen" könne den Eindruck erwecken, hier werde ein neuer Staat konstitutiv durch einen Zusammenschluß der Länder begründet[143]. Der Abgeordnete *Eberhard* (SPD) erinnerte daran, daß die überwiegende Mehrheit sich doch wohl einig sei, „nicht die Länder zum Subjekt der Neugründung zu machen"[144]. Auch die anderen Vorschläge von außen fanden keine Zustimmung, und so wurde der Vorschlag des Ausschußvorsitzenden *von Mangoldt* Grundlage der weiteren Beratungen, in dem – wie von der Mehrheit angestrebt – das deutsche Volk als Subjekt der Verfassunggebung betont wurde[145].

Die Beratungen des Grundsatzausschusses führten schließlich zur Vorlage von zwei Varianten an den Hauptausschuß: „Entschlossen, die Einheit der Nation zu erhalten, hat das deutsche Volk" (Variante I) bzw. „haben die deutschen Länder"

---

[137] *Carlo Schmid*, ebda., S.234.

[138] *A. Süsterhenn*, 6. Plenumssitzung vom 20.10. 1948, in: Parlamentarischer Rat, Stenographische Berichte, S.73.

[139] Vgl. Die CDU/CSU im Parlamentarischen Rat. Sitzungsprotokolle der Unionsfraktion, eingeleitet und bearbeitet von R. Salzmann, 1981, S.79ff.

[140] Siehe Der Parlamentarische Rat 1948–1949, Bd.5/I (Fn.135), S.497 Fußn.4.

[141] Vgl. die Debatten in der 19. Sitzung des Grundsatzausschusses am 9.11. 1948, in: Der Parlamentarische Rat 1948–1949, Bd.5/I (Fn.135), S.496ff.

[142] Vgl. dazu *W. Matz*, JöR NF 1 (1951), S.31.

[143] *H. von Mangoldt*, in: Der Parlamentarische Rat 1948–1949, Bd.5/I (Fn.135), S.498f.

[144] *F. Eberhard*, in: Der Parlamentarische Rat 1948–1949, Bd.5/I (Fn.135), S.499.

[145] Zum Vorschlag von Mangoldt siehe *W. Matz*, JöR NF 1 (1951), S.32.

(Variante II), „Abgeordnete entsandt..." Die darauf im Hauptausschuß erneut aufkommende Grundsatzdiskussion um den Träger der Verfassunggebenden Gewalt[146] konnte letztlich nur durch eine Mehrheitsentscheidung beendet werden, bei der mit 14 zu 7 Stimmen zugunsten der Variante I entschieden wurde[147]. Die dann letztlich verabschiedete Formel („hat das deutsche Volk in den Ländern Baden, Bayern ... kraft seiner verfassunggebenden Gewalt dieses Grundgesetz ... beschlossen") geht auf den Redaktionsausschuß zurück, der in einer Anmerkung die Neufassung begründete mit den Worten: „Ausgangspunkt sollte die Annahme des GG durch das Volk sein, das allein – kraft seiner verfassunggebenden Gewalt – die politische Entscheidung trifft."[148]

4.5.2. Die Frage der Länderneugliederung

Schon an der Genese der Präambel zeigt sich deutlich, von welchen Vorstellungen der Parlamentarische Rat in der Frage der Bundesstaatlichkeit geprägt war. Der unitarische Geist der Reichsreformbewegung der späten Weimarer Jahre lebte in den Beratungen des Parlamentarischen Rates wieder neu auf. Besonders deutlich wird dies an den Debatten zur Frage der Länderneugliederung. Die Forderung der Besatzungsmächte nach möglichst schneller Neugliederung der Länder (Frankfurter Dokument Nr. 2) war von den Ministerpräsidenten der Länder zunächst hinhaltend behandelt worden und die darüber geführte Debatte war dann schließlich nach Auflösung der einschlägigen Gremien versandet – was angesichts der sich überkreuzenden Gebietsforderungen der Länder und der divergierenden Neugliederungsvorstellungen nicht verwunderlich war[149].

Der Parlamentarische Rat kam jedoch nicht darum herum, sich erneut mit der Frage der Länderneugliederung zu befaßen. Einer entsprechenden Vorschrift zumindest über das Verfahren einer solchen Neugliederung bedurfte das zu schaffende Grundgesetz, schon im Hinblick auf die Anforderungen der Besatzungsmächte. Der Unterschied zwischen Herrenchiemseer Konvent und Parlamentarischem Rat tritt in dieser Frage ganz besonders hervor. Hatte in Herrenchiemsee keine Einigung über die Fragen der Neugliederung erzielt werden können, da zwei gegensätzliche Konzeptionen unversöhnlich aufeinanderprallten, so bestand im Parlamentarischen Rat von vornherein weitgehende Einigkeit über den zu wählenden Ansatz.

In Herrenchiemsee hatte ein Teil der Delegierten – angesichts ihrer Stellung als Vertreter der Länder kaum verwunderlich – die klassisch föderalistische Position vertreten, im Prinzip könne die Frage der Neugliederung kein Problem der Bundesgewalt sein. Wenn überhaupt, dann sei eine potentielle Neugliederung eine alleinige Frage der betroffenen Länder, die – unter Beteiligung der Bevölkerung na-

---

[146] Vgl. dazu die Zusammenfassung der Debatte durch *W. Matz*, JöR NF 1 (1951), S. 36f.

[147] 26. Sitzung am 10. 12. 1948, siehe Parlamentarischer Rat, Verhandlungen des Hauptausschusses, S. 310.

[148] Siehe *W. Matz*, JöR NF 1 (1951), S. 38.

[149] Vgl. oben Text bei Fn. 110 und 111 m.w.N. sowie *W. Matz*, JöR NF 1 (1951), S. 263ff.

türlich – Zusammenschlüsse und Gebietsveränderungen über Staatsverträge zu regeln hätten. Demgegenüber standen die Unitarier, die die Weimarer Lösung der Neugliederung durch Bundesgesetz bevorzugten.[150] Hielten die einen durch eine Neugliederungskompetenz des Bundes den „föderativen Charakter" des Bundes in Frage gestellt, so argumentierte die Gegenseite, gerade der föderative Charakter mache umgekehrt „die Neugliederung des Bundesgebietes nach rationellen Gesichtspunkten zur gebieterischen Notwendigkeit. Dies könne aber nur eine gesamtdeutsche Aufgabe sein, da schon die bisherigen Erfahrungen zeigten, daß die Länder selbst nicht imstande seien, die einer vernunftgemäßen Lösung entgegenstehenden partikularen Egoismen zu überwinden."[151]

Im Parlamentarischen Rat nun erwies sich von Anbeginn die zweite Auffassung als dominant, die in der Tradition der Weimarer Verfassung und der darauf aufbauenden Reichsreformbewegung stand. Schon in den ersten Sitzungen des Plenums plädierten prominente Abgeordnete wie *Carlo Schmid* und *Theodor Heuß* dezidiert für eine Bundeszuständigkeit im Bereich der Neugliederung[152]. Die Länder selbst seien zur Lösung dieser Aufgabe ungeeignet; wenn der Bund sich der Sache nicht annehme, dann könnten getrost „alle am bisherigen Zustand Interessierten ihren Schlaf weiter in Ruhe genießen"[153]. In den folgenden Sessionen des mit diesem Problem befaßten Grundsatzausschusses erwies sich, daß nicht nur die Abgeordneten der SPD und FDP, deren programmatische Prägung dies erwarten ließ, sondern auch die Abgeordneten der CDU im Ausschuß die unitarische Lösung – Neugliederung durch Bundesgesetz – klar bevorzugten[154]. Im zu dieser Frage eingesetzten Redaktionsausschuß plädierten auch der Vorsitzende *von Mangoldt* (CDU) und die CDU-Abgeordnete *Helene Weber* für ein solches Verfahren der Neugliederung durch Bundesgesetz[155]. *Hermann von Mangoldt* betonte dabei immer wieder die grundlegende Orientierung an den einschlägigen Regelungen der Weimarer Verfassung; wenn man eine sinnvolle Regelung wolle, dürfe man von den mit zahlreichen Kautelen versehenen Regelungen der Weimarer Verfassung nicht abgehen[156]. Vereinzelte Versuche, natürlich von bayerischer Seite, die Einschaltung der Länder in das Neugliederungsverfahren –

[150] Siehe den ‚Darstellenden Teil' des offiziellen Abschlußberichts über den Verfassungskonvent in Herrenchiemsee, abgedruckt in: Der Parlamentarische Rat 1948–1949, Bd. 2 (Fn. 119), S. 506, 520ff.; vgl. auch *W. Matz*, JöR NF 1 (1951), S. 265ff.

[151] So die Zusammenfassung der Positionen im Abschlußbericht des Herrenchiemseer Verfassungskonvents, abgedruckt in: Der Parlamentarische Rat 1948–1949, Bd. 2 (Fn. 119), S. 522.

[152] Vgl. *C. Schmid*, 2. Sitzung des Plenums am 8. 9. 1948, in: Parlamentarischer Rat, Stenographische Berichte, S. 16f.; *T. Heuß*, 3. Sitzung des Plenums, in: Parlamentarischer Rat, Stenographische Berichte, S. 44.

[153] *C. Schmid*, ebda., S. 17.

[154] Vgl. dazu die Debatten auf der 13. Sitzung des Grundsatzausschusses, in: Der Parlamentarische Rat 1948–1949, Bd. 5/I (Fn. 135), S. 343ff., sowie auf der 14. Sitzung des Grundsatzausschusses, ebda., S. 380ff.

[155] Vgl. *W. Matz*, JöR NF 1 (1951), S. 269ff.; siehe auch die Äußerungen von *H. von Mangoldt* in der 14. Sitzung des Grundsatzausschusses, in: Der Parlamentarische Rat 1948–1949, Bd. 5/I (Fn. 135), S. 380ff., 387f., 390ff., 400ff., 407f

[156] *H. von Mangoldt*, ebda., S. 391f.

entgegen dem Weimarer Vorbild – zu verstärken, wurden ohne große Debatte abgelehnt[157].

Die weiteren Beratungen im Hauptausschuß und im Plenum zeigten kaum Widerstände gegen eine derart betont unitarische Regelung[158], obwohl die Möglichkeit der Neugliederung allein durch Bundesgesetz – wenn auch unter Beteiligung der betroffenen Bevölkerung – eine für Bundesstaaten eher ungewöhnliche Regelung darstellt. Die Nachwirkungen von Weimar waren hier ganz offensichtlich. Zweifel an der Angemessenheit einer derartigen, die Gebietshoheit der Länder fast völlig ausschaltenden Regelung kamen kaum auf, weshalb die endgültige Fassung des Art. 29 GG dann auch praktisch im Konsens verabschiedet wurde, die in Absatz 1 die allgemeine Programmatik der Reichsreformbewegung zum Auftrag an den neuen Staat erhob: „Das Bundesgebiet ist unter Berücksichtigung der landsmannschaftlichen Verbundenheit, der geschichtlichen und kulturellen Zusammenhänge, der wirtschaftlichen Zweckmäßigkeit und des sozialen Gefüges durch Bundesgesetz neu zu gliedern. Die Neugliederung soll Länder schaffen, die nach Größe und Leistungsfähigkeit die ihnen obliegenden Aufgaben wirksam erfüllen können."

4.5.3. Die Zuständigkeitsverteilung in der Gesetzgebung

Die Prägung durch das historische Erbe der Weimarer Verfassung ist auch in der Arbeit des Parlamentarischen Rats zur Frage der Zuständigkeitsverteilung deutlich zu spüren. Die grundsätzliche Zuständigkeitsvermutung zugunsten der Länder, die der Reichsverfassung von 1871 wie der WRV von 1919 zugrundegelegen hatte, wurde nun in Art. 30 GG ausdrücklich formuliert[159] und in Art. 70 GG noch einmal konkret für die Zuständigkeit im Bereich der Gesetzgebung konkretisiert[160].

Das traditionelle deutsche System der Aufspaltung und Trennung der Zuständigkeiten in Gesetzgebungs- und Verwaltungskompetenzen wurde als grundlegende Weichenstellung praktisch nicht hinterfragt, wurde vielmehr mit Selbstverständlichkeit als elementares Konstruktionsprinzip der Zuständigkeitsverteilung herangezogen[161]. Der Verfassungsentwurf von Herrenchiemsee diente dabei als nahezu unbestrittene Vorlage, womit er insoweit entscheidenden Einfluß auf die

---

[157] Siehe dazu den Vorstoß des CSU-Abgeordneten *Laforet* und die Debatte darüber in der 35. Sitzung des Grundsatzausschusses am 27.1. 1949, in: Der Parlamentarische Rat 1948–1949, Bd. 5/II (Fn. 135), S. 1008ff., außerdem *W. Matz*, JöR NF 1 (1951), S. 283f.

[158] Vgl. *W. Matz*, JöR NF 1 (1951), S. 277ff.

[159] Vgl. dazu *W. Matz*, JöR NF 1 (1951), S. 295ff.

[160] Vgl. *R.W. Füsslein*, in: K.-B. von Doemming / R.W. Füsslein / W. Matz, Entstehungsgeschichte der Artikel des Grundgesetzes, JöR NF 1 (1951), S. 460ff.

[161] Vgl. *W. Werner*, Einleitung, in: Der Parlamentarische Rat 1948–1949. Akten und Protokolle, herausgeg. für den Deutschen Bundestag von K.G. Wernicke, für das Bundesarchiv von H. Booms, Bd. 3: Ausschuß für Zuständigkeitsabgrenzung, bearb. von W. Werner (1986), S. VII, XVIf.

Arbeit der Abgeordneten erlangte[162]. Der Herrenchiemseer Entwurf war in diesen Fragen aber eindeutig am Vorbild der Weimarer Reichsverfassung orientiert; ein Bruch mit den deutschen staatsrechtlichen Traditionen stand in dieser weitgehend als technisch empfundenen Frage somit von Anfang an nicht zu erwarten. Verstärkt wurde die Orientierung an Weimar noch durch die personelle Zusammensetzung des die Grundlagenarbeit leistenden Ausschusses für Zuständigkeitsabgrenzung[163]. Die tragenden Mitglieder des Ausschusses waren zum Teil ehemalige Ministerialbeamte des Reiches und des preußischen Innenministeriums, zum anderen Teil langgediente Beamte der bayerischen Innenverwaltung. Die Diskussionen im Ausschuß knüpften daher des öfteren unmittelbar an die Weimarer Auseinandersetzungen an[164]. Als grundlegender Referenzpunkt in den Beratungen der Einzeltitel des Kompetenzkataloges diente zudem durchweg die Regelung der Weimarer Reichsverfassung[165].

Die alte Weimarer Aufgliederung der Gesetzgebungskompetenzen in ausschließliche Gesetzgebung, konkurrierende Gesetzgebung, Bedarfsgesetzgebung und Grundsatzgesetzgebung hatte allerdings schon der Verfassungskonvent von Herrenchiemsee zu vereinfachen gesucht, indem er das System auf zwei Grundkategorien, ausschließliche und Vorranggesetzgebung, reduzierte; dieser Vorschlag diente dann auch als Beratungsgrundlage für den Parlamentarischen Rat[166]. Im Hauptausschuß wurden jedoch aufgrund eines Vorschlags des interfraktionellen Fünferausschusses die Einzeltitel, in denen man dem Bund den Erlaß von Rahmenvorschriften zu bestimmten Fragen als Gegenstand der Vorranggesetzgebung zugestanden hatte, aus dem Katalog der Vorranggesetzgebung herausgenommen und als eine neue, dritte Kategorie unter dem Namen ‚Rahmengesetzgebung' verselbständigt[167]. Die aus der Weimarer Reichsverfassung als Grundsatzgesetzgebung bekannte Kategorie, die zwischen 1919 und 1933 zu vielen Problemen und Auslegungsschwierigkeiten geführt hatte, erlebte damit unglücklicherweise eine Renaissance – mit allen Folgeproblemen in der Bestimmung dessen, was noch unter ‚Grundsätze' bzw. ‚Rahmenvorschriften' subsumiert werden kann.

Der Katalog der Felder ausschließlicher Kompetenz bereitete in den Beratungen relativ wenig Probleme. Die Umgrenzung der Materien ausschließlicher Bundesgesetzgebung hatte schon im Herrenchiemseer Entwurf weitgehend dem analogen Katalog des Art. 6 WRV entsprochen, bis auf die entfallenen Titel „Kolonialwesen" und „Wehrverfassung"[168]. Längeren Disput hat es insoweit im Par-

---

162 *W. Werner*, ebda., S. XVII.

163 Vgl. zur personellen Zusammensetzung des Ausschusses für Zuständigkeitsabgrenzung *W. Werner* (Fn. 161), S. IXff.

164 Vgl. *W. Werner* (Fn. 161), S. XIX.

165 So *W. Werner* (Fn. 161), S. XX.

166 Vgl. *W. Matz*, JöR NF 1 (1951), S. 553f.

167 49. Sitzung des Hauptausschusses am 9. 2. 1949, siehe Parlamentarischer Rat, Verhandlungen des Hauptausschusses, S. 649f.; vgl. auch *R.W. Füsslein*, JöR NF 1 (1951), S. 454 sowie *W. Matz*, JöR NF 1 (1951), S. 553f.

168 Vgl. *W. Werner* (Fn. 161), S. XXVI, außerdem *R.W. Füsslein*, JöR NF 1 (1951), S. 467ff.

lamentarischen Rat nur über die Hinzufügung eines Passus „Sicherung des Bundes nach außen“ zu den „Auswärtigen Angelegenheiten“ gegeben[169]sowie über eine ausschließliche Kompetenz des Bundes für den Bereich „Bundeskriminalwesen“[170].

Als wesentlich umstrittener erwies sich der Auffangtatbestand der ‚Vorranggesetzgebung – vom Allg. Redaktionsausschuß (der Nomenklatur der Weimarer Reichsverfassung folgend) in ‚konkurrierende Gesetzgebung‘ umbenannt. Um einen Auffangtatbestand handelte es sich insoweit, als in ihm nach der Konzeption des Herrenchiemseer Konvents die alten Weimarer Kategorien der konkurrierenden Gesetzgebung, der Bedarfsgesetzgebung und der Grundsatzgesetzgebung aufgehen sollten. Einen Auffangtatbestand stellte das Institut der Vorranggesetzgebung aber auch rein quantitativ dar, umfaßte der in Herrenchiemsee aufgestellte Katalog der darunter zu fassenden Gesetzgebungsmaterien doch nicht weniger als 38 Titel[171].

Der Parlamentarische Rat bemühte sich sprachlich um eine Straffung des Kataloges; inhaltlich dagegen war man kaum um eine Ausdünnung bemüht. Wie der entsprechende Berichterstatter des Ausschusses für Zuständigkeitsabgrenzung, der für die CDU Hessens in den Parlamentarischen Rat entsandte Leiter des Rechtsamtes des Vereinigten Wirtschaftsgebietes, *Walter Strauß*, erklärte: Auch die CDU/CSU sei der Auffassung, „daß dem Bund entsprechend der Struktur des modernen Lebens in der Gesetzgebung sehr weitgehende Zuständigkeiten zu geben sind.“ Grundsätzlicher Streit bestand insofern also nicht. Diese Auffassung (von der notwendigen Weite des Kompetenzkataloges) sei aber von zwei Voraussetzungen abhängig, nämlich „einmal davon, daß die Vollziehung der Bundesgesetze, abgesehen von ganz bestimmten, in der Verfassung festzulegenden Ausnahmen, den Ländern übertragen wird, und zweitens davon, daß wir glauben, in der Zuteilung von Gesetzgebungszuständigkeiten dem Bunde gegenüber nur dann so weit gehen zu können, wie wir das tun, wenn die Länder bei der Willensbildung, bei der Gesetzgebung in entsprechender Weise mitwirken können.“[172] Ein Junktim zur Frage der Zweiten Kammer war damit hergestellt, dem Streit um Bundesrats- oder Senatslösung, der auch innnerhalb der CDU/CSU bis fast zum Schluß zu Kontroversen führte. Inhaltlich entsprach dieses doppelte Junktim in der Position der Unionsmehrheit den traditionellen Bundesstaatskonzepten in Deutschland: Weite Gesetzgebungsbefugnisse für den Bund, im Interesse der allseits als positiv bewerteten Rechtseinheit, dafür fast völlige Mediatisierung des Bundes im Verwaltungsbereich, über die Ausführung der Bundesgesetze durch die Länder, und dies auseinanderklaffende System von Gesetzgebungs- und Ver-

---

169 *W. Werner* (Fn. 161), S. XXVIf.; vgl. auch *R.W. Füsslein*, JöR NF 1 (1951), S. 471ff.

170 *W. Werner* (Fn. 161), S. XXVIIff.; vgl. außerdem *R.W. Füsslein*, JöR NF 1 (1951), S. 479ff.

171 Vgl. *W. Werner* (Fn. 161), S. XXXI.

172 Bericht von *W. Strauß* in der 3. Sitzung des Ausschusses für Zuständigkeitsabgrenzung am 23. 9. 1948, in: Der Parlamentarische Rat 1948–1949. Akten und Protokolle, herausgeg. für den Deutschen Bundestag von K.G. Wernicke, für das Bundesarchiv von H. Booms, Bd. 3: Ausschuß für Zuständigkeitsabgrenzung, bearb. von W. Werner, 1986, S. 41, 43.

waltungskompetenzen dann zusammengebunden durch einen Bundesrat, eine Staatenkammer, in der die Landesexekutiven direkt an der Bundesgesetzgebung mitwirken. Das traditionelle Tauschgeschäft des deutschen Föderalismus – eigenständige Politikgestaltungsbefugnisse der Länder gegen Beteiligungsrechte an der Politik des Bundes – fand damit eine Neuauflage und Fortsetzung.

Inhaltlich blieb an dem weiten Katalog der Vorrang- bzw. konkurrierenden Gesetzgebung zunächst noch vieles streitig; im Grundsätzlichen bestand aber mit der von *W. Strauß* artikulierten Position weitgehende Einigkeit zwischen SPD, FDP und Union, daß der Katalog der Gesetzgebungsbefugnisse des Bundes nicht allzu weit hinter der Regelung von Weimar zurückbleiben dürfe. Einzige Ausnahme von diesem die Beratungen des Parlamentarischen Rates tragenden Grundkonsens bildeten die bayerische Staatsregierung und der ihr nahestehende konservativ-staatsbayerische Flügel der CSU, die ihrerseits politisch unter dem Druck der konkurrierenden Bayernpartei standen[173]. Ministerpräsident *Ehard* übte in einer Rundfunkansprache vom 27. November 1948 massive Kritik an den erkennbaren Ergebnissen des Parlamentarischen Rates im Bereich der Zuständigkeitsabgrenzung. Die geplanten Veränderungen gegenüber dem Herrenchiemseer Entwurf, der seinerseits schon stark an der Verfassung von Weimar orientiert gewesen war, gingen fast alle zu Ungunsten der Länder. Einen tiefen Einbruch bedeute insbesondere die Aufnahme einer Zuständigkeit des Bundes für die im öffentlichen Dienst der Länder und Selbstverwaltungskörperschaften stehenden Personen. Aber auch die Ausweitung der Bundeskompetenzen im Bereich des Fürsorgewesens und des Flüchtlingswesens, bei denen die Beschränkung auf die Regelung von Grundsätzen gestrichen werden solle, sowie die Aufnahme eines Titels „Sicherung der Ernährung", der die gesamte Landwirtschaft in den Zuständigkeitsbereich des Bundesgesetzgebers bringe, wurde – neben einigen anderen Kritikpunkten – als Einbruch in den Eigenbereich der Länder angegriffen.[174]

Die weitere Beratung der Kompetenzkataloge im Hauptausschuß führte dann nicht etwa zu Zugeständnissen an die bayerische Kritik, sondern im Gegenteil wurde der Katalog der Vorranggesetzgebung im weiteren Verlaufe der Beratungen im Parlamentarischen Rat noch um einige zusätzliche Materien zugunsten des Bundes erweitert[175]. Dazu zählten – zum Schluß dann teilweise in die neue Kategorie der Rahmengesetzgebung verschoben – die Förderung der wissenschaftlichen Forschung (Art. 74 Ziff. 13 GG), Naturschutz und Landschaftspflege (Art. 75 Ziff. 3 GG) sowie Raumordnung und Wasserhaushalt (Art. 75 Ziff. 4 GG)[176]. Die zusehends mächtiger werdenden politischen Parteien, die Interessenvertreter von Verbänden und Organisationen, die Vertreter der bizonalen Bürokratie, alle hatten sie ein primäres Interesse – die für sie wichtigen Materien sollten im Grundgesetz möglichst so geregelt werden, daß der Bund einen weitgehenden

---

173 Vgl. *W. Werner* (Fn. 161), S. XXXI.
174 Vgl. *W. Werner* (Fn. 161), S. XXXI.
175 Vgl. *W. Werner* (Fn. 161), S. XXXII.
176 Vgl. *W. Matz*, JöR NF 1 (1951), S. 522f., 560f.

Einfluß darauf erlangen könne[177]. Wie ein Beobachter der bayerischen Staatsregierung empört über die Beratungen des Hauptausschusses schrieb: „Ganz allgemein ist die Tendenz festzustellen, diesen Katalog immer noch mehr zu erweitern. Dabei wird von der CDU kampflos jedes Terrain geräumt. Jeder Antrag wird widerspruchslos hingenommen, wenn zu seiner Begründung behauptet wird, daß er auf einer Anregung aus Frankfurt beruhe. Es herrscht eine kaum noch zu überbietende Kompromißfreudigkeit.“[178]

Die im Ansatz als Korrektiv gedachte Klausel des Herrenchiemseer Entwurfes (Art. 34), der Bund solle im Bereich der Vorranggesetzgebung „nur das regeln, was einheitlich geregelt werden muß“, war dagegen wenig griffig[179]. Gleichwohl stieß diese Formulierung des Herrenchiemsee-Entwurfes auf keinen Widerspruch, sondern passierte alle Beratungsphasen im Parlamentarischen Rat nahezu ungeschoren[180]. Erst das Eingreifen der Alliierten Militärgouverneure zwang den Parlamentarischen Rat insoweit zum Nachbessern. In ihrem Memorandum vom 2. März 1949, mit dem die Militärgouverneure zum in dritter Lesung vom Hauptausschuß beschlossenen Entwurf des Grundgesetzes Stellung nahmen, kritisierten sie die vorgeschlagene Bedarfsklausel des Art. 72 GG als „nicht genügend klar, um die Stellung der Länder in einem föderativen System angemessen zu wahren“. Sie schlugen als geänderte Fassung vor: „Die Länder behalten die Gesetzgebung auf den nachstehend aufgezählten Gebieten, außer wenn es offenbar für ein einzelnes Land unmöglich ist, wirksame Gesetze zu erlassen, oder wenn solche Gesetze, falls erlassen, den Rechten oder Interessen anderer Länder schädlich wären. In solchen Fällen und vorausgesetzt, daß die Interessen der verschiedenen Länder offenbar, unmittelbar und im ganzen berührt sind, hat der Bund das Recht, die nötigen und angemessenen Gesetze zu erlassen über ...“.[181]

In seiner darauf erfolgten Überarbeitung des Grundgesetzentwurfes trug der Allgemeine Redaktionsausschuß dem in seinen Vorschlägen zur vierten Lesung des Hauptausschusses Rechnung[182]. Er fügte die als ‚Bedürfnisklausel‘ bekanntgewordene Regelung des Art. 72 Abs. 2 GG ein, in der das geforderte „Bedürfnis“ nach bundeseinheitlicher Regelung scheinbar sehr viel genauer umschrieben wird als in der sehr vagen Formel der vorherigen Entwurfsfassungen, wenn auch unter Umwandlung der kumulativen Bedingungen im Vorschlag der Alliierten („und“) in eine alternative Bedingungsfolge („oder“): „Der Bund hat in diesem Bereiche das Gesetzgebungsrecht, soweit ein Bedürfnis nach bundesgesetzlicher Regelung besteht, weil 1) eine Angelegenheit durch die Gesetzgebung einzelner Länder nicht wirksam geregelt werden kann oder 2) die Regelung einer Angelegenheit durch ein Landesgesetz die Interessen anderer Länder oder der Gesamtheit beein-

---

[177] *W. Werner* (Fn. 161), S. XXXIf.

[178] Zitiert nach *W. Werner* (Fn. 161), S. XXXII.

[179] Vgl. *R. W. Füsslein*, JöR NF 1 (1951), S. 454; *W. Werner* (Fn. 161), S. XXXIIf.

[180] *W. Werner* (Fn. 161), S. XXXIII.

[181] Das Memorandum vom 2. 3. 1949 ist abgedruckt in: Bonner Kommentar, Bd. 1, Einleitung S. 106ff.; vgl. auch *W. Werner* (Fn. 161), S. XXXIII; *R. W. Füsslein*, JöR NF 1 (1951), S. 454f.

[182] Vgl. dazu *W. Werner* (Fn. 161), S. XXXIII; *R. W. Füsslein*, JöR NF 1 (1951), S. 455, 466.

trächtigen könnte oder 3) die Wahrung der Rechts- und Wirtschaftseinheit, insbesondere die Wahrung der Einheitlichkeit der Lebensverhältnisse über das Gebiet eines Landes hinaus sie erfordert." Der Hauptausschuß stimmte dieser Fassung notgedrungen zu.

4.5.4. Die Zuständigkeitsverteilung im Bereich der Verwaltung

War einerseits zwischen den großen Parteien im Parlamentarischen Rat weitgehend unstreitig gewesen, daß dem Bund recht umfassende Gesetzgebungszuständigkeiten zu geben seien, so bestand andererseits auch fast völliger Konsens darüber, daß die Stellung der Länder in der Vollziehung der Gesetze bzw. im Bereich der Verwaltung sehr stark sein müße[183]. Das Grundaxiom des tradierten deutschen Verbundsystems, daß die Zuweisung einer Gesetzgebungskompetenz an den Bund noch nicht die Befugnis einschließe, den Vollzug der Bundesgesetze auch durch eine eigene Verwaltung auszuführen, wurde nicht in Frage gestellt. Der Herrenchiemsee-Entwurf hatte dieses Grundaxiom unbefragt zugrunde gelegt, und auch der Zuständigkeitsausschuß des Parlamentarischen Rates ging ohne Debatte von dieser aus Kaiserreich und Weimarer Republik überlieferten Konstruktion einer strikten Trennung zwischen Gesetzgebungs- und Vollzugskompetenz aus[184]. Die Entwürfe gingen im Gegenteil von der alten Vermutungsregel aus, nach der im Zweifelsfall landeseigene Ausführung als die Grundregel anzunehmen sei. Verwaltung nach Weisung des Bundes – erst relativ spät in den Beratungen mit dem Terminus „Auftragsverwaltung" bezeichnet – sollte nur für bestimmte Ausnahmefälle vorgesehen werden.[185]

Daß die Aufsicht des Bundes über die Länder – der Regelungstradition des deutschen Bundesstaatsrechts folgend – im Regelfall der landeseigenen Verwaltung nur auf eine reine Rechtsaufsicht beschränkt bleiben solle, stand außer Frage[186]. Das traditionelle Aufsichtsverfahren – Entsendung von Beauftragten zu den obersten Landesbehörden, dann Mängelrüge durch den Bundesrat – wurde letztlich ebenfalls in das Grundgesetz übernommen[187].

Schwierigkeiten bereitete insoweit nur die Frage der bundeseigenen Verwaltung durch Bundesministerien oder ausgegliederte Bundesoberbehörden. Im Herrenchiemseer Entwurf waren noch zwei Varianten aufgeführt: Nach der einen Variante hätte die Verfassung selbst einen durch Aufzählung der zulässigen

---

183 *W. Werner* (Fn. 161), S. XXXIII.

184 Vgl. *R. W. Füsslein*, JöR NF 1 (1951), S. 621ff.; *W. Werner* (Fn. 161), S. XXXIIIf.

185 Siehe die einschlägige Diskussion in der 20. Sitzung des Zuständigkeitsausschusses am 2. 12. 1949, abgedruckt in: Der Parlamentarische Rat 1948–1949, Bd. 3 (Fn. 172), S. 735ff.; vgl. auch *W. Werner* (Fn. 161), S. XXXIV m. w. N. sowie *R. W. Füsslein*, JöR NF 1 (1951), S. 622, 624ff., 636ff.

186 Vgl. nur *R. W. Füsslein*, JöR NF 1 (1951), S. 622, 628.

187 Vgl. die Diskussion zur Entwurfsfassung des späteren Art. 84 GG in der 20. Sitzung des Zuständigkeitsausschusses am 2. 12. 1949, abgedruckt in: Der Parlamentarische Rat 1948–1949, Bd. 3 (Fn. 172), S. 735ff., insbes. S. 740ff.; vgl. auch *W. Werner* (Fn. 161), S. XXXIV sowie *R. W. Füsslein*, JöR NF 1 (1951), S. 622, 628, 633.

Fälle von bundeseigener Verwaltung spezifizierten Numerus clausus enthalten, während die zweite Variante die Einrichtung bundeseigener Verwaltung mit eigenen Behörden durch besonders qualifizierte spätere Regelung zulassen wollte[188]. Der Zuständigkeitsausschuß des Parlamentarischen Rates entschied sich im Prinzip für die zweite Variante, wenn er auch die etablierten Fälle der bundeseigenen Verwaltung im Text der Verfassung selbst aufführte[189]; welche verfahrensmäßigen Vorkehrungen die Einrichtung bundeseigener Verwaltung aber begleiten sollten, also durch welche Art von Rechtsakt die Einrichtung von Bundesoberbehörden sowie bundesunmittelbaren Körperschaften und Anstalten des öffentlichen Rechts zulässig sein sollte, blieb in den Beratungen lange unklar[190]. Ursache dieser Unklarheit war vor allem der bis zum Ende der Beratungen des Zuständigkeitsausschusses nicht entschiedene Streit um die Gestaltung der Zweiten Kammer[191].

4.5.5. Die Frage der Zweiten Kammer: Bundesrat oder Senat?

Nicht nur zwischen CDU/CSU und SPD, sondern auch innerhalb der Union, vor allem zwischen führenden Gruppen in der CDU einerseits und CSU andererseits, war von Anfang an die Frage der Gestalt der ‚föderalen' zweiten Kammer umstritten gewesen. Streitfrage war dabei, ob die neue Verfassung dem tradierten deutschen Modell des Bundesrates als einer Vertretung der Landesregierungen auf Bundesebene folgen solle, oder ob sie im Sinne einer echten Parlamentarisierung nicht eher für eine Senatslösung nach amerikanischem Vorbild optieren solle[192]. Nicht nur die SPD war zunächst eindeutig für einen direkt gewählten Senat als Zweite Kammer eingetreten[193], sondern auch wichtige Gruppierungen in der CDU, so der einflußreiche Vorsitzende der CDU der britischen Zone, *Konrad Adenauer*, der dann als Präsident des Parlamentarischen Rats amtierte[194]. Die Unionsfraktion ging also, im Gegensatz zur SPD, nicht mit einer klaren verfas-

---

[188] Art. 116 Ziff. 2 des Herrenchiemseer Entwurfs;: vgl. auch *W. Werner* (Fn. 161), S. XXXIV sowie *R.W. Füsslein*, JöR NF 1 (1951), S. 644.

[189] Vgl. *R.W. Füsslein*, JöR NF 1 (1951), S. 645ff.

[190] Siehe die entsprechenden Beratungen des Zuständigkeitsausschusses in der 6. Sitzung am 30. 9. 1948, in: Der Parlamentarische Rat 1948–1949, Bd. 3 (Fn. 172), S. 269ff.; in der 16. Sitzung am 8. 11. 1948, ebda., S. 627ff.; in der 20. Sitzung am 2. 12. 1948, ebda., S. 743ff.; vgl. außerdem *R.W. Füsslein*, JöR NF 1 (1951), S. 645f.

[191] Vgl. dazu *W. Werner* (Fn. 161), S. XXXIIIf.

[192] Zum Streit über Bundesrats- oder Senatslösung vgl. allgemein *K.-B. von Doemming*, in: K.-B. von Doemming / R.W. Füsslein / W. Matz, Entstehungsgeschichte der Artikel des Grundgesetzes, JöR NF 1 (1951), S. 1, 379ff., 383ff., sowie *V. Otto*, Das Staatsverständnis des Parlamentarischen Rates, 1971, S. 109ff.

[193] Vgl. nur *M.G.M. Antoni*, Sozialdemokratie und Grundgesetz, Bd. 2: Der Beitrag der SPD bei der Ausarbeitung des Grundgesetzes im Parlamentarischen Rat, 1992, S. 66f., 222f. sowie *R. Morsey*, Die Entstehung des Bundesrates im Parlamentarischen Rat, in: Der Bundesrat als Verfassungsorgan und politische Kraft. Beiträge zum fünfundzwanzigjährigen Bestehen des Bundesrates der Bundesrepublik Deutschland, herausgeg. vom Bundesrat, 1974, S. 63, 67.

[194] Siehe nur die Beiträge von *K. Adenauer* in der Fraktionssitzung vom 28. 9. 1948 und 6. 10. 1948, in: Die CDU/CSU im Parlamentarischen Rat (Fn. 139), S. 37f., 57f.

sungspolitischen Vorstellung in die Beratungen des Parlamentarischen Rates, waren doch alle Versuche der innerparteilichen Konsensbildung in der Frage der Zweiten Kammer zunächst gescheitert. Während die süddeutschen Abgeordneten, und natürlich insbesondere die Vertreter der CSU, eine Bundesratslösung favorisierten, waren bei den Vertretern der britischen Zone eher Präferenzen für eine direkt gewählte Zweite Kammer zu erkennen[195]. Kompromißvorschläge auf der Basis des Heppenheimer Entwurfs des Verfassungsausschusses der Arbeitsgemeinschaft der CDU/CSU Deutschlands, die Bundesrats- und Senatslösung zu kombinieren suchten, über eine Zweite Kammer aus teils von den Landesregierungen bestellten Vertretern und zum anderen Teil aus gewählten Abgeordneten der Länder, fanden zunächst keine breite Unterstützung[196]. Eine Abstimmung in der Fraktionssitzung der CDU/CSU vom 23. September 1948 brachte eine – wenn auch nur sehr knappe – Mehrheit für das Bundesratsmodell[197].

Da im Parlamentarischen Rat auch die kleineren Parteien unterschiedlichen Lösungen zuneigten, waren die Verhandlungen damit zunächst festgefahren. Die verschiedenen Gruppierungen streckten ihre Fühler aus, um einen Kompromiß zu finden. Weiterhin waren dabei in der Union gegenläufige Tendenzen am Werk. Während die Anhänger der Senatslösung um *Adenauer* eine Mehrheit für den Kompromißvorschlag von *Robert Lehr* anstrebten, der Bundesrats- und Senatslösung miteinander kombinierte, verstärkte sich zugleich der Widerstand der bayerischen Staatsregierung und der CSU gegen jedes Abgehen von dem allein als ‚föderalistisch' angesehenen Bundesratsmodell[198]. Nach einer erneuten Abstimmung verständigte sich die Unionsfraktion einverständlich auf die Kompromißlösung als die erfolgsversprechendste Verhandlungslinie, da hier eine Einigung mit der SPD am ehesten möglich schien[199]. Zugleich allerdings suchte der bayeri-

---

[195] Vgl. *R. Salzmann*, Einleitung, in: Die CDU/CSU im Parlamentarischen Rat (Fn. 139), S. XXVIff.

[196] Siehe in diesem Sinne den Vorstoß von *H. von Mangoldt* in der Sitzung der CDU/CSU-Fraktion vom 16. 9. 1948, in: Die CDU/CSU im Parlamentarischen Rat (Fn. 139), S. 12ff. sowie von *R. Lehr* in der Fraktionssitzung vom 17. 9. 1948, ebda., S. 17f. Siehe außerdem die Debatte der gleichlautenden Kompromißvorschläge, die *R. Lehr* als Vorsitzender im Organisationsausschuß des Parlamentarischen Rats machte – vgl. dazu *M.G.M. Antoni* (Fn. 193), S. 222 m.w.N., *K.-B. von Doemming*, JöR NF 1 (1951), S. 384f., *T. Eschenburg / W. Benz* (Fn. 102), S. 493ff., sowie den Bericht von *R. Lehr* in der Fraktionssitzung vom 23. 9. 1948, in: Die CDU/CSU im Parlamentarischen Rat (Fn. 139), S. 27ff.

[197] Die – allerdings die Fraktionsmitglieder nicht bindende – Abstimmung erbrachte ein Ergebnis von 15 Stimmen für das Bundesratsmodell gegen 13 Stimmen für das Kompromißmodell – siehe Protokoll der Sitzung vom 23. 9. 1948, in: Die CDU/CSU im Parlamentarischen Rat (Fn. 139), S. 27, 30.

[198] Vgl. *M.G.M. Antoni* (Fn. 193), S. 223; *P.J. Kock* (Fn. 49), S. 298ff.; *K.-U. Gelberg* (Fn. 55), S. 202ff.; siehe außerdem als besonders prägnante Äußerung den Beitrag von Ministerpräsident *Ehard* in der CDU/CSU-Fraktionssitzung vom 7. 10. 1948, in: Die CDU/CSU im Parlamentarischen Rat (Fn. 139), S. 65.

[199] Vgl. die Abstimmung auf der Fraktionssitzung am 7. 10. 1948, in: Die CDU/CSU im Parlamentarischen Rat (Fn. 139), S. 64ff., 69, sowie den Vortrag von *R. Lehr* (als Vertreter der Unionsfraktion) in der 7. Plenumssitzung vom 21. 10. 1948, in: Parlamentarischer Rat, Stenographische Berichte, S. 85ff., außerdem *K.-U. Gelberg* (Fn. 55), S. 205ff.

sche Ministerpräsident *Ehard*, unter Umgehung von Adenauer und der Fraktion, den Direktkontakt mit der SPD. In einem am 26. Oktober 1948 geführten Geheimgespräch Ehards mit dem nordrhein-westfälischen Innenminister *Walter Menzel*, dem für Organisationsfragen zuständigen Verfassungsexperten der SPD, wurde der Durchbruch für einen Verfassungskompromiß der beiden großen Parteien erzielt[200]. Die SPD stimmte demnach der Bundesratslösung zu; die CSU (und in deren Gefolge die Union) hatte dafür auf die volle Gleichstellung der Zweiten Kammer im Gesetzgebungsverfahren zu verzichten. Ob die Hinnahme der zwischenzeitlich im Ausschuß für Finanzfragen entworfenen streng unitarischen Finanzverfassung von *Ehard* in Aussicht gestellt wurde, ist ungeklärt[201]. Mit dem Einschwenken der SPD auf die Bundesratslösung wurden die CDU-Fraktion, und insbesondere *Adenauer* als der bekannteste Befürworter der Senatslösung, vor vollendete Tatsachen gestellt. In der eilig einberufenen Fraktionssitzung am 28. Oktober machte *Adenauer* seiner Empörung Luft[202], und die gemeinsame Fraktion von CDU und CSU stand kurz vor dem Zerfall. *Adenauer*, der vor allem die vorgeblich von *Ehard* gemachten Zugeständnisse in der Finanzverfassung zum Thema erhob, äußerte Empörung darüber, daß mit den Zugeständnissen „die finanzielle Stärke der Länder gegenüber dem finanziellen Übergewicht des Bundes" preisgegeben worden sei[203] und stellte die Frage, wie „man für ein Linsengericht die wirksame Sicherung des Föderalismus verkaufen" könne[204]. Ganz im Unrecht war er damit nicht (die Wahrheit seiner Version von einer Absprache im Finanzbereich unterstellt), hatte die Union doch für die mit dem traditionellen Bundesratsmodell garantierte Beteiligung der bayerischen Staatsregierung an der politischen Willensbildung des Bundes wichtige Abstriche in den eigentlich für die Sicherung des Föderalismus wichtigen Bereichen der finanziellen Eigenständigkeit der Länder hinzunehmen. Im Zielkonflikt zwischen Sicherung der Eigenständigkeit der Bundesländer, deren Durchsetzung angesichts der Mehrheitsverhältnisse im Parlamentarischen Rat allerdings eher ungewiß war, und Verankerung des traditionellen deutschen Beteiligungsmodells hatte sich Bayern klar für das Verflechtungsmodell entschieden.

Angesichts des sich abzeichnenden Zusammengehens der CSU mit der SPD in Fragen der Bundesstaatlichkeit war die gemeinsame CDU/CSU-Fraktion vom Zerfall bedroht, und Adenauer und der Unionsführung blieb nichts anderes

---

200 Vgl. dazu *T. Aders* (Fn. 71), S. 249f.; *K.-U. Gelberg* (Fn. 55), S. 208ff.; *M.G.M. Antoni* (Fn. 193), S. 66, 223f.; *R. Salzmann* (Fn. 195), S. XXIV; *P.J. Kock* (Fn. 49), S. 301f.; *R. Ley* (Fn. 77), S. 81ff.; *R. Morsey* (Fn. 193), S. 71; *V. Otto* (Fn. 192), S. 111f.

201 Der Stellenwert der Finanzverfassung im Menzel-Ehard-Kompromiß ist umstritten – vgl. einerseits *T. Aders* (Fn. 71), S. 249f., *R. Morsey* (Fn. 193), S. 71, sowie die (allerdings tendenziöse) Darstellung der Absprache durch *K. Adenauer* auf der Fraktionssitzung am 28. 10. 1948, in: Die CDU/CSU im Parlamentarischen Rat (Fn. 139), S. 90ff., 94; andererseits *R. Ley* (Fn. 77), S. 82f. sowie *K.-U. Gelberg* (Fn. 55), S. 215.

202 Siehe das Protokoll der Fraktionssitzung vom 28. 10. 1948, in: Die CDU/CSU im Parlamentarischen Rat (Fn. 139), S. 90ff.

203 *K. Adenauer*, in: Die CDU/CSU im Parlamentarischen Rat (Fn. 139), S. 92.

204 Ebda., S. 94.

übrig, als auf die mit dem Ehard-Menzel-Kompromiß vorgezeichnete Linie einzuschwenken. Zu regeln blieben in der Folge nur noch die konkrete Zusammensetzung des Bundesrates und dessen Kompetenzen. Nachdem mit dem Fraktionsantrag vom 23.11. 1948[205] die SPD offiziell das Senatsmodell fallengelassen hatte und für einen Bundesrat als Vertretungskörperschaft der Länder, zusammengesetzt aus Mitgliedern der Landesregierungen, optiert hatte, blieb einmal die Zahl der Stimmen bzw. Sitze pro Land zu klären[206]. Während die Unionsfraktion eine Abstufung der Stimmen nach Bevölkerungszahl vorschlug, beharrte die SPD zunächst auf einer gleichen Stimmenzahl für jedes Land[207]. Nachdem ein entsprechender Antrag der SPD im Hauptausschuß abgelehnt worden war, einigte man sich im Organisationsausschuß auf eine Abstufung der Stimmen, die der späteren Endfassung entspricht[208].

Im Gegensatz zur Frage der genauen Zusammensetzung stand die Frage nach der Stellung des Bundesrates in einem untrennbaren Zusammenhang zur Frage der allgemeinen Struktur der Zweiten Kammer[209]. Die Kompetenzen des Bundesrates waren auch Gegenstand der Absprachen zwischen Ministerpräsident *Ehard* und *Walter Menzel* gewesen. Die SPD hatte immer darauf bestanden, daß ein Bundesrat als Zweite Kammer auf eine Mitwirkung im Bereich Gesetzgebung und Verwaltung beschränkt bleiben müße und ihm im Gesetzgebungsverfahren keine Gleichberechtigung mit dem Parlament zukommen dürfe[210]. Auch in den weiteren Beratungen behielt sich die SPD daher vor, auf die Senatslösung zurückzukommen, falls dem Bundesrat die volle Gleichberechtigung mit dem Bundestag eingeräumt werden sollte[211]. Das im Herrenchiemseer Entwurf noch vorgesehene Mitwirkungsrecht an der Wahl des Bundeskanzlers wurde dementsprechend dann im Hauptausschuß verworfen[212], und das allgemeine Mitwirkungsrecht an der Gesetzgebung wurde auf ein suspensives Veto beschränkt, das vom Bundestag mit qualifizierter Mehrheit überstimmt werden kann[213]. Volle Gleichberechtigung im Gesetzgebungsverfahren wurde dem Bundesrat zunächst nur zugestanden in Fragen des Finanzausgleichs, bei Gesetzen über Steuern, deren Ertrag Ländern und Gemeinden ganz oder zum Teil zusteht, bei Gesetzen, durch die neue Bundesoberbehörden oder bundesunmittelbare Körperschaften des öf-

---

205 Parlamentarischer Rat, Drucksache 300; vgl. auch *K.-B. von Doemming*, JöR NF 1 (1951), S. 385.

206 Vgl. zu den einschlägigen Verhandlungen *K.-B. von Doemming*, JöR NF 1 (1951), S. 388ff. sowie *M.G.M. Antoni* (Fn. 193), S. 225f.

207 *M.G.M. Antoni* (Fn. 193), S. 226; *K.-B. von Doemming*, JöR NF 1 (1951), S. 388f.

208 *M.G.M. Antoni* (Fn. 193), S. 226.

209 Siehe auch zum entsprechenden Resumé der Beratungen des Organisationsausschusses *K.-B. von Doemming*, JöR NF 1 (1951), S. 384.

210 Vgl. *M.G.M. Antoni* (Fn. 193), S. 66ff.

211 Siehe *M.G.M. Antoni* (Fn. 193), S. 68, 225f. sowie *K.-U. Gelberg* (Fn. 55), S. 232.

212 4. Sitzung des Hauptausschusses am 17.11. 1948, siehe Parlamentarischer Rat, Verhandlungen des Hauptausschusses, S. 41ff.

213 Umstritten war zunächst, welche Form von qualifizierter Mehrheit erforderlich sein solle – vgl. zum Verlauf der Beratungen *R.W. Füsslein*, JöR NF 1 (1951), S. 568ff.

fentlichen Rechts geschaffen werden und bei Gesetzen, durch die ein neues Weisungsrecht gegenüber den Gemeinden begründet wird[214]. In der dritten Lesung des Entwurfes durch den Hauptausschuß im Februar 1949 wurde dann auf Vorschlag des interfraktionellen Fünferausschusses der Kreis der zustimmungsbedürftigen Regelungen noch einmal erheblich ausgeweitet[215], ohne daß es insoweit noch zu einer eingehenden Erörterung der Änderungen gekommen wäre.

4.5.6. Die Finanzverfassung

Die in mehrere Varianten gefaßten Vorschläge des Herrenchiemseer Konvents zur Finanzverfassung stießen im Parlamentarischen Rat von Anfang an auf Widerstand. Der in Herrenchiemsee unternommene Versuch einer strikten Trennung der Finanzwirtschaft von Bund und Ländern, der eigene Zuschlags- oder Hebesatzrechte der Länder im Bereich der Einkommenssteuern bedingt hätte, wurde schon im Ansatz überwiegend abgelehnt.[216] Autonome Gestaltung der Steuerhöhe durch die Länder sei überaus bedenklich, da es die Wirtschaftseinheit in Frage stelle – so lautete das gängige Argument. Die Kalkulationsgrundlagen der Wirtschaft, zu denen gerade die Steuern rechneten, müßten zur Wahrung dieser Einheit unbedingt einheitlich gestaltet werden.[217] Nicht nur SPD und FDP, sondern auch erhebliche Teile der Union wollten deshalb ganz bewußt an den Grundzügen des Systems der Weimarer Finanzverfassung festhalten, und das heißt an den Ergebnissen der Erzberger'schen Finanzreformen.

Dieser allgemeine Geist war wichtig, da zunächst die Grundzüge der Finanzverfassung nur von einem kleinen Gremium von Experten ausgehandelt wurden. Die Akzeptanz dieses Expertenkonsenses war in der ersten Phase schwer abzuschätzen, weil die Zusammensetzung des einschlägigen Gremiums (des Finanzausschusses des Parlamentarischen Rates) nicht unbedingt für die Gesamtheit der Mitglieder des Parlamentarischen Rates repräsentativ war. Selbst Zufälligkeiten in der personellen Besetzung konnten sich in den Ausschüssen als gravierende Weichenstellungen für das Ergebnis erweisen, wie gerade der Finanzausschuß demonstrierte. Als beinahe noch wichtiger als der Vorsitzende, der württembergische CDU-Abgeordnete (und Finanz-Staatssekretär) *Paul Binder*, erwies sich dabei die Wahl des Berichterstatters. Zum Berichterstatter hatte der Ausschuß den FDP-Abgeordneten *Hermann Höpker Aschoff* bestimmt, den ehemaligen DDP-Politiker und preußischen Finanzminister der Regierung Otto Braun. Als Politiker der DDP war jedoch *Höpker Aschoff* nicht nur programmatisch klar als Unitarier ausgewiesen; in seiner Zeit als Finanzminister unter Otto Braun war er

[214] Vgl. *M.G.M. Antoni* (Fn. 193), 69f., S. 253f.

[215] 50. Sitzung des Hauptausschusses am 10.2. 1949, siehe Parlamentarischer Rat, Verhandlungen des Hauptausschusses, S. 656.

[216] Zu den Vorschlägen von Herrenchiemsee und deren Aufnahme im Parlamentarischen Rat siehe *R.W. Füsslein*, JöR NF 1 (1951), S. 750ff., 763ff.

[217] Vgl. *R.W. Füsslein*, JöR NF 1 (1951), S. 752, 766 sowie *W. Renzsch* (Fn. 130), S. 61f.

zudem als einer der aktivsten Verfechter der ‚Reichsreform'-Ideen der Spätjahre der Weimarer Republik hervorgetreten[218].

Programmatisch stand er damit der unitarisch orientierten SPD sehr viel näher als der in Teilen doch deutlich in föderalistischen Kategorien denkenden CDU/CSU. Als ‚Zünglein an der Waage' konnte er in dem ansonsten paritätisch mit je vier Abgeordneten der SPD und der CDU/CSU sowie einem Vertreter der DP besetzten Finanzausschuß die Mehrheitsverhältnisse bestimmen.

In seinem Eingangsreferat für den Finanzausschuß setzte *Höpker-Aschoff* den Grundtenor der weiteren Beratungen, indem er sich dezidiert von den Vorschlägen des Herrenchiemseer Konvents absetzte.[219] Er ging dabei aus von der seit Weimar etablierten Unterscheidung zwischen Gesetzgebungsbefugnis über Steuern, dem Modus der Aufteilung der Steuern (Finanzausgleich) und dem administrativen Erhebungsverfahren (Frage der Bundes- oder Länderfinanzverwaltung). Bezüglich der Gesetzgebungskompetenzen waren ihm die Herrenchiemseer Vorschläge dabei ein besonderer Stein des Anstoßes. Nicht nur die Verbrauchs- und Verkehrssteuern müßten einheitlich vom Bund geregelt werden, sondern auch die Einkommenssteuer. Eine Bestimmung der Steuer- und der Hebesätze sowie der Freibeträge durch die Länder – wie in den beiden Herrenchiemseer Varianten – verstoße auf elementare Weise gegen den Grundsatz der Einheitlichkeit der Besteuerung.[220] Allenfalls eine den Ländern unter entsprechender Ermäßigung des Grundtarifs (um die Hälfte) eingeräumte Befugnis, Zuschläge von 80% bis 120% zur Einkommenssteuer zu erheben, sei zur Not noch hinzunehmen. Aufzuteilen seien die großen, grundsätzlich in die Regelungskompetenz des Bundes zu legenden Einnahmenblöcke aus Einkommen- und Umsatzsteuer nach prozentualem Schlüssel, der im jährlichen Haushaltsgesetz oder in einem gesonderten Finanzausgleichsgesetz festzulegen sei.[221] Einzig die Vermögens-, Erbschafts- und Kraftfahrzeugssteuern sowie die traditionellen Realsteuern sollten demnach den Ländern vorbehalten bleiben. In der Frage der Finanzverwaltung schließlich plädierte er für ein System der einheitlichen Bundesfinanzverwaltung, die für die Herstellung einer Wirtschaftseinheit einfach unerläßlich sei.[222]

Im Finanzausschuß stieß dieser an den Höpker Aschoff'schen Reichsreformvorstellungen der späten Zwanziger Jahre orientierte Vorschlag kaum auf nennenswerten Widerstand.[223] Während die Ausschußmitglieder aus der SPD die

---

[218] Siehe nur seine programmatische Schrift „Deutscher Einheitsstaat. Ein Beitrag zur Rationalisierung der Verwaltung" aus dem Jahre 1928, in der unzweideutig zu lesen ist: „Der theoretischen Betrachtung erscheint der in Reichsprovinzen gegliederte Einheitsstaat als die beste Lösung" – ebda., S. 10. Vgl. auch ausführlich zu Höpker Aschoffs Eintreten für die Reichsreform *T. Aders* (Fn. 71), S. 118ff.

[219] Zum Eingangsreferat von Höpker Aschoff vgl. ausführlich *T. Aders* (Fn. 71), S. 236ff. sowie *W. Renzsch* (Fn. 130), S. 61.

[220] Vgl. auch *R.W. Füsslein*, JöR NF 1 (1951), S. 752f.

[221] *R.W. Füsslein*, JöR NF 1 (1951), S. 767f.

[222] Siehe *R.W. Füsslein*, JöR NF 1 (1951), S. 792.

[223] Vgl. *T. Aders* (Fn. 71), S. 238 sowie *W. Renzsch* (Fn. 130), S. 62.

Vorschläge des Referats durchgängig unterstützten, verlegten sich der Ausschußvorsitzende aus der württembergischen CDU sowie die bayerischen Ausschußmitglieder auf eine Form hinhaltenden Widerstandes, indem sie zunächst umfangreiche Sachverständigenanhörungen anberaumen ließen. Die in neun Sitzungen des Ausschusses angehörten 22 Sachverständigen stützten allerdings überwiegend die Grundposition von *Höpker-Aschoff*.[224] Als kontrovers erwiesen sich dabei vor allem die Frage der Gesetzgebungskompetenz im Bereich der Einkommenssteuer und die alte Streitfrage der richtigen Ansiedlung der Finanzverwaltung. Während praktisch nur der bayerische Finanzminister für eine umfassende eigene Steuer- und Hebesatzkompetenz der Länder im Bereich der Einkommensteuer plädierte, sprachen sich zumindest einige andere Vertreter der Länderfinanzverwaltungen für eine jedenfalls partielle Beteiligung der Länder an der Einkommenssteuergesetzgebung über Zuschlagsrechte aus.[225] Das Argument der Einheitlichkeit der Besteuerung, der Wahrung der wirtschaftlichen Einheit des Bundesgebietes gab allerdings für die meisten Befragten den Ausschlag zugunsten der reinen Bundesgesetzgebung.[226] Ähnliche Funktionen erfüllte der Gedanke der Einheitlichkeit bei der Debatte um Bundes- oder Länderfinanzverwaltung, wobei hier noch das ebenfalls aus der Weimarer Diskussion geläufige Argument hinzutrat, zentrale Verwaltung der Steuern sei einfach billiger als der Aufbau von mehr als zehn Länderfinanzverwaltungen.[227]

Mitte Oktober 1948 kam der Finanzausschuß auf der Grundlage des Eingangsreferates und der Sachverständigenanhörungen zu entsprechenden Beschlüssen, die weitgehend der von *Höpker Aschoff* vorgegebenen Linie folgten.[228] Auch der Hauptausschuß billigte – nach einer erneuten Sachverständigenanhörung und kleineren Korrekturen der vorgeschlagenen Bestimmungen – im Dezember 1948 die Entwürfe aus der Feder von *Höpker-Aschoff*.[229] Inzwischen hatte allerdings auch das berühmte Gespräch zwischen *Walter Menzel* und Bayerns Ministerpräsident *Hans Ehard* stattgefunden, in dessen Gefolge die CSU-Vertreter im Parlamentarischen Rat verschiedene Zugeständnisse in Aussicht stellten im Gegenzug gegen eine Verankerung der von ihnen gewünschten Mitsprache der Länder über die traditionelle Bundesratslösung.[230] *Konrad Adenauer*, der über Ehard's eigenmächtige Absprache zutiefst erbost war, hat diesem bayerischen Coup vorgeworfen, hier sei die Position der Länder, die „Sicherung des Föderalismus", gegen eine

---

224 Vgl. *T. Aders* (Fn. 71), S. 241f.; *R.W. Füsslein*, JöR NF 1 (1951), S. 753ff., 770ff., 793ff.

225 Siehe *R.W. Füsslein*, JöR NF 1 (1951), S. 754f.

226 „Gleichmäßigkeit der Besteuerung" und „Vergleichbarkeit der Steuerbelastung" galten selbst für den von der bayerischen Finanzverwaltung nach Bonn entsandten Beobachter *Ringelmann* als Leitprinzipien jeder Gestaltung der Finanzverfassung – siehe die bei *P.J. Kock* (Fn. 49), S. 309, wiedergegebenen Äußerungen.

227 Siehe *R.W. Füsslein*, JöR NF 1 (1951), S. 794 m.w.N. der entsprechenden Aussagen der Sachverständigen.

228 Siehe *R.W. Füsslein*, JöR NF 1 (1951), S. 756, 772ff., 795f.

229 Vgl. *T. Aders* (Fn. 71), 248; *R.W. Füsslein*, JöR NF 1 (1951), S. 758f., 776ff., 797ff.

230 Vgl. dazu oben Fußn. 198 und 199.

im Ergebnis eher zweifelhafte Einflußmöglichkeit der Landesregierungen auf den Bund verkauft worden, nämlich die Mitsprache über den Bundesrat[231]. Diese Bewertung war durchaus einleuchtend, unterstellt man die Existenz der von Adenauer behaupteten Absprachen im Finanzbereich; auch *Adenauer* war insoweit aber machtlos, verfügten doch selbst ohne die CSU die Abgeordneten von SPD und FDP zusammen mit den überzeugten Unitariern der anderen Parteien über eine klare Mehrheit im Parlamentarischen Rat, die ihnen eine Verabschiedung der im Finanzausschuß erarbeiteten Vorschläge sicherten.

Gegen diese deutlich unitarische Tendenz der Mehrheit des Parlamentarischen Rates hatten allerdings in der Zwischenzeit die Militärgouverneure warnende Stellungnahmen dahingehend abgegeben, das angestrebte System einer weitgehenden Finanzhoheit des Bundes sei mit den Vorgaben der Londoner Konferenz nicht vereinbar.[232] In einem Memorandum der Militärgouverneure vom 22.11. 1948[233], das beinahe wörtlich den (geheimen) Annex H der Londoner Beschlüsse[234] zitierte und dem schon Mitte Oktober ein entsprechender ‚letter of guidance' der Militärgouverneure an den Parlamentarischen Rat vorausgegangen war[235], wurde der Parlamentarische Rat mit großer Bestimmtheit auf die verfassungspolitischen Vorstellungen der Siegermächte hingewiesen. In dem Memorandum wurde insbesondere der Forderung Ausdruck verliehen, zur Wahrung eines „Regierungsaufbaus föderalistischen Typs" Vorkehrungen zu treffen, „daß die Befugnisse der Bundesregierung auf dem Gebiet der öffentlichen Finanzen auf die Verfügung über Geldmittel, einschließlich der Erhebung von Einnahmen für Zwecke, für die sie verantwortlich ist, beschränkt sind; daß die Bundesregierung Steuersätze bestimmen darf und über die allgemeinen Grundsätze der Veranlagung bei anderen Steuern, für die Einheitlichkeit nötig ist, Gesetze erlassen darf, daß aber die Einziehung und Nutznießung solcher Steuern den einzelnen Ländern überlassen bleiben" müßten.[236]

Der im Fünfer-Ausschuß des Parlamentarischen Rats Ende Januar 1949 ausgehandelte Kompromiß zu den letzten ausstehenden Streitfragen erhob das Tauschgeschäft „Bundesrat gegen unitarische Finanzverfassung" jedoch schließlich deutscherseits offiziell zur Geschäftsgrundlage der gegenseitigen Einigung auf ei-

231 *K. Adenauer*, in: Die CDU/CSU im Parlamentarischen Rat (Fn. 139), S. 94.

232 Vgl. zu diesen Versuchen einer Einflußnahme seitens der Militärgouverneure *T. Aders* (Fn. 71), S. 258ff.

233 Zum Aide Mémoire vom 22. 11. 1948 vgl. v.a. *T. Aders* (Fn. 71), S. 259ff.; *T. Eschenburg / W. Benz* (Fn. 102), S. 497f.; *R. Ley* (Fn. 77), S. 108; *J. Gimbel* (Fn. 22), S. 294f.; *V. Otto* (Fn. 192), S. 116.

234 Der Annex H der Londoner Beschlüsse ist im Wortlaut abgedruckt bei *T. Aders* (Fn. 71), S. 258.

235 Vgl. dazu *T. Aders* (Fn. 71), S. 258f.

236 Zitiert nach *R. W. Füsslein*, JöR NF 1 (1951), S. 797; daß dieser Passus praktisch wortlautgleich mit den Vorgaben des Annex H der Londoner Beschlüsse ist, zeigt ein Abgleich mit dem bei *T. Aders* (Fn. 71), S. 258, wiedergegebenen Wortlaut des Annex H, vgl. auch *T. Aders* (Fn. 71), S. 259.

nen Entwurf des Grundgesetzes.[237] Die SPD stimmte den letzten Details zur Stellung des Bundesrates zu; dafür mußten die Union (und insbesondere natürlich die CSU) nicht nur allgemein die vom Hauptausschuß gebilligten Entwürfe der Finanzverfassung akzeptieren, sondern im Detail auch den völligen Übergang der Finanzverwaltung auf den Bund, der vor allem von der FDP zur Bedingung gemacht worden war. Alle Versuche der bayerischen Regierung, die anderen Parteien in dieser für Bayern essentiellen Frage zum Einlenken zu bewegen, scheiterten zunächst.[238] Der Entwurf wurde auf der Grundlage der vom Finanzausschuß entwickelten Vorschläge verabschiedet. Für den Parlamentarischen Rat schien die Frage damit erledigt – es hatten sich klare Mehrheiten für den von SPD und FDP favorisierten Entwurf mit nahezu umfassender Finanzhoheit des Bundes ergeben.

Einziger Unsicherheitsfaktor blieb die Haltung der Alliierten Militärgouverneure, die die neue Verfassung vor dem Inkrafttreten zu genehmigen hatten. Um das im Parlamentarischen Rat erzielte Ergebnis unter Umständen noch im Nachhinein zu korrigieren, machten Unionspolitiker wie *Hans Ehard* nun ihren Einfluß bei den Alliierten geltend, in der Hoffnung, die Besatzungsmächte könnten durch entsprechende Intervention die Mehrheit des Parlamentarischen Rates zur Modifikation des Entwurfes zwingen.[239] Daß es durchaus reale Gründe für diese Hoffnung gab, zeigen Dokumente der Besatzungsverwaltung. Vor allem die französische und die amerikanische Militärregierung waren mit dem im Februar vom Hauptausschuß verabschiedeten Entwurf des Grundgesetzes unzufrieden, da er ihnen als viel zu zentralistisch erschien, gerade im Bereich der Finanzverfassung.[240] Nachdem der Parlamentarische Rat den von ihm verabschiedeten Entwurf des Grundgesetzes den Alliierten Militärgouverneuren im Februar 1949 zur Genehmigung unterbreitet hatte, antworteten die Militärgouverneure am 2. März 1949 mit einem prinzipiell ablehnenden Memorandum, das einem Ultimatum gleichkam, da es die potentielle Annahme an die Erfüllung einer ganzen Reihe von Bedingungen knüpfte.[241] An erster Stelle standen dabei Bedenken gegen die vorgeschlagene Finanzverfassung. Die Militärgouverneure brachten in dem Memorandum zum Ausdruck, sie hätten „mit Besorgnis bemerkt, in welchem Ausmaß die Bestimmungen über Finanzzuständigkeiten von den in London verein-

---

237 Zum sogen. „Großen Kompromiß" vgl. *K.-U. Gelberg* (Fn. 55), S. 237ff. sowie *T. Aders* (Fn. 71), S. 255f.

238 Vgl. *K.-U. Gelberg* (Fn. 55), S. 240ff.

239 *T. Aders* (Fn. 71), S. S. 256; *K.-U. Gelberg* (Fn. 55), S. 244ff.; *P.J. Kock* (Fn. 49), S. 310; *T. Eschenburg / W. Benz* (Fn. 102), S. 466f.

240 Vgl. nur *T. Aders* (Fn. 71), S. 257, 261, *T. Eschenburg / W. Benz* (Fn. 102), S. 497, sowie *V. Schockenhoff*, Wirtschaftsverfassung und Grundgesetz. Die Auseinandersetzungen in den Verfassungsberatungen 1945–1949, 1986, S. 223f.

241 Zum ablehnenden Memorandum der Militärgouverneure vom 2.3. 1949 vgl. *T. Aders* (Fn. 71), S. 261ff.; *K.-U. Gelberg* (Fn. 55), S. 248ff.; *W. Renzsch* (Fn. 130), S. 64; *R. Morsey* (Fn. 117), S. 478; *V. Schockenhoff* (Fn. 240), S. 224; *T. Eschenburg / W. Benz* (Fn. 102), S. 498; *R. Ley* (Fn. 77), S. 108f.; *H.-J. Grabbe*, Die deutsch-alliierte Kontroverse um den Grundgesetzentwurf im Frühjahr 1949, VfZ 26 (1978), S. 393, 396ff.

barten und dem Parlamentarischen Rat in Paragraph d des Aide Mémoire übermittelten Maßstäben" abwichen[242]. Ihrer Ansicht zufolge würden die vom Parlamentarischen Rat vorgeschlagenen Bestimmungen zu einem Zustand führen, in dem die Länder ohne ausreichende unabhängige Einnahmequellen für die Erledigung ihrer Angelegenheiten dastünden. Um an diesem für das föderative System zentralen Punkt – dem wichtigsten Punkt neben der Frage der Bundeskompetenz im Bereich der konkurrierenden Gesetzgebung, wo die Alliierten die Verschärfung der Bedürfnisklausel forderten – um also in diesem Punkt Abhilfe zu schaffen, schlugen sie eine ganze Reihe von Abänderungen in den vorgesehenen Bestimmungen der Finanzverfassung vor, die sie in einen eigenen ausformulierten Vorschlag für die Aufteilung der Steuergesetzgebungsbefugnisse, die Verteilung der Finanzmittel und die Zuständigkeit im Bereich der Finanzverwaltung faßten.[243]

Aufgebracht über diese Intervention der Alliierten waren vor allem Freidemokraten und Sozialdemokraten. Insbesondere die SPD sah das im ‚Großen Kompromiß' geschnürte Paket zu ihren Lasten verändert: Die den Föderalisten gebrachten „Opfer" (der Bundesrat vor allem) wurden festgeschrieben, während die für essentiell gehaltene Wahrung der Einheit im Bereich der Gesetzgebung und noch stärker der Finanzverfassung von den Allierten aus dem Paket herausgeschnitten wurde.[244] Die daraus resultierende ablehnende Haltung von SPD und FDP prägte die weiteren Beratungen über das Verhalten gegenüber den Siegermächten. Die in mehreren interfraktionellen Besprechungen Anfang März erarbeitete Stellungnahme des Parlamentarischen Rates machte deutlich Front gegen die Vorschläge der Militärgouverneure.[245] Vor allem die weitgehende Bundeskompetenz im Bereich der Steuergesetzgebung sowie die einheitliche Erhebung der Steuern durch eine Bundesfinanzverwaltung seien essentiell für den Aufbau des neuen Staates, so meinte die Mehrheit des Parlamentarischen Rates. In der Stellungnahme des interfraktionellen Ausschusses hieß es so unter anderem: „Bei allen indirekten Steuern ist in einem einheitlichen Wirtschaftsgebiet eine einheitliche Gesetzgebung notwendig, weil diese Steuern Produktionskosten der Wirtschaft sind und eine verschiedene Regelung die einheitlichen Wettbewerbsbedingungen der Wirtschaft untergraben würde."[246] Auch bei den direkten Steuern von Vermögen, Erbschaften und Schenkungen sei eine einheitliche Gesetzgebung notwendig, „weil eine verschiedene Gesetzgebung kostspielige Standortveränderungen der wirtschaftlichen Unternehmungen auslösen würde", die man nicht

---

242 Zitiert nach *R.W. Füsslein*, JöR NF 1 (1951), S.784.

243 Der Vorschlag der Militärgouverneure ist abgedruckt bei *R.W. Füsslein*, JöR NF 1 (1951), S.759, 784, 802.

244 Vgl. zur Reaktion der Parteien *T. Aders* (Fn.71), S.263f. In der Entschließung der SPD-Parteiausschußsitzung vom 20./21.4. 1949 hieß es ausdrücklich, daß „durch die wiederholten in Einzelheiten gehenden Interventionen der Besatzungsmächte" die Einigung im Parlamentarischen Rat zerstört worden sei, siehe *T. Aders* (Fn.71), S.273.

245 Vgl. *R.W. Füsslein*, JöR NF 1 (1951), S.759ff., 802f.; *T. Aders* (Fn.71), S.264ff.

246 Zitiert nach *R.W. Füsslein*, JöR NF 1 (1951), S.760.

wolle.[247] Die Zerlegung der Finanzverwaltung in eine Bundes- und eine Länderfinanzverwaltung schließlich, wie sie der Vorschlag der Militärgouverneure gefordert habe, sei aus technischen Gründen unmöglich und würde außerdem große Kosten verursachen.[248]

Auf der Grundlage von Verhandlungen zwischen Mitgliedern des Parlamentarischen Rates und den Finanzsachverständigen der Militärgouverneure formulierte der Siebenerausschuß des Parlamentarischen Rates dann einen Kompromißvorschlag.[249] Dieser ‚Kompromiß' hielt am Gedanken der alleinigen und ungeteilten Bundesfinanzverwaltung, am Prinzip der nahezu umfassenden Bundeskompetenz im Bereich der Steuergesetzgebung sowie am Konzept der gemeinsamen Finanzwirtschaft mit einer über Bundesgesetz geregelten Aufteilung des Aufkommens aus Umsatz- und Einkommensteuer fest, machte Zugeständnisse also nur in eher marginalen Detailfragen.[250] Wie zu erwarten, wurde dieser Vorschlag von den Vertretern der Militärgouverneure in der Folge nicht akzeptiert.[251]

In erneuten Verhandlungen fand sich die Mehrheit im Parlamentarischen Rat schließlich bereit, die Alleinzuständigkeit des Bundes im Bereich der Finanzverwaltung fallenzulassen, eine Teilung der Finanzverwaltung zwischen Bund und Ländern vorzusehen und demfolgend eine Aufteilung der Steuermittel zu entwickeln, bei der grundsätzlich die vom Bund verwalteten Steuern dem Bund zufließen, und umgekehrt den Ländern die Steuern zukommen, die von den Länderfinanzverwaltungen erhoben werden.[252] Die Umsatzsteuer sollte danach voll dem Bund zufallen, die Einkommensteuer dagegen grundsätzlich den Ländern, wenn auch mit der Möglichkeit für den Bund, über ein Zustimmungsgesetz einen Teil der Einkommen- und Körperschaftsteuer zur Deckung seiner durch andere Einkünfte nicht gedeckten Ausgaben in Anspruch zu nehmen. Für Zwecke des Finanzausgleichs zugunsten steuerschwacher Länder sollte der Bund zudem Zuschüße gewähren dürfen, die er aus der (im Prinzip sonst den Ländern vorbehaltenen) Einkommensteuer finanzieren durfte, und als Alternative dazu sollte er außerdem die Möglichkeit erhalten, für die Aufteilung einzelner Steuern, deren Aufkommen den Ländern zugewiesen ist, von der Verteilung nach örtlichem Aufkommen als Schlüssel der Verteilung zwischen den Ländern abzuweichen zugunsten eines anderen Verteilungsmodus.

In der Frage der Gesetzgebungskompetenz hielt der Parlamentarische Rat dagegen an seinem Grundansatz fest, entgegen der Forderung der Militärgouverneure konkurrierende Gesetzgebung des Bundes über Steuern, deren Erträge den

---

[247] Ebda.

[248] *R.W. Füsslein*, JöR NF 1 (1951), S. 802.

[249] Siehe dazu *R.W. Füsslein*, JöR NF 1 (1951), S. 785, 803.

[250] Vgl. *H.-J. Grabbe* (Fn. 241), S. 398; *R. Ley* (Fn. 77), S. 111f.; *P.J. Kock* (Fn. 49), S. 312; *T. Aders* (Fn. 71), S. 266.

[251] Vgl. *R.W. Füsslein*, JöR NF 1 (1951), S. 788; *T. Aders* (Fn. 71), S. 267; *K.-U. Gelberg* (Fn. 55), S. 251; *T. Eschenburg / W. Benz* (Fn. 102), S. 499; *R. Morsey* (Fn. 117), S. 478.

[252] Siehe *R.W. Füsslein*, JöR NF 1 (1951), S. 788f., 804ff., außerdem *T. Aders* (Fn. 71), S. 272ff.; *W. Renzsch* (Fn. 130), S. 66ff.; *T. Eschenburg / W. Benz* (Fn. 102), S. 499ff.

Länder ganz oder teilweise zustehen, nicht nur in den Fällen zuzulassen, in denen er die betreffenden Steuern „ganz oder zum Teil für die Deckung von Bundesausgaben in Anspruch nimmt", sondern auch in den Fällen, in denen er „eine einheitliche Regelung im Hinblick auf die Rechts- und Wirtschaftseinheit für erforderlich hält".[253]

Die modifizierte Version der Artikel zur Finanzverfassung fand schließlich die Billigung der Militärgouverneure[254], wenn auch unter Ersetzung der vom Parlamentarischen Rat vorgeschlagenen Bestimmung zum Finanzausgleich durch eine neue, von den Finanzsachverständigen der Besatzungsmächte formulierte Version.[255]

4.6. Das Ergebnis: Unzufriedenheit mit der neuen Bundesstaatsverfassung

Das Ergebnis der langwierigen Beratungen (und komplizierten Kompromißbildungen) im Parlamentarischen Rat, das dann noch einmal grundlegend, aufgrund des Erfordernisses einer Übereinkunft mit den Besatzungsmächten, im Sinne der alliierten Forderung nach Verstärkung der föderalistischen Elemente hatte überformt werden müßen, stieß auf Unmut und Widerstand aus sehr entgegengesetzten Richtungen.

Aus der Sicht der überzeugten Föderalisten, und natürlich vor allem aus bayerischer Perspektive, war das Grundgesetz trotz aller von den Besatzungsmächten verlangten Nachbesserungen immer noch zu unitarisch-einheitsstaatlich ausgefallen. Die Ablehnung des Grundgesetzes durch den bayerischen Landtag erklärt sich insoweit nicht nur aus der komplizierten Situation der bayerischen Innenpolitik zu diesem Zeitpunkt, sondern gab auch ein gerüttelt Maß an echter inhaltlicher Unzufriedenheit mit der neuen Bundesstaatsverfassung wider.[256] Die von Bayern favorisierte Beteiligungs- bzw. Bundesratslösung war zwar im Prinzip durchgesetzt worden; dem Bundesrat war in der neuen Verfassung jedoch keine echte Gleichrangigkeit mit dem Bundestag zugestanden worden. Der Katalog der dem Zugriff des Bundesgesetzgebers unterliegenden Materien war sehr weit ausgefallen, mit einer insgesamt eher schwachen – wenn auch aufgrund allliierten Beharrens nachgebesserten – Sicherung gegen zu weite Inanspruchnahme durch den Bund. Die Verwaltungshoheit der Länder war zwar formal recht weitgehend gewahrt, stand dem Zugriff des Bundes nun aber unter Einschaltung des Bundesrats (mit der Möglichkeit der Majorisierung einzelner Länder) ebenfalls weit offen. Die Finanzverfassung schließlich war wieder – wie in Weimar – ausgesprochen

---

253 Siehe *R.W. Füsslein*, JöR NF 1 (1951), S. 761.

254 Vgl. zu den Hintergründen des ‚Einlenkens' der Alliierten *T. Aders* (Fn. 71), S. 270ff.; *R. Morsey* (Fn. 117), S. 478ff.; *V. Schockenhoff* (Fn. 240), S. 237ff.

255 *R.W. Füsslein*, JöR NF 1 (1951), S. 789.

256 Vgl. zu den Hintergründen des bayerischen ‚Nein' zum Grundgesetz *K.-U. Gelberg* (Fn. 55), S. 256ff. sowie *P.J. Kock* (Fn. 49), S. 317ff.

unitarisch geprägt, mit nur sehr geringer finanzpolitischer Autonomie der Länder. Selbst die traditionelle Forderung nach Länderfinanzverwaltung war nur in letzter Minute – und nur aufgrund alliierter Intervention – zum Zuge gekommen, und auch dies nur ‚amputiert' in der merkwürdigen Kompromißform des Art. 108 GG, als Auftragsverwaltung unter Weisung des Bundes.

Überraschen konnte dies Ergebnis zwar eigentlich nicht, angesichts der Ausgangskonstellation und der Staatsideale der deutschen Parteien. Nicht nur SPD und FDP, sondern auch Teile der CDU waren ja – wie oben dargestellt – in ihrer Programmatik deutlich den unitarischen Idealen der Reichsreformbewegung der späten Weimarer Jahre verpflichtet. Diese ideologische Dominanz der Anhänger eines Modells möglichst umfassender Integration hatte sich auch deutlich in der Zusammensetzung des Parlamentarischen Rates ausgedrückt: Nur eine kleine Minderheit der Abgeordneten galt wirklich als überzeugt föderalistisch.[257] Selbst in der Unionsfraktion machte deren Fraktionsvorsitzender, der Staatsminister in der bayerischen Staatskanzlei *Anton Pfeiffer*, nur 16 Mitglieder aus, die er meinte als „Föderalisten" einstufen zu können.[258] Die Schlüsselpositionen in den entscheidenden Ausschüssen waren fast durchweg mit erklärten Anhängern des alten Reichsreformgedankens, ehemaligen Ministerialbeamten des Reiches und Mitgliedern der Bizonenverwaltung besetzt; die Mehrheit in den Fraktionen wie in den Gremien des Parlamentarischen Rates zeigte auch keinerlei Neigung, hier noch im Nachhinein korrigierend einzugreifen. Das Unbehagen der überzeugten „Föderalisten" hat Bayerns Ministerpräsident der späten Vierziger Jahre, *Hans Ehard*, 1961 auf die Formel gebracht vom „labilen Föderalismus". Die Regelungen über das Verhältnis zwischen Bund und Ländern seien „das Ergebnis eines nicht ohne Mühen erreichten Kompromisses zwischen den föderativen Kräften einerseits und einer zentralistisch bestimmten Einstellung andererseits" und sei daher „nicht frei von Schwächen". Das Kräftespiel zwischen Bund und Ländern sei „nach dem Grundgesetz zwar ausbalanciert, aber eben nur in der Schwebe" – daher die Kennzeichnung als ‚labiler Föderalismus'.[259]

Bei den ‚Unitariern', den Anhängern des „dezentralisierten Einheitsstaates" vor allem in SPD und FDP, bei den alten und neuen Ministerialbeamten des Reiches bzw. der neuen Zentralverwaltungen, den von der Weimarer ‚Reichsreformbewegung' geprägten Anhängern einer ‚effizienten' Regierungs- und Verwaltungsstruktur und einer starken Zentralgewalt, stieß die neue Bundesstaatsverfassung dagegen auf den Vorwurf, hier sei den ‚überholten' Forderungen der Föderalisten viel zu weit Raum gegeben worden.[260] Die „ökonomische Ratio" des Aufbaus vertrage eigentlich keine „Übertreibung des föderalistischen Gedankens".[261]

---

257 Vgl. *P.J. Kock* (Fn. 49), S. 286ff.

258 Zitiert bei *P.J. Kock* (Fn. 49), S. 287.

259 *H. Ehard*, Das Verhältnis zwischen Bund und Ländern und der Bundesrat, BayVBl. 1961, S. 1.

260 Der SPD-Vorsitzende K. Schumacher warnte Anfang April 1949 davor, den Föderalismus zu einem „Fetisch mit prähistorischem Inhalt" zu erheben – vgl. dazu *T. Aders* (Fn. 71), S. 272.

261 So eine aus Kreisen der Wirtschaft an den Parlamentarischen Rat herangetragene Forde-

Die föderalistischen Forderungen der Alliierten zielten letztlich auf eine „Bagatellisierung" und „Balkanisierung" des Bundes.[262] Insofern führten gerade die auf eine Verfassung „föderalistischen Typs" gerichteten Vorgaben (und die entsprechenden nachträglichen Interventionen) der Besatzungsmächte hier zum Vorwurf eines ‚Diktats' von außen.[263] Daß der deutschen Verfassungspolitik der Bundesstaat ‚aufgezwungen' worden war, als Vorentscheidung außerhalb des Handlungsspielraums der deutschen Politiker, führte zu entsprechenden Ressentiments. Der ‚unrationelle' Föderalismus sei Deutschland nur oktroyiert worden, um so den deutschen Staat zu schwächen, die Herausbildung einer handlungsfähigen und mächtigen deutschen Staatsgewalt zu verhindern.[264]

Es war absehbar, daß beide Denkschulen auf Dauer danach streben würden, die von ihnen für falsch gehaltenen Grundentscheidungen so weit wie möglich zu korrigieren, im Rahmen der Handlungsspielräume, die die Verfassung noch ließ. Beide Seiten sahen durchaus, daß die Verfassung viele Fragen nicht wirklich entschieden hatte, als ‚Kompromißpaket' viele Probleme hatte offenlassen müßen, die in Zukunft in der einen oder anderen Richtung entschieden werden konnten.

rung – vgl. *W. Sörgel* (Fn. 67), S. 219. Siehe auch als zeitgenössische Stimme *W. Grewe* (Fn. 63), S. 21 ff.

[262] So Äußerungen von *Carlo Schmid* im März 1949 – wiedergegeben nach einer Aktennotiz von *Hans Troßmann*, zitiert bei *T. Aders* (Fn. 71), S. 266f. Fußn. 209.

[263] Siehe nur die Äußerung von *Hermann Höpker Aschoff* auf der ersten Sitzung des Finanzausschusses der Ministerpräsidenten am 4. 7. 1949: „Wir stehen vor einem Grundgesetz, das nicht aus unserem freien Willen seine Fassung erhalten hat, sondern das uns gerade in diesem Punkt von der Besatzungsmacht aufgezwungen wurde." – zitiert nach *T. Aders* (Fn. 71), S. 277.

[264] Gegen diese in den Gründungsjahren der Bundesrepublik sehr weitverbreitete Auffassung richtet sich die Betonung der tiefen Wurzeln des föderalistischen Gedankens in der deutschen Verfassungsgeschichte, die die neueren Darstellungen zur Entstehung des bundesstaatlichen Systems des Grundgesetzes kennzeichnet – siehe nur als Beispiel *R. Mußgnug* (Fn. 96), S. 243f., ferner *J.A. Frowein*, Deutscher Föderalismus der Gegenwart, 1981, S. 7; *F. Ossenbühl*, Föderalismus nach 40 Jahren Grundgesetz, DVBl. 1989, S. 1230; *J. Isensee*, Der Föderalismus und der Verfassungsstaat der Gegenwart, AöR 115 (1990), S. 248, 253, 274; vgl. außerdem – insoweit deutlich differenzierend – *R. Morsey* (Fn. 117), S. 473.

Zweiter Teil

Die Entwicklung zum ‚unitarischen Bundesstaat' – Verfassungsgeschichte der Bundesrepublik

5. Kapitel:

Die Aufnahme der neuen Bundesstaatsverfassung in der Staatsrechtslehre

5.1. Kontinuität und Wandel im Urteil der Zeitgenossen

Das zu Abschluß des vorhergehenden Kapitels geschilderte Unbehagen weiter Teile der politischen Öffentlichkeit am System des neuen Bundesstaates war unübersehbar. *Franz W. Jerusalem* hat den Zeitgeist 1952 wie folgt geschildert: „Für deutsches Denken ist der zentralistische Staat die normale Staatsform. Er erscheint einfach, durchsichtig in seinem Aufbau, wirksam durch die Kulminierung aller Funktionen in einem, wenn auch nur gedachten Mittelpunkt, billig in bezug auf die Mittel, die für den staatlichen Aufwand benötigt werden. Im Gegensatz dazu erscheint der föderalistische Staat kompliziert, schwerfällig in der Art der Durchführung der staatlichen Aufgaben, teuer. Vor allem scheint er dem Prinzip der Gleichheit, das als eines der wichtigsten Verfassungsprinzipien gilt, zu widersprechen, wenn auf einer Unzahl von Gebieten wegen der Selbständigkeit der eingeordneten Gemeinwesen eine durchgehende Rechtseinheit fehlt."[1]

Das unleugbar vorhandene, anti-föderalistische Ressentiment des (so *Franz W. Jerusalem* 1952) „heute vorherrschenden, zentralistischen Staatsdenkens" sollte jedoch nicht darüber hinwegtäuschen, daß die Bundesstaatsverfassung des Grundgesetzes erkennbar in den Traditionen der deutschen Bundesstaatsgeschichte wurzelt[2]. Diese bewußte Kontinuität beginnt schon mit der grundlegenden Scheidung der Kompetenzteilungsbestimmungen in einen Teil über Gesetzgebungskompetenzen, einen zweiten Teil über Verwaltungskompetenzen und einen dritten Teil über die Finanzmittel. Vor allem der für das Grundgesetz (wie für seine Vorläufer) so charakteristische Versuch einer sauberen Trennung zwischen Gesetzgebungs- und Verwaltungskompetenzen ist untypisch für die meisten traditionellen Bundesstaatssysteme, die meist generell bestimmte Sachmaterien dem Bund oder den Ländern zuweisen – mit der daran gekoppelten Gesetzgebungs- und Verwaltungsbefugnis wie der entsprechenden Finanzierungslast.[3] Daß das

---

[1] *F.W. Jerusalem*, Zentralismus und Föderalismus, in: Verfassung und Verwaltung in Theorie und Wirklichkeit. Festschrift für Wilhelm Laforet, 1952, S. 37, 39.

[2] Dies betonte unter den Autoren der Fünfziger Jahre besonders *H. Ritter von Lex*, Die Grundlagen unserer föderaitiven Staatsordnung, in: Vom Bonner Grundgesetz zur gesamtdeutschen Verfassung. Festschrift für Hans Nawiasky, 1956, S. 237, 238f.

[3] Vgl. dazu *K. Niclauß*, Demokratiegründung in Westdeutschland, 1974, S. 206ff. sowie als

Grundgesetz diese Scheidung zwischen Rechtsetzungs- und Verwaltungskompetenzen zugrundelegt, zeigt die Dominanz des Erbes der Reichsverfassung von 1867/71 im deutschen Bundesstaatsdenken, versinnbildlicht die Entscheidung des Parlamentarischen Rates für das eigenwillige deutsche Bundesstaatsmodell Bismarck'scher Prägung.

Ein vergleichbar starkes Element der Kontinuität findet sich in der Institution des Bundesrates, als der traditionellen ,Zweiten Kammer' deutscher Tradition.[4] Als „Parlament der Oberregierungsräte" – wie Spötter den Bundesrat gelegentlich betitelt haben – ist er im strengen Sinne eigentlich gar keine zweite parlamentarische Kammer[5], sondern ein Vertretungsorgan der Landesregierungen und Länderbürokratien, ein Verbindungsglied zwischen Bund und Ländern. Er ist Bundesorgan, seine Mitglieder aber handeln als Organe bzw. Delegierte der Länder, sichern über die Mitentscheidung im Rechtssetzungsverfahren die Teilhabe der Länder am politischen Entscheidungsprozeß der Bundesebene. In dieser Konstruktion ist der Bundesrat ohne wirkliche Parallelen in anderen Bundesstaatsverfassungen, vergleichbar allenfalls völkerrechtlich-staatenbündischen Konstruktionen wie dem Ministerrat im Gefüge der Europäischen Gemeinschaft.

Ansonsten bildete die Weimarer Reichsverfassung mit all ihren Schwierigkeiten und ihrem kläglichen Ende klar erkennbar den Erfahrungshintergrund der Verfassungsberatungen – das Weimarer Verfassungssystem, mit dessen Problemen die Teilnehmer des Parlamentarischen Rates zum Großteil aus eigener Anschauung bestens vertraut waren.[6] Wandel bedeutete insoweit zuallererst und vorrangig bewußte Verarbeitung der Weimarer Erfahrungen. Nun konnte man allerdings – dies leuchtet sofort ein – aus den Weimarer Erfahrungen sehr unterschiedliche Schlüsse ziehen, wie die Differenzen zwischen den (vor allem bayerischen) Anhängern eines auf strikte Kompetenzteilung ausgerichteten föderalen Systems und den eher unitarisch orientierten Anhängern der alten ,Reichsre-

---

zeitgenössische Stimme *W. Grewe*, Das bundesstaatliche System des Grundgesetzes, Deutsche Rechts-Zeitschrift 1949, S. 349, 351.

[4] Vgl. auch *K. Niclauß* (Fn. 3), S. 140ff. sowie als zeitgenössische Stimme *G. Schnorr*, Die Stellung der Ländervertretungen im System der deutschen Verfassungen seit 1815, AöR 76 (1950/51), S. 259ff.

[5] Dies räumte z.B. eines der führenden Mitglieder des Parlamentarischen Rates, *Heinrich von Brentano*, in seiner (Erst-)Darstellung der neuen Bundesratskonstruktion offen ein – *H. von Brentano*, Der Bundestag und der Bundesrat, DÖV 1949, S. 270, 271; vgl. aber im gegenteiligen Sinne dann *H. Schäfer*, Der Bundesrat, 1955, S. 30.

[6] Dies war allen zeitgenössischen Beobachtern evident – siehe nur *W. Weber*, Weimarer Verfassung und Bonner Grundgesetz, 1949, S. 12: „Schon von vornherein durch starke auferlegte Rücksichten gebunden, haben seine Verfasser dann noch ihre dreißigjährigen Erfahrungen als Politiker und Juristen rückwärtsblickend hineingeflochten, vorsichtig abwägend und abstimmend und zu immer neuen Abzirkelungen fortschreitend. Ein Juristengesetz, kein Volksgesetz, und auch als Juristengesetz weithin von solcher Kompliziertheit, daß selbst der Fachjurist oft Mühe hat, das Gemeinte zu ermitteln und praktikabel zu machen. Man spürt an vielen Stellen, wie der Jurist die naiven Unbeholfenheiten der Weimarer Verfassung überlegen durch exaktere Formulierungen ersetzen, wie er überall aus besserem Wissen und rechtstechnischem Können korrigieren wollte."

form'-Konzepte demonstrierte. Ob – um ein Beispiel zu geben – eine zentralisierte Bundesfinanzverwaltung besser zur effizienten Bewirtschaftung der Steuergrundlagen geeignet sei oder eher eine dezentralisierte Länderfinanzverwaltung, das war letztlich keine Frage der „Weimarer Erfahrungen" im Sinne klarer Lehren aus äußeren Geschehnissen, sondern eine deutlich subjektiv geprägte Frage der Wahrnehmung, eine Frage der ideologischen Grundprägung, auf deren Fundament die Erfahrungen der Weimarer Zeit verarbeitet wurden.[7] Auch die Frage, um ein anderes Beispiel zu nehmen, wie weit der Bund im Bereich der Verwaltung zentrale Steuerungsbefugnisse mittels etwaiger Weisungsrechte erhalten sollte oder wie weit die Länder umgekehrt gegen zu intensive Einflußnahme des Bundes im Verwaltungsbereich zu schützen seien, war letztlich eher eine Frage der Grundanschauungen denn eine Frage eindeutiger Erfahrungssätze aus der Weimarer Zeit.

Daß in all diesen Streitfragen ein Kompromiß gebildet werden mußte, war im Ansatz klar. Doch wie dieser Kompromiß ausfiel, war nicht vorrangig eine Frage historischer Bilanzierung, sondern eine Frage der Verhandlungsstärke der einzelnen Gruppierungen, des Verhandlungsgeschicks der konkreten Vertreter in den entscheidenden Gremien und im Ergebnis auch Ausfluß der Prioritätensetzung der Parteien, die im Schnüren von Kompromißpaketen bestimmte Ziele zugunsten anderer, für wichtiger gehaltener Zielsetzungen opfern mußten. Daß z.B. die aus der Weimarer Debatte bekannte Figur der ‚Auftragsverwaltung' im Grundgesetz aufgenommen und kodifiziert, zugleich aber in ihrer Anwendungsbreite auf einige wenige Ausnahmefälle eingeschränkt wurde, ist nicht sachlogisch zu erklären, sondern war allein das Ergebnis der Zufälligkeiten von Verfassungsberatungen in einer parlamentarisch bestellten Vertretungskörperschaft, war mithin Ausfluß der Kontingenz einer jeden Verfassunggebung.

5.2. Die Bewertungen in der zeitgenössischen Staatsrechtslehre – Perspektive der Unitarier

Des Kompromißcharakters des Grundgesetzes war sich natürlich auch die Staatsrechtslehre der Zeit bewußt. Die Wahrnehmung des Grundgesetzes als eines Kompromißproduktes wurde noch gesteigert durch das – sehr stark ausgeprägte – Empfinden der beschränkten Entscheidungsfreiheit deutscher Politik[8], die den

[7] Vgl. nur *K. Niclauß* (Fn. 3), S. 207ff.

[8] Siehe nur als Beispiel *H.P. Ipsen*, Über das Grundgesetz, 1950, der unter Verweis auf die Besatzungslage es ablehnte, das Grundgesetz als einen „Akt der verfassunggebenden Gewalt" einzustufen (ebda., S. 26), oder *W. Grewe*, Das Grundgesetz. Die verfassungsrechtlichen Grundlagen der Bundesrepublik Deutschland II, Deutsche Rechts-Zeitschrift 1949, S. 313: „Es ist nicht unwahrscheinlich, daß sich das deutsche Volk auch ohne die Bindung an die Richtlinien des Frankf. Dok. Nr. 1 eine Verfassung des dort skizzierten Typs gegeben hätte [...] Keinem Zweifel dürfte es dagegen unterliegen, daß ohne die Interventionen der MilGouv. in einigen wichtigen Punkten andere Gestaltungsformen dieses Verfassungstyps gewählt worden wären, als sie nunmehr im GG festgelegt worden sind."

Parlamentarischen Rat zwang, nicht nur unter den in den deutschen Parlamenten herrschenden Parteien einen tragfähigen Kompromiß zu bilden, sondern mit diesem Ergebnis dann auch im Verhältnis zu den Besatzungsmächten zu einer Verständigung zu gelangen.[9] Daß die neue Verfassung als Kompromißgebilde offenstand für verschiedene Deutungen, für Versuche unterschiedlicher theoretischer Konstruktion, gespeist aus divergierenden Quellen staatstheoretischen Denkens, war jedem Betrachter klar. Das Vorverständnis der Interpreten – dies war kaum zu übersehen – würde die Realität der neuen Verfassung mindestens so prägen wie der reine Wortlaut der Verfassungsbestimmungen.

Der Kampf um die Deutung und theoretische Konstruktion der neuen verfassungsrechtlichen Institute begann dementsprechend sofort mit der Verabschiedung des Grundgesetzes. Dies fing schon mit der grundlegenden Frage nach der Quelle der Staatsgewalt an, nach dem Sitz der Souveränität. War die Staatsgewalt der Länder originäre Staatsgewalt, ausgehend von einem eigenen Staatsvolk des jeweiligen Landes, oder war es abgeleitete Hoheitsgewalt, an die Länder delegierte Gewalt des Oberstaats? Schon hier, in dieser Frage, wurden wichtige Weichen gestellt. Für die Unitarier war die Antwort eindeutig. *Georg August Zinn*, Justizminister des neuen Landes Hessen, faßte die unitarische Position in die folgenden Worte: „Die Länder wurden durch Anordnungen der Militärbefehlshaber geschaffen. Sie sind nicht das Ergebnis eines revolutionären Vorgangs, ihre Länderhoheit beruht nicht auf der Freigabe einer nur durch die Besatzungsmächte suspendierten Landesstaatsgewalt, sie ist vielmehr von den Militärbefehlshabern freigegebene Gesamtstaatsgewalt.[...] Die Länder haben also weder vor dem Inkrafttreten des Grundgesetzes eine von Einzelvölkern ausgehende und in diesem Sinne eigenständige Herrschaftsgewalt besessen, noch haben sie sie nach Wortlaut und Auslegung des Art. 20 Abs. 2 Satz 1 durch das Grundgesetz erhalten. Sie sind also nur Träger einer vom Gesamtvolk ausgehenden Gewalt"[10]. Diese vom Gesamtvolk ausgehende Gewalt wurde als zur Disposition des gesamtstaatlichen ‚pouvoir constituant' stehend gesehen: „Unter der Bismarckschen und auch der Weimarer Verfassung würde eine Änderung des bundesstaatlichen Aufbaus sich als Eingriff des Subjekts der Reichsgewalt in die Sphäre des Subjekts der Landes-

[9] Dies führte vielfach zu offener Skepsis gegenüber dem Anspruch der neuen Verfassung – siehe nur als ein zeittypisches Beispiel die Göttinger Antrittsvorlesung von *Werner Weber* (Fn. 6), S. 7f.: „In Bonn stand keine der großen Fragen zur Entscheidung. Nicht als ob die Lage Deutschlands nicht bis an den Rand voll wäre von der Unruhe der Provisorien und von zerstörerischen Widersprüchen um seine politische Existenz. Aber für Bomn war alles Wesentliche bereits vorgezeichnet und abgesteckt. [...] Für eine aus eigener Macht und Verantwortung vollzogene, also souveräne Entscheidung des Volkes über Art und Form seiner politischen Existenz war hier kein Boden bereitet." Siehe außerdem die Bemerkung von *W. Grewe* (Fn. 8), S. 315: „Es wäre tragisch, wenn dieses Gesetz [das Grundgesetz], das die Spaltung Deutschlands zur Grundlage hat, das in wichtigen Punkten nicht der freien Selbstbestimmung des deutschen Volkes entspricht und das in seiner sprachlichen Form und rechtstechnischen Form schwere, z.T. unbegreifliche Mängel aufweist, für einen längeren geschichtlichen Zeitraum die deutsche Verfassung sein sollte."

[10] *G.A. Zinn*, Der Bund und die Länder, AöR NF 36 (1949), S. 291, 295/96.

gewalt darstellen; nach dem Bonner Grundgesetz nur noch als eine Änderung der Teilung der einheitlichen Gewalt."[11]

Dem Bund wurde dementsprechend die ‚Kompetenz-Kompetenz' zuerkannt[12], d.h. der Bund sollte im Prinzip befugt sein, die Abgrenzung der Kompetenzen in eigener Befugnis zu entscheiden, unter Ausschaltung der Länder. Dazu war vor allem die auf Verlangen der Besatzungsmächte verschärfte ‚Bedürfnisklausel' des Art. 72 Abs. 2 GG in ihrer Bedeutung zu reduzieren. Ob die Voraussetzungen des Art. 72 Abs. 2 GG vorliegen, sollte nach dieser Konzeption konsequenterweise nicht Rechtsfrage sein, sondern eine „Frage des politischen Ermessens, die ihrer Natur nach nicht justiziabel ist"[13]. Eine Nachprüfung durch das Bundesverfassungsgericht dürfte infolgedessen – so *Georg August Zinn* schon 1949 in einem Grundlagenartikel zum Verhältnis Bund und Länder – „unzulässig oder nur unter dem Gesichtspunkt des Ermessensmißbrauchs möglich sein"[14]. Es müße dementsprechend bezweifelt werden – so die konsequente Schlußfolgerung eines anderen Autors – ob denn tatsächlich Art. 72 Abs. 2 GG „eine im Vergleich zum früheren deutschen Verfassungsrecht praktisch sehr tief einschneidende und bedeutsame Änderung darstellt..." Sehe man genau hin, so bereite es Schwierigkeiten, „in der Zeit der Bismarckschen oder der Weimarer Verfassung ein Reichsgesetz zu finden, das nicht einem der drei Erfordernisse des Art. 72 Abs. 2 entsprochen hätte"[15].

Diese Bewertung setzte allerdings eine entsprechend großzügige Auslegung der Bedingungen des Art. 72 Abs. 2 GG voraus.[16] Die von den Militärgouverneu-

---

[11] Ebda., S. 296; vgl. auch im gleichen Sinne *O. Koellreutter*, Deutsches Staatsrecht, 1953, S. 137ff.

[12] So schon 1949 ausdrücklich *G.A. Zinn* (Fn. 10), S. 299 sowie *W. Grewe* (Fn. 3), S. 350; zur theoretischen Problematik des Begriffs vgl. jedoch *P. Lerche*, ‚Kompetenz-Kompetenz' und das Maastricht-Urteil des Bundesverfassungsgerichts, in: Verfassungsrecht im Wandel. Zum 180jährigen Bestehen der Carl Heymanns Verlag KG, 1995, S. 409ff.

[13] So *G.A. Zinn* (Fn. 10), S. 298, aber auch *H. von Mangoldt*, Das Bonner Grundgesetz. Kommentar, 1953, Rn. 3 zu Art. 72 (S. 387).

[14] *G.A. Zinn* (Fn. 10), S. 298; siehe auch im gleichen Sinne *W. Grewe*, In welchem Rahmen wird sich die künftige Bundesgesetzgebung abspielen?, in: Bundesrecht und Bundesgesetzgebung. Bericht über die Weinheimer Tagung des Instituts zur Förderung öffentlicher Angelegenheiten am 22. und 23. Oktober 1949, 1950, S. 28, 31f. Zu ähnlichem Ergebnis gelangt auch – wenn auch aus völlig verschiedener Grundperspektive – *H. Nawiasky*, Die Grundgedanken des Grundgesetzes für die Bundesrepublik Deutschland, 1950, S. 39.

[15] So *W. Grewe* (Fn. 14), S. 31; siehe im gleichen Sinne auch *W. Apelt*, Betrachtungen zum Bonner Grundgesetz, NJW 1949, S. 484 sowie *H. von Mangoldt* (Fn. 13), Rn. 3 zu Art. 72 (S. 386).

[16] Ähnliche Probleme des Umgangs mit der von den Besatzungsmächten eingebauten ‚Bremse' des Art. 72 Abs. 2 GG stellten sich im Rahmen der Übergangsvorschrift des Art. 125 GG. Dort ging es um die Frage, ob auch für die Fortgeltung von Reichsrecht als Bundesrecht im Bereich der konkurrierenden Gesetzgebung die Bedingungen des Art. 72 Abs. 2 erfüllt sein müßten – vgl. dazu bejahend *R. Ringelmann*, In welchem Rahmen wird sich die künftige Bundesgesetzgebung abspielen?, in: Bundesrecht und Bundesgesetzgebung (Fn. 14), S. 13, 18ff., sowie *J. Kratzer*, Zu Art. 72 Abs. 2 und 125 des Grundgesetzes, DVBl. 1950, S. 396ff.; verneinend dagegen *W. Hoepfner*, Zur Auslegung von Art. 72, 125 GG, MDR 1949, S. 654ff.; *G.A. Zinn*, Welche deutschen und besatzungsrechtlichen Rechtsnormen gelten als Bundesrecht weiter?, in: Bundesrecht

ren in ihrem Genehmigungsschreiben zum Grundgesetz vorgegebene strenge Interpretation des Art. 72 Abs. 2 GG mußte dazu aus dem Weg geräumt werden, war die dort festgeschriebene Auslegung gegenüber dem von den meisten deutschen Autoren bevorzugten laxen Verständnis der Bestimmung doch deutlich verschieden[17]. Da es sich – so die den alliierten Vorbehalt beiseite räumende Argumentation – angesichts der von den Militärgouverneuren gewählten Form eines Schreibens an den Präsidenten des Parlamentarischen Rates verbiete, „den Vorbehalt als eine unmittelbar anwendbare besatzungsrechtliche Norm zu behandeln", hätten die deutschen Gerichte und Behörden sich allein an den Wortlaut des Art. 72 Abs. 2 zu halten, d.h. an seinen deutschen Wortlaut in dem von den meisten deutschen Autoren bevorzugten Verständnis.[18]

Das herrschende Paradigma der Interpreten schien dabei überaus deutlich durch. Wie schon unter der Weimarer Verfassung, sah man die Länder mehr als Träger dezentralisierter Bundesgewalt denn als traditionelle Staaten mit eigener Hoheitsgewalt: „Die Länder sind im Bonner Grundgesetz trotz allen föderalistischen Vorkehrungen nicht mehr als Staaten, sondern als Selbstverwaltungskörperschaften mit einer sehr ausgedehnten Autonomie begriffen."[19] *Werner Weber* – einer der dezidiertesten Kritiker des vom Grundgesetz geschaffenen bundesstaatlichen Systems – schrieb insofern vom „bloß fiktiven Charakter des föderativen Aufbaus" der Bundesrepublik[20].

Das „Fiktive" des Föderalismus unter dem Grundgesetz zeige sich – so wurde vielfach betont – besonders an der Bestimmung des Art. 29 über die Neugliederung des Bundesgebietes. Schon daß das Grundgesetz in dieser Bestimmung den Bestand der Länder für disponibel erkläre, zeige den unüberbrückbaren Abstand zu einem echt bündischen System, für das gerade die Unverletzlichkeit seiner Glieder wesentlich sei. Nicht weniger bezeichnend seien die in Bezug genommenen Sachgesichtspunkte für die Neugliederung, die zeigten, daß die Länder nicht nach ihrer historischen Staatlichkeit, sondern allein nach ihrer verwaltungspolitischen Zweckhaftigkeit begriffen würden.[21]

---

und Bundesgesetzgebung (Fn. 14), S. 53, 55ff.; *L. Fröhler*, Wie verhält sich Art. 125 zu Art. 72 Abs. 2 Grundgesetz?, DVBl. 1950, S. 490ff., *H.P. Ipsen*, Wochenend' und Grundgesetz, DVBl. 1950, S. 385, 389; *E. Kern*, Zur Auslegung von Art. 72 und 125 GG, MDR 1950, S. 68ff.; *E. Wolff*, Wie weit gilt nach Art. 123 bis 126 des Grundgesetzes bisheriges Recht fort?, DRZ 1950, S. 1, 4.

[17] So *W. Grewe* (Fn. 14), S. 32.

[18] Siehe *W. Grewe* (Fn. 14), S. 33, außerdem *T. Maunz*, Deutsches Staatsrecht, 1951, S. 112 sowie *H. von Mangoldt* (Fn. 13), Rn. 3 zu Art. 72 (S. 386).

[19] So *W. Weber* (Fn. 6), S. 13, unter Verweis auf *Carlo Schmid*, Die politische und staatsrechtliche Ordnung der Bundesrepublik Deutschland, DÖV 1949, S. 204. Deutlich gegen diese unitarische Lehre nahm Stellung *T. Maunz* in seinem Lehrbuch des Staatsrechts – *ders.* (Fn. 18), S. 116ff.

[20] Siehe *W. Weber*, Fiktionen und Gefahren des westdeutschen Föderalismus, in: *W. Weber*, Spannungen und Kräfte im westdeutschen Verfassungssystem, 1951, S. 65, 70.

[21] Siehe *W. Weber* (Fn. 20), S. 70f., *T. Maunz* (Fn. 18), S. 21 und *O. Koellreutter* (Fn. 11), S. 114ff.; vgl. aber auch als kritische Wertung des gleichen Befundes aus föderalistischer Perspektive *H. Nawiasky* (Fn. 13), S. 73f. sowie *F.W. Jerusalem* (Fn. 1), S. 48ff.

Signifikant sei auch die Verankerung der Institution der Auftragsverwaltung, die aus dem Kommunalrecht stamme – ein weiterer Beleg dafür, wieweit das Grundgesetz die Länder dem Status eigener Staatlichkeit entrückt und dem einer Selbstverwaltungskörperschaft angenähert habe.[22] Auch der weite Umfang der den obersten Bundesinstanzen in der landeseigenen Verwaltung eingeräumten exekutivischen Einwirkungsmöglichkeiten belege, daß das Grundgesetz die Länder als „gliedhaft eingeordnete Unterkörperschaften, nicht als politisch autarke Gemeinwesen von undurchdringlicher Staatlichkeit" erscheinen lasse[23]. Die Funktion der Länder innerhalb des Ganzen dränge sich auf die Verwaltungshoheit zusammen, während die Gesetzgebungs-, Regierungs- und auch die Justizhoheit ihren eigentlichen Sitz beim Bunde habe. Insoweit könne man dem Grundgesetz kaum vorwerfen, daß es die Situation und die Anforderungen der Lage verkannt habe. Wie *Werner Weber* es unter Rückgriff auf sein Argument des Fiktionscharakters der grundgesetzlichen Bundesstaatlichkeit formulierte: „Sein Föderalismus ist nur fiktiv, und zwar in gleichem Grade, wie die Staatlichkeit der heutigen, überwiegend dem Besatzungszonenregime entstammenden Länder eine bloß fiktive Größe ist."[24]

Im Rahmen dieses „Als-ob-Föderalismus" allerdings durchdringe das Grundgesetz dann doch das ganze Verfassungssystem mit föderalistischen Elementen, wie es von den Besatzungsmächten ja auch gefordert worden sei. „In diese quasiföderalistischen Machtpositionen und Einflußmöglichkeiten dringen nun nicht nur echt föderative Kräfte, sondern neben oder sogar vor ihnen auch andere Partner der politischen Einflußkonkurrenz ein."[25] Was entstehe, sei ein System, das schon in der Weimarer Republik als „Parteienbundesstaat" bezeichnet worden sei. „Auch Parteien mit unitarischem Programm verschmähen es nicht, die föderalistischen Positionen, die sie kraft ihrer Mehrheit in einzelnen Ländern haben, im Sinne ihrer politischen Ziele voll auszuschöpfen. Hier wird die Landesgewalt zur Hilfsmacht der in ihnen dominierenden Parteien selbst."[26] Das traditionelle Ressentiment der deutschen Staatseliten gegen die Parteien ging insoweit eine schon aus der Weimarer Republik geläufige Verbindung mit dem unitarischen Denken der Reichsreformbewegung ein.[27]

In den Detailfragen bemühte auch die unitarische Kritik sich zwar um Differenzierung; die ‚Grundstimmung' des Ärgers über die versagte Einheit blieb aber

---

[22] *W. Weber* (Fn. 20), S. 71f.; vgl. allerdings *H. von Mangoldt* (Fn. 13), Rn. 2 zu Art. 85 (S. 460f.).

[23] *W. Weber* (Fn. 20), S. 72; kritisch gegenüber dieser Einschätzung *H. von Mangoldt* (Fn. 13), Vorbem. zum VIII. Kapitel, S. 446.

[24] *W. Weber* (Fn. 20), S. 72; siehe auch *O. Koellreutter* (Fn. 11), S. 140f.: „So scheint mir die ‚Eigenstaatlichkeit' gerade der heutigen Bundesländer mehr als je eine künstliche zu sein."

[25] *W. Weber* (Fn. 20), S. 72f.

[26] So *W. Weber* (Fn. 20), S. 73; vgl. auch im gleichen Sinne *T. Maunz* (Fn. 18), S. 111.

[27] Als Kritik an dieser Sichtweise vgl. *A. Süsterhenn*, Senats- oder Bundesratssystem? Zum Problem der Gewaltenteilung innerhalb der Legislative, in: Staats- und verwaltungswissenschaftliche Beiträge, herausgeg. von der Hochschule für Verwaltungswissenschaften Speyer, 1957, S. 73, 80ff.

dominant. Die Verteilung der Gesetzgebungskompetenz sei im Prinzip zugegebenermaßen sehr unitarisch konzipiert und befriedige weitgehend die Bedürfnisse nach Einheitlichkeit der Rechtsordnung[28], insbesondere wenn man die schnell nach Verabschiedung des Grundgesetzes ins Spiel gebrachte Figur der „ungeschriebenen Bundeszuständigkeit"[29] noch ergänzend hinzunehme. Den Ländern seien de facto nur einige wenige Gegenstände aus dem Bereich der Verwaltung zur Gesetzgebung verblieben, die nach Umfang und Qualität so wenig bedeutend seien, daß es sich „auch von hier aus nicht rechtfertigt, den Ländern noch das Prädikat der ‚Staatlichkeit' zuzuerkennen"[30]. Doch erscheine in manchem selbst diese Restkompetenz der Länder „noch als zu reichlich bemessen". Die Tatsache etwa, daß man im Gegensatz zur Weimarer Verfassung darauf verzichtet habe, für das Schulwesen wenigstens einige gesamtdeutsche Rahmenvorschriften aufzustellen, lasse „schon jetzt einen derartigen Partikularismus im Schulorganisationswesen entstehen, daß die Freizügigkeit in der Bundesrepublik ernsthaft behindert wird und eine vernünftige Schulausbildung in Frage gestellt ist. Im Hochschulwesen, das noch stärker auf einheitliche Formung in den Grundzügen angewiesen sei, bahne sich eine ähnliche Aufsplitterung an. In der Verwaltungsorganisation, im Polizeirecht und vor allem im Kommunalwesen entfalte sich gleichfalls „eine üppige und oft rein spielerische Vielgestaltigkeit"[31].

Unbestrittenes Übergewicht hätten die Länder einzig im Bereich der Verwaltung. Dies sei aus dem allgemeinen Gesichtspunkt der Dezentralisation im Prinzip auch vernünftig. Allerdings geselle sich hier zu den Vorzügen einer sehr weit getriebenen Verwaltungsdezentralisation auch „die Gefahr eines partikularistischen Auseinanderfallens der Organisationssysteme, der Personalpolitik, des Verwaltungsstils und der innenpolitischen Ordnung überhaupt. Es komme deshalb wesentlich darauf an, ob der Bund ausreichende Befugnisse habe, „diese Gefahr niederzuhalten, ob also die sogenannte Bundesaufsicht kräftig genug ausgebildet ist"[32]. An diesem Punkt sei es jedoch im Grundgesetz sehr schlecht bestellt. Im Ergebnis sei die Bundesregierung nach dem System der Verfassung sehr arm an realen Einwirkungsmöglichkeiten auf die Länder.[33] Auf die exekutivische

[28] Relativierend insoweit allerdings *W. Grewe* (Fn. 14), S. 33ff. sowie *H. von Mangoldt* (Fn. 13), Vorbem. zum VII. Kapitel, S. 373.

[29] Vgl. dazu *W. Grewe* (Fn. 14), S. 39ff. sowie *O. Koellreutter* (Fn. 11), S. 141ff. und *H. von Mangoldt* (Rn. 13), Fn. 2 zu Art. 83 (S. 450ff.); ablehnend gegenüber der Möglichkeit „ungeschriebener Bundeszuständigkeiten" dagegen *R. Ringelmann* (Fn. 16), S. 24ff., außerdem *T. Maunz*, Ungeschriebene Bundeszuständigkeit, DÖV 1950, S. 643ff. und *ders.* (Fn. 18), S. 131ff.

[30] So *W. Weber* (Fn. 20), S. 77; vgl. außerdem *H. Ritter von Lex*, Die Entwicklung des Verhältnisses von Bund und Ländern in der Bundesrepublik, in: Verfassung und Verwaltung in Theorie und Wirklichkeit. Festschrift für Wilhelm Laforet, 1952, S. 51, 52f.

[31] Siehe *W. Weber* (Fn. 20), S. 78; vgl. aber auch *H. Wenke*, Die Kulturverwaltung im Verhältnis von Bund und Ländern, in: Vom Bonner Grundgesetz zur gesamtdeutschen Verfassung. Festschrift für Hans Nawiasky, 1956, S. 269ff., dort insbes. S. 284ff.

[32] Siehe *W. Weber* (Fn. 20), S. 80ff., insbes. S. 83.

[33] Siehe dazu auch *W. Menzel*, Die verfassungspolitischen Entscheidungen im Grundgesetz, Deutsche Verwaltung 1949, S. 312, 313 sowie ausführlich *H. Schäfer*, Bundesaufsicht und Bundeszwang, AöR 78 (1952/53), S. 1ff.

Bundesaufsicht werde man keine allzu großen Hoffnungen setzen dürfen. Sie habe „im Maßstab und in den Mitteln ihre konstitutionelle Schwäche schon mehr als einmal bewiesen“[34]. Kompensiert werde diese Schwäche einzig durch die justizstaatliche Konzeption des Grundgesetzes, die den Landesgesetzgeber und die Landesverwaltungsstellen mit einem dichten Netz gerichtlicher Kontrollen umgebe, von denen ein starker „koordinierender Einfluß auf die Landesgesetzgebung und auf das Gesamtgefüge der Bundes- und Landesverwaltung“ ausgehe[35].

Daneben tauchte das aus der Weimarer Reichsreformdebatte sattsam bekannte Argument wieder auf, die „föderalistische Dezentralisation der Exekutive“ führe zu einer „aufwendigen Hypertrophie der Kabinette, Ministerien, Staatsgerichtshöfe, Rechnungshöfe usw.“[36]. Zugleich lähme die Zersplitterung der Verwaltung die Entwicklung eines effizienten Systems wirtschafts- und sozialpolitischer Steuerung. Zwar beschränkten sich in einem rein marktwirtschaftlichen System die Anforderungen an zentrale wirtschafts- und sozialpolitische Maßnahmen im Kern auf einheitliche Regelungen der Währungs-, Kredit-, Zoll-, Steuer-, Investitions- und Subventionspolitik, auf Außenhandels- und Preispolitik. Die damit verbundenen administrativen Begleitmaßnahmen seien von den zentralen Wirtschaftsressorts der Bundesregierung und dem „ihnen beigegebenen Trabantenkreis“ oberer Bundesbehörden und bundesunmittelbarer Körperschaften und Anstalten noch zu bewältigen. Es liege aber auf der Hand, daß jede Veränderung des wirtschafts- und sozialpolitischen Systems in Richtung auf eine Verstärkung der zentral planenden und koordinierenden Instrumente „bald zu schwierigen Kollisionen mit dem föderalistischen Verwaltungssystem der Bundesrepublik führen müßte. Eine Wirtschafts- und Sozialpolitik, die auf planende und gestaltende Durchführung auf der Mittel- und Unterstufe der Behördenorganisation angewiesen ist, würde an der Verwaltungsautonomie der Länder kraftlos werden oder müßte sie gewaltsam durchbrechen.“[37]

Ein weiterer neuralgischer Punkt sei die Aufteilung der Finanzmacht zwischen Bund und Ländern.[38] Inhaltlich habe hier kein wirklicher Konsens erzielt werden können. Im Gegensatz zu „der anfänglich verbreiteten föderalistischen Modeströmung, möglichst ertragreiche Finanzquellen für die Länder zu fordern“, gelange man zusehends zu der Einsicht, daß eine weitgehende Finanzautonomie der Länder im Ergebnis nur die reichen Länder begünstigen würde und „sich da-

---

[34] So *W. Weber* (Fn. 20), S. 85; siehe außerdem *G.A. Zinn*, Die Bundesaufsicht nach dem Grundgesetz, DÖV 1950, S. 524.

[35] *W. Weber* (Fn. 20), S. 85f.; siehe auch *H. von Mangoldt* (Fn. 13), Vorbem. zum IX. Kapitel, S. 495.

[36] *W. Weber* (Fn. 20), S. 86.

[37] Siehe in diesem Sinne *W. Weber* (Fn. 20), S. 88; vgl. auch ähnlich kritisch *H.P. Ipsen* (Fn. 8), S. 19 sowie *K. Loewenstein*, Verfassungsrecht und Verfassungsrealität, AöR 77 (1951/52), S. 387, 415f.

[38] Siehe dazu *W. Weber* (Fn. 20), S. 89ff., außerdem die speziellen Arbeiten von *G. Strickrodt*, Die Finanzverfassung des Bundes als politisches Problem, 1951, S. 14ff., von *G. Wacke*, Das Finanzwesen der Bundesrepublik, 1950, S. 29ff. sowie *H. Höpker Aschoff*, Das Finanz- und Steuersystem des Bonner Grundgesetzes, AöR 75 (1949), S. 306ff.

durch die ebenso ungerechte wie gefährliche Differenzierung nach zufällig begünstigten und notleidenden Territorialgebilden verewigen würde". Es wachse „das Verständnis dafür, daß sich das deutsche Volk selbst erniedrigen und schwächen würde, wenn es nicht seiner eigentlichen politischen Lebensform, dem deutschen Gesamtstaat, eine ausreichende finanzielle Grundlage böte"[39]. Der Bund brauche so viel an Finanzmitteln, daß er selbst unabhängig und ohne Schwierigkeit bestehen und den Ausgleich zwischen reichen und notleidenden Ländern ohne Zwang herstellen könne. Am besten brauche er sogar noch etwas mehr, „damit die verfassungsmäßige Bundesaufsicht über die Länder nicht gänzlich unbewehrt bleibt". Man müße sehr darauf achtgeben, daß nicht eine „unwürdige und illegitime Finanzdiktatur der wenigen reichen (steuerstarken) Länder" über die bedürftigen Länder und den Bund entstehe[40].

Ihren Höhepunkt aber erreiche die föderalistische Problematik in der Frage der Mitwirkung der Länder an der Bildung des Bundeswillens über den Bundesrat. Die Zusammensetzung des Bundesrats führe zu einer eigentümlichen Zweispurigkeit der Bundespolitik. Im Bundesrat arbeite die Opposition über die von ihr beherrschten Länderregierungen an den Aufgaben der Regierung und der Parlamentsmehrheit mit. Dies könne unter widrigen Umständen zu einer völligen Lähmung des Bundestages und der Regierung führen. Prinzipiell möge ja unter Aspekten der Gewaltenteilung durchaus natürlich und sogar erwünscht sein, daß sich in der Bundesregierung und im Bundesrat zwei Regierungen, im Bundestag und Bundesrat zwei Gesetzgeber gegenüberstünden. Eine demokratische Inkonsequenz liege aber darin, daß der Bundesrat anonym wirke, „ohne sichtbare Verantwortungsbeziehung zu einer demokratischen Instanz und zur öffentlichen Meinung. Bei ihm sind alle Verantwortlichkeiten verdeckt und verhüllt, zumal er kaum jemals als Träger einer Initiative hervorzutreten braucht, sondern im wesentlichen durch Einwendungen und Hemmungen wirkt." So werde der Bundesrat letztlich „zum Träger einer im Schatten bleibenden *potestas indirecta*".[41]

Die Schlußfolgerungen von *Werner Weber*, dessen kritische Bemerkungen hier relativ ausführlich als prototypische Verkörperung der unitarischen Kritik am Grundgesetz – aus konservativer wie aus linker Perspektive – zitiert wurden, waren hart: „Das Grundgesetz schwankt zwischen Konzessionen an die Forderungen der Besatzungsmächte, eigener Anerkennung maßvoll föderalistischer Konstruktionsgedanken und der Einsicht, daß es im Grunde einen Atavismus bedeutet, das heutige, kleingewordene Deutschland als einen Bund von Staaten zu begreifen. Im Ergebnis hat es den Ländern die Rolle von Verwaltungseinheiten, von autonomen Selbstverwaltungskörperschaften höherer Ordnung zugewiesen. Dieser Dezentralisationsgedanke ist fruchtbar und entwicklungsfähig. Was das

[39] *W. Weber* (Fn.20), S.90, vgl. auch *G. Strickrodt* (Fn.38), S.26ff.

[40] *W. Weber* (Fn.20), S.90f.; vgl. außerdem *G. Strickrodt* (Fn.38), S.33ff. sowie *H. Fischer-Menshausen*, Die Länder im künftigen Finanzausgleich (Teil3), DÖV 1949, S.401ff. und *H. Höpker Aschoff* (Fn.38), S.321ff.

[41] So die Kritik von *W. Weber* (Fn.20), S.91ff., insbes. S.93; vgl. aber auch die differenzierte Analyse von *A. Süsterhenn* (Fn.27), S.80ff.

Grundgesetz sonst an wiederbelebten föderalistischen Einrichtungen aufweist, kommt weniger echt föderativen Kräften und Anliegen als dem Gewaltenteilungsprinzip an sich, den parteipolitischen Gruppen und ihren Kombinationsmöglichkeiten und der Verwaltungsbürokratie zugute. Schädlich ist ihre Wirkung insofern, als sie den Staatsaufbau unübersehbar kompliziert gestalten, über die Verantwortlichkeiten im Staate einen verhüllenden Schleier breiten und die Bundeszentralgewalt in entscheidenden Punkten mehr schwächen als auf die Dauer erträglich sein kann."[42] Oder, mit den Worten von *Karl Löwenstein*: „Auch der vielberühmte deutsche Föderalismus in Westdeutschland ist künstlich und unfruchtbar, trotz der endlosen Arbeit, die Militärregierungen und deutsche Politiker darauf verwenden zu müssen geglaubt haben. Äußerlich gesehen ist das Grundgesetz sicherlich weniger unitarisch als Weimar. Aber die unabdingbare Tatsache der Wirtschaftseinheit des gesamten Bundesgebiets läßt einen echten Föderalismus einfach nicht mehr zu..."[43] Die Entwicklung zum dezentralisierten Einheitsstaat, die durch den Zusammenbruch des Reiches 1945 zunächst einen Rückschlag erlitten habe, werde deshalb zwangsläufig weitergehen.[44]

Erst mit der „illusionsfreien Erkenntnis der wirklichen Zusammenhänge" werde – so noch einmal *Werner Weber* – der Boden für eine „Entspannung und für eine organische Verfassungsentwicklung bereitet" werden können. Die Aufgabe dieser „organischen Verfassungsentwicklung" der Zukunft aber sei klar und eindeutig – es gelte „die fiktiven und oktroyierten Elemente im Föderalismus der Bundesrepublik zu überwinden".[45]

5.3. Die Bewertungen in der zeitgenössischen Staatsrechtslehre – Kritik der Föderalisten

Ein ähnliches Programm der Überwindung ‚unpassender' Elemente im Bundesstaatssystem des Grundgesetzes formulierten die überzeugten Föderalisten, zumeist bayerischer Couleur. Am Nachhaltigsten und Dezidiertesten war in diesem Zusammenhang die Stimme von *Hans Nawiasky*, dem schon aus Weimar bekannten Kämpfer gegen alle unitarischen ‚Verformungen' des Bundesstaates.[46]

Nach *Nawiasky* war mit der bedingungslosen Kapitulation der Gesamtstaat untergegangen. Es könne in der Folge nur Sache der Länder sein, den „neuzuschaffenden Zentralstaat durch ihre Willensakte zu gründen". Ihnen komme das „Erstgeburtsrecht" zu. Konsequent hat er die Folgerung daraus beschrieben: „Es ist nicht so, daß ihnen [den Ländern] Kompetenzen und Befugnisse seitens der

---

42 *W. Weber* (Fn. 20), S. 96.

43 *K. Loewenstein*, Verfassungsrecht und Verfassungsrealität, AöR 77 (1951/52), S. 387, 415f.

44 So ausdrücklich *O. Koellreutter* (Fn. 11), S. 140.

45 *W. Weber* (Fn. 20), S. 97.

46 Vgl. vor allem dessen Programmschrift „Die Grundgedanken des Grundgesetzes für die Bundesrepublik Deutschland" (1950), die schon im Titel an sein Grundlagenwerk zur Weimarer Verfassung anknüpfte.

zentralen politischen Faktoren eingeräumt werden, sondern umgekehrt sind sie es, die dem Gesamtstaat gewisse Rechte einräumen, deren Ausmaß sie bestimmen."[47]

Aus der Perspektive seiner dreigliedrigen Bundesstaatslehre kritisierte er schon im Ansatz die bundesstaatlichen Bestimmungen des Grundgesetzes, die selbst in der Terminologie nicht sauber zwischen Bund als Zentralstaat und dem Gesamtstaat als Staatengemeinschaft aus Bund und Ländern unterschieden. Damit aber werde schon die Terminologie in Richtung auf eine Konzeption des ‚dezentralisierten Einheitsstaates' verformt.[48]

Im System der Kompetenzverteilung setze sich diese Tendenz zum Einheitsstaat fort. Die Gesetzgebungsmöglichkeiten des Bundes seien alles in allem sehr weit gespannt. In welchem Umfang der Bund die Gesetzgebung an sich ziehe, werde weitgehend davon abhängen, „wie weit die föderalistischen Bestrebungen sich durchsetzen bzw. die föderalistischen einen mäßigenden Einfluß werden ausüben können"[49]. Das Verfassungsrecht werde hierbei nicht allzu viel helfen, da die konkrete Abgrenzung gerade bei Materien der konkurrierenden Gesetzgebung und bei den Rahmengesetzen überaus flüssig sei.[50] Von dem Grundsatz des Art. 30 GG jedenfalls, daß die Ausübung der staatlichen Befugnisse und die Erfüllung der staatlichen Aufgaben in erster Linie Sache der Länder sein solle, sei nach den Einzelbestimmungen des Grundgesetzes „recht wenig übriggeblieben".[51]

Im Bereich der Verwaltung gehe die Zuständigkeit der Länder zwar wesentlich weiter als bei der Gesetzgebung. Auf vielen Gebieten, auf denen der Bund Gesetze erlassen könne, sei die Durchführung der Gesetze Sache der Länder geblieben. Diese Zurückhaltung des Grundgesetzes in bezug auf die Ausschaltung der Länder bei der Durchführung der Bundesgesetze werde jedoch zum Teil dadurch wieder wettgemacht, daß dem Bund zahlreiche und zum Teil sehr weitgehende Eingriffsmöglichkeiten in die Vollzugstätigkeit der Länder eröffnet seien. Von einer zentralistischen Auffassung her sei dies zwar durchaus zu begrüßen. „Vom föderalistischen Standpunkt aus" – so hielt *Nawiasky* entgegen – „wird man dagegen darüber Klage führen, daß der geschlossene Bau der Landesbehörden zahlreiche Risse aufweist, die es erschweren, die ungebrochene Kraft der Individualität der Länder in den Dienst des Ganzen zu stellen und zu dessen Wohl und Vorteil wirksam werden zu lassen."[52]

Während bei der Gesetzgebung eine reinliche Scheidung insofern bestehe, als alternativ entweder der Bund oder die Länder zuständig seien, herrsche bei der Verwaltung weitgehend „das System der Durchdringung, um nicht zu sagen der

---

[47] *H. Nawiasky* (Fn. 14), S. 10.
[48] Siehe *H. Nawiasky* (Fn. 14), S. 35 ff.
[49] *H. Nawiasky* (Fn. 14), S. 41.
[50] Vgl. auch mit der gleichen Zielrichtung *T. Maunz* (Fn. 18), S. 128.
[51] *H. Nawiasky* (Fn. 14), S. 41; siehe auch *W. Grewe* (Fn. 3), S. 351 sowie *H. Ritter von Lex* (Fn. 2), S. 241 f.
[52] *H. Nawiasky* (Fn. 14), S. 45.

Verfilzung, weil die Bundesorgane in verschiedenster Weise in die Wirksamkeit der Landesbehörden eingeschaltet sind". Der offensichtliche Nachteil eines solchen Systems aber sei „eine Verwischung der klaren Verantwortlichkeiten und zugleich eine Lähmung der freien Initiative".[53]

Bei der Gerichtsbarkeit nehme das Grundgesetz ohne weiteres für sich die Kompetenz in Anspruch, auch die Gerichtsbarkeit der Länder zu ordnen. Überblicke man nun die ziemlich umfassende Ordnung der Gerichtsbarkeit im Grundgesetz, so könne „man nicht umhin, festzustellen, daß sich dabei eine ausgeprägt unitarische Grundauffassung durchgesetzt hat, welche das schon in bezug auf die Gesetzgebung und Verwaltung angewendete nicht unerhebliche Maß wesentlich überschreitet. Man hielt es offenbar für angezeigt, diesen wichtigen Funktionsbereich der öffentlichen Gewalt einer umfassenden Regelung in einem einheitlichen Geist zu unterwerfen, um dadurch den Gedanken des Rechtsstaates nach jeder Richtung zu sichern.[54]

Ziehe man eine Bilanz, so könne man sich des Eindrucks nicht erwehren, daß die Atmosphäre Bonns im Parlamentarischen Rat „sich für das Durchdringen der zentralistischen Bestrebungen als recht günstig erwiesen hat"[55].

Zu ähnlichen Schlußfolgerungen gelange man im übrigen auch bei einer nüchternen Analyse der Bestimmungen der Finanzverfassung. Zwar scheine der in Art. 109 GG niedergelegte Grundsatz der selbständigen und voneinander unabhängigen Haushaltswirtschaft jeder Überordnung des Bundes über die Länder den Boden zu entziehen. „Aber, wie so oft beim Grundgesetz" – bemerkt süffisant *Nawiasky* – „stimmt die positiv-rechtliche Regelung der konkreten Einzelheiten mit den sozusagen feierlich proklamierten Prinzipien nicht überein." Es sei zwar nicht so, daß die Länder „dem Willen des Bundes restlos ausgeliefert wären". Vielmehr sichere sowohl die Verteilung der Steuererträge wie die der Kompetenzen den Ländern eine gewisse verfassungsmäßig garantierte Position. Aber in beiden Richtungen sei dem Bund durch eine Reihe von Bestimmungen das Recht eingeräumt, nach seinem Ermessen Verschiebungen zu seinen Gunsten vorzunehmen. Dazu komme dann noch, daß die Finanzverwaltung, auch diejenige der Länder, in erheblichem Grade durch den Bund geregelt und seiner Aufsicht und Weisung unterstellt sei.[56]

Jede eingehende Analyse der Stellung der Länder im Bund hinterlasse insoweit – so meinte *Hans Nawiasky* – einen zwiespältigen Eindruck, führe zu „einem mosaikartigen Bild". Sowohl bei der Teilung der Aufgaben wie bei der Teilung der Mittel, bei dem Einfluß der Gliedstaaten auf den Bund wie bei dem Einfluß des Bundes auf die Länder fänden sich Ansätze zu einer beherrschenden Stellung des Bundes wie ebenso Bruchstücke einer gleichberechtigten Behandlung von Bund und Ländern. Damit betonte *Nawiasky* ganz bewußt den Kompromißcharakter

[53] *H. Nawiasky* (Fn. 14), S. 45; als Kritik an dieser Bewertung siehe *H. von Mangoldt* (Fn. 13), Vorbem. zum VIII. Kapitel, S. 447.

[54] *H. Nawiasky* (Fn. 14), S. 45ff., insbes. S. 48.

[55] *H. Nawiasky* (Fn. 14), S. 48.

[56] Siehe *H. Nawiasky* (Fn. 14), S. 48ff., insbes. S. 54, aber auch *G. Strickrodt* (Fn. 38), S. 14ff.

des Grundgesetzes. „Es scheint mehr ein Zufallsergebnis der widerstreitenden Tendenzen als ein durchdachter Gesamtplan dafür bestimmend gewesen zu sein, daß das eine Mal die zentralisierende, das andere Mal die föderalistische Richtung Erfolge zu verzeichnen vermocht hat."[57] Einflußreiche Kreise seien eben entschlossen gewesen, „bei dem weiteren Ausbau der Gemeinschaft auf frühere Vorbilder zurückzugreifen und eine gewisse Substraktion von der damaligen Machtkonzentration der Zentrale als genügende Abschlagszahlung an die an der Erhaltung der konsolidierten Einzelstaatsgewalt interessierten und darauf Gewicht legenden Kräfte aufzufassen. So wurde es von gewisser Seite schon als Erfolg gebucht, daß die neue Ordnung im Ausmaß der Zentralisation hinter der Weimarer Verfassung zurückblieb, ohne sich darüber Rechenschaft abzulegen, daß eine solche negative Orientierung kein konstruktives Prinzip sein konnte. Daraus erklärt sich dann die Methode, sich auf den einzelnen Gebieten der funktionellen und sachlichen Kompetenz der Zentralgewalt mit gewissen Abstrichen zu bescheiden, woraus eine höchst unbefriedigende, weil eines einheitlichen Gedankens entbehrende Grenzziehung gegenüber dem den Ländern überlassenen Wirkungsbereich resultieren mußte."[58]

---

57 *H. Nawiasky* (Fn. 14), S. 75.
58 *H. Nawiasky* (Fn. 14), S. 75f.

6. Kapitel:

Die Entwicklung des Bundesstaates in der Staatspraxis von Bund und Ländern

6.1. Der Kampf um die Rolle des Bundesrates

Die nahezu unüberbrückbar erscheinende Divergenz der Wahrnehmung des neuen Bundesstaates mußte unweigerlich auch die Staatspraxis prägen, waren die Unterschiede in der theoretischen Konstruktion doch alles andere als rein akademische Theoriefragen. Die bei Föderalisten und Unitariern beinahe entgegengesetzte Wahrnehmung des neuen bundesstaatlichen Ordnungsrahmens spiegelte sich nicht nur in den unterschiedlichen Theorieansätzen rechtswissenschaftlicher Denkschulen, sondern bestimmte zugleich das Denken und Handeln der entscheidenden politischen Akteure.

6.1.1. Erste Positionskämpfe zwischen Bundesregierung und Bundesrat

Dies kam zunächst in den politischen Positionskämpfen um die künftige Rolle des Bundesrats zum Ausdruck. Schon die erste Regierungsbildung und die gleichzeitig fällige Besetzung des Amtes eines Bundesratspräsidenten ließen den Konflikt dabei augenfällig werden. Bundeskanzler *Adenauer* versuchte 1949 im Sinne einer Paketlösung, neben der Besetzung der Ämter des Bundespräsidenten und des Bundestagspräsidenten auch das Amt des Bundesratspräsidenten in ein geplantes großes bundespolitisches Personalpaket einzubinden.[1] Die in diesem Sinne durch zwischenparteiliche Absprachen auf der Bundesebene vereinbarte Besetzung des Amtes mit dem bayerischen Ministerpräsidenten *Ehard* scheiterte aber an dem vereinten Widerstand fast aller Landesregierungen. Anstelle des von Adenauer bestimmten Unionskandidaten wählte der Bundesrat den wichtigsten unionsinternen Gegner Adenauers, den nordrhein-westfälischen Ministerpräsidenten *Karl Arnold*.[2] Die Wahl Arnolds war politisch ein Eklat, aber in praxi war damit von den Landesregierungen ein wichtiger Präzedenzfall für die Stellung des Bundesrates gesetzt, hatte man doch so klargestellt, daß man sich nicht von der

---

[1] Vgl. dazu *K.-U. Gelberg*, Hans Ehard. Die föderalistische Politik des bayerischen Ministerpräsidenten 1946–1954, 1992, S. 280ff.

[2] Vgl. zu den Hintergründen dieses Vorgangs *K.-U. Gelberg* (Fn. 1), S. 285ff. sowie *U. Wengst*, Staatsaufbau und Regierungspraxis 1948–1953, 1984, S. 218ff.

Bundespolitik (auch der eigenen Partei) das Vorgehen im Bundesrat vorgeben lassen werde.

Der in der Folge sich andeutende politische Aktivismus des Bundesrates führte alsbald zu tiefgreifenden Divergenzen zwischen Bundesregierung und Bundesrat über die Stellung und die Rechte des Bundesrates. Bundesjustizminister *Dehler* bestritt zunächst dem Bundesrat jede „Zuständigkeit auf dem Gebiet der allgemeinen Politik", sah dessen Zuständigkeit als begrenzt „im Rahmen der ihm eingeräumten Einzelbefugnisse". Dem Bundesrat seien deshalb allgemeine Äußerungen oder öffentliche Diskussionen über die Regierungspolitik untersagt; die Bundesregierung schulde dem Bundesrat keinerlei Rechenschaft und sei rechtlich nicht gebunden, „sich auf Vorschläge des Bundesrates zu äußern".[3] Auf einer Parteiveranstaltung der FDP im Februar 1950 stellte Bundesjustizminister *Dehler* fest, das Handeln des Bundesrates scheine „eine gewisse Oppositionsstellung zur Regierung auszudrücken". Er warf der Bundesratsmehrheit vor, „überall werde eine Mitwirkung der Ländervertretung zu erreichen versucht, und man müsse manchmal fürchten, daß sich hier eine Art von Gegenregierung bilde."[4]

Selbst in der Bundesregierung stieß *Dehler* allerdings mit diesen Äußerungen nicht auf ungeteilte Zustimmung, und auf eine förmliche Verwahrung durch Bundesratspräsident *Arnold* gegen die Äußerungen Dehlers distanzierte sich *Adenauer* von den Vorwürfen des Bundesjustizministers.[5] Die sachlichen Differenzen jedoch blieben, wie in der folgenden Zeit vor allem an immer wieder aufkommenden Differenzen über den Umfang der Zustimmungsbedürftigkeit von Gesetzen und Verordnungen zutagekam.[6] Auch die Handhabung der Drei-Wochen-Frist nach Art. 77 Abs. 2 S. 1 GG führte, in Verbindung mit der von Adenauer bewußt gehandhabten Zurückhaltung bei der informellen Unterrichtung des Bundesrates über anstehende Gesetzesvorlagen und wichtige politische Akte der Bundesregierung, zu wiederholten Differenzen.[7]

Als entscheidende Fragen, die zu einem Dauerkonflikt zwischen Bundesregierung und Bundesrat führten, erwiesen sich jedoch die Problematik der Mitbestimmung des Bundesrates in der Außenpolitik und die Frage nach dem Umfang der Mitbestimmung des Bundesrates im Gesetzgebungsverfahren, also konkret die Fragen der Zustimmungsbedürftigkeit von Gesetzesprojekten.

---

[3] Vermerk zu den Kompetenzen des Bundesrates gegenüber der Bundesregierung, datiert v. 1. 2. 1950, zitiert bei *U. Wengst* (Fn. 2), S. 303. Als „übereinstimmende Meinung der Bundesministerien des Innern und der Justiz" wiedergegeben auch bei *H. Lechner*, Zur Entwicklung der Rechtsstellung des Bundesrates, DÖV 1952, S. 417, 418.

[4] Rede von *T. Dehler* auf einem Parteitag der FDP in Augsburg, zitiert nach einem Pressekommuniqué des Bundesratspräsidenten *Arnold* v. 4. 2. 1950 – vgl. *U. Wengst* (Fn. 2), S. 304.

[5] *U. Wengst* (Fn. 2), S. 304.

[6] Vgl. *U. Wengst* (Fn. 2), S. 305f.

[7] *U. Wengst* (Fn. 2), S. 306f.; vgl. auch *H. Kutscher*, Verfassungsrechtliche Fragen aus der Praxis des Bundesrats, DÖV 1952, S. 710, 711 sowie *H. Lechner* (Fn. 3), S. 419.

6.1.2. Die Frage der Zustimmungsbedürftigkeit von Gesetzen

In der zweiten Frage gelang es dem Bundesrat im Laufe der Zeit, seine Position durchzusetzen. Nach der Konzeption des Verfassungsgebers war die Zustimmungspflichtigkeit eines Gesetzes im Grundsatz nur als Ausnahmefall vom Regelverfahren des reinen Einspruchsrechts konzipiert.[8] Die Fälle der Zustimmungsbedürftigkeit waren dabei in einem über das Grundgesetz verstreuten Katalog einzelner Tatbestände erfaßt, denen der Charkter eines ‚numerus clausus' der die Zustimmungspflicht auslösenden Gründe zukam. Als von besonderer Bedeutung erwies sich bald der Tatbestand des Art. 84 Abs. 1 GG, der Zustimmungsbedürftigkeit bei Regelung der Einrichtung der ausführenden (Landes-)Behörden und des Verwaltungsverfahrens vorsah.[9] Als Auswirkung dieser Norm ergab sich schon in den ersten Jahren der Tätigkeit des Bundesgesetzgebers der für Praktiker wohl zunächst überraschende Befund, daß die zustimmungsbedürftigen Gesetze die einfachen Gesetze mit Einspruchsrecht deutlich überwogen.[10]

Vor allem die Auslegung des Art. 84 Abs. 1 GG hatte dabei von Anfang an zu Meinungsverschiedenheiten zwischen der Bundesregierung einerseits und dem Bundesrat andererseits geführt.[11] Art. 84 Abs. 1 sei – so *Hans Schneider* 1953 in Verteidigung der Position der Bundesregierung – „das große Einfallstor", durch das sich der Bundesrat eine in der Gesetzgebung „gleichwertige Rolle" mit dem Bundestag zu erobern suche.[12] Wähle man – wie der Bundesrat es in seiner Praxis getan habe – eine „breite Interpretation" des Art. 84 Abs. 1, spanne man insbesondere den Begriff ‚Verwaltungsverfahren' sehr weit, so biete sich dem Bundesrat nahezu immer „Gelegenheit zum Einhaken". Die Begriffe der 'Einrichtung der Behörden' und des ‚Verwaltungsverfahrens' seien daher eng auszulegen, auf wirklich verfahrensrechtliche Regelungen einzuschränken, unter Ausschluß aller Sätze des materiellen Rechts.[13] Entsprechende Versuche der Bundesregierung, unter einengender Auslegung dieser beiden Schlüsselbegriffe die Zustimmungsbedürftigkeit von Gesetzen zu vermeiden, scheiterten allerdings durchgehend am Widerstand des Bundesrates.[14]

Beinahe noch entscheidender „für die in steigendem Maße hervorgetretene Neigung des Bundesrates, sich über Art. 84 Abs. 1 GG als ein dem Bundestag gegenüber gleichwertiger Träger der Gesetzgebung einzuschalten", sei aber „die These, daß jedes Gesetz, welches auch nur in einem einzigen Gesetzesparagra-

---

[8] So z.B. *K. Neunreither*, Der Bundesrat zwischen Politik und Verwaltung, 1959, S. 64ff., insbes. S. 67, und *H. Schäfer*, Der Bundesrat, 1955, S. 87, aber auch schon *H. Schneider*, Die Zustimmung des Bundesrates zu Gesetzen, DVBl. 1953, S. 257.

[9] Siehe nur *H. Schäfer* (Fn. 8), S. 86f. sowie *K. Neunreither* (Fn. 8), S. 68.

[10] Siehe nur *J. Kratzer*, Zustimmungsgesetze, AöR 77 (1951), S. 266, 267ff.; *H. Lechner* (Fn. 3), S. 418; *K. Held*, Der autonome Verfassungsstil der Länder und das Bundesratsveto nach Art. 84 Abs. 1 GG, AöR 80 (1955), S. 50, 52f.

[11] Vgl. *H. Schäfer* (Fn. 8), S. 87f.

[12] So *H. Schneider* (Fn. 8), S. 257; vgl. auch mit ähnlicher Tendenz *H. Lechner* (Fn. 3), S. 420.

[13] *H. Schneider* (Fn. 8), S. 258.

[14] Vgl. *H. Schäfer* (Fn. 8), S. 89.

phen eine das Verwaltungsverfahren betreffende Vorschrift enthält, in toto zustimmungsbedürftig sei." Über die so geschaffene „Einbruchstelle" unternehme es der Bundesrat nun, „den Grundsatz des einfachen Gesetzgebungsverfahrens auszuhöhlen" – so die Kritik der unitarischen Autoren.[15] Der Bundesrat dürfe richtigerweise nur dann die Zustimmung verweigern, so die Auslegung der Unitarier, wenn er wirklich einzelne Vorschriften über die Behördeneinrichtung und das Verwaltungsverfahren mißbillige, nicht jedoch in den Fällen, in denen Stein des Anstoßes materielle Bestimmungen des Gesetzes seien, die als solche nicht der Zustimmungspflicht unterlägen.[16]

Der Versuch, den Begriff der ‚Bundesgesetze' i.S.d. Art. 84 Abs. 1 GG einengend dahin auszulegen, daß darunter nur die spezifischen Vorschriften eines Gesetzes zu verstehen seien, die sich tatsächlich konkret mit der ‚Einrichtung der Behörden' und dem ‚Verwaltungsverfahren' befassen, war aber rechtlich kaum haltbar, zudem völlig unpraktikabel, wie die um diese These entbrannte Debatte ergab.[17] Der mit den Versuchen einer ‚einschränkenden Auslegung' unternommene Versuch einer Begrenzung der Zustimmungsbedürftigkeit auf eine eng umgrenzte Kategorie von gesetzlichen Regelungen war gescheitert, wenn auch die genaue Abgrenzung der unter Art. 84 Abs. 1 GG fallenden Gestaltungen weiter umstritten blieb.[18]

Die zweite wichtige Streitfrage im Kontext der Abgrenzung von Einspruchs- und Zustimmungsgesetzen war die Frage nach der Zustimmungsbedürftigkeit von Bundesgesetzen in Fällen der Änderung von Gesetzen, die ursprünglich mit Zustimmung des Bundesrates erlassen worden waren. Ging man von der Prämisse aus, daß eine einzelne Bestimmung über Behördenorganisation oder Verwaltungsverfahren das ganze Gesetz zustimmungspflichtig werden lasse, so war es nur konsequent, in der Folge zu fordern, auch spätere Gesetze zur Änderung dieser Zustimmungsgesetze unterlägen dem Erfordernis einer Zustimmung durch den Bundesrat. Dies gelte selbst dann – so die von anderen Bundesorganen heftig angegriffene Position der Bundesratsmehrheit – wenn das Änderungsgesetz überhaupt nicht die Teile des Gesetzes betreffe, die ursprünglich die Zustimmungsbedürftigkeit ausgelöst hätten, wenn also der konkrete Regelungsgehalt des Änderungsgesetzes, isoliert betrachtet, keiner Zustimmung durch den Bundesrat bedurft hätte.[19] Vom Standpunkt rein formaler juristischer Logik betrachtet, war diese Auslegung nicht unbedingt zwingend.[20] Politisch war sie dagegen

---

[15] Siehe *H. Schneider* (Fn. 8), S. 258.

[16] Siehe nur *H. Kutscher* (Fn. 7), S. 712f., mit Nachweisen entsprechender Stellungnahmen von Mitgliedern der Bundesregierung.

[17] Vgl. in diesem Sinne vor allem *K. Held* (Fn. 10), S. 57ff.; *D. Haas*, Bundesgesetze über Organisation und Verfahren der Landesbehörden (Art. 84 Abs. 1 des Grundgesetzes), AöR 80 (1955), S. 81, 85; *H. Schäfer* (Fn. 8), S. 88ff.; *H. Kutscher* (Fn. 7), S. 713.

[18] Vgl. dazu *H. Schäfer* (Fn. 8), S. 90f.; *D. Haas* (Fn. 17), S. 92ff.; *K. Held* (Fn. 10), S. 71ff.

[19] Vgl. *H. Schäfer* (Fn. 8), S. 91, mit Nachweisen der Bundesratspraxis in Fußn. 3, außerdem inhaltlich den Standpunkt des Bundesrates stützend *J. Kratzer* (Fn. 10), S. 269, *H. Kutscher* (Fn. 7), S. 713 und *K. Held* (Fn. 10), S. 65f.

[20] Gegen diese Auffassung traten daher ein *H. Schneider* (Fn. 8), S. 261 sowie *D. Haas* (Fn. 17), S. 84f.

überaus plausibel, konnte doch nur so das Kompromißpaket, das nahezu jedes Zustimmungsgesetz im Ergebnis darstellt, der einseitigen Änderung durch den Bundestag entzogen werden. Akzeptierte man erst einmal die Prämisse, daß materielle Bestimmungen und Verfahrensregelungen in einem unauflöslichen Zusammenhang stehen, und daß es legitim sei, wenn der Bundesrat als Kompensation für die Einschränkung der Organisations-und Verfahrenshoheit der Länder eine entsprechend mit den Ländern abgestimmte Gestaltung des materiellen Rechts verlangen könne, so war es nur konsequent, diese Absprache über den Komplex von materiellen und verfahrensrechtlichen Bestimmungen als Ganzes der alleinigen Verfügung durch den Bundestag zu entziehen. Bundesregierung und Bundestag hätten anderenfalls jeden im Bundesrat eingegangenen Kompromiß über die inhaltliche Ausgestaltung eines Zustimmungsgesetzes durch nachträgliche Umgestaltungen der materiellrechtlichen Bestimmungen wieder aushöhlen können.[21]

Im Ergebnis war – dies wurde schon von zeitgenössischen Kommentatoren angeführt – die starke Gewichtsverschiebung im Verhältnis von Zustimmungs- und Einspruchsgesetzen wohl weniger auf eine ‚falsche' Auslegung des Art. 84 Abs. 1 GG und eine dahinterstehende aggressive Politik der Kompetenzerweiterung des Bundesrates zurückzuführen, sondern eher auf die mit weitreichenden Regelungsambitionen operierende Gesetzgebungspolitik des Bundes und den eher ‚defensiven' Versuch der Länder, dann wenigstens über den Bundesrat auch die materielle Gestalt der betreffenden Gesetze mitzubestimmen.[22] Wohlmeinend konnte man das zugrundeliegende Faktum damit entschuldigen, die „dichte Gemengelage materieller und verfahrensmäßiger Vorschriften" sei eben „ein notwendiges Charakteristikum wenigstens des zeitgenössischen Verwaltungsrechts"[23]. Aus Sicht der betroffenen Länder – und diese Sicht fiel weniger freundlich aus – stand hinter diesem Befund aber die Feststellung, daß unter Zuhilfenahme des Art. 84 Abs. 1 GG der Bundestag in Übereinstimmung mit der Bundesregierung bei der Ausübung der Legislative in zunehmendem Maße Ziele verfolge, die im Widerspruch zum Grundgesetz auf eine Beschränkung der eigenständigen Hoheitsrechte der Länder gerichtet seien.[24] „Man sollte denken", so ein früher Kommentator der Entwicklung aus Sicht der betroffenen Landesverwaltungen, „daß es dem Bund in der Regel genügen könnte, das wesentliche zu tun, d.h. das materielle Recht zu setzen, und das Sekundäre, die Art und Weise der Ausführung, den Ländern zu überlassen. Aber in unserer Bundesrepublik, die vielfach noch auf das bequeme zentralistische Regieren ihrer staatsrechtlichen Vorgänger zurückblickt, befremdet eine solche Beschränkung der eigenen Macht nicht we-

---

[21] Vgl. *K. Held* (Fn. 10), S. 65, auch *H. Schäfer* (Fn. 8), S. 91f.

[22] Siehe in diesem Sinne *H. Lechner* (Fn. 3), S. 421; *H. Kutscher* (Fn. 7), S. 710, außerdem *K. Held* (Fn. 10), S. 56f.

[23] *A. Köttgen*, Das Verwaltungsverfahren als Gegenstand der Bundesgesetzgebung, DÖV 1952, S. 422, 423.

[24] Siehe nur *H. Rohwer-Kahlmann*, Verfassungsrechtliche Schranken der Zustimmungsgesetze (Art. 84 Abs. 1 GG), AöR 79 (1953/54), S. 208, 225.

nige der die Bundesgesetze entwerfenden Beamten, und sie sind nicht geneigt, die Schranke zu achten, wenn sie sich überhaupt ihrer erinnern."[25] Der bremische Landesbeamte *Harry Rohwer-Kahlmann* sprach gar von „einem zunehmenden Umbau der verfassungsmäßigen Grundordnung der Länder durch den Bund", der „nur **ein** Symptom für eine fortschreitende Entwicklung zum Einheitsstaat sei".[26]

Als ein Symptom dieser Tendenz schleichender Unitarisierung griff der Bundesrat dann auch die Versuche der Bundesregierung auf, durch gesetzliche Vorgaben den Erlaß bestimmter Verwaltungsakte durch oberste Landesbehörden an die Zustimmung der entsprechenden obersten Bundesbehörde zu binden. Mit Beschluß vom 1. März 1952 wandte sich der Bundesrat gegen das im ‚Gesetz zur Ergänzung des Gesetzes über die Unterhaltshilfe für Angehörige von Kriegsgefangenen' vorgesehene Erfordernis der Zustimmung durch den Bund. Der Beschluß erklärte dabei zur Begründung der Ablehnung, Versuche der (Einzelfall-)Bindung durch den Bund seien verfassungswidrige Maßnahmen der Herstellung von Formen der Mischverwaltung.[27] Die direkte Übertragung von Verwaltungsbefugnissen an Bundesministerien, insbesondere die Übertragung der Befugnis zum Erlaß von Verwaltungsakten im Bereich der landeseigenen und der Auftragsverwaltung, wurde vom Bundesrat dagegen in Ausnahmefällen auch ohne Grundgesetzänderung für rechtens gehalten und durch entsprechende zustimmende Beschlüsse bestätigt.[28]

6.1.3. *Die Rolle des Bundesrates in der Außenpolitik*

Zweites wichtiges Konfliktfeld zwischen Bundesregierung und Bundesrat war von Anbeginn die Rolle in der Formulierung der Außenpolitik, die die Länderregierungen über den Bundesrat in Anspruch nahmen. Die Erinnerung an die außenpolitischen Restbefugnisse der süddeutschen Länder bis 1918 und an den außenpolitischen Ausschuß des Bundesrates im alten Bismarck'schen Reich mag dabei eine Rolle gespielt haben, ebenso aber auch die Angst, durch entsprechende außenpolitische Initiativen der Bundesregierung und die eventuelle Übertragung von Hoheitsrechten könne auf Dauer der Eigenbereich der Länder endgültig ausgehöhlt werden.[29]

---

[25] *K. Held* (Fn. 10), S. 55.

[26] *H. Rohwer-Kahlmann* (Fn. 24), S. 226.

[27] BR-Drs. 7/52 v. 1. 3. 1952; vgl. auch *H. Lechner* (Fn. 3), S. 420 sowie *H. Rohwer-Kahlmann* (Fn. 24), S. 223.

[28] Siehe *H. Lechner* (Fn. 3), S. 420 m. w. N.; vgl. allerdings auch *H. Rohwer-Kahlmann* (Fn. 24), S. 211 ff. insbes. zu den Bedenken des Bundesrates gegenüber der Verlagerung der Verwaltungskompetenz auf unabhängige, parlamentarisch nicht gebundene Beschlußgremien im Organisationsbereich des Bundes.

[29] Vgl. nur *H. Lechner* (Fn. 3), S. 418, der schreibt, die Haltung des Bundesrates im Zusammenhang mit dem Beitritt zum Europarat sei „Ausdruck der Sorge und Vorsorge des Bundesrats, sein Mitspracherecht für etwaige spätere Verlagerung der Gesetzgebungskompetenz auf europäische Institutionen sicherzustellen."

Der Bundesrat hatte sich sofort mit seiner Konstituierung ein Instrument der Mitwirkung an der Außenpolitik des Bundes geschaffen, in der Form eines außenpolitischen Ausschusses.[30] Dessen erster Vorsitzender, der bayerische Ministerpräsident *Hans Ehard*, faßte das Selbstverständnis der Landesregierungen in die Worte: „...eine Selbstverständlichkeit ist es, daß in einem Bundesstaat auch die Länder daran interessiert sind, was außenpolitisch im Bunde vor sich geht, und daß die Landesregierungen die Möglichkeit haben müssen, auch ihre Meinung zu diesen wichtigen nationalen Fragen zu äußern".[31] Nun bestritt jedoch, wie oben schon erwähnt wurde, die Bundesregierung dem Bundesrat zunächst jedes Recht zur Teilnahme an allgemeinpolitischen Debatten, von der Mitgestaltung der Außenpolitik gar nicht zu reden.[32] Schon jegliche Äußerung oder Diskussion in der Öffentlichkeit über die Außenpolitik der Bundesregierung liege außerhalb der Kompetenzen des Bundesrates, so hatte Bundesjustizminister *Dehler* 1950 den übereinstimmenden Rechtsstandpunkt der Bundesministerien des Innern und der Justiz festgehalten.[33]

Zum konkreten Streitpunkt entwickelte sich zunächst die Frage der Informationspflicht der Bundesregierung gegenüber dem Bundesrat in außenpolitischen Angelegenheiten. Dazu *Hans Ehard* in einem Interview im Frühjahr 1950: „Es ist mir nicht bekannt, daß von irgendeiner zuständigen Seite ernsthaft die Befugnis des Bundesrates bestritten worden ist, sich von den verantwortlichen Bundesstellen über den jeweiligen Gang der Außenpolitik unterrichten zu lassen..."[34] Da es diese Tendenz allerdings in der Praxis doch gab, fügte er hinzu: „Selbstverständlich gibt es Strömungen, die den Bundesrat im allgemeinen als eine unbequeme und störende Einrichtung empfinden. Es sind die Leute, die überhaupt den Föderalismus als eine störende Regierungsform betrachten."[35]

Die Verfassungsrechtslehre sprang dem Bundesrat in dieser Frage mehrheitlich bei, sieht Art. 53 Satz 3 GG doch ausdrücklich eine Verpflichtung der Bundesregierung vor, den Bundesrat „über die Führung der Geschäfte auf dem laufenden zu halten". Einzelne Autoren folgerten daraus gar, der Bundesrat sei der Bundesregierung gegenüber nicht nur berechtigt, sondern sogar verpflichtet, „Klarheit darüber zu geben, ob er die außenpolitische Linie der Bundesregierung billigt oder zu welchen Fragen erhebliche Zweifel vorhanden sind."[36] Die Stellung, die Art. 81 GG dem Bundesrat für den Fall des Gesetzgebungsnotstands gibt, verpflichte den Bundesrat zu einer fortlaufenden Beschäftigung auch mit solchen Fragen der Bundespolitik, die nicht mit speziellen Länderproblemen in Zusam-

---

[30] Vgl. zur Schaffung des Ausschusses für Auswärtige Angelegenheiten des Bundesrates und zu dessen Politik unter dem ersten Vorsitzenden *Hans Ehard* die Studie von *K.-U. Gelberg* (Fn. 1), 305f., S. 315ff.

[31] Zitiert nach *K.-U. Gelberg* (Fn. 1), S. 316.

[32] Siehe oben Fn. 3 mit dem begleitenden Text.

[33] Siehe die Nachweise oben Fn. 3.

[34] Zitiert nach *K.-U. Gelberg* (Fn. 1), S. 316.

[35] Ebda.

[36] So *H. Kutscher* (Fn. 7), S. 711; siehe auch im gleichen Sinne *G. Strickrodt*, Das Recht des ersten Votums in der Politik des Bundesrats, DÖV 1950, S. 525.

menhang stehen. Auf außen- und innenpolitischem Gebiet müsse also die Regierungspolitik auch außerhalb der Beteiligung an der Gesetzgebung fortlaufend Gegenstand der Beratungen und Bemühungen des Bundesrats sein.[37]

Zum wirklichen Austrag kam dieser Grundlagendisput aber erst anläßlich der Debatten um die Ratifizierung des Vertrages zur Gründung der Europäischen Gemeinschaft für Kohle und Stahl, des sogen. Schuman-Plans, im Juni 1951. Schon vorher, bei der Ratifizierung des Beitritts zum Europarat 1950, war es zwar zu ersten schwerwiegenden Divergenzen über die Praxis der Beteiligung des Bundesrates an der Außenpolitik gekommen. Der Bundesrat hatte in seiner Mehrheit den Beitritt aber eindeutig bejaht und unterstützt[38]; als nach Ratifizierung der Bundestag dann jedoch durch Beschluß festlegte, daß alle Mitglieder der deutschen Delegation in der Parlamentarischen Versammlung des Europarates vom Bundestag und aus der Mitte des Bundestages gewählt würden, fühlte der Bundesrat sich brüskiert und erklärte seinen Protest. Zu Gesetzentwürfen, mit denen der Wahlmodus im Sinne des Bundestages festgeschrieben werden sollte, verweigerte der Bundesrat in der Folge aus Protest die Abgabe jeglicher Stellungnahme.[39]

Erst der EGKS-Vertrag führte aber zu wirklich kontroversen außenpolitischen Debatten zwischen Bundesregierung und Bundesrat.[40] Der Bundesrat übte anläßlich der Beratungen über die Stellungnahme zum Vertragsgesetz nicht nur inhaltliche Kritik an der Ausgestaltung einzelner Passagen des Vertrages, sondern er monierte vor allem, daß die Bundesregierung es gänzlich unterlassen habe, ihn rechtzeitig „über die verschiedenen Stadien der Verhandlungen ins Bild zu setzen"[41], was allein eine Einwirkung auf die deutsche Verhandlungsposition ermöglicht hätte. In der abschließenden Beschlußfassung des Bundesrates betreffend die Stellungnahme gegenüber der Bundesregierung fehlte dann auch jegliches positive Bekenntnis zum politischen Programm des Schuman-Plans; im Beschluß, der mit den Stimmen der SPD-regierten Länder und Nordrhein-Westfalens, als dem Hauptbetroffenen des Schuman-Plans, angenommen worden war, fanden sich einzig die vielfältigen Bedenken des Bundesrates gegen das Vertragswerk noch einmal zusammengefaßt. Auffallend war dabei jedoch vor allem die erhobene Forderung, „daß bei der Willensbildung der deutschen Stellen im Rahmen des Schumanplanes die Mitwirkung des Bundesrates vor der Ratifizierung gesetzlich sichergestellt" werden müsse.[42]

Als der Vertrag dem Bundesrat im Frühjahr 1952 schließlich endgültig zur Beschlußfassung überstellt wurde, waren die Forderungen des Bundesrates aber

---

[37] *H. Kutscher* (Fn. 7), S. 711; *G. Strickrodt* (Fn. 36), S. 525.

[38] Vgl. *K.-U. Gelberg* (Fn. 1), S. 318ff.

[39] Vgl. *K.-U. Gelberg* (Fn. 1), S. 320ff.

[40] Vgl. dazu *U. Wengst* (Fn. 2), S. 308f.

[41] So der nordrhein-westfälische Ministerpräsident *Arnold* als Berichterstatter in der 61. Sitzung des Bundesrates am 27. 6. 1951, BR-PlPr. 61/51, S. 441; vgl. auch *U. Wengst* (Fn. 2), S. 308.

[42] Resolution des Bundesrates vom 27. 6. 1951, BR-PlPr. 61/51, S. 454ff.

keineswegs erfüllt.[43] Gleichwohl war die Mehrheit nicht bereit, die Forderung nach Mitsprache über eine Ablehnung des Vertrages durchzusetzen. Da weiterhin erhebliche Vorbehalte geltend gemacht wurden, einigte der Bundesrat sich letztendlich auf eine Kompromißformel, bei der mittels einstimmiger Entschliessung das Inkrafttreten ermöglicht wurde, ohne irgendeine Formel der inhaltlichen Billigung des Vertrages auszusprechen. Der Bundesrat führte vielmehr in seinem Beschluß erneut die unerfüllt gebliebenen Forderungen der Länderregierungen auf, um dann die Entscheidung zu treffen, nicht von seinen Rechten nach Art. 77 Abs. 2 GG, also dem Recht auf Anrufung des Vermittlungsausschusses, Gebrauch zu machen.[44]

Bei der Aushandlung des Generalvertrages mit den Besatzungsmächten und des Vertrages über die Europäische Verteidigungsgemeinschaft kam es zu ähnlichen Problemen.[45] Auch hier fühlten die Länder sich übergangen, wurden sie doch in keiner Weise in die Vertragsverhandlungen einbezogen oder auch nur ernsthaft über den Verhandlungsstand informiert. Rügen des Bundesratspräsidenten und des Bundesratsausschusses für Auswärtige Angelegenheiten, der Bundesrat sei über den Verlauf der Verhandlungen „nicht ausreichend und nicht rechtzeitig unterrichtet" worden, blieben ohne Ergebnis. Die Bundesregierung versuchte vielmehr, durch die in den Verhandlungen erzielte Teilung des Vertragswerkes in einen (politisch eher unkontroversen) Vertrag über die Ablösung des Besatzungsstatuts, dessen Zustimmungsgesetz dann unstreitig der Zustimmungspflicht des Bundesrates unterlag, und einen – politisch zwar brisanten, aber im Zustimmungsgesetz nur dem Einspruchsrecht des Bundesrates unterliegenden – Vertrag über die Gründung der Europäischen Verteidigungsgemeinschaft die Mitwirkungsmöglichkeiten des Bundesrates zu beschneiden.[46] Politische Proteste gegen dieses Vorgehen und auch die Geltendmachung verfassungsrechtlicher Bedenken blieben wirkungslos: Der Fragenkomplex wurde in zwei getrennten Verträgen geregelt (angesichts der späteren Ablehnung der EVG durch das französische Parlament stellte sich dies Vorgehen als sehr sinnvoll heraus) und der Bundesregierung gelang es durch gezielten politischen Druck auf einzelne Landesregierungen, eine Mehrheit gegen den EVG-Vertrag (und die damit verbundene deutsche Wiederbewaffnung) zu verhindern.

---

[43] *U. Wengst* (Fn. 2), S. 311.
[44] Vgl. *U. Wengst* (Fn. 2), S. 311f.
[45] Vgl. dazu *U. Wengst* (Fn. 2), S. 312ff.
[46] Vgl. *U. Wengst* (Fn. 2), S. 313.

6.2. Die Verwaltungskompetenz der Länder und die Frage der Koordination von Bundes- und Landesverwaltungen

6.2.1. Die Einwirkungen des Bundes auf die Landesverwaltungen, insbesondere die Praxis der Fondsverwaltung

War in sensiblen Bereichen der Bundeskompetenz (wie der Außenpolitik) jeder Ansatz einer eigenständigen Politik der Länder in seiner Rechtmäßigkeit bestritten, so galt dies nicht in gleichem Maße für jegliche Form des Bundeshandelns im Kontext der den Ländern nach Art. 30 GG verbliebenen Kompetenzen. Zwar war im Prinzip unstreitig, daß auf dem Gebiet der Verwaltung die Länder ihre eigentliche Domäne haben würden, den „Schwerpunkt ihrer Landeshoheit", daß dementsprechend der Aufbau eigentlicher Bundesverwaltungen dort unzulässig sei und daß in manchen Bereichen – Fragen der Kulturpolitik etwa – der Bund mangels jeglicher Gesetzgebungskompetenz des Bundes nicht einmal die üblichen Aufsichtsrechte über die Länder haben würde.

Ob dies allerdings wirklich bedeuten mußte, daß jegliche Aktivität des Bundes in den entsprechenden Reservatbereichen der Länderstaatlichkeit ausgeschlossen sei, wurde schnell zur kontrovers behandelten Frage. Die Debatte um die sogen. „nichtgesetzesakzessorische Bundesverwaltung"[47] konzentrierte sich dabei zunächst vor allem auf die Stellung des Bundes in der Kulturverwaltung[48]. Neben der Verwaltung des Bundesvermögens wurde dabei allgemein auch die Kompetenz des Bundes bejaht, mit eigenen Haushaltsmitteln Anreize zur Erfüllung bestimmter öffentlich wichtiger Aufgaben zu geben, also die Bewirtschaftung auch solcher Haushaltsmittel des Bundes selbst durchzuführen, die für Zwecke einer sich außerhalb der Grenzen des Abschnitts VIII des Grundgesetzes bewegenden Verwaltungsinitiative bereitgestellt worden sind.[49] Schon in den ersten Jahren der Bundesrepublik sah nun der Bundeshaushalt eine ganze Reihe solcher Positionen vor, die in der Regel von den jeweils nach Haushaltsplan verfügungsberechtigten Bundesministerien verwaltet wurden. Bundesjugendplan, Förderung des Deutschen Roten Kreuzes und der Deutschen Zentrale für Fremdenverkehr e.V., der Deutschen Forschungsgemeinschaft und der Religionsgemeinschaften waren Beispiele solcher administrativen Programme außerhalb der ausdrücklichen Ver-

---

[47] Vgl. dazu insbes. *A. Köttgen*, Der Einfluß des Bundes auf die deutsche Verwaltung und die Organisation der bundeseigenen Verwaltung, JöR NF 3 (1954), S. 67, 78ff.

[48] Siehe als Beiträge zu der darüber geführten Diskussion *H. Peters*, Die Stellung des Bundes in der Kulturverwaltung nach dem Bonner Grundgesetz, in: Um Recht und Gerechtigkeit. Festschrift für Erich Kaufmann, 1950, S. 281ff.; *H. Wenke*, Die Kulturverwaltung im Verhältnis von Bund und Ländern, in: Vom Bonner Grundgesetz zur gesamtdeutschen Verfassung. Festschrift für Hans Nawiasky, 1956, S. 269ff.; *A. Köttgen*, Die Kulturpflege und der Bund, in: Staats- und Verwaltungswissenschaftliche Beiträge, herausgeg. von der Hochschule für Verwaltungswissenschaften Speyer, 1957, S. 183ff.

[49] Siehe nur *A. Köttgen* (Fn. 47), S. 78f. sowie *H. Peters* (Fn. 48), S. 293ff. und *H. Wenke* (Fn. 48), S. 283.

waltungszuständigkeiten des Bundes.[50] Über die Auflagen, an die die Vergabe der Zuschüße geknüpft wurde, konnte der Bund Einfluß auf die Aktivitäten der geförderten gesellschaftlichen Organisationen und deren Aktivitäten nehmen, konnte diese nicht selten in „die Rolle eines Substituten bundeseigener Verwaltung" drücken[51]. Diese punktuellen Fördermaßnahmen konnten sich aber in der Folge auch zu einer Entwicklung steigern, in der der Bund auf der alleinigen Grundlage seines Haushalts unmittelbare Sachkompetenzen in Anspruch nahm, indem er für bestimmte Bereiche die politische Gestaltungsmacht an sich zog. Der Wiederaufbau der Handelsflotte, die administrative Wirtschaftsförderung nach Art der Berlin-Hilfe, die Filmförderung und das Auslandsschulwesen sind Beispiele dieser Entwicklung.[52]

Ganz allgemein gilt, daß bereits der erste Bundestag – wie *Arnold Köttgen* in seinem Überblicksbericht über die ersten fünf Jahre Verwaltungsentwicklung in der Bundesrepublik 1954 geschrieben hat – „um optimale Ausschöpfung aller administrativen Möglichkeiten des Bundes bemüht war"[53]. Die Verfassung bereits habe in dieser Richtung wichtige Wegmarken gesetzt, habe sowohl „gewichtige Ventile zugunsten bundeseigener Verwaltung geschaffen" wie „dem bisherigen Verfassungsrecht unbekannte Möglichkeiten zentraler Einflußnahme auf den Vollzug des Bundesverwaltungsrechts durch die Länder erschlossen". Wichtige Basis dafür sei die unbestreitbare Betonung, die das Grundgesetz auf die Wahrung der Rechts- und Wirtschaftseinheit als traditionelle Aufgabe des Zentralstaates gelegt habe. Setze man diese Grundentscheidung der Verfassung in Verbindung mit der allgemeinen Verschiebung des gesetzgeberischen Schwerpunkts vom bürgerlichen Recht auf das Verwaltungsrecht und dem gleichzeitigen Bedeutungswandel dieses Verwaltungsrechts überhaupt, so ergäben sich dadurch bedeutende Rückwirkungen auf das föderative Gefüge, die vielen Beteiligten noch nicht hinreichend zu Bewußtsein gekommen seien. Die dem Zentralstaat anvertraute Rechtseinheit impliziere heute „in erheblichem Unfang die von dem klassischen Bundesstaat vorbehaltlos verneinte Verwaltungseinheit".[54]

Hand in Hand mit einer gegenständlichen Ausweitung des Zentralverwaltungsrechts gehe eine steigende Intensität des einzelnen Gesetzes. Das traditionelle Verhältnis von Parlament und Verwaltung sei im Zuge eines Bedeutungswandels der Gewaltenteilung auch insoweit verändert worden, als es sich um das Verhältnis des Bundestages zu den seine Gesetze ausführenden Landesbehörden handele. Gleich allen anderen Volksvertretungen habe sich auch das Zentralparlament zu einem „Motor verwaltungsstaatlicher Aktivität" entwickelt.[55] Die Intensität der gesetzlichen Inpflichtnahme der Länder sei von Jahrzehnt zu Jahrzehnt gestiegen. Die allerorts zu beobachtende Schrumpfung des Verwaltungsermes-

[50] Vgl. zu diesen Beispielen *A. Köttgen* (Fn. 47), S. 79.

[51] So *A. Köttgen* (Fn. 47), S. 79.

[52] *A. Köttgen* (Fn. 47), S. 80.

[53] *A. Köttgen* (Fn. 47), S. 71.

[54] Siehe *A. Köttgen* (Fn. 47), S. 71f.

[55] *A. Köttgen* (Fn. 47), S. 72.

sens habe nun aber eine wesentliche Modifikation der bundesstaatlichen Realitäten zur Folge, wobei die durch das Grundgesetz erheblich ausgeweiteten Möglichkeiten richterlicher Kontrolle im Gefolge der Rechtsschutzgarantie des Art. 19 Abs. 4 GG diese Entwicklung noch weiter beschleunige. Länder und Gemeinden würden auf diese Art mehr und mehr in die Defensive gedrängt.[56]

Zu diesem Prozeß trug nicht zuletzt – darauf wies gerade *Arnold Köttgen* hin – das schon vom Grundgesetz bereitgestellte Instrumentarium der Einwirkung des Bundes auf die Landesverwaltung bei, das selbst in den Fällen ‚landeseigenen Vollzuges' gem. Art. 84 GG die Möglichkeit weitreichender Steuerung der Verwaltungstätigkeit der Landesbehörden zuließ. Der Erlaß allgemeiner Verwaltungsvorschriften gem. Art. 84 Abs. 2 GG war einer dieser Wege der Einwirkung, wobei die Frage, ob es verfassungsrechtliche Schranken für den Intensitätsgrad solcher Verwaltungsvorschriften gebe, wohl durchgängig verneint wurde. In Extremfällen konnte damit über ein System engmaschiger Verwaltungsvorschriften jeder Handlungsspielraum der Landesbehörden beseitigt werden.[57] Auch von der Möglichkeit des Art. 84 Abs. 5 GG, in Gesetzen zugunsten der zuständigen Bundesorgane die Möglichkeit der ‚Einzelweisung für besondere Fälle' an die Landesbehörden vorzusehen, wurde in der Praxis bald starker Gebrauch gemacht, wenn auch das Erfordernis, die Weisung sei von der Bundesregierung (als Kollegialorgan) zu erteilen, der Nutzung dieser Möglichkeit praktische Grenzen setzte.[58] In Einzelfällen hatte auch die Verfassung selbst dem Bund schon die Befugnis zur hoheitlichen Koordinierung der Länder eingeräumt, so insbesondere im Bereich des Verfassungsschutzes und der Kriminalpolizei.[59] Auch in den (allerdings nach Zahl sehr geringen) Bereichen der Auftragsverwaltung waren dem Bund bereits durch das Grundgesetz umfassende Befugnisse zur zwangsweisen Koordination der Landesbehörden zugestanden worden.[60]

Doch selbst über diese ihm von der Verfassung ausdrücklich eingeräumte Steuerungskompetenz hinaus bemühte der Bund sich in bestimmten Bereichen schon bald um den Aufbau einer eigentlichen Koordinierungsfunktion im Verhältnis zu den Landesverwaltungen. Dies geschah vor allem über die Subventionierung bestimmter Programme der Länder, aus deren Anlaß man mittels einheitlicher Förderbedingungen die beteiligten Länder dann auf eine gemeinsame Linie bringen konnte.[61] Deutlichstes Beispiel dieser Koordinierungsbemühungen in der Gründungsphase der Bundesrepublik war dabei das 1. Wohnungsbaugesetz. In § 13 dieses Gesetzes wurde als Ziel formuliert, daß die Länder „unter Leitung des Bundesministers für Wohnungsbau ihre Programme und deren Finanzierung so aufeinander abstimmen, daß für das Gebiet der Bundesrepublik ein Gesamt-

---

[56] *A. Köttgen* (Fn. 47), S. 83.

[57] Vgl. das Extrembeispiel bei *A. Köttgen* (Fn. 47), S. 86.

[58] Siehe *A. Köttgen* (Fn. 47), S. 86 (mit zahlreichen Beispielen aus der Praxis) sowie ebda., S. 100 (zur alleinigen Zuständigkeit der Gesamtregierung).

[59] Vgl. dazu *A. Köttgen* (Fn. 47), S. 98, 140f.

[60] Siehe dazu nur *A. Köttgen* (Fn. 47), S. 92ff.

[61] Siehe *A. Köttgen* (Fn. 47), S. 88f., 142.

programm entsteht"[62]. Die Unterverteilung der Bundesmittel wurde dabei ausdrücklich an das Einvernehmen der einzelnen Länder gebunden, Verfügung über die Mittel im Prinzip also nur im allseitigen Einverständnis ermöglicht[63]. Mischfinanzierung führte hier zu ersten Ansätzen dessen, was später als ‚Gemeinschaftsaufgabe' im Grundgesetz institutionalisiert wurde.

In der Regel nahm der Bund allerdings direkt Einfluß auf einzelne Landesverwaltungen über zweckgebundene Bundeszuschüsse zu den Kosten der Landesverwaltung.[64] Die schon aus Weimar bekannte Politik der „goldenen Zügel", die über das Instrument der zweckgebundenen Zuschüsse die Länder dem Willen des Bundes gefügig machen sollte, feierte damit fröhliche Urstände. Anfänglich noch vereinzelt geäußerten Bedenken gegen die verfassungsrechtliche Zulässigkeit von Bundeszuschüssen an einzelne Länder folgte die Staatspraxis der jungen Bundesrepublik nicht.[65]

6.2.2. Die ‚Selbstkoordinierung der Länder' – Kultusministerkonferenz

Im Gegenteil, die Länder begannen ein ausgefeiltes Instrumentarium der Selbstkoordination zu entwickeln, um so dem Druck auf einheitliche Regelungen entgegenzukommen, im Ernstfall auch eventuell durch eine vertraglich zwischen den Ländern herbeigeführte Koordinierung dem vom Bund potentiell reklamierten ‚Bedürfnis nach bundesgesetzlicher Regelung' gemäß Art. 72 Abs. 2 GG zuvorzukommen[66]. Den Anfang dieser Politik einer zwischen den Ländern freiwillig vereinbarten sachlichen Vereinheitlichung machte – nicht zufälligerweise – die Konferenz der Kultusminister der Länder. Diese hatte sich schon 1946 als freiwillig tätige Arbeitsgemeinschaft der Länderminister gebildet zur Behandlung von „Angelegenheiten der Kulturpolitik von überregionaler Bedeutung, die mehrere oder alle Länder betreffen, mit dem Ziel gemeinsamer Willensbildung, auch für die Zusammenarbeit mit den Bundesorganen"[67]. Der politische Druck zur Vereinheitlichung der Regelungen war in diesem Bereich besonders groß, wie an zahlreichen kritischen Anmerkungen in der Literatur zum schulpolitischen ‚Partikularismus' der Länder ebenso deutlich wird wie an den dann Mitte der Fünfziger Jahre lancierten Initiativen, für die Erziehungs- und Schulpolitik doch noch eine Gesetzgebungszuständigkeit des Bundes zu schaffen[68].

Mit dem Inkrafttreten des Grundgesetzes war die Konferenz als „Ständige Konferenz der Kultusminister der Länder in der Bundesrepublik Deutschland"

---

[62] BGBl. 1950 I, S. 85.

[63] Ob im Ernstfall nicht trotzdem ein einzelnes Land majorisiert werden konnte, war Gegenstand eines der ersten Verfahren vor dem Bundesverfassungsgericht – BVerfGE 1, 299ff.

[64] Zu den zahlreichen Beispielen für diese Praxis schon in den Fünfziger Jahren vgl. *A. Köttgen* (Fn. 47), S. 89f., zur rechtlichen Problematik dieses Instrumentariums ebda., S. 142f.

[65] *A. Köttgen* (Fn. 47), S. 89.

[66] Vgl. *H. Wenke* (Fn. 48), S. 282, sowie *A. Köttgen* (Fn. 47), S. 143f.

[67] So der Vorspruch der ersten Geschäftsordnung der KMK von 1949 – siehe *H. Wenke* (Fn. 48), S. 280.

[68] Vgl. dazu *H. Wenke* (Fn. 48), S. 292ff.

institutionalisiert worden. Die Konferenz wählte einen Präsidenten und beschloß regelmäßige Zusammenkünfte in Bonn, um den Interessen der Länder gegenüber dem Bund Nachdruck zu verleihen. Die KMK habe die Aufgabe – so hieß es in einer Entschließung der Kultusminister-Konferenz vom Herbst 1949 – darauf hinzuwirken, „daß die Kulturhoheit der Länder bei allen Maßnahmen der Bundesorgane und der Bundesbehörden gewahrt bleibt".

Die Bundesregierung sah die Konstituierung einer derartigen Gegenmacht mit Unbehagen.[69] Hauptargument war dabei die Rolle des Bundesrates, dessen Stellung als Vertretung der Länder auf Bundesebene dadurch tangiert werde. Nachdem sowohl Bundeskanzler *Adenauer* wie Bundesinnenminister *Heinemann* Kritik am Vorgehen der Länder erkennen ließen, befaßte sich am 25. Oktober 1949 das Bundeskabinett mit der Frage. Es gelangte zur Auffassung, daß die Länder nicht berechtigt seien, für die ihrer Kompetenz unterliegenden Aufgaben eigene staatsrechtliche Organe auf der Bundesebene zu schaffen. Das föderative Organ auf der Bundesebene sei allein der Bundesrat.[70]

Die mit der weiteren rechtlichen Klärung der Frage betrauten Ministerien – Bundesjustiz-, Bundesinnen- und Bundesratsministerium – erstatteten in der Folge Gutachten zur Zulässigkeit der Bildung ständiger Ressortministerkonferenzen, die zu gegensätzlichen Ergebnissen kamen. Während das Bundesjustizministerium sich kritisch gegenüber der Vereinbarkeit der Konferenzen mit dem Grundgesetz äußerte, vertrat der Bundesminister für Angelegenheiten des Bundesrates, *Hellwege* (DP), die Ansicht, es sei nicht ersichtlich, aus welchem Rechtsgrunde man es den Länderfachministern, aber auch den Ministerpräsidenten der Länder verbieten könnte, unregelmäßig oder regelmäßig zur Besprechung von Fragen in der Zuständigkeit der Länder zusammenzukommen.[71]

Die Streitfrage wurde in der Folge nicht weiter verfolgt. Die Länder zeigten auch zunächst kein großes Interesse, den mit der KMK beschrittenen Weg der Institutionalisierung von Koordinierungsorganen im Verhältnis zwischen den Ländern in anderen Bereichen zu beschreiten, sondern konzentrierten sich in den ersten Jahren fast völlig auf den Bundesrat.[72]

Die Ständige Konferenz der Kultusminister erwies sich allerdings als durchaus effizientes Organ der Koordinierung von Länderpolitiken im Bereich der alleinigen Zuständigkeit der Länder. Schon in den ersten Jahren wurde eine Unzahl von Vereinbarungen zwischen den Kultusverwaltungen der Länder geschlossen, wenn auch zunächst nur mit sehr punktuellen Inhalten. Als die öffentliche Kritik am schulpolitischen ,Partikularismus' der Länder immer weiter wuchs und die Forderung nach bundesgesetzlicher Regelung dieses Bereiches – die zunächst die Schaffung einer einschlägigen Gesetzgebungskompetenz des Bundes erfordert hätte – zusehends Gefolgschaft in der Öffentlichkeit zu finden schien, reagierten

---

[69] Vgl. die Darstellung der Haltung der Bundesregierung bei *K.-U. Gelberg* (Fn. 1), S. 310ff.

[70] 15. Sitzung, 25. 10. 1949, Die Kabinettsprotokolle der Bundesregierung. Herausgeg. für das Bundesarchiv von H. Booms, Bd. 1: 1949, bearb. von U. Enders und K.Reiser, 1982, S. 155.

[71] Vgl. *K.-U. Gelberg* (Fn. 1), S. 311.

[72] Vgl. *K.-U. Gelberg* (Fn. 1), S. 312f.

die Ministerpräsidenten der Länder auf ihrer Konferenz in München am 5. Februar 1954 mit einer Entschließung, in der eine „Vereinfachung und Vereinheitlichung im Aufbau des Schulwesens" gefordert wurde.[73] Als vordringliche Punkte wurden dabei genannt: die Begrenzung der Zahl der Schultypen, die Vereinheitlichung in der Bezeichnung der Formen der mittleren und höheren Schulen, der einheitliche Beginn des Schuljahres und die einheitliche Anerkennung der Reifezeugnisse. Desweiteren sollten die Fragen des Berechtigungswesens, der Ferienordnung sowie der Schulgeldfreiheit und der Lehrmittelfreiheit daraufhin untersucht werden, ob sich nicht die bestehende Verschiedenheit durch eine einheitliche Regelung überwinden lasse. Der Ständigen Konferenz der Kultusminister wurde der Auftrag erteilt, eine gemeinsame Grundlage von Vereinbarungen zu erarbeiten. Mit dem in Düsseldorf am 17. Februar 1955 abgeschlossenen Länderstaatsvertrag wurde die Forderung nach verbesserter Abstimmung der Länder in Schulfragen dann in eine rechtlich verbindliche Regelung umgesetzt.[74]

6.2.3. Die ‚Selbstkoordinierung der Länder' – Polizeiwesen

Daneben entwickelten sich in anderen Bereichen ebenfalls bald Formen der institutionalisierten Zusammenarbeit von Bund und Ländern. Insbesondere im Polizeiwesen, wo dem Bund schon nach dem Grundgesetz in Teilbereichen eine Koordinierungsfunktion zustand, trat bald der Bedarf nach Formen konkreter Abstimmung in Einzelfragen auf. Insbesondere die im Grundgesetz vorgesehenen Notvollmachten des Bundes im Polizeibereich nach Art. 91 GG ließen die Bundesregierung auf koordinierende Absprachen drängen. Zunächst hatte die Bundesregierung gar das Projekt der Schaffung einer Bundespolizei betrieben, gestützt auf die Kompetenzen aus Art. 91 GG.[75] Der von verfassungsrechtlichen Bedenken untermauerte Widerstand einiger Landesregierungen, insbesondere natürlich der bayerischen Staatsregierung, aber mehr noch der Widerstand der alliierten Hochkommissare ließ das Projekt schließlich scheitern, lenkte es auf die Bahn einer bundesstaatsverträglichen Lösung, in deren Rahmen die Länder in gegenseitiger Abstimmung zur Schaffung der Bereitschaftspolizeien der Länder schritten, die dem Bund im Notstandsfall unterstellt sein würden.[76] Mit dem ‚Verwaltungsabkommen über die Bereitschaftspolizeien der Länder' vom 27. Oktober 1950 übernahmen die Länder die Pflicht zur Aufstellung und Unterhaltung einer kasernierten Bereitschaftspolizei als Reservetruppe für Notfälle. Sie erkannten außerdem bestimmte Einflußrechte des Bundes auf die Aufstellung und Organisation der Bereitschaftspolizei schon im Normalzustand an, während der Bund umgekehrt die Kosten für die Beschaffung von Waffen und Gerät über-

[73] Vgl. *H. Wenke* (Fn. 48), S. 284f.

[74] *H. Wenke* (Fn. 48), S. 285f.

[75] Vgl. dazu *K.-U. Gelberg* (Fn. 1), S. 324ff.

[76] Zur Entstehungsgeschichte dieser Lösung vgl. *K.-U. Gelberg* (Fn. 1), S. 325ff. sowie *H. Ritter von Lex*, Die Bereitschaftspolizeien der Länder, ihr Entstehen, ihre Bedeutung für die innere Sicherheit im Bundesgebiet, in: Festschrift für Hans Ehard, 1957, S. 123, 126ff.

nahm.[77] Auch hier hatte die Koordinationslösung über eine Absprache zwischen Bund und Ländern letztlich dazu geführt, eine Kompetenzkonzentration beim Bund zu vermeiden.

6.3. *Die weitere Ausgestaltung der Finanzverfassung*

Als der politisch schwierigste Punkt des Verhältnisses zwischen Bund und Ländern erwiesen sich aber in den ersten Jahren die Fragen der Konkretisierung der Finanzverfassung. Der Parlamentarische Rat hatte in der Formulierung des Grundgesetzes insoweit wichtige Streitpunkte bewußt offengelassen. Dies galt für die konkrete Ausgestaltung der Finanzverwaltung, insbesondere aber für die delikaten Fragen des Finanzausgleichs zwischen Bund und Ländern wie zwischen finanzstarken und finanzschwachen Ländern.

6.3.1. *Die Zuständigkeitsverteilung in der Finanzverwaltung*

Bezüglich der Finanzverwaltung hatte Art. 108 GG zwar – auf Drängen der Alliierten – in Grundsatz ein striktes Trennsystem errichtet, das Bund und Ländern prinzipiell die Verwaltung ihrer eigenen Abgaben zuwies. Steuern, die nicht im Katalog der von der Bundesfinanzverwaltung einzuziehenden Abgaben aufgeführt waren, deren Ertrag aber gleichwohl dem Bund zugedacht war, wurden durch Absatz 4 des Art. 108 GG (i.d.F. vom 23. Mai 1949) in der Form der Auftragsverwaltung in die Verwaltungszuständigkeit der Landesfinanzbehörden gelegt. Dem Bund wurden damit zwar weitgehende Aufsichts- und Eingriffsrechte zugestanden, die Landesfinanzverwaltungen aber zu den hauptsächlichen Trägern der Abgabenverwaltung erhoben. Darüberhinaus war in Absatz 2 des Art. 108 GG (a.F.) dem Bund auch die Möglichkeit eingeräumt, die Verwaltung der Einkommen- und Körperschaftsteuer, soweit er einen Teil des Aufkommens in Anspruch nehmen sollte, den Ländern ebenfalls in der Form der Bundesauftragsverwaltung zu übertragen.

Die detaillierte Regelung des Grundgesetzes zum Punkt der Verwaltungskompetenzen im Finanzbereich, die mit ein Anlaß des das Inkrafttreten des Grundgesetzes hinauszögernden Konfliktes zwischen Parlamentarischem Rat und Alliierten Hochkommissaren im Frühjahr 1949 gewesen war, wurde in dieser Form eines im Ansatz rigiden Trennsystems von den deutschen Finanzexperten jedoch einhellig als unpraktikabel angesehen.[78] Die Erhebung der Umsatzsteuer war nach dieser Regelung der Bundesverwaltung zugewiesen, Einkommens-und

[77] Vgl. *A. Köttgen* (Fn. 47), S. 99, sowie ausführlich *H. Ritter von Lex* (Fn. 76), S. 123ff.

[78] Siehe nur *H. Höpker-Aschoff*, Das Finanz- und Steuersystem des Bonner Grundgesetzes, AöR 75 (1949), S. 306, 328ff.; *W. Grewe*, Das Grundgesetz. Die verfassungsrechtlichen Grundlagen der Bundesrepublik Deutschland, Deutsche Rechts-Zeitschrift 1949, S. 313, 314; *G. Wacke*, Das Gesetz über die Finanzverwaltung. Über seine Unvereinbarkeit mit dem Grundgesetz, FinanzArchiv 12 (1950/51), S. 713, 717f.

Körperschaftssteuer sowie der Großteil der weiteren Steuern, insbesondere alle Besitz- und Verkehrssteuern, lagen dagegen nach der Konstruktion des Grundgesetzes in Händen der Landesfinanzverwaltungen. Umsatz-, Einkommens- und Vermögensteuer waren aber bisher aus verwaltungspraktischen Gründen von einem einzigen, für den jeweiligen Steuerpflichtigen zuständigen Beamten bearbeitet worden, und die Finanzexperten sannen auf Möglichkeiten, dieses System beizubehalten.[79]

Die Finanzverwaltungen der Länder und des Bundes sowie der Bundestagsausschuß für Finanzen und Steuern (unter dem Vorsitz von *Hermann Höpker Aschoff*) waren sich einig, daß zur Sicherstellung einer geordneten Zusammenarbeit beider Zweige der Finanzverwaltung die Bundes- und die Landesfinanzbehörden miteinander verzahnt werden müßten.[80] Als Instrument dieser Verzahnung sollten die Oberfinanzpräsidien bzw. Oberfinanzdirektionen dienen, denen man mit dem Finanzverwaltungsgesetz (FVG) vom 6. September 1950[81]eine Doppelstellung gab. Als Mittelinstanz wurden sie das Bindeglied zwischen den obersten Finanzbehörden des Bundes und der Länder einerseits und den ihnen unterstellten Bundes- wie Landesbehörden andererseits. Nach Art. 108 GG waren die Leiter der Mittelbehörden der Bundesfinanzverwaltung sowieso im Benehmen mit den Landesregierungen zu bestellen, und umgekehrt die Leiter der Landesmittelbehörden im Einvernehmen mit der Bundesregierung. Bundes- und Landesmittelbehörde wurden nun durch das FVG in der Institution der Oberfinanzdirektion miteinander verschmolzen, unter der Leitung eines Präsidenten, der in seiner Zwitterstellung als Bundes- wie Landesbeamter von der Bundes- und der Landesregierung gemeinsam zu ernennen war.[82] Die in Art. 108 GG in Aussicht genommene radikale Trennung zwischen Bundes-Zolldirektion und Landes-Steuerbehörde war verhindert, die Einheit der Finanzverwaltung vielmehr de facto gewahrt worden, wenn auch in einer merkwürdigen Hybridkonstruktion. Teile der OFD nehmen als Bundesbehörde die Aufsicht über die (Landes-)Finanzämter wahr, denen in erster Instanz die Verwaltung auch der Bundessteuern faktisch obliegt (wenn auch die OFD de jure insoweit Erhebungsbehörde blieb), während die Aufsicht über die Erhebung der Landesteuern durch die örtlichen Finanzämter dem Teil der OFD zukommt, die als Teil der Landesverwaltung fungiert.

Das in Art. 108 GG angeordnete Trennsystem war damit in der praktischen Umsetzung weitgehend unterlaufen worden, es war vielmehr eine besondere Form der Mischverwaltung geschaffen worden, deren Verfassungsmäßigkeit

---

79 Siehe z.B. *H. Höpker-Aschoff* (Fn. 78), S. 329ff.

80 Vgl. *T. Aders*, Die Utopie vom Staat über den Parteien, 1994, S. 293.

81 BGBl. 1950 I, S. 448.

82 Zur Konstruktion des FVG vgl. *T. Aders* (Fn. 80), S. 293f.; *G. Wacke* (Fn. 78), S. 714ff.; *R. Caesar / K.-H. Hansmeyer*, Finanzen und öffentliche Verwaltung – Die finanzwirtschaftliche Entwicklung seit 1949, in: K.G.A. Jeserich / H. Pohl / G.-C. von Unruh (Hrsg.), Deutsche Verwaltungsgeschichte Bd. V, 1987, S. 919, 929f., außerdem *W. Henle*, Die Ordnung der Finanzen in der Bundesrepublik Deutschland, 1964, S. 121f.

denn auch von vielen Stimmen in der Literatur zunächst angezweifelt wurde.[83] Vorwurf war insoweit interessanterweise aber weniger der Umstand, daß hier mit einer Konstruktion der Mischverwaltung das System der föderalen Aufgabenteilung durchbrochen werde, sondern war der Umstand, daß im Gefüge der hierarchischen Verzahnung die Landesfinanzverwaltung zum eigentlichen Träger der konkreten Steuerverwaltung vor Ort geworden war. Der Bund sei „hier um eine Machtposition geschmälert worden, die ihm der Parlamentarische Rat bewußt im Grundgesetz zuerkannt" habe.[84] Oder, allgemeiner gefaßt, das Gesetz habe „den Ländern unverhüllt mehr gegeben, als das Grundgesetz gewollt hat".[85] Die Berufung auf das Grundgesetz war dabei allerdings eher rhetorisch, denn gemeint war in der unitarischen Kritik auch das Grundgesetz selbst, wie in der Kritik von *Werner Weber* an der Konstruktion des FVG deutlich wird: „Die föderalistische Konzeption der Bundesverfassung hat sich auf dem Gebiete der Verwaltung (...) als verhängnisvoller Mißgriff erwiesen (...). Dem Kenner der Organisationsgesetzgebung wird kaum ein monströseres Gesetz begegnet sein als das Gesetz über die Finanzverwaltung vom 6. 9. 1950."[86]

6.3.2. Der Kampf um den Finanzausgleich

6.3.2.1. Die Ausgangslage: Art. 106 und 107 GG

In noch stärkerem Maße als Art. 108 GG trugen die Regelungen des Art. 106 GG (i.d.F. vom 23.Mai 1949) zur Verteilung der Steuern auf Bund und Länder den Stempel des Vorläufigen. In der Übergangsbestimmung des Art. 107 GG waren sie offen als ein transitorisches Regelwerk gekennzeichnet, sollte doch die endgültige Verteilung des Aufkommens der nach Art. 105 Abs. 2 GG der konkurrierenden Gesetzgebung unterliegenden Steuern (darunter fielen die wichtigsten Steuern wie Einkommens- und Körperschaftsteuer sowie Umsatzsteuer) gemäß Art. 107 GG (a.F.) erst nach Ablauf einer gewissen Übergangsfrist – bis spätestens 31. Dezember 1952 – durch ein einfaches Bundesgesetz mit Zustimmung des Bundesrates erfolgen. Zugrunde lag diesem Aufschub der endgültigen Regelung zum einen ganz offensichtlich der Konflikt zwischen Alliierten einerseits und der Mehrheit der deutschen Politiker andererseits über die endgültige Gestalt der deutschen Finanzverfassung; aber auch die Unklarheit über die tatsächliche Entwicklung von Einnahmen und Ausgaben spielte eine Rolle. Indem man die Entscheidung vertagte, wie die endgültige Aufkommensverteilung im Verhältnis

[83] Vgl. dazu *F. Klein*, Von der föderativen zur stärker unitarischen Gestaltung des Finanzwesens in der Bundesrepublik Deutschland, in Festschrift für Friedrich Giese, 1953, S. 86ff. sowie die Nachweise ebda., Fußn.82, 83 und 84.

[84] *G. Wacke* (Fn. 78), S. 714, siehe aber auch S. 718ff.; vgl. außerdem *ders.*, Das Finanzwesen der Bundesrepublik. Die Einwirkung der Finanzfunktion auf Gesetzgebung, Verwaltung und Rechtsprechung im Bonner Grundgesetz, 1950, S. 54ff.

[85] *F. Klein* (Fn. 83), S. 83.

[86] *W. Weber*, Gegenwartsprobleme der Verwaltungsordnung, DÖV 1951, S. 509, 511.

zwischen Bund und Ländern aussehen solle, konnte man hoffen, die endgültige Gestaltung der Finanzverfassung zumindest teilweise dem Zugriff der Alliierten zu entziehen, es konnte aber auch der von Anbeginn nur schwer auflösbare Interessenkonflikt zwischen Bund und Ländern sowie innerhalb der Länder aufgeschoben werden, was die innerdeutsche Kompromißbildung in den Verfassungsberatungen erheblich erleichtert hatte.[87]

Der Preis für diesen dilatorischen Formelkompromiß war allerdings im Verlauf der folgenden Jahre zu zahlen: Die Einigung über eine endgültige Verteilung der großen Steuerblöcke erwies sich als extrem schwierig, und zog sich viel länger hin als zunächst gedacht; der in Art. 107 GG vorgesehene Endtermin mußte mehrmals verlängert werden, letzten Endes bis zum 31.12. 1955.[88] Nötig wurden damit vorläufige Regelungen des Finanzausgleichs, die angesichts der recht komplizierten Formulierung des Art. 106 (ursprünglicher Fassung) nicht einfach zu erzielen waren.[89] Insbesondere die sybillinische Formel des Art. 106 Abs. 4 bereitete dabei Schwierigkeiten – selbst *Herbert Fischer-Menshausen*, der für Fragen des Finanzausgleichs zuständige Experte der Bizonenverwaltung und dann des Bundesfinanzministeriums, sprach (noch deutlich untertreibend) vom „etwas unklaren Wortlaut" der Bestimmung[90]. Geschuldet war die verklausierte Formulierung – wie erwähnt – dem Bemühen, die tiefgreifenden Differenzen zwischen Parlamentarischem Rat und Alliierten zu überbrücken, mittels eines in der Bedeutung offenen Formelkompromisses.[91] Die Komplexität dieses Formelkompromisses sei hier am Beispiel des insoweit besonders problematischen Art. 106 Abs. 4 GG (i.d.F. vom 23.5. 1949) illustriert, der lautete: „Um die Leistungsfähigkeit auch der steuerschwachen Länder zu sichern und eine unterschiedliche Belastung der Länder mit Ausgaben auszugleichen, kann der Bund Zuschüsse gewähren und die Mittel hierfür bestimmten, den Ländern zufließenden Steuern entnehmen. Durch Bundesgesetz, welches der Zustimmung des Bundesrates bedarf, wird bestimmt, welche Steuern hierbei herangezogen werden und mit welchen Beträgen und nach welchem Schlüssel die Zuschüsse an die ausgleichsberechtigten Länder verteilt werden; die Zuschüsse sind den Ländern unmittelbar zu überweisen."

Diese Formel ließ sich nun in ganz verschiedene Richtungen deuten. Gemeint sein konnte – ganz im Sinne der Alliierten, vor allem der Amerikaner – eine Praxis der Zuschüsse, der ‚grants in aid' des Bundes nach amerikanischem Vorbild, die aus dem Aufkommen einzelner Ländersteuern finanziert worden wären – ge-

---

[87] Vgl. nur *W. Renzsch*, Finanzverfassung und Finanzausgleich, 1991, S. 68f.

[88] *W. Renzsch* (Fn. 87), S. 131ff.

[89] Vgl. dazu *W. Renzsch* (Fn. 87), S. 101ff., 117ff., 123ff.

[90] *H. Fischer-Menshausen*, Die Länder im künftigen Finanzausgleich (Schluß), DÖV 1949, S. 401.

[91] *H. Höpker-Aschoff* schrieb in seiner Überblicksdarstellung zur Finanzverfassung in DÖV 1949, S. 282ff., die Bestimmungen trügen den „Stempel des Kompromisses an der Stirn" und seien „an einigen Stellen ohne die Geschichte dieser Auseinandersetzungen kaum zu verstehen" (S. 282); vgl. außerdem *F. Klein* (Fn. 83), S. 70f.; *W. Weber*, Spannungen und Kräfte im westdeutschen Verfassungssystem, 1951, S. 89; *K. Bräuer*, Probleme der Finanzverfassung und Finanzverwaltung in der Bundesrepublik. Kritische Betrachtungen zum Grundgesetz, DÖV 1955, S. 584ff.

dacht war natürlich vor allem an die aufgrund alliierter Intervention den Ländern zugewiesene Einkommensteuer. Gemeint sein konnte aber auch – den Vorstellungen der Mehrheit der deutschen Finanzexperten von einem Steuerverbund, einem ‚Pool' der großen Steuern folgend – die Bildung eines Ausgleichsfonds aus Ländersteuermitteln in treuhänderischer Verwaltung des Bundes. Die zum Ausgleich der Finanzkraft unter den Ländern bestimmten Mittel wären dann nach einem bestimmten Bedarfsschlüssel zu verteilen gewesen, unter Ausschaltung der üblichen Verteilungskriterien wie lokales Aufkommen.[92] *Höpker-Aschoff* plädierte im Überleitungsausschuß 1949 gar für eine gänzliche Herausnahme einiger Steuern aus der allgemeinen Verteilung nach örtlichem Aufkommen, unter Zuweisung des Aufkommens an einen allgemeinen Fonds, aus dem sie dann nach reinen Bedarfskriterien an die Länder weiterzuverteilen gewesen wären.[93] Durchsetzen konnte sich dieser Vorschlag allerdings nicht. Zustimmung fand vielmehr die von *Herbert Fischer-Menshausen* propagierte Trennung zwischen vertikalem und horizontalem Finanzausgleich. Der in Art. 106 Abs. 4 GG vorgesehene Ausgleich sei „ausschließlich horizontal, also durch Umschichtung eines Teils der Länderfinanzmasse und ohne Inanspruchnahme von Bundesmitteln durchzuführen..."[94], während der vertikale Finanzausgleich in Art. 106 Abs. 3 seine Regelung gefunden habe. Durchgesetzt hatte sich damit die traditionelle Konzeption, derzufolge die Ländersteuermasse in einem ersten Schritt grundsätzlich vollständig nach dem örtlichen Aufkommen zu verteilen ist. Erst in einem zweiten Schritt wird dann aus einem Teil der den einzelnen Ländern zustehenden Steuermittel ein Ausgleichsfonds gebildet, aus dessen Finanzmasse man den finanzschwachen Ländern „Beiträge der übrigen Länder" zukommen läßt.[95] „Aus der Bestimmung des Art. 106 Abs. 4" – so argumentierte *Fischer-Menshausen* – „läßt sich für den Länderfinanzausgleich die folgende brauchbare Grundkonstruktion ableiten: Die Länder bilden gemeinsam eine Ausgleichsmasse in Höhe des Gesamtbetrages der auszugleichenden Finanzkraft- und Bedarfsunterschiede. Die Ausgleichsmasse wird von allen Ländern nach dem Maßstab ihrer steuerlichen Leistungsfähigkeit aufgebracht (Umlageverfahren) und an alle Länder nach bestimmten Maßstäben ihres Finanzbedarfs verteilt (Verteilungsverfahren)."[96]

Die Schwierigkeiten eines derartigen Verfahrens liegen allerdings auf der Hand: Die Länder mit günstiger Wirtschaftsstruktur und starkem Steueraufkommen müssen Finanzmittel, die ihnen nach der generellen Aufkommensverteilung zugewiesen worden sind, wieder an einen Ausgleichsfonds abtreten, aus dem dann die Bedürfnisse der finanzschwachen Länder befriedigt werden. Daß die Bereitschaft zu einer derartigen Abtretung von ‚eigenem' Steueraufkommen nicht allzu

---

[92] Zu den divergierenden Auslegungen des Art. 106 Abs. 4 GG (a.F.) vgl. *W. Renzsch* (Fn. 87), S. 70, außerdem *H. Höpker-Aschoff* (Fn. 78), S. 325ff.

[93] Vgl. *W. Renzsch* (Fn. 87), S. 70; siehe außerdem *H. Höpker-Aschoff*, Das Finanzwesen, DÖV 1949, S. 282ff., 284.

[94] *H. Fischer-Menshausen* (Fn. 90), S. 401f.

[95] *H. Fischer-Menshausen*, ebda., S. 402.

[96] *H. Fischer-Menshausen*, ebda., S. 403.

groß sein würde, hatte sich schon vor der Gründung der Bundesrepublik gezeigt, in den Verhandlungen zwischen den Länderfinanzministern über einen horizontalen Finanzausgleich zwischen den Ländern der Bizone.[97] Die Notwendigkeit eines länderübergreifenden Finanzausgleichs war in den Jahren 1947 bis 1949 besonders eklatant gewesen, stand doch die Verteilung der vollständig auf die Länder übergegangenen Steuern weder in einer sinnvollen Relation zur tatsächlichen Wirtschaftsleistung der Länder noch zu deren Finanzbedarf.[98] Während die Stadtstaaten Hamburg und Bremen alle Zölle und Verbrauchssteuern auf die in das Vereinigte Wirtschaftsgebiet eingeführten Güter vereinnahmten, hatten die weitgehend agrarisch strukturierten Flächenstaaten Schleswig-Holstein und Niedersachsen den Hauptteil der Flüchtlingslasten zu tragen, ohne entsprechende Einnahmen zu besitzen. Während Hamburg und Bremen 1947 ein Gesamtaufkommen der Zölle und Steuern pro Kopf der Bevölkerung von 1078 RM bzw. 679 RM hatten, betrugen die Einnahmen Niedersachsens gerade 255 RM pro Einwohner, die von Schleswig-Holstein gar nur 223 RM.[99] Trotz dieser evident verzerrten Finanzrelationen wehrten sich die vom Status quo bevorteilten Länder jedoch mit Händen und Füßen gegen jegliche Form eines echten Finanzausgleichs zwischen den Ländern. Einzig zu – im Umfang sehr begrenzten – Kassenkrediten an die besonders belasteten Länder fand man sich bereit.[100] Die Versuche, einer vom Wirtschaftsausschuß der Bizone angestrebten zentralen Regelung des Finanzausgleichs mittels eines Staatsvertrages der Länder zuvorzukommen, scheiterten wiederholt, am Widerstand des besonders begünstigten Hamburg.[101]

6.3.2.2. *Der vorläufige Finanzausgleich 1950–1955*

Der vorläufige Finanzausgleich über Kassenkredite konnte zwar 1949 in eine zumindest rudimentäre Ausgleichsregelung für die völlig unterschiedlichen Kriegsfolgelasten überführt werden.[102] Ein echter horizontaler Finanzausgleich erwies sich aber noch länger als nicht durchsetzbar.[103] Mit dem Inkrafttreten des Grundgesetzes war zwar die prinzipielle Kompetenz des Bundesgesetzgebers für die Regelung des Finanzausgleichs geklärt. Das entsprechende Gesetz bedurfte aber der Zustimmung des Bundesrates, was zumindest noch eine Mehrheit unter den Landesregierungen für die angestrebte Lösung erforderte. Auch diese Mehrheit war angesichts der sehr unterschiedlichen Interessenlage nicht leicht zu finden.

Die Anfang 1950 zwischen den Länderfinanzministern und dem Bundesfinanzminister aufgenommenen Verhandlungen über die Gestalt eines Finanzaus-

---

[97] Vgl. dazu die ausführliche Darstellung bei *W. Renzsch* (Fn. 87), S. 27ff.

[98] *W. Renzsch* (Fn. 87), S. 27f.

[99] Siehe JöR NF 1 (1951), S. 767; vgl. auch *W. Renzsch* (Fn. 87), S. 27 Fußn. 2.

[100] Vgl. *W. Renzsch* (Fn. 87), S. 28ff.

[101] Vgl. *W. Renzsch* (Fn. 87), S. 29ff., 33ff., insbes. 38f., 46f.

[102] *W. Renzsch* (Fn. 87), S. 46ff.

[103] Vgl. *W. Renzsch* (Fn. 87), S. 101ff.; vgl. auch zur Problematik aus zeitgenössischer Sicht *P. Hüchting*, Der Finanzausgleich unter den Ländern, DÖV 1955, S. 288ff.

gleichsgesetzes für das Rechnungsjahr 1950 konnten bis zum Ende des Jahres nicht zu einem Abschluß gebracht werden. Weder über das Volumen des anzustrebenden Ausgleichs noch über die Kriterien der Verteilung auf ‚gebende' und ‚empfangende' Länder konnte Einvernehmen erzielt werden, ebensowenig wie über die Berücksichtigung von Sonderlasten oder den rechnerischen Einbezug der Finanzkraftunterschiede zwischen agrarischen Flächenstaaten und stark urbanisierten Ländern.[104] Erst im Februar 1951 konnte das Finanzausgleichsgesetz für das Rechnungsjahr 1950 dann in letzter Minute verabschiedet werden. Die Konstruktion des Bundesfinanzministeriums setzte sich dabei letztlich durch – zugrunde lag dem Gesetz ein rein horizontaler Länderfinanzausgleich, der nahezu alle Steuereinnahmen der Länder, einschließlich der Realsteuereinnahmen der Gemeinden, zur Grundlage der Finanzkraft der Länder erklärte, von den Einnahmen gewisse überdurchschnittliche Belastungen abzog und – bezogen auf die Einwohnerzahl – einen gewissen rechnerischen Ausgleich der Finanzkraftunterschiede vornahm (abhängig von der Bevölkerungsverdichtung).[105]

Hamburg und Württemberg-Baden, die im Bundesrat gegen das Gesetz gestimmt hatten, waren über die Konstruktion dieses rein horizontalen Ausgleichsmechanismus so erbost, daß beide Länder im Herbst 1951 im Wege des Normenkontrollverfahrens das Bundesverfassungsgericht gegen das Finanzausgleichsgesetz anriefen. Beide Länder bezweifelten in ihren Anträgen die grundsätzliche Vereinbarkeit der gewählten Ausgleichskonstruktion mit dem Grundgesetz. Es sei mit der Verfassung unvereinbar, so wurde argumentiert, durch Bundesgesetz ein Land zu zwingen, finanzielle Einbußen zugunsten eines anderen Landes auf sich zu nehmen. Art. 106 Abs. 3 und 4 GG erlaubten lediglich dem Bund, nicht aber den Ländern, Zuschüsse an einzelne Länder zu geben, was bedeute, daß einzig der Bund vom Verfassungsgeber ermächtigt worden sei, die dafür notwendigen Mittel aus den Ländern zufließenden Steuern zu entnehmen. Nur ein im Prinzip vertikal konstruierter Finanzausgleich, nicht aber ein rein horizontaler Finanzausgleich, wie im angegriffenen Gesetz zugrundegelegt, sei mit den Vorgaben des Art. 106 GG vereinbar.[106]

Die Mehrdeutigkeit des 1949 gewählten Formelkompromisses wurde damit erkennbar genutzt, jeglichen Finanzausgleich zwischen den Ländern zu sabotieren. Das Verfassungsgericht folgte dem Vorbringen der beiden Länder allerdings nicht. Unter dem Vorsitz (und dominanten Einfluß) des ersten Präsidenten des Bundesverfassungsgerichts, *Hermann Höpker Aschoff*, wurde die Konstruktion des Finanzausgleichsgesetzes in der Entscheidung vom 20. Februar 1952[107] für mit der Verfassung vereinbar erklärt – also unter der ausschlaggebenden Leitung des Mannes, der wenige Jahre zuvor als Berichterstatter des einschlägigen Ausschusses im Parlamentarischen Rat zunächst die Gestalt der Finanzverfassung

[104] Siehe *W. Renzsch* (Fn. 87), S. 102ff.

[105] *W. Renzsch* (Fn. 87), S. 111f. sowie (insbesondere zu den Wirkungen) *H. Pagenkopf*, Der Finanzausgleich im Bundesstaat, 1981, S. 167ff.

[106] Vgl. dazu *W. Renzsch* (Fn. 87), S. 113.

[107] BVerfGE 1, 117ff.

entscheidend geprägt hatte und dann später als erster Vorsitzender des Finanzausschusses im Bundestag die Kompromißfindung auf dem Weg zur Schaffung des Finanzausgleichsgesetzes mitbestimmt hatte.[108]

Zur horizontalen Finanzausgleichsproblematik hinzu kam als Problem zu diesem Zeitpunkt die ebenfalls noch nicht endgültig geklärte Aufteilung der Finanzmassen zwischen Bund und Ländern. In Art. 106 Abs. 3 GG war dem Bundesgesetzgeber, da 1949 noch nicht wirklich abschätzbar gewesen war, wie die Verteilung von Einnahmen und Ausgaben infolge der neuen Finanzverfassung wirklich aussehen würde, die Möglichkeit vorbehalten worden, mittels einfachen Bundesgesetzes (unter Zustimmung des Bundesrates) die Zuweisung der Steuermassen (Umsatzsteuer an Bund, Einkommens- und Körperschaftssteuer an die Länder) zu durchbrechen. Der Bund konnte danach „zur Deckung seiner durch andere Einkünfte nicht gedeckten Ausgaben, insbesondere zur Deckung von Zuschüssen, welche Ländern zur Deckung von Ausgaben auf dem Gebiete des Schulwesens, des Gesundheitswesens und des Wohlfahrtswesens zu gewähren sind", einen Teil der Einkommen- und Körperschaftsteuer in Anspruch nehmen.

Mit der Aufstellung des ersten Bundeshaushaltes Anfang 1950 erwies sich nun, daß nach Übernahme der öffentlichen Zuschüsse an die Sozialversicherungsträger sowie der Besatzungskosten und der Kriegsfolgelasten durch den Bund die dem Bund nach dem Grundgesetz zugewiesenen Einnahmen nicht ausreichten zur Deckung des Finanzbedarfs. Um der Inanspruchnahme der Einkommen- und Körperschaftsteuer nach Art. 106 Abs. 3 GG zuvorzukommen, schlugen die Länder zunächst übergangsweise ein System der sogen. „Interessenquoten" vor, nach dem sie bei den in Auftragsverwaltung von ihnen verwalteten Kriegsfolgelasten „Interessenquoten" mit Anteilen zwischen 10% und 25% der Aufwendungen selbst zu übernehmen hatten.[109] Diese im (ersten) Überleitungsgesetz von 1950 festgeschriebene Lösung benachteiligte allerdings weiter die finanzschwachen Länder, hatten die mit Kriegsfolgelasten besonders beschwerten Länder damit doch den Löwenanteil des Ausgleichs zwischen Bund und Ländern zu tragen. Im Vorfeld des Rechnungsjahres 1951 suchte daher nicht nur der Bundesfinanzminister das System auf eine direkte Inanspruchnahme der Einkommensteuer nach Art. 106 Abs. 3 GG umzustellen, sondern auch ein Teil der Länder favorisierte deutlich ein Abgehen von der Interessenquotenregelung.[110]

Grundsätzlich war eine Mehrheit der Länder bereit, der Inanspruchnahme des Art. 106 Abs. 3 GG zuzustimmen. Die Höhe der Inanspruchnahme blieb jedoch umstritten. Bund und Ländern gelang es längere Zeit nicht, sich auf den Satz zu einigen, zu dem Einkommen-und Körperschaftsteuer dem Bund zufließen sollten.[111] Erst die Drohung des Bundesfinanzministers, Leistungen an die Länder

---

[108] Vgl. *T. Aders* (Fn. 80), S. 332, unter Verweis auf *K. Zweigert*, Duktus der Rechtsprechung des Ersten Senats des Bundesverfassungsgerichts und einige Erinnerungen an seine Anfangszeit, in: Das Bundesverfassungsgericht 1951–1971, 1971, S. 95, 116.

[109] Vgl. *W. Renzsch* (Fn. 87), S. 75ff. sowie *H. Pagenkopf* (Fn. 105), S. 163f.

[110] *W. Renzsch* (Fn. 87), S. 77ff.

[111] Vgl. *W. Renzsch* (Fn. 87), S. 78ff.; vgl. auch *K. Bräuer* (Fn. 91), S. 585, der von einem „gera-

einzustellen, die nicht auf gesetzlicher Grundlage beruhten, wie z.B. Betriebsmittelzuweisungen an die finanzschwachen Länder und Zuschüsse zum Wohnungsbau und zur Sanierung von Notstandsgebieten, brach die Front der Länder auf und führte zum sogen. Ersten Inanspruchnahmegesetz.[112] Die finanzschwachen und besonders belasteten Länder waren zu stark vom Bund abhängig, um den Konflikt auf Dauer durchhalten zu können, und die unsolidarische Haltung der finanzstarken Länder, die einen nennenswerten horizontalen Finanzausgleich verweigerten[113], zementierte diese Abhängigkeit noch. Schon in dieser Frühphase erwies sich damit, daß die Länder aus kurzsichtigem Eigeninteresse nicht zu solidarischem Handeln im Sinne der Gemeinschaft der Länder in der Lage waren, letztlich den Bund in eine Schiedsrichterrolle hineindrängten, die die Autonomie der Länder auf Dauer gefährden mußte.

Die Verhandlungen der Folgejahre über die Erhöhung des vom Bund in Anspruch zu nehmenden Anteils der Einkommen- und Körperschaftsteuer[114] zeigten bereits früh ein weiteres kennzeichnendes Merkmal der finanzverfassungsrechtlichen Praxis der Bundesrepublik auf: Die Konfliktlinien zwischen Bund und Ländern bzw. zwischen den einzelnen Ländern verliefen zunächst kaum nach parteipolitischen Gesichtspunkten, sondern folgten weitgehend der finanzwirtschaftlichen Interessenlage der jeweiligen Länder. Während in den Verhandlungen für das Rechnungsjahr 1952 die unionsregierten Länder Bayern und Nordrhein-Westfalen den schärfsten Widerstand gegen die vom Bund vorgeschlagene Beteiligungsquote an der Einkommensteuer leisteten, ermöglichten umgekehrt gerade das sozialdemokratisch regierte Hessen und das von einer Koalition mit der SPD als größtem Koalitionspartner regierte Baden-Württemberg den Kompromiß über die Verteilung des Einkommensteueraufkommens.[115] In der Folge zogen dann aber schon bald parteiinterne Gremien den Prozeß der Abklärung divergierender Interessen und der Kompromißbildung an sich, und es wurde immer schwieriger für einzelne Landesregierungen, gegen die Linie der eigenen Partei Bündnisse mit Landesregierungen anderer politischer Couleur zur Verfolgung rein sachlich-finanzwirtschaftlicher Interessen des eigenen Landes zu verfolgen.[116]

Dem Bundesfinanzminister gelang es in den Verhandlungen zudem immer wieder, mehr an Finanzmitteln für den Bundeshaushalt herauszuschlagen als für

---

dezu unwürdig gewordenen Tauziehen zwischen Bund und Ländern um die Verteilungsquote" schrieb.

[112] BGBl. 1951 I, S. 864; zum Hintergrund siehe *W. Renzsch* (Fn. 87), S. 80f. und *H. Pagenkopf* (Fn. 105), S. 165.

[113] Vgl. insoweit *W. Renzsch* (Fn. 87), S. 117ff., 123ff.

[114] Der bayerische Ministerialrat *W. Henle* schrieb insoweit ironisierend, dank der pünktlichen Wiederholung dieses „mit planetarischer Regelmäßigkeit und trojanischem Lärm" durchgeführten Streites „möchte fast der Eindruck entstehen, es handle sich um eine Art konstitutioneller Einrichtung" – *W. Henle*, Glanz und Elend der Finanzreform, BayVBl. 1955, S. 225.

[115] Vgl. *W. Renzsch* (Fn. 87), S. 84ff.; zum Zweiten Inanspruchnahmegesetz v. 25.7. 1952 – BGBl. 1952 I, S. 389 – siehe auch *H. Pagenkopf* (Fn. 105), S. 165.

[116] Siehe *W. Renzsch* (Fn. 87), S. 100, allerdings auch (insoweit relativierend für die SPD) ebda., S. 163f.

die Bundesausgaben im eigentlichen Sinne benötigt wurden, wie die recht hohen Bundeszuschüsse an einzelne Länder bewiesen.[117] Die Verhandlungsposition des Bundes wurde damit enorm gestärkt, während die finanzstarken Länder durch die Obstruktion gegenüber allen Versuchen der Schaffung eines ernsthaften Finanzausgleichs zwischen den Ländern alles taten, daß die Abhängigkeit einzelner Länder vom Bund nicht vermindert wurde.[118]

Mit der Koppelung von Fragen der Steuerreform, einer Senkung der Einkommensteuersätze, die auf ein Wahlgeschenk zulasten der Länder hinauslief, und der Frage des vertikalen Finanzausgleichs trat 1953 ein weiteres Element zu den Problemen der steuerlichen Verbundwirtschaft hinzu.[119] Um die Mehrheit der Länder für seine Vorschläge zu gewinnen, stellte der Bund zudem auch noch bestimmte für die finanzschwachen Länder vorteilhafte Zuschüsse an die Landeshaushalte nach Art. 106 Abs. 3 GG in Aussicht – einen sogen. ‚Schullastenausgleich', der wiederum letztlich von den Ländern über die Erhöhung des Bundesanteils an der Einkommensteuer aufzubringen gewesen wäre.[120] Dieses ‚Geschenk' zulasten des Einkommensteueraufkommens der finanzstarken Länder scheiterte dann zwar am Bundesrat; die vertikale Ausgleichsregelung, nach der die Länder den Löwenanteil der Steuersenkung zu tragen hatten, mußte aber letztlich von den Ländern akzeptiert werden.[121]

6.3.2.3. *Die Finanzreform von 1955*

Erst Mitte der Fünfziger Jahre kam es schließlich zu der in Art. 107 GG vorgesehenen „endgültigen" Festlegung der Steueraufkommensverteilung. Mit der Finanzreform von 1955 wurde das System der Finanzverfassung in puncto Steuerverteilung grundlegend umgestaltet, und es wurde das auf Drängen der Alliierten in das Grundgesetz hineingeschriebene strikte Trennsystem endgültig aufgegeben.[122] Der erste von der Bundesregierung vorgelegte Referentenentwurf peilte insoweit sogar den ‚großen Steuerverbund' an, schlug also vor, nicht nur Einkommens- und Körperschaftsteuer, sondern auch die Umsatzsteuer zu gemeinsamen Steuern von Bund und Ländern zu machen, die dann nach bestimmten festzulegenden Schlüsseln auf Bund und Länder und innerhalb der Länder aufzuteilen wären.[123] Die Beteiligung der Länder an der Umsatzsteuer unter Erhöhung des

---

[117] *W. Renzsch* (Fn. 87), S. 89; vgl. auch *H. Pagenkopf* (Fn. 105), S. 165f.

[118] Siehe *W. Renzsch* (Fn. 87), S. 128.

[119] *W. Renzsch* (Fn. 87), S. 92f.

[120] Vgl. *W. Renzsch* (Fn. 87), S. 93.

[121] Ebda., S. 93f.; siehe auch als Ergebnis dieser Verhandlungen das Dritte Inanspruchnahmegesetz v. 24. 6. 1953 – BGBl. 1953 I, S. 413 – und das Vierte Inanspruchnahmegesetz v. 25. 4. 1955 – BGBl. 1955, S. 182.

[122] Zur Finanzreform von 1955 vgl. *W. Renzsch* (Fn. 87), S. 130ff. und *G. Stoltenberg*, Legislative und Finanzverfassung 1954/55. Parlamentarische Willensbildung in Bundestag, Bundesrat und Vermittlungsausschuß, Vierteljahreshefte für Zeitgeschichte 13 (1965), S. 236ff.; außerdem *H. Fischer-Menshausen*, Das Finanzverfassungsgesetz, DÖV 1956, S. 161ff.; *W. Henle* (Fn. 114), S. 225ff.

[123] Vgl. *W. Renzsch* (Fn. 87), S. 132f.

Bundesanteils an der Einkommensteuer hätte dabei im Ansatz den Vorteil gehabt, die Finanzkraftunterschiede zwischen den Ländern weit stärker zu nivellieren als im alten Trennsystem, damit also schon vor der gezielten Ausgleichung über ‚vertikale' und ‚horizontale' Ausgleichsmechanismen den Ausgleichsbedarf zu reduzieren.[124] Allerdings war dies auch genau der Grund, weshalb die finanzstarken Länder zunächst gegen die Vorschläge der Bundesregierung opponierten, hätte er ihnen doch erhebliche Einnahmeverluste abverlangt.[125] Eine einheitliche Front der Länder gegen den Bund ließ sich jedoch insoweit kaum mehr aufbauen. Die finanzschwachen Länder neigten von vornherein dem Vorschlag des Bundes zu, und einzelne der Länderfinanzminister, aber auch mancher sonst eher föderalistische Politiker wie *Adolf Süsterhenn* z.B., behaupteten die verfassungsrechtliche Notwendigkeit einer derartigen Lösung unter Berufung auf das Verfassungspostulat der „Wahrung der Einheitlichkeit der Lebensverhältnisse"[126], eine Argumentation, der sich dann im Regierungsentwurf vom Frühjahr 1954 auch die Bundesregierung anschloß[127].

Der ‚große Steuerverbund' war allerdings im Regierungsentwurf von 1954[128] wieder dem Bemühen um Kompromißfindung mit der Ländermehrheit zum Opfer gefallen: Übrig blieb nur der faktisch längst hergestellte ‚kleine Steuerverbund' mit Einkommen- und Körperschaftsteuer als gemeinsamer Steuer von Bund und Ländern. Der horizontale Finanzausgleich sollte im Gegenzug dafür erheblich intensiviert werden, mit einer rechnerischen Anhebung der ‚finanzschwachen' Länder auf mindestens 90% der durchschnittlichen Finanzkraft aller Länder.[129] Zum ersten Mal wurde dabei auch der Ausgleichsbedarf der ‚finanzschwachen' Länder zum Maß des Ausgleichsvolumens erhoben, und nicht mehr die Leistungsbereitschaft der ‚gebenden' Länder wie vordem.

Die im Gegenzug von den ‚finanzstarken' Ländern erhobene Forderung nach Flexibilisierung der Aufkommensverteilung über eigene (autonome) Zuschlagsrechte von Bund und Ländern zur Einkommensteuer[130] stieß sofort auf den entschiedenen Widerstand des Bundesfinanzministeriums, das insoweit argumentierte, die sehr unterschiedliche Steuerkraft der Länder mache die Anwendung des Prinzips der Finanzautonomie unmöglich; unterschiedliche Besteuerung der Bürger in den Ländern „müßte auf die Dauer innerhalb des Bundesstaates zu sozial unerträglichen und staatspolitisch bedenklichen Spannungen führen", so der schon im Regierungsentwurf angeführte Standardeinwand[131].

---

124 *W. Renzsch* (Fn. 87), S. 133f.

125 Vgl. *W. Renzsch* (Fn. 87), S. 134ff.

126 Siehe die einschlägigen Nachweise bei *W. Renzsch* (Fn. 87), S. 136.

127 Vgl. *W. Renzsch* (Fn. 87), S. 140f.

128 Vgl. dazu *H. Fischer-Menshausen*, Die staatswirtschaftliche Bedeutung des neuen Finanzausgleichs, DÖV 1955, S. 261ff., außerdem *W. Renzsch* (Fn. 87), S. 137ff.

129 Vgl. *W. Renzsch* (Fn. 87), S. 144.

130 BR-Drs.78/4/54a, 78/8/54a; vgl. dazu *W. Renzsch* (Fn. 87), S. 147f.

131 BT-Drs.2/480, S. 62; im gleichen Sinne siehe auch *K.M. Hettlage*, Die Finanzverfassung im Rahmen der Staatsverfassung, VVDStRL 14 (1956), S. 2, 21f.

Der vom Bundestag noch weiter zugunsten des Bundes veränderte Vorschlag einer Finanzreform wurde von der Mehrheit im Bundesrat abgelehnt.[132] Zwei Anläufe des Vermittlungsausschusses, einen Kompromiß zwischen den Positionen von Bundesregierung, Bundestag und Mehrheit des Bundesrates zu bilden, scheiterten.[133] Erst im dritten Anlauf gelang es schließlich, eine Einigung zu finden.[134] Möglich wurde diese (inhaltlich sehr komplizierte) Absprache durch intensive innerparteiliche Abstimmungsgespräche zwischen der Bundesregierung und Bonner Unionsfraktion sowie den christdemokratischen Ministerpräsidenten[135], in deren Verlauf es übrigens weiter nicht gelang, die beiden wichtigsten Opponenten des Bundesfinanzministers einzubinden, die CDU-Ministerpräsidenten *Altmaier* und *Arnold*[136]. Bestimmt von der Sorge, die Finanzreform werde „zu einem Finanzzentralismus, zu einer finanzwirtschaftlichen Aushöhlung der Länder“[137] führen, stimmten Rheinland-Pfalz und Nordrhein-Westfalen auch bei der Schlußabstimmung im Bundesrat gegen das Kompromißpaket[138].

Die Einkommen- und Körperschaftsteuer wurde durch das Finanzverfassungsgesetz von 1955 zu einer echten Gemeinschaftssteuer erklärt, mit festgeschriebenen Aufteilungsquoten für Bund und Länder. Obwohl als einfaches Zustimmungsgesetz verabschiedet, wurde damit materiell die Verfassung geändert (und auch der Text des Grundgesetzes, denn die Regelung des horizontalen Finanzausgleichs wurde als neuer Art. 107 in den Text des Grundgesetzes eingefügt)[139]. In der Steueraufteilung bei der Einkommen- und Körperschaftsteuer folgte der 1955 gefundene Kompromiß zwar den Wünschen der Länder und legte den Bundesanteil für die folgenden drei Haushaltsjahre zunächst auf 33 1/3% fest. Nach Ablauf dieser drei Jahre sollte der dem Bund zugestandene Anteil auf 35% steigen, zugleich aber ab 1958 einer Revisionsklausel unterliegen, derzufolge frühestens jeweils zwei Jahre nach der letzten Anpassung eine weitere Änderung der Beteiligung des Bundes möglich sein sollte. Im Gegenzug gestanden die Länder dem Bund dafür das Recht zu, eine Ergänzungsabgabe zur Einkommensteuer zu erheben, ohne eine ausdrückliche Begrenzung der Höhe dieser Ergänzungsabgabe festzuschreiben.[140] Inhaltlich setzte sich damit die vom Finanzausgleichsex-

---

[132] Vgl. *W. Renzsch* (Fn. 87), S. 154ff.

[133] Siehe zu diesen Versuchen der Kompromißfindung im Vermittlungsausschuß *W. Renzsch* (Fn. 87), S. 156f., 158f., 161f.; vgl. außerdem *P. Hüchting*, Muß die Finanzreform scheitern?, DÖV 1955, S. 38ff.

[134] Vgl. zu den Hintergründen *W. Renzsch* (Fn. 87), S. 161f.

[135] Vgl. dazu *W. Renzsch* (Fn. 87), S. 164ff.

[136] Ebda., S. 166ff.

[137] Äußerung des Vorsitzenden des unionsinternen „Gemischten Ausschusses ‚Große Steuerreform‘“, *G. Strickrodt*, auf der Sitzung des CDU-Parteivorstandes am 11. 10. 1954, zitiert nach *W. Renzsch* (Fn. 87), S. 166.

[138] *W. Renzsch* (Fn. 87), S. 162.

[139] Siehe dazu *H. Pagenkopf* (Fn. 105), S. 179ff.

[140] Zum Inhalt der Finanzreform vgl. *W. Renzsch* (Fn. 87), S. 161f.; *H. Fischer-Menshausen* (Fn. 122), S. 161ff.; *H. Pagenkopf* (Fn. 105), S. 176ff.; zur Bewertung vgl. auch *T. Maunz*, Die Finanzverfassung im Rahmen der Staatsverfassung, VVDStRL 14 (1956), S. 37, 50ff.

perten des Bundesfinanzministeriums, *Herbert Fischer-Menshausen*, schon 1952 propagierte Auffassung durch, derzufolge es „eine zwangsläufige, allgemein zu beobachtende Folge der ökonomischen und sozialen Gesamtentwicklung“ sei, „daß der öffentlichen Hand in zunehmendem Maße Aufgaben und Verpflichtungen erwachsen sind, die ihrer Natur und ihrem finanziellen Gewicht nach nur von der staatspolitischen Verkörperung der Gesamtnation wirksam erfüllt werden können“[141].

6.4. *Zwischenbilanz*

Die Entwicklung der ersten Jahre der Bundesrepublik wirkt auf den ersten Blick widersprüchlich. Eklatant zentralistischen Ausformungen etwa der Details der Finanzverfassung standen in anderen Bereichen Beispiele erfolgreicher Selbstbehauptung der Länder gegenüber Angriffen der unitarisch orientierten Bundespolitik gegenüber. Das eine Extrembeispiel liefert die weitere Ausgestaltung der Finanzverfassung, über deren Gestalt man sich 1949 nicht wirklich hatte einigen können. Die strikt unitarischen Vorstellungen der überwältigenden Mehrheit der Finanzfachleute errangen hier den Sieg und ‚beglückten‘ die junge Bundesrepublik mit einer zentralistischen Finanzordnung nach Weimarer Vorbild. Vielfach erhobenen Forderungen nach weiterer Zentralisierung der Gesetzgebungskompetenzen konnten die Länder aber die Spitze brechen, indem sie über ein sich schnell entwickelndes System der Selbstkoordination der Rechtsetzung wie der Verwaltungspraxis dem unitarischen Geist der Zeit entgegenkamen, ohne dafür formell Kompetenzen aufgeben zu müssen. Als äußerst erfolgreich erwiesen sich die Länder schließlich in der Bewahrung und Festigung der Rolle des Bundesrates. Allen Anfeindungen aus Politik und Gesellschaft zum Trotz gelang es den Ländern, die weitgehende Mitbestimmung des Bundesrates in der Bundespolitik durchzusetzen.

Der Menzel-Ehard-Kompromiß zeitigte damit schon sehr früh tiefgreifende Folgen für die konstruktive Gestalt der neuen bundesstaatlichen Ordnung. Während die eigenständige Aufgabenwahrnehmung durch die Länder, mit eigener politischer Gestaltungsmacht und dementsprechenden Unterschiedlichkeiten von Land zu Land, in wichtigen Bereichen von vornherein ausgeschlossen worden war, in den anderen Bereichen zumindest mehrheitlich mit tiefem Unbehagen gesehen wurde und ständig gegen politische Angriffe verteidigt werden mußte, etablierte sich die Mitwirkung der Länder an der Bundespolitik ‚zur gesamten Hand‘ also über den Bundesrat, schnell als eines der beherrschenden Kennzeichen des neuen deutschen Bundestaates. Mitbestimmung statt eigener Aufgabenverantwortung – dies ließe sich schon für die ersten Jahre des Bundesstaates als Motto formulieren.

---

[141] *H. Fischer-Menshausen*, Die Abgrenzung der Finanzverantwortung zwischen Bund und Ländern, DÖV 1952, S. 673.

7. Kapitel:

Die Entwicklung der verfassungsgerichtlichen Rechtsprechung zum Bundesstaatsprinzip

Angesichts des in den voraufgegangenen Kapiteln geschilderten Zeitgeistes unitarisch orientierter Kritik am „übertriebenen Föderalismus“ des Grundgesetzes wäre es verwunderlich, wenn nicht auch das Bundesverfassungsgericht Spuren des in den ersten Jahren der Bundesrepublik so weitverbreiteten Denkens in den Konzepten der Weimarer ‚Reichsreform‘ hätte erkennen lassen. Das Bundesverfassungsgericht war vom Grundgesetz als (justizförmiger) ‚Hüter der Verfassung‘ eingesetzt und mit weitreichenden Kompetenzen ausgestattet worden. Daß ihm eine wichtige Rolle in der Ausbildung und Bewahrung einer föderalen Balance zukommen würde, war jedem Betrachter schon bei einem flüchtigen Blick auf den Kompetenzkatalog offenkundig. Bezieht man zudem in die Betrachtung ein, wie konfliktgeladen die Politik im Verhältnis von Bund und Ländern in den ersten Jahren war, hatten doch viele Fragen der gegenseitigen Kompetenzabgrenzung noch keine zureichende Klärung gefunden, und wie viele föderale Streitfragen unweigerlich vor das Verfassungsgericht gelangen mußten, so war es kaum zu vermeiden, daß dem Verfassungsgericht eine wichtige Rolle in der Ausformung des grundgesetzlichen Bundesstaatsmodells zufallen würde. Die theoretische Konzeption des Bundesstaates, die in den Entscheidungen des Verfassungsgerichts das Fundament der dogmatischen Entfaltung der Bestimmungen des Grundgesetzes bilden würde, mußte damit jedoch (mit-)entscheidend für die weitere Ausgestaltung des deutschen Bundesstaatsmodells werden.

7.1. Die ersten großen Entscheidungen zum Bundesstaatsrecht

7.1.1. Das Verfahren über die Neugliederung der Länder Baden, Württemberg-Baden und Württemberg-Hohenzollern – BVerfGE 1, 14

Schon die zuletzt sehr überhastet vollzogene Konstituierung des Bundesverfassungsgerichts im Herbst 1951 verdankte sich im Kern den ungelösten Problemen der westdeutschen Bundesstaatsverfassung. Die Verabschiedung des Bundesverfassungsgerichtsgesetzes, zu dem unmittelbar nach dem Zusammentreten des Bundestages um die Jahreswende 1949/50 die ersten Entwürfe vorgelegt worden waren, hatte sich zunächst erheblich verzögert. Erst im April 1951, anderthalb Jahre nach Aufnahme der Arbeit durch den Bundestag, konnte das Gesetzgebungsverfahren zu einem erfolgreichen Abschluß gebracht werden.[1] Wenige Tage nach Verabschiedung des Gesetzes wurde dann zwar der entsprechende Wahlmännerausschuß des Bundestages bestellt, und es begannen die Verhandlungen über die personelle Besetzung des Gerichts. Diese zogen sich in der Folge aber wiederum über Monate hin, ohne zu einem Ergebnis zu führen. Insbesondere an der Frage des Präsidenten und des Vizepräsidenten des Gerichts entzündete sich der Streit zwischen den unterschiedlichen politischen Akteuren. Nicht nur zwischen den Parteien, sondern auch zwischen Bundestag und den im Bundesrat mitentscheidenden Landesregierungen bestanden insoweit tiefgreifende Divergenzen.[2]

Im Herbst 1951 gerieten die Vorbereitungen jedoch unter erkennbaren Zeitdruck, hatte die Landesregierung von (Süd-)Baden doch gegen die beiden Gesetze über die Neugliederung in den Ländern Baden, Württemberg-Baden und Württemberg-Hohenzollern vom 4.5. 1951[3] einen Normenkontrollantrag gestellt, der von einem Antrag auf Einstweilige Anordnung gem. §32 Abs.1 BVerfGG begleitet war.[4] Über den Antrag auf einstweilige Maßnahmen mußte naturgemäß schnell entschieden werden. Zudem kündigte die badische Landesregierung an, sie werde die für den 16. September 1951 angesetzte Volksabstimmung über die Bildung des Südweststaates boykottieren, falls bis dahin keine Entscheidung des Bundesverfassungsgerichts vorliege.[5] Um die Einsetzung eines Bundeskommissars für Südbaden zu vermeiden, forcierte Bundeskanzler *Adenauer* im August 1951 die Entscheidung über das Personalpaket für das Verfassungsgericht. Die Union stimmte, wenn auch unter Protest weiter Teile der Bundestagsfraktion und wichtiger Landesregierungen, dem von SPD und FDP favorisierten Kandidaten für die Präsidentschaft zu, dem für seine unitarischen Vorstellungen bekannten FDP-Abgeordneten (und früheren preußischen Finanzminister) *Hermann Höpker-Aschoff*.[6] Am 4. September wählte der Wahlmännerausschuß des Bundestages die erste Hälfte der Verfassungsrichter, am 6. September der Bundesrat die andere Hälfte. Einen Tag später, am 7.9., erfolgte die Ernennung der Richter durch den Bundespräsidenten, und weitere zwei Tage später

---

[1] Zur Entstehung des Bundesverfassungsgerichts vgl. *U. Wengst*, Staatsaufbau und Regierungspraxis 1948–1953, 1984, S.226ff. sowie ausführlich *R. Schiffers* (Bearb.), Grundlegung der Verfassungsgerichtsbarkeit. Das Gesetz über das Bundesverfassungsgericht vom 12. März 1951, 1984.

[2] Zum langwierigen Kampf um die personelle Besetzung des BVerfG vgl. *U. Wengst* (Fn.1), S.228ff.; *T. Aders*, Die Utopie vom Staat über den Parteien. Biographische Annäherungen an Hermann Höpker Aschoff, 1994, S.300ff.; *K.-U. Gelberg*, Hans Ehard. Die föderalistische Politik des bayerischen Ministerpräsidenten 1946–1954, 1992, S.384ff.

[3] BGBl. 1951 I, S.283 und BGBl. 1951 I, S.284; zur Südweststaatsfrage vgl. die Überblicksdarstellung von *P.-L. Weinacht*, Der Weg in den Südweststaat, in: Der Weg in den Südweststaat, herausgeg. von der Landeszentrale für politische Bildung Baden-Württemberg, 1991, S.310ff. sowie die ausführliche Dokumentation unter dem Titel „Der Kampf um den Südweststaat", 1952.

[4] Die badischen Anträge sind abgedruckt in: Der Kampf um den Südweststaat (Fn.3), S.264ff.

[5] Siehe *U. Wengst* (Fn.1), S.239.

[6] Vgl. *U. Wengst* (Fn.1), S.239f.; *T. Aders* (Fn.2), S.306ff.

entschied das frisch konstituierte Gericht über den Antrag auf Einstweilige Anordnung im Verfahren über die Bildung des Südweststaats.[7]

Mit Beschluß des Zweiten Senats vom 9. September 1951 wurde dem Antrag der badischen Landesregierung auf einstweilige Maßnahmen stattgegeben und die Ausführung des II. Neugliederungsgesetzes, und damit die Volksabstimmung über die Bildung des Südweststaats, ausgesetzt.[8]

Über die Hauptsache entschied das Gericht gut einen Monat später, am 23. Oktober 1951. Die Entscheidung war, deutlich im Bewußtsein der friedenstiftenden Funktion, die dem Verfassungsgericht hier zukam, im Duktus betont sachlich gehalten und ersichtlich darum bemüht, in enger Anlehnung an den Wortlaut des Grundgesetzes „eine streng juristische Linie einzuhalten"[9]. Mit dem ‚Ersten Gesetz zur Durchführung der Neugliederung in dem die Länder Baden, Württemberg-Baden und Württemberg-Hohenzollern umfassenden Gebiete' vom 4.5. 1951 (I. NeuglG) und dem am gleichen Tag verabschiedeten ‚Zweiten Gesetz über die Neugliederung in den Ländern Baden, Württemberg-Baden und Württemberg-Hohenzollern' (II. NeuglG) als Streitgegenstand hatte das Verfassungsgericht allerdings über ein ganzes Bündel von Regelungen zu entscheiden, die eine Vielfalt von bundesstaatsrechtlichen Fragen grundsätzlicher Bedeutung aufwarfen.

Schon der Verfassunggeber hatte sich mit der Neugliederung des Südwestens als einer Sonderfrage außerhalb der allgemeinen Neugliederungsthematik befaßt und hatte mit Art. 118 GG eine Übergangsbestimmung zur Erleichterung der Neugliederung im Südwesten eingefügt, die in bestimmtem Umfang von den allgemeinen Leitlinien des Art. 29 GG dispensierte: „Die Neugliederung in dem die Länder Baden, Württemberg-Baden und Württemberg-Hohenzollern umfassenden Gebiete kann abweichend von den Vorschriften des Artikels 29 durch Vereinbarung der beteiligten Länder erfolgen. Kommt eine Vereinbarung nicht zustande, so wird die Neugliederung durch Bundesgesetz geregelt, das eine Volksbefragung vorsehen muß."[10]

Der nach dem Scheitern der Verhandlungen zwischen den Ländern tätig gewordene Bundesgesetzgeber hatte nun allerdings eine ganze Reihe von Regelungen unter dem Deckmatel des Art. 118 GG erlassen, die weit über organisatorische Regelungen der eigentlichen Neugliederung hinausgingen. Besonders deutlich war dies im Falle des I. NeuglG, dessen Kernbestimmung die Wahlperiode der Landtage von Württemberg-Hohenzollern und Baden verlängerte. Nach Ablauf der vierjährigen Wahlperiode der beiden Landtage hätten eigentlich im Mai

[7] Vgl. zum frappierenden zeitlichen Ablauf der Einsetzung des Gerichts *U. Wengst* (Fn. 1), S. 240ff.

[8] BVerfGE 1, 1.

[9] So die zeitgenössische Bewertung durch *F. Klein*, Bundesverfassungsgericht und Südweststaatfrage, AöR 77 (1951/52), S. 452, 452f.

[10] Zur Entstehungsgeschichte des Art. 118 GG vgl. *K.-B. von Doemming*, in: K.-B. von Doemming / R.W. Füsslein / W. Matz, Entstehungsgeschichte der Artikel des Grundgesetzes, JöR NF 1 (1951), S. 1, 831f.

1951 Neuwahlen zu den beiden Landtagen stattfinden müssen. Da man jedoch im unmittelbaren Vorfeld der geplanten Zusammenlegung der Länder mit Württemberg-Baden zum neuen Südweststaat die Abhaltung von Landtagswahlen in zwei der drei aufzulösenden Länder für unsinnig hielt, bemühte man sich um Verlängerung der Wahlperioden bis zur Durchführung der Neugliederung. Dementsprechend beschlossen die Landtage beider Länder einschlägige Änderungen der Landesverfassungen, die jedoch zur Gültigkeit jeweils eines Volksentscheides bedurften. Die auf den 8. April 1951 angesetzten Volksentscheide hielt man vielerorts aber ebenfalls für unnötig; um der Abhaltung dieser Referenden zuvorzukommen, beschloß der Bundestag Ende April 1951 innerhalb weniger Tage ein Gesetz, das im Wege der Bundesgesetzgebung die Wahlperioden der Landtage verlängerte. Nachdem man sich im Bundestag wohl im Verlaufe des (extrem kurzen) Gesetzgebungsverfahrens bewußt geworden war, daß der Bund zum Erlaß eines solchen Gesetzes grundsätzlich keine Kompetenz besaß, taufte man das Gesetz um in ‚Erstes Gesetz zur Durchführung der Neugliederung in dem die Länder Baden, Württemberg-Baden und Württemberg-Hohenzollern umfassenden Gebiete' und brachte es damit unter den Titel des Art. 118 GG.[11]

Die Verfassungsmäßigkeit dieses in der Literatur „Blitzgesetz" getauften Bundesgesetzes blieb mehr als fragwürdig. Einmal abgesehen von den sehr zweifelhaften Umständen seiner Verabschiedung, bereitete auch rein methodisch die Subsumtion des Regelungsgehaltes unter die Formel ‚wird die Neugliederung durch Bundesgesetz geregelt' schon Schwierigkeiten. Nahm das Verfassungsgericht seine Aufgabe ernst, so konnte es kaum anders als das Gesetz für nichtig zu erklären. Darüberhinaus bot der Fall dem Gericht die Gelegenheit, einige Bemerkungen grundsätzlichen Charakters zum Verhältnis von Bund und Ländern im Bundesstaat des Grundgesetzes anzubringen.

So führte das Verfassungsgericht aus, selbst wenn Art. 118 GG als Sonderbestimmung grundsätzlich von bestimmten Regeln der Verfassung dispensiere, so sei diese Bestimmung doch im „Sinnzusammenhang mit den übrigen Vorschriften der Verfassung, die eine innere Einheit darstellt", auszulegen. Aus dem „Gesamtzusammenhang der Verfassung" ergäben sich „gewisse verfassungsrechtliche Grundsätze und Grundentscheidungen, denen die einzelnen Verfassungsbestimmungen untergeordnet sind".[12] Zu diesen Grundprinzipien zählten insbesondere der Grundsatz der Demokratie und das bundesstaatliche Prinzip. Bezüglich des Demokratiegrundsatzes führte der Zweite Senat aus: Der Bund, der nach Art. 28 Abs. 3 GG die Gewähr auch dafür übernehme, „daß das vornehmste Recht des Bürgers im demokratischen Staat, sein Wahlrecht, nicht im Widerspruch zur Landesverfassung verkürzt wird", verstoße gegen diese Pflicht, wenn er seinerseits ohne Zustimmung des Landesvolks eine nach der Landesverfassung

[11] Vgl. zum Hintergrund dieses Gesetzes die Glosse „Südweststaat-Frage und ‚Blitzgesetz'" in AöR 77 (1951), S. 96ff.

[12] BVerfGE 1, 14, 32.

fällige Wahl verhindere. Schon unter diesem Aspekt sei die angefochtene Regelung nicht mit dem Grundgesetz vereinbar.[13]

Mindestens genauso gravierend sei der Verstoß gegen das bundesstaatliche Prinzip. Als Ausgangspunkt für diesen Begründungsstrang diente dabei eine in der Folge oft wiederholte Formel zur grundsätzlichen Stellung der Länder im bundesstaatlichen Gefüge: „Die Länder sind als Glieder des Bundes Staaten mit eigener – wenn auch gegenständlich beschränkter – nicht vom Bund abgeleiteter, sondern von ihm anerkannter staatlicher Hoheitsmacht" – so stellte das Bundesverfassungsgericht fest. In ihren Bereich gehöre die –man kann wohl hinzufügen: autonome – Gestaltung der verfassungsmäßigen Ordnung im Lande, solange sie sich im Rahmen der Homogenitätsklausel des Art. 28 Abs. 1 GG halte. Insbesondere sei die Bestimmung der Regeln, nach denen sich die Bildung der Landesverfassungsorgane, ihre Funktionen und ihre Kompetenzen bemessen, ausschließlich Sache des Landes. Solange die Länder bestünden und ihre verfassungsmäßige Ordnung sich im Rahmen des Art. 28 Abs. 1 GG halte, könne der Bund ohne Verletzung des im Grundgesetz garantierten bundesstaatlichen Prinzips in ihre Verfassungsordnung nicht eingreifen.[14]

Mit Blick auf das Land Württemberg-Hohenzollern, dessen Regierung die Versuche zur Vermeidung einer Verfassungsänderung per Volksentscheid über den Erlaß des I. NeuglG begrüßt hatte, fügte das Gericht dann noch hinzu: „Über seine Gesetzgebungszuständigkeit kann ein Land nicht verfügen. Und der Bund kann eine Gesetzgebungszuständigkeit, die ihm das Grundgesetz nicht gewährt, auch nicht durch Zustimmung des Landes gewinnen."[15]

Hätten schon diese Ausführungen genügt, die Nichtigkeit des I. NeuglG zu begründen und der Entscheidung grundsätzliche Bedeutung zu verleihen, so fügte der Senat doch noch eine hypothetische Begründungserwägung hinzu, die es ihm gestattete, zu einer weiteren Frage von prinzipieller Bedeutung Stellung zu beziehen.[16] Selbst wenn man die Auffassung vertrete, so der zweite Senat, daß eine Landtagsverlängerung in einem derartigen Fall eine Maßnahme der Neugliederung darstelle, so werde der Bund insoweit im Bereich der konkurrierenden Gesetzgebung tätig.[17] Die Gesetzgebung des Bundes im Bereich der konkurrierenden Gesetzgebung sei aber in jedem Fall an die Voraussetzungen des Art. 72 Abs. 2 GG gebunden, also das Erfordernis, daß die „Angelegenheit durch die Gesetzgebung einzelner Länder nicht wirksam geregelt werden kann". Genau dies treffe aber auf die Verlängerung der Landtagswahlperiode nicht zu, die weiter in erster Linie Ländersache bleibe. Da die Länder eine derartige Regelung auch nach Erlaß des Neugliederungsgesetzes noch wirksam hätten treffen können, sei eine Regelung dieser Angelegenheit durch Bundesgesetz nicht erforderlich gewesen

[13] BVerfGE 1, 14, 33.

[14] BVerfGE 1, 14, 34.

[15] BVerfGE 1, 14, 35.

[16] Kritisch zu dieser hypothetischen Argumentation *F. Klein* (Fn. 9), S. 456f.

[17] BVerfGE 1, 14, 35; siehe aber auch die kritischen Bemerkungen zu dieser Einstufung als Fall der konkurrierenden Gesetzgebung durch *F. Klein* (Fn. 9), S. 457.

und das Gesetz wäre – selbst wenn man insoweit grundsätzlich eine Bundeskompetenz aus Art. 118 GG bejahen würde – nach Art. 72 Abs. 2 Nr. 1 GG nicht zulässig.[18] Implizit nahm der Zweite Senat damit – wenn auch nur in Form eines obiter dictum – die Befugnis in Anspruch, die Erforderlichkeit eines Bundesgesetzes unter der ‚Bedürfnisklausel' des Art. 72 Abs. 2 GG zu überprüfen.

Hatte der Senat mit dieser im Kern in klassisch bundesstaatsrechtlichen Kategorien konzipierten Begründung die Nichtigerklärung des I. NeuglG festgestellt, so zeigten die daran anknüpfenden Erwägungen zu den Konsequenzen der Nichtigerklärung des I. NeuglG deutlich weniger Sensibilität für bundesstaatliche Prinzipien. Trotz seiner im Grundsätzlichen die Verfassungsautonomie der Länder betonenden Begründung fand der Senat nichts dabei, in den Folgenerwägungen längere Ausführungen zum Landesverfassungsrecht der Länder Baden und Württemberg-Hohenzollern aufzunehmen und unter Rückgriff auf die Rechtsprechung des Staatsgerichtshofes der Weimarer Republik die Wirkungen der Nichtigkeit der Wahlperiodenverlängerung nach dem Landesverfassungsrecht zu bestimmen – und diesen Folgenauspruch (nach Landesverfassungsrecht) gar in die Entscheidungsformel aufzunehmen.[19]

Im zweiten Teil der Entscheidung, in der Begründung zum Kern des II. NeuglG, knüpfte das Gericht dann ganz deutlich an die unitarischen Denktraditionen der Weimarer Verfassungslehre an. Entscheidender Streitpunkt des II. NeuglG war dabei die Festlegung der Abstimmungsmodalitäten in den §§ 4, 5 und 10 des II. NeuglG. Die Bürger der betroffenen Länder konnten danach nur zwischen der Bildung des neuen Südweststaates und der Wiederherstellung der alten Länder Baden und Württemberg wählen, also entweder die Bildung des neuen Landes Baden-Württemberg unterstützen oder die Wiederherstellung der beiden tradierten Länder als Folge des ‚Nein' in Kauf nehmen. Getrennt ausgezählte Abstimmungsbezirke waren jedoch nach dem Gesetz nicht die tradierten Länder Baden und Württemberg, sondern die beiden im Gefolge der Besetzung nach 1945 geschaffenen Länder Baden und Württemberg-Hohenzollern sowie der Landesbezirk Baden und der Landesteil Württemberg des Landes Württemberg-Baden. Nach dem II. NeuglG sollte zudem eine Mehrheit in drei von vier Abstimmungsbezirken ausreichen, um den Zusammenschluß der Länder zu besiegeln.

Gegen diesen Modus der Abstimmung richtete sich im Kern der Antrag der badischen Landesregierung, denn eine im Herbst 1950 durchgeführte ‚informatorische' Volksbefragung hatte in den beiden württembergischen Landesteilen Mehrheiten von über 90% für den Zusammenschluß ergeben, in Nordbaden immerhin noch eine Mehrheit von etwas über 60%, in Südbaden aber eine klare Mehrheit gegen die Bildung des Südweststaates. Der im II. NeuglG vorgesehene Abstimmungsmodus präjudizierte angesichts dieser Befunde praktisch den Ausgang des Volksentscheides, während eine Abstimmung in den alten Ländern Baden und

---

[18] BVerfGE 1, 14, 35f.; Kritik übte an dieser Erwägung *F. Klein* (Fn. 9), S. 457f.
[19] BVerfGE 1, 14, 36ff.

Württemberg im Falle Badens so knapp ausgefallen wäre, daß das Ergebnis einer derartigen Abstimmung sich jeder Voraussage entzogen hätte.

Die badische Landesregierung warf dem Bundesgesetzgeber – aus nicht ganz unverständlichen Gründen – dies als Manipulation der Abstimmung vor. Das Bundesverfassungsgericht folgte allerdings diesem Vorwurf nicht. Zwar betonte es, auch Art. 118 GG fordere eindeutig die Mitwirkung des betroffenen Gebietes. Es entspreche dem demokratischen Prinzip, daß die Willensentscheidung des Volkes die Grundlage jeder Staatsbildung sein müße. Wie die Frage formuliert werde und in welchen Abstimmungsbezirken ausgezählt werde, stehe aber im Grundsatz im Ermessen des insoweit zuständigen Bundesgesetzgebers.[20] Dieses Ermessen sei im fraglichen Fall nicht überschritten.

Selbst der Umstand, daß ein Abstimmungsbezirk durch die übereinstimmende Mehrheitsentscheidung in den drei übrigen Abstimmungsbezirken „majorisiert" werden könne, sei im Ergebnis nicht zu beanstanden. Es sei zwar richtig, daß in der Regel die Verfassung eines Bundesstaates die Existenz und das Gebiet der Gliedstaaten garantiere. Von dieser Regel weiche aber das Grundgesetz ausdrücklich ab. In Art. 79 Abs. 3 GG sei nur der Grundsatz unverbrüchlich gesichert, daß der Bund „in Länder gegliedert" sein müße. Eine Garantie für die derzeit bestehenden Länder und ihre Grenzen kenne das Grundgesetz aber nicht. Im Gegenteil, es sehe, wie sich aus Art. 29 und 118 GG ergebe, sowohl Veränderungen im Gebietsstand der einzelnen Länder als auch eine Neugliederung des Bundesgebiets vor, die zur Beseitigung eines oder mehrerer bestehender Länder führen könne. Diese Neugliederung könne sogar entgegen dem Willen der Bevölkerung des betroffenen Landes durchgeführt werden.[21] Das Grundgesetz habe sich also ganz bewußt zum „labilen Bundesstaat" im Sinne Richard Thoma's bekannt[22] – womit das Verfassungsgericht ausdrücklich an die unitarische Weimarer Lehre vom „dezentralisierten Einheitsstaat" als Leitbild der deutschen Bundesstaatsentwicklung anknüpfte.

Aus Art. 29 Abs. 4 GG ergebe sich allerdings (und dies ist die wichtige Einschränkung des Grundgesetzes in diesem Punkt), daß der Wille der Bevölkerung des Gliedstaates nicht durch einfaches Bundesgesetz, sondern nur durch erneuten Bundestagsbeschluß und durch einen Volksentscheid des gesamten Bundesvolkes gebrochen werden könne. Es reiche also – hier ist die Dominanz des Denkens in Kategorien einheitlicher Volkssouveränität des Gesamtvolkes, die für Weimar so typisch war, wiederum unverkennbar – nur der Wille des Volkes der höheren Einheit aus, nicht schon der Wille der Bevölkerung eines oder mehrerer Nachbarländer.[23]

Für den Bereich der Regelung des Art. 118 Satz 2 GG gelte dieser Grundsatz jedoch nicht. Zwar sei die den Eingriff in die Existenz eines Landes erschwerende

---

[20] BVerfGE 1, 14, 41ff.

[21] BVerfGE 1, 14, 47f.

[22] BVerfGE 1, 14, 48; als irrigen Gebrauch des Thoma'schen Begriffs kritisiert diesen Satz der Begründung *F. Klein* (Fn. 9), S. 461.

[23] BVerfGE 1, 14, 48.

Bestimmung des Art. 29 Abs. 4 GG Ausfluß des im Grundgesetz festgelegten bundesstaatlichen Prinzips und damit eine wichtige Grundentscheidung der Verfassung. Diese Grundentscheidung, ebenso wie die Entstehungsgeschichte des Art. 118 GG – die Bestimmung ist aus Art. 29 hervorgegangen und erst am Ende der Beratungen des Parlamentarischen Rates als Sonderbestimmung in die Übergangsvorschriften verschoben worden – sowie die allgemeine Auffassung, daß jedenfalls die in Art. 29 Abs. 1 GG enthaltenen Grundsätze auch im Rahmen des Art. 118 GG anwendbar seien, sprächen eher dafür, daß auch der in Absatz 4 des Art. 29 GG enthaltene Grundsatz für die Regelung des Art. 118 Satz 2 GG gelte.[24] Die ausdrücklich in Art. 118 Satz 1 GG aufgenommene Ermächtigung, daß die Neugliederung „abweichend von den Vorschriften des Art. 29" erfolgen könne, müsse aber – so setzt das Verfassungsgericht zum entscheidenden Argument an – gleicherweise auch für die Anwendung des sich unmittelbar anschließenden Satzes gelten, der denselben Gegenstand im Auge habe.[25]

Nun ist dies Ergebnis – das fällt bei unbefangener Lektüre der Bestimmung auf – aus dem Wortlaut des Art. 118 GG nur schwer abzuleiten. Im Gegenteil, die Zuordnung des „kann abweichend von den Vorschriften des Art. 29" zum nachfolgenden Passus „durch Vereinbarung der beteiligten Länder erfolgen" spricht eher für die Beschränkung der Derogation des Art. 29 auf den Fall der Neugliederung durch staatsvertragliche Vereinbarung. Die folgenden Sätze zeigen dann auch, daß das Bundesverfassungsgericht im Kern nicht mit dem Wortlaut argumentierte, sondern mit teleologischen Erwägungen: „Vor allem aber" – so fährt es fort – „ergibt sich aus den Verhandlungen im Parlamentarischen Rat, aus der öffentlichen Diskussion in den vergangenen Jahren und aus den Beratungen zwischen den Regierungen der drei Länder, daß die augenblicklichen staatsrechtlichen Verhältnisse im Südwestraum allgemein als besonders unbefriedigend und für eine sofortige Neuordnung reif betrachtet wurden." Eine derartige Neuordnung dürfe aber „am Widerspruch der Bevölkerung eines Landes nicht scheitern. Soll sie, nachdem schon die Landesregierungen nicht zu einer Vereinbarung gelangt sind, noch einmal, und zwar mit Aussicht auf Erfolg versucht werden, dann muß der Bundesgesetzgeber, auf den jetzt die Aufgabe nach Art. 118 Satz 2 GG übergeht, ohne Rücksicht auf den Willen eines Landes die Neugliederung zu Ende führen können."[26] Mit anderen Worten: Die als überragend empfundene Nowendigkeit der Territorialreform setzt sich über den Willen auch eines widerstrebenden Landesvolkes hinweg – was die Bejahung des Konzeptes vom ‚labilen Bundesstaat' seitens des Gerichtes vollends unverkennbar werden läßt.

Unterstrichen wird diese Bevorzugung unitarischer Überlieferungen noch durch die anschließenden Darlegungen des Senats zum badischen Argument, die vom Bundestag im II. NeuglG gewählte Konstruktion nehme dem badischen Volke das Recht auf Selbstbestimmung, weil es gegen seinen Willen gezwungen wer-

[24] Ebda.
[25] BVerfGE 1, 14, 49.
[26] Ebda.

de, in einem Südweststaat aufzugehen. „Daß ein Volk" – so das Verfassungsgericht – „über seine staatliche Grundordnung und damit auch über das Fortbestehen seines Staates grundsätzlich selbst zu bestimmen hat, ergibt sich allerdings aus dem demokratischen Prinzip." Man könne die Anwendbarkeit dieses Satzes auf das Land Baden auch nicht damit abtun, daß man die Existenz eines badischen Volkes verneine. Das Land Baden sei „als Glied des Bundes ein Staat, zu dem notwendigerweise ein Staatsvolk gehört. Dieses Staatsvolk – ein Begriff, der wohl zu unterscheiden ist vom soziologisch-ethnologisch-politischen Volksbegriff – besitzt in der Demokratie jenes Selbstbestimmungsrecht" – ein Satz von ungeheurer Sprengkraft. Doch so extrem föderalistisch eingestellt war das Gericht beileibe nicht, daß es jenen Satz uneingeschränkt stehengelassen hätte. „Entscheidend ist aber" – so schränkt es im nächsten Satz ein –, „daß Baden als Gliedstaat des Bundes nicht selbständig und unabhängig, sondern in die bundesstaatliche Ordnung einbezogen ist, die seine Hoheitsmacht in verschiedener Hinsicht beschränkt." In gewissem Sinne widerstreite sich in der Stellung des Gliedstaates im Bundesstaat das föderalistische und das demokratische Prinzip. Der Ausgleich zwischen ihnen könne nur gefunden werden, wenn beide Prinzipien gewisse Einschränkungen erlitten – und im Falle der Neugliederung, die dem Bunde aufgetragen sei, liege es in der Natur der Sache, daß im Interesse der umfassenderen Einheit das demokratische Selbstbestimmungsrecht des Landesvolkes eine Einschränkung erfahre.[27]

Im entscheidenden Kernbestand war das II. NeuglG damit als verfassungsmäßig erachtet worden. Eine Reihe von zweitrangigen Bestimmungen des Gesetzes – die Verordnungsermächtigung des § 27 Abs. 2 des Gesetzes sowie einige Bestimmungen, die die verfassunggebende Versammlung des neuen Landes in ihrem Verfahren festlegen sollten – wurden zwar noch für verfassungswidrig und nichtig erklärt.[28] Die Volksabstimmung konnte jedoch in den vom Bundesgesetzgeber vorgesehenen Bahnen stattfinden, mit dem erwarteten Ergebnis, und der Fusion der drei Länder zum neuen Land Baden-Württemberg stand letztlich nichts mehr im Wege.

7.1.2. Das Normenkontrollverfahren gegen das Gesetz über den Finanzausgleich im Rechnungsjahr 1950 – BVerfGE 1, 117.

Kurz nach der grundlegenden Entscheidung des Zweiten Senats zu den zwei Neugliederungsgesetzen für den Südwesten hatte auch der Erste Senat seine erste große Entscheidung zu Bundesstaatsfragen zu fällen. Streitgegenstand dieses wiederum als Normenkontrollverfahren geführten Prozesses waren das Gesetz über den Finanzausgleich im Rechnungsjahr 1950 vom 16. März 1951[29] und die dazu erlassene Erste Durchführungsverordnung vom 26. Juni 1951[30], gegen die die

[27] BVerfGE 1, 14, 49f.
[28] BVerfGE 1, 14, 59ff.
[29] BGBl. 1951 I, S. 198.
[30] BGBl. 1951 I, S. 408.

Länder Württemberg-Baden und Hamburg Anträge vor dem Bundesverfassungsgericht gestellt hatten.[31]

Die gegen das Gesetz erhobenen Vorwürfe warfen erneut elementare Fragen der Bundesstaatskonstruktion unter dem Grundgesetz auf. Die Antragsteller hielten das vom Bundesgesetzgeber gewählte System des Länderfinanzausgleichs für mit den Regeln der Finanzverfassung unvereinbar, ja hielten letztlich jegliche Form des horizontalen Finanzausgleichs für grundgesetzwidrig. Art. 106 Abs. 4 GG gebe zwar im Grundsatz dem Bundesgesetzgeber die Möglichkeit, einen gewissen Ausgleich unter den Ländern herbeizuführen. Das angefochtene Gesetz gehe aber über diese dem Bundesgesetzgeber eingeräumte Befugnis klar hinaus: Es beschränke sich nicht auf „Zuschüsse", wie in Art. 108 Abs. 4 GG in Aussicht genommen, sondern führe einen allgemeinen horizontalen Finanzausgleich durch, der im Grundgesetz an keiner Stelle vorgesehen sei. Es verstoße damit gegen das in Art. 20 Abs. 1 und Art. 79 Abs. 3 GG gewährleistete Bundesstaatsprinzip wie gegen die – auf dem Trennsystem aufbauende – Garantie des Art. 109 GG, die die Selbständigkeit der Haushaltsführung der Länder gewährleiste. Das Finanzausgleichsgesetz (FAG) führe statt des erlaubten Spitzenausgleichs eine nahezu völlige Nivellierung der Steuerkraft der Länder herbei. Es verletze zudem Art. 29 GG, weil es leistungsunfähige Länder künstlich am Leben erhalte und damit die vorgesehene Neugliederung des Bundesgebietes hemme. Das FAG gebe vielmehr ganz im Gegenteil den nehmenden Ländern Zuschüsse, ohne ihre Leistungsfähigkeit (etwa sorgsame Einziehung der Steuern und sparsame Ausgabenwirtschaft) zu prüfen, belohne insofern geradezu unverantwortliches Finanzgebaren einzelner Länder.[32]

In seiner Entscheidung vom 20. Februar 1952 folgte der Erste Senat diesen grundlegenden Vorwürfen nicht. Verwundern kann dies kaum, bedenkt man die Rolle, die der erste Präsident des Gerichts (und Vorsitzende des Ersten Senats), *Hermann Höpker-Aschoff*, bei der Formulierung des Urteils spielte. *Höpker-Aschoff* war in seiner Rolle als Politiker der DDP und langjähriger preußischer Finanzminister unter Otto Braun nicht nur als dezidierter Verfechter der unitarischen Reichsreform-Konzepte der Weimarer Spätjahre hervorgetreten, wie oben geschildert, sondern hatte als Berichterstatter des Finanzausschusses im Parlamentarischen Rat und dann als Vorsitzender des Finanzausschusses im Bundestag auch maßgeblich die Gestalt der Finanzverfassung der Bundesrepublik geprägt. Daß ein Gesetz wie das FAG an ihm nicht scheitern würde, war abzusehen – ein Gesetz, das unter seiner Beteiligung als Vorsitzender des maßgeblichen Ausschusses im Bundestag erlassen worden war und das aus der durch eine recht komplizierte und widersprüchliche Entstehungsgeschichte geprägten Finanzverfassung das Beste zu machen suchte (das Beste im Sinne der unitarischen Vorstellungen vom finanziellen Verbundsystem zwischen Bund und Ländern wie inner-

[31] Zum finanzpolitischen Hintergrund dieses Verfahrens siehe die Ausführungen oben 6.3.2.2. bei Fußnoten 104 bis 108 (m.w.N. ebda.).

[32] Vgl. die Darstellung im Urteilstatbestand – BVerfGE 1, 117, 123ff.

halb der Länder). *Höpker-Aschoff* dominierte schon durch seine finanzwirtschaftliche und finanzrechtliche Sachkenntnis die Abfassung des Urteils. Wie sich *Konrad Zweigert*, Mitglied des Ersten Senats in dieser Anfangsphase, im Rückblick zwanzig Jahre später erinnerte: „Wie waren wir (im Ersten Senat) betroffen und erleichtert zugleich, als Höpker-Aschoff die ersten – von finanzrechtlicher Erfahrung recht ungetrübten – Entwürfe der späteren Entscheidung über den Finanzausgleich (BVerfGE 1, 117) vom Tisch wischte und, hier ganz Finanzminister aus der preußischen Schule, die Grundprobleme entwickelte, um die es hier ging und die dann auch im weiteren Gang der Dinge der Diskussion, dem Tenor und der Begründung die Richtung wiesen."[33]

Schon der Duktus der Entscheidung, in der die Verfassungsmäßigkeit des FAG begründet wird, weist auf den Einfluß von Höpker-Aschoff hin. Dem Tatbestand vorangestellt ist eine ‚Entwicklung' der Grundprobleme der Finanzverfassung, die auf einen Aufriß der Geschichte und Entstehung des Systems der deutschen Finanzverfassung bzw. des Systems des Finanzausgleichs hinausläuft. Dem daran anschließenden eigentlichen Tatbestand und den Erwägungen zur Zuständigkeit folgt eine ausführliche Darstellung und Wertung der Entstehungsgeschichte des Art. 106 Abs. 4 GG. Nötig ist diese stark historische Argumentation, weil – wie das Urteil konstatiert, unter Verweis auf die grundlegende Arbeit von Höpker-Aschoff zum Finanz- und Steuersystem des Grundgesetzes – der Sinn dieser Bestimmung des Grundgesetzes „dunkel" sei. Es sei deshalb sachdienlich, zu ihrem Verständnis die Entstehungsgeschichte heranzuziehen.[34]

Die Darstellung der Entstehungsgeschichte verweist auf die entscheidenden Eingriffe der Alliierten in die Gestaltung der Finanzverfassung. Der zunächst von deutscher Seite unternommene Versuch, ein Verbundsystem zu schaffen, in dem die Verteilung der Bund, Ländern und Gemeinden gemeinsam zustehenden Steuern durch späteres Bundesgesetz zu regeln gewesen wäre, wurde durch eine erste Intervention der Besatzungsmächte verhindert. Die darauf erarbeitete Fassung, die für den Finanzausgleich unter den Ländern alternativ zur Gewährung entsprechender Zuschüße durch den Bund die Verteilung einzelner Steuern nicht nach örtlichem Aufkommen, sondern nach Bedarfskriterien ermöglicht hätte, wurde erneut von den Besatzungsmächten abgelehnt. Die Streichung dieser zweiten Alternative, die dem System der Weimarer Zeit entsprochen hätte, habe dann zur geltenden Fassung des Art. 106 Abs. 4 GG geführt und habe ein System von „Zuschüssen" eingeführt, durch das die Leistungsfähigkeit auch der steuerschwachen Länder gesichert werden sollte.[35] Die endgültige Fassung mit ihrer Beschränkung auf den Weg der Zuschüsse eröffne aber „eine neue Möglichkeit, den

---

[33] *K. Zweigert*, Duktus der Rechtsprechung des Ersten Senats des Bundesverfassungsgerichts und einige Erinnerungen an seine Anfangszeit, in: Das Bundesverfassungsgericht 1951–1971, 1971, S. 95, 116.

[34] BVerfGE 1, 117, 127; vgl. zu diesem Urteil auch die Anmerkung von *H.K.J. Ridder*, Finanzausgleich und Grundgesetz, AöR 78 (1952/53), S. 237ff..

[35] BVerfGE 1, 117, 127ff.

Finanzausgleich zu gestalten".[36] Es bestehe – wie in der Begründung etwas später ausgeführt wird – „kein methodischer Gegensatz zwischen Zuschüssen und horizontalem Finanzausgleich". Die Zuschüsse im Sinne des Art. 106 Abs. 4 GG seien nur „das Mittel, um das in den Eingangsworten des Abs. 4 näher umschriebene Ziel eines horizontalen Finanzausgleichs zu erreichen".[37]

Der Einwand, daß ein voll ausgebautes System des Finanzausgleichs, wie im FAG vorgesehen, grundsätzlich mit der bundesstaatlichen Struktur des Grundgesetzes unvereinbar sei, gehe eindeutig fehl, so das Urteil. Das bundesstaatliche Prinzip begründe seinem Wesen nach nicht nur Rechte, sondern auch Pflichten. Eine dieser Pflichten bestehe darin, daß die finanzstärkeren Länder den schwächeren Ländern in gewissen Grenzen Hilfe zu leisten hätten. Diese Pflichtbeziehung führe „nach der Natur der Sache zu einer gewissen Beschränkung der finanziellen Selbständigkeit der Länder". Deshalb habe der Parlamentarische Rat die im Herrenchiemseer Entwurf „vorgeschlagene Fassung, die den Länder eine selbständige *Finanz*wirtschaft gewährleisten wollte, gerade nicht angenommen. Der PR wählte in Art. 109 die heutige einschränkende Fassung (*Haushalts*wirtschaft), [...], um deutlich zu machen, daß sie den Bestimmungen der Artikel 105 bis 108 keinen Abbruch tun solle und die Länder die in den vorangegangenen Artikeln ausgesprochenen Einschränkungen ihrer Finanzhoheit hinnehmen müßten..."[38] Die auf Druck der Besatzungsmächte vorgenommene Abkehr vom finanzwirtschaftlichen Verbundsystem und der erzwungene Übergang zu Ansätzen eines Trennsystems war mit dieser Auslegung der Art. 105 bis 109 GG gezielt korrigiert.

Ein Verstoß gegen das bundesstaatliche Prinzip könne allenfalls dann – so heißt es weiter in der Begründung der Entscheidung – „in Betracht kommen, wenn der im FAG vorgesehene Ausgleich die Leistungsfähigkeit der gebenden Länder entscheidend schwächte oder zu einer Nivellierung der Länderfinanzen führte." Dem sei aber nicht so, denn die Finanzkraft der Länder, die vor dem Finanzausgleich zwischen 132,5% des Bundesdurchschnitts im Falle Württemberg-Badens und 34,2% im Falle Schleswig-Holsteins geschwankt habe, differiere auch nach Durchführung des Finanzausgleichs noch zwischen 117,6% und 71%. Die Unterschiede zwischen wohlhabenderen und ärmeren Ländern würden damit nur gemildert, aber keineswegs beseitigt.[39]

Der Einwand, daß das FAG von dem Ist der Steuereinnahmen ausgehe, dadurch einer nachsichtigen Erhebung der Steuern durch ausgleichsberechtigte Länder zum Schaden der ausgleichspflichtigen nicht Rechnung trage, ebensowenig wie eine Kontrolle der Ausgabenwirtschaft der nehmenden Länder vorgesehen sei, treffe zwar an sich zu. Ein Mißbrauch des dem Bundesgesetzgeber eingeräumten Ermessens könne darin aber nicht gesehen werden. Es sei überhaupt

[36] BVerfGE 1, 117, 130.
[37] BVerfGE 1, 117, 135.
[38] BVerfGE 1, 117, 131.
[39] BVerfGE 1, 117, 131f.

nicht ersichtlich, wie der Bund nach der Struktur des Grundgesetzes diese Nachteile hätte abwehren können, nachdem durch das Eingreifen der Besatzungsmächte die vom Parlamentarischen Rat zunächst geplante Bundesfinanzverwaltung verhindert und den Ländern die eigene Verwaltung der ihnen zufallenden Steuern eingeräumt worden sei. Mit anderen Worten, so könnte man das angedeutete Argument zu Ende denken: Schuld an diesem Problem sei gar nicht der Bundesgesetzgeber, der das FAG erlassen habe, sondern seien die Alliierten, die die zentrale Verwaltung der Finanzmittel durch eine einheitliche Bundesfinanzverwaltung verhindert hätten. Außerdem gewährleisteten „die vom Bund erlassenen Steuergesetze und die bundeseinheitlichen Ausführungsvorschriften rechtlich und tatsächlich im Rahmen des Möglichen eine so weitgehende Einheitlichkeit der Steuererhebungspraxis der Länder, daß eine Verfälschung des Finanzausgleichs nicht zu besorgen" sei.[40]

Eine weitere interessante Erwägung sei noch kurz referiert: Ein Finanzausgleich dürfe mit Rücksicht auf Art. 29 GG „nicht zu dem Ergebnis führen, lebensunfähige Länder künstlich am Leben zu erhalten". Der Bundesgesetzgeber sei allerdings zur Zeit gehindert, „die in Art. 29 GG mit dem Ziel gesunder Länderstruktur vorgesehene Neugliederung durchzuführen", da die Ausführung des Art. 29 durch Ziff. 5 des Genehmigungsschreibens der Militärgouverneure vom 12. Mai 1949 vorläufig hinausgeschoben sei. Bis zur Neugliederung müsse der Bundesgesetzgeber den Ausgleich der heute bestehenden Gliederung anpassen. Er könne die ärmeren Länder nicht auf eine vorläufig undurchführbare Neuordnung verweisen. Selbst nach einer Neugliederung werde es voraussichtlich noch immer eines, wenn auch weniger intensiven, Ausgleichs zwischen stärkeren und schwächeren Ländern bedürfen. Außerdem seien „die Zuschüsse nicht so bemessen, daß sie zu einer völligen Nivellierung führen und dadurch etwa das Streben nach einer vernünftigen Neugliederung ertöten könnten".[41]

Die Frage schließlich, bis zu welchem Intensitätsgrad in den so abgesteckten Grenzen der horizontale Finanzausgleich vorgetrieben werden könne, sei eine finanzpolitische und keine verfassungsrechtliche Frage. Sie entziehe sich der Prüfung durch das Bundesverfassungsgericht.

Die weitere Prüfung der Details der Ausgleichsregelung an den einzelnen Tatbestandsmerkmalen des Art. 106 Abs. 4 GG zeigte deutlich das Bemühen, das Gefüge dieser aufgrund ihrer sehr komplizierten Entstehungsgeschichte recht sybillinischen Bestimmung des Grundgsetzes mit dem im FAG gewählten System eines allgemeinen Finanzkraftausgleichs unter den Ländern zu harmonisieren. Insbesondere das Merkmal, daß der Ausgleich „bestimmten Steuern" zu entnehmen sei, wurde im Urteil dahingehend entschärft, dem Gesetzgeber sei hier durch die Verfassung ein Ermessen hinsichtlich des Kreises der einzubeziehenden Steuern zugestanden worden. Wie weit der Gesetzgeber bei der Ausnutzung dieses Ermessensspielraums gehen wolle, richte sich nach finanzpolitischen Erwägungen,

---

[40] BVerfGE 1, 117, 132f.

[41] BVerfGE 1, 117, 134.

die beachtlich seien, wenn nur die heranzuziehenden Steuern „bestimmt“ blieben.[42] Art. 106 Abs. 4 GG besage somit, „daß der Bund Zuschüsse gewähren und die Mittel hierfür den durch ein Bundesgesetz bestimmten Steuern der Länder – und nicht seinen eigenen Einnahmen – entnehmen kann.“[43] Diese der Steuermasse der Länder entnommenen Zuschüsse würden vom Bund nur als Treuhänder verwaltet und unmittelbar an die Länder weitergegeben.

Als Ergebnis kann man festhalten: Das von Art. 106 Abs. 4 GG – in der Normkonstruktion, die das Bundesverfassungsgericht der Bestimmung gab – geforderte System entsprach – dies kann angesichts der Hintergründe, insbesondere des Einflußes von Höpker-Aschoff, kaum verwundern – genau dem Ausgleichssystem, das durch das FAG errichtet worden war. Der Weg zu einem immer weiter intensivierten (und immer stärker nivellierenden) System eines horizontalen Finanzausgleichs unter den Ländern war mit dieser Leitentscheidung bewußt freigegeben. Die „Peinlichkeiten mancher effektiver Eingriffe der Besatzungsmächte bei der Entstehung des Grundgesetzes“, die – wie *Helmut Ridder* es in einer Anmerkung zum Urteil ausdrückte[44] – „wie Klippen“ aufragten und „Strudel und Stromschnellen“ erzeugten, waren umschifft.

7.1.3. Weitere wichtige Entscheidungen der Frühphase

Weitere Grundfragen der Bundesstaatlichkeit bedurften der Klärung durch das Bundesverfassungsgericht in den ersten Jahren seiner Rechtsprechungstätigkeit. So beschäftigte früh die Frage der auswärtigen Beziehungen der Länder bzw. der auswärtigen Gewalt im Bundesstaat das Bundesverfassungsgericht. Auslöser war das Verfahren über die Zustimmung der Bundesregierung zu dem zwischen dem Lande Baden und dem Port Autonome de Strasbourg geschlossenen Vertrag vom 19. Oktober 1951 über eine gemeinsame Verwaltung des Hafens von Kehl.[45]Das Organstreitverfahren gegen die Bundesregierung, das die Bundestagsfraktion der SPD mit der Behauptung angestrengt hatte, der Vertrag sei ein politischer Vertrag i.S.d. Art. 59 Abs. 2 GG und bedürfe der Zustimmung des Bundestages, führte zwar zu keinem Erfolg für die Antragsteller. In der Begründung entfaltete das Bundesverfassungsgericht jedoch die traditionelle deutsche Doktrin zur auswärtigen Gewalt im Bundesstaat, die man ohne Zweifel als unitarisch bezeichnen kann.

„Im Bundesstaat, der im völkerrechtlichen Verkehr nach außen grundsätzlich als Einheit auftritt, könnte“ – so führte das Bundesverfassungsgericht aus – „diese Einheit dafür sprechen, daß für eine derartige ‚Regelung‘ der Bund ausschließlich zuständig ist. Eigene politische Beziehungen der Länder zu auswärtigen Staaten, die im Gegensatz zur Politik des Bundes stehen, widersprechen dem Wesen des

---

[42] BVerfGE 1, 117, 135f.
[43] BVerfGE 1, 117, 136.
[44] *H.K.J. Ridder* (Fn. 34), S. 242.
[45] BVerfGE 2, 347.

Bundesstaates." Artikel 32 Abs. 2 GG verlange „gerade deshalb für Länderverträge mit auswärtigen Staaten die Zustimmung der Bundesregierung, damit den Bundesinteressen nachteilige Verträge verhindert werden können". Soweit aber den Ländern das Vertragsrecht zustehe, könnten sie selbst dann Verträge mit auswärtigen Staaten schließen, wenn der Vertragsinhalt politische Folgen für das Land selbst oder den Bund habe. Ob die voraussehbaren Folgen mit der auswärtigen Politik des Bundes zu vereinbaren seien, entscheide die Bundesregierung bei der Wahrnehmung ihrer Befugnis, zu einem solchen Vertrag ihre Zustimmung zu erteilen oder zu versagen. Die Länder, die außerhalb des Vertragsrechts – so folgert das Gericht – „keinen Anteil an der auswärtigen Gewalt haben (Artikel 32 Abs. 1 bis 3 GG), können demnach in Ausübung der ihnen verbliebenen Vertragsgewalt keine selbständige Außenpolitik treiben". Sie könnten eigene politische Beziehungen zu auswärtigen Staaten auch nicht durch Vertrag selbständig regeln.[46]

Umgekehrt stärkte das Bundesverfassungsgericht die Stellung der ehemaligen Länder, die durch vertragliche Vereinbarung in anderen Ländern aufgegangen waren. Im Verfahren über die Durchführung des Ersten Gesetzes zur Ordnung des Schulwesens im Lande Nordrhein-Westfalen vom 8.April 1952 in Lippe[47] bejahte das Gericht die Antragsbefugnis des Landesverbandes Lippe als Sachwalter der Rechtsposition des ehemaligen Landes Lippe, das 1947 im Lande Nordrhein-Westfalen aufgegangen war. Der Fall, daß Rechte eines untergegangenen Landes gegen das aufnehmende Land geltend gemacht werden, sei prozessual – so heißt es im Leitsatz der Hauptsacheentscheidung – entsprechend dem in Art. 71 Abs. 1 Nr. 2 BVerfGG ausdrücklich genannten Fall einer öffentlich-rechtlichen Streitigkeit zwischen Ländern zu behandeln.[48] Die Versuche einer Länderneugliederung wären andernfalls – so ließe sich die unausgesprochene Ratio der Entscheidung wiedergeben – völlig desavouiert worden, hätte doch mangels handlungsbefugten Organs des untergegangenen Landes keine Möglichkeit bestanden, die in einem eventuellen Fusionsvertrag vereinbarten Pflichten des aufnehmenden Landes rechtlich durchzusetzen. Im Lippe'schen Schulstreit wurden die Anträge zwar zurückgewiesen: Die sogen. ‚Punktation' vom 17.Januar 1947 zwischen dem lippischen Staatspräsidenten und dem Ministerpräsidenten Nordrhein-Westfalens stellte keinen Staatsvertrag der beiden Länder dar; ein solcher Staatsvertrag hätte der Zustimmung der Parlamente bedurft sowie zum Zeitpunkt der Unterzeichnung auch der Genehmigung durch die Besatzungsmacht. Die in den beiden Entscheidungen vorgenommene analoge Anwendung des Art. 93 Abs. 1 Nr. 4 GG bzw. des Art. 71 Abs. 1 Nr. 2 BVerfGG sollte sich aber für weitere Streitverfahren als relevant erweisen.[49]

---

[46] BVerfGE 2, 347, 378f.

[47] BVerfGE 3, 267 (Verfahren auf Erlaß einer Einstweiligen Anordnung); BVerfGE 4, 250 (Hauptsache).

[48] BVerfGE 4, 250 (Leitsatz 1).

[49] Siehe insbesondere das Verfahren über die Anwendbarkeit des bayerischen Schulfinanzierungsgesetzes vom 26. 10. 1962 auf die staatlichen höheren Schulen in der Stadt Coburg, in dem

Einer Erwähnung bedürfen schließlich noch die einige Zeit später, in einer Entscheidung aus dem Jahre 1960, vom Zweiten Senat niedergelegten Grundsätze der bundesstaatlichen Verwaltungsorganisation.[50] In einem Bund-Länder-Streitverfahren auf Antrag des Landes Nordrhein-Westfalen hatte das Bundesverfassungsgericht über die Zuständigkeit zum Erlaß allgemeiner Typengenehmigungen für Dampfkesselanlagen zu entscheiden. Nach den einschlägigen Verwaltungsvorschriften und Rechtsverordnungen der Jahre 1936 und 1942, die gemäß Art. 125 GG als Bundesrecht fortgalten, konnte der Reichswirtschaftsminister „allgemeine Ausnahmen" von der Genehmigungspflicht für einzelne Kesselanlagen zulassen, die traditionell in Form einer Typengenehmigung gefaßt worden waren. Gegen die Inanspruchnahme dieser Befugnis durch den Bundesarbeitsminister hatte sich das Land Nordrhein-Westfalen gewandt mit dem Argument, die Befugnis zum Erlaß derartiger Genehmigungen sei nach Art. 129 Abs. 1 S. 1 GG i.V.m. Art. 30 und 83 GG auf die Länder übergegangen. Das Bundesverfassungsgericht folgte in der Entscheidung vom 15. März 1960 weitgehend dieser Argumentation, allerdings mit einer grundsätzlichen Einschränkung, die sich auf die Möglichkeit einer „stillschweigenden" Abweichung von der Grundregel der Art. 30 und 83 GG bezog: Grundsätzlich sei zwar davon auszugehen, daß das Grundgesetz bei der in Art. 30 und 83 ff. getroffenen Regelung eine reibungslose und vollständige „Ausführung" der Bundesgesetze unterstelle. Nur dann, wenn diese vollständige Ausführung durch Landesverwaltung nicht erreicht werden könne, sei potentiell anzunehmen, daß das Grundgesetz stillschweigend eine andere Regelung zulasse, nämlich die, daß die Ausführung dem Bund übertragen sei.[51]

Die Übertragung der verwaltungsmäßigen Ausführung von Bundesgesetzen auf die Länder führe aber „nur dann zu sinnvollen Ergebnissen, wenn trotz getrennten Ländervollzugs eine im wesentlichen einheitliche Verwaltungspraxis gewährleistet" sei. „Denn das Grundgesetz" – so wird dies vom Senat begründet – „gibt dem Bund die Befugnis zur – ausschließlichen oder konkurrierenden – Gesetzgebung auf den Gebieten, auf denen eine einheitliche Regelung von besonderer Bedeutung ist." Die einheitliche Geltung von Rechtsvorschriften im Bundesgebiet dürfe „nicht dadurch illusorisch gemacht werden, daß ihre Ausführung von Land zu Land *erhebliche* Verschiedenheiten aufweist".[52] Die grundsätzliche Übertragung der Verwaltungszuständigkeit auf die Länder nach Art. 30 und 83 ff. GG war damit vom Bundesverfassungsgericht mit einer gewichtigen immanenten Einschränkung im Interesse der ‚Wahrung der Rechtseinheit' versehen worden.

---

die Städte Coburg und Neustadt die Rechte des untergegangenen Freistaates Coburg aus § 10 des Staatsvertrages zwischen dem Freistaat Bayern und dem Freistaat Coburg vom 14.2. 1920 geltend machten – Urteil des Zweiten Senats vom 18. Juli 1967, BVerfGE 22, 221.

[50] BVerfGE 11, 6.

[51] BVerfGE 11, 6, 17f.

[52] BVerfGE 11, 6, 18.

7.2. Die Rechtsprechung zur ,Bedürfnisklausel' und zur Verteilung der Gesetzgebungskompetenzen

Überdeutlich wird das Gewicht dieses vom Bundesverfassungsgericht zum Leitstern der Auslegung der Kompetenzbestimmungen erhobene Ziel der 'Wahrung der Rechtseinheit' in der Rechtsprechung zur Abgrenzung der Gesetzgebungskompetenzen von Bund und Ländern. Schon früh hatte sich nämlich in der Rechtsprechung des Verfassungsgerichts als Grundproblem der neuerrichteten bundesstaatlichen Struktur die Frage der genauen Kompetenzabgrenzung zwischen Bund und Ländern im Bereich der Gesetzgebung erwiesen. Gerade in dieser für jeden bundesstaatlichen Aufbau fundamentalen Frage hatten Interventionen der alliierten Militärgouverneure das Bild der Verfassung entscheidend geprägt, wie an der Entstehungsgeschichte der sogen. ,Bedürfnisklausel' des Art. 72 Abs. 2 GG deutlich wird.[53]In den ursprünglich vom Parlamentarischen Rat erarbeiteten Entwurfsfassungen der Vorschrift hatte ursprünglich einzig eine Klausel Aufnahme gefunden, derzufolge der Bund auf dem Gebiete der konkurrierenden Gesetzgebung nur regeln solle, „was einheitlich geregelt werden muß". Erst auf das Memorandum der Militärgouverneure vom 2.3. 1949, in dem gerügt worden war, daß die Zuständigkeiten des Bundes „nicht klar genug definiert" seien, „um die Stellung der Länder in einem föderativen System angemessen zu wahren", war dann die ,Bedürfnisklausel' des Absatzes 2 in die Bestimmung aufgenommen worden.[54] Zahlreiche Mitglieder des Parlamentarischen Rates, darunter besonders offen *Hermann Höpker-Aschoff*, waren allerdings erbost über diese alliierte Intervention gewesen, die der Unitarisierung des als aufgezwungen empfundenen föderalen Systems Bremsen einziehen sollte.[55]

7.2.1. Die Entscheidung vom 30. April 1952 über das Gesetz zur Ordnung des Schornsteinfegerwesens – BVerfGE 1, 264.

Die sehr schnell, zu Ende des Jahres 1951 und Anfang 1952, vor das Bundesverfassungsgericht gelangten Verfahren zur Anwendung des Art. 72 GG gaben dem Gericht bald eine Gelegenheit, der ursprünglich als ,föderative Bremse' gedachten Klausel die Zähne zu ziehen. Der insoweit zuständige Erste Senat unter dem Vorsitz von Höpker-Aschoff beschied dabei zunächst drei Verfassungsbeschwerdeverfahren gegen das Gesetz zur Ordnung des Schornsteinfegerwesens vom 22. Januar 1952[56], in deren Beurteilung die Grundsatzfrage der Justiziabilität bzw. des Kontrollumfangs in der Überprüfung der ,Bedürfnisklausel' zumindest ansatzweise zu klären war.

---

[53] Vgl. dazu *R.W. Füsslein*, in: K.-B. von Doemming / R.W. Füsslein / W. Matz, Entstehungsgeschichte der Artikel des Grundgesetzes, JöR NF 1 (1951), S. 1, 464ff.

[54] Ebda., S. 465f.

[55] Zu den offen ablehnenden Reaktionen H. Höpker-Aschoff's siehe *T. Aders* (Fn. 2), S. 252ff., 260ff.

[56] BGBl. 1952 I, S. 75.

Im Ergebnis ließ der Senat in seiner Entscheidung vom 30. April 1952[57] die Frage des Prüfungsumfangs im Rahmen des Art. 72 Abs. 2 GG allerdings noch einmal offen. Das Schornsteinfegerrecht sei unbestreitbar Handwerksrecht im Sinne des Art. 74 Ziff. 11 GG. Bei der daran anschließenden Frage, ob überhaupt ein Bedürfnis für eine bundesgesetzliche Regelung i.S. d. Art. 72 Abs. 2 GG bestehe, sei bereits zweifelhaft, ob das Bundesverfassungsgericht das Vorliegen eines solchen Bedürfnisses überhaupt prüfen könne oder „ob es sich hier nicht – wie es für den ähnlichen Fall der ‚Bedarfs-Gesetzgebung' nach Art. 9 der Weimarer Verfassung fast allgemein angenommen wurde – um eine nicht-justiziable Frage des gesetzgeberischen Ermessens handelt". Es könnten „gewichtige Gründe dafür geltend gemacht werden, die Zuständigkeit des Bundesverfassungsgerichts zur Prüfung der Bedürfnisfrage – von Fällen eines Ermessensmißbrauchs durch den Gesetzgeber abgesehen – zu verneinen".[58] Doch brauche die Frage in diesem Fall noch nicht endgültig entschieden zu werden. Für einen Ermessensmißbrauch des Gesetzgebers seien hier keinerlei Anhaltspunkte gegeben, wie in der folgenden Passage anhand einer Würdigung der gesetzgeberischen Motive zu belegen gesucht wird.[59] Der Versuch einer Entschärfung der ‚Bedürfnisklausel' durch ein Anknüpfen an die Weimarer Lehre zur ‚Bedarfs-Gesetzgebung' wird hier schon sehr deutlich.

7.2.2. Die Entscheidung vom 20. Mai 1952 zum Badischen und Bremischen Ladenschlußgesetz – BVerfGE 1, 283.

Noch deutlicher wird die Zielrichtung gegen den alliierten Versuch, mittels der ‚Bedürfnisklausel' die Stellung der Länder zu sichern, in einer drei Wochen später ergangenen Entscheidung des Ersten Senats. Gegenstand dieses Urteils des Ersten Senats vom 20. Mai 1952[60] waren zwei konkrete Normenkontrollanträge nach Art. 100 Abs. 1 GG gegen das Badische und das Bremische Ladenschlußgesetz von 1951 bzw. 1950, gestützt auf deren Unvereinbarkeit mit dem Bundesrecht.

Fraglich war insoweit allerdings schon, ob in dieser Frage gültiges Bundesrecht bestand bzw. welche reichsrechtlichen Vorschriften als Bundesrecht nach Art. 125 Ziff. 1 GG fortgalten. Das Bundesverfassungsgericht bejahte in diesem Fall umstandslos die Fortgeltung als Bundesrecht der in der Form einer Verordnung des Reichsarbeitsministers erlassenen Arbeitszeitordnung (AZO) vom 26. Juli 1934, in der Fassung vom 30. April 1938. Nach Art. 125 Ziff. 1 GG werde Recht, das Gegenstände der konkurrierenden Gesetzgebung des Bundes betreffe, innerhalb seines Geltungsbereichs Bundesrecht, soweit es innerhalb einer oder mehrerer Besatzungszonen einheitlich gegolten habe. Da § 22 AZO im Gebiet der Bundesrepublik einheitlich gegolten habe, sei diese Norm seit dem Bestehen des

[57] BVerfGE 1, 264.
[58] BVerfGE 1, 264, 272f.
[59] BVerfGE 1, 264, 273.
[60] BVerfGE 1, 283.

Grundgesetzes als Bundesrecht anwendbar – eine Feststellung, die auf altes Reichsrecht praktisch immer zutraf.

Um den in der Zeit des Nationalsozialismus praktisch flächendeckend ausgebauten Korpus des Reichsrechts nicht automatisch in seiner ganzen Breite zu Bundesrecht werden zu lassen, war zunächst teilweise die Auffassung vertreten worden, die von Art. 72 Abs. 2 GG geforderte Prüfung des Bedürfnisses bundeseinheitlicher Regelung habe auch auf das nach Art. 125 GG fortgeltende Reichsrecht Anwendung zu finden.[61] Das Bundesverfassungsgericht aber wischte diesen Ansatz einer Überprüfung der Notwendigkeit des Fortgeltens von Reichsrecht als Bundesrecht mit einem Satz vom Tisch: Die Frage, ob zur Fortgeltung einer Norm als Bundesrecht nach Art. 125 GG auch die Voraussetzungen des Art. 72 Abs. 2 GG vorliegen müßten, also ein Bedürfnis nach bundesgesetzlicher Regelung bestehen müsse, sei zu verneinen. Dabei könne offen bleiben, inwieweit bei einer Kontrolle neuerer Gesetze die Bedürfnisfrage im Sinne des Art. 72 Abs. 2 GG überhaupt verfassungsgerichtlicher Nachprüfung unterworfen sei.

In der Begründung seiner Feststellung, die ‚Bedürfnisklausel' des Art. 72 Abs. 2 GG sei im Rahmen des Art. 125 GG unanwendbar, verweist das Bundesverfassungsgericht zunächst auf den Wortlaut und die Entstehungsgeschichte der Vorschrift. Zwar ließen – so argumentiert das Gericht – weder der Wortlaut noch die Entstehungsgeschichte des Art. 125 GG einen sicheren Schluß dahin zu, ob auch für die Fortgeltung alten Rechts als Bundesrechts das Bedürfnis nach bundesgesetzlicher Regelung im Sinne des Art. 72 Abs. 2 GG vorliegen müsse. Die Verhandlungen des Parlamentarischen Rats ergäben nicht, daß zu dem heutigen Art. 125 besondere Erörterungen über die Bedürfnisklausel stattgefunden hätten, nachdem Art. 72 Abs. 2 GG seine endgültige Fassung auf ein Memorandum der Militärgouverneure vom 2. März 1949 hin erhalten hatte.[62] Ergänzend bezieht sich die Begründung auf Ausführungen von *Georg August Zinn*, der als Mitglied des Parlamentarischen Rates an den einschlägigen Beratungen beteiligt war. Man habe – so *Zinn* in einem Vortrag Ende 1949, den das Verfassungsgericht zitiert[63] – bei der Einfügung des Art. 125 dem „bereits früher erkennbaren Bestreben, irgendeine Materie möglichst einheitlich zu regeln, Rechnung tragen wollen". Als auf Intervention der Militärgouverneure dann der Art. 72 Abs. 2 seine endgültige Fassung erhalten habe, sei Art. 125 GG bewußt nicht mehr geändert worden, um weitere Auseinandersetzungen zu vermeiden – vor allem mit den Militärgouverneuren, ist hier wohl gemeint, denn die Besatzungsmächte hätten die Aushebe-

---

[61] So z.B. das Justizministerium von Württemberg-Baden in einem für die Militärregierung erstatteten Gutachten vom 22. Juni 1949, aber auch eine ganze Reihe weiterer prominenter Stimmen in den Jahren 1949/50 – siehe den Streitstand zusammenfassend *G.A. Zinn*, Welche deutschen und besatzungsrechtlichen Rechtsnormen gelten als Bundesrecht weiter?, in: Bundesrecht und Bundesgesetzgebung. Bericht über die Weinheimer Tagung des Instituts zur Förderung öffentlicher Angelegenheiten am 22. und 23. Oktober 1949, 1950, S. 53, 56ff. Vgl. weiterhin *L. Fröhler*, Wie verhält sich Art. 125 zu Art. 72 Abs. 2 Grundgesetz?, DVBl. 1950, S. 490ff.; *J. Kratzer*, Zu Art. 72 Abs. 2 und 125 des Grundgesetzes, DVBl. 1950, S. 396ff.

[62] BVerfGE 1, 283, 293f.

[63] *G.A. Zinn* (Fn. 61), S. 97ff.

lung der auf ihren Druck eingebauten Bremse des Art. 72 Abs. 2 GG auf dem Umweg über die Übergangsvorschrift des Art. 125 GG kaum kommentarlos hingenommen.

Selbst wenn man aber annehmen wollte – so fährt das Urteil fort – „daß die Mehrheit des Parlamentarischen Rats die Beziehungen des Art. 125 zu Art. 72 GG nicht erkannt habe, bliebe es dabei, daß aus der Entstehungsgeschichte zwingende Schlüsse ebensowenig wie aus dem Wortlaut gezogen werden können". Dann aber könne das rechte Verständnis des Art. 125 GG nur aus „einer vernünftigen Sinninterpretation" gewonnen werden. Wie diese „vernünftige Sinninterpretation" aus Sicht des Gerichts auszusehen habe, folgt sogleich: „Art. 125 GG konnte nur den Zweck haben, einer weiteren Zersplitterung des bisher einheitlichen Rechts durch die Gesetzgebung der Länder vorzubeugen. Sollte dies aber mit dem Anspruch auf leidliche Rechtssicherheit für die Zukunft geschehen, so mußte eine möglichst klare und eindeutige Regelung geschaffen werden. Eine solche Regelung würde aber Art. 125 GG nicht darstellen, wenn man seine Auslegung mit der zweifelhaften und nach Meinung vieler nur begrenzt justiziablen Bedürfnisfrage des Art. 72 Abs. 2 GG belastet hätte."[64] Das erkenntnisleitende Paradigma der verfassungsgerichtlichen Rechtsprechung zur Verteilung der Gesetzgebungskompetenzen scheint hier deutlich auf: „Weitere Zersplitterung des bisher einheitlichen Rechts durch die Gesetzgebung der Länder" als das Anathema, dem es vorzubeugen gilt, ‚Wahrung der Rechtseinheit' als die positive Leitvision. Dazu kommt die Verbindung der Rechtssicherheit mit der Rechtseinheit, die in der hier zitierten Passage noch nicht ganz einleuchten will.

Verstehbarer wird diese Kombination der zwei Topoi aus einer Passage im nächsten Abschnitt: Bedenke man, wozu die Bedürfnisprüfung im Rahmen des Art. 125 GG führen würde – das Verfassungsgericht versucht die Folgen in dieser Passage etwas zu verdeutlichen – so würde dies „den für die Rechtseinheit so bedeutsamen Art. 125 GG mit Zweifeln belasten, die der von der Rechtseinheit nicht zu trennenden Rechtssicherheit schwer abträglich wären"[65]. Daß dies in den Augen des Senats das entscheidende Argument ist, verdeutlicht die unmittelbar daran anschließende Schlußfolgerung: „Das Bundesverfassungsgericht verneint daher die Anwendbarkeit des Art. 72 Abs. 2 GG im Rahmen des Art. 125 GG. Es befindet sich dabei im Einklang mit der im Schrifttum überwiegend vertretenen Meinung ..." (es folgen eine ganze Reihe von Belegen aus der Literatur).

Die „von der Rechtseinheit nicht zu trennende Rechtssicherheit" – die Formel muß man sich geradezu auf der Zunge zergehen lassen, um die Bedeutung des darin aufscheinenden Konzepts für das bundesstaatliche Modell der Bundesrepublik zu verstehen. Rechtseinheit und Rechtssicherheit als zwei nicht zu trennende siamesische Zwillinge – der Topos ist nicht neu in der Leidensgeschichte des deutschen Bundesstaates. Schon die Liberalen des 19. Jahrhunderts argumentierten genau in diesen Kategorien. Diesen Gedanken in der Rechtsprechung des Bun-

---

[64] BVerfGE 1, 283, 294f.

[65] BVerfGE 1, 283, 295.

desverfassungsgerichts an zentraler Stelle wiederzufinden, sollte aber doch aufmerken lassen, markiert dies doch den Siegeszug des unitarischen Denkens der Weimarer Ära in der Verfassungsrechtsprechung der Bundesrepublik. Die biographische Kontinuität, besonders deutlich zu demonstrieren an der Person des Vorsitzenden des Ersten Senats, Hermann Höpker-Aschoff, erklärt manches von dieser Wiederanknüpfung. Der Zeitgeist des ‚mainstreams' in der Verfassungsrechtslehre, der gegen den als ‚Oktroy' empfundenen ‚extremen' Bundesstaat des Grundgesetzes revoltierte, erklärt ebenfalls viel von dieser Korrekturbewegung gegen „allzuviel" Föderalismus, ebenso wie die Angst vor der Rechtszersplitterung, wie man sie im Gefolge der Aufteilung in Besatzungszonen ja hautnah erlebt hatte, auch vor dem Partikularismus der Landespolitik, der von einzelnen Besatzungsmächten bewußt geschürt worden war.

Der Effekt dieser ‚Korrektur über die Hintertür' war von kaum zu überschätzender Bedeutung. In der Auslegung, die das Bundesverfassungsgericht der Übergangsbestimmung des Art. 125 GG gegeben hatte, entfaltete die ganze Bandbreite des überlieferten Reichsrechts, soweit es in den Bereich der konkurrierenden Gesetzgebung fiel, eine Sperrwirkung gegenüber jeglicher Form von Landesgesetzgebung. Bedenkt man, daß das übernommene Reichsrecht weitgehend durch die anderthalb Jahrzehnte Nationalsozialismus geprägt war, also eine Ära eines legislatorisch hyperaktiven und zugleich sehr zentralistisch operierenden totalitären Regimes, so kann man ermessen, warum in der Folge der Frage der subsidiären Landeskompetenz im Bereich der konkurrierenden Gesetzgebung kaum noch irgendeine nennenswerte Bedeutung zukam. Das in einem obiter dictum des Urteils dem Bundesgesetzgeber aufgetragene „nobile officium" dagegen, reichsrechtlich geregelte Bereiche, die „wegen ihres besonderen Charakters legitimerweise der Gesetzgebung der Länder" überlassen werden könnten, unter Aufhebung der bundeseinheitlichen Regelung für eine Gesetzgebung durch die Länder wieder freizugeben[66], wurde in der Praxis nahezu vergessen, da der Bundesgesetzgeber die Voraussetzungen dafür fast nie als gegeben ansah. Im Gegenteil, aus der späteren Rechtsprechung des Bundesverfassungsgerichts ergibt sich, daß sogar Regelungen des Landesrechts, mit denen zwischen 1945 und 1949 Bestimmungen des Reichsrechts in den (seit 1949) Bereichen der konkurrierenden Gesetzgebung abgeändert wurden, nach Art. 125 Nr. 2 GG als Bundesrecht fortgalten, ja selbst nachfolgende Bestimmungen des Landesrechts, die ihrerseits die das Reichsrecht ersetzenden Landesvorschriften geändert hatten.[67] Der (leicht skurrile) Tenor lautete dann, wie bei der ersten Entscheidung zu dieser Frage aus dem Jahre 1957: „Art. 34 Abs. 1 Nr. 3 des Bayerischen Ärztegesetzes vom 25. Mai 1946 (GVBL. 1946 S. 193) gilt als Bundesrecht fort"[68] – und zwar, wie es in einer etwas späteren Entscheidung heißt, als „ in seinem Geltungsbereich auf das Ge-

[66] So BVerfGE 1, 283, 295.
[67] Siehe nur BVerfGE 7, 18, 27f.; 9, 153, 157ff.
[68] BVerfGE 7, 18, 19.

biet des Landes ... beschränktes Bundesrecht"[69]. Einzig für den Bereich der Rahmengesetzgebung rang sich das Bundesverfassungsgericht zu der Einsicht durch, daß hier für ein Fortgelten des Reichsrechts als Bundesrecht wohl kein Raum sei, denn angesichts des generellen Charakters des Reichsrechts als einer Vollgesetzgebung wäre das Institut der Rahmengesetzgebung auf diesem Weg fast völlig ausgehöhlt worden[70] – ein Ergebnis, das die Bundesregierung und Teile der Literatur aber nicht hinderte, im ‚Interesse der Rechtseinheit' zunächst auch hier ein vollständiges Fortgelten als Bundesrecht zu proklamieren.

7.2.3. Die Entscheidung vom 22. April 1953 zum Gesetz über die Gewährung von Straffreiheit – BVerfGE 2, 213

Trotz der mit der Rechtsprechung zu Art. 125 GG auf ein Minimum reduzierten Bedeutung der ‚Bedürfnisklausel' sah sich das Bundesverfassungsgericht 1953 aber wiederum mit der Frage konfrontiert, ob und in welchem Maße die Bedürfnisprüfung nach Art. 72 Abs. 2 GG gerichtlich überprüfbar sei. Anlaß dieser wiederum vom Ersten Senat abgesetzten Entscheidung war ein konkretes Normenkontrollverfahren gegen das Bundesgesetz über die Gewährung von Straffreiheit vom 31. Dezember 1949[71] – ein Amnestiegesetz, das von einem bayerischen Amtsgericht wegen mangelnder Gesetzgebungskompetenz des Bundes für verfassungswidrig gehalten wurde.

In der Entscheidung vom 22. April 1953[72] bejahte das Bundesverfassungsgericht grundsätzlich das Vorliegen einer Gesetzgebungskompetenz aus Art. 74 Ziff. 1 GG. Obwohl die durch ein Straffreiheitsgesetz gewährte Amnestie nach überkommener Lehre grundsätzlich unter den Begriff der Begnadigung eingeordnet werde, falle die Amnestie „mit der staatsrechtlichen Entwicklung vom alten Obrigkeitsstaate zum modernen demokratischen Rechtsstaat"[73] eindeutig unter die Kompetenz zur Gesetzgebung auf dem Gebiete des gerichtlichen Verfahrens (Art. 74 Ziff. 1 GG)[74]. Es entspreche – so das inhaltliche Argument – „dem Wesen des modernen Rechtsstaates, daß Amnestie nicht mehr durch einen Gnadenerweis des Staatsoberhauptes, sondern gesetzlich gewährt wird"[75].

Damit sei der Bund für den Erlaß des Straffreiheitsgesetzes zuständig gewesen. Einer Prüfung der Frage, ob für den Erlaß dieses Gesetzes ein Bedürfnis im Sinne des Art. 72 Abs. 2 GG anzuerkennen sei, bedürfe es zu dieser Feststellung nicht. Die Frage, ob ein Bedürfnis nach bundesgesetzlicher Regelung bestehe, sei – so erklärte das Bundesverfassungsgericht in der folgenden, die Weichen für die weitere Rechtsprechung stellenden Begründungserwägung – „eine Frage pflichtmä-

[69] BVerfGE 9, 153, 158.
[70] Siehe dazu die Entscheidungen BVerfGE 7, 29, 41f.; 8, 186, 192ff.
[71] BGBl. 1949 I, S. 37.
[72] BVerfGE 2, 213.
[73] BVerfGE 2, 213, 219.
[74] BVerfGE 2, 213, 221.
[75] BVerfGE 2, 213, 219.

ßigen Ermessens des Bundesgesetzgebers, die ihrer Natur nach nicht justiziabel und daher der Nachprüfung durch das Bundesverfassungsgericht grundsätzlich entzogen" sei[76]. Zwar seien – im Gegensatz zu Art. 9 der Weimarer Reichsverfassung, auf den sich die Vorentscheidung bezogen hatte – die Voraussetzungen für die Ausübung des Rechts zur konkurrierenden Gesetzgebung durch den Bund im einzelnen bezeichnet. Hierdurch werde „die Ermessensfreiheit des Bundesgesetzgebers eingeengt", der Entscheidung der Bedürfnisfrage bleibe jedoch „der Charakter einer echten Ermessensentscheidung". Die Frage, inwieweit „diese Entscheidung vom Bundesverfassungsgericht nachzuprüfen wäre, falls der Bundesgesetzgeber die seinem Ermessen gesetzten Grenzen verkannt oder das ihm eingeräumte Ermessen mißbraucht hätte", bedürfe insoweit jedoch keiner Beantwortung, denn für die Feststellung einer Überschreitung oder mißbräuchlichen Ausübung dieses Ermessens fehle es im zu entscheidenden Fall des Straffreiheitsgesetzes an jedem Anhalt.[77]

Auch der für die – eher seltenen – Fälle einer bislang nicht ausgeübten konkurrierenden Bundesgesetzgebung gedachte Art. 72 Abs. 2 GG war damit in seiner praktischen Bedeutung nahezu völlig entschärft. Ein Fall, in dem der Bundesgesetzgeber durch die ‚Bedürfnisklausel' des Art. 72 Abs. 2 GG daran gehindert wäre, ein Bundesgesetz zu erlassen, erwies sich in der Verfassungspraxis kaum mehr als vorstellbar. Die Formel vom nicht-justiziablen Ermessen des Bundesgesetzgebers tauchte in der Folge dann nur noch als stereotype Floskel auf, um das Fehlen einer Prüfung des Bedürfnisses bundeseinheitlicher Regelung zu begründen.[78]

7.2.4. Das Rechtsgutachten vom 16. Juni 1954 über die Zuständigkeit des Bundes zum Erlaß eines Baugesetzes – BVerfGE 3, 407

Klärende Ausführungen des Bundesverfassungsgerichts zur Interpretation der Kompetenztitel der Art. 73 ff. folgten 1954. Da in den Jahren 1951/52 Streit über die Zuständigkeit des Bundes zur Gesetzgebung auf den Gebieten des Baurechts entstanden waren, einigten sich Bundestag, Bundesrat und Bundesregierung im Sommer 1952 auf einen gemeinsamen Gutachtenantrag an das Bundesverfassungsgericht nach § 97 BVerfGG (a. F.) zur Klärung der aufgeworfenen verfassungsrechtlichen Fragen.

Das am 16. Juni 1954 erstattete Gutachten des Bundesverfassungsgerichts[79] schaffte nicht nur im Detail Klarheit über den Umfang der einschlägigen Gesetzgebungsbefugnisse des Bundes, sondern brachte auch über allgemeine Darlegungen zur Auslegung der Kompetenztitel des Abschnittes VII des Grundgesetzes Licht in die schwierigen Fragen des methodischen Umgangs mit den schlagwortartigen Zuständigkeitskatalogen.

---

[76] BVerfGE 2, 213, 224.

[77] BVerfGE 2, 213, 224 f.

[78] Siehe BVerfGE 4, 115, 127; 10, 234 ff.; 13, 230, 234.

[79] BVerfGE 3, 407.

Nötig war dies, da die Bundesregierung unter Verweis auf den Begriff des ‚Bodenrechts' in Art. 74 Ziff. 18 GG das Recht des Bodenverkehrs, der Bodenverteilung und Bodennutzung als Gesamtmaterie in Anspruch nahm, in die „begrifflich das gesamte Baurecht eingeschlossen" sei.[80] Dies könne aber, so das Bundesverfassungsgericht, schon unter rein begrifflich-systematischer Perspektive nicht zutreffend sein. Das Grundgesetz habe in Art. 74 Nr. 18 neben die Materie ‚Bodenrecht' eine Reihe von anderen Materien gesetzt, wie den Grundstücksverkehr, das landwirtschaftliche Pachtwesen, das Wohnungswesen, das Siedlungs- und Heimstättenwesen. Wären diese Materien als Ausdeutung des Bodenrechts oder als Beispiele gedacht, so müßte dies in der Wortfassung der Bestimmung zum Ausdruck kommen. Alle Materien, die Art. 74 Nr. 18 aufführe, seien aber völlig gleichgewichtig nebeneinandergestellt. Mithin könnten alle nur als selbständige Sondermaterien gemeint sein.[81]

Die Entstehungsgeschichte des Art. 74 Nr. 18 GG bestätige diese Auffassung, wie das Gericht mit einigen dann folgenden Bemerkungen von grundsätzlicher Bedeutung belegt. Der Gesetzgebungskatalog des Grundgesetzes sei – so das Bundesverfassungsgericht – „im steten Rückblick auf die Weimarer Reichsverfassung formuliert worden".[82] Die Materialien des Verfassungskonvents von Herrenchiemsee wie des Parlamentarischen Rats belegten dies ganz eindeutig. Die Kompetenztitel des Grundgesetzes seien daher – so macht das Gericht implizit deutlich – in steter Anknüpfung an die Zuständigkeitskataloge der Weimarer Reichsverfassung auszulegen.[83]

Aus den Beratungen der Weimarer Nationalversammlung ergebe sich nun für den konkreten Fall des Baurechts, daß damals die Aufnahme einer Materie ‚Bauwesen' bereits erwogen worden sei. Von der Aufnahme dieses Begriffs in den Zuständigkeitskatalog habe man aber abgesehen, weil man die Zuständigkeit des Reichs nicht nach dieser Richtung erweitern wollte. Wenn der Parlamentarische Rat nun mit dem Begriff ‚Bodenrecht' im Gegensatz zur Weimarer Nationalversammlung die längst anerkannte und in Gesetzentwürfen und literarischen Äußerungen vielfach behandelte Materie ‚Bauwesen' oder ‚Baurecht' – so führt das Urteil in einer zentralen Passage aus – „hätte erfassen wollen, dann hätte das zum Ausdruck gebracht werden müssen. Das Grundgsetz hat nicht einfach die Zuständigkeitsregelung der Weimarer Reichsverfassung übernommen, sondern es hat mehrere neue Materien hinzugefügt und einen neuen Trennungsstrich zwischen konkurrierender Vollgesetzgebung und Rahmengesetzgebung gezogen. Soweit es aber Materien aus der Weimarer Reichsverfassung übernommen hat, muß angenommen werden, daß sie in demselben Sinne zu verstehen sind, wie dies in der Weimarer Reichsverfassung der Fall war."[84]

Der in den Bundesministerien und im Bundestag sehr dominanten Tendenz, die

---

80 BVerfGE 3, 407, 412f.

81 BVerfGE 3, 407, 413f.

82 BVerfGE 3, 407, 414.

83 So dann in der Folge ganz ausdrücklich BVerfGE 7, 29, 44.

84 BVerfGE 3, 407, 415.

Zuständigkeitskataloge möglichst weit und ausdehnend auszulegen, war mit dieser Rückbindung an die historische Entwicklung der Kompetenzkataloge ein deutlicher Riegel vorgeschoben. Betont man die Anknüpfung an das historische Verständnis der einzelnen Zuständigkeitstitel so stark wie das Bundesverfassungsgericht im Gutachten von 16.6. 1954, so bleibt für eine dynamische Auslegung mit Blick auf den Wandel der (tatsächlichen oder vermeintlichen) funktionalen Notwendigkeiten relativ wenig Raum. Die in den ersten Entscheidungen zum Ausdruck gebrachte Tendenz, der (als positiv empfundenen) Unitarisierung der Gesetzgebung nach Möglichkeit wenig Hindernisse in den Weg zu stellen, war damit in gewissem Maße kompensiert durch die in dieser neuen Entscheidungslinie angelegte Tendenz zur bewußten ‚Versteinerung' der Kompetenzkataloge.

Unterstrichen wird diese restriktive Auslegung der Kompetenztitel noch durch die Ausführungen des Verfassungsgerichts zu den ergänzend von der Bundesregierung vorgebrachten Zuständigkeitsargumenten, wie dem „korrigierenden Gesichtspunkt des Sachzusammenhangs". Es möge – so das Bundesverfassungsgericht – „dahingestellt bleiben, ob und unter welchen Voraussetzungen im einzelnen Gesetzgebungszuständigkeiten des Bundes aus dem Gedanken des Sachzusammenhangs abgeleitet werden können. Soviel steht jedenfalls fest, daß die bloße Erwägung, es sei zweckmäßig, mit einer dem Bund ausdrücklich zugewiesenen Materie gleichzeitig auch eine verwandte Materie zu regeln, nicht zur Begründung einer Gesetzgebungszuständigkeit ausreicht. Ein sogenannter Sachzusammenhang vermöchte vielmehr eine Zuständigkeit nur dann zu stützen, wenn eine dem Bund ausdrücklich zugewiesene Materie verständigerweise nicht geregelt werden kann, ohne daß zugleich eine nicht ausdrücklich zugewiesene andere Materie mitgeregelt wird, wenn also ein Übergreifen in nicht ausdrücklich zugewiesene Materien unerläßliche Voraussetzung ist für die Regelung einer dem Bundesgesetzgeber zugewiesenen Materie ..."[85]

Dem sei aber im fraglichen Fall nicht so. Und auch eine Zuständigkeit aus der „Natur der Sache" komme nicht in Betracht. Der Bund sei insoweit auf die Regelung der Gebiete beschränkt, die unter die ausdrücklich in Art. 74 Nr. 18, aber auch Art. 75 Nr. 4 GG genannten Sondermaterien fielen. Dazu gehörten das Recht der städtebaulichen Planung, die Baulandumlegung, das Bodenverkehrsrecht und das Erschließungsrecht, nicht aber das Baupolizeirecht im traditionellen Sinne sowie Regelungen zur Einführung einer Wertsteigerungsabgabe.[86]

7.2.5. Die Entscheidung vom 1. Dezember 1954 zum Nordrhein-Westfälischen Besoldungsgesetz – BVerfGE 4, 115

Einen vorläufigen Abschluß erhielt die um Klärung der Grundfragen der Kompetenzverteilung bemühte Rechtsprechung des Bundesverfassungsgerichts mit dem Urteil des Zweiten Senats vom 1. Dezember 1954 zum Erlaß des Besol-

[85] BVerfGE 3, 407, 420.
[86] BVerfGE 3, 407, 423ff., 430ff., 434ff.

dungsgesetzes für das Land Nordrhein-Westfalen vom 9. Juni 1954. Das als Verfahren der Bund-Länder-Streitigkeit nach Art. 93 Abs. 1 Nr. 3 GG von der Bundesregierung angestrengte Verfahren gegen das Land Nordrhein-Westfalen rügte den Erlaß besoldungsrechtlicher Regelungen durch den Landesgesetzgeber, die im Ergebnis die Landesbeamten Nordrhein-Westfalens in Fragen der Besoldung partiell besser gestellt hatten als die Beamten des Bundes. Genau eine solche besoldungsrechtliche Besserstellung der Landesbeamtenschaft gegenüber den Bundesbeamten hatte der Bundesgesetzgeber aber mit den Normen der §§ 8 und 9 des Gesetzes zur Änderung und Ergänzung des Besoldungsrechts vom 6. Dezember 1951[87] ausschließen wollen, hatte er dort doch unter der Zielvorgabe der „Wahrung der Einheitlichkeit auf dem Gebiete des Besoldungs- und Versorgungsrechts" bestimmt, daß die Beamten und Richter der Länder nicht höher besoldet werden dürften als die Beamten und Richter des Bundes.

Streitgegenstand war damit die Kompetenz des Landes Nordrhein-Westfalen geworden, ein Besoldungsgesetz unter Außerachtlassung der insoweit ,sperrenden' Bundesgesetze zu erlassen. Der Erlaß des fraglichen Besoldungsgesetzes könne allerdings – so betonte das Bundesverfassungsgericht in der Eingangspassage seiner materiellen Prüfung – nur dann eine dem Land gegenüber dem Bund obliegende Pflicht verletzen und gegen das Grundgesetz verstoßen, wenn der Bund seinerseits in zulässiger Weise die Kompetenz der Länder zur Besoldungsgesetzgebung begrenzt habe.[88] Die Ordnung der Rechtsverhältnisse der Landesbeamten falle im Bundesstaat schließlich grundsätzlich in die Kompetenz der Länder. Das Grundgesetz habe dem Bunde insoweit in Art. 75 Nr. 1 GG nur die beschränkte Kompetenz eingeräumt, unter den Voraussetzungen des Art. 72 Rahmenvorschriften über „die Rechtsverhältnisse der im öffentlichen Dienste der Länder, Gemeinden und anderen Körperschaften des öffentlichen Rechts stehenden Personen" zu erlassen, eine Kompetenzvorschrift, die das Gericht wiederum in enger Anlehnung an die insoweit als modellhaft verstandene Vorläuferregelung des Art. 10 der Weimarer Reichsverfassung zur Grundsatzgesetzgebung analysierte[89].

Da Art. 75 Nr. 1 GG den Bund nur ermächtige, Rahmenvorschriften zu erlassen, könne „der Bund die Besoldung der Landesbeamten jedenfalls nicht erschöpfend regeln". Die Regelung eines Sachbereiches durch Rahmenvorschriften könne „nicht von der gleichen Intensität sein, wie Art. 74 sie für den Bereich der konkurrierenden Gesetzgebung zuläßt"[90]. Die Frage nach den Grenzen der Regelungsbefugnis aus Art. 75 GG war damit gestellt, also die Frage nach der inhaltlichen Begrenzung der Intensität von ,Rahmengesetzen'.

Als Anknüpfungspunkt eigne sich insoweit die Weimarer Reichsverfassung und die dort etablierte Lehre zu den Grenzen der ,Grundsatzgesetzgebung' nach

[87] BGBl. 1951 I, S. 939.
[88] BVerfGE 4, 115, 123.
[89] BVerfGE 4, 115, 124ff.
[90] BVerfGE 4, 115, 127.

den Art. 10 und 11 WRV. Das Reich sei danach befugt gewesen, „allgemeine, leitende Rechtssätze, Richtlinien" zu erlassen, „welche der näheren Ausführung, der Ausgestaltung im einzelnen, insbesondere unter dem Gesichtspunkt ihrer Anpassung an die besonderen Verhältnisse der einzelnen Länder, ebenso fähig wie bedürftig sind". Die Verwendung des Begriffs ‚Rahmenvorschriften' anstelle von ‚Grundsätzen' zur Bezeichnung der inhaltlichen Beschränkung der Gesetzgebungsbefugnis des Bundes im Grundgesetz bedeute nun nicht, daß das *Maß* der bundesrechtlichen Regelung heute anders bestimmt sein solle als zur Zeit der Weimarer Reichsverfassung.[91]

Wenn der Bund von seiner Gesetzgebungskompetenz nach Art. 74 GG Gebrauch mache, würden die Länder insoweit von ihrem Gesetzgebungsrecht ausgeschlossen. In den Sachbereichen, in denen der Bund gemäß Art. 75 Rahmenvorschriften erlasse, bleibe die Gesetzgebungsbefugnis der Länder dagegen erhalten; Art. 75 setze sogar ein entsprechendes Tätigwerden des Landesgesetzgebers voraus. Der Bund dürfe folglich nur einen Rahmen setzen. Rahmen aber bedeute, „daß das Bundesgesetz nicht für sich allein bestehen kann, sondern darauf angelegt sein muß, durch Landesgesetze ausgefüllt zu werden". Wenn der Bundesgesetzgeber Rahmenvorschriften erlasse, müsse „er im Hinblick auf das zu ordnende Sachgebiet den Ländern noch etwas zu regeln übrig lassen", und zwar einen Rest, der „von substantiellem Gewicht" sein müsse. Rahmenvorschriften des Bundes müßten also, „wenn auch nicht in allen einzelnen Bestimmungen, so doch als Ganzes durch Landesgesetzgebung ausfüllungsfähig und ausfüllungsbedürftig" sein, und „jedenfalls auf eine solche Ausfüllung hin angelegt sein". Sie bräuchten sich zwar nicht auf Normen von grundsätzlicher Bedeutung zu beschränken, andererseits aber dürften sie ihre Zweckbestimmung, nur eine Grenze für landesgesetzliche Eigenregelung zu bilden, nicht überschreiten. „Sie müssen dem Landesgesetzgeber Raum für Willensentscheidungen in der sachlichen Rechtsgestaltung übrig lassen und dürfen ihn nicht darauf beschränken, nur zwischen vorgegebenen rechtlichen Möglichkeiten zu wählen."[92]

Die vom Bund ins Feld geführten Gesetze zur Änderung der Reichsbesoldungsordnung hielten sich aber – in der Auslegung, die der Bund ihnen beilege – an diese inhaltlichen Vorgaben des Grundgesetzes nicht. Der Bund agiere insoweit, so das Verfassungsgericht, als ob ihm im Kontext des Art. 75 GG ein Recht zur Vollgesetzgebung zustünde. Soweit der Bundesgesetzgeber die Reichsbesoldungsordnungen mit Bezug auf Landesbeamte geändert habe, seien diese Änderungen daher ohne rechtliche Wirkung. Das (vermeintliche) Sperrgesetz sei nämlich nur dann mit dem Grundgesetz vereinbar, wenn man es verfassungskonform auslege, in den Schranken, die dem Bundesgesetzgeber beim Erlaß von Rahmenvorschriften aufgegeben seien.[93]

Wie eng oder wie weit die Grenzen in einer Bundesrahmenvorschrift gemäß

---

[91] BVerfGE 4, 115, 128.
[92] BVerfGE 4, 115, 129f.
[93] BVerfGE 4, 115, 130ff., insbes. 135.

Art. 75 gezogen werden dürften, werde bei den einzelnen Materien des Art. 75 – so erklärte das Bundesverfassungsgericht – unterschiedlich zu beurteilen sein. Beim Landesbeamtenrecht sei „zu beachten, daß im Bundesstaat ein besonders starkes und legitimes Interesse der Länder als Dienstherren besteht, das Recht ihrer Beamten selbst zu ordnen". Die Beamtenschaft sei ein „bedeutsames Element der eigenstaatlichen Organisation der Länder". Daher sei bei der Auslegung einer bundesstaatlichen Verfassung „davon auszugehen, daß die Länder grundsätzlich die Freiheit haben, die Rechtsverhältnisse ihrer Beamten und insbesondere deren Besoldung nach eigener Entschließung zu ordnen". Wenn also „gemäß Art. 75 Nr. 1 GG Rahmenvorschriften des Bundesgesetzgebers für das Besoldungsrecht der Landesbeamten erlassen werden sollen, so müssen solche Rahmenvorschriften den Ländern genügend Spielraum lassen, um die Beamtenbesoldung ihrer Finanzkraft anzupassen. Die Länder müssen weiter die Möglichkeit haben, die Besoldung ihrer Beamten an die allgemeine Lebenshaltung im Lande anzugleichen. Endlich muß der Landesgesetzgeber die Bewertung der Dienstaufgaben und die darauf beruhende Einordnung der verschiedenen Beamtenkategorien in Besoldungsgruppen nach seinen Bewertungsmaßstäben vornehmen können, die möglicherweise von den Maßstäben anderer Landesgesetzgeber oder des Bundesgesetzgebers abweichen."[94] Die Grenze einer Bundesrahmenbestimmung für die Besoldung der Landesbeamten sei demnach „jedenfalls dann überschritten, wenn der Bund den Ländern zahlenmäßige Höchstbeträge für die Besoldung der Landesbeamten vorschreibt und dabei ein bestimmtes Besoldungssystem für die Länder verbindlich macht"[95].

Die Grenzen der Gesetzgebungsbefugnis des Bundes im Bereich der Rahmengesetzgebung waren damit deutlich abgesteckt. Der nahezu unausweichlichen Versuchung des Bundes, die Kompetenz gemäß Art. 75 GG einer Vollgesetzgebung anzugleichen, hatte das Bundesverfassungsgericht mit dieser Entscheidung klare Schranken gesetzt – unter Berufung auf die „starke Betonung" der „föderalistischen Grundlage der Bundesrepublik Deutschland", die jedenfalls für das Grundgesetz die einengende Auslegung solcher die Freiheit des Landesgesetzgebers beschränkenden Vorschriften gebiete[96]. Der Unterschied im Duktus gegenüber den Entscheidungen zur ‚Bedürfnisklausel' ist auffallend. Ein Blick auf die Regelungsgeschichte der beiden Normkomplexe erklärt jedoch weitgehend den Unterschied in der Behandlung durch das Gericht. Anknüpfung an die Weimarer Tradition führte hier beinahe zwangsläufig zu gegensätzlichen Ergebnissen. Während die ‚Bedürfnisklausel' in der Zielrichtung, die ihr bei den Alliierten innegewohnt hatte, als fremdes Implantat empfunden wurde, das der deutschen Verfassungstradition anzupassen sei, gebot im Falle der Rahmengesetzgebung gerade die Anknüpfung an die Weimarer Überlieferung einen vorsichtigen Umgang mit dem Institut, eine restriktive Auslegung zugunsten der Länder.

[94] BVerfGE 4, 115, 136.
[95] BVerfGE 4, 115, 135f.
[96] BVerfGE 4, 115, 136.

7.3. Die Entfaltung der Bundestreue in der Rechtsprechung des Bundesverfassungsgerichts

7.3.1. Die ersten Entscheidungen zur Bundestreue

In einer ergänzenden Erwägung der zuletzt referierten Entscheidung vom 1.10. 1954 hatte das Bundesverfassungsgericht auch einige Ausführungen grundsätzlichen Charakters zur Bundestreue angehängt. Wenn auch zur Zeit der Entscheidung – so merkt das Gericht an – kein gültiges Bundesrahmenrecht über das Besoldungswesen bestehe, so dürften die Länder bei dessen rechtlicher Ordnung doch nicht willkürlich verfahren. Eine Rechtsschranke für die Ausübung von Gesetzgebungsbefugnissen im Bundesstaat – und zwar für Bund und Länder gleichermaßen – ergebe sich „aus dem ungeschriebenen Verfassungsgrundsatz der Bundestreue“[97]. Die Anknüpfung an Weimar und die dort geführte Diskussion war offensichtlich.

Blieben die Auswirkungen einer gesetzlichen Regelung nicht – so argumentierte das Verfassungsgericht – auf den Raum des Landes begrenzt, so müsse der Landesgesetzgeber Rücksicht auf die Interessen des Bundes und der übrigen Länder nehmen. Bei der Ordnung der Besoldung ihrer Beamten müßten „die Länder also bedenken, daß trotz der in Art. 109 GG verbürgten selbständigen Haushaltswirtschaft von Bund und Ländern das Finanzwesen im Bundesstaat ein Gesamtgefüge darstellt. Da auch der Bund und die übrigen Länder Beamte haben, müssen die Länder nach dem Grundsatz der Bundestreue bei der Regelung der Besoldung ihrer Beamten jedenfalls so viel Rücksicht auf die Besoldungsverhältnisse in Bund und Ländern nehmen, daß eine Erschütterung des gesamten Finanzgefüges von Bund und Ländern vermieden wird.“[98]

Im Ergebnis war dies zwar ein obiter dictum, da das Bundesverfassungsgericht zugleich betonte, daß bei der Prüfung, ob ein Land durch den Erlaß eines Gesetzes gegen eine aus dem Grundsatz der Bundestreue abzuleitende Schranke seiner Gesetzgebungsbefugnis verstoßen habe, es „sich nur um die Kontrolle der Einhaltung äußerster Grenzen handeln“ könne[99]. Ein Landesgesetz könne – so die Folgerung des Gerichts – aus diesem Grunde nur verworfen werden, wenn der Landesgesetzgeber „seine Freiheit offenbar mißbraucht hätte“, eine Bedingung, die im zu entscheidenden Fall eindeutig nicht zutreffe.

Die Wiederaufnahme der in den Spätjahren der Weimarer Republik von Lehre und Rechtsprechung zum Instrument der Unitarisierung umgeformten ‚Bundestreue‘ setzte dem zunächst betonten Freiheitsraum des Landesgesetzgebers aber zugleich neue, in ihren Konturen noch sehr unbestimmte Grenzen. Daß die vom Zweiten Senat in diesem Kontext herangezogene Bundestreue dabei – trotz der formalen ‚Gleichbehandlung‘ von Bund und Ländern – im Kern gegen die Länder und deren Entscheidungsfreiheit gerichtet war, wird schon aus der zitierten Pas-

---

[97] BVerfGE 4, 115, 140.
[98] BVerfGE 4, 115, 140.
[99] Ebda.

sage bei genauer Lektüre mehr als deutlich. Das Anknüpfen an die Auswirkungen der Regelung, die – sobald sie nicht auf den Raum des Landes begrenzt seien – dem Gericht zufolge der Rücksichtnahmepflicht aus der Bundestreue unterlägen, verdeutlicht diesen Umstand. Die ‚Bundestreue' wurde hier in ihrer schon veränderten Form rezipiert, wie sie sie in den Verhandlungen des Staatsgerichtshofes zum ‚Preußenschlag' angenommen hatte, als einer Pflicht zur ‚Einordnung in das Gesamtgefüge'.

Besonders krass erkennbar wird diese Zielrichtung der Rezeption des Instituts der Bundestreue in den abschließenden Bemerkungen des Zweiten Senats zur Rolle der Bundestreue in der Ausübung der Befugnisse des Landesgesetzgebers in der oben referierten Entscheidung vom 1. Dezember 1954. „Der Umstand", so der Senat, daß das Gericht „insofern nur die Einhaltung äußerster Grenzen nachprüfen kann, darf aber nicht dazu führen, daß die Länder diese Pflichten weniger ernst nehmen als diejenigen, die sich aus positiven Rechtsvorschriften ergeben und einer strengeren verfassungsgerichtlichen Kontrolle unterliegen". Adressat dieser Mahnung sind hier nur noch die Länder. „Im deutschen Bundesstaat" – fährt das Gericht fort – „haben die Länder das Recht der Gesetzgebung, soweit das Grundgesetz nicht dem Bund Gesetzgebungsbefugnisse verleiht. Wie aber dem Bund seine Befugnisse nur zum Wohl des Ganzen zugemessen sind, so müssen auch die Länder die Freiheit ihrer Entscheidung der Rücksicht auf das Gesamtwohl unterordnen. Ein Bundesstaat kann nur bestehen, wenn Bund und Länder im Verhältnis zueinander beachten, daß das Maß, in dem sie von formal bestehenden Kompetenzen Gebrauch machen können, durch gegenseitige Rücksichtnahme bestimmt ist."[100]

Die Formel knüpft deutlich an ein früheres Urteil des Ersten Senats an, in dem dieser schon im ersten Jahr seiner Rechtsprechungstätigkeit auf die Bundestreue zurückgegriffen hatte. Gemeint ist das Urteil des Zweiten Senats vom 21. Mai 1952 zum Streitverfahren ‚betreffend die Verteilung von 91 Millionen DM aus Mitteln des Bundeshaushalts 1951 für den Wohnungsbau in den Ländern'[101]. In diesem Bund-Länder-Streitverfahren nach Art. 93 Abs. 1 Nr. 4 GG, das von Bayern gegen die Bundesregierung angestrengt worden war, hatte das Bundesverfassungsgericht die Bundestreue umstandslos zur rechtlichen Ausgestaltung des Bund-Länder-Verhältnisses herangezogen, die Akzente insoweit gleich ‚richtig' setzend, im Sinne der ‚Einordnung' der Länder in den Bundesstaat.

Auslöser des Streites war die Verteilung der nach § 14 des Ersten Wohnungsbaugesetzes vom 31. März 1951 den Ländern gewährten Bundeszuschüsse zur Förderung des sozialen Wohnungsbaus gewesen. Obwohl in der zugrundeliegenden Bestimmung (§ 14 Erstes WohnungsbauG) dem Bundesminister für Wohnungsbau aufgegeben worden war, die Mittel nur „im Einvernehmen mit den Ländern" zu verteilen, hatte der Bundeswohnungsbauminister mit der Mehrheit der Länder eine bestimmte Länder einseitig begünstigende Verteilung der Mittel

[100] BVerfGE 4, 115, 141f.
[101] BVerfGE 1, 299.

in Aussicht genommen, die auf strikte Ablehnung der drei Länder Bayern, Hessen und Niedersachsen stieß (diese sollten nach dem vorgesehenen Verteilungsschlüssel leer ausgehen). Der Bundeswohnungsbauminister behauptete, ‚Einvernehmen' im Sinne der gesetzlichen Bestimmung bedeute eine ‚Mehrheit der Länder'; außerdem sei der einschlägige § 14 verfassungswidrig. Bayern führte dagegen an, nach einem im November 1951 erzielten Übereinkommen unter den Wohnungsbauministern, dem sogen. ‚Düsseldorfer Schlüssel', stünden ihm 16,2% der zu verteilenden 91 Mio. DM zu, also gut 14.7 Mio. DM.

Daß Bayern nach dem sogen. ‚Düsseldorfer Schlüssel' kein konkreter Anspruch auf eine bestimmte Summe an Zuschüssen zustand, war relativ einfach zu begründen. Das ‚Düsseldorfer Übereinkommen', eine frühe Ausgeburt des kooperativen Föderalismus, war der Beschluß eines Ausschusses der einschlägigen Arbeitsgemeinschaft der Wohnungsbauminister. In keiner Weise formalisiert, war es eindeutig nur als politische Leitlinie der weiteren Verteilungspraxis gedacht, aber nicht als rechtsverbindliche Vereinbarung zwischen Bund und Ländern.[102]

Daß der Einwand der Verfassungswidrigkeit des § 14 Erstes WohnungsbauG nicht stichhaltig war, bedurfte ebenfalls keiner großen Begründung.[103] Bei getreuer Auslegung war vielmehr kaum an der Tatsache vorbeizukommen, daß der festzusetzende Verteilungsschlüssel des Einverständnisses aller Länder bedurfte, wie das Gericht unter genauer Analyse der Entstehungsgeschichte der Norm ermittelte.[104] Ergänzend stellte der Senat aber auch auf allgemeine Erwägungen ab, „die den § 14 in den größeren Zusammenhang des geltenden Verfassungsrechts" stellen sollten.

Die Mitwirkung der Länder bei der Verteilung der Bundesmittel sei – so der Gedanke des Senats – „Ausdruck des föderalistischen Prinzips, das – neben anderen Grundsätzen – der Verfassung der Bundesrepublik Deutschland das Gepräge gibt". Als Glieder des Bundes stünden die Länder gleichberechtigt nebeneinander; unter ihnen gelte nicht „die im Geltungsbereich des demokratischen Prinzips beheimatete Regel, daß die Mehrheit entscheidet, sondern der Grundsatz der Einstimmigkeit". Dagegen könne nicht eingewandt werden, dies führe zur Herrschaft der Minderheit. Dem bundesstaatlichen Prinzip entspreche vielmehr „die verfassungsrechtliche Pflicht, daß die Glieder des Bundes sowohl einander als auch dem Bund die Treue halten und sich verständigen. Der im Bundesstaat geltende verfassungsrechtliche Grundsatz des Föderalismus enthält deshalb die Rechtspflicht des Bundes und der Glieder zu ‚bundesfreundlichem Verhalten'; d.h. alle an dem verfassungsrechtlichen ‚Bündnis' Beteiligten sind gehalten, dem Wesen dieses Bündnisses entsprechend zusammenzuwirken und zu seiner Festigung und zur Wahrung seiner und der wohlverstandenen Belange seiner Glieder beizutragen."[105]

---

102 Siehe BVerfGE 1, 299, 307ff.
103 BVerfGE 1, 299, 310f.
104 BVerfGE 1, 299, 311ff.
105 BVerfGE 1, 299, 315.

Die Anknüpfung an die ‚bündische' Konzeption der Bundestreue in der ursprünglichen Smend'schen Fassung ist hier überdeutlich. Verstärkt wird sie noch durch den in Klammer enthaltenen Verweis: „so schon R. Smend, Ungeschriebenes Verfassungsrecht im monarchischen Bundesstaat, in der Festgabe für Otto Mayer, 1916, S. 247ff., 261". Daß der Verweis auf Smends bekannte erste Abhandlung zur Bundestreue beschränkt blieb, ist dabei nicht ohne Interesse, wurden doch damit nicht nur Smend's weit wichtigere Ausführungen in „Verfassung und Verfassungsrecht" übergangen, sondern auch die nachfolgende, recht umfangreiche Literatur der Weimarer Zeit zum Institut der Bundestreue.

Der daran anküpfende Gedankengang in der Entscheidung bleibt zunächst im Duktus der ‚bündischen' Treuepflicht Smends verhaftet. „Der in dieser Rechtspflicht liegende Zwang zur Verständigung wirkt zwar nicht so automatisch wie das demokratische Mehrheitsprinzip. Er ist jedoch stark genug, um die notwendigen gemeinsamen Entscheidungen sachgerecht herbeizuführen. Er ist es vor allem, der auch der Übermacht des Gesamtstaates im Interesse der Glieder feste Schranken zieht."[106]

Bei dieser Anleihe an den frühen Smend ließ es das Verfassungsgericht aber nicht bewenden. Unvermittelt wird im Anschluß aus der aus der Idee des ‚Bundes' abgeleiteten Verteidigung der Freiheit der Bundesglieder eine Pflicht zur Einordnung in den Gesamtzusammenhang des Bundesstaates, also eine Beschränkung der Handlungsfreiheit des Landes, abgeleitet. Aus dem entwickelten Gedankengang folge nämlich, so das Gericht, „daß die vom Gesetz geforderte Verständigung zwischen dem Bundesminister für Wohnungsbau und den anderen Ländern über die Verteilung der für den Wohnungsbau in den Ländern zur Verfügung stehenden Bundesmittel durch den Widerspruch eines oder auch mehrerer Länder dann nicht in Frage gestellt werden kann, wenn er mit der Pflicht zu bundesfreundlichem Verhalten unvereinbar ist". Ein „aus sachfremden Motiven erhobener, daher unsachlicher und in diesem Sinne willkürlicher Widerspruch" gegen einen Verteilungsplan sei rechtlich unerheblich.[107] Die Bundestreue war damit auf einmal zum dogmatischen Korrektiv erhoben, mit dessen Hilfe sich (ungeschriebene) Rechtspflichten der Länder beim Gebrauch ihrer (geschriebenen) Kompetenzen begründen lassen sollten.

Der Streit um die Erheblichkeit oder Unerheblichkeit des Widerspruchs sei – so der Senat – auch ein Rechtsstreit, zu dessen Entscheidung das Bundesverfassungsgericht zuständig sei. Die Entscheidung möge zwar im Einzelfall schwierig sein, sie sei jedoch nicht wesentlich verschieden von den Fällen, in denen andere – im Verfassungsrecht häufige – unbestimmte Rechtsbegriffe anzuwenden seien.[108] Im fraglichen Fall allerdings habe Bayern diese Rechtspflicht nicht verletzt. Zu den legitimen Gründen für die Ablehnung eines Vorschlags gehöre jedenfalls die Tatsache, „daß dieser Vorschlag auf offenbar sachwidrigen Gründen beruht" –

---

[106] Ebda.

[107] BVerfGE 1, 299, 315f.

[108] BVerfGE 1, 299, 316.

wie im Falle des vom Bundeswohnungsbauminister mit der Ländermehrheit abgesprochenen Verteilungsschlüssels.[109]

Das unentschiedene Moment, das in der frühen Rechtsprechung des Bundesverfassungsgerichts zur Bundestreue kennzeichnend ist, fällt in der Abfolge der beiden referierten Entscheidungen besonders auf. Konnte schon die erste Entscheidung nicht genau festmachen, welche Konzeption der Bundestreue sie nun eigentlich zugrundelegen wolle – der Duktus der theoretischen Passagen erinnert an die ‚bündische' Konstruktion von Smend, die konkrete Ableitung eher an die unitarische Fassung der späten Weimarer Jahre – so vergißt die Folgeentscheidung völlig die dogmatische Ableitung aus der ‚bündischen Idee' durch Smend, die anfänglich noch beschworen worden war. Sie wendet sich vielmehr unverhohlen der späteren ‚Mutationsform' der Bundestreue als Pflicht zur „Einordnung in das Gesamtgefüge" zu.

7.3.2. Die Folgeentscheidungen I – Konkordatsurteil von 1957

Die Entscheidungspraxis der folgenden Jahre setzte diese ambivalente Linie fort. Die insoweit anzuführenden Entscheidungen waren im Ergebnis durchaus länderfreundlich, wiesen sie doch nahezu immer die in der Regel überzogenen Vorstellungen der Bundesregierung von einer weitreichenden Unterordnung der Länder unter den Bund und der behaupteten Verfassungspflicht zur Einheitlichkeit im politischen Vorgehen zurück. In der Diktion verselbständigte sich aber zugleich die unitarische Konzeption der Bundestreue, streifte ihre zunächst betonte Anbindung an die Smend'sche Ableitung aus der ‚bündischen' Idee ab.

Sehr deutlich wird dies schon an der nächsten großen Folgeentscheidung, dem Konkordatsurteil des Zweiten Senats vom 26. März 1957[110]. Die erhobene Rüge, das Land Niedersachsen verletze durch den Erlaß eines neuen Schulgesetzes seine Pflichten aus dem fortgeltenden Reichskonkordat von 1933, konnte die Bundesregierung dabei schon prozessual nur auf eine Verletzung der Pflicht zur Bundestreue stützen, war doch sonst keine Rechtspflicht aufzufinden, aus der die Zulässigkeit einer Bund-Länder-Streitigkeit abzuleiten gewesen wäre. Das Bundesverfassungsgericht hielt allerdings, in konsequenter Fortsetzung des schon in den Vorentscheidungen beschrittenen Weges, den Grundsatz der ‚Bundestreue' für so verfestigt und konkretisiert, daß auch allein auf diesen ungeschriebenen Grundsatz ein Antrag gemäß Art. 93 Abs. 1 Nr. 3 GG zu stützen sei. Dem Einwand, die Verletzung der ‚Bundestreue' könne in einem gerichtlichen Verfahren nicht nachgeprüft werden, weil der Begriff der Bundestreue nicht rechtlich fest umrissen, die Verletzung der Bundestreue daher nicht im Wege der Rechtsfindung prüfbar

[109] BVerfGE 1, 299, 316ff.

[110] BVerfGE 6, 309; vgl. dazu auch die Anmerkungen von *M. Bullinger*, Der Anwendungsbereich der Bundesaufsicht. Zum Konkordatsurteil des Bundesverfassungsgerichts, AöR 83 (1958), S. 279ff., sowie *J.H. Kaiser*, Die Erfüllung der völkerrechtlichen Verträge des Bundes durch die Länder. Zum Konkordatsurteil des Bundesverfassungsgerichts, ZaöRV 28 (1957/58), S. 526ff., dort in Fn. 3 m.w.N. der Vielzahl von kritischen Anmerkungen zum Urteil des BVerfG.

sei, maß der Zweite Senat keine große Überzeugungskraft bei. „Wenn es", so der Senat, „ungeschriebene verfassungsrechtliche Pflichten gibt – und das kann nicht bezweifelt werden –, so muß es auch möglich sein, die Verletzung solcher Pflichten im Verfassungsrechtsstreit zu rügen."[111]

Ähnlich ergebnisorientiert ging das Gericht an die Fragen der inhaltlichen Begründetheit heran. Nach einer ausführlichen Prüfung (und Bejahung) der Frage, ob das Reichskonkordat von 1933 rechtlich verpflichtend zustandegekommen sei und ob es auf der völkerrechtlichen Ebene weiterhin Gültigkeit beanspruchen könne[112], wandte sich das Gericht der Frage der innerstaatlichen Verpflichtung aus dem Reichskonkordat zu. Die völkerrechtliche Weitergeltung des Reichskonkordats habe – so führte der Senat aus – zur Folge, daß die sich daraus ergebenden beiderseitigen Verpflichtungen von den Vertragsparteien zu erfüllen seien. Im Geltungsbereich des Grundgesetzes sei nun „als Partner des Reichskonkordats die Bundesrepublik Deutschland – das sind verfassungsrechtlich der Bund und die Länder als Ganzes – anzusehen". Die Verpflichtungen aus den Schulbestimmungen dieses Konkordats könnten aber nach dem Verfassungsrecht der Bundesrepublik Deutschland nur von den Ländern erfüllt werden, da dem Bund die Gesetzgebungskompetenz auf dem Gebiete des Schulrechts fehle. Die Entscheidung des Rechtsstreits zwischen Bund und dem Land Niedersachsen hänge daher von der Frage ab, ob der Bund die Beachtung dieser Bestimmungen von den Ländern verlangen könne – eine Frage, die nur dann zu bejahen sei, wenn „die Länder dem Bund gegenüber *verfassungsrechtlich* verpflichtet" seien, die Bestimmungen bei der Gestaltung des Schulrechts einzuhalten.[113]

Diese Frage wurde aber vom Bundesverfassungsgericht im Ergebnis verneint. „Um die verfassungsrechtliche Ordnung der Bundesrepublik Deutschland richtig zu verstehen", so ist in der Begründung zu lesen, müsse „man sich vergegenwärtigen, daß es sich bei der durch das Grundgesetz vorgenommenen Kompetenzverteilung zwischen Bund und Ländern nicht um die Aufteilung einer bis zur Schaffung des Bundesstaates unbeschränkt ausgeübten Einheitsstaatsgewalt gehandelt hat". Die Vorgänge der Jahre 1945 bis 1949 bedeuteten insoweit nicht nur einen Wechsel der Staatsform. Der deutschen Staatsgewalt in Bund und Ländern sei „vielmehr in einem grundlegenden Neuaufbau an Stelle der 1945 gänzlich zusammengebrochenen und völlig beseitigten staatlichen Organisation eine neue Ordnung und Form gegeben" worden. Daß sich dieser Neuaufbau „unter zeitlicher Priorität der Entwicklung der Staatlichkeit der Länder vor der Bildung der deutschen Gesamtstaatsorganisation" vollzogen habe, habe den Verfassunggeber in zweifacher Hinsicht „vor vollendete Tatsachen" gestellt. „Einerseits hatte sich" – so das Gericht – „ das Recht in den Ländern weithin selbständig entwickelt, und zwar – wie auch der vorliegende Fall zeigt – in einem Maße, daß diese besondere Rechtsentwicklung vom Grundgesetz nicht ignoriert werden konnte." Anderer-

[111] BVerfGE 6, 309, 328.
[112] Siehe dazu die Ausführungen in BVerfGE 6, 309, 330ff.
[113] BVerfGE 6, 309, 340 (Hervorhebung im Original).

seits konnten – so das Gericht – „die Kompetenzen der Länder schon wegen des ihnen damals eigenen politischen Gewichts nicht beliebig beschnitten werden“. Unter diesen verfassungspolitischen Voraussetzungen habe die Bundesverfassung die Einhaltung der von der Reichsgewalt eingegangenen Verpflichtungen durch die Länder nicht so umfassend gewährleisten können, „wie sie das mit Rücksicht auf die Bindung der Bundesrepublik nach außen vielleicht hätte tun können, wenn sie die Aufteilung einer ungestört ausgeübten Einheitsstaatsgewalt auf Bund und Länder zum Gegenstand gehabt hätte“.[114]

Daran schließen die Erwägungen zur Bundestreue an. Zu den „dem Grundgesetz immanenten Verfassungsnormen, die das Verhältnis von Bund und Ländern regeln“, gehöre der Verfassungsgrundsatz der Bundestreue. Er könne „nur aus der Zusammenschau mit allen anderen Verfassungsnormen, die dieses Verhältnis regeln, richtig verstanden werden“.[115]

Die Länder hätten „ebenso wie der Bund die verfassungsrechtliche Pflicht, dem Wesen des sie verbindenden verfassungsrechtlichen ‚Bündnisses‘ entsprechend zusammenzuwirken und zu seiner Festigung und zur Wahrung der wohlverstandenen Belange des Bundes und der Glieder beizutragen…“[116] Belegt wird diese im Duktus weiterhin ‚bündisch‘ konzipierte Treuepflicht nun aber nicht mit einem erneuten Verweis auf Smend, sondern nur noch mit vorgängigen Entscheidungen des Bundesverfassungsgerichts selbst, vor allem mit der Entscheidung zur Wohnungsbauförderung vom 21.5. 1952 (BVerfGE 1, 299), aber auch mit zwei weiteren Entscheidungen, die nicht ausdrücklich, aber implizit so etwas wie eine bündische Treuepflicht konstatierten (Urteil zum Finanzausgleichsgesetz vom 20.2. 1952, BVerfGE 1, 117, sowie Urteil im einstweiligen Maßnahmeverfahren zwischen Bund und den Ländern Bayern und Hessen vom 10.12. 1953, BVerfGE 3, 52).

Aus dem Grundgedanken der Bundestreue ergebe sich – so fährt das Urteil fort – „auch eine Beschränkung des Landesgesetzgebers. Bleiben die Auswirkungen einer gesetzlichen Regelung nicht auf den Raum eines Landes begrenzt, so muß der Landesgesetzgeber Rücksicht auf die Interessen des Bundes und der übrigen Länder nehmen. Hat ein Landesgesetzgeber unter Verletzung dieser Pflicht zur Rücksichtnahme seine Freiheit offenbar mißbraucht, so ist sein Verhalten verfassungswidrig“[117] – konstatiert der Senat unter Verweis auf die Entscheidung zum Nordrhein-Westfälischen Besoldungsgesetz vom 1.12. 1954 (BVerfGE 4, 115). Die zwei Linien der Rechtsprechung – ‚bündische‘ Linie im Gefolge von Smend, unitarische Linie in der Tradition des Reichsreformgedankens – werden hier noch auseinandergehalten.

Aus dem theoretischen Obersatz folge nun – und interessanterweise dient hier als konkreter Obersatz, aus dem das Verfassungsgericht seine Rechtsfindung

---

[114] BVerfGE 6, 309, 360f.

[115] BVerfGE 6, 309, 361.

[116] Ebda.

[117] Ebda.

schöpft, schon die zweite, unitarische Überlieferungslinie –, daß im Bundesstaat nichts geschehen dürfe, „was das Ganze oder eines der Glieder schädigt“. Daher erfordere die Bundestreue „die Rücksichtnahme jedes Gliedes auf Interessen- und Spannungslagen, die im Bund auftreten, insbesondere auf die nach außen gerichteten Interessen des Bundes. Daraus wird man folgern müssen, daß insbesondere auf dem Gebiete der auswärtigen Beziehungen, in denen der Bund die Kompetenzvermutung für sich hat, die Treuepflicht der Länder dem Bund gegenüber besonders ernst zu nehmen ist.“[118]

Die Anwendung auf den Einzelfall führte dann allerdings im Urteil zu einem negativen Ergebnis: Eine Pflicht der Länder zur Beachtung der Schulbestimmungen des Reichskonkordats dem Bund gegenüber ergebe sich aus dem Grundsatz der Bundestreue nicht. Dies folge einmal aus der Entscheidung des Grundgesetzes, wonach die Länder in der bekenntnismäßigen Gestaltung des Schulwesens verfassungsrechtlich nur durch Art. 7 GG beschränkt seien, was eine darüber hinausgehende Pflicht der Länder dem Bund gegenüber ausschließe. Zum anderen fielen Konkordate nicht unter die Regelung der Art. 32 und 59 GG. Die Zuständigkeit zum Abschluß von Konkordaten richte sich damit allein nach der innerstaatlichen Gesetzgebungskompetenz, was bedeute, daß die Länder „im Bereich ihrer ausschließlichen Gesetzgebungskompetenz ihre konkordatären Beziehungen ohne Ingerenz des Bundes gestalten“ könnten. Aus dieser Rechtslage folge, „daß auch bei Pflichten aus dem Reichskonkordat auf Gebieten, die innerstaatlich in die ausschließliche Gesetzgebungskompetenz der Länder fallen“, der Bund keine verfassungsrechtliche Möglichkeit habe, seine Interessen gegenüber den Ländern durchzusetzen. Es müße – so die abschließende Bemerkung – „dem Einvernehmen von Bund und Ländern auf dem Boden der Gleichordnung überlassen bleiben, im Falle einer Spannungslage zwischen Bundes- und Landesinteressen einen tragbaren Ausgleich zu schaffen“.[119] Trotz der Anbindung der Begründung an die unitarische Konzeption der Bundestreue als einer Pflicht zur ‚Einordnung' war das Urteil im Ergebnis damit betont länderfreundlich ausgefallen, den eigenen Hoheitsbereich der Länder im Schulwesen betonend, unter Inkaufnahme sogar einer dadurch eventuell eintretenden Völkerrechtsverletzung.[120]

7.3.3. Die Folgeentscheidungen II – Volksbefragungsurteil von 1958

Weniger Rücksicht auf die Handlungsspielräume der Landespolitik wurde in dem gut ein Jahr später, am 30. Juli 1958, ergangenen zweiten Volksbefragungsurteil genommen[121]. Zum ersten Mal wurde hier unter Rückgriff auf die Bundestreue das Handeln einer Landesregierung für verfassungswidrig erklärt (Tenorierung: „Das Land Hessen hat gegen den Grundsatz bundesfreundlichen Verhaltens verstoßen, indem die Hessische Landesregierung es unterlassen hat...“).

---

[118] BVerfGE 6, 309, 361f.
[119] BVerfGE 6, 309, 362.
[120] Kritisch dazu *M. Bullinger* (Fn. 110), S. 283ff., 295ff. sowie *J.H. Kaiser* (Fn. 110), S. 529ff.
[121] BVerfGE 8, 122.

Zeitgleich mit dem auf die Bundestreue gestützten Urteil des Zweiten Senats gegen das Land Hessen erging am 30.7. 1958 auch das Urteil des Zweiten Senats gegen die Länder Hamburg und Bremen über die Gesetze betreffend die Volksbefragung über Atomwaffen.[122]Der politische Hintergrund beider Verfahren war identisch – der Streit um die Atomwaffen in Deutschland. Nur hatten die Länder Bremen und Hamburg die Organisation der Volksbefragung über Atomwaffen, mit der die Bundesregierung politisch unter Druck gesetzt werden sollte, selbst übernommen und die Durchführung dieser Volksbefragung jeweils in einem eigenen Landesgesetz geregelt. Die Nichtigerklärung dieser Gesetze bereitete dem Senat methodisch keine Schwierigkeiten, hatten die Länder doch evident keine Kompetenz zum staatlichen Tätigwerden auf dem Gebiet der Verteidigung.[123]

Im Falle Hessens dagegen wurde die ‚Volksbefragung' von den Gemeinden organisiert. Das Land hätte gegen diese gemeindlichen ‚Volksbefragungen' allenfalls im Rahmen der Kommunalaufsicht einschreiten können (bzw. müssen, nach Auffassung der Bundesregierung), blieb insoweit jedoch inaktiv. Gegen dieses Unterlassen der Landesregierung richtete sich der Antrag der Bundesregierung. Als Grund einer einschlägigen Rechtspflicht der Länder gegenüber dem Bund wurde von ihr dabei primär das in der Rechtsprechung mittlerweile etablierte Prinzip der Bundestreue herangezogen.[124]

In der Begründung der Entscheidung führte das Bundesverfassungsgericht aus, im Bundesstaat hätten Bund und Länder die gemeinsame Pflicht zur Wahrung und Herstellung der grundgesetzlichen Ordnung in allen Teilen und Ebenen des Gesamtstaates. Soweit der Bund dafür nicht unmittelbar Sorge tragen könne – wie im Falle der Kommunalaufsicht, wo er auf die Mitwirkung des Landes angewiesen sei – sei das Land zur Mitwirkung verpflichtet. Das folge aus dem ungeschriebenen Satz über die Pflicht zu bundesfreundlichem Verhalten.[125]Die Pflicht zu bundesfreundlichem Verhalten habe das Bundesverfassungsgericht in Übereinstimmung mit der Rechtslehre „aus dem Wesen des Bundesstaates entwickelt", wobei der Senat auf das Urteil zum Finanzausgleichsgesetz (BVerfGE1, 117) und auf das Urteil zur Wohnungsbauförderung (BVerfGE 1, 299) verwies. Durch diesen Grundsatz der ‚Bundestreue' werde „dem Bund und den Ländern in erster Linie eine Schranke beim Gebrauchmachen von ihren Zuständigkeiten gezogen", so hieß es dann mit Verweis auf das Urteil zum Nordrhein-Westfälischen Besoldungsgesetz (BVerfGE 4, 115). Derselbe Grundsatz begründe „aber unter Umständen auch Hilfs- und Mitwirkungspflichten des Bundes oder der Länder, die

[122] BVerfGE 8, 104; vgl. dazu auch die Anmerkung von *E.-W. Fuß*, Die Nichtigerklärung der Volksbefragungsgesetze von Hamburg und Bremen, AöR 83 (1958), S.383ff. sowie *T. Maunz*, Volksbefragung und Bundesstaat, BayVBl. 1958, S.305ff.

[123] BVerfGE 8, 104, 115ff.; vgl. auch *E.-W. Fuß* (Fn.122), S.400ff., außerdem *T. Maunz*, Grundgesetz und Volksbefragungsgesetze, DÖV 1959, S.1ff.

[124] So lautete dann auch der Antrag der Bundesregierung: „Das Land Hessen verletzt die ihm nach der bundesstaatlichen Ordnung des Grundgesetzes obliegende Pflicht zur Bundestreue, indem die Landesregierung es unterläßt ..." – siehe BVerfGE 8, 122, 126.

[125] Vgl. auch *E.-W. Fuß* (Fn.122), S.410ff.

als Schranke ihrer Freiheit innerhalb ihrer Zuständigkeiten begriffen" werden könnten. So habe das Bundesverfassungsgericht in den zitierten Entscheidungen aus dem Grundsatz bundesfreundlichen Verhaltens eine Pflicht der finanzstärkeren Länder abgeleitet, den schwächeren Ländern in gewissen Grenzen Hilfe zu leisten, und eine Pflicht der Länder, sich in einem Falle, in dem die Verteilung von Bundesmitteln auf die Länder der Zustimmung aller Länder bedurfte, über die Verteilung zu verständigen. In derselben Richtung liege, „wenn aus der allgemeinen Pflicht zu bundesfreundlichem Verhalten die besondere Pflicht abgeleitet wird, daß ein Land von einer ihm gegenüber einer Gemeinde zustehenden Befugnis Gebrauch macht, um eine Störung der grundgesetzlichen Ordnung zu beseitigen, zu deren Beseitigung der Bund mangels einer Kompetenz nicht imstande ist".[126]

Dies gelte jedenfalls dann, wenn es sich um eine „empfindliche, schwerwiegende Störung der grundgesetzlichen Ordnung" handle, wie im Fall der zur Entscheidung gestellten Volksbefragung über Atomwaffen, bei der es sich um ein „von der Opposition im Bundestag gesteuertes einheitliches Vorgehen der Gemeinden" handle, das „auf den Übergriff und Eingriff der Gemeinden in die Entscheidungsfreiheit der zuständigen Verfassungsorgane des Bundes auf dem Gebiet des Verteidigungswesens" ziele.[127]

Die Feststellung der Verletzung der Pflicht zu bundesfreundlichem Verhalten – so fügte das Bundesverfassungsgericht hinzu – setze auch nicht den Nachweis einer „Treulosigkeit" oder der Böswilligkeit des Landes voraus; sie impliziere vielmehr überhaupt keinen Vorwurf. Es gehe „ausschließlich um die Klärung eines objektiven Begriffs des Verfassungsrechts und, darauf aufbauend, um die Beurteilung eines Sachverhalts, bei dem vorausgesetzt werden kann, daß die daran Beteiligten in der Überzeugung von der Verfassungsmäßigkeit ihrer Handlungsweise gehandelt haben". Die Betonung des ‚rechtlich-objektiven' Charakters der Entscheidungsfrage verweist auf die vom Gericht erwarteten Vorwürfe einer subjektiv geprägten, von politischen Motiven getragenen Tendenzentscheidung – Vorwürfe, die man bei Heranziehung des doch sehr vagen ‚Bundestreue'-Maßstabs in einer derart hochpolitischen Konfliktlage nicht ohne Grund scheute. Es werde verkannt, so das Gericht gegen Ende der Begründung mit der gleichen Zielrichtung, „daß die Verletzung der Bundestreue durch das Land Hessen nicht zu erblicken ist in seinem Widerspruch und seinem politischen Kampf gegen die Politik der Bundesregierung; sie liegt vielmehr in der Weigerung des Landes, gegen eine grundgesetzwidrige Maßnahme der hessischen Gemeinden im Aufsichtswege einzuschreiten"[128]. Das aber sei rechtlich faßbar und gerichtlich nachprüfbar.[129]

[126] BVerfGE 8, 122, 138f.
[127] BVerfGE 8, 122, 139.
[128] BVerfGE 8, 122, 140.
[129] BVerfGE 8, 122, 141.

7.3.4. Die Folgeentscheidungen III – Fernsehurteil von 1961

Bereits im Antrag auf den Grundsatz der Bundestreue gestützt war das Streitverfahren der Länder Hamburg und Hessen gegen den Bund wegen der Gründung der ‚Deutschland-Fernsehen-GmbH' und das damit verbundene abstrakte Normenkontrollverfahren zu §3 des Staatsvertrags über den Norddeutschen Rundfunk. Die Bundesregierung habe – so die Antragsteller – durch die Gründung der eigenen Fernsehgesellschaft gegen den Grundsatz bundesfreundlichen Verhaltens verstoßen, überdies Kompetenzen der Länder und geltendes Landesrecht verletzt. Auch die Art und Weise, in der der Bund vorgegangen sei, sei mit den Grundsätzen der Bundestreue nicht vereinbar.

In seinem Urteil vom 28. Februar 1961[130] stellte der Zweite Senat zunächst fest, die Gesetzgebungskompetenz des Bundes zur Regelung des Fernmeldewesens (Art. 73 Nr. 7 GG) erstrecke sich nicht auf den Betrieb von Rundfunkanstalten. Der Begriff „Post- und Fernmeldewesen" umfasse nur den sendetechnischen Bereich des Rundfunks unter Ausschluß der sogenannten Studiotechnik, nicht aber den Rundfunk als Ganzes.[131]

Das Grundgesetz gehe – so wird diese zunächst am Wortlaut und an der Geschichte des Kompetenztitels orientierte Auslegung wiederum durch verfassungssystematische Aspekte ergänzt – bei der Ordnung der Gesetzgebungszuständigkeiten von Bund und Ländern vom Grundsatz der Länderkompetenz aus. Der Bund habe Gesetzgebungsbefugnisse nur, soweit das Grundgesetz sie ihm ausdrücklich verleihe. Bei Zweifeln über die Zuständigkeit des Bundes spreche keine Vermutung zugunsten einer Bundeskompetenz. Die Systematik des Grundgesetzes fordere vielmehr eine strikte Interpretation der Art. 73ff. GG. Hinzu komme noch, daß der Rundfunk jedenfalls auch ein kulturelles Phänomen sei. Soweit kulturelle Angelegenheiten überhaupt staatlich verwaltet und geregelt werden könnten, fielen sie aber nach der Grundentscheidung des Grundgesetzes in den Bereich der Länder.[132]

Die – auf den sendetechnischen Aspekt beschränkte – Gesetzgebungskompetenz des Bundes für das Fernmeldewesen lasse allerdings „Regelungen zu, die dem Bund das ausschließliche Recht vorbehalten, Funkanlagen für Zwecke des Rundfunks zu errichten und zu betreiben". Der Bund müsse dabei jedoch – so fügt das Bundesverfassungsgericht an – „den Grundsatz bundesfreundlichen Verhaltens beachten", eine Bezugnahme auf die einschlägige Rechtsprechung, die mit Verweisen auf frühere Entscheidungen belegt wird.[133] Interessant ist dabei, welche Urteile zitiert werden. Im Gegensatz zu allen bis dato ergangenen Urteilen, die – soweit sie ausdrücklich auf die Bundestreue gestützt waren – immer im Kern auf die beiden Entscheidungen im ersten Band zurückgegriffen hatten (Entschei-

---

[130] BVerfGE 12, 205; vgl. dazu auch die ausführliche Anmerkung von *K. Zeidler*, Gedanken zum Fernseh-Urteil des Bundesverfassungsgerichts, AöR 86 (1961), S. 361ff..

[131] BVerfGE 12, 205, 225ff.; vgl. auch *K. Zeidler* (Fn. 130), S. 386ff.

[132] BVerfGE 12, 205, 228f.; vgl. ferner *K. Zeidler* (Fn. 130), S. 388ff., 392ff.

[133] BVerfGE 12, 205, 239, aber auch 249f.

dungen zu Finanzausgleich und Wohnungsbauförderung), verkürzt das Fernsehurteil nun auf einmal diese Verweiskette und läßt den Nachweis der etablierten Rechtsprechung zur Bundestreue mit BVerfGE 4, 115 beginnen – der eher unitarisch gestimmten Entscheidung zum Nordrhein-Westfälischen Besoldungsgesetz; in der Folge zitiert werden dann das Konkordatsurteil und das Volksbefragungsurteil.

Das Bundesverfassungsgericht fährt fort in der Begründung mit den Worten: „Dieser Grundsatz" – gemeint ist: der Bundestreue – „wäre verletzt, wenn der Bund heute von der Befugnis zur Regelung des Fernmeldewesens unter Berufung auf sein Funkregal in einer Weise Gebrauch machen würde, die darauf hinausliefe, den bestehenden öffentlich-rechtlichen Rundfunkanstalten das Verfügungsrecht über die in ihrem Eigentum stehenden und von ihnen betriebenen Sendeanlagen zu entziehen. Gleiches würde gelten, wenn der Bund durch gesetzliche Regelung diesen Anstalten die von ihnen benutzten Wellenbereiche nehmen und sie bei der Verteilung der jetzt oder künftig zur Verfügung stehenden Frequenzen nicht gebührend nach Maßgabe der landesgesetzlichen Regelungen über die Veranstalter von Rundfunksendungen berücksichtigen würde."[134]

Fehle dem Bund aber nach der grundgesetzlichen Kompetenzstruktur grundsätzlich die Befugnis zum Tätigwerden im Bereich des Rundfunkwesens, so sei die Gründung der ‚Deutschland-Fernsehen-GmbH' mit der Verfassung nicht vereinbar. Es könne dabei – so führte das Gericht ergänzend aus – „dahingestellt bleiben, ob die für die bundesstaatliche Struktur unserer Verfassungsordnung grundlegende Vorschrift des Art. 30 GG jede staatliche Tätigkeit schlechthin erfaßt". Jedenfalls falle unter diese Kompetenznorm „diejenige Betätigung des Staates, die der Erfüllung öffentlicher Aufgaben dient, und zwar ohne Rücksicht darauf, ob Mittel des öffentlichen oder des privaten Rechts verwendet werden". Eine andere Auslegung könne, zumal angesichts des zunehmenden Umfangs der nichteingreifenden Verwaltung, dem Sinn des Art. 30 GG nicht gerecht werden.[135] Die Grundregel des Art. 30 GG gelte sowohl für die gesetzesakzessorische wie für die ‚gesetzesfreie' Erfüllung öffentlicher Aufgaben.[136]

Schließlich komme auch eine Bundeskompetenz ‚aus der Natur der Sache' insoweit nicht in Betracht.[137] Die Tatsache der gemeinsamen oder koordinierten Erfüllung einer Aufgabe durch die Länder – so entgegnete das Gericht auf ein Hauptargument des Bundes – sei, „gleichgültig welcher Art die Motive für die Zusammenarbeit sein mögen, für sich genommen kein Grund, der eine natürliche Bundeszuständigkeit rechtfertigen könnte". Es sei vielmehr „ein für den Bundesstaat entscheidender Unterschied, ob sich die Länder einigen oder ob der Bund eine Angelegenheit auch gegen den Willen der Länder oder einzelner Länder gesetzgeberisch regeln und verwalten kann".[138]

---

[134] BVerfGE 12, 205, 239f.
[135] BVerfGE 12, 205, 244; siehe auch *K. Zeidler* (Fn. 130), S. 397ff.
[136] BVerfGE 12, 205, 246ff.
[137] BVerfGE 12, 205, 251ff.
[138] BVerfGE 12, 205, 252.

In einem weiteren Abschnitt der Begründung ging das Bundesverfassungsgericht schließlich auf den Vorwurf ein, die Bundesregierung habe schon durch die Art und Weise ihres Vorgehens den Grundsatz bundesfreundlichen Verhaltens verletzt. Im deutschen Bundesstaat werde, so lautet dabei der Obersatz, „das gesamte verfassungsrechtliche Verhältnis zwischen den Gliedern durch den ungeschriebenen Verfassungsgrundsatz von der wechselseitigen Pflicht des Bundes und der Länder zu bundesfreundlichem Verhalten beherrscht“.[139] Das Gericht kehrte damit noch einmal zu den ‚bündischen‘ Wurzeln der Smend'schen Ausgangskonstruktion zurück, wie auch der ausdrückliche Verweis auf Smend's Beitrag zur Otto Mayer-Festschrift belegt.

In der Folge ließ der Senat die bisherige Rechtsprechung zur Bundestreue Revue passieren, unter vollständiger Aufzählung (und kurzer Charakterisierung) aller relevanten Entscheidungen des Bundesverfassungsgerichts.[140] Die bisherige Rechtsprechung lasse erkennen, so faßte der Senat seine bemerkenswert ausführliche Analyse der Vorläuferentscheidungen zusammen, „daß sich aus diesem Grundsatz sowohl konkrete, über die in der bundesstaatlichen Verfassung ausdrücklich normierten verfassungsrechtlichen Pflichten hinausgehende, zusätzliche Pflichten der Länder gegenüber dem Bund und zusätzliche Pflichten des Bundes gegenüber den Ländern entwickeln lassen als auch konkrete Beschränkungen in der Ausübung der dem Bund und den Ländern im Grundgesetz eingeräumten Kompetenzen ergeben“. Der vorliegende Fall gebe nun „Veranlassung, den verfassungsrechtlichen Grundsatz von der Pflicht zu bundesfreundlichem Verhalten nach einer anderen Seite weiter zu entwickeln: Auch das procedere und der Stil der Verhandlungen, die zwischen dem Bund und seinen Gliedern und zwischen den Ländern im Verfassungsleben erforderlich werden, stehen unter dem Gebot bundesfreundlichen Verhaltens.“ In der Bundesrepublik Deutschland hätten alle Länder den gleichen verfassungsrechtlichen Status; sie seien „Staaten, die im Verkehr mit dem Bund Anspruch auf gleiche Behandlung“ hätten. Wo immer der Bund sich in einer Frage des Verfassungslebens, an der alle Länder interessiert und beteiligt seien, um eine verfassungsrechtlich relevante Vereinbarung bemühe, verbiete „ihm jene Pflicht zu bundesfreundlichem Verhalten, nach dem Grundsatz divide et impera zu handeln, d.h. auf die Spaltung der Länder auszugehen, nur mit einigen eine Vereinbarung zu suchen und die anderen vor den Zwang des Beitritts zu stellen“.[141]

Jener Grundsatz verbiete es auch, „daß die Bundesregierung bei Verhandlungen, die *alle* Länder angehen, die Landesregierungen je nach ihrer parteipolitischen Richtung verschieden behandelt, insbesondere zu den politisch entscheidenden Beratungen nur Vertreter der ihr parteipolitisch nahestehenden Landesregierungen zuzieht und die der Opposition im Bunde nahestehenden Landesregierungen davon ausschließt“. Es sei in Fällen „der hier erörterten Art das gute

---

139 BVerfGE 12, 205, 254.

140 Ebda., 254f.

141 BVerfGE 12, 205, 255.

Recht der *einer* Partei angehörenden Politiker im Bund und in den Ländern, zunächst einmal in politischen Gesprächen ihre Auffassungen zur Lösung des den Bund und alle Länder interessierenden Problems zu klären und miteinander abzustimmen, auch während der Verhandlungen zwischen Bund und Ländern sich über weitere gemeinsame Schritte zu verständigen. Die notwendigen Verhandlungen zwischen dem Bund und den Ländern, also zwischen den Regierungen und ihren Sprechern, müssen aber den oben dargelegten Grundsätzen entsprechen“, also dem Gebot der bündischen Treue zwischen Bund und Gliedstaaten genügen.[142]

Die mit diesen Erwägungen gegen den Bund gelenkte Zielrichtung der Bundestreue mag angesichts der recht rüden Politik des letzten Kabinetts Adenauer gegenüber den Ländern verfassungspolitisch sinnvoll gewesen sein. Rechtsdogmatisch leuchten aber die angeführten Erwägungen in ihrer kaum noch nachvollziehbaren Herleitung nur schwerlich ein. Grundlegende Fragen der politischen Taktik in Verhandlungen zwischen Regierungen, die bis dato kaum ein Jurist dem Bereich des durch Rechtsauslegung im Detail bestimmbaren und gerichtlich nachprüfbaren Verfassungsrechts zugeordnet hätte, waren auf einmal in der Rechtsprechung des Verfassungsgerichts zu Fragen des im Wege der Verfassungsauslegung konkretisierten Rechtsverhältnisses von Bund und Ländern geworden – abgeleitet aus einem äußerst allgemein gehaltenen, normativ nur höchst unzulänglich konturierten Grundsatz des bundesfreundlichen Verhaltens, der nach nur wenigen Vorläuferentscheidungen schon wie ein etabliertes Verfassungsprinzip behandelt wurde.[143] Zwar hatte die Verfassungsrechtslehre insoweit äußerst wichtige Vorarbeit geleistet; als ein in seinen Tatbestandsvoraussetzungen wie Rechtsfolgen klar bestimmtes Rechtsinstitut war die ‚Bundestreue‘ aber zu diesem Zeitpunkt kaum zu bezeichnen. Wenn überhaupt, dann war sie eher als Auslegungsgrundsatz denn als eigenständiges Rechtsinstitut sinnvoll in das Gefüge des Verfassungsrechts einzupassen.[144]

7.3.5. Die Folgeentscheidungen IV – Neugliederungs- bzw. Hessenurteil von 1961

Die unmittelbar nach dem Fernsehurteil einsetzende heftige Kritik am Gebrauch der ‚Bundestreue‘ durch das Verfassungsgericht ließ das Gericht in der kurze Zeit darauf ergangenen Folgeentscheidung zu den Neugliederungsbegehren im Falle Hessens wieder deutlich vorsichtiger werden.

Nach Ablauf der in Art. 29 Abs. 6 Satz 2 GG (a. F.) dem Bundesgesetzgeber eingeräumten Frist zur Neugliederung des Bundesgebietes hatte das Land Hessen 1958 ein Bund-Länder-Streitverfahren gegen den Bund eingeleitet. Unter Ver-

---

[142] BVerfGE 12, 205, 256 (Hervorhebungen im Original).

[143] Vgl. zu der daraus folgenden Kritik am Bundesverfassungsgericht auch *K. Zeidler* (Fn. 130), S. 364f.

[144] Siehe in diesem Sinne etwa *J.A. Frowein*, Die selbständige Bundesaufsicht nach dem Grundgesetz, 1961, S. 76ff., insbes. S. 79f.

weis auf zwei Volksbegehren in den rheinland-pfälzischen Regierungsbezirken Montabaur und Rheinhessen, die auf Anschluß an das Land Hessen gerichtet waren, warf es der Bundesregierung vor, sie habe gegen Art. 29 Abs. 6 S. 2 i.V.m. Abs. 2 S. 3 GG und gegen den Grundsatz bundesfreundlichen Verhaltens verstoßen, indem sie es unterlassen habe, innerhalb der vom Grundgesetz gesteckten Frist den von der Verfassung geforderten Gesetzentwurf über die Neugliederung des Bundesgebietes einzubringen.

Der Antrag wurde vom Bundesverfassungsgericht mit Urteil vom 11. Juli 1961[145] als unzulässig verworfen. Zwischen dem Land Hessen und dem Bund bestehe – so erklärte das Bundesverfassungsgericht – kein Rechtsverhältnis, aus dem Hessen einen Anspruch auf Erlaß des Neugliederungsgesetzes herleiten könne. Der Bund habe weder in den Zuständigkeitsbereich des Landes eingegriffen noch eine Norm der Verfassung mißachtet, die Rechte des Landes sichere. Art. 29 Abs. 1 S. 1 GG bezeichne als Objekt der Neugliederung vielmehr ausdrücklich nur das Bundesgebiet und mache die Neugliederung zu einer ausschließlichen Angelegenheit des Bundes. Die Länder seien in das Verfahren nicht eingeschaltet. Gerade wenn man – wie Hessen – das Neugliederungsgesetz als einen Akt ergänzender Verfassunggebung auffasse, ergebe sich, daß er als aus der verfassunggebenden Gewalt des Deutschen Volkes hervorgehend gedacht werden müsse. Der Bund solle nach Art. 29 Abs. 1 S. 2 GG erst die Länder schaffen, die für das von der bundesstaatlichen Verfassung geordnete Zusammenwirken von Bund und Ländern vorausgesetzt würden. Daher könne der Verfassungsartikel, der dem Bund die Neugliederung auftrage, nicht ein Rechtsverhältnis zwischen dem Bund und den Ländern begründen.Die Neugliederung sei nicht im Interesse der bestehenden Länder vorgesehen, sondern nur im Interesse des Ganzen, und sie erfolge auch nur nach den übergeordneten Gesichtspunkten des Ganzen (Art. 29 Abs. 1).[146]

In der Folge äußerte sich der Zweite Senat dann noch einmal grundsätzlich zur Problematik der Bundestreue, wenn auch nun mit einer erkennbar restriktiven Zielrichtung. Das Prinzip der Bundestreue, auf das Hessen sich berufen habe, konstituiere oder begrenze „Rechte und Pflichten innerhalb eines bestehenden Rechtsverhältnisses zwischen Bund und Ländern", begründe „aber nicht selbständig ein Rechtsverhältnis zwischen ihnen". Die wechselseitigen rechtlichen Beziehungen, innerhalb deren Treue zu wahren sei, „müssen bestehen oder durch Verhandlungen begründet werden"[147] – eine Formulierung, die doch deutlich vorsichtiger klang als die einschlägigen Sätze in der Begründung des Fernseh-Urteils.

Ein solcher Fall einer bestehenden rechtlichen Beziehung liege jedoch nicht vor, so führte das Bundesverfassungsgericht aus. Insbesondere sei Art. 29 nicht „ein Bestandteil der grundgesetzlichen Ordnung, die zu wahren Bund und Län-

---

[145] BVerfGE 13, 54.
[146] BVerfGE 13, 54, 73f.
[147] BVerfGE 13, 54, 75.

dern gemeinsam aufgegeben" sei. Er begründe vielmehr ausschließlich ein Recht und eine Pflicht für den Bund, der die Aufgabe in Überordnung über die Länder" erfülle. Bei der Neugliederung könne der Bund begrifflich Bundestreue im Verhältnis zu den bestehenden Ländern nicht einhalten, da die Wahrung der Interessen der bestehenden Länder bewußt aus diesem Vorgang ausgeklammert sei und ein Land sogar beseitigt werden könne. Die Neugliederung sei dem Bund also gerade nicht im Interesse der bestehenden Länder auferlegt. Sie solle sich nur am Wohl des Ganzen orientieren.[148]

Auch die Konzeption eines dreigliedrigen Bundesstaates, wie sie von Hessen vertreten werde – der Bund sei als Zentralstaat vom Gesamtstaat ermächtigt und damit diesem gegenüber zugleich verpflichtet, die Aufgabe der Neugliederung durch ein Bundesgesetz zu erfüllen – vermöge den Antrag nicht zu stützen. Das Bundesverfassungsgericht habe zwar im Konkordatsurteil – so führte der Senat in der Begründung aus – „von der Bundesrepublik Deutschland als dem Bundesstaat gesprochen, dessen Glieder der Bund und die Länder sind". Damit habe aber nur zum Ausdruck gebracht werden sollen, daß die Aufteilung der staatlichen Befugnisse im Innern des Bundesstaates zwischen den Organen des Bundes und den Organen der Länder keine Wirkung nach außen habe, daß vielmehr nach außen alle Organe, die im Innern staatliche Befugnisse ausübten, die völkerrechtliche Einheit Bundesrepublik Deutschland darstellten. „Nicht aber ist daraus zu folgern, daß" – so heißt es weiter – „zwischen einem Zentralstaat und einem Gesamtsstaat als zwei verschiedenen Rechtsträgern und Subjekten gegenseitiger verfassungsrechtlicher Rechte und Pflichten unterschieden werden kann. Es gibt nicht neben dem Bundesstaat als Gesamtstaat noch einen besonderen Zentralstaat, sondern nur eine zentrale Organisation, die zusammen mit den gliedstaatlichen Organisationen im Geltungsbereich des Grundgesetzes als Bundesstaat alle die staatlichen Aufgaben erfüllt, die im Einheitsstaat einer einheitlichen staatlichen Organisation zufallen." Auch das Fernsehurteil spreche nur von dem „gesamten verfassungsrechtlichen Verhältnis zwischen dem Gesamtstaat und seinen Gliedern und setze den Gesamtstaat gleich Bund und die Glieder gleich Länder.[149]

Wenn das Grundgesetz vom Bund im Gegensatz zu den Ländern spreche und insbesondere Bund und Länder als mögliche Parteien eines Verfassungsstreites vor dem Bundesverfassungsgericht bezeichne, dann verstehe es unter Bund den Oberstaat, der durch die Verbindung der Länder zu einem Bundesstaat bewirkt werde. Dieser Oberstaat sei „den Ländern prinzipiell übergeordnet"; nur in den Bereichen, die die Bundesverfassung nicht geordnet habe, bestehe Gleichordnung. Den Organen des Bundes seien „Kompetenzen zugewiesen, die die Überordnung der Gesamtgewalt über die Gliedstaatsgewalt erkennen lassen, insbesondere die Kompetenz-Kompetenz (vgl. Art. 79, 24 GG)". Im Rahmen der bundesstaatlichen Ordnung sei grundsätzlich den Organen des Bundes die Wahrung der Gesamtverfassung allein anvertraut. Weder aus dem materiellen Verfassungs-

[148] BVerfGE 13, 54, 76.
[149] BVerfGE 13, 54, 77f.

recht noch aus dem Verfahrensrecht der Verfassungsgerichtsbarkeit ergebe sich, daß die Länder befugt seien, „in Prozeßstandschaft für einen hypothetischen Gesamtstaat dessen Rechte gegnüber dem Zentralstaat geltend zu machen“[150].

Das Bundesverfassungsgericht hatte mit diesem restriktiven Urteil nicht nur die Bundestreue deutlich eingeschränkt in ihrer Bedeutung für das materielle Verfassungsrecht wie das Verfahrensrecht; es hatte zugleich eindeutig Stellung bezogen im bundesstaatstheoretischen Streit um dreigliedrige oder zweigliedrige Bundesstaatskonstruktion und um die Überordnung des Bundes über die Länder.

7.4. *Ausblick und Bewertung*

Die zu Anfang der Sechziger Jahre mit dem Fernsehurteil in neue Dimensionen vorgetriebene und dann mit dem Hessenurteil erkennbar konsolidierte Rechtsprechung zur Bundestreue fand allerdings in den folgenden Jahren kaum noch Anwendung.[151] Für die ganzen Sechziger Jahre sind praktisch keine weiteren Entscheidungen des Bundesverfassungsgerichts aufzufinden, in denen ausdrücklich Rekurs genommen wird auf die in der Rechtsprechung der Fünfziger Jahre so gerne beschworene Pflicht zu bundesfreundlichem Verhalten.[152]

Dies mag sicherlich mit an der zwischenzeitlich hörbar gewordenen methodischen Kritik aus der Verfassungsrechtslehre an der als viel zu unbestimmt gerügten Rechtsfigur der Bundestreue[153] gelegen haben. Entscheidender wird aber wohl noch die nach dem Rücktritt Adenauers eingetretene Beruhigung im Verhältnis von Bund und Ländern gewesen sein. Die krassen Fälle, in denen der Bund ganz offen versucht hatte, die Länder politisch zu überfahren und seine Kompetenzen durch einen offensiven Gebrauch seiner Befugnisse auszudehnen, traten in der Folgezeit kaum mehr auf. Einzig die 1962 ergangene Entscheidung zum Gesetz zur Reinhaltung von Bundeswasserstraßen[154] wäre hier zu nennen, in der das Bundesverfassungsgericht zum ersten Mal überhaupt in seiner Judikatur ein Bundesgesetz allein wegen Verstosses gegen die Kompetenzvorschriften des Grundgesetzes für verfassungswidrig erklärte – ein Fall, der allerdings noch aus der Ära Adenauer stammte. Der zu entscheidende Sachverhalt war so krass, daß eine andere Entscheidung kaum denkbar gewesen wäre – nahm der Bund doch mit dem am 17. August 1960 erlassenen Gesetz zur Reinhaltung der Bundeswas-

---

150 BVerfGE 13, 54, 78f.

151 Eine Ausnahme bildet insoweit einzig die Entscheidung vom 11.4.1967, BVerfGE 21, 312, 326, mit der die Einschränkungen der Bundestreue aus dem Hessenurteil bestätigt wurden (Verletzung der Art. 30 und 83 GG durch den Bund dadurch, daß Behörden der Bundeswasserstrassenverwaltung über Erlaubnisse und Genehmigungen auf Grund des Hessischen Wassergesetzes entschieden und dafür Gebühren nach dem Hessischen Verwaltungsgebührengesetz erhoben hatten).

152 Vgl. dazu auch *H. Bauer*, Die Bundestreue, 1992, S. 177.

153 Vgl. insoweit die zusammenfassende Darstellung der Kritik bei *H. Bauer* (Fn. 152), S. 156ff.

154 BVerfGE 15, 1.

serstraßen[155] unter dem Deckmantel des Kompetenztitels aus Art. 74 Nr. 21 GG – konkurrierende Gesetzgebungsbefugnis für die „Seewasserstraßen und die dem allgemeinen Verkehr dienenden Binnenwasserstraßen" – die Befugnis zu einer nahezu umfassenden Regelung der Wasserwirtschaft der großen Fluß- und Seensysteme in Anspruch. Auf dem Hintergrund der stark historisch orientierten Auslegung der Kompetenztitel, die das Bundesverfassungsgericht in seiner Rechtsprechung etabliert hatte, konnte es praktisch nur zu einem Ergebnis gelangen – dem Ergebnis, das Gesetz sei verfassungswidrig, weil es „eine Vollregelung im Bereich der Wassergütewirtschaft und der damit zusammenhängenden Wassermengenwirtschaft" treffe, für die dem Bund einzig eine Rahmenkompetenz nach Art. 75 Nr. 4 GG zustehe.[156] Ähnlich evidente Überschreitungen der Zuständigkeiten des Bundes, wenn auch in sehr viel speziellerer Form, lagen in der Folge noch der Nichtigerklärung der § 12 Abs. 1 und 24 JWG und des § 73 Abs. 2 und 3 sowie § 96 Abs. 1 S. 2 BSHG durch Urteil des Zweiten Senats vom 18. Juli 1967[157], der Nichtigerkärung des § 40 BBahnG sowie des § 33 Postverwaltungsgesetz durch den Beschluß des Zweiten Senats vom 9. Juli 1969[158] und schließlich der Nichtigerklärung des Ingenieurgesetzes durch den Beschluß des Zweiten Senats vom 25. Juni 1969[159] und der partiellen Nichtigerklärung des § 9 Abs. 1 EisenbahnkreuzungsG durch den Beschluß des Zweiten Senats vom 15. Juli 1969[160] zugrunde.

Die insgesamt aber doch erkennbar gewordene Beruhigung im Verhältnis von Bund und Ländern hat im Ergebnis wohl einiges dazu beigetragen, die problematischen theoretischen Grundlagen der verfassungsgerichtlichen Rechtsprechung zum Bundesstaatsrecht mit einem Mantel des Schweigens zu überdecken. Zwar ist die Bilanz dieser Rechtsprechung, insbesondere im Hinblick auf die Bundestreue, wenn man die Entscheidungen der späten Fünfziger und frühen Sechziger Jahre mit in den Blick nimmt, durchaus gemischt. Der Leitstern – oder man könnte auch sagen: das grundlegende Paradigma – der ,Wahrung der Rechtseinheit' (um fast jeden Preis) scheint in vielen dieser Entscheidungen durch, ja findet in so mancher dieser Entscheidungen auch unmittelbar im Wortlaut der Begründung Ausdruck, wenn auch die Ergebnisse vielfach eher die Länderpositionen stärkten als den Bund.

Nun mag dieser ,horror vacui', diese Angst vor der Rechtszersplitterung, die aus vielen frühen Urteilen hervorspringt, psychologisch zum Teil durchaus erklärbar sein mit den traumatischen Erfahrungen der Rechtszersplitterung in der Besatzungszeit. Wichtiger aber dürfte doch der Ansatz der biographischen Kontinuität zur Weimarer Zeit sein, die bei vielen in den Nachkriegsjahren prägenden Juristen, insbesondere sozialdemokratischer und liberaler Provenienz, einher-

---

155 BGBl. 1960 II, S. 2125.
156 BVerfGE 15, 1, 7.
157 BVerfGE 22, 180, 210.
158 BVerfGE 26, 281, 294, 297.
159 BVerfGE 26, 246, 254ff.
160 BVerfGE 26, 338, 379ff.

ging mit der Orientierung am ‚unitarischen Erbe' der Weimarer Republik, verkörpert in der Reichsreformbewegung.

Diese unitarische Orientierung am Gedanken der ‚Rechtseinheit' als dem ‚telos' der deutschen Verfassungsgeschichte drückte sich am deutlichsten aus im Umgang mit der Übergangsvorschrift des Art. 125 GG. Über eine offensive Interpretation der – von vielen Mitgliedern wohl schon im Parlamentarischen Rat als ‚Korrektur über die Hintertür' verstandenen – Vorschrift zur Überleitung des Reichsrechts (und der entsprechenden Vorschriften der Besatzungszeit) in Bundesrecht wurde die theoretische Möglichkeit der Landesgesetzgebung im Bereich der konkurrierenden Gesetzgebungskompetenz weitgehend ausgehebelt, ‚sperrte' doch das als Bundesrecht fortgeltende alte Reichsrecht den Landesgesetzgeber im Rahmen des Art. 72 Abs. 1 GG.

Es folgte die Rechtsprechung zur ‚Bedürfnisklausel' des Art. 72 Abs. 2 GG, die der von den Alliierten als ‚föderative Bremse' konzipierten Bestimmung faktisch ihre Bedeutung im Verfassungsleben nahm. Kompensiert wurde diese extrem ‚bundesfreundliche' Rechtsprechung einzig durch eine eher konservative, die historischen Zusammenhänge betonende Judikatur zur Abgrenzung der einzelnen Kompetenztitel – eine Rechtsprechung, die (durchaus gewollt) zu einer gewissen ‚Versteinerung' der Kompetenzkataloge führte. Betont bremsend agierte das Bundesverfassungsgericht übrigens auch im Bereich der Rahmengesetzgebung, wo ein Rückgriff auf die Weimarer Überlieferung allerdings von vornherein eine eher restriktive Rechtsprechung nahelegte, die dem Bund die Grenzen dieser Form der Gesetzgebung vor Augen hielt.

Die Rechtsprechung zur Bundestreue schließlich ist durch ein relativ widersprüchliches Erbe gekennzeichnet. Legte die direkte Anknüpfung an Smend's ursprüngliche ‚bündische' Konzeption der Bundestreue eine eher länderfreundliche Richtung dieses Grundsatzes des ungeschriebenen Verfassungsrechts nahe, so führte die im Laufe der Zeit immer deutlichere Anknüpfung an die unitarische Bundestreuekonzeption der Weimarer Spätjahre zu einer gegenläufigen Tendenz, zu einer die Länder bewußt in das ‚Gesamtgefüge' der Bundesstaatsordnung einbindenden Rechtsprechung, die die Bundestreue vor allem als „Schranke beim Gebrauchmachen von Zuständigkeiten" zugunsten der Einheit der Gesamtordnung interpretierte. Daß die Ergebnisse dieser im Duktus stark einheitsorientierten Rechtsprechungslinie meist zugunsten der Länder ausfielen, scheint vordergründig zwar gegen eine derartige Sichtweise der Bundestreue als ‚Medium der Integration' zu sprechen. Sieht man sich den politischen Hintergrund genau an, so spricht allerdings vieles dafür, die in den Ergebnissen ‚länderfreundliche' Tendenz der Bundestreueentscheidungen primär als ein Resultat der den Konflikt mit den Ländern geradezu suchenden Politik des Bundes zu sehen, weniger dagegen als eine dem Institut der Bundestreue innewohnende Tendenz zugunsten der Bewahrung gliedstaatlicher Autonomie. Die Politik des Bundes unter der Kanzlerschaft Adenauers war bekanntermaßen geprägt durch einen zum Teil harschen Kurs der Konfrontation gegenüber den Ländern, der – im Verein mit dem oben geschilderten unitarischen Zeitgeist in der Juristenschaft wie der politischen Öffentlichkeit – die Länder in vielen Fragen in die Defensive brachte. Ab einem gewissen Punkt des ‚offensiven' Umgangs mit Kompetenzbestimmungen konnte aber selbst eine im Duktus eher unitarische Konzeption des Bundesstaatsrechts, nahm sie die Entscheidung des Verfassunggebers für den Bundesstaat im Ansatz ernst, praktisch nur noch zu die Rechte der Länder bestätigenden Entscheidungen führen. Mehr noch: In der ausgreifenden Rechtsprechung zur Bundestreue, vor allem in den von *Willy Geiger* als Berichterstatter geprägten Entscheidungen, kündigte sich zu Ende der Fünfziger Jahre eine bewußt länderfreundliche Sichtweise der Bundesstaatsverfassung an. Krass zeigt sich dieser Befund – nun schon wieder mit Rückwirkung auf die dogmatischen Strukturen – im Fernsehurteil von 1961. Die mit diesem Urteil eingetretene ‚Überdehnung' der Bundestreue und die darauf massiv einsetzende Kritik führte in der Folgezeit allerdings zu einem deutlich vorsichtigeren Kurs des Bundesverfassungsgerichts, der sich nicht zuletzt darin ausdrückte, daß die fortschreitende Nutzbarmachung des ungeschriebenen Verfassungsrechtssatzes der Bundestreue zeitweilig eingestellt wurde. Die Impulse für die weitere Ausgestaltung und Fortentwicklung des Bundesstaatsrechts gingen in der Folgezeit zunächst einmal wieder eher von der Politik aus (und mittelbar der Rechtslehre) als vom Bundesverfassungsgericht.

8. Kapitel:

Der Bundesstaat in der Rechtslehre der Fünfziger und Sechziger Jahre – Streit um die Bundesstaatstheorie, Entfaltung der Bundestreue und die Rezeption der Integrationslehre

Die im vorangehenden Kapitel zuletzt referierte Neugliederungs- bzw. Hessen-entscheidung des Bundesverfassungsgerichts läßt erkennbar werden, mit welcher Intensität die Debatte um bundesstaatstheoretische Grundfragen in den Anfangsjahren der Bundesrepublik geführt wurde. Politisch hatte der Bundesstaat – wie in den beiden vorangegangenen Kapiteln geschildert wurde – im Verlaufe der Fünfziger Jahre in der Staatspraxis wie der verfassungsrechtlichen Rechtsprechung eine deutliche Festigung (wenn auch mit unverkennbar unitarischer Tendenz) erlebt – allen Angriffen auf die föderalistische Ordnung der Bundesrepublik aus der Politik wie der Publizistik[1] zum Trotz, die die Länder in eine ‚Defensivposition' der dauernden Verteidigung ihrer durch das Grundgesetz eingeräumten Befugnisse versetzten. Insgesamt läßt sich wohl festhalten: Hatten die Länder auch im Gefolge der Entwicklung von Staatspraxis und Verfassungsjudikatur vielfältige Einbußen in den Kämpfen um Status und Kompetenzen in Kauf zu nehmen, so gelang es ihnen doch im Kern, sich als ein wichtiger politischer Machtfaktor (und rechtlicher Grundbestandteil) des neuen Verfassungsgefüges der Bundesrepublik zu etablieren.

Dies verschob die Aufgabenstellung der Verfassungsrechtslehre im Laufe der Zeit deutlich. Daß die Aufnahme der neuen Bundesstaatsverfassung in Teilen der deutschen Verfassungsechtslehre zunächst alles anders als freundlich ausgefallen war, wurde oben im fünften Kapitel schon dargestellt. Die Rechtswissenschaft

---

[1] Nordrhein-Westfalens Ministerpräsident *Franz Meyers* sprach 1961 auf der Föderalismus-Tagung in Mainz von einer „oft ans Groteske grenzenden Mißachtung des Föderalismus" und einer „kaum glaublichen Unkenntnis der verfassungsrechtlichen Grundstruktur", die sich daran zeige, daß bei nahezu jeder rechtlichen Kontroverse der Länder mit der Bundesregierung „große Teile der öffentlichen Meinung wie eine Meute" über die Länder herfielen – *F. Meyers*, Die föderalistische Struktur der Bundesrepublik Deutschland, in: A. Süsterhenn (Hrsg.), Föderalistische Ordnung, 1961, S. 43, 45. Am gleichen Ort formulierte *Adolf Süsterhenn*: „Weite Kreise unseres Volkes drohen einer Art neuen Einheitsmythos zu erliegen mit der wohlvertrauten, nunmehr allerdings ins Demokratische abgewandelten Parole: ein Volk, ein Parlament und eine Regierung. ... Wer sich heute in der deutschen Öffentlichkeit für den Föderalismus einsetzt, läuft fast Gefahr, entweder als weltfremder Ideologe und politischer Romantiker oder aber, was noch peinlicher ist, als Verteidiger persönlicher Machtpositionen angesehen zu werden." – *A. Süsterhenn*, Föderalismus und Freiheit, a.a.O., S. 27, 27f.

spiegelte darin nur den Geist der Zeit wider – der nordrhein-westfälische Ministerpräsident *Franz Meyers* sprach noch 1961 auf der Föderalismus-Tagung in Mainz von der Tatsache, „daß weite Kreise der deutschen Öffentlichkeit die Entscheidung des Grundgesetzes für eine bundesstaatliche Ordnung bislang für im Grunde nicht mehr gehalten haben als eine luxuriöse Spielerei von ein paar freundlich-verbohrten Theoretikern und einer kleinen Gruppe von Politikern und Bürokraten"[2]. Hatten sich Teile der Verfassungs- und Verwaltungsrechtslehre im Zuge dieses Denkens zunächst noch in einer Art Fundamentalopposition zum ,aufgezwungenen' Bundesstaatssystem geübt, so zwang die faktische Konsolidierung des neuen Verfassungssystems dann doch im Laufe der Zeit die Kritiker, sich auf die dogmatische Arbeit am bestehenden Verfassungsrecht einzulassen.

Der Streit um die angemessene Balance zwischen Zentralisierung bzw. Vereinheitlichung einerseits und Föderalisierung bzw. Subsidiarität andererseits verlagerte sich damit notgedrungen auf neue Felder. Die bundesstaatstheoretische Verarbeitung der neuen Verfassungsordnung bzw. die juristisch-konstruktive Erfassung des Bundesstaates des Grundgesetzes war die eine Aufgabe, die von der Verfassungsrechtswissenschaft in der Folge zu leisten war; die eigentliche Aufgabe aber bestand in der Verarbeitung und Weiterentwicklung der einzelnen bundesstaatsrechtlichen Institute, eventuell unter Anknüpfung an die entsprechenden Diskussionen der Weimarer Staatsrechtslehre, um so im Wege der Systembildung die im Detail oft nicht völlig aufeinander abgestimmten Entscheidungen des Verfassunggebers in ein zusammenhängendes Normengefüge zu verwandeln, das der bundesstaatlichen Praxis ein handlungsleitendes normatives System zur Verfügung stellen könnte.

Die theoretische Debatte um die juristisch-konstruktive Erfassung des Bundesstaatssystems des Grundgesetzes sei im Folgenden hier kurz dargestellt, soweit sie die klassische Frontstellung zwischen Unitariern und Föderalisten widerspiegelt. Sodann sei am Beispiel der ,Bundestreue' die dogmatische Entwicklung eines spezifischen Instituts des Bundesstaatsrechts dargestellt, das wie im Brennspiegel die mehrheitlich unitarische Orientierung der bundesrepublikanischen Staatsrechtslehre erkennen läßt. Die sich widersprechenden Traditionslinien der Weimarer Zeit spielten dabei, wie noch zu zeigen sein wird, eine ganz erhebliche Rolle. Zum Abschluß dieses Kapitels sei sodann die erst mit erheblicher Verzögerung einsetzende Rezeption der Smend'schen Integrationslehre skizziert, die die dogmatischen Debatten um die angemessene Erfassung der Bundesstaatsordnung und die Konkretisierung der Bundestreue bündelte und die von *Konrad Hesse* schließlich im neuen Paradigma vom ,unitarischen Bundesstaat' zu einem wirkungsmächtigen Modell für die Bundesstaatsrechtslehre umgesetzt wurde.

---

[2] *F. Meyers* (Fn. 1), S. 44.

8.1. Der Streit um die richtige Bundesstaatstheorie

Die theoretische Debatte um die juristisch-konstruktive Erfassung des Bundesstaates unter dem Grundgesetz hatte sich unausweichlich den klassischen Fragen der Bundesstaatstheorie zu stellen, die schon im Kaiserreich die Verfassungslehre beschäftigt hatten –die Frage nach dem Sitz der Souveränität, nach dem rechtlichen Verhältnis zwischen Bund bzw. Zentralstaat und Ländern bzw. Gliedstaaten und das Problem der theoretischen Zusammenfügung dieser Elemente zu einem konsistenten theoretischen Modell des Bundesstaates.[3]

Die Anknüpfung an die Weimarer Zeit lag nahe, war doch in diesen Jahren die Debatte um die theoretischen Grundfragen besonders intensiv geführt worden. Kaum Interesse erregte insoweit allerdings die alte Diskussion um den Sitz der Souveränität im Bundesstaat.[4]Soweit die Souveränitätsfrage überhaupt angeschnitten wurde, begnügte man sich in der Regel mit einem Verweis darauf, die Kategorie der ‚Souveränität' als solche sei mittlerweile problematisch geworden.[5]

Implizit knüpfte die Literatur gleichwohl ohne große Bedenken an die unitarische Lehre der Laband-Schule an, für die Souveränität rein begriffslogisch nur beim Reich bzw. Bund als Zentralstaat liegen konnte. Diese Anküpfung erfolgte allerdings kaum jemals direkt, sondern war vermittelt über den republikanischen ‚Staatsrechtspositivismus' des Anschütz'schen Reichsstaatsrechts. Gerne charakterisierte man die „herrschende Lehre" unter Rückgriff auf den Beitrag von *Anschütz* zum ‚System der rechtlichen Beziehungen zwischen Reich und Ländern' im Handbuch von *Anschütz/Thoma*[6] mit der Definition des Bundesstaates als „Gesamtstaat, körperschaftlich zusammengefügt aus einfachen Staaten, die einerseits ihm unterworfen, andererseits beteiligt sind an der Bildung seines Willens"[7]. Das sich daraus ergebende „Rechte- und Pflichtenverhältnis" wurde dann unter Anlehnung an die Jellinek'sche Statuslehre zu systematisieren gesucht, in der Asymmetrie eines potentiell unbeschränkten Unterwerfungsverhältnisses der Länder unter den die Volkssouveränität des Gesamtvolkes verkörpernden Bund als Träger der Gesamtstaatlichkeit. Wie es im einflußreichen Kommentar zum Grundgesetz von *von Mangoldt/Klein* hieß: „Ebenso wie in der Weimarer Repu-

[3] Siehe als die wohl umfassendste zeitgenössische Bearbeitung der Bundesstaatstheorie das einflußreiche Werk des Schweizer Verfassungsrechtlers *J.M. Usteri*, Theorie des Bundesstaates, 1954; siehe ferner als Gesamtdarstellungen der Debatte *W. Schmidt*, Der bundesstaatliche Aufbau der Bundesrepublik Deutschland, 1961, sowie *R. Herzog*, Bundes- und Landesstaatsgewalt im demokratischen Bundesstaat, DÖV 1962, S. 81ff. – jeweils m.w.N.

[4] Vgl. allerdings die ausführliche Darstellung der alten Souveränitätsdebatte bei *W. Schmidt* (Fn.3), S. 11ff.

[5] Siehe nur die insoweit symptomatische Passage bei *O. Koellreutter*, Deutsches Staatsrecht, 1953, S. 138.

[6] *G. Anschütz*, Das System der rechtlichen Beziehungen zwischen Reich und Ländern, in: G. Anschütz / R. Thoma (Hrsg.), Handbuch des Deutschen Staatsrechts, Bd.I, 1930, S. 295ff.

[7] So *H. von Mangoldt / F. Klein*, Das Bonner Grundgesetz, Bd.I, 2. Aufl. 1957, Rn. III.2 zu Art. 20 (S. 588) als „in Übereinstimmung mit der heute herrschenden Lehre ... im Anschluß an Anschütz".

blik ... ist auch in der Bundesrepublik das *Unterwerfungsverhältnis* der einzelnen Länder unter den Bund potentiell (rechtlich) unbeschränkt; weder die Weimarer Reichsverfassung noch das Bonner Grundgesetz gewährleistet den Ländern ihr Daseinsrecht und ihren Gebietsstand."[8] Die einzelnen Rechtsbeziehungen zwischen dem Oberstaat und den Unterstaaten im Bundesgesamtstaat entsprächen – wie *Friedrich Klein* an gleicher Stelle wiederum in Anlehnung an *Anschütz* ausführte – „denjenigen zwischen Staat und Individuum"[9]. Die Körperschaftszugehörigkeit erzeuge einerseits einen „Inbegriff von Pflichten", den ,status subiectionis', andererseits einen Komplex von subjektiven Rechten, die man üblicherweise in negative, positive und aktive Statusrechte einteile. Derartiges Denken im subordinationsrechtlichen Modell der Traditionslinie Laband-Anschütz findet sich in leicht variierter Form bei den meisten Autoren der Zeit, in Formeln wie der von der „Überordnung des Bundes über seine Glieder" oder vom „Überordnungsverhältnis von Bund und Land".[10]

Eine abweichende Position, die die inhärent unitarische Tendenz der klassischen Subordinationslehre zu überkommen suchte, hatte im Gegenzug vor allem *Hans Nawiasky* mit seiner Lehre von der ,Dreigliedrigkeit' des Bundesstaates bezogen.[11] In Anknüpfung an ein theoretisches Modell, das *Hans Kelsen* in seiner Allgemeinen Staatslehre bereits 1925 entfaltet hatte[12], das sich aber in Ansätzen auch schon bei *Otto von Gierke* finden läßt[13], unterschied *Nawiasky* dabei nicht nur einfach zwischen dem Bund einerseits und den Ländern andererseits, sondern zwischen der Bundesrepublik Deutschland (als Gesamtstaat), dem Bund (als der zentralstaatlichen Organisation) und den Ländern (als den Gliedstaaten). Nur die prinzipiell gleichgeordneten Staatssubjekte Bund und Länder zusammen ergeben nach diesem Modell den Gesamtstaat, der dann auch Träger der Souveränität sein sollte. Die ,Kompetenz-Kompetenz' konnte in diesem Modell logisch nur beim Gesamtstaat liegen, der Bund und Ländern ihre Kompetenzen zuweist. Der Bund war demnach zu begreifen als eine Teilordnung, ein Teilstaat mit beschränkten Kompetenzen wie die Gliedstaaten auch, der dem Gesamtstaat, der 'Bundesrepublik Deutschland' im Falle des Grundgesetzes, unterworfen ist.

---

[8] So *von Mangoldt/Klein* (Fn. 7), Rn. III.3.d zu Art. 20 (S. 591) – Hervorhebung im Original.

[9] *von Mangoldt/Klein* (Fn. 7), Rn. III.3.c zu Art. 20 (S. 591).

[10] Vgl. z.B. *J.A. Frowein*, Die selbständige Bundesaufsicht nach dem Grundgesetz, 1961, S. 41; *H. Schäfer*, Wie steht es um unsere bundesstaatliche Ordnung?, NJW 1961, S. 1281, 1284.

[11] Siehe *H. Nawiasky*, Die Grundgedanken des Grundgesetzes für die Bundesrepublik Deutschland, 1950, S. 35ff.; *ders.*, Allgemeine Staatslehre, Dritter Teil, 1956, S. 159ff.

[12] *H. Kelsen*, Allgemeine Staatslehre, 1925, S. 198ff.

[13] Siehe *O. von Gierke*, Labands Staatsrecht und die deutsche Rechtswissenschaft, Schmollers Jahrbuch 7 (1883), S. 1097, 1167ff., sowie *ders.*, Das deutsche Genossenschaftsrecht, Bd. 2, 1873, S. 839, 854; zur (äußerst kontroversen) Diskussion, inwieweit Gierkes organische Staatslehre zu Recht als gedanklicher Vorläufer der Dreigliedrigkeitslehre in Anspruch genommen werden kann, vgl. einerseits *J.M. Usteri* (Fn. 3), S. 154ff., andererseits *J.H. Kaiser*, Die Erfüllung der völkerrechtlichen Verträge des Bundes durch die Länder. Zum Konkordatsurteil des Bundesverfassungsgerichts, ZaöRV 18 (1957/58), S. 526, 532f., sowie *U. Scheuner*, Struktur und Aufgabe des Bundesstaates in der Gegenwart, DÖV 1962, S. 641, 644.

Daß dieses Modell keine große Anhängerschaft in der deutschen Staatsrechtslehre fand[14], wird nicht allzusehr verwundern. Die Konstruktion der Dreigliedrigkeit widersprach zu sehr der von den konstruktiven Traditionen der deutschen Staatslehre geprägten Intuition, für die Bund und Gesamtsstaat identisch sein mußten. Für ein Denken, für das die ‚Einheit' des deutschen Staates das Endziel aller Verfassungsentwicklung darstellte, konnte der als Sachwalter der Einheit verstandene Bund schon im Ansatz kaum getrennt werden vom Gesamtstaat und dessen Interesse, konnte es also ein gesamtstaatliches Interesse außerhalb des Bundesinteresses eigentlich nicht geben. Die Zerlegung des Bundesstaates in drei Kategorien – Gesamtstaat, Zentralstaat und Gliedstaaten – sei, so vermerkten die Kritiker, ein „Gedankengebilde ohne irgendeine Entsprechung in der wirklichen Welt"[15], eine „unrealistische Konstruktion", die „mit der historischen Entwicklung des Bundesstaates in Widerspruch" stehe[16]. Die ‚Dreigliedrigkeitslehre' stieß dementsprechend auf nahezu einhellige Ablehnung in der deutschen Staatsrechtslehre[17] – ein Konsens, der bis heute die deutsche Verfassungsrechtsdoktrin prägt[18]. Einzig in der Frage der Überordnung des Bundes über die Gliedstaaten kam es zu Bemühungen der Differenzierung[19], war die Übersteigerung des Subordinationsdenkens in der Staat-Bürger-Analogie doch zu offensichtlich.

Auch das Verfassungsgericht, dessen Rechtsprechung zunächst dem Gedanken des dreigliedrigen Bundesstaates zuzuneigen schien[20], vollzog im oben schon dar-

---

14 Als wichtige Stimme ist neben *H. Nawiasky* insoweit nur *T. Maunz* zu vermerken – *T. Maunz*, Deutsches Staatsrecht, 1951, S. 109f., ferner später in Verteidigung des Dreigliedrigkeitsgedankens noch *W. Geiger*, Mißverständnisse um den Föderalismus, 1962, S. 11ff. (insbes. S. 14f.).

15 So die Kritik von *J.H. Kaiser* (Fn. 13), S. 534f.

16 So *U. Scheuner* (Fn. 13), S. 642.

17 Siehe neben den kritischen Stellungnahmen von *U. Scheuner* (Fn. 13), S. 642f. und *J.H. Kaiser* (Fn. 13), S. 534ff. vor allem die ablehnenden Positionen zur Dreigliedrigkeitslehre von *H. Schäfer* (Fn. 10), S. 1281ff.; *W. Haegert*, Organe der Länder auf Bundesebene?, NJW 1961, S. 1137, 1138f.; *W. Schmidt*, Das Verhältnis von Bund und Ländern im demokratischen Bundesstaat des Grundgesetzes, AöR 87 (1962), S. 253, 271ff.; *R. Herzog* (Fn. 3), S. 82f.; *K. Hesse*, Der unitarische Bundesstaat, 1962, S. 5f.; *J. Harbich*, Der Bundesstaat und seine Unantastbarkeit, 1965, S. 41ff., 85ff.; *H. Jahrreiss*, Die Gliederung des Bundes in Länder, in: Gedächtnisschrift für Hans Peters, 1967, S. 533ff.; *W. Hempel*, Der demokratische Bundesstaat, 1969, S. 64ff.

18 Siehe nur *O. Kimminich*, Der Bundesstaat, in: J.Isensee / P. Kirchhof (Hrsg.), Handbuch des Staatsrechts, Bd.I, 1987, S. 1113, 1122ff., 1137ff., sowie *K. Stern*, Das Staatsrecht der Bundesrepublik Deutschland, Bd.I, 2.Aufl. 1984, S. 651.

19 Siehe nur die „komplexe" Bundesstaatslehre von *J.M. Usteri* (Fn. 3), S. 227ff., 236ff., oder die „Teilstaaten"-Lehre von *W. Schmidt* (Fn. 3), S. 48ff., 56ff., ferner *ders.* (Fn. 17), S. 274ff.; vgl. außerdem die kritischen Ausführungen zur klassischen Subordinationslehre von *R. Herzog* (Fn. 3), S. 82, 84ff., 87.

20 So wurden zumindest einige Passagen im Konkordatsurteil verstanden – siehe BVerfGE 6, 309, 340: „... die Bundesrepublik Deutschland – das sind verfassungsrechtlich der Bund und die Länder als ein Ganzes", oder ebda., 364: „Im Geltungsbereich des Grundgesetzes wird die staatliche Einheit durch die Bundesrepublik Deutschland als Bundesstaat verwirklicht, deren Glieder der Bund und die Länder sind." Vgl. auch *J.H. Kaiser* (Fn. 13), S. 533f., *K. Hesse* (Fn. 17), S. 5, sowie *J. Harbich* (Fn. 17), S. 37ff.

gestellten Hessen-Urteil vom 11. Juli 1961[21] eine unverkennbare Kehrtwendung gegen die Dreigliedrigkeitslehre: „Es gibt nicht neben dem Bundesstaat als Gesamtstaat noch einen besonderen Zentralstaat..."[22]; der Bund sei „kein Zentral-‘Staat‘ im Unterschied zu einem Gesamt-‘Staat’, sondern nur die oberstaatliche Organisation, die zugleich im Verhältnis zu den Gliedstaaten den Bundesstaat repräsentiert"[23]. Die Debatte um die juristische Konstruktion des Bundesstaates war mit diesem durchgängig als Bekenntnis zum zweigliedrigen Bundesstaatsbegriff gedeuteten[24] Diktum praktisch beendet. Mehr noch, aus dem Urteil glaubte man im Gefolge die prinzipielle Überordnung des Bundes über die Länder als Grundaxiom der deutschen Bundesstaatskonstruktion ableiten zu können. Einzig in den durch das Verfassungsrecht nicht subordinationsrechtlich geordneten Bereichen könne es so etwas wie eine Gleichordnung von Bund und Ländern geben, hatte ja schon das Bundesverfassungsgericht im Hessenurteil geschrieben.

8.2. Die Entfaltung der Bundestreue

Ähnlich unverhohlen kam der unitarische Reflex der überwiegenden Mehrheit der deutschen Staatsrechtslehre in der unmittelbar mit der Gründung der Bundesrepublik einsetzenden Rezeption und Fortentwicklung des Bundestreuegedankens zum Ausdruck. Dabei war der Verweis auf das Institut der Bundestreue zunächst meist recht pauschal und erfolgte ohne eingehende dogmatische Begründung oder Einordnung des Instituts.

Schon im Abschlußbericht des Herrenchiemseer Verfassungskonvents ist diese Tendenz sehr deutlich zu beobachten. So hieß es im „darstellenden Teil" des Berichts z.B. in den Erörterungen zur Zuständigkeitsverteilung zwischen Bund und Ländern auf dem Gebiet der Gesetzgebung abschließend: „Freilich wird immer ein ungeklärter Rest bleiben, der zu Meinungsverschiedenheiten führen kann. Für diesen Rest ist aber zu bedenken, daß zum Wesen des Bundesstaates die Verfassungstreue des Bundes und die Bundestreue der Glieder gehören"[25]. Ähnlich unmißverständlich ist der Bericht in den Ausführungen zum Bereich der Verwaltung, wo zur Frage der Bundesaufsicht ausgeführt wird, daß bei der landeseigenen Verwaltung „die verfassungsmäßige Grundpflicht der Länder, die die staatsrechtliche Tradition als Pflicht zum bundesfreundlichen Verhalten bezeichnet, ... zu den Maßstäben der Aufsicht"[26] zähle.

---

[21] BVerfGE 13, 54.

[22] BVerfGE 13, 54, 77.

[23] BVerfGE 13, 54, 78.

[24] Vgl. nur *K. Hesse* (Fn. 17), S. 6; *U. Scheuner* (Fn. 13), S. 643f.; *W. Schmidt* (Fn. 17), S. 254f.; *W. Hempel* (Fn. 17), S. 70ff.

[25] Verfassungsausschuß der Ministerpräsidenten-Konferenz der westlichen Besatzungszonen, Bericht über den Verfassungskonvent auf Herrenchiemsee vom 10. bis 23. August 1948, abgedruckt in: Der Parlamentarische Rat 1948–1949. Akten und Protokolle, herausgeg. für den Deutschen Bundestag von K.G. Wernicke, für das Bundesarchiv von H. Booms, Bd. 2: Der Verfassungskonvent auf Herrenchiemsee, bearb. von P. Bucher, 1981, S. 504, 533.

[26] Ebda., S. 562.

Bezugnahmen auf den Bundestreuegedanken finden sich dann vielfach auch in den Debatten des Parlamentarischen Rates.[27] Kaum verwundern kann es daher, daß kurz darauf, in den ersten literarischen Darstellungen des frisch verabschiedeten Grundgesetzes, einige Autoren Normen und Normkomplexe des Grundgesetzes zu bloßen „Auswirkungen der ungeschriebenen gegenseitigen Treuepflicht zwischen dem Bund und seinen Gliedern" erklärten, „die – wie jeden Bundesstaat – auch die Bundesrepublik Deutschland" beherrsche[28]. Sie erfordere, daß „Bund und Länder harmonisch zusammenarbeiten und aufeinander Rücksicht nehmen". Meinungsverschiedenheiten über Rechte und Pflichten des Bundes und der Länder seien – so wurde aus dem Bundestreuegedanken gefolgert – „tunlichst gütlich beizulegen und, wenn dies nicht gelingt, durch einen Spruch des Bundesverfassungsgerichts zu entscheiden"[29], wobei „das auch für das Grundgesetz maßgebliche ... Prinzip des bundesfreundlichen Verhaltens" mit als Prüfungsmaßstab zu dienen habe[30]. Gleiches gelte erst recht für die Auslegung der Zuständigkeitsvorschriften, die sich „von einem ungeschriebenen Grundsatz des geschriebenen Verfassungsrechtes leiten lassen" sollten, „auf den kein gesunder Föderalismus verzichten kann und der in der deutschen bundesstaatlichen Tradition eine feste Grundlage findet: von dem Grundsatz der bundesfreundlichen Haltung von Bund und Länder unter Vorrang des Bundesinteresses", wie es von *Wilhelm Grewe* so schön plastisch formuliert worden ist[31]. Vergleichbare Grundgedanken der unitarisch gedachten ‚Einordnung der Länder in das bundesstaatliche Gesamtgefüge' steckten hinter der Nutzbarmachung der Bundestreue für Bundesaufsicht und Bundeszwang[32].

Auffallend ist bei diesen ersten Stellungnahmen der bundesrepublikanischen Staatsrechtslehre die historische Unbefangenheit, mit der an Kategorien des Kaiserreichs und der Weimarer Republik angeknüpft wurde.[33] Ob die pauschal in Bezug genommene „deutsche bundesstaatliche Tradition" wirklich so ohne weiteres auf das Grundgesetz übertragbar war, bereitete den Autoren offensichtlich ebensowenig Kopfzerbrechen wie die Frage, ob hinter dem Begriff der ‚Bundestreue' tatsächlich eine so eindeutige ‚Tradition' des „Vorrangs des Bundesinteresses"[34]

---

[27] Vgl. dazu die Nachweise bei *H. Bauer*, die Bundestreue, 1992, S. 113f.

[28] *C. Dernedde*, Der Bund und die Länder, Deutsche Verwaltung 1949, S. 315, 316.

[29] Ebda.

[30] *H.P. Ipsen*, Grundgesetz und richterliche Prüfungszuständigkeit, Deutsche Verwaltung 1949, S. 486, 490.

[31] *W. Grewe*, Das bundesstaatliche System des Grundgesetzes, Deutsche Rechts-Zeitschrift 1949, S. 349, 350.

[32] Siehe nur *F. Wessel*, Die Verwaltung, Deutsche Verwaltung 1949, S. 327, 328, sowie *W. Menzel*, Die verfassungspolitischen Entscheidungen im Grundgesetz, Deutsche Verwaltung 1949, S. 312, 313.

[33] Daß dies ein generelles Spezifikum der Staats- und Verwaltungsrechtslehre der Jahre nach 1945 war, stellt zu Recht *M. Stolleis* heraus – *M. Stolleis*, Verwaltungsrechtswissenschaft in der Bundesrepublik Deutschland, in: D. Simon (Hrsg.), Rechtswissenschaft in der Bonner Republik. Studien zur Wissenschaftsgeschichte der Jurisprudenz, 1994, S. 227, 233ff.

[34] So die Formel von *W. Grewe* (Fn. 31), S. 350.

stand wie gemeinhin unterstellt wurde[35]. Zwischen den beiden Traditionslinien, der ursprünglichen Konzeption ‚bündischer Treue‘ zugunsten der ‚verbündeten Fürsten‘ des Kaiserreichs (*R. Smend*) und der unitarischen Konzeption der Weimarer Spätjahre, prototypisch verkörpert in den Ausführungen der Prozeßvertreter der Reichsregierung im ‚Preußenschlag‘-Verfahren (*C. Bilfinger*, *C. Schmitt*), wurde dabei kaum jemals unterschieden. Inhaltlich rezipiert wurde vielmehr regelmäßig die unitarische Bundestreuelehre der Weimarer Zeit – dies selbst dort, wo die Belegstellen vorrangig auf den ‚Klassiker', auf *Rudolf Smend*, verwiesen[36].

Das Problem, das sich die Staatsrechtslehre mit einem derart unreflektierten Gebrauch des Instituts der Bundestreue einhandelte, wurde von einzelnen Autoren der Zeit auch durchaus gesehen. So schrieb *Hermann-Wilfried Bayer*, dessen zusammenfassende Darstellung zu Fragen der Bundestreue aus dem Jahre 1961 bald als ‚Standardwerk‘ zur Problematik galt, daß „die Gebräuchlichkeit, deren sich die Bundestreue“ erfreue, in keinem rechten Verhältnis zu dem stehe, „was über ihr Wesen, ihren Inhalt und ihre Funktion bisher als gesicherte Erkenntnis angesprochen werden kann“[37]. Die weitgehend unbefragte Aufnahme und Fortschreibung der Bundestreuedoktrin in der Rechtsprechung des Bundesverfassungsgerichts, die im vorangegangenen Kapitel geschildert wurde[38], sowie die Selbstverständlichkeit, mit der die Verfassungsrechtslehre üblicherweise auf die Bundestreue verwies[39], ließ den meisten Autoren jede nähere dogmatische Begründung des Instituts als überflüssig vorkommen. Der Grundsatz der Bundestreue erschien – wie es in einer Studie aus dem Jahre 1961 zu lesen ist – „zu einleuchtend, als daß man viel zu seiner Berechtigung ausführen müßte“[40].

Nur ganz vereinzelt äußerten Autoren noch eine gewisse Skepsis, und verlangten zumindest für die Wirkungen der Bundestreue noch eine „gründliche dogmatische Klärung“[41], da vor allem das Verhältnis von (objektiver) Rechtskontrolle durch die Verfassungsgerichtsbarkeit und (politischem) Ermessen des Gesetzgebers insoweit noch einer eingehenden Untersuchung bedürfe. Repräsentativ waren diese Stimmen aber nicht. Nicht selten ‚nachweislos', ohne jeglichen genauen

---

[35] Dies räumt selbst *H. Bauer* ein, der die zitierten Autoren grundsätzlich als Beleg für die „prinzipielle Anerkennung der Bundestreue“ unter dem Grundgesetz anführt – siehe *H. Bauer* (Fn. 27), S. 118 mit Fußn. 75 sowie S. 124.

[36] Besonders deutlich ist dies bei *W. Grewe* (Fn. 31), S. 350 mit Fußn. 7.

[37] *H.-W. Bayer*, Die Bundestreue (1961), S. 1.

[38] Siehe oben unter 7.3.

[39] Vgl. nur als ein typisches Beispiel *O. Bachof*, Verfassungswidrige Verfassungsnormen?, 1951, S. 43, ferner die knappen Erörterungen des Prinzips der Bundestreue bei *T. Maunz*, Deutsches Staatsrecht, 1951, S. 146, bei *O. Koellreutter*, Deutsches Staatsrecht, 1953, S. 147, sowie bei *H. von Mangoldt*, Das Bonner Grundgesetz. Kommentar, 1953, Vorbem. 3.c vor Art. 20.

[40] So *J.A. Frowein*, Die selbständige Bundesaufsicht nach dem Grundgesetz, 1961, S. 76, der das Bundestreueprinzip allerdings nur als ein dem ungeschriebenen Verfassungsrecht entstammendes allgemeines verfassungsrechtliches Auslegungsprinzip verstand, nicht als ein selbständiges Rechtsinstrument.

[41] So z.B. *E.-W. Fuß*, Die Nichtigerklärung der Volksbefragungsgesetze von Hamburg und Bremen, AöR 83 (1958), S. 383, 413 Fußn. 77; vgl. ferner *J.A. Frowein* (Fn. 40), S. 76ff..

Beleg zur normativen Verankerung der Bundestreue, ging die herrschende Lehre von einer als Grundsatz des ‚ungeschriebenen Verfassungsrechts' anzusehenden Pflicht zur ‚Bundestreue', zu ‚bundesfreundlichem Verhalten' oder ‚bundesfreundlicher Gesinnung' aus[42], teils gar unter Beschränkung auf eine einseitige Treuepflicht der Länder gegenüber dem Bund[43]. Daß eine derartige Treuepflicht ein tauglicher Maßstab der Bundesaufsicht sei, stand für die meisten Autoren dabei außer Frage.[44] Wenn überhaupt Belegstellen zur Geltung der ‚Bundestreue' als Rechtssatz des Verfassungsrechts gegeben wurden, so knüpfte die Lehre an die „befestigte Rechtsprechung" des Weimarer Staatsgerichtshofs an[45] – die allerdings in puncto ‚Bundestreue' extrem zurückhaltend gewesen war, als Beleg insoweit kaum taugte – oder an die bald zum „Standardbeleg"[46]avancierte Abhandlung von *Smend* über „Ungeschriebenes Verfassungsrecht im Bundesstaat" von 1916[47], insoweit unter Mißachtung des deutlich anderen Ableitungszusammenhanges und der eher länderfreundlichen Zielrichtung der ‚bündischen' Konstruktion Smends[48]. Einen nicht unerheblichen Anteil an dieser ‚schiefen' Smend-Rezeption[49] hatte, wie oben schon dargestellt wurde, das Bundesverfassungsgericht, das sich in seinen frühen Entscheidungen zwar direkt auf Smend berief, die damit begründete Rechtsprechungslinie zur Bundestreue aber dann in der Folge von diesem ‚Grundbeleg' abkoppelte und über die Verweisung auf die eigene Rechtsprechung ‚immunisierte'.[50] Tendenziell verdeckt wurde damit, daß in der Mehrzahl der Entscheidungen der Fünfziger Jahre die ursprünglich unter Verweis auf *Smend* in die Rechtsprechung eingeführte Bundestreue ganz im Gegensatz zum frühen *Smend* vom Bundesverfassungsgericht betont unitarisch konzipiert wur-

---

[42] Siehe die Aufstellung und Analyse der zeitgenössischen Literatur bei *H.-W. Bayer* (Fn.37), S.35ff. sowie bei *H. Bauer* (Fn.27), S.119ff.

[43] So z.B. bei *H. Ritter von Lex*, Die Entwicklung des Verhältnisses von Bund und Ländern in der Bundesrepublik, in: Verfassung und Verwaltung in Theorie und Wirklichkeit. Festschrift für Wilhelm Laforet, 1952, S.51, 53, sowie bei *A. Voigt*, Ungeschriebenes Verfassungsrecht, VVDStRL 10 (1952), S.33, 42f.

[44] Siehe nur *M. Bullinger*, Der Anwendungsbereich der Bundesaufsicht. Zum Konkordatsurteil des Bundesverfassungsgerichts, AöR 83 (1958), S.279, 295ff.; *H.-W. Bayer* (Fn.37), S.93ff.; *J.A. Frowein* (Fn.40), S.81ff. Die gegenteilige Ansicht vertrat v.a. *T. Maunz* – siehe ders., Deutsches Staatsrecht, 1951, S.146, ferner *ders.*, Volksbefragung und Bundesstaat, BayVBl. 1958, S.305ff., sowie *ders.*, Grundgesetz und Volksbefragungsgesetze, DÖV 1959, S.1, 4.

[45] So z.B. *U. Scheuner*, Die Rechtsprechung des Bundesverfassungsgerichts und das Verfassungsrecht der Bundesrepublik, DVBl. 1952, S.645, 645.

[46] So eine Formulierung von *H. Bauer* in dessen dogmengeschichtlicher Untersuchung der Rezeption des Bundestreuegedankens unter dem Grundgesetz – *H. Bauer* (Fn.27), S.122.

[47] Der Verweis auf Smend findet sich bei – um nur einige Beispiele zu nennen – *O. Bachof* (Fn.39), S.43; *W. Grewe* (Fn.31), S.350; *J.H. Kaiser* (Fn.13), S.543.

[48] Auf die gravierenden Unterschiede zwischen ‚bündischer' Treuepflicht bei Smend und ‚unitarischer' Treuepflicht der Weimarer Jahre hat erst wieder *S. Schröcker*, Ungeschriebenes Verfassungsrecht im Bundesstaat, Der Staat 5 (1966), S.137ff., 315ff., hingewiesen.

[49] Siehe in diesem Sinne auch *B. Kowalsky*, Die Rechtsgrundlagen der Bundestreue, 1970, S.43ff. sowie *S. Korioth*, Integration und Bundesstaat, 1990, insbes. S.248ff.

[50] Siehe oben 7.3.

de, und damit eher in der Überlieferung der Weimarer Spätjahre mit dem dominanten Einfluß der Reichsreformgedanken.[51]

Daß schon rein methodisch die umstandslose Anerkennung bestimmter für wünschbar gehaltener Pflichten der Verfassungsorgane als „ungeschriebenes Verfassungsrecht" nicht unproblematisch war, darauf wurde zwar des öfteren hingewiesen[52]. Unter dem Grundgesetz – so läßt sich wohl ohne große Begründung feststellen – als einer auf schriftliche (und möglichst abschließende) Kodifikation des Verfassungsrechts zielenden Verfassung mit einer sehr detaillierten Regelung des Bund-Länder-Verhältnisses ist der Gedanke einer solchen ergänzenden – und überformenden – ‚ungeschriebenen Verfassung' alles andere als selbstverständlich.[53] Doch die weitverbreitete Anerkennung „überpositiven Rechts" in den Gründerjahren der Bundesrepublik[54], die auch vor dem Bundesverfassungsgericht nicht haltmachte[55], ließ die Verfassungsrechtslehre jener Jahre relativ schnell über die heiklen methodischen Probleme solchen ‚ungeschriebenen Verfassungsrechts' hinweggehen. Auf der Staatsrechtslehrertagung in Göttingen 1951 kam es zwar zu einer in Teilen recht kontroversen Diskussion über die Thematik „Ungeschriebenes Verfassungsrecht"[56]. Eine Reihe der beteiligten Debattenredner suchte jedoch das Vorhandensein solch ‚überpositiven' oder besser ‚extrapositiven' Rechts gerade auch mit dem Verweis auf das als in seiner Existenz selbstverständliche Prinzip der Bundestreue zu belegen[57], was die ‚Evidenz' belegt, die dem Bundestreuegedanken in der Sicht der überwiegenden Mehrheit zukam.

Bei den Autoren, die sich etwas eingehender mit den dogmatischen Grundlagen des Bundestreueprinzips auseinandersetzten, mußte dann in der Regel der „Begriff" oder das „Wesen" des Bundesstaates[58] bzw. das föderalistische Prinzip[59] zur Fundierung des Instituts herhalten, wenn man nicht – wie *Hermann von Mangoldt* – die Treuepflicht gleich ganz allgemein aus der „Natur der Sache" ableitete[60] oder gar den Gedanken des „allgemeinen bündischen Rechtssatzes" be-

[51] Vgl. auch *H. Bauer* (Fn. 27), S. 122ff., 131.

[52] Vgl. nur z.B. *S. Schröcker* (Fn. 48), S. 335.

[53] Vgl. dazu auch *H. Bauer* (Fn. 27), S. 125.

[54] Siehe zur damaligen Debatte um ‚überpositives Recht' die Schrift von O. *Bachof* (Fn. 39), S. 7ff., 16ff., 27ff., 43ff., mit vielfältigen Nachweisen des einschlägigen Schrifttums. Aus heutiger Sicht vgl. zur ‚Naturrechtsrenaissance' der Jahre nach 1945 auch *M. Stolleis* (Fn. 33), S. 238ff., sowie *B. von Bülow*, Die Staatsrechtslehre der Nachkriegszeit (1945–1952), 1996, S. 100ff.

[55] Siehe nur BVerfGE 1, 14, 18.

[56] Siehe die beiden Referate zum Thema „Ungeschriebenes Verfassungsrecht" von *E. von Hippel* und von *A. Voigt*, VVDStRL 10 (1952), S. 1ff., 33ff., sowie die Diskussion dazu ebda., S. 46ff.

[57] Siehe die auf die Bundestreue verweisenden Bemerkungen von A. *Voigt*, *K. Bilfinger*, *H. von Mangoldt* und *W. Jellinek*, VVDStRL 10 (1952), S. 42f., 49, 58f., 68.

[58] So z.B. *H.-W. Bayer* (Fn. 37), S. 40, 43; *N. Hertl*, Die Treuepflicht der Länder gegenüber dem Bund und die Folgen ihrer Verletzung, 1956, S. 14; *A. Kössler*, Die Bundestreue der Länder und des Bundes, 1960, S. 49; *H. Ritter von Lex* (Fn. 43), S. 53.

[59] Siehe *H.-W. Bayer* (Fn. 37), S. 43, 126; *W. Geiger*, Das Bund-Länder-Verhältnis in der Rechtsprechung des Bundesverfassungsgerichts, BayVBl. 1957, S. 337, 337f.

[60] *H. von Mangoldt*, Diskussionsbeitrag, VVDStRL 10 (1952), S. 59.

mühte[61]. Die wenigen ernsthaften Versuche einer dogmatischen Verankerung der ‚Bundestreue' im geltenden Staatsrecht mit Blick auf die Rechtsquellenlehre[62] behaupteten die Geltung des Rechtssatzes als ‚Verfassungsgewohnheitsrecht' oder als ‚allgemeiner Rechtsgrundsatz'[63]. Vor allem die Versuche, die inhaltliche Konkretisierung der – als allgemeiner Rechtsgrundsatz verstandenen – ‚Bundestreue' unter Anknüpfung an die grundlegenden methodischen Arbeiten von *Josef Esser* aus kontinuierlichen Entscheidungsreihen zu erschließen[64], krankten jedoch an der geringen Zahl und mehr noch an der Ungleichartigkeit des vorliegenden Präjudizienmaterials[65].

Der methodischen Unsicherheit entsprach die schwankend-ungenaue Abgrenzung der aus dem Grundsatz der Bundestreue resultierenden Rechtsfolgen.[66] Unbestritten waren die klassischen ‚bündischen' Pflichten wie die Forderung nach „diplomatischem Stil" im Verkehr zwischen Bund und Ländern[67], nach rücksichtsvoller Verhandlungsführung und vertrauensvoller Zusammenarbeit zwischen Bund und Ländern[68], eine Pflicht des Bundes auf Gleichbehandlung aller Länder[69] und bestimmte Verhaltenspflichten der Bundesregierung in ihrem Handeln gegenüber dem Bundesrat[70]. Herangezogen wurde die Bundestreue auch für die vertraglichen Beziehungen zwischen Bund und Ländern[71] sowie für die „Verträge zwischen Gliedstaaten im Bundesstaat"[72], für die Ordnung der Finanzwirtschaft zwischen Bund und Ländern, insbes. zur Begründung von Hilfs- und Unterstützungspflichten[73], außerdem natürlich im Bereich der Rücksichtnahmen auf dem Felde der auswärtigen Beziehungen[74]. Etwaige Erstreckungen der Treue-

[61] So *J.H. Kaiser* (Fn. 13), S. 545.

[62] Siehe insbes. *H.-W. Bayer* (Fn. 37), S. 32ff., 126.

[63] „Es bestehen keine prinzipiellen Bedenken dagegen, der Bundestreue die Qualität eines Verfassungsgewohnheitsrechtssatzes beizumessen. Rechtssystematisch richtiger ist es, die Bundestreue als einen allgemeinen Rechtsgrundsatz anzusehen" – *H.-W. Bayer* (Fn. 37), S. 126.

[64] Siehe dazu insbes. *H.-W. Bayer* (Fn. 37), S. 75f., 77ff.

[65] Dies wird von *Bayer* selbst eingeräumt – *H.-W. Bayer* (Fn. 37), S. 77; vgl. auch die methodische Kritik dieser Versuche durch *H. Bauer* (Fn. 27), S. 127f. sowie *S. Schröcker* (Fn. 48), S. 335.

[66] Vgl. dazu *H. Bauer* (Fn. 27), S. 137ff.

[67] Siehe nur *H.-W. Bayer* (Fn. 37), S. 86.

[68] Siehe z.B. *N. Hertl* (Fn. 58), S. 36.

[69] *H.-W. Bayer* (Fn. 37), S. 86 mit Fußn. 38a.

[70] Siehe *A. Schüle*, Die Informationspflicht der Bundesregierung gegenüber dem Bundesrat, in: Festschrift für Carl Bilfinger, 1954, S. 441ff., insbes. S. 452, ferner *A. Kössler* (Fn. 58), S. 110ff.

[71] Vgl. dazu *J. Kölble*, Verwaltungsabkommen zwischen Bund und Ländern, DÖV 1960, S. 650, 655, 659f.

[72] Siehe die beiden Referate zum so formulierten ersten Beratungsgenstand der Kölner Staatsrechtslehrertagung 1960 von *H. Schneider* und *W. Schaumann*, VVDStRL 19 (1961), S. 1ff., 86ff., mit Ausführungen speziell zur Bundestreue bei *H. Schneider*, a.a.O., S. 13ff., 22, 25, 31f.; vgl. auch den vorausliegenden Aufsatz von *H. Schneider*, Staatsverträge und Verwaltungsabkommen zwischen deutschen Bundesländern, DÖV 1957, S. 644ff.

[73] Siehe nur *W. Geiger*, Das Bund-Länder-Verhältnis in der Rechtsprechung des Bundesverfassungsgerichts, BayVBl. 1957, S. 337, 338f., sowie *T. Maunz*, Die Finanzverfassung im Rahmen der Staatsverfassung, VVDStRL 14 (1956), S. 47.

[74] Hierzu siehe etwa *J.H. Kaiser* (Fn. 13), S. 542ff.

pflicht auf die nach dem Grundsatz zunächst selbständige Innenpolitik der Länder blieben dagegen schon im Ansatz umstritten[75], und erst recht die Ausweitung und Überhöhung der Bundestreue – im Anschluß an Smend's Integrationslehre – zum „integrierenden Bestandteil jeder bundesstaatlichen Ordnung", der „allen positiven Bestimmungen der Verfassung immanent" sei[76].

Für eine nicht geringe Verwunderung – und vielfach auch Empörung – sorgte allerdings dann 1961 das Fernseh-Urteil des Bundesverfassungsgerichts.[77] Auf einmal brach das Bundesverfassungsgericht aus der bis dato scheinbar recht gefestigten Kontinuität zur unitarischen ‚Reichstreue'-Lehre der Weimarer Republik aus, wendete die Bundestreue in entscheidenden Fragen deutlich gegen die Vormachtbestrebungen des Bundes – ein Ergebnis, das schon den Vorläuferentscheidungen nicht wirklich fremd gewesen war, hatte das Bundesverfassungsgericht die Bundestreue doch von Anfang an als eine zweiseitige Pflicht verstanden, die nicht nur die Länder zu Rücksichtnahme und Gefolgschaft verpflichte, sondern auch dem Bund entsprechende Pflichten auferlege. Das Fernseh-Urteil ließ diese der Judikatur verdeckt innewohnende Tendenz aber mit einem Schlag sichtbar zutagetreten.[78]

Verstärkt wurde das Unbehagen am Gebrauch der Bundestreue noch durch die wenige Tage später, auf der Föderalismus-Tagung in Mainz im März 1961, vorgetragenen Grundsatzbemerkungen des Verfassungsrichters *Willy Geiger*[79]. Das Bundesverfassungsgericht habe zwar – so *Geiger* – dieses Verfassungsprinzip der wechselseitigen Treuepflicht des Bundes und der Länder in einer Reihe von Entscheidungen schrittweise und behutsam entwickelt – aber „ohne daß man heute schon sagen könnte, daß es nach jeder Richtung hin ausgeformt sei, daß es also schon seine letzte und endgültige Gestalt gewonnen hätte"[80]. Es scheine vielmehr „noch einiges bisher Unausgesprochenes in diesem Prinzip enthalten zu sein, das aus gegebenem Anlaß neue Perspektiven unserer bundesstaatlichen Ordnung eröffnet"[81] – eine angesichts der länderfreundlichen Zielrichtung des Fernseh-Urteils von der Mehrheit als Unheilvoll, ja Drohend empfundene Ankündigung weiterer Erstreckungen des Bundestreueprinzips.

---

[75] Siehe nur *A. Kössler* (Fn. 58), S. 134ff. einerseits, *H. Krüger*, Völkerrecht im Bundesstaat, in: Festgabe für Erich Kaufmann, 1950, S. 239, 240 andererseits.

[76] So *A. Kössler* (Fn. 58), S. 57 und 60.

[77] Siehe nur z.B. *H. Schäfer* (Fn. 10), S. 1281, der das Fernsehurteil als „auslösenden Moment" der „merkwürdigen Unruhe" um den Bundesstaat sah, die er 1961 konstatierte; vgl. ferner *H. Spanner*, Zur Rechtskontrolle des bundesfreundlichen Verhaltens, DÖV 1961, S. 481ff., sowie *K. Zeidler*, Gedanken zum Fernsehr-Urteil des Bundesverfassungsgerichts, AöR 86 (1961), S. 361, 363ff.

[78] Vgl. auch *H. Nawiasky*, Die volle Bedeutung des bundesverfassungsgerichtlichen Fernsehurteils in föderalistischer Sicht, Zeitschrift für Politik NF 8 (1961), S. 135ff.

[79] Als ein Beispiel für diese von den Thesen Geigers ausgehende Beunruhigung vgl. *K. Hesse* (Fn. 17), S. 6.

[80] *W. Geiger*, Die wechselseitige Treuepflicht von Bund und Ländern, in: A. Süsterhenn (Hrsg.), Föderalistische Ordnung, 1961, S. 113, 114.

[81] Ebda., S. 115.

Die Bundestreue habe – so erläuterte *Geiger* seinen Befund – „durch die Rechtsprechung des Bundesverfassungsgerichts eine fundamentale, umfassende, das ganze Verfassungsleben tiefgreifend gestaltende Bedeutung gewonnen“[82]. Das Bundestreueprinzip sei mittlerweile „für die Verfassungswirklichkeit von größerer theoretischer und praktischer Bedeutung als das föderalistische Prinzip, in dem es rechtssystematisch seinen Ursprung hat und von dem es eigentlich nur einen Teil, einen Teilaspekt, bildet“[83]. Innerhalb des Bund-Länder-Verhältnisses sei durch dieses mit einer Generalklausel vergleichbare Verfassungsprinzip „etwas verrechtlicht worden, was für den Bereich des Zusammenwirkens der Verfassungsorgane innerhalb des freiheitlich-demokratischen Rechtsstaats“ sonst eigentlich „noch eine Frage des Taktes, des politischen Stils, der Fairneß“ sei[84]. Und geborener Hüter dieser damit zu Rechtsproblemen geronnenen Stilfragen sei naturgemäß das Bundesverfassungsgericht. „Für die Verfassungswirklichkeit wesentlich“ sei die Bundestreue „erst mit der Errichtung des Bundesverfassungsgerichts und mit dessen Rechtsprechung geworden“[85].

Dies ging der überwiegenden Mehrheit in der Staatsrechtslehre dann doch viel zu weit – insbesondere angesichts der Unberechenbarkeit einer dergestalt begründeten verfassungsgerichtlichen Verwirklichung der Bundestreue als „effektiver, strikt beachteter und durchsetzbarer Norm der Verfassung“. Im Gefolge des Fernseh-Urteils regte sich deutlicher Protest gegen die ‚Überforderung‘ des Bundestreuegedankens.[86] Zunächst deutlich durch politische Motive bestimmt, nahm diese Gegenbewegung bald auch methodische Bedenken gegen die in ihrer Einordnung und dogmatischen Verankerung noch immer schwierige Figur der Bundestreue auf[87]. *Horst Ehmke* hatte in seinem Referat auf der Freiburger Staatsrechtslehrertagung über „Prinzipien der Verfassungsinterpretation“ den Grundsatz der ‚Bundestreue‘ schon Ende 1961 als seines Erachtens „etwas überstrapaziert“ bezeichnet[88]. Eine Rezension der ebenfalls 1961 erschienenen Monographie von *Hermann-Wilfried Bayer* zur Bundestreue war sogar fragend betitelt mit: „Die Bundestreue – ein unentbehrlicher Rechtsbegriff?“[89] Ähnlich wie der allgemeine Rechtsgrundsatz von Treu und Glauben, aus dem die ‚Bundestreue‘

---

[82] *W. Geiger* (Fn. 80), S. 123.

[83] Ebda.

[84] *W. Geiger* (Fn. 80), S. 124.

[85] Ebda., S. 128.

[86] Vgl. dazu insbes. *H. Schäfer* (Fn. 10), S. 1281 ff.; *H. Spanner* (Fn. 77), S. 483 ff.; *G. Kaiser*, Zur Ableitung des Verfassungsprinzips des „bundesfreundlichen Verhaltens“ aus dem Begriff des Bundesstaates, DÖV 1961, S. 653 ff., insbes. S. 656 f.; *U. Scheuner* (Fn. 13), S. 646; vgl. außerdem *H. Jahrreiss* (Fn. 17), S. 533.

[87] Auch *H.-W. Bayer* räumte als Fazit seiner grundlegenden Untersuchung zur Bundestreue ein: „Die vorliegende Untersuchung stimmt wenig zuversichtlich. Wenn sie nämlich eines gezeigt hat, dann dies, daß die Bundestreue inhaltlich noch zu ungewiß ist, als daß ohne ein hohes Maß an richterlicher Selbstzucht ihre Anwendung die Rechtssicherheit nicht gefährdet.“ – *H.-W. Bayer* (Fn. 37), S. 125.

[88] *H. Ehmke*, Prinzipien der Verfassungsinterpretation, VVDStRL 20 (1963), S. 53, 73.

[89] *E.-W. Fuß*, Die Bundestreue – ein unentbehrlicher Rechtsbegriff? Gedanken zu der Abhandlung von H.-W. Bayer, DÖV 1964, S. 37 ff.

abgeleitet sei, stelle – so die Schlußfolgerung des Autors – die Bundestreue im Ergebnis „nur eine ‚Eselsbrücke' der richterlichen Rechtsschöpfung" dar, über die allgemeingültige Ordnungsgrundsätze an den einzelnen Tatbestand herangetragen würden.[90] Ein Verfassungsgericht, das mittels dieser Rechtsfigur die politische Umformung des Bund-Länder-Verhältnisses auf seine Schultern lade, könne dabei jedoch nur verlieren. Man könne insofern – wie *Ulrich Scheuner* bemerkte – nur davor warnen, mit Hilfe der Bundestreue das von der Verfassung fein differenzierte System gegenseitiger Beziehungen von Bund und Ländern zu ändern oder gar im Billigkeitssinne umzuschmelzen.[91]

Am tiefgreifendsten aber war die Kritik, die *Konrad Hesse* 1962 der Figur der Bundestreue in seinem grundlegenden Werk „Der unitarische Bundesstaat" angedeihen ließ. Bei näherem Zusehen zeige sich – so *Hesse* – daß dieser ungeschriebene Verfassungsgrundsatz „der geschriebenen Verfassung und den gesicherten ungeschriebenen Rechtsgrundsätzen *ohne Notwendigkeit* hinzugefügt" werde. Bei einem Überblick über die bisherige Praxis des Bundesverfassungsgerichts sei vielmehr ein zwingender Anlaß, auf den Grundsatz der Bundestreue zurückzugreifen, „in kaum einem Falle erkennbar".[92]

Schon der Umstand, daß kein „echtes Bedürfnis der Ordnung bundesstaatlichen Lebens" erkennbar sei, durch das die ausgedehnte Anwendung des Grundsatzes durch das Bundesverfassungsgericht zu rechtfertigen sei, zeige, daß „es sich hier nicht um ein Fundament heutiger Bundesstaatlichkeit handeln" könne[93]. Vollends deutlich werde dies aber bei einem Blick auf die Grundlagen, den Inhalt und die Auswirkungen des Prinzips der Bundestreue. Der Einwand nahm *Hesses* generelle Kritik an den „unkritischen Rezeptionen überkommener Begriffe und Vorstellungen" des Bundesstaatsrechts auf, deren Übertragung auf den Bundesstaat des Grundgesetzes *Hesse* ganz allgemein für „unzulässig" hielt.[94] *Konrad Hesse* verwies nun in seiner kritischen Durchleuchtung der bundesstaatsrechtlichen Literatur – und schon dieser sorgfältige Umgang mit den historischen Grundlagen des Bundesstaatsrechts hebt seine Schrift weit über die Standardargumentation der Zeit hinaus – auf die bei *Smend* noch lebendigen, älteren „bündischen", „diplomatischen" Vorstellungen der bündischen Treuepflicht, die nur schwer – wenn überhaupt – übertragbar seien. *Smend* habe zwar – und dies betonte *Hesse* mit Seitenblick auf die meist ahistorische Argumentation der Schriften zur Bundestreue – seine Auffassung „auf die ganz andersartigen Verhältnisse der Weimarer Republik übertragen, aber immer noch von der Voraussetzung aus, daß die Grundgedanken der bundesstaatlichen Ordnung der Weimarer Republik

[90] Ebda., S. 38.

[91] *U. Scheuner* (Fn. 13), S. 646.

[92] *K. Hesse* (Fn. 17), S. 7, sowie – mit gleichem Ergebnis – *U. Scheuner* (Fn. 13), S. 646. Als Versuch, dieses Argument der ‚Entbehrlichkeit' zu entkräften, siehe die eingehende Argumentation von *H. Bauer* (Fn. 27), S. 163ff., ferner die apologetische Arbeit von *G. Müller*, Bundestreue im Bundesstaat, in: Festschrift für Kurt Georg Kiesinger, 1964, S. 213ff.

[93] *K. Hesse* (Fn. 17), S. 8.

[94] Ebda., S. 2f.

mit denen des Kaiserreiches identisch seien"[95]. Wie von dieser Grundlegung aus aber eine Brücke zur Gegenwart und ihrer Ausweitung des Grundsatzes in der verfassungsgerichtlichen Judikatur führen solle, bleibe ein Rätsel. Jene älteren, bündischen Grundlagen seien unwiederbringlich dahin. Das Grundgesetz normiere eine voll ausgebaute bundesstaatliche Ordnung und gewährleiste sie in einem umfassenden Sinne durch eine voll ausgebaute Verfassungsgerichtsbarkeit. Worin angesichts dessen die Rechtfertigung für eine Ergänzung der Ordnung des Grundgesetzes durch ungeschriebenes Verfassungsrecht liegen solle, und worin der Inhalt dieses Rechts bestehen solle, sei bisher nirgends dargetan.[96] Auch die – vielfach anzutreffende – unkritische Ableitung aus dem ‚Wesen des Bundesstaates' helfe nicht weiter, wie *Hesse* in einer Fußnote ausführt, da niemand zu begründen vermöge, worin das ‚Wesen' heutiger Bundesstaatlichkeit eigentlich bestehe.[97]

Solange insoweit aber nicht Klarheit bestehe und solange der entscheidende Unterschied „zwischen der elastisch regulierenden Funktion der Bundestreue in einem Verfassungssystem ohne Staatsgerichtsbarkeit und ihrer Funktion als Maßstab verfassungsgerichtlicher Streitentscheidung" nicht erkannt sei, bleibe größte Vorsicht geboten. Es drohe anderenfalls die „Gefahr einer Verschiebung nicht nur im Verhältnis von richterlicher und politischer Gewalt, sondern auch der verfassungsmäßigen Gewichtsverteilung zwischen Bund und Ländern".[98] *Hesse* exemplifizierte diese Gefahren einer funktionellen Gewichtsverschiebung dann auch mit folgenden – selbst nach drei Jahrzehnten immer noch überzeugenden – Erwägungen: Streitigkeiten zwischen Bund und Ländern seien „heute bekanntlich in aller Regel nicht mehr echte föderalistische Streitigkeiten, sondern Streitigkeiten zwischen politischen Richtungen innerhalb des Gesamtstaates, die im Gewande der föderalistischen Streitigkeit verfassungsgerichtlich ausgetragen werden". Werde als Maßstab der Entscheidung „der in Grundlagen und Inhalt unklare Grundsatz der Bundestreue" herangezogen, so bedeute das den Versuch einer Lösung „mit in mehrfacher Hinsicht inadäquaten Mitteln". Einmal werde so von der Opposition gegenüber der Regierung, der Regierung gegenüber der Opposition Treue oder doch wenigstens ein ‚freundliches Verhalten' verlangt, „wo der Kampf unterschiedlicher politischer Richtungen von der Verfassung in den von ihr gezogenen Grenzen zugelassen oder sogar vorausgesetzt ist". Zum anderen werde diese – ursprünglich rein politische – Treuepflicht in das Gewand einer Rechtspflicht gekleidet. Diese Rechtspflicht werde auf einen „ganz nebelhaften, unbestimmten, aber doch richterlicher Anwendung unterliegenden Rechtgrundsatz" gegründet.[99]

---

[95] Ebda., S. 8.

[96] Ebda., S. 9.

[97] Ebda., S. 9 Fußn. 44.

[98] Ebda., S. 9.

[99] Ebda., S. 9f.; vgl. auch mit gleicher Zielrichtung die kritischen Stellungnahmen zur Bundestreuelehre von *E.-W. Fuß* (Fn. 89), S. 37; *H. Spanner* (Fn. 77), S. 482; *S. Schröcker* (Fn. 48), S. 339f.

Das Ergebnis dieser Umwandlung der Treuepflicht in eine Rechtspflicht könne nur sein, „daß Fragen zu Rechtsfragen gemacht und als solche entschieden werden, die nach der geschriebenen Verfassung keine Rechtsfragen sind". Die „politische Einigung oder Entscheidung als Wesensbestandteile des von der Verfassung intendierten offenen politischen Lebensprozesses" würden ersetzt „durch Urteile des Verfassungsgerichts – zum Schaden der Politik, zum Schaden des Rechts und zum Schaden des Gerichts, die hier alle nur zu verlieren haben, die Politik, weil sie um ihr wesentliches Element verkürzt wird, das Recht, weil es überfordert wird, das Verfassungsgericht, weil es ihm wesensfremde Fragen entscheiden muß".[100]

Zwar entspreche ein solches Ergebnis – so formulierte *Hesse* mit Blick auf die einseitige Orientierung der Staatsrechtslehre auf Verfahren der gerichtsförmigen Durchsetzung von Verfassungsrecht – „einer verbreiteten, keineswegs auf die bundesstaatliche Ordnung beschränkten, Tendenz, der Politik die Zügel des Verfassungsrechts anzulegen und politische Fragen, in das Gewand des Verfassungsrechts gekleidet, zu Lasten der Entscheidungsfreiheit und Verantwortung der politischen Instanzen gerichtlich entscheiden zu lassen". Ein solches Ergebnis sei aber „nichtsdestoweniger mit der verfassungsmäßigen Ordnung des Grundgesetzes unvereinbar".[101] *Hesse* leitete daraus allerdings in der Folge nicht die von einzelnen anderen Autoren vertretene radikale Schlußfolgerung ab, die Bundestreue sei als Rechtsinstitut ganz entbehrlich[102]. Als Maßstab verfassungsgerichtlicher Prüfung – so schloß er seine Ausführungen zur Bundestreue – „auf unselbständige Nebenpflichten zu gegenseitiger Information, Mitwirkung und Rücksichtnahme, allenfalls auf eine Verpflichtung der Länder zur Erfüllung völkerrechtlicher Verträge des Bundes beschränkt", möge der Grundsatz weiter eine nützliche Funktion im Rahmen der bundesstaatlichen Ordnung erfüllen.[103] Die Bedeutung eines „fundamentalen, umfassenden, das ganze Verfassungsgefüge tiefgreifend gestaltenden" Prinzips komme ihm aber nicht zu, und so vermöge er auch nicht die Rolle eines Ersatzes oder auch nur eines Anknüpfungspunktes für eine moderne Lehre vom Bundesstaat zu spielen, deren Fehlen *Hesse* zu Beginn seiner Schrift so beklagt hatte.[104]

Die Ausführungen von *Konrad Hesse* zur Bundestreue wurden hier so ausführlich dargestellt, da sie den ausgreifenden Konzeptionen der Bundestreue als des tragenden Pfeilers einer auf Integration bedachten bundesstaatlichen Ordnung, eines funktionalen Äquivalents der Triepel'schen Reichsaufsicht, als die sie *Willy Geiger* proklamiert hatte, den Todesstoß versetzten.[105] Das Institut der

---

[100] *K. Hesse* (Fn. 17), S. 9f.; vgl. mit ähnlicher Tendenz *H. Spanner* (Fn. 77), S. 481ff.; *U. Scheuner* (Fn. 13), S. 646; *E.-W. Fuß* (Fn. 89), S. 38.

[101] *K. Hesse* (Fn. 17), S. 10.

[102] In diesem Sinne siehe insbes. *E.-W. Fuß* (Fn. 89), S. 41.

[103] *K. Hesse* (Fn. 17), S. 10. Siehe auch mit ähnlichem Ergebnis *P. Lerche*, Föderalismus als nationales Ordnungsprinzip, VVDStRL 21 (1964), S. 66, 88ff.; *U. Scheuner* (Fn. 13), S. 646f.; *H. Spanner* (Fn. 77), S. 481ff.

[104] *K. Hesse* (Fn. 17), S. 10, siehe aber auch ebda., S. 2ff.

[105] Anders sieht dies allerdings *Hartmut Bauer*, der in der Kritik von *Hesse* eine – wenn auch

Bundestreue verschwand zwar nicht wirklich aus den Darstellungen des Verfassungsrechts, spielte auch weiterhin eine gewisse Rolle in der Rechtsprechung des Bundesverfassungsgerichts[106]. Als bundesstaatsrechtliche Interpretationsmaxime, als Kompetenzauslegungsregel, auch als Grundlage ‚unselbständiger Nebenpflichten' des Bundes und der Länder wurde die Sachangemessenheit eines Prinzips der Bundestreue weiterhin in Literatur und Rechtsprechung bejaht.[107] Die Versuche, die Bundestreue zur Grundlage eines neuen, die Bundesstaatsverfassung des Grundgesetzes überlagernden Bundesstaatsmodells zu erheben, waren aber mit der nahezu einhelligen Ablehnung gescheitert, die das Fernsehurteil und die noch weiterreichenden Konzepte von *Willy Geiger* seitens der Staatsrechtslehre erfuhr (und beinahe mehr noch seitens der politischen Öffentlichkeit).[108] Mit dem Hessen- bzw. Neugliederungsurteil hatte das Bundesverfassungsgericht seine auf einen weiteren Ausbau des Bundestreuegedankens angelegten Ansätze zu den Akten gelegt. In der Folgezeit sind Verweise auf die Bundestreue in der verfassungsgerichtlichen Judikatur zunächst kaum mehr zu finden; erst in den Siebziger Jahren griff das Verfassungsgericht tastend wieder auf die älteren Begründungslinien zur Bundestreue zurück und begann erneut – wenn auch in sehr viel bescheidenerem Rahmen als zunächst in der frühen Rechtsprechung angelegt – das Prinzip der Bundestreue zu einer ergänzenden Maxime des Bundesstaatsrechts auszubauen.[109]

8.3. Die Rezeption der Integrationslehre – der Weg zum ‚unitarischen Bundesstaat'

Die oben dargestellte Fundamentalkritik an der ausgreifenden Handhabung des Bundestreueprinzips in der paradigmatischen Schrift von *Konrad Hesse* zu „Der unitarische Bundesstaat" ist nur denkbar auf dem Hintergrund der um diese Zeit allmählich Wirkung zeitigenden Rezeption der Smend'schen Integrationslehre im Staatsrecht der Bundesrepublik.[110]

„weit ausholende, fundierte und einflußreiche" – Philippika sieht, deren Argumente gegen die Bundestreue er für entkräftet hält – siehe *H. Bauer* (Fn. 27), S. 158ff. (insbes. S. 162ff.).

[106] Vgl. die zusammenfassende Darstellung der Rechtsprechung bei *H. Bauer* (Fn. 27), S. 176ff.

[107] Vgl. *H. Bauer* (Fn. 27), S. 166ff.

[108] Auffallend ist, daß in der Literatur der frühen Sechziger Jahre einzig die Beiträge von Mitgliedern des Bundesverfassungsgerichts die weitausholende Rechtsprechung des Gerichts zur Bundestreue verteidigen – siehe insoweit *H.G. Rupp*, Zum Problem der Bundestreue im Bundesstaat, in: Festgabe für Carlo Schmid, 1962, S. 141ff.; *W. Geiger*, Mißverständnisse um den Föderalismus, 1962, S. 14ff.; *G. Müller* (Fn. 92), S. 213ff. Einzige ersichtliche Ausnahme ist hier *F. Glum*, Die staatsrechtliche Struktur der Bundesrepublik Deutschland, 1965, S. 52ff., ein Buch, das allerdings kaum Aufmerksamkeit in der Rechtswiussenschaft fand.

[109] Vgl. *H. Bauer* (Fn. 27), S. 180ff.

[110] Vgl. dazu auch die Darstellung von *S. Korioth*, Integration und Bundesstaat, 1990, S. 228ff., 280ff., der die vorliegende Arbeit viele Einsichten verdankt, sowie *P. Badura*, Staat, Recht und Verfassung in der Integrationslehre, Der Staat 16 (1977), S. 305ff..

Frühe Versuche in den Gründungsjahren der Bundesrepublik, die Integrationslehre in die Staatsrechtswissenschaft einzuführen und für neue, eher prozeßhaft-politische Ansätze fruchtbar zu machen, waren zunächst nicht sehr erfolgreich verlaufen.[111] Besonders *Ulrich Scheuner* hatte sich hier hervorgetan, der schon einmal (in der Frühphase des Nationalsozialismus) erste Bemühungen unternommen hatte, die Integrationslehre an veränderte Verhältnisse anzupassen und auf deren Basis damals eine neue, nicht-positivistische Staatsrechtswissenschaft der ‚nationalen Revolution' zu begründen.[112] Dieser ältere Versuch einer Adaptation der Integrationslehre dürfte allerdings den von *Scheuner* unter dem Grundgesetz erneut unternommenen Versuch des Anknüpfens an Smend'sche Konzepte[113] nicht unbedingt begünstigt haben. Auch der parallele Ansatz der Nutzbarmachung der ‚Integrationslehre' durch den Smend-Schüler *Horst Ehmke*[114] blieb zunächst ohne große Resonanz.

Allerdings trug das durch den Nationalsozialismus nicht gebrochene wissenschaftliche Wirken von *Rudolf Smend* selbst im Laufe der Zeit dazu bei, seinen theoretischen Arbeiten Verbreitung zu sichern. Von Bedeutung ist hier sicherlich die auf Verbreitung der Integrationslehre gerichtete eigene publizistische Tätigkeit von Smend, als deren wichtigsten Baustein man die zusammenfassende Darstellung der Integrationslehre in *Smends* Artikel für das Handwörterbuch der Sozialwissenschaften aus dem Jahr 1956 erwähnen könnte[115], vor allem aber der Kreis seiner Göttinger Schüler, die zu Ende der Fünfziger Jahre den Gedanken der Integrationslehre zunehmend Eingang in das verfassungsrechtliche Schrifttum verschafften.[116] Insbesondere *Konrad Hesse*[117] und *Horst Ehmke*[118] sind in diesem Zusammenhang anzuführen, griffen doch beide Ansätze der Smend'schen Theorie in ihren grundlegenden Arbeiten auf und bauten sie dort im eigenen Sinne weiter aus. Aber auch wichtige Autoren außerhalb des Göttinger Kreises um Smend griffen zu Ende der Fünfziger und Beginn der Sechziger Jahre zunehmend

---

[111] Vgl. dazu *S. Korioth* (Fn. 110), S. 280ff.

[112] Siehe hierzu insbes. *U. Scheuner*, Die nationale Revolution. Eine staatsrechtliche Abhandlung, AöR NF 24 (1934), S. 166ff., 261ff., dort insbes. S. 206f., 325ff.; vgl. generell zu den Versuchen einer Adaptation der Integrationslehre im Geiste des Nationalsozialismus die Studie von *J. Meinck*, Weimarer Staatslehre und Nationalsozialismus, 1978, S. 63ff.

[113] Siehe *U. Scheuner*, Der Bereich der Regierung, in: Rechtsprobleme in Staat und Kirche. Festschrift für Rudolf Smend zum 70. Geburtstag, 1952, S. 253ff.

[114] *H. Ehmke*, Grenzen der Verfassungsänderung, 1953, dort insbes. S. 61ff., 118ff., 123ff.

[115] *R. Smend*, Artikel ‚Integrationslehre', in: Handwörterbuch der Sozialwissenschaften 5, 1956, S. 299ff.; neu abgedruckt in: R. Smend, Staatsrechtliche Abhandlungen und andere Aufsätze, 3. Aufl. 1994, S. 475ff..

[116] Vgl. *S. Korioth* (Fn. 110), S. 282ff., aber auch *P. Lerche*, Stil, Methode, Ansicht. Polemische Bemerkungen zum Methodenproblem, DVBl. 1961, S. 690, 694ff.

[117] Siehe die Freiburger Antrittsvorlesung von *K. Hesse*, Die normative Kraft der Verfassung, 1959, neu abgedruckt in: K.Hesse, Ausgewählte Schriften, 1984, S. 3ff.; *ders.*, Die verfassungsrechtliche Stellung der politischen Parteien im modernen Staat, VVDStRL 17 (1959), S. 11, 17f., 45; *ders.*, Der unitarische Bundesstaat, 1961, S. 26ff.

[118] Siehe insbes. *H. Ehmke*, Wirtschaft und Verfassung, 1961, S. 3ff., 51.

auf die Konzepte der Integrationslehre zurück, um ihre Gedanken zur Staats- und Verfassungstheorie zu fundieren.[119]

Die Anknüpfung an die von *Smend* und *Heller* entwickelten Neuansätze der Verfassungsrechtslehre mit ihren Erweiterungen der klassischen Funktionsbestimmung der Verfassung und der Aufnahme von Fragen nach der Bedingtheit des Verfassungsrechts in Wirtschaft, Kultur und Politik sowie nach den Wechselwirkungen zwischen verfassungsrechtlicher Norm und sozialer Wirklichkeit[120] sollte in den Sechziger Jahren tonangebend werden[121] – trotz der Widerstände gegen derartige Erweiterungen des verfassungsrechtlichen Theorieansatzes durch namhafte Verfassungsrechtler[122]. Konzepte zunächst der „offenen Verfassung“[123], daraus abgeleitet der „offenen Gesellschaft der Verfassungsinterpreten“[124], schließlich der ‚Verfassung als Kulturwissenschaft'[125]sollten daraus hervorgehen, neben einer ganzen Reihe von weiteren, ebenfalls wichtigen verfassungstheoretischen Denkansätzen.[126]

Von eigentlicher Bedeutung für die Entwicklung des deutschen Bundesstaatssystems aber sollte sich die aus diesem Kontext der Smend-Rezeption hervorgegangene, oben im Kontext der Bundestreue schon erwähnte Schrift des Smend-

[119] Siehe insbes. *G. Leibholz*, Einleitung zur Materialsammlung „Der Status des Bundesverfassungsgerichts“, JöR NF 6 (1957), S. 110, 111ff.; *W. Henke*, Die verfassunggebende Gewalt des deutschen Volkes, 1957, S. 11ff.; *R. Bäumlin*, Staat, Recht und Geschichte, 1961, S. 8ff., 19, 38ff.; ferner *U. Scheuner*, Das Wesen des Staates und der Begriff des Politischen in der neueren Staatslehre, in: Festgabe für Rudolf Smend zum 80. Geburtstag, 1962, S. 225, 255ff.; *ders.*, Artikel ‚Staat', in: Handwörterbuch der Sozialwissenschaften, Bd. 12, 1965, S. 653ff.; *H. Krüger*, Verfassungswandlung und Verfassungsgerichtsbarkeit, in: Festgabe für Rudolf Smend zum 80. Geburtstag, 1962, S. 151ff.; *ders.*, Allgemeine Staatslehre, 1964, S. 152ff.; *A. Hollerbach*, Auflösung der rechtsstaatlichen Verfassung?, AöR 85 (1960), S. 241ff.; *H.G. Rupp* (Fn. 108), S. 151.

[120] Geradezu paradigmatisch vorgeführt hat *Konrad Hesse* diesen Ansatz in seiner Freiburger Antrittsvorlesung „Die normative Kraft der Verfassung“ (1959), abgedruckt in: K. Hesse, Ausgewählte Schriften, 1984, S. 3ff., dort insbes. S. 6ff.

[121] Vgl. nur die entsprechenden Einschätzungen bei *H. Ehmke* (Fn. 88), S. 64; *P. Häberle*, Lebende Verwaltung trotz überlebter Verfassung?, JZ 1975, S. 685, 688; *D. Göldner*, Integration und Pluralismus im demokratischen Verfassungsstaat, 1977, insbes. S. 11ff.; *U. Karpen*, Die verfassungsrechtliche Grundordnung des Staates – Grundzüge der Verfassungstheorie und Politischen Philosophie, JZ 1987, S. 431, 441; *G. Roellecke*, Staatsrechtslehre und politische Situation der Bundesrepublik im Spiegel der Schriften von Konrad Hesse und Günter Dürig, Der Staat 26 (1987), S. 95, 100.

[122] Vgl. dazu v.a. *E. Forsthoff*, Die Umbildung des Verfassungsgesetzes, in: Festschrift für Carl Schmitt zum 70. Geburtstag, 1959, S. 35ff., dort insbes. S. 37f., 41f.

[123] Siehe dazu *H. Ehmke* (Fn. 88), S. 62; *R. Bäumlin* (Fn. 119), S. 9ff., 30; *K. Hesse*, Grundzüge des Verfassungsrechts der Bundesrepublik Deutschland, 19. Aufl. 1993, Rdnrn. 19ff.; *M.H. Mols*, Allgemeine Staatslehre oder politische Theorie?, 1969, S. 224, 271ff.; *ders.*, Integrationslehre und politische Theorie, AöR 94 (1969), S. 513ff.; *I. Richter*, Bildungsverfassungsrecht, 1973, S. 20ff.; *M. Kloepfer*, Verfassung und Zeit, Der Staat 13 (1974), S. 457ff.; *P. Häberle*, Verfassungsinterpretation und Verfassunggebung, in: ders., Verfassung als öffentlicher Prozeß, 1978, S. 182ff.; *W.-R. Schenke*, Verfassung und Zeit, AöR 103 (1978), S. 566, 576ff.

[124] *P. Häberle*, Die offene Gesellschaft der Verfassungsinterpreten, JZ 1975, S. 297ff.

[125] *P. Häberle*, Verfassungslehre als Kulturwissenschaft, 1982, dort insbes. S. 9ff.

[126] Vgl. insoweit auch die eingehende Darstellung und Analyse der auf Smend aufbauenden Denkschulen durch *S. Korioth* (Fn. 110), S. 291ff.

Schülers *Konrad Hesse* zum ‚unitarischen Bundesstaat' erweisen, die geradezu einen Paradigmenwechsel in der Bundesstaatstheorie der Bundesrepublik herbeiführte. Deren Kerngedanken müssen in der Folge kurz referiert werden, über die Kritik am Institut der Bundestreue hinaus, da sonst die weitere Entwicklung der Bundesstaatsrechtslehre kaum verständlich wäre.

Ganz in Smend'schen Denkkategorien läßt *Hesse* seine Schrift beginnen: „Die grundsätzliche Besinnung auf Sinn und Wesen heutiger Bundesstaatlichkeit" – so lautet der erste Satz – „ist nicht nur ein Anliegen sich selbst genügender theoretischer Spekulation, auf die es für die Wirklichkeit des staatlichen Lebens nicht ankäme." Ohne ein Bewußtmachen des heutigen Sinns der Entscheidung für den Bundesstaat könne die bundesstaatliche Ordnung des Grundgesetzes keine festbegründete Legitimität und damit keine normative Kraft gewinnen. „Nur vor dem Hintergrund einer adäquaten Bundesstaatslehre und ihrer sinnvollen Einfügung in eine allgemeine Verfassungslehre" – so schreibt *Hesse* – sei ein „befriedigendes Verständnis der Institute der bundesstaatlichen Ordnung und eine sachgemäße Interpretation der Verfassungssätze, welche sie konstituieren, möglich." An einer solchen sachangemessenen Bundesstaatslehre aber fehle es.[127]

Was man finde, seien „unkritische Rezeptionen überkommener Begriffe und Vorstellungen", die nicht mehr ohne weiteres Geltung beanspruchen könnten, weil solche Geltung von der politischen Problemlage abhängig sei und diese sich wesentlich gewandelt habe. Was man finde, seien auch „neue Versuche formal-begrifflicher Konstruktion des bundesstaatlichen Gefüges, die bei aller Bedeutung der begrifflichen Klärung, nicht die Frage nach dem Sinn und der Rechtfertigung des Bundesstaates beantworten können, späte Wiederanknüpfungen an den Formalismus in der Staatsrechtslehre des Kaiserreiches". Eine Bundesstaatstheorie müße aber das Ganze verständlich machen, so führte *Hesse* aus, unter explizitem Verweis auf *Smends* Grundlagenwerk „Verfassung und Verfassungsrecht".[128]

Nach einer detaillierten Kritik an allen Versuchen historischer Anküpfung, an die ‚streng juristische Methode' *Laband*'scher Prägung wie an die späteren Bundesstaatslehren von *Carl Schmitt* und *Rudolf Smend*, aber nach einer Kritik auch an den Versuchen rein ‚formal-begrifflicher Konstruktion', in deren Kontext er vor allem die Dreigliedrigkeitslehre und die Rechtsprechung zum Bundestreuegrundsatz auf Schwachstellen untersucht, wandte sich *Hesse* im Hauptteil seiner Schrift den ‚Wandlungen der bundesstaatlichen Struktur' als faktischer Grundlage einer materialen Bundesstaatstheorie zu. Für das überkommene, an älteren Erscheinungsformen orientierte Verständnis – so führte er in diesem Teil einleitend aus – sei der Bundesstaat gekennzeichnet „durch die Gleichzeitigkeit von Mannigfaltigkeit und Einheit, eine gegebene Differenziertheit der Gliedstaaten, deren Individualität durch den bundesmäßigen Aufbau erhalten, gesichert und zu gemeinschaftlichem Zusammenwirken in der Einheit des Gesamtstaates verbunden werden soll". Dieses gemeinsame, heute noch immer festgehaltene Grundaxiom"

[127] *K. Hesse* (Fn. 17), S. 1.
[128] *K. Hesse* (Fn. 17), S. 2.

lasse sich auf die Bundesstaatlichkeit des Grundgesetzes aber nicht mehr übertragen. Die Individualität der deutschen Länder, die „ganze Irrationalität ihrer geschichtlich-politischen Eigenart" und mit ihr die sachliche Differenziertheit des Gesamtkörpers seien bis auf wenige Reste dahin. Sie ließen sich nicht wiederherstellen, und darin liege die grundsätzliche Veränderung der Problemlage, mit der jede Bundesstaatstheorie zu kämpfen habe.[129]

Dazu komme ein anderer Faktor: Die Verteilung der staatlichen Aufgaben im Bundesstaat setze voraus, daß den Gliedstaaten Aufgaben zugewiesen werden könnten, die sich ihrer Natur nach in der Beschränkung auf den jeweiligen Landesbereich bewältigen ließen. Der Kreis dieser Aufgaben sei bei Gründung des Kaiserreichs noch relativ groß gewesen, habe sich aber schon von der Reichsgründung an ständig vermindert, in der Weimarer Republik dann in deutlich verstärktem Maße. Heute sei der Kreis der Aufgaben, die ihrer Natur nach am besten im einzelnen Landesbereich erfüllt werden könnten, eng zusammengeschmolzen. „Das steigende Gewicht von Technik, Wirtschaft und Verkehr, die gewachsenen Verflechtungen und Interdependenzen des wirtschaftlichen und sozialen Lebens wie die gestiegenen Planungs-, Lenkungs- und Verteilungsaufgaben, welche dadurch hervorgerufen worden sind, kurz: die Entwicklung zum sozialen Rechtsstaat verlangt nach Einheitlichkeit und Gleichmäßigkeit, eine Notwendigkeit, die durch die Folgen der Katastrophe von 1945 noch verstärkt worden ist." Der Sozialstaat – so folgerte *Hesse* – werde damit zwar nicht zum zwangsläufigen „Schrittmacher des Einheitsstaates", wie von manchen beschworen, wohl aber verlange er „gebieterisch eine weitgehende sachliche Unitarisierung".[130]

Es sei nur ein Ausdruck solcher Zwangsläufigkeit – ergänzt *Hesse* den Gedanken des unausweichlichen geschichtlichen Prozesses – „wenn die Parteien als die bestimmenden Faktoren der politischen Ordnung" sich auf Bundesebene konstituiert hätten und wenn sie ihre Ziele und ihre Tätigkeit an Gesichtspunkten der Bundespolitik orientierten und wenn demfolgend die Länder für sie vorwiegend unter dem Aspekt ihrer Bedeutung für die Bundespolitik von Interesse seien. Wo im engen Bereich der Länder keine wesentlichen politischen Entscheidungen mehr getroffen werden könnten, sei es nur sachlogisch, daß sich die politischen Initiativen und Energien von den Ländern abwendeten. So gebe es heute im Landesbereich, von der Kulturpolitik vielleicht abgesehen, keine eigentlich politischen Fragen mehr und habe sich ein eigenständiges politisches Leben in den Ländern dementsprechend bisher kaum entwickelt.[131]

Das dieser Argumentation zugrundegelegte Ausgehen von den vorzufindenden historischen Prozessen ist ganz in *Smend*'schen Kategorien gedacht, im Sinne des stetigen Bezuges zwischen Verfassungswirklichkeit und Verfassungsnorm[132].

---

[129] *K. Hesse* (Fn. 17), S. 12.

[130] *K. Hesse* (Fn. 17), S. 13.

[131] *K. Hesse* (Fn. 17), S. 13f.

[132] Zum dahinterstehenden Problem des Verhältnisses von ‚Sein' und ‚Sollen', von Verfassungsrecht und sozialer Wirklichkeit, vgl. auch die durch Smends Ansatz geprägten Überlegungen von *U. Karpen* (Fn. 121), S. 431 ff., sowie *W. Hennis*, Verfassung und Verfassungswirklichkeit

Dem entspricht dann bei *Hesse* auch die Begriffsbildung von der Wirklichkeitsanalyse her. Die Wirkungen des empirisch festzustellenden Wandels auf die heutige Bundesstaatlichkeit seien offenkundig, so schließt *Hesse* sein Grundargument: „Der deutsche Bundesstaat der Gegenwart ist, wenn auch nicht ohne Einschränkungen so doch im Prinzip, *unitarischer Bundesstaat.*“[133] *Hesse* erklärte dieses aus der Beobachtung der bundesstaatlichen Wirklichkeit abgeleitete Konzept des ‚unitarischen Bundesstaates' mit einem eingehenden Blick auf die „unitarisierenden Tendenzen im Bundesstaat der Gegenwart“[134]. Es sei – konstatiert er in Hinsicht auf seine Diagnose des ‚unitarischen Bundesstaates' – deshalb „nicht Zufall oder bloße Auswirkung antiföderalistischer Tendenzen, sondern untrügerisches Kennzeichen jeden Wandels, daß sich das Schwergewicht der staatlichen Aufgaben zunehmend beim Bunde konzentriert“ habe, daß sich im Aufgabenbereich der Länder eine „ständig fortschreitende Selbstkoordinierung“ vollziehe und daß sich „die spezifisch politische Wirksamkeit der Länder zunehmend auf ihre Beteiligung an den Angelegenheiten des Bundes in einem Bundesorgan“ verlagert habe.[135]

Um mit der Selbstkoordinierung der Länder ein wesentliches Merkmal dieses Prozesses aus der komplexen Analyse von *Hesse* herauszugreifen: Nichts könne – so lautet im Kern die von ihm gezogene Folgerung – deutlicher machen als der Umstand der freiwilligen Selbstkoordination der Länder im Bereich der eigenen, ausschließlichen Zuständigkeiten, daß es heute weit mehr auf Einheitlichkeit und Gleichheit ankomme als auf die Beachtung regionaler Besonderheiten. Wenn das von den Ländern geschaffene Recht sogar im Bereich ihrer ausschließlichen Zuständigkeit zunehmend einander angeglichen werde, so bleibe hier von individueller Eigenart wenig übrig. Die „politische Substanz der Länder“ werde ausgehöhlt, denn jene Vereinbarungen ließen für „eine selbständige Entscheidung der Landtage über den Inhalt zu erlassender Landesgesetze kaum noch einen Spielraum“, stärkten vielmehr ganz erheblich das Gewicht der Landesbürokratie.[136]

Gerade die Erscheinung der Selbstkoordinierung, so arbeitet *Hesse* die von ihm empfundene Dialektik der Entwicklung zum ‚unitarischen Bundesstaat' heraus, lasse aber auch Züge hervortreten, die für eine positive Bestimmung des Wesens heutiger Bundesstaatlichkeit von Bedeutung seien. In diese Richtung weise eine Bemerkung *Herbert Krügers*, daß die ratio essendi des Bundesstaates nicht in den materiellen Verschiedenheiten bestehe, sondern etwas anderes, vielleicht Formelleres sei, nämlich die Selbständigkeit und Vielfaltigkeit der Initiativen, daß es angesichts des in der wirtschaftlichen und gesellschaftlichen Entwicklung liegenden Zuges zur Egalisierung besser sei, wenn sich die Länder selbst gleichschalteten als wenn sie gleichgeschaltet würden. In der Tat, so *Hesse*, liege hier ein entscheiden-

– ein deutsches Problem, 1968, neu abgedruckt in: W. Hennis, Die mißverstandene Demokratie, 1973, S. 53ff.

[133] *K. Hesse* (Fn. 17), S. 14 (Hervorhebung im Original).

[134] So die Überschrift des 2. Abschnittes in Teil II der Schrift – *K. Hesse* (Fn. 17), S. 14.

[135] *K. Hesse* (Fn. 17), S. 14.

[136] *K. Hesse* (Fn. 17), S. 20f.

des Moment: Die sachliche Unitarisierung sei eine Erscheinung, die aus den „Notwendigkeiten der Zeit“ resultiere. Sie „aufhalten zu wollen, würde letztlich ein vergebliches Unterfangen sein und die normative Kraft der Verfassung in äußerste Gefahr bringen“. Aber vermöge der bundesstaatlichen Struktur bedeute diese Unitarisierung keine Zentralisierung. Der gewaltenteilende Effekt der bundesstaatlichen Ordnung bleibe erhalten und werde durch das Zusammenwirken der Länder sogar noch verstärkt. Anstatt durch Anordnungen der Zentrale und damit Formen straffer Über- und Unterordnung werde das staatliche Leben weithin durch Formen der Verständigung gleichgeordneter Faktoren bestimmt, die einer freiheitlichen Gesamtordnung sehr viel gemäßer seien als jene. „Es wäre daher“ – so wischt *Hesse* einen Einwand der Föderalismuskritiker zur Seite – „voreilig, hier einen Konstruktionsfehler des Grundgesetzes zu suchen, der nur durch eine Revision der Art. 74 und 75 GG zu Lasten der Länder beseitigt werden könnte. Vielleicht ist das Grundgesetz auch hier klüger als der Grundgesetzgeber.“[137]

Damit im Zusammenhang stehe – und dies ist mit das entscheidende Argument für *Hesse* – der Wandel in der Bedeutung des Bundesrates. In eigentümlicher Umkehr früherer Entwicklungen verbinde sich nämlich die fortschreitende sachliche Unitarisierung der Bundesrepublik nicht mit einer Minderung, sondern mit einer „bei Inkrafttreten des Grundgesetzes kaum vorhersehbaren *Mehrung des Gewichts des Bundesrates*„. Der verfassungsrechtliche Angelpunkt dieser weittragenden Entwicklung sei Art. 84 Abs. 1 GG. In der extensiven Interpretation des Bundesrates entfalte Art. 84 Abs. 1 GG eine „eigentümliche Automatik“: Im unitarischen Bundesstaat könne der Bundesgesetzgeber sich nicht mit einheitlichen materiell-rechtlichen Normierungen begnügen; er müsse bestrebt sein, auch die Einheitlichkeit des Vollzuges durch organisatorische und verfahrensrechtliche Regelungen sicherzustellen – Regelungen, die jedoch nach Art. 84 Abs. 1 GG grundsätzlich Sache der Länder seien. Im gleichen Maße aber, und diese Dialektik hatte schon Mitte der Fünfziger Jahre die Diskussion um die Erweiterung der Zustimmungsbedürftigkeit von Gesetzen geprägt[138], in dem der Bundesgesetzgeber auf den Landesbereich Einfluß zu gewinnen versuche, wachse vermöge der Regelung des Art. 84 Abs. 1 GG der Einfluß des Bundesrates (das gleiche gelte auch für die Ingerenz durch den Erlaß allgemeiner Verwaltungsvorschriften). Was dort der eigenständigen Gestaltungsmöglichkeit der Länder und damit dem Bundesstaat im überkommenen Sinne genommen werde, werde hier dem Organ, durch das die Länder bei der Willensbildung des Gesamtstaates mitwirken, hinzugefügt – und damit dem unitarischen Bundesstaat. Den im Bundesrat entscheidenden Kräften werde so ein Einfluß auf die gesamtstaatliche Willensbildung eingeräumt, der ihnen bei einem restriktiven Umgang mit den Bundeskompetenzen niemals zugekommen wäre.[139]

---

137 *K. Hesse* (Fn. 17), S. 21.

138 Siehe den Text oben unter 6.1.2. m.w.N. der einschlägigen Literaturstimmen in Fußn. 22.

139 *K. Hesse* (Fn. 17), S. 23.

In dieser Erfahrung bestätige sich – und hier knüpfte *Hesse* ausdrücklich an *Smends* Integrationslehre an – die schon für die bundesstaatliche Ordnung der Weimarer Republik von *Rudolf Smend* getroffene Feststellung, daß angesichts der starken sachlichen Unitarisierung im modernen Bundesstaat an die Stelle der den Ländern verlorengegangenen Landesgewalt das Moment ihrer Beteiligung an der Reichsgewalt getreten sei, daß die Länder in dieser Beteiligung ein weiteres Stück politischen Lebens führten und auch hier ihre Staatsnatur verwirklichten.[140]

Häufig sei nun zu hören, diese Verlagerung bedeute in der Sache nichts anderes als eine Annäherung an den Einheitsstaat, denn mit den politischen Parteien verkörperten sich im Bundesrat dieselben Kräfte, die auch in Bundestag und Bundesregierung beherrschend seien. Tatsächlich treffe diese Annahme jedoch nur in sehr bedingtem Maße zu. Nicht nur sei theoretisch der Fall einer Oppositionsmehrheit im Bundesrat denkbar, sondern auch schon die üblichen Interessendivergenzen und Rücksichtnahmen in Koalitionsregierungen in Bund und Ländern, aber selbst Divergenzen zwischen Bundesregierung und Landesregierungen der gleichen parteipolitischen Zusammensetzung könnten immer wieder zu unterschiedlichen Auffassungen zwischen Mehrheit in Bundestag und Bundesrat führen.[141] Vor allem aber seien die realen Kräfte, die sich in der Institution des Bundesrates zur Geltung brächten, weniger in den Reihen der Politiker als in denen der hohen Bürokratie der Länder zu suchen. Die Bürokratie habe die Faktoren der Kontinuität, des Fach- und Sachwissens auf ihrer Seite, die es dem Bundesrat im Gegensatz zum Bundestag ermöglichten, der Bundesbürokratie als gleichwertiger Partner zu begegnen[142]; die Bundesexekutive werde insoweit nicht nur (oder vielleicht sogar weniger) durch das Parlament als durch die Länderexekutiven kontrolliert. Und auch das Parlament seinerseits sei in wichtigen Bereichen einer sehr wirksamen Kontrolle durch die Länderexekutive unterworfen. Der unitarische Bundesstaat sei – dies ist die Schlußfolgerung von *Hesse*– keineswegs mit dem dezentralisierten Einheitsstaat identisch, sondern bedeute „eine neue und eigentümliche Form bundesstaatlicher Gestaltung“[143].

Mit dem von ihm konstatierten Schwund der Gehalte überkommener Bundesstaatlichkeit und der gleichzeitigen Entstehung neuer Erscheinungsformen stellte sich allerdings die Frage nach der theoretischen Erfassung und Einordnung dieses Wandels im Gesamtzusammenhang der verfassungsmäßigen Ordnung. Funktion und Wesen der bundesstaatlichen Struktur seien im ,unitarischen Bundesstaat' durch eine Akzentverschiebung gekennzeichnet. Während „in der bundesstaatlichen Ordnung älterer Prägung die Aufgabe der *Herstellung und Erhaltung der Einheit des Gesamtkörpers*„ dominiert habe, erfülle der unitarische Bundesstaat jene ältere integrierende Funktion nur noch in engen Grenzen, zumal es dieser

[140] *K. Hesse* (Fn. 17), S. 23.
[141] *K. Hesse* (Fn. 17), S. 23f.
[142] *K. Hesse* (Fn. 17), S. 24.
[143] *K. Hesse* (Fn. 17), S. 25.

Form der Integration in der Gegenwart kaum mehr bedürfe. Umsomehr trete „die Bedeutung der bundesstaatlichen Struktur für die *staatliche Willensbildung* und das Spiel der politischen Kräfte im Gesamtstaat“ zutage – ein Aspekt, den *Hesse* vor allem als „engen Zusammenhang von bundesstaatlicher Struktur und Gewaltenteilung“ thematisierte.[144]

Die Wirkungen der klassischen ‚Gewaltenteilung‘ zwischen Legislative, Exekutive und Judikative seien unbestreitbar im unitarischen Bundesstaat wesentlich abgeschwächt. „Wo den Gliedstaaten nur noch eng begrenzte Möglichkeiten selbständiger Gestaltung verblieben sind, wo Gesamtaufgaben und gliedstaatliche Aufgaben vielfach ineinander verfließen und darum weithin den Charakter von Gemeinschaftsaufgaben des Bundes und der Länder annehmen, kann von einem echten Gegenüber mehrerer annähernd gleichgewichtiger Größen kaum die Rede sein; dies aber ist Voraussetzung jeder Gewaltentrennung und -balance“ – so *Konrad Hesse*. An die Stelle der ‚vertikalen Gewaltenteilung‘ trete mehr und mehr die ‚horizontale Gewaltenteilung‘ zwischen Bundestag und Bundesregierung einer-, Bundesrat und Landesministerialbürokratien andererseits.[145] Dazu komme noch die „auflockernde“ Wirkung der bundesstaatlichen Ordnung auf die innere Gliederung von Parteien und Verbänden.[146]

Das, was das Wesen heutiger bundesstaatlicher Ordnung ausmache, liege mithin eigentlich nicht mehr im Bereich föderalistischer Gedanken. Der Föderalismus als integrierendes Prinzip habe im nationalen Rahmen die Bedeutung einer geschichtswirksamen Kraft verloren, der Charakter der bundesstaatlichen Ordnung eine grundsätzliche Veränderung durchgemacht. „Aus der Zuordnung einer Mehrzahl von Gliedstaaten in ihrer mannigfaltigen Individualität ist mehr und mehr eine Zuordnung gesamtstaatlicher Kräfte, namentlich der im engeren Sinne politischen und der administrativen Kräfte geworden. Die vertikale Gewaltenteilung hat sich in wachsendem Maße in eine neue Form der horizontalen Gewaltenteilung verwandelt.“[147] Oder – wie es im Schlußsatz der Hesse'schen Schrift heißt: „Der unitarische Bundesstaat und seine grundlegende Funktion im Zusammenhang einer freiheitlichen demokratischen und rechtsstaatlichen Ordnung: darin dürfte der Ausgangspunkt einer modernen Bundesstaatslehre liegen, die den Aufgaben heutiger Staats-und Verfassungstheorie gerecht zu werden vermag.“[148]

Das Smend'sche Verständnis des Bundesstaates – als eines die historisch differenzierten politischen Einheiten integrierenden Prinzips – zu überwinden durch eine in Smend'schen Kategorien geprägte Wirklichkeitsanalyse der bundesstaatlichen Ordnung – man könnte dies geradezu als eine geistesgeschichtliche Ironie bezeichnen. An die Stelle der klassischen bundesstaatlichen Funktionsbestimmung in Smends Integrationslehre, der *„Herstellung und Erhaltung der Einheit des Gesamtkörpers„*, war die „Bedeutung der bundesstaatlichen Struktur für die

---

[144] *K. Hesse* (Fn. 17), S. 26f. (Hervorhebungen im Original).

[145] *K. Hesse* (Fn. 17), S. 27.

[146] Vgl. *K. Hesse* (Fn. 17), S. 29f.

[147] *K. Hesse* (Fn. 17), S. 32.

[148] *K. Hesse* (Fn. 17), S. 34.

staatliche Willensbildung und das Spiel der politischen Kräfte im Gesamtstaat" getreten; der Bundesstaat war im Kern in seiner Bedeutung für die Verfassungsordnung zu einem Sonderfall, einer neuen Unterkategorie der Gewaltenteilung umgebildet. Das damit geschaffene neue Paradigma[149] – Bundesstaatlichkeit nicht mehr als Mechanismus der Einheitsbildung unter Bewahrung historisch gewachsener Verschiedenheit, sondern Bundesstaatlichkeit als neue, wirksamere Variante der freiheitssichernden Gewaltenteilung – sollte sich als äußerst folgenreich erweisen, wurde doch damit der Bundesstaatsrechtsdogmatik eine neue Richtung gegeben.

[149] Vgl. allerdings als zeitgenössische Kritik an diesem Paradigma *U. Scheuner*, Struktur und Aufgabe des Bundesstaates in der Gegenwart, DÖV 1962, S. 641, 646; *P. Lerche*, Föderalismus als nationales Ordnungsprinzip, VVDStRL 21 (1964), S. 66, 73f., 80ff.; ferner *R. Herzog*, Das Problem der staatlichen Autorität im westdeutschen Verfassungssystem, Zeitschrift für Politik 10 (1963), S. 145, 154.

9. Kapitel:

Der Drang zur Einheit durch Planung und Verflechtung – Kooperativer Föderalismus, Finanzreform, Versuche der Verfassungsreform

9.1. Der Weg zum ‚kooperativen Föderalismus'

Wie im vorhergehenden Kapitel darzulegen versucht wurde, hatte *Konrad Hesse* mit seiner schmalen, aber inhaltsreichen Schrift von 1962 einen bundesstaatstheoretischen Markstein gesetzt, an dem nicht mehr vorbeizukommen war. In Kürze entstand ein neues, das theoretische Vorverständnis des Bundesstaates bestimmendes Paradigma, an dem sich die Bundesstaatsrechtslehre der Sechziger und Siebziger Jahre abzuarbeiten hatte. Nicht daß der Kerngedanke der Schrift wirklich neu gewesen wäre – schon vorher hatten einzelne Autoren auf den Funktionswandel des bundesstaatlichen Systems hingewiesen und in der Frage der Gewaltenteilung die Funktion und Rechtfertigung des neuen Bundesstaatsmodells erblickt.[1] Die knappe Prägnanz aber, mit der *Hesse* diesen Grundgedanken nicht nur formulierte, sondern anhand des vorliegenden Materials zum Funktionieren des bundesrepublikanischen Föderalismus auch belegte und entfaltete, hatte eine Überzeugungskraft, der man sich auch heute bei einer Lektüre der Schrift nur schwer entziehen kann.[2]

Nicht daß *Hesse* den ‚unitarischen Bundesstaat' als Ausweg aus den vielfach beklagten „Antinomien des Föderalismus" gefordert oder auch nur erkennbar begrüßt hätte – er konstatierte die Herausbildung eines neuen Typus von Bundesstaat schlicht als etwas Feststehendes, Unabwendbares, an dessen Existenz bei ge-

---

[1] Siehe insbes. *H. Peters*, Die Gewaltentrennung in moderner Sicht, 1954, S. 24f. (das Prinzip des Föderalismus als „der erste und wichtigste Faktor heutiger Gewaltentrennung") sowie *C.J. Friedrich*, Der Verfassungsstaat der Neuzeit, 1953, S. 215, 254, ferner *A. Süsterhenn*, Senats- oder Bundesratssystem? Zum Problem der Gewaltenteilung innerhalb der Legislative, in: Staats- und verwaltungswissenschaftliche Beiträge. Herausgeg. von der Hochschule für Verwaltungswissenschaften Speyer, 1957, S. 73ff.; vgl. außerdem *F.A. Frhr. von der Heydte*, Föderalismus, Volkssouveränität und Parteien, in: A. Süsterhenn (Hrsg.), Föderalistische Ordnung, 1961, S. 128, 141ff.; *F. Meyers*, Die föderalistische Struktur der Bundesrepublik Deutschland, ebda, S. 43, 52; *W. Geiger*, Mißverständnisse um den Föderalismus, 1962, S. 31.

[2] Schon zu Ende der Sechziger Jahre bestand daher der Eindruck, daß die Argumentation von Hesse „inzwischen weitgehende Anerkennung gefunden zu haben" scheine – siehe nur *H. Liebrecht*, Zur Rechtfertigung des Föderalismus heute und zu den Grenzen zulässiger Länderkooperation, DVBl. 1969, S. 97, 98.

nauer Analyse des Tatsachenmaterials kaum mehr zu rütteln sei, als eine „Erscheinung, die aus den Notwendigkeiten der Zeit resultiert" und die nicht mehr aufzuhalten sei[3]. Funktionenverschiebung zugunsten des Bundes bei wachsender Verflechtung zwischen Bund und Ländern, zugleich eine stetig zunehmende Selbstkoordinierung der Länder seien Prozesse, die mehr oder weniger unaufhaltsam zu einem anderen Modell des Föderalismus führen müßten.

9.1.1. Die ‚Selbstkoordinierung' der Länder

Die Belege, die er für diese Schlußfolgerung anführen konnte, waren beeindrukkend. Dies begann mit dem weithin unbestrittenen Befund, daß seit 1949 eine zunmehmende Konzentration staatlicher Aufgaben beim Bund stattgefunden hatte.[4] Die Vorstellung eines Nebeneinanders von Bundes- und Landesgesetzgebung, die das Grundgesetz ursprünglich geprägt hatte, habe sich – so konnte *Konrad Hesse* 1962 feststellen – längst als illusorisch erwiesen.[5] Im Bereich der konkurrierenden Gesetzgebung war fast ausschließlich der Bundesgesetzgeber tätig geworden, und selbst bei der Rahmengesetzgebung hatten sich Tendenzen zur umfassenden Regelung der Materien durch den Bund gezeigt[6]. Dementsprechend war der Bereich der Landesgesetzgebung auf ein Minimum zusammengeschrumpft; außerhalb der traditionellen Reservatbereiche der Länder (Kultur, Polizei, Kommunalrecht, innere Verwaltung) erschöpfte sich der Inhalt der Landesgesetze schon nach gut zehn Jahren bundesstaatlicher Entwicklung weitgehend auf die Regelung von Details, die der Bundesgesetzgeber übriggelassen hatte, und auf Ausführungsregelungen zu Bundesgesetzen.[7]

Ähnliches galt für den Bereich der Verwaltung bzw. der vollziehenden Gewalt, obwohl dort nach dem bundesstaatlichen System des Grundgesetzes eigentlich der Kern der Länderstaatsgewalt anzusiedeln war. Das Vordringen des Bundes äußerte sich hier zunächst in einem massiven Ausbau der Bundesverwaltung, der

---

[3] Siehe *K. Hesse*, Der unitarische Bundesstaat (1962), S. 21.

[4] Vgl. dazu *K. Hesse* (Fn. 3), S. 14ff.; vgl. ferner *H. Ritter von Lex*, Die Entwicklung des Verhältnisses von Bund und Ländern in der Bundesrepublik, in: Verfassung und Verwaltung in Theorie und Wirklichkeit. Festschrift für Wilhelm Laforet, 1952, S. 51, 55ff.; *D. Katzenstein*, Rechtliche Erscheinungsformen der Machtverschiebung zwischen Bund und Ländern seit 1949, DÖV 1958, S. 593ff., außerdem *A. Köttgen*, Der Einfluß des Bundes auf die deutsche Verwaltung und die Organisation der bundeseigenen Verwaltung, JöR NF 11 (1962), S. 173, 183ff. *W. Rudolf*, Bund und Länder im aktuellen deutschen Verfassungsrecht, 1968, S. 18ff.

[5] *K. Hesse* (Fn. 3), 15; vgl. auch *D. Katzenstein* (Fn. 4), S. 594ff., *H. Ehard*, Das Verhältnis zwischen Bund und Ländern und der Bundesrat, BayVBl. 1961, S. 1, 2, sowie *H. Schäfer*, Die bundesstaatliche Ordnung – ein immerwährendes Problem Weimars und eine noch offene Frage Bonns, DVBl. 1969, S. 420, 426.

[6] Als Beispiel wurde hier allgemein das Beamtenrechtsrahmengesetz vom 1.7. 1957 genannt, das „nur noch in engsten Grenzen" eine Regelung durch die Länder zulasse, die von „substantiellem Gewicht" sei – *K. Hesse* (Fn. 3), S. 15; siehe aber auch *D. Katzenstein* (Fn. 4), S. 596f. (mit deutlich anderer Bewertung).

[7] So die zutreffende Bewertung durch *K. Hesse* (Fn. 3), S. 15; vgl. auch *M. Bullinger*, Die Zuständigkeit der Länder zur Gesetzgebung, DÖV 1970, S. 761ff.

vor allem über das ‚Ventil' des Art. 87 Abs. 3 GG erfolgt war, also die (zustimmungsfreie) Schaffung selbständiger Bundesoberbehörden.[8] Zugleich entfaltete der Bund eine umfangreiche Aktivität im Bereich der nicht-gesetzesakzessorischen Verwaltung, „weit über das Maß der Aufgaben hinaus, die ihm, wie etwa die Verwaltung des Bundesvermögens, unbestritten kraft Sachzusammenhangs oder kraft Natur der Sache zustehen"[9]; Medium dieser „indirekten Verwaltungsführung des Bundes"[10] war vor allem die überlegene Finanzkraft des Bundes, die es ihm gestattete, über die Vergabe von Haushaltsmitteln aus dem Bundeshaushalt, und die Bindung der Mittel an Auflagen oder die Einhaltung entsprechender Richtlinien, Einfluß auf die Verwaltungsführung der Länder zu nehmen. Die immer weitere Erstreckung und Verfeinerung dieser Praxis in ein System ausgedehnter ‚Fondswirtschaft' stieß zwar auf verfassungsrechtliche Bedenken in der Literatur[11], konnte sich aber in der politischen Praxis weitgehend unangefochten behaupten und wurde auf die Dauer zur ‚ständigen Übung' verfestigt[12].

Beinahe noch gravierender für den Bereich der Vollziehung war die allgemeine Gewichtsverschiebung zugunsten des Bundes, die im Bedeutungsgewinn der Bundesgesetzgebung als Aufsichtsmaßstab lag. Zu vollziehendes Recht war mittlerweile ganz überwiegend Bundesrecht, das den Landesbehörden tendenziell – dem allgemeinen Trend zur Beschränkung des Ermessens folgend – immer weniger Spielraum in der eigenständigen Beurteilung der Situation und der daraus abzuleitenden Handlungsfolgen einräumte.[13] Die häufige Inanspruchnahme der

---

[8] Siehe dazu schon *A. Köttgen*, Der Einfluß des Bundes auf die deutsche Verwaltung, JöR NF 3 (1954), S. 67, 74f., sowie *ders.* (Fn. 4), S. 266ff., außerdem *K. Hesse* (Fn. 3), S. 16f., *D. Katzenstein* (Fn. 4), S. 600f. und *F. Meyers* (Fn. 1), S. 57f. Siehe ferner *J. Kölble*, Gemeinschaftsaufgaben zwischen Bund und Ländern sowie zwischen den Ländern, in: Hochschule für Verwaltungswissenschaften Speyer (Hrsg.), Gemeinschaftsaufgaben zwischen Bund, Ländern und Gemeinden, 1961, S. 17, 23ff., der für den Zeitraum bis 1961 die Errichtung von insgesamt 24 Bundesoberbehörden nach Art. 87 Abs. 3 S. 1 GG belegt, sowie *F. Klein*, Verfassungsrechtliche Grenzen der Gemeinschaftsaufgaben, ebda., S. 125, 146ff. und *W. Weber*, Die Gegenwartslage des deutschen Föderalismus, 1966, S. 27f.

[9] *K. Hesse* (Fn. 3), S. 17. Vgl. auch *A. Köttgen* (Fn. 8), S. 78ff., *W. Geiger* (Fn. 1), S. 25, sowie *T. Maunz*, Die Kulturhoheit der deutschen Länder, in: A. Süsterhenn (Hrsg.), Föderalistische Ordnung, 1961, S. 83, 89f.

[10] *A. Köttgen* (Fn. 8), S. 79.

[11] Siehe z.B. *A. Köttgen* (Fn. 8), S. 80; *H. Ehard* (Fn. 5), S. 2; *K. Hesse* (Fn. 3), S. 17; *T. Maunz*, in: Maunz-Dürig, Art. 109 Rdnrn. 13ff.; mit besonderer Eindringlichkeit schließlich *F. Klein* (Fn. 8), S. 168ff.; ferner *A. Köttgen*, Fondsverwaltung in der Bundesrepublik, 1965, S. 38ff.; *J. Seeger*, Finanzierung von Länderaufgaben durch den Bund, DÖV 1968, S. 781ff.; *W. Rudolf* (Fn. 4), S. 42f.; *H. Zacher*, Verwaltung durch Subventionen, VVDStRL 25 (1967), S. 308, 391; *G. Kisker*, Kooperation im Bundesstaat, 1971, S. 38ff.

[12] Siehe nur *J. Kölble* (Fn. 8), S. 42ff. sowie *W. Henle*, Die Förderung von Landesaufgaben aus Bundesmitteln, in: Hochschule für Verwaltungswissenschaften Speyer (Hrsg.), Gemeinschaftsaufgaben zwischen Bund, Ländern und Gemeinden, 1961, S. 63ff., insbes. S. 66ff., ferner *H. Zacher* (Fn. 11), S. 387ff., *G. Kisker* (Fn. 11), S. 34ff., *W. Weber* (Fn. 8), S. 29ff. und *U. Scheuner*, Kooperation und Konflikt. Das Verhältnis von Bund und Ländern im Wandel, DÖV 1972, S. 585, 587.

[13] Vgl. nur *A. Köttgen* (Fn. 8), S. 83; *ders.* (Fn. 4), S. 222ff.; *K. Hesse* (Fn. 3), S. 17; *R. Herzog*, Zwischenbilanz im Streit um die bundesstaatliche Ordnung, JuS 1967, S. 193, 196f.

Möglichkeit des Art. 84 Abs. 1 GG, mit Zustimmung des Bundesrates auch Regelungen zum Organisations- und Verfahrensrecht in Bundesgesetze aufzunehmen, verkürzte darüberhinaus immer weiter die Handlungsspielräume der Länder. Hinzu kamen die – allerdings nur teilweise wirklich genutzten – Möglichkeiten zum Erlaß von allgemeinen Verwaltungsvorschriften (Art. 84 Abs. 2 GG) und zur Schaffung von gesetzlichen Ermächtigungen zu Einzelweisungen durch die Bundesregierung (Art. 84 Abs. 5 GG), die dem Bund „ein weites Feld sachlicher Ingerenz auf den Vollzug in den Ländern" eröffneten.[14]

Selbst in Bereichen, in denen den Ländern theoretisch die Möglichkeit eigener Gestaltung verblieben war, zeigte sich ein ausgeprägter Hang zur ‚freiwilligen Koordinierung' von Bund und Ländern, vor allem aber der ‚Selbstkoordinierung' der Länder untereinander.[15]Instrument dieser ‚Selbstkoordinierung' waren dabei zunächst der Abschluß von Staatsverträgen und Verwaltungsabkommen, die sachliche Angleichung von Verwaltungshandeln über gemeinsame Beschlüsse der Ressortministerkonferenzen und Arbeitsgemeinschaften der Fachbeamten, in Einzelfällen aber auch die Schaffung gemeinsamer Einrichtungen zur konzertierten Wahrnehmung von Länderaufgaben.[16] Die Gegenstände solcher auf gleichgerichtetes, wenn nicht übereinstimmendes Vorgehen zielender ‚Koordinierung' waren dabei – wie *Hans Schneider* 1960 in seinem Referat auf der Kölner Staatsrechtslehrertagung feststellte – weit gespannt und zogen sich durch nahezu alle Bereiche der den Länder verbliebenen Aufgaben.[17] Die von *Hans Schneider* für die Zeit von 1949 bis 1960 belegte Zahl von 339 Staatsverträgen und Verwaltungsabkommen der Länder sowie die ebenfalls von ihm genannte Zahl von etwa 500 Beschlüssen der Kultusministerkonferenz bzw. Ständigen Konferenz der Kultusminister macht das Ausmaß dieser schon in den ersten zehn Jahren des Bestehens der Bundesrepublik extrem weitgespannten Praxis der ‚Selbstkoordinierung' an-

---

[14] *K. Hesse* (Fn. 3), S. 18; vgl. ferner *D. Katzenstein* (Fn. 4), S. 599, 602, *A. Köttgen* (Fn. 4), S. 223ff., sowie die von *F. Klein* zu dieser Praxis geäußerten verfassungsrechtlichen Bedenken – *F. Klein*, Verfassungsrechtliche Grenzen der Gemeinschaftsaufgaben, in: Hochschule für Verwaltungswissenschaften Speyer (Hrsg.), Gemeinschaftsaufgaben zwischen Bund, Ländern und Gemeinden, 1961, S. 125, 135ff.

[15] Siehe nur *K. Hesse* (Fn. 3), S. 19, außerdem im Detail *P. Feuchte*, Die bundesstaatliche Zusammenarbeit in der Verfassungswirklichkeit der Bundesrepublik Deutschland, AöR 98 (1973), S. 473, 475ff. Zu den im folgenden nur am Rand behandelten Bund-Länder-Abkommen vgl. auch *J. Kölble*, Verwaltungsabkommen zwischen Bund und Ländern, DÖV 1960, S. 650ff.

[16] Vgl. dazu *H. Schneider*, Verträge zwischen Gliedstaaten im Bundesstaat, VVDStRL 19 (1961), S. 1, 4ff., aber auch schon *ders.*, Staatsverträge und Verwaltungsabkommen zwischen deutschen Bundesländern, DÖV 1957, S. 644ff., ferner zum Problem der Koordinierung über Konferenzen und Arbeitsgemeinschaften *K.H. Neunreither*, Der Bundesrat zwischen Politik und Verwaltung, 1959, S. 105, sowie *P. Feuchte* (Fn. 15), S. 481ff., zu den Gemeinschaftseinrichtungen der Länder außerdem *G. Pfeiffer*, Selbstkoordinierung und Gemeinschaftseinrichtungen der Länder, NJW 1962, S. 565ff.

[17] *H. Schneider*, Verträge zwischen Gliedstaaten im Bundesstaat, VVDStRL 19 (1961), S. 1, 6ff.; vgl. auch zur parallelen Problematik der Bund-Länder-Abkommen *R. Grawert*, Verwaltungsabkommen zwischen Bund und Ländern in der Bundesrepublik Deutschland, 1967, S. 177ff., 205ff., 239ff. sowie 299ff. (Zusammenstellung der bis 1966 geschlossenen Verträge zwischen Bund und Ländern).

schaulich.[18] Ein deutlicher Schwerpunkt lag dabei im kulturellen Bereich, vor allem in der Schulpolitik[19]; aber auch in anderen Kernbereichen der Eigenstaatlichkeit der Länder waren in erheblichem Umfang schon in dieser Frühphase umfangreiche Koordinierungsaktivitäten zu finden, was *Konrad Hesse* 1962 zur Formel von der Selbstkoordinierung der Länder als deutlichem Ausdruck der Tendenz zur „Wahrung der Einheitlichkeit der Lebensverhältnisse" führte[20]. Nichts könne deutlicher machen, so folgerte *Hesse*, „daß es heute weit mehr auf Einheitlichkeit und Gleichmäßigkeit ankomme als auf die Beachtung regionaler Besonderheiten". Wenn das von den Ländern geschaffene Recht sogar im Bereich ihrer ausschließlichen Zuständigkeit zunehmend einander angeglichen werde, so bleibe dabei „von individueller Eigenart wenig übrig".[21]

Die verfassungsrechtlichen Probleme, die dieser Drang der Länder zur Selbstkoordinierung auslöste, beschäftigte die Literatur in erheblichem Maße. Da war zum einen das noch eher verfassungspolitische Problem der Erosion des Länderparlamentarismus, das auf Dauer „zur Aushöhlung der politischen Substanz der Länder" zu führen drohte, denn die Vereinbarungen zwischen den Ländern ließen naturgemäß für eine selbständige Entscheidung der Landtage über den Inhalt zu erlassender Landesgesetze kaum mehr Spielraum, wenn die (zwischen den Ländern abgesprochenen) Entwürfe nicht gleich ganz mit der Begründung vorgelegt wurden, „daß der Text koordiniert und deshalb tabu sei"[22]. Dazu kam die organisationsrechtliche Problematik der durch Ländervereinbarungen geschaffenen gemeinsamen Organe – Gebilde, „welche weder im Recht der Landesverfassungen und der von diesen konstituierten Organe noch im Grundgesetz, nach dem die Länder lediglich durch den Bundesrat bei der Gesetzgebung und Verwaltung des Bundes mitwirken, einen Ort finden"[23].

Schließlich war ganz allgemein die Frage nach den verfassungsrechtlichen Grenzen der Selbstkoordinierung der Länder außerhalb des vom Grundgesetz vorgesehenen Verfahrens gemeinsamer Beratung und Beschlußfassung im Bundesrat aufgekommen.[24] Es drohe, so lautete das Argument, eine Aufsplitterung

---

18 *H. Schneider* (Fn. 16), S. 34, 36ff.

19 Siehe dazu die Aufstellung der Länderübereinkommen bei *H. Schneider* (Fn. 17), S. 34ff., ferner *T. Maunz* (Fn. 9), S. 92f. und *T. Oppermann*, Kulturverwaltungsrecht, 1969, S. 560ff., 586ff.

20 *K. Hesse* (Fn. 3), S. 19.

21 *K. Hesse* (Fn. 3), S. 20; siehe auch in gleichem Sinne *H. Schneider* (Fn. 17), S. 19.

22 So *K. Hesse* (Fn. 3), S. 20, unter Verweis auf einen Diskussionsbeitrag von *W. Weber* auf der Kölner Staatsrechtslehrertagung von 1960, VVDStRL 19 (1961), S. 159. Vgl. zum Problem der Erosion des Länderparlamentarismus auch *W. Leisner*, Schwächung der Länderparlamente durch grundgesetzlichen Föderalismus, DÖV 1968, S. 389ff., sowie *G. Kisker* (Fn. 11), S. 123ff.

23 *K. Hesse* (Fn. 3), S. 20. Siehe dazu im Einzelnen *A. Köttgen* (Fn. 8), S. 145; *ders.* (Fn. 4), S. 306; *H. Schneider* (Fn. 17), S. 22; *J. Kölble* (Fn. 8), S. 54ff. (insbes. S. 58f.); *R. Grawert* (Fn. 17), S. 261ff.; *F. Klein* (Fn. 8), S. 157ff.; *R. Gross*, Kooperativer Föderalismus und Grundgesetz, DVBl. 1969, S. 125ff.; *G. Kisker* (Fn. 11), S. 246ff.

24 Vgl. z.B. die kontroversen Diskussionsbeiträge auf der Kölner Staatsrechtslehrertagung 1960 – VVDStRL 19 (1961) – von *A. Schüle* (S. 154f.), *W. Weber* (S. 158f.), *K.A. Bettermann* (S. 160) und *W. Merk* (S. 161) einerseits, *W. Thieme* (S. 156f.), *H.P. Ipsen* (S. 157) und *H. Krüger* (S. 157f.) andererseits.

der bundesstaatlichen Struktur, eine Aushöhlung der bundesstaatlichen Integration, wenn sich die Länder außerhalb des für diese Zwecke vorgesehenen Organs, des Bundesrates, über die von ihnen zu treffenden Maßnahmen im Bereich der Länderzuständigkeiten verständigten.[25] „Da der Gesamtstaat die Aufgabe hat, die Gliedstaaten zusammenzufassen, kann es keine andere rechtliche Gesamtheit der Länder geben als den Bund", so lautete das Grundaxiom dieser unitarisch orientierten Kritik. Im Bundesstaat seien die Gliedstaaten gehindert, „durch Gesamtakt allgemeines Recht zu schaffen". Recht für die Gesamtheit der Länder könne nur Bundesrecht sein.[26]

Große Teile der Staatsrechtslehre hielten allerdings derartige Formen der ,koordinierenden' Zusammenarbeit unter den Ländern für durchaus begrüßenswert[27], wurde doch auf diese Weise dem empfundenen Bedürfnis nach ,Unitarisierung' Rechnung getragen, ohne zugleich die Kompetenzstruktur des Grundgesetzes grundsätzlich in Mitleidenschaft zu ziehen. Wie *Konrad Hesse* es so unnachahmlich ausdrückte: „Der gewaltenteilende Effekt der bundesstaatlichen Ordnung bleibt erhalten und wird durch das Zusammenwirken der Länder sogar noch verstärkt. Anstatt durch Anordnungen der Zentrale und damit Formen straffer Über- und Unterordnung wird das staatliche Leben weithin durch Formen der Verständigung gleichgeordneter Faktoren bestimmt, die einer freiheitlichen Gesamtordnung sehr viel gemäßer sind als jene."[28]

9.1.2. Die Bedeutung des Bundesrates

Analoge Entwicklungen ließen sich in der Rolle des Bundesrates feststellen[29], der von seinen Befürwortern ja ursprünglich als ,föderative Bremse' im Stile des Bun-

---

[25] Siehe in diesem Sinne insbes. *W. Haegert*, Organe der Länder auf Bundesebene?, NJW 1961, S. 1137ff., sowie *C. Heinze*, „Kooperativer Föderalismus" und die Umbildung der Verfassung, in: Festschrift für Ernst Forsthoff, 1972, S. 118, 125ff. Dagegen insbes. die Philippika von *T. Maunz*, Pflicht der Länder zur Uneinigkeit?, NJW 1962, S. 1641ff., sowie *G. Pfeiffer* (Fn. 16), S. 565ff., ferner *R. Herzog* (Fn. 13), S. 198f. und *R. Gross*, Selbstkoordinierung der Länder, NJW 1966, S. 1488ff.

[26] *W. Haegert* (Fn. 25), S. 1139.

[27] Siehe z.B. *F.A. Frhr. von der Heydte* (Fn. 1), S. 131f.; *F. Meyers* (Fn. 1), S. 55f.; *W. Geiger* (Fn. 1), S. 26f.; *R. Gross* (Fn. 25), S. 1488ff.; *ders.*, Die verfassungsrechtliche Würdigung der Kooperationsformen bei Bund und Ländern, NJW 1967, S. 1001ff.; *W. Rudolf* (Fn. 4), S. 26ff.; *P. Lerche*, Aktuelle föderalistische Verfassungsfragen, 1968, S. 29ff.; *H. Zacher*, Grundlagen und Grenzen interföderativer Kooperation, BayVBl. 1971, S. 321ff. Vgl. ferner – wenn auch zwischen ,systemkonformer' und ,systemsprengender' Kooperation unterscheidend und in diesem Rahmen recht enge Grenzen ziehend – *G. Kisker* (Fn. 11), S. 148ff., 154ff.

[28] *K. Hesse* (Fn. 3), S. 21.

[29] Vgl. als Überblick über die Arbeit des Bundesrates in den ersten zehn Jahren seines Bestehens *A. Haas*, Aufgaben und Wirken des Bundesrates bei der Auslegung und Fortentwicklung des Grundgesetzes, in: Zehn Jahre Bundesrat, 1961, S. 119ff., sowie *A. Pfizer*, Organisation und Arbeit des Bundesrates, ebda., S. 137ff.; aus der Sicht der handelnden Politiker vgl. auch *H. Ehard*, Aufgabe und Bewährung des Bundesrates, in: A. Süsterhenn (Hrsg.), Föderalistische Ordnung, 1961, S. 95ff., sowie *K.G. Kiesinger*, Gedanken zur Arbeit des Bundesrates, in: Gedächtnisschrift Hans Peters, 1967, S. 547ff.

desrats der Bismarck-Verfassung intendiert gewesen war[30]. Wenn das Organ auch in Einzelbereichen diese Funktion durchaus wahrnahm, so entwickelte sich der Bundesrat im Kern doch eher zum Beförderer der Unitarisierung.[31] Man könnte ihn funktional sogar als Herzstück eines Kompensationsgeschäfts ganz eigener Art im Verhältnis von Bund und Ländern bezeichnen. Mit fortschreitender sachlicher Unitarisierung verband sich, wie *Hesse* 1962 zutreffend festgestellt hatte, ganz entgegen der ursprünglichen Vorstellungen nicht eine Minderung, sondern eine Mehrung des Gewichts des Bundesrates.[32] Zunehmende Verflechtung zwischen Bund und Ländern, die im Bereich der Rechtsetzung über die bundesgesetzliche Regelung der Organisation und des Verfahrens der vollziehenden Landesverwaltung erfolgte, im Verwaltungsbereich über Formen der institutionalisierten Kooperation, stärkten Schritt für Schritt die Beteiligungsrechte des Bundesrats. Die ausgreifende Gesetzgebung des Bundes ließ die Mehrzahl der Bundesgesetze zu Zustimmungsgesetzen werden, und die zunehmende administrative Verflechtung von Bund und Ländern führte zur immer intensiveren Mitwirkung des Bundesrats an der Verwaltung.[33]

Besonders deutlich ließ sich dieses dialektische Verhältnis an der Ausweitung des Kreises der Zustimmungsgesetze nach Art. 84 Abs. 1 GG beobachten. *Hesse* sprach hier nicht zu Unrecht von der „eigentümlichen Automatik" des Art. 84 Abs. 1 GG: Im unitarischen Bundesstaat könne der Bundesgesetzgeber sich nicht mit einheitlichen materiell-rechtlichen Normierungen begnügen, sondern werde unweigerlich bestrebt sein, auch die Einheitlichkeit des Vollzuges durch organisatorische und verfahrensrechtliche Regelungen sicherzustellen.[34] Im gleichen Maße aber, in dem der Bundesgesetzgeber auf den Landesbereich Einfluß zu gewinnen versuche, sei es durch Organisations- und Verfahrensregelungen im Gesetz selbst, sei es durch den Erlaß allgemeiner Verwaltungsvorschriften, wachse infolge der Regelung des Art. 84 Abs. 1 GG der Einfluß des Bundesrates[35]. Im Ergebnis sei es mithin gerade die voranschreitende Unitarisierung, die den Landesregierungen über den Bundesrat verstärkte Einflußmög lichkeiten auf den Bund eröffnet hätten. Die zu beobachtende Verflechtung von Bund und Ländern sei mithin nicht einseitig-hierarchisch, sondern zweiseitig, verstärke wechselseitige Abhängigkeiten, auch des Bundes von den Ländern.[36] Anders ausgedrückt: An die Stelle der den Ländern nach und nach verlorengehenden Landesgewalt trete die Beteiligung an der Bundesgewalt.

---

30 Vgl. nur *K.H. Neunreither* (Fn. 16), S. 129ff.

31 Siehe *K.H. Neunreither* (Fn. 16), S. 123, 129ff.; *K. Hesse* (Fn. 3), S. 21ff.

32 *K. Hesse* (Fn. 3), S. 22.

33 *K. Hesse* (Fn. 3), S. 22f.; vgl. außerdem *D. Katzenstein* (Fn. 4), S. 597ff. sowie *K.H. Neunreither* (Fn. 16), S. 64ff., 88ff.

34 Vgl. aber zu den Grenzen, die der Bundesrat diesem Bestreben immer wieder zog, *H. Ehard* (Fn. 29), S. 104f.

35 *K. Hesse* (Fn. 3), S. 23.

36 Vgl. auch *K.H. Neunreither* (Fn. 16), S. 92ff., insbes. S. 101.

Gewinner dieser Verflechtung zwischen Ländergewalt und Bundesgewalt sei vor allem die ‚hohe Bürokratie' der Länder, deren Ministerialverwaltung. Durch ihr Fach- und Sachwissen präge sie die Einflußnahme der Länder auf die Bundespolitik; die Ministerialbürokratie der Länder sei damit der eigentliche Gegenspieler der Bundesbürokratie im Bundesratssystem.[37] Über den dominanten Einfluß der Bürokratien im Bundesrat bringe sich so das spezifisch administrative Element der Länder zur Geltung – denn schließlich seien es die Länderbürokratien, die in gegenseitiger informeller Koordination die Voraussetzungen für die Entscheidungen des Bundesrates schafften, und es seien auch die Ministerialbeamten der Länder, die über die Arbeit der Ausschüsse weitgehend das Geschehen im Plenum des Bundesrates bestimmten.[38]

9.1.3. Das Leitbild des ‚kooperativen Föderalismus'

In Anknüpfung an die vorgehend beschriebenen Befunde, die nicht zuletzt im Zentrum der *Hesse*,schen Diagnose vom ‚unitarischen Bundesstaat' standen, bildete sich innerhalb weniger Jahre ein neues Leitbild der Bundesstaatlichkeit unter dem Grundgesetz. Als schlagwortartige Kurzbezeichnung für dieses neue Bundesstaatsparadigma bürgerte sich schnell der Begriff des „kooperativen Föderalismus" ein. Ursprünglich zu finden als Formel für die als modellhaft angesehenen Entwicklungen im US-amerikanischen Bundesstaatssystem[39], avancierte der Begriff spätestens mit dem berühmten ‚Troeger-Gutachten', dem 1966 erstatteten Gutachten der ‚Kommission für die Finanzreform'[40], zu einem Leitbegriff auch für die weitere Entwicklung des deutschen Bundesstaatsmodells.[41]

---

[37] Siehe *K. Hesse* (Fn. 3), S. 24f., ferner *R. Herzog* (Fn. 13), S. 196.

[38] Siehe *K. Hesse* (Fn. 3), S. 24f.; *K.H. Neunreither* (Fn. 16), S. 27ff., 100ff., 132f.; zu den damit verbundenen Gefahren einer Aushöhlung des Länderparlamentarismus vgl. aber *W. Leisner* (Fn. 22), S. 390f.

[39] So z.B. noch bei *K.H. Neunreither* (Fn. 16), S. 130 sowie bei *P. Lerche*, Föderalismus als nationales Ordnungsprinzip, VVDStRL 21 (1964), S. 67, 70f.; vgl. auch ausführlich zum ‚Vorbildcharakter' des amerikanischen Modells *W. Kewenig*, Kooperativer Föderalismus und bundesstaatliche Ordnung. Bemerkungen zur Theorie und Praxis des kooperativen Föderalismus in den USA unter besonderer Berücksichtigung der „grants-in-aid", der Bundeshilfsprogramme, AöR 93 (1968), S. 433ff., *H. Ehringhaus*, Der kooperative Föderalismus in den Vereinigten Staaten von Amerika, 1971, S. 24ff. und *G. Kisker* (Fn. 11), S. 1f.

[40] *Kommission für die Finanzreform*, Gutachten über die Finanzreform in der Bundesrepublik Deutschland, 1966.

[41] Vgl. die zustimmende Aufnahme des Begriffs in den Arbeiten von *U. Scheuner*, Wandlungen im Föderalismus der Bundesrepublik, DÖV 1966, S. 513, 518f.; *W. Patzig*, Der kooperative Föderalismus, DVBl. 1966, S. 389ff.; *ders.*, Gegenwartsfragen des Finanzverfassungsrechts, AöR 92 (1967), S. 297, 310ff.; *A. Hüttl*, Kooperativer Föderalismus und Gemeinschaftsaufgaben, DVBl. 1967, S. 433, 435f.; *P. Schneider*, Kooperative Elemente im Föderalismus, in: Föderalismus in der Bundesrepublik Deutschland, Loccumer Protokolle 32/1967, S. 40, 48ff.; *P. Lerche* (Fn. 27), S. 11f., 28ff.; *R. Kunze*, Kooperativer Föderalismus in der Bundesrepublik, 1968, S. 1ff.; *R. Gross*, Kooperativer Föderalismus und Grundgesetz, DVBl. 1969, S. 93ff.; *T. Oppermann*, Kulturverwaltungsrecht, 1969, S. 555; *B. Tiemann*, Gemeinschaftsaufgaben von Bund und Län-

Die ‚Troeger-Kommission' war in ihrem Gutachten zu der Schlußfolgerung gelangt, daß „entscheidend wichtige Probleme mit der überkommenen Form des Föderalismus nicht mehr befriedigend gelöst werden können".[42] Da die bundesstaatliche Ordnung dem Wandel der politischen, ökonomischen und sozialen Verhältnisse unterliege und sich die Bundesrepublik großen Zukunftsaufgaben sowohl nach außen als auch hinsichtlich der Gestaltung der inneren Ordnung gewachsen zeigen müsse, sei es erforderlich, eine neue Form des Föderalismus zu entwickeln, die „ein ausgewogenes und bewegliches System der Zusammenordnung und der Zusammenarbeit zwischen dem Bund und den Ländern" ermögliche. „Der Föderalismus unserer Zeit" könne – so lautete der vielzitierte Kernsatz dieser Passage des Gutachtens – „deshalb nur ein kooperativer Föderalismus sein".[43] Dieser ‚kooperative Föderalismus', den die Kommission als „aktives Staatsprinzip" bezeichnete (was immer auch dies bedeuten mochte), verwirkliche „den Ausgleich zwischen einer klaren Aufgabenabgrenzung", ohne die eine Ordnung des Bundesstaates nicht möglich sei, und „der bundesstaatlichen Kräftekonzentration", die „den höchsten Wirkungsgrad des öffentlichen Mitteleinsatzes" gewährleiste. Eine derartige Ordnung erfordere es aber, „die bisherigen Formen der Zusammenarbeit durch die Schaffung neuer Institutionen aus bundesstaatlichem Geiste zu verbessern"[44] – womit in Kürze das verfassungspolitische Programm der Konzeption vom ‚kooperativen Föderalismus' bezeichnet ist.

In der Literatur der folgenden Jahre wurde auf den weitherum zustimmend aufgegriffenen Leitbegriff des ‚kooperativen Föderalismus' dann meist die Forderung nach entsprechenden Verfassungsänderungen gestützt.[45] Die ‚Selbstkoordinierung' der Länder als Medium der sachlich notwendigen Verflechtung stoße im System des Grundgesetzes allzuleicht auf verfassungsrechtliche Hindernisse. In den Bereichen, in denen eine Vereinheitlichung aus wirtschaftlichen, finanziellen oder rein administrativen Gründen sachlich notwendig sei, wie bei der Großforschung, der Reinhaltung des Wassers und gewissen Planungsaufgaben, sei zwar im Grundsatz nichts gegen die freiwillige Koordination der Länder als Instrument der Verflechtung einzuwenden; noch besser sei aber die zentral gelenkte Koordination unter Einschaltung des Bundes – eine unter dem Begriff ‚Gemeinschaftsaufgaben' diskutierte Variante, die angesichts der bestehenden verfassungsrechtlichen Bedenken wiederum zunächst einer verfassungsrechtlich gesicherten Grundlage bedurfte, um auf breiter Basis praktikabel werden zu können.[46]

---

dern in verfassungsrechtlicher Sicht, 1970, S. 317ff.; *K. Hesse*, Aspekte des kooperativen Föderalismus in der Bundesrepublik Deutschland, in: Festschrift für Gebhard Müller, 1970, S. 141ff.

42 Gutachten über die Finanzreform (Fn. 40), S. 20 Rdnr. 75.

43 Gutachten über die Finanzreform (Fn. 40), S. 20 Rdnr. 76.

44 Gutachten über die Finanzreform (Fn. 40), S. 20f. Rdnr. 77.

45 Siehe *U. Scheuner* (Fn. 41), S. 518; *W. Patzig*, DVBl. 1966, S. 395; *ders.*, AöR 92 (1967), S. 312f.; *A. Hüttl* (Fn. 41), S. 435ff.

46 Siehe dazu z.B. *U. Scheuner* (Fn. 41), S. 518; *W. Patzig*, DVBl. 1966, S. 394ff.; *ders.*, AöR 92 (1967), S. 310ff.; *A. Hüttl* (Fn. 41), S. 436ff.; *Franz Klein*, Gemeinschaftsaufgaben zur Bewältigung der Staatsaufgaben im föderativen Staatsaufbau, DÖV 1968, S. 153ff.

Verweisen konnte die Literatur dabei auf Vorbilder längst praktizierter ‚Mischverwaltung' – in der Praxis über die Zeit entwickelte und Mitte der Sechziger Jahre bereits als fest etabliert geltende Formen gemeinsamer Aufgabenerledigung[47], wie etwa den im Rahmen einer faktischen Gemeinschaftsfinanzierung betriebenen Ausbau der Hochschulen[48]. Ob allerdings allein das in den Richtlinien der Bundesregierung zu §64 a RHO[49] geforderte „erhebliche Bundesinteresse" an der Durchführung ausreichte, um diese Fälle einer de facto praktizierten Mischverwaltung auch de jure als „echte gemeinsame Aufgaben"[50] verfassungsrechtlich zu legitimieren, blieb fraglich.[51]

Umstritten blieb insbesondere der verfassungsrechtlich gebotene Weg der Institutionalisierung von Kooperation und Verflechtung. Während unitarisch gesinnte Autoren dem Bund dabei eine Führungsrolle einräumen wollten, also eine zentral gesteuerte Koordination durch Bundesbehörden bevorzugten, und umgekehrt die unter Ausschluß des Bundes erfolgende dezentrale Kooperation zwischen den Ländern mit deutlichem Mißtrauen sahen, wenn nicht gar für verfassungswidrig hielten[52], favorisierten am traditionellen Föderalismus orientierte Autoren deutlich die freiwillige ‚Selbstkoordinierung' der Länder gegenüber der zentralen Abstimmung durch den Bund[53]. Kämpfte die eine Richtung mit verfassungsrechtlichen Argumenten vorrangig gegen die vermeintliche ‚Umgehung' des Bundesrates und für die Bewahrung des postulierten ‚Organisationsmonopols' des Bundes für überregionale Institutionen, so hatte die andere Seite ‚Mischverwaltung' und ‚Fondswirtschaft' zur Zielscheibe ihrer mit rechtlichen Argumenten geführten Kampagne gegen die als bedrohlich angesehenen Zentralisierungstendenzen erhoben.[54] Selbst hinter dem scheinbar allgemeinen Konsens über verbesserte Zusammenarbeit im Bundesstaat und ‚kooperativen Föderalismus' versteckten sich im Kern durchaus gegenläufige verfassungspolitische Ziel-

[47] Vgl. dazu insbes. *R. Grawert* (Fn. 17), S. 21ff., 205ff., 225ff., 239ff.

[48] Vgl. dazu *A. Köttgen*, Fondsverwaltung (Fn. 11), S. 49 sowie ausführlich *J. Kölble*, Bildungs- und Forschungsförderung als Aufgabe von Bund und Ländern, DÖV 1964, S. 592, 594.

[49] MinBl. BFiM 1953, S. 369.

[50] Mit dieser Formel suchte der Leiter der Haushaltsabteilung im Bundesfinanzministerium die Fondsverwaltung zu rechtfertigen – *A. Vialon*, Haushaltsrecht, 2.Aufl. 1959, S. 169: Eine „Verstärkung der Landesmittel für Sonderzwecke" könne „nur beim Vorliegen echter gemeinsamer Aufgaben stattfinden und nur zur Durchführung des Bundesteils dieser Aufgaben".

[51] Siehe *A. Köttgen*, Fondsverwaltung (Fn. 11), S. 48ff., insbes. S. 50.

[52] Als prototypischen Vertreter dieser Denkrichtung siehe *J. Kölble*, Warum eigentlich Föderalismus? Zur Frage der Rechtfertigung des deutschen Bundesstaates im Industriezeitalter, in: Föderalismus in der Bundesrepublik Deutschland, Loccumer Protokolle 32/1967, S. 20ff.; vgl. außerdem *ders.*, „Gemeinschaftsaufgaben" der Länder und ihre Grenzen, NJW 1962, S. 1081ff., sowie *W. Haegert*, Organe der Länder auf Bundesebene?, NJW 1961, S. 1137ff., schließlich noch (wenn auch stark differenzierend) *G. Kisker* (Fn. 11), S. 135ff., 144ff., 150ff.

[53] Vgl. nur in diesem Sinne *T. Maunz*, Pflicht der Länder zur Uneinigkeit?, NJW 1962, S. 1641ff.; *H. Frhr. von Stralenheim*, „Zweites Deutsches Fernsehen" als öffentlichrechtliche Anstalt der Länder, BayVBl. 1962, S. 70ff. *R. Herzog* (Fn. 13), S. 198f.; *R. Gross*, Selbstkoordinierung der Länder, NJW 1966, S. 1488ff.; *P. Schneider* (Fn. 41), S. 46ff.; *H. Liebrecht* (Fn. 2), S. 101ff.

[54] Vgl. als Zusammenfassung der einschlägigen Diskussion *H. Liebrecht* (Fn. 2), S. 101ff.

richtungen; gesteuert wurde das jeweilige Leitbild des ‚kooperativen Föderalismus' – und die daraus hervorgehende Rechtsauslegung – durch das bundesstaatstheoretische ‚Vorverständnis', durch überlieferte Modellvorstellungen des Bundesstaates, die man auf die verfassungsrechtlich geforderte zukünftige Richtung der Bundesstaatsentwicklung projizierte.[55]

Daß der Kampf um das theoretische Verständnis des Bundesstaates alles andere als rein akademischer Natur war, zeigte der intensiv geführte Streit um das 1961 errichtete ‚Zweite Deutsche Fernsehen'.[56] Als durch Staatsvertrag der Länder errichtete Anstalt des öffentlichen Rechts, die als solche in keinen Landesorganisationsbereich eingegliedert ist und deren Beaufsichtigung in zweijährigen Perioden unter den Ländern wechselt, stellte diese ‚Gemeinschaftseinrichtung' der Länder einen heftig umkämpften Präzedenzfall dar.[57] Anhänger der ‚unitarischen' Bundesstaatskonzeption hielten die Errichtung einer derartigen Gemeinschaftseinrichtung der Länder mit bundesweitem Wirkungsbereich ganz einfach für verfassungswidrig.[58] Als sich der Bayerische Rundfunk unter Berufung auf diese Rechtsauffassung[59] weigerte, den nach dem Staatsvertrag dem ZDF zugedachten Rundfunkgebührenanteil von 30% nach Mainz abzuführen, hatte in letzter Instanz 1965 sogar das Bundesverwaltungsgericht über die heftig diskutierte Streitfrage zu entscheiden. Daß das Bundesverwaltungsgericht in seinem Urteil vom 5. November 1965[60] die Verfassungsmäßigkeit der von den Ländern gewählten Rechtskonstruktion bestätigte, zeigte dabei – wie schon in den oben behandelten Entscheidungen des Bundesverfassungsgerichts – die insgesamt doch deutlich mäßigende Rolle der obersten Bundesgerichte in den verfassungsrechtlichen Auseinandersetzungen um Fragen der Bundesstaatlichkeit.[61]

Den Ländern stehe eine – wenn auch beschränkte – Staatsgewalt zu, so betonte das Bundesverwaltungsgericht, die die Möglichkeit zum Abschluß von Verträgen und zur Errichtung gemeinsamer Einrichtungen umfasse. Es gebe auch keine Vorschrift im Grundgesetz, „nach der die Staatsgewalt eines Landes nur in seinem Gebiet ausgeübt werden könnte und bei einer Ausdehnung der Zuständigkeit auf

---

55 Siehe zu diesem Problem auch *J. Kölble*, Loccumer Protokolle 32/1967 (Fn. 52), S. 20f.

56 Vgl. dazu im Detail *R. Roellenbleg*, Zwischengliedstaatliche Verträge und Institutionen, DÖV 1968, S. 225ff.

57 Siehe den Staatsvertrag über die Errichtung der Anstalt des öffentlichen Rechts „Zweites Deutsches Fernsehen" v. 6. 6. 1961 – Text abgedruckt u. a. in GBlBW 1961, S. 215ff.; NdsGVBl. 1962, S. 9ff.; BayGVBl. 1962, S. 111ff.

58 Vgl. die oben Fn. 52 aufgeführten Literaturstimmen, außerdem *A. Schüle*, VVDStRL 19 (1962), S. 155; *F. Klein* (Fn. 8), S. 157ff.; *J. Kölble* (Fn. 8), S. 56ff.; *U. Scheuner*, Struktur und Aufgabe des Bundesstaates in der Gegenwart, DÖV 1962, S. 641, 648.

59 Siehe die einschlägigen Rechtsgutachten im Auftrag des Bayerischen Rundfunks von *F. Mayer* und *K. Zeidler*; a. A. dagegen die Gutachten von *P. Lerche* und *H. Fröhler* für die Bayerische Staatsregierung sowie von *O. Bachof/G. Kisker*, *H. Armbruster* und *P. Schneider* für das ZDF – siehe dazu *R. Roellenbleg* (Fn. 56), S. 225 Fußn. 5.

60 BVerwGE 22, 299.

61 Siehe dazu auch die beiden 1969 gefällten Entscheidungen des Bundesverfassungsgerichts zur Verfassungswidrigkeit des vom Bund erlassenen Ingenieurgesetzes – BVerfGE 26, 246 – sowie zur (teilweisen) Verfassungswidrigkeit des Eisenbahnkreuzungsgesetzes – BVerfGE 26, 338.

das ganze Bundesgebiet nur der Bund zuständig wäre"[62]. Daß die Länder juristische Personen des öffentlichen Rechts auf den ihnen vorbehaltenen Gebieten errichten könnten, sei ebenfalls nicht zu bestreiten. Und auch unter den Gesichtspunkten der Aufgabenverteilung zwischen Bund und Ländern könnten „keine Verstöße gegen das föderalistische Prinzip des Grundgesetzes" festgestellt werden. Diese Aufteilung sei nicht nach dem Prinzip erfolgt, daß die Gegenstände, die für das Bundesgebiet einheitlich zu regeln seien oder deren Regelung für das ganze Bundesgebiet Geltung haben solle, dem Bund, die übrigen Gegenstände den Ländern zugewiesen werden". Es möge sein, daß „dieser Gesichtspunkt bei der Verteilung im einzelnen eine Rolle gespielt" habe; als Grundsatz aber sei er in den Vorschriften des Grundgesetzes nicht zum Ausdruck gekommen. Die staatlichen Aufgaben seien vielmehr nach Sachgebieten dem Bund einerseits und den Ländern andererseits zugewiesen worden. Es sei mithin „durchaus denkbar, daß auf den dem Bund zugewiesenen Gebieten örtlich begrenzte Aufgaben und auf den den Ländern zugewiesenen Gebieten das ganze Bundesgebiet umfassende Aufgaben zu erfüllen" seien. Es müsse deshalb – so folgerte das Bundesverwaltungsgericht – „davon ausgegangen werden, daß die Länder nach dem Grundgesetz auch in der Lage sein sollen, solche für das ganze Bundesgebiet zu erfüllende Aufgaben in einer der Notwendigkeit entsprechenden Weise zu erfüllen".[63]

Zu einem vergleichbaren Ergebnis kam das Bundesverwaltungsgericht kurze Zeit darauf auch in dem Urteil vom 28. Januar 1966[64] über Entscheidungen der Filmbewertungsstelle Wiesbaden. Diese ,Verwaltungsstelle' war zwar nicht als gemeinsame Einrichtung der Länder, sondern als hessische Landesbehörde errichtet worden, führte im Auftrag aller Bundesländer aber die Bewertung von Filmen mit Wirkung für alle Länder durch; in der Verwaltungsvereinbarung über die Filmbewertungsstelle hatten die anderen Länder sich im Gegenzug ein Mitwirkungsrecht an der Organisation und Tätigkeit der Behörde ausbedungen. Jedes Land wäre rechtlich in der Lage gewesen, so befand nun das Bundesverwaltungsgericht, bei seinem eigenen Kultusministerium eine Filmbewertungsstelle in der Form einzurichten, wie dies in Hessen geschehen sei. Dann liege es aber auch im Rahmen der Organisationsgewalt, diese Aufgabe im Wege der Ländervereinbarung einer einzigen in einem bestimmten Land errichteten Behörde zuzuweisen, zumal eine unterschiedliche Behandlung der Filme – so das Bundesverwaltungsgericht – „in jedem einzelnen Lande der Bundesrepublik nicht als sinnvoll hätte bezeichnet werden können".[65]

Die Kooperation auf der sogen. „dritten Ebene"[66], also die Zwischenländerkooperation ohne Einbezug des Bundes, war mit diesen beiden Entscheidungen verfassungsrechtlich abgesichert und konsolidiert. Dem entsprach es, daß die Verfas-

---

[62] BVerwGE 22, 299, 306f.

[63] BVerwGE 22, 299, 307f.

[64] BVerwGE 23, 194.

[65] BVerwGE 23, 194, 197; vgl. zu dieser Problematik auch *G. Kisker* (Fn. 11), 176ff., insbes. 180f..

[66] Vgl. zum Konzept der „dritten Ebene" *G. Kisker* (Fn. 11), S. 236ff.

sungsrechtsliteratur in den späten Sechziger Jahren zusehends Bereitschaft zeigte, dem mit dem komplizierten Geflecht von Verträgen und Absprachen zwischen den Ländern entstandenen „innerbundesstaatlichen Kooperationsrecht“[67] oder „Interföderationsrecht“[68] verstärkte Aufmerksamkeit zu widmen. Bemühungen um eine dogmatische Aufarbeitung dieses weitgehend noch nicht kodifizierten Korpus an Regeln[69] stießen zwar auf erhebliche methodische und theoretische Probleme[70], blieben insoweit für die Rechtspraxis ohne große Folgen, zeigten aber die gesteigerte Bedeutung, die man diesem Bereich beimaß.

Parallel kam es übrigens auch zu einer institutionell verfestigten Einbindung der Länder in die Ausübung der Auswärtigen Gewalt des Bundes. Anfänglich hatte die Bundesregierung ja noch jede Berechtigung der Länder zur Mitsprache in der Außenpolitik bestritten, was – wie oben geschildert – in den ersten Jahren zu massiven Konflikten geführt hatte. Sekundiert hatte der Bundesregierung dabei ein gewichtiger Teil des Schrifttums, der in seiner unitarischen Orientierung dem Bund im Bereich der auswärtigen Gewalt eine vollumfassende Kompetenz zum Abschluß wie zur Transformation von völkerrechtlichen Verträgen zugestand[71], während die Länder umgekehrt im Bereich ihrer ausschließlichen Zuständigkeiten die alleinige Transformationskompetenz, wenn nicht gar auch das entsprechende alleinige Abschlußrecht behaupteten[72]. Die dogmatische Streitfrage war mit der zwischen Bund und Ländern getroffenen Absprache vom 14.11. 1957, dem sogen. ‚Lindauer Abkommen', dann aber pragmatisch beigelegt worden.[73] Unter Aufrechterhaltung der gegensätzlichen Rechtsstandpunkte hatte man sich hier schon in den späten Fünfziger Jahren auf eine Zusammenarbeit von

---

[67] *G. Kisker* (Fn. 11), S. 47ff.

[68] *W. Rudolf*, Zum System der staatlichen Rechtsordnungen in der Bundesrepublik Deutschland, DÖV 1966, S. 73, 75ff.; mit gleicher Begrifflichkeit auch *H. Zacher* (Fn. 27), S. 322f.

[69] Vgl. nur *W. Rudolf* (Fn. 68), S. 75ff.; *ders.* (Fn. 4), S. 24ff.; *G. Kisker* (Fn. 11), S. 49ff., 72ff.

[70] Vor allem die Frage, wie dieses ‚innerbundesstaatliche Kooperationsrecht' einzuordnen sei, ob es sich dabei weiterhin um Normen des Völkerrechts handle – so z.B. *H. Krüger*, Völkerrecht im Bundesstaat, in: Festgabe für Erich Kaufmann, 1950, S. 239, 243, und *W. Schaumann*, Verträge zwischen Gliedstaaten im Bundesstaat, VVDStRL 19 (1961), S. 86, 122ff. – oder ob deren Ansiedlung nur im Verfassungsrecht denkbar sein könne – so z.B. *H. Schneider* (Fn. 16), S. 13, der bezüglich der These vom Völkerrecht im Bundesstaat von einer „Legende“ spricht – blieb heftig umstritten; vgl. als zusammenfassende Darstellung der einschlägigen Debatte *G. Kisker* (Fn. 11), S. 50ff., außerdem *H. Zacher* (Fn. 27), S. 322ff.

[71] Siehe die Nachweise des entsprechenden Schrifttums bei *W. Rudolf*, Völkerrecht und deutsches Recht, 1967, S. 184f. Fußn. 20 und 21; als zusammenfassende Darstellung des Dogmenstreits vgl. ebda., S. 184ff., außerdem *U. Fastenrath*, Kompetenzverteilung im Bereich der auswärtigen Gewalt, 1986, S. 115ff., *R. Geiger*, Grundgesetz und Völkerrecht, 1985, S. 148ff. und *R. Bernhardt*, Verfassungsrecht und völkerrechtliche Verträge, in: J. Isensee / P. Kirchhof (Hrsg.), Handbuch des Staatsrechts, Bd. VII, 1992, S. 571, 582ff.

[72] Siehe die Nachweise bei *W. Rudolf* (Fn. 71), S. 186 Fußn. 27 und *U. Fastenrath* (Fn. 71), S. 116f. Fußn. 541. Vgl. daneben auch *R. Bernhardt*, Der Abschluß völkerrechtlicher Verträge im Bundesstaat, 1957, S. 154ff., ferner *R. Geiger* (Fn. 71), S. 149f.

[73] Der Text des ‚Lindauer Abkommens' ist abgedruckt z.B. in ZaöRV 20 (1959/60), S. 116f. Fußn. 102. Vgl. auch *R. Geiger* (Fn. 71), S. 150f., *R. Bernhardt* (Fn. 71), S. 583f., außerdem im Detail *B. Hartung*, Die Praxis des Lindauer Abkommens, 1984, insbes. S. 10ff., 23ff., 79ff.

Bund und Ländern geeinigt. Danach ist bei Verträgen, die „auf Gebieten der ausschließlichen Zuständigkeit der Länder eine Verpflichtung des Bundes oder der Länder begründen sollen", das Einverständnis der Länder einzuholen; bei Verträgen, „welche wesentliche Interessen der Länder berühren", sollen diese in den Verhandlungen konsultiert werden. Den Ländern (bzw. der von diesen gebildeten „Ständigen Vertragskommission der Länder") wurden seitdem Vertragsentwürfe, die ihre eigenen Kompetenzbereiche betrafen, in einem frühen Stadium zugeleitet; in der ‚Ständigen Vertragskommission' wurden diese dann zwischen Bund und Ländern beraten.[74] Die eigentlichen Vertragsverhandlungen blieben ausschließlich in Händen des Bundes; die Durchführung der Verträge (auch mit entsprechender Folgegesetzgebung) oblag dagegen, soweit in deren innerstaatliche Zuständigkeit fallend, den Ländern. Ende der Sechziger Jahre einigte man sich nun in Verhandlungen zwischen Bund und Ländern auf ein Verfahren der Mitwirkung der Länder an Vertragsverhandlungen und in internationalen Gremien und Konferenzen.[75] Den Ländern wurde dabei das Recht zugestanden, zur gesamten Hand eine Person als Beauftragten der Ländergesamtheit zu ernennen, der als Mitglied der deutschen Verhandlungsdelegation die Belange der Länder in den Verhandlungen vor Ort vertreten kann.[76] Die Verflechtung zwischen Bund und Ländern, die für Verträge der Länder mit auswärtigen Staaten schon durch das Zustimmungserfordernis des Art. 32 Abs. 3 GG vorgeschrieben ist, wurde mit dieser (informellen) Verfahrensregelung auch im Bereich der Außenpolitik des Bundes mit direkter Auswirkung auf die Länder praktisch verfestigt.

9.2. Der Ruf nach Verfassungsänderungen – die ‚Große Finanzreform' von 1969 und die anderen Verfassungsänderungen der Großen Koalition

Daß sich angesichts der tiefgreifenden verfassungsrechtlichen Bedenken gegen einen immer weiteren Ausbau der Verflechtung zwischen Bund und Ländern, und insbesondere gegen die Entwicklung immer neuer ‚Gemeinschaftsaufgaben', der Ruf nach Verfassungsänderungen erhob, kann nicht erstaunen. Wenn das für notwendig Gehaltene nicht mit der Verfassung vereinbar war, so mußte eben die Verfassung geändert werden – so könnte man die Denkhaltung skizzieren, die viele Kritiker des bundesstaatlichen Systems kennzeichnete. Der Druck aus der Öffentlichkeit in dieser Richtung war erheblich. Wie *Arnold Köttgen* in seiner Untersuchung zum Problem der Fondsverwaltung 1965 schrieb: Auch ein Jurist könne „an dem Faktum einer breiten öffentlichen Meinung nicht völlig achtlos vorübergehen, die sich mit wachsender Entschiedenheit zum Vorkämpfer eines

---

[74] Vgl. *B. Hartung* (Fn. 73), S. 88ff., 158ff., ferner *U. Fastenrath* (Fn. 71), S. 163f.

[75] Vgl. dazu *H. von Meibom*, Die Mitwirkung der Länder im Bereich der auswärtigen Gewalt, NJW 1969, S. 1607ff., außerdem *U. Fastenrath* (Fn. 71), S. 163ff. und *B. Hartung* (Fn. 73), S. 83ff.

[76] Vgl. *H. von Meibom* (Fn. 75), S. 1608ff. sowie *U. Fastenrath* (Fn. 71), S. 164f.

planmäßigen Ausbaus derart gemeinsamer Aufgaben von Bund und Ländern" gemacht habe[77]. Das politische Klima hatte sich gegenüber 1949 radikal gewandelt, wie *Köttgen* feststellte: War „die Mischverwaltung lange Jahre ein bundesstaatsrechtliches Tabu gewesen", so werde nunmehr mit großem Nachdruck eine „Solidarisierung" von Bund und Ländern gefordert, die weit über den Grad an Unitarisierung hinausging, den die „einst wegen ihrer unitarischen Tendenzen verketzerte Weimarer Verfassung" aufgewiesen hatte.[78]

9.2.1. Die Verfassungsänderungen bis 1964

Nun war das Grundgesetz schon in den ersten anderthalb Jahrzehnten seines Bestehens recht häufig Änderungen in Detailfragen unterworfen worden. Bereits bis 1958 hatte man das Grundgesetz schon neunmal förmlich geändert, mit einem deutlichen Schwerpunkt bei den finanzverfassungsrechtlichen Novellierungen.[79] Allein die Finanzbestimmungen der Art. 106 und 107 hatten bis 1956 bereits vier Novellierungen erfahren.[80] Auch die Kompetenzbestimmungen der Abschnitte VII und VIII des Grundgesetzes waren mit den beiden Wehrnovellen von 1954 und 1956 schon wichtigen Ergänzungen unterworfen worden[81].

Zu gravierenden Einschnitten in das Gefüge der Kompetenzverteilung war es aber gleichwohl zunächst nicht gekommen. So waren Mitte der fünfziger Jahre unternommene parlamentarische Vorstöße, eine konkurrierende Gesetzgebungskompetenz des Bundes für Erziehung und Unterricht schaffen, in Anknüpfung an das weitverbreitete Ressentiment gegen den ‚Bildungspartikularismus', am Widerstand der Föderalisten gescheitert.[82] Einzig eine neue Bundeskompetenz für Fragen der friedlichen Nutzung der Kernenergie war 1959 als konkurrierende Gesetzgebungskompetenz durch Einfügung des Art. 74 Nr. 11a geschaffen worden, mit entsprechender Verwaltungsregelung in Art. 87 c GG, die einen neuen Tatbestand der Auftragsverwaltung geschaffen hatte.[83] 1961 war noch die Regelung des Art. 87 d GG hinzugekommen, die die Luftverkehrsverwaltung dem Be-

---

[77] *A. Köttgen*, Fondsverwaltung (Fn. 11), S. 50.

[78] Ebda., S. 51.

[79] Siehe die Auflistung der entsprechenden Änderungsgesetze bei *D. Katzenstein* (Fn. 4), S. 593 Fußn. 1.; vgl. außerdem *J. Seifert*, Grundgesetz und Restauration. Verfassungsrechtliche Analyse und dokumentarische Darstellung des Textes des Grundgesetzes mit sämtlichen Änderungen, 3. Aufl. 1977, S. 212.

[80] Gesetz zur Änderung des Art. 107 des Grundgesetzes v. 20. 4. 1953, BGBl. 1953 I, S. 130; Zweites Gesetz zur Änderung des Art. 107 des Grundgesetzes v. 25. 12. 1954, BGBl. 1954 I, S. 517; Finanzverfassungsgesetz v. 23. 12. 1955, BGBl. 1955 I, S. 817; Gesetz zur Änderung und Ergänzung des Art. 106 des Grundgesetzes v. 24. 12. 1956, BGBl. 1956 I, S. 1077.

[81] Gesetz zur Ergänzung des Grundgesetzes v. 26. 3. 1954, BGBl. 1954 I, S. 45; Gesetz zur Ergänzung des Grundgesetzes v. 19. 3. 1956, BGBl. 1956 I, S. 111.

[82] Vgl. dazu *H. Wenke*, Die Kulturverwaltung im Verhältnis von Bund und Ländern, in: Vom Bonner Grundgesetz zur gesamtdeutschen Verfassung. Festschrift für Hans Nawiasky, 1956, S. 269, 292ff.

[83] Gesetz zur Ergänzung des Grundgesetzes v. 23. 12. 1959, BGBl. 1959 I, S. 813.

reich der bundeseigenen Verwaltung zuschlug, mit der Möglichkeit der Übertragung an die Länder wiederum in der Form der Auftragsverwaltung.[84]

9.2.2. Das ‚Troeger-Gutachten'

Virulent geblieben war die Debatte um eine großangelegte Verfassungsreform aber vor allem im Bereich der Finanzverfassung. Die Forderungen nach durchgreifender Änderung, und insbesondere nach Einführung des sogen. ‚großen Steuerverbundes', unter Einbezug der Umsatzsteuer, waren hier nie verstummt, ja nahmen zu Beginn der Sechziger Jahre an Lautstärke wieder zu.[85] Dies hing deutlich mit der Problemlast zusammen, die die ‚endgültige' Regelung der Finanzverfassung im Jahre 1955 hinterlassen hatte. Der Kompromiß des Finanzverfassungsgesetzes mit der Einführung des ‚kleinen Steuerverbundes' hatte die bundesstaatlichen Finanzbeziehungen nicht wirklich zu stabilisieren vermocht.[86] Im Gegenteil – alle Seiten waren mit dem Kompromiß unzufrieden, und der alte Streit um die Quotenanpassung im vertikalen wie horizontalen Ausgleich hatte schon 1958 wieder von Neuem begonnen.[87]

Die Länder kritisierten 1958 in einer ‚Denkschrift über die Finanzlage der Länder und die Neugestaltung des Finanzausgleichs', die Finanzreform von 1955 habe die angestrebten Ziele der Wahrung des Konnexitätsprinzips, der gleichmäßigen Deckung und der Abstimmung des Haushaltsbedarfs von Bund und Ländern nicht einmal annäherungsweise erreicht.[88] Der Bund erlege den Ländern immer neue Lasten auf, denen die Länder wegen unzureichender Einnahmen nicht gerecht werden könnten. Die Finanzverantwortung müsse der politisch verantwortlichen staatlichen Ebene überantwortet werden, die diese Ausgaben verursache – mit anderen Worten: der Bund selbst, und nicht die Länder, müsse für die Wirtschafts- und Sozialpolitik aufkommen. Die Finanzverantwortung, so kann man das Ergebnis zusammenfassen, müsse mit der Gesetzgebungskompetenz einhergehen, nicht mit der Verwaltungskompetenz – eine umstürzende Forderung.[89]

Dieses Anliegen der Denkschrift fand allerdings in der Folge keine große Gefolgschaft und verschwand bald wieder von der politischen Bildfläche – und dies, obwohl die politische Praxis die Defizite der Finanzverfassung immer deutlicher

---

[84] Gesetz zur Einfügung eines Artikels über die Luftverkehrsverwaltung in das Grundgesetz v. 6.2. 1961, BGBl. 1961 I, S.54. Vgl. insoweit auch *A. Köttgen* (Fn.4), S.237.

[85] Vgl. z.B. die weit ausholende Arbeit des Finanzexperten *W. Patzig*, die den Untertitel „Prolegomena zu einer Reform der Finanzverfassung der Bundesrepublik" trug – *W. Patzig*, Der „allgemeine Lastenverteilungsgrundsatz" des Art.106 Abs.4 Nr.1 des Grundgesetzes, AöR 86 (1961), S.245ff.

[86] Vgl. dazu insbes. *W. Renzsch*, Finanzverfassung und Finanzausgleich, 1991, S.170ff., 209, ferner *A. Köttgen* (Fn.4), S.199.

[87] Vgl. *W. Renzsch* (Fn.86), S.171ff.

[88] Vgl. zur Denkschrift von 1958 *W. Renzsch* (Fn.86), S.172.

[89] Siehe *W. Renzsch* (Fn.86), S.172.

offenbarte.[90] Der Bund ging regelmäßig mit künstlich überhöhten Ausgabenforderungen in die Verhandlungen über die Einkommensteueranteile, was ihn nicht zu Unrecht dem Verdacht aussetzte, seine Politik auf Kosten der Länder finanzieren zu wollen[91]. Es gelang ihm gleichwohl in der Regel, seine Forderungen weitgehend durchzusetzen, war doch ein Teil der Länder mittlerweile so von den Bundeszuschüssen abhängig, daß die Androhung einer Streichung der Bundesbeteiligungen und Finanzhilfen die Ländermehrheit meist zum Einlenken veranlaßte.[92] Der Mangel an Solidarität zwischen den Ländern, der in der Ausgestaltung des horizontalen Finanzausgleichs zum Ausdruck kam[93], lieferte letztlich auch die finanzstarken Länder der finanzpolitischen Vorherrschaft des Bundes aus, und damit der unausweichlichen Tendenz des Bundes zur Ausgabenexpansion zu Lasten der Länder.[94]

Die Unterfinanzierung der finanzschwachen Länder führte zu wachsenden Abhängigkeiten vom Bund, und in der Folge zu einem auch für Experten kaum mehr überschaubaren Komplex von Mischfinanzierungen, durch die der Bund in die Aufgabenbereiche der Länder eindrang. Faktisch entwickelte sich damit abseits der Zuständigkeitsregelung des Grundgesetzes zur Aufgaben- und Finanzverantwortung eine verfassungsrechtliche ‚Grauzone'[95], die von nahezu allen Beteiligten als kritikwürdig empfunden wurde.[96] Über seine Finanzzuschüsse beherrschte der Bund zusehends die politischen Prioritätensetzungen der Länder, was zugleich auch dazu führte, daß bestimmte Aufgaben des eigenen Wirkungsbereiches, mit denen einzelne Länder überfordert waren, mehr und mehr vernachlässigt wurden.[97]

Die Kritik an diesem Zustand ging quer durch die Parteien. Nicht nur SPD und

---

[90] Vgl. zur Einnahmen- und Ausgabenentwicklung der öffentlichen Haushalte bis 1963 *A. Möller*, Steuerhoheit und Finanzkraft der öffentlichen Hand seit 1949, in: Finanzwissenschaft und Finanzpolitik. Festschrift für Erwin Schoettle, 1964, S. 137, 147ff.

[91] Vgl. *W. Renzsch* (Fn. 86), S. 174ff., insbes. S. 178, 180.

[92] So die plausible Bewertung durch *W. Renzsch* (Fn. 86), S. 180.

[93] Vgl. zu den Konflikten um den horizontalen Finanzausgleich 1958 bis 1966 *W. Renzsch* (Fn. 86), S. 180ff.

[94] Ein besonders deutliches Beispiel für die Interdependenz von vertikalem und horizontalem Ausgleich, die der Bundesfinanzminister gezielt ausnutzte, waren die Verhandlungen um das Finanzausgleichsgesetz in den Jahren 1957 und 1958 – vgl. dazu *W. Renzsch* (Fn. 86), S. 183ff., 187ff.

[95] Siehe nur *S. Heinke*, Die Staats- und Finanzverfassung der Bundesrepublik in ihrem Widerstreit zur Verfassungswirklichkeit, in: Finanzwissenschaft und Finanzpolitik. Festschrift für Erwin Schoettle, 1964, S. 49ff.

[96] Siehe dazu nur das Gutachten über die Finanzreform der ‚Troeger-Kommission' (Fn. 40), S. 10ff., insbes. S. 14f.

[97] Vgl. die Kritik an der geltenden Finanzverfassung im Gutachten der ‚Troeger-Kommission' (Fn. 40), S. 10ff.; vgl. ferner die Kritik durch *A. Möller*, Steuerpolitik vor großen Aufgaben. Um die Neuordnung unserer Finanzverfassung, Vorwärts v. 29. 11. 1961; *W. Henle*, Finanzausgleich im Widerstreit, DÖV 1962, S. 201ff.; *S. Heinke* (Fn. 95), S. 64f.; *A. Möller* (Fn. 90), S. 137ff.; *W. Patzig*, Gegenwartsfragen der Finanzverfassung, AöR 92 (1967), S. 300ff.; *J. Seeger* (Fn. 11), S. 781ff., insbes. S. 782f.; *E. Heinsen*, Die Reform der Finanzreform, in: Politik als gelebte Verfassung. Festschrift für Friedrich Schäfer, 1980, S. 233ff.

FDP, die traditionell für eine stärker unitarische Finanzverfassung plädierten, sondern auch zunehmend größere Teile der Union forderten in der ersten Hälfte der Sechziger Jahre eine durchgreifende Finanzreform, die das Dotationswesen durch eine formalisierte Form gemeinsamer Aufgabenwahrnehmung ablösen sollte.[98] Nachdem Pläne der Bundesregierung, die immer drängender werdende Debatte über die Bildung einer entsprechenden Regierungskommission zu kanalisieren, zunächst am Streit über die Besetzung des Gremiums gescheitert waren[99], kam es 1964 dann doch zur Einsetzung einer gemeinsam von Bund und Ländern gebildeten Expertenkommission. Die ‚Kommission für die Finanzreform', nach ihrem Vorsitzenden – dem ehemaligen hessischen Finanzminister Heinrich Troeger – auch ‚Troeger-Kommission' genannt, ließ allerdings schon in ihrer Zusammensetzung[100] eine deutliche Präferenz für die weithin geforderte ‚Solidarisierung' von Bund und Ländern erkennen, waren doch sowohl ihr Vorsitzender *Troeger* als auch andere wichtige Mitglieder, wie der ehemalige Finanzverfassungsreferent des Bundesfinanzministeriums, *Herbert Fischer-Menshausen*, schon früher als Anhänger einer ‚einheitlichen Finanz- und Haushaltspolitik' von Bund und Ländern hervorgetreten.

Das im Februar 1966 vorgestellte Gutachten der Kommission spiegelte im Prinzip die Forderungen der reformorientierten Flügel der großen Parteien wider, versuchte „praktikable und politisch realisierbare Verfahren und Methoden aufzuzeigen", um die Mängel der bundesstaatlichen Ordnung zu beheben[101]. Die Orientierung am sich abzeichnenden Konsens der Reformpolitiker führte unter dem Stichwort „kooperativer Föderalismus" konsequent zum Vorschlag einer umfassenden Neustrukturierung der gesamten öffentlichen Finanzwirtschaft, im Sinne eines verstärkten Zusammenwirkens von Bund und Ländern bei der Wahrnehmung der ihnen obliegenden Aufgaben.[102]

Die Verfassungswirklichkeit habe – so begründete die ‚Troeger-Kommission' ihre Reformforderungen – „zu Entwicklungen geführt, die sich im Verhältnis zwischen Bund und Ländern neben dem oder gelegentlich auch gegen das Grundgesetz vollzogen" hätten[103]. Dazu gehörten vor allem die Kooperation von

---

[98] Vgl. *W. Renzsch* (Fn. 86), S. 210ff.

[99] Vgl. *W. Renzsch* (Fn. 86), S. 212f.

[100] Neben *Heinrich Troeger* und *Herbert Fischer-Menshausen* gehörten ihr der frühere nordrhein-westfälische Staatssekretär Wilhelm Loschelder, der ehemalige CDU-Bundestagsabgeordnete August Neuburger und der Finanzwissenschaftler Fritz Neumark an. Vgl. dazu auch *W. Renzsch* (Fn. 86), S. 214f.;

[101] So *Herbert Fischer-Menshausen* in einem Leserbrief an das Handelsblatt, 18.5. 1966 – zitiert nach *W. Renzsch* (Fn. 86), S. 215.

[102] Siehe Gutachten über die Finanzreform (Fn. 40), S. 23ff., 49ff., 125ff., 159ff. Vgl. auch zusammenfassend und bewertend zum Inhalt des ‚Troeger-Gutachtens' *W. Renzsch* (Fn. 86), S. 215ff.; *W. Patzig*, DVBl. 1966, S. 389ff.; *W. Henle*, Finanzreform zwischen Föderalismus und Fiskalpolitik, DÖV 1966, S. 608ff.; *G. Konow*, Kooperativer Föderalismus und Gemeinschaftsaufgaben, DÖV 1966, S. 368ff.; *W. Henle*, Finanzreform zwischen Föderalismus und Fiskalpolitik, DÖV 1966, S. 608ff.; *J. Kölble*, Finanzreform und Bundesstaatsprinzip, DÖV 1967, S. 1ff.; *A. Hüttl* (Fn. 41), S. 433ff.; *R. Grawert*, Finanzreform und Bundesstaatsreform, Der Staat 7 (1968), S. 63ff.

Bund und Ländern, die Selbstkoordinierung der Länder und die Fondswirtschaft des Bundes. Die damit geschaffene Verzahnung und das Ineinandergreifen der Zuständigkeiten träten dabei „besonders auf jenen Gebieten hervor, die für die gesellschaftliche Entwicklung, das Wachstum der Wirtschaft, die Erhaltung ihrer internationalen Wettbewerbsfähigkeit und ihrer Stellung im Gemeinsamen Markt wichtig" seien[104]. Diese an sich „begrüßenswerte Entwicklung" entspreche den „historisch-politischen, ökonomischen und soziologischen Entwicklungstendenzen eines modernen, international verflochtenen Industrie- und Sozialstaates". Sie passe sich – so die ‚Troeger-Kommssion' – „jedoch nicht fugenlos in das System der Verfassungsordnung ein", denn das Grundgesetz kenne derartige Formen der Kooperation grundsätzlich nicht. Die rechtliche Struktur dieser Kooperation stehe „insoweit im Zwielicht", wie die Kommission bemängelte.[105] Das dürfe aber nun nicht dazu führen, „diesen Ansätzen des partnerschaftlichen Zusammenwirkens von Bund und Ländern die Anerkennung zu versagen". Vielmehr sollte – so lautet einer der Kernsätze des Gutachtens – „die föderative Staatsordnung auch verfassungsrechtlich den aus der Verfassungswirklichkeit erkennbaren Erfordernissen der heutigen Zeit so bald wie möglich angepaßt werden".[106]

Wie nah die Grundgedanken des Gutachtens dem von *Hesse* geprägten Paradigma vom ‚unitarischen Bundesstaat' stehen, zeigt sich schon an der soeben wiedergegebenen Argumentation mit historischen und soziologischen Gesetzmäßigkeiten, die unweigerlich zu einer Veränderung des Bundesstaatsmodells drängten. Noch deutlicher wird diese gedankliche Nähe aber in den bundesstaatstheoretischen Ausführungen des Gutachtens. Der Bundesstaat in Deutschland sei – so heißt es dort – „das Ergebnis der geschichtlichen Entwicklung unseres Volkes. Der Kern der föderativen Staatsidee liegt in der Schaffung verschiedener Entscheidungszentren, der Verteilung der Staatsmacht auf mehrere Entscheidungsträger und der Auflösung eines zentralen Befehlsmechanismus mit all seinen Gefahren. Der Föderalismus verbürgt dadurch zugleich zusätzlichen Freiheitsraum für den Bürger."[107] Die von *Konrad Hesse* etablierte Reduktion der Rechtfertigung des Bundesstaats auf den Aspekt der Gewaltenteilung scheint in diesen Bemerkungen mehr als deutlich durch.

Die Verfassung des Bundesstaates sei – so fährt die Begründung des Gutachtens fort – „ein komplizierteres Gebilde als die des Einheitsstaates". Der Bundesstaat verlange die Anerkennung der staatlichen Einheit der Nation und gleichzeitig die Anerkennung der staatlichen Eigenständigkeit seiner Glieder; er sehe davon ab, alle öffentlichen Lebensbereiche einheitlich zu regeln und zu gestalten. Er setze da-

---

[103] Gutachten über die Finanzreform (Fn. 40), S. 11 Rdnr. 30.

[104] Ebda., Rdnr. 32.

[105] Gutachten über die Finanzreform (Fn. 40), S. 12 Rdnr. 35. Kritisch zu dieser Prämisse des ‚Troeger-Gutachtens' *R. Gross*, Die verfassungsrechtliche Würdigung der Kooperationsformen bei Bund und Ländern, NJW 1967, S. 1001 ff.

[106] Gutachten über die Finanzreform (Fn. 40), S. 12 Rdnr. 35.

[107] Gutachten über die Finanzreform (Fn. 40), S. 19 Rdnr. 73.

mit „eine subtile Regelung der Beziehung zwischen Gesamtstaat und Gliedstaaten voraus" und nehme das Aufkommen von Reibungen und Auseinandersetzungen zwischen beiden in Kauf. Die „notwendige Kompliziertheit dieses Verfassungsgefüges" stoße nun in der Bevölkerung auf manchen Widerspruch und vielfach auf Unverständnis. Aber auch die moderne Wirtschaftsentwicklung, vor allem die zunehmende internationale Verflechtung, wirke der Idee des Föderalismus in Deutschland entgegen. Des weiteren werde das Prinzip der föderalen Freiheit zunehmend von den Forderungen des modernen Sozialstaats überlagert, der die Gleichmäßigkeit der öffentlichen Leistungen und die Einheitlichkeit der Lebensverhältnisse höher bewerte als die Rücksichtnahme auf regionale oder örtliche Besonderheiten. So erkläre es sich, daß man in der Öffentlichkeit die Erfüllung neuer wichtiger Aufgaben in erster Linie vom Bund erwarte – selbst dann, wenn nach der verfassungsrechtlichen Ordnung eindeutig die Länder zuständig seien.[108]

Aus dieser geradezu klassischen Diagnose der – vermeintlich unausweichlichen – ‚Unitarisierung' leitete die ‚Troeger-Kommssion' dann ab, „daß entscheidend wichtige Probleme mit der überkommenen Form des Föderalismus nicht mehr befriedigend gelöst werden könnten". Die bundesstaatliche Ordnung unterliege „dem Wandel der politischen, ökonomischen und sozialen Verhältnisse"; sie könne „deshalb nicht auf unabsehbare Zeit verfassungsrechtlich fixiert werden. Andernfalls würde sie eine zeitgemäße und zweckmäßige Erfüllung der staatlichen Aufgaben behindern und als störendes Element der politisch-wirtschaftlichen Ordnung empfunden werden."[109] Es müße deshalb – so die Schlußfolgerung der Kommission – „eine Form des Föderalismus entwickelt werden, die ein ausgewogenes und bewegliches System der Zusammenordnung und Zusammenarbeit zwischen dem Bund und den Ländern und unter den Ländern ermöglicht". Der „Föderalismus unserer Zeit" könne – dies postuliert das Gutachten ganz ausdrücklich – „nur ein kooperativer Föderalismus sein".[110]

Verlangt wurde – „um der Lebenskraft der föderativen Idee willen", die nur durch die „Schaffung neuer Institutionen aus bundesstaatlichem Geist" zu wahren sei – eine „Flurbereinigung" im Bereich der Aufgabenverteilung, eine Neuordnung der Kompetenz- und Lastenaufteilung.[111] In der Vergangenheit seien zahlreiche Kompetenzfragen zwischen Bund und Ländern ungeklärt geblieben, mit entsprechenden Überschneidungen und Konflikten zwischen Bundes- und Landesbehörden. Das Zusammenwirken zwischen Bund und Ländern habe sich auf angreifbarer verfassungsrechtlicher Grundlage entwickelt und sei nicht genügend untereinander abgestimmt. Im Sinne des Modells eines ‚kooperativen Föderalismus' müsse die Zusammenarbeit in Zukunft auf eine solide Grundlage gestellt und in geordnete Bahnen gelenkt werden.[112] Implizit bedingte dies – so er-

[108] Gutachten über die Finanzreform (Fn. 40), S. 20 Rdnr. 74. Vgl. auch im gleichen Sinne *A. Hüttl* (Fn. 41), S. 435.

[109] Gutachten über die Finanzreform (Fn. 40), Rdnr. 75.

[110] Ebda., Rdnr. 76.

[111] Vgl. dazu Teil B des Gutachtens – Gutachten über die Finanzreform (Fn. 40), S. 23ff.

[112] Siehe dazu das Gutachten über die Finanzreform (Fn. 40), S. 35ff. Rdnrn. 132ff., insbes.

gab das Gutachten klar und deutlich – einen Abbau der von den Ländern autonom zu gestaltenden Politikbereiche zugunsten einer institutionell verfestigten gemeinsamen Aufgabenwahrnehmung.

Parallel zur Neuordnung der Aufgabenverteilung müsse der bundesstaatliche Finanzausgleich reformiert werden, vor allem im Verhältnis zwischen Bund und Ländern, und zwar mit dem Ziel einer bedarfsgerechten Steuerverteilung zwischen Bund und Ländern unter Wahrung größtmöglicher Flexibilität. Schon in den Eingangsbemerkungen zum Gutachten hatte die Kommission insoweit beklagt, das Grundgesetz weise in vielen Teilen eine „Starrheit" auf, „die die Anpassung an sich wandelnde Verhaltnisse erschwert, ja zum Teil unmöglich macht"[113]. Flexibilisierung der Finanzmassenaufteilung unter dem Leitstern einer immer neu herzustellenden ‚bedarfsgerechten Steuerverteilung' mußte unweigerlich in die Forderung nach dem ‚großen Steuerverbund' münden, die viele Finanzexperten schon 1955, bei Ausarbeitung des Finanzverfassungsgesetzes, erhoben hatten. Nur der ‚große Steuerverbund' aus Einkommen- und Körperschaftsteuer sowie Umsatzsteuer konnte die „gleichmäßige Beteiligung von Bund und Ländern an der Aufkommensentwicklung der großen Steuern" garantieren und zugleich eine gesamtwirtschaftliche Steuerung ermöglichen, die man im Zuge der Zeit ebenfalls für erforderlich hielt.[114] Ergänzend regte das Gutachten der ‚Troeger-Kommission' auch die Einfügung des Art. 104 a in das Grundgesetz an, um Streitigkeiten über die Anwendung des Konnexitätsprinzips (Parallelität von Aufgaben- und Ausgabenverantwortung) die Spitze zu nehmen.[115] Die Forderung nach Ankoppelung der Finanzverantwortung an die Gesetzgebungskompetenz wurde dabei von der Kommission ausdrücklich zurückgewiesen.[116] Einzig für die Auftragsverwaltung (volle Kostentragung durch den Bund) und für die neu zu schaffenden Gemeinschaftsaufgaben (hälftige Kostentragung durch den Bund) wurden abweichende Regelungen vorgeschlagen.[117]

Die Neuordnung der Kompetenzverteilung sollte gekrönt werden durch die Schaffung eines neuen Typus von gemeinsamer Aufgabenerledigung, den „Gemeinschaftsaufgaben".[118] Im Interesse einer verbesserten, und nunmehr klar geregelten, Kooperation von Bund und Ländern sollten so bestimmte Aufgaben in Bereichen, die man nicht mehr sinnvoll einer staatlichen Ebene glaubte zuordnen zu können, von Bund und Ländern gemeinsam wahrgenommen werden. Gedacht war dabei insbesonders an fünf Bereiche, nämlich den Neu- und Ausbau der wissenschaftlichen Hochschulen, die außeruniversitäre Forschungsförde-

---

Rdnrn.134, 138, 141.

[113] Gutachten über die Finanzreform (Fn. 40), S. 10f. Rdnr.29.

[114] Gutachten über die Finanzreform (Fn. 40), S. 56ff. Vgl. außerdem die Überlegungen von *W. Henle* (Fn. 102), S. 614.

[115] Gutachten über die Finanzreform (Fn. 40), S. 51f. Rdnrn.198–202.

[116] Gutachten über die Finanzreform (Fn. 40), S. 52 Rdnr.204. Vgl. aber insoweit auch die kritischen Bemerkungen von *W. Henle* (Fn. 102), S. 613.

[117] Ebda., Rdnrn.205, S. 207ff.

[118] Siehe dazu Gutachten über die Finanzreform (Fn. 40), S. 34ff. Vgl. ferner *J. Kölble* (Fn. 102), S. 3f.

rung, den öffentlichen Nahverkehr, an Maßnahmen zur Verbesserung der Agrarstruktur und an Maßnahmen der regionalen Wirtschaftspolitik sowie der übergebietlichen Raumordnung.[119] Bisherige Länderkompetenzen sollten dazu durch entsprechende Mitplanungs- und Finanzierungskompetenzen des Bundes ergänzt werden, unter Belassung des Vollzuges bei den Ländern.[120]

Darüberhinaus schlug die ‚Troeger-Kommssion' in ihrem Gutachten eine Neuregelung der Gemeindefinanzen unter grundsätzlicher Einbeziehung in den Steuerverbund vor[121], eine Maßnahme, die zugleich der angestrebten Vereinheitlichung der Fiskal- und Kreditpolitik dienen sollte. Eine in Keynesianischen Kategorien konzipierte Konjunkturpolitik, wie sie die ‚Troeger-Kommission' für wünschenswert erklärte, setze eine einheitliche Steuerung der Fiskal- und Kreditpolitik aller öffentlichen Haushalte voraus.[122] Gefordert wurde daher im ‚Troeger-Gutachten' eine vom Bund koordinierte mittelfristige Finanzplanung, eine „Harmonisierung der Finanzgebarung von Bund und Ländern" sowie eine Koordinierung der Kreditpolitik[123] – Schritte, die eine erhebliche Einschränkung der politischen Eigenständigkeit der Länder bedeuten mußten[124]. Der entsprechende Grundansatz des Gutachtens wurde ganz unverhüllt wiedergegeben: „Weiter müssen die Finanzwirtschaften der verschiedenen politischen Ebenen so geordnet sein, daß die Finanzwirtschaft des Bundes, der seinem Wesen nach zu einer wirksamen Konjunktur- und Wachstumspolitik besonders berufen ist, ein Übergewicht über die der Länder und Gemeinden besitzt; mindestens soll der Gesamtstaat nach der Verfassung die Möglichkeit haben, die Finanzpolitik der anderen Ebenen im Bedarfsfall in der gewünschten Richtung zu beeinflussen."[125]

Ein zeitgenössischer Kommentator[126] faßte die Stoßrichtung des neuen Konzeptes eines ‚kooperativen Föderalismus' mit den bezeichnenden Worten zusam-

---

[119] Siehe Gutachten über die Finanzreform (Fn. 40), S. 35 Rdnr. 131, S. 38ff. Rdnrn. 143–151. Vgl. zu den vorgeschlagenen Feldern der ‚Gemeinschaftsaufgaben' auch *J. Kölble* (Fn. 102), S. 1f.

[120] Siehe dazu Gutachten über die Finanzreform (Fn. 40), S. 37 Rdnr. 141, S. 41 Rdnrn. 161f.; vgl. aber auch *G. Konow* (Fn. 102), S. 370f., sowie *W. Henle* (Fn. 102), S. 611f., die beide auf die Probleme einer derartigen Konzeption der ‚Gemeinschaftsaufgaben' hinweisen.

[121] Siehe das Gutachten über die Finanzreform (Fn. 40), S. 61 Rdnrn. 240–242, 64f. Rdnrn. 252–255, außerdem im Detail Teil D des Gutachtens, S. 81ff.

[122] Gutachten über die Finanzreform (Fn. 40), S. 127f. Rdnr. 473. Vgl. dazu auch schon den Beitrag von Bundesfinanzminister *R. Dahlgrün*, Die Problematik der haushaltswirtschaftlichen Unabhängigkeit von Bund und Ländern, in: Finanzwissenschaft und Finanzpolitik. Festschrift für Erwin Schoettle, 1964, S. 15, 22ff., ferner *A. Hüttl* (Fn. 41), S. 433ff.

[123] Siehe Gutachten über die Finanzreform (Fn. 40), S. 129ff., 138ff., 141ff.; vgl. darüber hinaus *K.M. Hettlage*, Probleme der mehrjährigen Finanzplanung, Finanzarchiv 27 (1968), S. 235ff.

[124] Dies sahen föderalistisch orientierte Autoren der Zeit sehr deutlich – siehe z.B. *G. Konow* (Fn. 102), S. 371ff.; *W. Henle* (Fn. 102), S. 609; *W. Geiger*, Föderalismus in der Verfassungsordnung der Bundesrepublik Deutschland, in: Zur Struktur der deutschen Verwaltung, 1967, S. 16ff. Aus dieser klar unitarischen Orientierung der Vorschläge resultierten auch die Widerstände seitens der Finanzminister der Länder gegen die vorgeschlagenen Maßnahmen – vgl. dazu *W. Renzsch* (Fn. 86), S. 218f.

[125] Gutachten über die Finanzreform (Fn. 40), S. 127 Rdnr. 473. Kritisch dazu *W. Henle* (Fn. 102), S. 617ff.

[126] *W. Patzig*, DVBl. 1966, S. 396.

men, dem Gedanken des kooperativen Föderalismus werde man sicherlich weder mit „beharrend-statischen Konstruktionen" noch mit einem „materiellen Bundesmythos" allein entgegentreten können. Da sich offensichtlich – der Autor knüpfte hier an ein Diktum von *Arnold Köttgen* an – „der Bundesstaat als Verfassungserbgut des 19. Jahrhunderts mit der radikal veränderten politischen Wirklichkeit des 20. Jahrhunderts ... nur mit Schwierigkeit synchronisieren" lasse[127], werde man sich um ein neues Verständnis der bundesstaatlichen Struktur bemühen müssen.

Wie stark das Denken der Reformer auf Kategorien der Smend'schen Lehre zurückgriff, zeigt eine methodische Anmerkung des Finanzexperten *Adolf Hüttl*, der als ständiger Sachverständiger der ‚Troeger-Kommission' beigeordnet war. Bei der Interpretation der tragenden Normen des Bund-Länder-Verhältnisses in der Verfassung fehle „ein allgemein-anerkanntes, auf übergeschichtlichen Axiomen ruhendes, logisches System". Der Blick des Verfassungsgebers sei beim Erlaß des Grundgesetzes „stark nach rückwärts gerichtet gewesen"; die „wirtschaftlichen, gesellschaftlichen und politischen Erfordernisse der Gegenwart" legten ganz andere Ergebnisse nahe als eine klassische normlogisch-historische Interpretation der Verfassung. Die Folge sei ein tiefgreifender Dissens schon im Ausgangspunkt der Interpretation. „Die normlogisch orientierte Auslegung steht der phänomenologisch, also der an der Wirklichkeit orientierten Auslegung gegenüber" – so lautet die Beobachtung in deutlich an Smend anknüpfender Wortwahl. Mit den herkömmlichen Methoden der Jurisprudenz seien solche Divergenzen nicht mehr zu überbrücken. Die juristische Auseinandersetzung sei trotz aller Anstrengungen in der Folge unfruchtbar geworden, „weil Verfassungsrecht und Verfassungswirklichkeit auseinanderklaffen, und zwar weiter, als daß es gelingen könnte, die Kluft mit Mitteln der juristischen Interpretation zu überbrücken".[128]

Aufgelöst werden könne diese Kluft zwischen Verfassungsrecht und Verfassungswirklichkeit nur noch durch entsprechende Verfassungsänderungen[129]. „Das Konservieren überholter und absterbender Organisationsformen" – so schrieb *Hüttl* klar und deutlich – führe zu nichts. Es sei vielmehr „ein Gebot der Staatsklugheit, nicht zu lange in den Ruinen der Gewohnheiten zu verharren."[130] Mit anderen Worten: Das Bundesstaatssystem des Grundgesetzes hielt man für völlig antiquiert, für so überlebt, daß es nur durch eine radikale Umgestaltung im Sinne einer umfassenden Verflechtung und Unitarisierung noch als funktionsfähiges System zu erhalten sei.

---

[127] Zitat aus: *A. Köttgen* (Fn. 4), S. 188.

[128] *A. Hüttl* (Fn. 41), S. 435.

[129] Siehe auch *Franz Klein* (Fn. 46), S. 154: „Durch die Schaffung von Gemeinschaftsaufgaben soll die Gefahr beseitigt werden, daß Fehlentwicklungen um sich greifen und der Gedanke des Föderalismus Schaden nimmt. In einem Rechtsstaat ist es auf die Dauer unhaltbar, daß Verfassungsrecht und Verfassungswirklichkeit ein Eigenleben führen; beide müssen übereinstimmen." Vgl. auch im gleichen Sinne *W. Patzig*, Gegenwartsfragen des Finanzverfassungsrechts, AöR 92 (1967), S. 297, 312ff.

[130] *A. Hüttl* (Fn. 41), S. 436.

9.2.3. Der Kampf um die Finanzreform

Die Vorschläge der ‚Troeger-Kommission' stießen in den Bundestagsfraktionen von SPD, FDP, aber auch CDU/CSU weitgehend auf Zustimmung. Ablehnend reagierten demgegenüber zunächst die meisten Landesregierungen, und insbesondere die Länderfinanzminister.[131]Die „Staatsqualität" der Länder – so kam postwendend die Kritik von Länderseite – sei durch eine derartige Kompetenzverschiebung zugunsten des Bundes im Kern bedroht.[132] Minimum jeder in der Reform zu wahrenden Sicherung der Länderstaatlichkeit sei eine abschließende Aufzählung der zu schaffenden ‚Gemeinschaftsaufgaben'.[133] Andernfalls laufe die vorgeschlagene ‚Bundesstaatsreform' in Wirklichkeit auf eine „Demontage des Bundesstaates in seiner gegenwärtigen Gestalt" hinaus.[134]

Die Konfliktlinien liefen insofern quer durch die Parteien. Besonders deutlich zeigte sich dies in der CSU, wo es über die Frage der Finanzreform zum offenen Konflikt zwischen der bayerischen Staatsregierung und dem Parteivorsitzenden *Franz-Josef Strauß* kam, der aus bundespolitischer Perspektive das Vorhaben der Finanzreform befürwortete.[135] Das von der Bundesregierung noch im Sommer 1966 ausgearbeitete Programm zur Finanzreform fiel allerdings zunächst dem Sturz der Regierung Erhard zum Opfer. Die darauf erfolgte Bildung der Großen Koalition verstärkte jedoch noch den Druck auf Inangriffnahme der vorgeschlagenen Reformschritte. Insbesondere die SPD, die die Finanzreform nach Maßgabe der Vorschläge der ‚Troeger-Kommission' als „ihre" Reform betrachtete, erhob das Vorhaben der Finanzreform zu einem der Leitthemen der Großen Koalition. Angesichts der Zwei-Drittel-Mehrheit der Großen Koalition waren die Umstände für ein derartiges Vorhaben auch günstig wie nie zuvor.[136]

Der neue Bundesfinanzminister *Strauß*, der sehr zum Ingrimm seiner ‚staatsbayerischen' Parteifreunde schon im Sommer 1966 seine Absage an das traditionelle Trennsystem erklärt hatte, indem er „andere Formen der Zusammenarbeit zwischen Bund und Ländern" gefordert hatte als „sie in der Zeit von Konstantin Frantz in der Mitte der zweiten Hälfte des 19. Jahrhunderts als Wesenselemente des Föderalismus dargestellt worden sind"[137], ließ einen neuen Entwurf der Finanzreform ausarbeiten. Als relativ unproblematisch erwies sich dabei die von

---

[131] Zu den Reaktionen auf das ‚Troeger-Gutachten' vgl. *W. Renzsch* (Fn. 86), S. 217ff.

[132] Vgl. die föderalistische Kritik am ‚Troeger-Gutachten' aus der Länderperspektive bei *G. Konow* (Fn. 102), 371ff. und *H. Liebrecht*, Der kooperative Föderalismus, DVBl. 1967, 72, 74f.; kritisch zum Argument des ‚Aushöhlens' der Länderstaatlichkeit *J. Kölble* (Fn. 102), 5ff., *A. Hüttl* (Fn. 41), 436ff., *W. Patzig* (Fn. 129), 321ff., aber auch *T. Maunz*, Die Verfassungsmäßigkeit der Finanzreform, NJW 1968, 2033ff.

[133] So z.B. *G. Konow* (Fn. 102), 372 und *H. Liebrecht* (Fn. 132), 74f.; vgl. allerdings die Kritik an den Thesen von *Konow* durch *J. Kölble* (Fn. 102), 3ff. und *W. Patzig* (Fn. 129), 318ff.

[134] So *W. Geiger* (Fn. 124), 18; vgl. ferner im gleichen Sinne *J. Seeger* (Fn. 11), 788.

[135] Vgl. dazu *W. Renzsch* (Fn. 86), S. 219.

[136] Vgl. zur Vorgeschichte der Finanzreform *W. Renzsch* (Fn. 86), S. 219ff., ferner *E. Heinsen*, Der Kampf um die Große Finanzreform 1969, in: R. Hrbek (Hrsg.), Miterlebt – Mitgestaltet. Der Bundesrat im Rückblick, 1989, S. 187, 194ff.

[137] 56. BT-Sitzung am 15. 9. 1966, BT-PlPr. 2776.

der ‚Troeger-Kommission' angemahnte ‚Flurbereinigung' der Aufgabenverteilung; zum eigentlichen Streitpunkt entwickelte sich vielmehr zunächst – kaum verwunderlich – das Konzept der ‚Gemeinschaftsaufgaben'.[138] Als geschickter Schachzug der Bundesregierung sollte sich dabei das Aufstellen eines abschliessenden Kataloges der geplanten Gemeinschaftsaufgaben erweisen, in Abkehr vom Vorschlag der ‚Troeger-Kommission', die über eine Generalklausel eine potentiell unbeschränkte Inanspruchnahme von Länderkompetenzen als ‚Gemeinschaftsaufgaben' hatte ermöglichen wollen. Der vorgeschlagene Katalog von neun Aufgabenbereichen stieß zwar auf heftigen Widerstand bei den Ländern.[139] Weitere Verhandlungen zwischen Bundesregierung, Regierungsfraktionen und den Landesregierungen in einer gemeinsamen Bund-Länder-Arbeitsgruppe zeigten aber schnell, daß zwei Gemeinschaftsaufgaben – Hochschulbau und Förderung der regionalen Wirtschaftsstruktur – unkontrovers waren; unter Hinzufügung der Verbesserung der Agrarstruktur und des Küstenschutzes wurde daraus in den Verhandlungen dann bald der später als Art. 91 a Abs. 1 in das Grundgesetz eingefügte Katalog der Gemeinschaftsaufgaben.[140] Zwei weitere Aufgabenbereiche, an denen dem Bund lag, fanden außerhalb der Gemeinschaftsaufgaben eine Lösung, indem dem Bund ein Titel für die Regelung der Ausbildungsförderung in den Katalog der konkurrierenden Gesetzgebungskompetenzen eingefügt wurde und über die Schaffung des Art. 104 a Abs. 4 GG dem Bund implizit eine Beteiligung an der Finanzierung der Investitionen des öffentlichen Personennahverkehrs ermöglicht wurde.[141]

Ein Teilpaket der von der ‚Troeger-Kommission' vorgeschlagenen Finanzreform wurde zudem mit dem neuen Art. 109 GG vorgezogen, der im Zusammenhang mit der Verabschiedung des Stabilitätsgesetzes schon 1967 die verfassungsrechtliche Grundlage für die angestrebte Koordinierung von Finanzplanung und Haushaltspolitik lieferte[142]. Zur ursprünglichen Kodifikation des Trennungsprinzips für die Haushaltswirtschaft von Bund und Ländern trat nun in einem neuen Absatz 2 die Verpflichtung auf die „Erfordernisse des gesamtwirtschaftlichen Gleichgewichts", in Absatz 3 die Möglichkeit des Bundes, durch zustimmungs-

[138] Vgl. *W. Renzsch* (Fn. 86), S. 222ff.

[139] Ebda.; vgl. dazu auch die Äußerungen des damaligen Staatsekretärs im Bundesratsministerium *F. Schäfer* auf der Loccumer Föderalismustagung 1967 – *F. Schäfer*, Die Zukunft des Föderalismus angesichts der Finanzreform – aus der Sicht des Bundes, in: Föderalismus in der Bundesrepublik Deutschland, Loccumer Protokolle 32/1967, S. 58, 66ff.

[140] Vgl. *W. Renzsch* (Fn. 86), S. 224ff., ferner *E. Heinsen* (Fn. 136), S. 199ff., *F.-J. Strauß*, Die Finanzverfassung, 1969, S. 71ff., 98ff.; *J. Seeger* (Fn. 11), S. 784; *W. Henle*, Die Finanzreform und die Beschaffenheit des Staates, DÖV 1968, S. 396, 401f.; *B. Tiemann* (Fn. 41), S. 216ff., 219ff.

[141] Vgl. insoweit *W. Renzsch* (Fn. 86), S. 226 Fußn. 98 sowie *F.-J. Strauß* (Fn. 140), S. 111f.

[142] Fünfzehntes Gesetz zur Änderung des Grundgesetzes v. 8. 6. 1967, BGBl. 1967 I, S. 581. Vgl. dazu auch *W. Patzig* (Fn. 129), S. 348ff., sowie *F. Schäfer* (Fn. 139), S. 61f. Vgl. ferner zum Gesamtpaket der Stabilitätsgesetzgebung *K. Stern*, Gesetz zur Förderung der Stabilität und des Wachstums der Wirtschaft, DÖV 1967, S. 657ff. und *H. Pagenkopf*, Die Finanz- und Steuerpolitik in der 5. Legislaturperiode des Deutschen Bundestages, DÖV 1970, S. 299, 299ff., außerdem als Bilanz 10 Jahre nach Erlaß *W. Patzig*, Konjunktursteuerung im Bundesstaat. 10 Jahre Erfahrungen mit dem Stabilitäts- und Wachstumsgesetz, DVBl. 1977, S. 841ff.

pflichtiges Bundesgesetz „Grundsätze für eine konjunkturgerechte Haushaltswirtschaft und für eine mehrjährige Finanzplanung" aufzustellen und in Absatz 4 die Befugnis für den Bund – ebenfalls im Wege eines zustimmungspflichtigen Bundesgesetzes – die Kreditaufnahme der Länder und Gemeinden einer Steuerung durch bundesrechtliche Vorschriften zu unterwerfen.[143]

Ungeklärt geblieben war allerdings bis zum Schluß die Frage des ,großen Steuerverbundes' unter Einbeziehung der Umsatz- bzw. nunmehr Mehrwertsteuer, bei der es im Kern um Fragen der vertikalen und horizontalen Verteilung des Steueraufkommens ging.[144] Der am 13. März 1968 vorgelegte Regierungsentwurf eines Finanzreformgesetzes[145], der die Umsatzsteuer in den Verbund einbeziehen wollte, stieß dementsprechend auf dezidierte Ablehnung des Bundesrates.[146] Die Interessendivergenzen zwischen den Ländern brachen jedoch nur allzuschnell hervor. Niedersachsen legte kurze Zeit später einen Alternativentwurf vor, der den ,großen Steuerverbund' befürwortete und die Verteilung der so gewonnenen ,Gesamthandmasse' nach Kriterien der ,Wahrung der Einheitlichkeit der Lebensverhältnisse' und der ,Sicherung der gleichmäßigen Erfüllung der öffentlichen Aufgaben' propagierte.[147]

Die finanzschwachen Länder, die sich hinter den niedersächsischen Entwurf stellten, vermochten Bundestag und Bundesregierung für ihre Argumente zu gewinnen. Das von der Bundesratsmehrheit verteidigte, bestehende Finanzausgleichssystem sei – so der Wortführer der ,armen' Länder, der niedersächsische Finanzminister *Kubel* – systematisch darauf angelegt, die Steuerkraftunterschiede zwischen den Ländern zu zementieren. Darunter müsse auf Dauer unweigerlich die vom Grundgesetz geforderte Einheitlichkeit der Lebensverhältnisse im Bundesstaat Schaden leiden. Die ,anachronistische' Steuerverteilung nach dem örtlichen Aufkommen müsse durch eine im Rahmen des ,großen Steuerverbundes' erzielbare Verteilung nach „anderen Maßstäben" abgelöst werden.[148]

Das Bundesfinanzministerium vertrat vor dem Bundestag eine ähnliche Argu-

---

[143] Vgl. dazu auch *F.-J. Strauß* (Fn. 140), S. 167ff., *H. Pagenkopf* (Fn. 142), S. 299f. und zum Teilaspekt der Finanzplanung *P. Badura*, Verfassungsfragen der Finanzplanung, in: Festgabe für Theodor Maunz zum 70. Geburtstag, 1971, S. 1ff., sowie *H. Fischer-Menshausen*, Mittelfristige Finanzplanung im Bundesstaat, in: J.H. Kaiser (Hrsg.), Planung III, 1968, S. 73ff.; konkret zur bundesstaatsrechtlichen Problematik der Regelung vgl. *W. Henle* (Fn. 140), S. 398ff.

[144] Vgl. *W. Renzsch* (Fn. 86), S. 229ff., außerdem *E. Heinsen* (Fn. 136), S. 197f.

[145] BT-Drs. 5/2861 = BR-Drs. 138/68; vgl. zum Regierungsentwurf auch *W. Renzsch* (Fn. 86), S. 232ff., *F.-J. Strauß* (Fn. 140), S. 71ff., *F. Sturm*, Die Finanzverantwortung von Bund, Ländern und Gemeinden bei der Erfüllung staatlicher Aufgaben, DÖV 1968, S. 466ff., sowie *H. Meyer*, Das Finanzreformgesetz, DÖV 1969, S. 261ff.

[146] Vgl. *W. Renzsch* (Fn. 86), S. 235ff. sowie *E. Heinsen* (Fn. 136), S. 207.

[147] BR-Drs. 138/5 – 7/68; vgl. auch *W. Renzsch*, Alfred Kubels Vorschläge zur Neuordnung des bundesstaatlichen Finanzausgleichs, in: Idee und Pragmatik in der politischen Entscheidung. Festschrift für Alfred Kubel, 1984, S. 172ff.

[148] Vgl. *W. Renzsch* (Fn. 86), S. 237. Vgl. außerdem *A. Kubel*, Bewährungen und Versäumnisse im Bundesstaat, in: R. Hrbek (Hrsg.), Miterlebt – Mitgestaltet. Der Bundesrat im Rückblick, 1989, S. 50, 56f.

mentationslinie[149]; der Finanzausschuß des Bundestages nahm die Argumente auf und der Bundestag verabschiedete am 11. Dezember 1968 mit verfassungsändernder Mehrheit einen entsprechend geänderten Gesetzesvorschlag, in den zusätzlich eine ganze Reihe von umstrittenen neuen Gesetzgebungskompetenzen für den Bund Aufnahme gefunden hatten.[150] Die Mehrheit der Länder war – wie nicht anders zu erwarten – weiter gegen den vorgeschlagenen Steuerverbund und stimmte im Bundesrat gegen den Gesetzesvorschlag, mit dem zusätzlichen Begehren, die umstrittenen Erweiterungen der Gesetzgebungskompetenz des Bundes in einem getrennten Gesetz einzubringen.

Insbesondere für die SPD bedeutete dies eine schwere Zerreißprobe, da die sozialdemokratische Bundestagsfraktion die Finanzreform zum entscheidenden Projekt der Großen Koalition erhoben hatte, es aber umgekehrt in der Mehrheit gerade SPD-Ministerpräsidenten waren, die das Vorhaben blockierten.[151]. In schwierigen innerparteilichen Abklärungsgesprächen mußte nun in der Folge eine gemeinsame Basis gefunden werden. Als konsensfähig zeichneten sich dabei im Laufe der Zeit vor allem die Vorschläge des Hamburgischen Senators *Heinsen* ab, der als einer der Wortführer der ‚reichen' Länder in den Verhandlungen fungierte. Die erweiterten Gesetzgebungskompetenzen für den Bund wurden danach akzeptiert; auch der ‚große Steuerverbund' fand schließlich Zustimung, soweit die Finanzmassen getrennt behandelt, die Einkommen- und Körperschaftssteuer also weiterhin nach örtlichem Aufkommen verteilt, und nur der Länderanteil der Umsatzsteuer nach Bedarfskriterien und/oder Einwohnerzahl aufgeteilt wurde. Ergänzend mußte allerdings von den ‚finanzstarken' Ländern eine Intensivierung des ‚horizontalen' Länderfinanzausgleichs zugesagt werden, um das Wohlstandsgefälle zwischen den Ländern abzubauen.[152]

An Details der Lösung scheiterte jedoch zunächst das erste Vermittlungsverfahren. Die finanzschwachen Länder, die im Vermittlungsausschuß unterlegen waren, kündigten an, ihre Sperrminorität im Bundesrat zur Verhinderung der Verfassungsänderung zu benutzen.[153]Die Mehrheit der SPD fand sich damit auf einmal in einer paradoxen Lage: Obwohl traditionell unitarisch orientiert, fand sie sich auf einmal als Verteidiger der Länderrechte wieder, zugunsten der von ‚ihren' Landesregierungen beherrschten finanzstarken Länder, während die traditionell eher föderalistisch gesinnte CDU, unter dem Druck ihrer Ministerpräsidentenriege aus ‚armen' Ländern, für eine stärker unitarische Finanzreform kämpfte.[154]

---

[149] Siehe die Stellungnahme des Staatssekretärs im BMF *Hettlage* in der Finanzausschußsitzung am 19.6. 1968, wiedergegeben bei *W. Renzsch* (Fn. 86), S. 239f.; vgl. ferner *E. Heinsen* (Fn. 136), S. 215f.

[150] Vgl. *W. Renzsch* (Fn. 86), S. 238ff., ferner *E. Heinsen* (Fn. 136), S. 210f.

[151] Vgl. *W. Renzsch* (Fn. 86), S. 243ff., insbes. S. 246, sowie *E. Heinsen* (Fn. 136), S. 211ff.

[152] Vgl. zu diesen Kompromißbemühungen *W. Renzsch* (Fn. 86), S. 247f., 249ff., sowie *E. Heinsen* (Fn. 136), S. 214ff.

[153] *W. Renzsch* (Fn. 86), S. 251f.

[154] Vgl. *W. Renzsch* (Fn. 86), S. 253.

9.2.4. Das Finanzreformgesetz vom 12. 5. 1969 und die Begleitgesetze

In einem erneuten Vermittlungsverfahren wurde dann schließlich im April 1969 der endgültige Kompromiß gefunden. Der ‚große Steuerverbund' unter getrennter Behandlung von Einkommen- und Körperschaftsteuer einerseits, Umsatzsteuer andererseits wurde akzeptiert. Die Verteilung des Länderanteils an der Einkommen- und Körperschaftssteuer nach ‚örtlichem Aufkommen', die conditio sine qua non der ‚finanzstarken' Länder gewesen war, wurde beibehalten, aber unter Einführung der ‚Steuerzerlegung', bei der die örtlichen Steuereinnahmen in Hinsicht auf Betriebsstätten bzw. Wohnsitz teilweise neu zugeordnet werden[155]. Die Verteilung des Umsatzsteueranteils sollte dagegen – wie von Bundesregierung, Bundestag und Bundesratsminderheit gefordert – nach Einwohnerzahl erfolgen. Der ergänzende Finanzausgleich zwischen den Ländern wurde auf ein Niveau von mindestens 95% des Bundesdurchschnitts angehoben, bei vorgängiger Auffüllung der Finanzmasse der ‚finanzschwachen' Länder aus einem ‚Vorab' von bis zu einem Viertel des Länderanteils an der Umsatzsteuer.[156]

Das im Bundestag am 23. April, im Bundesrat am 9. Mai 1969 verabschiedete Finanzreformgesetz vom 12. 5. 1969[157] wird man angesichts dieser leidvollen Vorgeschichte als grundstürzend und als vorsichtig zugleich anzusehen haben, je nach eingenommener Perspektive.

Auf der einen Seite blieb – nimmt man die Vorschläge der ‚Troeger-Kommission' und die vielfach erhobenen weitergehenden Reformforderungen in den Blick – das schließlich im Frühjahr 1969 angenommene Reformgesetz weit hinter dem zurück, was viele sich von der Reform erhofft hatten. Zwar war der ‚große Steuerverbund' eingeführt worden; der von den Ländern verlangte 50%-Anteil an der Einkommen- und Körperschaftssteuer war jedoch in der Verfassung festgeschrieben worden, und auch die Verteilung der Einkommen- und Körperschaftssteuer unter den Ländern nach ‚örtlichem Aufkommen' war beibehalten worden, wenn auch unter Ergänzung durch ein Verfahren der Steuerzerlegung. Die Kluft zwischen ‚reichen' und ‚armen' Ländern war zwar zugleich merklich verringert worden, mit einem Auffüllungsniveau von mindestens 95% des Bundesdurchschnitts; der ‚horizontale' Finanzausgleich aber war zu diesem Zweck im Prinzip beibehalten worden[158]. Die von der ‚Troeger-Kommission' vorgeschlagenen ‚Gemeinschaftsaufgaben' waren mit den neuen Artikeln 91 a und 91 b tatsächlich im Grundgesetz verankert worden; der Umfang dieser Gemeinschaftsaufgaben wie deren Ausgestaltung war jedoch weit hinter den Kommissionsvorschlägen einer systematischen Verflechtung von Bund und Ländern unter zentraler Steuerung des Bundes zurückgeblieben.[159]

---

155 Vgl. zum Streit um die ‚Zerlegung' *E. Heinsen* (Fn. 136), S. 219ff.

156 Vgl. zum Kompromiß vom April 1969 *W. Renzsch* (Fn. 86), S. 254ff.; *F.-J. Strauß* (Fn. 140), S. 120ff.; *W. Patzig*, Soll und Haben der Finanzreform, DVBl. 1969, S. 429,

157 BGBl. 1969 I, S. 359.

158 Als Schwäche stellte dies *W. Patzig* heraus – *W. Patzig* (Fn. 156), S. 434f.

159 Vgl. nur *B. Tiemann* (Fn. 41), S. 219ff.

Mißt man auf der anderen Seite das Ergebnis dieser Reformbemühungen aber am status quo ante, so kam die Reform der Jahre 1968/69 einer tiefgreifenden Umwälzung gleich. Die Reste des ursprünglichen Trennsystems in der Finanzverfassung waren mit dem ‚großen Steuerverbund' endgültig beiseite geschoben.[160] Die Finanzausstattung der Länder war mit einer Einebnung der Finanzkraftunterschiede auf eine Spanne von 95,6% bis 104,7%[161] des Bundesdurchschnitts weitgehend einander angenähert. Die in der Praxis mehr und mehr aufgetretenen Durchbrechungen des ursprünglichen Verbots der Mischverwaltung waren mit dem neuen Konzept des ‚kooperativen Föderalismus' nicht nur bestätigt, sondern wurden mit dem frisch in das Grundgesetz eingefügten Institut der ‚Gemeinschaftsaufgaben' geradezu institutionalisiert.[162]

Desweiteren hatte der Verfassungsgesetzgeber mit dem neuen Art. 104 a GG einen Versuch unternommen, das traditionelle Konnexitätsprinzip für die Finanzverfassung zu konkretisieren.[163] Der alte Streit um die Auftragsverwaltung – mittelbare Bundesverwaltung, Landesverwaltung mit weitergehenden Kontrollrechten des Bundes oder ‚Gemeinschaftsaufgabe'[164] – war für die Frage der Kostentragung nun autoritativ entschieden: „Handeln die Länder im Auftrage des Bundes, trägt der Bund die sich daraus ergebenden Ausgaben" (Art. 104a Abs. 2 GG). Für Leistungsgesetze wurde die Möglichkeit geschaffen, dem Bund die Kosten ganz oder teilweise aufzuerlegen. Außerdem wurde dem Bund, was zum Teil heftig angegriffen wurde[165], die Möglichkeit zu Investitionshilfen an die Länder und Gemeinden eingeräumt, soweit diese „zur Abwehr einer Störung des gesamtwirtschaftlichen Gleichgewichts oder zum Ausgleich unterschiedlicher Wirtschaftskraft oder zur Förderung des wirtschaftlichen Wachstums" geboten sind. Begründet wurde diese potentiell gefährliche Einbruchstelle in die selbständige Haushaltsführung der Länder mit dem „in Art. 72 Abs. 2 Nr. 3 und in Art. 106 Abs. 4 S. 2 Nr. 3 GG enthaltenen Gebot der ‚Wahrung der Einheitlichkeit der Lebensverhältnisse'", dem in der modernen wirtschaftlichen und gesellschaftlichen Entwicklung – so die Bundesregierung – „mehr und mehr eine allgemeine Bedeutung" zukomme.[166] Zwar könne dieser Grundsatz nicht bedeuten, so wurde so-

---

160 Kritisch dazu *W. Patzig* (Fn. 156), S. 433f.

161 Zahlen nach *W. Renzsch* (Fn. 86), S. 258.

162 *W. Henle* schrieb von dem „recht vielsagenden" Phänomen, daß man die Finanzreform zum Teil auf die Notwendigkeit stütze, „eine bereits faktisch vollzogene verfassungspolitische Entwicklung durch nachträglichen verfassungsrechtlichen Nachvollzug zu legitimieren" – *W. Henle* (Fn. 140), S. 396; vgl. auch in gleichem Sinne *J. Seeger* (Fn. 11), S. 783 sowie *O. Barbarino*, Die Reformbedürftigkeit der gegenwärtigen Finanzverfassung, in: Politikverflechtung zwischen Bund, Ländern und Gemeinden, 1975, S. 103, 109ff.

163 Vgl. dazu *F.-J. Strauß* (Fn. 140), 107ff., außerdem *H.-U. Erichsen*, Die Konnexität von Aufgabe und Finanzierungskompetenz im Bund-Länderverhältnis, 1969, dort insbes. S. 13ff., 37ff.; *F. Sturm* (Fn. 145), S. 473ff.; *W. Patzig* (Fn. 156), S. 432f.

164 Vgl. dazu *F. Sturm* (Fn. 145), S. 470.

165 Vgl. kritisch zur Investitionshilfekompetenz des Art. 104a Abs. 4 GG *J. Seeger* (Fn. 11), S. 785, ferner *O. Barbarino* (Fn. 162), S. 111ff.

166 Zitiert nach *W. Patzig* (Fn. 156), S. 432.

gleich abgewiegelt, daß überall die gleichen Voraussetzungen zu schaffen seien, weil dies den föderativen Charakter der Bundesrepublik und dem damit verbundenen Recht der Länder zur Eigengestaltung widersprechen würde. Aus der Sicht des Gesamtstaates müsse es aber möglich sein, in besonderen Fällen helfend einzugreifen, wenn dies zur Verhinderung oder Behebung ungleichmäßiger wirtschaftlicher Entwicklungen geboten sei.[167]

Hinzu trat eine ganze Serie von zugunsten des Bundes neu in die Gesetzgebungskataloge der Artikel 74 und 75 GG eingefügten Gesetzgebungsbefugnissen, die parallel zur Finanzreform mit dem ebenfalls am 12.5. 1969 verabschiedeten Zweiundzwanzigsten Gesetz zur Änderung des Grundgesetzes[168] beschlossen wurden. In den Titel des Art. 74 Nr. 13 (Förderung der wissenschaftlichen Forschung) wurde die „Regelung der Ausbildungsbeihilfen" eingefügt, in Art. 74 Nr. 22 (Straßenverkehr, Kraftfahrwesen und Bau und Unterhaltung von Fernverkehrsstraßen) die Befugnis zur Regelung der „Erhebung und Verteilung von Gebühren für die Benutzung öffentlicher Straßen mit Fahrzeugen"; als neue Nr. 19a wurde in Art. 74 „die wirtschaftliche Sicherung der Krankenhäuser und die Regelung der Krankenhauspflegesätze" eingefügt.[169] Der Katalog der Befugnisse zur Rahmengesetzgebung erhielt in Art. 74 Abs. 1 mit der neuen Nr. 1a eine Kompetenz zur Regelung der „allgemeinen Grundsätze des Hochschulwesens". Als Reaktion auf die Vorschläge der Troeger-Kommission zur Harmonisierung der Beamtenbesoldung[170] wurde schließlich als Absatz 2 eine Bestimmung an den Katalog des Art. 75 angehängt, laut der die Rahmenvorschriften über das Beamtenrecht der Länder, Gemeinden und anderen Körperschaften des öffentlichen Rechts mit Zustimmung des Bundesrates „auch einheitliche Maßstäbe für den Aufbau und die Bemessung der Besoldung einschließlich der Bewertung der Ämter sowie Mindest- und Höchstbeträge" vorsehen durften; entsprechendes wurde für die Besoldung der Richter in Absatz 3 des Art. 75 vorgesehen.

Mit dieser zuletztgenannten Änderung waren auf politischem Wege die Entscheidungen des Bundesverfassungsgerichts aus den Fünfziger Jahren zur Beamtenbesoldung korrigiert, die dem Regelungsdrang des Bundesgesetzgebers im Bereich der Rahmenvorschriften enge Schranken gesetzt hatten.[171] In Fragen der Beamtenbesoldung hatte sich die Literatur schon des längeren an dieser Rechtsprechungslinie gerieben, hielt man doch mehrheitlich eine einheitliche Regelung der Beamtenbesoldung für unbedingt erforderlich.[172] Daß damit die personalpoliti-

[167] Vgl. *W. Patzig* (Fn. 156), S. 432.

[168] BGBl. 1969 I, S. 363.

[169] Vgl. insoweit *W. Patzig* (Fn. 156), S. 431.

[170] Siehe Gutachten über die Finanzreform (Fn. 40), S. 42ff. Rdnrn. 166–173.

[171] Siehe insbes. BVerfGE 4, 115; vgl. dazu auch oben 7.2.5.

[172] Vgl. nur pars pro toto die entsprechenden Bemerkungen des Gutachtens über die Finanzreform (Fn. 40), dort insbes. Rdnr. 167: „Die Uneinheitlichkeit der Beamtenbesoldung hat in wachsendem Maße zu Unzuträglichkeiten geführt ... Diese Unterschiedlichkeit führt ständig zu einer ‚Harmonisierung nach oben' und zur fortschreitenden Auflösung des einheitlichen Besoldungsgefüges." Vgl. ferner Rdnr. 170: „Bei dem Gewicht der finanziellen Belastung, die sich aus

schen Handlungsspielräume der Länder entscheidend eingeschränkt wurden, hielt man für verzeihbar, wenn es nicht sogar gezielt angestrebt wurde.

Insgesamt wird man angesichts der aufgezählten Änderungen der Kompetenzbestimmungen des Grundgesetzes – allem Zurückbleiben hinter den ursprünglichen Reformforderungen zum Trotz – bei der Finanzreform 1969 von einem tiefen Einschnitt in das bundesstaatliche Kompetenzgefüge sprechen müssen. Der damalige Bundesratspräsident, der Hamburger Erste Bürgermeister *Weichmann*, sprach gar von der „tiefgreifendsten und weitreichendsten Reform unseres Grundgesetzes in den zwanzig Jahren seines Bestehens“[173]. Die allseits geforderte Umwandlung des alten föderalistischen Trennsystems – das allerdings im Grundgesetz nie lupenrein verwirklicht war – in ein ‚modernes' System des ‚kooperativen Föderalismus' war um einen entscheidenden Schritt vorangebracht worden, war zumindest im verfassungsrechtlichen Bereich nun abgesichert worden.[174]

Daß aus der historischen Distanz des verfassungssystematisch denkenden Betrachters knapp dreißig Jahre später der Finanzreform 1969 gleichwohl etwas Stückwerkhaftes und Kompromißmäßiges anhaftet, hängt sicherlich mit der Entstehungsgeschichte dieser Reform zusammen. Das große, von einem einheitlichen roten Faden einer übergreifenden Leitidee durchzogene Reformkonzept der Troeger-Kommission war in den politischen Verhandlungen der Folgejahre weitgehend verlorengegangen, zu einer Serie von Detailkompromissen zermahlen worden. Aus der Perspektive der überzeugten Föderalisten war dies zwar bestimmt kein Fehler, hätte doch das ‚große Reformkonzept' der Troeger-Kommission von der politischen Autonomie der Länder – und damit letztlich vom Föderalismus selbst – nicht allzuviel übriggelassen, wie einige Stimmen schon damals mahnten.[175] Der ‚große Wurf', den man sich von der Reform versprochen hatte, war die Finanzreform 1969 damit aber sicherlich nicht mehr. Doch aus der Binnenperspektive der Handelnden konnte dies wohl kaum anders sein, mußte der letztlich erzielte Kompromiß angesichts der Interessenlagen und Kräfteverhältnisse der Betroffenen wohl so ausfallen wie er dann tatsächlich ausgefallen ist.[176]

Genau dieses Empfinden der historischen Notwendigkeit, des ‚so und nicht anders' Handelnkönnens aus den Zwängen der politischen Konstellation, das die Beteiligten damals prägte, ruft heute vielfach den Eindruck des Stückwerks, ja der Zufälligkeit hervor. Die aus der historischen Situation geborene Festschreibung

der Entwicklung der Personalausgaben von Bund, Ländern und Gemeinden ergibt, kann auf eine Harmonisierung der Beamtenbesoldung nicht verzichtet werden.“

[173] 338. Sitzung des Bundesrates, Stenograf. Berichte, S. 108f.; vgl. auch mit gleicher Tendenz *H. Pagenkopf* (Fn. 142), S. 301 („die wichtigste, zugleich aber auch die schwierigste Aufgabe, die der Bundesregierung der Großen Koalition ... gestellt war“).

[174] Siehe dazu die bezeichnende Formel vom „naiven“ Föderalismus des Nebeneinander, dessen Bestand wohl schmelze, und der zu einem „sublimierten“ Föderalismus des verständigen Zusammenwirkens umzuformen sei – *W. Haller*, Wandlungen in den Problemen föderativer Staatswirtschaften, Finanz-Archiv 27 (1968), S. 248.

[175] Siehe vor allem die differenzierten Überlegungen von *W. Henle* (Fn. 102), S. 608ff., sowie *ders.* (Fn. 140), S. 397ff., ferner *G. Konow* (Fn. 102), S. 371ff.

[176] Vgl. insoweit auch *W. Renzsch* (Fn. 86), S. 258.

eines politischen Kompromisses erscheint der Nachwelt als ein Musterbeispiel an historischer Kontingenz. Die Reformbemühungen der späten Sechziger Jahre mit den daraus hervorgegangenen stückwerkhaften Verfassungsänderungen sind insoweit ein prototypisches Exempel für die historische Bedingtheit jeden Verfassungsrechts. Verstehen läßt sich der Kompromißcharakter der damals eingefügten Regelungen regelmäßig nur aus der einmaligen historischen Konstellation der Entstehungszeit.[177]

Das ‚Gutachten über die Finanzreform' der Troeger-Kommission war zwar ein logisch konsistentes Reformprogramm im Geiste der Konzepte vom ‚kooperativen Föderalismus'. Die theoretischen Prämissen dieses Konzeptes aber waren nicht weniger Produkte der Zeit als die Interessenlagen der letztlich den Kompromiß bestimmenden politischen Akteure. Das von Tradition aus unitarische Denken der intellektuellen und administrativen Eliten Deutschlands ging hier ein Bündnis ein mit den intellektuellen Moden der Zeit, der Planungs- und Verflechtungseuphorie der späten Sechziger Jahre[178], unter dem Einfluß auch bestimmter Vorbilder des verbündeten Auslands, wie ‚planification' und ‚cooperative federalism'[179]. Die Hauptaufgaben der Finanzreform waren darüberhinaus – wie man es in Schrifttum der Zeit lesen kann – „eine gerechte und auf die Dauer ausgerichtete Neuverteilung der aus der Steuerkraft einer einheitlichen Volkswirtschaft fliessenden Steuererträge auf den Bund, die Länder und die Gemeinden zu vollziehen, die dem Sozialstaatsprinzip und dem verfassungsrechtlich verankerten Postulat nach der Herstellung der Einheitlichkeit der Lebensverhältnisse in optimalem Umfang Rechnung trägt."[180]

Wären die Reformideen der Zeit konsequent umgesetzt worden, so wäre von den föderalistischen Traditionslinien, die das Grundgesetz wieder aufgenommen hatte, nicht allzuviel übriggeblieben. Anstelle der historisch-institutionellen Traditionen des Bismarck'schen ‚Exekutivföderalismus' wären die intellektuellen Traditionen der Konzepte vom ‚dezentralisierten Einheitsstaat' eines *Hugo Preuß* und der Reichsreformbewegung der späten Weimarer Jahre getreten. Die Notwendigkeit des politischen Kompromisses, die die Reformkonzepte verwässerte, hat insoweit im Ergebnis gerade die Kontinuität des deutschen Bundesstaatsmodells gewahrt.

---

[177] Siehe auch die Klage über die ‚schlechten Kompromisse', die von den steuerstarken Ländern erzwungen worden waren, durch *H. Schäfer* (Fn. 5), S. 428.

[178] Siehe als ein typisches Beispiel dafür *H. Weichmann*, Finanzplanung als neue staatliche Aufgabe, Finanz-Archiv 27 (1968), S. 220ff.

[179] Zum Einfluß des französischen Vorbildes vgl. *B. Tiemann*, Die neuen Gemeinschaftsaufgaben (Art. 91a, b GG) im System des Grundgesetzes, DÖV 1970, S. 161, 163; zur Vorbildwirkung des amerikanischen ‚cooperative federalism' vgl. *W. Kewenig* (Fn. 39), S. 433ff. und *H. Ehringhaus* (Fn. 39), S. 24ff.

[180] *H. Pagenkopf* (Fn. 142), S. 301.

9.2.5. Die ergänzenden Verfassungsänderungen der Jahre 1967–1972

Als Ergebnis bleibt gleichwohl festzuhalten: Die Reformen der späten Sechziger Jahre haben Teile des Grundgesetzes tiefgreifend umgestaltet. Dies gilt insbesondere für die Finanzverfassung, die in dieser Phase erst ihre heutige Prägung erfahren hat. Auch darüber hinaus hatte die Ära der Großen Koalition – angesichts der nahezu einmaligen Gelegenheit einer verfassungsändernden Mehrheit der Regierungskoalition auch nicht verwunderlich – einen einsamen Rekord an Änderungen des Grundgesetzes erbracht.[181] Neben den beiden großen Reformpaketen – der Einfügung der Notstandsverfassung durch das Sechzehnte und Siebzehnte Gesetz zur Änderung des Grundgesetzes vom 18.6. und 24.6. 1968[182] einerseits und dem Finanzreformgesetz vom 12.5. 1969 andererseits – waren zwischen Juni 1967 und August 1969 neun weitere Änderungsgesetze zum Grundgesetz erlassen worden, mit zum Teil ebenfalls gravierenden Einschnitten in das System der Verfassung. Die Änderung des Haushaltsartikels (Art. 109 GG) im Zusammenhang mit dem Erlaß des Stabilitätsgesetzes am 8.6. 1967[183] wurde oben schon erwähnt; durch die Reform des Haushaltsrechts mit dem Zwanzigsten Gesetz zur Änderung des Grundgsetzes vom 12.5. 1969[184] wurde diese Bestimmung 1969 noch einmal verändert, zusammen mit den Regelungen der Art. 110 bis 115 GG.

Durch das Fünfundzwanzigste Gesetz zur Änderung des Grundgesetzes vom 19.8. 1969[185] wurde außerdem die Neugliederungsbestimmung des Art. 29 GG novelliert. Die Absätze 2 bis 7 wurden neu gefaßt, die zeitliche Beschränkung der Neugliederung nach Absatz 2 wurde dabei bis 1975 bzw. 1970 erstreckt und für die Fälle der Neugliederung außerhalb des Verfahrens der Absätze 2 bis 4 (Gebietsteile, die bei der Neugliederung der Länder nach 1945 ohne Volksabstimmung ihre Landeszugehörigkeit geändert haben) wurde ein neues Verfahren geschaffen, das weitgehend dem alten Verfahren nach Absatz 2 und 3 glich. Für die Altfälle des Absatzes 2 dagegen – insbesondere Baden und Rheinhessen – wurde die Möglichkeit geschaffen, sich bei der Gliederung über den Willen der betroffenen Bevölkerungsteile hinwegzusetzen, „soweit dies zur Erreichung der Ziele der Neugliederung nach Absatz 1 erforderlich ist" – also zur Schaffung von Ländern, die „nach Größe und Leistungsfähigkeit die ihnen obliegenden Aufgaben wirksam erfüllen können".

Damit nicht genug, setzte sich der Drang nach Verfassungsänderungen in den folgenden Jahren fort. So wurden in den Jahren 1971 und 1972 mit insgesamt vier Gesetzen zur Änderung des Grundgesetzes noch einmal eine Reihe von Kompetenzverschiebungen zugunsten des Bundes bewirkt, auch in Problembereichen, in denen derartige Änderungen schon 1968 vorgeschlagen worden waren, dann aber der Kompromißbildung mit den Ländern zum Opfer gefallen waren. So

[181] Vgl. die Übersicht bei *J. Seifert* (Fn. 79), S. 212ff.

[182] BGBl. 1968 I, S. 657; BGBl. 1968 I, S. 709.

[183] Fünfzehntes Gesetz zur Änderung des Grundgesetzes, BGBl. 1967 I, S. 109.

[184] BGBl. 1969 I, S. 357; vgl. dazu auch *F.-J. Strauß* (Fn. 140), S. 159ff.

[185] BGBl. 1969 I, S. 1241.

wurde mit dem Achtundzwanzigsten Gesetz zur Änderung des Grundgesetzes vom 18.3. 1971[186] der Art. 74a eingefügt, der dem Bund nun endgültig eine konkurrierende Gesetzgebungskompetenz für Fragen der Beamtenbesoldung und -versorgung zugestand. Durch das Neunundzwanzigste Gesetz zur Änderung des Grundgesetzes vom 18.3. 1971[187] wurde eine konkurrierende Gesetzgebungskompetenz des Bundes für den Tierschutz geschaffen (Art. 74 Nr. 20 GG), durch das Einunddreißigste Gesetz zur Änderung des Grundgesetzes vom 28.7. 1972[188] die ausschließliche Gesetzgebungskompetenz des Art. 73 Nr. 10 GG um die Zusammenarbeit des Bundes und der Länder bei der Abwehr des Terrorismus erweitert und die konkurrierende Gesetzgebung um die neue Materie des Art. 74 Nr. 4a – Waffenrecht – ergänzt sowie in Art. 87 Abs. 1 S. 2 eine Verwaltungskompetenz des Bundes zur Terrorismusbekämpfung geschaffen. Am gravierendsten aber war eindeutig die mit dem Dreißigsten Gesetz zur Änderung des Grundgesetzes vom 12.4. 1972[189] bewirkte Verschiebung des Umweltschutzes in die Kompetenz des Bundes, eine Änderung, die 1969 noch am Bundesrat gescheitert war[190]. Durch den neugeschaffenen Art. 74 Nr. 24 wurde der Bund in Form der konkurrierenden Gesetzgebung ermächtigt, die Abfallbeseitigung, die Luftreinhaltung und die Lärmbekämpfung zu regeln.

9.2.6. Die Debatte um die Gemeinschaftsaufgaben

Im Vordergrund des wissenschaftlichen Interesses aber stand der weitere Ausbau des kooperativen Föderalismus mit dem neugeschaffenen Institut der Gemeinschaftsaufgaben, das in den Formenkanon des Bundesstaatsrechts dogmatisch einzubauen war. Das neue Institut, mit dem man endlich „die politischen Auseinandersetzungen zwischen dem Bund und den Ländern durch eine sach- und fachgerechte Ordnung der Verwaltungsaufgaben und ihrer Finanzierung beendet"[191] sah, wurde mehrheitlich im verfassungsrechtlichen Schrifttum als überfällig begrüßt.[192] Über die Reichweite bzw. die Anwendungsvoraussetzungen der Art. 91a

[186] BGBl. 1971 I, S. 206.

[187] BGBl. 1971 I, S. 207.

[188] BGBl. 1972 I, S. 1305.

[189] BGBl. 1972 I, S. 593.

[190] Vgl. *W. Patzig* (Fn. 156), S. 431; *H. Schäfer* (Fn. 5), S. 427; zu den Gründen für die behauptete Notwendigkeit der Kompetenzverschiebung vgl. auch *W. Weber*, Umweltschutz im Verfassungs- und Verwaltungsrecht, DVBl. 1971, S. 806, 807f.

[191] Zitat von *H. Pagenkopf* (Fn. 142), S. 302f.

[192] Siehe nur *B. Tiemann* (Fn. 41), S. 317ff., 331ff.; *ders.* (Fn. 179), S. 161ff.; *R. Goroncy*, Der Mitwirkungsbereich des Bundes bei den Gemeinschaftsaufgaben nach Art. 91a und 91b des Grundgesetzes, DÖV 1970, S. 109ff.; *ders.*, Das Zusammenwirken von Bund und Ländern bei den Gemeinschaftsaufgaben nach Artikel 91b des Grundgesetzes, DVBl. 1970, S. 310ff.; *H. Pagenkopf* (Fn. 142), S. 302f.; *U. Scheuner* (Fn. 12), S. 588f.; *T. Oppermann*, Gemeinsame Bildungs- und Forschungsfinanzierung durch Bund und Länder nach Art. 91 b und Art. 104 a Grundgesetz, DÖV 1972, S. 591ff.; *J. Kölble*, Reform der Gemeinschaftsaufgaben?, DVBl. 1972, S. 701ff.; *J.A. Frowein*, Gemeinschaftsaufgaben im Bundesstaat, VVDStRL 31 (1973), S. 13ff.; *I. von Münch*, Gemeinschaftsaufgaben im Bundesstaat, VVDStRL 31 (1973), S. 51ff.; *S. Marnitz*, Die Gemein-

und 91b GG wie über die Gemeinsamkeiten und Unterschiede der integrierten ‚Mitwirkung' des Bundes an der Aufgabenerfüllung nach Art. 91a GG und des ‚Zusammenwirkens' von Bund und Ländern nach Art. 91b GG entstanden zwar bald Kontroversen[193]; in der grundsätzlichen Beurteilung war man sich aber doch weitgehend einig. Die gemeinsame Planung von Bund und Ländern als „das eigentliche Kernstück des Zusammenwirkens bei den Gemeinschaftsaufgaben"[194] und die „Gemeinschaftsfinanzierung als Integrationsfaktor bundesstaatlicher Kooperation"[195] stiessen nahezu durchgängig auf große Zustimmung. Vor allem Art. 91a GG wurde dabei als zukunftsweisend gesehen: Hier werde „zum ersten Mal eine Erscheinungsform moderner staatlicher Koordinierung verfassungsrechtlich verankert", die sich bis dahin nur „in vielfältigen Formen parakonstitutioneller Zusammenarbeit" verwirklicht habe – „das Prinzip der Planung in gesamtstaatlicher Größenordnung unter Einbeziehung gliedstaatlicher Detailprojektierung".[196]

Die Begeisterung der frühen Siebziger Jahre für den Gedanken der Planung, der wissenschaftlichen Steuerung von sozialen Prozessen, scheint hier aus der Rückschau durch[197], aber ebenso der Drang nach stärkerer Verflechtung von Bund und Ländern im Sinne der Leitidee des kooperativen Föderalismus. Die neuen Gemeinschaftsaufgaben empfand man als konsequente Weiterentwicklung der zwar schon längst praktizierten, aber bis dato als verfassungsrechtlich zweifelhaft empfundenen Formen der Zusammenarbeit, durch die das „konzertierte bundesstaatliche Vorgehen" auf die verfassungsrechtliche Ebene gehoben und damit konstitutionell verfestigt wurde. Es werde damit – so ist in der Literatur der Zeit zu lesen – „die funktionsgerechte Entfaltung des kooperativen Föderalismus

---

schaftsaufgaben des Art. 91 a GG als Versuch einer verfassungsrechtlichen Institutionalisierung der bundesstaatlichen Kooperation, 1974, S. 55ff., 178ff.

193 Siehe v.a. die Kontroverse zwischen *B. Tiemann* (Fn. 179), DÖV 1970, S. 161ff., *R. Goroncy* (Fn. 192), DVBl. 1970, S. 311ff., wieder *B. Tiemann*, Gemeinschaftsaufgaben und bundesstaatliche Kompetenzordnung, DÖV 1970, S. 725ff. und schließlich *R. Goroncy*, Mitwirkungsbereich und Zusammenwirken bei den Gemeinschaftsaufgaben. Erwiderung, DÖV 1971, S. 85f.

194 *B. Tiemann* (Fn. 179), DÖV 1970, S. 163.

195 Ebda., S. 165.

196 *B. Tiemann* (Fn. 179), DÖV 1970, S. 163.

197 Siehe als Beispiele dieser Planungseuphorie *J.H. Kaiser*, Exposé einer pragmatischen Theorie der Planung, in: J.H. Kaiser (Hrsg.), Planung I, 1965, S. 11ff.; *U. Scheuner*, Verfassungsrechtliche Probleme einer zentralen staatlichen Planung, ebda, S. 67ff.; *H.P. Ipsen*, Rechtsfragen der Wirtschaftsplanung, in: J.H. Kaiser (Hrsg.), Planung II, 1966, S. 63ff.; *E. Forsthoff*, Über Mittel und Methoden moderner Planung, in: J.H. Kaiser (Hrsg.), Planung III, 1968, S. 21ff.; *H. Harnischfeger*, Planung in der sozialstaatlichen Demokratie, 1969, S. 75ff.; *N. Luhmann*, Politische Planung, 1971, S. 66ff.; *F.W. Scharpf*, Planung als politischer Prozeß, Die Verwaltung 4 (1971), S. 1ff.; *E.-W. Böckenförde*, Planung zwischen Regierung und Parlament, Der Staat 11 (1972), S. 429ff.; *U. Scheuner*, Zur Entwicklung der politischen Planung in der Bundesrepublik Deutschland, in: Festschrift für Werner Weber, 1974, S. 369ff.; *F. Wagener*, System einer integrierten Entwicklungsplanung im Bund, in den Ländern und in den Gemeinden, in: Politikverflechtung zwischen Bund, Ländern und Gemeinden, 1975, S. 129ff.; *J.-T. Blank*, Regierungsplanung und parlamentarische Kontrolle, DVBl. 1978, S. 193ff.

im bundesstaatlichen System des Grundgesetzes gewährleistet"[198]. In dieser Sicht, in der es auch dem Bundesstaat vorrangig um die „Bewältigung der großen gesamtstaatlichen Aufgaben im Maßstab der Bedürfnisse moderner Staatlichkeit" gehen mußte, kam den Gemeinschaftsaufgaben eine „überragende verfassungspolitische Bedeutung" zu, ja wurden sie zum „Prüfstein der Legitimation und Bewährung" der bundesstaatlichen Ordnung.[199] Dementsprechend wurde teilweise auch eine möglichst baldige Ausweitung des Katalogs der Gemeinschaftsaufgaben gefordert.[200]

Die in Art. 91 a GG vorgesehenen Ausführungsgesetze ergingen jedenfalls extrem schnell: das Gesetz über die Gemeinschaftsaufgabe „Ausbau und Neubau von Hochschulen" (Hochschulbauförderungsgesetz) am 1.9. 1969[201], das Gesetz über die Gemeinschaftsaufgabe „Verbesserung der regionalen Wirtschaftsstruktur" am 6.10. 1969[202], das Gesetz über die Gemeinschaftsaufgabe „Verbesserung der Agrarstruktur und des Küstenschutzes" am 3.11. 1969[203]. Die von den Planungsausschüssen zu beschließenden Rahmenpläne ergingen für Hochschulbau und Verbesserung der regionalen Wirtschaftsstruktur 1971[204], für Verbesserung der Agrarstruktur und Küstenschutz 1972[205]. Auch die in Art. 91 b GG in Aussicht genommenen Vereinbarungen zwischen Bund und Ländern wurden recht

[198] *B. Tiemann* (Fn. 179), DÖV 1970, S. 166; vgl. ferner *U. Scheuner*, (Fn. 12), S. 585.

[199] Ebda.

[200] Siehe z.B. *F. Wagener*, Aufgaben und Gliederung der Länder im neuen Jahrzehnt, DÖV 1970, S. 154, 158ff.; *R. Goroncy* (Fn. 192), DÖV 1970, S. 109; *J. Kölble*, Entwicklung der Bundesaufgaben und ihrer Finanzierung im Hinblick auf das Grundgesetz, in: Entwicklung der Aufgaben und Ausgaben von Bund, Ländern und Gemeinden, 1971, S. 41, 71f.; *H. Spanner*, Über Finanzreform und Bundesstaat, in: Festgabe für Theodor Maunz zum 70. Geburtstag, 1971, S. 375, 381ff.; *K. Stern*, Totalrevision des Grundgesetzes?, ebda., S. 391, 408; vgl. ferner *I. Staff*, Wissenschaftsförderung im Gesamtstaat, 1971, S. 126.

[201] BGBl. 1969 I, S. 1556; vgl. dazu auch *P. Lichtenberg / J. Burckhardt / D. Elchlepp*, Gemeinschaftsaufgabe Hochschulbau, 1971, S. 25ff., 96ff.; *P. Feuchte*, Hochschulbau als Gemeinschaftsaufgabe, Die Verwaltung 5 (1972), S. 199ff.; *G. Lachmann*, Die Gemeinschaftsaufgabe Hochschulbau, Der Staat 14 (1975), S. 49ff.; *T. Maunz*, Gemeinschaftsaufgaben im Bildungsbereich, in: Um Recht und Freiheit. Festschrift für F.A. Frhr. von der Heydte, 1977, S. 1053, 1055ff.; *D. Keller*, Zum Einfluß des Bundes bei der Finanzierung von Maßnahmen im Rahmen der Gemeinschaftsaufgabe Hochschulbau, DÖV 1977, S. 844ff.; ferner *T. Oppermann*, Gemeinschaftsaufgabe Hochschulbau, in: Das akzeptierte Grundgesetz. Festschrift für Günter Dürig, 1990, S. 411ff.

[202] BGBl. 1969 I, S. 1861; vgl. insoweit auch *P. Becker*, Die Gemeinschaftsaufgabe „Verbesserung der regionalen Wirtschaftsstruktur", Die Verwaltung 5 (1972), S. 59ff., ferner die verwaltungswissenschaftliche Analyse der entsprechenden Praxis bei *F.W. Scharpf / B. Reissert / F. Schnabel*, Politikverflechtung, 1976, S. 76ff. sowie *P. Becker*, Politikverflechtung in der Gemeinschaftsaufgabe „Verbesserung der regionalen Wirtschaftsstruktur", in: F.W. Scharpf / B. Reissert / F. Schnabel (Hrsg.), Politikverflechtung II, 1977, S. 29ff.

[203] BGBl. 1969 I, S. 1573; vgl. auch *H. Pruns*, Gemeinschaftsaufgabe „Verbesserung der Agrarstruktur und des Küstenschutzes" (GemAgrG), DÖV 1973, S. 217ff., außerdem *ders.*, Finanzierungszuständigkeiten des Bundes im Aufgabenbereich des Bundesministers für Ernährung, Landwirtschaft und Forsten, DÖV 1976, S. 217ff. und *Scharpf/Reissert/Schnabel* (Fn. 202), S. 107ff.

[204] Vgl. dazu *J. Kölble* (Fn. 192), S. 702 Fußn. 15 m.w.N.

[205] Vgl. *H. Pruns* (Fn. 203), DÖV 1973, S. 217.

zügig geschlossen; zu erwähnen ist hier insbesondere das Abkommen über die Errichtung einer gemeinsamen Kommission für Bildungsplanung vom 25.7. 1970[206]. Zur Konkretisierung der Investitionshilfekompetenz des Art. 104 a GG ergingen die entsprechenden Gesetze ebenfalls bald nach der Finanzreform, in den Jahren 1971/72[207].

Allerdings kamen gleichzeitig schon bald nach Einführung der Gemeinschaftsaufgaben als Institut des Grundgesetzes auch erste Rufe nach Abschaffung dieser neuen, institutionalisierten Form der Zusammenarbeit auf, drohe doch – so wurde von Länderseite erklärt – der ‚kooperative' zum ‚zentral gesteuerten Föderalismus' zu werden.[208] Der baden-württembergische Ministerpräsident *Filbinger* erklärte in diesem Sinne z.B. vor dem Landtag, die Institution der Gemeinschaftsaufgaben habe zu einer unrationellen Mischverwaltung und Mischfinanzierung geführt, welche die Aufgaben- und Finanzverantwortung von Bund und Ländern verwische und einen sytematischen föderativen Finanzausgleich blockiere. Zudem würden die Parlamente durch die Planung faktisch weitgehend gebunden, ohne am Planungsprozeß hinreichend beteiligt zu sein, die Integration der Aufgabenplanungen innerhalb der einzelnen Länder werde durch die Verflechtung der isolierten Ressortplanungen mit den entsprechenden Ressortplanungen von Bund und anderen Ländern gehemmt und die Verwaltung insgesamt werde unnötig erschwert und aufgebläht.[209]

Ähnliche Kritik war in Teilen der Literatur schon direkt nach Einfügung der Art. 91 a und b sowie des Art. 104 a GG zu vernehmen gewesen.[210] Kritikpunkt war zum einen der finanzverfassungsrechtliche Aspekt der Art. 91 a und b GG. Indem der Bund sich seine bis dato in einer verfassungsrechtlichen Grauzone angesiedelte Praxis indirekter Steuerung der Länder über Dotationswesen und Fondswirtschaft für bestimmte Bereiche im neuen Abschnitt VIII a des Grundgesetzes hatte bestätigen und institutionell verfestigen lassen, schrieb er auch die Ungleichgewichte der Verteilung der finanziellen Mittel in der Verfassung fest.[211]

---

206 Vgl. dazu *A. Dittmann*, Bildungsplanung als Gemeinschaftsaufgabe, 1975, S. 132ff., 152f., sowie die Nachweise bei *J. Kölble* (Fn. 192), S. 702 Fußn. 15.

207 Gemeindeverkehrsfinanzierungsgesetz v. 18. 3. 1971, BGBl. 1971 I, S. 239; Städtebauförderungsgesetz v. 27. 7. 1971, BGBl. 1971 I, S. 1125; Krankenhausfinanzierungsgesetz v. 29. 7. 1972, BGBl. 1972 I, S. 1009.

208 Vgl. dazu *J.A. Frowein* (Fn. 192), S. 19ff. (m.w.N. in Fußn. 25 und 33); *J. Kölble* (Fn. 192), S. 701f. (m.w.N. in Fußn. 4, 9 und 11); *I. von Münch* (Fn. 192), S. 54f

209 Landtag von Baden-Württemberg, 6. Wahlperiode, 7. Sitzung am 18. 7. 1972, hier zitiert nach *J.A. Frowein* (Fn. 192), S. 19 Fußn. 25.

210 Siehe v.a. *K. Hesse* (Fn. 41), S. 153ff.; *G. Kisker* (Fn. 11), S. 285ff.; *F. Klein*, Die Regelung der Gemeinschaftsaufgaben von Bund und Ländern im Grundgesetz, Der Staat 11 (1972), S. 289, 308ff.; *H. Soell*, Sind die Gemeinschaftsaufgaben nach Art. 91a GG ein geeignetes Instrument zur Weiterentwicklung des föderativen Systems, in: Festschrift für Ernst Forsthoff zum 70. Geburtstag, 1972, S. 397, 402ff.; *C. Heinze* (Fn. 25), S. 130ff.; *P. Feuchte* (Fn. 15), S. 479f., 506ff.; *O. Barbarino* (Fn. 162), S. 109ff.; *G. Kisker*, Neuordnung des bundesstaatlichen Kompetenzgefüges und Bund-Länder-Planung, Der Staat 14 (1975), S. 169, 176ff.

211 Vgl. *G. Kisker* (Fn. 11), der kritisierte (S. 284), die Nachteile des Fondswesens für die Funk-

Die Wurzeln der Mischverwaltung, nämlich die Verfügung des Bundes über freie Mittel zum Einsatz außerhalb seines eigenen Aufgabenbereiches, und umgekehrt die unzureichende Finanzausstattung der Länder, die sie auf diese Mittel angewiesen sein ließ[212], waren als ‚Geschäftsgrundlage' des Instituts der Gemeinschaftsaufgaben nun von der Verfassung ‚akzeptiert' – trotz der Kodifikation des Konnexitätsprinzips in Art. 106 Abs. 4 GG und des Prinzips der gleichmäßigen Deckung der notwendigen Ausgaben in Art. 106 Abs. 3 GG. Wie einer der Kritiker es knapp ausdrückte: „Das Institut der Gemeinschaftsaufgaben erschließt keine neuen Finanzmittel. Vielmehr erweist die verfassungsrechtliche Legalisierung der Mischfinanzierung nur, daß die Finanzmasse nach wie vor falsch aufgeteilt ist."[213]

Zudem werde – so die Kritiker – mit der Beschränkung der Finanzbeteiligung des Bundes auf die Investitionskosten ein falsches Signal gesetzt; die Dispositionsfreiheit des Bundes über seine Haushaltsmittel bleibe so zwar erhalten, aber die Länder würden über die Anreize der Investitionszuschüsse des Bundes in Folgekosten gestürzt, die längerfristig die finanzielle Eigenständigkeit der Länder erst recht schwerwiegend gefährdeten.[214] Der Bund übe damit in der Verfassungswirklichkeit eine „Art von Angebotsdiktatur" aus, in deren Rahmen er die Länder über die berühmten „goldenen Zügel" in das Kondominium der Gemeinschaftsaufgaben zu zwingen vermöge.[215]

In diesem ‚Kondominium' bestehe nun eine deutliche Versuchung der Bundesverwaltung, ihren Einfluß bis in die Phase der Durchführung zu verlängern und damit die Landesbehörden als Organe ‚mittelbarer' Verwaltung des Bundes zu „instrumentalisieren", ganz davon abgesehen, daß die Rahmenplanung in ihrer politisch-konzeptionellen Phase fast völlig unter der Direktion des Bundes stehe. Die Länder hätten in den von Art. 91 a GG erfaßten Materien faktisch kaum noch die Möglichkeit, unabgeleitete Planungsentscheidungen grundsätzlicher Art zu treffen.[216]

---

tionsfähigkeit der bundesstaatlichen Systems würden so „in weitem Umfange verfassungsrechtlich zementiert".

[212] Zu dieser Schwäche auch des ‚reformierten' Systems vgl. die kritischen Bemerkungen von *O. Barbarino*, Entfaltung der eigenen Angelegenheiten der Länder unter den Aspekten der Aufgabenbereiche und ihrer Finanzierung, in: Entwicklung der Aufgaben und Ausgaben von Bund, Ländern und Gemeinden, 1971, S. 81, 85ff., insbes. S. 90f., außerdem *ders.* (Fn. 162), S. 109f.; vgl. ferner *J. Seeger* (Fn. 11), S. 781ff.; *W. Henle* (Fn. 140), S. 396ff.; *H. Soell* (Fn. 210), S. 402ff.

[213] *H. Soell* (Fn. 210), S. 403; mit fast gleicher Formulierung siehe auch *O. Barbarino* (Fn. 212), S. 92, ferner *ders.* (Fn. 162), S. 108f., 113ff.

[214] Vgl. nur *H. Soell* (Fn. 210), S. 404ff. und *O. Barbarino* (Fn. 212), S. 93, ferner *G. Kisker* (Fn. 11), S. 283, sowie *P. Feuchte* (Fn. 15), S. 480.

[215] So *H. Soell* (Fn. 210), S. 407; vgl. aber auch relativierend *I. von Münch* (Fn. 192), S. 75f.

[216] So *H. Soell* (Fn. 210), S. 408ff., insbes. S. 414, ferner *M. Bullinger* (Fn. 7), S. 770ff.; *G. Kisker* (Fn. 11), S. 287ff., *J.A. Frowein* (Fn. 192), S. 27ff., *I. von Münch* (Anm. 192), S. 67ff., und *K. Hesse*, Bundesstaatsreform und Grenzen der Verfassungsänderung, AöR 98 (1973), S. 1, 28f.; vgl. insoweit auch im Einzelnen (auf der Basis einer detaillierten Analyse der Entwicklungsströmungen des Landeshaushalts Nordrhein-Westfalen) *W. Thieme*, Föderalismus im Wandel, 1970, dort insbes. S. 119ff.

Dementsprechend komme es im Gefolge der Gemeinschaftsaufgaben auch zu einer schleichenden „Entmachtung“ der Landtage[217] – eine Gefahr, die auch mehrfach von seiten der Landtagspräsidenten und einzelner Landesregierungen beschworen wurde[218]. Durch die Verlagerung des politischen Willensbildungsprozesses auf die Planungsausschüsse – so der Kern der Kritik – werde die parlamentarische Verantwortlichkeit der Landesregierungen verwischt und es komme zu tiefen Einbrüchen in das Budgetrecht der Landesparlamente, deren Recht zur Haushaltsbewilligung infolge der faktisch präjudizierenden Wirkung der Rahmenpläne auf einen reinen Vollzugs- und Umsetzungsakt reduziert werde.[219]

Ähnlich weitreichende Kritik wurde an der Investitionshilfekompetenz des Art. 104 a Abs. 4 GG geübt.[220] Der Bund verstehe diese Norm weitgehend als verfassungsrechtliche Bestätigung seiner etablierten Praxis der Fondsverwaltung bzw. Dotationswirtschaft. Weit über die in Art. 104 a Abs. 4 GG gezogenen Grenzen der Finanzierungsbeteiligung an gesamtstaatlich wichtigen Investitionen hinaus entstehe im Schatten dieser Norm schon wieder eine ungezügelte Praxis der auflagengesteuerten Mitfinanzierung von Länderaufgaben durch den Bund.[221] So wurden im Bundesrat 1971 bei der Beratung des Krankenhaussicherungsgesetzes[222] Zweifel geäußert, ob dem Bund bezüglich der im KHG vorgesehenen Finanzhilfen überhaupt eine Kompetenz nach Art. 104 a Abs. 4 GG zukomme.[223] Ähnliche Streitpunkte waren schon bei der Beratung des Gemeindever-

---

[217] So *G. Kisker* (Fn. 11), S. 290f.; vgl. ferner *R. Goroncy*, Gemeinschaftsaufgaben und Parlamente, ZRP 1970, S. 61ff.; *A. Böhringer*, Zur Mitwirkung der Landesparlamente im Bereich der Gemeinschaftsaufgaben, ZParl 1970, S. 173ff.; *H. Dichgans*, Ohnmacht der Parlamente, ZParl 1970, S. 237, 240ff.; *H.C.F. Liesegang / R. Plöger*, Schwächung der Parlamente durch den kooperativen Föderalismus, DÖV 1971, S. 228ff, insbes. S. 232ff.; *H. Soell* (Fn. 210), S. 419ff.; *H.C.F. Liesegang*, Die Beteiligung der Parlamente bei der Aufstellung von Plänen durch die Exekutive, ZParl 1972, S. 162ff.; *J.A. Frowein* (Fn. 192), S. 24ff.; *K. Hesse* (Fn. 216), S. 29f.; *P. Feuchte* (Fn. 15), S. 506f.; *G. Fricke*, Zur Mitwirkung der Parlamente bei der Regierungsplanung, DÖV 1973, S. 406ff.; *S. Marnitz* (Fn. 192), S. 138ff.

[218] Vgl. dazu *A. Böhringer* (Fn. 217), S. 173ff. sowie *H. Soell* (Fn. 210), S. 419 (m.w.N. in Fußn. 101).

[219] So schon für die verschiedenen Phänomene des ‚kooperativen Föderalismus‘ *R. Grawert* (Fn. 102), S. 63ff.; *W. Leisner* (Fn. 22), S. 389ff.; *W. Hempel*, Der demokratische Bundesstaat, 1969, S. 221; *K. Hesse* (Fn. 41), S. 148.

[220] Siehe dazu v.a. *G. Holch*, Die Finanzhilfen des Bundes nach Art. 104 a Abs. 4 GG, DÖV 1973, S. 115ff., ferner *H.-G. Sokolish*, Investitionshilfekompetenz des Bundes nach Art. 104 a Abs. 4 GG und Finanzausgleich, DVBl. 1977, S. 848ff.; vgl. aber auch *J. Müller-Volbehr*, Fonds- und Investitionshilfekompetenz des Bundes, 1975, S. 48ff.

[221] Vgl. *G. Holch* (Fn. 220), S. 115f. sowie *O. Barbarino* (Fn. 162), S. 111f.; vgl. auch zum (umstrittenen) Verhältnis der Investitionshilfekompetenz des Art. 104 a Abs. 4 GG zu etwaigen allgemeinen Fondskompetenzen des Bundes *J. Müller-Volbehr* (Fn. 220), S. 82ff.

[222] Gesetz zur wirtschaftlichen Sicherung der Krankenhäuser und zur Regelung der Krankenhauspflegesätze – KHG – v. 29. 6. 1972, BGBl. 1972 I, S. 1009; vgl. zu den Folgeproblemen dieses Gesetzes auch *M. Borchmann*, Krankenhausfinanzierung und Kostendämpfung, DÖV 1983, S. 145ff..

[223] Vgl. zur Kontroverse um die Finanzhilfebestimmungen des KHG *G. Holch* (Fn. 220), S. 116f. sowie *J. Müller-Volbehr* (Fn. 220), S. 70ff., ferner *O. Barbarino* (Fn. 162), S. 111f. und *Scharpf / Reissert / Schnabel* (Fn. 202), S. 207ff.

kehrsfinanzierungsgesetzes[224] 1970 aufgekommen. Als Rechtsstreit wirklich ausgetragen wurde das Gegeneinander der konfligierenden Rechtsstandpunkte zu Reichweite und Grenzen der Befugnis nach Art. 104 a Abs. 4 GG aber erst anläßlich des Vergabeverfahrens nach dem Städtebauförderungsgesetz, das für den Bund eine Mitplanungs- und Mitgestaltungsrechte enthaltende „Programmkompetenz" vorsah[225].

Aufgrund eines von Bayern 1972 angestrengten abstrakten Normenkontrollverfahrens erklärte das Bundesverfassungsgericht mit seinem Urteil vom 4. März 1975[226] zwar die angegriffenen §§ 71 und 72 des Städtebauförderungsgesetzes in verfassungskonformer Auslegung für mit dem Grundgesetz vereinbar; die in den Leitlinien der verfassungskonformen Auslegung aufgezeigten Grundsätze zogen jedoch der Finanzhilfepraxis des Bundes deutlich Schranken. Eine bundesstaatliche Ordnung müsse – so formulierte das Verfassungsgericht als Obersatz – „prinzipiell sicherstellen, daß Finanzhilfen aus dem Bundeshaushalt an die Länder die Ausnahme bleiben und ihre Gewährung rechtlich so geregelt wird, daß sie nicht zum Mittel der Einflußnahme auf die Entscheidungsfreiheit der Gliedstaaten bei der Erfüllung der ihnen obliegenden Aufgaben werden"[227]. Art. 104 a Abs. 4 GG habe eine ungeregelte und deshalb umstrittene Praxis des Bundes – die sog. Fondswirtschaft – abgelöst; das Finanzreformgesetz habe diese unbefriedigende Entwicklung der Bezuschussung von Landesaufgaben durch den Bund „verfassungsrechtlich institutionalisiert und verrechtlicht und damit in klare Bahnen gelenkt und in mehrfacher Hinsicht rechtlich begrenzt"[228]. Im Hinblick auf ihren Ausnahmecharakter im bundesstaatlichen Finanzgefüge beschränkten sich die Bundesfinanzhilfen auf „Aufgabenbereiche, an deren Erfüllung auch der Bund wegen seiner Verantwortung für die gesamtwirtschaftliche Entwicklung im Bundesgebiet und seiner Pflicht zur überregionalen Koordination ein besonderes Interesse" habe. Art. 104 a Abs. 4 GG mache deshalb die finanzielle Beteiligung des Bundes an öffentlichen Investitionen im Landesbereich von bestimmten eng auszulegenden Voraussetzungen abhängig.[229] Die Entscheidung über die Gewährung sei insoweit nicht „in das freie politische Ermessen des Bundes gestellt"; mit

---

[224] Gesetz über Finanzhilfen des Bundes zur Verbesserung der Verkehrsverhältnisse der Gemeinden (Gemeindeverkehrsfinanzierungsgesetz – GVFG) v. 16. 3. 1971, BGBl. 1971 I, S. 239; vgl. zur rechtlichen Problematik des GVFG auch *G. Holch* (Fn. 220), S. 117f. und *J. Müller-Volbehr* (Fn. 220), S. 67ff., ferner *Scharpf/Reissert/Schnabel* (Fn. 202), S. 133ff.

[225] Gesetz über städtebauliche Sanierungs- und Entwicklungsmaßnahmen in den Gemeinden (Städtebauförderungsgesetz) v. 27. 7. 1971, BGBl. 1971 I, S. 1125; vgl. auch *J. Müller-Volbehr* (Fn. 220), S. 63ff. und *G. Holch* (Fn. 220), S. 118f., ferner *Scharpf/Reissert/Schnabel* (Fn. 202), S. 158ff.

[226] BVerfGE 39, 96; vgl. auch die kritischen Auseinandersetzungen mit dem Urteil bei *C. Starck*, Finanzausgleich und Finanzhilfen im Bundesstaat, JZ 1975, S. 363ff.; *P. Selmer*, Finanzordnung und Grundgesetz, AöR 101 (1976), S. 238, 244ff.; *K.H. Friauf*, Die Finanzverfassung in der Rechtsprechung des Bundesverfassungsgerichts, in: Bundesverfassungsgericht und Grundgesetz Bd. 2, 1976, S. 300, 324ff.; *H.-G. Sokolish* (Fn. 220), S. 849ff.

[227] BVerfGE 39, 96, 107.

[228] BVerfGE 39, 96, 110.

[229] BVerfGE 39, 96, 111.

der Verrechtlichung der Bundesfondswirtschaft erwachse dem Bund „wegen der besonderen Bedeutung der von Art. 104 a Abs. 4 GG betroffenen Investitionen für den Gesamtstaat" vielmehr „eine Pflicht zur Finanzhilfe nach Maßgabe seiner Finanzkraft".[230] Nach Art. 104 a Abs. 4 S. 2 GG könne der Bund mit der Festlegung der Arten der zu fördernden Investitionen grundsätzlich nur die förderungsfähigen Investitionsbereiche bezeichnen, „ohne hierbei weitere Differenzierungs- und Präzisierungsmöglichkeiten sachlicher Art etwa hinsichtlich der Lage, des Umfanges, der sachlichen Ausgestaltung oder der späteren Ausnutzung der mitfinanzierten Objekte zu haben oder bestimmte Einzelprojekte festlegen zu können". „Näheres" könne einzig über ein Bundesgesetz mit Zustimmung des Bundesrates geregelt werden; dieses Gesetz müsse alles für die Länder Wesentliche enthalten und dürfe dies weder Verwaltungsvorschriften überlassen, die der Bund oder ein Bundesministerium aufstelle, noch Ermessensentscheidungen des Bundesministeriums oder gar einer bloßen Verwaltungspraxis.[231] Eine weitergehende sachliche Mitwirkung des Bundes bei den Investitionsplanungen und -entscheidungen der Länder und der damit in untrennbarem Zusammenhang stehenden Auswahl der Förderungsprojekte lasse Art. 104 a Abs. 4 GG seinem Inhalt und seiner Funktion nach nicht zu. „Mitplanungs-, Mitverwaltungs- und Mitentscheidungsbefugnisse gleich welcher Art im Aufgabenbereich der Länder, ohne daß die Verfassung dem Bund entsprechende Sachkompetenzen übertragen hat", verstiessen „gegen das grundgesetzliche Verbot einer sog. Mischverwaltung", wie das Gericht unter Verweis auf seine Entscheidung zum Finanzverwaltungsgesetz vom 21. 10. 1971[232] ausführte. Für eine zentrale Steuerung der entsprechenden Bereiche durch den Bund über Bedingungen und Dotationsauflagen war damit kein Raum mehr. Art. 104 a Abs. 4 GG hatte sich als weit weniger weitreichend erwiesen als der Bund gehofft hatte mit dieser Norm erreicht zu haben, im Sinne einer pauschalen Institutionalisierung der über lange Zeit geübten Fondswirtschaft.[233] Gleichwohl wurde dem Urteil aus der Literatur vorgeworfen, daß es im Prinzip eine Entwicklung absegne, der die Gefahr innwohne, daß „Investitionshilfen zu Alltagserscheinungen denaturieren", womit das gesteckte Ziel einer Disziplinierung der bundesstaatlichen Finanzwirtschaft weitgehend verfehlt werde. Im Gegenteil sei zu befürchten, daß der zu erwartende verstärkte Einsatz von Investitionshilfen des Bundes auf Dauer eher zu „einer Erosion und schließlichen Zerrüttung der Bundesstaatlichkeit" führen werde.[234]

Einen deutlichen Zug ins Grundsätzliche hatte die Kritik an Gemeinschafts-

---

230 BVerfGE 39, 96, 113.

231 BVerfGE 39, 96, 115f.

232 BVerfGE 32, 145, 156.

233 Zur Lage nach dem Finanzhilfen-Urteil v. 4. 3. 1975 vgl. insbes. *J. Lücke*, Zur Finanzierungskompetenz des Bundes nach Art. 104 a GG, DÖV 1977, S. 495ff.; vgl. ferner für den Fall der Wohnungsbauförderung *O. L. Brintzinger*, Subventionsrechtliche Probleme der Wohnungsbauförderung, DÖV 1980, S. 189ff., insbes. S. 198ff.

234 Siehe in diesem Sinne *P. Selmer* (Fn. 226), 246 sowie *H.-G. Sokolish* (Fn. 220), S. 849.

aufgaben und Investitionshilfen schließlich bei *Konrad Hesse* angenommen[235]. Bundesstaatsreform unter dem Leitbild des ‚kooperativen Föderalismus‘ werde leider – so führte *Hesse* aus – zusehends auf den praktisch-technischen Aspekt der Steigerung der Effizienz bei der Bewältigung der Aufgaben des modernen Planungs-, Lenkungs- und Vorsorgestaates reduziert. Kooperation aber wirke notwendig unitarisierend. Sie komme zwar den Notwendigkeiten des modernen Sozialstaates entgegen, schwäche aber auf der anderen Seite gerade die Wirkungen ab, die oft und mit Recht als Vorzug föderativer Ordnung hervorgehoben würden. Wo im Wege der Kooperation einheitliche oder übereinstimmende Lösungen verwirklicht würden, entfalle notwendigerweise die Vielfalt der Gestaltungen, die dem Föderalismus überkommener Art sein Gepräge gegeben habe. Im gleichen Maße schwinde indessen auch die Möglichkeit zum begrenzten Experiment und, in engem Zusammenhang damit, der Wettbewerb zwischen den Ländern.[236]

Einheitlichkeit werde hier mit Steigerung der Effizienz staatlichen Wirkens gleichgesetzt – in sich schon ein Trugschluß. Die Einigung, die jene Einheitlichkeit voraussetze, könne jedoch mißlingen, oder die erzielte Einheitlichkeit könne – und diese Gefahr hielt *Hesse* in der Praxis für noch größer – zu einer solchen des sachlichen Minimums werden, zur Suche nach dem kleinsten gemeinsamen Nenner.[237]

Die mit der Finanzreform verfolgte institutionelle Weiterentwicklung der föderativen Ordnung gehe zudem – so *Hesse* – weit über die Konzeption des ‚kooperativen Föderalismus‘ hinaus. Statt dessen überwögen bei den Ergebnissen der Bundesstaatsreform zentralisierende Tendenzen. Anstelle einer Stärkung der Mitwirkung und Mitbestimmung beider Teile oder eines arbeitsteiligen Zusammenwirkens seien primär die Kompetenzen des Bundes erweitert worden, und zwar in der ausdrücklichen Normierung einer Zuständigkeit zu Investitionshilfen an die Länder, in der „näheren Bestimmung“ der Gemeinschaftsaufgaben und in deren Finanzierung sowie in der Erweiterung der Auftragsverwaltung.[238] Der „praktizierte kooperative Föderalismus“ habe – so folgerte *Hesse* – „anders als der proklamierte, keineswegs einen Siegeszug angetreten“.[239]

Jede Fortentwicklung föderativer Ordnung, gleichgültig in welcher Richtung, setze voraus, daß in den Ländern „ein hinreichendes Maß selbständiger Gestaltungsmöglichkeiten“ verbleibe, und zwar nicht nur im Bereich der vollziehenden, sondern auch in dem der gesetzgebenden Gewalt. Der Weg fortschreitender Kompetenzerweiterungen des Bundes unter gleichzeitiger Erweiterung der Mitwirkungsbefugnisse des Bundesrates führe in seiner Konsequenz aber zur Aufhebung dieser Grundvoraussetzung.[240] Was damit in der Folge entstehe, sei – so an-

235 Siehe insbes. *K. Hesse* (Fn. 41), S. 141 ff.
236 *K. Hesse* (Fn. 41), S. 144 f.
237 *K. Hesse* (Fn. 41), S. 145 f.
238 *K. Hesse* (Fn. 41), S. 151 f.
239 *K. Hesse* (Fn. 41), S. 153; gegenteiliger Ansicht aber z.B. *U. Scheuner* (Fn. 12), S. 586.
240 *K. Hesse* (Fn. 41), S. 154 f.

dere Stimmen der Kritik – ein „föderalistisch garnierter Einheitsstaat“[241], bei dem man von Staatlichkeit der Länder nicht mehr sprechen könne, weil sie nach Zuständigkeit und Funktion im Grunde nur noch „hochpotenzierte Selbstverwaltungskörperschaften“ seien[242].

9.3. Die Bemühungen um eine Verfassungsreform – Neugliederungsdebatten und Enquêtekommission Verfassungsreform

9.3.1. Die Rufe nach Neugliederung

Gehör fand die geschilderte Kritik an den Ergebnissen der Finanzreform nicht, geschweige denn nennenswerte Resonanz in der Verfassungspraxis. Im Gegenteil: Der Zeitgeist verlangte nach mehr, verlangte nach weiteren Reformschritten im Sinne der landläufigen Vorstellungen von ‚Einheitlichkeit‘ und ‚Effizienz‘.

Tummelplatz dieser weitergehenden Forderungen nach unitarisierender Umgestaltung des Bundesstaates unter dem Grundgesetz waren zunächst die Debatten um eine Neugliederung des Bundesgebietes.[243] Ganz im technokratischen Geist der Zeit wurden hier die vielfältigsten Pläne einer ‚effizienteren‘ Gliederung in möglichst gleichgroß geschnittene Länder diskutiert.[244] Die Probleme des deutschen Föderalismus könnten nur gelöst werden – so lautete die weithin verbreitete Auffassung – wenn durch die Schaffung möglichst großer und ‚leistungsfähiger‘ Länder dem Bundesstaat zu einer gesunden Basis verholfen werde[245], wenn ein ‚zweckmäßig gegliederter‘, ‚aus leistungsfähigen Einheiten bestehen-

---

[241] So *G. Kisker* (Fn. 11), S. 294ff.

[242] Siehe insoweit *H. Spanner* (Fn. 200), S. 387f.

[243] Zur – damals nahezu einhelligen – Forderung nach Neugliederung vgl. nur *H. Quaritsch*, Der unerfüllte Verfassungsauftrag, in: Neugliederung der Länder, Loccumer Protokolle 3/1968, S. 7ff.; *P. Badura*, Auftrag und Grenzen der Verwaltung im sozialen Rechtsstaat, DÖV 1968, S. 446, 455; *P. Feuchte*, Neugliederung: Versagen von gestern – Chance von morgen, DÖV 1968, S. 456ff.; *W. Leisner*, Föderalismus als kooperativer Dialog, ZRP 1969, S. 14, 15; *E. Benda*, Rechtspolitische Grundsätze und Vorschläge für die 6. Legislaturperiode, ZRP 1969, S. 210, 212; *F. Wagener*, Neubau der Verwaltung, 1969, S. 328ff., 505ff., 527ff.; *ders.* (Fn. 200), S. 156ff.; *P. Feuchte*, Wege und Umwege zu einer neuen Struktur, in: Festschrift für Gebhard Müller, 1970, S. 59ff.; *W. Rudolf*, Föderalismus und Neugliederung, DÖV 1971, S. 28, 30f.; *G. Püttner*, Die Länderneugliederung als Problem der politischen Machtverteilung im Gesamtstaat, DÖV 1971, S. 540f.

[244] Siehe z.B. den ‚Kohl-Plan‘ für Südwestdeutschland – *H. Kohl*, Die Zukunft Mittelwestdeutschlands, in: Neugliederung der Länder, Loccumer Protokolle 3/1968, S. 97ff. – sowie die umfassenden Neugliederungskonzepte von *F. Wagener* (Fn. 243), S. 529ff.

[245] Siehe z.B. *P. Feuchte* (Fn. 243), S. 456ff.; *W. Thieme*, Für eine Totalrevision des Grundgesetzes, ZRP 1969, S. 32, 33; *O. Grézer*, Die Länderneugliederung als Voraussetzung eines erfolgreichen Föderalismus, BayVBl. 1974, S. 90ff.; *F. Rietdorf*, Zur Neuordnung des Bundesgebiets – eine Existenzfrage des föderativen Systems, DÖV 1974, S. 2, 3; *P. Feuchte*, Die Neugliederung im Rahmen der bundesstaatlichen Probleme, DÖV 1974, S. 9, 10ff.; *W. Ernst*, Wozu Neugliederung?, DÖV 1974, S. 12ff.

der' und ,in sich gleichgewichtiger' Bundesstaat geschaffen werde[246]. Vom Vollzug oder Nichtvollzug des Verfassungsauftrages aus Art. 29 GG werde es abhängen, ob die Länder „zu bloßen Verwaltungsprovinzen verkümmern oder sich zu leistungsfähigen, echten Partnern des Zentralstaats entwickeln werden“[247].

Mit einer am 27.6 1968 von einer Gruppe von 42 Unionsabgeordneten lancierten Großen Anfrage ,betr. Weiterentwicklung des föderativen Systems'[248] griff die Politik das Thema auf. In seiner Antwort auf diese Anfrage vom 20. 3. 1969[249] bemühte sich Bundesinnenminister *Benda* zunächst um Dämpfung der Reformeuphorien. Der Art. 79 GG verbiete es, die bundesstaatliche Gliederung aufzuheben. Dieses Gestaltungsprinzip sei im geschichtlichen Prozeß der deutschen Staatswerdung tief verwurzelt, habe sich grundsätzlich bewährt und habe den Gedanken der politischen Demokratie belebt. Dennoch habe die Zahl derjenigen, die sich für eine stärkere Betonung der zentralstaaatlichen Zuständigkeiten ausgesprochen habe, deutlich zugenommen; man werde der Frage weiterer Reformschritte daher nach den Wahlen nähertreten und eine entsprechende Kommission einsetzen.[250]

Angesichts der nicht abflauenden Neugliederungsdebatte – und des Vorwurfes, die Bundesregierung verletze den Verfassungsauftrag des Art. 29 GG, der ja auch in der Verfassungsänderung von 1969 erhalten geblieben war – sah sich die neue sozialliberale Bundesregierung dann tatsächlich veranlaßt, das Thema aufzugreifen und erste Schritte in Richtung auf ein Neugliederungsverfahren einzuleiten. Durch den Bundesminister des Innern wurde im Herbst 1970 eine Sachverständigenkommission unter dem Vorsitz des ehemaligen Staatssekretärs *Ernst* eingesetzt, die ,Sachverständigenkommission für die Neugliederung des Bundesgebietes', die das Problem und die vorhandenen Vorschläge einer Prüfung unterziehen sollte.[251]

Nach fast zwei Jahren intensiver Beratungen erstattete die Kommission im November 1972 ihren Abschlußbericht, der in Form jeweils zweier Varianten für Nord- und Südwestdeutschland konkrete Vorschläge für eine Neugliederung des Bundesgebiets vorlegte[252]. Die Resonanz in der Politik fiel allerdings so aus wie

---

[246] So die Formeln der Sachverständigenkommission für die Neugliederung des Bundesgebietes, vgl. deren Bericht „Vorschläge zur Neugliederung des Bundesgebiets gemäß Art. 29 des Grundgesetzes“, 1973, S. 36 Rdnr. 59.

[247] *G. Bovermann*, Bundesländer oder Provinzen? – Neugliederung als Angelpunkt, DÖV 1974, S. 6; siehe auch im gleichen Sinne *F. Wagener*, (Fn. 200), S. 160.

[248] BT-Drs. 5/3099 v. 27. 6. 1968; siehe auch die kritische Auseinandersetzung mit der Zielrichtung der Großen Anfrage bei *P. Lerche* (Fn. 27), S. 13ff.

[249] BT-Drs. 5/4002.

[250] Siehe *E. Benda* (Fn. 243), S. 212.

[251] Zu Zusammensetzung und Mandat der Kommission vgl. den Bericht der Sachverständigenkommission für die Neugliederung des Bundesgebietes – Vorschläge zur Neugliederung (Fn. 246), S. 13ff.; vgl. ferner die zusammenfassende Darstellung des Kommissionsmitgliedes *H. Reschke*, Die Neugliederung des Bundesgebietes, DVBl. 1973, S. 728ff. sowie *H. Schäfer*, Ein Plädoyer für die baldige und vernünftige Neugliederung des Bundesgebietes, DVBl. 1973, S. 732, 733.

[252] Siehe Vorschläge zur Neugliederung (Fn. 246), S. 17ff., 126ff.; vgl. auch *H. Schäfer* (Fn. 251), S. 735ff.; *G. Bovermann* (Fn. 247), S. 7f.; *W. Weber*, Zum Bericht der Sachverständigen-

zu erwarten: Während in Bundesregierung und Bundestag sowie in von den Neugliederungsvorschlägen nicht betroffenen Ländern wie Nordrhein-Westfalen zahlreiche Stimmen dafür plädierten, die Vorschläge aufzugreifen und ein entsprechendes Neugliederungsverfahren nach Art. 29 GG einzuleiten, da anderenfalls der Weg in den Einheitsstaat nicht mehr aufzuhalten sein werde, sperrten sich wichtige Länder kategorisch gegen den Versuch jeglicher Neugliederung, mit dem Argument, eine Notwendigkeit zur Neugliederung bestehe nicht mehr und das Verfassungsgebot der Neugliederung in Art. 29 GG sei am besten zu streichen.[253] Die Baden-Frage war auch tatsächlich mittlerweile durch eine neue Volksabstimmung gem. Art. 29 Abs. 3 GG i.d.F. v. 19. 8. 1969 endgültig geklärt worden[254]; für die anderen Gebiete, in denen Volksbegehren nach dem ursprünglichen Art. 29 Abs. 2 GG erfolgreich durchgeführt worden waren, also dem Verwaltungsbezirk Oldenburg, dem Kreis Schaumburg-Lippe sowie den Gebieten um Trier, Montabaur und für Rheinhessen um Worms, waren nach Art. 29 Abs. 3 GG Volksentscheide bis zum 31. 3. 1975 durchzuführen.[255]

Die weitere Entwicklung ließ dann die Bundesregierung doch dem bayerischen Vorschlag auf Streichung des Verfassungsgebotes in Art. 29 GG nähertreten. Der nötige Mindestkonsens zur Durchführung der angestrebten Neugliederung – Schaffung ‚leistungsfähiger' Länder unter Reduzierung der Zahl der Länder auf fünf bis sechs – war ersichtlich nicht vorhanden; die Schaffung neuer Länder durch Ausgliederung aus Bestehenden war dagegen das Letzte, was man sich im Sinne der Neugliederungskonzepte als sinnvoll vorstellen konnte, wie ausdrücklich bei Beratung des Volksentscheidgesetzes 1974[256] erklärt wurde.[257] Genau dies aber wurde mit den nach dem Volksentscheidgesetz durchgeführten Abstimmungen am 19. 1. 1975 zur realen Frage: Während in den drei rheinland-pfälzischen Gebieten für den Status quo optiert worden war, ergaben sich in Oldenburg und Schaumburg-Lippe überraschend große Mehrheiten für die Wiederherstellung der beiden alten Länder[258].

---

kommission für die Neugliederung des Bundesgebiets, DÖV 1974, S. 14f.; *U. Scheuner*, Eine zweckrationale Gestaltung der föderalen Ordnung, DÖV 1974, S. 16, 17ff.; ferner *U. Leonardy*, Entscheidungszwänge zur Neugliederung des Bundesgebietes, ZParl 4 (1973), S. 175ff.

[253] Vgl. zu den Reaktionen *H. Reschke* (Fn. 251), S. 728; *H. Schäfer* (Fn. 251), S. 736ff.; *P. Feuchte* (Fn. 245), DÖV 1974, S. 9; *E. Müller*, Der Stand der Neugliederungsdiskussion, DÖV 1974, S. 1f.; *G. Bovermann* (Fn. 247), S. 7; *E. Röper*, Aspekte der Neugliederung des Bundesgebiets, Der Staat 14 (1975), S. 305ff.; vgl. auch zu den potentiellen politischen Auswirkungen *R. Hrbek*, Bundesrat und Neugliederung – Parteipolitische Machtverschiebungen durch Neugliederungsmodelle?, ZParl 1972, S. 150ff.

[254] Vgl. dazu aber BVerfGE 37, 84.

[255] Vgl. dazu *H. Reschke* (Fn. 251), S. 731.

[256] Gesetz über Volksbegehren und Volksentscheid bei Neugliederung des Bundesgebietes nach Art. 29 Abs. 2 bis Abs. 6 des Grundgesetzes vom 23. 12. 1955, BGBl. 1955 I, S. 835 i.d.F. vom 25. 10. 1974, BGBl. 1974 I, S. 2877.

[257] Siehe *E. Röper*, Änderungen von Art. 29 GG – verfassungswidriges Verfassungsrecht?, DVBl. 1975, S. 810ff. (m.w.N. S. 810).

[258] Vgl. *E. Röper* (Fn. 257), S. 810; *ders.* (Fn. 253), S. 306, 311; *T. Maunz / R. Herzog*, in: Maunz/Dürig, GG-Kommentar, Art. 29 Rdnr. 8.

Für die Politik war die Angelegenheit damit äußerst peinlich geworden. Die Bundesregierung wußte sich nur noch dadurch aus der Affäre zu ziehen, daß sie die Vorschläge auf Streichung der Verfassungsgebote aufgriff – und sich zugleich über den Willen der betroffenen Volksteile hinwegsetzte, indem sie den Bestand des Landes Niedersachsen unter Berufung auf die Neugliederungsleitlinien des Art. 29 Abs. 1 GG durch Bundesgesetz vom 9. 1. 1976[259] bestätigte. Mit dem 33. Gesetz zur Änderung des Grundgesetzes vom 23. 8. 1976[260] wurde Art. 29 GG geändert und insbesondere der Neugliederungsauftrag des Absatzes 1 in eine ‚Kann-Vorschrift' umgewandelt. Die Neugliederungspläne waren damit endgültig zu den Akten gelegt.

9.3.2. Die Enquêtekommission Verfassungsreform

9.3.2.1. Mandat und Tätigkeit der Enquêtekommission Verfassungsreform

Nur wenige Tage nach der Sachverständigenkommission für die Neugliederung des Bundesgebietes, am 8. Oktober 1970, war vom Bundestag die ebenfalls mit Experten aus Wissenschaft, Politik und Verwaltung beschickte ‚Enquêtekommission Verfassungsreform' eingesetzt worden – eine Enquêtekommission nach § 74 a der Geschäftsordnung des Bundestags mit dem Auftrag, „zu prüfen, ob und inwieweit es erforderlich ist, das Grundgesetz den gegenwärtigen und voraussehbaren zukünftigen Erfordernissen – unter Wahrung seiner Grundprinzipien – anzupassen"[261].

Hinter den dürren Worten dieses Untersuchungsauftrages stand eine seit Mitte der Sechziger Jahre geführte, hitzige Debatte über die Notwendigkeit einer grundlegenden Verfassungsreform. Bücher mit Titeln wie „Das antiquierte Grundgesetz"[262] oder „Vom Grundgesetz zur Verfassung"[263] hatten das offenbar weitverbreitete Unbehagen am Funktionieren der Verfassung aufgegriffen und durchgreifende Reformen der Verfassung verlangt, begleitet von einer nahezu unüberschaubaren Flut von nach Verfassungsreformen verlangenden Aufsätzen in der Tagespresse[264]. Intention und Zielrichtungen dieser Forderungen nach Ver-

---

[259] BGBl. 1976 I, S. 45.

[260] BGBl. 1976 I, S. 2381.

[261] Siehe den Beschluß des Bundestages v. 8. 10. 1970 – PlProt 6/3896 – entsprechend dem Antrag des Rechtsausschusses v. 29. 9. 1970, BT-Drs. VI/1211, S. 3; zu Entstehung und Mandat der Enquêtekommission vgl. auch *W. Weber*, Das Problem der Revision und einer Totalrevision des Grundgesetzes, in: Festgabe für Theodor Maunz zum 70. Geburtstag, 1971, S. 451, 457ff.

[262] *H. Lindemann*, Das antiquierte Grundgesetz, 1966.

[263] *H. Dichgans*, Vom Grundgesetz zur Verfassung. Überlegungen zu einer Gesamtrevision, 1970.

[264] Vgl. nur beispielhaft *H. Dichgans*, Eine verfassunggebende Nationalversammlung?, ZRP 1968, S. 61ff. und *W. Thieme* (Fn. 245), S. 32f., sowie die zusammenfassende Darstellung der facettenreichen Debatte (unter Auswertung der insoweit extrem reichhaltigen Tagespublizistik) durch *F.K. Fromme*, „Totalrevision" des Grundgesetzes, Zeitschrift für Politik 17 (1970), S. 89ff.; vgl. ferner *J. Seifert*, Totalrevision: Drohung mit dem Verfassungsbruch, Kritische Justiz 2 (1969), S. 169ff., sowie *K. Stern*, Totalrevision des Grundgesetzes?, in: Festgabe für Theodor

fassungsreform divergierten zwar erheblich, waren zum Teil gar gegensätzlich. Nahezu communis opinio war dabei jedoch, daß die Abschnitte über den bundesstaatlichen Aufbau sicherlich zu den reformbedürftigsten Teilen der Verfassung gehörten, die auf jeden Fall dringend einer Änderung bedürften.[265] Es gebe – so einer der Kritiker – „als Verteidiger des Föderalismus heute auch nur noch Inhaber von Ämtern, die durch eine Umgestaltung des föderalistischen Systems an Einfluß zu verlieren fürchten. Ihre Begründungen liegen im Bereich der Ideologie; sie halten einer rationalen Nachprüfung nicht stand."[266]

Daß die Enquêtekommission, der zunächst sieben Mitglieder des Bundestages, sieben von den Ländern benannte Persönlichkeiten und fünf von den Fraktionen benannte Experten angehörten[267], bei ihren Arbeiten von diesem Zeitgeist nicht gerade unbeeinflußt blieb, zeigen die ersten Berichte über die Arbeit der Kommission nach gut einem Jahr Tätigkeit[268]. Im Zentrum der Beratungen standen dabei zunächst – neben dem auch in der Kommission ausgetragenen Streit um die Gemeinschaftsaufgaben – Fragen der politischen Planung.[269] Ideen einer umfassenden politischen Planung, einer ‚Gesamt-' oder ‚Verbundplanung' beherrschten die Überlegungen, ganz im Trend der Vorstellungen des Bundeskanzleramts von einer „Planung der Planung"[270]. Eine gemeinsame Rahmenplanung solle die integrierte Aufgabenplanung von Bund und Ländern in den Sachbereichen zusammenfügen, die für die Entwicklung der Bundesrepublik „von Bedeutung sind". Diese Rahmenplanung solle die allgemeinen Ziele und die Rangfolge ihrer Verwirklichung auf der Grundlage der verfügbaren finanziellen, personellen und sächlichen Mittel bezeichnen. Nach ihrer Verabschiedung solle die Rahmenplanung dann die verbindliche Richtschnur für die weiteren Aufgabenplanungen des Bundes und der Länder und für deren Verwirklichung sein.[271]

Maunz zum 70. Geburtstag, 1971, S. 391, 393ff. und *W. Weber* (Fn. 261), S. 455ff.

265 Siehe nur *H. Lindemann* (Fn. 262), S. 50ff., 190ff.; *H. Dichgans* (Fn. 264), S. 61; *ders.* (Fn. 263), S. 124ff.; *W. Thieme* (Fn. 245), S. 33; kritisch zu dieser weitverbreiteten Argumentationslinie *F.K. Fromme* (Fn. 264), S. 93ff.

266 *W. Thieme* (Fn. 245), S. 33.

267 Für den Bundestag Claus Arndt, Emmy Diemer-Nicolaus, Manfred Geßner, Edeltraud Kuchtner, Carl Otto Lenz und Friedrich Schäfer (Vorsitzender), für die Länder Walter Hailer, Otto Barbarino, Ernst Heinsen, Ulrich Jaeger, Fritz Rietdorf, Hubert Hermans und Helmut Lemke, als Experten Karl Carstens, Wilhelm Kewenig, Karl Josef Partsch, Klaus Stern und Ernst Wolfgang Böckenförde.

268 Siehe *W. Sandtner*, Ein Jahr Enquêtekommission Verfassungsreform, DVBl. 1972, S. 324ff. sowie *W. Zeh*, Perspektiven für eine Grundgesetzreform, ZRP 1972, S. 171ff.

269 Vgl. *W. Sandtner* (Fn. 268), S. 326ff.; vgl. auch *ders.*, Das föderative System und seine Fortentwicklung, BayVBl. 1973, S. 421, 422.

270 So ausdrücklich der damalige Leiter der Planungsabteilung im Bundeskanzleramt *R. Jochimsen*, Zum Aufbau und Ausbau eines integrierten Aufgabenplanungssystems und Koordinatensystems der Bundesregierung, in: J.H. Kaiser (Hrsg.), Planung VI, 1972, S. 35, 46ff.

271 Vgl. insbes. *W. Sandtner* (Fn. 268), S. 327f. sowie *W. Zeh* (Fn. 268), S. 172f.; vgl. ferner die Beiträge der Kommissionsmitglieder *C.O. Lenz*, Die Planung in der Enquête-Kommission Verfassungsreform, ZParl 1972, S. 174f.; *E.W. Böckenförde*, Planung zwischen Regierung und Parlament, Der Staat 11 (1972), S. 429ff.; *F. Rietdorf*, Die Gemeinschaftsaufgaben – ein Schritt zur gemeinsamen Aufgabenplanung von Bund und Ländern?, DÖV 1972, S. 513, 518f.; *H. Lemke*, Fö-

Eine derartige Übersteigerung der Planungsidee stieß zwar in der Verfassungsrechtslehre auf gehörige Skepsis[272]; die Enquêtekommission hielt aber weiter, bis hinein in ihren Zwischenbericht vom September 1972[273], an der Konzeption einer ‚globalstaatlichen Rahmenplanung' mit verbindlichem Richtliniencharakter fest. Die Weiterentwicklung der Gemeinschaftsaufgaben zu einer alle staatlichen Aufgabenplanungen integrierenden Rahmenplanung entspringe – so argumentierte die Kommission – einer zwingenden gesellschaftlichen Notwendigkeit und sei nicht zu umgehen; daß sie „nicht unerhebliche gesellschaftspolitische Auswirkungen" haben werde, dessen sei man sich durchaus bewußt, müsse dies aber in Kauf nehmen.[274]

Doch nicht nur zur Rahmenplanung enthielt der Zwischenbericht der Enquêtekommission weitreichende Vorschläge; neben einigen Themen vor allem aus dem Bereich der Parlamentsreform hatte auch die Frage der Verteilung der Gesetzgebungskompetenzen zwischen Bund und Ländern die Kommission intensiv beschäftigt. Zwar gelang es insoweit nicht, innerhalb der Kommission einen Konsens herzustellen, aber in ihrer Mehrheit befürworteten die Kommissionsmitglieder doch den tiefgreifenden Änderungsvorschlag einer (wenn auch eingeschränkten) Generalklausel zugunsten des Bundes im Bereich der Gesetzgebung. Danach sollte als neuer Art. 73 anstelle der enumerierten konkurrierenden Gesetzgebungszuständigkeit eine subsidiäre Gesetzgebungskompetenz des Bundes geschaffen werden, bei der der Bund in einem bestimmten Bereich von in einem Katalog aufgeführten Materien (wohl weitgehend entsprechend der bisherigen konkurrierenden Kompetenz) eine Vollkompetenz, ansonsten subsidiär auf jeden Fall eine Kompetenz haben sollte, „durch Gesetz verbindliche Richtlinien für die Landesgesetzgebung (Grundsätze) aufzustellen". Eingeschränkt sein sollte diese subsidiäre Befugnis nur durch eine (weitgehend der bisherigen Bedürfnisklausel entsprechende) Bedingung der Erforderlichkeit der Gesetzgebung, „um die Rechts- oder Wirtschaftseinheit zu schaffen oder zu wahren (zu fördern) oder um Beeinträchtigungen einer geordneten Entwicklung des Bundesgebietes (der Infrastruktur im Bundesgebiet) zu verhindern".[275]

---

deralismus, ein verfassungsrechtliches Relikt?, DÖV 1972, S. 657; *O. Barbarino*, Zur Revision des Grundgesetzes: Planerische und finanzielle Aspekte des Bund-Länder-Verhältnisses unter besonderer Berücksichtigung der Gemeinschaftsaufgaben, DÖV 1973, S. 19, 22f.; *W. Kewenig*, Zur Revision des Grundgesetzes: Planung im Spannungsverhältnis von Regierung und Parlament, DÖV 1973, S. 23ff.

[272] Siehe insbes. *J.A. Frowein* (Fn. 192), S. 44f. sowie *R. Wahl*, Notwendigkeit und Grenzen langfristiger Aufgabenplanung, Der Staat 11 (1972), S. 459ff., insbes. S. 477ff.; vgl. außerdem *P. Feuchte* (Fn. 15), S. 485 und *G. Kisker* (Fn. 210), S. 179f., sowie ausführlich zu den verfassungsrechtlichen Grenzen einer Verbundplanung das Gutachten von *K. Hesse* (Fn. 216), insbes. S. 24ff., 30ff.

[273] BT-Drs. 6/3829; vgl. dazu auch *W. Sandtner*, Die Enquête-Kommission Verfassungsreform in der 6. Legislaturperiode des Deutschen Bundestages, DVBl. 1973, S. 774ff.

[274] Vgl. insoweit *W. Sandtner* (Fn. 273), S. 776, ferner *F. Wagener* (Fn. 197), S. 149ff.

[275] Vgl. *W. Sandtner* (Fn. 273), S. 778.

Das Mandat der Enquêtekommission endete mit dem Ablauf der 6. Legislaturperiode im Herbst 1972. Sofort nach Zusammentritt des neuen Bundestages im Winter 1972/73 wurde aufgrund eines interfraktionellen Antrages[276] erneut eine Enquêtekommission Verfassungsreform eingesetzt, deren Zusammensetzung weitgehend der der bisherigen Kommission entsprach.[277] Und auch in den sachlichen Schwerpunkten der Debatten und Reformvorschläge änderte sich in den nun folgenden Jahren bis 1976 im Kern nichts.[278] Weiterhin standen im Zentrum der Beratungen der Kommission Fragen der Fortentwicklung der Gemeinschaftsaufgaben zu einer gemeinsamen Rahmenplanung und zum Ausbau der Investitionsfinanzierung, neben anderen aus dem Reformgeist der Zeit geborenen Fragestellungen natürlich wie der nach den allgemeinen Partizipationsrechten der Bürger, der Stellung und Organisation des Parlaments und den Fragen der Verteilung der Gesetzgebungs- und Verwaltungskompetenzen auf Bund und Länder.

9.3.2.2. Gemeinsame Rahmenplanung und Investitionsfinanzierung

Deutlich wird aus den Beratungen und dem Schlußbericht vom Dezember 1976[279], daß die Kommission vom ursprünglichen Vorschlag einer gemeinsamen Rahmenplanung von Bund und Ländern nicht vollständig Abschied nehmen wollte, wenn sie auch ihre Vorschläge im Laufe der Zeit abschwächte und von der „Planungseuphorie, die in den Jahren nach 1970 vorherrschte“, Abstand nahm[280].

---

[276] BT-Drs.7/214.

[277] Größere Änderungen gab es nur im Bereich der vom Bundestag entsandten Mitglieder: an die Stelle der Abgeordneten Arndt, Dichgans, Diemer-Nicolaus, Geßner und Kuchtner traten die Abgeordneten Scheffler, Schweitzer, Jaeger und Klein. Zugleich wurde allerdings die Zahl der von den Fraktionen benannten Sachverständigen auf sieben erhöht, und als zwei neue Sachverständige wurden die bis dahin direkt vom Bundestag entsandten Mitglieder Arndt und Diemer-Nicolaus benannt. Die Professoren Stern, Böckenförde und Kewenig wurden als Sachverständige erneut Mitglieder der Kommission, an die Stelle der Professoren Carstens und Partsch traten Prof. Scharpf und Direktor Leidinger. Die von den Ländern benannten Persönlichkeiten blieben dagegen die gleichen wie in der 6. Legislaturperiode; 1975 traten an die Stelle von W.Hailer und H.Hermans der baden-württembergische Ministerialdirektor Held und der rheinland-pfälzische Ministerialdirigent Schreckenberger.

[278] Vgl. dazu die zusammenfassenden Darstellungen von *D. Grimm*, Die Revision des deutschen Grundgesetzes, Österreichische Zeitschrift für Politikwissenschaft 1977, S.397ff.; *K. Stern*, Der Schlußbericht der Enquête-Kommission Verfassungsreform des Deutschen Bundestages, ZRP 1977, S.12ff.; *H.-P. Ipsen*, Zum Schlußbericht der Enquête-Kommission Verfassungsreform, DÖV 1977, S.537ff.; *R. Wahl*, Empfehlungen zur Verfassungsreform, AöR 103 (1978), S.477ff., ferner den Teilbericht von *K. Stern*, Die Föderativstruktur im Grundgesetz und im Vorstellungsbild der Enquête-Kommission Verfassungsreform des Deutschen Bundestages, in: Die Ergebnisse der Enquête-Kommission Verfassungsreform und die verfassungsrechtliche Fortentwicklung der Bundesrepublik. Ein Cappenberger Gespräch, 1977, S.51ff.

[279] Veröffentlicht als BT-Drs. 7/5924 v. 9.12. 1976.

[280] Vgl. insbes. *J. Müller-Volbehr*, Gemeinschaftsaufgaben und Investitionshilfe. Vorschläge der Enquête-Kommission Verfassungsreform des Bundestages zur Neuregelung, DVBl. 1978, S.313, ferner *K. Stern*, in: Die Ergebnisse der Enquête-Kommission Verfassungsreform (Fn.278), S.62ff. und *F. Wagener*, Gemeinsame Rahmenplanung und Investitionsfinanzierung. Zum Schlußbericht der Enquête-Kommission Verfassungsreform, DÖV 1977, S.587, 588.

Im Kern aber blieb es bei den Vorstellungen einer ‚integrierten Rahmenplanung', allen Widerständen von Seiten der Länder zum Trotz – und auch trotz der deutlich ablehnenden Reaktion seitens des Bundesfinanzministers wie der Konferenz der Länderfinanzminister auf die Vorschläge des Zwischenberichts[281]. Planung werde – so führte die Kommission in ihren einleitenden Überlegungen zum entsprechenden Kapitel ihres Abschlußberichts aus – im modernen Staat immer wichtiger. Der Bund müsse im Rahmen dieser Planung auf die Einheit des Lebens- und Wirtschaftsraums in seiner Gesamtheit achten. Schon der Verfassungsgrundsatz des sozialen Bundesstaates mache es erforderlich, daß der Staat über die nötigen effektiven Mittel verfüge, „um dem Bürger eine gerechte Teilhabe am Sozialprodukt für die nähere und weitere Zukunft sicherzustellen, eine Aufgabe, die zugleich die Bedingungen für die Ausübung der grundrechtlichen Freiheiten schafft" – so führte die Kommission in ihrem Abschlußbericht aus.[282]

Der „ständig größer werdende Zwang, vorhandene Mittel sparsam und gezielt dort einzusetzen", wo sie „aus gesamtwirtschaftlicher Sicht am besten zur Steuerung von Konjunkturkrisen und zur gleichmäßigen Erfüllung von Aufgaben oder zur Förderung regionalen Wachstums" benötigt würden, erfordere ein „angepaßtes Instrumentarium zur Sicherstellung des Bundeseinflusses".[283] In diesem Sinne seien unbedingt die verschiedenen Möglichkeiten der Mitfinanzierung des Bundes in einem gemeinsamen Institut von Investititionsbeiträgen zusammenzufassen, das überflüssige Differenzierungen zwischen den bestehenden Mitfinanzierungsarten abschaffe und den Bund insoweit beweglicher stelle. Zugleich sei eine Rahmenplanung zwischen Bund und Ländern nötig, die sich auf alle Aufgaben des Bundes und der Länder erstrecke, die „für die Entwickung des Bundesgebietes von Bedeutung" seien. Diese Rahmenplanung solle „nicht wie heute die Planung einzelner Bereiche für sich, sondern auch eine integrierte Planung ermöglichen".[284] Zur Erreichung dieses Zieles schlug die Enquêtekommission die Einfügung eines neuen Art. 28 a in das Grundgesetz vor, in dem das neue Institut der integrierten Rahmenplanung seine verfassungsrechtliche Verankerung erfahren sollte.[285] Zudem sollte dem Bund in einem neuen Art. 104 b – über den Bereich der 1969 geschaffenen Gemeinschaftsaufgaben hinaus – die Befugnis gegeben werden, an die Länder „Finanzbeiträge für besonders bedeutsame Vorhaben der Länder und der Gemeinden (Gemeindeverbände) zu leisten", soweit dies entweder „zum Ausgleich unterschiedlicher Wirtschaftskraft im Bundesgebiet und zur Förderung des wirtschaftlichen Wachstums" diene oder „zur Abwehr einer Stö-

---

[281] Vgl. die Auseinandersetzung mit der Kritik durch Bundes- wie Länderfinanzminister im Abschlußbericht der Enquêtekommission (Fn. 279), S. 164ff.

[282] Ebda., 150; zustimmend dazu *J. Müller-Volbehr* (Fn. 280), S. 315.

[283] Abschlußbericht der Enquêtekommission (Fn. 279), S. 170.

[284] Ebda., S. 151; vgl. dazu auch *J. Müller-Volbehr* (Fn. 280), S. 313.

[285] Siehe dazu die Erläuterungen im Abschlußbericht der Enquêtekommission (Fn. 279), S. 171, 175ff., außerdem *J. Müller-Volbehr* (Fn. 280), S. 313ff., *K. Stern*, in: Die Ergebnisse der Enquête-Kommission Verfassungsreform (Fn. 278), S. 62f., *F. Wagener* (Fn. 280), S. 589f. und *W. Zeh*, Planung und Finanzverfassung im kooperativen Föderalismus, Aus Politik und Zeitgeschichte B 28/1977, S. 32, 33ff.

rung des gesamtwirtschaftlichen Gleichgewichts"[286] – eine Kumulation von unbestimmten Voraussetzungen, deren Vorliegen kaum jemals bei einer nennenswerten Investition würde verneint werden können[287].

Integrierte Rahmenplanung und die generalklauselartige Ermächtigung zu Investitionsbeihilfen waren allerdings schon in der Enquêtekommission selbst alles andere als unbestritten. Sechs der sieben Ländervertreter und einer der in die Kommission entsandten Unionsabgeordneten äußerten in Sondervoten scharfe Kritik an den Vorschlägen der Kommissionsmehrheit.[288] Eine derartige, „nach Umfang und Ausmaß nicht ausreichend begrenzte Rahmenplanung" berge erhebliche Gefahren für die bundesstaatliche Struktur, die damit tiefgreifend zu Lasten der Länder verändert würde.[289] Oder noch schärfer: Die Majorisierung einzelner Länder durch verbindliche Globalplanungen auf Bundesebene sei mit dem Wesensgehalt des föderalistischen Staatsaufbaues nicht zu vereinbaren.[290]Auch die Investitionsfinanzierungskompetenz des neuen Art. 104 b stehe im Widerspruch zu den vielfach geäußerten Bemühungen der Kommission, die Stellung der Länder zu stärken. Die Problematik der Gemeinschaftsaufgaben werde nicht gelöst, sondern ohne sachlichen Grund auf weitere Bereiche ausgedehnt.[291]

9.3.2.3. Finanzverfassung

Damit im Zusammenhang standen die Debatten der Enquêtekommission zur Finanzverfassung. Die Empfehlung der Kommissionsmehrheit lautete hier, „am System der derzeitigen Finanzverfassung festzuhalten, weil es die richtige Mitte zwischen Bund und Ländern einzuhalten bemüht ist und weil eine dem föderativen Aufbau der Bundesrepublik gerecht werdende Möglichkeit, Aufgaben und Mittel anders zu verteilen, nicht erkennbar, jedenfalls aber nicht realisierbar" sei.[292] Gemeint waren hiermit vor allem die Probleme der aufgabengerechten Finanzausstattung einerseits sowie andererseits die periodisch wiederkehrenden Vorschläge, die Steuerautonomie von Ländern und Gemeinden zu stärken, insbe-

---

[286] Zum Vorschlag eines neuen Art. 104 b GG siehe die Erläuterungen im Abschlußbericht der Enquêtekommission (Fn. 279), S. 171ff., 178ff.; vgl. außerdem *R. Wahl* (Fn. 278), S. 511f., *W. Zeh* (Fn. 285), S. 34f. und *F. Wagener* (Fn. 280), S. 590f.

[287] Vgl. insoweit auch die Kritik im Sondervotum *Schreckenberger*, BT-Drs. 7/5924, S. 183f. sowie die ergänzenden Anmerkungen der dem Sondervotum zustimmenden Kommissionsmitglieder *Barbarino* und *Jaeger*, ebda., S. 184f., 185f.

[288] Vgl. das Sondervotum *Schreckenberger*, dem sich die Kommissionsmitglieder *Held*, *Schneider*, *Barbarino*, *Jaeger* und *Lemke* anschlossen, sowie das separate Sondervotum *Heinsen*, BT-Drs. 7/5924, S. 182ff., 186ff.

[289] Sondervotum *Schreckenberger*, aaO., S. 183.

[290] Ergänzende Bemerkungen von *O. Barbarino* zum Sondervotum Schreckenberger, aaO., S. 184.

[291] Sondervotum *Schreckenberger*, aaO., S. 184; vgl. kritisch zum Vorschlag des Art. 104 b GG (neu) auch das Sondervotum *Heinsen*, aaO., S. 187ff. sowie *J. Müller-Volbehr* (Fn. 280), S. 316f.

[292] Abschlußbericht der Enquêtekommission (Fn. 279), S. 196; vgl. auch *K. Stern*, in: Die Ergebnisse der Enquête-Kommission Verfassungsreform (Fn. 278), S. 61f. sowie *W. Zeh* (Fn. 285), S. 36ff.

sondere über die Einräumung eigener Hebesatzrechte in der Einkommensteuer. Bezüglich der Konnexität von Aufgabenverantwortung und Finanzausstattung stellte die Kommission fest, es sei unmöglich, Bund, Ländern und Gemeinden „eine vollkommene Kongruenz der ihnen verfassungsrechtlich zur Verfügung stehenden Mittel mit den ihnen jeweils gestellten Aufgaben zu garantieren".[293] Aber auch für eine Stärkung der steuerpolitischen Autonomie der Länder bestehe – so die Kommission – keine Möglichkeit. Die den Ländern nach Art. 106 Abs. 2 GG zugewiesenen Landessteuern seien nicht geeignet, mit einem Hebesatz- oder Zuschlagsrecht zugunsten der Länder ausgestattet zu werden. Erst recht verbiete der Grundsatz einheitlicher Besteuerung im einheitlichen Wirtschaftsgebiet ein Zuschlagsrecht der Länder bei den Gemeinschaftssteuern, eingeschlossen die Einkommensteuer.[294] Auch der entsprechende Vorschlag einer Gemeindepersonalsteuer mit kommunalem Hebesatzrecht stieß auf so starke Bedenken in der Enquête-Kommission, daß die Kommission sich gegen die Einführung einer ‚Gemeindeeinkommensteuer' aussprach.[295]

Am Steuerverbund sei vielmehr unverändert festzuhalten und die mit einer aufgabeninadäquaten Finanzausstattung verbundenen Probleme – wie bisher – auf der Ebene des Finanzausgleichs zu lösen.[296] Die von der Kommissionsminderheit vorgeschlagene Anreicherung des bislang geübten reinen Steuerkraftausgleiches mit Elementen des Bedarfsausgleichs auf der Grundlage „objektiv feststellbarer Belastungsunterschiede" der Länder stieß dabei auf erhebliche Skepsis bei der Kommissionsmehrheit. Ein derartiges System sei schlicht nicht praktikabel, lautete im Kern das Bedenken.[297] Was die Kommission in ihrer überwältigenden Mehrheit aber befürwortete, waren Konzepte einer stärkeren rechtlichen Bindung des Bundes im Bereich der Geldleistungsgesetze. Vorgeschlagen war zum einen die Einführung einer generellen Zustimmungsbedürftigkeit von Gesetzen, die die Länder mit Ausgaben belasten[298], zum anderen aber – und dies wurde als Instrument von der Kommission bevorzugt – die Schaffung einer Pflicht des Bundes, bei Geldleistungsgesetzen, die von den Ländern auszuführen sind, 80% der Kosten aus dem eigenen Haushalt zu tragen. An diese Kostenbeteiligung des Bundes sollte dann jedoch die Ausführung im Wege der Auftragsverwaltung gekoppelt werden.[299] Eine dem bestehenden Art. 104 a Abs. 3 GG entsprechende Kostenbeteiligungspflicht des Bundes mit Übergang in Auftragsverwaltung bei Überschreitung einer bestimmten Beteiligungsschwelle sollte auch für die Durchführung von Gemeinschaftsrecht durch die Länder gelten.[300]

---

293 Abschlußbericht der Enquêtekommission (Fn. 279), S. 200.
294 Ebda., S. 205f.
295 Ebda., S. 206f.
296 Ebda., S. 202ff., 208f.
297 Siehe dazu Abschlußbericht der Enquêtekommission (Fn. 279), S. 209.
298 Siehe dazu ausführlich das Sondervotum *Barbarino*, BT-Drs. 7/5924, S. 212ff.
299 Abschlußbericht der Enquêtekommission (Fn. 279), S. 210f.
300 Ebda., S. 211f.

9.3.2.4. *Ausführung der Bundesgesetze und Bundesverwaltung*

Von dieser Verkoppelung von Kostentragungspflicht und Auftragsverwaltung bei der ländereigenen Ausführung von Geldleistungsgesetzen abgesehen, hielt die Kommission die Regelungen des VIII. Abschnittes des Grundgesetzes zur Verwaltung für so ausgewogen, daß sie wesentliche Änderungen für unnötig erklärte.[301]

So erteilte die Kommission insbesondere Vorschlägen eine Absage, die Ermächtigung des Art. 84 Abs. 1 GG zu Eingriffen des Bundesgesetzgebers in den Behördenaufbau und das Verwaltungsverfahren der Länder abzuschaffen. Der Möglichkeit, durch Einzelregelungen jeweils für ein bestimmtes Bundesgesetz die gleichartige Anwendung des Bundesgesetzes in allen Ländern sicherzustellen, komme „mit Rücksicht auf das Postulat der Schaffung gleichwertiger Lebensverhältnisse im Bundesgebiet" eine ebensogroße Bedeutung zu wie der materiellen Gleichbehandlung durch das Gesetz selbst.[302] Auch der gleichzeitig eingebrachte Vorschlag, die Errichtung neuer Bundesoberbehörden an die Zustimmung des Bundesrates zu binden, fand keinen Widerhall in der Kommission. Die geltende Regelung des Art. 87 Abs. 3 GG sei ausgewogen, zumal „die bisherige, sehr sparsame Anwendung dieser Ermächtigung keinen Anlaß zu der Befürchtung" gebe, der Bereich der Bundesverwaltung könne übermäßig ausgeweitet werden.[303]

Einzig für die Ausführung von Gemeinschaftsrecht durch die Länder wollte die Enquêtekommission einen neuen Art. 90 a in das Grundgesetz eingefügt wissen, mittels dessen dem Bund ausdrücklich das Recht verliehen worden wäre, die Ausführung von Gemeinschaftsrecht auch in Auftragsverwaltung vorzusehen. Daneben sollte eine Änderung des Art. 87 GG sicherstellen, daß im Bereich der bisherigen Materien der Rahmengesetzgebung, die als ausnahmslos der Zustimmung des Bundesrates bedürfende Materien der konkurrierenden Gesetzgebung zugeschlagen worden waren, selbständige Bundesoberbehörden und neue bundesunmittelbare Körperschaften des öffentlichen Rechts ebenfalls nur mit Zustimmung des Bundesrates hätten geschaffen werden können.[304]

9.3.2.5. *Verteilung der Gesetzgebungskompetenzen*

Dies verweist schon auf die von der Enquêtekommission vorgeschlagene Neuverteilung der Gesetzgebungskompetenzen, die im Verlaufe der Beratungen weitaus kontroverser gewesen war als die Fragen der Verwaltung. Angesichts „der Tendenz, immer mehr Bereiche des gesellschaftlichen Lebens durch Gesetz

---

[301] Abschlußbericht der Enquêtekommission (Fn. 279), S. 144; vgl. dazu auch *K. Stern*, in: Die Ergebnisse der Enquête-Kommission Verfassungsreform (Fn. 278), S. 60f. und *G. Kretschmer*, Rechtsetzung und Vollzug innerstaatlicher und völkerrechtlicher Normen im Bundesstaat, Aus Politik und Zeitgeschichte B 28/1977, S. 26, 29.

[302] Abschlußbericht der Enquêtekommission (Fn. 279), S. 145.

[303] Ebda.

[304] Ebda., S. 145, 146f.

zu regeln", so führte die Kommission aus, komme der Verteilung der Gesetzgebungskompetenzen „sowohl für eine zukunftsorientierte, die bundesstaatliche Ordnung funktionsfähig erhaltende Aufgabenverteilung zwischen Bund und Ländern als auch für die Sicherung der Länder als eigenberechtigter politischer Entscheidungsträger" eine wachsende Bedeutung zu.[305] Als sachlichen Befund hielt die Enquêtekommission dazu fest, aufgrund „des Verfassungsgebotes der Rechts- und Sozialstaatlichkeit, aber auch unterstützt durch einen Hang zum Perfektionismus", seien seit Schaffung des Grundgesetzes nicht nur quantitativ immer mehr Bereiche des gesellschaftlichen Lebens, sondern diese Bereiche auch zugleich „immer intensiver und detaillierter" geregelt worden.[306]

Die Kommission habe insoweit einen Weg zu finden gehabt „zwischen zwei im Widerstreit liegenden Zielen": Einmal den Tendenzen Rechnung zu tragen, die „zu einer ständigen Gewichtsverlagerung von der Landesgesetzgebung auf die Bundesgesetzgebung" geführt hätten und weiter führen würden; zum anderen „die vom Grundgesetz bejahte Grundentscheidung für eine bundesstaatliche Ordnung" und damit im Zusammenhang die gesetzgebende Funktion der Landtage gegen eine stetige Aushöhlung zu sichern.[307]

Die Enquêtekommission schlug dazu in ihrer Mehrheit vor, zum einen die Gesetzgebungskataloge zu vereinfachen – durch Reduzierung auf die zwei Kategorien der ausschließlichen und der konkurrierenden Gesetzgebung des Bundes. Die Materien der Rahmengesetzgebung sollten im Katalog der konkurrierenden Kompetenzen aufgehen, mit der Maßgabe, daß Bundesgesetze auf diesen Gebieten kategorisch der Zustimmung des Bundesrates bedürften.[308] Zugleich sollten die Voraussetzungen der Bundesgesetzgebung im Bereich der konkurrierenden Gesetzgebungskompetenz verschärft werden. Die Bedürfnisklausel sollte verfeinert und konkreter gefaßt werden, der Bund zudem verpflichtet werden, sich auf die jeweils zur Abdeckung der Bedürfnisse nach Rechtseinheit erforderlichen Regelungen zu beschränken, den Rest der Landesgesetzgebung zu überlassen.[309] Soweit möglich, sollte er sich dabei auf den Erlaß nur von Richtlinien für die Landesgesetzgebung beschränken, für deren Umsetzung der vorgeschlagene Art. 72 (neu) seinerseits eine ausdrückliche Umsetzungspflicht statuierte.[310] In einem

---

305 Abschlußbericht der Enquêtekommission (Fn. 279), S. 123; vgl. zu den (konfligierenden) Zielen der Kommission auch *R. Wahl* (Fn. 278), S. 506ff., *W. Fiedler*, Die Verteilung der Gesetzgebungskompetenzen. Zum Schlußbericht der Enquête-Kommission Verfassungsreform, DÖV 1977, S. 580ff., und *K. Stern*, in: Die Ergebnisse der Enquête-Kommission Verfassungsreform (Fn. 278), S. 57ff.

306 Abschlußbericht der Enquêtekommission (Fn. 279), S. 126.

307 Ebda., S. 123.

308 Ebda., S. 133f.; vgl. dazu auch *W. Fiedler* (Fn. 305), S. 584f. sowie *G. Kretschmer* (Fn. 301), S. 27.

309 Abschlußbericht der Enquêtekommission (Fn. 279), S. 131; siehe dazu auch die Alternativvorschläge der Kommissionsminderheit – Sondervotum *Lemke*, *Barbarino*, *Held*, *Jaeger*, *Leidinger*, *Schreckenberger*, a.a.O, S. 135ff. Vgl. ferner *R. Wahl* (Fn. 278), S. 507f., *W. Fiedler* (Fn. 305), S. 581f., sowie *G. Kretschmer* (Fn. 301), S. 27f.

310 Abschlußbericht der Enquêtekommission (Fn. 279), S. 131f.; vgl. insoweit auch *W. Fiedler*

Absatz 5 des neuen Art. 72 GG sollte schließlich explizit festgehalten werden, daß das Vorliegen der den Bund erst zur Gesetzgebung berechtigenden Voraussetzungen der Nachprüfung durch das Bundesverfassungsgericht unterliege.[311]

Ob allerdings die von der Enquêtekommission vorgeschlagene neugefaßte ‚Bedürfnisklausel' wirklich schärfer und „durch eine Konkretisierung justiziabler" geworden war, daran kann man im Rückblick sehr zweifeln.[312] Wenn der Bund nach der ursprünglichen Regelung die Gesetzgebungskompetenz hatte, „soweit ein Bedürfnis nach bundesgesetzlicher Regelung besteht", weil eine Regelung durch Landesgesetz unzulänglich wäre oder die Wahrung der Rechts- oder Wirtschaftseinheit eine zentrale Regelung erfordert, sollte der Bund nach der neuen Formulierung zur Gesetzgebung befugt sein, „wenn und soweit die für die Herstellung gleichwertiger Lebensverhältnisse im Bundesgebiet erforderliche Rechtseinheit, die Wirtschaftseinheit oder die geordnete Entwicklung des Bundesgebietes nur durch eine bundesgesetzliche Regelung" zu erreichen sei. Das „Bedürfnis" zur bundeseinheitlichen Regelung sollte damit im Kern durch das „Erfordernis" der einheitlichen Regelung abgelöst werden, an die Stelle des – wie es die Kommission ausdrückte – „relativ weiten Ermessensbegriffs eines Bedürfnisses" sollte das ‚justiziablere' Erfordernis treten[313]. Zugleich wurden aber die materiellen Voraussetzungen des Erfordernisses eher noch verwässert, vergleicht man die vorgeschlagene Neufassung mit der ursprünglichen Fassung der ‚Bedürfnisklausel', wenn auch der Kommission insoweit Recht zu geben ist, als sie die Formulierung der „Wahrung der Einheitlichkeit der Lebensverhältnisse" für unglücklich hielt und durch die angemessenere Formel der „für die Herstellung gleichwertiger Lebensverhältnisse im Bundesgebiet" erforderlichen Rechtseinheit ersetzte. Weder gebe es – so bemerkte der Kommissionsbericht zutreffend – „einheitliche Lebensverhältnisse im Bundesgebiet, die gewahrt werden könnten", noch sei deren Einheitlichkeit oder Gleichartigkeit tatsächlich ein realistisches oder auch nur wünschbares Ziel.[314]

(Fn. 305), S. 582f. und *K. Stern*, in: Die Ergebnisse der Enquête-Kommission Verfassungsreform (Fn. 278), S. 60.

[311] Abschlußbericht der Enquêtekommission (Fn. 279), S. 132; vgl. auch die hieran geübte Kritik im Sondervotum *Lemke*, *Barbarino*, *Held*, *Jaeger*, *Leidinger*, *Schreckenberger*, aaO., S. 136, außerdem das Sondervotum *Stern*, aaO., S. 138f.; vgl. ferner kritisch *R. Wahl* (Fn. 278), S. 507ff., *W. Fiedler* (Fn. 305), S. 583f., *D. Grimm* (Fn. 278), S. 405, sowie die Diskussionsbeiträge von *W. Zeidler* und *E. Friesenhahn*, in: Die Ergebnisse der Enquête-Kommission Verfassungsreform und die verfassungsrechtliche Fortentwicklung der Bundesrepublik. Ein Cappenberger Gespräch, 1977, S. 95 und 97.

[312] Diesbezügliche Zweifel äußerte auch die Kommissionsminderheit – siehe Sondervotum *Lemke*, *Barbarino*, *Held*, *Jaeger*, *Leidinger*, *Schreckenberger*, a.a.O, S. 136; vgl. außerdem *W. Fiedler* (Fn. 305), S. 582 und *D. Grimm* (Fn. 278), S. 405.

[313] Abschlußbericht der Enquêtekommission (Fn. 279), S. 131.

[314] Ebda., 131; vgl. dazu *W. Fiedler* (Fn. 305), S. 582.

9.3.2.6. Stellung des Bundesrates

Im Zusammenhang mit der grundsätzlichen Bejahung des überlieferten deutschen Kompetenzteilungsmodells – schwerpunktmäßig bundesgesetzliche Rechtsetzung, aber ländereigene Ausführung der Gesetze im Bereich der Verwaltung – ist auch das Votum der Enquêtekommission zur Stellung des Bundesrates zu sehen. Das für die Tradition des deutschen Bundesverfassungsrechts typische Bundesratsmodell habe sich bewährt und solle beibehalten werden, heißt es im Abschlußbericht.[315] Alle im Verlaufe der Beratungen diskutierten ernsthaften Änderungsvorschläge stießen insoweit letztlich auf Skepsis.

Eine Ergänzung der von den Landesregierungen entsandten Bundesratsmitglieder durch Landesparlamentarier oder durch innerhalb der Länder zu wählende Senatoren hielt die Kommissionsmehrheit für nicht befürwortenswert.[316] Sowohl das schon im Parlamentarischen Rat diskutierte Senatsmodell wie ein Mischmodell zwischen Senat und Bundesrat zeigten sich als im deutschen Kontext nicht konsensfähig.

Eine Veränderung der im Grundgesetz vorgesehenen Stimmenverteilung bzw. -gewichtung im Bundesrat hielt die Kommission ebenfalls nicht für sinnvoll[317], genausowenig wie einen Ausbau des Bundesrates zum institutionellen Rahmen einer verfestigten Länderkooperation. Eine eventuelle Erweiterung der Aufgaben des Bundesrates zur Wahrnehmung der Länderkooperation, also einen Ausbau zu einem ,Länderrat' als dem Organ der sogen. ,Dritten Ebene', werfe letztlich mehr Probleme auf als es löse.[318] Insbesondere gelte dies für die vorgeschlagene Möglichkeit, ein einheitliches Vorgehen der Länder – vor allem im Gesetzgebungsbereich – durch bindende Mehrheitsentscheidungen sicherzustellen. Mehrheitsentscheidungen würden – so führte die Kommission zu Recht aus – über die Ablösung des Einstimmigkeitsprinzips, das der Eigenstaatlichkeit und staatsrechtlichen Gleichrangigkeit der Länder entspreche, im Ergebnis vor allem die

---

[315] Abschlußbericht der Enquêtekommission (Fn. 279), S. 96; vgl. dazu auch *W. Knies*, Der Bundesrat: Zusammensetzung und Aufgaben. Zum Schlußbericht der Enquête-Kommission Verfassungsreform, DÖV 1977, S. 575ff., *K. Stern*, in: Die Ergebnisse der Enquête-Kommission Verfassungsreform (Fn. 278), S. 65ff., *E. Busch*, Verfassungsfragen des Bundesrates und der kommunalen Ebene, Aus Politik und Zeitgeschichte B 28/1977, S. 18ff., ferner aus der Sicht des Berichterstatters kommentierend zum Debattenstand des Zwischenberichts *W.A. Kewenig*, Bundesrat und föderatives System im Lichte der Arbeiten der Enquête-Kommission Verfassungsreform, in: Der Bundesrat als Verfassungsorgan und politische Kraft, herausgeg. vom Bundesrat, 1974, S. 453, 460ff.

[316] Siehe Abschlußbericht der Enquêtekommission (Fn. 279), S. 96ff.; vgl. auch zu den diskutierten Alternativen zum traditionellen Bundesratsmodell *K. Hesse* (Fn. 216), S. 38f., sowie *F. Schäfer*, Fragen der bundesstaatlichen Ordnung: Bund – Länder – Europa, Aus Politik und Zeitgeschichte B 28/1977, S. 3, 4, ferner *H.-J. Schmidt*, Zum Verhältnis von Bundesrat und Landesparlamenten. Modelle organisatorischer Reform, DÖV 1973, S. 469, 471ff.

[317] Abschlußbericht der Enquêtekommission (Fn. 279), S. 99f.; vgl. auch *F. Schäfer* (Fn. 316), S. 4, sowie *E. Busch* (Fn. 315), S. 21.

[318] Siehe Abschlußbericht der Enquêtekommission (Fn. 279), S. 98f., außerdem *F. Schäfer* (Fn. 316), S. 4.

Länderparlamente treffen. „Wenn heute schon die Landtage gegen die ‚Ratifikationssituation' protestieren, in die sie durch den politischen Zwang versetzt werden, einheitlichen Gesetzentwürfen zustimmen zu müssen, die von den Landesregierungen ausgehandelt und (einstimmig) verabschiedet worden sind, so würde sie der Gesetzentwurf eines verfassungsrechtlich abgesicherten und daher politisch sehr viel gewichtigeren Länderrates noch mehr zu bloßen Bestätigungsorganen abstempeln."[319]

Eine unmittelbare Beteiligung der Länderparlamente an Grundgesetzänderungen oder gar der Bundesgesetzgebung empfehle sich – so die Kommission – gleichfalls nicht. Einzig indirekt sei es ratsam, die Möglichkeiten der Einbeziehung der Länderparlamente zu verbessern, indem über eine Verlängerung der Beratungsfrist bei Grundgesetzänderungen den Länderparlamenten die Möglichkeit zu einschlägigen Empfehlungen an die stimmführenden Landesregierungen gegeben werde.[320]

Eine Minderheit in der Kommission hielt dagegen die starke Stellung des Bundesrates insgesamt für verfehlt oder wollte ihm doch zumindest in wichtigen Fragen die Mitwirkungsrechte beschneiden. Der bekannte SPD-Abgeordnete *Friedrich Schäfer* rügte so, es sei „vom System her falsch und in der Auswirkung unerträglich, wenn Finanzgesetze des Bundes unabänderlich an der Verweigerung der Zustimmung durch den Bundesrat scheitern können". Es stünden sich hier schließlich Organe unterschiedlicher Wertigkeit gegenüber, Vertreter des Volkes auf der einen Seite, „Beauftragte der Institution Land" auf der anderen Seite. Im Konfliktfall könne bei einer derartigen Konstellation die Letzt-Entscheidung aber nur beim Bundestag liegen[321] – ein deutliches Beispiel für die bis heute nachwirkende unitarisch-republikanische Staatskonzeption der Verfechter eines ‚dezentralisierten Einheitsstaates', der legitimiert wird nur aus der einheitlichen Volkssouveränität des deutschen Gesamtvolkes. Das gemeinsame Sondervotum der Kommissionsminderheit, immerhin getragen von vier der sieben Abgeordneten-Mitglieder, vier der Sachverständigen und zwei der von den Ländern benannten Kommissionsmitglieder, war nicht ganz so radikal, wollte aber zumindest die Möglichkeit des Bundesrates abschaffen, bei Zustimmungspflichtigkeit einer einzelnen Regelung in einem Gesetz das ganze Gesetz zu Fall zu bringen.[322]

---

[319] Abschlußbericht der Enquêtekommission (Fn. 279), S. 99.

[320] Ebda., S. 100ff.

[321] Siehe das Sondervotum *Schäfer*, aaO., S. 109, außerdem dessen Diskussionsbeitrag im Cappenberger Gespräch „Die Ergebnisse der Enquête-Kommission Verfassungsreform" (Fn. 311), S. 73, 76 und *ders.* (Fn. 316), S. 4ff.; vgl. jedoch auch die kritische Auseinandersetzung mit den unitarischen Thesen der „mangelnden demokratischen Legitimation" des Bundesrats bei *W. Knies* (Fn. 315), S. 577ff., sowie *K. Stern*, in: Die Ergebnisse der Enquête-Kommission Verfassungsreform (Fn. 278), S. 68f.

[322] Siehe Sondervotum *Heinsen*, *Rietdorf*, *Böckenförde* u.a., aaO., S. 102ff.; vgl. dazu auch im Ergebnis zustimmend *R. Wahl* (Fn. 278), S. 504f., sowie *E. Busch* (Fn. 315), S. 21f., kritisch dagegen *K. Stern*, in: Die Ergebnisse der Enquête-Kommission Verfassungsreform (Fn. 278), S. 70f.

9.3.2.7. Zusammenfassende Bewertung der Vorschläge der Enquêtekommission

Wie am zuletzt dargestellten Punkt ersichtlich, kam in den Arbeiten und letztlich auch im Abschlußbericht der Enquêtekommission vieles von den Vorbehalten zum Ausdruck, die traditionell unitarisch-republikanische Kreise schon immer gegenüber dem Föderalismus gezeigt hatten, insbesondere aber dem Föderalismus deutscher Prägung. Das Wiederaufflammen der Debatten um ein Senatsmodell oder die ebenfalls im Parlamentarischen Rat ausführlich diskutiertern Mischmodelle ist insoweit symptomatisch; ebenso der Versuch einer starken Minderheit, den Bundesrat auf seine ursprünglich nachrangige Stellung im Organgefüge der Verfassung zurückzudrängen – allen Entwicklungen der Verfassungspraxis zum Trotz, die ja nicht allein einem ‚Kompetenzimperialismus' des Bundesrates, sondern vorrangig der immer intensiveren Regulierung von Verwaltungsaufbau und -verfahren in Bundesgesetzen zu verdanken war. Symptomatisch sind gleichfalls die Versuche, die Politikverflechtung zwischen Bund und Ländern durch die Institutionalisierung einer ‚integrierten Rahmenplanung' und die Ausdehnung und Verfestigung einer gemeinsamen Investitionsfinanzierung zu stärken. Traditionelle Vorbehalte gegen den Föderalismus, unitarische Fixierungen auf Ideale der Gleichheit und Einheitlichkeit sowie technokratische Planungseuphorie gingen hier eine eigenartige Mischung ein, die die Vorschläge der Kommission zu gleicher Zeit zu einem für deutsche Vorstellungen der Föderalismusreform typischen Dokument wie zu einem extrem zeitspezifischen Ausdruck des technokratischen Aufbruchsgeistes der Siebziger Jahre werden ließen.

Gleichwohl bleibt der Abschlußbericht der Enquêtekommission in gewichtigen Teilen aber auch eine Fundgrube tiefgründiger Überlegungen zu Entwicklungsstand und Strukturproblemen des grundgesetzlichen Bundesstaatsmodells, mit zum Teil ebenso interessanten wie bedenkenswerten Vorschlägen zu Remedur in Einzelfragen. Interessant ist insbesondere der Versuch, durch eine Neufassung des Art. 72 GG der immer weiteren Konzentration der Gesetzgebung beim Bund gegenzusteuern. Wenn auch der Versuch einer Verschärfung und Konkretisierung der Bedürfnisklausel im Ergebnis nicht wirklich überzeugt, so ist er doch der wichtigste Anlauf der bundesrepublikanischen Verfassungsgeschichte (zumindest bis zur Gemeinsamen Verfassungskommission der frühen Neunziger Jahre) gewesen, der Problematik zu Leibe zu rücken.

Gleichfalls von hohem grundsätzlichen Interesse sind die Überlegungen, die Verwaltung in ihrer Verflechtung von Bundesgesetzgebung und ländereigenem Vollzug im Detail weiterzuentwickeln und zu verbessern. Bemerkenswert ist dabei insbesondere der Ansatz der Kommission zur leidigen Frage der Geldleistungsgesetze, deren Ausführung (auf Kosten der Länderhaushalte) bis heute zu dauernden politischen Querelen führt. Die Festlegung einer zwingenden Kostentragungsquote des Bundes von mindestens 80% (unter Ausführung in Auftragsverwaltung) bleibt nach wie vor ein bedenkenswerter Versuch, politische Verantwortung und Ausgabenverantwortung wieder zusammenzuführen – im Interesse der politischen Transparenz und der Herstellung klarer politischer Verantwortlichkeiten.

10. Kapitel:

Das Ende der Reformeuphorien und die Besinnung auf den Status quo – Politikverflechtungsfalle und die Renaissance des Föderalismus

10.1. Die Phase der Ernüchterung über die Möglichkeiten von Planung und Politikverflechtung

10.1.1. Die Reaktionen auf die Vorschläge der Enquêtekommission Verfassungsreform und das neue Paradigma der ‚Politikverflechtungsfalle'

Einzelne Stimmen hatten schon bei Beginn des Reformunternehmens 1970/71 Skepsis gegenüber den Rufen nach der „Totalrevision" des Grundgesetzes erkennen lassen. Der „Beruf" der Zeit für eine Verfassungsreform sei mehr als zweifelhaft; Ansätze für eine breite Beteiligung des Volkes, der staatlichen Institutionen und der gesellschaftlichen Gruppen seien nicht erkennbar, die Notwendigkeit sei zumindest nicht offenkundig und Strukturbild sowie Zielvorstellungen einer neuen Verfassung seien überaus unklar.[1]

Die mehr als fünf Jahre, die dann bis zur Erstattung des Schlußberichtes vergingen, gaben dem Unternehmen auch nach außen sichtbar einen Zug ins Anachronistische. Der Zeitgeist hatte sich im Verlaufe der Siebziger Jahre deutlich gewandelt, die Reformeuphorien der frühen Jahre der sozialliberalen Koalition waren längst einer deutlichen Skepsis gegenüber zu weitreichenden Umgestaltungsversuchen gewichen.[2] Insbesondere die Begeisterung für die Konzepte der Planung hatte mittlerweile einer nüchterneren Beurteilung Platz gemacht, für die Planung in gewissen Grenzen zwar weiterhin als notwendig galt, ohne deren Möglichkeiten noch in dem Ausmaße zu überschätzen wie in der Phase des ‚Aufbruchs' nach 1968.[3] Symptomatisch ist in diesem Punkt der Wechsel der Beurteilung, der sich

---

[1] So *K. Stern*, Totalrevision des Grundgesetzes?, in: Festgabe für Theodor Maunz zum 70. Geburtstag, 1971, S. 391, 398.

[2] Siehe nur *H.-P. Ipsen*, Zum Schlußbericht der Enquête-Kommission Verfassungsreform, DÖV 1977, S. 537ff. und *D. Grimm*, Die Revision des deutschen Grundgesetzes, Österreichische Zeitschrift für Politikwissenschaft 1977, S. 397, 416, außerdem *W. Schreckenberger*, Föderalismus als politischer Handlungsstil, VerwArch 69 (1978), S. 341, 349ff. und *G. Lehmbruch*, Verfassungspolitische Alternativen der Politikverflechtung, in: F.W. Scharpf / B. Reissert / F. Schnabel (Hrsg.), Politikverflechtung II, 1977, S. 87ff., sowie zu den politischen Hintergründen *ders.*, Parteienwettbewerb im Bundesstaat, 1976, S. 7ff.

[3] Siehe z.B. *Theodor Maunz*, der sich 1977 über die „Planungseuphorie" der frühen Siebziger

in den Schriften von *Frido Wagener* zeigte, Ende der Sechziger Jahre noch einer der Vorkämpfer für den Gedanken einer alles integrierenden Gesamtplanung. 1977 lies sich seiner Beurteilung der Arbeitsergebnisse der Enquête-Kommission eine deutlich geänderte Beurteilung des Planungsinstrumentariums entnehmen.[4] So bemängelte er nun die allzu starke Betonung der Politikverflechtung, die zwar „gegenwärtig ohne politische Alternative“ sein möge, deren stetige Intensivierung aber die Nachteile der vertikalen Politikverflechtung immer deutlicher werden lasse. Generell müsse – so betonte er interessanterweise – „ein gewisses Maß an ‚negativer Koordinierung‘ (ja sogar ‚Unordnung‘) als nicht zu hoher Preis für die politisch-sozialen Vorteile der höheren Flexibilität, der dezentralen Entscheidungsfindung und der größeren Bürgernähe des Föderalismus und der kommunalen Selbstverwaltung in Kauf genommen werden“. Damit sei zugleich auch „die positive Seite eines gewissen Maßes an ‚ungleichwertigen Lebensverhältnissen‘ wieder zu entdecken“[5].

Theoretisch gefaßt wurde dieser Paradigmenwechsel vor allem in den Arbeiten von *Fritz Scharpf*[6]. Der ursprünglich deutlich positiven Konnotation von Zusammenarbeit und gemeinsamer Planung im Gefüge des ‚kooperativen Föderalismus’, das im Konzept der fortschreitenden ‚Politikverflechtung‘ als Zielvorstellung gegipfelt hatte[7], war spätestens mit der 1976 von *Scharpf* zusammen mit den Verwaltungswissenschaftlern *Bernd Reissert* und *Fritz Schnabel* veröffentlichten Studie zu „Politikverflechtung: Theorie und Empirie des kooperativen Föderalismus“ ein skeptischer Unterton beigegeben worden. Die relative Leistungsfähigkeit eines Systems basierend auf dezentraler Entscheidungsautonomie, ergänzt mit Mechanismen starker horizontaler und vertikaler Verflechtung, dessen Effizienz im Vergleich zu den traditionellen hierarchisch-zentralisierten Systemen politischer Entscheidung immer bezweifelt worden war, wurde in diesen Arbeiten zwar theoretisch eingehend belegt[8]; die empirischen Studien zur Praxis der

---

Jahre mokierte, der die „unerschütterliche Überzeugung“ zugrundegelegen habe, „daß allein schon durch Pläne Verbesserungen in den Strukturen von Staat und Gesellschaft herbeigeführt werden“ – *T. Maunz*, Gemeinschaftsaufgaben im Bildungsbereich, in: Um Recht und Freiheit. Festschrift für F.A. Frhr. von der Heydte, 1977, S. 1053, 1059; vgl. auch die Bilanz von *F.W. Scharpf*, Politische Planung zwischen Anspruch und Realität, in: Politik als gelebte Verfassung. Festschrift für Friedrich Schäfer, 1980, S. 93ff., außerdem *G. Lehmbruch*, Parteienwettbewerb im Bundesstaat, 1976, S. 105ff., 114ff.

4 *F. Wagener*, Gemeinsame Rahmenplanung und Investitionsfinanzierung, DÖV 1977, S. 587ff., insbes. 591.

5 Ebda.

6 Vgl. schon dessen Beiträge „Komplexität als Schranke der politischen Planung“ (1971) und „Politische Probleme eines Planungsverbundes zwischen Bund und Ländern“ (1972), beide abgedruckt in: *F.W. Scharpf*, Planung als politischer Prozeß, 1973, S. 73ff., 123ff., ferner *F.W. Scharpf*, Die Politikverflechtungsfalle: Europäische Integration und deutscher Föderalismus im Vergleich, PVS 26 (1985), S. 323ff.

7 Vgl. nur die skizzenhaften Bemerkungen von *K. König*, Funktionen und Folgen der Politikverflechtung, in: F.W. Scharpf / B. Reissert / F. Schnabel (Hrsg.), Politikverflechtung II, 1977, S. 75ff.

8 Siehe *F.W. Scharpf / B. Reissert / F. Schnabel*, Politikverflechtung, 1976, S. 30ff., ferner die

Politikverflechtung im Bereich der Gemeinschaftsaufgaben und Investitionshilfen brachten jedoch zugleich gravierende Nachteile des in Deutschland entwikkelten Verflechtungssystems zutage.[9] Der hohe Konsensbedarf bei der Koordination dezentraler Einheiten mit prinzipieller Entscheidungsautonomie zwinge die Akteure dazu, Strategien zur Minimierung des Konsensbedarfs zu entwickeln. Diese Strategien führten aber – so die Schlußfolgerungen – zu Verzerrungen in der Informationsverarbeitungs- und Problemlösungskapazität, zu ‚selektiver Problemlösungseffektivität', wie es in der Studie heißt, und damit letztlich zu Problemlösungsdefiziten, zu suboptimalen Politiken in den Sachfragen.[10] Zugleich machte die Studie eindeutige Fälle von ‚Überverflechtung' aus, also Fälle, wo den hohen bürokratischen und politischen Kosten der Verflechtungslösung keinerlei Gewinn an Problemlösungskapazität gegenüberstand.[11] Dies hätte eigentlich – wie betont wurde – Anlaß zu einer partiellen Reform des Verflechtungssystems geben müssen, im Sinne einer Entflechtung der Entscheidungsstrukturen.[12] Politikverflechtung zeige in diesen Fällen gegenüber der Alternativlösung des Finanzausgleichs nicht nur keine Vorteile, sondern eher Nachteile. Die Bundesrepublik aber sei, so ergebe die Beobachtung der Praxis, seit ihrer Gründung durch eine stetige Zunahme an Politikverflechtung gekennzeichnet, ohne daß diese immer aus dem Zwang zur Optimierung der Entscheidungsprozesse zu erklären sei. Dahinter stünden vielmehr – dies legte die Studie nahe – institutionelle Eigeninteressen der beteiligten Akteure.

Als symptomatisch wurde dabei der Positionswechsel angeführt, in dessen Gefolge die Abschaffung der Gemeinschaftsaufgaben, die nach der Finanzreform von 1969 von vielen Landespolitikern und Parlamentariern gefordert worden war, kaum noch Anhänger fand. Nicht nur die Enquête-Kommission Verfassungsreform, sondern auch die Finanzminister der Länder und die kommunalen Spitzenverbände traten inzwischen erkennbar für eine Beibehaltung der Politikverflechtung ein, erst recht natürlich die Bundesregierung.[13]

Andere Autoren wiesen auf den Bedeutungs- und Strukturwandel des parla-

---

empirischen Studien zu den Gemeinschaftsaufgaben „Verbesserung der regionalen Wirtschaftsstruktur" und „Verbesserung der Agrarstruktur" sowie zur Gemeindeverkehrsfinanzierung, Städtebauförderung, Wohnungsbauförderung und Krankenhausfinanzierung, ebda, S. 76ff., 107ff., 133ff., 150ff., 187ff., 205ff.

[9] Vgl. die Querschnittsanalyse der Fallstudien, ebda., S. 218ff., ferner *K. König* (Fn. 7), S. 78ff.

[10] *Scharpf / Reissert / Schnabel* (Fn. 8), S. 218ff., insbes. S. 230f.; vgl. daneben auch *K. König* (Fn. 7), S. 79ff.

[11] *Scharpf / Reissert / Schnabel* (Fn. 8), S. 232f.; vgl. zur Frage der ‚Überverflechtung' auch *J.J. Hesse*, Gemeinschaftsaufgaben, in: Politikverflechtung II (Fn. 7), S. 5, 8f., *K. König* (Fn. 7), S. 81f., sowie *M. Bulling*, Die unnötige Politikverflechtung, in: Politikverflechtung II (Fn. 7), S. 104, 112ff.

[12] Vgl. insoweit auch das Plädoyer von *M. Bulling* (Fn. 11), S. 112f.

[13] *Scharpf / Reissert / Schnabel* (Fn. 8), S. 233; vgl. daneben auch *H.-P. Schneider*, Kooperation, Konkurrenz oder Konfrontation? Entwicklungstendenzen des Föderalismus in der Bundesrepublik, in: A. Klönne u.a., Lebendige Verfassung – das Grundgesetz in Perspektive, 1981, S. 91, 108f., ferner *K.M. Hettlage*, Mitplanung und Mitfinanzierung von Länderaufgaben durch den Bund, in: Einigkeit und Recht und Freiheit. Festschrift für Karl Carstens, 1984, S. 613, 616ff.

mentarischen Systems hin, den das System der Politikverflechtung mit sich bringe.[14] Das zentrale Steuerungselement der parlamentarischen Demokratie sei schließlich nicht mehr die Kontrolle von Regierung und Verwaltung durch das Parlament, sondern sei die Konkurrenz der Parteien. Verwandle sich aber aufgrund der zunehmenden Verflechtung das Verhältnis der Parteien (und insbesondere der Fraktionen) zu Regierung und Verwaltung in ein Verhältnis der „stillen Teilhaberschaft", so stelle sich damit die Frage, ob die Mechanismen der ‚Konkurrenzdemokratie' nicht zunehmend durch die Tendenz zur Politikverflechtung lahmgelegt würden.[15]

Die Verfassungsrechtslehre griff diese kritischen Erwägungen in der Folge auch teilweise auf. Einzelne staatsrechtliche Schriften zum Fragenkreis der Bundesstaatlichkeit ließen gegen Ende der Siebziger Jahre schon wieder deutliche Reserven gegenüber dem Konzept der Politikverflechtung erkennen.[16] Die vertikalen Fachverbundsysteme im Bereich der Gemeinschaftsaufgaben und Finanzhilfen – so lautete der Befund – verfestigten sich immer mehr zu eigenständigen und eigenwilligen Entscheidungssystemen mit großer Autonomie, was zugleich einen Trend zur ‚Depossedierung' der Parlamente beinhalte, denn die Entscheidungsprozesse in den vertikalen Verbundsystemen liefen inzwischen praktisch an den Parlamenten vorbei.[17] Zugleich beeinträchtige die vertikale Versäulung der Verbundgefüge die horizontale Koordination und Integration der Aufgabenerfüllung auf Bundes- und Länderebene.[18] Der so entstehende Zwang zu Großen Koalitionen in den Feldern der Bund-Länder-Koordination mit seinem Zug zum Konkordanzsystem verforme aber auf Dauer das ganze Verfassungssystem.[19] Die

---

[14] Siehe insbes. *G. Lehmbruch*, Parteienwettbewerb (Fn. 3), insbes. S. 114ff., 150ff., sowie *ders.*, Verfassungspolitische Alternativen der Politikverflechtung (Fn. 2), S. 91.

[15] *G. Lehmbruch*, Verfassungspolitische Alternativen (Fn. 2), S. 91 sowie ausführlich *ders.*, Parteienwettbewerb (Fn. 3), S. 158ff., insbes. S. 162ff.

[16] Siehe nur *R. Wahl*, Empfehlungen zur Verfassungsreform, AöR 103 (1978), S. 477, 512ff.; *G. Kisker*, Kooperation zwischen Bund und Ländern in der Bundesrepublik Deutschland, DÖV 1977, S. 689, 690ff.; *W. Schreckenberger* (Fn. 2), S. 352ff.; *K. Stern*, Das Staatsrecht der Bundesrepublik Deutschland, Bd. I, 1977, S. 492ff.; *H. Schnoor*, Zur Lage der Länderverwaltung nach 30 Jahren Grundgesetz, DÖV 1979, S. 355, 356f.; *E.-W. Böckenförde*, Sozialer Bundesstaat und parlamentarische Demokratie. Zum Verhältnis von Parlamentarismus und Föderalismus unter den Bedingungen des Sozialstaats, in: Politik als gelebte Verfassung. Festschrift für Friedrich Schäfer, 1980, S. 182ff.; *H.U. Scupin*, Verfassungswandel im föderativen Bereich des Grundgesetzes durch Zusammenwirken von Bund und Ländern, in: Festschrift für Theodor Maunz zum 80. Geburtstag, 1981, S. 261, 272ff.

[17] So z.B. *R. Wahl* (Fn. 16), S. 512f.; *G. Kisker* (Fn. 16), S. 694ff.; *E.-W. Böckenförde* (Fn. 16), S. 186. Vgl. ferner *K.R. Hinkel*, Zur Leistungsfähigkeit der Politikverflechtung aus Landessicht, in: Politikverflechtung II (Fn. 7), S. 94, 101f. und *H. Lemke*, Kompetenzen der Länderparlamente und ihre Verteidigung, in: Politik als gelebte Verfassung. Festschrift für Friedrich Schäfer, 1980, S. 200ff., außerdem mit gleicher Zielrichtung auch schon *W. Kewenig*, Planung im Spannungsverhältnis von Regierung und Parlament, DÖV 1973, S. 23, 29.

[18] Siehe *R. Wahl* (Fn. 16), S. 513 und *G. Kisker* (Fn. 16), S. 693f.; vgl. ferner *K.R. Hinkel* (Fn. 17), S. 95ff.

[19] Siehe nur *E.-W. Böckenförde* (Fn. 16), S. 186ff., insbes. S. 191 (dort unter direkter Anknüpfung an *G. Lehmbruch*).

politischen Konturen würden verwischt durch derartige Formen der rein exekutivischen Politik jenseits der Kontrollmöglichkeiten öffentlicher Debatte[20], es entstehe eine Art ‚gouvernementaler Bundessstaat', oder noch besser: ‚bürokratischer Bundesstaat'. Die Forderung nach ‚Entflechtung', war als Folgerung zu lesen, sei mithin nicht nur Ausfluß eines Modetrends, sondern spiegele ein zentrales verfassungsrechtliches und verfassungspolitisches Problem wider.[21]

10.1.2. Die Rolle des Bundesrates im Gefüge der Verflechtung

Eine vergleichbare Diskussion über – verfassungsrechtlich als problematisch angesehene – Strukturveränderungen des Regierungssystems wurde bezüglich der Rolle des Bundesrates geführt. Hatte man den Bundesrat lange Zeit als „Widerlager zur Parteipolitik", als sachbezogenes Forum der bürokratischen Expertendebatte verstanden[22], so änderte sich dieses Bild mit den politischen Kräfteveränderungen um 1970 deutlich. Der reformorientierten sozialliberalen Bundesregierung (und Bundestagsmehrheit) stand eine Mehrheit von christdemokratisch geprägten Landesregierungen im Bundesrat gegenüber. Die Wahrung der institutionellen Eigeninteressen der Länder im bürokratischen Detail der Verwaltungs- und Finanzgesetzgebung wurde infolge dieser Konstellation partiell überlagert von ideologisch-symbolischen Gegensätzen der beiden politischen Lager; der Bundesrat wurde ganz generell zum politischen Gegenpol, zum Hort der Opposition.[23]

Die neue Situation war für die Zeitgenossen ungewohnt: Bis 1970 hatte sich der Bundesrat kaum als klares politisches Gegengewicht zur Bundesregierung und Bundestagsmehrheit profilieren können, war die Lage in den Ländern doch durch

---

[20] Zur Verwischung politischer Verantwortung vgl. ferner *K.R. Hinkel* (Fn. 17), S. 99.

[21] So *R. Wahl* (Fn. 16), S. 514; vgl. ferner *G. Kisker* (Fn. 16), S. 690ff.; *K. Stern*, Föderative Besinnungen (1981), zitiert nach: K. Stern, Der Staat des Grundgesetzes, Ausgewählte Schriften und Vorträge, 1992, S. 98, 109; *H.H. Rupp*, Bemerkungen zur neueren Diskussion über den bundesdeutschen Föderalismus, in: Freiheit und Verantwortung im Verfassungsstaat. Festgabe zum 10jährigen Jubiläum der Gesellschaft für Rechtspolitik, 1984, S. 377, 382f.

[22] Siehe zur Dominanz dieses Verständnisses in den Gründungsjahren der Bundesrepublik *G. Lehmbruch*, Parteienwettbewerb (Fn. 3), S. 66ff., 72ff.; vgl. außerdem beispielhaft *G. Ziller*, Der Bundesrat, 3.Aufl. 1970, S. 89ff., 93ff.

[23] Zum nach 1970 vielfach beklagten Phänomen der „Überlagerung des Bundesstaatsprinzips durch das Parteienstaatsprinzip" siehe *H. Laufer*, Der Bundesrat als Instrument der Opposition?, ZParl 1 (1970), S. 318ff.; *P. Schindler*, Mißbrauch des Bundesrates? Dokumentation einer aktuellen Auseinandersetzung, ZParl 5 (1974), S. 157ff. *G. Leibholz / D. Hesselberger*, Die Stellung des Bundesrats und das demokratische Parteiensystem in der Bundesrepublik Deutschland, in: Der Bundesrat als Verfassungsorgan und politische Kraft, 1974, S. 99, 111f.; *G. Jahn*, Tendenzen zum „Parteienbundesstaat" seit 1969, ZParl 7 (1976), S. 291ff.; differenzierend allerdings *R. Herzog*, Konsequenzen aus den unterschiedlichen Mehrheiten in Bundestag und Bundesrat für die Interessenwahrnehmung der Länder, ZParl 7 (1976), S. 298ff. und *H.-P. Schneider* (Fn. 13), S. 115ff.; *H.H. Klein*, Der Bundesrat der Bundesrepublik Deutschland – die „Zweite Kammer", AöR 108 (1983), S. 329, 356ff.; vgl. als zusammenfassende Darstellung der Debatte schließlich *F.K. Fromme*, Gesetzgebung im Widerstreit. Wer beherrscht den Bundesrat? Die Kontroverse 1969–1976, 1976, dort insbes. S. 21ff., 35ff.

ein Muster buntscheckiger und sich vielfach überkreuzender Koalitionen geprägt gewesen; die daraus hervorgehenden Landesregierungen waren schon strukturbedingt kaum zu einer koordinierten Konfrontation mit der Bundesregierung geeignet, wenn es nicht um Fragen des eigentlichen Landesinteresses ging, das die primär aus landespolitischen Interessen gebildeten Koalitionsregierungen hinter sich vereinigte.[24] Mit der nach dem Bruch der Großen Koalition einsetzenden Polarisierung des Parteiensystems (und in deren Gefolge auch der Parteienkonstellationen in den Ländern) hatten sich aber auf einmal klare Muster von sozialdemokratisch oder sozialliberal regierten und christdemokratisch regierten Ländern herausgebildet, die unweigerlich zu einer stärkeren ‚Politisierung' des Bundesrates führten.[25]

Die damit begründete Politik der Konfrontation zwischen Regierungsmehrheit und Opposition im Bundesrat ließ – aus der Perspektive der Handelnden verständlich – die Frage nach der Legitimation des Bundesrates für eine derartige Rolle des bundespolitischen ‚Widerlagers' aufkommen.[26] Den aus den ideologischen Traditionen ihrer Parteien heraus sowieso stark unitarisch geprägten Politikern aus SPD und FDP, die vielfach dazu neigten, den Bundesstaat und die Stellung der Länder als einen überholten ‚Traditionsbestand' deutscher Staatlichkeit zu betrachten, mußte es schwerfallen, die neue Rolle des Bundesrates so ohne weiteres zu akzeptieren. Es lag nahe, den Einsatz des Bundesrates als „Verhinderungsmacht", als „verlängerten Arm" der Bundestagsopposition, mit dem Verdacht des „institutionellen Mißbrauches" zu belegen.[27] Symptomatisch sind insoweit die Stellungnahmen des Kommissionsvorsitzenden *Friedrich Schäfer* in der Enquête-Kommission Verfassungsreform. Mit Bundestag und Bundesrat stünden sich – so führte er in seinem Sondervotum zur Stellung des Bundesrates aus – Organe unterschiedlicher Wertigkeit gegenüber, Vertreter des Volkes auf der einen Seite, „Beauftragte der Institution Land" auf der anderen Seite. Im Konfliktfall könne bei einer derartigen Konstellation – also einer Divergenz zwischen Vertretern des Volkes und Repräsentanten bürokratischer Partikularintessen – die Letzt-Entscheidung konsequenterweise eigentlich nur beim Bundestag liegen.[28]

---

[24] Vgl. dazu *G. Lehmbruch,* Parteienwettbewerb (Fn. 3), S. 27ff., 125ff., außerdem *G. Fabritius*, Der Bundesrat: Transmissionsriemen für die Unitarisierung der Bundesrepublik? Geschichte der Koalitionsbildung in den Bundesländern, ZParl 7 (1976), S. 448ff.

[25] Vgl. zu den Veränderungen des Parteiengefüges *G. Lehmbruch*, Parteienwettbewerb (Fn. 3), S. 30ff. sowie *G. Fabritius* (Fn. 24), S. 452ff.; zu deren Auswirkungen auf den Bundesstaat vgl. auch *H.-P. Schneider* (Fn. 13), S. 115ff.

[26] Vgl. dazu *W. Knies*, Der Bundesrat: Zusammensetzung und Aufgaben, DÖV 1977, S. 575ff., außerdem *G. Lehmbruch* (Fn. 22), S. 133ff., *J.A. Frowein*, Bemerkungen zu den Beziehungen des Bundesrates zu Bundestag, Bundesregierung und Bundespräsident, in: Der Bundesrat als Verfassungsorgan und politische Kraft, 1974, S. 115, 119ff. und *H.-P. Schneider* (Fn. 13), S. 110ff.

[27] Siehe die Regierungserklärung von Bundeskanzler *Helmut Schmidt* vom 16. 12. 1976, in der sich eine ausdrückliche Ermahnung findet, die vom Grundgesetz gewollte Machtbalance ... vor institutionellem Mißbrauch, aber auch vor parteipolitischen Verwerfungen zu bewahren" – BT-Prot. der Sitzung vom 16. 12. 1976, 52 A.

[28] Siehe das Sondervotum *Schäfer*, Abschlußbericht der Enquêtekommission, BT-Drs. 7/5924 v. 9. 12. 1976, S. 109; als kritische Auseinandersetzung mit dieser Argumentation vgl. insbes. *W.*

Das darin zum Ausdruck kommende Vorverständnis prägte in nicht unerheblichem Maße auch die rechtsdogmatischen Debatten der Zeit. Hatte angesichts der Planungseuphorie der Jahre um 1970 in den frühen Siebziger Jahren noch die Frage der Rückbindung der im Bundesrat stimmführenden Landesregierungen an die Länderparlamente die rechtsdogmatische Debatte um den Bundesrat bestimmt[29], fürchtete man doch mit steigender Bedeutung des Bundesrates eine zunehmende ‚Entparlamentarisierung' der Politik, so wurde mit der zunehmenden Konfrontation zwischen Bundesregierung und Bundestag einerseits und Bundesrat andererseits die Reichweite der Mitwirkungsrechte des Bundesrates an der Bundespolitik zum beherrschenden Thema.

Kritisiert wurde von Teilen der Verfassungsrechtsliteratur insbesondere die Ausdehnung der Zustimmungsbedürftigkeit von Gesetzen nach Art. 84 Abs. 1 GG.[30] Die unter der Perspektive der Sicherung der Länderrechte zunächst in der Literatur mit Verständnis bedachte Erstreckung der Zustimmungsbedürftigkeit auf den ganzen Inhalt der mit Regelungen zu Verwaltungsorganisation und -verfahren befrachteten Gesetze und die Absicherung dieser Erstreckung durch die Behauptung der Zustimmungsbedürftigkeit auch aller dazu ergehender Änderungsgesetze[31] nahm in der politischen Konfrontation der Siebziger Jahre auf einmal eine ganz andere Bedeutung an – und wurde dementsprechend von vielen Autoren auch als viel zu weitgehend kritisiert.

Dabei kamen im Detail erneut die Unterschiede im verfassungspolitischen und

Henke, Bestand und Wandel im Recht der politischen Parteien, DVBl. 1979, S. 369, 370, ferner *H.-P. Schneider* (Fn. 13), S. 111f., 120f.

[29] Siehe nur die einschlägigen Aufsätze von *H.C.F. Liesegang / R. Plöger*, Schwächung der Parlamente durch den kooperativen Föderalismus, DÖV 1971, S. 228ff, insbes. S. 232ff.; *H.-J. Schmidt*, Zum Verhältnis von Bundesrat und Landesparlamenten. Modelle organisatorischer Reform, DÖV 1973, S. 469ff.; *J. Linck*, Zur Einflußnahme der Landesparlamente auf die Landesregierungen in Bundesratsangelegenheiten, DVBl. 1974, S. 861ff.; *O. Kratzsch*, Verfassungsrechtliche Probleme einer Mitwirkung der Landesparlamente an Bundesratsangelegenheiten, DÖV 1975, S. 109ff. – jeweils m.w.N. der einschlägigen Literatur; vgl. ferner *G. Kisker*, Die Beziehungen des Bundesrates zu den Ländern, in: Der Bundesrat als Verfassungsorgan und politische Kraft, 1974, S. 151, 158ff.

[30] Vgl. z.B. *W.R. von Hase*, Die Mitverantwortungstheorie als Verfassungsdurchbrechung, DÖV 1973, S. 848ff.; *M. Lepa*, Probleme der Zustimmungsbedürftigkeit von Bundesgesetzen, DVBl. 1974, S. 399ff.; *F. Ossenbühl*, Die Zustimmung des Bundesrates beim Erlaß von Bundesrecht, AöR 99 (1974), S. 370, 383ff.; *G. Kisker* (Fn. 16), S. 690; differenzierend dagegen – unter Einbeziehung der Mitverantwortung des Bundesgesetzgebers für die Ausweitung des Kreises der zustimmungsbedürftigen Gesetze – *G. Konow*, Zustimmungsbedürftigkeit von Änderungsgesetzen?, ZRP 1973, S. 158ff., außerdem im gleichen Sinne *R. Herzog*, Wandel des Föderalismus in der Bundesrepublik Deutschland, in: 30 Jahre Grundgesetz, 1979, S. 41, 47.

[31] Vgl. nur *G. Ziller* (Fn. 22), S. 30; *P. Weides*, Mitwirkung des Bundesrats bei der Änderung eines zustimmungspflichtigen Bundesgesetzes, JuS 1973, S. 337ff.; *R. Herzog*, Der Einfluß des Bundesrates auf die Gesetzgebung und Verwaltung des Bundes seit 1949, in: Der Bundesrat als Verfassungsorgan und politische Kraft, 1974, S. 235, 243f.; kritisch dazu *M. Lepa* (Fn. 30), S. 400ff., *F. Ossenbühl* (Fn. 30), S. 423ff. und *E. Friesenhahn*, Die Rechtsentwicklung hinsichtlich der Zustimmungsbedürftigkeit von Gesetzen und Verordnungen des Bundes, in: Der Bundesrat als Verfassungsorgan und politische Kraft, 1974, S. 215, 266ff.

verfassungstheoretischen Grundverständnis zutage. Während föderalistisch orientierte Autoren die enorme Bedeutung der Zustimmungspflichtigkeit für die Absicherung des föderalen Gefüges betonten[32] und die Ausdehnung des Kreises der zustimmungsbedürftigen Gesetze primär auf den „furor legislativus" des Bundesgesetzgebers schoben[33], stützten sich die Vertreter der Gegenauffassung insbesondere auf die nur indirekt demokratische Legitimation des Bundesrates und den daraus resultierenden „erheblichen Rangunterschied zwischen beiden Formen der demokratischen Legitimation", der im Gesetzgebungsverfahren jeder Machtverlagerung zugunsten des Bundesrates entgegenstehe[34]. Die Verwaltungsgerichte gar, an erster Stelle das Bundesverwaltungsgericht, argumentierten in dieser Frage zum Teil unverhohlen rechtspolitisch, wie insbesondere an der Entscheidung des Bundesverwaltungsgerichts vom 6. Oktober 1967 zur Rechtsgültigkeit des § 14 Abs. 2 PostVerwG zu sehen ist[35], in der der VII. Senat des Bundesverwaltungsgerichts es für „sinnwidrig" erklärte, eine Materie nur deshalb für zustimmungsbedürftig zu erklären, weil irgendwann einmal ein Teil der Materie in einem Zustimmungsgesetz geregelt worden sei. Es sei „nicht erträglich", so wurde in diesem Urteil ausgeführt, wenn auf solche Art und Weise immer weitere Gebiete des Rechts zustimmungspflichtig würden, weil irgendwelche Teilgebiete bereits in Zustimmungsgesetzen ihre Regelung gefunden hätten. Dies würde – so meinten die entscheidenden Richter – „zu einer ständigen Erweiterung der Zustimmungsbedürftigkeit von Gesetzen führen und damit die Konzeption des Grundgesetzes aus den Angeln heben".[36]

Eine dementsprechende ‚Konzeption des Grundgesetzes' war aber aus den Materialien zur Entstehungsgeschichte nur schwer zu belegen. In der Praxis war die Frage vielmehr zwei Jahrzehnte lang bewußt in der Schwebe gelassen worden, da sich beide Seiten der Qualität ihrer Argumente nicht völlig sicher waren. Bundestag und Bundesregierung hatten die Rechtsauffassung des Bundesrates nie akzeptiert und entsprechende Gesetze als einfache Einspruchsgesetze behandelt, obwohl der Bundesrat sie umgekehrt immer als Zustimmungsgesetze in Anspruch genommen hatte. Erst im Zuge der Konfrontationspolitik der Siebziger Jahre wurde die Frage dann 1973 vor das Bundesverfassungsgericht gebracht, das die Position des Bundes im Grundsatz bestätigte, wenn auch mit starken Modifikationen zugunsten des Bundesrates.[37]

---

[32] Siehe nur *P. Weides* (Fn. 31), S. 340f.

[33] Der Ausdruck stammt von *Roman Herzog* – siehe *R. Herzog* (Fn. 31), S. 43; siehe auch ebda., S. 47.

[34] So ausdrücklich *M. Lepa* (Fn. 30), S. 403.

[35] BVerwGE 28, 36.

[36] BVerwGE 28, 36, 43f.

[37] Die Praxis von Bundesrat und Bundestag hatte in dieser Frage seit den Fünfziger Jahren auseinandergeklafft: In den nur acht Fällen, in denen der Bundesrat bis zum Ende der 6. Legislaturperiode seine Zustimmung in strittigen Fällen verweigert hatte, wurde das Gesetz jedesmal vom Bundestag als Einspruchsgesetz behandelt und schließlich vom Bundespräsidenten auf dieser Basis auch verkündet, ohne daß der Bundesrat oder die Länder weiter dagegen vorgegangen wären – vgl. nur *M. Lepa*, (Fn. 30), S. 400 (m.w.N. der einschlägigen Fälle in Fußn. 7).

Die Position des Bundesrates blieb gleichwohl stark. Die reale Blockademacht des Bundesrates bedingte nun als Folgewirkung – und darin zeigte sich eine gewisse Dialektik – auf mittlere Sicht die Ausbildung eines Entscheidungssystems, das Züge einer Allparteienkoalition trug, zumindest soweit es um die Entscheidung in wichtigen Sachfragen ging; nur so konnte das Regierungssystem funktionsfähig gehalten, konnte politisch in entscheidenden Punkten überhaupt noch etwas bewegt werden.[38] Die anfänglich sehr ausgeprägte Politik der symbolischen Konfrontation im Bundesrat führte damit im faktischen Ergebnis längerfristig gerade zum Gegenteil, zu Tendenzen der Ausbildung eines Konkordanzsystems.

10.1.3. Die veränderte Bewertung des Bundesstaatssystems

Die Widersprüchlichkeiten, die sich schon in der sehr unterschiedlichen Beurteilung des Bundesrates als Medium der institutionellen Verzahnung zwischen Bund und Ländern gezeigt hatten, drückten sich im Laufe der Zeit auch in der Gesamtbewertung des bundesstaatlichen Gefüges aus.

Während in der Makroperspektive allmählich bei der Mehrzahl der Autoren eine recht abgeklärte Sichtweise vorherrschend wurde, die auch die Leistungen des föderalen Systems zu würdigen wußte, blieb in Detailfragen das traditionelle unitarische Ressentiment der herrschenden Strömung des Bundesstaatsrechts vielfach deutlich spürbar.

Versuche einer bilanzierenden Betrachtung des Bundesstaatssystems konstatierten ab Ende der Siebziger Jahre zusehends, daß die Bundesländer sich gegen alle Erwartungen deutlich gefestigt hätten. Trotz der oft sehr willkürlichen Zusammenstückelung der traditionellen Einheiten zu neuen Ländern nach 1945 hätten auch diese – zunächst als Kunstgebilde bezeichneten – Gebietskörperschaften im Laufe der Jahre und Jahrzehnte allmählich eine institutionelle Verfestigung und ein politisches Eigenbewußtsein erlangt, hätten eine eigene kollektive Identität als staatliche Gemeinwesen in regionaler Tradition ausgebildet. Zugleich sei der Prozeß der sachlichen Unitarisierung, der seit Anfang der Sechziger Jahre so vielfach beschworen worden war, als Ende der regionalen Eigenständigkeit, längst nicht so tiefgreifend gewesen wie ursprünglich angenommen. Selbst der Zentralisierungseffekt der im Zuge der Finanzreform geschaffenen Gemeinschaftsaufgaben und Investitionshilfen habe sich als weit weniger weitreichend erwiesen als vielfach prophezeit. Grosso modo also, dies war die Beurteilung vieler Experten, habe sich das bundesstaatliche System konsolidiert und auch starke Wurzeln im öffentlichen Bewußtsein geschlagen.[39]

---

[38] Vgl. dazu *G. Lehmbruch* (Fn. 22), S. 136, 156f., 160ff. sowie *H.-P. Schneider* (Fn. 13), S. 117f.

[39] Vgl. insoweit *G. Kisker* (Fn. 16), S. 693; *ders.*, Ideologische und theoretische Grundlagen der bundesstaatlichen Ordnung in der Bundesrepublik Deutschland – Zur Rechtfertigung des Föderalismus, in: Probleme des Föderalismus, 1985, S. 23, 35f.; *J.A. Frowein*, Deutscher Föderalismus der Gegenwart, 1981, S. 8f., 20ff.; *ders.*, Die Entwicklung des Bundesstaates unter dem Grundgesetz, in: Rechtsentwicklung unter dem Bonner Grundgesetz, 1990, S. 17, 19f., 29f.; *H.U. Scupin* (Fn. 16), S. 262f., außerdem *R. Herzog* (Fn. 31), S. 44ff. und *G. Püttner*, Vierzig Jahre Grundge-

Diese insgesamt positive Bilanz der allgemeinen bundesstaatsrechtlichen Schriften darf nun allerdings nicht darüber hinwegtäuschen, daß große Teile der Staatsrechtsliteratur nach wie vor die Bundesstaatsentwicklung im Detail fast ausschließlich durch den Trend zu Zentralisierung und Unitarisierung geprägt sahen. Die „zentripetalen" Tendenzen, bedingt durch die Neigung des Bundes, seine gesetzgeberischen Kompetenzen restlos auszuschöpfen, und die Übung der Länder, auch in den anderen Bereichen durch Verwaltungsabkommen zu ‚quasi-zentralistischen Lösungen' zu gelangen, lasse vom klassischen Bundesstaatsprinzip nicht mehr allzuviel übrig.[40] Diese Unitarisierung werde „ebenso von den Funktionsbedingungen einer entwickelten arbeitsteiligen Industriegesellschaft wie von der sozialstaatlich induzierten Erwartung der Einheitlichkeit der Lebensverhältnisse (seit Anfang der 70er Jahre auch der Chancengleichheit) und der unitarisierenden Wirkung bundesrechtlich gewährleisteter, unmittelbar geltender Grundrechte gefordert und legitimiert"[41]. Das gemeinsame politische Schicksal von Krieg, Niederlage, Besatzungsherrschaft, Teilung, das die gesamte Nation betroffen habe, lasse – formulierte *Ernst-Wolfgang Böckenförde* – „die Länder als selbständige historisch-politische Individualitäten, die fortlaufend zu integrieren sind, nicht nur noch stärker zurücktreten als in Weimar, sondern vollends unwirklich werden"[42].

Besonders radikal formuliert hat diese überlieferte unitarische Perspektive 1980 der Bundesverfassungsrichter *Joachim Rottmann*. Es gebe – schrieb er in einem Bericht über den Vortrag von *Norbert Achterberg* vor der Staatsrechtslehrervereinigung – „kein bundesstaatlich geprägtes Bürgerbewußtsein in unserer kleinräumigen Bundesrepublik mehr, ebensowenig wie es ein ausdrückliches Landesstaatsbewußtsein der Bürger gibt". Der Bürger wolle keine unterschiedlichen Länderregelungen mehr haben, weder im Schul- noch im Hochschulbereich, weder in der Behördenorganisation noch im Verwaltungsverfahren, schon gar nicht bei Steuern, Gebühren und Beiträgen und erst recht nicht bei der Besoldung und bei Subventionen. „Wo aber" – so schrieb er – „Einheitlichkeit der Lebensverhältnisse einmal rechtlich geboten ist und im übrigen von der Bevölkerung ungeduldig verlangt wird, steht es schlecht um die bundesstaatliche Struktur. Die Länder verlieren weitgehend ihren Staatscharakter, sind in Wirklichkeit hochgezüchtete Selbstverwaltungskörperschaften und werden faktisch reduziert auf eine Bagatellgesetzgebung".[43]

---

setz – vierzig Jahre Föderalismus, in: 40 Jahre Bundesrepublik Deutschland – 40 Jahre Rechtsentwicklung, 1990, S. 71, 75f. Betont a. A. ist dagegen *H.H. Rupp* (Fn. 21), S. 379f.

[40] So z.B. *N. Achterberg*, Deutschland nach 30 Jahren Grundgesetz, VVDStRL 38 (1980), S. 55, 89ff. Vgl. ferner *H.-P. Schneider* (Fn. 13), S. 104ff.; *W. Schmitt Glaeser*, Rechtspolitik unter dem Grundgesetz, AöR 107 (1982), S. 337, 355ff.; *W. Rudolf*, Wende im Bundesstaat?, in: Freiheit und Verantwortung im Verfassungsstaat. Festgabe zum 10jährigen Jubiläum der Gesellschaft für Rechtspolitik, 1984, S. 343, 346ff.; *H.H. Rupp* (Fn. 21), S. 377ff.

[41] *E.-W. Böckenförde* (Fn. 16), S. 184.

[42] *E.-W. Böckenförde* (Fn. 16), S. 187.

[43] *J. Rottmann*, Deutschland nach dreißig Jahren Grundgesetz. Zur Jahrestagung 1979 der Vereinigung der deutschen Staatsrechtslehrer, DVBl. 1981, S. 439, 442; vgl. auch – mit gleicher Tendenz – *H.H. Rupp* (Fn. 21), S. 378f.

Die verfassungspolitische Konsequenz dieser Sichtweise hat vor allem *Ernst-Wolfgang Böckenförde* nachdrücklich thematisiert. Solle der Rückweg zur Wiederherstellung des vollen parlamentarischen Regierungssystems im Bund und zur inhaltlichen Entscheidungskompetenz der Landesparlamente angetreten werden, so könne dies – schrieb er im Gedanken an die Probleme des Verflechtungssystems – nicht ohne eine Entflechtung der entstandenen Beteiligungsstrukturen geschehen.[44] Eine solche Entflechtung würde jedoch – wandte er ein – notwendig das „Postulat" der ‚Einheitlichkeit der Lebensverhältnisse' berühren. „Dessen Infragestellung würde aber – bei der fundamentalen Bedeutung dieser Erwartungshaltung im Bewußtsein der Bürger – aller Voraussicht nach der bundesstaatlichen Ordnung die entscheidende Legitimation entziehen." Damit bleibe letztlich, folgerte *Böckenförde*, keine Alternative. „Denn ein Föderalismus, dessen unitarisch-demokratische Legitimationsgrundlage eine Verschiedenheit der Lebensverhältnisse nicht mehr trägt", sei, wolle er überhaupt fortbestehen, „auf den Weg zum unitarisch-kooperativen Bundesstaat und zum fortschreitenden Allparteienbundesstaat festgelegt".[45]

Die Forderungen aus der politischen Praxis wie der Rechtslehre nach immer weiteren Maßnahmen der Zentralisierung von Entscheidungsbefugnissen durch – im Sinne der ‚Einheitlichkeit der Lebensverhältnisse' für notwendig erklärte – Verlagerungen von Gesetzgebungskompetenzen auf den Bund entsprachen diesem Geist. Wohl krassester Beispielsfall ist dabei der sogen. ‚Mängelbericht' der Bundesregierung von 1978 zum Bildungswesen.[46] In diesem „Bericht der Bundesregierung über die strukturellen Probleme des föderativen Bildungssystems"[47] wurde dezidiert eine neue Gesetzgebungskompetenz für den Bund in Zentralbereichen des Schulwesens gefordert, insbesondere in Fragen des Umfanges der Bildungspflicht, der Gestaltung der Bildungsübergänge und -abschlüsse, der beruflichen Bildung und der Lehrerausbildung.

Obwohl dieser ‚Mängelbericht' sichtlich im Kontext der ideologischen Grabenkämpfe um ‚Bildungsreform' und ‚soziale Öffnung' des Bildungswesens stand, argumentierte der Bericht dabei vordergründig rein in verfassungsrechtlichen Kategorien. Das verfassungsrechtliche Gebot der Herstellung von Chancengleichheit, Mobilität und Freizügigkeit im Bildungswesen und Beschäftigungssystem erfordere – so lautete die Begründung – zwingend eine bundesgesetzliche Regelung der Grundfragen des Bildungssystems, denn der ‚Bildungsföderalismus' behindere mit seinen uneinheitlichen schulrechtlichen Regelungen Chancengleichheit und Mobilität.[48] Zudem ergebe sich – und dies war eine recht-

---

[44] *E.-W. Böckenförde* (Fn. 16), S. 193.

[45] *E.-W. Böckenförde* (Fn. 16), S. 194.

[46] Vgl. dazu nur *M. Kloepfer*, Die Verfassungsmängel des „Mängelberichts". Zum Bericht der Bundesregierung über die strukturellen Probleme des föderativen Bildungssystems, ZRP 1978, S. 121ff. sowie *I. Richter*, Alternativen zur Kompetenzverschiebung im Bildungsföderalismus, DÖV 1979, S. 185ff.

[47] BT-Drs. 8/1551.

[48] Vgl. auch mit gleicher Tendenz *J. Lücke*, Bundesfreundliches und bürgerfreundliches Ver-

lich besonders gewagte Argumentation – aus dem Parlamentsvorbehalt im Schulrecht ein Zwang zu bundesrechtlicher Regelung: Angesichts der parlamentarischen Defizite in der Praxis der Selbstkoordinierung der Länder sei nur eine bundesgesetzliche Regelung in der Lage, den Anforderungen des Parlaments- und Gesetzesvorbehaltes Genüge zu tun.[49]

Die Argumentationslinie des Berichts stieß, wie nicht anders zu erwarten, natürlich auf heftige Ablehnung seitens der Länder[50]; aber auch die Staatrechtswissenschaft äußerte sich durchgängig kritisch zu diesem Versuch einer Durchsetzung sozialliberaler Bildungspolitik mittels Zentralisierung der Gesetzgebung zum Schulwesen[51] – ein Vorstoß, der teilweise gar als ‚verfassungswidrig' in den Zielen wie im konkreten Vorgehen bezeichnet wurde.[52]

Eine vergleichbare Bewegung auf Erweiterung der Gesetzgebungskompetenzen des Bundes gab es in den frühen Achziger Jahren in der Frage des Bauordnungsrechts. Der ‚Dualismus Bodenrecht-Bauordnungsrecht', der als Dualismus bundesrechtlicher und landesrechtlicher Regelungen eine konsistente Normierung des Städtebaurechts nahezu unmöglich machte, führte zu wachsenden Forderungen nach Aufnahme auch des Bauordnungsrechts in das neu zu erlassende (Bundes-)Baugesetzbuch.[53] Obwohl diese Forderungen sachlich durchaus eine gewisse Berechtigung hatten, verhallten sie im Ergebnis doch ohne Resonanz – ein nicht gerade überraschendes Resultat, bedenkt man den für eine derartige Änderung notwendigen politischen Kraftaufwand[54].

10.2. Politikverflechtung in der Rechtsprechung des Bundesverfassungsgerichts

Die für die Literatur der späten Siebziger und der Achziger Jahre kennzeichnende Zwiespältigkeit im Umgang mit den Ausformungen des Bundesstaatsprinzips prägte auch die Rechtsprechung des Bundesverfassungsgerichts zu Bundesstaatsfragen, die im Zuge der stark ideologischen Konfrontation zwischen sozialliberaler Koalition und christdemokratisch regierten Ländern in den Siebziger Jahren in einer ganzen Serie von wichtigen Grundsatzentscheidungen vorangetrieben

---

halten, Der Staat 17 (1978), S. 341, 344ff.; kritisch zu dieser Argumentation insbes. *M. Kloepfer* (Fn. 46), S. 121f., aber auch *I. Richter* (Fn. 46), S. 186ff.

49 Vgl. dazu nur die Kritik von *M. Kloepfer* (Fn. 46), S. 122f.

50 Vgl. dazu die Nachweise bei *M. Kloepfer* (Fn. 46), S. 121 Fußn. 2 sowie *H. Lemke* (Fn. 17), S. 203.

51 Siehe *M. Kloepfer* (Fn. 46), S. 121ff.; *I. Richter* (Fn. 46), S. 186ff.

52 *M. Kloepfer* (Fn. 46), S. 123.

53 Siehe nur *J. Ziegler*, Zum Dualismus Bodenrecht-Bauordnungsrecht, ZfBR 1980, S. 275ff. sowie *ders.*, Ein formulierter Vorschlag zur Aufnahme des Bauordnungsrechts in ein (Bundes-) Baugesetzbuch, DVBl. 1984, S. 378ff., ferner inhaltlich zustimmend auch *E. Schmidt-Aßmann*, Vorüberlegungen zu einem neuen Städtebaurecht, DVBl. 1984, S. 582, 583.

54 Vgl. auch die skeptische Bewertung der Erfolgschancen eines derartigen Vorschlages bei *E. Schmidt-Aßmann* (Fn. 53), S. 583.

wurde. Während die Entscheidungen der Siebziger Jahre dabei zum Teil noch deutlich die Spuren des – auf Unitarisierung zielenden – Reformdranges der Jahre nach 1968 trugen, setzte sich ab etwa 1980 dann doch wieder eine eher beharrende, auf Eindämmung der Erosionstendenzen in der Kompetenzordnung bedachte Linie durch, die insbesondere im Umgang mit den Gesetzgebungskompetenzen die vorsichtige Linie der Anfangsjahre der Bundesrepublik wiederaufnahm.

10.2.1. Die Rechtsprechung zu den Kompetenzbestimmungen

10.2.1.1. Das Numerus clausus-Urteil und die Folgen

Einen vielbeachteten Markstein der ‚Unitarisierung' durch Verfassungsinterpretation setzte zunächst die Entscheidung des Ersten Senats vom 18. Juli 1972 zum numerus clausus für das Medizinstudium.[55] Die aufgrund der Kapazitätsengpässe an den medizinischen Fakultäten verhängten absoluten Zulassungsbeschränkungen hatten das Gericht hier bekanntermaßen dazu veranlaßt, das Grundrecht der Berufsfreiheit mit Blick auf die sozialstaatlichen Aspekte des Teilhaberechts weiter zu entwickeln. Aus dem in Art. 12 Abs. 1 S. 1 GG gewährleisteten Recht auf freie Wahl des Berufes und der Ausbildungsstätte in Verbindung mit dem allgemeinen Gleichheitssatz und dem Sozialstaatsprinzip folge – so der Erste Senat – ein Recht auf Zulassung zum Hochschulstudium, das nur durch Gesetz oder auf Grund eines Gesetzes einschränkbar sei, und dies auch nur unter sehr eng umgrenzten Voraussetzungen.

Im Prinzip obliege es zwar – betonte das Verfassungsgericht in der ‚Numerus clausus'-Entscheidung – dem demokratisch legitimierten (Landes-)Gesetzgeber, die näheren Voraussetzungen der Zulassung zu regeln. In diesem Zusammenhang sei auch davon auszugehen, daß der Landesgesetzgeber innerhalb seines Kompetenzbereiches prinzipiell nicht gehindert sei, „von der Gesetzgebung anderer Länder abweichende Regelungen zu treffen, auch wenn dadurch die Einwohner seines Landes im praktischen Ergebnis mehr belastet oder begünstigt werden"[56]. Dadurch allein könne auch der Gleichheitssatz nicht verletzt werden, da dieser mit Rücksicht auf die föderalistische Struktur, „die Kräfte freisetzen und nicht zur Uniformität zwingen wolle", grundsätzlich nur dazu verpflichtet sei, innerhalb des Geltungsbereichs der Landesverfassung auf Gleichbehandlung zu achten. Gehe es aber „bei einer in die Zuständigkeit des Landesgesetzgebers fallenden Materie um einen Lebenssachverhalt, der seiner Natur nach über die Landesgrenzen hinausgreift und eine für alle Staatsbürger der Bundesrepublik in allen Bundesländern gleichermaßen gewährleistete Rechtsposition berührt", dann könnten einseitige Begünstigungen der Einwohner eines Landes eine Ungleich-

---

[55] BVerfGE 33, 303; vgl. auch zu den bildungspolitischen Intentionen der Entscheidung *G.F. Schuppert*, Der Zugang zu den Universitäten – eine Bilanz der Rechtsprechung des Bundesverfassungsgerichts zum numerus clausus, in: Die Freiheit des Anderen. Festschrift für Martin Hirsch, 1981, S. 567, 569ff.

[56] BVerfGE 33, 303, 352.

behandlung anderer Staatsbürger bewirken.[57] Bei derartigen übergreifenden Sachverhalten habe der Landesgesetzgeber daher sorgsam zu prüfen, ob sich eine Bevorzugung der Einwohner seines Landes im Rahmen der Wertentscheidungen des Grundgesetzes halte und ob sie nicht zur Entwertung von Grundrechten führen würde, wenn andere Länder ebenso verführen.[58] Ergebnis: Bonus-Regelungen wie im bayerischen Zulassungsgesetz seien unter Art. 12 Abs. 1 S. 1 GG nicht aufrechtzuerhalten.

Damit allein allein hätte es nach den grundlegenden Ausführungen zur Berufsfreiheit und zu den daraus abgeleiteten Teilhaberechten sein Bewenden haben können. Doch das Bundesverfassungsgericht fügte leider im Anschluß an seine tragenden Gründe noch eine als obiter dictum einzustufende Erwägung an, die sich als folgenschwer erweisen sollte. Daraus, daß die beanstandeten landesrechtlichen Regelungen kein Zulassungsverfahren vorsähen, das eine Verteilung aller freien Studienplätze sowie eine gleiche Behandlung der Bewerber im gesamten Bundesgebiet sicherstelle – so beginnt dieser Passus – könne „im gegenwärtigen Zeitpunkt kein Verfassungsverstoß hergeleitet werden"[59]. Trug schon dieser Satz deutlichen Warnungscharakter, so ließen die folgenden zwei Absätze erst recht wenig Zweifel an der Zielrichtung des Diktums aufkommen. Absolute Zulassungsbeschränkungen – so war zu lesen – hätten zur Folge, daß der Ausgleich zwischen den Universitäten sowie die Auswahl und Verteilung der Zuzulassenden zu einer bundesweiten Aufgabe würden, deren Bewältigung um so komplizierter werde, als das Bestreben nach baldigem Beginn der gewünschten Ausbildung in der Regel zu gleichzeitigen Mehrfachbewerbungen bei allen oder den meisten Ausbildungsstätten führe. Zur Lösung dieser Aufgabe habe die Westdeutsche Rektorenkonferenz zwar eine zentrale Registrierstelle eingerichtet; zu einer echten Erleichterung führe dies aber nicht. Das praktizierte Zulassungsverfahren könne – trotz einheitlicher Registrierung der Zulassungsgesuche – „durch die Vielfalt der anzuwendenden Zulassungsrichtlinien bis zur Lähmung behindert werden". Dementsprechend werde weitgehend anerkannt, heißt es zu Ende dieses Absatzes, „daß im Falle eines absoluten numerus clausus für Studienanfänger die Verteilung aller freien Studienplätze durch eine überregionale Stelle möglichst unter Anwendung einheitlicher Auswahlkriterien und durch ausreichend begründete, auch im Falle von Mehrfachbewerbungen einheitlich anfechtbare Entscheide erfolgen müsse".[60]

Hier unter Ausnutzung der gegebenen legislativen und verwaltungsmäßigen Möglichkeiten das Notwendige zu tun, sei in erster Linie Sache des Bundes. „Sollte sich aber in angemessener Frist – so führt das Urteil ergänzend aus – „eine befriedigende Regelung nicht erreichen lassen, würde sich die weitere Frage stellen, was die Länder – etwa durch Abschluß von Staatsverträgen – ihrerseits unter-

[57] Ebda.
[58] BVerfGE 33, 303, 352f.
[59] BVerfGE 33, 303, 356.
[60] BVerfGE 33, 303, 356f.

nehmen können und müssen, um ihrer Mitverantwortung für eine kooperative Verwirklichung des Grundrechtsschutzes gerecht zu werden."[61] Wenn es um den Grundrechtsschutz des Staatsbürgers gehe, der sowohl dem Bundesrecht wie dem Landesrecht unterstehe, müsse „der Gesetzgeber in Bund und Ländern sich als Einheit behandeln lassen" – eine mehr als deutliche Aufforderung, ein einheitliches Zulassungssystem zu entwickeln.[62]

Die Reaktion der Länder war prompt und zeigte die Beunruhigung, die für sie von diesem Appell ausging. Das schwebende Projekt einer zentralen Hochschulzulassungsregelung durch Bundesgesetz stockte wegen gravierender politischer Divergenzen; so erarbeiteten die Länder innerhalb weniger Monate einen Länderstaatsvertrag, mit dem im Wege der Selbstkoordinierung ein einheitliches System der Zulassung errichtet wurde.[63] Man wird mit einigem Grund behaupten können, der unter starkem politischen Handlungsdruck und unter ausgeprägter Zeitknappheit erarbeitete Staatsvertrag über die Vergabe von Studienplätzen vom 20.10. 1972[64], mit dem die ,Zentrale Vergabestelle für Studienplätze' in Dortmund errichtet wurde, sei inhaltlich über das vom Bundesverfassungsgericht gesetzte Ziel hinausgeschossen.[65] Der Vertrag beschränkte sich nicht nur auf eine Harmonisierung des Zulassungsverfahrens im eigentlichen Sinne, sondern formulierte – weit darüber hinausgreifend – das Ziel, „für die Bewertung der Reifezeugnisse ... einheitliche Maßstäbe zu entwickeln, um im gesamten Geltungsbereich des Staatsvertrags eine gerechte Zulassung nach dem Grad der Qualifikation zu gewährleisten" (Art. 11 Abs. 8). Nach dem Wortlaut des Urteils wäre eine derartig weitgehende Uniformierung der Schulabschlüsse wohl gar nicht erforderlich gewesen, hatte das Gericht sich doch in sehr differenzierter Weise mit der Problematik der Abiturnoten als Zulassungskriterium auseinandergesetzt, im Ergebnis den Weg zu anderen ,objektivierten' Verfahren der Zulassung offengehalten. Die Angst der Kultusbürokratien in den Ländern, eine weniger weitreichende Lösung würde sie eventuell der Gefahr aussetzen, ihre Bestimmungsmacht in Fragen der Zulassung endgültig durch eine bundesgesetzliche Regelung einzubüßen, zusammen mit der Dogmatisierung des Abiturs als der traditionellen Schwelle zum Hochschulstudium und der kategorischen Ablehnung hochschuleigener Zugangsprüfungen, erklärt aber weitgehend die überschießende Tendenz dieses bundesstaatspolitisch wie bildungspolitisch fragwürdigen ,Rundumschlages'. Vereinheitlichung der Abiturprüfung verlangte in der Folge nach stärkerer Vereinheitlichung der zum Abitur führenden Ausbildungsgänge, letztlich nach

---

61 BVerfGE 33, 303, 357.

62 Vgl. dazu die kritischen Stellungnahmen von *H.H. Rupp*, Art. 3 GG als Maßstab verfassungsgerichtlicher Gesetzeskontrolle, in: Bundesverfassungsgericht und Grundgesetz, Bd. II, 1976, S. 364, 384f.; *G. Kisker*, Grundrechtsschutz gegen bundesstaatliche Vielfalt, in: Festschrift für Otto Bachof, 1984, S. 47ff.; *M. Forsthoff*, Die Auswahl bei der Hochschulzulassung, DÖV 1984, S. 331, 332ff.

63 Siehe *P. Feuchte*, Die bundesstaatliche Zusammenarbeit in der Verfassungswirklichkeit der Bundesrepublik Deutschland, AöR 98 (1973), S. 473, 477f.

64 Abgedruckt z.B. in bad.-württ. GesBl., S. 87ff.

65 So z.B. *G. Lehmbruch*, Parteienwettbewerb (Fn. 3), S. 100f.

einer Harmonisierung der Grundzüge des Schulwesens. Ein erheblicher Teil des autonomen Gestaltungs- und Veränderungsspielraums der Länder in der Schulpolitik wurde mit dieser Maßnahme stillschweigend geopfert.[66]

Das so errichtete zentrale Zulassungsverfahren stieß jedoch – trotz der weitgehenden faktischen Unitarisierung – erneut auf heftige Kritik. Die Verselbständigung der Länderkoordination in einem eigenen Gremium – einer Anstalt des öffentlichen Rechts nach nordrhein-westfälischem Recht, in der Entscheidungen mit qualifizierter Mehrheit getroffen werden[67] – weckte die alten Bedenken gegen die ‚dritte Ebene', die Einwände gegen Länderstaatsverträge und verselbständigte Selbstkoordinierung der Länder außerhalb der Bundesinstitutionen.[68]

Den Bedenken gegen die Verfassungsmäßigkeit dieser Lösung schloß sich die Rechtsprechung des Bundesverfassungsgerichts allerdings nicht an; auch auf Verfassungsbeschwerden gegen die vielfach kritisierte ‚Bonus-Malus-Regelung' des Art. 11 Abs. 8 S. 2ff. des Staatsvertrages wurde vom Bundesverfassungsgericht nicht auf eine Verletzung des Rechts auf Zulassung zum Hochschulstudium erkannt.[69] Doch als der Bayerische Verfassungsgerichtshof mit Entscheidung vom 1. August 1975[70] die Unvereinbarkeit dieser Norm mit der Bayerischen Landesverfassung feststellte und die Bayerische Staatsregierung daraufhin erklärte, sie sei nicht mehr in der Lage, die streitige Regelung des Staatsvertrages zu vollziehen, gelangte der Konflikt als Zwischen-Länder-Streitigkeit gem. Art. 93 Abs. 1 Nr. 4 GG erneut vor das Bundesverfassungsgericht, nun mit der neuen Frage als Weiterung, ob ein einzelnes Land sich überhaupt in dieser Form einseitig von einem Staatsvertrag lösen könne.[71] Die Frage war damit im Kern zu einem Problem der Bundestreue geworden.

Die anschließende Komplikation, daß Bayern in der gleichen Angelegenheit Klage gegen die anderen Länder vor dem Bundesverwaltungsgericht nach §50 Abs. 1 Nr. 1 VwGO erhob, gab dem Fall noch einmal eine überraschende Wen-

---

66 Siehe dazu auch die kritischen Stellungnahmen von *L. Dietze*, Berechtigungswesen und Rechtsstaatsprinzip, JZ 1976, S. 114, 120ff.; *T. Oppermann*, Nach welchen rechtlichen Grundsätzen sind das öffentliche Schulwesen und die Stellung der an ihm Beteiligten zu ordnen?, Gutachten für den 51. Deutschen Juristentag 1976, S. C 67; *F. Ossenbühl*, Die Interpretation der Grundrechte in der Rechtsprechung des Bundesverfassungsgerichts, NJW 1976, S. 2100, 2104f.; *H.-H. Rupp*, Vom Wandel der Grundrechte, AöR 101 (1976), S. 161, 179ff.; *G. Lehmbruch*, Parteienwettbewerb (Fn. 3), S. 100f.; *W. Schmitt Glaeser* (Fn. 40), S. 362f.

67 Vgl. zum Verfahren der Vergabe von Studienplätzen nach den Staatsverträgen von 1972 und 1978 *F.-E. Humborg*, Die Vergabe von Studienplätzen durch die ZVS, DVBl. 1982, S. 470ff., ferner *M. Forsthoff* (Fn. 62), S. 334ff. und *K. Hailbronner*, Verfassungsrechtliche Fragen des Hochschulzugangs, Wissenschaftsrecht 29 (1996), S. 1, 2f.

68 Vgl. nur *G. Barbey*, Zur verfassungsrechtlichen Problematik des Staatsvertrages über die Vergabe von Studienplätzen, DVBl. 1973, S. 233ff.; *J. Lüthje*, Staatsvertrag über die Vergabe von Studienplätzen verfassungswidrig?, ZRP 1973, S. 141ff.

69 Siehe die Entscheidung v. 3. 4. 1974, BVerfGE 37, 104.

70 BayVerfGH 28, 143ff.

71 Vgl. zur Prozeßgeschichte insbes. *A. Dittmann*, Rechtsweg und Rechtshängigkeit als Probleme des Länderstreites um Bonus und Malus, DVBl. 1978, S. 244ff., ferner den Tatbestand in BVerwGE 50, 124, 126f.

dung. Der unausweichlich gewordene Streit über den von Bayern behaupteten ‚nichtverfassungsrechtlichen Charakter' der Streitigkeit und die Subsidiarität des Verfahrens nach Art. 93 Abs. 1 Nr. 4 GG[72] wurde vom Bundesverfassungsgericht schließlich mit Abweisung der Zwischen-Länder-Streitigkeit nach Art. 93 Abs. 1 Nr. 4 GG als unzulässig entschieden.[73]

Das Bundesverwaltungsgericht, das seine Zuständigkeit schon im Verfahren des einstweiligen Rechtsschutzes bejaht hatte[74], wies seinerseits die Klage Bayerns ab. Eine Bindungswirkung für alle Vertragspartner komme der Entscheidung des Bayerischen Verfassungsgerichtshofs nicht zu, so argumentierte das Bundesverwaltungsgericht.[75] Nach dem Grundsatz der Bundestreue seien die Vertragspartner des Staatsvertrags vielmehr verpflichtet, eine einvernehmliche Lösung des Konflikts zu suchen und notfalls eine gerichtliche Klärung im bundesrechtlichen Bereich herbeizuführen.[76] Das Bundesverwaltungsgericht könne zwar nicht – so läßt sich dem Urteil implizit entnehmen – über reines Landesrecht entscheiden; der Grundsatz der Bundestreue wirke aber – ähnlich wie die Grundrechte in Zivilrechtsverhältnisse – auch in das verwaltungsrechtliche Verhältnis zwischen den Ländern hinein.[77] Bei behaupteten Grundrechtsverstößen könne das Bundesgericht zumindest die dem landesverfassungsrechtlichen Grundrecht entsprechende Norm des Grundgesetzes prüfen. Führe die Überprüfung dabei zur Verneinung eines Verstoßes, dann sei das Land verpflichtet, die staatsvertragliche Regelung einzuhalten.[78] Es sei – so die verfassungspolitische Erwägung des Gerichts – den anderen Ländern unzumutbar, sich der anderslautenden Feststellung des Verfassungsgerichts eines oder auch mehrerer Länder zu beugen; es sei ihnen auch nicht zumutbar, sich auf ungewisse Sanktionen wegen der Vertragsverletzung des sich auf die Entscheidung seines Verfassungsgerichts berufenden Landes verweisen zu lassen. Diesem Land sei es dagegen durchaus zumutbar, den Staatsvertrag, falls seine Vereinbarkeit mit dem Grundgesetz festgestellt sei, auch weiterhin zu erfüllen. Dies gelte jedenfalls dann, wenn eine vertragliche Regelung nur einheitlich anwendbar sei, die Nichtanwendung der Regelung auch nur durch einen Vertragspartner es also unmöglich mache, die verfolgte bundesweite Aufgabe (wie die Hochschulzulassung) sachgerecht zu erfüllen.[79] Etwas anderes könne allenfalls gelten, wenn die streitige Regelung von Anfang an und für jeden Vertragspartner erkennbar verfassungswidrig gewesen wäre – eine deutliche Parallele zu den völkerrechtlichen Regeln der Nichtigkeit von Verträgen wegen Verstoßes gegen innerstaatliches Verfassungsrecht.[80]

---

[72] Vgl. zu den prozessualen Streitfragen *A. Dittmann* (Fn. 71), S. 245ff.
[73] Entscheidung v. 7.4. 1976, BVerfGE 42, 103.
[74] Beschluß v. 5.2. 1976, BVerwGE 50, 124.
[75] BVerwGE 50, 137, 145.
[76] BVerwGE 50, 137, 147ff.
[77] BVerwGE 50, 137, 148.
[78] BVerwGE 50, 137, 149f.
[79] BVerwGE 50, 137, 150.
[80] BVerwGE 50, 137, 150ff.

Die Streitfrage der Anwendbarkeit des Vertrages trotz der für die bayerischen Behörden verbindlichen Entscheidung des Bayerischen Verfassungsgerichtshofes war damit geklärt, und zwar im Ergebnis sicherlich richtig. Können sich schon die Staaten im Völkerrechtsverkehr im Grundsatz nicht auf die Verletzung ihrer innerstaatlichen Verfassung als Grund der Ungültigkeit eines Vertrages berufen, so wird dies sicherlich erst recht im Bundesstaat gelten müssen. Bemerkenswert ist insoweit weniger das Ergebnis als die Begründung. Die Auffüllung des Zwischenländerrechts mit Grundsätzen der Bundestreue zeigt das enorme rechtstechnische Potential, das dem Bundestreuegrundsatz innewohnt. Selbst die vertragliche Selbstkoordinierung der Länder im Bereich der ‚dritten Ebene' wird damit der nahezu vollumfänglichen rechtlichen Überprüfung durch Bundesgerichte zugänglich. Das Einfließen rechtspolitischer Erwägungen und verfassungstheoretischer Vorverständnisse ist bei einer derartigen Prüfung nahezu unvermeidlich; das Bundesverwaltungsgericht blieb insoweit allerdings – im Ergebnis wohl durchaus zum Vorteil der politischen Instanzen – bei den üblichen Folgenerwägungen mehr oder weniger intuitiven Charakters stehen.

Für den Bereich des Bildungswesens ist die Numerus clausus-Rechtsprechung des Bundesverfassungsgerichts, die mit den Entscheidungen vom 8. Februar 1977[81] und vom 3. November 1981[82] eine Fortsetzung fand, nur ein bekanntes Beispiel – wenn auch das wohl prägnanteste – für den unitarisierenden Einfluß der Herausarbeitung eines auf die bundesverfassungsrechtlichen Grundrechte gestützten materiellen Bildungsverfassungsrechts. Auch Fragen wie die Organisation von Forschung und Lehre[83] oder die schulischen Aspekte des Elternrechts[84] gerieten in dieser Phase in den Sog der bundesverfassungsgerichtlichen Rechtsprechung, wurden in der immer weiter ausgefeilten Auslegung der Grundrechte und Staatszielbestimmungen des Grundgesetzes tendenziell in ihren Grundzügen einer Gestaltung durch die Länder entzogen.[85]

---

[81] BVerfGE 43, 291.

[82] BVerfGE 59, 1.

[83] Siehe insbes. BVerfGE 35, 79, 112ff. (Gruppenuniversität).

[84] Siehe insbes. BVerfGE 34, 165, 182ff. (Förderstufe); BVerfGE 41, 29 und 65, 89 (Gemeinschaftsschule); BVerfGE 45, 400, 415ff. (Gymnasiale Oberstufe); 47, 194 (Sexualkunde). Vgl. zur verfassungsrechtlichen Überformung des Schulrechts auch *B.-O. Bryde*, Neue Entwicklungen im Schulrecht, DÖV 1982, S.661ff. sowie *P. Glotz / K. Faber*, Richtlinien und Grenzen des Grundgesetzes für das Bildungswesen, in: E. Benda / W. Maihofer / H.-J. Vogel (Hrsg.), Handbuch des Verfassungsrechts, 1983, S.999, 1009ff.

[85] Zur ‚unitarisierenden' Wirkung der Grundrechte vgl. nur *T. Oppermann* (Fn.66), S. C 81ff.; *J. Lücke* (Fn.48), S.346ff.; *I. Richter* (Fn.46), S.186; *P. Glotz / K. Faber* (Fn.84), S.1028ff.; vgl. ferner *W. Maihofer*, Kulturelle Aufgaben des modernen Staates, in: E. Benda / W. Maihofer / H.-J. Vogel (Hrsg.), Handbuch des Verfassungsrechts, 1983, S.953, 988ff., sowie *K. Hailbronner* (Fn.67), S.27ff.

10.2.1.2. Das Urteil zum Vierten Rentenversicherungs-Änderungsgesetz und die Frage des Umfangs der Zustimmungsbedürftigkeit von Gesetzen

Die Politik der Konfrontation, die die christdemokratische Ländermehrheit im Bundesrat gegen die Bundesregierung und die sozialliberale Bundestagsmehrheit betrieb, hatte – wie oben schon dargestellt – auch zu einer verschärften Auseinandersetzung über den Umfang der Zustimmungsbedürftigkeit von Gesetzen geführt.[86] Streitig blieb die Frage vor allem in den Fällen, wo Änderungsgesetze zu ursprünglich nach Art. 84 Abs. 1 GG zustimmungspflichtigen Gesetzen keine Regelungen enthielten, die ihrerseits eine Zustimmungspflicht nach Art. 84 Abs. 1 hätten auslösen können.[87] Der Bundesrat behauptete hier den Fall einer Zustimmungsbedürftigkeit, während der Bundestag die Änderungsgesetze als schlichte Einspruchsgesetze behandelte.[88]

Als im Falle des Vierten Rentenversicherungs-Änderungsgesetzes, bei dessen Beratung in Bundestag und Bundesrat sich 1973 wieder einmal die Frage der Zustimmungsbedürftigkeit von Änderungsgesetzen stellte, der Bundesrat seine Zustimmung verweigerte, das Gesetz dann aber – unter der Prämisse, es sei ein reines Einspruchsgesetz – vom Bundespräsident (in Einvernehmen mit Bundesregierung und Mehrheit des Bundestages) ausgefertigt und verkündet wurde, brachten die Länder Rheinland-Pfalz und Bayern die Streitfrage mit einem Normenkontrollverfahren vor das Bundesverfassungsgericht. Der Zweite Senat bestätigte in seiner in diesem Verfahren ergangenen Entscheidung vom 25. Juni 1974[89] zwar im Grundsatz die vom Verfassungsgericht schon in früheren Entscheidungen zugrundegelegte sogen. ‚Einheitstheorie', führte aber zugleich aus, nicht jedes Gesetz, das ein Zustimmungsgesetz ändere, sei allein schon aus diesem Grunde zustimmungsbedürftig. Das Grundgesetz enthalte keine Vorschrift, der sich ein solcher Grundsatz entnehmen lasse.[90]

Die Zustimmungsvorbehalte im Grundgesetz seien – so die bekannte Formel dieses Urteils – „Schutzvorkehrungen" zugunsten der Länder, die dazu dienten, „Systemverschiebungen" im föderalistischen Gefüge zu verhindern, die am Grundgesetz vorbei im Wege der einfachen Gesetzgebung herbeigeführt würden. Soweit der Bundesrat einem Gesetz als Ganzem zugestimmt habe, habe er damit jedoch implizit auch sein Einverständnis mit der im Gesetz bewirkten „Systemverschiebung" erklärt. Erfolge in einem späteren Änderungsgesetz „kein neuer Einbruch in das Landesreservat, also keine erneute Systemverschiebung", so fehl-

---

[86] Vgl. dazu auch *G. Limberger*, Die Kompetenzen des Bundesrates und ihre Inanspruchnahme, 1982, S. 156ff.

[87] Vgl. zu dem über diese Frage geführten Streit einerseits *P. Weides* (Fn. 31), S. 340f., andererseits *M. Lepa* (Fn. 30), S. 400ff. und *F. Ossenbühl* (Fn. 30), S. 423ff.

[88] Vgl. zur Praxis von Bundesregierung, Bundestag und Bundesrat *M. Lepa* (Fn. 30), S. 400; *G. Ziller* (Fn. 22), S. 30;

[89] BVerfGE 37, 363.

[90] BVerfGE 37, 363, 379.

ten die Voraussetzungen dafür, auch für dieses Gesetz die Zustimmung des Bundesrates zu verlangen.[91]

Es sei zwar – so fährt das Verfassungsgericht fort – richtig, daß der Bundesrat jedes zustimmungsbedürftige Gesetz seinem ganzen Inhalt nach prüfe und nicht nur die Vorschriften, die die Zustimmungsbedürftigkeit auslösen. Er dürfe deshalb einem Gesetz auch deshalb die Zustimmung versagen, weil er nur mit der materiellen Regelung nicht einverstanden sei. Daraus, daß sich die Zustimmung des Bundesrates auf das ganze Gesetz als eine gesetzgebungstechnische Einheit beziehe, folge aber nicht, daß jedes Änderungsgesetz wiederum der Zustimmung des Bundesrates bedürfe.[92] Wäre – so knüpfte die Mehrheit des Senats ausdrücklich an die rechtspolitischen Erwägungen des Bundesverwaltungsgerichts an – diese Auffassung des Bundesrates richtig, „so müßte eine erhebliche Verschiebung der Gewichte zwischen dem die Interessen der Länder vertretenden Bundesrat einerseits und dem Bundestag und der Bundesregierung andererseits im Bereich des Gesetzgebungsverfahrens insofern die Folge sein, als das Zustimmungsgesetz dann die Regel wäre und das Einspruchsgesetz die Ausnahme". Die Zahl der Zustimmungsgesetze – dies die Folgenerwägung – würde sich damit erheblich vermehren; dies aber – so die Schlußfolgerung des Senats – „widerspräche der Gesamtkonzeption des Grundgesetzes, die von einer Gleichgewichtigkeit zwischen allen am Gesetzgebungsverfahren beteiligten Verfassungsorganen" ausgehe.[93]

Der Topos der ‚Gleichgewichtigkeit' ist an dieser Stelle überaus bemerkenswert.[94] Das 'Gleichgewichts'-Argument wird in diesem Urteil dazu benutzt, die Asymmetrie, man könnte auch sagen: die Ungleichgewichtigkeit von Bundestag und Bundesrat im Gesetzgebungsverfahren zu untermauern – ungeachtet des Umstandes, daß es vielleicht gar nicht eine ‚falsche' Auslegung des Grundgesetzes ist, die das perhorreszierte Ergebnis herbeiführt, sondern vielmehr die ‚perfektionistische' Regelungstechnik des Bundesgesetzgebers, dessen Liebe zum Detail die Zustimmungsbedürftigkeit in der Praxis der Bundesgesetzgebung überhaupt erst zur Regel hat werden lassen.[95]

Die auch im Senat selbst heftig umstrittene Argumentation – wie an dem ungewöhnlich scharf formulierten Sondervotum der drei Richter *von Schlabrendorff*, *Geiger* und *Rinck* zu ersehen ist[96] – wurde ergänzt durch eine im Senat einstimmig angenommene Zusatzerwägung, daß es durchaus eine Reihe von Fällen gebe, in

---

[91] BVerfGE 37, 363, 379f.

[92] BVerfGE 37, 363, 381.

[93] BVerfGE 37, 363, 383.

[94] Siehe auch die Kritik am ‚Gleichgewichtstopos' in der abweichenden Meinung der Richter *von Schlabrendorff*, *Geiger* und *Rinck*, BVerfGE 37, 401, 403f.

[95] Vgl. in diesem Sinne *G. Konow* (Fn. 30), S. 159ff., außerdem *F. Halstenberg*, Die Fortentwicklung der bundesstaatlichen Struktur seit 1949 und ihre Auswirkungen auf den Bundesrat, in: Der Bundesrat als Verfassungsorgan und politische Kraft, 1974, S. 127, 146, sowie *R. Herzog* (Fn. 31), S. 241ff.

[96] Vgl. die Abweichende Meinung der Richter *von Schlabrendorff*, *Geiger* und *Rinck*, BVerfGE 37, 401ff.

denen für die Änderung eines Zustimmungsgesetzes wiederum die Zustimmung des Bundesrates erforderlich sei. Dies liege auf der Hand für Änderungsgesetze, die in sich zustimmungsbedürftige Vorschriften enthielten. Gleiches gelte auch für Änderungen der zustimmungsbedürftigen Teile, worunter auch Änderungen der materiell-rechtlichen Teile fielen, die das ursprüngliche Regelwerk so umgestalteten, daß dies den „nicht ausdrücklich geänderten Vorschriften über das Verwaltungsverfahren eine wesentlich andere Bedeutung und Tragweite" verleihe.[97]

Das Bemühen um eine ‚salomonische' Lösung ist dieser Entscheidung unschwer anzusehen. Die dabei getroffene Abgrenzung der Fälle der zustimmungsbedürftigen und der nur einspruchsbehafteten Gesetze ist allerdings nicht unbedingt überzeugend ausgefallen, einmal davon abgesehen, daß die vom Verfassungsgericht vorgesehene Unterscheidung nur schwer praktikabel ist. Wirklich geklärt hat die Entscheidung die umstrittenen Fragen nicht[98], wenn auch der unitarische Duktus der Mehrheitsargumentation die Position von Bundesregierung und Bundestag im Grundsatz bestätigten und so den Prinzipienstreit praktisch beendeten.

10.2.1.3. Die Rechtsprechung zu Investitionshilfemaßnahmen nach Art. 104 a Abs. 4 GG

Neben dem Zwischenländerrecht bereiteten auch die neuen Institute des ‚kooperativen Föderalismus', also der Politikverflechtung zwischen Bund und Ländern, erhebliche verfassungsrechtliche Probleme. Dies gilt insbesondere für die Investitionshilfekompetenz des Art. 104 a Abs. 4 GG, deren Ausgestaltung und Grenzen in zwei von Bayern angestrengten Verfahren vor dem Bundesverfassungsgericht zu klären war.

Auf das Normenkontrollverfahren gegen das Städtebauförderungsgesetz wurde oben schon eingegangen. In seiner Entscheidung vom 4. März 1975[99] hatte das Bundesverfassungsgericht dabei den Rahmen für Investitionshilfen nach Art. 104 a Abs. 4 GG abgesteckt und die verbreitete Tendenz, den Art. 104 a Abs. 4 GG als eine pauschale Legitimierung der traditionellen Finanzhilfepraxis des Bundes zu deuten, in die Schranken verwiesen. Eine bundesstaatliche Ordnung müsse – so hatte das Bundesverfassungsgericht in seinen grundsätzlichen Erwägungen zur Rolle der Imvestitionshilfen im Bundesstaatsrecht ausgeführt – grundsätzlich sicherstellen, daß Finanzhilfen aus dem Bundeshaushalt an die Länder die Ausnahme blieben und und ihre Gewährung rechtlich so geregelt werde, daß sie nicht zum Mittel der Einflußnahme auf die Entscheidungsfreiheit der Gliedstaaten bei der Erfüllung der ihnen obliegenden Aufgaben würden.[100] Die Befugnis aus

[97] BVerfGE 37, 363, 383.

[98] Siehe nur *G. Ziller*, Zum Spannungsverhältnis zwischen Bundestag und Bundesrat im Gesetzgebungsverfahren, in: Parlamentarische Demokratie – Bewährung und Verteidigung. Festschrift für Helmut Schellknecht, 1984, S. 135, 146.

[99] BVerfGE 39, 96.

[100] BVerfGE 39, 96, 107ff.

Art. 104 a Abs. 4 GG sei dementsprechend kein Instrument direkter oder indirekter Investitionssteuerung zur Durchsetzung allgemeiner wirtschafts-, währungs-, raumordnungs- oder strukturpolitischer Ziele des Bundes in den Ländern. Ausserhalb der Förderungsziele des Art. 104 a Abs. 4 GG ließen diese Bundeszuschüsse eine Einflußnahme aus bundespolitischer Sicht auf die Aufgabenerfüllung der Länder nicht zu.[101]

Alle wesentlichen Vorgaben für die Vergabepraxis müßten daher im Zustimmungsgesetz nach Art. 104 a Abs. 4 S. 2 GG oder der entsprechenden Verwaltungsvereinbarung auf der Grundlage des Haushaltsgesetzes enthalten sein; der Bund dürfe insoweit die Festlegung wesentlicher Modalitäten der Gewährung weder Verwaltungsvorschriften noch Ermessensentscheidungen eines Bundesministeriums noch gar einer bloßen Verwaltungspraxis überlassen.[102] Mitplanungs-, Mitverwaltungs- und Mitentscheidungsbefugnisse gleich welcher Art im Aufgabenbereich der Länder verstießen gegen das Verbot der sogen. Mischverwaltung; Bedingungen und Dotationsauflagen finanzieller oder sachlicher Art, die unmittelbar oder mittelbar darauf abzielten, die Planungs- und Gestaltungsfreiheit der Länder außerhalb der Grenzen des Art. 104 a Abs. 4 GG an bundespolitische Interessen und Absichten zu binden, seien nach dieser Regelung nicht möglich – nicht mehr möglich, wie das Verfassungsgericht betonte.[103] Die weitreichenden Möglichkeiten einer indirekten Steuerung des Länderhandelns, die der Bund – so verdeutlichte das Gericht explizit die Folgen seiner Normkonstruktion – im Rahmen der Praxis der Bundesfondswirtschaft vor der Finanzreform in Anspruch genommen habe, seien nach dem mit Art. 104 a Abs. 4 GG geschaffenen System stark eingeschränkt worden.

Mit der Entscheidung vom 10. Februar 1976 zum „Einmaligen Sonderprogramm für Gebiete mit speziellen Strukturproblemen" konkretisierte der Zweite Senat diese Grundsätze.[104] Das von der Bundesregierung 1974 aufgelegte Sonderprogramm war durchgeführt worden ohne daß ein Gesetz nach Art. 104 a Abs. 4 GG verabschiedet oder eine entsprechende Verwaltungsvereinbarung mit den Ländern abgeschlossen worden wäre. Zielgruppe dieses Sonderprogramms waren dabei vorrangig die Gemeinden gewesen. Die Entscheidung über die Anträge der Gemeinden hatte der Bund sich selbst vorbehalten, und die Finanzhilfen waren auch direkt den Gemeinden gewährt und an diese unmittelbar ausgezahlt worden.

Ein Finanzhilfeprogramm mit derartigem Zuschnitt verstoße – so lautete der Vorwurf des Antragstellers, des Freistaates Bayern – gegen Art. 104 a Abs. 4 GG. Daß das Bundesverfassungsgericht in seiner Entscheidung praktisch vollumfänglich den bayerischen Anträgen gefolgt ist, kann angesichts der erst nach Einleitung des Verfahrens ergangenen Entscheidung zum Städtebauförderungsgesetz

[101] BVerfGE 39, 96, 111ff.
[102] BVerfGE 39, 96, 116ff., 121.
[103] BVerfGE 39, 96, 120f.
[104] BVerfGE 41, 291.

kaum verwundern. Als Finanzhilfemaßnahme des Bundes nach Art. 104 a Abs. 4 GG hätte das Sofortprogramm – so betonte das Bundesverfassungsgericht – eines entsprechenden Gesetzes oder einer Verwaltungsvereinbarung zwischen Bund und Ländern bedurft.[105] Eine Verwaltungsvereinbarung sei aber – entgegen der Behauptung des Bundes – nicht zustande gekommen. Allein durch konkludente Willenserklärungen könne eine derartige Vereinbarung nämlich nicht geschlossen werden. Angesichts der Funktion und Bedeutung einer Verwaltungsvereinbarung nach Art. 104 a Abs. 4 GG, die ja im Grundgesetz als Surrogat eines zustimmungspflichtigen Gesetzes gedacht sei, bedürfe diese der Schriftform. Verwaltungsvereinbarungen nach Art. 104 a Abs. 4 GG müßten „in einem gehörigen Verfahren so zwischen Bund und Ländern ausgehandelt werden, daß alles, worüber Einigkeit erzielt worden ist, in ihrem Text festgehalten wird"[106] – eine im Hinblick auf das Erfordernis, alles Wesentliche über Art und Weise der Gewährung müsse im Gesetz oder der Verwaltungsvereinbarung enthalten sein, schon geradezu banale Forderung.

Auch der Inhalt des Einmaligen Sonderprogramms, fuhr die Entscheidung fort, sei mit Art. 104 a Abs. 4 GG insofern unvereinbar, als der Bund das Recht für sich in Anspruch genommen habe, über einzelne Förderungsanträge der Gemeinden anstelle der Länder selbst zu entscheiden. Mit der Inanspruchnahme einer Mitentscheidungsbefugnis verletzte der Bund das grundgesetzliche Verbot einer sogenannten Mischverwaltung.[107] Schließlich habe der Bund auch dadurch Art. 104 a Abs. 4 GG verletzt, daß er die beantragten Zuschüsse nicht dem Land, sondern unmittelbar dessen Gemeinden gewährt habe.

Der nach der Finanzreform 1969 manifesten Tendenz, die Regelungen des Art. 104 a Abs. 4 GG als pauschale Bestätigung der alten Praxis der Bundesfondswirtschaft zu deuten, war damit eine klare Absage erteilt. Die durchgesetzte wortlautgetreue, enge Interpretation der Bestimmung begrenzte deutlich die Reichweite der Finanzhilfekompetenz und etablierte eine starke Gegentendenz zur ‚Verflechtung' über Mischfinanzierungen.

10.2.1.4. Die Rechtsprechung zur Abgrenzung der Gesetzgebungskompetenzen

Im Gegensatz zu den vorstehend dargestellten Leitentscheidungen war die Rechtsprechung zur Abgrenzung der Gesetzgebungskompetenzen von Bund und Ländern eher vorsichtig und auf Bewahrung der historisch geprägten Kompetenzordnung bedacht. Das Verfassungsgericht knüpfte hier ersichtlich an seine historisch-statische Rechtsprechung der frühen Jahre an, mit ihrem Primat der historischen Auslegung der Kompetenztitel.[108] Der Verweis auf die historischen

105 BVerfGE 41, 291, 304.
106 BVerfGE 41, 291, 305.
107 BVerfGE 41, 291, 310ff.
108 Vgl. BVerfGE 3, 407, 414f.; 5, 25, 29; 7, 29, 44; 11, 192, 199; 11, 234, 237; 12, 205, 226; 23, 113, 123f.; 28, 21, 32; 33, 52, 61; 33, 125, 152f.; 36, 193, 203; 41, 344, 355; 43, 20, 29.

Vorprägungen einzelner Kompetenztitel war im Ergebnis meist länderfreundlich in der Wirkung, da der Bund unter diesen Prämissen neue Kompetenzen kaum jemals erfolgreich beanspruchen konnte.[109] Das Primat der „historischen Zugehörigkeit" bzw. der „herkömmlichen Zuordnung"[110] wurde vom Bundesverfassungsgericht zwar dann im Verlaufe seiner weiteren Rechtsprechung aufgeweicht zu einem Argumentationstopos der „wesensmäßigen und historischen Zugehörigkeit" einer Regelungsmaterie. Das historische Argument blieb aber gleichwohl immer ein entscheidender Gesichtspunkt in der Zuweisung einzelner Regelungsbereiche zu den verschiedenen Kompetenztiteln.[111]

Die konkrete Zuordnung einzelner Materien war dabei zwar, sieht man genau hin, durchaus schwankend in ihrer argumentativen Gewichtung.[112] Insgesamt wurde dem Bund aber doch kein allzu großer Spielraum in der Inanspruchnahme neuer Regelungsbereiche zugestanden, wie insbesondere die Entscheidung zum Staatshaftungsgesetz[113] deutlich machte. Allerdings kam es in Einzelfällen doch immer wieder zu Durchbrechungen der üblichen Begründungsstränge unter Rückgriff auf teleologische Erwägungen, vor allem im Hinblick auf das Ziel der Sicherung der ‚Rechtseinheit'. Besonders deutlich ist dies an der Entscheidung zum Zeugnisverweigerungsrecht der Presseangehörigen[114], die in ihrer Nichtigerklärung des §22 Abs. 1 HessPresseG wegen mangelnder Gesetzgebungskompetenz des Landes eine gewisse Diskrepanz zur vorgängigen Entscheidung zum Pressedeliktsrecht[115] aufwies, in der eine parallele Regelungsmaterie noch den Ländern zuerkannt worden war. Begründet wurde dieses Ergebnis unter anderem mit dem „Bedürfnis nach Rechtseinheit" als teleologischem Kriterium der Auslegung. Es widerspräche – so führte das Verfassungsgericht explizit aus – „dem Gebot sachgemäßer und funktionsgerechter Auslegung der Kompetenzvorschriften", eine Materie, die in Deutschland seit der Verfassung von 1871 Sache des Reiches gewesen sei und nach 1949 eine bundeseinheitliche Regelung erfahren habe, „aus dem Zusammenhang des Prozeßrechts herauszulösen, den Ländern zu überantworten und damit die Gefahr einer partiellen Zersplitterung des Verfahrensrechts heraufzubeschwören"[116]– was, wie das Gericht sich ausdrückte, eine „sachlich nicht einleuchtende und darum unerträgliche Folge" darstellen würde[117]. Daß das Argument der Rechtseinheit, derart angewendet, gefährlich war, sah die Literatur deutlich; konsequent angewendet, so schrieb ein Kritiker

---

109 BVerfGE 41, 291, 313f.

110 Beide Begriffe werden vom Verfassungsgericht unterschiedslos verwendet – siehe nur BVerfGE 7, 29, 39f.

111 Vgl. dazu auch *F. Rottmann*, Die „wesensmäßige und historische Zugehörigkeit" und der Gesichtspunkt der „Rechtseinheit" als Elemente zur Konkretisierung von Kompetenznormen, DVBl. 1974, S. 407, 409.

112 Vgl. *F. Rottmann* (Fn. 111), S. 409f.

113 Entscheidung vom 19. 10. 1982, BVerfGE 61, 149.

114 Entscheidung vom 28. 11. 1973, BVerfGE 36, 193.

115 Entscheidung vom 4. 6. 1957, BVerfGE 7, 29 (dort insbes. 38f.).

116 BVerfGE 36, 193, 209.

117 BVerfGE 36, 193, 210.

des Urteils, „würde das Kriterium der Rechtseinheit das grundgesetzliche Verteilungsgefüge von Gesetzgebungskompetenzen sprengen, da fast immer ein Bedürfnis nach Rechtseinheit behauptet werden könnte"[118].

Dies sollte aber nicht davon ablenken, daß das Bundesverfassungsgericht insgesamt einen gewichtigen Beitrag zur Bewahrung der Kompetenzausstattung der Länder im Bereich der Gesetzgebung geleistet hat. Das Urteil vom 19. Oktober 1982 zum Staatshaftungsgesetz[119] ist das wohl prägnanteste Symbol für diese Orientierung auf Gewährleistung der überkommenen Kompetenzordnung. Auch andere Urteile wären aber in diesem Kontext zu nennen, wie die sogen. „Gondelbahn-Entscheidung" vom 10. März 1981[120], in der das Bundesverfassungsgericht – entgegen einer weitverbreiteten Tendenz in der Literatur – die wichtige Rolle der (überwiegend landesrechtlich geregelten) Fachplanungen und der darauf beruhenden Enteignungsverfahren betonte.[121] Wäre man in dieser Frage der überwiegenden Auffassung der Literatur gefolgt, so hätte die umfassende Anwendung der bauleitplanungsrechtlichen Regelungen des Bundesbaugesetzes fast völlig die einzelnen Fachplanungen verdrängt. Indem das Bundesverfassungsgericht den Eigenbereich der Fachplanungsbefugnisse gegenüber dem allgemeinen bauleitplanerischen Instrumentarium betonte[122], gebot es dieser Tendenz jedoch Einhalt; der Anwendungsbereich der landesrechtlichen Regelungen wurde damit weitgehend bewahrt.[123]

10.2.1.5. Die Rechtsprechung zum Verhältnis von Finanzverfassung und (Sach-)Gesetzgebungskompetenzen – Sonderabgaben

Eine vergleichbare Rolle, in ihrer Tendenz der Bewahrung überkommener Kompetenzstrukturen wie in ihrer gelegentlichen Durchbrechung der traditionellen Kategorien, spielte die verfassungsgerichtliche Rechtsprechung zu Fragen der Finanzverfassung. Auffallend ist hier zunächst die Tendenz zur Aufweichung der im Ansatz sehr strikten finanzverfassungsrechtlichen Kompetenzverteilung der Art. 105ff. GG durch die Konsolidierung der Rechtsprechung zu den Sonderabgaben. Zwar hatte das Verfassungsgericht schon in seiner frühen Rechtsprechung eine (ausnahmsweise) Befugnis des Gesetzgebers zur Einführung außersteuerlicher Abgaben sowie die Regelung ihrer Verwendung aus den allgemeinen Sach-

---

118 *F. Rottmann* (Fn. 111), S. 410.

119 Entscheidung vom 19. 10. 1982, BVerfGE 61, 149; vgl. dazu auch die Anmerkungen von *F. Ossenbühl*, Nichtigkeit des Staatshaftungsgesetzes, DÖV 1982, S. 982ff. sowie *F.-J. Peine*, Zur Verfassungswidrigkeit des Staatshaftungsgesetzes, JZ 1983, S. 137ff.

120 Entscheidung vom 10. 3. 1981, BVerfGE 56, 249.

121 Vgl. insoweit auch *W. Brohm*, Kompetenzüberschneidungen im Bundesstaat – Rechtsdogmatische Konsequenzen der Gondelbahn-Entscheidung des Bundesverfassungsgerichts, DÖV 1983, S. 525ff.

122 BVerfGE 56, 249, 263ff.

123 Vgl. zu den damit verbundenen Problemen des Verhältnisses der verschiedenen Planungen (und Planungsträger) *W. Brohm* (Fn. 121), S. 529ff.

zuständigkeiten nach Art. 73ff. GG hergeleitet[124]; diese älteren Entscheidungen hatten indes – wie das Gericht selbst in seiner Entscheidung zum Ausbildungsplatzförderungsgesetz eingeräumt hat[125] – die Möglichkeit der Schaffung außersteuerlicher Abgaben in den Grenzen der Sachkompetenzen der Art. 73ff. GG nur sehr pauschal begründet. Die älteren Entscheidungen waren durchweg stark kasuistisch geprägte Einzelfallentscheidungen, die den Ausnahmecharakter der einzelnen Regelungen betonten. Die funktionale Begründung und dogmatische Abgrenzung der Sonderabgaben als eines eigenständigen Rechtsinstitutes waren diese älteren Entscheidungen weitgehend schuldig geblieben, trotz des deutlich gesehenen Umstandes, daß – wie das Verfassungsgericht einräumte – jede Sonderabgabe zwangsläufig in Konkurrenz zu dem verfassungsrechtlich umfassend geregelten Institut der Steuer und der auf dem Steuerbegriff beruhenden Systematik der Finanzverfassung geraten muß.[126]

Erst mit der Entscheidung vom 10. Dezember 1980 zum Ausbildungsplatzförderungsgesetz[127] wurde diese Ausnahmekompetenz dann wirklich in das System der verfassungsrechtlichen Kompetenzverteilung integriert und zu einem eigenen Institut des Verfassungsrechts ausgebaut. Trotz der scheinbaren Ähnlichkeit seien Steuer und Sonderabgabe – so führte das Bundesverfassungsgericht in dieser Entscheidung aus – „wesensverschieden"; beide unterschieden sich nach „Idee und Funktion" grundlegend. Mit der Sonderabgabe würden Angehörige bestimmter Gruppen in Anspruch genommen, und zwar zur Finanzierung besonderer Aufgaben, zu denen diese Gruppe eine deutlich größere, durch eine objektive Interessenlage geprägte Sachnähe aufweise als die Allgemeinheit und deren Bewältigung in eine besondere Verantwortung dieser Gruppe falle. Das Grundgesetz versage es dem Gesetzgeber, Sonderabgaben zur Erzielung von Einnahmen für den allgemeinen Finanzbedarf eines öffentlichen Gemeinwesens zu erheben und das Aufkommen aus derartigen Abgaben zur Finanzierung allgemeiner Staatsaufgaben zu verwenden.[128]

---

[124] Siehe BVerfGE 4, 7, 13 (Abgabe nach dem Investitionshilfegesetz 1952); BVerfGE 8, 274, 317 (Preisausgleichsabgabe nach dem Preisgesetz); BVerfGE 13, 167, 170f. (Feuerwehrabgabe); BVerfGE 17, 287, 292 (Hebammenabgabe); BVerfGE 18, 274, 287 (Mehrwertabgabe im Umlegungsverfahren); BVerfGE 18, 315, 328f. (Ausgleichsabgabe nach dem Milch- und Fettgesetz); BVerfGE 29, 402, 409 (rückzahlbarer Konjunkturzuschlag zur Einkommensteuer); BVerfGE 37, 1, 16f. (Stabilisierungsabgabe nach dem Weinwirtschaftsgesetz).

[125] BVerfGE 55, 275, 298.

[126] Vgl. zum Problem nur *R. Mußgnug*, Die zweckgebundene öffentliche Abgabe, in: Festschrift für Ernst Forsthoff, 1972, S. 269ff.; *K.H. Friauf*, Öffentliche Sonderlasten und Gleichheit der Staatsbürger, in: Festschrift für H. Jahrreiß, 1974, S. 45, 51ff.; *P. Henseler*, Begriffsmerkmale und Legitimation von Sonderabgaben, 1984, S. 16ff.; *J. Hofmann*, Das Urteil des Bundesverfassungsgerichts zum Investitionshilfegesetz (InvHG) – Sonderabgaben und Grundgesetz, DVBl. 1986, S. 537, 538f.; *W. Heun*, Die Sonderabgaben als verfassungsrechtlicher Abgabetypus – Zur Sonderabgabenrechtsprechung des BVerfG, DVBl. 1990, S. 666ff.; *P. Kirchhof*, Staatliche Einnahmen, in: J. Isensee / P. Kirchhof (Hrsg.), Handbuch des Staatsrechts der Bundesrepublik Deutschland, Bd. IV, 1990, § 88 Rdnrn. 223ff., insbes. Rdnrn. 239, 268.

[127] BVerfGE 55, 275.

[128] BVerfGE 55, 275, 298.

Diese Grundsätze ergäben sich schon aus dem Rang und der Bedeutung der finanzverfassungsrechtlichen Grundsätze für die bundesstaatliche Ordnung. Die in den Art. 104a bis 108 GG enthaltenen finanzverfassungsrechtlichen Normen stellten einen der tragenden Eckpfeiler der bundesstaatlichen Ordnung des Grundgesetzes dar, durch die eine Finanzordnung sichergestellt werden solle, die den Gesamtstaat und die Gliedstaaten am Gesamtertrag der Volkswirtschaft sachgerecht beteilige. Unter diesem Aspekt komme der strikten Beachtung der finanzverfassungsrechtlichen Zuständigkeitsbereiche von Bund und Ländern eine überragende Bedeutung für die Stabilität der bundesstaatlichen Verfassung zu. Während das Grundgesetz die Besteuerungshoheit des Staates im Verhältnis zum Bürger stillschweigend voraussetze, regele es in den Art. 104a bis 108 GG in erster Linie die Verteilung der Gesetzgebungs-, Ertrags- und Verwaltungskompetenzen in bezug auf Steuern im Verhältnis von Bund, Ländern und Gemeinden. Hand in Hand gehe dabei ein ausgedehntes Zustimmungsrecht des Bundesrates im Gesetzgebungsverfahren. Der Zusammenhang dieser Vorschriften, so betonte das Gericht, mache es deutlich, „daß es sich hierbei um die Regelung eines Kernbereichs der bundesstaatlichen Struktur wie auch der politischen Machtverteilung in der Bundesrepublik Deutschland handelt".[129]

Schon mit der objektiven Ordnungsfunktion dieser bundesstaatlichen Finanzverfassung – so folgerte der zweite Senat – vertrüge es sich nicht, es der Willensentschließung des ,einfachen' Gesetzgebers zu überlassen, eine bestimmte Aufgabe im Wege der Besteuerung oder durch Erhebung einer ,parafiskalischen' Sonderabgabe zu finanzieren.[130] Die Erhebung von Sonderabgaben, gestützt auf eine weitgefaßte Sachgebietszuständigkeit, müsse insofern eng umgrenzte Ausnahme bleiben.[131] Im Sinne einer derartigen Umgrenzung entwickelte das Verfassungsgericht dann seine bekannten Kriterien der sachlich vorgeformten ,Homogenität' der in Anspruch genommenen Gruppe, der Sachnähe der belasteten Gruppe zu dem mit der Sonderabgabe verfolgten Zweck und der „Gruppennützigkeit" der Verwendung des Abgabenaufkommens.[132]

Welch einen heiklen Schritt es damit vollzog, sah das Bundesverfassungsgericht durchaus, wie aus den hier wiedergegebenen Passagen der Entscheidung deutlich wird, aber auch dem Sondervotum der Richter *Rinck*, *Steinberger* und *Träger*, die die Mehrheitsentscheidung in ihrer abweichenden Meinung als Durchbrechung der grundgesetzlichen Kompetenzordnung kritisierten[133]. Nicht nur die klare Zuweisung der Gesetzgebungs- und Ertragshoheit gemäß Art. 105 und 106 GG

---

[129] BVerfGE 55, 275, 300f.

[130] BVerfGE 55, 275, 301f.

[131] BVerfGE 55, 275, 308.

[132] BVerfGE 55, 275, 304ff.; daß damit die Probleme der Abgrenzung zwischen Sonderabgaben und Steuern nicht wirklich gelöst waren, darauf wiesen allerdings Kritiker der verfassungsgerichtlichen Rechtsprechung immer wieder hin – vgl. z.B. *F. Stäbler*, Finanzrechtliche Auswirkungen des Investitionshilfeabgaben-Urteils, BayVBl. 1985, S. 165, 166f.; *J. Hofmann* (Fn. 126), S. 541ff.; *W. Heun* (Fn. 126), S. 667ff.; vgl. außerdem *P. Kirchhof* (Fn. 126), § 88 Rdnrn. 257ff.

[133] BVerfGE 55, 275, 329f.

geriet damit in Gefahr, mehr und mehr ausgehöhlt zu werden; auch das ausgefeilte System der Beteiligung des Bundesrates an Finanzgesetzen konnte über den Rekurs auf die Sachzuständigkeit der Art. 73ff. GG allzuleicht überspielt werden. Entgegen dem Vortrag des Antragstellers, der bayerischen Staatsregierung, war nach der Mehrheit im Fall des Ausbildungsplatzförderungsgesetzes eine Zustimmung des Bundesrates nach Art. 105 Abs. 3 GG nicht erforderlich gewesen. Daß das Gesetz gleichwohl an der fehlenden Zustimmung des Bundesrates scheiterte, allerdings nach Art. 84 Abs. 1 GG, war nur wieder einmal der Detailwut des Bundesgesetzgebers zu ‚verdanken', der sich – wie so oft – der Regelung verfahrensrechtlicher Details nicht hatte enthalten können.

In den folgenden Urteilen zur Zulässigkeit von Sonderabgaben wurde an den 1980 festgelegten Kriterien zunächst einmal nichts Entscheidendes mehr geändert.[134] Während allerdings im Fall der Schwerbehindertenabgabe 1981 wegen deren atypischen Charakters die Abweichung von den Grundsätzen für Sonderabgaben hingenommen wurde[135], erklärte das Verfassungsgericht mit der Entscheidung vom 6. November 1984 die materiell als Zwangsanleihe qualifizierte Investitionshilfeabgabe nach dem Investitionshilfegesetz 1982 für verfassungswidrig[136]. Die schon in den vorhergehenden Entscheidungen angelegte Betonung des Lenkungszwecks als des entscheidenden Differenzierungskriteriums von der primär Finanzierungszwecke verfolgenden Steuer führte in diesem Fall zwangsläufig zur Feststellung, eine derartige Abgabe sei mit der Verfassung nicht vereinbar. Die Kriterien für eine Sonderabgabe seien nicht erfüllt, um eine Steuer handele es sich gleichfalls nicht[137]. Andere Formen der Abgabe seien aber nicht zulässig. Die Regelung des X. Abschnitts des Grundgesetzes müsse „aus zwingenden bundesstaatsrechtlichen Gründen als eine für Bund und Länder abschließende Regelung verstanden werden"[138].

Diese Betonung des abschließenden Charakters der finanzverfassungsrechtlichen Regeln legte es nahe, die Grundsätze zur Zulässigkeit der Sonderabgaben auch auf landesrechtliche Abgaben anzuwenden. Mit der Entscheidung vom 24. Januar 1995 vollzog das Verfassungsgericht erstmals ausdrücklich diesen Schritt – und erklärte die bayerische und baden-württembergische Feuerwehrabgabe für verfassungswidrig, da nicht die Kriterien einer zulässigen Sonderabgabe erfüllend.[139] Doch die Anwendbarkeit der Kriterien für die Erhebung zulässiger Sonderabgaben wirkt sich nicht nur zu Lasten der Länder aus. Mit der im November

---

[134] Siehe BVerfGE 57, 139, 165ff. (Schwerbehindertenabgabe); BVerfGE 67, 256, 274ff. (rückzahlbare Abgabe zur Förderung des Wohnungsbaus nach dem Investitionshilfegesetz 1982); BVerfGE 82, 159, 178ff. (Sonderabgaben für die Agrarwirtschaft nach dem Absatzfondsgesetz).

[135] BVerfGE 57, 139, 153ff.; vgl. auch *J. Hofmann* (Fn. 126), S. 539 sowie *F. Stäbler* (Fn. 132), S. 166.

[136] BVerfGE 67, 256, 279f.

[137] BVerfGE 67, 256, 281ff.; vgl. auch *J. Hofmann* (Fn. 126). 540ff. sowie *T. Maunz*, Verfassungsrechtliche Folgerungen aus dem Investitionshilfeurteil, BayVBl. 1985, S. 161, 162f

[138] BVerfGE 67, 256, 286; vgl. dazu auch *F. Stäbler* (Fn. 132), S. 167f., *J. Hofmann* (Fn. 126), S. 544 sowie *W. Heun* (Fn. 126), S. 667ff.

[139] BVerfGE 92, 91, 115ff.

1995 ergangenen Entscheidung zur baden-württembergischen und hessischen Wasserentnahmeabgabe[140] bestätigte das Bundesverfassungsgericht umgekehrt die Möglichkeit der Landesgesetzgeber, bei der Erhebung von Sonderabgaben mit Lenkungszweck außerhalb der Schranken der Finanzverfassung zu agieren. Da das Verfassungsgericht in dieser Entscheidung die Zulässigkeitsvoraussetzungen für die Erhebung solcher lenkender Sonderabgaben gegenüber seiner bisherigen Rechtsprechung deutlich nuanciert und im Ergebnis aufgeweicht hat[141], hat es insoweit beträchtliche Handlungsspielräume für die Landespolitik eröffnet. Die Anwendung der revidierten Grundsätze zur Zulässigkeit von Sonderabgaben wird es in Zukunft den Ländern erlauben, unter Rückgriff auf die ihnen nach den Art. 73ff. GG eingeräumten Sachkompetenzen politische Steuerung statt über das klassisch hoheitliche Instrumentarium der Verbotsgesetze und der Genehmigungsverfahren auch über ökonomische Anreizmechanismen zu betreiben.

10.2.1.6. Die Rechtsprechung zum Finanzausgleich

Ähnlich ambivalent in den Wirkungen wie die Rechtsprechung zu den Sonderabgaben war die Rechtsprechung des Bundesverfassungsgerichts zur Konstruktion des Länderfinanzausgleichs, die in zwei wichtigen Entscheidungen aus den Jahren 1986 und 1992 kulminierte.

Die Gestalt des Länderfinanzausgleichs war seit der Novellierung der Finanzausgleichsbestimmungen des Art. 107 GG in der Finanzreform von 1969 zwischen den unterschiedlichen Ländergruppen umstritten geblieben. Der horizontale Finanzausgleich war im Gefolge der Finanzreform erheblich intensiviert worden, mit einer Auffüllung der Finanzkraft der ausgleichsberechtigten Länder auf mindestens 95% der durchschnittlichen Finanzkraft und einer Abschöpfung im Falle der ausgleichspflichtigen Länder auf maximal 105% des Länderdurchschnitts.[142] Zugleich war der vertikale Finanzausgleich über die Bundesergänzungszuweisungen des Art. 107 Abs. 2 S. 3 GG im Laufe der Siebziger Jahre deutlich gesteigert worden.[143] Als sich im Gefolge der wirtschaftlichen Entwicklungen die realen Finanzkraftrelationen deutlich verschoben, bildete sich im Bundesrat eine mehrheitlich von unionsregierten Ländern gebildete Zweckkoalition von durch den status quo begünstigten Ländern, die eine Anpassung der Systematik

[140] Entscheidung v. 7.11. 1995, veröffentlicht in DVBl. 1996, 357ff.; zur schon in der zweiten Hälfte der Achziger Jahre intensiv geführten Diskussion um die verfassungsrechtliche Zulässigkeit des baden-württembergischen ‚Wasserpfennigs' vgl. etwa *E. Sander*, Der „Wasserpfennig" – eine Abgabe mit oder ohne staatliche Gegenleistung?, DVBl. 1990, S. 18ff. (m.w.N. Fußn.5).

[141] Entsch. v. 7.11. 1995, DVBl. 1996, 357, 359ff.; vgl. als Plädoyer für eine derartige Erweiterung der Grenzen zulässiger Sonderabgabenerhebung – gerade auch unter bundesstaatlicher Perspektive – auch schon *R. Hendler*, Umweltabgaben und Steuerstaatsdoktrin, AöR 115 (1990), S. 577ff., dort insbes. S. 606ff.

[142] Zum Ausmaß der Finanzkraftnivellierung vgl. die Tabelle in BVerfGE 72, 330, 340, außerdem *H. Donner*, Aktuelle Probleme des Finanzausgleichs im sozialen Bundesstaat, ZRP 1985, S. 327, 328.

[143] Vgl. *W. Renzsch*, Finanzverfassung und Finanzausgleich, 1991, S. 261f.

des horizontalen Länderfinanzausgleichs wie der Höhe der Bundesergänzungszuweisungen über Jahre hinweg verhindern konnte.[144]

Erst im Zuge des Regierungswechsels in Bonn 1982 kam es zu einer Einigung zwischen den Ministerpräsidenten der Union, unter Ausschluß der vier sozialdemokratisch regierten Länder Hamburg, Bremen, Nordrhein-Westfalen und Hessen. Begünstigte des parteiintern geschmiedeten Kompromisses waren dabei eindeutig die an möglichst weitgehender Bewahrung des bisherigen Systems interessierten Länder Niedersachsen, Bayern und Rheinland-Pfalz, ferner Baden-Württemberg, dessen Ausgleichssumme verringert wurde; den zwei unionsregierten Länder Schleswig-Holstein und Saarland waren pauschale Sonderlastenabgeltungen zugestanden worden.[145]

Die vier am Kompromiß nicht beteiligten Länder, zuzüglich des Saarlands, in dem mittlerweile die Regierung gewechselt hatte, und Baden-Württembergs, das allerdings völlig andere Ziele damit verfolgte, stellten in der Folge Normenkontrollanträge gegen das Finanzausgleichsgesetz und das Zerlegungsgesetz.[146] Dem Bundesverfassungsgericht gab dieses Verfahren Gelegenheit, die große Bedeutung der finanzverfassungsrechtlichen Bestimmungen des Art. 107 GG für das bundesstaatliche Gefüge zu betonen und die normativen Vorgaben des Art. 107 Abs. 1 und 2 GG zu konkretisieren, womit politisch diskriminierenden Gestaltungen des Finanzausgleichs Schranken gesetzt werden sollten.[147]

Ziel der finanzverfassungsrechtlichen Bestimmungen des Art. 107 GG sei es, so führte das Bundesverfassungsgericht in seiner Entscheidung vom 24. Juni 1986 aus, „Bund und Länder finanziell in die Lage zu versetzen, die ihnen verfassungsrechtlich zukommenden Aufgaben auch wahrzunehmen"; erst dadurch könne „die staatliche Selbständigkeit von Bund und Ländern real werden", könnten sich Eigenständigkeit und Eigenverantwortlichkeit der Aufgabenwahrnehmung entfalten.[148] Art. 107 Abs. 1 GG bestimme dabei, was den einzelnen Ländern als eigene Finanzausstattung zustehe. Diese primäre Aufteilung des Steueraufkommens, das das Grundgesetz den Ländern insgesamt als ihnen originär zustehende Finanzausstattung zuweise, sei sowohl vom Prinzip der örtlichen Vereinnahmung, korrigiert durch die Zerlegung, als auch von Bedarfsgesichtspunkten – abstrakt gemessen an der Einwohnerzahl – geprägt, das eine Prinzip als Grundlage der Einkommensteuerverteilung, das andere als Grundlage der Aufteilung des Umsatzsteueraufkom-

---

[144] Vgl. *W. Renzsch* (Fn. 143), S. 262.

[145] Zum Finanzausgleichskompromiß von 1982 vgl. *W. Renzsch* (Fn. 143), S. 262ff.

[146] Zu den Positionen der Antragsteller und zum Verfahren vor dem BVerfG vgl. *A. Meyer*, Der bundesstaatliche Finanzausgleich vor dem Bundesverfassungsgericht, BayVBl. 1985, S. 321ff., außerdem *W. Renzsch* (Fn. 143), S. 266. Zur Problemlage vgl. auch *H. Donner* (Fn. 142), S. 329ff.

[147] Vgl. auch die Anmerkungen zum Urteil von *F. Voss*, Der Finanzausgleich im Bundesstaat. Nach dem Urteil des Bundesverfassungsgerichts vom 24. Juni 1986, Betriebs-Berater 1986, S. 1581ff.; *R. Mußgnug*, Der horizontale Finanzausgleich auf dem Prüfstand des Bundesverfassungsgerichts, JuS 1986, S. 872ff.; *W. Patzig*, Länderfinanzausgleich und Bundesergänzungszuweisungen aus der Sicht des Bundesverfassungsgerichts, DÖV 1986, S. 1037ff.

[148] BVerfGE 72, 330, 383.

mens.[149] Angesichts des Kompromißcharakters der mit Art. 107 Abs. 1 GG festgeschriebenen Lösung sei gegen die Einkommensteuerzerlegung nach dem Wohnsitzprinzip im Grundsatz nichts einzuwenden, wie das Verfassungsgericht unter eingehender Würdigung der Entstehungsgeschichte der Bestimmung belegte[150] (das Prinzip der Zerlegung war ja im Rahmen der Verhandlungen zur Finanzreform gerade tragender Bestandteil des Kompromißpakets gewesen).

Der horizontale Finanzausgleich des Art. 107 Abs. 2 GG korrigiere dann noch einmal die Ergebnisse der primären Steuerverteilung unter den Bundesländern, „soweit diese auch unter Berücksichtigung der Eigenstaatlichkeit der Länder aus dem bundesstaatlichen Gedanken der Solidargemeinschaft heraus unangemessen sind"[151]. Das Grundgesetz wolle – so drückte das Verfassungsgericht den Sinngehalt der Regelungen aus – die unterschiedliche Finanzkraft der Bundesländer „angemessen ausgeglichen" wissen, gebe den ausgleichsberechtigten Ländern „Ansprüche" und belaste die ausgleichspflichtigen Länder mit „Verbindlichkeiten". Damit ziehe es „der auch durch ihre Finanzausstattung unterfangenen Autonomie der Länder angesichts deren Bedeutung für die Entwicklung der Lebensverhältnisse in der Bundesrepublik" dort Grenzen, wo die Unterschiede in der Finanzkraft „innerhalb des Bundesstaates als nicht mehr angemessen" angesehen werden könnten.[152] In der Bestimmung des Art. 107 Abs. 2 GG verwirkliche sich also „ein bündisches Prinzip des Einstehens füreinander, das nicht nur im Verhältnis von Bund und Ländern, sondern auch im Verhältnis der Länder untereinander" gelte. Dieses Prinzip verpflichte die einzelnen Länder „ungeachtet ihrer Eigenstaatlichkeit und finanzielllen Selbständigkeit zu gewissen Hilfeleistungen an andere, finanziell leistungsschwache Länder". In diesem sie rechtfertigenden Grund sei zugleich auch die Grenze dieser Hilfeleistungspflicht angelegt.[153]

Das Grundgesetz habe nun diesen ‚bündischen' Ausgleich ganz bewußt dem Verfahren des freien Aushandelns der Länder untereinander entzogen, ihn vielmehr in die Verantwortung des Bundesgesetzgebers gelegt. Der Ausgleich sei aber, von den Bindungen der Bundestreue einmal ganz abgesehen, nicht einfach der „freien politischen Gestaltung des Bundesgesetzgebers überlassen", sondern gewissen normativen Vorgaben unterstellt, die sich aus Art. 107 Abs. 2 GG ergäben. Politische Verhandlungen zwischen allen Beteiligten seien damit nicht ausgeschlossen; letztlich werde jedoch der Bundesgesetzgeber „von der Verfassung in die Pflicht genommen, die gesetzliche Regelung so zu gestalten, daß sie den normativen Anforderungen des Grundgesetzes genügt".[154]

---

149 BVerfGE 72, 330, 385.

150 BVerfGE 72, 330, 390ff., insbes. 393f.; vgl. auch zum Streit um die Steuerzerlegung *R. Mußgnug* (Fn. 147), S. 873f.

151 BVerfGE 72, 330, 386; vgl. auch zur Problematik des horizonatlen Finanzausgleichs *R. Mußgnug* (Fn. 147), S. 874ff.

152 BVerfGE 72, 330, 386.

153 BVerfGE 72, 330, 386f.

154 BVerfGE 72, 330, 395f.; vgl. als Kritik an der dadurch bewirkten Einengung des Gestaltungsspielraums des Gesetzgebers *F. Voss* (Fn. 147), S. 1583f.

Die normativen Bindungen, die das Verfassungsgericht aus Art. 107 Abs. 2 GG ableitete, waren dabei recht weitreichend. So deduzierte das Gericht aus dem Erfordernis des angemessenen Ausgleichs der „Finanzkraft“ in Art. 107 Abs. 2 S. 1 GG, der Begriff Finanzkraft sei umfassend zu verstehen und dürfe nicht allein auf die Steuerkraft reduziert werden wie im angegriffenen Gesetz.[155] Der nur teilweise Einbezug der Ölförderabgaben, der zugunsten Niedersachsens 1982 vereinbart worden war, war dementsprechend mit den verfassungsrechtlichen Anforderungen des Art. 107 Abs. 2 GG nicht vereinbar.[156] Ebensowenig mit Art. 107 Abs. 2 GG vereinbar war nach Auffassung des Gerichts der Einbezug von Sonderlasten einzelner Länder in die Berechnung der Finanzkraft. Mit Ausnahme der Seehäfen, die als historischer Tatbestand der berücksichtigungsfähigen Sonderlasten seit Jahrzehnten etabliert seien, liege es „im Sinne des Verfassungsgesetzgebers, die Bemessungsgrundlage Finanzkraft allein auf die objektiven, von politischen Bedarfs- und Dringlichkeitsentscheidungen unabhängigen Finanzaufgaben zu beziehen“[157].

Anders als der Begriff der Finanzkraft in Art. 107 Abs. 2 S. 1 GG sei der Begriff der Leistungsschwäche in Art. 107 Abs. 2 S. 3 GG nicht aufkommensorientiert, sondern bezeichne eine Relation zwischen Finanzaufkommen und Ausgabenlasten der Länder. Bei der Bemessung der Bundesergänzungszuweisungen seien daher Sonderlasten durchaus berücksichtigungsfähig.[158] Die grundsätzliche Bindung an die Steuerverteilung gemäß Art. 107 Abs. 1 GG gelte – so hatte das Gericht in einer vorausgegangenen Passage festgestellt – zwar auch für die in Art. 107 Abs. 2 S. 3 GG vorgesehenen Bundesergänzungszuweisungen. Auch in dieser Regelung komme das „bündische Prinzip des Einstehens füreinander“ zum Tragen, wenn auch in diesem Fall im Verhältnis zwischen Bund und Ländern. Dort wo die Steuerverteilung innerhalb der Ländergesamtheit eine Finanzausstattung erbringe, die unter diesem Gesichtspunkt korrekturbedürftig sei, werde der Weg für den Bund eröffnet, die Stellung eines oder mehrerer seiner Glieder finanziell zu verbessern.[159] Die Bundesergänzungszuweisungen seien jedoch nur als Ergänzung, nicht als Ersatz des horizontalen Finanzausgleichs angelegt; reiche die Finanzausstattung der Länder grundsätzlich nicht zur Erfüllung der Aufgaben aus, so bestehe aus der Bundestreue eine Pflicht zur Neuverhandlung der Umsatzsteueranteile.[160]

Entschließe sich der Bund zur partiellen Hilfeleistung gegenüber leistungsschwachen Ländern, könne dies grundsätzlich in zwei Formen erfolgen. Er könne einerseits die Finanzkraft der leistungsschwachen Länder allgemein anheben; dann dürfe er die Zuweisungen allerdings nur so bemessen, daß die Finanzkraft

---

155 BVerfGE 72, 330, 397ff.

156 BVerfGE 72, 330, 410ff.; zur Rolle der Ölfördereinnahmen im Konflikt um den Finanzausgleich vgl. auch *H. Donner* (Fn. 142), S. 331.

157 BVerfGE 72, 330, 400ff. (402), ferner ebda., 413ff.; zur dogmatisch schwer nachvollziehbaren Ableitung dieser Aussage vgl. auch *F. Voss* (Fn. 147), S. 1584.

158 BVerfGE 72, 330, 402.

159 BVerfGE 72, 330, 387.

160 BVerfGE 72, 330, 402.

jedes einzelnen Empfängerlandes die durchschnittliche Finanzkraft der Länder nicht übersteige.[161] Berücksichtige der Gesetzgeber bei der Gewährung von Bundesergänzungszuweisungen degegen Sonderlasten einzelner Länder, sei er „aus dem föderativen Gleichbehandlungsgebot heraus verpflichtet, diese zu benennen und zu begründen". Nur so sei sicherzustellen, daß der Gesetzgeber seiner Pflicht zur Gleichbehandlung der Länder auch bei der Berücksichtigung von Sonderlasten nachkomme. Die Pflicht zur Gleichbehandlung führe unter diesen Umständen dazu, daß die ausgewiesenen und benannten Sonderlasten bei allen Ländern berücksichtigt werden müßten, bei denen sie vorlägen. Zudem sei der Bundesgesetzgeber verpflichtet, die berücksichtigten Sonderlasten in angemessenen Abständen auf ihren Fortbestand zu überprüfen.[162] „Andernfalls könnte die ursprüngliche Gleichbehandlung der Länder infolge einer Veränderung der tatsächlichen Gegebenheiten im Laufe der Zeit in eine verfassungswidrige Ungleichbehandlung umschlagen", folgerte das Verfassungsgericht.[163] Dementsprechend war die über lange Jahre hintertriebene Anpassung der Bundesergänzungszuweisungen wie deren politisch manipulierte Bemessung – im Sinne des gezielten Bevorzugens zur Bildung einer Mehrheit im Bundesrat – nach Auffassung des Zweiten Senats ebenfalls mit der Verfassung unvereinbar.[164]

Bei den wegen der Verfassungswidrigkeitserklärung des Zweiten Abschnitts des Finanzausgleichsgesetzes notwendig gewordenen Verhandlungen über eine Neugestaltung des Länderfinanzausgleichs wiederholte sich jedoch im Ergebnis das politisch problematische Verfahren der Finanzausgleichsberatungen von 1982: Der eigentliche Kompromiß – unter Gewährung spezifischer Zugeständnisse an einzelne Länder im Interesse der Mehrheitsfindung im Bundesrat – wurde wiederum parteiintern zwischen Bundesregierung und christdemokratischen Ministerpräsidenten geschmiedet, unter Ausschluß der sozialdemokratisch regierten Länder.[165] Und erneut entschlossen die bei der Gestaltung des Finanzausgleichsgesetzes diskriminierten Länder sich, gegen das Gesetz das Bundesverfassungsgericht anzurufen.

Streitgegenstand war dabei zum einen schon das Verfahren der Aushandlung des Finanzausgleichskompromisses. Der Rückgriff auf die Passage im Fernseh-Urteil, wonach auch das procedere und der Stil der Verhandlungen unter dem Gebot des bundesfreundlichen Verhaltens stehen, lag dabei nahe; das Bundesverfassungsgericht nahm allerdings in der Entscheidung vom 27. Mai 1992 seine weitreichenden Aussagen zur Bundestreue inhaltlich deutlich zurück und billigte das Vorgehen der Bundesregierung, unter Hinweis auf die langen Verhandlungen, die im Vorfeld der Einigung mit allen Ländern geführt worden seien.[166]

[161] BVerfGE 72, 330, 404.
[162] BVerfGE 72, 330, 405f.
[163] BVerfGE 72, 330, 406.
[164] BVerfGE 72, 330, 420f.; vgl. insoweit auch *H. Donner* (Fn. 142), S. 332, sowie *F. Voss* (Fn. 147), S. 1585.
[165] Vgl. *W. Renzsch* (Fn. 143), S. 267ff.
[166] BVerfGE 86, 148, 211f.

In den materiellen Streitfragen hatte die zweite Finanzausgleichs-Entscheidung sich dagegen mit weit spezielleren Fragen zu beschäftigen als die voraufgegangene Entscheidung von 1986. Fragen nach der Einbeziehung der Finanzkraft der Gemeinden in die Berechnung der Ausgleichsmasse, nach der Höhe der Sonderlasten für Seehäfen, der ‚Einwohnerveredelung' im Falle der Stadtstaaten, der Berücksichtigung der Haushaltsnotlagen des Saarlandes und Bremens bei der Bemessung der Bundesergänzungszuweisungen standen im Vordergrund des Streites. Dementsprechend wenig Aussagen von allgemeiner Bedeutung für das Bundesstaatsrecht sind der Entscheidung zu entnehmen.

Der Kern der Entscheidung kann daher hier sehr knapp skizziert werden. Die stark pauschalierte Einbeziehung der kommunalen Finanzkraft in die Berechnung der Finanzkraftmeßzahl stieß auf keine grundlegenden Einwände von Seiten des Bundesverfassungsgerichts.[167]Einzig bezüglich der Einwohnerwertung in der Berechnung des (pauschalierten) kommunalen Finanzbedarfs nach § 9 Abs. 3 FAG brachte das Bundesverfassungsgericht einige Vorbehalte an. Ohne insoweit aktuell schon eine Verfassungswidrigkeit festzustellen, wurde dem Gesetzgeber aufgegeben, das System der Einwohnerwertung bei Gelegenheit zu überprüfen. Die Zweifel am Axiom des überproportionalen Anstiegs der Pro-Kopf-Quote des öffentlichen Aufwandes mit Zunahme der Siedlungsdichte (sogen. Brecht/Popitzsches Gesetz) seien – so lautete die Begründung – mittlerweile derart stark geworden, daß der Gesetzgeber diese ‚Erfahrungstatsache' nicht mehr unbefragt seinen Ausgleichskonstruktionen zugrundelegen könne.[168]

Bezüglich der Höhe der angesetzten Hafenlasten und des Systems der ‚Einwohnerveredelung' zugunsten der Stadtstaaten sah das Verfassungsgericht keine großen Bedenken.[169] Auch die Nichtberücksichtigung der Sozialhilfelasten sei mit dem Grundgesetz vereinbar. Die fehlende Berücksichtigung der Abzugsbeträge für Hafenlasten und der Einwohnerwertung bei der Berechnung der auszugleichenden Fehlbeträge führte allerdings zur Verfassungswidrigkeit der entsprechenden Bestimmung des FAG.[170] Gleichfalls als verfassungswidrig gerügt wurde in der Entscheidung, daß Bremen (im Gegensatz zum Saarland) kein Vorabbetrag wegen extremer Haushaltsnotlage bei den Bundesergänzungszuweisungen zugestanden wurde. Im Fall der extremen Haushaltsnotlage, wie sie für das Saarland und Bremen bestehe, sei das bundesstaatliche Prinzip als solches berührt. Aus ihm erwachse „den anderen Gliedern der bundesstaatlichen Gemeinschaft die Pflicht, mit konzeptionell aufeinander abgestimmten Maßnahmen dem betroffenen Land beizustehen".[171] Dabei dürften im Rahmen eines von dem betroffenen Land aufzustellenden Programms zur Haushaltssanierung Bundesergänzungs-

[167] BVerfGE 86, 148, 213ff.
[168] BVerfGE 86, 148, 233ff.
[169] BVerfGE 86, 148, 236ff.
[170] Zu welch widersinnigen Ergebnissen diese Fehlkonstruktion der Bestimmung des § 10 Abs. 3 FAG führte, belegte der Senat eindringlich in seinem Urteil – siehe BVerfGE 86, 148, 250ff. (dort insbes. 255ff.).
[171] BVerfGE 86, 148, 263.

zuweisungen auch in einem über das normale Maß hinausgehenden Umfang geleistet werden. Ein Anspruch auf Zuweisungen in dem Umfang, der angesichts der gegebenen extremen Haushaltsnotlage für eine wirksame Sanierungshilfe zur Haushaltsstabilisierung erforderlich wäre, bestehe allerdings grundsätzlich nicht. Zumindest gegen das „föderative Gleichbehandlungsgebot" dürfe aber insoweit nicht – wie im Falle Bremens – verstoßen werden.[172]Schließlich wurde auch die pauschale Kürzung des sich aus dem ersten Finanzausgleichsurteil ergebenden Nachteilsausgleichs für verfassungswidrig erklärt.

10.2.2. Die Renaissance der Bundestreue

Parallel zum Siegeszug der Konzepte von ,kooperativem Föderalismus' und ,Politikverflechtung' kam es in der Rechtsprechung des Bundesverfassungsgerichts auch zu einer Wiederbelebung des Bundestreuegedankens. Oben wurde dargestellt, wie die von der Verfassungsgerichtsbarkeit entwickelte Konzeption der Bundestreue, die in der frühen Rechtsprechung des Gerichts zum Bundesstaatsrecht eine sehr prominente Rolle gespielt hatte, nach dem Fernsehurteil von 1961 sich plötzlich einer massiven Kritik ausgesetzt gesehen hatte. Die extensive Interpretation der Bundestreue zugunsten der Länder im Fernsehurteil, mehr noch aber wohl die weitreichenden Ankündigungen einzelner Verfassungsrichter, die Bundestreue auf der Argumentation dieses Urteils aufbauend zum alles beherrschenden Konzept des Bundesstaatsrechts ausbauen zu wollen, hatte die Staatsrechtslehre auf den Plan gerufen. Der aus Politik und Wissenschaft geäußerten massiven Kritik gab das Bundesverfassungsgericht zunächst insofern nach, als es sich im Gebrauch der Bundestreuekategorie weitgehend zurücknahm. Für die gesamten Sechziger Jahre lassen sich in der verfassungsgerichtlichen Rechtsprechung kaum Rückgriffe auf den Gedanken der Bundestreue nachweisen.[173] Einzig in einigen Entscheidungen zu den heftig umstrittenen Fragen des Besoldungsrechts, das zu diesem Zeitpunkt noch weitgehend in Händen der Landesgesetzgeber lag, finden sich ab 1969 wieder systematische Anknüpfungen an die ältere Rechtsprechung zur Bundestreue.[174]

10.2.2.1. Das Urteil zum Ersten Hessischen Besoldungsanpassungsgesetz

Eine ernsthafte Wiederaufnahme der Bundestreue als tragendes Argument der Entscheidungsbegründung prägte erst wieder die Entscheidung vom 26. Juli 1972 zur Verfassungswidrigkeit von Bestimmungen des Ersten Hessischen Besol-

---

[172] BVerfGE 86, 148, 268ff.

[173] Als Ausnahmen siehe einzig die Entscheidungen vom 11.7. 1961, BVerfGE 13, 54, 75f., vom 24.7. 1962, BVerfGE 14, 197, 215, sowie vom 11.4. 1967, BVerfGE 21, 312, 326, in denen aber jeweils nur in einem ,obiter dictum' ausgeführt wird, daß Grundsätze der Bundestreue insoweit nicht für die Beurteilung des Falles einschlägig seien.

[174] Siehe die Entscheidung vom 4.6. 1969, BVerfGE 26, 116, 137, sowie die Entscheidung vom 15.11. 1971, BVerfGE 32, 199, 218.

dungsanpassungsgesetzes (1.H-BesAnpG).[175] Der Kontext, in dem die Bundestreue dort verwendet wurde, war jedoch äußerst bemerkenswert. Gegen die von der Bundesregierung behauptete Unvereinbarkeit des 1.H-BesAnpG mit dem – auf der Grundlage des 1971 neueingefügten Art. 74 a GG erlassenen – 1. Besoldungsvereinheitlichungs-und Neuregelungsgesetz des Bundes verteidigte Hessen sich mit dem Einwand, die bundesrechtliche Norm ihrerseits sei verfassungswidrig und nichtig.

Das Bundesverfassungsgericht kam dem insoweit scheinbar weit entgegen, als es an den Anfang seiner Begründung einige grundsätzliche Ausführungen über das „unentziehbare ‚Hausgut' der Länder im Bundesstaat" stellte. Die Länder seien im Grundgesetz – so führte das Verfassungsgericht aus – „gegen eine Verfassungsänderung gesichert, durch die sie die Qualität von *Staaten* oder ein Essentiale der Staatlichkeit einbüßen". Ob die Länder der Bundesrepublik „Staaten" seien „oder von Körperschaften ‚am Rande der Staatlichkeit' zu ‚höchstpotenzierten Gebietskörperschaften' in einem dezentralisierten Einheitsstaat herabsinken", lasse sich nicht „formal danach bestimmen, daß sie eine eigene Verfassung besitzen und daß sie über irgendein Stück vom Gesamtstaat unabgeleiteter Hoheitsmacht verfügen, also irgendeinen Rest von Gesetzgebungszuständigkeit, Verwaltungszuständigkeit und justizieller Zuständigkeit ihr eigen nennen". In solcher Sicht – so beschwört das Bundesverfassungsgericht die der formalen Interpretation des Bundesstaatsprinzips inhärente Gefahr – „könnten die Länder in ihrer Qualität als Staaten durch Grundgesetzänderungen nach und nach ausgehöhlt werden, so daß am Ende nur noch eine leere Hülse von Eigenstaatlichkeit übrig bliebe". Die Länder im Bundesstaat seien vielmehr nur dann Staaten, wenn ihnen ein Kern eigener Aufgaben als , Hausgut' unentziehbar verbleibe. Was immer im Einzelnen dazu gehören möge, fügt das Gericht ergänzend hinzu, jedenfalls müsse dem Land „die freie Bestimmung über seine Organisation einschließlich der in der Landesverfassung enthaltenen organisatorischen Grundentscheidungen sowie die Garantie der verfassungskräftigen Zuweisung eines angemessenen Anteils am Gesamtsteueraufkommen im Bundesstaat verbleiben".[176]

Diese grundsätzlichen Ausführungen zum unentziehbaren Kern der Länderprärogativen versuchte das Bundesverfassungsgericht sodann im Hinblick auf den vorgelegten Streit zu konkretisieren. Mit der Übertragung der konkurrierenden Zuständigkeit auf dem Gebiet des gesamten Besoldungs- und Versorgungsrechts der Landesbeamten auf den Bund werde, sobald der Gesetzgeber davon Gebrauch mache, dem Land die Bestimmung über einen wesentlichen Teil des Rechts entzogen, das für die Begründung und den Inhalt des ausschließlich zwischen dem Land und seinem Beamten bestehenden öffentlich-rechtlichen Dienstverhältnisses gelten solle. Daß das Verfassungsgericht den Übergang dieser Kompetenz angesichts seiner prinzipiellen Ausführungen zum „unentziehbaren Hausgut" für problematisch hielt, ist den anschließenden Ausführungen deutlich

[175] BVerfGE 34, 9.
[176] BVerfGE 34, 9, 19f.

zu entnehmen, vor allem soweit betont wurde, die bundesrechtliche Besoldungsregelung für Landesbeamte könnte das Land „bei der Verwirklichung von Reformen, die seine Verwaltungsstruktur betreffen, in Abhängigkeit vom Bund bringen".[177]

Diese – alles andere als abwegige – Gefahr negierte das Verfassungsgericht jedoch in der Folge unter Verweis auf das Prinzip der Bundestreue: Art. 74 a Abs. 1 GG, der zum Übergang der Kompetenz geführt habe, sei mit Art. 79 Abs. 3 GG deshalb vereinbar, weil die Ausübung dieser Kompetenz gebunden sei „durch die verfassungsrechtliche Pflicht zu bundesfreundlichem Verhalten, die nach der ständigen Rechtsprechung des Gerichts dem bundesstaatlichen Prinzip (Art. 20 Abs. 1 GG) entspringt". Aus ihr folge, daß der Bund unabhängig von den Grenzen des Art. 72 Abs. 2 GG die Regelung der Besoldung und Versorgung der Landesbeamten so treffen müsse, daß den Ländern die Möglichkeit offen bleibe, „im Zuge von Reformen und strukturellen Änderungen ihrer Organisation Ämter mit *neuem* Amtsinhalt einschließlich ihrer der Struktur der Bundesbesoldungsordnung für Landesbeamte entsprechenden besoldungsrechtlichen Einstufung in eigener Verantwortung zu schaffen". Diese Beschränkung in der Ausübung der Kompetenz sei auch vom Bundesverfassunsggericht in vollem Umfang nachprüfbar, so wird in der Entscheidung betont.[178]

Diese ‚identitätskernkonforme' Auslegung der Kompetenznorm des Art. 74 a GG anhand des Maßstabes der Bundestreue entbehrt nicht einer gewissen Ironie, bedenkt man die zugleich ausdrücklich aufrechterhaltene Reduktion der ‚Bedürfnisklausel' des Art. 72 Abs. 2 GG auf einen reinen Programmsatz. Die angesichts der in den Jahren zuvor an den Tag gelegten Zurückhaltung etwas überraschende Argumentation mit der Bindung des Bundesgesetzgebers an die Grundsätze der Bundestreue dient hier im Ergebnis dazu, die Bedenken gegen den mit Art. 74 a GG bewirkten Einbruch in den Kernbereich der Länderstaatsgewalt zu überwinden – eine im Ergebnis, trotz vordergründig länderfreundlicher Ausrichtung des Bundestreuearguments, nicht unproblematische Begründung. Welche Zielrichtung damit verfolgt wird, läßt sich überaus deutlich aus einer etwas später im Urteil folgenden Erwägung ablesen. Die ‚Sperrklausel' des Art. V § 8 Abs. 1 1. BesVNG – so ist dort zu lesen – habe ihren guten Sinn: Der Bund habe damit verhindert, daß ein Land ohne Änderung der mit dem Amt verbundenen Aufgabe den Dienstposten höher bewerte „und damit immer neue besoldungsrechtliche Unterschiede von Land zu Land, Unruhe und Unübersichtlichkeit der Besoldungsverhältnisse" schaffe und dem Bund „die Aufgabe einer Vereinheitlichung der Besoldung in Bund und Ländern" erschwere.[179]

---

[177] BVerfGE 34, 9, 20.
[178] BVerfGE 34, 9, 20f.
[179] BVerfGE 34, 9, 34.

10.2.2.2. Die Zweite Coburg-Entscheidung

Wenige Monate darauf folgte eine weitere Entscheidung, in der wiederum das Bundestreueprinzip als tragender Grundsatz herhalten mußte, vermeintliche Lücken des Bundesstaatsrechts aufzufüllen. In der Entscheidung vom 30. Januar 1973[180] wurde die Bundestreue vom Bundesverfassungsgericht genutzt, die Grundlinien des ‚Zwischenländerrechts' aus dem Grundsatz des ‚bundesfreundlichen Verhaltens' zu entwickeln.

Die Entscheidung ist im Kontext der Rechtsstreitigkeiten zwischen den Städten Coburg und Neustadt sowie dem Land Bayern über die Auslegung und Anwendung des Eingliederungsvertrages des Freistaates Coburg in Bayern vom 14.2. 1920 zu sehen. Es war nicht die erste Entscheidung in diesem Zusammenhang[181], aber die dogmatisch wohl folgenschwerste. Daß die Städte im ehemaligen Freistaat Coburg als „die noch bestehenden Selbstverwaltungskörperschaften, die als Repräsentanten der Bevölkerung des untergegangenen Landes angesehen werden können", grundsätzlich legitimiert waren, sich auf den Vertrag trotz Untergangs des eigentlichen Vertragspartners zu berufen, war in der Rechtsprechung des Bundesverfassungsgerichts dabei schon sehr früh geklärt worden.[182] Die von Bayern im Rahmen der Gebietsreform durchgeführte Eingliederung der Stadt Neustadt b.Coburg widersprach eindeutig dem Wortlaut des Coburger Eingliederungsvertrages von 1920; Bayern berief sich aber insoweit auf die Grundsätze der ‚clausula rebus sic stantibus', nach denen – so der Vortrag der bayerischen Staatsregierung – dem Freistaat Bayern ein Festhalten am Buchstaben des Vertrages in einem derartigen Fall nicht mehr zuzumuten sei.

Das Bundesverfassungsgericht folgte in seiner Entscheidung praktisch völlig der Argumentation der bayerischen Staatsregierung, wenn auch im Kern mit einer interessanten dogmatischen Abstützung seiner Begründung auf den Grundsatz der Bundestreue. Die clausula rebus sic stantibus – so der Zweite Senat – sei ein ungeschriebener Bestandteil des Bundesverfassungsrechts. Das innere Verhältnis des Bundesstaats, d.h. sowohl die staatsrechtlichen Beziehungen zwischen Bund und Ländern als auch die staatsrechtlichen Beziehungen zwischen den Gliedstaaten, würden – so führte das Gericht unter Verweis auf das Erste Neugliederungsurteil vom 23. Oktober 1951 (BVerfGE 1, 14, 51) aus – „nach dem Recht des Grundgesetzes ausschließlich durch das geltende Bundesverfassungsrecht bestimmt". Für die Anwendung von Völkerrecht sei insoweit kein Raum. Schon der Staatsgerichtshof für das Deutsche Reich habe – hier folgt ein Verweis

---

180 BVerfGE 34, 216; vgl. dazu auch die Anmerkungen von *A. Bleckmann*, Völkerrecht im Bundesstaat? Gedanken zum zweiten Coburg-Urteil des Bundesverfassungsgerichts vom 30. Januar 1973, SJIR/ASDI 29 (1973), S. 9ff. sowie von *K.-H. Böckstiegel*, Wegfall der Geschäftsgrundlage und clausula rebus sic stantibus im Staatsvertrags- und Völkerrecht – BVerfGE 34, 216, JuS 1973, S. 759ff.

181 Vgl. davor schon die Entscheidung des BVerfG vom 18.7. 1967, BVerfGE 22, 221.

182 Siehe nur BVerfGE 3, 267, 280, sowie BVerfGE 4, 250, 268; ferner BVerfGE 22, 221, 231; vgl. auch *J.A. Frowein*, Der Eingliederungsvertrag im Völkerrecht und im Staatsrecht, ZaöRV 30 (1970), S. 1, 11ff.

auf den Donauversinkungsfall – das Verhältnis der Länder als „maßgebend allein beherrscht" vom Verfassungsrecht beurteilt. Zwar habe der Staatsgerichtshof bei Fehlen einschlägiger Regeln im Verfassungsrecht – wenn auch sehr indirekt – noch einen Rekurs auf völkerrechtliche Prinzipien zugelassen. Heute aber sei das Verhältnis der Länder zueinander „lückenlos durch das Bundesverfassungsrecht geregelt, teils durch ausdrückliche Regelungen im Grundgesetz, teils durch den vom Bundesverfassungsgericht entwickelten Grundsatz des bundesfreundlichen Verhaltens". In diesem Grundsatz wurzele systematisch auch der „ungeschriebene Satz von der clausula rebus sic stantibus, der auf staatsvertragliche Beziehungen zwischen den Gliedern der Bundesrepublik Deutschland einwirkt". Ihn für das deutsche Verfassungsrecht auszulegen, sei Sache des Bundesverfassungsgerichts.[183]

Die These von der lückenlosen Regelung des Zwischenländerverhältnisses durch das Bundesverfassungsrecht, unter Auffüllung aller de facto anzutreffenden Regelungsdefizite durch den vom Bundesverfassungsgericht entwickelten und weiter zu konkretisierenden Grundsatz der Bundestreue, ist bemerkenswert in ihrem Anspruch.[184] Zwar kam diese These der Tendenz wichtiger Teile der Literatur entgegen; die in den eher unitarisch orientierten Schriften der Staatsrechtslehre vorherrschende Ablehnung jeder Anwendung völkerrechtlicher Grundsätze im Zwischenländerrecht war damit vom Bundesverfassungsgericht im Grundsätzlichen bestätigt.[185] Die Ausfüllung des dadurch aufgerissenen Rechtsvakuums mit den Prinzipien der Bundestreue setzte allerdings ein völlig unbestimmtes Konzept an die Stelle der sonst naheliegenden Rezeption völkerrechtlicher Regeln – eines unbestimmten Konzepts, über dessen Konkretisierung indirekt die Grundgedanken des Völkervertragsrechts doch wieder in das Bundesstaatsrecht einflossen, wie der Rückgriff auf die Grundsätze der clausula rebus sic stantibus überdeutlich veranschaulichte.[186] Nur am Rande sei hier noch auf die der Begründung des Zweiten Coburg-Urteils direkt widersprechende Formel im Grundvertrags-Urteil hingewiesen, derzufolge sich die Beziehungen zwischen den Gliedstaaten eines Bundesstaates nach den Regeln des Völkerrechts richteten, „falls eine Regelung in der Bundesverfassung fehlt"[187] – dies kurioserweise auch noch unter Berufung auf die Zweite Coburg-Entscheidung.

Einige Folgeentscheidungen vertieften und konkretisierten dieses Monopol des Bundesverfassungsrechts im Bereich der bundesstaatsinternen zwischenstaatlichen Beziehungen noch – so das Dritte Coburg-Urteil vom 27. 11. 1974[188],

---

[183] BVerfGE 34, 216, 229f.

[184] Vgl. insoweit nur *K.-H. Böckstiegel* (Fn. 180), S. 760; *A. Bleckmann* (Fn. 180), S. 37f., 43ff.; *C. Tomuschat*, Die Auslegung von „Zwischenländerrecht", DÖV 1975, S. 453, 454.

[185] Vgl. dazu nur *C. Tomuschat* (Fn. 184), S. 453f. (m.w.N. der einschlägigen Literaturstimmen).

[186] So die Kritik von *K.-H. Böckstiegel* (Fn. 180), S. 760; *A. Bleckmann* (Fn. 180), S. 47f.; *C. Tomuschat* (Fn. 184), S. 454.

[187] Entscheidung v. 31. 7. 1973, BVerfGE 36, 1, 24.

[188] BVerfGE 38, 231.

das den von beiden Seiten geführten erneuten Streit über die Regeln der clausula rebus sic stantibus durch eine überraschende Interpretation des Eingliederungsvertrages umging[189], oder das Pyrmont-Urteil vom 22. September 1976[190], das wiederum tragend auf den Grundsatz der clausula zurückgriff.

10.2.2.3. Die weitere Rechtsprechung zur Bundestreue

Die Bundestreue hatte mit den vorgenannten Entscheidungen wieder Eingang in das Begründungsarsenal des Bundesverfassungsgerichts gefunden. In den folgenden Jahren tauchten Verweise auf die Grundsätze der Bundestreue mehrfach in den Entscheidungen des Verfassungsgerichts auf, ohne allerdings zu den tragenden Erwägungen der Begründung zu gehören.[191] Dies als Zurücknahme der weitreichenden Ansätze aus der frühen Rechtsprechung zu verstehen, wäre wohl verfehlt.[192] Viel eher ist das Fehlen spektakulärer Entscheidungen, die durch den Rückgriff auf Bundestreueerwägungen als tragende Gründe gekennzeichnet wären, auf den Zurückgang grundlegender Streitverfahren zwischen Bund und Ländern zurückzuführen.[193] Soweit solche Streitverfahren noch vorkamen, ergab sich die Lösung bereits aus den positivierten Regelungen des Grundgesetzes. Der Verweis auf Erwägungen der Bundestreue hatte daher in diesen Fällen meist den Charakter einer Bezugnahme auf eine ‚Selbstverständlichkeit', wie in einigen Verfahren der frühen Achziger Jahre.[194]

Erst mit der Entscheidung vom 24. Juni 1986 zum Länderfinanzausgleich rückte das Bundestreueprinzip wieder in die Gestalt eines tragenden Grundsatzes ein – nicht verwunderlich angesichts der Rolle, die das Bundesverfassungsgericht der Bundestreue schon in seiner frühen Rechtsprechung zur Finanzverfassung beigelegt hatte. Bei der Konkretisierung der Verfahrensanforderungen in bezug auf die Festlegung der Details des Länderfinanzausgleichs betonte das Verfassungsgericht zum einen ganz allgemein die Bindung des Bundes gegenüber den Ländern aus den Grundsätzen der Bundestreue.[195] Zum anderen leitete es aus dem Prinzip der Bundestreue ab, soweit es den Ländern unmöglich werde – mangels angemes-

---

[189] Vgl. dazu die kritische Anmerkung von *C. Tomuschat* (Fn. 184), S. 453ff., insbes. S. 755f.

[190] BVerfGE 42, 345, 358f.

[191] Vgl. nur die beiden Entscheidungen zur Finanzhilfekompetenz des Art. 104 a Abs. 4 GG – Entsch. v. 4.3. 1975, BVerfGE 39, 96, 119f., sowie Entsch. v. 10.2. 1976, BVerfGE 41, 291, 310, 312; vgl. ferner die Entsch. v. 7.4. 1976 über die Unzulässigkeit des Zwischenländerverfahrens Bayerns gegen die anderen Länder über die Unanwendbarkeit des Art. 11 Abs. 8 des Staatsvertrages über die Vergabe von Studienplätzen, BVerfGE 42, 103, 117f., außerdem die Entsch. v. 8.2. 1977 über die Auswahlregelung für zulassungsbeschränkte Studiengänge, BVerfGE 43, 291, 348f.

[192] So zu Recht – aufgrund einer eingehenden Analyse der Rechtsprechung – *H. Bauer*, Die Bundestreue, 1992, S. 180ff.

[193] Vgl. *H. Bauer* (Fn. 192), S. 187.

[194] Siehe nur die Entscheidungen vom 10.3. 1981, BVerfGE 56, 298, 322 (Gondelbahn) und vom 19.10. 1982, BVerfGE 61, 149, 205 (Staatshaftungsgesetz).

[195] BVerfGE 72, 330, 395f.

sener Beteiligung an den verfügbaren Finanzmitteln – ihre Aufgaben insgesamt hinreichend zu erfüllen, bestehe eine Pflicht des Bundes zur Neuverhandlung über die Umsatzsteueranteile gemäß Art. 106 Abs. 4 S. 1 GG.[196]

Eine ähnlich gravierende Ableitung aus dem Bundestreueprinzip prägte die Entscheidung vom 4. November 1986 zum Niedersächsischen Landesrundfunkgesetz[197]. Veranstalter oder auch Produzenten überregionaler Rundfunkprogramme – führte das Bundesverfassungsgericht dort aus – könnten sich nur schwer nach einem ganzen Bündel unterschiedlicher landesrechtlicher Normierungen richten. Ein funktionierendes System der Verbreitung hänge insoweit von einer Koordination der landesgesetzlichen Regelungen und damit von einer Kooperation der Länder ab. Anders als bei der Nutzung von Satellitenkapazitäten, bei welcher die Verfügung über die Ausstrahlung von in allen Ländern direkt empfangbaren Rundfunkprogrammen nur allen Ländern gemeinsam zukommen könne, ergebe sich die Notwendigkeit einer solchen Kooperation bei der Regelung der Verbreitung nicht bereits aus der Eigenart der Aufgabe und den für deren Wahrnehmung maßgebenden Grundsätzen. Sie folge aber, soweit das für ein funktionierendes System erforderlich sei, jedenfalls aus dem Grundsatz bundesfreundlichen Verhaltens, der auch die Länder untereinander zu gegenseitiger Abstimmung, Rücksichtnahme und Zusammenarbeit verpflichte.[198]

Beinahe noch weitreichender waren die Deduktionen konkreter Verhaltenspflichten aus Grundsätzen der Bundestreue in der sogen. ‚Kalkar-Entscheidung', dem Urteil vom 22. Mai 1990 über die Verfassungsmäßigkeit der Weisung des Bundesumweltministers an den Minister für Wirtschaft des Landes Nordrhein-Westfalen im Rahmen eines atomrechtlichen Genehmigungsverfahrens.[199] Der Antrag Nordrhein-Westfalens gemäß Art. 93 Abs. 1 Nr. 3 GG war dabei unter anderem auch auf die Prinzipien der Bundestreue gestützt. Die Weisung des Bundesumweltministers – so der Vortrag – sei nicht nur rechtswidrig, sondern es lasse sich auch mit dem Grundsatz der Bundestreue nicht vereinbaren, „daß sich der Bundesminister über im einzelnen substantiierte Bedenken des Landesministers ohne sachliche Stellungnahme und nachvollziehbare Begründung hinweggesetzt habe". Eine Weisung dürfe vielmehr nur dann erteilt werden, wenn der Dialog zwischen Bundesaufsicht und Genehmigungsbehörde trotz nachhaltiger Bemühungen fruchtlos verlaufen sei.[200]

Dem folgte das Bundesverfassungsgericht bekanntlich nicht. Die Länder könnten – so argumentierte das Urteil – nur dann in ihrem Recht auf Wahrnehmung der eigenen Kompetenz verletzt sein, wenn gerade die Inanspruchnahme der Weisungsbefugnis – sei es als solche oder in ihren Modalitäten – gegen die Verfassung verstoße.[201] Dagegen könnten die Länder nicht geltend machen, der Bund

[196] BVerfGE 72, 330, 402.
[197] BVerfGE 73, 118.
[198] BVerfGE 73, 118, 196f.
[199] BVerfGE 81, 310, 337ff.
[200] BVerfGE 81, 310, 322f.
[201] BVerfGE 81, 310, 332f.

übe seine im Einklang mit der Verfassung in Anspruch genommene Weisungsbefugnis inhaltlich rechtswidrig aus. Bei Ausübung seiner Weisungskompetenz unterliege der Bund insoweit zwar auch der Pflicht zu bundesfreundlichem Verhalten, merkte das Verfassungsgericht an. Im deutschen Bundesstaat werde schließlich „das gesamte verfassungsrechtliche Verhältnis zwischen dem Gesamtstaat und seinen Gliedern durch den ungeschriebenen Verfassungsgrundsatz von der wechselseitigen Pflicht des Bundes und der Länder zu bundesfreundlichem Verhalten beherrscht“[202]. Diese Pflicht verlange, daß sowohl der Bund als auch die Länder bei der Wahrnehmung ihrer Kompetenzen die gebotene und ihnen zumutbare Rücksicht auf das Gesamtinteresse des Bundesstaates und auf die Belange der Länder nähmen. Der Bund verstoße aber gegen die Pflicht zur Bundestreue nicht schon dadurch, daß er von einer durch das Grundgesetz eingeräumten Kompetenz Gebrauch mache; vielmehr müsse die Inanspruchnahme der Kompetenz als solche mißbräuchlich sein oder gegen prozedurale Anforderungen verstoßen, die aus diesem Grundsatz herzuleiten seien.[203]

Die Pflicht zu gegenseitiger Rücksichtnahme gebiete, daß der Bund grundsätzlich vor Weisungserlaß dem Land Gelegenheit zur Stellungnahme gebe und dessen Standpunkt erwäge. Sie bedeute hingegen nicht, daß der Bund sich um ein Einvernehmen mit dem Land bemühen müsse, bevor er zum Mittel der Weisung greife. Der gebotenen Rücksichtnahme entspreche es dementsprechend zwar, daß der Bund dem Land gegenüber im Streitfall grundsätzlich zu erkennen gebe, er erwäge den Erlaß einer Weisung, und damit dem Land die Bedeutung dieses Konflikts vor Augen führe. Hingegen gebe es keine Pflicht des Bundes zur Rücksichtnahme auf das Landesinteresse, die Sachentscheidung selbst zu treffen. Die Weisungsbefugnis gefährde nicht die der Auftragsverwaltung zugrundeliegende Machtbalance, sie sei vielmehr deren Bestandteil.[204]

Die Grundsätze dieser Entscheidung, auch was die Rolle der Bundestreue in der Auftragsverwaltung betrifft, wurden in der Entscheidung vom 10. April 1991 zum Planfeststellungsverfahren für das geplante Endlager für nukleare Abfälle in ‚Schacht Konrad‘ bei Salzgitter noch einmal ausdrücklich bestätigt.[205] Da die Bundesregierung die in der ‚Kalkar-Entscheidung‘ aus dem Grundsatz der Bundestreue abgeleiteten prozeduralen Anforderungen an die Ausübung des Weisungsrechts penibel beachtet hatte[206], obsiegte der Bund hier erneut.

Einen vorläufigen Höhepunkt im Prozeß der Aufwertung und Fruchtbarmachung der Bundestreue setzte das Bundesverfassungsgericht dann mit seinem Urteil vom 22. März 1995 zur EG-Rundfunkrichtlinie.[207] Der in der rechtswissenschaftlichen Literatur schon seit einiger Zeit lang und breit diskutierte Versuch,

---

[202] BVerfGE 81, 310, 337.
[203] Ebda.
[204] BVerfGE 81, 310, 337f.
[205] BVerfGE 84, 25, 31f.
[206] Vgl. BVerfGE 84, 25, 33.
[207] BVerfGE 92, 203; vgl. dazu auch *I. Winkelmann*, Die Bundesregierung als Sachwalter von Länderrechten, DÖV 1996, S. 1ff.

die Grundsätze der Bundestreue auch für das Verhältnis der Länder zum Bund in EG-Angelegenheiten nutzbar zu machen[208], wurde in dieser Entscheidung vom Bundesverfassungsgericht aufgegriffen und zum tragenden Gesichtspunkt der Argumentation erhoben; schon in der Tenorierung wird dies deutlich, wenn es dort heißt, der Bund habe mit seinem Beschluß beim Zustandekommen der Quotenregelung in Kapitel III der Rundfunkrichtlinie die Rechte der am Verfahren beteiligten Länder aus Art. 70 Abs. 1 in Verbindung mit Art. 24 Abs. 1 GG und dem Grundsatz des bundesfreundlichen Verhaltens verletzt.[209]

In prozessualer Hinsicht konnte das Bundesverfassungsgericht dabei an seine ältere Rechtsprechung anknüpfen, derzufolge das ‚verfassungsrechtliche Gebot bundesfreundlichen Verhaltens' Grundlage einer geltendzumachenden Rechtsverletzung nach Art. 93 Abs. 1 Nr. 3 GG sein könne.[210] In materieller Hinsicht betont das Gericht zunächst, bei der Vorbereitung von Rechtsetzungsakten der Gemeinschaft, welche die Gesetzgebungszuständigkeit der Länder betreffen, folge aus der Bundestreue, „daß Bund und Land eng miteinander zusammenarbeiten".[211] Form und Verfahren dieser Zusammenarbeit seien allerdings im Grundgesetz nur ansatzweise vorgezeichnet. Für den völkerrechtlichen Verkehr sei es vielmehr die Praxis nach dem ‚Lindauer Abkommen', für EG-Angelegenheiten das Verfahren nach Art. 2 EEAG, über das „die Pflicht von Bund und Ländern, sich im kooperativen Bundesstaat zu verständigen", in bestimmter Weise ausgeformt werde.[212] Wenngleich das Zusammenarbeitsverfahren nach Art. 2 EEAG nur gesetzlich abgestützt sei und daher verfassungsrechtliche Positionen von Bund und Ländern nicht verändern könne, gewinne es „für die Ausgestaltung und Auslegung der aus dem Prinzip der Bundestreue abzuleitenden Bindung von Bund und Ländern Bedeutung".[213] Jedes Land habe, soweit es um die Wahrung seiner grundgesetzlich gewährleisteten Rechte gehe, einen Anspruch darauf, daß die Bundesregierung das Verfahren des Art. 2 EEAG einhalte und nach den Grundsätzen der Bundestreue handhabe.

Die in der Folge vom Bundesverfassungsgericht entfalteten Modalitäten der Handhabung des Zusammenarbeitsverfahrens ‚in bundesfreundlichem Geiste' sind überaus weitgehend und erlegen es der Bundesregierung auf, bei behaupteter Kompetenzwidrigkeit des betreffenden Aktes der Gemeinschaft starr auf dem einmal bezogenen Standpunkt zur Kompetenzfrage zu beharren und gegebenenfalls mit allen ihr zur Verfügung stehenden Mitteln für eine Aufhebung oder Änderung des Rechtsaktes einzutreten.[214] Verhandlungstaktische Spielräume wer-

---

[208] Vgl. insoweit die zusammenfassende Darstellung der Debatte bei *H. Bauer* (Fn. 192), S. 198ff.

[209] BVerfGE 92, 203, 205.

[210] BVerfGE 92, 203, 227f.

[211] BVerfGE 92, 203, 230f.; vgl. zur Rolle der Bundestreue im Urteil auch *I. Winkelmann* (Fn. 207), S. 5f.

[212] BVerfGE 92, 203, 233f.

[213] BVerfGE 92, 203, 233.

[214] BVerfGE 92, 203, 235ff.; vgl. insoweit auch *I. Winkelmann* (Fn. 2079, S. 6ff.

den der Bundesregierung insoweit kaum noch zugestanden, ja die Formulierung der entsprechenden Passage läßt gar den Gedanken aufkommen, ob die Bundesregierung bei Gelegenheit nicht von allen ihr zur Verfügung stehenden ‚Veto'-Möglichkeiten rechtlicher wie politischer Art Gebrauch machen müsse. Verdeutlicht wird damit in extremer Weise die Tendenz, die der immer weiteren Erstrekkung von aus der Bundestreue abgeleiteten konkreten Rechtspflichten innewohnt – die Tendenz, politische Handlungsspielräume zu verrechtlichen und damit im Ergebnis einzuschränken. Daß diese Tendenz im fraglichen Fall zulasten des Bundes gegangen ist, mag die betroffenen Länder gefreut haben. Gefährlich aber ist diese Tendenz langfristig sicherlich eher für die Länder, deren politische Spielräume sowieso seit Jahrzehnten einem Prozeß schleichender Aushöhlung unterliegen. Verrechtlichung schränkt in dieser Perspektive notwendig Räume politischer Gestaltung ein, reduziert die staatlichen Körperschaften auf die Rolle der ‚Vollziehung von Recht und Gesetz'. Die immer weitere Erstreckung der aus Grundsätzen der Bundestreue abgeleiteten Rechtspflichten trägt mithin ihr Teil bei zum Weg in den ‚Vollzugsföderalismus'.

Die dargestellte Ambivalenz in den konkreten Ergebnissen der verfassungsgerichtlichen Rechtsprechung läßt den Schluß zu, daß eine eindeutige Tendenz zur bewußten Unitarisierung, zur grundsätzlichen Bevorzugung des Bundes, der Rechtsprechung des Bundesverfassungsgerichts sicherlich nicht zuzuschreiben ist. Auch wenn das Verfassungsgericht in vielen Fällen der weiteren Unitarisierung bewußt gegengesteuert hat, der Tendenz zur ‚Mediatiserung' der Länder im Detail Einhalt zu gebieten gesucht hat, so ist doch die der Verfassungsrechtsprechung immanente Tendenz zur immer weiter vorangetriebenen ‚Verrechtlichung' des bundesstaatlichen Gefüges ein wichtiger Faktor bei der ‚Erosion des Föderalismus'. Auch bewußte Verfassungsreform vermag gegen diesen Trend kaum etwas auszurichten, vor allem wenn sie darauf zielt, der Verfassungsgerichtsbarkeit immer noch mehr Fragen des Bund-Länder-Verhältnisses zur Streitentscheidung zuzuschieben. Die im Folgenden kurz behandelte Änderung des Grundgesetzes im Gefolge der deutschen Vereinigung ist insoweit nur ein Symptom eines sehr viel tiefer liegenden Problems.

10.3. Bundesstaatsreform und Wiedervereinigung – Beratungen und Ergebnisse der ‚Gemeinsamen Verfassungskommission'

10.3.1. Vorgeschichte – Bundesstaat und Wiedervereinigung

Mit dem sang- und klanglosen Scheitern der Reformvorschläge der Enquête-Kommission Verfassungsreform war es zunächst still geworden um die Forderungen nach Änderung der Verfassung im Sinne einer Bundesstaatsreform. Zwar blieben die Forderungen nach Gegenmaßnahmen gegen die schleichende Erosion der Länderkompetenzen präsent, die von den prospektiven Verlierern des Wandels im bundesstaatlichen Gefüge erhoben wurden, vor allem von den Landtagen der Länder.[215] In einem gemeinsamen Beschluß der Konferenz der Landtagspräsidenten wurde so 1978 gefordert, es solle geprüft werden, inwieweit eine Verlagerung von Kompetenzen zurück auf die Länder nicht unter den Gegebenheiten die sachgerechtere Lösung darstelle als die von der Enquêtekommission empfohlene Verschärfung der ‚Bedürfnisklausel‘.[216]Dabei wurde auch gleich eine ganze Reihe von Gesetzgebungskompetenzen des Bundes zur Streichung bzw. zur Herabstufung von konkurrierenden zu Rahmenkompetenzen vorgeschlagen. Wiederholt wurden diese Forderungen dann auf der Konferenz der Landtagspräsidenten am 14. Januar 1983, unter Ergänzung durch die Forderung nach Neufassung der Rahmengesetzgebung im Sinne erweiterter Ausfüllungsspielräume der Länder.[217] Gleichlautende Forderungen erhob die Ministerpräsidentenkonferenz.[218] Auch eine von der Fraktionsvorsitzendenkonferenz von CDU/CSU, SPD und FDP eingesetzte interfraktionelle Arbeitsgruppe (sogen. Martin-Kommission) und zu Ende der Achziger Jahre eine vom Landtag Nordrhein-Westfalens eingesetzte „Bundesstaats-Kommission“ beschäftigten sich mit dem Themenkreis der Kompetenzverteilung und erarbeiteten weitreichende Reformvorschläge.[219] Im Vordergrund standen dabei durchwegs Fragen der Gesetzgebungszuständigkeiten. Stärkung der Länder im Bereich der Legislative war die Devise, Verhinderung des weiteren Abflusses von Gesetzgebungskompetenzen an den Bund und die EG, Erweiterung der alleinigen Landeszuständigkeiten und verstärkter Einbezug der Landesparlamente in die Umsetzung von EG-Richtlinien.

Wirkliche politische Schubkraft erhielten diese Forderungen aber erst mit dem Prozeß der deutschen Vereinigung. Das angesichts der inneren wie äußeren Situation nötige schnelle Vorgehen bei der Vollendung der staatlichen Einheit gab den Ländern einen politischen Hebel in die Hand, ihre Forderungen mit mehr Nachdruck als bisher zu verfolgen. Deutlich wurde die veränderte Machtposition der Länder schon an der mit dem Einigungsvertrag erfolgten Veränderung der Stimmverhältnisse im Bundesrat nach Art. 51 Abs. 2 GG. Das Erfordernis der Zwei-Drittel-Mehrheit im Bundesrat ermöglichte es den großen Flächenländern, ihre alte Forderung nach stärkerer Spreizung der Stimmengewichtung zwischen kleinen und großen Ländern durchzusetzen.[220] Die Verstärkung der Spreizung von zwischen drei und fünf Stimmen in der alten Fassung auf zwischen drei und sechs Stimmen in der neuen Fassung wird man dabei aber – trotz aller Bedenken

---

[215] Vgl. dazu vor allem *W. Rudolf* (Fn. 40), S. 349ff. sowie *K. Rennert*, Der deutsche Föderalismus in der gegenwärtigen Debatte um eine Verfassungsreform, Der Staat 32 (1993), S. 269, 273ff.

[216] Der Inhalt der Entschließung ist wiedergegeben bei *W. Rudolf* (Fn. 40), S. 349f.

[217] Der Text der Entschließung v. 14. 1. 1983 ist abgedruckt in: ZParl 14 (1983), S. 357ff.

[218] Vgl. *H.-P. Schneider*, Die bundesstaatliche Ordnung im vereinigten Deutschland, NJW 1991, S. 2448, 2454.

[219] Zur ‚Martin-Kommission‘ vgl. *W. Rudolf* (Fn. 40), S. 350 sowie ZParl 16 (1985), S. 179ff., zur ‚Bundesstaats-Kommission‘ des Landtags NRW *H.-P. Schneider* (Fn. 218), S. 2454.

[220] Siehe Art. 4 Nr. 3 des Einigungsvertrages v. 31. 8. 1990 – BGBl. 1990 II, S. 889; vgl. insoweit auch *H. Meyer*, Das ramponierte Grundgesetz, KritV 76 (1993), S. 399, 414ff. sowie *H. Albert*, Die Föderalismusdiskussion im Zuge der deutschen Einigung, in: K. Bohr (Hrsg.), Föderalismus, 1992, S. 1, 8ff.

gegen die Modalitäten der Durchsetzung – im Ergebnis durchaus noch als maßvoll bezeichnen können.[221]

Die im Kontext der Verhandlungen über den Einigungsvertrag erhobene Forderung der Länderministerpräsidenten nach Reformen der grundgesetzlichen Bestimmungen zum Verhältnis von Bund und Ländern, die in einem ‚Gemeinsamen Beschluß der Ministerpräsidenten' vom 5. Juli 1990[222] festgehalten worden war, fand schließlich auch Eingang in den Text des Einigungsvertrages. Art. 5 des Vertrages enthielt eine ‚Empfehlung' an die gesetzgebenden Körperschaften des vereinten Deutschlands, „sich innerhalb von zwei Jahren mit den im Zusammenhang mit der deutschen Einigung aufgeworfenen Fragen zur Änderung oder Ergänzung des Grundgesetzes zu befassen". Als Themen dieser in Aussicht genommenen ‚künftigen Verfassungsänderungen' wurden dabei insbesondere genannt „das Verhältnis zwischen Bund und Ländern" (entsprechend dem Gemeinsamen Beschluß der Ministerpräsidenten vom 5. Juli 1990), die Fragen der Neugliederung für den Raum Berlin/Brandenburg in Abweichung vom Verfahren des Art. 29 GG, die Aufnahme von Staatszielbestimmungen in das Grundgesetz sowie die Frage der Anwendung des Art. 146 GG.[223]

Der Bundesrat setzte nach Vorerörterungen in der Ministerpräsidentenkonferenz alsbald – nämlich bereits im Frühjahr 1991 – eine eigene ‚Kommission Verfassungsreform' ein[224], deren Beratungen sich naturgemäß vor allem auf Fragen der Bundesstaatlichkeit und der besseren Einbindung der Länder in die EG-Politik konzentrierten.[225] Der Bericht dieser vom Hamburgischen Ersten Bürgermeister *Voscherau* präsidierten Kommission wurde schon am 14. Mai 1992 unter dem Titel „Stärkung des Föderalismus in Deutschland und Europa sowie weitere Vorschläge zur Änderung des Grundgesetzes" vorgelegt.[226]

10.3.2. Die Vorschläge der Gemeinsamen Verfassungskommission

Der im Bundestag bestehende Dissens über das Verfahren der Beratung über Verfassungsänderungen nach Art. 5 Einigungsvertrag verhinderte jedoch zunächst parallele Arbeiten unter Einbeziehung des Bundestages.[227] Erst im Herbst 1991

---

221 Vgl. insoweit auch *K. Stern*, Einführung, in: K. Stern / B. Schmidt-Bleibtreu (Hrsg.), Einigungsvertrag und Wahlvertrag, 1990, S. 41.

222 Veröffentlicht in ZParl 1990, S. 461ff.; vgl. dazu auch *H. Albert* (Fn. 220), S. 4ff.

223 Zum Hintergrund dieser Bestimmung vgl. *K. Stern* (Fn. 221), S. 46ff., sowie *E. Klein*, Der Einigungsvertrag, DÖV 1991, S. 569, 577f.; vgl. ferner *H.-L. Batt*, Verfassungspolitik im vereinigten Deutschland. Die Gemeinsame Verfassungskommission von Bundestag und Bundesrat, Staatswissenschaften und Staatspraxis 5 (1994), S. 211, 212ff., und *C. Starck*, Die Bundesstaatlichkeit und die Gemeinsame Verfassungskommission, in: Vertrauen in den Rechtsstaat. Festschrift für Walter Remmers, 1994, S. 159, 160f.

224 Beschluß vom 1. 3. 1991 – BR-Drs. 103/91.

225 Vgl. zu den Beratungen der Kommission auch die Überblicksdarstellungen in ZRP 1991, S. 487, sowie ZRP 1992, S. 196f.

226 BR-Drs. 360/92; vgl. dazu auch *C. Asmussen / U. Eggeling*, Empfehlungen des Bundesrates zur Stärkung des Föderalismus in Deutschland und Europa, VerwArch 84 (1993), S. 230ff.

227 Vgl. insoweit die Darstellung zu Vorgeschichte und Einsetzung der Gemeinsamen Verfas-

konnten sich die Parteien im Bundestag auf das von CDU/CSU und FDP favorisierte Modell einer paritätisch aus Mitgliedern des Bundestages und Bundesrates zusammengesetzten ‚Gemeinsamen Verfassungskommission‘ einigen. Die mit Beschluß des Bundestages vom 28. November 1991 und Beschluß des Bundesrates vom 29. November 1991 eingesetzte Gemeinsame Verfassungskommission[228] nahm dann im Januar 1992 die Arbeit auf. Unter dem gemeinsamen Vorsitz des Bundesratsmitglieds *Henning Voscherau* und des Bundestagsabgeordneten *Rupert Scholz* tagte die Gemeinsame Verfassungskommission knapp zwei Jahre, bis sie im Herbst 1993 ihren Bericht mit Empfehlungen zur Verfassungsreform vorlegte.[229]

Der Bericht ist interessant nicht nur als Vorarbeit zu den dann tatsächlich 1994 verabschiedeten Grundgesetzänderungen, sondern auch als Dokumentation dessen, was man in den Parteien und Landesregierungen nicht nur für der Reform bedürftig, sondern zugleich im Rahmen der erforderlichen Zwei-Drittel-Mehrheit auch für politisch konsensfähig hielt.[230] Auf die Vorschläge zur verbesserten Einbeziehung der Länder in die Europapolitik der Bundesrepublik, die praktisch ohne Veränderungen in die Verabschiedung des neuen Art. 23 GG mündeten, soll dabei zunächst nicht näher eingegangen werden, da das Thema an späterer Stelle noch eingehend untersucht wird. In den Vordergrund des Interesses seien vielmehr die Vorschläge zur Bundesstaatsreform im eigentlichen Sinne gestellt, vor allem die das Schwergewicht der einschlägigen Empfehlungen bildenden Vorschläge zur Änderung der Bestimmungen über die Gesetzgebungskompetenzen.

Daß die Wiedervereinigung zu erheblichen Strukturproblemen für das föderale System der Bundesrepublik Deutschland geführt hatte bzw. dessen Strukturprobleme verschärft hatte, beschworen nicht nur die Länder und deren Regierungen und Parlamente, sondern auch gewichtige Stimmen in der Verfassungsrechtslehre.[231] Die beigetretenen fünf neuen Bundesländer waren schon von ihrer Aus-

---

sungskommission in deren Abschlußbericht v. 5. 11. 1993, BT-Drs.12/6000, S. 5ff., außerdem *H.-L. Batt* (Fn. 223), S. 215ff.

[228] Zu Mandat und Zusammensetzung siehe die Einsetzungsbeschlüsse, BT-Drs.12/1590 und BR-Drs.741/91 (Beschluß); vgl. ferner den Bericht der Gemeinsamen Verfassungskommission (Fn. 227), S. 6f. sowie *H.-L. Batt* (Fn. 223), S. 218f.

[229] Zu Arbeitsweise und Verfahren der Gemeinsamen Verfassungskommission vgl. deren Bericht (Fn. 227), S. 8ff.; vgl. ferner *J. Isensee*, Mit blauem Auge davongekommen – das Grundgesetz. Zu Arbeit und Resultaten der Gemeinsamen Verfassungskommission, NJW 1993, S. 2583ff., *A. Benz*, Verfassungsreform als politischer Prozeß – Politikwissenschaftliche Anmerkungen zur aktuellen Revision des Grundgesetzes, DÖV 1993, S. 881ff., sowie *H.-L. Batt* (Fn. 223), S. 219ff.

[230] Als bewertende Anmerkungen zu den Ergebnissen der Gemeinsamen Verfassungskommission vgl. *J. Isensee* (Fn. 229), S. 2585ff.; *H.-P. Schneider*, Das Grundgesetz – auf Grund gesetzt?, NJW 1994, S. 558ff.; *H.-L. Batt* (Fn. 223), S. 226ff., 241ff.; *H.O. Bräutigam*, „Grundgesetzreform“ – Den Auftrag des Einigungsvertrages nicht erfüllt, RdJB 42 (1994), S. 435ff.

[231] Vgl. nur *H.-P. Schneider* (Fn. 218), S. 2448ff.; *V. Kröning*, Kernfragen der Verfassungsreform. Plädoyer für eine Konzentration auf das Wesentliche, ZRP 1991, S. 161ff.; vgl. außerdem *H. Hofmann*, Zur Verfassungsentwicklung in der Bundesrepublik Deutschland, Staatswissenschaften und Staatspraxis 6 (1995), S. 155, 156ff.

gangslage her weitgehend dazu verurteilt, als „Kostgänger" des Bundes und der alten Länder am Tropf der Finanztransfers aus dem Westen zu hängen.[232] Die damit verbundene politische Abhängigkeit drohte aber die sowieso schon weithin als labil eingeschätzte föderale Balance endgültig zu destabilisieren.[233] Für die ‚alten' Bundesländer war dies Anlaß genug, die schon in den Achziger Jahren von Länderseite mehrfach erhobenen Forderungen nach einer Reform des Bundesstaatssystems wieder auf die Tagesordnung zu bringen.[234] Die Bemühungen konzentrierten sich dabei – wie schon angedeutet – auf die Gesetzgebungskompetenzen gemäß Art. 70ff. GG. Die Vorschläge der Gemeinsamen Verfassungskommission folgten insoweit im Kern den Forderungen aus dem Gemeinsamen Beschluß der Ministerpräsidenten vom 5. Juli 1990 und dem Vorschlag der Kommission Verfassungsreform des Bundesrates. Der gesetzgeberische Gestaltungsspielraum der Länder sollte – so die generelle Intention – im Bereich der konkurrierenden Gesetzgebung wieder vergrößert werden, an den Eintritt der ‚Sperrwirkung' einer bundesgesetzlichen Regelung sollten höhere Anforderungen gestellt und die ‚Bedürfnisklausel' sollte verschärft werden.[235]

Im Einzelnen schlug die Gemeinsame Verfassungskommission vor, die Grundregel des Art. 72 Abs. 1 GG dahingehend zu modifizieren, daß an die Stelle des ‚Gebrauchmachens' des Bundes von der konkurrierenden Gesetzgebungskompetenz als (zeitlicher) Voraussetzung der Sperrwirkung die Formel treten solle: „soweit und solange der Bund von seiner Gesetzgebungszuständigkeit nicht durch Gesetz gebraucht gemacht hat". Die Länder sollen nach dieser Formel erst mit Abschluß der entsprechenden Bundesgesetzgebung von der Ausübung der einschlägigen Kompetenz ausgeschlossen sein. War man sich in der Modifizierung des zeitlichen Eintritts der Sperrwirkung einig, so fehlte ein Konsens bezüglich der inhaltlichen Reichweite der damit eintretenden Sperre. Bezüglich der inhaltlichen Sperrwirkung fand der Vorschlag der Kommission Verfassungsreform des Bundesrates keine Zustimmung, die Länder sollten nur an eigener Gesetzgebung gehindert sein, „solange und soweit eine Regelung in einem Bundesgesetz nicht entgegensteht".[236]

---

[232] Zur verfassungsrechtlich problematischen Ausgestaltung dieses Transfersystems vgl. *H. Meyer* (Fn. 220), S. 406ff. sowie *R. Kaufmann*, Bundesstaat und Deutsche Einheit, 1992, S. 125ff.

[233] So die drastische Problembeschreibung durch *H.-P. Schneider* (Fn. 218), S. 2449; vgl. ferner *R. Kaufmann* (Fn. 232), S. 162ff.

[234] Vgl. dazu *H.-P. Schneider* (Fn. 218), S. 2454f.; ferner *V. Kröning* (Fn. 231), S. 162f.

[235] Vgl. zu den Vorschlägen der Gemeinsamen Verfassungskommission zusammenfassend *F.-A. Jahn*, Empfehlungen der Gemeinsamen Verfassungskommission zur Änderung und Ergänzung des Grundgesetzes, DVBl. 1994, S. 177ff.; *S. Rohn / R. Sannwald*, Die Ergebnisse der Gemeinsamen Verfassungskommission, ZRP 1994, S. 65ff.; *H.-J. Vogel*, Die Reform des Grundgesetzes nach der deutschen Einheit, DVBl. 1994, S. 497ff.; *K. Stern*, Deutschlands Verfassung, in: Bitburger Gespräche Jahrbuch 1995/I, S. 1, 10ff.; *G. Müller-Brandeck-Bocquet*, Perspektiven des deutschen Föderalismus nach der Verfassungsreform, Der Staat 29 (1996), S. 143, 147ff.

[236] Siehe insoweit den Bericht der Gemeinsamen Verfassungskommission (Fn. 227), S. 33. Vgl. ferner *S. Rohn / R. Sannwald* (Fn. 235), S. 68; *R. Sannwald*, Die Reform der Gesetzgebungskompetenzen nach den Beschlüssen der Gemeinsamen Verfassungskommission von Bundestag und Bundesrat, DÖV 1994, S. 629, 632; *H. Rybak / H. Hofmann*, Verteilung der Gesetzgebungsrech-

Für die ‚Bedürfnisklausel' einigte man sich als Empfehlung auf die vorgeschlagene neue Fassung, der Bund habe das Gesetzgebungsrecht „wenn und soweit die Herstellung gleichwertiger Lebensverhältnisse im Bundesgebiet oder die Wahrung der Rechtseinheit im gesamtstaatlichen Interesse eine bundesgesetzliche Regelung erforderlich macht". Die ‚Bedürfnisse' der bisherigen Ziffern 1 und 2 des Art. 72 Abs. 2 GG – Unmöglichkeit der wirksamen Regelung durch die Gesetzgebung einzelner Länder sowie Beeinträchtigung der Interessen anderer Länder oder der Gesamtheit – sollten danach völlig entfallen. Die bisherige Fassung der Bedürfnisklausel habe sich – so wurde als Begründung angeführt – „als eines der Haupteinfallstore für die Auszehrung der Länderkompetenzen erwiesen".[237] Es bestehe in der Kommission Einvernehmen – so führt der Bericht aus – daß die Voraussetzungen für die Inanspruchnahme der konkurrierenden Gesetzgebungskompetenz „zu konzentrieren, zu verschärfen und zu präzisieren" seien „mit dem Ziel, die als unzureichend empfundene Justiziabilität der Bedürfnisklausel durch das Bundesverfassungsgericht zu verbessern". Um ganz deutlich zu machen, daß damit – entgegen der bisherigen Rechtsprechung des Bundesverfassungsgerichts – das Vorliegen eines Bedürfnisses nach Art. 72 Abs. 2 GG der Nachprüfung durch das Verfassungsgericht zugänglich gemacht werden solle, einigte man sich ergänzend auf die Einfügung einer entsprechenden neuen verfassungsgerichtlichen Verfahrensart in den Katalog des Art. 93 Abs. 1 GG (als neue Nr. 2 a), die auch den Landesparlamenten offenstehen soll.[238] In einem gewissen Widerspruch mit dieser Empfehlung steht allerdings die Behandlung der Alternativlösung für eine Neufassung des Art. 72 Abs. 2 GG: Die in der Gemeinsamen Verfassungskommission diskutierte – ursprünglich von der Kommission Verfassungsreform des Bundesrates vorgeschlagene – „politische" Lösung der Bedürfnisfrage, nämlich ein generelles Erfordernis der Zustimmung seitens des Bundesrates zur vom Bundestag zu treffenden expliziten Feststellung eines Bedürfnisses für eine bundesgesetzliche Regelung, stieß in der Gemeinsamen Verfassungskommission auf entschiedene Ablehnung.[239] Der ‚neutralen' Schlichtung der Be-

te zwischen Bund und Ländern nach der Reform des Grundgesetzes, NVwZ 1995, S. 230f.; *M. Kloepfer*, Verfassungsänderung statt Verfassungsreform. Zur Arbeit der Gemeinsamen Verfassungskommission, 1995, S. 103; *C. Pestalozza*, Art. 72 Rdnrn. 139ff., in: H. von Mangoldt / F. Klein / C. Pestalozza, Das Bonner Grundgesetz, Bd. 8, 3. Aufl. 1996. Zu dem entsprechenden Vorschlag der Kommission Verfassungsreform des Bundesrates vgl. außerdem *C. Asmussen / U. Eggeling* (Fn. 226), S. 246f.

[237] Bericht der Gemeinsamen Verfassungskommission (Fn. 227), S. 33; vgl. insoweit auch *F.-A. Jahn* (Fn. 235), S. 180 sowie *H.-L. Batt* (Fn. 223), S. 234f.

[238] Bericht der Gemeinsamen Verfassungskommission (Fn. 207), S. 33; vgl. außerdem *S. Rohn / R. Sannwald* (Fn. 235), S. 68; *F.-A. Jahn* (Fn. 235), S. 180; *H.-J. Vogel* (Fn. 235), S. 502; *R. Sannwald* (Fn. 236), S. 632ff.; *H.-L. Batt* (Fn. 223), S. 235f.; *C. Starck* (Fn. 223), S. 163; *K. Stern* (Fn. 235), S. 20; *H. Rybak / H. Hofmann* (Fn. 236), S. 231ff.; *G. Müller-Brandeck-Bocquet* (Fn. 235), S. 148, sowie speziell zu dieser Neuerung *J. Aulehner*, .Art. 93 I Nr. 2 a GG – abstrakte Normenkontrolle oder föderative Streitigkeit?, DVBl. 1997, S. 982ff.

[239] Bericht der Gemeinsamen Verfassungskommission (Fn. 227), S. 33; zum Vorschlag der Kommission Verfassungsreform des Bundesrates vgl. auch *C. Asmussen / U. Eggeling* (Fn. 226), S. 246ff., ferner *H.-L. Batt* (Fn. 223), S. 236.

dürfnisfrage durch das Bundesverfassungsgericht als einen ‚außenstehenden' Dritten konnten Unitarier wie Föderalisten zustimmen; der verbindlichen Beurteilung der Frage durch die Betroffenen, die Mehrheit der Länder, wollte man sich dagegen von Seiten des Bundes keinesfalls beugen.

Dem entspricht die von der Gemeinsamen Verfassungskommission vorgeschlagene Fassung der neueinzufügenden ‚Rückholbefugnis' des Art. 72 Abs. 3 GG. Über die Notwendigkeit hinaus, dem Abfluß weiterer Landeskompetenzen an den Bund entgegenzuwirken, bestehe – so argumentierte die Verfassungskommission – ein Interesse, u.U. auch wieder eine Landeskompetenz im Bereich der konkurrierenden Gesetzgebungszuständigkeit zu eröffnen, wenn die Voraussetzungen der Bedürfnisklausel für bestimmte bundesgesetzliche Regelungen nicht mehr vorlägen. Die Initiative für eine derartige Rückholung aber den Ländern zu überlassen, in Form der von Länderseite vorgeschlagenen „eigenständigen, von der Mitwirkung des Bundes unabhängigen Ergänzungs- oder Ersetzungsbefugnis", erschien der Kommissionsmehrheit als zu weitgehend. Man einigte sich schließlich auf das von der Bundesregierung eingebrachte Modell einer vom Bund kontrollierten Rückholklausel: Die Beurteilung, ob ein Bedürfnis nach Art. 72 Abs. 2 GG nicht mehr vorliegt, ob dementsprechend eine bundesgesetzliche Regelung durch Landesrecht ersetzt werden kann, bleibt dem Bundesgesetzgeber überlassen.[240] Dieser wird jedoch – das ist unschwer zu erahnen – kaum jemals zu dem Ergebnis gelangen, eine bundesgesetzliche Regelung sei nicht mehr erforderlich.

Das Widerstreben seitens Bundesregierung und Bundestag, nennenswerte Verschiebungen im Gefüge der Zuweisung von Kompetenzen hinzunehmen, drückte sich auch in den äußerst dürftigen Empfehlungen der Gemeinsamen Verfassungskommission hinsichtlich der Überprüfung der Kompetenzkataloge der Art. 74 und 75 GG aus.[241] Zur Streichung empfohlen wurden einzig die Materien des „Schutzes deutschen Kulturgutes gegen die Abwanderung in das Ausland" aus Art. 74 Abs. 1 Nr. 5 (unter Wiedereinfügung als Materie der Rahmengesetzgebung in Art. 75 Abs. 1 Nr. 6), der „Staatsangehörigkeit in den Ländern" nach Art. 74 Abs. 1 Nr. 8, des Rechts der Erschließungsbeiträge in Art. 74 Abs. 1 Nr. 18 und der „allgemeinen Rechtsverhältnisse des Films" in Art. 75 Abs. 1 Nr. 2 GG. Desweiteren wurde eine leichte Einschränkung der Rahmenkompetenzen im Bereich der „allgemeinen Grundsätze des Hochschulwesens" empfohlen.[242] Im Gegenzug wurde die Erweiterung der konkurrierenden Gesetzgebungszuständigkeiten um neueinzufügende Titel für das Recht der Staatshaftung als Art. 74

[240] Bericht der Gemeinsamen Verfassungskommission (Fn. 227), S. 34; vgl. außerdem *S. Rohn / R. Sannwald* (Fn. 235), S. 68; *H.-L. Batt* (Fn. 223), S. 236; *R. Sannwald* (Fn. 236), S. 634; *H. Rybak / H. Hofmann* (Fn. 236), S. 233f.; *G. Müller-Brandeck-Bocquet* (Fn. 235), S. 149.

[241] Siehe insoweit die Auflistung der abgelehnten Vorschläge auf Straffung des Katalogs des Art. 74 GG – Bericht der Gemeinsamen Verfassungskommission (Fn. 227), S. 39.

[242] Vgl. dazu vor allem *U. Karpen / B. Rickert*, Die gescheiterte Reform des Art. 75 Nr. 1 a GG, RdJB 42 (1994), S. 156ff.

Abs. 1 Nr. 25 GG und die Fragen der „Fortpflanzungsmedizin, Gentechnologie, Organtransplantation" als neuer Art. 74 Abs. 1 Nr. 26 GG vorgeschlagen.[243]

Die Neuregelung der allgemeinen Grundsätze zur Rahmengesetzgebung schließlich, die ebenfalls auf eine Initiative der Länder zurückging, mußte erhebliche Abstriche an den Vorstellungen des Bundesrates hinnehmen. Anstelle der vom Bundesrat geforderten generellen Beschränkung der Rahmengesetzgebung auf nicht unmittelbar anwendbare Rahmenvorschriften für die Gesetzgebung der Länder, nach dem Vorbild der Richtlinien des EG-Rechts, verständigte sich die Gemeinsame Verfassungskommission auf eine Regel-Ausnahme-Vorschrift, die als neuer Absatz 2 des Art. 75 GG vorsieht: „Rahmenvorschriften dürfen nur in Ausnahmefällen in Einzelheiten gehende oder unmittelbar geltende Regelungen enthalten." Ergänzend nimmt ein neuer Absatz 3 des Art. 75 die Bestimmung einer Umsetzungsfrist im entsprechenden Gesetz in Aussicht, innerhalb derer die Länder verpflichtet sein sollen, die erforderlichen Landesgesetze zu erlassen.[244]

Zusätzlich zu den Änderungen der materiellen Kompetenzregeln im Bereich der Gesetzgebung wurden von der Gemeinsamen Verfassungskommission einzelne Änderungen an den Vorschriften zum Gesetzgebungsverfahren empfohlen, vor allem an den Beratungsfristen des Bundesrates nach Art. 76 Abs. 2 GG sowie an der Vorlagefrist der Bundesregierung nach Art. 76 Abs. 3 GG. Dem Bundesrat wurde daneben mit Einfügung eines neuen Abs. 3 des Art. 80 GG das Initiativrecht für zustimmungsbedürftige Rechtsverordnungen zugestanden; außerdem sollen nach dem ebenfalls neu eingefügten Art. 80 Abs. 4 GG anstelle der durch Bundesgesetz zum Erlaß von Rechtsverordnungen befugten Landesregierungen die Länder auch zu einer Regelung durch Gesetz die Befugnis erhalten.[245]

Hinsichtlich der Fragen des Verwaltungsaufbaus und der Ausführung der Bundesgesetze konnten sich Bundes- und Länderseite in der Gemeinsamen Verfassungskommission nur auf zwei eher marginale Vorschläge einigen (Novellierungen des Art. 87d GG und des Art. 87 Abs. 2 GG). Die von Länderseite eingebrachten weitergehenden Vorschläge fanden dagegen keine Mehrheit. Die vorgeschlagene Zustimmungsbedürftigkeit aller Gesetze, die von den Ländern als eigene

---

[243] Siehe Bericht der Gemeinsamen Verfassungskommission (Fn. 227), S. 34ff., ferner *F.-A. Jahn* (Fn. 235), S. 180f.; *S. Rohn / R. Sannwald* (Fn. 235), S. 68f.; *H.-L. Batt* (Fn. 223), S. 237f.; *C. Starck* (Fn. 223), S. 162; *R. Sannwald* (Fn. 236), S. 634ff.; *K. Stern* (Fn. 235), S. 10f.

[244] Bericht der Gemeinsamen Verfassungskommission (Fn. 227), S. 35f.; vgl. ferner *F.-A. Jahn* (Fn. 235), S. 180; *R. Sannwald* (Fn. 236), S. 635; *H.-L. Batt* (Fn. 223), S. 237; *H. Rybak / H. Hofmann* (Fn. 236), S. 234; *G. Müller-Brandeck-Bocquet* (Fn. 235), S. 149f. Vgl. auch zu den gleichgerichteten Vorschlägen der Kommission Verfassungsreform des Bundesrates *C. Asmussen / U. Eggeling* (Fn. 226), S. 248f., außerdem zur Frage der Gesetzgebungspflicht der Länder nach bisherigem Recht *D. Merten*, Landesgesetzgebungspflichten kraft Bundesrahmenrechts?, in: Festschrift zum 125jährigen Bestehen der Juristischen Gesellschaft zu Berlin, 1984, S. 431ff.

[245] Bericht der Gemeinsamen Verfassungskommission (Fn. 227), S. 37f.; vgl. ferner *F.-A. Jahn* (Fn. 235), S. 181; *S. Rohn / R. Sannwald* (Fn. 235), S. 69f., *G. Müller-Brandeck-Bocquet* (Fn. 235), S. 151f., sowie im Detail *K.G. Meyer-Teschendorf*, Die Vorschläge der Gemeinsamen Verfassungskommission zur Reform des Gesetzgebungsverfahrens, DÖV 1994, S. 766ff. Vgl. außerdem zu den entsprechenden Vorschlägen der Kommission Verfassungsreform des Bundesrates *C. Asmussen / U. Eggeling* (Fn. 226), S. 239ff.

Angelegenheit oder im Auftrage des Bundes ausgeführt werden (zu verstehen als ein Versuch der Länder, endlich Kontrolle über die ihnen auferlegten Kosten zu erlangen), wurde bis zur Behandlung der Fragen der Finanzverfassung zurückgestellt. Als auf Bitten der Finanzminister die Themen der Finanzverfassung aus den Arbeiten der Gemeinsamen Verfassungskommission ausgeklammert wurden[246], fiel diese Frage – wohl kaum zum Ärger des Bundes – damit unter den Tisch.[247] Direkter Ablehnung verfiel daneben der Ländervorschlag, künftig alle Gesetze, mit denen selbständige Bundesoberbehörden oder neue bundesunmittelbare Körperschaften und Anstalten des öffentlichen Rechts geschaffen werden, der Zustimmungspflicht zu unterstellen.[248] Ebenfalls abgelehnt wurden Vorschläge auf Einfügung einer Pflicht zu „dezentraler Verteilung der Bundesbehörden und -institutionen" sowie ein von Niedersachsen eingebrachter Vorschlag, Weisungen im Rahmen der Bundesauftragsverwaltung künftig auf Antrag der Landesregierungen durch die zuständigen Gerichte auf ihre Gesetzmäßigkeit überprüfen zu lassen.[249]

Einigkeit unter den Beteiligten konnte im Gegensatz dazu wieder in der Frage der Ergänzung des Neugliederungsartikels erzielt werden. Über den ursprünglichen Auftrag einer Sonderregelung für den Zusammenschluß von Berlin und Brandenburg hinaus verständigte man sich auf eine generelle Überarbeitung des Art. 29 GG. Alternativ zum etablierten Verfahren der Neugliederung durch den Bundesgesetzgeber wird durch einen neuen Absatz 8 des Art. 29 GG nun die Möglichkeit eröffnet, Maßnahmen der Neugliederung auch durch einen Länderstaatsvertrag unter Beteiligung der betroffenen Volksteile in einem Volksentscheid durchzuführen. Einzig zum Abschluß bedarf dieser Neugliederungsstaatsvertrag noch der Zustimmung des Bundestages, als einer letzten Sicherung der Beachtung gesamtstaatlicher Interessen.[250] Ein demgegenüber noch einmal vereinfachtes Verfahren der staatsvertraglichen Neugliederung wurde in einer Sonderregelung (Art. 118a GG) für den Zusammenschluß von Berlin und Brandenburg vorgesehen.

---

246 Vgl. zur Ausklammerung der Finanzverfassung aus den Arbeiten der Gemeinsamen Verfassungskommission deren Abschlußbericht (Fn. 227), S. 114f., ferner *C. Starck* (Fn. 223), S. 169 sowie *R. Eckertz*, Die Aufhebung der Teilung im gesamtdeutschen Finanzausgleich, ZRP 1993, S. 297ff.

247 Bericht der Gemeinsamen Verfassungskommission (Fn. 227), S. 40, 114f.

248 Bericht der Gemeinsamen Verfassungskommission (Fn. 227), S. 42f.; der Vorschlag geht zurück auf die Kommission Verfassungsreform des Bundesrates – vgl. insoweit auch *C. Asmussen / U. Eggeling* (Fn. 226), S. 233 und *C. Starck* (Fn. 223), S. 164f.

249 Bericht der Gemeinsamen Verfassungskommission (Fn. 227), S. 43; vgl. zu diesem niedersächsischen Vorschlag auch schon *C. Asmussen / U. Eggeling* (Fn. 226), S. 237.

250 Siehe dazu die Erläuterungen im Bericht der Gemeinsamen Verfassungskommission (Fn. 227), S. 44f., außerdem *F.-A. Jahn* (Fn. 235), S. 182; *S. Rohn / R. Sannwald* (Fn. 235), S. 70; *C. Starck* (Fn. 223), S. 170ff.

10.3.3. Das Gesetz zur Änderung des Grundgesetzes vom 27. Oktober 1994

Trotz der im Ergebnis nicht allzu erheblichen Veränderungen des bundesstaatlichen Kompetenzgefüges lösten die Vorschläge der Gemeinsamen Verfassungskommission zunächst eine heftige Debatte aus. Von einzelnen Autoren wurde behauptet, die geplante Verfassungsreform „verschiebe die Statik des Grundgesetzes"[251]; unitarisch orientierte Abgeordnete aus den Bundestagsfraktionen lancierten die Behauptung, der Bundesrat suche Deutschland aus einem ‚Bundesstaat' in einen ‚Staatenbund' zu verwandeln[252]. Dabei war, sieht man genau hin, eher bemerkenswert, was für eine Bandbreite an Vorschlägen in den Beratungen der Gemeinsamen Verfassungskommission mangels Mehrheit nicht zum Zuge kam; die kleine Zahl tatsächlich zur Beschlußfassung vorgeschlagener Verfassungsänderungen ist insoweit nur noch als ein minimalistischer Restbestand zu bezeichnen, der nötig war, um nicht völlig das Gesicht zu verlieren. Weitreichende Visionen der Anreicherung des Grundgesetzes mit umfassenden Staaatszielbestimmungen wurde ebenso eine Absage erteilt wie der Einfügung plebiszitärer Elemente. Auch die weitausholenden Forderungen der Länder nach Rückverlagerung von Gesetzgebungskompetenzen erlitten weitgehend Schiffbruch. *Josef Isensee* hat insofern wohl nicht ganz Unrecht, wenn er schreibt, die „Leistung in der Negation dürfte als wichtiger zu bewerten sein als die konstruktive der eigenen Änderungsvorschläge"[253]. Mit anderen Worten: Bedeutend an den Vorschlägen der Gemeinsamen Verfassungskommission ist weniger die insgesamt nur als dürftig zu bezeichnende Ausbeute an konkreten Vorschlägen zur Verfassungsreform, sondern ist das, was fehlt – die große ‚Strecke' an begrabenen Vorschlägen.

Die Unitarier aller Fraktionen schickten sich gleichwohl an, das in der Gemeinsamen Verfassungskommission gebildete Paket wieder ‚aufzuschnüren', die wenigen noch übriggebliebenen Vorschläge zur Reform der bundesstaatlichen Kompetenzverteilung aus dem Paket herauszuschneiden.[254] ‚Rechtszersplitterung' und das damit verbundene ‚Regelungsdickicht', gar der ‚Verlust der Handlungsfähigkeit des Gesamtstaats' waren die Horrorszenarien, auf die verwiesen wurde.[255] Die Länder drohten darauf im Gegenzug mit Totalablehnung der gesamten Verfassungsreform, sollte der in der Gemeinsamen Verfassungskommis-

[251] Siehe nur *W. Hennis*, Auf dem Weg in eine ganz andere Republik. Die geplante Verfassungsreform verschiebt die Statik des Grundgesetzes, in: Frankfurter Allgemeine Zeitung Nr. 48 v. 26.2. 1993, S. 35.

[252] Vgl. *G. Bannas*, Unverbindliche Unterschriften. Die Änderungen des Grundgesetzes und die Fallstricke des Föderalismus, in: Frankfurter Allgemeine Zeitung Nr. 153 v. 5.7. 1994, S. 12.

[253] *J. Isensee* (Fn. 229), S. 2585.

[254] Vgl. dazu *H.-J. Vogel* (Fn. 235), S. 502 (m.w.N. in Fußn. 44 und 45); *M. Kloepfer* (Fn. 236), S. 105ff.; *C. Pestalozza*, Art. 72 Rdnrn. 176ff., in: von Mangoldt/Klein/Pestalozza (Fn. 236).

[255] Siehe nur die Debatte in der 238. Sitzung des Bundestages am 30.6. 1994, dort insbes. die Ausführungen der Abgeordneten *M. Funke-Schmitt-Rink*; vgl. ferner die Ausführungen des Mitarbeiters der CDU/CSU-Bundestagsfraktion *R. Sannwald* (Fn. 236), S. 633, wo gleichfalls das Schreckbild der ‚Rechtszersplitterung' beschworen wird.

sion konsentierte Rest an Vorschlägen zu den Gesetzgebungszuständigkeiten nicht verabschiedet werden.[256] Es sei zwingend notwendig – so der bayerische Ministerpräsident *Stoiber* in der Abschlußdebatte im Bundestag – der „Erosion des Föderalismus Einhalt" zu gebieten.[257] Der Bundestag stimmte gleichwohl nur Teilen der von der Gemeinsamen Verfassungskommission vorgeschlagenen Änderungen zu, unter Ausschluß der vereinbarten Änderungen der Art. 72, 74, 75 und 93 GG. Der Bundesrat lehnte darauf die Vorlage ab und rief den Vermittlungsausschuß an.[258] Im Vermittlungsausschuß wurde schnell Einigkeit erzielt; angesichts der erforderlichen Zwei-Drittel-Mehrheit in Bundestag und Bundesrat mußten die Forderungen der Länder berücksichtigt werden, sollte das ganze Unternehmen nicht scheitern. Die Vorschläge der Gemeinsamen Verfassungskommission zur Kompetenzverteilung wurden wieder in das Reformpaket aufgenommen und am 6. September 1994 verabschiedete der Bundestag mit großer Mehrheit die vorgeschlagenen Änderungen[259]; der Bundesrat folgte am 23. September. Die von der Gemeinsamen Verfassungskommission empfohlenen Änderungen bzw. Einfügungen der Art. 29, 72, 74, 75, 76, 77, 80, 87, 93, 118a und 125a GG wurden mit nur geringfügigen Änderungen als Gesetz zur Änderung des Grundgesetzes vom 27. Oktober 1994[260] verabschiedet und verkündet.

Daß damit die Bundesstaatsverfassung des Grundgesetzes tiefgreifend verändert worden sei, hat seitdem niemand behauptet. Auch dieser erneute, durch die Geschehnisse der Wiedervereinigung ausgelöste Versuch einer ‚Bundesstaatsreform' erwies sich im Nachhinein mehr als Symptom der tiefen Verwurzelung unitarischer Konzepte im deutschen Verfassungsdenken denn als Remedur gegen die von den Ländern konstatierte allmähliche ‚Aushöhlung' der föderalen Struktur der Bundesrepublik. Auch die kleinste Veränderung zugunsten der Länder, so erwies sich wieder einmal, löst in Deutschland tiefsitzende Ängste aus, die um Schlagworte kreisen wie ‚Partikularismus', ‚Staatenbündelei', ja ‚Zerfall der staatlichen Einheit'.

---

[256] Siehe „Das Parlament" Nr. 29–30 v. 22.29. 7. 1994, S. 1: Bundestag debattiert über Verfassungsreform: Länder wollen mehr Kompetenzen.; vgl. ferner *M. Kloepfer* (Fn. 236), S. 107; *C. Pestalozza*, Art. 72 Rdnrn. 194ff., in: von Mangoldt/Klein/Pestalozza (Fn. 236).

[257] 238. Sitzung des Bundestages am 30. 6. 1994 – hier zitiert nach „Das Parlament" Nr. 29–30 v. 22.29. 7. 1994, S. 8.

[258] Siehe Frankfurter Allgemeine Zeitung Nr. 199 v. 27. 8. 1994, S. 1: Bundesrat lehnt die Verfassungsänderungen ab.

[259] Siehe nur Frankfurter Allgemeine Zeitung Nr. 204 v. 2. 9. 1994, S. 1: Einigung über Gesetzgebungskomeptenzen; Frankfurter Allgemeine Zeitung Nr. 208 v. 7. 9. 1994: Der Bundestag nimmt Kompromißpaket zu Änderungen der Verfassung an.

[260] Veröffentlicht in BGBl. 1994 I, S. 3146; vgl. zu den Änderungen des GG vom 27. 10. 1994 auch *R. Sannwald*, Die Reform des Grundgesetzes, NJW 1994, S. 3313ff. sowie zu der wichtigsten Abweichung zwischen dem Vorschlag der Gemeinsamen Verfassungskommission und der dann verabschiedeten Fassung des Art. 72 GG (neu) *G. Schmidt*, Die neue Subsidiaritätsprinzipregelung des Art. 72 GG in der deutschen und europäischen Wirtschaftsverfassung, DÖV 1995, S. 657ff., sowie *M.D. Müller*, Auswirkungen der Grundgesetzrevision von 1994 auf die Verteilung der Gesetzgebungskompetenzen zwischen Bund und Ländern, 1996, S. 51ff.

Dritter Teil

Die aktuelle Bundesstaatsrechtslehre und -praxis als Spiegel des bundesstaatstheoretischen Vorverständnisses – Zur Lage der Bundesstaatstheorie unter dem Grundgesetz

In den vorausgehenden beiden Teilen der Untersuchung wurde die Entwicklung des deutschen Bundesstaatsmodells eingehend dargestellt, in der bewußten Verschränkung von verfassungsgeschichtlicher und verfassungsrechtsdogmatischer Analyse. Eine derartige kombiniert institutionen- und dogmengeschichtliche Analyse erweist sich bei genauem Hinsehen als notwendig, will man die Eigenheiten der deutschen Bundesstaatskonstruktion, wie sie im Bundesstaat des Grundgesetzes ihre letzte Gestalt gefunden hat, wirklich begreifen. Doch die Analyse bliebe unvollständig, wollte sie sich nur auf die genetische Untersuchung beschränken. Die Prägung des deutschen Bundesstaatsmodells – aber letztlich auch jedes anderen Modelles von Bundesstaatlichkeit – durch ein bestimmtes, historisch verfestigtes bundesstaatstheoretisches Vorverständnis wird zwar in der chronologischen Aufbereitung der Genese dieser Form von Staatsorganisation schon sehr deutlich. Ergänzt werden muß diese chronologische Darstellung aber durch eine diachronische Aufnahme der aktuellen Gestalt dieser Bundesstaatskonstruktion mit einem Blick auf die wichtigsten Facetten sowohl der Bundesstaatspraxis wie der Bundesstaatsrechtsdogmatik. Nur in einer derartigen Momentaufnahme läßt sich in genügender Schärfe die Prägung der Details des Bundesstaatsrechts durch das zugrundeliegende bundesstaatstheoretische Vorverständnis erhellen.

Die nachfolgende Momentaufnahme bestimmter Kernbereiche des gegenwärtigen Bundesstaatsrechts – nicht ohne Grund mit dem Titel „Die aktuelle Bundesstaatsrechtslehre und -praxis als Spiegel des bundesstaatstheoretischen Vorverständnisses“ überschrieben –soll die zum Thema dieser Arbeit erhobene Abhängigkeit der Bundesstaatsrechtsdogmatik von vorausliegenden Konzepten der Bundesstaatstheorie im Detail belegen. Sieht man genau hin, so spiegeln sich tatsächlich in den Grundannahmen und dogmatischen Leitlinien des Bundesstaatsrechts unweigerlich Vorverständnisse über Sinn und Zweck bundesstaatlicher Systeme, aber auch über sinnvolle Gestalt und Entwicklungstendenzen föderaler Konstruktionen. Zwar hat die Verfassung im Ansatz die Grundlinien des bundesstaatlichen Systems selbst festgeschrieben und damit wichtige Grundentscheidungen getroffen. In der Konkretisierung und Ausgestaltung des Gefüges aber ist die Verfassungsrechtslehre notwendig auf (systemprägende) Vorstellungen von ‚richtiger' bundesstaatlicher Konstruktion angewiesen, ohne die sie in ihrer Arbeit der Konkretisierung und Fortentwicklung der Verfassung hilflos bliebe. Die so unvermeidlich in die verfassungsrechtsdogmatische Feinarbeit einströmenden verfassungspolitischen und verfassungstheoretischen Prämissen und Leitvorstellungen erweisen sich jedoch immer wieder als Einfallstore für ideologiegeladene Theoreme. Kritische Durchleuchtung dieser untergründigen Theorie- (und Ideologie-)gehalte von Verfassungsrechtsdogmatik tut insofern besonders not, erweist sich aber auch als besonders schwierig, steht sie doch in der Tradition des deutschen Staatsrechtspositivismus permanent unter dem Verdacht des Ausweichens ins ‚Unjuristische'.

Doch nur wenn man sich die (oft verdrängte) Theoriehaltigkeit dogmatischer Detailarbeit stetig bewußt hält und im Blick auf die Ergebnisse dieser Bereichsdogmatik die Konsequenzen und Problemfolgen der zugrundegelegten Theoreme (bzw. theoretischen Vorverständnisse) offenem Diskurs aussetzt, bleibt eine rationale Diskussion dieser impliziten theoretischen Modellannahmen bzw. Theorieanleihen möglich. Dazu einen Beitrag zu leisten, indem die Ausgestaltung wichtiger Bereiche der Bundesstaatsrechtsdogmatik als Konsequenz bestimmter bundesstaatstheoretischer Modellannahmen sichtbar gemacht wird, soll der Sinn des folgenden dritten Teils der Arbeit sein. Gewisse Redundanzen im Hinblick auf die chronologisch-genetische Analyse der ersten beiden Teile sind dabei kaum zu vermeiden, soll die Momentaufnahme wichtiger Problembereiche des deutschen Bundesstaatsrechts aus sich heraus halbwegs verständlich sein. Nach Auffassung des Autors ist ein Blick auf einige wichtige Einzelbereiche (und Probleme) des gegenwärtigen deutschen Bundesstaatsrechts aber unerläßlich, um die Konsequenzen des in Deutschland vorherrschenden bundesstaatstheoretischen Vorverständnisses zu entfalten und zu problematisieren.

Einzig im Blick auf die Detailergebnisse der daraus abgeleiteten Bundesstaatslehre – Ergebnisse, die zu nahezu unlösbaren Problemen für die Weiterentwicklung und Reform des deutschen Modells der bundesstaatlichen Organisation geführt haben – ist eine kritische Überprüfung dieser vielfach wenig hinterfragten Modellannahmen wohl überhaupt in Gang zu bringen. Daß das deutsche Modell des Bundesstaates sich in einer Krise befindet, wird man wohl beinahe zum Gemeingut der politischen Debatte in Deutschland zählen können. Daß die Krise des Systems aber hausgemacht (und systemimmanent) ist und nicht nur politischer, sondern auch normativer Konsequenzen bedarf, scheint weit weniger geläufig. Normative Konsequenzen – im Sinne einer Verfassungsreform – haben jedoch wenig Sinn, wenn die Debatte über Reformen nur wieder nach Fortschreibungen des Bestehenden verlangt, also nach Therapien, die die Krise eher verschärfen als lindern würden. Verfassungsreform hat erst recht keinen Sinn, wenn die neuen Normen dann nur wieder ganz im alten Stil dem tradierten Modell des ‚unitarischen Bundesstaates' mit immer weiter vorangetriebener Verflechtung angepaßt würden. Reform verlangt vielmehr zunächst nach einem Umdenken in den Modellannahmen. Eine Kritik dieser Modellannahmen schließt sich daher an die Analyse der verfassungsrechtsdogmatischen Ausprägungen des bundesstaatstheoretischen Vorverständnisses an – eine Kritik, die vor allem die Verkürzungen der deutschen Vorstellungen von Sinn und Funktion föderaler Systeme ins Auge nahmen muß. Aktuelle Theorieansätze aus scheinbar weit von der Jurisprudenz entfernten Wissenschafsdisziplinen erweisen sich – so sucht die Arbeit aufzuzeigen – als geeignet, neues Licht auf die Funktion föderaler Systeme zu werfen. Die alte Frage nach der Legitimation des Bundesstaates gewinnt im Licht dieser Theorieansätze eine ganz andere Gestalt.

11. Kapitel:

Konstruktive Grundlagen und Rechtsnatur des Bundesstaates

11.1. Bundesstaatspraxis und Bundesstaatstheorie – Einige Überlegungen auf vergleichendem Hintergrund

Die im vorangegangenen Kapitel geschilderten Widerstände gegen eine – und sei es auch nur minimale – Reform der Bundesverfassung, bei der den Ländern bisher vom Bund ausgeübte Kompetenzen überlassen worden wären oder der Bund ernsthaft in seiner Kompetenzausübung Einschränkungen erfahren hätte, wird man letztlich als symptomatisch für die herrschende Grundströmung deutscher Bundesstaatspraxis beschreiben können. Die in den ersten zwei Teilen so ausführlich geschilderte Verfassungsgeschichte des deutschen Bundesstaates sollte dies eigentlich zur Genüge belegt haben. Verwunderlich ist dabei weniger der Befund, daß die Bundesregierung – als der Inhaber der Exekutivgewalt im Bund – sowie die hinter ihr stehende Bundesbürokratie gegen eine derartige Kompetenzverlagerung auftreten. Die Grundsätze der Organisationssoziologie, um nicht zu sagen: die Gemeinplätze politischer Alltagserfahrung, lassen es als unmittelbar einsichtig erscheinen, daß andere Reaktionen von dieser Seite kaum zu erwarten wären, geht es doch hier im Kern um organisationsbezogene Eigeninteressen. Ähnliche Befunde wären wohl – wenn auch in unterschiedlicher Abstufung – in allen anderen Bundesstaaten dieser Welt zu beobachten, nähme man eine entsprechende empirische Analyse vor.

Verwunderlich ist im Ansatz auch nicht die gleichgerichtete Reaktion einer Mehrheit der Abgeordneten des Bundestages. Auch hier legt körperschaftliches Eigeninteresse eine derartige Haltung nahe, würde doch jede Kompetenzverschiebung zugunsten der Länder einen Einfluß- und Machtverlust des Bundesparlamentes bedeuten. Interessant ist hier im deutschen Fall schon eher die Offenheit, mit der diese Abwehrhaltung öffentlich zelebriert wird. Die unverhohlene Frontstellung gegen jede Form der ‚Dezentralisierung', im Sinne einer Rückverlagerung von Kompetenzen auf die Gliedstaaten, läßt erkennen, daß Politiker in Deutschland keinerlei politische Sanktionen für ‚unitarische' Positionsbezüge zu erwarten haben. Im Gegenteil: Die Beobachtung des politischen Alltags läßt den Rückschluß zu, daß die Inhaber politischer Ämter mehrheitlich Rückenwind verspüren beim Äußern unitarischer Forderungen, auch heute noch Zustimmung und politische Positionsgewinne davon erwarten. Uneinheitlichkeit der staatlichen Praxis, ‚Rechtszersplitterung', ‚Lähmung der Zentralgewalt' sind Schreckgespenster, mit denen in Deutschland tendenziell nach wie vor Mehrheiten zu mobilisieren sind.

Damit nähert man sich dem Kern der Problematik des deutschen Bundesstaates. Im Gegensatz zu den traditionellen Bundesstaaten dieser Welt, wie der Schweiz oder den Vereinigten Staaten von Amerika, gibt es in Deutschland kaum Ansätze des tiefeingewurzelten Affektes gegen die Zentralgewalt, der die politische Kultur der ‚historischen' Bundesstaaten so grundlegend prägt.[1] Eher umgekehrt: Mißtrauen schlägt, vom geschichtlichen Sonderfall Bayerns abgesehen, meist immer noch eher den Landesgewalten entgegen als der Bundesgewalt. Die Wahrnehmung der Landesgewalten als rechtfertigungsbedürftiger ‚Partikulargewalten', denen der Bund als der Wahrer von ‚Einheit' und ‚Gemeinwohl' gegenübersteht, ist eine in der Geschichte des deutschen politischen Denkens zutiefst verwurzelte Denkhaltung. Die Gründe für diese historische Prägung – Gründe subjektiver wie objektiver Art – waren untergründig das Thema der ersten Kapitel. Die Nachwirkung dieser Grundprägung unserer historischen Kultur dominiert – wie der zweite Teil erwiesen hat – auch noch die bundesstaatlichen Entwicklungen der Bundesrepublik.

Den Auswirkungen dieser unterbewußt weiter wirksamen Denkhaltungen in der Bundesstaatsrechtslehre des Grundgesetzes nachzugehen, ist – wie schon ausgeführt – Zielsetzung des Dritten Teils. Im Ausgangsbefund kann die Untersuchung sich dabei auf vergleichende Beobachtungen stützen, die hier nur exemplarisch anhand der Eindrücke zweier ausländischen Betrachter der deutschen Bundesstaatsordnung vorgeführt seien. Der Unterschied in der ‚bundesstaatlichen Ambiance' fällt – dies kann man wohl pauschal so formulieren – allerdings nahezu jedem vergleichenden Betrachter auf, der sich aus einem altetablierten Bundesstaat den deutschen Verhältnissen nähert.

Beispielhaft herangezogen seien hier zunächst die Überlegungen zu einer vergleichenden Bundesstaatstheorie, die ein eminenter Kenner des Bundesstaatsrechts aus der Schweiz, *Thomas Fleiner-Gerster*, in seinem jüngst neuaufgelegten Werk zur ‚Allgemeinen Staatslehre' anstellt[2]. Es verwundere kaum – so schreibt er – „daß die Vertreter der deutschen Staatslehre recht wenig Tinte über den Bundesstaat und den Föderalismus verfließen ließen" (was nicht ganz stimmt, aber den Eindruck auswärtiger Betrachter wohl treffend wiedergibt). Die „abstrakte und auf die Realität wenig zugeschnittene Souveränitätslehre" habe der deutschen Staatslehre – so argumentiert *Fleiner-Gerster* – im Allgemeinen den Weg zu einem inneren Verständnis des Föderalismus verbaut.[3] Wenn man mit der klassischen Souveränitätslehre die ‚oberste Gewalt' für nicht aufteilbar halte, sei ein „aufgeteilter Bundesstaat", im Sinne eines Systems gestufter Staatlichkeit, eines „dual

[1] Vgl. dazu etwa *M. Frenkel*, Apologie des Kleinkarierten. Missverständnisse und Fehlkonzeptionen, in: A. Doepfner (Hrsg.), Keine Angst vor Europa. Föderalismus als Chance, 1992, S. 81, 84.

[2] *T. Fleiner-Gerster*, Allgemeine Staatslehre, 2. Aufl. 1995, S. 182ff., 260ff.

[3] *T. Fleiner-Gerster* (Fn. 2), S. 183.

government", schon rein theoretisch nicht mehr denkbar.[4] Daraus erkläre sich dann auch die – von ihm konstatierte – Dominanz der ‚Partizipationsidee' in der deutschen Bundesstaatstheorie, die Vorstellung, das Mitspracherecht der Gliedstaaten an der zentralstaatlichen Willensbildung sei das eigentlich entscheidende Kriterium der Unterscheidung zwischen Einheitsstaat und Bundesstaat.[5]

Wer von den Erfahrungen realer Politik in einem föderalistischen Staat geprägt sei, merkt *Fleiner-Gerster* dazu aus Schweizer Perspektive an, könne sich über diese unitarische und zugleich überaus theoretische Vorstellung nur wundern. Kategorien wie ‚Kompetenz-Kompetenz' und ‚Souveränität' seien dem Denken der Bürger historisch gewachsener, ‚genuiner' Bundesstaaten völlig fremd.[6] Die Überlegung etwa, der Kanton übe legitim Staatsgewalt aus, weil ihm diese vom Bund delegiert sei, erscheine dem Schweizer völlig befremdlich. Die Legitimation der Staatsgewalt suche er vielmehr zunächst allein im eigenen Kanton, d.h. beim demokratischen Entscheid des Volkes als des Souveräns. Dem Bunde werde er nur soweit das Recht zusprechen, Hoheitsgewalt auszuüben, als ihm dies aufgrund der Bundesverfassung zustehe. Mit anderen Worten: Die Legitimation der Staatsgewalt finde er im Volkswillen, im Entscheid zur Verfassunggebung des betreffenden Glied- oder des Bundesstaates, wobei der Gliedstaatenentscheid keiner Rechtfertigung durch einen Entscheid oder Akt des Bundesstaates (oder des Gesamtvolkes) bedürfe. Die Rechtfertigung der Hoheitsgewalt jeder staatlichen Ebene liege vielmehr einzig im jeweils eigenen Akt der Ausübung der Volkssouveränität, in der Zustimmung des Volkes, das das jeweilige Gemeinwesen konstituiere.[7]

Der Blick von außen mit den Augen des Schweizer Bundesstaatsrechtlers – und das darin mitschwingende Befremden – ist hier in einigen Punkten wiedergegeben, weil er eine entscheidende Frage, eine Besonderheit der deutschen Bundesstaatslehre – und des deutschen Bundesstaatsrechts – deutlich werden läßt, der dem deutschen Juristen gewöhnlich entgeht, weil allzuvieles von den grundlegenden dogmatischen Weichenstellungen der nunmehr hundertunddreißig Jahre deutscher Bundesstaatlichkeit als scheinbar selbstverständlich verinnerlicht worden ist. Der Verfremdungseffekt, der mit dem Blick durch eine fremde Brille ein-

---

[4] *T. Fleiner-Gerster* (Fn. 2), S. 184; vgl. außerdem *P. Pernthaler*, Allgemeine Staatslehre und Verfassungslehre, 1986, S. 420f., 423, ferner aus amerikanischer Perspektive *K. Loewenstein*, Verfassungslehre, 1959, S. 300f., sowie aus klassischer deutscher Sicht *J. Isensee*, Idee und Gestalt des Föderalismus im Grundgesetz, in: J. Isensee / P. Kirchhof (Hrsg.), Handbuch des Staatsrechts der Bundesrepublik Deutschland, Bd. IV, 1990, § 98 Rdnrn. 65–68.

[5] *T. Fleiner-Gerster* (Fn. 2), S. 188f.; vgl. aber auch *K. Loewenstein* (Fn. 4), S. 300f. und *P. Pernthaler* (Fn. 4), S. 428, ferner für die übliche deutsche Sichtweise *R. Herzog*, Kommentierung zu Art. 20 Abschnitt IV Rdnrn. 43f. (1980), in: Maunz/Dürig, sowie *K. Stern*, Das Staatsrecht der Bundesrepublik Deutschland, Bd. I, 2. Aufl. 1984, S. 645, 653f.

[6] *T. Fleiner-Gerster* (Fn. 2), S. 189.

[7] *T. Fleiner-Gerster* (Fn. 2), S. 190. Vgl. im gleichen Sinne auch *G. Haverkate*, Verfassungslehre, 1992, S. 348f., ferner *T. Maunz*, Staatlichkeit und Verfassungshoheit der Länder, in: J. Isensee / P. Kirchhof (Hrsg.), Handbuch des Staatsrechts der Bundesrepublik Deutschland, Bd. IV, 1990, § 94 Rdnr. 25.

hergeht, hilft insofern vielleicht, sich über manche Phänomene, die dem auswärtigen Betrachter sofort auffallen, auch als Deutscher wieder wundern zu können – im Sinne jener aus Erstaunen geborenen Verwunderung, die man wohl mit als die beste Antriebskraft für wissenschaftliche Arbeit bezeichnen kann.

Nun darf man diese Verfremdung aber sicherlich nicht übertreiben: Die Unterschiede sind in der Realität, also der Bundesstaatspraxis unterschiedlicher föderaler Systeme, wohl weit geringer als man bei Betrachtung der idealtypischen Konstruktionsmodelle zunächst annehmen könnte. Zwar fällt vor allem angelsächsischen Betrachtern sofort die Einheitsfixierung der Deutschen auf: Wo Amerikaner noch – so hat ein britischer Betrachter des deutschen Bundesstaates bemerkt[8] – erhebliche Unterschiede in den Lebensbedingungen als eine notwendige Konsequenz des Föderalismus akzeptieren, verlangten die Deutschen gebieterisch nach Gleichartigkeit und Einheitlichkeit solcher staatlichen Leistungen wie Bildung und sozialer Dienste. Nicht nur die historischen Traditionen der Einzelstaaten seien eben in den USA viel stärker, sondern auch der Geist der lokalen Eigenständigkeit (der „spirit of localism"), ebenso wie die Unterschiedlichkeiten in den lokalen Parteistrukturen und in den Strukturen organisierter Interessen viel ausgeprägter seien. Nun wäre es aber verfehlt – so hat es der gleiche britische Politikwissenschaftler in seiner grundlegenden Studie zum deutschen Bundesstaatssystem formuliert – aus der unter diesen Bedingungen notwendigerweise größeren Verflechtung und wechselseitigen Abhängigkeit der beiden Ebenen von Staatlichkeit, im Kontrast zu der (zumindest theoretisch) sehr viel ‚saubereren' Teilung der Gewalten im angelsächsichen Föderalismus, den deutschen Bundesstaat mit abwertenden Bezeichnungen wie „executive-legislative federalism" oder „administrative federalism" zu belegen, oder gar als nicht wahrhaft föderales System zu denunzieren.[9] Die Länder seien eben doch unzweifelhaft Staaten mit eigener, durch die Verfassung gesicherter Hoheitsgewalt – einer Hoheitsgewalt, die der Verfügung des Bundes entzogen sei und der verfassunggebenden Gewalt des Volkes entspringe. Und letztlich – so hat es ein bekannter amerikanischer Verfassungsrechtler im Vergleich der beiden Bundesstaatssysteme bemerkt – sei gar nicht wirklich ausgemacht, ob die amerikanischen Gliedstaaten im Ergebnis wirklich mehr Macht hätten als die deutschen Länder, vor allem wenn man deren Mitwirkungsbefugnis über den Bundesrat einbeziehe: „Comparison is difficult, but it may be that on balance the German Länder have no less power than their American counterparts – especially since, as a perceptive American observer pointed out over thirty years ago, the political check of state veto power is likely to be more effective than judicial enforcement of constitutional limitations on federal authority."[10] Man sollte also, trotz aller fundamentalen und vor allem kon-

[8] *P.M. Blair*, Federalism and Judicial Review in West Germany, 1981, S. 2.

[9] *P.M. Blair* (Fn. 8), S. 6f.

[10] *D.P. Currie*, The Constitution of the Federal Republic of Germany, 1994, S. 34. Vgl. als (ansatzweise auch vergleichende) Darstellungen zum amerikanischen Föderalismus in deutscher Sprache auch *A.B. Gunlicks*, Prinzipien des amerikanischen Föderalismus, P. Kirchhof / D.P. Kommers (Hrsg.), Deutschland und sein Grundgesetz, 1993, S. 99ff., insbes. S. 120ff.; *E. Benda*,

struktiven Unterschiede, vorsichtig sein in einer bilanzierenden Bewertung des deutschen Bundesstaatsmodells.Die (vielfach unberechtigte) Idealisierung fremder Modelle trägt nichts bei zum Verständnis und zur Verbesserung des Eigenen. Aber daß es anders ist, versteht man im Blick auf sie doch – und dies besonders im Blick auf den Umgang mit Kategorien der Souveränität im Bundesstaat[11], die das traditionell gestörte Verhältnis der deutschen Staatstheorie zum Bundesstaat besonders krass widerspiegeln.

11.2. Theoretische Konstruktion des Bundesstaates in der deutschen Staatsrechtslehre

Aller Historizität der Souveränitätskategorie zum Trotz – einer Kategorie, die vor allem die bundesstaatsheoretischen Debatten des Kaiserreiches beherrschte (im zweiten Kapitel wurde diese Debatte ausführlich wiedergegeben), neigt die bundesrepublikanische Staatsrechtslehre nach wie vor zur theoretischen Ableitung des Bundesstaates aus dem Souveränitätsbegriff. Der Bundesstaat als Staatenverbindung, in der dem Oberstaat die ‚innere' wie ‚äußere Souveränität' zukomme, im Gegensatz zum Staatenbund, bei dem die Souveränität weiter in Händen der Mitgliedstaaten verbleibt – das ist der Debattenstand der staatsrechtlichen ‚Klassik', der auch heute noch in den Lehr- und Handbüchern wiedergegeben wird.[12]

Nun ist die zitierte gängige Aussage zur Souveränitätsfrage sicherlich nicht falsch. Soweit es der Kategorien der klassischen Souveränitätslehre weiter bedarf, wie im Völkerrechtsverkehr, in dem die Teilnahmeberechtigung – als Völkerrechtssubjekt – im Grundsatz immer noch an das Souveränitätskriterium gekoppelt ist[13], wird man dem Axiom der Zuweisung von Souveränität an den Ober-

---

Neuere Entwicklungen im amerikanischen Föderalismus, in: Gegenrede. Festschrift für Ernst Gottfried Mahrenholz, 1994, S. 957ff.; *T. Lundmark*, Die Bedeutung der Gliedstaaten im amerikanischen Verfassungssystem, DÖV 1992, S. 417ff.; *H.-H. Trute*, Zur Entwicklung des Föderalismus in den Vereinigten Staaten von Amerika, Zeitschrift für ausländisches öffentliches Recht und Völkerrecht 49 (1989), S. 191ff.; *E. Klein*, Föderalistische Strukturen in der Bundesrepublik Deutschland und in den Vereinigten Staaten von Amerika, 1985.

[11] Vgl. allerdings zu der ähnlich gelagerten Debatte in den USA um die ursprüngliche Souveränität der Gliedstaaten und um das Konzept der ‚dual sovereignty' etwa *R. Berger*, Federalism: The Founders' Design, 1987, S. 21ff., 49ff. sowie *A.R. Amar*, Of Sovereignty and Federalism, Yale Law Journal 96 (1987), S. 1425, 1429ff., außerdem knapp zusammenfassend *H.-H. Trute* (Fn. 10), S. 198ff.

[12] Siehe nur *A. Randelzhofer*, Staatsgewalt und Souveränität, in: J. Isensee / P. Kirchhof (Hrsg.), Handbuch des Staatsrechts der Bundesrepublik Deutschland, Bd.I, 1987, § 15 Rdnrn.23ff. (insbes. Rdnr.35); *O. Kimminich*, Der Bundesstaat, ebda., § 26 Rdnrn.11ff.; *K. Doehring*, Allgemeine Staatslehre, 1991, S. 69ff.; *H.-J. Vogel*, Die bundesstaatliche Ordnung des Grundgesetzes, in: E. Benda / W. Maihofer / H.-J. Vogel (Hrsg.), Handbuch des Verfassungsrechts, 1983, S. 809, 810; als Kritik an dieser traditionellen Argumentation vgl. insbes. *R. Herzog*, Allgemeine Staatslehre, 1971, S. 396ff., insbes. 400ff., sowie *P. Pernthaler*, Allgemeine Staatslehre und Verfassungslehre, 2. Aufl. 1996, S. 291ff.

[13] Vgl. dazu ausführlich *H. Steinberger*, Sovereignty, in: R. Bernhardt (Hrsg.), Encyclopedia

staat (den Bund) kaum widersprechen können. Fraglich bleibt allerdings, welche Funktion – auch juristisch-konstruktive Funktion – dem Konzept der ‚Souveränität' jenseits des Völkerrechts, und vor allem natürlich im Staatsrecht, heute überhaupt noch zukommt. *Fleiner-Gerster*, der im Eingang des Kapitels zitierte Schweizer Staatsrechtler, merkt zu Recht an, in einem auf der Konzeption der Volkssouveränität basierenden demokratischen Gemeinwesen müßte der Begriff der Souveränität eigentlich reformuliert werden, denn ‚oberste und unabgeleitete Staatsgewalt' kann es im demokratischen Staat eigentlich gar nicht geben.[14] Staatsgewalt ist unter dem Blickwinkel der Volkssouveränität immer nur abgeleitete Gewalt, delegierte Kompetenz, die den von der Verfassung eingesetzten Organen zur treuhänderischen Ausübung anvertraut ist.[15] Sie ist insofern immer nur rechtlich gebundene Gewalt, Befugnis, die erst durch die Verfassung entsteht und in ihrer Ausübung an die durch die Verfassung gezogenen Grenzen gebunden ist. Souveränität ist in dieser Perspektive, um noch einmal *Fleiner-Gerster* zu zitieren, eigentlich nur noch konstruierbar als Frage nach der Legitimation der Staatsgewalt. Souverän ist das Volk, „das seiner Staatsgewalt in seinem Territorium die Legitimität verleiht".[16] Wieso die Souveränität – als unmittelbare Legitimation aus dem Volksentscheid – aber nicht mehreren Ebenen der Staatlichkeit zugleich zuteil werden kann, der Bundesstaat also nicht als ein Gefüge geteilter Souveränität begriffen werden kann, ist nach derartiger Reformulierung der Souveränitätsfrage – als Frage nach dem Legitimationszusammenhang staatlicher Herrschaft – schwerlich nachvollziehbar.[17]

Gerade das traditionelle Dogma der 'Unteilbarkeit' der Souveränität, eine Erblast aus den Zeiten der Monarchie[18], die im Ansatz nur einheitsstaatlich denken

---

of Public International Law, Instalment 10, 1987, S. 397, 408ff., sowie *K. Doehring* (Fn. 12), S. 113ff. Übrigens hat das Völkerrecht im Umgang mit dem Souveränitätsbegriff immer zu einem gewissen Formalismus geneigt, hat also rein faktische Abhängigkeitsverhältnisse, ja selbst bestimmte rechtliche Unterworfenheiten meist ausgeblendet und nicht auf den Status der betreffenden Einheiten durchschlagen lassen.

[14] *T. Fleiner-Gerster* (Fn. 2), S. 190f. Zu den geistesgeschichtlichen Wurzeln des Gedankens rechtlicher Bindung und Einhegung herrschaftlicher Gewalt, insbes. in der „Politica" des Althusius, vgl. jüngst *D. Wyduckel*, Föderalismus als rechtliches und politisches Gestaltungsprinzip bei Johannes Althusius und John C. Calhoun, in: G. Duso / W. Krawietz / D. Wyduckel (Hrsg.), Konsens und Konsoziation in der politischen Theorie des frühen Föderalismus (Rechtstheorie Beiheft 16), 1997, S. 259, 278ff.

[15] Siehe zu dieser – eigentlich banalen – Prämisse jeder demokratischen Staatslehre nur *K. Stern*, Das Staatsrecht der Bundesrepublik Deutschland, Bd. II, 1980, S. 527ff., insbes. S. 532–536; *E.-W. Böckenförde*, Demokratie als Verfassungsprinzip, in: J. Isensee / P. Kirchhof (Hrsg.), Handbuch des Staatsrechts der Bundesrepublik Deutschland, Bd. I, 1987, § 22 Rdnrn. 3ff., 11ff.; *P. Badura*, Die parlamentarische Demokratie, ebda., S. 953, 968ff. (insbes. Rdnrn. 27–30); vgl. außerdem *R. Herzog* (Fn. 12), S. 136ff., 201ff.

[16] *T. Fleiner-Gerster* (Fn. 2), S. 190.

[17] Vgl. dazu *T. Fleiner-Gerster* (Fn. 2), S. 260ff., vor allem aber *D. Czybulka*, Die Legitimation der öffentlichen Verwaltung, 1989, insbes. S. 76ff.

[18] Auf diese historische Bedingtheit (und Antiquiertheit) der Souveränitätskategorie wies schon 1889 *Hugo Preuß* hin, als er schrieb der Souveränitätsbegriff sei die *radix malorum* der Staatstheorie, da es sich um eine theoretische Abstraktion aus einer Historie gewordenen Zeit

konnte, prägt aber bis heute die deutschen Vorstellungen von der konstruktiven Grundlage des Bundesstaates.[19] Paradigmatisch ist insofern der immer noch gern zitierte Satz von *Hans Peters*: „Die Staatsgewalt, die ihrem Wesen nach ebenso unteilbar ist, wie dies von der Körperkraft eines Menschen gilt, ist im Bundesstaat nicht etwa aufgeteilt zwischen Bund und Gliedstaaten; aufgeteilt sind vielmehr nur die Aufgaben, auf denen sich die (ungeteilte) Staatsgewalt des Bundes oder der Gliedstaaten betätigen darf."[20] Die Fixierung auf Souveränität, auf höchste Macht, führt offensichtlich – dies hat jüngst wieder *Görg Haverkate* mit Blick auf die traditionelle deutsche Souveränitätslehre konstatiert – zur Unfähigkeit, „einen Bund freier Staaten zu denken, der zu einer Einheit zusammengeschlossen ist"[21]. Man denke insofern nur an die – in der Literatur immer wieder zu findende – Behauptung, daß „nur das (ganze) Volk, nicht aus ihm wie immer herausgeschnittene Teile" und auch nur die „staatliche Zentralgewalt" als institutionalisierte Legitimationsträger mit dem Prinzip der Volkssouveränität vereinbar seien.[22]

Der in diesem Kontext von *Scheuner* gegen die betont föderalistischen Konstruktionsversuche (vor allem natürlich von *Nawiasky* und *Maunz*) gerichtete Vorwurf, die ganze Diskussion über die Teilbarkeit der Souveränität und die „originäre" Herkunft der Staatsgewalt im Bundesstaat entstamme „einer heute überholten Staatsvorstellung", die noch in monarchischer Befangenheit „einer politischen Machtstaatslehre des Staates huldigte"[23], sei dabei nur als Paradox erwähnt. Er trifft eigentlich – sieht man genau hin – in erster Linie weniger die ins Visier genommenen Anhänger der Konzepte geteilter Souveränität, sondern trifft im Kern die traditionelle Souveränitätsargumentation als solche, müßte er sich genaugenommen doch gegen jegliches Argumentieren aus dem Souveränitätsbegriff richten. Aber so ist das Argument ersichtlich nicht gemeint. Das von *Scheuner* behauptete dogmatische Axiom, dem republikanischen, demokratischen Staatsverständnis entspreche nur die Auffassung, daß die Souveränität des Bundesstaates allein beim Bund liege und daß die Staatsqualität der Länder weder eine Teilung noch eine gemeinsame Ausübung der Souveränität erfordere[24], ist in dieser Per-

---

handele, nämlich um das grundlegende Konstruktionsprinzip des absolutistischen Staates – *H. Preuß*, Gemeinde, Staat, Reich als Gebietskörperschaften, 1889, S. 89ff.; vgl. auch mit ähnlicher Zielrichtung *R. Carré de Malberg*, Contribution à la Théorie Générale de l'Etat, Bd. I, 1920, S. 79ff., 88ff., 147ff., ferner in der neueren Literatur auch *R. Herzog* (Fn. 5), Rdnr. 4 zu Art. 20 Abschn. IV und *D. Czybulka* (Fn. 17), S. 36ff.

[19] Vgl. nur *O. Kimminich* (Fn. 12), § 26 Rdnr. 21; ferner *K. Doehring*, Staatsrecht der Bundesrepublik Deutschland, 3. Aufl. 1984, S. 116ff.; *H. Peters*, Geschichtliche Entwicklung und Grundfragen der Verfassung, 1969, S. 219f.

[20] *H. Peters*, Deutscher Föderalismus, 1947, S. 23; vgl. auch im gleichen Sinne etwa *O. Kimminich* (Fn. 12), § 26 Rdnr. 21 (unter Zitierung des Satzes von Hans Peters) sowie *J. Isensee* (Fn. 4), § 98 Rdnr. 63.

[21] *G. Haverkate* (Fn. 7), S. 349.

[22] So – hier beispielhaft zitiert – *H.H. Klein*, Demokratie und Selbstverwaltung, in: Festschrift für Ernst Forsthoff zum 70. Geburtstag, 1972, S. 165, 184f.

[23] *U. Scheuner*, Struktur und Aufgabe des Bundesstaates in der Gegenwart, DÖV 1962, S. 641.

[24] Ebda.; vgl. auch insoweit zustimmend *O. Kimminich* (Fn. 12), § 26 Rdnr. 21.

spektive – bedenkt man die ganze Problematik des Souveränitätsbegriffes – letztlich eher ein Symptom für das in Deutschland traditionell gestörte Verhältnis zwischen Republikanismus und Bundesstaatsprinzip als ein theoretisch schlagendes Argument gegen Konstruktionen geteilter Staatsgewalt im Bundesstaat. Zur Basis der eigenen Argumentation wird hier genau das unbefragte Axiom erhoben, die Souveränität (in ihrer behaupteten Unteilbarkeit), dessen Verwendung man der Gegenposition ankreidet.

Spürbar wird die diagnostizierte Neigung zur Ableitung bundesstaatsrechtlicher Formeln aus dem Axiom der ‚Unteilbarkeit' der Souveränität bis in die Details der rechtlichen Argumentation. Die Frage nach dem Staatsvolk z.B. hat der deutschen Staatsrechtslehre seit mehr als einem Jahrhundert vielfältige theoretische Probleme bereitet.[25] Nimmt man das Dogma der ‚unteilbaren Souveränität' in einem demokratischen Verfassungssystem, das auf der Volkssouveränität als der Grundlage der Legitimität jeder staatlichen Herrschaft aufgebaut ist, ernst, so kann es außer dem ‚deutschen Staatsvolk', als dem Träger der Volkssouveränität im Gesamtstaat, eigentlich kein anderes Staatsvolk – als personales Substrat von Staatlichkeit – mehr geben.[26] Es gibt – so behauptet diese Denkschule – „kein eigenes Landesvolk, das neben dem Bundesvolk stünde". Von einem Landesvolk könne man allenfalls in einem metaphorischen Sinne sprechen, denn juristisch gesehen handele es sich „nicht um ein gesondertes Teilvolk, sondern um einen integralen Volksteil".[27] Die nur kompetenzrechtlich geteilte Staatsgewalt des Bundes und der Länder habe dasselbe personale Substrat, oder – noch krasser formuliert: „Die grundgesetzliche Konzeption des Volkes ist unitarisch. Das Grundgesetz faßt nicht einzelne Landesvölker zum Ganzen zusammen, sondern es geht von der nationalen Einheit des deutschen Volkes aus, die sich lediglich in bestimmten Kompetenzbereichen territorial ausdifferenziert." Allein vom Gesamtvolk gehe mithin alle bundesstaatlich ausdifferenzierte Staatsgewalt aus, in dessen Volkssouveränität die Eigenstaatlichkeit der Länder und die föderative Ordnung des Gemeinwesens gründe.[28]

Doch kann es ‚Staaten' – als die die Länder ja weiter bezeichnet werden – ohne Staatsvolk geben? Die ganz konsequenten Verfechter der gesamtstaatlichen Souveränität und der Einheit des deutschen Staatsvolkes neigen in der Konsequenz dieser Frage dazu, die ‚Staatsqualität' der Länder als pure sprachliche Konvention zu belächeln, sie zum historischen Überbleibsel vergangener Epochen deutscher Verfassungsgeschichte zu erklären, der keine politische und staatsrechtliche Realität mehr entspreche.[29] Die Länder können in dieser Perspektive dann tatsächlich

---

[25] Vgl. nur *R. Grawert*, Staatsvolk und Staatsangehörigkeit, in: J. Isensee / P. Kirchhof (Hrsg.), Handbuch des Staatsrechts der Bundesrepublik Deutschland, Bd.I, 1987, § 14 Rdnrn.12ff.

[26] Vgl. nur in diesem Sinne *J. Isensee* (Fn. 4), § 98 Rdnrn.45ff., ferner *D. Murswiek*, Die verfassunggebende Gewalt nach dem Grundgesetz für die Bundesrepublik Deutschland, 1978, S. 32ff., 42ff.

[27] *J. Isensee* (Fn. 4), § 98 Rdnr.45.

[28] *J. Isensee* (Fn. 4), § 98 Rdnrn.60f.

[29] Siehe nur als Beispiel *J. Rottmann*, Deutschland nach dreißig Jahren Grundgesetz. Zur Jah-

logischerweise nichts anderes mehr sein als ‚hochpotenzierte Selbstverwaltungskörperschaften', die einzig aus historischen Gründen noch in der Maskerade von ‚Staaten' auftreten.[30]

Der in den Fünfziger und Sechziger Jahren so erbittert ausgefochtene Streit zwischen Anhängern des zwei- und des dreigliedrigen Bundesstaatsbegriffs[31] ist in diesem Zusammenhang zu sehen. Die anti-föderalistischen Konsequenzen des Argumentierens aus dem klassischen Konzept der ‚unteilbaren' Souveränität ließen sich elegant umschiffen, wenn man die ‚Souveränität' nicht dem Bund, sondern dem aus der Zusammenfassung von Bund und Gliedstaaten erwachsenden ‚Gesamtstaat' zuschrieb. ‚Souveränität' lag dann nicht beim Bund – wie vom staatsrechtlichen Positivismus im Gefolge von Laband angenommen – oder bei den Ländern – so die Seydel'sche Konstruktion – sondern gesamthänderisch bei Bund und Ländern zusammen. Der durch *Hans Nawiasky*[32] unter Anknüpfung an Ansätze von *Otto von Gierke*[33] und *Hans Kelsen*[34] entwickelte dreigliedrige Bundesstaatsbegriff hatte insoweit allerdings von Anfang an mit dem Problem zu kämpfen, daß er der in diesem Punkt recht unsystematischen Begrifflichkeit des Grundgesetzes nachträglich ein (dem Sprachgebrauch der Verfassung fremdes) begriffliches System überzustülpen hatte[35], das der in den theoretischen Traditionen des Laband'schen Positivismus geprägten Mehrheit der deutschen Staatsrechtslehre als überaus künstlich erscheinen mußte.[36] Plausibel war das Hinzutre-

---

restagung 1979 der Vereinigung der deutschen Staatsrechtslehrer, DVBl. 1981, S. 439, 442, ferner – mit gleicher Tendenz – *H.H. Rupp*, Bemerkungen zur neueren Diskussion über den bundesdeutschen Föderalismus, in: Freiheit und Verantwortung im Verfassungsstaat. Festgabe zum 10jährigen Jubiläum der Gesellschaft für Rechtspolitik, 1984, S. 377, 378f.; vgl. auch – jeweils m.w.N. – *M. Bullinger*, Die Zuständigkeit der Länder zur Gesetzgebung, DÖV 1970, S. 761, sowie *J. Isensee* (Fn. 4), § 98 Rdnr. 64.

30 Vgl. auch zusammenfassend zu den gängigen Einwänden gegen die Staatlichkeit der Länder *T. Maunz* (Fn. 7), § 94 Rdnrn. 14–22.

31 Vgl. dazu *K. Stern* (Fn. 5), S. 650ff. m.w.N.; ferner *W. Hempel*, Der demokratische Bundesstaat, 1969, S. 64ff.; *R. Herzog* (Fn. 5), Rdnrn. 15ff. zu Art. 20 Abschn. IV; *E. Stein*, Staatsrecht, 15. Aufl. 1995, S. 112ff.

32 Siehe *H. Nawiasky*, Die Grundgedanken des Grundgesetzes für die Bundesrepublik Deutschland, 1950, S. 35ff.; *ders.*, Allgemeine Staatslehre, 3. Teil, 1956, S. 151ff.

33 Siehe *O. von Gierke*, Labands Staatsrecht und die deutsche Rechtswissenschaft, Schmollers Jahrbuch 7 (1883), S. 1097, 1100, 1167ff.; vgl. zur Bedeutung Gierkes für die Bundesstaatslehre auch *E. Deuerlein*, Föderalismus, 1972, S. 316ff.

34 *H. Kelsen*, Wesen und Entwicklung der Staatsgerichtsbarkeit, VVDStRL 5 (1929), S. 30, 82, sowie ausführlicher *ders.*, Allgemeine Staatslehre, 1925, S. 198ff.

35 Vgl. dazu *R. Herzog* (Fn. 5), Rdnr. 19 zu Art. 20 Abschn. IV, außerdem *K. Stern* (Fn. 5), S. 651.

36 Siehe vor allem die auf dem Höhepunkt des Schulenstreits geäußerten bissigen Kritiken an der Dreigliedrigkeitslehre von *U. Scheuner* (Fn. 23), S. 642f. und *J.H. Kaiser*, Die Erfüllung der völkerrechtlichen Verträge des Bundes durch die Länder. Zum Konkordatsurteil des Bundesverfassungsgerichts, ZaöRV 18 (1957/58), S. 526, 534ff.; vgl. ferner *W. Schmidt*, Das Verhältnis von Bund und Ländern im demokratischen Bundesstaat des Grundgesetzes, AöR 87 (1962), S. 253, 271ff.; *K. Hesse*, Der unitarische Bundesstaat, 1962, S. 5f.; *J. Harbich*, Der Bundesstaat und seine Unantastbarkeit, 1965, S. 41ff., 85ff.; *H. Jahrreiss*, Die Gliederung des Bundes in Länder, in: Gedächtnisschrift für Hans Peters, 1967, S. 533ff.; *W. Hempel*, Der demokratische Bundesstaat,

ten des ‚Gesamtstaates‘ als einer dritten Konstruktion von Staatlichkeit neben Bund und Ländern eigentlich nur auf dem Hintergrund der jeweiligen theoretischen Systeme, aus denen das Modell hervorging. Plausibel war der Gedanke des vom Bund getrennten ‚Gesamtstaates‘ einmal aus der *Gierke*,schen ‚organischen Staatslehre', in der der als dritte Gliederung eingeführte ‚Gesamtstaat‘ nicht als neue juristische Person, sondern einfach als ein Kompositum aus Bund und Ländern, als eine ‚Genossenschaft‘ von Bund und Ländern ohne eigene Organ- und Willensbildungsstrukturen begriffen wurde. Plausibel wird der Gedanke auch, wenn man die dritte Ebene – wie *Theodor Maunz* es ausdrückte – als „konstruktives Denkmodell“ verstand, als „Theorem“, das nicht als dritter Staat mißverstanden werden dürfe[37], sondern das man im Denkmodus des Kelsenianischen Konstruktivismus als rein „gedachtes Zurechnungssubjekt“ zweier komplementärer Teilordnungen zu verstehen hatte.[38] Da aber die *Gierke*'sche ‚organische Staatslehre‘ für den herrschenden staatsrechtlichen ‚Positivismus‘ seit dem späten 19. Jahrhundert als überholt gilt und deren Begrifflichkeit und theoretische Konstruktion der deutschen Staatsrechtslehre fremdgeworden ist, *Kelsens* Konstruktivismus andererseits als zu radikal (und letztlich lebensfremd) galt, rieb man sich unweigerlich an dieser Vorstellung eines dritten staatlichen Subjektes, das man sich auf dem Boden der eigenen Denkmodelle nur als eigene Körperschaft (und juristische Person) vorstellen konnte – eine Vorstellung, die ersichtlich befremdete.[39] Auf dem Hintergrund eines derartigen Verständnisses darf es dann aber nicht verwundern, daß die dreigliedrige Bundesstaatslehre als ‚gekünstelt‘ und ‚artifiziell‘ empfunden wurde und überwiegend auf Ablehnung stieß.

Schon theoretisch lief also die Dreigliedrigkeitskonstruktion dem herrschenden Verständnis zuwider. Nun ist aber diese – allein auf Fragen des theoretischen Verständnisses abstellende und im Kern insoweit durchaus wohlmeinende – Erklärung des Scheiterns der *Nawiasky*'schen Dreigliedrigkeitslehre wohl nur die halbe Wahrheit. Die Dreigliedrigkeitslehre war nicht nur theoretisch für die überwiegende Lehre schwer nachzuvollziehen, sie widersprach auch zutiefst dem verfassungspolitischen Vorverständnis der Mehrheit, dem ‚unitarischen Affekt‘ der in den Traditionen des ‚Reichspositivismus‘ geprägten ‚herrschenden Lehre‘. Dreigliedrigkeitslehre wie Zweigliedrigkeitslehre hatten ja beide deutlich politische Zielrichtungen, mit Blick auf die Konstruktion des grundsätzlichen Verhältnisses von Bund und Ländern.[40] Behauptete die Dreigliedrigkeitslehre die prinzi-

1969, S. 64ff.; *W. Rudolf*, Die Bundesstaatlichkeit in der Rechtsprechung des Bundesverfassungsgerichts, in: Bundesverfassungsgericht und Grundgesetz Bd.II, 1976, S. 233, 236f.; *O. Kimminich* (Fn. 12), § 26 Rdnr.40

[37] So *T. Maunz* (Fn. 7), § 94 Rdnr.7 und *J. Isensee* (Fn. 4), § 98 Rdnr.83.

[38] Siehe nur *H. Kelsen*, Allgemeine Staatslehre, 1925, S. 198ff.; ihm folgend neuerdings *J. Isensee* (Fn. 4), § 98 Rdnrn.82–84.

[39] Siehe die Kennzeichnungen der Dreigliedrigkeitslehre als „Gedankengebilde ohne irgendeine Entsprechung in der wirklichen Welt“ – *J.H. Kaiser* (Fn. 36), S. 534f. – oder als „unrealistische Konstruktion“, die „mit der historischen Entwicklung des Bundesstaates in Widerspruch“ stehe – *U. Scheuner* (Fn. 23), S. 642.

[40] Vgl. nur *G. Kisker*, Ideologische und theoretische Grundlagen der bundesstaatlichen Ord-

pielle Gleichrangigkeit von Bund und Ländern, so zielte die Zweigliedrigkeitslehre gerade bewußt auf die Konstruktion des Bund-Länder-Verhältnisses als eines hierarchischen ‚Über- und Unterordnungsverhältnisses', in dem die Länder dem Bund als dem ‚Oberstaat' nachgeordnet sind.[41] Die überwiegende Ablehnung der Dreigliedrigkeitslehre hatte insoweit – dies sollte man deutlich sehen – auch eine klar politische Konnotation, die der allgemeinen Neigung zur Konstruktion des Bundesstaates als einer Hierarchie von Gebietskörperschaften entsprach.[42]

Das Interesse an „den mehr begrifflichen Fragen der Konstruktion" des Bundesstaates ist zwar seit etwa Mitte der Sechziger Jahre deutlich zurückgegangen[43]; die Debatte wird insoweit heute meist als ‚überholt' bezeichnet, als ohne aktuelles Interesse[44]. Die grundlegende Weichenstellung, die in dieser Diskussion vorgenommen wurde, bedarf aber gleichwohl der Beachtung, vor allem wenn zugleich in der Literatur die Dreigliedrigkeitslehre üblicherweise als ‚von der herrschenden Meinung für falsch erkannt' und damit ‚überwunden' gekennzeichnet wird. Verbunden ist diese Abqualifizierung der Dreigliedrigkeitslehre als ‚überholt' meist mit einem Verweis auf die Rechtsprechung des Bundesverfassungsgerichts, das den Streit der zwei Denkschulen quasi ‚autoritativ' entschieden hat.[45] Das Bundesverfassungsgericht hat sich bekanntlich – nach anfänglichem Schwanken – in den Sechziger Jahren deutlich auf die Seite der Zweigliedrigkeitslehre gestellt. Manche Passagen in den frühen Urteilen zu Bundesstaatsfragen waren noch als ein Hinneigen zur Dreigliedrigkeitslehre verstanden worden[46] – und zumindest von *Willy Geiger*, einem der exponiertesten Vertreter der Dreigliedrigkeitslehre, waren sie bestimmt auch so gemeint gewesen. Mit dem ‚Fernseh-Urteil' hatten die Föderalisten im Gericht aber deutlich den Bogen überspannt. Wohl nicht nur die auf das Urteil folgende massive Schelte aus Politik und Wissenschaft, sondern

---

nung in der Bundesrepublik Deutschland – Zur Rechtfertigung des Föderalismus, in: Probleme des Föderalismus, 1985, S. 23, 24.

[41] Vgl. nur *P. Pernthaler* (Fn. 4), S. 423f., außerdem *J. Isensee* (Fn. 4), § 98 Rdnr. 87, *E. Stein* (Fn. 26), S. 114f. und *H.-J. Vogel* (Fn. 12), S. 817.

[42] Zur methodischen Problematik eines derartigen begriffsjuristischen Vorgehens – die Prämisse der Überordnung oder Gleichordnung wird in das GG hineininterpretiert, um dann aus dem so verstandenen GG die genehmen Rechtsfolgen abzuleiten – siehe *R. Herzog* (Fn. 5), Rdnrn. 57 zu Art. 20 Abschn. IV. Genaue Analyse zeigt vielmehr, daß das GG je nach Situation von Über- wie Gleichordnung ausgehen kann – vgl. nur *R. Herzog* (Fn. 5), Rdnrn. 58ff. zu Art. 20 Abschn. IV, sowie *J. Isensee* (Fn. 4), § 98 Rdnr. 91ff.

[43] So *J.A. Frowein*, Die Konstruktion des Bundesstaates, in: Probleme des Föderalismus, 1985, S. 47. Vgl. ferner *U. Scheuner* (Fn. 23), S. 641ff.; *T. Maunz* (Fn. 7), § 94 Rdnr. 8.

[44] Vgl. nur *J. Isensee* (Fn. 4), § 98 Rdnr. 83; *F.E. Schnapp*, Kommentierung zu Art. 20 Rdnr. 6, in: von Münch, GG-Komm., Bd. 1, 4. Aufl. 1992; *M. Bothe*, Kommentierung zu Art. 20 Abs. 1–3 I Rdnr. 22, in: Alternativkommentar Bd. 1, 2. Aufl. 1989; *O. Kimminich* (Fn. 12), § 26 Rdnr. 41; *H.-J. Vogel* (Fn. 12), S. 817; *R. Herzog* (Fn. 5), Rdnrn. 15, 21 zu Art. 20 Abschn. IV. 7

[45] Vgl. nur *J.A. Frowein* (Fn. 43), S. 53f.; *R. Herzog* (Fn. 5), Rdnr. 20 zu Art. 20 Abschn. IV; *K. Stern* (Fn. 5), S. 651.

[46] Siehe vor allem BVerfGE 6, 309, 353 (Konkordatsurteil). Vgl. insoweit auch *J.A. Frowein* (Fn. 43), S. 52;

auch das Aufbegehren der ‚schweigenden Mehrheit' im entscheidenden Senat erklärt das kurz darauf, im sogen. ‚Hessen-Urteil' vom 11. Juli 1961, erfolgte Umschwenken des Gerichts.[47]

Die bundesstaatliche Verfassung umschließe – so hieß es dort – „mehrere Rechtskreise: den Verfassungsrechtskreis zwischen den Organen des Gesamtstaates, den Rechtskreis zwischen Gesamtstaat und Gliedstaaten, den Rechtskreis zwischen den Gliedstaaten". Der Verfassungsrechtskreis sei „der Schauplatz der Organstreitigkeiten innerhalb des Bundes, aber dieser Bund ist" – so hieß es in dem Urteil – „kein Zentral-'Staat' im Unterschied zu einem Gesamt-'Staat', sondern nur die oberstaatliche Organisation, die zugleich im Verhältnis zu den Gliedstaaten den Bundesstaat repräsentiert". Wenn das Grundgesetz nun vom Bund im Gegensatz zu den Ländern spreche und insbesondere Bund und Länder als mögliche Parteien eines Verfassungsstreites vor dem Bundesverfassungsgericht bezeichne, dann verstehe es „unter Bund den Oberstaat, der durch die Verbindung der Länder zu einem Bundesstaat bewirkt wird". Dieser Oberstaat sei den Ländern „prinzipiell übergeordnet"; nur in den Bereichen, die die Bundesverfassung nicht geordnet habe, bestehe Gleichordnung.[48]

Das in der Rechtsprechung bis dahin prägende – und im Ansatz auch durchaus nachvollziehbare – Widerstreben des Verfassungsgerichts, in seinen Urteilen eine umfassende Bundesstaatstheorie zu entwickeln[49], erleichterte diesen Schwenk zur Zweigliedrigkeit. Zwar hatten gerade die Urteile der ersten Jahre eine ganze Reihe an – wenn auch ad hoc entwickelten und insoweit zunächst isolierten – theoretischen Aussagen zum Bundesstaatsprinzip enthalten. Diese Versatzstücke einer Theorie aber im Laufe der Zeit zu einem umfassenden Theoriegebäude zusammenzufügen, zeigte das Verfassungsgericht zunächst verständliche Scheu. Die Aufgabe der Verfassungsgerichtsbarkeit ist eben gerade nicht die Entfaltung großer Theorieentwürfe, sondern in erster Linie die Entscheidung von Fällen. Soll das System wirklich ‚zukunftsoffen' sein, so dürfen die zu treffenden Fallentscheidungen gerade nicht durch allzu detaillierte theoretische Festlegungen vorgeprägt werden.

Das Bundesverfassungsgericht fand dank dieser zunächst geübten Zurückhaltung vor allzu weitreichenden theoretischen Entwürfen mühelos einzelne Anknüpfungspunkte für eher unitarische Ansätze auch in seinen frühen Entscheidungen. Schon in seiner ersten großen Entscheidung, dem ‚Südweststaats'-Urteil, hatte es so z.B. mit Blick auf die Regelung der Art. 29, 118 GG das Abweichen des Grundgesetzes von der behaupteten ‚allgemeinen Regel' des Bundesstaatsrechts betont, ein Gliedstaat könne nicht gegen den Willen seiner Bevölkerung beseitigt werden.[50] Das Grundgesetz habe sich insoweit – merkte das Bundesverfassungsgericht unter Verweis auf die theoretische Beschreibung des Weimarer Bundes-

[47] BVerfGE 13, 54, 78f.; vgl. auch *J.A. Frowein* (Fn. 43), S. 53f.
[48] BVerfGE 13, 54, 78.
[49] Vgl. dazu nur *O. Kimminich* (Fn. 12), § 26 Rdnrn. 37f.
[50] BVerfGE 1, 14, 47.

staatssystems durch *Richard Thoma*[51] an – bewußt für die Konstruktion eines „labilen Bundesstaates“ entschieden[52], in dem weder die vorhandenen Länder in ihrem Bestand gewährleistet noch die Länderkompetenzen (bis auf den Kern des Art. 79 Abs. 3 GG) gegen Einschränkungen durch den verfassungsändernden Bundesgesetzgeber geschützt seien.[53]

Nun darf man – wie schon angedeutet – derartige allgemeine Äußerungen in Entscheidungen des Bundesverfassungsgerichts nicht überbetonen, angesichts der Zurückhaltung des Gerichts bei der Ausbildung eines geschlossenen theoretischen Systems.[54] Das Gericht hatte ja auch zugleich in der ‚Südweststaats'-Entscheidung an anderer Stelle ein deutliches Bekenntnis zur traditionellen Qualität der Länder als ‚Staaten' abgelegt: Die Länder als Glieder des Bundes seien eindeutig Staaten; ihre staatliche Hoheitsmacht sei zwar gegenständlich beschränkt, aber nicht vom Bund abgeleitet, sondern von ihm nur anerkannt.[55] Zum eigenständigen Bereich der Länder gehöre auf jeden Fall die Gestaltung der verfassungsmäßigen Ordnung im Land, soweit sie sich im Rahmen des Art. 28 Abs. 1 GG halte. Insbesondere sei das Landesverfassungsrecht ausschließlich Ländersache, also die Normsetzung über die Bildung der Landesverfassungsorgane, ihre Funktionen und ihre Kompetenzen.

Den Eigenbereich der Länder als Staaten hat das Bundesverfassungsgericht auch in späteren Entscheidungen immer wieder betont, trotz aller zum Teil doch überaus unitarischen Tendenzen. So heißt es in einer der anderen frühen Entscheidungen: „In einem so betont föderativ gestalteten Staat wie der Bundesrepublik Deutschland stehen die Verfassungsräume des Bundes und der Länder grundsätzlich selbständig nebeneinander. Das Grundgesetz gibt für die Verfassungen der Länder nur wenige Normativbestimmungen. Im übrigen können die Länder ihr Verfassungsrecht und damit auch ihre Verfassungsgerichtsbarkeit nach eigenem Ermessen ordnen.“[56] Oder – mit den Worten der Entscheidung zum Ersten Hessischen Besoldungsanpassungsgesetz: Zum „Hausgut“ der Länder im Bundesstaat gehöre „jedenfalls die freie Bestimmung über die Organisation einschließlich der in der Landesverfassung enthaltenen organisatorischen Grundentscheidungen sowie die Garantie der verfassungskräftigen Zuweisung

---

[51] *R. Thoma*, Das Reich als Bundesstaat, in: G. Anschütz / R. Thoma (Hrsg.), Handbuch des Deutschen Staatsrechts, Bd. I, 1930, S. 169, 184.

[52] BVerfGE 1, 14, 48.

[53] Vgl. zur Kennzeichnung des grundgesetzlichen Bundesstaatsystems als ‚labiler Bundesstaat' auch *W. Rudolf* (Fn. 36), S. 245f.

[54] So zu Recht *W. Rudolf* (Fn. 36), S. 234; *E. Benda*, Föderalismus in der Rechtsprechung des Bundesverfassungsgerichts, in: Probleme des Föderalismus, 1985, S. 71; *O. Kimminich* (Fn. 12), § 26 Rdnr. 37.

[55] VerfGE 1, 14, 34. Vgl. dazu auch *T. Maunz* (Fn. 7), § 94 Rdnr. 3, sowie *J. Isensee* (Fn. 4), § 98 Rdnrn. 64–80, außerdem *R. Herzog* (Fn. 5), Rdnrn. 1f., 7ff.; *U. Barschel*, Die Staatsqualität der deutschen Länder, 1982, S. 167ff.; *H.-J. Vogel* (Fn. 12), S. 818; *K. Stern* (Fn. 5), S. 666ff.; *R. Grawert*, Die Bedeutung gliedstaatlichen Verfassungsrechts in der Gegenwart, NJW 1987, S. 2329, 2330.

[56] BVerfGE 4, 178, 189.

eines angemessenen Anteils am Gesamtsteueraufkommen im Bundesstaat".[57] Auch die Gestaltung des kulturellen Lebens, insbesondere den Bereich des Schulwesens, hat das Bundesverfassungsgericht als „Kernstück der Eigenstaatlichkeit der Länder" bezeichnet.[58]

Die Staatsqualität der Länder komme auch – wie das Gericht in einer ganz frühen Entscheidung ausführte – in ihrem in Art. 32 Abs. 3 GG gewährten Vertragsschließungsrecht mit auswärtigen Staaten zum Ausdruck. In Ausübung dieser Vertragsgewalt könnten die Länder aber grundsätzlich keine selbständige Außenpolitik treiben, da sie sonst keinen Anteil an der Auswärtigen Gewalt hätten.[59]

Der damit betonten bundesstaatsrechtlichen Überformung der Staatsqualität und der daraus folgenden Handlungsbefugnisse entspricht die vom Gericht mehrfach ausgesprochene prinzipielle Ablehnung, im Verhältnis zwischen den Ländern Normen des Völkerrechts anzuwenden.[60] Trotz ihrer grundsätzlichen Qualifikation als ‚Staaten' unterstünden die Länder eben doch nicht dem Regelungsbereich des zwischenstaatlichen Rechts als einer Kooperationsrechtsordnung; durch ihre Eingliederung in das bundesstaatliche Gefüge seien sie – so ist den einschlägigen Urteilen implizit zu entnehmen – rechtlich mediatisiert und der hoheitlichen Koordination durch das Bundesstaatsrecht unterworfen.[61] Soweit keine ausdrücklichen Normen des Verfassungsrechts das Verhältnis der Länder untereinander regelten, seien die erforderlichen Regelungen den ungeschriebenen Grundsätzen der Bundestreue zu entnehmen. Nur indirekt, im Rahmen der Ausfüllung der Regeln bundesfreundlichen Verhaltens, seien insoweit völkerrechtliche Regeln überhaupt in Betracht zu ziehen.[62]

Dieser Vorstellung der ‚Mediatisierung' entspricht die schon im ersten Band getroffene Feststellung, ein „Selbstbestimmungsrecht" komme den Ländern bzw. deren Bevölkerungen nicht zu.[63] Im Gegenteil: Die vom Bundesverfassungsgericht angenommene grundsätzliche ‚Kompetenz-Kompetenz' des Bundes[64]

---

[57] BVerfGE 34, 9, 20.

[58] BVerfGE 6, 309, 347; vgl. auch *C. Eiselstein*, Verlust der Bundesstaatlichkeit? Kompetenzverluste der Länder im kulturellen Sektor vor dem Hintergrund von Art. 79 III GG, NVwZ 1989, S. 323ff.

[59] BVerfGE 2, 347, 379.

[60] Siehe nur BVerfGE 1, 14, 51f. (Südweststaat) und BVerfGE 34, 216, 229f. (Zweites Coburg-Urteil). Vgl. ferner *K.-H. Böckstiegel*, Wegfall der Geschäftsgrundlage und clausula rebus sic stantibus im Staatsvertrags- und Völkerrecht – BVerfGE 34, 216, JuS 1973, S. 759, 760; *A. Bleckmann*, Völkerrecht im Bundesstaat? Gedanken zum zweiten Coburg-Urteil des Bundesverfassungsgerichts vom 30. Januar 1973, SJIR/ASDI 29 (1973), S. 9ff., 37f., 43ff.; *C. Tomuschat*, Die Auslegung von „Zwischenländerrecht", DÖV 1975, S. 453, 454, außerdem zusammenfassend *J. Isensee* (Fn. 4), § 98 Rdnr. 31, 570f. Rdnr. 99, sowie *K. Stern* (Fn. 5), S. 652f.

[61] Vgl. dazu nur *C. Tomuschat* (Fn. 60), S. 453f., ferner *G. Kisker*, Kooperation im Bundesstaat, 1971, S. 53ff.

[62] So auch schon *G. Kisker* (Fn. 61), S. 65ff.

[63] BVerfGE 1, 14, 50; vgl. dazu auch *E. Benda* (Fn. 54), S. 75.

[64] Siehe nur BVerfGE 13, 54, 78f.; vgl. ferner *T. Maunz* (Fn. 7), § 94 Rdnr. 16; *J. Isensee* (Fn. 4), § 98 Rdnr. 90; *K. Stern* (Fn. 5), 673; *R. Herzog* (Fn. 5), Rdnr. 52 zu Art. 20 Abschn. IV; *W. Rudolf*

schließt ein solches ‚Selbstbestimmungsrecht' der Teileinheiten geradezu begriffsnotwendig aus. Letztlich – so wird in der bundesverfassungsgerichtlichen Rechtsprechung aus den Regelungen der Art. 29 und 79 GG gefolgert – unterstünden die Länder eben doch der Bestimmungsmacht des Bundes als des Inhabers der ‚Kompetenz-Kompetenz'.

Die Fragen nach der Konstruktion des bundesstaatlichen Gefüges sind mit diesen Aussagen aber nicht wirklich beantwortet. Wie kann es sein, so bleibt zu fragen[65], daß den Gliedstaaten im deutschen bundesstaatlichen System die Befugnis zur eigenständigen Verfassunggebung zukommt, die sogen. ‚Verfassungsautonomie'[66], wenn ‚Souveränität' und ‚Kompetenz-Kompetenz' allein beim Bund liegen? Die traditionelle, auch vom Grundgesetz anerkannte Verfassungshoheit der Länder ist im Ansatz etwas anderes als die abgeleitete Satzungsgewalt des Selbstverwaltungsträgers.[67] Ist der Träger von Selbstverwaltungsbefugnissen erst durch einen Kreationsakt des ‚Staates' entstanden, so beruht die Verfassunggebung der Länder umgekehrt auf einem eigenen, von der Bundesgewalt im Ansatz unabhängigen Akt der Ausübung der Volkssouveränität.[68] Unter Hinweis auf die Homogenitätsanforderungen des Art. 28 Abs. 1 GG ist nun zwar bestritten worden, daß es sich bei der Verfassunggebung der Länder um eigenständige Regungen eines ‚pouvoir constituant' handle.[69] Das Landesvolk entscheide nicht souverän über die Form seiner politischen Existenz, wird in Teilen der Literatur behauptet. Die Grundentscheidungen seien ihm vielmehr von Bundes wegen vorgegeben. Ihm bleibe nur übrig, die Entscheidungen für die parlamentarische Demokratie und für den sozialen Rechtsstaat nachzuvollziehen, sich die gesamtstaatlichen Verfassungsprinzipien zu eigen zu machen und auszugestalten in jenem Spielraum, den das Grundgesetz offenhalte. Die verfassunggebende Gewalt der Länder werde insoweit durch das Grundgesetz bedingt und begrenzt.[70] Als Gliedstaaten seien die Länder in der Konsequenz – so wird dann gefolgert – keine „originären politi-

(Fn. 36), S. 237. Zur Problematik des Begriffes ‚Kompetenz-Kompetenz' siehe jedoch jüngst *P. Lerche*, „Kompetenz-Kompetenz" und das Maastricht-Urteil des Bundesverfassungsgerichts, in: Verfassungsrecht im Wandel. Zum 180jährigen Bestehen der Carl Heymanns Verlag KG, 1995, S. 409ff.

[65] Vgl. in dieser Richtung z.B. die Kritik am unitarischen Dogma der ‚Einheit' des Staatsvolkes bei *B.-O. Bryde*, Die bundesrepublikanische Volksdemokratie als Irrweg der Demokratietheorie, Staatswissenschaften und Staatspraxis 5 (1994), S. 318ff.

[66] Vgl. zum Konzept der ‚Verfassungsautonomie' der Länder die gegensätzlichen Ausführungen in Bd. IV des ‚Handbuchs des Staatsrechts' von *T. Maunz* (Fn. 7), § 94 Rdnrn. 25–27 einerseits und von *J. Isensee* (Fn. 4), § 98 Rdnrn. 78–80 andererseits.

[67] Vgl. insoweit nur *T. Maunz* (Fn. 7), § 94 Rdnr. 4, ferner *J. Isensee* (Fn. 4), § 98 Rdnr. 170–173 und *R. Herzog* (Fn. 5), Rdnrn. 10, 14 zu Art. 20 Abschn. IV.

[68] Vgl. zur Verfassungshoheit der Länder auch *T. Maunz* (Fn. 7), § 94 Rdnrn. 25–27; *W. Graf Vitzthum*, Die Bedeutung gliedstaatlichen Verfassungsrechts in der Gegenwart, VVDStRL 46 (1988), S. 7ff., insb. S. 22ff.; *P. Badura*, Staatsrecht, 1986, S. 225f. Rdnr. 70; *R. Herzog* (Fn. 5), Rdnrn. 10f. zu Art. 20 Abschn. IV.

[69] Siehe insbes. *J. Isensee* (Fn. 4), § 98 Rdnrn. 78/79.

[70] So *J. Isensee* (Fn. 4), § 98 Rdnr. 79.

schen Einheiten“ und daher auch nicht fähig, aus eigener Macht politische Grundentscheidungen in Verfassungsform zu treffen.[71]

Diese Argumentation wirft aber ihrerseits Fragen auf. Fraglich ist vor allem, ob die Rolle der Homogenitätserfordernisse des Art. 28 Abs. 1 GG in dieser Betrachtungsweise nicht deutlich überstrapaziert wird. Letztlich sind in Art. 28 Abs. 1 GG doch nur die praktisch selbstverständlichen Grundprinzipien des modernen Verfassungsstaates feszgeschrieben („Grundsätze des republikanischen, demokratischen und sozialen Rechtsstaates“), deren prinzipielle Anerkennung völlig außer Frage steht.[72] Das Homogenitätsgebot ist insofern „substanzschwach“[73], die eigentlich relevanten Fragen der Verfassunggebung, die eher im Detail liegen, werden vielmehr unter den aktuellen Bedingungen damit in keiner Weise präjudiziert[74] – einmal ganz davon abgesehen, daß genau die in Art. 28 Abs. 1 GG niedergelegten Prinzipien auch für den historischen Verfassunggeber des Grundgesetzes nicht zur Disposition standen, ohne daß deshalb heute noch jemand auf den Gedanken käme, der Bundesrepublik – mangels der Macht, „politische Grundentscheidungen in Verfassungsform zu treffen“ – die Qualität als „originäre politische Einheit“ zu bestreiten.

Der Gliedstaat, also das Land, verfügt – nimmt man den Gedanken der ‚unabgeleiteten Staatsgewalt‘ ernst – im Bundesstaat vielmehr ebenso wie der Bund über eine eigenständige verfassunggebende Gewalt, einen eigenen ‚pouvoir constituant’[75], der seine Existenz nicht irgendeiner Delegation durch das ‚Gesamt-

---

[71] Ebda.

[72] Vgl. zu den Homogenitätserfordernissen des Art. 28 Abs. 1 GG insbes. *T. Maunz*, Verfassungshomogenität von Bund und Ländern, in: J. Isensee / P. Kirchhof (Hrsg.), Handbuch des Staatsrechts der Bundesrepublik Deutschland, Bd. IV, 1990, § 95, insbes. Rdnrn. 2–4, 7–9; *R. Bartlsperger*, Das Verfassungsrecht der Länder in der gesamtstaatlichen Verfassungsordnung, ebda., § 96 Rdnrn. 21–25; *W. März*, Bundesrecht bricht Landesrecht, 1989, S. 186ff.; *K. Stern* (Fn. 5), S. 704ff.; *H.-J. Vogel* (Fn. 12), S. 819; *T. Maunz*, Kommentierung zu Art. 28 Rdnrn. 17–41 (1977), in: Maunz/Dürig. Vgl. aber auch *R. Herzog* (Fn. 5), Rdnrn. 46ff. zu Art. 20 Abschn. IV, ferner *J. Kersten*, Homogenitätsgebot und Landesverfassungsrecht, DÖV 1993, S. 896, 897ff. und *D. Merten*, Grundgesetz und Verfassungen der neuen Länder, in: W. Blümel u.a., Verfassungsprobleme im vereinten Deutschland, 1993, S. 47, 50ff. sowie *W. Graf Vitzthum* (Fn. 68), S. 28ff.

[73] So *T. Maunz*, Verfassungshomogenität (Fn. 72), § 95 Rdnr. 2.

[74] Vgl. zu den realen Gestaltungsspielräumen der Landesverfassunggeber, aber auch zu den aus dem Grundgesetz und seinen Vorgaben folgenden Beschränkungen der Verfassungspraxis in den Ländern *R. Grawert* (Fn. 55), S. 2331ff.; *M. Sachs*, Die Bedeutung gliedstaatlichen Verfassungsrechts in der Gegenwart, DVBl. 1987, S. 857, 858ff.; *C. Pestalozza*, Die Bedeutung gliedstaatlichen Verfassungsrechts in der Gegenwart, NVwZ 1987, S. 744, 748ff.; *F. Hufen*, Die Bedeutung gliedstaatlichen Verfassungsrechts in der Gegenwart, BayVBl. 1987, S. 513, 514ff.; vgl. außerdem *P. Badura* (Fn. 68), S. 226 Rdnrn. 70f., sowie *U. Sacksofsky*, Landesverfassungen und Grundgesetz – am Beispiel der Verfassungen der neuen Bundesländer, NVwZ 1993, S. 235, 236ff.

[75] Zur verfassunggebenden Gewalt des Volkes als Ausfluß der Volkssouveränität vgl. die grundlegenden Beiträge von *C.J. Friedrich*, Der Verfassungsstaat der Neuzeit, 1953, S. 148ff.; *K. Loewenstein*, Verfassungslehre, 1959, S. 138ff.; *U. Steiner*, Verfassunggebung und verfassunggebende Gewalt des deutschen Volkes, 1966, S. 66ff.; *D. Murswiek*, Die verfassunggebende Gewalt nach dem Grundgesetz für die Bundesrepublik Deutschland, 1978, S. 36ff.; *K. Stern* (Fn. 5), S. 143ff.; *E.-W. Böckenförde*, Die verfassunggebende Gewalt des Volkes – Ein Grenzbegriff des Verfassungsrechts, 1986, insbes. S. 7ff., 16ff.; *P. Häberle*, Die verfassunggebende Gewalt des Vol-

volk' verdankt, sondern eigener (unabgeleiteter) Volkssouveränität der im Land zu einem Gemeinwesen zusammengefaßten Staatsbürger.[76] Verfügt aber der Gliedstaat über eine eigene unabgeleitete verfassunggebende Gewalt, kann verfassunggebende Gewalt im demokratischen Staat jedoch nur – als Ausfluß des Prinzips der Volkssouveränität – aus dem ‚Volk' als dem ‚Souverän' der Demokratie stammen, so kann dies einzig bedeuten, daß auch der Gliedstaat über ein eigenes ‚Staatsvolk' verfügt, das Träger einer eigenen Volkssouveränität ist.[77]

Daß dieses Problem formuliert und im Bewußtsein gehalten wird, trotz aller Dominanz der Argumentationen aus Souveränität und ‚einheitlicher' Volkssouveränität, verdankt die neuere bundesrepublikanische Staatsrechtslehre der starken Präsenz der überzeugten ‚Föderalisten' aus der Schule von *Hans Nawiasky* und *Theodor Maunz*, soweit es um die wissenschaftliche Bearbeitung des Bundesstaatsrechts geht. Ein erheblicher Teil der grundlegenden Arbeiten zu Kernfragen des Bundesstaatsrechts stammt von Autoren aus dem Umfeld dieser wissenschaftlichen Schule[78], die man ansonsten sicherlich nicht gerade als Mehrheitsströmung der deutschen Staatsrechtslehre bezeichnen kann. Denkt man sich die – allerdings sehr gewichtigen – Beiträge dieser Denkrichtung weg, so wird erst das volle Ausmaß der unitarischen Orientierung deutlich, vor allem im Bereich der theoretischen Grundlagen und konstruktiven Prämissen der Bundesstaatlichkeit, das die Auffassungen der Mehrheit in der deutschen Staatsrechtslehre bis heute kennzeichnet.

11.3. Legitimation und Funktionen des Bundesstaates

Deutlich ablesbar ist die ersichtlich unitarische Prägung der herrschenden Meinung in der deutschen Bundesstaatsrechtslehre auch an den gängigen Überlegungen zur Legitimation des Bundesstaates, oder – moderner ausgedrückt – zu dessen Funktionen im Gesamtgefüge der Verfassung. Schon überhaupt die Frage nach der Legitimation der Bundesstaatlichkeit verweist dabei – vergleicht man sie mit den herrschenden Auffassungen in den USA oder der Schweiz – auf ein Spezi-

kes im Verfassungsstaat – eine vergleichende Textanalyse, AöR 112 (1987), S. 54ff.; vgl. ferner *H.J. Boehl*, Landesverfassunggebung im Bundesstaat. Zur Neukonstituierung der Länder im beigetretenen Teil Deutschlands, Der Staat 30 (1991), S. 572, 576ff. sowie *W. Graf Vitzthum* (Fn. 68), S. 24ff.

[76] Vgl. etwa *R. Herzog* (Fn. 5), Rdnrn. 11, 26 zu Art. 20 Abschn. IV, aber auch mit entgegengesetzter Tendenz *J. Isensee* (Fn. 4), § 98 Rdnrn. 60–62.

[77] Vgl. so auch *R. Herzog* (Fn. 5), Rdnr. 11 zu Art. 20 Abschn. IV, ferner *U. Barschel* (Fn. 55), S. 167; *M. Sachs*, Das Staatsvolk in den Ländern, AöR 108 (1983), S. 68ff., insbes. S. 74ff.; *K. Stern* (Fn. 5), S. 669; *R. Grawert* (Fn. 55), S. 2330; *M. Herdegen*, Strukturen und Institute des Verfassungsrechts der Länder, in: J. Isensee / P. Kirchhof (Hrsg.), Handbuch des Staatsrechts der Bundesrepublik Deutschland, Bd. IV, 1990, § 97 Rdnr. 8.

[78] Siehe etwa *T. Maunz*, Staatlichkeit und Verfassungshoheit der Länder (Fn. 7), § 94; *T. Maunz / R. Zippelius*, Deutsches Staatsrecht, 28. Aufl. 1991, S. 101ff.; *R. Herzog*, Kommentierung zu Art. 20 Abschnitt IV (1980), in: Maunz/Dürig; *P. Badura* (Fn. 68), S. 222ff.; *K. Stern* (Fn. 5), S. 650ff.; *P. Lerche*, Aktuelle föderalitische Verfassungsfragen, 1968.

fikum der deutschen Bundesstaatslehre, auf ihren ausgeprägten Mangel an unbefragter ‚Tradition' nämlich, d.h. auf den Verlust der Selbstgewißheit, daß der Staat sinnvoll nur als Bundesstaat und nicht anders organisiert sein könne. Die ausführliche Behandlung der Legitimationsfrage zeigt, mit anderen Worten, daß die bundesstaatliche Organisation des Staates grundsätzlich in Zweifel steht[79]. In historisch verwurzelten, traditionsgeprägten Bundesstaaten existiert die Frage in dieser Form zunächst einmal nicht. Die ‚Vereinigten Staaten von Amerika' oder die ‚Schweizerische Eidgenossenschaft' sind für ihre Bewohner auch heute im Ansatz nur als Bundesstaaten denkbar, was die jeweilige Staatstheorie und Verfassungsrechtslehre weitgehend der Frage nach den Legitimationsgründen für das Bundesstaatsprinzip enthebt.

Die Gründe für dieses Angefochtensein des Bundesstaatsprinzips im deutschen Staatsrecht sind in der Literatur vielfach erörtert worden. Im Grundsatz sicherlich richtig ist insoweit, daß – wie im deutschen Schrifttum zum Bundesstaat seit Jahrzehnten betont wird[80] – das partikularstaatliche Eigenbewußtsein, das bei Reichsgründung 1867 bzw. 1871 noch überaus stark ausgeprägt war, sich heute weitgehend verloren hat.[81] Schon damals war es übrigens – wie im ersten Kapitel zu zeigen versucht wurde – nicht frei von Ambivalenzen, war die bürgerliche Nationalbewegung des 19. Jahrhunderts doch von Anbeginn anti-partikularistisch eingestellt, auf den ‚nationalen Einheitsstaat' als Ideal orientiert. Der Bismarck'sche Bundesstaat war insofern immer ein Zweckgebilde – für Bismarck, die preußische Bürokratie und die Monarchien der Einzelstaaten allemal, aber auch für die Liberalen und Nationalisten, die ihn nur als Vehikel der deutschen Einheit akzeptierten.[82] War vielleicht nach der Jahrhundertwende so etwas wie eine ‚Verinnerlichung', ein ‚Selbstverständlichwerden' des bundesstaatlichen Systems zu beobachten – die Lektüre staatsrechtlicher Schriften wie des berühmten

---

[79] Wirklich thematisiert wird dieses spezifisch deutsche Phänomen meines Erachtens nur von *J. Isensee* – siehe *ders.*, (Fn. 4), § 98 Rdnr.299, ferner *ders.*, Der Föderalismus und der Verfassungsstaat der Gegenwart, AöR 115 (1990), S. 248f.; vgl. außerdem noch die knappen Bemerkungen von *K. Stern*, Föderative Besinnungen (1980), in: K. Stern, Der Staat des Grundgesetzes. Ausgewählte Schriften und Vorträge, 1992, S. 98, 105 sowie *R. Herzog* (Fn. 5), Rdnrn. 69ff. und *K. Rennert*, Der deutsche Föderalismus in der gegenwärtigen Debatte um eine Verfassungsreform, Der Staat 32 (1993), S. 269, 273.

[80] Vgl. nur *E.-W. Böckenförde*, Sozialer Bundesstaat und parlamentarische Demokratie. Zum Verhältnis von Parlamentarismus und Föderalismus unter den Bedingungen des Sozialstaats, in: Politik als gelebte Verfassung. Festschrift für Friedrich Schäfer, 1980, S. 182, 184, 187; *N. Achterberg*, Deutschland nach 30 Jahren Grundgesetz, VVDStRL 38 (1980), S. 55, 89ff.; *H.-P. Schneider*, Kooperation, Konkurrenz oder Konfrontation? Entwicklungstendenzen des Föderalismus in der Bundesrepublik, in: A. Klönne u.a., Lebendige Verfassung – das Grundgesetz in Perspektive, 1981, S. 91, 104ff.; *W. Rudolf*, Wende im Bundesstaat?, in: Freiheit und Verantwortung im Verfassungsstaat. Festgabe zum 10jährigen Jubiläum der Gesellschaft für Rechtspolitik, 1984, S. 343, 346ff.

[81] Insoweit kritisch allerdings *G. Kisker* (Fn. 40), S. 35f., ferner *J.A. Frowein* (Fn. 43), S. 54, sowie *R. Herzog* (Fn. 5), Rdnr. 73.

[82] Siehe dazu oben die Kapitel 1 und 2; vgl. daneben auch *O. Kimminich*, Historische Grundlagen und Entwicklung des Föderalismus in Deutschland, in: Probleme des Föderalismus, 1985, S. 1, 12f.

Smend-Artikels von 1916 legen dies jedenfalls nahe – so wurde dieser Prozeß der Bildung einer (wenn auch ganz spezifischen, nämlich monarchisch geprägten) bundesstaatlichen politischen Kultur durch Revolution und die Wirren der frühen Weimarer Republik jäh unterbrochen. Der mit dem Bundesstaat verbundene Freiraum für Partikularismen wurde auf einmal als Gefahr empfunden, als eine tiefe Bedrohung der staatlichen Einheit. Die Reichsreformbewegung der späten Weimarer Jahre zeigt die mehrheitliche Abkehr von bundesstaatlichem Gedankengut sehr deutlich – schon vor dem Zentralismus der nationalsozialistischen Diktatur.

Zusätzlich zu dieser historischen Last, die als gedankliches Erbe (und oft auch als Erfahrungshintergrund der durch die Weimarer Republik geprägten älteren Politiker) die Einstellung vieler politisch Handelnden (und vieler Staatsrechtslehrer) zum Bundesstaat nach 1945 prägte, kam nun nach dem Krieg auch die generelle ‚Entwurzelung' der deutschen Gesellschaft. Inflation, Drittes Reich, Krieg und Vertreibung hatten die deutsche Gesellschaft sozial und regional völlig durcheinandergewirbelt. Die Bildung sozialer Identität anhand ‚ererbter' Merkmale wie Klassenzugehörigkeit und regionaler Herkunft hatte relativ stark an Bedeutung verloren. Der rasante Wiederaufbau förderte zusätzlich die soziale und örtliche Mobilität. Außerdem war die geschichtliche Kontinuität der deutschen Einzelstaaten weitgehend zerstört; die neuen ‚Länder' waren in vielfacher Hinsicht Kunstgebilde von Hand der Besatzungsmächte, wenn auch meist unter Anknüpfung an historische Territorialgliederungen.

Für einen Bundesstaat sind all dies keine sehr guten Voraussetzungen, darin ist der in der Literatur der letzten Jahrzehnte geradezu rituellen Beschwörung des Verlustes an ‚historisch geprägter Individualität' zuzustimmen. Wie *Konrad Hesse* es geradezu paradigmatisch in seiner Schrift zum ‚unitarischen Bundesstaat' ausdrückte: Es fehle „an aller Tradition und ihrer prägenden Kraft", die Stammesunterschiede seien heute sowohl durch die Flüchtlingsbewegungen seit 1945 als auch durch die hohe Mobilität der Bevölkerung überdeckt und verwischt. Es seien damit aber „wesentliche Grundlagen konkret-geschichtlicher Eigenständigkeit" entfallen.[83]

Die Frage nach den Legitimationsgründen des Bundesstaates unter dem Grundgesetz ist in der Folge durchaus berechtigt, spiegelt sie doch ein schwieriges Problem des Selbstverständnisses der Bundesrepublik wider. Die in der Staatsrechtsliteratur üblicherweise gegebenen Antworten – auch hier war wiederum in den Grundansätzen *Konrad Hesse* prägend – verraten aber meist mehr über das bundesstaatstheoretische Vorverständnis der Ausführungen als daß sie die gestellte Frage nach der Funktion der bundesstaatlichen Organisation für die staatliche Ordnung wirklich überzeugend beantworten würden.[84] Die jeweils als tragend angesehenen Legitimationsgründe (bzw. Funktionen der Bundesstaatlichkeit im deutschen Verfassungssystem) sind schließlich zutiefst abhängig vom

[83] *K. Hesse*, Der unitarische Bundesstaat, 1962, S. 12.
[84] Vgl. insoweit auch die kritischen Bemerkungen von *G. Kisker* (Fn. 40), S. 24ff.

theoretischen Vorverständnis des Autors, spiegeln im Kern dessen Grundorientierungen in der Gewichtung von Integration und Subsidiarität in der Konstruktion der Staatsordnung wider.

Bereits in der für das neuere deutsche Bundesstaatsverständnis grundlegenden Schrift von *Hesse* wird dies überaus deutlich. Die Legitimation des Bundesstaates, so führte er aus, könne heute letztlich nur noch in seiner Funktion für den Gesamtstaat liegen. Die bloße positivrechtliche Normierung allein vermöge eine solche Legitimation nicht zu begründen. Von einer unmittelbaren demokratischen Legitimation könne nicht gesprochen werden, würde dies doch ein „Landesvolk" voraussetzen, das (so ist den Ausführungen implizit zu entnehmen) natürlich nicht existiere. Es könne vielmehr nur der „besondere, letztlich im Prinzip des Rechtsstaates wurzelnde Amtsauftrag" sein, „der jene Selbständigkeit und maßgebliche Mitwirkung legitimiert".[85]

Als wesentlicher Legitimitätsgrund des bundesstaatlichen Aufbaus wird dabei in der neueren Diskussion meist die Aufgabe „einer Ergänzung und Verstärkung der Elemente der Demokratie und des sozialen Rechtsstaats" angeführt.[86] Innerhalb dieser aus dem Funktionieren des Systems der Gesamtverfassung abgeleiteten Legitimation wird an erster Stelle dann in der Regel das Prinzip der Gewaltenteilung genannt.[87] Der Bundesstaat sei eine wichtige Ausgestaltungsform des gewaltenteiligen Staates, im Sinne der Verteilung der Ausübung der Staatsgewalt auf verschiedene, voneinander unabhängige Organe[88]. Die bundesstaatliche Struktur erweise sich als eine Ergänzung und Verstärkung der horizontalen Gewaltenteilung in dem Element der Balancierung der Gewalten. Die klassische Teilung der Gewalt zwischen ‚Legislative' und ‚Exekutive' sei längst ersetzt durch das Gegeneinander von Parlamentsmehrheit und Regierung auf der einen, die Opposition auf der anderen Seite, die sich einander die Waage hielten. Neben diese gängige Form der Balancierung trete aber nun im Bundesstaat diejenige zwischen Regierung und Bundestag einer-, Bundesrat andererseits, wobei im Bundesrat letztlich das Element der Gegenbürokratie entscheidend sei, denn der reale Faktor, der sich im Bundesrat zur Geltung bringe, sei im Kern nichts als die Ministerialbürokratie der Länder. Die immer mehr zu einem Block verschmolzenen Apparate von Bundesexekutive und -legislative würden somit de facto durch die Länder-

---

[85] *K. Hesse* (Fn. 83), S. 29.

[86] Vgl. nur *K. Stern* (Fn. 5), S. 658, sowie *K. Hesse*, Bundesstaatsreform und Grenzen der Verfassungsänderung, AöR 98 (1973), S. 1, 12 (m.w.N.).

[87] Vgl. *K. Hesse* (Fn. 83), S. 27ff.; *H. Liebrecht*, Zur Rechtfertigung des Föderalismus heute und zu den Grenzen zulässiger Länderkooperation, DVBl. 1969, S. 97ff.; *E.-W. Böckenförde* (Fn. 80), S. 187ff.; *R. Herzog* (Fn. 5), Rdnrn. 74ff.; *H.-J. Vogel* (Fn. 12), S. 816; *K. Stern* (Fn. 5), S. 658f., 666; *O. Kimminich* (Fn. 12), § 26 Rdnrn. 40–42; *K. Hesse*, Grundzüge des Verfassungsrechts der Bundesrepublik Deutschland, 20. Aufl. 1995, S. 101f. Rdnrn. 231f., 118ff. Rdnrn. 272f.; *H. Bethge*, Bundesstaat, in: Staatslexikon, Bd. 1, 7. Aufl. 1985, Sp. 993, 994; *D. Czybulka* (Fn. 17), S. 163f.; *J. Isensee* (Fn. 4), § 98 Rdnrn. 241, 246.

[88] Vgl. zum modernen Verständnis der Gewaltenteilung nur *E. Schmidt-Aßmann*, Der Rechtsstaat, in: J. Isensee / P. Kirchhof (Hrsg.), Handbuch des Staatsrechts der Bundesrepublik Deutschland, Bd. I, 1987, § 24 Rdnrn. 46–68.

exekutiven kontrolliert, als den einzigen Organen, die aufgrund ihres Fachwissens dazu noch in der Lage seien.[89]

Dazu trete die wichtige Funktion, die der Bundesstaatlichkeit für die Demokratie zukomme.[90] Diese liege zunächst einmal vor allem – wie wiederum schon 1962 *Konrad Hesse* betont hatte – in der Auflockerung der inneren Ordnung von Parteien und Verbänden.[91] Die für die politische Willensbildung entscheidenden Organisationen würden ‚föderalisiert'; die sonst in diesem Bereich meist auftretende straffe Zentralisierung werde somit verhindert. Zudem werde das Gefälle zwischen Regierungs- und Oppositionsparteien verringert. Indem auch die Oppositionsparteien über die Regierungen der Gliedstaaten an der Macht beteiligt würden, verliere der ‚Kampf um die Macht' viel von seiner Schärfe und der Opposition werde eine Gelegenheit gegeben, Erfahrungen in Regierung und Verwaltung zu sammeln.[92]

Auch der von der allgemeinen Föderalismustheorie immer wieder betonte enge Zusammenhang zwischen dem Bundesstaatsprinzip und dem Schutz der Freiheit sei – wie selbst *Konrad Hesse* einräumte – auch in der deutschen Variante des ‚unitarischen Bundesstaates' durchaus noch relevant. Die Aufgliederung des Staates in kleinere staatliche Einheiten (in Gestalt der Gliedstaaten) rücke den Staat in größere Nähe der Bereiche, in denen er seine Aufgaben zu erfüllen habe, rücke ihn den Menschen und den Sachen näher. Die Gliederung in kleinere staatliche Einheiten biete die Möglichkeit bewußter Erfassung, Anteilnahme und Mitbestimmung an den staatlichen Dingen, schaffe insofern eine wichtige Voraussetzung der Demokratie.[93]

Auffallend ist, will man die hier wiedergegebenen hauptsächlichen Legitimationsgründe für bundesstaatliche Organisation noch einmal einer Gesamtbewertung unterziehen, die ausschließliche Wahrnehmung von Sinn und Zweck bundesstaatlicher Gewaltenaufteilung aus der Perspektive des Gesamtstaates. Fragte die Staatslehre historisch gewachsener Bundesstaaten zunächst einmal allein danach, welche Funktion der Gesamtstaat für die einzelnen, ihn konstituierenden Gemeinwesen erfüllen könne – in der Verfassungsversammlung in Philadelphia,

---

[89] Vgl. *K. Hesse* (Fn. 83), S. 27ff.

[90] Vgl. nur *E. Loebenstein*, Der Föderalismus – Ein Instrument im Dienste der Demokratie und des Rechtsstaates, in: Gedächtnisschrift für René Marcic, Bd. 2, 1974, S. 827ff.; *W. Schreckenberger*, Föderalismus als politischer Handlungsstil, VerwArch 69 (1978), S. 341, 345f.; *H.-J. Wipfelder*, Der Föderalismus, VBlBW 1982, S. 353, 354f.; *H.-J. Vogel* (Fn. 12), S. 815; *O. Kimminich* (Fn. 12), § 26 Rdnrn. 46–48; *M. Bothe*, Kommentierung zu Art. 20 Abs. 1–3 I Rdnr. 25, in: Alternativkommentar Bd. 1, 2. Aufl. 1989; *J. Isensee* (Fn. 4), § 98 Rdnrn. 252–257. Skeptisch zum Verhältnis von Bundesstaat und Demokratie dagegen *E.-W. Böckenförde* (Fn. 80), S. 189ff.

[91] *K. Hesse* (Fn. 83), S. 29f., 32. Vgl. außerdem *J. Isensee* (Fn. 4), § 98 Rdnr. 255

[92] Vgl. dazu *K. Hesse* (Fn. 83), S. 30, ferner *J. Isensee* (Fn. 4), § 98 Rdnr. 253; *H.-J. Vogel* (Fn. 12), S. 815f.; *R. Herzog* (Fn. 5), Rdnr. 84.

[93] So *K. Hesse* (Fn. 83), S. 30f.; vgl. auch im gleichen Sinne *J. Kölble*, Föderalismus – warum?, ZRP 1968, S. 8f.; *H.U. Scupin*, Verfassungswandel im föderativen Bereich des Grundgesetzes durch Zusammenwirken von Bund und Ländern, in: Festschrift für Theodor Maunz zum 80. Geburtstag, 1981, S. 261, 265; *H.-J. Vogel* (Fn. 12), S. 815; *K. Stern* (Fn. 5), S. 658ff.

die zur amerikanischen Bundesverfassung von 1787 führte, ist dies in klassischer Ausformung zu sehen – so hat sich dies heute im deutschen Bundesstaat völlig umgekehrt. Die Aufteilung der Staatsgewalt auf Bund und Gliedstaaten wird allein danach untersucht, welche Funktion für den Gesamtstaat die Selbständigkeit der Glieder und deren Beteiligung an der gesamtstaatlichen Willensbildung und Aufgabenwahrnehmung erfüllt. Das ist ein völlig anderes Paradigma als im traditionellen Bundesstaat. Die Wahrnehmung der bundesstaatlichen Gliederung einzig und allein durch die Brille der gesamtstaatlichen Aufgabenerfüllung reformuliert das Bundesstaatsprinzip letztlich unter einem neuen Leitmotiv. Der Bundesstaat wird im Ergebnis – und insoweit hatten die extrem unitarischen Ausprägungen deutscher Staatsrechtslehre in ihrer normativen Beschreibung nicht ganz Unrecht – begriffen als ein Gefüge der (wenn auch ‚potenzierten') Dezentralisierung.

11.4. Die ‚Neugliederung des Bundesgebietes' und die Frage nach dem ‚Identitätskern' des Bundesstaatsprinzips

Dieser Wahrnehmung des Bundesstaatsprinzips als einer Ausformung der Grundsätze der Dezentralisation entspricht die traditionelle Behandlung der Neugliederungsfrage im deutschen Verfassungsrecht. Die „Neugliederung des Bundesgebietes", wie der Ausdruck des Grundgesetzes seit Anbeginn lautet, wurde (und wird bis heute) mehrheitlich verstanden als eine Frage der Effizienz in der territorialen Gliederung des ‚Bundesgebietes', der Effizienz unter dem Blickwinkel optimaler Größe und Ressourcenausstattung für die Erfüllung der den Ländern im gesamtstaatlichen Kontext zugewiesenen Aufgaben.[94] Die technokratische Perspektive des Verwaltungswissenschaftlers hat diese Debatte dabei von Anbeginn geprägt. Das Schrifttum ist seit nahezu fünfzig Jahren beherrscht von der Klage, die unterschiedliche Größe und Ausstattung der Länder sei das Haupthindernis auf dem Weg zu einem wirklich funktionierenden bundesstaatlichen System.[95] Eine Stärkung und Konsolidierung des bundesstaatlichen Systems sei nur zu erreichen, wenn über die Schaffung ungefähr gleichgroßer – und zudem wirklich ‚leistungsfähiger' – Länder eine ‚ausgewogene' und ‚funktional angemessene' Gliederung der bundesstaatlichen Einheiten herbeigeführt werde[96], so

---

[94] Siehe etwa den Bericht der ‚Ernst-Kommission' von 1973, ferner in Zusammenhang damit *H. Schäfer*, Plädoyer für die baldige und vernünftige Neugliederung des Bundesgebietes, DVBl. 1973, S. 732ff.; *F. Rietdorf*, Die Neuordnung des Bundesgebietes – eine Existenzfrage des föderativen Systems, DÖV 1974, S. 2ff.; *G. Bovermann*, Bundesländer oder Provinzen? – Neugliederung als Angelpunkt, DÖV 1974, S. 6ff.; *W. Ernst*, Wozu Neugliederung?, DÖV 1974, S. 12f.; *U. Scheuner*, Eine zweckrationale Gestaltung der föderalen Ordnung, DÖV 1974, S. 16f.

[95] Siehe etwa *H. Schäfer*, Die bundesstaatliche Ordnung – ein immerwährendes Problem Weimars und eine noch offene Frage Bonns, DVBl. 1969, S. 420, 429; *B. Vogel*, Mehr Länder, weniger Föderalismus?, Staatswissenschaften und Staatspraxis 1 (1990), S. 128ff.; *E. Stein* (Fn. 31), S. 119.

[96] Vgl. als zusammenfassende Darstellung der Argumente dieser Denkschule auch *S. Greulich*, Länderneugliederung und Grundgesetz. Entwicklungsgeschichte und Diskussion der Länderneugliederungsoption nach dem Grundgesetz, 1995, S. 172ff., ferner *W. Erbguth*, Kommen-

liest man immer wieder als Standardversion der schon beinahe zum Ritual gewordenen Beschwörung der Neugliederung als des unbestrittenen Weges in eine bessere Zukunft deutscher Bundesstaatlichkeit.

Nun hat diese Denkhaltung schon die Verfassungsberatungen der Jahre 1948/49 geprägt, ist dementsprechend auch im Textbestand des Grundgesetzes verankert.[97] Die Frage der Neugliederung der 1945 zunächst nach rein verwaltungstechnischen Erwägungen für Zwecke der Besatzungsadministration zugeschnittenen Länder war ja bereits als einer der drei grundlegenden Aufträge an die Verfassunggebung seitens der Alliierten den deutschen Instanzen in den Londoner Dokumenten mit auf den Weg gegeben worden.[98] Die abstrakte Notwendigkeit einer Neugliederung war unter deutschen Politikern und Verwaltungsfachleuten damals auch praktisch unbestritten. Daß die Ministerpräsidenten der Länder sich jedoch über die Modalitäten einer Neugliederung nicht würden einigen können und es daher vorzogen, die Frage auf eine spätere Zeit zu verschieben, wurde recht schnell deutlich.[99] Die ursprüngliche Formulierung des Art. 29 GG entsprach dieser Ausgangslage, soweit die Neugliederung dort als ein zwingender Auftrag dem Bundesgesetzgeber ins Pflichtenheft geschrieben worden war.[100] Daß dafür im Prinzip der Bundesgesetzgeber zuständig sein müsse, darüber bestand im Parlamentarischen Rat angesichts der Erfahrungen der Weimarer Republik wie der unmittelbaren Nachkriegszeit kein Zweifel. Die Länder unter sich – so lautete die generelle Einschätzung – würden nie zu einer einvernehmlichen Lösung gelangen. Entweder man verordnete die Neugliederung von oben, oder die Neugliederung würde auf ewig verschoben.[101]

Die Neugliederungsbestimmung des Art. 29 GG erwies sich aber als wenig geglückt. Die praktischen Hindernisse, die das Verfahren des Art. 29 GG auftürmte, erwiesen sich als so schwerwiegend, daß der Bundesgesetzgeber praktisch von Anbeginn an eine unüberwindliche Scheu zeigte, die politisch heiklen Fragen der Neugliederung anzugehen.[102] Der bisher einzige Fall, in dem es tatsächlich zu einer gelungenen Neugliederung kam, die „Zangengeburt" des Landes Baden-Württemberg[103], erfolgte aufgrund einer Sonderbestimmung im Grundgesetz, und wäre ohne die Erleichterungen des Art. 118 GG wohl nie zustandegekom-

---

tierung zu Art. 29 GG Rdnrn. 72–75, in: M. Sachs (Hrsg.), Kommentar zum Grundgesetz, 1995; *W. Ernst*, Die Alternative: Neugliederung des Bundesgebietes, DVBl. 1991, S. 1024, 1030; *ders.*, Ein Beitrag zum Problem der Neugliederung des Bundesgebiets, DVBl. 1986, S. 981, 983f.; *R. Timmer*, Neugliederung des Bundesgebietes und künftige Entwicklung des föderativen Systems, in: Festschrift für Werner Ernst, 1980, S. 463, 466ff., 475ff.

97 Vgl. zur Entstehungsgeschichte der Art. 29 und 118 GG nur *S. Greulich* (Fn. 96), S. 30ff.

98 Siehe oben 4.4.2., ferner *S. Greulich* (Fn. 96), S. 27f.

99 Vgl. etwa *S. Greulich* (Fn. 96), S. 29f.

100 Vgl. zum Neugliederungsauftrag des Art. 29 a.F. *S. Greulich* (Fn. 96), S. 34ff.

101 Siehe oben 4.5.2. (m.w.N.).

102 Vgl. *S. Greulich* (Fn. 96), S. 43ff., 54ff., 80ff., 111ff.

103 So hat *J. Isensee* treffend die schmerzvolle Geschichte der Neugliederung im Südwesten gekennzeichnet – *J. Isensee* (Fn. 4), § 98 Rdnr. 25 Fußn. 45.

men.[104] Nur die besondere Verfahrensgestaltung des Neugliederungsgesetzes von 1951, mit der Forderung einer Mehrheit für die Länderfusion in nur drei von vier Abstimmungsgebieten, ermöglichte es dem Bund, die klare Mehrheit gegen den ‚Südweststaat' im Lande Südbaden zu überwinden, damit also den Willen zumindest eines Landesvolks zu überfahren.[105] Nach Art. 29 Abs. 4 GG (ursprünglicher Fassung) wäre dies im Normalfall jedoch nur über einen Volksentscheid im ganzen Bundesgebiet möglich gewesen, einen Weg, den man politisch ersichtlich scheute.

Der gleichwohl zunächst in Art. 29 GG verankerte Auftrag an den Bundesgesetzgeber, das Bundesgebiet neu zu gliedern, erwies sich damit nicht nur als illusorisch, sondern als ein Mühlstein am Hals des Bundesgesetzgebers.[106] Bundesregierung und Bundestag scheuten den politischen Kraftaufwand, den die Neugliederung erfordert hätte; die Länder dagegen waren in ihrer Mehrheit schon prinzipiell nicht an einer Neugliederung interessiert. Verschiedene Gruppierungen (und Gebietskörperschaften) strengten jedoch immer wieder Verfahren vor dem Bundesverfassungsgericht an, sei es, daß sie über Volksbegehren die ‚Rückgliederung' von 1945 ‚provisorisch' anderen Ländern zugeschlagenen Gebietsteilen an das ‚Mutterland' betrieben, oder die Wiedererrichtung in den Flächenstaaten aufgegangener alter Kleinstaaten forderten, sei es, daß sie aus anderen Motiven den Bundesgesetzgeber zum Handeln zwingen wollten. Jedes dieser Verfahren stellte den Bundesgesetzgeber nun angesichts des klaren Auftrages in Art. 29 GG unter die Drohung, für seine Untätigkeit das Verdikt der Verfassungsverletzung ausgesprochen zu bekommen.[107]

Daß man den Neugliederungsauftrag des Art. 29 GG dann letztlich aus der Verfassung herausstrich, war im Ergebnis nur konsequent, nachdem weder Bund noch Länder wirklich eine Neugliederung wünschten.[108] Die Konstruktion der Verfassung wurde damit aber entscheidend verändert, wie noch zu zeigen sein wird.[109]

Aus der Konstruktion der Neugliederungsbestimmungen in Art. 29 GG ist oft abgeleitet worden, hier erhalte die Verfassung der Bundesrepublik das Gepräge eines ‚labilen Bundesstaates'[110]; die Verfassung garantiere insoweit nicht den Bestand der Länder als solchen, sondern stelle Abgrenzung und territoriale Struktur

---

[104] Zur Geschichte der Bildung des Landes Baden-Württemberg vgl. etwa *S. Greulich* (Fn. 96), S. 59ff. (m.w.N.).

[105] Vgl. dazu eingehend *R. Albiez u.a.*, Der überspielte Volkswille. Die Badener im südwestdeutschen Neugliederungsgeschehen (1945–1970): Fakten und Dokumente, 1992, dort insbes. die Beiträge von *R. Albiez* (S. 16ff., 98ff.), *K.H. Neumayer* (S. 184ff.) und *K. Glunk* (S. 204ff.).

[106] Vgl. auch aus der Sicht des betroffenen Politikers *H.-J. Vogel* (Fn. 12), S. 860f.

[107] Vgl. zu den wichtigsten einschlägigen Verfahren vor dem Bundesverfassungsgericht *S. Greulich* (Fn. 96), S. 67ff., 79ff.

[108] Vgl. zur Neufassung des Art. 29 GG im Jahre 1976 *S. Greulich* (Fn. 96), S. 120ff.

[109] Siehe zur Bewertung der Neufassung auch *S. Greulich* (Fn. 96), S. 129ff., ferner *H.-J. Vogel* (Fn. 12), S. 861.

[110] Vgl. nur *J. Isensee* (Fn. 4), Rdnr. 114; *R. Herzog* (Fn. 5), Rdnrn. 52ff.; *K. Stern* (Fn. 5), S. 663.

der Länder zur Disposition des Bundesgesetzgebers[111]. Das Bundesverfassungsgericht hat selbst in seinem ersten Urteil zum Bundesstaatsrecht, dem ‚Südweststaats'-Urteil von 1952, das von *Richard Thoma* stammende Wort vom ‚labilen Bundesstaat' benutzt.[112] In die gleiche Richtung geht auch das vielfach zitierte Diktum des Bundesverfassungsgerichts aus dem Jahre 1956: „Zwar ist es von Rechts wegen ausgeschlossen, die bundesstaatliche Struktur zu beseitigen und an ihre Stelle irgendeine Form des Einheitsstaates zu setzen; aber die einzelnen Länder der Bundesrepublik sind weder in ihrer Existenz noch in ihrem Gebietsstand gegen Eingriffe und Veränderungen durch die Bundesgewalt verfassungsrechtlich geschützt."[113]

Die sukzessive Umformung des Art. 29 GG hat die behauptete ‚Labilität' des vom Grundgesetz errichteten Bundesstaates dann aber Stück für Stück demontiert.[114] Wichtig war hier insbesondere die Neufassung von 1976, mit der dem Bundesgesetzgeber endgültig die Möglichkeit genommen wurde, Maßnahmen der Neugliederung ohne die Zustimmung der betroffenen Bevölkerungskreise und insbesondere gegen den Widerspruch des entsprechenden Landesvolkes durchzuführen.[115] Die damit bewirkte – rechtliche – Stabilisierung der Länder in ihrem Gebietsstand war folgerichtig, sieht man sich die erwiesene faktische Unmöglichkeit an, Neugliederungsmaßnahmen gegen den Willen der betroffenen Länder und Landesvölker durchzuführen.[116]

Den vorläufigen Schlußstein der Umformung des Art. 29 GG setzte die mit der Verfassungsänderung 1994 eingefügte neue Bestimmung des Art. 29 Abs. 8 GG, derzufolge die Länder eine Neugliederung für das jeweils von ihnen umfaßte Gebiet alternativ zum traditionellen Verfahren des Art. 29 Abs. 2 bis 7 auch durch Staatsvertrag regeln können.[117] Diese Annäherung an ein Konzept der Selbstorganisation der Gliedstaaten in eigenen Angelegenheiten – ursprünglich nur für den Fall Berlin/Brandenburg konzipiert, dann aber verallgemeinert – bestätigt die in Jahrzehnten gereifte Konsolidierung der Länderstaatlichkeit, löst sie doch die territoriale Neugliederung erneut ein Stück weiter ab von Vorstellungen des ‚labi-

---

111 Vgl. nur *K. Stern* (Fn. 5), S. 138; *B.-O. Bryde*, Kommentierung zu Art. 79 Rdnr.30, in: I. von Münch, GG-Komm., Bd. 3, 2. Aufl. 1983; *H.-U. Evers*, Zweitbearbeitung Art. 79 Abs. 3 (1982), Rdnr.212, in: Bonner Kommentar; *T. Maunz / G. Dürig*, Kommentierung zu Art. 79 Abs. 3 GG (1960), Rdnr.34, in: Maunz/Dürig.

112 BVerfGE 1, 14, 48.

113 BVerfGE 5, 34, 38.

114 Siehe etwa *R. Herzog* (Fn. 5), Rdnr.53: „Labilität, die durch die Verfassungsentwicklung seit 1949 in nicht unbeträchtlicher Weise vermindert worden ist".

115 Vgl. in diesem Sinne *R. Herzog* (Fn. 5), Rdnr.53.

116 „Die Neufassung des Art. 29 GG ist sozusagen die verfassungsrechtliche Ratifikation der Akzeptanz, welche die bestehende Ordnung im Bewußtsein der Bürger gefunden hat." – *M. Herdegen*, Neugliederung des Bundesgebietes im Spannungsfeld zwischen staatsrechtlicher Kontinuität und Effizienzerwartung, in: K. Bohr (Hrsg.), Föderalismus, 1992, S. 123, 127.

117 Vgl. zur neuen Fassung des Art. 29 GG *K.G. Meyer-Teschendorf*, Territoriale Neugliederung nicht nur durch Bundesgesetz, sondern auch durch Staatsvertrag, DÖV 1993, S. 889ff.; *W. Erbguth*, Kommentierung zu Art. 29 GG Rdnrn.67–71, in: M. Sachs (Hrsg.), Kommentar zum Grundgesetz, 1995.

len Bundesstaates' und unterwirft sie nunmehr im Kern der freien Kooperation der Länder.[118] Die im neuen Art. 29 Abs. 8 GG noch verbliebene bundesrechtliche ,Gewährleistung' über das Erfordernis einer Zustimmung des Bundestages zum Staatsvertrag stellt in rechtsvergleichender Perspektive –das sei insoweit angemerkt – das Minimum an Beteiligung der Bundesorgane dar, das jeder Bundesstaat bei Territorialänderungen der Gliedstaaten verlangt.[119]

Betrachtet man diese Entwicklung in der Rückschau, so wirft sie ein interessantes Streiflicht auf die Entwicklung des deutschen Bundesstaates, der – entgegen aller Klagen über Einbußen an Kompetenzen und Funktionen der Länder – nach außen eher durch eine Konsolidierung der Länderstaatlichkeit als durch deren Bedeutungsverlust gekennzeichnet ist. Den heutigen Stand kennzeichnet daher recht treffend die Beurteilung von *Josef Isensee*: Da die Existenz des einzelnen Landes und der Umfang seines Gebietes nur unter höchst anspruchsvollen formellen und materiellen Bedingungen angetastet werden dürfe, sei der territoriale status quo im Grundgesetz praktisch vor Veränderung geschützt. Das Grundgesetz enthalte – so die sich aufdrängende Folgerung – eine zwar rechtlich bedingte, praktisch aber äußerst wirksame Bestandsgarantie für die Länder.[120] Die Lehren vom ,labilen Bundesstaat' erweisen sich in dieser Perspektive als das, was sie in der Bundesrepublik wohl immer waren – ein historisches Relikt, deren Behauptung von der ,rationalen' Gestaltbarkeit der bundesstaatlichen Struktur eher technokratischem Wunschdenken entspringt als daß in diesen Konzeptionen noch ein nennenswerter Teil der verfassungsrechtlichen und politischen Realität der Bundesrepublik widergespiegelt wäre.

---

[118] Zu den Problemen, die einer derartigen konsensualen Neugliederung entgegenstehen – insbes. den ,disincentives', die den Betroffenen aus der Finanzverfassung erwachsen – vgl. jedoch *P.F. Lutz*, Wege zur Neugliederung des Bundesgebietes nach dem Scheitern der Länderfusion Berlin-Brandenburg, Staatswissenschaften und Staatspraxis 7 (1996), S. 137ff.

[119] Vgl. als rechtsvergleichende Übersicht *L. Wildhaber*, Bestandesänderungen in Bundesstaaten, in: Recht zwischen Umbruch und Bewahrung. Festschrift für Rudolf Bernhardt, 1995, S. 905ff., insbes. S. 911ff.

[120] *J. Isensee* (Fn. 4), § 98 Rdnr. 114; vgl. auch mit ähnlichem Tenor *H.-J. Vogel* (Fn. 12), S. 861, und *K.G. Meyer-Teschendorf* (Fn. 117), S. 890f. („Art. 29 GG als faktische Veränderungssperre").

12. Kapitel:

Gesetzgebung und Verwaltung im Bundesstaat des Grundgesetzes – das Modell des ‚Vollzugsföderalismus'

Schon das vorstehende Kapitel hat an den stark theoriegeladenen Debatten um die theoretische Konstruktion des Bundesstaates, der Frage der Legitimation des Bundesstaates und der für das Selbstverständnis wichtigen Debatte um die Neugliederung gezeigt, wie stark das unitarisch geprägte bundesstaatstheoretische Vorverständnis, das die traditionelle deutschen Verfassungslehre beherrscht, die Konzepte der deutschen Bundesstaatsrechtsdogmatik dominiert. Diese Dominanz bestimmter theoretischer Konzepte (und Prämissen) ist vielfach den ‚Interpreten' der Verfassung – besser sollte man vielleicht sagen: den Baumeistern des Systems des Verfassungsrechts – gar nicht so recht bewußt; wirksam ist sie dafür umso mehr.

Spiegelt sich aber das bundesstaatstheoretische Vorverständnis derart unverhohlen in den ausdrücklich auf theoretische Vorfragen verweisenden allgemeinen Aussagen der Dogmatik des Bundesstaatsrechts, so ist in der Folge zu erwarten, daß auch die dogmatischen Diskussionen und Ergebnisse zu Einzelfragen des Bundesstaatsrechts – bei denen der Rückgriff auf etablierte Theoriebruchstücke noch intuitiver und unreflektierter erfolgt als in den Grundlagendebatten – von den Spuren des gleichen theoretischen Vorverständnisses geprägt sind. Es wäre schon äußerst unwahrscheinlich, daß Versatzstücke theoretischer Konzepte, die in den Verweisen auf die theoretischen Grundfragen und -debatten als allgemein herrschend in Bezug genommen werden, in den nur kursorisch auf Grundlagendebatten rekurrierenden Arbeiten zu Detailfragen auf einmal nicht mehr als Selbstverständlichkeiten zugrundegelegt, sondern theoretischer Überprüfung zugeführt würden.

In der im folgenden unternommenen Analyse einer ganzen Reihe wichtiger Weichenstellungen zum Fragenkreis der Kompetenzaufteilung sollte man sich allerdings um Differenzierung bemühen. Nicht jede im Ergebnis unitarische Position ist notwendig ein Produkt des die Rechtsanwendung prägenden theoretischen Vorverständnisses. Bestimmte Weichenstellungen des Verfassunggebers, im Grundgesetz niedergelegte systemprägende Grundentscheidungen zugunsten einer bestimmten Ausformung des deutschen Bundesstaatsmodells, sind für die rechtsdogmatische Debatte unhintergehbar. Selbst eine noch so betont föderalistische Staatsrechtslehre könnte diese systemischen Vorprägungen nicht mehr korrigieren. In der Folge sollte man aus Gründen der intellektuellen Klarheit versuchen, diese Vorprägungen des Verfassungssystems durch die Verfassung selbst analytisch zu trennen von den weiteren Ausprägungen, die das bundesstaatliche System im Gefolge der Konkretisierungsarbeit der Staatspraxis, Verfassungsrechtsprechung und Verfassungsrechtslehre erfahren hat. Zwar ist auch die Rahmenordnung der Verfassung selbst – wie das vierte Kapitel aufzuzeigen gesucht hat – in elementarer Weise durch das herrschende bundesstaatstheoretische Vorverständnis der deutschen ‚politischen Klasse' geprägt, zu der man die Staatsrechtslehrer wohl wird zählen können. Doch für eine kritische Dekonstruktion (und Rekonstruktion) der theoretischen Prägung der deutschen Bundesstaatsrechtsdogmatik ist allein der zweite Fall, der Fall der weiteren Ausformung des Verfassungssystems im Zuge der Konkretisierungsarbeit der Rechtsanwender, wirklich interessant.

Es gibt jedoch noch einen zweiten Grund, die systemische Vorprägung durch das Grundgesetz selbst bewußt abzusetzen von der weiteren Ausgestaltung durch Staatspraxis und Verfassungsinterpretation. Die Anwendung und Konkretisierung eines bestimmten Korpus von Regeln, wie ihn etwa eine Verfassung darstellt, kann durchaus auf einem theoretischen Modell des ‚Verfassungssystems' beruhen, das der systemischen Prägung der Verfassung gar nicht wirklich entspricht. Die Folgen, die die weiteren Ausformungen der Normenkomplexe dann tatsächlich zeitigen, sind für die Rechtsanwender in diesem Fall gar nicht voraussehbar, nehmen diese doch die systemischen Vernetzungen und Rückwirkungen nicht richtig wahr. Gerade für das Bundesstaatsrecht liegt nun aber in Deutschland eine solche Gefahr besonders nahe, wird doch im Gefolge allgemeiner Föderalismustheorien vielfach nicht zureichend erkannt, daß das deutsche Bundesstaatsmodell sich in bestimmten Konstruktionsprinzipien elementar von den idealtypischen Leitbildern föderaler Aufgabenteilung unterscheidet. Die Folgewirkungen bestimmter Ausgestaltungen des Bundesstaatsrechts sind in dieser Perspektive folglich nur wirklich zutreffend zu erfassen, wenn man die systemprägenden Konstruktionsprinzipien des konkreten Bundesstaatsmodells konstant im Auge behält. Wie wichtig dies ist, sei im Detail an den bundesstaatsrechtlichen Auswirkungen der vielfach beklagten ‚Normenflut' und der dazu parallel laufenden Intensivierung der ‚Kontrolldichte' demonstriert. Diese Rückwirkungen einer allgemeinen Entwicklung auf das Bundesstaatssystem des Grundgesetzes werden bisher alles andere als zureichend thematisiert, ja werden bisher vielfach noch kaum wirklich wahrgenommen. Dies ist umso fataler, als es hier um die wohl kritischste Schwachstelle des ganzen Bundesstaatssystems unter dem Grundgesetz geht. Ohne Gegensteuerung könnte der Bundesstaat des Grundgesetzes unter dem Druck der in der Folge untersuchten Entwicklungen der Verwaltung – als des Kerns der Länderstaatlichkeit – auf Dauer zur ‚leeren Hülle' degenerieren, könnte das in Art. 79 Abs. 3 GG zum änderungsfesten Kern der Verfassung gerechnete Bundesstaatsprinzip völlig ausgehöhlt werden. Nur wenn man sich dieser Gefahrenstellen bewußt wird, unter gezieltem Durchstoßen des Schleiers der herrschenden bundesstaatstheoretischen Wahrnehmung, kann man angemessen die Problemzonen vermessen, an denen unter Umständen aus dem System der Verfassung gebotene Korrekturen nötig sind – konkret: Korrekturen, die einer Art. 79 Abs. 3 GG zuwiderlaufenden allmählichen Verformung des bundesstaatlichen Systems in einen dezentralisierten Einheitsstaat.Einhalt gebieten würden.

12.1. Das System der Zuständigkeitsverteilung – Struktur und Probleme

War das Bundesstaatsmodell des Grundgesetzes schon in seiner Grundkonzeption eines ‚labilen Bundesstaates', der gekennzeichnet ist durch grundsätzliche Dispositionsbefugnis des Bundes über die territoriale Gliederung der Länder und das Fehlen einer Bestandsgarantie für die einzelnen Länder, deutlich in Abweichung von den konstruktiven Grundansätzen anderer historischer Bundesstaaten entworfen worden, so gilt diese Feststellung eines ‚bundesstaatlichen Sonderweges' erst recht für die grundlegenden Prinzipien der Kompetenzverteilung. Im Gegensatz zu dem für die bundesstaatlichen Kompetenzteilungssysteme der angelsächsischen Welt typischen Drang nach Trennung der staatlichen Ebenen[1] ist das deutsche System bereits in der Grundkonstruktion auf Kooperation zwischen den Gebietskörperschaften hin angelegt.[2] Schon mit der prinzipiellen Aufspaltung der Sachaufgaben entlang der Trennung von Gesetzgebungs- und Verwaltungskompetenzen – Kompetenztypen, die in der Regel unterschiedlichen Trägern der Staatlichkeit zugewiesen werden – spannt das grundgesetzliche Modell systematisch Bund und Länder in der Aufgabenerfüllung zusammen.[3]

Die Kompetenzkataloge des Grundgesetzes orientieren sich dabei zwar – wie verschiedentlich bemerkt worden ist – an Montesquieus Modell der Gewaltenteilung mit seiner Unterscheidung der drei idealtypischen Staatsfunktionen Legislative, Exekutive, Judikative. Das Grundgesetz weist diese drei Grundfunktionen den zwei Ebenen aber in unterschiedlicher Dosierung zu. Es strebt insoweit nicht die Balance innerhalb einer einzigen Funktion an, also etwa die gleichmäßige Verteilung der Gesetzgebung auf Bund und Länder; die Balance, auf die gezielt wird, kann sich – wenn überhaupt – in der Logik des grundgesetzlichen Systems nur aus der Gesamtheit der Kompetenzen in den verschiedenen Funktionskreisen ergeben. Das angestrebte Gleichgewicht liegt dann eher in der komplementären Schwerpunktsetzung, ergibt sich – um es konkret zu formulieren – im wesentli-

---

[1] Vgl. zum Unterschied zwischen angelsächsischen Föderalismuskonzeptionen und dem deutschen Bundesstaatsmodell *J. Rydon/H.A. Wolfsohn*, Federalism in West Germany, 1980, S. 25ff.

[2] So etwa die vergleichenden Schlußfolgerungen von *J.J. Hesse / A. Benz*, Staatliche Institutionspolitik im internationalen Vergleich, Jahrbuch zur Staats- und Verwaltungswissenschaft 2 (1988), S. 69, 85.

[3] So schon *A. Köttgen*, Der Einfluß des Bundes auf die deutsche Verwaltung und die Organisation der bundeseigenen Verwaltung, JöR NF 3 (1954), S. 67, 81f.; vgl. außerdem *P. Lerche*, Art. 83 Rdnrn.8ff. (1983), in: Maunz/Dürig, sowie *P. Feuchte*, Die rechtliche Ordnung der Verwaltung im Bundesstaat und ihre Entwicklung, in: K.G.A. Jeserich / H. Pohl / G.-C. von Unruh (Hrsg.), Deutsche Verwaltungsgeschichte Bd. 5, 1987, S. 123ff.

chen daraus, daß dem Bund der Großteil der Gesetzgebungskompetenzen zusteht, während die Länder den Löwenanteil der Verwaltungskompetenzen innehaben.[4]

Diese Schwerpunktsetzung in der Tätigkeit von Bund und Ländern ist – entgegen gelegentlich zu lesender Klagen, hier habe die Staatspraxis die Konstruktion des Grundgesetzes in ihr Gegenteil verkehrt[5] – in dieser Form bereits im Grundgesetz angelegt. Die Wahrung (und partiell auch Herstellung) der Rechtseinheit war bereits in den Augen des Parlamentarischen Rates ein derart hochgeschätztes Gut, daß man ganz bewußt den Bund mit einem überwältigenden Katalog an Gesetzgebungszuständigkeiten ausstattete.[6] Beinahe noch folgenreicher als die Mißachtung der – vom deutschen Verfassunggeber wohl nie ganz ernstgemeinten – Sicherung der Subsidiarität im Bereich der konkurrierenden Gesetzgebung über die ‚Bedürfnisklausel' des Art. 72 Abs. 2 GG war dabei die Übergangsregelung des Art. 125 GG, mit der praktisch das gesamte Reichsrecht im Bereich der konkurrierenden Gesetzgebung zu Bundesrecht erklärt wurde.[7] Für Landesrecht im Bereich der konkurrierenden Gesetzgebung blieb daher schon im Ansatz kein großer Raum, wie in den Bemerkungen zur Gesetzgebung belegt werden wird, bewirkte die Überleitung des Reichsrechts in Bundesrecht doch eine nahezu umfassende Sperre zulasten der Landesgesetzgeber.[8]

---

[4] So etwa *J. Isensee*, Idee und Gestalt des Föderalismus im Grundgesetz, in: J. Isensee / P. Kirchhof (Hrsg.), Handbuch des Staatsrechts der Bundesrepublik Deutschland, Bd.IV, 1990, § 98 Rdnr.198.

[5] Vgl. z.B. *H. Albert*, Die Föderalismusdiskussion im Zuge der deutschen Einigung, in: K. Bohr (Hrsg.), Föderalismus, 1992, S. 1, 3; *R. Scholz*, Gesetzgebung und Politikgestaltung aus der Mitte der Landesparlamente, ZG 6 (1991), S. 26ff.; *E. Blanke*, Die Verfassungswirklichkeit der Landesgesetzgebung, ZG 1990, S. 1, 3ff.; *F. Vogel*, Stärkung des Föderalismus durch Selbstbeschränkung in der Bundesgesetzgebung, in: Freiheit und Verantwortung im Verfassungsstaat. Festgabe zum 10jährigen Jubiläum der Gesellschaft für Rechtspolitik, 1984, S. 493, 494; *R. Grawert*, Zur Verfassungsreform, Der Staat 18 (1979), S. 229, 248. Daß das Gegenteil richtig ist, diese Schwerpunktsetzung bereits klar im Grundgesetz angelegt ist, betonten dagegen früh schon Autoren wie *W. Geiger*, Mißverständnisse um den Föderalismus, 1962, S. 23, oder auch *M. Bullinger*, Die Zuständigkeit der Länder zur Gesetzgebung, DÖV 1970, S. 761, 763.

[6] Siehe oben 4.5.3. m.w.N., außerdem zusammenfassend zur Entstehungsgeschichte der grundgesetzlichen Regelung *P. Feuchte* (Fn. 3), S. 123ff., sowie zur verfassungsgeschichtlichen Traditionslinie seit der Reichsverfassung von 1871 *R. Mußgnug*, Die Ausführung der Reichsgesetze durch die Länder und die Reichsaufsicht, in: Jeserich/Pohl/von Unruh (Hrsg.), Deutsche Verwaltungsgeschichte, Bd. 2, 1984, S. 186ff. und Bd. 3 (1985), S. 330ff.

[7] Zu Art. 125 GG und dem über diese Bestimmung in den ersten Jahren der Bundesrepublik geführten Streit siehe oben 5.2. Fn. 16 (m.w.N. der zeitgenössischen Literatur) und insbes. 7.2.2.; vgl. ferner *R. Wolfrum*, Zweitbearbeitung Art. 125 Rdnr.3 (1988), in: Bonner Kommentar; *M. Bothe*, Art. 125 Rdnr.4, in: Alternativkommentar Bd. 2, 2.Aufl. 1989; *T. Maunz*, Art. 125 Rdnr.3 (1964), in: Maunz/Dürig. Zu den Wirkungen der Vorschrift siehe auch *W. Geiger* (Fn. 5), S. 23f..

[8] Zur ‚Sperrwirkung' der Bundesgesetzgebung im Bereich der konkurrierenden und Rahmengesetzgebung vgl. *C. Pestalozza*, Art. 72 Rdnrn.48ff., in: H. von Mangoldt / F. Klein / C. Pestalozza, Das Bonner Grundgesetz, Bd. 8, 3. Aufl. 1996; *C. Degenhart*, Art. 72 Rdnrn.17–32, in: M. Sachs (Hrsg.), Kommentar zum Grundgesetz, 1995; *W. März*, Bundesrecht bricht Landesrecht. Eine staatsrechtliche Untersuchung zu Artikel 31 des Grundgesetzes, 1989, S. 144ff.; *K. Stern*, Das Staatsrecht der Bundesrepublik Deutschland, Bd.I, 2.Aufl. 1984, S. 680; *I. von Münch*,

Diese schon im Grundgesetz angelegte und durch die Verfassungspraxis der vergangenen Jahrzehnte immer weiter befestigte Dominanz des Bundesgesetzgebers[9] ist rechtlich allerdings nicht unproblematisch, nimmt man die Garantie der Bundesstaatlichkeit in Art. 79 Abs. 3 GG in den Blick. Die Verfügung über einen substantiell gewichtigen Fundus eigener Gesetzgebungskompetenzen sei elementarer Bestandteil der Länderstaatlichkeit, ohne dessen Vorliegen die Staatsqualität der Länder in Zweifel gerate, so liest man vielfach in den Ausführungen zu Art. 79 Abs. 3 GG und zu den in dieser Bestimmung garantierten Mindestgehalten des Bundesstaatsprinzips.[10] Nimmt man diese Ausführungen ernst, so wird man gewisse Phänomene der bundesrepublikanischen Gesetzgebungspraxis verfassungsrechtlich für problematisch halten müssen. Dies gilt weniger für die (recht erhebliche) Zahl der Verfassungsänderungen, mit denen seit 1949 zusätzliche Gesetzgebungszuständigkeiten für den Bund geschaffen wurden, einschließlich der Verfassungsänderungen im Gefolge der Beratungen der ‚Gemeinsamen Verfassungskommission' 1994. Die Figur des ‚verfassungswidrigen Verfassungsrechts' ist eine heikle Konstruktion, die nur mit erheblicher Vorsicht gehandhabt werden darf. Hier dem verfassungsändernden Gesetzgeber allzu enge Schranken anlegen zu wollen, würde sichtlich die Maßstäbe der Verfassungsinterpretation sprengen[11], würde auch funktionell-rechtlich eine zweifelhafte Gewichtsverlagerung zulasten des demokratischen Gesetzgebers und zugunsten der Verfassungsgerichtsbarkeit bewirken.

Zielrichtung einer Überprüfung der bundesstaatlichen Gesetzgebungspraxis im Hinblick auf Art. 79 Abs. 3 GG müßte wohl eher der Umgang des ‚einfachen Gesetzgebers' mit den ihm von den Artikeln 72ff. GG grundsätzlich eingeräumten Befugnissen zur Rechtsetzung sein. Für die Frage der prinzipiellen Notwendigkeit des Erlasses eines Bundesgesetzes im Bereich der konkurrierenden Gesetzgebung und der Rahmengesetzgebung, hinter der unverkennbar die Frage nach der Subsidiarität steht, verfügt das Grundgesetz insoweit bereits mit Art. 72 Abs. 2 GG über einen eigenen, speziell auf diesen Fall zugeschnittenen Prüfungsauftrag mit eigenem Prüfungsmaßstab. Die leidvolle Geschichte dieser Norm, die

---

Art. 72 Rdnr. 6, in: I. von Münch, GG-Komm. Bd. 3, 2. Aufl. 1983; *T. Maunz*, Art. 72 Rdnrn. 9f. (1984), in: Maunz/Dürig.

[9] Vgl. insoweit nur *J. Isensee* (Fn. 4), § 98 Rdnr. 199; *O. Kimminich*, Der Bundesstaat, in: J. Isensee / P. Kirchhof (Hrsg.), Handbuch des Staatsrechts der Bundesrepublik Deutschland, Bd. I, 1987, § 26 Rdnr. 50; *P. Badura*, Staatsrecht, 1986, S. 373 Rdnr. 27; *K. Stern* (Fn. 8), S. 672; *R. Herzog*, Art. 20 Abschnitt IV Rdnr. 76 (1980), in: Maunz/Dürig.

[10] Vgl. nur *J. Isensee* (Fn. 4), § 98 Rdnrn. 262–282 (insbes. Rdnrn. 268ff.); *K. Stern* (Fn. 8), S. 667f.; *B.-O. Bryde*, Art. 79 Rdnr. 31, in: von Münch, GG-Komm., Bd. 3, 2. Aufl. 1983; *H.-U. Evers*, Zweitbearbeitung Art. 79 Abs. 3 Rdnr. 213 (1982), in: Bonner Kommentar; *K. Hesse*, Bundesstaatsreform und Grenzen der Verfassungsänderung, AöR 98 (1973), S. 1ff., insbes. S. 14ff., 31ff.; *R. Herzog*, Zwischenbilanz im Streit um die bundesstaatliche Ordnung, JuS 1967, S. 193, 196; *T. Maunz / G. Dürig*, Art. 79 Abs. 3 GG Rdnrn. 33–35 (1960), in: Maunz/Dürig. Skeptisch gegenüber dieser Lehre dagegen etwa *W. März* (Fn. 8), S. 171ff.

[11] Vgl. zum Problem nur *H. Ridder*, Art. 79 Rdnrn. 26ff., in: Alternativkommentar Bd. 2, 1984; *H.-U. Evers*, Zweitbearbeitung Art. 79 Abs. 3 Rdnrn. 153ff. (1982), in: Bonner Kommentar.

1994 den verfassungsändernden Gesetzgeber in einer Novellierung der Bestimmung hat Abhilfe suchen lassen, bedarf in diesem Zusammenhang genauer Untersuchung, ebenso wie die Aussichten der neuen Fassung des Art. 72 Abs. 2 GG, hier tatsächlich Remedur zu schaffen.

Neben und hinter der Frage nach der Erforderlichkeit der bundesgesetzlichen Regelung als solcher steht aber noch eine zweite Frage, die Frage nach der aus den Maßstäben der Art. 72 Abs. 2 und 75 GG folgenden Grenzen der Regelungsdichte von bundesgesetzlichen Normen. Es ist nicht so selbstverständlich wie vielfach angenommen, daß mit der grundsätzlichen Bejahung einer Regelungsbefugnis gemäß Art. 72 Abs. 2 GG dem Bundesgesetzgeber ein Freibrief erteilt ist, jedes letzte Detail einer Materie erschöpfend zu regeln. Für die Rahmengesetzgebungskompetenz ist dieser Vorbehalt eigentlich selbstverständlich, wenn auch eine deutliche Neigung besteht, diese Beschränkung zu mißachten.[12] Auch für die konkurrierende Gesetzgebung wäre jedoch die Frage zu stellen, ob dem Gesetzgeber insoweit nicht mit Blick auf den durch Art. 79 Abs. 3 GG geschützten Kern der Länderstaatlichkeit ein gewisses Mindestmaß an Rücksichtnahme abzuverlangen wäre. Doch dies bedarf näherer Darlegung.

Sieht man sich die Gesetzgebungspraxis des Bundesgesetzgebers an, so kann man dem von *Roman Herzog* verwendeten Begriff des ‚Furor teutonicus legislativus'[13] eine gewisse Berechtigung nicht absprechen. Der Gesetzgeber – so wird vielfach beklagt – sei einer hemmungslosen ‚Normierungswut' verfallen, bemühe sich in immer detaillierteren Gesetzen um eine immer perfektionistischere Regelung jeder letzten Detailfrage.[14] In der rechtswissenschaftlichen Literatur finden sich für das damit thematisierte Problem der ‚Normenflut' mittlerweile Begriffe wie „rechtsstaatliche Übersteuerung" und „Rechtsetzungsfalle"[15]. Die überbordende Gesetzgebung führe im Ergebnis gerade zum Gegenteil des Erwünschten, nämlich zu steigender Rechtsunsicherheit, lähme Verwaltung und Gerichte, erdrossele tendenziell in vielen Bereichen auch mehr und mehr die Möglichkeiten der praktischen Grundrechtsausübung. Die aufgrund der Unüberschaubarkeit des Rechtsstoffes eintretenden Defizite beim Verwaltungsvollzug bildeten zudem eine schwere Bedrohung für die Gesetzmäßigkeit der Verwaltung[16], denn eine nur noch partiell das Gesetz anwendende Verwaltung stehe in der Gefahr der

---

[12] Vgl. nur *W. Rengeling*, Gesetzgebungszuständigkeit, in: J. Isensee / P. Kirchhof (Hrsg.), Handbuch des Staatsrechts der Bundesrepublik Deutschland, Bd.IV, 1990, § 100 Rdnrn.250, 253ff. (m.w.N.).

[13] *R. Herzog*, „Normenflut". Mehr Rechtssicherheit im Steuerrecht (1989), hier zitiert aus: R. Herzog, Staat und Recht im Wandel, 1993, S. 173, 179f.

[14] Vgl. dazu schon *R. Herzog*, Gleichheit und Gerechtigkeit: „Normierungswut" als Ursache der Aufblähung der Bürokratie (1978), zitiert nach: R. Herzog, Staat und Recht im Wandel, 1993, S. 102ff.

[15] Siehe nur *R. Stober*, Rechtsstaatliche Übersteuerung. Der Rechtsstaat in der Rechtsetzungsfalle, in: K. Stern (Hrsg.), Vier Jahre Deutsche Einheit, 1995, S. 65ff.

[16] Vgl. dazu nur *E. Schmidt-Aßmann*, Deutsches und Europäisches Verwaltungsrecht – Wechselseitige Einwirkungen, DVBl. 1993, S. 924, 932.

willkürlichen Auswahl der gesetzlichen Leitlinien, der ‚selektiven Gesetzmäßigkeit'[17].

Diese schon allgemein als besorgniserregend eingeschätzte Entwicklung hat nun für das deutsche Bundesstaatssystem besonders fatale Folgen. Der ‚Gesetzgeber' ist in den meisten Fällen der Bundesgesetzgeber, dessen Vorgaben von den Landesbehörden auszuführen sind. Weist – wie im System des Grundgesetzes – die Verfassung dem Bund schwerpunktmäßig die Gesetzgebung, den Ländern dagegen die Verwaltung zu, so führt gesetzgeberische ‚Übersteuerung' tendenziell bald zur Lähmung politischen Handelns in den Ländern – oder zum „Nachlassen der Rechtsakzeptanz" und zur Aushöhlung des Rechtsgehorsams, letztlich dann zum kalkulierten Rechtsbruch durch die Verwaltungen der Länder.

Die Regelungsintensität der gesetzlichen Vorgaben, mit denen der Bundesgesetzgeber rechtliche Leitlinien für das staatliche Handeln in den Ländern setzt, erweist sich in dieser Perspektive als der eigentlich heikle Punkt, als die im System versteckte Schwachstelle, über die der Bund allmählich die Verteilung von Macht und Einfluß im Gefüge der bundesstaatlichen Kompetenzverteilung verändern kann.[18] Über eine stetige Intensivierung der Regelungsdichte vermag der Bundesgesetzgeber Stück für Stück Entscheidungen der politischen Steuerung an sich zu ziehen und in abstrakt-genereller Form einer Entscheidung zuzuführen, zugleich damit auch die Handlungsspielräume der Verwaltung, also der Länderexekutiven, einzuschränken. Diese Tendenz der Steigerung der Regelungsintensität liegt – ganz abgesehen von der allgemeinen bürokratietheoretischen Erfahrungstatsache, daß bürokratische Zentralorgane generell zu einer immer weiteren Verfeinerung ihrer rechtlichen Steuerungsinstrumente neigen – im Regierungssystem der Bundesrepublik ganz besonders nahe, weil die Rechtsetzung über Parlamentsgesetz und Rechtsverordnung das vorrangige Handlungsfeld (und entscheidende politische Einflußmedium) der Ministerialverwaltung des Bundes wie der Bundestagsmehrheit sind. Die Einflußnahme auf das Handeln der Verwaltung vor Ort im Wege der Einzelweisung (aber auch der Personalpolitik) ist den Organen des Bundes weitgehend versperrt. Instrument der politischen Steuerung ist für Bundesregierung und Bundestag nahezu allein die Rechtsetzung, ein Charakteristikum des deutschen Bundesstaatsmodells, das den sowieso schon vorhandenen Zug zur immer weiteren Verrechtlichung im Verwaltungsrecht nachhaltig verstärkt.

Eindeutige verfassungsrechtliche Schranken stehen Bundesregierung und Bundestag in ihrem Drang zur stetigen Verfeinerung der rechtlichen Präjudizierung des Verwaltungshandelns kaum entgegen, eher im Gegenteil – die Rechtsprechung des Bundesverfassungsgerichts zum Rechtsstaatsprinzip im Allgemei-

---

[17] Vgl. dazu nur *F. Wagener*, Der öffentliche Dienst im Staat der Gegenwart, VVDStRL 37 (1979), S. 215ff., 246ff.; *E. Schmidt-Aßmann*, Das allgemeine Verwaltungsrecht als Ordnungsidee und System, 1982, S. 16; *P. Lerche*, Art. 83 Rdnr. 61 (1983), in: Maunz/Dürig; *W. Thieme*, Verwaltungslehre, 4. Aufl. 1984, § 124 Rdnr. 771; *H. Faber*, Verwaltungsrecht, 3. Aufl. 1992, S. 35ff.; *R. Loeser*, System des Verwaltungsrechts, Bd. I, 1994, S. 67, 99.

[18] Vgl. auch *J. Isensee* (Fn. 4), § 98 Rdnr. 199.

nen und zum Gesetzesvorbehalt im Besonderen haben diesen Drang zur ‚Verrechtlichung' noch deutlich befördert.[19] Doch damit nicht genug: Auch die Verwaltungsgerichtsbarkeit hat zum Prozeß der ‚Verrechtlichung' des Verwaltungshandelns Entscheidendes beigetragen. Über die Rechtsprechung zur „vollen gerichtlichen Nachprüfbarkeit" der Auslegung (bzw. Konkretisierung) der sogen. ‚unbestimmten Rechtsbegriffe' haben auch die Verwaltungsgerichte dafür gesorgt, daß der nicht rechtlich vorgeprägte Handlungsspielraum der Verwaltungsbehörden immer kleiner geworden ist.[20] Prämisse war dabei zunächst immer die Perspektive der Verbesserung des individuellen Rechtsschutzes; daß die Frage der ‚Kontrolldichte' aber auch eine eminent bundesstaatsrechtliche Facette hat, wird in diesem Kontext eher selten thematisiert. Die Präferenz deutscher Jurisprudenz für die ‚Rechtseinheit' erklärt vielleicht, warum das auf diesem Weg erzielte Ergebnis der weitgehenden ‚Gleichschaltung' der Länderverwaltungen bislang kaum als problematisch empfunden wurde.

Die Folgen für die Gewichtsverteilung im bundesstaatlichen System sind jedoch fatal. Letzten Endes drohen die Länder weitgehend zu dem zu werden, was die Anhänger des ‚dezentralisierten Einheitsstaates' aus ihnen immer hatten machen wollen – zu Vollzugsorganen im Dienste einer alle grundlegende Entscheidungen monopolisierenden Zentralbürokratie. Der zunächst etwas flapsige Begriff des ‚Vollzugsföderalismus' enthält insoweit mehr Wahrheit, als den auf Bewahrung der bundesstaatlichen Elemente bedachten Interpreten der Verfassung recht sein kann. Die ‚ländereigene Ausführung von Bundesgesetzen' ist – ganz entgegen der Vorstellung, die die Anhänger föderalistischer Konzepte im Parlamentarischen Rat mit diesem Institut verfolgten – mittlerweile wirklich weitgehend auf den mit der grundgesetzlichen Bezeichnung thematisierten Aspekt reduziert – den der ‚Vollziehung von Bundesgesetzen'.

Wird man sich dieses Befundes erst einmal klar, so stellt sich unweigerlich die Frage nach den Gründen. Dieser Frage sei in den folgenden Überlegungen etwas eingehender nachgegangen. Am Anfang steht dabei notwendig ein Blick auf die Versuche der Verfassung, der Gesetzgebung des Bundes im Umfang Schranken zu ziehen. Warum haben diese Schranken weitgehend versagt, so wäre zu fragen, obwohl man doch einen Mindestbestand an eigenen Gesetzgebungsbefugnissen der Länder zu den Essentialia der Länderstaatlichkeit wird zählen müssen, deren grundsätzlichen Schutz sich Art. 79 Abs. 3 GG angelegen sein läßt? Der Blick richtet sich insoweit unwillkürlich auf Art. 72 Abs. 2 GG mit der umstrittenen ‚Bedürfnisklausel', desweiteren aber auch auf die immanenten Grenzen der Rahmengesetzgebungskompetenz.

Daß die dort angesiedelten Grenzziehungsversuche praktisch weitgehend wirkungslos geblieben sind, ist heute nahezu Gemeingut.[21] Beruhigend wird in Er-

---

[19] Vgl. zum Zusammenhang zwischen der Ausdehnung des Gesetzesvorbehalts und der Expansion der Bundesgesetzgebung auch kursorisch *J. Isensee* (Fn. 4), § 98 Rdnr. 199.

[20] Siehe dazu unten 12.4.

[21] Siehe etwa *K. Stern* (Fn. 8), S. 679.

gänzung jedoch meist angefügt, der Schwerpunkt der Länderkompetenzen liege nach dem Grundgesetz ja sowieso nicht im Bereich der Gesetzgebung, sondern im Bereich der Verwaltung; insoweit sei der (im modernen Industrie- und Sozialstaat sowieso unvermeidbare) Bedeutungsgewinn des Bundes unschädlich. Die Wirkungen, die diese Bedeutungsverschiebung auf die Tätigkeit der Verwaltung hat, werden dabei aber vielfach vernachlässigt. Die Verdrängung verwaltungseigener Handlungs- und Entscheidungsspielräume durch ein eng geknüpftes Netz rechtlicher Vorgaben verschiebt das Gleichgewicht der das Verwaltungshandeln dirigierenden Steuerungsmedien. Die fachlich-hierarchische Steuerung durch die übergeordneten Verwaltungsorgane wird tendenziell ersetzt durch die normative Steuerung zu Händen der Rechtsetzungsorgane und der die Rechtsanwendung kontrollierenden Gerichte. Bundestag und Bundesregierung sowie die Verwaltungsgerichte (unter Führung durch das Bundesverwaltungsgericht) treten damit tendenziell an die Stelle der Landesregierungen als Steuerungszentren administrativen Handelns. Die Institute der ‚ländereigenen Ausführung' und der Bundesauftragsverwaltung verändern im Gefolge ihren Charakter – eine für das Bundesstaatsmodell des Grundgesetzes entscheidende Veränderung, die eigentlich weit mehr Beachtung verdiente als die von Länderseite meist in den Vordergrund der Argumentation gestellte Problematik der Gesetzgebungskompetenzen.

12.2. Probleme der Gesetzgebungskompetenzen I – Die ‚Bedürfnisklausel' des Art. 72 Abs. 2 GG und die Dominanz des Bundes im Bereich der Gesetzgebung

Das Bundesstaatsmodell, das der Parlamentarische Rat in den späten Vierziger Jahren im Grundgesetz verankert hat, ist – wie im vierten Kapitel schon ausgeführt wurde – von bestimmten Eigentümlichkeiten geprägt. Unter dem Druck der drei Westalliierten, die den deutschen Verfassunggebern ein bundesstaatliches Modell zur Auflage gemacht hatten[22], war der Einheitsstaat keine ernsthafte Alternative in den Verfassungsberatungen[23]. Die ‚Föderalisten', vor allem süddeutscher und rheinländischer Herkunft, hatten jedoch den auf das Idealbild der ‚unitarischen Republik' fixierten ‚Zentralisten' erhebliche Zugeständnisse zu ma-

---

[22] Siehe die Grundzüge der deutschen Verfassung, die auf der Londoner Außenministerkonferenz 1948 erarbeitet worden waren – vgl. dazu *G. Wehner*, Die Deutschlandpolitik der Westalliierten von 1945 bis 1955, Aus Politik und Zeitgeschichte B 51/1989, S. 3, 6f. – und die daraus hervorgegangenen Frankfurter Dokumente – vgl. *T. Nipperdey*, Der Föderalismus in der deutschen Geschichte, in: T. Nipperdey, Nachdenken über die deutsche Geschichte, 2. Aufl. 1986, S. 60, 97; vgl. auch *F. Pfetsch*, Verfassungspolitik der Nachkriegszeit, 1985, S. 174ff. sowie *O. Kimminich*, Deutsche Verfassungsgeschichte, 2. Aufl. 1987, S. 615.

[23] Zur Ausgangskonstellation 1948/49 vgl. *G. Püttner*, Vierzig Jahre Grundgesetz – Vierzig Jahre Föderalismus, in: K.W. Nörr (Hrsg.), 40 Jahre Bundesrepublik Deutschland – 40 Jahre Rechtsentwicklung, 1990, S. 71, 73, und *J. Isensee*, Der Föderalismus und der Verfassungsstaat der Gegenwart, AöR 115 (1990), S. 248ff., 253f., sowie ausführlich *T. Nipperdey* (Fn. 22), S. 97ff.

chen.[24] Ein klassischer Föderalismus auf der Basis des Trennsystems, der den Gliedstaaten völlig gegen den Bundesstaat abgeschottete Kompetenzbereiche zugestanden hätte[25], wäre im Parlamentarischen Rat kaum mehrheitsfähig gewesen. Stattdessen konstruierte man ein Modell, das durch vielfältige Formen der Kompetenzvermischung gekennzeichnet war – wobei gerechterweise hinzugefügt werden sollte, daß man dabei auf zahlreiche Traditionsbestände aus der deutschen Verfassungsgeschichte zurückgreifen konnte[26]. Nicht nur das Organ des Bundesrates, über das die Bundesländer an der Gesetzgebung des Bundes partizipieren, ist ja ein zutiefst in der Verfassungsgeschichte des Kaiserreichs wie der Weimarer Republik verwurzeltes ‚deutsches Eigengewächs'[27]. Auch die Trennung zwischen Gesetzgebungs- und Verwaltungskompetenzen, mit der im Rechtsvergleich recht umfassenden Zuweisung der Gesetzgebungsbefugnisse an den Bund und der gleichzeitigen Präponderanz der Länder im Bereich der Verwaltung, ist ein für den deutschen Bundesstaat seit 1867/1871 kennzeichnendes Phänomen. Selbst der Mechanismus der Kompetenzscheidung im Bereich der Gesetzgebung, mit der Vierteilung in ausschließliche Gesetzgebung des Bundes, konkurrierende Gesetzgebung, Rahmengesetzgebung und ausschließliche Gesetzgebung der Länder, ist eine deutliche Anleihe bei der Konstruktion der Weimarer Reichsverfassung[28].

Im Verfassungsvergleich schält sich an diesem Punkt eine wichtige Eigenart des deutschen Bundesstaatsmodells heraus. Während das Kompetenzgefüge der traditionellen angelsächsischen Bundesstaaten wie der USA, Australiens oder Kanadas eher auf einer im Ansatz strikten Trennung der Kompetenzbereiche beruht[29], verläuft die Kompetenzscheidung im deutschen „Verbundföderalismus" quer durch die Sachgebiete, mit der Gesetzgebungskompetenz tendenziell beim Bund, der Verwaltungskompetenz dagegen in der Regel bei den Ländern. Hier – bei den Verwaltungskompetenzen – haben die Länder ihren eigentlichen Tätigkeitsschwerpunkt, und nicht im Rahmen der Gesetzgebung[30].

---

[24] Siehe *T. Nipperdey* (Fn. 22), S. 99ff. sowie *H. Laufer*, Das föderative System der Bundesrepublik Deutschland, 4. Aufl. 1981, S. 50f.

[25] Vgl. zum Unterschied zwischen angelsächsischen Föderalismuskonzeptionen und dem deutschen Bundesstaatsmodell *J. Rydon/H.A. Wolfsohn* (Fn. 1), S. 25ff.

[26] Vgl. zur Entstehungsgeschichte der entsprechenden Teile des Grundgesetzes ausführlich *E. Lichtenstern*, Die Gesetzgebung im Spannungsverhältnis zwischen Bund und Ländern, 1979, S. 3ff., ferner die verfassungsgeschichtlichen Ausführungen bei *W. Rengeling* (Fn. 12), § 100 Rdnrn. 41–44, sowie bei *C. Pestalozza*, in: von Mangoldt/Klein/Pestalozza (Fn. 8), Art. 70 Rdnrn. 14ff., Art. 72 Rdnrn. 15ff.

[27] Vgl. *T. Nipperdey* (Fn. 22), S. 80ff.

[28] Vgl. *E. Lichtenstern* (Fn. 26), S. 5f., *W. Thieme*, Vierzig Jahre Bundesstaat – Rückblick, Entwicklung und Ausblick, DÖV 1989, S. 499, 500, ferner *W. Rengeling* (Fn. 12), § 100 Rdnrn. 43f.

[29] Vgl. die immer noch grundlegende Untersuchung von *M. Bothe*, Die Kompetenzstruktur des modernen Bundesstaates in rechtsvergleichender Sicht, 1977, insbes. S. 223ff. sowie neuerdings auch *R.-O. Schultze*, Föderalismus als Alternative? Überlegungen zur territorialen Reorganisation von Herrschaft, ZParl 1990, S. 475, 479ff.

[30] Vgl. z.B. den Überblick bei *H. Laufer* (Fn. 24), S. 64ff., bei *A. Benz*, Perspektiven des Föderalismus in Deutschland, DÖV 1991, S. 586, 587f. oder bei *W. Thieme* (Fn. 28), S. 500f., ferner *K. Stern* (Fn. 8), S. 672 und *R. Herzog*, Art. 20 Abschnitt IV Rdnrn. 76f. (1980), in: Maunz/Dürig.

Diese Konstruktion hatte von Anfang an in der konkreten Ausformung deutliche ‚Schlagseite' zugunsten des Bundes und zulasten der Länder.[31] Bedenken sollte man in diesem Zusammenhang das nach wie vor stark auf das Modell eines ‚unitarischen Staates' bezogene Selbstverständnis der politischen Eliten in Deutschland. Parallel dazu war auch das politische Denken der breiten Öffentlichkeit weitgehend von anti-föderalen Untertönen bestimmt, Denkstrukturen, die bis heute nachwirken[32]. Die öffentliche Meinung hatte sich – wie *Günter Püttner* es zum vierzigjährigen Jubiläum des Grundgesetzes formuliert hat – „nicht von dem traditionellen Einheitsdenken und antiföderalistischen Vorurteilen gelöst. Unterschiede in den Lebensverhältnissen, im Recht, ja selbst im Kultur- und Bildungswesen fanden wenig Verständnis und sahen sich hämischen Angriffen ausgesetzt"[33] – und dies bis heute mit nahezu unverminderter Heftigkeit.

Diesem Zeitgeist konnte sich auch das Bundesverfassungsgericht nicht entziehen. Beginnend schon im ersten Band mit der Entscheidung vom 30. April 1952 zum Gesetz zur Ordnung des Schornsteinfegerwesens[34] hat es bekanntlich in konstanter Rechtsprechung die Bedürfnisklausel des Art. 72 Abs. 2 GG ihres Sinnes als Einschränkung der Gesetzgebungsbefugnis des Bundes entkleidet[35]. Unter Rückgriff auf die Doktrin zur „Bedarfsgesetzgebung" nach Art. 9 der Weimarer Reichsverfassung[36] erklärte es die Frage des „Bedürfnisses nach bundesgesetzlicher Regelung" zu einer „nicht-justiziablen Frage des gesetzgeberischen Ermessens"[37], die der Nachprüfung durch das Bundesverfassungsgericht grundsätzlich entzogen sei. Es könnten „gewichtige Gründe dafür geltend gemacht werden, die Zuständigkeit des Bundesverfassungsgerichts zur Prüfung der Bedürfnisfrage – von Fällen eines Ermessensmißbrauchs durch den Gesetzgeber abgesehen – zu verneinen."[38] Ansonsten hat sich das Bundesverfassungsgericht allerdings durchgängig – dies sollte im Auge behalten werden – sichtlich um einen Schutz der Länderkompetenzen bemüht. Ausdruck fand diese Gewährleistung der überlieferten Kompetenzstruktur vor allem in der Rechtsprechung des Bundesverfassungsgerichts zur Auslegung der Kompetenztitel des Grundgesetzes und zur Qualifikation von Rechtsnormen im Licht der Kompetenzbestimmungen.[39] Durchgängig

---

[31] Siehe den Schlußbericht der Enquetekommission Verfassungsreform, BT-Drs. 7/5924 v. 9. 12. 1976, S. 126; vgl. auch die kurzen Überblicksdarstellungen bei *J.A. Frowein*, Deutscher Föderalismus der Gegenwart, 1981, S. 9ff. und bei *G. Püttner* (Fn. 23), S. 74f.

[32] Vgl. *G. Püttner* (Fn. 23), S. 74.

[33] *G. Püttner* (Fn. 23), S. 74; vgl. auch schon mit gleicher Zielrichtung *M. Bullinger* (Fn. 5), S. 763 und *F. Vogel* (Fn. 5), S. 495.

[34] BVerfGE 1, 264, 272f.

[35] Siehe BVerfGE 2, 213, 224f.; 4, 115, 127; aus den späteren Urteilen vgl. vor allem BVerfGE 14, 197ff.

[36] So schon BVerfGE 1, 264, 272.

[37] BVerfGE 1, 264, 272f.

[38] BVerfGE 1, 264, 273.

[39] Vgl. nur *C. Pestalozza*, Art. 70 Rdnrn. 54ff., in: von Mangoldt/Klein/Pestalozza (Fn. 8); *C. Degenhart*, Art. 70 Rdnrn. 44–53, in: Sachs, GG-Komm. (Fn. 8); *W. Rengeling* (Fn. 12), § 100 Rdnrn. 27–40; *M. Bothe*, Art. 70 Rdnrn. 7–24, in: Alternativkommentar Bd. 2, 2. Aufl. 1989; *W.*

argumentierte das Verfassungsgericht hier stark historisch, ein Ansatz, der der dynamischen Tendenz des Bundes auf Ausweitung seiner Kompetenzen deutlich entgegenwirkte und die Kompetenztitel im Interesse der rechtlichen Sicherheit und Berechenbarkeit tendenziell einfror.[40] Erwägungen der ‚sach- und funktionsgerechten' Auslegung spielten daneben zwar durchaus immer wieder eine wichtige Rolle[41]; insgesamt jedoch wird man dem Bundesverfassungsgericht eine entscheidende Rolle in der Bewahrung des historischen ‚Hausguts' der Länder im Bereich der Gesetzgebung zusprechen müssen[42]. Besonders klar zum Ausdruck kam diese insgesamt auf Bewahrung orientierte Tendenz des Verfassungsgerichts auch in der auf eine sehr enge Eingrenzung bedachten Rechtsprechung zu den Kompetenzen ‚kraft Natur der Sache' und zu den ‚Annex'-Zuständigkeiten.[43]

Dabei stieß das Gericht oft auf heftige Proteste aus Wissenschaft und Politik, die beide die Hauptrollen als Antriebskräfte der Unitarisierung spielten. Die Verfassungsrechtswissenschaft, vor allem aber die politische Praxis der Verfassungsorgane, haben fleißig zu dem allgemein konstatierten Prozeß der unitarisierenden Ausformung der Verfassungsordnung beigetragen. Gemeinschaftsaufgaben, gesteigerte Abhängigkeit der Länder vom Bund (vor allem in finanzieller Hinsicht),

---

Erbguth, Bundesstaatliche Kompetenzverteilung im Bereich der Gesetzgebung, DVBl. 1988, S. 317, 325ff.; *R. Stettner*, Grundfragen einer Kompetenzlehre, 1983, S. 414ff. Siehe aber auch aus der älteren Literatur *R. Scholz*, Ausschließliche und konkurrierende Gesetzgebungskompetenz von Bund und Ländern in der Rechtsprechung des Bundesverfassungsgerichts, in: Bundesverfassungsgericht und Grundgesetz Bd.II, 1976, S. 252, 254ff., 264ff.; *H.-J. Rinck*, Zur Abgrenzung und Auslegung der Gesetzgebungskompetenzen von Bund und Ländern, in: Festschrift für Gebhard Müller, 1970, S. 289ff.; *M. Bullinger*, Die Zuständigkeit der Länder zur Gesetzgebung, DÖV 1970, S. 797ff., insbes. S. 798f.

[40] Vgl. nur *J.A. Frowein*, Konkurrierende Zuständigkeit und Subsidiarität. Zur Kompetenzverteilung in bündischen Systemen, in: Festschrift für Peter Lerche, 1993, S. 401, 403, ferner *M. Bothe*, Art. 70 Rdnrn. 10f., in: Alternativkommentar Bd. 2, 2. Aufl. 1989, sowie *C. Degenhart*, Art. 70 Rdnr. 46, in: Sachs, GG-Komm. (Fn. 8) – beide m. w. N. der einschlägigen Rechtsprechung des BVerfG.

[41] *W. Rengeling* (Fn. 12), § 100 Rdnr. 40; *M. Bothe*, Art. 70 Rdnrn. 14–16, in: Alternativkommentar Bd. 2, 2. Aufl. 1989; Vgl. zum unsystematischen Charakter der Kompetenzrechtsprechung des BVerfG auch *R. Scholz* (Fn. 39), S. 252f., 257f. und *R. Hendler*, Unitarisierungstendenzen im Bereich der Gesetzgebung, ZG 1987, S. 210, 218.

[42] Vgl. die Analyse der verfassungsgerichtlichen Rechtsprechung zur Kompetenzverteilung im Bereich der Gesetzgebung oben unter 10.2.1.4., ferner *K. Hesse*, Grundzüge des Verfassungsrechts der Bundesrepublik Deutschland, 20. Aufl. 1995, S. 105 Rdnr. 236.

[43] Vgl. dazu *C. Pestalozza*, Art. 70 Rdnrn. 88ff., in: von Mangoldt/Klein/Pestalozza (Fn. 8); *C. Degenhart*, Art. 70 Rdnrn. 22–42, in: Sachs, GG-Komm. (Fn. 8); *W. Rengeling* (Fn. 12), § 100 Rdnrn. 55–60; *M. Bothe*, Art. 70 Rdnrn. 18–20, in: Alternativkommentar Bd. 2, 2. Aufl. 1989; *R. Hendler* (Fn. 41), S. 219f.; *T. Maunz*, Art. 70 Rdnrn. 45–49 (1984), in: Maunz/Dürig. Vgl. ferner grundlegend *M. Bullinger*, Ungeschriebene Kompetenzen im Bundesstaat, AöR 96 (1971), S. 237ff., *G. Kisker*, Kooperation im Bundesstaat, 1971, S. 28f., und *N. Achterberg*, Zulässigkeit und Schranken stillschweigender Bundeszuständigkeiten im gegenwärtigen deutschen Verfassungsrecht, AöR 86 (1961), S. 79ff., außerdem *R. Herzog* (Fn. 10), S. 195, *H.-J. Wipfelder*, Die Theoreme ‚Natur der Sache' und ‚Sachzusammenhang' als verfassungsrechtliche Zuordnungsbegriffe, DVBl. 1982, S. 477, 480ff. und *K. Harms*, Kompetenzen des Bundes aus der „Natur der Sache", Der Staat 33 (1994), S. 409ff.

Einbindung der Länder in Planungs- und Koordinationsgremien waren die wichtigsten Instrumente[44]. Und die Länder spielten eifrig mit, glaubten doch ihre Führungsgruppen zum Großteil wohl selbst an den ‚telos' dieses Prozesses. Bis in die letzten administrativen Details gehende Selbstkoordination der Länder durch Zwischen-Länder-Gremien wie die KMK, die Ministerpräsidenten- und Fachministerkonferenzen sowie Hunderte von Kommissionen und Fachbruderschaften auf Ministerialverwaltungsebene[45] sind letztlich nur durch diesen Glauben an die Notwendigkeit weitgehender Vereinheitlichung zu erklären – vor allem dann, wenn es um Bereiche der reinen Länderkompetenzen geht.

Angesichts dieses (wohl unbestreitbaren) Befundes eines untergründigen politischen Konsenses über die Notwendigkeit weitreichender rechtlicher Vereinheitlichung sollte die geläufige Schuldzuweisung an das Bundesverfassungsgericht in der Frage der voranschreitenden Unitarisierung doch relativiert werden. Als wesentlicher Mitschuldiger für den schleichenden Prozeß der ‚Unitarisierung' wird ja in den neueren Beiträgen zur Entwicklung des Bundesstaates regelmäßig das Bundesverfassungsgericht benannt, das mit seiner Rechtsprechung zur „Bedürfnisklausel" des Art. 72 Abs. 2 GG diesen Prozeß erst ermöglicht habe[46]. Die Interpretation dieser Klausel als eine Ermächtigungsnorm zugunsten des Bundesgesetzgebers, die diesem einen sehr weiten, deutlich politisch geprägten Ermessensspielraum eröffne[47], habe die Bestimmung ihrer Funktion weitgehend entkleidet.

Die mit dieser Rechtsprechungslinie einladend aufgestossene Tür zur umfassenden Kompetenzinanspruchnahme durch den Bund erwies sich als kaum mehr zu schließen; die Materien der konkurrierenden Gesetzgebung wurden im Ergebnis fast ausnahmslos vom Bund allein geregelt.[48] Ein Bedürfnis nach bundesgesetzlicher Normierung konnte nach der herrschenden Meinung und Rechtsprechung selbst dann noch bejaht werden, wenn die Wahrung der Rechts- und Wirt-

---

[44] Vgl. zu diesem Prozeß *F. Ossenbühl*, Föderalismus nach 40 Jahren Grundgesetz, DVBl. 1989, S. 1230, 1233ff., sowie *H. Klatt*, Das föderative System der Bundesrepublik als Rahmen für das Verhältnis von Land und Bund, in: H. Klatt (Hrsg.), Baden-Württemberg und der Bund, 1989, S. 19, 23f.

[45] Vgl. dazu ausführlich *G. Kisker*, Kooperation im Bundesstaat, 1971, insb. S. 49ff., sowie *W. Rudolf*, Kooperation im Bundesstaat, in: J. Isensee/P. Kirchhof (Hrsg.), Handbuch des Staatsrechts Bd. IV, 1990, § 105.

[46] Siehe dazu insbes. *R. Hendler* (Fn. 41), 213ff. sowie *W. Rengeling* (Fn. 12), § 100 Rdnrn. 121–124, ferner *K. Stern* (Fn. 8), S. 679.

[47] Ständige Rechtsprechung seit BVerfGE 1, 264, 272 – siehe aus neuerer Zeit BVerfGE 67, 299, 327 und BVerfGE 65, 1, 63; 39, 96, 114f.; 34, 9, 39; 33, 224, 229. Vgl. dazu auch *C. Pestalozza*, Art. 72 Rdnrn. 116ff., in: von Mangoldt/Klein/Pestalozza (Fn. 8); *C. Degenhart*, Art. 72 GG Rdnr. 9, in: Sachs, GG-Komm. (Fn. 8); *W. Rengeling* (Fn. 12), § 100 Rdnrn. 123f.; *M. Bothe*, Art. 72 Rdnrn. 12f., in: Alternativkommentar Bd. 2, 2. Aufl. 1989; *K. Stern* (Fn. 8), S. 679; *T. Maunz*, Art. 72 Rdnrn. 17ff. (1984), in: Maunz/Dürig; *R. Scholz* (Fn. 39), S. 259ff.; *G. Kisker*, Neuordnung des bundesstaatlichen Kompetenzgefüges und Bund-Länder-Planung, Der Staat 14 (1975), S. 169, 181ff., 188ff.; *N. Achterberg*, Die Entscheidung über das Bedürfnis für die Bundesgesetzgebung (Art. 72 Abs. 2 GG), DVBl. 1967, S. 213ff.

[48] Vgl. etwa *K. Stern* (Fn. 8), S. 678f.; *E. Lichtenstern* (Fn. 26), S. 32ff.

schaftseinheit, insbesondere die Wahrung der Einheitlichkeit der Lebensverhältnisse über das Gebiet eines Landes hinaus, die bundeseinheitliche Regelung erforderte. „Wahrung" der Einheitlichkeit der Lebensverhältnisse war zudem laut Rechtsprechung des Bundesverfassungsgerichts nicht nur Sicherung einer bereits vorhandenen Einheitlichkeit der Lebensverhältnisse, sondern auch zielgerichtete Herbeiführung der Einheit im Sinne einer Umgestaltung der wirtschaftlichen und gesellschaftlichen Rahmenbedingungen zwecks Vereinheitlichung. Der Bund sei befugt – wie das Verfassungsgericht erklärt hat – „auf das ihm erwünscht erscheinende Maß an Einheitlichkeit im Sozialleben hinzustreben"[49].

Wie der Bund unter diesen rechtlichen Vorgaben sein sogen. ‚Ermessen' jemals hätte mißbrauchen können, war den mit diesem Fragenkreis befaßten Autoren immer ein Rätsel[50]. Bundesgesetzliche Regelung wird im Prinzip immer als Maßnahme unter dem Leitstern einer Vereinheitlichung der Lebensbedingungen zu rechtfertigen sein; schließlich dient umgekehrt die bundesstaatsrechtliche Garantie der ländereigenen Kompetenzen gerade der Bewahrung föderaler Vielfalt, also dem Gegenteil von Einheit.[51] Die Bedürfnisklausel des Art. 72 Abs. 2 GG in der Konstruktion des Verfassungsgerichts könnte man insofern beinahe als ein antiföderales Instrument im Interesse einer Absicherung des Unitarisierungsprozesses bezeichnen[52].

Das Bundesverfassungsgericht ist für diese Weichenstellung denn auch vielfach gescholten worden.[53] Die Länder drangen in der Folge immer wieder auf Abhilfe, forderten eine Verschärfung der Klausel, mit entsprechender Intensivierung der verfassungsgerichtlichen Kontrolle im Gefolge.[54] Die Enquete-Kommission Verfassungsreform etwa hatte in diesem Sinne in ihrem Schlußbericht 1976 vorge-

---

49 BVerfGE 13, 230, 233. Vgl. auch *C. Pestalozza*, Art. 72 Rdnrn. 111ff., in: von Mangoldt/Klein/Pestalozza (Fn. 8); *C. Degenhart*, Art. 72 Rdnrn. 6f., in: Sachs, GG-Komm. (Fn. 8); *W. Rengeling* (Fn. 12), § 100 Rdnrn. 121f.; *H. Krüger*, Zur Bedeutung des Art. 72 Abs. 2 GG für die Gesetzgebungskompetenz des Bundes, BayVBl. 1984. S. 545ff.; *T. Maunz*, Art. 72 Rdnr. 23 (1984), in: Maunz/Dürig; *R. Scholz* (Fn. 39), S. 261; *G. Kisker* (Fn. 47), S. 183.

50 Siehe *W. Rengeling* (Fn. 12), § 100 Rdnr. 122; *T. Maunz*, Art. 72 Rdnr. 23 (1984), in: Maunz/Dürig; *K. Stern* (Fn. 8), S. 679; *I. von Münch*, Art. 72 Rdnr. 23, in: von Münch, GG-Komm., Bd. 3, 2. Aufl. 1983; *R. Scholz* (Fn. 39), S. 260.

51 Siehe auch *K. Stern* (Fn. 8), S. 679; *C. Degenhart*, Art. 72 Rdnr. 7, in: Sachs, GG-Komm. (Fn. 8); *G. Kisker* (Fn. 47), S. 188.

52 Kritisch in diesem Sinne z.B. *W. Rengeling* (Fn. 12), § 100 Rdnr. 124; *J. Ipsen*, Staatsorganisationsrecht, 2. Aufl. 1989, S. 152f.; *R. Hendler* (Fn. 41), S. 213ff.; *H. Bethge*, Verfassungsgerichtsbarkeit im Bundesstaat, BayVBl. 1985, S. 257, 258f.; *T. Maunz*, Das konkurrierende Bundesgesetz, in: Festschrift für Hugo von Wallis, 1985, S. 511, 516ff.; *H. Krüger* (Fn. 49), S. 545ff.; *P. Lerche*, Aktuelle föderalistische Verfassungsfragen, 1968, S. 23, aber auch schon *H. Ehard*, Aufgabe und Bewährung des Bundesrates, in: A. Süsterhenn (Hrsg:), Föderalistische Ordnung, 1961, S. 95, 109; vgl. außerdem *K. Stern* (Fn. 8), S. 679 – m.w.N. – sowie *R. Scholz* (Fn. 39), S. 260ff.

53 Vgl. *M. Bothe*, Art. 72 Rdnr. 12, in: Alternativkommentar Bd. 2, 2. Aufl. 1989; *K. Stern* (Fn. 8), S. 679; *R. Grawert* (Fn. 5), S. 249f.; *P. Lerche*, Aktuelle föderalistische Verfassungsfragen, 1968, S. 23.

54 So die Forderung der Länder in der Verfassungskommission – vgl. FAZ Nr. 81 v. 4. 4. 1992, S. 4; siehe auch die „Eckpunkte der Länder für die bundesstaatliche Ordnung im vereinten Deutschland" – abgedruckt in: ZParl 1990, S. 461ff. – Ziffer 3.

schlagen, die „Bedürfnisklausel" des Art. 72 Abs. 2 GG dahingehend zu ändern, der Bund solle einzig zur Gesetzgebung befugt sein, wenn und soweit bestimmte, in der Verfassung enumerierte Ziele – die für die Herstellung gleichwertiger Lebensverhältnisse im Bundesgebiet erforderliche Rechtseinheit, die Wirtschaftseinheit oder die geordnete Entwicklung des Bundesgebietes – nur durch eine bundesgesetzliche Regelung zu erreichen seien.[55] Die Gemeinsame Verfassungskommission hat schließlich einen ähnlichen Vorschlag beschlossen, der dann als neuer Art. 72 Abs. 2 GG mit der Verfassungsnovelle von 1994 Teil des Grundgesetzes geworden ist: „Der Bund hat in diesem Bereich das Gesetzgebungsrecht, wenn und soweit die Herstellung gleichwertiger Lebensverhältnisse im Bundesgebiet oder die Wahrung der Rechts- und Wirtschaftseinheit im gesamtstaatlichen Interesse eine bundesgesetzliche Regelung erforderlich macht."[56]

Die ‚Bedürfnisse' der bisherigen Ziffern 1 und 2 des Art. 72 Abs. 2 GG – Unmöglichkeit der wirksamen Regelung durch die Gesetzgebung einzelner Länder sowie Beeinträchtigung der Interessen anderer Länder oder der Gesamtheit – sind damit völlig entfallen. Die bisherige Fassung der Bedürfnisklausel habe sich – so wurde als Begründung angeführt – „als eines der Haupteinfallstore für die Auszehrung der Länderkompetenzen erwiesen".[57] Die Voraussetzungen für die Inanspruchnahme der konkurrierenden Gesetzgebungskompetenz seien – so führte die Gemeinsame Verfassungskommission aus – „zu konzentrieren, zu verschärfen und zu präzisieren", und zwar „mit dem Ziel, die als unzureichend empfundene Justiziabilität der Bedürfnisklausel durch das Bundesverfassungsgericht zu verbessern". Um ganz deutlich zu machen, daß damit – entgegen der bisherigen Rechtsprechung des Bundesverfassungsgerichts – das Vorliegen eines Bedürfnisses nach Art. 72 Abs. 2 GG der Nachprüfung durch das Verfassungsgericht zugänglich gemacht werden solle, einigte man sich ergänzend auf die Einfügung einer entsprechenden neuen verfassungsgerichtlichen Verfahrensart in den Katalog

---

[55] Schlußbericht der Enquetekommission Verfassungsreform (Fn. 31), S. 131; vgl. auch *E. Lichtenstern* (Fn. 26), S. 165ff. und *W. Fiedler*, Die Verteilung der Gesetzgebungskompetenzen, DÖV 1977, S. 580, 581f., ferner *R. Wahl*, Empfehlungen zur Verfassungsreform, AöR 103 (1978), S. 477, 507ff. sowie *C. Pestalozza*, Art. 72 Rdnrn. 124ff., in: von Mangoldt/Klein/Pestalozza (Fn. 8).

[56] Zur Neufassung der Voraussetzungen des Art. 72 Abs. 2 GG vgl. *C. Pestalozza*, Art. 72 Rdnrn. 139ff., 151ff., 176ff., 194ff., 344ff., in: von Mangoldt/Klein/Pestalozza (Fn. 8); *C. Degenhart*, Art. 72 Rdnrn. 10–16, in: Sachs, GG-Komm. (Fn. 8); *M.D. Müller*, Auswirkungen der Grundgesetzrevision von 1994 auf die Verteilung der Gesetzgebungskompetenzen zwischen Bund und Ländern, 1996, S. 21ff.; *M. Kloepfer*, Verfassungsänderung statt Verfassungsreform. Zur Arbeit der Gemeinsamen Verfassungskommission, 1995, S. 102ff.; *H. Rybak / H. Hofmann*, Verteilung der Gesetzgebungsrechte zwischen Bund und Ländern nach der Reform des Grundgesetzes, NVwZ 1995, S. 230ff.

[57] Bericht der Gemeinsamen Verfassungskommission v. 5. 11. 1993, BT-Drs. 12/6000, S. 33; vgl. insoweit auch *F.-A. Jahn*, Empfehlungen der Gemeinsamen Verfassungskommission zur Änderung und Ergänzung des Grundgesetzes, DVBl. 1994, S. 177, 180 sowie *H.-L. Batt*, Verfassungspolitik im vereinigten Deutschland. Die Gemeinsame Verfassungskommission von Bundestag und Bundesrat, Staatswissenschaften und Staatspraxis 5 (1994), S. 211, 234f.

des Art. 93 Abs. 1 GG (als neue Nr. 2 a), die auch den Landesparlamenten offenstehen soll.[58]

Zweifel bleiben allerdings, ob für die Länder auf diesem Weg wirklich viel zu gewinnen ist. Subsidiaritätsklauseln wie die des Art. 72 Abs. 2 GG haben – wie immer sie auch formuliert sein mögen – eine immanente Problematik, die man für unausweichlich wird halten müssen.[59] Die Beurteilung der Frage, welche Form der Gesetzgebung für ein bestimmtes politisches Ziel erforderlich sei, bleibt im Kern immer eine rechtspolitische Frage – und dies allemal, wenn das vorgegebene Ziel so etwas wie die „Einheitlichkeit" oder „Gleichwertigkeit" der Lebensverhältnisse ist. Welches Ausmaß der Einheitlichkeit erstrebenswert sein soll, und welches gesetzgeberische Mittel das angemessene Instrument sein dürfte, dieses Ziel zu erreichen, läßt sich nie und nimmer im Wege der reinen Norminterpretation einer verfassungsrechtlichen Kompetenzklausel entnehmen. Letztlich enthält die zur Beantwortung dieser Fragestellung nötige Bewertung immer ein starkes Element genuin politischer Opportunitätserwägung[60]. Zwar könnte das Verfassungsgericht – wie es dies ja auch in anderen Bereichen getan hat – rechtspolitische Abwägungen solcher Art unter dem Deckmantel verfassungsrechtlicher Norminterpretation an sich ziehen[61]; es würde damit jedoch zu einer Art verdecktem Ersatzgesetzgeber mit politischen Funktionen, ein Ergebnis, das unter Gewaltenteilungsaspekten alles andere als erstrebenswert ist[62]. Eine Minderheit in der Enquetekommission Verfassungsreform hat in einem Sondervotum dafür die klaren Worte gefunden: „Die Zweckmäßigkeit und Ausgewogenheit einer Entscheidung des Bundesgesetzgebers läßt sich nur kontrollieren, wenn seine politischen Überlegungen und Wertungen unter dem Gesichtspunkt des Ausgleichs

---

[58] Bericht der Gemeinsamen Verfassungskommission (Fn. 57), S. 33; vgl. außerdem *S. Rohn / R. Sannwald*, Die Ergebnisse der Gemeinsamen Verfassungskommission, ZRP 1994, S. 65, 68; *F.-A. Jahn* (Fn. 57), S. 180; *H.-J. Vogel*, Die Reform des Grundgesetzes nach der deutschen Einheit, DVBl. 1994, S. 497, 502; *R. Sannwald*, Die Reform der Gesetzgebungskompetenzen nach den Beschlüssen der Gemeinsamen Verfassungskommission von Bundestag und Bundesrat, DÖV 1994, S. 629, 632ff.; *H.-L. Batt* (Fn. 57), S. 235f.; *C. Starck*, Die Bundesstaatlichkeit und die Gemeinsame Verfassungskommission, in: Vertrauen in den Rechtsstaat. Festschrift für Walter Remmers, 1994, S. 159, 163; *M. Kloepfer* (Fn. 56), S. 107ff.; *K. Stern*, Deutschlands Verfassung, in: Bitburger Gespräche Jahrbuch 1995/I, 1, S. 20; *H. Rybak / H. Hofmann* (Fn. 56), S. 231ff.; *M.D. Müller* (Fn. 56), S. 51ff.; *G. Müller-Brandeck-Bocquet*, Perspektiven des deutschen Föderalismus nach der Verfassungsreform, Der Staat 29 (1996), S. 143, 148; *J. Aulehner*, Art. 93 I Nr. 2 a GG – abstrakte Normenkontrolle oder föderative Streitigkeit?, DVBl. 1997, S. 982ff.

[59] Dementsprechend wird man wohl auch den Art. 72 Abs. 2 GG n.F. nur als beschränkt justitiabel ansehen können – so zu Recht *C. Degenhart*, Art. 72 Rdnr. 11, in: Sachs, GG-Komm. (Fn. 8), *C. Pestalozza*, in: von Mangoldt/Klein/ Pestalozza (Fn. 8), Art. 72 Rdnrn. 344ff., sowie *H. Rybak / H. Hofmann* (Fn. 56), S. 231.

[60] Aus diesem Grunde auch skeptisch gegenüber einer verfassungsgerichtlichen Kontrolle der „Bedürfnisklausel" *J.A. Frowein* (Fn. 40), 404 und *E. Lichtenstern* (Fn. 26), S. 169; vgl. auch den Schlußbericht der Enquetekommission Verfassungsreform (Fn. 31), S. 132, 136, ferner *D. Majer*, Verfassungsgerichtsbarkeit und Bund-Länder-Konflikte, 1981, S. 72f., *F. Vogel* (Fn. 5), S. 499.

[61] Dies als Weg befürwortet von der Mehrheit der Enquetekommission Verfassungsreform – vgl. Schlußbericht der Enquetekommission Verfassungsreform (Fn. 31), S. 132.

[62] Siehe *E. Lichtenstern* (Fn. 26), S. 169.

unitarischer und föderativer Interessen im einzelnen nachvollzogen und beurteilt werden. Würde dies einer neutralen Stelle außerhalb der am Gesetzgebungsverfahren beteiligten Organe übertragen, so müßte diese insoweit an die Stelle des Bundesgesetzgebers treten..."[63]

Man wird daher kaum an der Schlußfolgerung vorbeikommen, die Funktion des Letztentscheiders in einer solchermaßen klar politischen Einschätzungsfrage müsse einem im Kern politischen Organ zustehen. Zu denken wäre dabei in erster Linie an den Bundesrat[64]. Die Länder hatten dies im Rahmen der Diskussionen um eine Verfassungsänderung im Gefolge der Vereinigung auch vorgeschlagen, in Anknüpfung an Stimmen in der Literatur[65]. Der Vorschlag stieß in der Gemeinsamen Verfassungskommission aber auf entschiedene Ablehnung.[66] Wäre eine in der Formulierung verschärfte „Bedürfnisklausel" letztverbindlich vom Bundesrat anzuwenden gewesen, dann hätte jegliche Form von konkurrierender Gesetzgebung grundsätzlich als Zustimmungsgesetz zu ergehen gehabt, mit dem Bundesrat als dem Organ, das entschieden hätte, ob ein Bedürfnis für bundeseinheitliche Regelung besteht[67]. Daß jedoch angesichts der gegenwärtig wieder einmal auftretenden Differenz der Mehrheitsverhältnisse in den Legislativorganen des Bundes Bundesregierung und Bundestagsmehrheit nicht unbedingt darauf versessen waren, alle Gesetze im Bereich der konkurrierenden Gesetzgebung über eine Kontrolle des ‚Bedürfnisses nach bundesgesetzlicher Regelung' dem Veto des Bundesrates zu unterwerfen, darf kaum verwundern; eine Alternative zur Kontrolle der ‚Bedürfnisfrage' durch den Bundesrat ist aber kaum zu sehen, sollte man tatsächlich danach streben, die ‚Bedürfnisklausel' verfahrensmäßig mit Leben zu erfüllen.

Man kann sich allerdings fragen, ob die Bedeutung der Bedürfnisklausel in dieser rechtspolitischen Debatte nicht übertrieben wird. Selbst wenn man die ‚Bedürfnisklausel' des Art. 72 Abs. 2 GG tatsächlich mit schärferen Zähnen versehen sollte, wäre damit für eine Korrektur der Verteilung der Gesetzgebungskompetenzen im Ergebnis relativ wenig gewonnen. Die entscheidende Weichenstellung in der Verfassungspraxis ist insoweit bereits mit der Übergangsregelung des Art. 125 GG erfolgt, mit der der Verfassunggeber 1949 die grundsätzliche Fort-

---

63 Sondervotum *Lemke, Barbarino, Held, Jaeger, Leidinger, Schreckenberger* – siehe Schlußbericht der Enquetekommission Verfassungsreform (Fn. 31), S. 136.

64 So schon *E. Lichtenstern* (Fn. 26), S. 173.

65 Siehe z.B. in dieser Richtung *C. Starck*, Stärkere Bundesländer für Europa, in: Frankfurter Allgemeine Zeitung Nr. 47 v. 25. 2. 1992, S. 13.

66 Bericht der Gemeinsamen Verfassungskommission (Fn. 57), S. 33; zum Vorschlag der Kommission Verfassungsreform des Bundesrates vgl. auch *C. Asmussen / U. Eggeling*, Empfehlungen des Bundesrates zur Stärkung des Föderalismus in Deutschland und Europa, VerwArch 84 (1993), S. 230, 246ff., ferner *H.-L. Batt* (Fn. 57), S. 236 und *C. Pestalozza*, in: von Mangoldt/ Klein/ Pestalozza (Fn. 8), Art. 72 Rdnrn. 133ff.

67 Ähnlich auch schon Vorschläge, die im Rahmen der Enquetekommission Verfassungsreform diskutiert wurden – siehe Schlußbericht (Fn. 31), S. 128f., 132, 135ff.; dagegen allerdings die Mehrheit der Kommission – siehe Schlußbericht (Fn. 31), S. 129, 132; vgl. auch *E. Lichtenstern* (Fn. 26), S. 171, 173.

geltung allen Reichsrechts im Bereich der konkurrierenden Gesetzgebung als Bundesrecht angeordnet hat. In der Auslegung, die das Bundesverfassungsgericht der Übergangsbestimmung des Art. 125 GG gegeben hat[68], entfaltete die ganze Bandbreite des überlieferten Reichsrechts, soweit es in den Bereich der konkurrierenden Gesetzgebung fiel, eine Sperrwirkung gegenüber jeglicher Form von Landesgesetzgebung. Stellt man in Rechnung, daß das übernommene Reichsrecht weitgehend durch die anderthalb Jahrzehnte zentralistischer Herrschaft unter den Nationalsozialisten geprägt war, so kann man ermessen, warum in der Folge der Frage der subsidiären Landeskompetenz im Bereich der konkurrierenden Gesetzgebung kaum noch irgendeine nennenswerte Bedeutung zukam. Daran vermochte auch das in einem obiter dictum des Urteils dem Bundesgesetzgeber aufgetragene „nobile officium" nichts zu verändern, reichsrechtlich geregelte Bereiche, die „wegen ihres besonderen Charakters legitimerweise der Gesetzgebung der Länder" überlassen werden könnten, unter Aufhebung der bundeseinheitlichen Regelung für eine Gesetzgebung durch die Länder wieder freizugeben[69]. Die darin enthaltene Aufforderung an den Bundesgesetzgeber wurde in der Praxis schlichtweg vergessen –der Bundesgesetzgeber sah die Voraussetzungen dafür ersichtlich nie als gegeben an.

Das Ergebnis war abzusehen: Der Bund hat den Rahmen, der ihm vom Katalog der unter die konkurrierende Gesetzgebung fallenden Materien gesetzt wird, nahezu vollständig ausgeschöpft, die Länder fast völlig aus diesen Bereichen verdrängt. Mit einer verbesserten Kontrolle der künftigen Inanspruchnahme konkurrierender Gesetzgebung ist in der Folge daher nicht allzuviel geholfen, ist diese doch beinahe nur noch in marginalen Fragen denkbar. Problem ist – mit anderen Worten – nicht irgendeine künftige Ausweitung der Gesetzgebungskompetenzen des Bundes über eine extensive Auslegung des Art. 72 Abs. 2 GG, sondern der längst erfolgte Verlust gesetzgeberischer Gestaltungsräume der Länder durch die seit langer Zeit gültige Bundesgesetzgebung. Die so für die Länder verlorenen Gestaltungsspielräume wären nur zurückzugewinnen über eine Ausdünnung des Kataloges konkurrierender Gesetzgebung[70], über eine völlige Herausnahme bestimmter Gesetzgebungsmaterien aus dem Kompetenzbereich des Bundesgesetzgebers.

Sieht man sich den Katalog des Art. 74 GG etwas genauer an, so ließe sich bei einzelnen wichtigen Problemkomplexen tatsächlich fragen, ob hier wirklich immer eine zentrale (und für die ganze Bundesrepublik einheitliche) Regelung unabdingbar erforderlich ist. Sollte in diesem Punkt ernsthafte Korrektur der Entwicklungen der letzten Jahrzehnte angestrebt werden, müßte man insoweit wohl deutlich über die Vorschläge des sogen. „Martin-Papiers"[71] und die Empfehlun-

---

[68] Vgl. dazu die Ausführungen oben unter 7.2.2., ferner *C. Pestalozza*, in: von Mangoldt/ Klein/ Pestalozza (Fn. 8), Art. 72 Rdnr. 232.

[69] So BVerfGE 1, 283, 295.

[70] Dies dementsprechend die Forderung der Bundesländer – vgl. Ziffer 3 der „Eckpunkte" (Fn. 54).

[71] Zur ‚Martin-Papier' genannten Entschließung der interfraktionellen Arbeitsgruppe der

gen der Gemeinsamen Verfassungskommission hinausgehen. Die Staatsangehörigkeit in den Ländern, das landwirtschaftliche Pachtwesen, das Siedlungs- und Heimstättenwesen und die ‚Schienenbahnen, die nicht Eisenbahnen sind', wird man kaum als entscheidende rechtspolitische Themenbereiche einstufen können – aber dies waren (zusammen mit der Förderung der wissenschaftlichen Forschung) die Materien, für die von der Arbeitsgruppe der Fraktionsvorsitzendenkonferenz die Aufhebung der konkurrierenden Gesetzgebungszuständigkeit des Bundes vorgeschlagen wurde. Und die Gemeinsame Verfassungskommission blieb noch hinter diesem ‚Minimalpaket' zurück, konnte sie sich doch nur auf einen dürftigen Rest an Empfehlungen zur Straffung der Kompetenzkataloge der Art. 74 und 75 GG einigen[72]. Zur Streichung empfohlen wurden einzig die Materien des „Schutzes deutschen Kulturgutes gegen die Abwanderung in das Ausland" aus Art. 74 Abs. 1 Nr. 5 (unter Wiedereinfügung als Materie der Rahmengesetzgebung in Art. 75 Abs. 1 Nr. 6), der „Staatsangehörigkeit in den Ländern" nach Art. 74 Abs. 1 Nr. 8, des Rechts der Erschließungsbeiträge in Art. 74 Abs. 1 Nr. 18 und der „allgemeinen Rechtsverhältnisse des Films" in Art. 75 Abs. 1 Nr. 2 GG. Ergänzend wurde eine leichte Einschränkung der Rahmenkompetenzen im Bereich der „allgemeinen Grundsätze des Hochschulwesens" empfohlen.[73]

Sollte an der gesetzgeberischen Gewichtsverteilung Ernsthaftes verändert werden, so müßte man schon radikalere Fragen stellen – Fragen, denen in der Folge dann aber etwas Ketzerisches anhaftet, bezieht man sie auf die politische Praxis der Bundesrepublik. So wäre etwa in Frage zu stellen, ob die Sozialhilfe wirklich zwingend in ihrer ganzen Bandbreite bundesgesetzlicher Regelung bedarf – handelt es sich dabei doch nicht nur um eine klassisch kommunale Angelegenheit, sondern auch um eine Angelegenheit, deren Aufwendungen allein aus den lokalen Haushalten bestritten werden müssen.[74] Ähnlich wäre für bestimmte Teilbereiche des Rechts der Wirtschaft[75] zu fragen, ob bundeseinheitliche Regelung hier wirklich unausweichlich ist, ob also in diesen Bereichen ansonsten sinnvolle Regelung kaum möglich wäre. Bergbau[76] oder auch Handwerk sind in der Realität derart lokalisierte Gewerbe, daß Unterschiede in den Rahmenbedingungen wohl

Fraktionsvorsitzendenkonferenzen von CDU/CSU, SPD und FDP vgl. *E. Blanke* (Fn. 5), S. 9ff. (mit genauen Nachweisen).

[72] Siehe insoweit die Auflistung der abgelehnten Vorschläge auf Straffung des Katalogs des Art. 74 GG – Bericht der Gemeinsamen Verfassungskommission (Fn. 57), S. 39.

[73] Vgl. dazu vor allem *U. Karpen / B. Rickert*, Die gescheiterte Reform des Art. 75 Nr. 1 a GG, RdJB 42 (1994), S. 156ff.

[74] Vgl. zu den Problemen im Umgang mit dem Kompetenztitel des Art. 74 Nr. 7 GG *W. Rengeling* (Fn. 12), § 100 Rdnrn. 153–158; *T. Maunz*, Art. 74 Rdnrn. 106ff. (1984), in: Maunz/Dürig; *C. Pestalozza*, in: von Mangoldt/Klein/ Pestalozza (Fn. 8), Art. 74 Rdnrn. 308ff., insbes. Rdnrn. 324ff., 352ff.

[75] Zur überragenden Bedeutung dieses Kompetenztitels vgl. nur *W. Rengeling* (Fn. 12), § 100 Rdnrn. 165ff. und *T. Maunz*, Art. 74 Rdnrn. 130ff. (1984), in: Maunz/Dürig, ferner *J. Ipsen* (Fn. 52), S. 151f. sowie *C. Pestalozza*, in: von Mangoldt/Klein/ Pestalozza (Fn. 8), Art. 74 Rdnrn. 520ff., 639f.

[76] In diesem Sinne schon *E. Lichtenstern* (Fn. 26), S. 175.

durchaus zu verschmerzen wären. Ergänzend sei bemerkt: beim Handwerk folgt der Bedarf nach zentraler Regelung wohl weniger aus einer ‚Natur der Sache' als aus der extrem protektionistischen Konzeption der Handwerksordnung, die aus ihren inhärenten Strukturprinzipien heraus eines starren und einheitlichen Regelungsgefüges bedarf, um überhaupt zu funktionieren. Dies ist für wirtschaftsrechtliche Probleme wohl generell anzumerken; je protektionistischer und interventionistischer das Regelungsmodell, desto empfindlicher ist es für Ungleichheiten in Regelung und Ausführung, desto elementarer bedarf es eines starren, zentralistisch gesetzten Rahmens.

Die Bemerkungen zu den theoretisch denkbaren Verlagerungen von Befugnissen zeigen anschaulich das große Problem einer solchen Aufhebung von Gesetzgebungszuständigkeiten des Bundes. Wenn es sich tatsächlich um einen Beitrag zum Abbau des Ungleichgewichts in der Kompetenzverteilung handeln sollte, wäre nicht nur verfassungsrechtlich eine Streichung der Kompetenztitel erforderlich, sondern im Gefolge auch eine Aufhebung der entsprechenden Bundesgesetze bzw. deren Ersetzung durch Landesgesetze. Dies käme aber im deutschen Kontext nahezu einer Revolution gleich, ginge ohne Zweifel an die politische Schmerzgrenze vieler Beteiligter. Nicht nur würde die Arena des politischen Kampfes um Vorteile, Privilegien, zum Teil auch Marktabschottung neu eröffnet und es würden fest etablierte Besitzstände auf einmal unter Rechtfertigungszwang gesetzt. Zugleich wäre der oft nur so mühsam erreichte und bewahrte Homogenitätsstandard der bundesrepublikanischen Gesellschaft in der Gefahr, zu zerbröseln und in der Vielfalt unterschiedlicher Regelungsmodelle aufzugehen. Daß dies in einer homogenitätsfixierten Gesellschaft wie der deutschen wohl auf größte Widerstände und weitgehendes Unverständnis stoßen würde, sollte man sich bewußt halten[77]. Wie bereits in den Kapiteln zur Verfassungsentwicklung der Bundesrepublik ausgeführt, ist das politische System der Bundesrepublik durch ausgesprochen hohe Homogenitätsanforderungen der politischen Akteure wie der Gesellschaft gekennzeichnet. Nicht nur die deutsche Politik, mehr noch wahrscheinlich das politische Denken der breiten Öffentlichkeit weisen eine extrem geringe Toleranz gegenüber Regelungsvielfalt (und die damit verbundene Uneinheitlichkeit) auf, reagieren gereizt auf die daraus resultierende Ungleichheit und Unübersichtlichkeit.

Man wird daher zu der Auffassung gelangen müssen, daß Kernproblem der bundesstaatlichen Kompetenzverteilung im Bereich der Gesetzgebung nicht einmal in erster Linie die (zugegebenermaßen unglückliche) verfassungsrechtliche Konstruktion der Art. 72–75 GG ist, sondern primär das politische Grundverständnis der deutschen Politik, das Phänomenen föderaler Vielfalt vielfach mit weitgehender Verständnislosigkeit gegenübersteht[78].

---

[77] Siehe auch Schlußbericht der Enquetekommission Verfassungsreform (Fn. 31), S. 128.
[78] So z.B. *F. Ossenbühl* (Fn. 44), S. 1234.

12.3. Probleme der Gesetzgebungskompetenzen II – Die Frage der Rahmengesetzgebung

Beinahe noch krasser tritt dieser Befund bei den Fragen der Rahmengesetzgebung zutage[79]. Das Institut einer Rahmengesetzgebung durch den Bund, die dann in den Details durch die Landesgesetzgeber aufzufüllen ist, hat von Anfang an erhebliche Schwierigkeiten bereitet.[80] Entweder es besteht ein Bedarf für Einheitlichkeit – dann tritt leicht die Neigung auf, die Materie ganz der Regelung durch den Bund für bedürftig zu halten – oder ein Erfordernis einheitlicher Regelung ist praktisch kaum zu begründen – mit der Konsequenz des völligen Verbleibens im Verantwortungsbereich der Länder. Die Fassade geteilter Verantwortlichkeit ist insofern oft eher dazu angetan, über die im Ergebnis bewirkte Unitarisierung hinwegzutäuschen, als dazu, den Ländern wirklich gesetzgeberischen Gestaltungsspielraum zu erhalten. Selbst im Bereich der Rahmengesetzgebung zeigt sich beim Bundesgesetzgeber immer wieder die Tendenz, die Regelungsmaterie mehr oder weniger vollständig nach eigenem Gutdünken auszuschöpfen, alle wichtigen politischen Weichenstellungen, wenn nicht sogar alle heiklen Fragen auch des administrativen Details selbst im Rahmengesetz vorzuprogrammieren[81]. Den Ländern verbleiben dann nur noch die Marginalien, die Einzelfragen, die eine politische Öffentlichkeit kaum jemals wirklich interessieren. Ein Eigenbereich politischer Gestaltung ist dies dann aber kaum mehr; die Konstruktion der Rahmengesetzgebung wahrt insoweit oft nur noch den Schein politischer Mitgestaltung, hilft den Ländern einzig – um es krass auszudrücken – sich über ihre Marginalisierung hinwegzutrösten, indem sie den äußeren Schein eigener Mitentscheidung wahren.

Besondere Brisanz weist dieser Mechanismus vor allem auf, sieht man sich die Gegenstände der Rahmengesetzgebung im einzelnen an. Die innere Notwendigkeit einer Einheitlichkeit der Regelung ist hier in den meisten Fällen durchaus fraglich. Weder für das Jagdwesen, den Naturschutz und die Landschaftspflege[82] noch für die Bodenverteilung, die Raumordnung und den Wasserhaushalt leuchtet ohne weiteres ein, daß dies sinnvollerweise nur zentral durch den Bund geregelt werden könne oder der Bund hier zumindest im Wege der Setzung einheitlicher Grundstandards koordinierend tätig werden müsse. Schon gar nicht nachzu-

---

[79] Zum Institut der Rahmengesetzgebung vgl. *Rengeling* (Fn. 12), § 100 Rdnrn. 248–261 (m. w. N.) sowie *T. Maunz*, Art. 75 Rdnrn. 20ff. (1986), in: Maunz/Dürig.

[80] Vgl. zu den dogmatischen Schwierigkeiten des Instituts der Rahmengesetzgebung *M. Bothe*, Art. 75 Rdnrn. 1–5, in: Alternativkommentar Bd. 2, 2. Aufl. 1989; *T. Maunz*, Art. 75 Rdnrn. 3ff. (1986), in: Maunz/Dürig; *C. Pestalozza*, in: von Mangoldt/Klein/Pestalozza (Fn. 8), Art. 75 Rdnrn. 68ff.; vgl. außerdem *G. Kuckuk*, Probleme des Vollzugs von Rahmengesetzen, DÖV 1978, S. 354ff., sowie *W. März* (Fn. 8), S. 157.

[81] Vgl. *M. Bullinger*, Die Zuständigkeit der Länder zur Gesetzgebung, DÖV 1970, S. 761, 764f.; *G. Kisker* (Fn. 47), S. 169, 188 Fußn. 73, 191; *E. Lichtenstern* (Fn. 26), S. 46f.; *T. F. W. Schodder*, Föderative Gewaltenteilung in der Bundesrepublik Deutschland – Eine Untersuchung ihrer gegenwärtigen Wirkungen und Probleme, 1989, S. 39f.

[82] Siehe in diesem Sinne *E. Lichtenstern* (Fn. 26), S. 176.

vollziehen ist das elementare Bedürfnis nach zwangsweiser Gleichrichtung der Hochschulpolitik bzw. des Hochschulrechts[83], die durch den (nachträglich eingefügten) Art. 75 Nr. 1a GG und das darauf gestützte Hochschulrahmengesetz bewirkt wurden. Der Bereich ist nicht nur politisch heikel, gehört geradezu zum Kern des legislativen Eigenbereiches der Länder, sondern vertrüge auch inhaltlich eine gehörige Portion Unterschiedlichkeit[84].

Dementsprechend wird man die auf die Rahmengesetzgebung bezogenen bisherigen Reformvorschläge auch als extrem ungenügend empfinden müssen. Mit einem unverbindlichen Appell an den Bund, in Rahmengesetzen unmittelbar geltende Regelungen auf ein Minimum zu beschränken (dies müßte er im übrigen laut Bundesverfassungsgericht auch schon unter der gegenwärtigen Verfassungslage[85]), ist das Problem wohl kaum zu lösen. Selbst eine Ergänzung des Art. 75 GG, wie sie das „Martin-Papier" vorgeschlagen hatte und wie sie auf Empfehlung der Gemeinsamen Verfassungskommission dann 1994 tatsächlich in die Verfassung eingefügt wurde, um einen Zusatz, wonach „Rahmenvorschriften keine ins einzelne gehenden und erschöpfenden Regelungen enthalten dürfen"[86], brächte wahrscheinlich keine wirksame Abhilfe. Die einem Institut wie der Rahmengesetzgebung innewohnende Versuchung an den Bundesgesetzgeber ist zu stark, als daß mehr oder weniger vage Subsidiaritätsklauseln hier dem politischen Gestaltungswillen der Bundesorgane Schranken zu ziehen vermöchten.

Der radikalste Vorschlag in dieser Frage zielt auf eine völlige Abschaffung der Rahmengesetzgebung als gesonderter Institution (so vorgeschlagen z.B. von der Enquetekommission Verfassungsreform der Siebziger Jahre)[87]. Für die Materien der bisherigen Rahmengesetzgebung, die unbedingt einheitlicher Regelung für bedürftig gehalten werden, wäre dann die Verfassungslage dem realen Zustand anzupassen und die Kompetenztitel in den Katalog des Art. 74 GG überzuleiten. Für eine ganze Reihe der heute im Art. 75 GG enthaltenen Materien aber könnte man wohl die gesetzgeberischen Einwirkungsmöglichkeiten des Bundes völlig streichen, die Regelungsgegenstände also wieder ganz den Ländern überlassen, ohne daß die Rechtsordnung nachhaltig beeinträchtigt würde – ähnlich wie dies

---

[83] Siehe ebenso *E. Lichtenstern* (Fn. 26), S. 176; vgl. außerdem *H. Krüger* (Fn. 49), S. 550f., *C. Flämig*, Hochschule in der bundesstaatlichen Verfassungsordnung, in: C. Flämig u.a. (Hrsg.), Handbuch des Wissenschaftsrechts Bd. I ,1982, S. 91, 100, und *B. Pieroth*, Art. 75 Rdnr. 6, in: Jarass/Pieroth, GG-Kommentar, 3. Aufl. 1995, ferner allgemein zur Kompetenz des Art. 75 Nr. 1a GG *W. Rengeling* (Fn. 12), § 100 Rdnrn. 267f. und *T. Maunz*, Art. 75 Rdnrn. 65ff. (1986), in: Maunz/Dürig.

[84] In diesem Sinne siehe auch *J.A. Frowein* (Fn. 31), S. 15.

[85] Siehe BVerfGE 4, 115, 128; ständige Rechtsprechung seitdem, vgl. zuletzt BVerfGE 67, 382 (387). Vgl. dazu auch *R. Scholz* (Fn. 39), S. 270f. sowie *W. Rengeling* (Fn. 12), § 100 Rdnrn. 250, 253, ferner *C. Degenhart*, Art. 75 Rdnrn. 5ff., in: Sachs, GG-Komm. (Fn. 8); *M. Bothe*, Art. 75 Rdnrn. 2f., in: Alternativkommentar Bd. 2, 2. Aufl. 1989; *W. Erbguth* (Fn. 39), S. 322f.; *T. Maunz*, Art. 75 Rdnrn. 24ff. (1986), in: Maunz/Dürig; *K. Stern* (Fn. 8), S. 681f.

[86] Vgl. *E. Blanke* (Fn. 5), S. 12.

[87] Siehe den Schlußbericht der Enquetekommission Verfassungsreform (Fn. 31), S. 133; vgl. auch *E. Lichtenstern* (Fn. 26), S. 166.

auch für die Grundsatzgesetzgebung des Bundes nach Art. 109 Abs. 3 GG (Haushaltsgrundsätzegesetz) und nach Art. 91 a Abs. 2 S. 2 GG (Gemeinschaftsaufgaben) zu überlegen wäre[88]. Wenn überhaupt eine durch zentral gesetzte Vorgaben bewirkte Koordination der Ländergesetzgebung, also eine ‚vertikale' Koordination, für erforderlich gehalten wird, so könnte man – wie die Enquetekommission und die Gemeinsame Verfassungskommission vorschlugen – an eine Ausrichtungskompetenz des Bundes über durch Landesgesetzgebung umzusetzende Richtlinien denken, nach dem Vorbild der gemeinschaftsrechtlichen Richtlinie gemäß Art. 189 Abs. 3 des EWG-Vertrages[89]. Nicht unmittelbar anwendbare Regelungsvorgaben, die vom Landesgesetzgeber in (für den Einzelnen verbindliches) Gesetzesrecht umzusetzen wären, nähmen zumindest etwas von der Versuchung, alle wichtigen Fragen bei der Erstellung des ‚Rahmens' schon völlig durchzunormieren – wenn auch die Erfahrungen der Europäischen Gemeinschaften mit dem Institut der Richtlinie in dieser Hinsicht nicht allzu erwartungsvoll stimmen sollten[90].

Ein Teil dieser Vorschläge ist durch die Gemeinsame Verfassungskommission adoptiert und dann mit der Verfassungsnovelle von 1994 in das Grundgesetz eingefügt worden. In der neuen Fassung des Art. 75 GG betont die Verfassung grundsätzlich den Richtliniencharakter der Rahmengesetze.[91] Die Neuregelung blieb insoweit aber erheblich hinter den Vorstellungen des Bundesrates zurück. Anstelle der vom Bundesrat geforderten generellen Beschränkung der Rahmengesetzgebung auf nicht unmittelbar anwendbare Rahmenvorschriften für die Gesetzgebung der Länder, nach dem Vorbild der Richtlinien des EG-Rechts, verständigte sich die Gemeinsame Verfassungskommission auf eine Regel-Ausnahme-Vorschrift, die als neuer Absatz 2 des Art. 75 GG vorsieht: „Rahmenvorschriften dürfen nur in Ausnahmefällen in Einzelheiten gehende oder unmittelbar geltende Regelungen enthalten." Ergänzend nimmt ein neuer Absatz 3 des Art. 75 die Bestimmung einer Umsetzungsfrist im entsprechenden Gesetz in Aussicht, innerhalb derer die Länder verpflichtet sein sollen, die erforderlichen Landesgesetze zu erlassen.[92]

---

[88] Vgl. zur Grundsatzgesetzgebung *B. Tiemann*, Die Grundsatzgesetzgebung im System der verfassungsrechtlichen Gesetzgebungskompetenzen, DÖV 1974, S. 229ff. sowie die Kommentierungen zu Art. 109 GG von *T. Maunz*, in: Maunz/Dürig, von *H. Fischer-Menshausen*, in: I von Münch/P. Kunig, Grundgesetz-Kommentar Bd. 3, 3. Aufl. 1996, und von *H. Siekmann*, in: Sachs, GG-Komm. (Fn. 8); vgl. ferner zur aktuellen Diskussion um die Anwendbarkeit des Art. 109 GG im Dienste der Sicherung der Maastrichter Konvergenzkriterien *V. Mehde*, Gesetzgebungskompetenz des Bundes zur Aufteilung der Verschuldungsgrenzen des Vertrags von Maastricht?, DÖV 1997, S. 616 , 619ff. (m. w. N. der einschlägigen Literatur).

[89] Vgl. in diesem Sinne Schlußbericht der Enquetekommission Verfassungsreform (Fn. 31), S. 131f.; vgl. auch *E. Lichtenstern* (Fn. 26), S. 166ff., 172f.

[90] Siehe in diesem Sinne *E. Lichtenstern* (Fn. 26), S. 168f. sowie *G. Müller-Brandeck-Bocquet* (Fn. 58), S. 149f.

[91] Vgl. insbes. *C. Degenhart*, Art. 75 Rdnrn. 4ff., 9ff., in: Sachs, GG-Komm. (Fn. 8); *B. Pieroth*, Art. 75 Rdnr. 1, in: Jarass/Pieroth, GG-Kommentar, 3. Aufl. 1995.

[92] Bericht der Gemeinsamen Verfassungskommission (Fn. 57), S. 35f.; vgl. ferner *F.-A. Jahn* (Fn. 57), S. 180; *R. Sannwald* (Fn. 58), S. 635; *H.-L. Batt* (Fn. 57), S. 237; *H. Rybak / H. Hofmann*

Die praktische Bedeutung auch dieser Neuregelung ist noch unklar. Schon die Konstruktion des Art. 75 Abs. 2 GG als Regel-Ausnahme-Vorschrift läßt keine allzu weitgehende Änderung erwarten, einmal davon abgesehen, daß die nur ausnahmsweise Zulässigkeit bis in Einzelne gehender Regelungen nach der Rechtsprechung des Bundesverfassungsgerichts sowieso seit Jahrzehnten feststeht. Als besonders bedeutsam wird sich auch hier wohl im Ergebnis erweisen, daß die Vorschrift im Ansatz nur zukünftige Akte der Gesetzgebung ergreift. Da der Bundesgesetzgeber die Materien der Rahmengesetzgebung aber schon in der Vergangenheit exzessiv geregelt hat, geht von einer derart in die Zukunft gerichteten Regelung kaum eine disziplinierende Wirkung aus. Praktische Relevanz wird den neuen Absätzen 2 und 3 des Art. 75 GG nur zukommen, wenn man auch Änderungen der – oft mit Detailregelungen überfrachteten – traditionellen Rahmengesetze den Anforderungen des Art. 75 Abs. 2 GG unterstellt, oder gar retrospektiv die vor 1994 erlassenen Rahmengesetze am Maßstab des Art. 75 Abs. 2 GG zu überprüfen begänne.

12.4. Probleme der Verwaltungskompetenzen I – Die Rückwirkungen der ‚Normenflut' auf die ländereigene Verwaltung

Versucht man eine Bilanz der Entwicklung zu ziehen, die das System der Kompetenzverteilung im Bereich der Gesetzgebung durchlaufen hat, so fällt diese Bilanz ernüchternd für die Länder aus. Viel ist den Landesgesetzgebern nicht geblieben – Verwaltungsorganisation, Polizeirecht, Einzelmaterien des Rechts der Gefahrenabwehr wie Bauordnungsrecht und Wasserrecht, schließlich Kommunalrecht, Kultur (einschließlich Rundfunk und Schulwesen), Raumordnung, Teile des Naturschutzes.[93] Und selbst in den Bereichen, die den Ländern nominell noch alleine zustehen, kommt es zu einer immer stärkeren Überformung durch bundesrechtliche Vorgaben.

12.4.1. Die Grundrechte als Medium der Unitarisierung

Die Grundrechte in der Gestalt, die ihnen die Rechtsprechung des Bundesverfassungsgerichts und der Verwaltungsgerichtsbarkeit gegeben hat, sind dabei an erster Stelle zu nennen. Bis in die Details der Rechtsetzung und Rechtsausführung hinein wirken sich mittlerweile die Grundrechte der Bundesverfassung als Vorgaben für das Handeln der staatlichen Organe auf Landesebene aus, präjudizieren

(Fn. 56), S. 234; *G. Müller-Brandeck-Bocquet* (Fn. 58), S. 149f. Vgl. auch zu den gleichgerichteten Vorschlägen der Kommission Verfassungsreform des Bundesrates *C. Asmussen / U. Eggeling* (Fn. 66), S. 248f.

[93] Vgl. *W. Rengeling* (Fn. 12), § 100 Rdnr. 299; *W. Thieme* (Fn. 28), S. 500f.; *C. Eiselstein*, Verlust der Bundesstaatlichkeit?, NVwZ 1989, S. 323, 324; *K. Stern* (Fn. 8), S. 675; *M. Bullinger* (Fn. 81), S. 763ff.

Landesverwaltung, Landesgesetzgeber, ja Landesverfassungsgeber in ihren Entscheidungen.[94]

Geradezu paradigmatisch diskutiert wurde das Spannungsverhältnis von (bundesverfassungsrechtlichen) Grundrechtsgewährleistungen und bundesstaatlicher Ordnung am Fall des Gleichheitssatzes des Art. 3 Abs. 1 GG.[95] Die traditionelle Doktrin hatte hier zunächst die beschränkte Geltungskraft des Gleichheitssatzes betont, der dem Bundesstaatsprinzip insoweit Rechnung zu tragen habe. Selbst unter Berücksichtigung der sozialstaatlichen Aufladung des Gleichheitssatzes hielt man insoweit keinen Vorrang des Gleichheitssatzes für geboten. Grundsätzlich billige nämlich das Grundgesetz durch sein Bekenntnis zur Bundesstaatlichkeit alle Ungleichheiten, die durch inhaltliche Unterschiede in der Ausübung der ländereigenen Gesetzgebungskompetenzen entstünden.[96] Einig war man sich deshalb in der Folgerung, daß Art. 3 Abs. 1 GG Gleichbehandlung nur innerhalb der jeweiligen gliedstaatlichen Verfassungsräume gebiete, ein Landesgesetzgeber also prinzipiell nicht gehindert sei, von der Gesetzgebung anderer Länder abweichende Regelungen zu treffen.[97] Art. 3 Abs. 1 GG zwinge mithin – so wurde aus der föderativen Struktur der Bundesrepublik gefolgert – nicht zur sachlichen Uniformität.[98]

Einen veränderten Akzent setzte dann allerdings das Bundesverfassungsgericht mit seiner ‚Numerus clausus'- Entscheidung von 1972: Bei „länderübergreifenden Lebenssachverhalten" greife der Gleichheitssatz wenigstens dann ein, so erklärte das Verfassungsgericht, wenn ein Vorgang seiner Natur nach über die Landesgrenzen hinausgreife und eine für alle Staatsbürger der Bundesrepublik in allen Bundesländern gleichermaßen gewährleistete Rechtsposition berühre; unter diesen Gegebenheiten könnten einseitige Begünstigungen der Einwohner eines Landes eine Ungleichbehandlung anderer Staatsbürger herbeiführen.[99]

Der auf sachliche Unitarisierung drängende Gehalt dieses Urteils wurde von der Literatur natürlich aufmerksam registriert[100], wurde zum Teil mit kritischen

[94] Noch kaum ‚ausgelotet' ist insbes. das ‚Hineinwirken' der Grundrechte in das Landesverfassungsrecht – vgl. dazu *H. Bethge*, Grundrechtssicherung im föderalen Bereich, AöR 110 (1985), S. 169ff., insbes. S. 197; *W. Graf Vitzthum*, Die Bedeutung gliedstaatlichen Verfassungsrechts in der Gegenwart, VVDStRL 46 (1988), S. 8ff., insbes. S. 11.

[95] Vgl. etwa *G. Dürig*, Art. 3 Abs. 1 Rdnrn.242ff. (1973), in: Maunz/Dürig; *J. Lücke*, Bundesfreundliches und bürgerfreundliches Verhalten, Der Staat 17 (1978), S. 341, 346ff.; *G. Kisker*, Grundrechtsschutz gegen bundesstaatliche Vielfalt?, in: Festschrift für Otto Bachof, 1984, S. 47ff.; *H. Bethge* (Fn. 94), S. 199ff.; *A. Dittmann*, Gleichheitssatz und Gesetzesvollzug im Bundesstaat, in: Festschrift für Günter Dürig , 1990, S. 221ff.

[96] Vgl. nur *G. Kisker* (Fn. 95), S. 55.

[97] Siehe etwa BVerfGE 32, 346, 359f.; 33, 224, 231; 51, 43, 59.

[98] Vgl. *J. Lücke* (Fn. 95), S. 347; *H. Bethge* (Fn. 94), S. 201f.

[99] BVerfGE 33, 303, 352.

[100] Vgl. z.B. *P. Häberle*, Das Bundesverfassungsgericht im Leistungsstaat, DÖV 1972, S. 729, 738f.; *H.-H. Rupp*, Art. 3 GG als Maßstab verfassungsgerichtlicher Gesetzeskontrolle, in: Bundesverfassungsgericht und Grundgesetz Bd. 2, 1976, S. 364, 384; *G. Roellecke*, Prinzipien der Verfassungsinterpretation in der Rechtsprechung des Bundesverfassungsgerichtes, in: Bundesverfassungsgericht und Grundgesetz Bd. 2, 1976, S. 22, 47f.; *J. Lücke* (Fn. 95), S. 348f.; *H. Bethge* (Fn. 94), S. 215ff. (m.w.N. in Fn. 257).

Einwänden versehen[101], zum Teil aber auch offen begrüßt[102]. Einzelne plädierten in der Folge gar dafür, die unitarisierende Tendenz des Urteils auf alle Aspekte der Grundrechtsgewährleistung auszudehnen, ja die Grundrechte zu einem ‚den Staat treffenden individuellen Unitarisierungsgebot' auszubauen.[103] Bezugspunkt war dabei unverkennbar die Hesse'sche Schrift zum ‚unitarischen Bundesstaat', mit ihrer Aussage, daß die Entwicklung zum sozialen Rechtsstaat nach Einheitlichkeit und Gleichmäßigkeit verlange, ja der Sozialstaat geradezu gebieterisch eine weitgehende sachliche Unitarisierung fordere.[104]

Die Verfassungsrechtswissenschaft ist derart radikalen Vorschlägen nicht gefolgt, konnte ihnen schwerlich folgen, wollte sie nicht das Bundesstaatsprinzip völlig aushebeln. Es war ein Ansatz, wie *Gunter Kisker* zu Recht bemerkte, der den Bundesstaat zur Disposition des Grundrechtsinterpreten gestellt hätte. „Mit seiner Hilfe läßt sich Vielfalt vermutlich recht erfolgreich ausrotten"[105] – eine Konsequenz, die die Staatsrechtslehre dann doch zu vermeiden suchte.

Effekte materieller Unitarisierung sind von den Grundrechten gleichwohl in erheblichem Maße ausgegangen. Man mußte nicht soweit gehen, ein spezifisches ‚Unitarisierungsgebot' zu postulieren; die Schaffung immer neuer und immer detaillierter Standards der Grundrechtsverwirklichung reichte aus, die Regelungsspielräume der Länder in vielen Bereichen substantiell einzuschränken bzw. im Hinblick auf einen einheitlichen – bundesverfassungsrechtlich als vorgeschrieben erklärten – Standard zu homogenisieren.[106] Aller bewußten Rücksichtnahme auf die föderale Struktur der Bundesrepublik zum Trotz haben sich die Grundrechte damit als ein gewichtiger Faktor der Unitarisierung erwiesen.[107]

Knapp erläutert sei diese (bundes-)grundrechtliche Überformung des Landesrechts hier am Beispiel des Schulrechts. Während die Einflußsphären von Staat und Religionsgemeinschaften bei der Gestaltung des Religionsunterrichts durch Art. 7 GG im Prinzip exakt umschrieben werden[108] und auch die Freiheit der

---

101 Vgl. etwa *G. Kisker* (Fn. 95), S. 55ff.

102 Siehe insbes. *J. Lücke* (Fn. 95), S. 348ff.

103 Siehe ebda., S. 350.

104 Siehe *K. Hesse*, Der unitarische Bundesstaat, 1962, S. 13, 32.

105 *G. Kisker* (Fn. 95), S. 56. Vgl. ferner *H. Bethge* (Fn. 94), S. 201f.

106 Vgl. dazu im Detail *H. Bethge* (Fn. 94), S. 208ff.

107 Vgl. nur *D. Ehlers*, Verwaltung und Verwaltungsrecht im demokratischen und sozialen Rechtsstaat, § 4 Rdnrn. 19ff., in: H.-U. Erichsen (Hrsg.), Allgemeines Verwaltungsrecht, 10. Aufl. 1995 – m.w.N. der einschlägigen Literatur.

108 Was allerdings nicht ausschließt, daß das BVerfG der Thematik des Verhältnisses von staatlichem Schulrecht und Glaubensfreiheit von Zeit zu Zeit neue Perspektiven abgewinnt. Man denke insofern nur an den Streit im Gefolge des sogen. ‚Kruzifixurteils' (BVerfG, Urteil v. 16. 5. 1995, NJW 1995, S. 2477ff.) – vgl. dazu nur *M. Heckel*, Das Kreuz im öffentlichen Raum. Zum „Kruzifix-Beschluß" des Bundesverfassungsgerichts, DVBl. 1996, S. 453ff.; *P. Badura*, Das Kreuz im Schulzimmer. Inhalt und rechtliche Tragweite des Beschlusses des Bundesverfassungsgerichts vom 16. 5. 1995, BayVBl. 1996, S. 33ff., 71ff.; *E. Denninger*, Der Einzelne und das allgemeine Gesetz, KritJ 28 (1995), S. 425ff.; *M.-E. Geis*, Geheime Offenbarung oder Offenbarungseid? Anmerkungen zum „Kruzifix-Beschluß" des Bundesverfassungsgerichts, RdJB 1995, S. 373ff.

Gründung von Privatschulen ausdrücklich im Grundgesetz thematisiert ist[109], hat das Verhältnis von staatlichem Erziehungsauftrag und elterlichem Erziehungsrecht grundgesetzlich keine eindeutige Klärung gefunden.[110] Die Verfassungsprinzipien des Grundgesetzes enthalten zwar legitime Maßstäbe für die Definition schulischer Erziehungsziele. Deren „Orientierungswert" beschränkt sich aber darauf, „daß sie lediglich mögliche schulische Erziehungsziele ausweisen und im übrigen Prinzipien umschreiben, gegen die schulische Erziehung keineswegs gerichtet sein darf. Nur in diesem Sinne eines verfassungsrechtlichen Angebotes und einer äußersten Grenzziehung sind die grundgesetzlichen Verfassungsprinzipien für den Erziehungsauftrag der Schule fruchtbar zu machen", wie es in einem 1995 erschienenen grundlegenden Beitrag zum Thema heißt.[111] Jede andere Interpretation, die dem Grundgesetz inhaltlich verbindliche Vorgaben im Sinne obligatorischer Erziehungsziele zu entnehmen suchte, „liefe Gefahr, die bundesstaatlich gewollte Vielfalt im Bildungswesen ‚von oben her' zu vereinheitlichen", wie in der Literatur zu Recht betont wird.[112]

Gleichwohl sieht sich vor allem die Verwaltungsgerichtsbarkeit – und in letzter Instanz das Bundesverwaltungsgericht – nicht gehindert, das Verhältnis zwischen staatlichem Erziehungsauftrag und elterlichem Erziehungsrecht unter Rückgriff auf grundrechtliche Garantien des Grundgesetzes näher auszuformen. Fragen der Glaubensfreiheit, aber auch Fragen nach Umfang und Grenzen des elterlichen Erziehungsrechts aus Art. 6 Abs. 2 GG beschäftigen immer wieder die Verwaltungsgerichte und führen zu Urteilen, in denen unter Verweis auf grundgesetzliche Garantien die landesrechtlich geformte Schulpraxis mit bundesrechtlichen Vorgaben aufgeladen wird.[113]

12.4.2. Die Intensivierung der gerichtlichen Kontrolldichte – Ermessen und unbestimmte Rechtsbegriffe

Auch andere Facetten der Rechtsprechung des Bundesverfassungsgerichts haben zur fortschreitenden Unitarisierung erheblich beigetragen. Besonders deutlich ist dies für die Äußerungen des Gerichts zur notwendigen Einheitlichkeit des verwaltungsmäßigen Vollzuges von Bundesgesetzen. Das Gericht hat insoweit bereits in der Dampfkesselentscheidung vom 15.3. 1960 die These aufgestellt, die einheitliche Geltung der Bundesgesetze verbiete erhebliche Verschiedenheiten des Vollzugs in den Ländern; das Grundgesetz setze einen wesentlich einheitli-

---

[109] Gleichwohl mußte das BVerfG sich in einer ganzen Serie von Entscheidungen mit Umfang und Grenzen der Privatschulfreiheit beschäftigen – vgl. nur als die wichtigsten Urteile BVerfGE 27, 195; 37, 314; 75, 40; 88, 40.

[110] Vgl. dazu jüngst *A. Dittmann*, Erziehungsauftrag und Erziehungsmaßstab der Schule im freiheitlichen Verfassungsstaat, VVDStRL 54 (1995), S. 47, 56ff.

[111] *A. Dittmann* (Fn. 110), S. 59.

[112] Ebda.

[113] Vgl. etwa die zusammenfassende Darstellung von *H.-C. Loebel*, Neuere Rechtsprechung zum Schulrecht, RdJB 1994, S. 506ff., dort insbes. S. 509ff.

chen, vollständigen und reibungslosen Vollzug der Bundesgesetze voraus.[114] Die Weichen für eine Mediatisierung der Länder im Bereich der Verwaltung waren damit gestellt, negierte diese These doch den föderalistischen Wert der Verwaltungszuständigkeit der Länder – ein Punkt, der an der Entscheidung auch in der Literatur kritisiert worden ist, wenn auch ohne großen Erfolg.[115] Eine Landesverwaltung, deren „wesentliche Gleichschaltung mit anderen Landesverwaltungen" – so schrieb *Martin Bullinger* zu Recht – „zum Verfassungsleitbild erhoben ist, hat kein nennenswertes Eigengewicht."[116]

Am gravierendsten für die kompetentielle Stellung der Länder im Verwaltungsbereich aber war wohl der unter dem Grundgesetz unternommene Ausbau der Verwaltungsgerichtsbarkeit.[117] Die Neigung der Verwaltungsgerichte, die Intensität ihrer Rechtskontrolle über das Handeln der Verwaltung stetig zu steigern, führte bald zu einem Prozeß voranschreitender Kontraktion der nicht rechtlich gebundenen Handlungsspielräume der Verwaltung. Parallel zur ‚Regelungswut' des Gesetzgebers, dem von *Roman Herzog* beschworenen „furor legislativus"[118], oder – wie *Hans-Jürgen Papier* es genannt hat – dem für die Bundesrepublik typischen „Drang zum Recht" und zum „Rechthaben"[119], fühlten sich die Verwaltungsgerichte unter dem Eindruck der starken Betonung des Rechtsstaatsprinzips dazu aufgerufen, die Beurteilungs- und Ermessensspielräume der Verwaltung immer weiter einzuschränken. In einem ‚Rechtsstaat' – so war wohl der Gedankengang – müsse die öffentliche Verwaltung möglichst lückenlos durch Gesetz determiniert und möglichst vollständig durch Gerichte kontrolliert sein.[120] Oder um es mit den etwas bösen Worten eines der schärfsten Kritiker der Entwicklung auszudrücken: Herrschend wurde eine „Gesetzesanwendungs-Doktrin", derzufolge „das Wesen des Rechtsstaates in möglichst lückenloser Normbindung der Verwaltung plus möglichst vollautomatischer richterlicher Subsumtionsleistung" liege.[121] Eine wichtige Rolle spielte in diesem Zusammen-

---

[114] BVerfGE 11, 6, 17.

[115] Siehe insbes. *M. Bullinger* (Fn. 81), S. 766.

[116] *M. Bullinger* (Fn. 81), S. 766.

[117] Schon 1924 hat *Heinrich Triepel* auf die wichtige Rolle der Verwaltungsgerichtsbarkeit als Surrogat der Reichsaufsicht hingewiesen – *H. Triepel*, Der Föderalismus und die Revision der Weimarer Reichsverfassung, Zeitschrift für Politik 14 (1924), S. 193, 205. Siehe dazu auch eingehend *H. Nawiasky*, Grundprobleme der Reichsverfassung, Erster Teil: Das Reich als Bundesstaat, 1928, S. 94f., 96ff., außerdem *F. Poetzsch-Heffter*, Vom Staatsleben unter der Weimarer Verfassung II. Teil (vom 1. Januar 1925 bis 31. Dezember 1928), JöR 17 (1929), S. 1, 31ff. sowie *H. Kelsen*, Allgemeine Staatslehre, 1925, S. 220.

[118] *R. Herzog* (Fn. 13), S. 179f.

[119] Siehe *H.-J. Papier*, Die Stellung der Verwaltungsgerichtsbarkeit im demokratischen Rechtsstaat, 1979, S. 19ff.; vgl. ferner *P. Lerche*, Art. 83 Rdnr. 60 (1983), in: Maunz/Dürig.

[120] Siehe dazu *M. Bullinger*, Das Ermessen der öffentlichen Verwaltung, JZ 1984, S. 1001ff., aber auch schon *H.H. Rupp*, Grundfragen der heutigen Verwaltungsrechtslehre, 1965, S. 200f., 207f.

[121] *H. Ehmke*, „Ermessen" und „unbestimmter Rechtsbegriff" im Verwaltungsrecht, 1960, S. 30f.; vgl. auch mit gleicher Tendenz *F. Ossenbühl*, Rechtsquellen und Rechtsbindungen der

hang natürlich die Forderung effektiven Rechtsschutzes unter der Rechtsschutzgarantie des Art. 19 Abs. 4 GG[122], ergänzend auch die Judikatur des Bundesverfassungsgerichts zum Gesetzesvorbehalt und zu den aus den Grundrechten folgenden Anforderungen an die rechtliche Vorherbestimmtheit exekutivischen Handelns.[123]

Nun ist dies zunächst eine nicht spezifisch den Bundesstaat erfassende Entwicklung, handelt es sich doch bei der seit Jahrzehnten zu beobachtenden Verrechtlichung der Verwaltung um ein im Ansatz die Bundes- und die Landesebene übergreifendes Phänomen. Eingeschränkt werden generell die Handlungsspielräume der Verwaltung, es findet ganz allgemein eine Kontraktion der rechtlich ungebundenen Bereiche eigener Gestaltung durch die Verwaltung statt, beim Bund wie bei den Ländern. Gravierende Auswirkungen auf das Bundesstaatsgefüge erhält diese allgemeine Entwicklung hin zur rechtlichen Feinsteuerung erst durch das eingangs in diesem Kapitel beschriebene fundamentale Konstruktionsprinzip der deutschen Bundesstaatsverfassung, die Länder weitgehend auf die verwaltungsmäßige Durchführung der vom Bund in Bundesgesetzen niedergelegten politischen Leitlinien und rechtlichen Vorgaben zu beschränken. Bleibt dem Bund die politische Steuerung über Gesetzgebung als Medium des Einflusses erhalten – und als Medium der Korrektur ungeliebter Entwicklungen in der fachgerichtlichen Rechtsprechung – so verschiebt die allgemeine Verrechtlichung für die Länder die Anteile von Fremd- und von Eigensteuerung zwar schleichend, aber im Ergebnis geradezu dramatisch. Die als rechtlich vorgegeben deklarierte Entscheidung ist im Normalfall der landeseigenen Ausführung von Bundesgesetzen jeder Form der Steuerung durch die obersten Landesbehörden entzogen. Nur in den verbleibenden Spielräumen kann die Landesverwaltung noch eigene Zwecksetzungen einbringen, selbst Ansätze eigener politischer Gestaltung unterbringen. Im Gegensatz zum Bund, bei dem durch zunehmende Verrechtlichung nur das Verhältnis zwischen gesetzgeberischer Steuerung und administrativer Gestaltung verändert wird, zerstört ‚Verrechtlichung' in weiten Bereichen bei den Ländern tendenziell überhaupt die Spielräume eigener Gestaltung. ‚Verrechtlichung' wird so aber unweigerlich zum Medium der ‚Unitarisierung'.

Der Trend zur Mediatisierung der Länder im Bereich der Verwaltung war schon früh in der Geschichte der Bundesrepublik so deutlich, daß *Arnold Köttgen*

Verwaltung, § 10 Rdnr. 27, in: H.-U. Erichsen (Hrsg.), Allgemeines Verwaltungsrecht, 10. Aufl. 1995.

122 Siehe nur *E. Schmidt-Aßmann*, Art. 19 Abs. IV Rdnrn. 1–30 (1985), in: Maunz/Dürig, ferner *K.A. Bettermann*, Die Rechtsweggarantie des Art. 19 Abs. 4 GG in der Rechtsprechung des Bundesverfassungsgerichts, AöR 96 (1971), S. 528ff.

123 Vgl. dazu *H.-W. Laubinger*, Grundrechtsschutz durch Gestaltung des Verwaltungsverfahrens, VerwArch 73 (1982), S. 60ff.; *A. von Mutius*, Grundrechtsschutz contra Verwaltungseffizienz im Verwaltungsverfahren, NJW 1982, S. 2150ff.; *P. Lerche*, Art. 83 Rdnr. 60 (1983), in: Maunz/Dürig; *E. Schmidt-Aßmann*, Art. 19 Abs. IV Rdnr. 23 (1985), in: Maunz/Dürig; *E. Franßen*, (Un)bestimmtes zum unbestimmten Rechtsbegriff, in: Festschrift für Wolfgang Zeidler, 1987, S. 429, 441f.; *H.-J. Papier*, Art. 14 Rdnrn. 43, 47 (1994), in: Maunz/Dürig; *D. Ehlers* (Fn. 107) § 4 Rdnrn. 19ff.

bereits 1954 in seinem Überblicksbericht über die ersten fünf Jahre Verwaltungsentwicklung in der Bundesrepublik schreiben konnte, die Verfassung habe sowohl „gewichtige Ventile zugunsten bundeseigener Verwaltung geschaffen" wie „dem bisherigen Verfassungsrecht unbekannte Möglichkeiten zentraler Einflußnahme auf den Vollzug des Bundesverwaltungsrechts durch die Länder erschlossen". Die dem Zentralstaat anvertraute Rechtseinheit impliziere „in erheblichem Unfang die von dem klassischen Bundesstaat vorbehaltlos verneinte Verwaltungseinheit".[124] Hand in Hand mit einer gegenständlichen Ausweitung des Zentralverwaltungsrechts gehe eine steigende Intensität des einzelnen Gesetzes. Der Bundestag habe sich zu einem „Motor verwaltungsstaatlicher Aktivität" entwikkelt.[125] Noch wichtiger aber: Die allerorts zu beobachtende Schrumpfung des Verwaltungsermessens habe eine wesentliche Modifikation der bundesstaatlichen Realitäten zur Folge, wobei die durch das Grundgesetz erheblich ausgeweiteten Möglichkeiten richterlicher Kontrolle im Gefolge der Rechtsschutzgarantie des Art. 19 Abs. 4 GG diese Entwicklung noch weiter beschleunige.[126]

Entscheidender Schritt auf diesem von *Köttgen* geradezu prophetisch beschriebenen Weg war die Einengung der durch die Kategorie des ‚Ermessens' erfaßten Entscheidungsspielräume über die in den Frühjahren der Bundesrepublik entwickelte Rechtsprechung und Dogmatik zum sogen. ‚unbestimmten Rechtsbegriff'[127]. Die Entkoppelung der traditionell unter der Konzeption eines ‚Tatbestandsermessens' erfaßten Beurteilungsspielräume in der Auslegung und Anwendung gesetzlich nicht voll determinierter Rechtsbegriffe[128] von den weiterhin anerkannten Entscheidungsspielräumen auf der Rechtsfolgenseite, also die Beschränkung des Ermessens auf die Kategorie des ‚Rechtsfolgeermessens', hatte immense Folgewirkungen. Diese Folgewirkungen zeigten sich sofort in der Frage der verwaltungsgerichtlichen ‚Kontrolldichte'[129]; nicht weniger gravierende Aus-

---

[124] Siehe *A. Köttgen* (Fn. 3), S. 71f.

[125] *A. Köttgen* (Fn. 3), S. 72.

[126] *A. Köttgen* (Fn. 3), S. 83.

[127] Vgl. dazu nur *H.J. Wolff*, Verwaltungsrecht I, 5. Aufl. 1963, S. 142ff. – m.w.N. insbes. der einschlägigen Rechtsprechung; vgl. aber auch die grundlegenden Aufsätze zum Thema von *H. Reuß*, Der unbestimmte Rechtsbegriff, DVBl. 1953, S. 649ff., *O. Bachof*, Beurteilungsspielraum, Ermessen und unbestimmter Rechtsbegriff im Verwaltungsrecht, JZ 1955, S. 97ff. und *C.H. Ule*, Zur Anwendung unbestimmter Rechtsbegriffe im Verwaltungsrecht, in: Gedächtnisschrift für Walter Jellinek, 1955, S. 309ff.

[128] Vgl. zur traditionellen Ermessenslehre *H.J. Wolff* (Fn. 127), S. 144; *G. Schmidt-Eichstaedt*, Ermessen, Beurteilungsspielraum und eigenverantwortliches Handeln der Verwaltung, AöR 98 (1973), S. 173, 174f.; *H.-J. Koch*, Unbestimmte Rechtsbegriffe und Ermessensermächtigungen im Verwaltungsrecht, 1979, S. 14f.; *M. Bullinger*, Das Ermessen der öffentlichen Verwaltung, JZ 1984, S. 1001ff.; *H. Faber*, Verwaltungsrecht, 3. Aufl. 1992, § 14 I (S. 97f.); *H. Maurer*, Allgemeines Verwaltungsrecht, 10. Aufl. 1995, § 7 Rdnrn. 7ff., 26ff. Siehe auch aus der älteren Literatur zur Ermessenslehre beispielhaft *W. Jellinek*, Gesetz, Gesetzesanwendung und Zweckmäßigkeitserwägung, 1913, dort insbes. S. 132ff., 188ff.

[129] Zur allgemeinen Tendenz der Umwandlung von ‚Ermessensbegriffen' in ‚Rechtsbegriffe' vgl. *E. Forsthoff*, Lehrbuch des Verwaltungsrechts Bd. I, 10. Aufl. 1973, S. 92f., außerdem *R. Herzog*, Ermessen, in: Evangelisches Staatslexikon Bd. 1, 3. Aufl. 1987, Sp. 731, 732f.

wirkungen ergaben sich aber auch – was allzuoft übersehen wurde – in der Eingrenzung der Handlungsspielräume der Landesverwaltungen, deren Möglichkeiten zu rein politisch gesteuerten Opportunitätsentscheidungen jenseits der Rechtsaufsicht des Bundes entscheidend durch die Intensität der rechtlichen Determiniertheit administrativer Entscheidungen geprägt werden. Indem die Verwaltungsgerichtsbarkeit mit einem Schlag die Kategorie der bis dato dem Ermessensbereich unterstellten ‚unbestimmten Rechtsbegriffe' voller gerichtlicher Nachprüfung (und komplementär auch voller rechtlicher Kognition) für zugänglich erklärte, unterstellte sie auf einen Streich einen erheblichen Teil der bis zu diesem Zeitpunkt allein der Landesexekutive vorbehaltenen Entscheidungen der rechtlichen Steuerung durch das Bundesrecht, und damit letztlich auch der Rechtsaufsicht des Bundes.[130]

Diese grundlegende Weichenstellung war vom Bundesverwaltungsgericht schon in der Rechtsprechung der Fünfziger Jahre festgeschrieben worden, indem ‚unbestimmte Rechtsbegriffe' ganz generell der vollen gerichtlichen Nachprüfung für zugänglich erklärt wurden.[131] Nicht nur die Auslegung, auch die Anwendung derartiger Begriffe müsse – so die generelle Aussage, mit der allerdings zunächst nicht voll Ernst gemacht wurde[132] – uneingeschränkt gerichtlich überprüfbar sein, denn auch bei deren Anwendung könne nur eine konkrete Lösung „richtig" sein, wie bei allen Rechtsbegriffen.[133] Die Rechtsprechung des Bundesverwaltungsgerichts war allerdings zunächst in dieser Frage noch recht schwankend[134], und auch in der Literatur wurden längere Zeit noch erhebliche Bedenken gegen das Dogma der ‚vollen gerichtlichen Nachprüfbarkeit' der ‚unbestimmten Rechtsbegriffe' erhoben[135].

Zumindest ein mehr oder weniger großer Beurteilungsspielraum müsse – so lautete zunächst die nahezu einhellige Auffassung – der Verwaltung zugestanden

---

[130] Vgl. insoweit *P. Lerche*, Prinzipien des deutschen Föderalismus, in: P. Kirchhof / D.P. Kommers (Hrsg.), Deutschland und sein Grundgesetz, 1993, S. 79, 85, aber auch *ders.*, Art. 83 Rdnr. 60f. (1983), in: Maunz/Dürig. Vgl. ferner zur sachlichen Annäherung von Rechts- und Zweckmäßigkeitsaufsicht im Zuge der durch Gesetzgebung und Verwaltungsgerichtsbarkeit vorangetriebenen Verrechtlichung der Verwaltung *P. Lerche*, Art. 84 Rdnr. 142 (1985), in: Maunz/Dürig; zur komplementären Frage, ob auch allgemeine Verwaltungsvorschriften i.S.d. Art. 84 Abs. 2 GG Maßstab der Rechtsaufsicht sein können, vgl. ebda, Rdnr. 157.

[131] Siehe nur die Entscheidungen v. 3.11. 1955, BVerwGE 2, 295, 301 und v. 17.11. 1955, BVerwGE 2, 324, 328, ferner BVerwGE 5, 153, 162f.; 15, 39, 40; 16, 116, 129f.; 23, 112, 114; 26, 65, 74f.; 29, 279, 280; 35, 69, 75: Vgl. außerdem *H.J. Wolff* (Fn. 127), S. 143; *J. Schmidt-Salzer*, Der Beurteilungsspielraum der Verwaltungsbehörden, 1968, S. 16ff., 42ff., 90ff.

[132] Vgl. zu den trotz der Behauptung grundsätzlich voller Überprüfbarkeit eher zurückhaltenden Urteilen der Fünfziger und Sechziger Jahre *H.J. Wolff* (Fn. 127), S. 145; *M. Bullinger* (Fn. 128), S. 1003f.

[133] *H.J. Wolff* (Fn. 127), S. 143; vgl. jedoch auch zum ‚Prinzip der nur einen richtigen Entscheidung' *H.-J. Koch* (Fn. 128), S. 14, 75ff.

[134] Siehe nur BVerwGE 5, 162f. und BVerwGE 8, 272ff.; vgl. außerdem *H.J. Wolff* (Fn. 127), S. 145.

[135] Vgl. nur *C.H. Ule* (Anmn. 127), S. 325ff.; *D. Jesch*, Unbestimmter Rechtsbegriff und Ermessen in rechtstheoretischer und verfassungsrechtlicher Sicht, AöR 82 (1957), S. 163, 211ff.; *H. Ehmke* (Fn. 121), S. 26ff.; *H.J. Wolff* (Fn. 127), S. 144f.

werden. Der reklamierte Beurteilungsspielraum war jedoch qualitativ etwas anderes als die bis dahin in diesem Kontext benutzte Kategorie des Ermessens.[136] Die Eingrenzung des Ermessens auf die Rechtsfolgenseite verwandelte den bis dato mit dem Ermessen verbundenen Freiraum für eigene Zielvorstellungen der Verwaltung nunmehr allenfalls noch in einen Bereich begrenzter Beweglichkeit beim Vollzug des Gesetzes. Der Tendenz nach wurden damit aber der (noch der Verwaltung zuerkannte) Beurteilungsspielraum wie auch das in seiner Reichweite reduzierte Ermessen zu Fremdkörpern im angestrebten ‚perfekten Rechtsstaat'.[137]

Konsequent ging die Rechtsprechung der Verwaltungsgerichte in der Folgezeit daran, die zunächst noch anerkannten Beurteilungsspielräume immer weiter einzuengen und abzubauen.[138] Waren die durch die vage Formulierung der Gesetzestatbestände eingeräumten Entscheidungsspielräume erst einmal von Freiräumen für eigene Zielvorstellungen der Verwaltung zu ‚legitimen Schwankungsbreiten subjektiver Deutung des Gesetzessinns'[139] geronnen, so lag die Einengung der Beurteilungsspielräume auf die wenigen Fälle nahe, in denen sich die unvermeidliche verwaltungsbehördliche Subjektivität der Subsumtion auch durch eine nachträgliche gerichtliche Kontrolle nicht ausräumen ließ (Bewertung von Prüfungsleistungen, dienstliche Beurteilung von Beamten, Wertentscheidungen durch sachverständige Gremien, Prognoseentscheidungen, Risikoabschätzungen, Planungsentscheidungen).[140]

Aus allen möglichen Richtungen unternommene Versuche, die Notwendigkeit weiterreichender Beurteilungsspielräume dogmatisch zu begründen, blieben ohne Erfolg, ebenso wie ein zunächst isoliert gebliebener Versuch in der Rechtsprechung des Bundesverwaltungsgerichts, generell einen Beurteilungsspielraum bei der Konkretisierung unbestimmter Rechtsbegriffe anzuerkennen.[141] Der Prozeß der fortschreitenden Erosion von Beurteilungsspielraum und Ermessen erwies

---

[136] Deutlich herausgearbeitet hat die qualitative Dimension dieses Schrittes z.B. *M. Bullinger* (Fn. 128), S. 1003f.

[137] Besonders deutlich wird diese Konsequenz bei *H.H. Rupp* (Fn. 120), S. 200f., 207f.

[138] Vgl. zum Prozeß der stetigen Intensivierung der verwaltungsgerichtlichen Kontrolldichte die beiden auf dem Göttinger Kolloquium 1985 gehaltenen Referate von *G. Püttner* und *F. Kopp* zu „Handlungsspielräume der Verwaltung und Kontrolldichte gerichtlichen Rechtsschutzes", veröffentlicht in: V. Götz / H.H. Klein / C. Starck (Hrsg.), Die öffentliche Verwaltung zwischen Gesetzgebung und richterlicher Kontrolle, 1985, S. 131, 133f. und S. 146, 153f., ferner *G. Schmidt-Eichstaedt*, Der Konkretisierungsauftrag der Verwaltung beim Vollzug öffentlichrechtlicher Normen, DVBl. 1985, S. 645, 646.

[139] Siehe auch die Formel vom „Restraum subjektiven Fürrichtighaltens", die *Soell* benutzt – *H. Soell*, Das Ermessen der Eingriffsverwaltung, 1973, S. 182.

[140] Vgl. in diesem Sinne etwa *N. Achterberg*, Allgemeines Verwaltungsrecht, 1982, § 17 Rdnrn.42ff.; *H.J. Wolff / O. Bachof / R. Stober*, Verwaltungsrecht I, 10.Aufl. 1995, § 31 Rdnrn.14ff., 19ff. (S. 365–373); *F. Ossenbühl* (Fn. 121), § 10 Rdnrn.31ff.; *H. Maurer* (Fn. 128), § 7 Rdnrn.37ff.; vgl. ferner *M. Bullinger* (Fn. 128), S. 1004ff. und *M. Herdegen*, Beurteilungsspielraum und Ermessen im strukturellen Vergleich, JZ 1991, S. 747, 748ff.

[141] Urteil des Ersten Senats v. 16. 12. 1971 zum jugendgefährdenden Charakter von Schriften, BVerwGE 39, 197, 203f.

sich praktisch als unaufhaltsam. Auch die in den letzten zwei Jahrzehnten in der Literatur verstärkt unternommenen Bemühungen um eine Rettung des Instituts des Beurteilungsspielraums[142] oder gar die Versuche, über die Betonung der strukturellen Gleichartigkeit von Ermessen und Beurteilungsspielraum zu einer erneuten Aufwertung und Ausweitung der Ermessensspielräume in der Konkretisierung unbestimmter Rechtsbegriffe wie in der Bestimmung der Rechtsfolgen zu gelangen[143], blieben bislang ohne große Resonanz in der Rechtsprechung, wenn auch das Bundesverwaltungsgericht in einer ganzen Reihe von Fällen die Existenz mehr oder weniger weitreichender Beurteilungsspielräumen bestätigt hat.[144]

---

[142] Für die Forderung nach Rückbesinnung auf Beurteilungsspielraum und Ermessen vgl. aus der inzwischen nahezu unüberblickbaren Literatur zum Thema etwa *F. Ossenbühl*, Tendenzen und Gefahren der neueren Ermessenslehre, DÖV 1968, S. 618ff., 626f.; *ders.*, Renaissance der administrativen Beurteilungsermächtigung, DÖV 1972, S. 401ff., 403; *ders.*, Vom unbestimmten Gesetzesbegriff zur letztverbindlichen Verwaltungsentscheidung, DVBl. 1974, S. 309ff.; *K. Redeker*, Fragen der Kontrolldichte verwaltungsgerichtlicher Rechtsprechung, DÖV 1971, S. 757ff.; *O. Bachof*, Neue Tendenzen in der Rechtsprechung zum Ermessen und zum Beurteilungsspielraum, JZ 1972, S. 641, 642ff.; *M. Bullinger*, Ermessen und Beurteilungsspielraum – Versuch einer Therapie, NJW 1974, S. 769ff.; *E. Schmidt-Aßmann*, Verwaltungsverantwortung und Verwaltungsgerichtsbarkeit, VVDStRL 34 (1976), S. 221, 253ff.; *P. Tettinger*, Rechtsanwendung und gerichtliche Kontrolle im Wirtschaftsverwaltungsrecht, 1980, S. 373ff., 438ff.; *P. Badura*, Gestaltungsfreiheit und Beurteilungsspielraum der Verwaltung, bestehend aufgrund und nach Maßgabe des Gesetzes, in: Festschrift für Otto Bachof, 1984, S. 169, 184ff.; *M. Bullinger* (Fn. 128), S. 1005ff.; *E. Schmidt-Aßmann*, Art. 19 Abs. IV Rdnrn. 185ff. (1985), in: Maunz/Dürig; *G. Püttner* (Fn. 138), S. 131ff.; *F. Kopp* (Fn. 138), S. 146ff.; *H.-U. Erichsen*, Die sog. unbestimmten Rechtsbegriffe als Steuerungs- und Kontrollmaßgaben im Verhältnis Gesetzgebung, Verwaltung und Rechtsprechung, DVBl. 1985, S. 22ff.; *H.-J. Papier*, Zur verwaltungsgerichtlichen Kontrolldichte, DÖV 1986, S. 621, 623ff.; *ders.*, Verwaltungsverantwortung und gerichtliche Kontrolle, in: Festschrift für Carl Hermann Ule, 1987, S. 235ff.; *E. Franßen* (Fn. 123), S. 429ff.; *R. Wahl*, Risikobewertung der Exekutive und richterliche Kontrolldichte – Auswirkungen auf das Verwaltungs- und das gerichtliche Verfahren, NVwZ 1991, S. 409ff.; *K. Redeker*, Verfassungsrechtliche Vorgaben zur Kontrolldichte verwaltungsgerichtlicher Rechtsprechung, NVwZ 1992, S. 305ff.; *F. Ossenbühl*, Gedanken zur Kontrolldichte in der verwaltungsgerichtlichen Rechtsprechung, in: Festschrift für Konrad Redeker, 1993, S. 55, 59ff.; *H. Schulze-Fielitz*, Neue Kriterien für die verwaltungsgerichtliche Kontrolldichte bei der Anwendung unbestimmter Rechtsbegriffe, JZ 1993, S. 772, 777ff.; *Wolff/Bachof/Stober* (Fn. 140), § 31 Rdnrn. 16ff. (S. 366ff.).

[143] Zur Betonung der dogmatischen Gleichartigkeit von Ermessen und Beurteilungsspielraum bei ‚unbestimmten Rechtsbegriffen' siehe schon *H. Ehmke* (Fn. 121), S. 26ff.; vgl. ferner *W. Schmidt*, Gesetzesvollziehung durch Rechtsetzung, 1969, S. 156f.; *G. Schmidt-Eichstaedt* (Fn. 128), S. 179ff.; *ders.* (Fn. 138), S. 646ff.; *H. Soell* (Fn. 139), S. 175ff.; *K. Obermayer*, Die Beurteilungsfreiheit der Verwaltung, BayVBl. 1975, S. 257, 261; *R. Scholz*, Verwaltungsverantwortung und Verwaltungsgerichtsbarkeit, VVDStRL 34 (1976), S. 145, 165ff.; *H.-J. Koch* (Fn. 128), S. 172ff.; *M. Bullinger*, Landesbericht Bundesrepublik Deutschland, in: ders. (Hrsg.), Verwaltungsermessen im modernen Staat, 1986, S. 131, 136ff.; *R. Alexy*, Ermessensfehler, JZ 1986, S. 701, 715f.; *H. Sendler*, Skeptisches zum unbestimmten Rechtsbegriff, in: Festschrift für Carl Hermann Ule, 1987, S. 337, 347ff.; *G.F. Schuppert*, Self-restraints der Rechtsprechung – Überlegungen zur Kontrolldichte in der Verfassungs- und Verwaltungsgerichtsbarkeit, DVBl. 1988, S. 1191, 1198ff.; *C. Starck*, Das Verwaltungsermessen und dessen gerichtliche Kontrolle, in: Festschrift für Horst Sendler, 1991, S. 167, 168ff.; *M. Herdegen* (Fn. 140), 747ff.

[144] Vgl. zu dieser Rechtsprechung *F. Ossenbühl* (Fn. 121), § 10 Rdnrn. 34ff.; *H. Maurer*

Es ist hier nicht möglich, die Debatte in der nötigen Differenziertheit darzustellen.[145] Auffallend ist jedoch, daß fast alle wichtigen Stimmen in der Verwaltungsrechtslehre Kritik an der Vorstellung der ‚vollen gerichtlichen Überprüfbarkeit' äußern und für viele Fälle der bewußt ‚offen' formulierten gesetzlichen Tatbestände in der einen oder anderen Form die Respektierung eines im Kern eigenständigen Entscheidungsspielraums der Verwaltungsbehörden anmahnen.[146] Daß der Gesetzgeber – wie es die sog. ‚normative Ermächtigungslehre' einleuchtend formuliert hat[147] – mit ‚offen' formulierten Normen vielfach der Verwaltung Letztentscheidungsspielräume zugestehen wollte, die von der Verwaltungsgerichtsbarkeit zu respektieren sind, wird zusehends zum Allgemeingut der Verwaltungsrechtslehre. Die Praxis der Verwaltungsgerichte allerdings verschließt sich dieser Einsicht bisher weitgehend, zeigt kaum Neigungen, dem Begehren nach Reduzierung der Kontrolldichte zu folgen – eher im Gegenteil: die jüngste Rechtsprechung des Verfassungsgerichts zur Frage der Beurteilungsspielräume[148] läßt eher ein Zurückdrängen auch noch der letzten Reste von administrativen Handlungsspielräumen in diesem Bereich erwarten.[149]

Die Konsequenzen, die sich aus dieser Entwicklung für die Gewichtsverteilung

---

(Fn. 128), §7 Rdnrn. 35ff.; *M. Herdegen* (Fn. 140), S. 748ff.; *K. Redeker / H.-J. von Oertzen*, VwGO, 11. Aufl. 1994, §114 Rdnrn. 14ff. m.w.N.

[145] Vgl. dazu etwa die zusammenfassenden Darstellungen bei *M. Bullinger* (Fn. 128), S. 1006ff.; *E. Schmidt-Aßmann*, Art. 19 Abs. IV Rdnrn. 185ff. (1985), in: Maunz/Dürig; *H. Sendler* (Fn. 143), S. 347ff.; *M. Sachs*, Erl. zu §40 Rdnrn. 82ff., in: P. Stelkens / H.J. Bonk / M. Sachs, Verwaltungsverfahrensgesetz. Kommentar, 4. Aufl. 1993; *Wolff/Bachof/Stober* (Fn. 140), §31 Rdnrn. 8ff., 31ff.; *F. Ossenbühl* (Fn. 121), §10 Rdnrn. 10ff., 23ff.

[146] Vgl. die Nachweise oben Fn. 142 und 143.

[147] Siehe dazu insbes. *E. Schmidt-Aßmann*, Art. 19 Abs. IV Rdnrn. 185ff. (1985), in: Maunz/Dürig, sowie *ders.*, Einleitung Rdnrn. 186ff., in: F. Schoch / E. Schmidt-Aßmann / R. Pietzner (Hrsg.), VwGO-Kommentar, 1996; vgl. außerdem mit gleicher Tendenz etwa *G.F. Schuppert* (Fn. 143), S. 1197ff.; *H. Hill*, Normkonkretisierende Verwaltungsvorschriften, NVwZ 1989, S. 401, 403f., 407f.; *R. Wahl* (Fn. 142), S. 410ff.; *K. Redeker* (Fn. 142), S. 307; *H. Schulze-Fielitz* (Fn. 142), S. 777f.

[148] Vgl. den Beschluß v. 27. 11. 1990 zur GjS, BVerfGE 83, 130, 145ff.; die Beschlüsse v. 17. 4. 1991 zur gerichtlichen Kontrolle von Prüfungsentscheidungen, BVerfGE 84, 34, 49ff., sowie BVerfGE 84, 59, 77ff.; den Beschluß v. 22. 10. 1991 zur richterlichen Kontrolle über den Inhalt von Kapazitätsverordnungen, BVerfGE 85, 36, 56ff.; den Beschluß v. 16. 12. 1993, Zulassung einer Privatgrundschule, BVerfGE 88, 40, 56ff.,

[149] Vgl. zur Diskussion über die Folgerungen aus der neueren verfassungsgerichtlichen Rechtsprechung *K. Redeker* (Fn. 142), S. 305ff.; *J. Würkner*, BVerfG auf Abwegen? Gedanken zur Kontrolldichte verwaltungsgerichtlicher Rechtsprechung, NVwZ 1992, S. 309ff.; *N. Niehues*, Stärke gerichtlicher Kontrolle von Prüfungsentscheidungen, NJW 1991, S. 3001ff.; *P. Theuersbacher*, Gerichtliche Kontrolle von Prüfungsentscheidungen im Antwort-Wahl-Verfahren der medizinischen und pharmazeutischen Prüfungen, BayVBl. 1991, S. 649ff.; *F. Czermak*, Abschließendes zum Beurteilungsspielraum?, NJW 1992, S. 2612f.; *F. Seebass*, Eine Wende im Prüfungsrecht?, NVwZ 1992, S. 609ff.; *R. Herzog*, Verfassung und Verwaltungsgerichte – zurück zu mehr Kontrolldichte?, NJW 1992, S. 2601ff.; *A. von Mutius / K. Sperlich*, Prüfungen auf dem Prüfstand, DÖV 1993, S. 45ff.; *E. Schmidt-Aßmann / T. Groß*, Zur verwaltungsgerichtlichen Kontrolldichte nach der Privatgrundschul-Entscheidung des BVerfG, NVwZ 1993, S. 617ff.; *H. Schulze-Fielitz* (Fn. 142), S. 774ff.; *W. Höfling*, Die Prüfungsentscheidungen des Bundesverfassungsgerichts und die Dogmatik des exekutiven Beurteilungsspielraums, RdJB 1995, S. 387ff.

zwischen Bund und Ländern im Bereich der Verwaltung ergeben haben, sind gravierend. Die Verengung der gerichtlichen Kontrollparameter in den Fällen des Ermessens und des Beurteilungsspielraums ist von entscheidender Bedeutung für das Gewicht der Landesverwaltungen, weil die Abgrenzung zwischen Gesetzesbindung und administrativen Spielräumen über den Umfang des Eigenbereichs der Landesverwaltungen entscheidet. Je detaillierter und engmaschiger die rechtlichen Vorgaben, desto enger ist der Bereich, in dem die Landesverwaltungen noch autonom, also nach ihren eigenen politischen Zielsetzungen, entscheiden können, unabhängig von parlamentarischer Gesetzgebung, Verwaltungsgerichten (und theoretisch auch Rechtsaufsicht durch die Bundesregierung). Die Intensivierung der verwaltungsgerichtlichen ‚Kontrolldichte' war in dieser Perspektive ein in seiner Bedeutung kaum zu überschätzendes Instrument der Unitarisierung – Unitarisierung durch ‚Homogenisierung' der rechtlichen Rahmenbedingungen administrativen Handelns.

Auffallend ist der damit entstandene Befund übrigens auch in einer rechtsvergleichenden Perspektive. Daß die deutsche Lehre zu Ermessen und Beurteilungsspielraum ein Spezifikum der deutschen Verwaltungsrechtslehre ist, ein echtes ‚deutsches Eigengewächs', ist in rechtsvergleichenden Arbeiten vielfach betont worden.[150] Relativ wenig Beachtung hat bisher aber der damit denknotwendig verbundene Befund der extrem engmaschig ausgeformten Kontrolle der Bundesgerichte über die gliedstaatlichen Verwaltungen gefunden. Es gibt wohl kaum einen etablierten Bundesstaat, in dem die Kontrolle der Bundesgerichte über das Verwaltungshandeln der Gliedstaaten ähnlich stark ausgeprägt wäre wie in Deutschland. Selbst in Österreich, dessen von Hans Kelsen geprägtes bundesstaatliches System im Ansatz noch weit unitarischer ist als der Bundesstaat des Grundgesetzes, ist die Kontrolle des Verwaltungsgerichtshofes als des obersten (Bundes-)Verwaltungsgerichtes weitaus stärker zurückgenommen als in Deutschland.[151] Da der VwGH die Tatsachenfeststellungen der Verwaltungsbehörden grundsätzlich nicht überprüft, muß er logischerweise auch die Konkretisierung der ‚unbestimmten Rechtsbegriffe' auf den einzelnen Sachverhalt hin weitgehend außerhalb seiner Kontrolle lassen.[152] In den klassischen angelsächsischen Trennsystemen sind die Bundesgerichte im Ansatz sowieso auf die Kontrolle der Bundesbehörden beschränkt; einzige Ausnahme bilden insoweit in der Regel die Grundrechte der Budnesverfassung, deren Durchsetzung dem Obersten Bundesgericht obliegt.[153]

---

[150] Vgl. etwa *S. Oeter*, Die Kontrolldichte hinsichtlich unbestimmter Begriffe und des Ermessens, in: J.A. Frowein (Hrsg.), Die Kontrolldichte bei der gerichtlichen Überprüfung von Handlungen der Verwaltung, 1993, S. 266, 268ff., außerdem *J. Schwarze*, Europäisches Verwaltungsrecht Bd.I, 1988, S. 246ff.

[151] Vgl. dazu *J. Polakiewicz*, Landesbericht Österreich, in: J.A. Frowein (Hrsg.), Die Kontrolldichte bei der gerichtlichen Überprüfung von Handlungen der Verwaltung, 1993, S. 80ff.

[152] Ebd.., S. 87ff.

[153] Vgl. nur exemplarisch zum Fall der USA *G. Nolte*, Landesbericht Vereinigte Staaten von Amerika, in: J.A. Frowein (Hrsg.), Die Kontrolldichte bei der gerichtlichen Überprüfung von Handlungen der Verwaltung, 1993, S. 172ff.

Besonders interessant ist insoweit die Schweiz, die in ihrer Mischung aus Rezeption der deutschen Verwaltungsrechtslehre und Bewahrung eigenständiger Traditionen ein reizvolles Vergleichsmuster bietet.[154] Das Bundesgericht hat sich in seiner Rechtsprechung nicht nur die gängigen Lehren zur Ermessenskontrolle, die von der Rezeption der deutschen Verwaltungsrechtsdogmatik geprägt sind, zu eigen gemacht[155], sondern hat vordergründig auch die aus der gleichen Quelle stammende Kategorie des „unbestimmten Rechtsbegriffs" übernommen[156]. Bei der Auslegung „unbestimmter Rechtsbegriffe" handele es sich grundsätzlich um reine Rechtsfragen, deren falsche Beantwortung als Rechtsverletzung grundsätzlich voll gerichtlicher Prüfung unterliege[157]. Hinter dieser Formel verbirgt sich allerdings in der Realität ein von der deutschen Praxis deutlich verschiedener Kontrollmaßstab, betont das Bundesgericht doch gleichzeitig den Beurteilungsspielraum der Behörden bei „Fragen, zu deren Beurteilung die Vorinstanzen über die besseren Kenntnisse der besonderen örtlichen, technischen oder persönlichen Verhältnisse verfügen"[158].

Das Bundesgericht hat sein Konzept des „unbestimmten Rechtsbegriffs" wie folgt erläutert:

> „Unbestimmte Rechtsbegriffe gewinnen ihren Inhalt aus dem Sinn und Zweck der Vorschrift sowie aus deren Stellung im Gesetz und im Rechtssystem, bedürfen also der Auslegung. Das Bundesgericht hat den Grundsatz aufgestellt, die Auslegung unbestimmter Rechtsbegriffe sei als Beantwortung einer Rechtsfrage von der Ermessensbetätigung zu trennen. Es anerkennt freilich, daß den kantonalen Behörden bei der Anwendung unbestimmter Rechtsbegriffe im Einzelfall ein gewisser Beurteilungsspielraum (latitude de jugement) offenstehen kann. Insbesondere wenn örtliche Verhältnisse zu würdigen sind, ein Grenzfall vorliegt und die Auslegung schwierig ist, läßt sich die Rechtsanwendung innerhalb des soeben erwähnten Beurteilungsspielraumes nicht scharf von der Ermessensbetätigung trennen. Mit Rücksicht darauf übt das Bundesgericht eine gewisse Zurückhaltung, wenn es in derartigen Fällen die Entscheidung einer kantonalen Behörde zu überprüfen hat. Es widerspräche in der Tat dem Wesen der Rechtskontrolle, wenn der Staatsgerichtshof in solchen Fällen einer vertretbaren Auslegung des fraglichen unbestimmten Rechtsbegriffs die Anerkennung versagen und in völlig freier Überprüfung von der Rechtsauffassung der kantonalen Behörde abweichen würde. Soll die Rechtskontrolle indessen nicht in

---

154 Den nachfolgenden Ausführungen zum Schweizer Recht liegt eine Untersuchung zugrunde, die als „Landesbericht Schweiz" schon in dem von *J.A. Frowein* herausgegebenen Kolloquiumsband „Die Kontrolldichte bei der gerichtlichen Überprüfung von Handlungen der Verwaltung" 1993 veröffentlicht wurde.

155 Vgl. die bei *F. Gygi*, Bundesverwaltungsrechtspflege, 2.Aufl. 1983, S.303f., 310ff. gegebenen Nachweise der einschlägigen Rechtsprechung.

156 Beginnend mit BGE 87 I 438; grundlegend dann BGE 91 I 69ff., 75.

157 Vgl. *F. Gygi* (Fn.155), S.305 m.w.Nachw.

158 So die Formel in einer der neuesten Entscheidungen – Urteil vom 16. Sept. 1987 i. S. Schweizerischer Bund für Naturschutz u.a. gg. Engadiner Kraftwerke AG und Regierung des Kantons Graubünden, ZBl. 89 (1988), S.273, 275; der Bundesrat geht in seiner Entscheidungspraxis im Beschwerdeverfahren im übrigen von einer ähnlichen Kognitionsbeschränkung aus – vgl. *F. Gygi* (Fn.155), S.316 m.w.Nachw.

unzulässiger Weise beschränkt werden, so darf ein Beurteilungsspielraum bloß innerhalb enger, möglichst genau umschriebener Grenzen anerkannt werden."[159].

Das hinter dieser Konzeption durchscheinende schweizerische Verständnis der föderalen Gewaltenteilung verweist auf die besondere Rolle der kantonalen Behörden in der Durchführung der Bundesgesetze. Zwar sind die kantonalen Akte in der Ausführung von Bundesrecht der Verwaltungsgerichtsbeschwerde an das Bundesgericht zugänglich, da es sich schließlich um die Anwendung von Normen des Bundesrechts handelt. Die kantonalen Behörden sind aber als eigenständige Träger hoheitlicher Gewalt zur Konkretisierung der gesetzlichen Anforderungen besonders legitimiert; daraus erwächst ihnen eine spezifische Rolle in der Vermittlung zwischen Rechtsnorm und Sachverhalt, die nach Spielräumen in der Auslegung und Anwendung des Rechts verlangt.

Unter systematischen Gesichtspunkten eine Ordnung zu bringen in diese Praxis der richterlichen Zurückhaltung bei der Verwaltungskontrolle, des Rückzuges auf die – in der schweizerischen Terminologie so bezeichnete – „beschränkte Kognition", fällt allerdings der schweizerischen Rechtslehre alles andere als leicht[160]. Selbst die Unterschiede zwischen Ermessen und Beurteilungsspielraum sind im Ergebnis weit weniger klar als dies die allgemein verbreitete Dogmatik zu suggerieren scheint, formulieren doch selbst die Verwaltungsgerichte oft, daß „auch innerhalb unbestimmter Rechtsbegriffe wesentlicher Raum für die Betätigung des verwaltungsgerichtlich nicht nachprüfbaren Ermessens bleibe"[161] – eine deutliche Reverenz an die ältere Lehre vom Tatbestandsermessen.

René A. Rhinow schreibt insoweit (wohl treffend), daß es trotz aller theoretischer Bemühungen in dieser Situation als offen erscheine, „inwiefern sich die Handlungsgrenzen der Verwaltung bei beiden Konzeptionen effektiv unterscheiden"[162]. Die – erkennbar am deutschen Vorbild orientierten – Vertreter der Lehre vom unbestimmten Rechtsbegriffe[163], die für eine möglichst weitgehende Zurückdrängung des Beurteilungsspielraums eintreten, tun sich mit dieser verwaltungsgerichtlichen Praxis jedoch eher schwer[164]. In der theoretischen Ausgangsposition der Konzeption der Verwaltungsgerichte wohl sehr viel näher steht die in der neueren Literatur zunehmend vertretene Gegenposition[165], die an die traditionelle Lehre vom Tatbestandsermessen anknüpft.

---

159 BGE 96 I 373.

160 Vgl. die von *F. Gygi* (Fn. 155), S. 307ff., *M. Imboden/ R. Rhinow*, Schweizerische Verwaltungsrechtsprechung, Bd. 1, 5. Aufl. 1976, S. 406ff. sowie *F. Bertossa*, Der Beurteilungsspielraum, 1984, S. 83ff., unternommenen Systematisierungsversuche.

161 Vgl. die Nachweise der entsprechenden Entscheidungspraxis kantonaler Verwaltungsgerichte bei *Imboden/ Rhinow* (Fn. 160), S. 406.

162 So *R.A. Rhinow*, Landesbericht Schweiz, in: M. Bullinger (Hrsg.), Verwaltungsermessen im modernen Staat, 1986, S. 51, 59.

163 Als bekannten Exponenten dieses Ansatzes vgl. *Fritz Gygi* – ders. Bundesverwaltungsrechtspflege (Fn. 155), S. 304ff.; *ders.*, Verwaltungsrecht, 1986, S. 145ff.

164 *René Rhinow* geht so weit zu behaupten, diese Lehre sei „im Abklingen begriffen" – *ders.* (Fn. 162), S. 60.

165 Als Vertreter dieser Position vgl. vor allem *René A. Rhinow* (Fn. 162), S. 61ff. sowie *K.A.*

Die methodische Prämisse der gängigen Lehre von der kategorialen Unterscheidung zwischen (prinzipiell nachprüfbarer) Auslegung bei unbestimmten Rechtsbegriffen und (unüberprüfbarer) Ermessensbetätigung sei – so wird von den Kritikern genauso wie in Deutschland argumentiert – äußerst fragwürdig. Auslegung unbestimmter Rechtsbegriffe wie Ermessensbetätigung seien beides Formen der Normkonkretisierung, eine Regelbildung erfordernde Brückenbildung zwischen Gesetzestext und Wirklichkeit. Diese normkonkretisierende Regelbildung erfordere immer eine ergänzende Auffüllung des abstrakten Normgehalts mit weiteren Wertungen; die Konstruktion der letztendlichen Einzelfallnorm durch Annäherung von Norm und Sachverhalt sei nicht ohne Wertungen des Konstrukteurs zu bewerkstelligen, der in komplexen Fällen immer ebenso neues Recht schöpfe wie er vorhandenes Recht anwende[166].

Für den Gesetzgeber, der über „offene Normen" faktisch „Letztentscheidungsspielräume" – als „Inbegriff des richterlich nicht korrigierbaren" – an die Verwaltung delegieren wolle, seien daher (Rechtsfolgen-)Ermessensspielräume sowie „unbestimmte Gesetzesbegriffe" mit (inhärenten) Beurteilungsspielräumen nahezu austauschbare Figuren[167].

Unter dem Blickwinkel der allgemeinen Staats- und Verwaltungslehre markiere diese Delegation von Entscheidungskompetenz einen elementaren Funktionsmechanismus der Gewaltenteilung. „Verwaltungsermessen" in diesem weiten Sinne signalisiere „den ex ante gewährten und ex post geschützten Entscheidungsbereich von Verwaltungsbehörden"[168]. Richter und Verwaltung hätten „aufgrund der Verfassungsordnung nicht die gleichen Kompetenzen zugewiesen erhalten, sondern je spezifische Aufgaben in besonderen Verfahren zu erfüllen"[169]. Die „Konkretisierung abstrakter Rechtsgrundlagen im Bereich des öffentlichen Rechts" sei in der „primären Verantwortung der Exekutivgewalt". Der Richter habe die daraus resultierende „Entscheidungsprärogative (nicht: das Entscheidungsmonopol!) der Verwaltung als verfassungsrechtliches Gebot zu respektieren. Nicht ihm, sondern den von Verfassung und Gesetz eingesetzten ‚Vollzugsorganen' obliegt es in erster Linie, das vorgegebene Recht ‚anzuwenden', sei es durch Regelbildung auf verschiedenen Stufen oder durch Anordnung im Einzelfall, sei es durch Programmentwicklung oder durch Programmerfüllung"[170].

Die Rückkoppelung der Kontrolldichte-Problematik an das mit der Verfassung begründete konkrete Funktionenteilungsmodell – und d.h. konkret: an das Modell bundesstaatlicher Funktionenverteilung – ist damit in der Schweizer Rechtslehre deutlich vollzogen.

Vallender, Unbestimmter Rechtsbegriff und Ermessen, in: Mélanges André Grisel, 1983, S. 819ff.

166 Vgl. vor allem *K.A. Vallender* (Fn. 165), S. 819ff., insb. S. 830f., 836.

167 Vgl. *K.A. Vallender* (Fn. 165), S. 835ff., 840.

168 Vgl. *R.A. Rhinow* (Fn. 162), S. 76.

169 So *R.A. Rhinow*, Verwaltungsgerichtsbarkeit im Wandel, in: Staatsorganisation und Staatsfunktionen im Wandel – Festschrift für Kurt Eichenberger, 1982, S. 657, 667.

170 Ebd., S. 670.

12.5. Probleme der Verwaltungskompetenzen II – ,Landeseigene Verwaltung' und Bundesauftragsverwaltung

Daß die deutsche Staatsrechtslehre den bundesstaatsrechtlichen Kontext der Kontrolldichte-Problematik kaum jemals wirklich wahrgenommen hat, wird man als ein deutliches Symbol der unitarischen Schlagseite des Bundesstaatsverständnisses in Deutschland anzusehen haben. Hält man die über die Intensivierung der rechtlichen Steuerung des Verwaltungshandelns erzielte Unitarisierung für prinzipiell erstrebenswert, so besteht keinerlei Anlaß, die damit bewirkte schleichende Mediatisierung der Länder zu problematisieren. Daß mit dieser ganz allmählichen, nichtsdestoweniger aber wirkungsmächtigen Aushöhlung der Länderautonomie im Verwaltungsbereich wichtige Folgewirkungen im System der Kompetenzteilung einhergehen, gerät in der Folge dann aber ebenfalls aus dem Blick. Kategoriale Differenzierungen des ursprünglichen Systems der Kompetenzteilung des Grundgesetzes, wie die zwischen Landeseigenverwaltung und Bundesauftragsverwaltung, werden nach wie vor weithin als von fundamentaler Tragweite begriffen, obwohl mit den geschilderten Veränderungen in den rechtlichen Rahmenbedingungen der Verwaltungstätigkeit die Unterschiede zwischen beiden Instituten praktisch mehr und mehr verwischt werden.

Das Institut der ,Landeseigenverwaltung', also der ,Ausführung der Bundesgesetze als eigene Angelegenheit', verändert mit der beschriebenen Entwicklung zum ,perfekten Rechtsstaat' tendenziell seine rechtliche Qualität. Der Grundsatz der ,Ausführung als eigene Angelegenheit', dem in Art. 83 GG eine zentrale Rolle als tragendes Konstruktionsprinzip des bundesstaatlichen Kompetenzteilungsgefüges zugewiesen worden war, wird im Ergebnis dieser Entwicklung mehr und mehr in seiner Bedeutung reduziert. Hatte die Verwaltung in der Vorstellung der Verfassunggeber im Parlamentarischen Rat noch einen ganz eigenen Wert als der Gesetzgebung prinzipiell gleichgeordnete Form der Ausübung staatlicher Hoheitsgewalt[171], so droht sie diese Bedeutung als eigenständige Handlungsebene staatlicher Tätigkeit mittlerweile weitestgehend zu verlieren.[172]

Der gedankliche Kern der 1948/49 gehegten Vorstellung, mit der weitgehenden Autonomie der Länder im Bereich der Verwaltung werde diesen ein entscheidend wichtiger Bereich staatlichen Handelns zur eigenständigen Erledigung zugewiesen, ist auf dem Hintergrund der damals noch unbestrittenen, traditionellen Ermessenslehre leicht zu verstehen. Angesichts der bis weit in die Fünfziger Jahre vorherrschenden Konzeption eines prinzipiell weiten, die Tatbestands- wie die

---

[171] Siehe die Darstellung oben unter 4.5.4.

[172] Zur Frage der Eigenständigkeit (bzw. besser: Eigenverantwortung) der Verwaltung im gewaltenteiligen Verfassungsstaat vgl. insbes. *R. Scholz* (Fn. 143), S. 146ff., 160ff. sowie *E. Schmidt-Aßmann*, Verwaltungsverantwortung und Verwaltungsgerichtsbarkeit, VVDStRL 34 (1976), S. 221, 229ff., ferner *W. Brohm*, Die staatliche Verwaltung als eigenständige Gewalt und die Grenzen der Verwaltungsgerichtsbarkeit, DVBl. 1986, S. 321ff., *F.E. Schnapp*, Der Verwaltungsvorbehalt, VVDStRL 43 (1985), S. 172, 176f. und *D. Czybulka*, Die Legitimation der öffentlichen Verwaltung, 1989, S. 99ff.

Rechtsfolgenseite erfassenden Ermessens standen der Verwaltung weitreichende Spielräume eigenständiger Entscheidung nach eigenen sachlichen wie politischen Leitlinien zu, die rechtlich nicht determiniert waren – nicht determiniert sein konnten, bedenkt man die gesetzgebungstechnische Zwangslage, die dem Gesetzgeber vielfach nichts anderes übrigläßt, als in Generalklauseln und unbestimmten Rechtsbegriffen großer tatbestandlicher Weite seine Zuflucht zu suchen.[173] Auf der Basis dieser einfach als existent vorausgesetzten Eigenbereiche autonomer administrativer Entscheidung – autonom nicht im Sinne des Beliebens des einzelnen Verwaltungsbeamten, sondern der politischen Eigenständigkeit der Exekutive, die über die Instrumentarien der Dienstaufsicht und der Verwaltungsvorschriften das Handeln der Behörden nach eigenen Zweckvorstellungen steuern kann – war die Vorstellung durchaus plausibel, mit der im Grundgesetz vorgenommenen Teilung – Gesetzgebung schwerpunktmäßig beim Bund und Verwaltung schwerpunktmäßig bei den Ländern – seien beiden Ebenen politisch ähnlich gewichtige Funktionen der Staatlichkeit zugewiesen.[174]

Die oben beschriebene Entwicklung hin zur vollen rechtlichen Determiniertheit jeder Form administrativen Handelns höhlt nun aber die Fundamente dieser Konstruktion aus. Die Verwaltung, der Bismarck in seiner Verfassungsschöpfung noch einen weit größeren politischen Wert beimaß als der Gesetzgebung, ist längst nicht mehr von ebenbürtigem Rang, wenn es um die Verteilung der politischen Gewichte geht. Wird Verwaltung tendenziell nur noch als bis ins Detail rechtlich gebundene Vollzugstätigkeit gesehen, als Akt reiner Ausführung gesetzlicher Vorgaben, so ist der Eigenwert der Verwaltung als des traditionellen Fundaments der Länderstaatlichkeit entschwunden.[175] Die Beschränkung der Bundesaufsicht auf die reine Rechtsaufsicht im Bereich der ‚ländereigenen Verwaltung' verliert ihre konstitutive Bedeutung, gibt es doch potentiell bei einer Verwaltung, die nur noch als gesetzesgebundene Verwaltung begriffen wird, kaum noch etwas anderes als Rechtsaufsicht. Jede Streitfrage, über deren Behandlung im Rahmen der Verwaltungstätigkeit zu entscheiden ist, wird im Kern dann eine reine Rechtsfrage, die logisch nur noch der Rechtskontrolle zugänglich sein kann.

Nun führt das Instrumentarium der Bundesaufsicht[176] gemäß Art. 84 GG ein

---

[173] *F. Ossenbühl* beschreibt treffend die ‚unbestimmten Rechtsbegriffe' als „Tribut für das begrenzte menschliche Erkenntnis- und Definitionsvermögen"; die Unbestimmtheit markiere „die Grenze der Normierbarkeit und des menschlichen Erkenntnisvermögens" – *F. Ossenbühl* (Fn. 121), § 10 Rdnrn. 4, 23; vgl. auch *Wolff/Bachof/Stober* (Fn. 140), § 31 Rdnr. 12 (S. 364).

[174] Zur in der Verfassung vorausgesetzten grundsätzlichen „Ebenbürtigkeit" der Kompetenzen der Abschnitte VII und VIII vgl. *P. Lerche*, Art. 83 Rdnr. 30 (1983), in: Maunz/Dürig.

[175] *P. Lerche* benutzt insofern den treffenden Ausdruck von der „Subalternisierung der Verwaltung" – *P. Lerche*, Art. 83 Rdnr. 60 (1983), in: Maunz/Dürig.

[176] Vgl. zur Geschichte und dogmatischen Struktur des Instituts der Bundesaufsicht *J.A. Frowein*, Die selbständige Bundesaufsicht nach dem Grundgesetz, 1961; *G. Dux*, Bundesrat und Bundesaufsicht, 1963; *H. von Mangoldt*, Vom heutigen Standort der Bundesaufsicht, 1966; *P. Lerche*, Art. 84 Rdnrn. 120ff. (1985), in: Maunz/Dürig; *R. Herzog*, Stellung des Bundesrates im demokratischen Rechtsstaat, in: J. Isensee / P. Kirchhof (Hrsg.), Handbuch des Staatsrechts der Bundesrepublik Deutschland, Bd. II, 1989, § 44 Rdnrn. 10f.; *W. Löwer*, Zuständigkeiten und Ver-

Schattendasein in der Verfassungspraxis der Bundesrepublik.[177] Von dem vielfältig gestuften und überaus komplizierten Mechanismus der Bundesaufsicht nach Art. 84 GG ist bisher noch nie Gebrauch gemacht worden.[178] Über die Gründe dafür ist vielfach spekuliert worden.[179] Ursächlich für diese ‚desuetudo' einer historisch eminent wichtigen Figur des Bundesstaatsrechts ist aber wohl – neben dem Ausbau der Instrumente des kooperativen Föderalismus, die vieles an Streitigkeiten schon im Vorfeld abfangen – im Kern die weitreichende Verrechtlichung der Tätigkeit der öffentlichen Verwaltung. Unter der Herrschaft des Art. 19 Abs. 4 GG und unter der – vielfach drückenden – Kontrolle einer allzuständigen und intensiv von ihren Kontrollbefugnissen Gebrauch machenden Verwaltungsgerichtsbarkeit ist das Institut der Bundesaufsicht schlicht überflüssig geworden, zumindest in der Form der reinen Rechtsaufsicht bei der ‚ländereigenen Ausführung der Bundesgesetze'. Rechtsaufsicht üben heute im Prinzip die Verwaltungsgerichte, und nicht die Bundesregierung.[180] Und wenn einmal Streit über die verfassungsrechtlichen Pflichten der Länder bei der Ausführung der Bundesgesetze entsteht, wird der Gang vor das Bundesverfassungsgericht gegenüber dem überaus schwerfälligen Instrumentarium der Bundesaufsicht bevorzugt.[181]

Verwandelt sich die ‚landeseigene Verwaltung' im Zuge der Verrechtlichung durch eine immer perfektionistischere Gesetzgebung und eine alle verbleibenden Lücken ausfüllende Verwaltungsgerichtsbarkeit mehr und mehr zur rechtlich gebundenen Verwaltung, so verändert umgekehrt auch das Institut der Auftragsverwaltung im Gefolge dieser Entwicklung seinen Charakter[182]. Über rein fachli-

---

fahren des Bundesverfassungsgerichts, ebda., § 56 Rdnrn. 27, 29, 38 ff.; *W. Blümel*, Verwaltungszuständigkeit, in: J. Isensee / P. Kirchhof (Hrsg.), Handbuch des Staatsrechts der Bundesrepublik Deutschland, Bd. IV, 1990, § 101 Rdnrn. 41 ff.

[177] Vgl. *W. Leisner*, Der Bund-Länder-Streit vor dem Bundesverfassungsgericht, in: Bundesverfassungsgericht und Grundgesetz Bd. I, 1976, S. 260, 287 ff.; *P. Lerche*, Art. 84 Rdnr. 130 (1985), in: Maunz/Dürig: *W. Blümel* (Fn. 176), § 101 Rdnr. 41.

[178] *H.H. Klein*, Verwaltungskompetenzen von Bund und Ländern in der Rechtsprechung des Bundesverfassungsgerichts, in: Bundesverfassungsgericht und Grundgesetz Bd. II, 1976, S. 277, 293; *K. Stern*, Das Staatsrecht der Bundesrepublik Deutschland, Bd. II, 1980, S. 804 f.; *P. Lerche*, Art. 84 Rdnr. 130 Fußn. 27 (1985), in: Maunz/Dürig: *R. Herzog* (Fn. 176), § 44 Rdnrn. 10; *W. Löwer* (Fn. 176), § 56 Rdnr. 29; *W. Blümel* (Fn. 176), § 101 Rdnr. 41

[179] Vgl. nur *W. Leisner* (Fn. 177), S. 287 ff.; *K. Stern* (Fn. 178), Bd. II, S. 804 f.; *P. Lerche*, Art. 84 Rdnr. 130 (1985), in: Maunz/Dürig; *W. Blümel* (Fn. 176), § 101 Rdnr. 41.

[180] Vgl. insoweit schon *H. von Mangoldt* (Fn. 176), S. 75 f.; vgl. ferner *W. Leisner* (Fn. 177), S. 287 ff.; *P. Lerche*, Art. 84 Rdnrn. 129, 130 (1985), in: Maunz/Dürig; *W. Blümel* (Fn. 176), § 101 Rdnr. 41.

[181] Siehe z.B. BVerfGE 6, 309, 328 ff.; 7, 367, 372; 8, 122, 130 ff.; 39, 96, 109 f. Vgl. außerdem *H.H. Klein* (Fn. 178), S. 293 f.; *P. Lerche*, Art. 84 Rdnr. 130 (1985), in: Maunz/Dürig; *W. Löwer* (Fn. 176), § 56 Rdnr. 29; *W. Blümel* (Fn. 176), § 101 Rdnr. 42.

[182] Zum alten Streit, ob es sich bei der Auftragsverwaltung um einen Fall der ‚mittelbaren Bundesverwaltung', um ein Zusammenwachsen von Bund und Ländern zu einem ‚einheitlichen Hoheitsträger' oder um eine ‚Landesverwaltung nach Weisung des Bundes' handle, vgl. nur – jeweils m.w.N. der Literatur – *M. Ronellenfitsch*, Die Mischverwaltung im Bundesstaat, 1975, S. 246; *K. Stern*, Das Staatsrecht der Bundesrepublik Deutschland, Bd. II, 1980, S. 808; *S. Broß*, Art. 85 Rdnr. 1, in: von Münch, GG-Komm., Bd. 3, 2. Aufl. 1983; *R. Steinberg*, Handlungs- und

che Weisungen – so die traditionell das Institut fundierende Grundannahme – läßt sich unter den Prämissen des vom Grundgesetz statuierten Systems der Verantwortungsverteilung im Rahmen des Art. 85 GG schwerlich diskutieren. Für die Beurteilung von Fragen der sachlichen bzw. inhaltlichen Angemessenheit ist im Streitfall nach Art. 85 GG allein die Bundesregierung zuständig, der die „Sachentscheidungskompetenz" zusteht; die Landesverwaltung ist insoweit nur ausführendes Organ.[183] Das Weisungsrecht ist damit also „zu umfassender Direktionskompetenz des Bundes"[184] gesteigerte Steuerungsbefugnis, vergleichbar der Direktionsbefugnis der übergeordneten Behörde im hierarchischen Behördenaufbau innerhalb der Bundes- und Landesverwaltung.

Wird die inhaltlich umstrittene Frage aber zur Frage der Rechtsanwendung, so liegt es nahe, die Ausführung politisch mißliebiger Weisungen mit dem Argument, die Weisung sei rechtswidrig, zu verweigern (oder zumindest gegen diese Weisung vor dem Bundesverfassungsgericht Rechtsschutz im Wege des Bund-Länder-Streitverfahrens nach Art. 93 Abs. 1 Nr. 3 GG zu suchen).[185] Der Möglichkeit, die politischen Streitfragen in Form einer Rechtsdebatte zu führen, wohnt jedoch unweigerlich die Tendenz inne, das Gefüge der hierarchischen

Entscheidungsspielräume des Landes bei der Bundesauftragsverwaltung unter besonderer Berücksichtigung der Ausführung des Atomgesetzes, AöR 110 (1985), S. 419, 423; *ders.*, Bundesaufsicht, Länderhoheit und Atomgesetz, 1990, S. 4ff.; *T. Tschentscher*, Inhalt und Schranken des Weisungsrechts des Bundes aus Art. 85 III GG, 1988, S. 12; *P. Lerche*, Art. 85 Rdnrn.4ff. (1987), in: Maunz/Dürig; *F. Ossenbühl*, Weisungen des Bundes in der Bundesauftragsverwaltung, Der Staat 28 (1989), S. 31, 36f.; *H.P. Bull*, Art. 85 Rdnrn.3f., in: Alternativkommentar Bd. 2, 2.Aufl. 1989; *W. Pauly*, Anfechtbarkeit und Verbindlichkeit von Weisungen in der Bundesauftragsverwaltung, 1989, S. 16ff.; *K. Lange*, Das Weisungsrecht des Bundes in der atomrechtlichen Auftragsverwaltung, 1990, S. 18ff.; *M. Schulte*, Zur Rechtsnatur der Bundesauftragsverwaltung, VerwArch 81 (1990), S. 415, 418; *W. Blümel* (Fn. 176), § 101 Rdnr.49; *A. Dittmann*, Art. 85 Rdnrn.4, 7, in: Sachs, GG-Komm. (Fn. 8).

[183] Vgl. *R. Steinberg*, AöR 110 (1985), S. 426f., 431ff.; *F. Ossenbühl* (Fn. 182), S. 35ff.; *W. Blümel* (Fn. 176), § 101 Rdnrn. 59, 63, 66; *A. Dittmann*, Art. 85 Rdnrn.18ff., in: Sachs, GG-Komm. (Fn. 8).

[184] So etwa *P. Lerche*, Art. 85 Rdnr.4 (1987), in: Maunz/Dürig; vgl. aber etwa auch *T. von Danwitz*, Bundesauftragsverwaltung und Bundesingerenzen nach Art. 85 Abs. 4 GG, DVBl. 1992, S. 1005, 1007f.

[185] Siehe zur Diskussion, die diese Argumentation ausgelöst hat, *R. Steinberg*, AöR 110 (1985), S. 431ff., insbes. S. 439ff.; *G. Winter*, Rechtsschutz gegen Weisungen in der atomrechtlichen Bundesauftragsverwaltung, DVBl. 1985, S. 993ff.; *P. Lerche*, Art. 85 Rdnr.53 (1987), in: Maunz/Dürig; *ders.*, Zur Angreifbarkeit von Weisungen des Bundes im Rahmen der Bundesauftragsverwaltung, BayVBl. 1987, S. 321ff.; *H. Wagner*, Zum Weisungsrecht des Bundes im atomrechtlichen Genehmigungsverfahren – Voraussetzungen und Rechtsschutz, DVBl. 1987, S. 917ff.; *T. Tschentscher* (Fn. 182), S. 373ff.; *F. Ossenbühl* (Fn. 182), S. 37ff.; *H.P. Bull*, Art. 85 Rdnrn.19, 21, in: Alternativkommentar Bd. 2, 2.Aufl. 1989; *W. Pauly*, (Fn. 182), S. 233ff.; *ders.*, Weisungsabwehr in der Bundesauftragsverwaltung, DÖV 1989, S. 884ff.; *K. Lange* (Fn. 182), S. 68ff., 95ff.; *R. Steinberg*, Bundesaufsicht, Länderhoheit und Atomgesetz, 1990, S. 63ff.; *M. Schulte* (Fn. 182), S. 428f.; *W. Blümel* (Fn. 176), § 101 Rdnr.68; *B. Zimmermann*, Die Kontrolldichte gerichtlichen Rechtsschutzes gegen Weisungen in der Bundesauftragsverwaltung – ein Problem der Zuständigkeitsverteilung zwischen BVerfG und BVerwG?, DVBl. 1992, S. 93ff.; *A. Dittmann*, Art. 85 Rdnr.23, in: Sachs, GG-Komm. (Fn. 8).

Steuerung der Verwaltung über Weisungen in seiner Effektivität zu beeinträchtigen, im Ergebnis die Weisungen ihrer Verbindlichkeit zu berauben. Ließe sich tatsächlich die Ausführung von Weisungen so lange rechtmäßig verweigern, oder durch ein Verfahren vor dem Bundesverfassungsgericht aufschieben, bis die im Zusammenhang mit der Weisung aufgeworfenen Rechtsfragen alle gerichtlich geklärt wären, so liefe das Weisungsinstrumentarium des Art. 85 GG im Ergebnis weitgehend leer.[186] Zudem würde das Bund-Länder-Streitverfahren, das verfassungsrechtliche Rechtspositionen im Bund-Länder-Verhältnis schützen soll, in ein Verfahren der objektiven Rechtmäßigkeitskontrolle umgewandelt – ein Ergebnis, das mit den prozessualen Grundsätzen des Art. 93 Abs. 1 GG kaum vereinbar wäre.[187]

Das Bundesverfassungsgericht hat dementsprechend auch versucht, den widerstrebenden Ländern den Einwand der falschen Rechtsanwendung im Rahmen der Weisungserteilung so weit es geht abzuschneiden. Ohne die Festlegungen, die das Bundesverfassungsgericht in seinen Entscheidungen vom 22.5. 1990 („Kalkar")[188] und vom 10.4. 1991 („Schacht Konrad")[189] vorgenommen hat, wäre das Institut der Auftragsverwaltung fast völlig seines Sinnes entkleidet worden. Möglicher Gegenstand von Weisungen dürfen eben nicht nur Zweckmäßigkeitserwägungen sein, sondern müssen auch Rechtsauffassungen in der Auslegung der einschlägigen gesetzlichen Tatbestände darstellen können.[190] Allenfalls Fälle offensichtlichen Rechtsmißbrauchs durch die Bundesregierung, der „unter grober Mißachtung der ihr obliegenden Obhutspflicht" erfolgenden Anweisung zu einem Tun oder Unterlassen, „welches im Hinblick auf die damit einhergehende allgemeine Gefährdung oder Verletzung bedeutender Rechtsgüter schlechterdings nicht verantwortet werden kann", wären von der Weisungsbefugnis nicht mehr gedeckt.[191]

Genau mit der letztgenannten Ausnahme, dem Mißbrauchsargument, ist der Debatte über die ‚richtige' Gesetzesauslegung aber immer noch eine Hintertür offengehalten. Zudem unterliegt der Bund – wie das Bundesverfassungsgericht betont – bei Ausübung seiner Weisungsbefugnis der Pflicht zu bundesfreundlichem Verhalten, eine Bindung, die ebenfalls von den Ländern weiterhin geltend zu machen wäre. So ganz ist das angestrebte Ziel, die Auftragsverwaltung als ein scharfes und effizientes Instrument der Verwaltungssteuerung in Händen des Bundes zu erhalten, der Rechtsprechung damit dann aber nicht gelungen. Im Ge-

---

186 Vgl. mit gleicher Tendenz auch *P. Lerche*, Art. 85 Rdnr. 53 (1987), in: Maunz/Dürig; *F. Ossenbühl* (Fn. 182), 41ff. (insbes. 47f.); *A. Dittmann*, Art. 85 Rdnr. 23, in: Sachs, GG-Komm. (Fn. 8). A.A. dagegen *W. Pauly* (Fn. 182), S. 233ff.; *K. Lange* (Fn. 182), S. 109ff.; *R. Steinberg*, Bundesaufsicht, Länderhoheit und Atomgesetz, 1990, S. 66ff.

187 Vgl. nur *R. Steinberg*, AöR 110 (1985), S. 440ff.; *F. Ossenbühl* (Fn. 182), S. 42ff.

188 BVerfGE 81, 310, 335ff.; zur Kritik der Entscheidung vgl. *K. Lange* (Fn. 182), S. 125ff., insbes. 145f., sowie *P. Dieners*, Länderrechte in der Bundesauftragsverwaltung, DÖV 1991, S. 923ff.

189 BVerfGE 84, 25, 31ff.

190 *R. Steinberg*, AöR 110 (1985), S. 430.

191 BVerfGE 81, 310, 334f.; vgl. diesbezüglich auch *A. Dittmann*, Art. 85 Rdnr. 24, in: Sachs, GG-Komm. (Fn. 8), ferner *B. Zimmermann* (Fn. 185), S. 96f.

genteil: Wie die neuere Praxis gezeigt hat, bleibt der Bund auch im Rahmen der Auftragsverwaltung letztlich auf die loyale Kooperation der Landesbehörden angewiesen.[192] Eigene wirksame rechtliche Mittel zwangsweiser Durchsetzung stehen ihm – abgesehen vom komplizierten und zeitaufwendigen Instrument des Bundeszwanges – nicht zur Verfügung; unter Berufung auf Rechtsmängel, deren (fehlende) Stichhaltigkeit erst im Verlaufe langwieriger Gerichtsverfahren zu erweisen ist, können sich widerstrebende Landesverwaltungen nach wie vor faktisch der (hierarchischen) Steuerung durch den Bund entziehen.

Es dürfte insoweit kaum verwundern, daß die Praxis von Bund und Ländern im Regelfall eher das pragmatische Arrangement sucht als auf die rechtlichen Instrumente des Art. 85 Abs. 3 GG zurückzugreifen.[193] Mit anderen Worten: Für den Regelfall der Auftragsverwaltung (außerhalb des Atomrechts[194]) kommt der Debatte um die Grenzen des Weisungsrechts weitgehend akademische Bedeutung zu. In der Praxis zeigt der Alltag der Auftragsverwaltung meist deutlich kooperative Züge, Züge eher eines Verhandlungssystems als eines Gefüges hierarchischer Steuerung von oben.[195] Die mit hohem politischem Profil geführten Konflikte um das Atomrecht, die zu den Entscheidungen des Bundesverfassungsgerichts geführt haben, wird man insoweit als Ausnahmefälle einzustufen haben; in den anderen Bereichen der Auftragsverwaltung sorgen die hohe Technizität und die eingefahrenen Konfliktvermeidungsmechanismen der ‚Fachbruderschaften' für ein meist recht reibungsloses Funktionieren der Verzahnung von Bundes- und Landesverwaltung im Rahmen der Auftragsverwaltung.

Symptomatisch sind insoweit vor allem die Zustände im Bereich der Steuerverwaltung, die für die Bereiche Einkommens- und Körperschaftssteuer seit 1955, für die Erhebung der Umsatzsteuer seit 1969 in der Form der Auftragsverwaltung geführt wird.[196] Im Gegensatz zum politisch konfliktträchtigen Bereich der

---

[192] Zu dieser (im Kern leicht resignativen) Schlußfolgerung gelangt auch *F. Ossenbühl* (Fn. 182), S. 39f.

[193] Dies ändert nichts daran, daß in bestimmten Fällen der Rückgriff auf die Weisung nicht zu umgehen ist, da sonst das Verfahren mit Rechtsfehlern behaftet wäre. Man denke etwa an den Fall des Planfeststellungsverfahrens nach dem Bundesfernstraßengesetz, wo im Falle von Meinungsverschiedenheiten zwischen der obersten Landesstraßenbaubehörde (als Planfeststellungsbehörde) und einer Bundesbehörde gem. § 18 a Abs. 1 S. 2 FStrG zwingend die Weisung des Bundesministers für Verkehr einzuholen ist – vgl. dazu *W. Blümel* (Fn. 176), § 101 Rdnr. 59 (a.E.).

[194] Zu den – politisch bedingten – Sonderproblemen des Vollzugs im Atomrecht vgl. insbes. *F. Ossenbühl*, Verfassungsrechtliche Aspekte des atomrechtlichen Planfeststellungsverfahrens, in: Festschrift für Horst Sendler, 1991, S. 107ff.

[195] Schon 1971 konstatierte etwa *J. Kölble*, daß „die Exekutive des Bundes die ihr im Bereich der Bundesauftragsverwaltung zustehenden Ingerenzrechte in der Verfassungswirklichkeit zum Teil nicht ausübt und daß stattdessen die Form einer Zusammenarbeit zwischen Bund und Ländern praktiziert wird, die mehr auf dem Prinzip der Kooperation als dem der Subordination beruht" – *J. Kölble*, Entwicklung der Bundesaufgaben und ihrer Finanzierung im Hinblick auf das Grundgesetz, in: Entwicklung der Aufgaben und Ausgaben von Bund, Ländern und Gemeinden, 1971, S. 41, 69; vgl. auch zur neueren Praxis *W. Blümel* (Fn. 176), § 101 Rdnrn. 56, 59.

[196] Vgl. zur Rolle der Auftragsverwaltung im Bereich der Finanzverwaltung *K. Vogel / R. Wachenhausen*, Zweitbearbeitung Art. 108 Rdnrn. 96ff. (1971), in: Bonner Kommentar; *T. Maunz*,

Atompolitik ist dieser Verwaltungsbereich ein klassisches Feld der Massenverwaltung, mit dementsprechend intensivem Abstimmungs- und Kooperationsbedarf[197], zudem ein Bereich extremer rechtlicher und verwaltungstechnischer Komplexität. Die Masse der zu bewältigenden Verfahren ist immens; gleichzeitig ist das politische Profil der einzelnen Verfahren aber kaum vergleichbar mit der konfliktträchtigen Genehmigung einer nukleartechnischen Anlage.

An ungeklärten – und zwischen Bund und Ländern umstrittenen – rechtlichen Grundsatzfragen mangelt es zwar auch in diesem Kontext nicht. Die betroffenen Bundes- und Landesverwaltungen zeigen jedoch in der Regel keinerlei Neigung, die Streitfragen gerichtlich auszutragen – im Gegenteil sind alle Seiten bemüht, die Streitfragen in der Schwebe zu halten und die Probleme im Wege pragmatischer Arrangements einer Kompromißlösung zuzuführen. Bemerkenswert ist insofern vor allem die ‚kooperative' Lösung, die Bund und Länder in bezug auf die heftig umstrittene Frage nach den Grenzen des Weisungsrechts aus Art. 108 Abs. 3 i.V.m. Art. 85 Abs. 3 GG entwickelt haben. Während der Bund grundsätzlich das Recht in Anspruch nimmt, im Rahmen seines Weisungsrechts aus Art. 85 Abs. 3 GG auch sogen. ‚allgemeine Weisungen' zu erlassen, haben die Länder dem Bund dieses Recht seit jeher bestritten.[198] Als im Zuge der Finanzreform erkennbar wurde, daß der Bundesfinanzminister gewillt sein würde, von seinem beanspruchten Recht auf Erlaß genereller Weisungen Gebrauch zu machen, einigten sich Bund und Länder im Rahmen der Finanzministerkonferenz unmittelbar nach Inkrafttreten der Finanzreform (1. 1. 1970) am 15. 1. 1970 auf einen modus vivendi, der im Wege eines praktischen Arrangements den Rechtsstreit ver-

---

Art. 108 Rdnr.41ff. (1983), in: Maunz/Dürig; *H. Siekmann*, Art. 108 Rdnrn.23ff., in: Sachs, GG-Komm. (Fn. 8).

197 Zur verfassungsrechtlichen Verpflichtung weitgehender Einheitlichkeit beim Vollzug der Steuergesetze vgl. nur *A. Dittmann*, Gleichheitssatz und Gesetzesvollzug im Bundesstaat, in: Festschrift für Günter Dürig, 1990, S. 221ff., sowie *H. Siekmann*, Art. 108 Rdnrn.39ff., in: Sachs, GG-Komm. (Fn. 8).

198 Auch in der Literatur ist die Frage nach der Zulässigkeit der Erteilung allgemeiner Weisungen heftig umstritten: Für ein generelles Weisungsrecht plädieren z.B. *H. von Mangoldt / F. Klein*, Das Bonner Grundgesetz. Kommentar, Bd. 3, 2.Aufl. 1974, Art. 84 A.IV.; *K. Stern*, Staatsrecht II (Fn. 178), S. 813; *H. Weyhausen*, Steuerverwaltung und bundesstaatliche Verfassungsordnung, 1982, S. 126ff.; *W. Blümel* (Fn. 176), § 101 Rdnr.60; *B. Schmidt-Bleibtreu*, Art. 85 Rdnr.8, und *F. Klein*, Art. 108 Rdnr.14, in: B. Schmidt-Bleibtreu / F. Klein, GG-Komm., 7.Aufl. 1990; *D. Hömig*, Art. 85 Rdnr.7, in: Seifert/Hömig, GG-Komm., 4.Aufl. 1991; *G.L. Orlopp*, Auftragsverwaltung im Steuerrecht, in: Festschrift für Franz Klein, 1994, S. 597, 598ff.; *A. Dittmann*, Art. 85 Rdnr.20, und *H. Siekmann*, Art. 108 Rdnr.24, in: Sachs, GG-Komm. (Fn. 8). Gegenteiliger Auffassung etwa *F. Ossenbühl*, Verwaltungsvorschriften und Grundgesetz, 1968, S. 371ff.; *K. Vogel / R. Wachenhausen*, Zweitbearbeitung Art. 108 Rdnrn.172f. (1971), in: Bonner Kommentar; *P. Lerche*, Art. 85 Rdnr.50 (1987), in: Maunz/Dürig; *H.P. Bull*, Art. 85 Rdnr.15, in: Alternativkommentar Bd. 2, 2.Aufl. 1989; *B. Pieroth*, Art. 85 Rdnr.6, in: Jarass/Pieroth, GG-Komm., 3.Aufl. 1995; *J. Bonsels*, Einwirkungs- und Mitwirkungsrechte des Bundes bei der Verwaltung der Steuern durch die Länder, 1995, S. 106ff. Ausführlich zur Problematik auch *K. Lange*, Das Weisungsrecht des Bundes in der atomrechtlichen Auftragsverwaltung, 1990, S. 75f. sowie *W. Blümel*, Bundesstaatsrechtliche Aspekte der Verwaltungsvorschriften; AöR 93 (1968), S. 200, 215ff.

mied.[199] Dieser Bund-Länder-Kompromiß vom 15.1. 1970, zum Teil auch (fälschlich) als ‚Bund-Länder-Vereinbarung' bezeichnet[200], schreibt unter grundsätzlicher Aufrechterhaltung der divergierenden Rechtsstandpunkte ein Kooperationsmodell fest, in dem beide Seiten ihre Entscheidungs- und Partizipationsrechte sichern.

In einem gestuften Gefüge von Bund-Länder-Gremien[201] – auf Referenten-, Abteilungsleiter- und Ministerebene – werden danach alle relevanten Fragen des Verwaltungsvollzuges im Bereich der Auftragsverwaltung beraten, meist als Entwürfe allgemeiner Verwaltungsvorschriften seitens des Bundesfinanzministers, manchmal aber auch aufgrund von Ländervorlagen. Findet ein vorgelegter Entwurf einer Verwaltungsvorschrift die Zustimmung des Bundes wie einer Mehrheit der Länder, so wird diese mit Mehrheit verabschiedete Verwaltungsvorschrift vom BMF in ein ‚Schreiben' an die Finanzministerien aller Länder gefaßt und damit bekanntgemacht.[202] Die Länderfinanzministerien transformieren sodann die im Rundschreiben kundgemachte Fassung der Verwaltungsvorschrift in eine Weisung der jeweiligen obersten Landesbehörde an ihre nachgeordneten Verwaltungen, wobei allerdings die nachgeordneten Finanzämter die ‚Transformation' wohl des öfteren gar nicht abwarten, sondern das Rundschreiben wie eine verbindliche Verwaltungsvorschrift behandeln.[203] Auch jenseits dieser Bund-Länder-Abstimmung erlassene allgemeine Weisungen der Landesfinanzministerien an ihre nachgeordneten Behörden bedürfen übrigens – soweit sie Angelegenheiten der Auftragsverwaltung betreffen – nach dem Bund-Länder-Kompromiß einer Zustimmung des Bundesfinanzministers.[204]

Ein ähnliches Verfahren besteht daneben für die Abstimmung der Ländererlasse im Bereich der landeseigenen Verwaltung; auch diese Erlasse werden in den Bund-Länder-Koordinierungsgremien vorberaten, in ihrem Inhalt festgelegt und mit Mehrheit beschlossen, bedürfen aber keiner Zustimmung des Bundesfinanzministers und werden auch nicht in ein ‚Schreiben' des BdF gefaßt, sondern werden von den Landesfinanzministerien unmittelbar in Erlasse der Länder umgesetzt.[205]

---

[199] Der Text der zwischen Bund und Ländern erzielten Vereinbarung ist abgedruckt bei *L. Müller / F.-C. Zeitler*, Zuständigkeiten bei der Verwaltung der Finanzen durch den Bund und die Länder, DStZ 1975, S. 467, 474, und bei *J. Bonsels* (Fn. 198), S. 115 Fußn. 258. Vgl. auch zu Entstehung und Inhalt des Bund-Länder-Kompromisses *J. Bonsels* (Fn. 198), S. 115ff. sowie *G.L. Orlopp* (Fn. 198), S. 601ff.

[200] Zur Rechtsnatur der ‚Vereinbarung' vom 15.1. 1970 vgl. einerseits *J. Bonsels* (Fn. 198), S. 120ff., der sie als nicht-rechtliche Absprache einstuft, sowie andererseits *G.L. Orlopp* (Fn. 198), S. 605, der sie als Verwaltungsabkommen qualifiziert.

[201] Vgl. zu den Gremien der Bund-Länder-Kooperation im Bereich der Finanzverwaltung *T. Schöck*, Innerstaatliche Kooperation beim Vollzug von Steuergesetzen in der Bundesrepublik Deutschland, Steuer und Wirtschaft 1977, S. 22f.; *J. Bonsels* (Fn. 198), S. 116f.

[202] Vgl. zum Verfahren nach dem Bund-Länder-Kompromiß *J. Bonsels* (Fn. 198), 117ff. sowie *G.L. Orlopp* (Fn. 198), S. 605f.

[203] *J. Bonsels* (Fn. 198), S. 119; kritisch zu dieser Praxis *G. Juchum*, Verwaltungsvorschriften im Einkommensteuerrecht, ZG 1991, S. 56, 65.

[204] Siehe Ziff. 4 des Bund-Länder-Kompromisses – *J. Bonsels* (Fn. 198), S. 115.

[205] *J. Bonsels* (Fn. 198), S. 123ff.

Das damit entwickelte kooperative Verfahren der Herausgabe zwischen Bund und Ländern abgestimmter (bzw. mit Mehrheit beschlossener) einheitlicher Verwaltungsvorschriften ist in der Literatur zwar teilweise auf erhebliche rechtliche Bedenken gestoßen.[206] Die vom Grundgesetz errichtete Zuständigkeitsordnung werde hier ausgehebelt, hat man dieser Praxis vorgeworfen. Das Instrument der allgemeinen Verwaltungsvorschriften, das das Grundgesetz als den Regelmechanismus der zentralen Steuerung des Verwaltungsverfahrens durch den Bund vorgesehen habe, werde insoweit ersetzt durch informelle Absprachen in einem rechtlich kaum faßbaren Gefüge der Bund-Länder-Kooperation. Zudem verzichte der Bund mit dieser Praxis auf sein Recht zur Steuerung der Länderverwaltungen über allgemeine Weisungen.

Dieser Vorwurf beruht aber auf einer Prämisse, die in mehrfacher Hinsicht falsch ist. Auf das Instrument der allgemeinen Verwaltungsvorschriften des Bundes wird nicht verzichtet, wie die Praxis an vielen Beispielen belegt[207]; das Mittel der mit Zustimmung des Bundesrates erlassenen allgemeinen Verwaltungsvorschrift wird nur für die grundsätzlichen Probleme reserviert, in denen es Sinn ergibt, das komplizierte Verfahren der Verabschiedung durch Bundesregierung und Bundesrat zu betreiben. In allen anderen Fällen wird auf das sehr viel weniger aufwendige Mittel der informellen Absprache auf Arbeitsebene zurückgegriffen, das leichter handhabbar – und auch leichter an Veränderungen anzupassen ist – als das in Art. 108 Abs. 7 GG vorgeschriebene Beschlußverfahren.

Zum zweiten ist verfassungsrechtlich mehr als fraglich, ob das vom Bund beanspruchte Institut der allgemeinen Weisung wirklich als von Art. 108 Abs. 3 i.V.m. Art. 85 Abs. 3 GG mitumfaßt angesehen werden kann. Daß ‚allgemeine Weisungen' phänotypisch von allgemeinen Verwaltungsvorschriften praktisch nicht zu unterscheiden sind, ist nahezu unbestritten.[208] Lassen sich beide Institute aber kaum unterscheiden, so leuchtet schwerlich ein, wie im System der Art. 85 und 108 GG ein an keine weiteren Voraussetzungen gebundenes Institut der ‚allgemeinen Weisungen' des zuständigen Bundesministers neben den allgemeinen Verwaltungsvorschriften der Bundesregierung (mit Zustimmung des Bundesra-

---

206 Vgl. nur *B. Pieroth*, Art. 108 Rdnr. 6, in: Jarass/Pieroth, GG-Kommentar, 3. Aufl. 1995, aber auch *T. Maunz*, Art. 108 Rdnr. 44 (1983), in: Maunz/Dürig, der das Bestehen verfassungsrechtlicher Probleme insoweit verneint. Allgemein zur verfassungsrechtlichen Problematik der Ersetzung von Verwaltungsvorschriften und Weisungen durch Akte ‚schlichter' Koordinierung *W. Blümel*, Bundesstaatsrechtliche Aspekte der Verwaltungsvorschriften; AöR 93 (1968), S. 200, 203f., 208, 211ff., 236, 240ff.

207 Vgl. zur nach wie vor sehr weitgefächerten Praxis des Erlasses von allgemeinen Verwaltungsvorschriften *J. Bonsels* (Fn. 198), S. 83ff.

208 Vgl. nur *F. Ossenbühl* (Fn. 198), S. 372f.; *K. Vogel / M. Wachenhausen*, Zweitbearbeitung Art. 108 Rdnr. 173 (1971), in: Bonner Kommentar; *P. Lerche*, Art. 84 Rdnr. 50 (1985), in: Maunz/Dürig; *T. Tschentscher*, Inhalt und Schranken des Weisungsrechts des Bundes aus Art. 85 III GG, 1988, S. 219ff.; *H.P. Bull*, Art. 85 Rdnr. 15, in: Alternativkommentar Bd. 2, 2. Aufl. 1989; *J. Bonsels* (Fn. 198), S. 108.

tes) bestehen können soll.[209] Sollte die Bundesregierung im formalisierten Verfahren des Art. 85 Abs. 3 bzw. 108 Abs. 7 GG als Kollegium beim Erlaß generalisierter Verwaltungsanweisungen an die Zustimmung des Bundesrates gebunden sein, während der Bundesfinanzminister inhaltlich gleiche Verwalltungsvorschriften aus eigener Machtvollkommenheit erlassen könnte? Das Ergebnis wäre verfassungspolitisch derart widersinnig, daß man unter teleologischer Perspektive eine derartige Interpretation wohl kaum wird für plausibel halten können.[210]

Außerdem verzichtet – dies wird von den Kritikern meist verschwiegen – der Bund gar nicht wirklich auf die von ihm beanspruchten Befugnisse. Der Bund-Länder-Kompromiß vom 15. 1. 1970 wurde unter Aufrechterhaltung der beiderseitigen Rechtsstandpunkte getroffen.[211] Aus Perspektive des Bundes ließe sich das dort festgeschriebene Verfahren durchaus als Ausfluß der behaupteten Rechte des Bundes konstruieren, wird das Ergebnis der Bund-Länder-Konsultationen doch in den ‚Schreiben' des Bundesfinanzministers festgeschrieben, die von den Finanzbehörden wie allgemeine Weisungen behandelt werden.[212] Die Transformation seitens der Landesfinanzministerien in Weisungen der obersten Landesbehörden stellt letztlich rein formale Akte dar, die nur der Wahrung des länderseitigen Rechtsstandpunktes dienen.

Insgesamt hat in diesem Kompromiß der Bund mehr gewonnen als verloren.[213] Seine Entscheidungsrechte sind gewahrt – allgemeine Weisungen können nur auf Betreiben und mit Zustimmung des Bundesfinanzministers ergehen. Die Einbeziehung der Landesverwaltungen, die im Entwurfsstadium an der Ausarbeitung der vereinheitlichten allgemeinen Weisungen beteiligt werden, versteht sich im Gefüge des bundesrepublikanischen ‚kooperativen Föderalismus' eigentlich von selbst, ist im übrigen auch sachlich kaum vermeidbar, sollen die Erfahrungen der direkt mit dem Vollzug der Regelungen betrauten Behörden in die Standardsetzungen eingehen und sollen mögliche Reibungswiderstände aus vermeidbaren Frontbildungen zwischen Bund und Landesverwaltungen vermieden werden.

Im Gegenteil: Über die Verlagerung der Erarbeitung allgemeiner Verwaltungsvorschriften bzw. Weisungen zum Vollzug von Bundesgesetzen in die Bund-Länder-Zusammenarbeit und deren wechselseitige Abstimmung über (mit einfacher Mehrheit entscheidende) Kooperationsgremien gewinnt der Bund Mitsprache

---

209 *P. Lerche*, Art. 84 Rdnr.50 (1985), in: Maunz/Dürig; *H.P. Bull*, Art. 85 Rdnr.15, in: Alternativkommentar Bd. 2, 2.Aufl. 1989; *J. Bonsels* (Fn. 198), S. 108f.

210 Als ein weiteres – und durchaus plausibles Argument – führt *J. Bonsels* (Fn. 198), S. 109ff., die unauflösliche Verschränktheit der steuerrechtlichen Normenkomplexe an, die bei Zuerkennung eines unqualifizierten allgemeinen Weisungsrechts des Bundesministers der Finanzen im Bereich der Auftragsverwaltung sachlich zusammenhängende Normenkomplexe unterschiedlichen Weisungsbefugnissen unterwerfen würde.

211 Vgl. dazu *G.L. Orlopp* (Fn. 198), S. 604.

212 Allerdings behauptet nicht einmal *Orlopp*, daß es sich bei den BMF-Schreiben um unmittelbar rechtsverbindliche Weisungen handele, sondern auch er stuft sie als ‚faktische Steuerungs- bzw. Koordinierungsakte' ein – *G.L. Orlopp* (Fn. 198), S. 606f.

213 Vgl. zur Interessenlage des Bundes, die diesen zum Bund-Länder-Kompromiß bewogen hat, *G.L. Orlopp* (Fn. 198), S. 608ff.

für den gesamten Bereich des Vollzuges von Bundesgesetzen. Selbst in Fällen des landeseigenen Vollzuges werden die landesinternen Verwaltungsvorschriften unter Einbezug von Vertretern des Bundes erarbeitet, in Arbeitsgruppen unter Leitung des Bundesfinanzministeriums. Zwar besteht insoweit kein Zustimmungserfordernis seitens des Bundes. Die Partizipation an der wechselseitigen Abstimmung gibt dem Bund aber ein wichtiges Mittel der Einflußnahme.[214]

Die praktizierte Bund-Länder-Kooperation in der Finanzverwaltung entspricht insgesamt wohl weit eher dem Alltag der Auftragsverwaltung in der Bundesrepublik als das symbolische Schattenboxen im Bereich des Atomrechts – und zwar glücklicherweise, sollte man hinzufügen. Auch in anderen Bereichen, wie dem Bau von Bundesfernstraßen durch die Länder in Auftragsverwaltung, scheint die gängige Praxis eher durch prinzipiell auf Konfliktvermeidung bedachte Kooperation als durch ‚zackigen' Gebrauch der vom Grundgesetz zur Verfügung gestellten hierarchischen Steuerungsbefugnisse geprägt zu sein.[215] Reger Gebrauch des Weisungsinstrumentariums und gerichtlich ausgetragene Konflikte um die Grenzen des Weisungrechts wird man insoweit eher als Krisensymptome des Systems der Auftragsverwaltung denn als Verkörperung des Regelfalles ansehen müssen.

12.6. Der Drang zur ‚Mischverwaltung'

Schon die grundgesetzliche Ausformung des Instituts der Auftragsverwaltung, erst recht aber die Verfassungspraxis, die zu eher kooperativen Formen der gemeinsamen Aufgabenbewältigung neigt, zeigen damit eine deutliche Neigung zu Formen der ‚Mischverwaltung'. War die Zuweisung politischer Verantwortlichkeit in der ursprünglichen Konstruktion des Art. 85 GG noch klar geregelt – Verantwortung trägt insoweit die Bundesregierung, deren Steuerung über allgemeine Verwaltungsvorschriften und Weisungen die Landesverwaltungen unterliegen – so wird die politische Verantwortlichkeit in der kooperativen Aufgabenwahrnehmung zusehends unklar. Ob in der Finanzverwaltung – um ein Beispiel zu nehmen – kontroverse Verwaltungsentscheidungen im Ergebnis dem Bund oder dem entsprechenden Land zuzurechnen sind, ist bei den konkret praktizierten Entscheidungsverfahren oft nur noch sehr schwer festzustellen. Die daraus erwachsende Neigung der Bürokratien, sich hinter den Kompetenzen und Entscheidungen der jeweils anderen Seite zu verstecken, ist verfassungspolitisch nun eher problematisch.[216] Das Kompetenzteilungssystem des Grundgesetzes, und gerade

[214] Zur Legitimation des Verfahrens der Abstimmung der Ländererlasse im Bereich der landeseigenen Verwaltung vgl. *J. Bonsels* (Fn. 198), S. 125ff.

[215] Vgl. zur Praxis im Bereich der Bundesfernstraßenverwaltung *D. Garlichs*, Grenzen Staatlicher Infrastrukturpolitik. Bund-Länder-Kooperation in der Fernstraßenplanung, 1980, S. 123ff., *J. Zech*, Zuständigkeiten bei der Verwaltung der Bundesfernstraßen durch die Länder und Gemeinden, DVBl. 1987, S. 1089ff. sowie *W. Blümel* (Fn. 176), § 101 Rdnr. 59.

[216] Vgl. dazu insbes. *R.-O. Schultze*, Statt Subsidiarität und Entscheidungsautonomie Politik-

auch das System des VIII. Abschnittes, ist trotz der intensiven Verzahnung von Bundes- und Landesgewalten im Prinzip um eine klare Zuweisung politischer (und verfassungsrechtlicher) Aufgabenverantwortlichkeit bemüht.[217] Nicht zuletzt auch das von Teilen der Literatur statuierte – und vom Bundesverfassungsgericht zunächst bestätigte, wenn auch später aufgeweichte – Verbot der sogen. ‚Mischverwaltung'[218] dient der Absicherung dieser im Ansatz auf Klarheit bedachten Funktionen- und Aufgabenzuweisung.

Nun sollte man, darüber besteht inzwischen wohl Einigkeit, mit dem Begriff der ‚Mischverwaltung' vorsichtig sein.[219] Viele Formen der (informellen) Kooperation zwischen Bund- und Landesverwaltungen und der zwanglosen Selbstkoordinierung der Verwaltungsapparate werden des öfteren mit dem Begriff der ‚Mischverwaltung' belegt, obwohl ihre verfassungsrechtliche Zulässigkeit unproblematisch ist – und ihre administrative Zweckhaftigkeit auf der Hand liegt. Aus der Verwendung des Begriffs der ‚Mischverwaltung' kann sich nicht unmittelbar – wie das Verfassungsgericht betont hat – ein Ergebnis der zu prüfenden Frage ergeben, ob ein bestimmtes Zusammenwirken von Bundes- und Landesbehörden im Einzelfall verfassungsrechtlich zulässig oder unzulässig ist.[220] Solange sich die Kooperation und Koordination auf gegenseitige Information, auf wechselseitige Konsultation, auf formlose Absprachen beschränkt, von denen kein wirklicher rechtlicher Bindungseffekt ausgeht, wird man die vielfachen Ausdrucksformen des ‚kooperativen Föderalismus', selbst wenn man sie für Formen der ‚Mischverwaltung' hält, für verfassungsrechtlich ohne weiteres zulässig halten können.[221]

Das Problem setzt erst ein, wenn Bund und Länder durch institutionelle Verzahnungen, durch Rechte zwingender Mitentscheidung so miteinander verbunden werden, daß im Falle politischen Dissenses die eine Seite rechtmäßig nicht mehr ohne die andere entscheiden kann. Hier finden dann Kompetenzverschiebungen statt, die nicht im Belieben der einzelnen Verfassungsorgane stehen, son-

verflechtung und kein Ende: Der deutsche Föderalismus nach der Vereinigung, Staatswissenschaften und Staatspraxis 1990, S. 562ff.

[217] Vgl. zum verfassungsrechtlichen Gebot der ‚Verantwortungsklarheit' *P. Lerche*, Art. 83 Rdnr. 110 (1983), in: Maunz/Dürig, sowie *J. Isensee* (Fn. 4), § 98 Rdnrn. 93ff. (insbes. 100), 179, 188. Zu den entsprechenden Gefahren der Mischverwaltung vgl. auch *R. Loeser*, Die bundesstaatliche Verwaltungsorganisation in der Bundesrepublik Deutschland, 1981, S. 33 (m.w.N.).

[218] BVerfGE 32, 145, 156; 39, 96, 120; 41, 291, 311, jedoch auch BVerfGE 63, 1, 38. Vgl. dazu ferner etwa *P. Lerche*, Art. 83 Rdnrn. 85ff. (1983), in: Maunz/Dürig – mit umfangreichen Nachweisen der älteren Literatur in Fußn. 295 – und *J. Isensee* (Fn. 4), § 98 Rdnrn. 181f., außerdem *W. Blümel* (Fn. 176), § 101 Rdnr. 120; vgl. schließlich auch die etwas älteren, aber nach wie vor grundlegenden Arbeiten von *R. Loeser*, Theorie und Praxis der Mischverwaltung, 1976, insbes. S. 67ff. und *M. Ronellenfitsch*, Die Mischverwaltung im Bundesstaat, 1975, insbes. S. 48ff., 255ff.

[219] Vgl. zur Problematik des Begriffes der ‚Mischverwaltung' beispielhaft etwa *P. Lerche*, Art. 83 Rdnr. 85 (1983), in: Maunz/Dürig; *J. Isensee* (Fn. 4), § 98 Rdnrn. 181ff.; *W. Blümel* (Fn. 176), § 101 Rdnrn. 120ff.

[220] BVerfGE 63, 1, 38; vgl. insoweit auch *P. Lerche*, Art. 83 Rdnr. 85 (1983), in: Maunz/Dürig.

[221] Siehe nur *J. Isensee* (Fn. 4), § 98 Rdnr. 180 und *W. Blümel* (Fn. 176), § 101 Rdnr. 122; vgl. aber auch *P. Lerche*, Art. 83 Rdnrn. 90ff. (1983), in: Maunz/Dürig.

dern die allenfalls der verfassungsändernde Gesetzgeber herbeiführen darf.[222] Daß weder Bund noch Länder über ihre im Grundgesetz festgelegten Kompetenzen so ohne weiteres verfügen können, zählt eigentlich zu den Gemeinplätzen des Staatsorganisationsrechts.[223]

Nun gilt dies im Prinzip nur für jenseits der Verfassung bewirkte Kompetenzverschiebungen. Das Grundgesetz selbst war bekanntermaßen nicht gerade abstinent mit derartigen Formen der ‚Mischverwaltung' in seinen organisatorischen Regelungen. Die Auftragsverwaltung gem. Art. 85 GG ist eine vom Verfassungsgeber bewußt in der Verfassung verankerte Form der ‚Mischverwaltung'[224]; auch alle Varianten der Weisungs- und Zustimmungsvorbehalte zugunsten der Bundesregierung oder einzelner Bundesminister wird man unter diese Kategorie subsumieren müssen[225], während die Amtshilfe gemäß Art. 35 GG allgemein nicht unter die Formen der ‚Mischverwaltung' gerechnet wird[226]. Besonders intensiv sind diese Formen der institutionellen Verzahnung von Bundes- und Landesverwaltung im Bereich der Finanzverwaltung nach Art. 108 GG.[227] Schließlich sind auch die im Zuge der Finanzreform 1969 eingefügten Gemeinschaftsaufgaben nach Art. 91 a GG und die Finanzhilfen nach Art. 104 a Abs. 4 GG Varianten einer ‚Mischverwaltung', die ohne ausdrückliche Grundlage im Grundgesetz verfassungsrechtlich angreifbar wären.[228]

Insgesamt wird man zwar einen ‚Numerus clausus' der nach dem Grundgesetz noch zulässigen Formen der ‚Mischverwaltung' konstatieren müssen. Weitere Gestaltungsformen, die nicht ausdrücklich im Text der Verfassung eine Grundlage erhielten, wären demnach nicht zulässig. Eine Wiederauflage der Praxis der sogen. ‚Fondsverwaltung' z.B., die in den Fünfziger und Sechziger Jahren Mitentscheidungsbefugnisse des Bundes im Bereich alleiniger Länderkompetenzen zu begründen suchte, wäre demnach nicht zulässig – wenn sie denn jemals verfas-

---

222 So zu Recht *P. Lerche*, Art. 83 Rdnr. 86 (1983), in: Maunz/Dürig.

223 Vgl. etwa *J. Pietzker*, Zuständigkeitsordnung und Kollisionsrecht im Bundesstaat, in: J. Isensee / P. Kirchhof (Hrsg.), Handbuch des Staatsrechts der Bundesrepublik Deutschland, Bd. IV, 1990, § 99 Rdnrn. 18ff.

224 So z.B. schon *E. Denninger*, Staatsrecht Bd. 2, 1979, S. 115; vgl. auch zu problematischen Formen der ‚Mischverwaltung' im Rahmen des Weisungsrechts in der Auftragsverwaltung *R. Loeser* (Fn. 217), S. 79f.

225 Vgl. dazu insbes. *R. Loeser* (Fn. 217), S. 82ff., aber auch *W. Blümel* (Fn. 176), § 101 Rdnr. 123.

226 Vgl. nur *P. Lerche*, Art. 83 Rdnr. 88 (1983), in: Maunz/Dürig; *R. Loeser* (Fn. 218), S. 91f.

227 Vgl. insoweit etwa *P. Lerche*, Art. 83 Rdnr. 88 (1983), in: Maunz/Dürig; *J. Isensee* (Fn. 4), § 98 Rdnr. 179; *W. Blümel* (Fn. 176), § 101 Rdnr. 120; *R. Wendt*, Finanzhoheit und Finanzausgleich, in: J. Isensee / P. Kirchhof (Hrsg.), Handbuch des Staatsrechts der Bundesrepublik Deutschland, Bd. IV, 1990, § 104 Rdnrn. 96ff.; *H. Siekmann*, Art. 108 Rdnrn. 2, 10, 27, in: Sachs, GG-Komm. (Fn. 8).

228 Vgl. etwa *H. Krüger*, Art. 91a Rdnrn. 1ff., in: Sachs, GG-Komm. (Fn. 8); *W. Blümel* (Fn. 176), § 101 Rdnrn. 124ff.; *D. Czybulka* (Fn. 172), S. 177ff.; *P. Lerche*, Art. 83 Rdnr. 88 (1983), in: Maunz/Dürig; *R. Loeser* (Fn. 217), S. 64ff., 69ff.; *G. Kisker*, Kooperation im Bundesstaat, 1971, S. 283ff.

sungsgemäß war.[229] Der mit dieser Praxis bewirkten Begründung echter Mitentscheidungs- und Aufsichtsrechte des Bundes (und seien es nur solche haushaltstechnischer Art) muß die Verfassung einen Riegel vorschieben, soll nicht auf Dauer die Kompetenzordnung erodieren.[230] Für die Länder, vor allem die finanzschwachen kleineren Länder, stellt die Annahme von Mitteln des Bundes immer eine große Versuchung dar, selbst wenn diese an Konditionen und Auflagen gebunden sind, über die der Bund Herrschaft über die politischen Mitteldispositionen der Länder erlangen kann. Für den Bund umgekehrt ist der Weg über die Fondsverwaltung ein sehr bequemer Weg, die Länder de facto zu leitungsunterworfenen Vollzugsorganen umzuformen. Der Bund kann sich damit den mühsamen (und kostspieligen) Weg des von ihm kontrollierten Vollzuges über die Schaffung eigener Verwaltungen ersparen, der ja prinzipiell im Rahmen des Art. 87 Abs. 3 GG in der Form selbständiger Bundesoberbehörden und bundesunmittelbarer Körperschaften und Anstalten des öffentlichen Rechts ohne Zustimmung des Bundesrates möglich ist.[231]

Die Verwaltung darf – um es etwas anders auszudrücken – jenseits der in ihrem Anwendungsbereich verfassungsrechtlich limitierten Sonderformen der Bundeseigenverwaltung und der Auftragsverwaltung durch die Länder keine hierarchische Spitze im Bund haben; die bundesstaatliche Struktur schließt also im Grundsatz einen Instanzenzug von der Bundesregierung zu den Verwaltungsbehörden der Länder über direkte Anordnungsbefugnisse oder deren Verzahnung über Zustimmungserfordernisse aus, soweit nicht ausdrücklich im Grundgesetz dazu ermächtigt wird.[232] Diesen Grundsatz abzusichern, bedarf es – trotz aller dogmatischer Vorbehalte – weiter im Kern der traditionellen Figur eines Verbots der ‚Mischverwaltung', der nur sehr genau daraufhin geeicht sein muß, die Grenze zwischen unproblematischer (informeller) Kooperation und (institutionell verfestigter) Mischverwaltung angemessen zu markieren.[233] Unbestritten ist dies allerdings nicht. Denkt man den ‚unitarischen Bundesstaat' als eine Art dezentralisierten Einheitsstaates, als „Instrument der Rollenverteilung zur konzentrierten Erfüllung der Staatsaufgaben", das an sich weitgehend auf die auch ‚sozialstaatlich

---

[229] Vgl. dazu *J. Isensee* (Fn. 4), § 98 Rdnr. 185; *P. Lerche*, Art. 83 Rdnr. 89 (1983), in: Maunz/Dürig; *R. Loeser* (Fn. 217), S. 73ff.; *ders.* (Fn. 218), S. 213ff.

[230] Vgl. nur BVerfGE 39, 96, 107, ferner *D. Czybulka* (Fn. 172), S. 176f.

[231] Zu Art. 87 Abs. 3 S. 1 GG als Einfallstor für die Ausdehnung der bundeseigenen Verwaltung vgl. eingehend *A. Dittmann*, Die Bundesverwaltung, 1983, S. 251ff., ferner *M. Sachs*, Art. 87 Rdnrn. 63ff., in: Sachs, GG-Komm. (Fn. 8); *P. Lerche*, Art. 87 Rdnrn. 166ff. (1992), in: Maunz/Dürig; *W. Blümel* (Fn. 176), § 101 Rdnrn. 105ff. (zur Staatspraxis insbes. 110); *H.P. Bull*, Art. 87 Rdnr. 24, in: Alternativkommentar Bd. 2, 2. Aufl. 1989; *P. Badura*, Staatsrecht, 1986, S. 430 Rdnr. 73.

[232] Siehe nur *D. Czybulka* (Fn. 172), S. 158f. und *K. Hesse*, Grundzüge (Fn. 42), S. 110 Rdnr. 251, aber auch *J. Isensee* (Fn. 4), § 98 Rdnr. 181.

[233] Vgl. allerdings zu den Schwierigkeiten dieser Grenzziehung, die wohl jeweils einer sehr differenzierten Analyse der konkreten Umstände des Einzelfalles bedarf, *P. Lerche*, Art. 83 Rdnr. 90 (1983), in: Maunz/Dürig.

gebotene Mischverwaltung' angelegt sei[234], so ist ein verfassungsrechtliches Verbot der ,Mischverwaltung' ein Unding, behindert es doch gerade die Verzahnung von Bundes- und Landesorganen zu einem einheitlich gesteuerten Gefüge, die unter dieser Konzeption für erstrebenswert erklärt wird.

Das Grundgesetz ist jedoch ersichtlich von einer festen Typik der Verzahnung von Bundes- und Länderstaatlichkeit ausgegangen, die den Gedanken an einen ,numerus clausus' der ,Mischverwaltung' nahelegt. Nicht jede Form der Zusammenarbeit – vor allem, wenn diese sich im Vorfeld der Verrechtlichung hält – wird mit dieser festen Typik und dem daraus abgeleiteten ,Typenzwang' kollidieren. Die Schaffung neuer rechtlich verfestigter Typen aber ist sicherlich – soweit sie nicht ausdrücklich in der Verfassung verankert wird – ein Verstoß gegen ein so verstandenes Verbot der ,Mischverwaltung'[235], also ein Verstoß gegen „zwingende Kompetenz- oder Organisationsnormen" der Verfassung, das die neuere Rechtsprechung des Bundesverfassungsgerichts als Topos an die Stelle des pauschalen Verbotes der ,Mischverwaltung' gesetzt hat.[236]

Selbst die im Grundgesetz angelegten (und die später neu in das Grundgesetz eingefügten) Formen der verfassungsrechtlich konsolidierten ,Mischverwaltung' sind bundesstaatsrechtlich übrigens nicht ganz unproblematisch. Eine schrankenlose Freiheit des verfassungsändernden Gesetzgebers, neue Formen der ,Mischverwaltung' zu schaffen, besteht unter dem Grundgesetz sicherlich nicht.[237] Angesichts der Grundkonstruktion des grundgesetzlichen Bundesstaatsmodells, das den Schwerpunkt der Länderstaatlichkeit im autonomen Ländervollzug der Gesetze, also im Bereich der Verwaltung angesiedelt hat, ist die Schaffung neuer Varianten der ,Mischverwaltung' durch Änderung des Grundgesetzes im Hinblick auf die Schranken des Art. 79 Abs. 3 GG besonders eng begrenzt. Eine weitere Mediatisierung der Länder im Verwaltungsbereich ist ange-

---

[234] Vgl. nur *M. Ronellenfitsch* (Fn. 218), S. 54, unter Referierung der Thesen von *Roman Loeser*.

[235] So die herrschende Lehre – vgl. nur *A. Dittmann*, Art. 83 Rdnr. 4, in: Sachs, GG-Komm. (Fn. 8); *T. Maunz / R. Zippelius*, Deutsches Staatsrecht, 28. Aufl. 1991, S. 342f.; *B. Schmidt-Bleibtreu*, Vorbem. Art. 83 Rdnr. 8, in: B. Schmidt-Bleibtreu / F. Klein, GG-Komm., 7. Aufl. 1990; *J. Isensee* (Fn. 4), § 98 Rdnrn. 181ff.; *H.P. Bull*, Vorbem. Art. 83 Rdnrn. 40ff., Art. 87 Rdnr. 105, in: Alternativkommentar Bd. 2, 2. Aufl. 1989; *P. Badura*, Staatsrecht, 1986, S. 413 Rdnr. 32; *K. Stern*, Staatsrecht I (Fn. 8), S. 685; *P. Lerche*, Art. 83 Rdnr. 86 (1983), in: Maunz/Dürig; *H.-J. Vogel*, Die bundesstaatliche Ordnung des Grundgesetzes, in: Benda/Maihofer/Vogel (Hrsg.), Handbuch des Verfassungsrechts, 1983, S. 809, 847f.; *S. Broß*, Art. 83 Rdnr. 7, in: von Münch, GG-Komm., Bd. 3, 2. Aufl. 1983; *R. Loeser* (Fn. 217), S. 29ff., 37, 47, 56f.; *E. Denninger*, Staatsrecht Bd. 2, 1979, S. 114f.; *H.H. Klein* (Fn. 178), S. 286f.; *M. Ronellenfitsch* (Fn. 218), S. 48ff.; *T. Maunz*, Art. 91 a Rdnrn. 35ff., 57ff. (1980), in: Maunz/Dürig. Kritisch dazu v.a. *W. Blümel* (Fn. 176), § 101 Rdnr. 120.

[236] Siehe BVerfGE 63, 1, 38ff.; vgl. dazu auch *J. Isensee* (Fn. 4), § 98 Rdnr. 183 und *W. Blümel* (Fn. 176), § 101 Rdnr. 121.

[237] Vgl. zu den sich aus Art. 79 Abs. 3 GG ergebenden Schranken der Verfassungsänderung in bezug auf die Bundesstaatlichkeit *J. Isensee* (Fn. 4), § 98 Rdnrn. 263ff.; *H.-U. Evers*, Zweitbearbeitung Art. 79 Abs. 3 Rdnrn. 205ff. (1982), in: Bonner Kommentar; *K. Hesse*, Bundesstaatsreform und Grenzen der Verfassungsänderung, AöR 98 (1973), S. 1ff.; *M. Heintzen*, Die Beidseitigkeit der Kompetenzverteilung im Bundesstaat, DVBl. 1997, S. 689, 692f.

sichts der dominanten Abstützung der Länderstaatsgewalt auf die exekutiven Funktionen besonders heikel, müßte besonders schnell an die Grenzen des ‚änderungsfesten Kerns‘ stoßen.

Doch auch die schon bestehenden Formen der ‚Mischverwaltung‘ wären unter dem Blickwinkel des – von der Verfassung ja immerhin zu dessen identitätsbestimmenden Kern gerechneten – Bundesstaatsprinzips dringend einer Überprüfung zuzuführen. Es ist zwar nur schwer die Behauptung zu belegen, der gegenwärtige Bestand der administrativen Verflechtung zwischen Bund und Ländern habe schon gegenwärtig das Bundesstaatsprinzip ausgehebelt, als die Garantie der Aufteilung der Hoheitsgewalt auf verschiedene Träger unabgeleiteter Staatsgewalt. Zumindest gegen den Geist (und den Sinn) bundesstaatlicher Aufspaltung der Staatsgewalt verstößt es aber, wenn in weiten Bereichen die Verantwortlichkeit für die Ergebnisse staatlichen Handelns nicht mehr einem Hoheitsträger klar zugeordnet werden kann. Nicht nur die Vorteile des Bundesstaates werden damit konterkariert, dessen Gefüge der Aufteilung der Staatsgewalt auf verschiedene Träger der Staatlichkeit das Bündel der Hoheitsrechte einer Entflechtung zuführt, politische Verantwortlichkeit somit sichtbarer werden läßt und letztlich mehr Transparenz herstellen soll, sondern auch die Mechanismen demokratischer Rückkoppelung staatlichen Handelns an den Volkswillen werden damit insgesamt tiefgreifend gestört. Wird es infolge zu weitgehender Verflechtung der Entscheidungsträger und -prozesse unmöglich, die Verantwortung für bestimmte Entscheidungen eindeutig einzelnen politischen Akteuren zuzuordnen, so bricht der Kreislauf demokratischer Kontrolle der Herrschenden auf Dauer mehr und mehr zusammen. Herrschaftsausübung wird dann ‚unverantwortlich‘, mit allen negativen Folgen dieser Immunisierung gegenüber negativen Rückkoppelungen (und letztlich Lernzwängen). Zu weitgehende Verflechtung zieht in dieser Perspektive nicht nur das Bundesstaatsprinzip in Mitleidenschaft, sondern führt auch zu tiefgreifenden Einbrüchen in die auf dem Demokratieprinzip beruhenden Mechanismen demokratischer Kontrolle der Politik. Die damit in den Blick genommene partielle Parallelität von Bundesstaatsprinzip und Demokratieprinzip sollte vor übersteigerten Forderungen nach ‚Unitarisierung‘, im Sinne einer ‚Herstellung gleicher Lebensverhältnisse‘, warnen. Die aus unitarischer Perspektive prinzipiell begrüßenswerte ‚Mischverwaltung‘ mag zwar in Maßen funktional sein, führt aber allzuleicht in eine schleichende Erosion der Grundprinzipien der Verfassung, mit weitreichenden Gefährdungen nicht nur für die Bundesstaatlichkeit, sondern auch für das Gefüge der Demokratie.

12.7. Die Problematik der Gemeinschaftsaufgaben und Finanzhilfen

An einem Beispielsfall sei diese Problematik hier näher erläutert. Eine Überprüfung der Praxis der Gemeinschaftsaufgaben und der Finanzhilfen wäre unter dem Gesichtspunkt der Verfassungsgarantie des Bundesstaates in Art. 79 Abs. 3 GG besonders angeraten. Man wird angesichts der nachfolgenden Praxis zwar kaum behaupten können, der verfassungsändernde Gesetzgeber habe – wie von nicht wenigen Autoren damals befürchtet wurde[238] – mit den Instituten der Art. 91 a und b sowie 104 a Abs. 4 GG eine unaufhaltsame Erosion der Länderstaatlichkeit eingeleitet, die mit den von Art. 79 Abs. 3 gesetzten Schranken nicht mehr vereinbar sei.[239] Verfassungspolitisch problematisch aber bleiben die Gemeinschaftsaufgaben und Finanzhilfen gleichwohl.[240]

Die unter dem Paradigma des ‚kooperativen Föderalismus' erfolgte Einführung der Gemeinschaftsaufgaben im Zuge der Finanzreform von 1969, die am Leitbild der Herstellung einer ‚Einheitlichkeit der Lebensverhältnisse' orientiert war, führte zu erheblichen verfassungsrechtlichen und verfassungspolitischen Folgeproblemen. Der insoweit zunächst in den Vordergrund der Kritik gestellte grundsätzliche Einwand, hier werde das Prinzip der uneingeschränkten Aufgaben- und Finanzierungstrennung verlassen mit der daraus folgenden Gefahr weiterer Verwischung der Aufgaben- und Finanzierungsverantwortung[241], wiegt dabei besonders schwer. Zwar ist es mit dem ‚Prinzip der uneingeschränkten Aufgaben- und Finanzierungstrennung' – wie die Untersuchung überaus deutlich gezeigt haben dürfte – schon in der ursprünglichen Anlage des Grundgesetzes nicht weit her, ist aufgrund der vorgesehenen weitgehenden Verschränkung der Bundes- und Landesstaatsgewalten in der Aufgabenerfüllung wie der Finanzausstattung doch seit Anbeginn die Klarheit der Aufgaben- und Finanzierungsverantwortung in Mitleidenschaft gezogen worden. Genau dieser im Grundgesetz schon angelegte Trend zur Verschränkung von Bund und Ländern – mit der damit einhergehenden Gefahr der allmählichen Aushöhlung politischer Verantwortlichkeitszuweisungen – läßt es aber zu einem besonders heiklen verfassungspolitischen Schritt werden, noch immer weitere Formen der von außen schwer durchschaubaren Kompetenzvermischung verfassungsrechtlich zu institutionalisieren.

---

[238] Zur Kritik an den Instituten der Art. 91 a, 91 b, 104 a vgl. insbes. *I. von Münch*, Gemeinschaftsaufgaben im Bundesstaat, VVDStRL 31 (1973), S. 51, 54ff.; *M. Ronellenfitsch* (Fn. 218), S. 177ff.; *K. Stern*, Staatsrecht II (Fn. 172), S. 834; *T. Maunz*, Art. 91 a Rdnr.3 (1980), Art. 91 b Rdnrn.4f. (1980), in: Maunz/Dürig; *H.C.F. Liesegang*, Art. 91 a Rdnrn.42ff., Art. 91 b Rdnrn.20f., in: von Münch, GG-Komm., Bd. 3, 2.Aufl. 1983; *F. Klein*, Bund und Länder nach der Finanzverfassung des Grundgesetzes, in: Benda/Maihofer/Vogel, Handbuch des Verfassungsrechts, 1983, S. 863, 875; *T. Ellwein*, Gesetzgebung, Regierung, Verwaltung, ebda., S. 1093, 1104; *P. Badura*, Staatsrecht, 1986, S. 439 Rdnr.95, 519 Rdnr.46; *P. Feuchte* (Fn. 3), S. 148ff.; *M. Kloepfer*, Finanzverfassung, Finanzausgleich, in: Evangelisches Staatslexikon Bd. 1, 3.Aufl. 1987, Sp. 878, 881f.

[239] Vgl. insoweit relativierend *W. Blümel* (Fn. 176), §101 Rdnr.125; *D. Czybulka* (Fn. 172), S. 179.

[240] Vgl. neben den in Fn. 238 aufgeführten kritischen Stimmen insbes. *H. Klatt*, Interföderale Beziehungen im kooperativen Bundesstaat, VerwArch 1987, S. 186, 191, 200ff.; *I. Richter / H. Faber*, Art. 91a/91b Rdnrn.47ff., in: Alternativkommentar Bd. 2, 2.Aufl. 1989; *R. Stober*, Zur wirtschaftlichen Bedeutung des Bundesstaatsprinzips, BayVBl. 1989, S. 97, 103; *H. Krüger*, Art. 91 a Rdnr.23, in: Sachs, GG-Komm. (Fn. 8).

[241] So z.B. *H.C.F. Liesegang*, Art. 91 a Rdnr.43, in: von Münch, GG-Komm., Bd. 3, 2.Aufl. 1983.

Die gewaltenteiligen Auswirkungen eines derartigen Schrittes sind – wie das Beispiel der Gemeinschaftsaufgaben inzwischen zur Genüge gezeigt hat – von erheblicher Tragweite. Nicht nur die Kompetenzen der Länder werden dadurch immer weiter beschnitten, sondern auch die Kompetenzen der Parlamente in Bund und Ländern fallen dabei tendenziell den von den komplizierten Abstimmungsmechanismen in den Bund-Länder-Gremien geschaffenen ‚Sachzwängen' zum Opfer.[242] Selbst wenn die Parlamente über ihr Haushaltsbewilligungsrecht formell noch an der Entscheidung beteiligt werden, so drohen sie zu rein ‚notariellen' Ratifizierungsorganen zu werden, denen einzig die Absegnung und Besiegelung anderweitig getroffener Entscheidung verbleibt. Die Fachbürokratien von Bund und Ländern immunisieren sich im Gefolge dieses Prozesses weitgehend gegenüber politischen Einwirkungen von außen, von Seiten der Parlamente wie auch der Regierungen, gewinnen ein erhebliches Maß an (praktisch unkontrollierten) Handlungsfreiräumen außerhalb der Mechanismen politischer Rechenschaftslegung. Der daraus resultierende Effekt ‚organisierter Verantwortungslosigkeit' aber ist für eine parlamentarische Demokratie nicht unproblematisch, einmal davon abgesehen, daß auch der fachlichen Qualität der Entscheidungen das Fehlen politischer Verantwortlichkeit nicht immer gut bekommt, verselbständigen sich doch so allzuleicht bürokratische Partialinteressen[243] (im Verbund mit den gleichgerichteten Verbandsinteressen) auf Kosten konkurrierender Gemeinwohlbelange, deren institutionelle Verankerung schwächer ausgeprägt ist.[244] Die Erfahrungen der letzten Jahrzehnte zeigen, daß Besitzstandswahrung und Gleichbehandlung der Länder eher die vorherrschenden Regelungsmechanismen bei der Mittelverteilung sind als Prioritätensetzung im Sinne der Konzentration auf tatsächliche Ausgleichsbedürfnisse im Interesse einer Verbesserung der Lebensverhältnisse.[245] Gemeinschaftsaufgaben werden damit aber tendenziell zu nichts als einem weiteren Mechanismus der (gleichmäßig gestreuten) Auffüllung der Länderhaushalte, also zu einem Komplementärmechanismus des Finanzausgleichs, mit der negativen Folgewirkung der Bindung an bestimmte Projekte allerdings. Finanzmittel werden so dem allgemeinen Haushalt von Bund und Länder entzogen, um über ‚Fachbruderschaften' intern verteilt werden zu können – ein gravierender Einbruch in die haushaltspolitischen Handlungsspielräume von

---

[242] Vgl. dazu oben 9.2.6. und 10.1.1. (mit zahlreichen Nachweisen der vor allem in den Siebziger Jahren sehr intensiv geführten Diskussion), ferner *T. Maunz*, Art. 91 a Rdnr. 12 (1980), in: Maunz/Dürig; *H.C.F. Liesegang*, Art. 91 a Rdnrn. 36ff., in: von Münch, GG-Komm., Bd. 3, 2. Aufl. 1983; *H. Klatt* (Fn. 240), S. 201; *H. Abromeit*, Der verkappte Einheitsstaat, 1992, S. 50.

[243] Vgl. zum Problem der „Ressort-Kumpanei" der Fachbeamten *F. Wagener*, Milderungsmöglichkeiten nachteiliger Folgen vertikaler Politikverflechtung, in: J.J. Hesse (Hrsg.), Politikverflechtung im föderativen Staat, 1978, S. 149, 155f.

[244] Vgl. dazu auch die Einzeluntersuchungen in *F.W. Scharpf / B. Reissert / F. Schnabel*, Politikverflechtung, 1976, sowie *F.W. Scharpf / B. Reissert / F. Schnabel* (Hrsg.), Politikverflechtung II, 1977, außerdem die Beiträge in dem Sammelband von *J.J. Hesse* (Hrsg.), Politikverflechtung im föderalen Staat, 1978.

[245] Vgl. nur *I. Richter / H. Faber*, Art. 91a/91b Rdnr. 16, in: Alternativkommentar Bd. 2, 2. Aufl. 1989, sowie *H. Klatt* (Fn. 240), S. 201.

Landesregierungen und Landtagen, der politische Prioritätensetzung in den Länderhaushalten tendenziell immer schwieriger werden läßt.

Nun verliert das Problem der in den Gemeinschaftsaufgaben institutionalisierten Politikverflechtung mittlerweile zusehends an Brisanz durch die Folgen der seit der Wiedervereinigung leeren öffentlichen Kassen. Hatten die notorischen parteipolitischen Differenzen in der Bildungspolitik, die im aufwendigen bürokratischen Verfahren des Art. 91 b GG jegliche Einigung auf ein vernünftiges Ergebnis als unmöglich erscheinen ließen, in der Staatspraxis schon Anfang der Achziger Jahre zu einem weitgehenden Verzicht auf die gemeinsame Bildungsplanung geführt[246], so trocknen nun auch andere Instrumente der kooperativen Aufgabenerfüllung im Bund-Länder-Verbund nach Abschnitt VIII a des Grundgesetzes allmählich aus. Nach dem Regierungswechsel 1982 eingeleitete Bemühungen, Mischfinanzierungen bei der Studentenförderung, Städtebauförderung und Krankenhausfinanzierung abzubauen, sind zwar über Anfangserfolge kaum hinausgekommen. Versuche in dieser Richtung werden aber immer wieder unternommen.[247] So wird neuerdings die ‚Bagatellgrenze' im Rahmen der Gemeinschaftsaufgabe ‚Hochschulbau' erneut nach oben verschoben, um Mittel einzusparen[248], vor allem aber werden die gesamthaft zur Verfügung stehenden Finanzmittel allgemein zusehends geringer, mit dementsprechenden Bedeutungsverlusten der Rahmenplanung im Gefüge des Art. 91 a GG.

Gleichwohl bleibt es ein verfassungspolitisches Desiderat der Länder, aber auch vieler mit Bundesstaatsfragen befaßter Wissenschaftler, die Regelung der Gemeinschaftsaufgaben und Finanzhilfen im Grundgesetz nach nunmehr knapp drei Jahrzehnten einschlägiger Praxis einer Überprüfung zuzuführen und die damit ohne Zweifel in Teilbereichen bewirkte ‚Überverflechtung' wieder abzubauen.[249] Angesichts der Realitäten der Mittelallokation im Rahmen der Gemeinschaftsaufgaben ist die Frage nicht von der Hand zu weisen, ob der angestrebte positive Effekt der Gemeinschaftsaufgaben, die Verbesserung und Vereinheitlichung der Lebensbedingungen, nicht weit besser über eine der Aufgabenverteilung angemessenere Finanzverfassung zu erzielen wäre als über die Mechanismen

---

[246] Vgl. dazu *W. Blümel* (Fn. 176), § 101 Rdnr. 125; *I. Richter / H. Faber*, Art. 91a/91b Rdnrn. 9, 29, in: Alternativkommentar Bd. 2, 2. Aufl. 1989; *T. Köstlin*, Die Kulturhoheit des Bundes, 1989, S. 240; *J. Pietzcker*, Zusammenarbeit der Gliedstaaten im Bundesstaat, 1988, S. 29; *H. Klatt* (Fn. 240), S. 203.

[247] Vgl. *H. Klatt* (Fn. 240), S. 202ff.

[248] Siehe Frankfurter Allgemeine Zeitung vom 14. 6. 1996, S. 1/2: „Die Ministerpräsidenten kommen ohne Sparvorschläge zu Kohl".

[249] Siehe die kritischen Stellungnahmen politischer Praktiker zu den Gemeinschaftsaufgaben – etwa *L. Späth*, Föderalismus heute, Der Bürger im Staat 29 (1979), S. 52ff.; *A. Martin*, Möglichkeiten, dem Bedeutungsverlust der Landesparlamente entgegenzuwirken, ZParl 15 (1984), S. 278ff.; *B. Vogel*, Föderalismus und Parlamentarismus, ZParl 19 (1988), S. 540ff.; *F.-J. Strauß*, Die Zukunft des Bundesstaates, in: Festschrift für Helmut Schmidt, 1989, S. 470ff. Aus der Wissenschaft vgl. nur *I. Richter / H. Faber*, Art. 91a/91b Rdnr. 47, in: Alternativkommentar Bd. 2, 2. Aufl. 1989; *F. W. Scharpf*, Der Bundesrat und die Kooperation auf der „dritten Ebene", in: Bundesrat (Hrsg.), Vierzig Jahre Bundesrat, 1989, S. 121, 133f.; *H. Abromeit* (Fn. 242), S. 51f., aber auch *T. Maunz*, Art. 91 a Rdnr. 3 (1980), in: Maunz/Dürig.

der Art. 91 a, 91 b und 104 a Abs. 4 GG, ob also die eigenständige Aufgabenerfüllung der Länder alleine unter entsprechender Verbesserung der Finanzausstattung nicht der sinnvolle Ausweg aus den Absurditäten der ‚Politikverflechtung' wäre.[250] Die bundesstaatlichen Negativeffekte der Gemeinschaftsaufgaben könnten so vermieden werden, ohne viel an politischer Substanz in der Effizienz der Aufgabenwahrnehmung preisgeben zu müssen.

Die Forderung scheint bei unbefangener Betrachtung nicht der Logik zu entbehren. Doch trotz aller Ernüchterung ob des Scheiterns der hochfliegenden Vorstellungen von Verbundplanung, Globalsteuerung der Wirtschaft und Strukturpolitik hält der deutsche Bundesstaat an seinen einmal eingeführten ‚Errungenschaften' fest, ungeachtet aller sachlich berechtigten Kritik. Der Verdacht ist nicht von der Hand zu weisen, der mit den Gemeinschaftsaufgaben erzielte Zentralisierungseffekt sei in der Perspektive so manchen Autors, der die Institution der Gemeinschaftsaufgaben für bewährt hält, ein Selbstzweck, der das Institut schon an sich legitimiert, unabhängig von aller im Einzelfall aufzumachenden Erfolgs- oder Schadensbilanz.

---

[250] So z.B. *H. Abromeit* (Fn. 242), S. 51.

13. Kapitel:

‚Politikverflechtung', Kooperation, Mitentscheidung – die Krise des ‚Beteiligungsföderalismus'

13.1. Die Folgeprobleme des auf Mitentscheidung und ‚Politikverflechtung' angelegten deutschen Bundesstaatsmodells

Der im voraufgehenden Kapitel beschworenen Gefährdung des Bundesstaatsprinzips aus dem immer weiteren Ausbau der Formen der ‚Mischverwaltung' könnte man allerdings entgegenhalten, hier werde ein bestimmtes idealtypisches Modell des Bundesstaates unbefragt zum Gehalt des grundgesetzlichen Bundesstaatsprinzips erhoben, das dann normativ ausgespielt werde gegen das real aus der Bundesstaatsverfassung des Grundgesetzes entwickelte Modell. Das Bundesstaatsgefüge des Grundgesetzes sei nun aber einmal von vornherein auf weitgehende Verflechtung von Bund und Ländern angelegt; diese dann der Realverfassung vorzuwerfen, sei intellektuell unehrlich. Das Bundesstaatssystem des Grundgesetzes beruhe von Anfang an – wie schon der berühmt-berüchtigte ‚Menzel-Ehard-Kompromiß' zeige – auf dem Gedanken, die Autonomie bzw. Eigenständigkeit der Länder einzutauschen gegen eine weit ausgebaute Mitsprache der Länder an der politischen Entscheidungsfindung auf Bundesebene. Verluste in den Kernbereichen eigener Länderstaatlichkeit würden somit zumindest tendenziell kompensiert durch Gewinne an Mitspracherechten auf der Ebene der Bildung des Bundeswillens.

Daß dieser Einwand keineswegs hypothetischer bzw. akademischer Natur ist, sieht man bei einem Blick in die Literatur. Immer wieder ist behauptet worden, die schleichende Kompetenzverschiebung zulasten der Länder und zugunsten des Bundes sei im Ergebnis unproblematisch, da der Kern der politischen Gestaltungsbefugnis der Länder in deren Beteiligungsrechten an der Bundespolitik zu suchen sei – ‚Kompetenzkompensation' über die Mitentscheidung im Bundesrat.[1] Daß der darin angedeutete Gedanke der ‚Kompetenzkompensation' verfassungsrechtlich nicht weiterführend ist, haben zwar gewichtige Stimmen in der Literatur überzeugend belegt.[2] Daß er zugleich politisch einiges an Plausibilität hat

---

[1] Zur Debatte um diese These vgl. zusammenfassend *E. Klein*, Die Kompetenz- und Rechtskompensation, DVBl. 1981, S. 661, 663f., ferner *P. Lerche*, Aktuelle föderalistische Verfassungsfragen, 1968, S. 40ff.

[2] Siehe nur *E. Klein* (Fn. 1), S. 664ff.; *P. Lerche*, Prinzipien des deutschen Föderalismus, in: P.

– zumindest als Kennzeichnung des Denkens vieler handelnder Politiker in den letzten Jahrzehnten – ist aber gleichzeitig kaum bestreitbar, und er ist insoweit unbestreitbar symptomatisch für das untergründige ideologische Erbe einer unitarisch orientierten Bundesstaatstheorie. Die Länder haben sich wohl nur deshalb so lange mit ihrem fortschreitenden Kompetenzverlust abgefunden, weil die Mitsprache der Landesregierungen im Bundesrat den Exekutiven der Länder einen gewichtigen Ersatzbereich politischer Betätigung bot. Gerade in den Situationen unterschiedlicher parteipolitischer Mehrheiten in Bundestag und Bundesrat, die für die Politik der letzten Jahrzehnte mehr und mehr typisch geworden sind, bot der Bundesrat ein scheinbar weit profilierungsträchtigeres Handlungsfeld für ehrgeizige Landespolitiker als die mühsamen (und technisch komplizierten) Geschäfte der Landesverwaltung, die eigentlich den Kernbereich und Alltag des Handelns der Landesregierungen bilden.

Zudem suchte die Landespolitik manch dorniges Geschäft der Verwaltungspraxis – wie die Unterbringung von Asylbewerbern – generell lieber auf den Bund abzuschieben als sich bei den eigenen Bürgern damit permanent in die Nesseln zu setzen. Großangelegte Initiativen im Bundesrat zu Gegenständen der Sozial- und Wirtschaftspolitik – auch wenn im Ansatz außerhalb der eigentlichen Landeskompetenzen – boten sich in dieser Perspektive weit eher an, um politische Bekanntheit (und Gefolgschaft) zu erwerben als die sorgfältige Wahrnehmung der mehrheitlich administrativen Eigenaufgaben der Länder.

In einer verfassungsrechtlichen Perspektive bereitet dieser Trend schwer lösbare Probleme. Die Ambivalenz der verfassungsrechtlichen Maßstäbe führt in ein Dilemma, das dogmatisch kaum eindeutig eindeutig aufzulösen ist. Auf der einen Seite ist klar, daß die allmähliche Umformung des bundesstaatlichen Gefüges, die über eine Ersetzung autonomer Gestaltungsrechte der Länder durch Mitentscheidungsrechte im Bund das System in eine Form des dezentralisierten Einheitsstaates umformte, nicht bis zur letzten Konsequenz zu Ende gegangen werden kann, ohne das Bundesstaatsprinzip aus den Angeln zu heben. Ein Gefüge staatlicher Entscheidungsebenen, in der das politische Gewicht der ‚Regionen' alleine auf ihrer Mitsprache an der gesamtstaatlichen Willensbildung beruht, stellt keinen Bundesstaat mehr dar – in welchem Sinne auch immer – und wäre demnach mit Art. 79 Abs. 3 GG nicht zu vereinbaren. Verfassungsrechtlich gibt es insoweit keine ‚Kompetenzkompensation', als die Zugewinne an Mitentscheidungsbefugnis im Gesamtstaat nicht den Verlust an eigener Gestaltungsbefugnis der Gliedstaaten aufzuwiegen vermögen, die das Essentiale der Bundesstaatlichkeit ausmachen. In politischer Sicht mag die Bedeutung der Landesregierungen durch den Tausch von autonomer Gestaltungsbefugnis in Rechte auf Gestaltung des Gesamtsystems steigen – verfassungsrechtlich aber werden Landesregierungen dadurch zu einem ‚abgeleiteten' Träger von Bundesgewalt, und nicht zu einer

---

Kirchhof / D.P. Kommers (Hrsg.), Deutschland und sein Grundgesetz, 1993, S. 79, 86; *ders.*, Zustimmungsgesetze, in: Bundesrat (Hrsg.), Vierzig Jahre Bundesrat, 1989, S. 183, 187; *ders.*, Art. 84 Rdnr.63 (1985), in: Maunz/Dürig.

‚neuen Form' eigenlegitmierter Landesstaatsgewalt. Mitwirkung im Bundesrat ist, in der weiteren Verformung über dessen Majoritätsprinzip, eben nicht „ein Minus, sondern ein schwächeres aliud gegenüber der Eigenbestimmung in den Ländern".[3]

Zugleich ist aber unbestreitbar, daß das Grundgesetz selbst, in seiner fundamentalen Konstruktion, die Mitentscheidung der Länder an der Willensbildung des Bundes und die Notwendigkeit der Kooperation zu Grundprinzipien seiner ihm eigenen bundesstaatlichen Form erhoben hat. Einen Ausbau und eine Konsolidierung dieser tragenden Konstruktionsprinzipien in der konkreten Detailausformung der grundgesetzlichen Bundesverfassung wird man unter diesem Blickwinkel zunächst kaum beanstanden können. Wo die Grenze zwischen beiden Phänomenen liegt, verschwindet dagegen in einer Grauzone dogmatischer Maßstabslosigkeit. Dem System der grundgesetzlichen Einzelaussagen zum Bundesstaat ist die Maßstäblichkeit nicht zu entnehmen – Bundesstaatsrechtsdogmatik bedarf hier unweigerlich des Rückgriffes auf bundesstaatstheoretische Axiome, mag man diese dann auch in der Folge als Deduktionen verfassungsbezogener Auslegungskunst maskieren.

Daß auch die tradierte Bundesstaatsrechtsdogmatik, die sich so viel ihrer positivistischen Abstützung auf Wortlaut und Systematik der Verfassung zugutehielt, dieses Rückgriffes auf vorausliegende (oder vorausgelegte) theoretische Prämissen über die Konstruktionsprinzipien des Bundesstaates nicht enthalten kann, zeigt ein genauer Blick auf den Umgang der deutschen Bundesstaatsrechtslehre mit Fragen der Mitwirkung der Länder an der gesamtstaatlichen Willensbildung und dem Problemkreis der intraföderalen Kooperation und der ‚Politikverflechtung'.

Außerhalb jeglichen ernsthaften Streites ist dabei im Ansatz die Befugnis der Länder (bzw. Landesregierungen), über den Bundesrat die Politik des Bundes mitzugestalten. Diese Mitgestaltungsbefugnis mag den jeweiligen Regierungsparteien im Bund politisch ein Dorn im Auge sein – in der grundgesetzlichen Bundesstaatsverfassung ist sie als tragendes Konstruktionsprinzip vorausgesetzt. Das Grundgesetz hat den Landesregierungen mit ihrer Mitentscheidungsbefugnis über den Bundesrat bewußt ein allgemeinpolitisches Mandat gegeben, und deren Mitsprache nicht auf die Beeinträchtigung eigentlicher Länderkompetenzen beschränkt.[4] Daß Politiker – vor allem aus den Landesregierungen – sich auf die-

---

[3] So treffend *Walter Leisner - id.*, Staatseinungen. Ordnungskraft föderaler Zusammenschlüsse, 1991, S. 246.

[4] Vgl. in diesem Sinne *G. Robbers*, Art. 50 Rdnr. 13, in: M. Sachs (Hrsg.), Kommentar zum Grundgesetz, 1995; *M. Borchmann*, Der Bundesrat – ein Essential der föderativen Ordnung in der Bundesrepublik, Staat und Recht 40 (1991), S. 24; *H. Koschnick*, Der Bundesrat zwischen Länderinteressen, gesamtstaatlicher Verantwortung und Parteipolitik, in: Bundesrat (Hrsg.), Vierzig Jahre Bundesrat, 1989, S. 81, 83; *D. Wyduckel*, Der Bundesrat als Zweite Kammer – Zur verfassungsrechtlichen Stellung des Bundesrats im Gesetzgebungsverfahren, DÖV 1989, S. 181, 190f.; *R. Herzog*, Stellung des Bundesrates im demokratischen Bundesstaat, in: J. Isensee / P. Kirchhof (Hrsg.), Handbuch des Staatsrechts der Bundesrepublik Deutschland, Bd. II, 1987, § 44 Rdnrn. 16, 33; *D. Blumenwitz*, Art. 50 Rdnr. 3 (1987), in: Bonner Kommentar; *H.H. Klein*, Der

ses allgemeinpolitische Mandat dann auch einlassen, kann im Ergebnis verfassungsrechtlich nicht gerügt werden. Wenn überhaupt, dann waren es bisher auch kaum jemals die Landesregierungen, die dem Gedanken der ‚Kompetenzkompensation' Widerstand entgegengebracht hätten, sondern die Landesparlamente, die den fortschreitenden Verlust der Länder an eigenständigen Kompetenzen beklagten – nicht ohne Grund, denn die Landtage sind die eigentlichen Verlierer der Kompetenzverlagerungen auf den Bund, die für die Praxis der letzten Jahrzehnte kennzeichnend waren.[5]

Die Akteure der Landespolitik sind sich mittlerweile über die verfassungspolitischen Konsequenzen eines derartigen Ansatzes auch weitgehend klargeworden. Im Gegensatz zu eigenständigen Gestaltungsbefugnissen sind die Mitentscheidungs- bzw. Teilhaberechte über den Bundesrat stark situationsabhängig, schwanken in ihrem Gewicht je nach Macht- und Kräftegleichgewicht in der Bundespolitik.[6] Dazu kommt die zunehmende Verlagerung von Kompetenzen – vor allem des Bundesgesetzgebers – an die Europäische Gemeinschaft wie die immer dichter werdende intergouvernementale Zusammenarbeit des zweiten und dritten Pfeilers der europäischen Union.[7] Weiterhin hat sich im Gefolge der deutschen Vereinigung das Stimmgewicht der einzelnen Länder abgeschwächt; die Schwächen der Finanzverfassung bringen zudem die Gefahr mit sich, daß Mehrheitsbildungen im Bundesrat zusehends durch finanzpolitische Abhängigkeiten vom Bund bestimmt werden, Möglichkeiten der sachlichen Koalitionsbildung zwischen Ländern schrumpfen.[8]

‚Politikverflechtung' und ‚Beteiligungsföderalismus' wohnt insoweit die große Gefahr immer weiterer Unitarisierung des bundesstaatlichen Gefüges inne.[9] Au-

Bundesrat der Bundesrepublik Deutschland – die „Zweite Kammer“, AöR 108 (1983), S. 329, 358f.; *K. Stern*, Das Staatsrecht der Bundesrepublik Deutschland Bd. I, 2. Aufl. 1984, S. 730f.

[5] Vgl. insoweit die oben S. 324 in Fn. 29 nachgewiesene Literatur, ferner *M. Friedrich*, Bundesrat und Landesparlamente, ZParl 6 (1975), S. 48ff.; *H. Lenz*, Die Landtage als staatsnotarielle Ratifikationsämter? Eine Bestandsaufnahme föderalistischer Praxis am Maßstab der Hessischen Verfassung, DÖV 1977, S. 157ff.; *C. Sailer*, Die Dauerkrise der Landesparlamente, BayVBl. 1978, S. 713ff.; *E.V. Heyen*, Der Bundesrat – ein Rat der autonomen Kabinette?, Der Staat 21 (1982), S. 191ff.; *R. Scholz*, Landesparlamente und Bundesrat, in: Einigkeit und Recht und Freiheit. Festschrift für Karl Carstens, 1985, S. 831ff.; *H.H. Klein*, Die Legitimation des Bundesrates und sein Verhältnis zu Landesparlamenten und Landesregierungen, in: Bundesrat (Hrsg.), Vierzig Jahre Bundesrat, 1989, S. 95, 107ff.

[6] Vgl. etwa *R. Herzog* (Fn. 4), § 44 Rdnr. 16, außerdem *B. Sippl*, Zur Mitwirkung der Länder an der Gesetzgebung des Bundes, in: Arbeitender Staat. Festschrift für Klaus König, 1995, S. 185, 193ff.

[7] Siehe dazu unten 13.4.

[8] In diesem Sinne siehe etwa *J.J. Hesse / W. Renzsch*, Zehn Thesen zur Entwicklung und Lage des deutschen Föderalismus, Staatswissenschaften und Staatspraxis 1 (1990), S. 562, 569ff., sowie *F.W. Scharpf*, Föderalismus an der Wegscheide: eine Replik, ebda., S. 579, 580ff.

[9] Vgl. insoweit nur die Studien in dem Sammelband von *J.J. Hesse* (Hrsg.), Politikverflechtung im föderativen Staat, 1978, außerdem *F.W. Scharpf*, Der Bundesrat und die Kooperation auf der „dritten Ebene“, in: ders., Optionen des Föderalismus in Deutschland und Europa, 1994, S. 59ff., sowie *R.-O. Schultze*, Statt Subsidiarität und Entscheidungsautonomie – Politikverflechtung

tonome Handlungsspielräume der einzelnen Länder werden enger und enger, Notwendigkeiten der wechselseitigen Abstimmung nehmen mehr und mehr politische und administrative Energien in Anspruch; die Balance zwischen ‚Integration' – verstanden als Einheitsbildung – und Subsidiarität verschiebt sich immer weiter zugunsten der unitarischen Elemente, zur Betonung der Integration als Selbstzweck. Nicht nur die fast durchgängige Befürwortung dieses Prozesses, die lange Zeit die deutsche Staatsrechtslehre gekennzeichnet hat, sondern auch das weitgehende Fehlen eines Problembewußtseins in diesem Punkt verweist auf die in dieser Arbeit immer wieder thematisierte Dominanz unitarischer Paradigmata im deutschen Bundesstaatsdenken. Wird der ‚unitarische Bundesstaat' als positives Leitbild des grundgesetzlichen Bundesstaatsmodells verstanden, so kann man die ‚Unitarisierung' über ‚Politikverflechtung' auch kaum als Problem – oder gar Gefährdung – des Bundesstaatsprinzips wahrnehmen und zur Themenstellung verfassungsrechtsdogmatischer Arbeit erheben.

Doch die (lange Zeit verdrängten) Folgeprobleme dieser Entwicklung werden mehr und mehr sichtbar. Die Politikwissenschaft hat hier wichtige Vorarbeiten geleistet, hat mit dem neuen Paradigma der ‚Politikverflechtungsfalle' (und jüngst des ‚Regierens in Mehrebenensystemen') den Blick für die Gefahren dieser von der Verfassungsrechtswissenschaft vernachlässigten Problematik geschärft. Dieser Blick aus der künstlich geschaffenen Distanz der sozialwissenschaftlichen Modellbildung sei in den folgenden Abschnitten dazu benutzt, nicht nur die Vorherrschaft unitarischer Vorstellungen in der Staatspraxis und der diese Praxis begleitenden Rechtswissenschaft aufzuzeigen, sondern auch die aus der unitarisch geprägten Flucht in die Verflechtung geborenen Gefährdungslagen für das Bundesstaatsprinzip im deutschen Modell des ‚kooperativen Föderalismus' etwas unter die Lupe zu nehmen. Die verfassungsrechtliche Rolle des Bundesrates, die Mechanismen der Kooperation zwischen Bund und Ländern sowie im Verhältnis zwischen den Ländern, die Rückwirkung der europäischen Einigung auf den deutschen Bundesstaat sowie die Probleme der Finanzverfassung (insbes. im Gefolge der Wiedervereinigung) seien insoweit kurz mit thesenhaften Problemskizzen bedacht.

13.2. Die Rolle des Bundesrates im Bundesstaatsmodell des Grundgesetzes

Eine ganz wichtige Rolle auf dem Weg in das bundesrepublikanische Sondermodell des ‚Beteiligungsföderalismus' hat die Entscheidung des Parlamentarischen Rates für das Bundesratsmodell gespielt. War die Konstruktion der ‚Zweiten Kammer' im Kontext der Verfassungsberatungen 1948/49 zunächst heftig umstritten – wobei die Mehrheit anfänglich eher dem Senatsmodell zuzuneigen

und kein Ende: Der deutsche Föderalismus nach der Vereinigung, Staatswissenschaften und Staatspraxis 4 (1993), S. 225ff.

schien – so hat letztlich das Drängen der Länder, insbesondere Bayerns, doch zum Sieg der für den traditionellen deutschen Bundesstaat prägenden Bundesratslösung geführt.[10]

13.2.1. Die Debatte um die Stellung des Bundesrates

Die Rolle der damit geschaffenen ‚Länderkammer' war in den ersten Jahren äusserst kontrovers. Die in den ersten Bundesregierungen vorherrschenden Vertreter unitarischer Vorstellungen im Geiste der Reichsreformbewegung, aber auch die mit Beamten der alten Reichsministerien durchsetzte Ministerialbürokratie des Bundes bestritten dem Bundesrat zunächst jegliche Mitsprachebefugnis in Angelegenheiten, die nicht unmittelbar Länderkompetenzen betrafen. Der oben dargestellte Streit der ersten Jahre um das Befassungsrecht des Bundesrates mit Fragen der Außenpolitik war symptomatisch für diese Versuche, den Bundesrat auf ein Organ minderen Ranges zu reduzieren.

Kennzeichnend ist auch die Inbrunst, mit der in der Frühphase die eigentlich rein terminologische Frage debattiert wurde, ob der Bundesrat aufgrund seiner Befugnisse nach Art. 77 Abs. 2–4 GG als Zweite Kammer bezeichnet werden werden könne. *Roman Herzog* hat den Geist dieser Debatte treffend beschrieben mit den Worten: „Fragen dieser Art sind zu einer Zeit, als die bundesstaatliche Ordnung des Grundgesetzes von den politischen und vor allem auch bürokratischen Kräften in der Bundeshauptstadt noch als eine Art Störenfried betrachtet wurde, mit einer gewissen Hingabe diskutiert worden, meist mit dem methodologisch ohnehin unzulässigen Ziel, aus ihrer Beantwortung sogleich handfeste materielle Schlüsse zu ziehen."[11]

Im Zuge der Konsolidierung des Bundesrates als eines eigenständigen Verfassungsorgans des Bundes mit tendenziell umfassendem bundespolitischem Mandat[12] ebbte diese Diskussion dann aber ab, hatte sich doch die debattierte Frage

[10] Siehe zur Entstehungsgeschichte der Art. 50ff. GG die Darstellung oben 4.5.5.; vgl. ferner *D. Wyduckel* (Fn. 4), S. 183f.; *P. Graf Kielmannsegg*, Vom Bundestag zum Bundesrat. Die Länderkammer in der jüngsten deutschen Verfassungsgeschichte, in: Bundesrat (Hrsg)., Vierzig Jahre Bundesrat, 1989, S. 43ff.; *H.H. Klein* (Fn. 4), S. 339ff.; *U. Scholl*, Der Bundesrat in der deutschen Verfassungsentwicklung, 1982, S. 30ff.; außerdem ausführlich *H.-U. Erichsen*, Verfassungsgeschichtliche Prolegomena zur Bestimmung von Standort und Funktion des Bundesrates, in: Bundesrat (Hrsg.), Der Bundesrat als Verfassungsorgan und politische Kraft, 1974, S. 9ff., *T. Eschenburg*, Bundesrat – Reichsrat – Bundesrat, ebda., 35ff., sowie *R. Morsey*, Die Entstehung des Bundesrates im Parlamentarischen Rat, ebda., S. 63ff.

[11] *R. Herzog* (Fn. 4), § 44 Rdnr.29; vgl. auch im gleichen Sinne *D. Wyduckel* (Fn. 4), S. 181.

[12] Zur Stellung des Bundesrates als Verfassungsorgan des Bundes, nicht der Bundesländer, vgl. *K. Stern*, Das Staatsrecht der Bundesrepublik Deutschland Bd.II, 1980, S. 124ff.; *H.H. Klein* (Fn. 4), S. 330; *K. Lange*, Die Legitimationskrise des Bundesrates, in: Festschrift für Erwin Stein, 1983, S. 181, 185ff.; *S. Hendrichs*, Art. 50 Rdnr.7, in: von Münch, GG-Komm., Bd. 2, 2.Aufl. 1983; *D. Posser*, Der Bundesrat und seine Bedeutung, in: Benda / Maihofer / Vogel (Hrsg.), Handbuch des Verfassungsrechts, 1983, S. 899, 904f.; *R. Herzog* (Fn. 4), § 44 Rdnrn.2f.; *M. Borchmann* (Fn. 4), S. 24; *K. Reuter*, Praxishandbuch Bundesrat, 1991, S. 89; *G. Robbers*, Art. 50 Rdnrn.5f., in: Sachs, GG-Komm. (Fn. 4).

weitgehend als müßig erwiesen.[13] Wenn auch der Bundesrat keine voll gleichberechtigte Zweite Kammer mit gleichartiger Kompetenzausstattung wie der Bundestag ist, so ergibt sich doch unzweideutig aus der Verfassung, daß es sich um keine reine ‚Länderkammer' handelt, die beschränkt wäre auf den Schutz der Länderkompetenzen.[14]

Die Neubewertung der Rolle des Bundesrates wurde dann auch in theoretischer Hinsicht vorangetrieben durch die grundlegende Arbeit von *Konrad Hesse* zum ‚unitarischen Bundesstaat'. Der darin eingeleitete Paradigmenwechsel vom klassisch föderalistischen Konzept der Bewahrung gliedstaatlicher Eigenständigkeit zum neuen Bild der Bundesstaatlichkeit als eines besonderen Gefüges der Gewaltenteilung wertete den Bundesrat in seiner Funktionsbeschreibung deutlich auf, wies er ihm doch eine wichtige Rolle für das gewaltenteilige Gesamtgefüge zu. Die fortschreitende sachliche Unitarisierung führe nämlich – so hatte *Hesse* ausgeführt – in eigentümlicher Umkehrung früherer Entwicklungen nicht zu einer Minderung, sondern zu einer Mehrung des Gewichts des Bundesrates. So werde er durch eine „ausdehnende Interpretation" der Zustimmungsbedürftigkeit von Bundesgesetzen mehr und mehr zu einem maßgeblichen Faktor der Gesetzgebung des Bundes. An die Stelle der den Ländern verlorengegangenen Landesgewalt trete das Moment der Beteiligung an der Bundesgewalt, über die die Länder ein weiteres Stück politischen Lebens führten, ja letztlich ihre Staatsnatur verwirklichten.[15] Kernpunkt sei dabei die Differenz der politischen Kräfte, die in Bundestag und Bundesrat ihre Verkörperung fänden: Die realen Kräfte, die sich in der Institution des Bundesrates zur Geltung brächten, seien insoweit weniger in den Reihen der Politiker als in denen der hohen Bürokratie der Länder zu suchen. Der Bundesrat habe sich nicht als selbständiger Faktor gegenüber den anderen Bundesorganen erwiesen, weil in ihm das föderalistische Element der Individualität der deutschen Länder zur Geltung komme, sondern „weil in ihm letztlich ein anderes Substrat bestimmend ist als in den anderen Bundesorganen: das spezifisch administrative Element in den Ländern."[16]

Sowohl der Gedanke der Ersetzung gliedstaatlicher Individualität – man könnte auch sagen: Autonomie – durch Mitsprache bei der Bundesgesetzgebung als auch der Gedanke der Verstärkung gewaltenteiliger Kontrolle der Bundesexekutive durch die Einbeziehung des Bundesrates, in dem sich letztlich die Kontinui-

---

[13] Vgl. in diesem Sinne *R. Herzog* (Fn. 4), § 44 Rdnr.29; *H.H. Klein* (Fn. 4), S. 331 f.; *E. Friesenhahn*, Die Rechtsentwicklung hinsichtlich der Zustimmungsbedürftigkeit von Gesetzen und Verordnungen des Bundes, in: Bundesrat (Hrsg.), Der Bundesrat als Verfassungsorgan und politische Kraft, 1974, S. 251, 253. Vgl. außerdem *D. Wyduckel* (Fn. 4), S. 181 f., *W. Leisner* (Fn. 3), S. 239f. und *K. Stern*, Staatsrecht II (Fn. 12), S. 126f.

[14] Vgl. nur *R. Herzog* (Fn. 4), § 44 Rdnrn.14ff., 33; *H.H. Klein* (Fn. 4), S. 358f.; *T. Maunz*, Art. 50 Rdnrn.16ff. (1961), in: Maunz/Dürig.

[15] *K. Hesse*, Der unitarische Bundesstaat, 1961, S. 22.

[16] *K. Hesse* (Fn. 15), 24f.; vgl. insoweit auch *R. Herzog* (Fn. 4), § 44 Rdnrn.21ff. sowie *ders.* Zusammensetzung und Verfahren des Bundesrates, in: J. Isensee / P. Kirchhof (Hrsg.), Handbuch des Staatsrechts der Bundesrepublik Deutschland, Bd.II, 1987, § 46 Rdnrn.2ff., ferner *W. Leisner* (Fn. 3), S. 240ff.

tät wie auch das Fach- und Sachwissen der Länderbürokratie zur Geltung bringen, leuchtete unmittelbar ein und bestimmte nachhaltig die künftige Wahrnehmung der Rolle des Bundesrates.[17] Insbesondere der letztgenannte Ansatz fand in der stark auf technisch-bürokratische Fähigkeiten wie Fachwissen abstellenden politischen Kultur Deutschlands nahezu uneingeschränkte Zustimmung. Daß die Ministerialbürokratien der Länder im Prinzip weit besser in der Lage seien, in den Details die Gesetzgebungsarbeit der Bundesministerien kontrollierend zu begleiten als dies der Bundestag je vermöchte, war von derartig entwaffnender Plausibilität, daß das Argument Teil des Standardarsenals jeder wissenschaftlichen Auseinandersetzung mit der Institution des Bundesrates geworden ist.[18]

13.2.2. Die Kompetenzen des Bundesrates

Die eigentliche Konsequenz aus diesem Grundgedanken zu ziehen, war man letztlich aber doch nicht bereit. Ernstgenommen, hätte die Denkfigur der ‚Kontrolle der Bürokratie durch die Bürokratie'[19] die weitgehende kompetentielle Gleichstellung des Bundesrates mit dem Bundestag gerechtfertigt, soweit dies mit den normativen Vorgaben des Grundgesetzes überhaupt in Einklang zu bringen ist. Die faktische Entwicklung der Beteiligungspraxis des Bundesrates zeigte ja zunächst auch einen klaren Trend in Richtung auf eine weitreichende Mitentscheidungsbefugnis des Bundesrates.[20] Der Anteil der Zustimmungsgesetze an den das Gesetzgebungsverfahren passierenden Gesetzesvorlagen nahm schon in den ersten Legislaturperioden deutlich zu zulasten der reinen Einspruchsgesetze[21]– entgegen der ursprünglichen Konzeption des Grundgesetzes, nach der eigentlich der Fall des Einspruchsgesetzes als Regeltypus im Gesetzgebungsverfahren vorgesehen war.[22]

---

[17] Vgl. etwa *R. Herzog* (Fn. 4), § 44 Rdnrn. 42, 44ff.; vgl. allerdings kritisch zur Hesse'schen Konzentration auf Gewaltenteilung, unter Ausblendung der Rolle der ‚regionalen Individualitäten', *P. Lerche*, Prinzipien des deutschen Föderalismus, in: P. Kirchhof / D.P. Kommers (Hrsg.), Deutschland und sein Grundgesetz, 1993, S. 79, 81f.

[18] Vgl. z.B. *R. Herzog* (Fn. 4), § 44 Rdnrn. 43ff.

[19] Siehe insoweit nur *R. Herzog* (Fn. 4), § 44 Rdnrn. 43ff.

[20] In diesem Sinne etwa *D. Wyduckel* (Fn. 4), S. 191 und *P. Badura*, Der Bundesrat in der Verfassungsordnung, in: Bundesrat (Hrsg.), Vierzig Jahre Bundesrat, 1989, S. 317, 324f.

[21] Vgl. nur *J. Lücke*, Art. 77 Rdnr. 15, in: Sachs, GG-Komm. (Fn. 4); *G. Ziller / G.-B. Oschatz*, Der Bundesrat, 9. Aufl. 1993, S. 37f.; *K. Reuter* (Fn. 12), S. 298; *W. Blümel*, Verwaltungszuständigkeit, in: J. Isensee / P. Kirchhof (Hrsg.), Handbuch des Staatsrechts der Bundesrepublik Deutschland, Bd. IV, 1990, § 101 Rdnr. 26; *D. Wyduckel* (Fn. 4), S. 187; *M. Antoni*, Zustimmungsvorbehalte des Bundesrates zu Rechtsetzungsakten des Bundes – Die Zustimmungsbedürftigkeit von Bundesgesetzen, AöR 113 (1988), S. 329, 331f.; *R. Herzog*, Aufgaben des Bundesrates, in: J. Isensee / P. Kirchhof (Hrsg.), Handbuch des Staatsrechts der Bundesrepublik Deutschland, Bd. II, 1987, § 45 Rdnr. 8: *P. Lerche*, Art. 84 Rdnrn. 68ff. (1985), in: Maunz/Dürig; *S. Hendrichs*, Art. 50 Rdnr. 18, in: von Münch, GG-Komm., Bd. 2, 2. Aufl. 1983; *K. Stern*, Staatsrecht II (Fn. 12), S. 130.

[22] *P. Lerche* (Fn. 17), S. 85f.; *ders.*, Art. 84 Rdnrn. 8ff., 68ff. (1985), in: Maunz/Dürig; *ders.*, Zustimmungsgesetze, in: Bundesrat (Hrsg.), Vierzig Jahre Bundesrat, 1989, S. 183; *D. Wyduckel* (Fn. 4), S. 187; *M. Antoni* (Fn. 21), S. 331.

13.2.2.1. Die Zustimmungsbedürftigkeit von Bundesgesetzen

Der Drang des Bundesgesetzgebers zu ausgreifenden organisatorischen und verwaltungsverfahrensrechtlichen Regelungen, der über Art. 84 Abs. 1 GG so viele Fälle der Zustimmungsbedürftigkeit auslöste[23], wurde weithin als in der Sachlogik der Gesetzgebung begründet akzeptiert, wenn nicht gar wegen seiner unitarisierenden Wirkungen begrüßt.[24] Auch der Zentralisierungsschub, der von den Verfassungsänderungen der Sechziger und Siebziger Jahre ausging, also die Verlagerung wichtiger Kompetenzen auf den Bund zur einheitlichen Wahrnehmung, wurde weitestgehend als im Sinne der ‚Einheitlichkeit der Lebensverhältnisse' liegend für richtig befunden.[25] Daß die Länder bei all diesen Kompetenzverschiebungen die Zustimmungsbedürftigkeit der damit erst möglich gewordenen Bundesgesetze als Kompensation der verlorengegangenen Länderzuständigkeiten heraushandelten, nahm man dagegen eher beiläufig zur Kenntnis, als unvermeidlichen realpolitischen Preis, der für die als erforderlich angesehenen Stärkungen der Bundeskompetenzen zu zahlen war.[26]

Daß mit dieser an sich begrüßten Ablösung des klassischen ‚Trennföderalismus' durch die moderne Variante des ‚Beteiligungsföderalismus' die Zahl der Zustimmungsgesetze sprunghaft steigen mußte, als logische Konsequenz der Unitarisierung (im Sinne der von *Hesse* beschriebenen Ersetzung von Selbstbestimmung der Länder durch Mitbestimmung), wollte man jedoch nicht wahrhaben. Der alsbald unübersehbare Befund, daß mehr Gesetze Zustimmungs- als Einspruchsgesetze darstellten, wurde als Abweichung von den Vorgaben der Verfas-

---

[23] Vgl. aus der Fülle der Stimmen zum Problem etwa *A. Sauter*, Die Zustimmungsbedürftigkeit von Bundesgesetzen unter besonderer Berücksichtigung des Art. 84 Abs. 1 GG, in: Festschrift für Franz Klein, 1994, S. 561, 564; *P. Lerche*, Zustimmungsgesetze, in: Bundesrat (Hrsg.), Vierzig Jahre Bundesrat, 1989, S. 183, 184ff.; *ders.*, Art. 84 Rdnrn. 68ff. (1983), in: Maunz/Dürig; *H.P. Bull*, Art. 84 Rdnr. 21, in: Alternativkommentar Bd. 2, 2. Aufl. 1989; *M. Antoni* (Fn. 21), S. 332, 349; *B.-O. Bryde*, Art. 77 Rdnr. 22, in: von Münch, GG-Komm., Bd. 3, 2. Aufl. 1983; *G. Limberger*, Die Kompetenzen des Bundesrates und ihre Inanspruchnahme, 1982, S. 32; *F. Halstenberg*, Die Fortentwicklung der bundesstaatlichen Struktur seit 1949 und ihre Auswirkungen auf den Bundesrat, in: Bundesrat (Hrsg.), Der Bundesrat als Verfassungsorgan und politische Kraft, 1974, S. 127, 146ff.

[24] Vgl. nur die Berichte von *A. Köttgen* über „Der Einfluß des Bundes auf die deutsche Verwaltung und die Organisation der bundeseigenen Verwaltung", JÖR NF 3 (1954), S. 67, 85ff. (inbes. S. 90ff.), sowie JÖR NF 11 (1962), S. 173, 227ff., 233ff.; vgl. außerdem zum Zusammenhang zwischen „Triumphzug der Zielvorstellung einheitlicher Lebensverhältnisse" und der Zunahme der Zustimmungsgesetze nach Art. 84 Abs. 1 GG *P. Lerche*, Zustimmungsgesetze, in: Bundesrat (Hrsg.), Vierzig Jahre Bundesrat, 1989, S. 183, 187f.

[25] Vgl. dazu nur *P. Lerche* (Fn. 17), S. 84 sowie *S. Hendrichs*, Art. 50 Rdnr. 17, in: von Münch, GG-Komm., Bd. 2, 2. Aufl. 1983.

[26] Vgl. zu diesem Muster von politischen ‚Kompensationsgeschäften' als Grundlage der bundesstaatlichen Entwicklung in Deutschland *R. Herzog* (Fn. 21), § 45 Rdnr. 12, ferner *G. Robbers*, Art. 50 Rdnr. 13, in: Sachs, GG-Komm. (Fn. 4); *H.H. Klein* (Fn. 4), S. 96f.; *P. Lerche* (Fn. 24), S. 186ff.; *M. Antoni* (Fn. 21), S. 349ff.; *H.H. Klein* (Fn. 4), S. 351; *K. Stern*, Staatsrecht II (Fn. 12), S. 127ff., insbes. S. 131; *S. Hendrichs*, Art. 50 Rdnr. 17, in: von Münch, GG-Komm., Bd. 2, 2. Aufl. 1983; *F. Ossenbühl*, Zustimmung und Verantwortung des Bundesrates beim Erlaß von Bundesgesetzen, in: Festschrift für Hermann Jahrreiß, 1974, S. 161, 162f.

sung beklagt, als problematische Diskrepanz zwischen Verfassung und Verfassungswirklichkeit, die man sich nur mit einer „ausdehnenden Auslegung" der die Zustimmungsbedürftigkeit begründenden Normen des Grundgesetzes erklären konnte.[27] Systematisch ausgeblendet wurde dabei allerdings der – bei unbefangener Betrachtung ins Auge springende – Befund, „daß es der deutschen Gesetzgebungspraxis ohnehin und dem Perfektionstrieb der Bonner Gesetzgebungsministerien im besonderen entspricht, Gesetzgebungsvorhaben möglichst breit und vollständig, ja geradezu kodifikatorisch anzulegen"[28].

Selbst bei *Konrad Hesse* ist dieser unitarische Reflex gegen die Zunahme der Zustimmungsgesetze unverkennbar, obwohl sie doch in der Logik der von ihm so treffend beschriebenen Entwicklung lag.[29] Bei anderen Autoren nahm der Kampf gegen das, was als ‚ausdehnende Auslegung' der Kompetenzen des Bundesrates gesehen wurde, recht extreme Züge an. Der Verfall des Bundesstaates wurde beschworen, die Kolonisierung der Bundespolitik durch die Länder. Der oben im 6.Kapitel beschriebene Kampf um die Auslegung des Art. 84 Abs. 1 GG in den Gründungsjahren der Bundesrepublik[30] war insoweit nur ein Vorbote des dann zum Dauerbrenner gewordenen Konfliktes um die Reichweite der Kompetenzen des Bundesrates. Die Einwände gegen eine insgesamt recht großzügige Auslegung des Zustimmungstatbestandes des Art. 84 Abs. 1 GG konnten sich zwar nur zum Teil durchsetzen, wenn sie auch in der deutlich restriktiven Rechtsprechung des Bundesverfassungsgerichts zur Frage, welche Gesetze tatsächlich als Regelungen über „die Einrichtung der Behörden und das Verwaltungsverfahren" eingestuft werden, nicht ohne Wirkung geblieben sind[31].

Große Resonanz fanden aber vor allem die Einwände gegen die vermeintlich ‚ausdehnende' Handhabung der Zustimmungsbedürftigkeit von Änderungsgesetzen.[32] Im Ergebnis hat ihnen das Bundesverfassungsgericht an entscheidender

[27] Vgl. insoweit die oben unter 6.1.2. sowie unter 10.1.2. (dort insbes. in Fn. 30) nachgewiesene Literatur; vgl. außerdem als nachgerade paradigmatisch *H. Schulze-Fielitz*, Das Bundesverfassungsgericht im Netz seiner Rechtsprechung, DVBl. 1982, S. 328, 330. Kritik an dieser Argumentation übt insbes. *P. Lerche*, Art. 84 Rdnr.73 (1985), in: Maunz/Dürig.

[28] So 1974 treffend *R. Herzog*, Der Einfluß des Bundesrates auf die Gesetzgebung und Verwaltung des Bundes seit 1949, in: Bundesrat (Hrsg.), Der Bundesrat als Verfassungsorgan und politische Kraft, 1974, S. 235, 242; vgl. auch mit gleicher Zielrichtung *P. Lerche* (Fn. 24), S. 191f.

[29] Auch *K. Hesse* führte die gestiegene Bedeutung des Bundesrates auf eine „ausdehnende Interpretation der Zustimmungsbedürftigkeit von Bundesgesetzen" zurück – *K. Hesse* (Fn. 15), S. 22.

[30] Siehe oben 6.1.2.

[31] Vgl. als Kritik an dieser Rechtsprechung insbes. *A. Sauter* (Fn. 23), S. 566ff. und *P. Lerche*, Art. 84 Rdnrn.41ff., 50f., 76 (1985), in: Maunz/Dürig; vgl. aber auch *M. Antoni* (Fn. 21), S. 363ff.

[32] Siehe die Nachweise oben S. 324 Fn. 30 und 31, ferner *J. Lücke*, Art. 77 Rdnr.16, in: Sachs, GG-Komm.; (Fn. 4) *B. Pieroth*, Art. 77 Rdnr.4, in: Jarass/Pieroth, GG-Komm., 3.Aufl. 1995; *W. Blümel* (Fn. 21), § 101 Rdnr.25; *H.P. Bull*, Art. 84 Rdnrn.27ff., in: Alternativkommentar Bd. 2, 2.Aufl. 1989; *M. Antoni* (Fn. 21), S. 340ff.; *P. Lerche*, Art. 84 Rdnrn.78ff. (1985), in: Maunz/Dürig; *H.-J. Vogel*, Die bundesstaatliche Ordnung des Grundgesetzes, in: Benda / Maihofer / Vogel (Hrsg.), Handbuch des Verfassungsrechts, 1983, S. 809, 841f.; *D. Posser* (Fn. 12), S. 910ff.; *B.-O. Bryde*, Art. 77 Rdnr.22, und *S. Broß*, Art. 84 Rdnr.14, in: von Münch, GG-Komm., Bd. 3, 2.Aufl. 1983; *F. Ossenbühl* (Fn. 26), S. 165ff.

Stelle Rechnung getragen, als es in der sogen. ,Bundesrats-Entscheidung' vom 25. Juni 1974[33] ausführte, daraus, daß sich die Zustimmung des Bundesrates auf das ganze Gesetz als eine gesetzgebungstechnische Einheit beziehe, folge nicht unbedingt, daß jedes Änderungsgesetz wiederum der Zustimmung des Bundesrates bedürfe.[34]

Das vom Verfassungsgericht in diesem Zusammenhang beschworene ,Gleichgewicht zwischen allen am Gesetzgebungsverfahren beteiligten Verfassungsorganen' verweist jedoch seinerseits auf das bundesstaatspolitische Vorverständnis des Interpreten. Je nach Perspektive wird – so die Kritik an der Entscheidung – das ,Gleichgewicht' weniger durch eine Zustimmungspflichtigkeit aller späteren Änderungsgesetze berührt, sondern im Gegenteil eher durch die Einstufung der späteren Änderungsgesetze als im Prinzip reine Einspruchsgesetze. Die behauptete ,Systemverschiebung' erweist sich als ein von der gewählten Perspektive abhängiges Argument, sind doch Argumente des institutionellen ,Gleichgewichts' völlig bestimmt von den dabei implizit vorausgesetzten theoretischen Modellen über die Funktionenteilung in einem bestehenden Institutionengefüge.[35]

13.2.2.2. Der Vermittlungsausschuß

Nun ist dies Ergebnis vielleicht gar nicht einmal so schädlich für die weitere Entwicklung des deutschen Bundesstaatsmodelles. Der seit der Schrift von *Konrad Hesse* zum ,unitarischen Bundesstaat' so geläufige Mechanismus der Ablösung klassischer Bundesstaatlichkeit, also der Bewahrung regionaler Vielfalt und landesspezifischer Eigenheiten, durch den ,unitarischen Bundesstaat', in dem sachliche Unitarisierung und Homogenisierung ergänzt wird durch die Beteiligung der Länder an der gesamtstaatlichen Willensbildung, ist ersichtlich ein Weg nicht ohne Tücken.[36] Gemeint ist dabei weniger die Teilhabe an den Regelungen zu Verwaltungsorganisation und -verfahren nach Art. 84 Abs. 1 GG[37], oder die Zustim-

---

[33] BVerfGE 37, 363ff. (dazu oben 10.2.1.2.); vgl. auch die Auseinandersetzung mit den Argumenten der Entscheidung bei *H.H. Klein*, Das Bundesrats-Urteil des Bundesverfassungsgerichts, ZParl 5 (1974), S. 485ff.; *R.W. Schmitt*, Der Bundesrat – keine zweite Kammer? Bemerkungen zum Beschluß des Bundesverfassungsgerichts vom 25. Juni 1974, BayVBl. 1974, S. 685ff.; *G. Ziller*, Zum Spannungsverhältnis zwischen Bundestag und Bundesrat im Gesetzgebungsverfahren, in: Festschrift für Helmut Schellknecht, 1984, S. 135, 146. Vgl. ferner *P. Lerche* (Fn. 24), S. 194ff.; *D. Wyduckel* (Fn. 4), S. 188ff.; *M. Antoni* (Fn. 21), S. 343f.; *R. Herzog* (Fn. 21), § 45 Rdnr. 15; *P. Lerche*, Art. 84 Rdnrn. 79ff. (1983), in: Maunz/Dürig; *K. Stern*, Staatsrecht I (Fn. 4), S. 743f. und Staatsrecht II (Fn. 12), S. 144, 147.

[34] BVerfGE 37, 363, 381; vgl. als Kritik an dieser Argumentation *P. Lerche*, Art. 84 Rdnr. 72 (1985), in: Maunz/Dürig, sowie *R. Herzog* (Fn. 28), S. 243ff., ferner *G. Konow*, Zustimmungsbedürftigkeit von Änderungsgesetzen?, ZRP 1973, S. 158ff.

[35] Vgl. auch als Kritik am unreflektierten Gebrauch des ,Gleichgewichts'-Topos durch das Bundesverfassungsgericht *P. Lerche*, Art. 84 Rdnr. 73 (1985), in: Maunz/Dürig.

[36] Vgl. dazu *E.-W. Böckenförde*, Sozialer Bundesstaat und parlamentarische Demokratie. Zum Verhältnis von Parlamentarismus und Föderalismus unter den Bedingungen des Sozialstaats, in: Politik als gelebte Verfassung. Festschrift für Friedrich Schäfer, 1980, S. 182ff.

[37] Vgl. dazu ausführlich *P. Lerche*, Art. 84 Rdnrn. 25ff., 30ff., 62ff. (1985), in: Maunz/Dürig; *M. Antoni* (Fn. 21), S. 356ff.; *W. Blümel* (Fn. 21), § 101 Rdnrn. 29ff.; *A. Sauter* (Fn. 23), S. 564ff.

mung zu Rechtsverordnungen und zu allgemeinen Verwaltungsvorschriften[38] – alles Bereiche, in denen die administrative Expertise des Bundesrates bzw. der im Bundesrat hauptsächlich agierenden Länderbürokratien in besonderem Maße zum Tragen kommen kann[39], und die umgekehrt derart stark in die Verwaltungshoheit der Länder eingreifen, daß eine fehlende Mitsprache der Länder an der Rechtsetzung kaum zu vertreten wäre.

Gemeint ist schon eher die allgemeine Mitsprache, die sich der Bundesrat in hochpolitischen Angelegenheiten erkämpft hat[40], und die tendenziell zur Verlagerung der Entscheidungsbildung in den Vermittlungsausschuß geführt hat. Die Verlagerung der eigentlichen Entscheidungsprozesse in den Vermittlungsausschuß gerade bei den Gesetzen, die innenpolitisch besonders umstritten und auch in der Öffentlichkeit heftig diskutiert sind, ist für ein System der parlamentarischen Demokratie nicht unproblematisch, führt es doch zur nachgerade systematischen Verschleierung der Verantwortung.[41] Zwar ist das Formalargument kaum zu entkräften, der Vermittlungsausschuß als ein der öffentlichen Kontrolle weitgehend entzogenes Organ treffe nicht die eigentlichen, letztverbindlichen Entscheidungen; es bleibe Bundestag und Bundesrat im Ergebnis unbenommen, einen Kompromißvorschlag des Vermittlungsausschusses abzulehnen.[42] Doch verkennt dieser Einwand die faktische Bedeutung der im Vermittlungsausschuß erarbeiteten Kompromißvorlagen. Letztlich werden im Vermittlungsausschuß vielfach die elementaren Weichenstellungen ausgehandelt, die die eigentliche Gestalt des späteren Gesetzes entscheidend bestimmen. Den von ihren Vertretern mitgeschnürten Kompromißpaketen des Vermittlungsausschusses können sich

[38] Vgl. insoweit eingehend *R. Scholz*, Die Zustimmung des Bundesrats zu Rechtsverordnungen des Bundes, DÖV 1990, S. 455ff., sowie *M. Antoni*, Zustimmungsvorbehalte des Bundesrates zu Rechtsetzungsakten des Bundes – Die Zustimmungsbedürftigkeit von Rechtsverordnungen und allgemeinen Verwaltungsvorschriften, AöR 114 (1989), S. 221ff., ferner *W. Blümel* (Fn. 21), § 101 Rdnr. 39; *R. Herzog* (Fn. 21), § 45 Rdnrn. 22ff.; *P. Lerche*, Art. 84 Rdnrn. 85ff. (1983) und *T. Maunz*, Art. 80 Rdnrn. 58ff. (1978), in: Maunz/Dürig; *H.H. Klein* (Fn. 4), S. 353f.

[39] Vgl. zur ‚administrativen Komponente' des Bundesrates und deren Bedeutung für eine effektive Kontrolle der Bundesregierung insbes. *R. Herzog* (Fn. 4), § 44 Rdnrn. 21ff., 43ff., außerdem *G. Ziller / G.-B. Oschatz* (Fn. 21), S. 110ff. und *H.H. Klein* (Fn. 4), S. 104f.

[40] Daß der Regelfall der Entscheidungspraxis im Bundesrat politisch nur wenig umstrittene, eher administrative Fragen betrifft, belegt eindringlich *R. Herzog* (Fn. 4), § 44 Rdnr. 19.

[41] Vgl. zu der über die Rolle des Vermittlungsausschusses geführten Debatte *W.-R. Schenke*, Verfassungsrechtliche Grenzen der Tätigkeit des Vermittlungsausschusses, 1984, S. 21ff., insbes. S. 39ff.; *H.H. Klein* (Fn. 4), S. 363ff.; *H. Trossmann*, Bundestag und Vermittlungsausschuß, JZ 1983, S. 6ff.; *H. Bismarck*, Grenzen des Vermittlungsausschusses, DÖV 1983, S. 269ff.; *M.J. Dietlein*, Der Dispositionsrahmen des Vermittlungsausschusses, NJW 1983, S. 80ff.; *ders.*, Zulässigkeitsfragen bei der Anrufung des Vermittlungsausschusses, AöR 106 (1981), S. 525ff. (insbes. S. 539ff.); *E. Franßen*, Der Vermittlungsausschuß – politischer Schlichter zwischen Bundestag und Bundesrat?, in: Festschrift für Martin Hirsch, 1981, S. 273ff.; *E. Hasselsweiler*, Der Vermittlungsausschuß – Verfassungsgrundlagen und Staatspraxis, 1981, S. 44ff., 285ff.; *F. Vogel*, Der Vermittlungsausschuß, in: Bundesrat (Hrsg.), Vierzig Jahre Bundesrat, 1989, S. 213, 220ff.; vgl. außerdem *P. Lerche* (Fn. 17), S. 85; *D. Wyduckel* (Fn. 4), S. 188; *D. Posser*, Der Vermittlungsausschuß, in: Bundesrat (Hrsg.), Vierzig Jahre Bundesrat, 1989, S. 203ff.

[42] Vgl. nur *H.H. Klein* (Fn. 4), S. 364; *E. Hasselsweiler* (Fn. 41), S. 290ff.

Fraktionen oder gar Abgeordnete im Bundestag in der Regel kaum mehr entziehen, und schon gar nicht die Landesregierungen, die an der Entstehung des Kompromisses unmittelbar beteiligt waren. Auf der Vertraulichkeit der Beratungen im Vermittlungsausschuß beruht sicherlich zu einem Gutteil dessen Erfolgsbilanz[43]; die Vertraulichkeit stellt aber zugleich ein essentielles Problem für eine auf offenem Diskurs beruhende Demokratie dar, weiß doch so oft selbst der rechtsanwendende Jurist hinterher vielfach nicht, welche Überlegungen im Einzelfall zu einer bestimmten gesetzgeberischen Lösung geführt haben.[44] Eine tragfähige Alternative zum Verfahren des Vermittlungsausschusses jedoch ist wohl kaum zu finden, und auf einen derartigen Mechanismus, Blockaden zwischen Bundestag und Bundesrat durch Schnüren politischer Kompromißpakete aufzulösen, wird man letztlich kaum verzichten können.[45]

13.2.2.3. Finanzgesetze und Bundesrat

Am schärfsten aber tritt die Problematik des grundgesetzlichen ‚Beteiligungsföderalismus' in den ganz generell der Zustimmungsbedürfigkeit unterliegenden Gesetzen zur finanziellen Verbundwirtschaft von Bund und Ländern zutage. Nahezu alle Steuergesetze, aber auch eine ganze Reihe von Ausgabengesetzen bedürfen zwingend der Zustimmung des Bundesrates.[46] Angesichts der gravierenden Auswirkungen, die derartige Gesetze im grundgesetzlichen Verbundsystem der Finanzwirtschaft auf die Haushalte der Länder haben, kann dies wohl auch kaum anders sein. Das Ergebnis dieser Verbundwirtschaft jedoch ist besorgniserregend.[47] Daß grundlegende Systementscheidungen in diesem Verbundsystem nur im Konsens zwischen Bund und Ländermehrheit getroffen werden können, liegt in der sachlichen Logik der Konstruktion. Weichen allerdings Regierungsmehrheit im Bund und Mehrheiten im Bundestag parteipolitisch voneinander ab – wie in den letzten zwei Jahrzehnten beinahe zur Regel geworden ist – so bedeutet dies, daß nicht nur Bund und Länder finanzpolitisch einen Konsens finden müssen (was angesichts der scharfen Interessenkonflikte schon schwierig genug ist), sondern daß auch Regierungskoalition und Opposition im Bund annähernd eine Übereinstimmung über die Grundzüge der Finanz- und Haushaltspolitik im Bund finden müssen. Daß dies – wenn überhaupt – nur unter enormen Schwierigkeiten möglich ist, dürfte unmittelbar einsichtig sein. Die Folge des Verbund-

---

[43] *H.H. Klein* (Fn.4), S.364f.; *H. Koschnick* (Fn.4), S.84; *D. Posser* (Fn.41), S.206; *F. Vogel* (Fn.41), S.219f.

[44] Vgl. nur *W.-R. Schenke* (Fn.41), S.27ff., 39ff.; vgl. allerdings auch *H.H. Klein* (Fn.4), S.364f., der konstatiert, die Vorteile des Vermittlungsausschusses überwögen die Nachteile seiner Arbeit bei weitem.

[45] Vgl. insoweit auch schon *H. Schäfer*, Der Vermittlungsausschuß, in: Bundesrat (Hrsg.), Der Bundesrat als Verfassungsorgan und politische Kraft, 1974, S.277, 296f.

[46] Siehe Art.104a Abs.4 S.2, 105 Abs.2, 106 Abs.3 S.3 und Abs.4 S.2, 107 Abs.1 S.2 und 4, 106 Abs.5 S.2 sowie Abs.6 S.4 GG, ferner Art.91a Abs.2, 104a Abs.3 S.3 und Abs.5 S.2, Art.109 Abs.3 und Abs.4 S.1 GG. Vgl. insoweit auch *R. Herzog* (Fn.21), §45 Rdnr.10

[47] Vgl. auch *R. Herzog* (Fn.4), §44 Rdnr.7

systems im Finanzbereich ist damit – betrachtet man es aus der Perspektive des politischen Entscheidungssystems – ein Phänomen zunehmender politischer Lähmung. Finanzpolitik muß in der Konsequenz statisch, besitzstandsfixiert, reformunfähig werden[48].

13.3. Kooperation und Politikverflechtung

Die Problematik der Herausbildung eines ‚Verbundföderalismus' beschränkt sich bekanntlich nicht auf die Mitwirkung der Länder an der Bundespolitik über den Bundesrat. Auch im Bereich der landeseigenen Kompetenzen zeigt die deutsche Bundesstaatspraxis eine große Neigung zu Verbundlösungen.[49] Nicht die eigenständige Aufgabenerfüllung im Wege autonomer politischer Prioritätensetzung und Gestaltung stand (und steht) im Bundesstaat des Grundgesetzes dabei regelmäßig im Vordergrund, sondern die Suche nach einer einheitlichen Lösung unter wechselseitiger Abstimmung des Vorgehens unter den Ländern.[50]

Das dabei herausgebildete Netzwerk permanenter Information und sachlicher Koordinierung[51] bildet nun zum einen den Untergrund, auf dem die Bundesratsarbeit erst ihre eigentliche Effektivität erlangt. Die völlige ‚desuetudo' der Unterrichtung des Bundesrates durch die Bundesregierung nach Art. 53 S. 3 GG ist nur ein Symptom dieses Informationsnetzwerkes, das die förmliche Unterrichtung nach Art. 53 S. 3 GG schlicht hat überflüssig werden lassen.[52] Daneben dient diese permanente ‚Selbstkoordinierung' der Länder – in einem institutionellen Gefüge, das vom Bundesrat im Ansatz strikt getrennt gehalten wird[53] – aber auch der Vereinheitlichung der Länderpolitiken (und Verwaltungspraxis) in Bereichen der ausschließlichen Landeskompetenzen. Daß Bundesratsarbeit und ‚Selbstkoordinierung' über die Gremien der Zwischen-Länder-Kooperation trotz der formell strikten Trennung de facto letztlich doch eng miteinander verzahnt sind[54], ist an-

---

[48] Vgl. insbes. *F.W. Scharpf*, Der Bundesrat und die Kooperation auf der „dritten Ebene", in: Bundesrat (Hrsg.), Vierzig Jahre Bundesrat, 1989, S. 121, 123ff.

[49] Vgl. *P. Lerche*, Art. 83 Rdnrn. 92ff. (1983), in: Maunz/Dürig, ferner *K. Stern*, Staatsrecht I (Fn. 4), S. 749f. und *H. Klatt*, Interföderale Beziehungen im kooperativen Bundesstaat – Kooperation und Koordination auf der politischen Leitungsebene, VerwArch 78 (1987), S. 186ff,. ausserdem *H. Schulze-Fielitz*, Der informale Verfassungsstaat, 1984, S. 57ff.

[50] Vgl. *W. Rudolf*, Kooperation im Bundesstaat, in: J. Isensee / P. Kirchhof (Hrsg.), Handbuch des Staatsrechts der Bundesrepublik Deutschland, Bd. IV, 1990, § 105 Rdnrn. 17, 19.

[51] Vgl. zu den verschiedenen Formen von Kooperationsgremien *W. Rudolf* (Fn. 50), § 105 Rdnrn. 35ff.; *J. Pietzcker*, Zusammenarbeit der Gliedstaaten im Bundesstaat. Landesbericht Bundesrepublik Deutschland, in: C. Starck (Hrsg.), Zusammenarbeit der Gliedstaaten im Bundesstaat, 1988, S. 17, 21ff.; *H. Schulze-Fielitz* (Fn. 49), S. 57ff.; *H. Laufer*, Das Föderative System der Bundesrepublik Deutschland, 4. Aufl. 1981, S. 132ff.

[52] Vgl. zu dieser Frage eingehend *R. Herzog*, Die Beziehungen des Bundesrates zu Bundestag und Bundesregierung (insbesondere die Information nach Art. 53 Satz 3 GG), in: Bundesrat (Hrsg.), Vierzig Jahre Bundesrat, 1989, S. 167, 173ff., aber auch *ders.* (Fn. 4), § 44 Rdnr. 39.

[53] Vgl. *R. Herzog* (Fn. 52), S. 175f., ferner *ders.* (Fn. 4), § 44 Rdnr. 13.

[54] Ein Beispiel ist der Umstand, daß die Sekretäre der Bundesratsausschüsse vielfach auch als

gesichts der umfangreichen Überschneidungen und Verquickungen zwischen Bundeskompetenzen und Landeskompetenzen wohl kaum zu vermeiden.

Der darin zum Ausdruck gelangende Drang nach Kooperation und Koordination zwischen den Ländern ist im Kern übrigens nicht erst ein Produkt der Konzepte des ‚kooperativen Föderalismus' der Sechziger und Siebziger Jahre, sondern wohl ein logisches Folgeprodukt des im Grundgesetz niedergelegten bundesstaatlichen Verflechtungsmodells. Gefüge der Kooperation zwischen den Gliedstaaten sind seit Anbeginn ein Kennzeichen des deutschen Bundesstaatsmodells, war doch schon das Kaiserreich geprägt durch eine Vielzahl von Verträgen und Absprachen unter den Ländern zur koordinierten Erfüllung staatlicher Aufgaben außerhalb der eigentlichen Bundeskompetenzen.[55] Vielfach benutzt zur Integration gliedstaatlicher Politiken, in denen aus politischer Rücksichtnahme auf Statusbedenken Aufgaben nicht voll in die Hand des Reiches überführt worden waren – man denke nur an das Netz der Militärkonventionen Preußens mit den anderen Gliedstaaten oder an das Geflecht der Verträge zum gemeinsamen Betrieb von Eisenbahnen – schufen diese Absprachen schon unter der Verfassung von 1871 ein weitreichendes Gefüge gliedstaatlicher Kooperation unter dem Dach des Bundesstaates. Die Zentralisierungsbestrebungen der Weimarer Republik führten – wenn Aufgaben nicht gleich ganz in Händen des Reiches vergemeinschaftet wurden – noch zu einer deutlichen Intensivierung dieser Kooperation.[56]

Unter dem Grundgesetz war von Anbeginn an klar, daß dieses Instrumentarium – das ja übrigens aus der Not der Situation heraus von den Ländern bereits vor Gründung der Bundesrepublik entwickelt worden war – in vielen Bereichen beibehalten, wenn nicht gar ausgebaut werden mußte. Insbesondere die Kultusbürokratien gingen in diesem Sinne schon sehr früh zu einer intensiven Praxis der Abstimmung der materiellen Politiken zwischen den Ländern über, einer Kooperation, die institutionell verfestigt wurde in der Ständigen Konferenz der Kultusminister, und entwickelten bald über ein kompliziertes Geflecht von unzähligen Staatsverträgen, Konferenzbeschüssen und informellen Absprachen einen Me-

Geschäftsführer der entsprechenden Fachministerausschüsse fungieren – vgl. den Diskussionsbeitrag von *L. Kühne*, Bericht über die Diskussion zum Beitrag von Roman Herzog, in: Bundesrat (Hrsg.), Vierzig Jahre Bundesrat, 1989, S. 179, 181.

[55] Zum Phänomen der vertikalen Kooperation schon unter der Bismarck'schen und Weimarer RV am Beispiel der Vereinbarungen über Schul- und Hochschulfragen vgl. *G. Lassar*, Gegenwärtiger Stand der Aufgabenverteilung zwischen Reich und Ländern, in: G. Anschütz / R. Thoma (Hrsg.), Handbuch des Deutschen Staatsrechts Bd.I, 1930, S. 311, 317 Fußn.43.

[56] Vgl. zur Praxis der Weimarer Zeit – neben dem Beitrag von *G. Lassar*, aaO. – *F. Poetzsch-Heffter*, Vom Staatsleben unter der Weimarer Verfassung II. Teil (vom 1. Januar 1925 bis 31. Dezember 1928), JöR 17 (1929), S. 1, 25, sowie *P. Eggers*, Aufgaben der Länder und Gemeinden: Bildungswesen, in: K.G.A. Jeserich / H. Pohl / G.-C. von Unruh (Hrsg.), Deutsche Verwaltungsgeschichte Bd.IV, 1985, S. 349, 359f. Vgl. außerdem zur Rolle der Verwaltungsgemeinschaften und Zweckverbände aus mehreren Ländern – als Konsequenz der unrationellen und zersplitterten Gliederung des Reiches – *L. Biewer*, Reichsreformbestrebungen in der Weimarer Republik, 1980, S. 32, insb. Fußn.55.

chanismus der Vereinheitlichung der Schul- und Hochschulpolitik, der zu einer weitreichenden Unitarisierung der Gestaltung dieser Bereiche führte – wobei natürlich nur formell die Länderkompetenzen unangetastet blieben.[57]

Die Widerstände der Unitarier gegen die Phänomene der Kooperation überhaupt – Kooperation unter den Ländern wurde von ihnen vielfach nur als Ausdruck unzureichender Bundeskompetenzen gesehen – wie vor allem gegen jegliche institutionelle Verfestigung der Zusammenarbeit waren erbittert, wenn auch letztlich erfolglos. In der Debatte über die rechtlichen Grenzen der gliedstaatlichen Zusammenarbeit, die die Rechtslehre vor allem der Sechziger Jahre stark bewegte, bildete sich ein Ersatzkampfplatz. Über Verlauf und Inhalte der Diskussion ist oben schon ausführlich berichtet worden[58]; eine nähere Darstellung an dieser Stelle erübrigt sich daher. Die ganze Debatte ist im übrigen auch seit Anfang/Mitte der Siebziger Jahre nahezu eingeschlafen, obwohl die Staatspraxis der Länderzusammenarbeit sich immer weiter entwickelt und intensiviert hat, nicht zuletzt unter dem für die Siebziger Jahre so bestimmenden Leitbild des ‚kooperativen Föderalismus'.[59]

Viele Rechtsfragen im Bereich der Länderkooperation sind bis heute nur unzureichend ausgelotet, so manches an rechtlichen Problemen wird überhaupt nicht diskutiert, sondern pragmatisch mit Formelkompromissen oder praktischen Arrangements überdeckt. Dies hängt sicherlich mit dem weitgehend informellen Charakter der Zwischenländerkooperation zusammen. Nur wenige Materien sind institutionell verselbständigten Gemeinschaftseinrichtungen der Länder überantwortet.[60] Nur wenige Absprachen werden auch in formelle Staatsverträge zwischen den Ländern gegossen[61] – am ehesten noch im Bereich der Schulpolitik[62] und der Medienpolitik[63]; Verwaltungsabkommen zwischen den Ländern

---

[57] Vgl. dazu oben 6.2.2.; vgl. ferner *F.W. Scharpf* (Fn. 48), S. 138f. und eingehend *T. Stamm*, Zwischen Staat und Selbstverwaltung: Die deutsche Forschung im Wiederaufbau 1945–1965, 1981, S. 104ff., sowie *C. Vedder*, Intraföderale Staatsverträge. Instrumente der Rechtsetzung im Bundesstaat, 1996, S. 63ff., 77ff.

[58] Siehe oben 9.1.1.

[59] Vgl. *J. Pietzcker*, Zusammenarbeit der Gliedstaaten im Bundesstaat. Landesbericht Bundesrepublik Deutschland, in: C. Starck (Hrsg.), Zusammenarbeit der Gliedstaaten im Bundesstaat, 1988, S. 17, 45ff., und *C. Vedder* (Fn. 57), S. 38ff.

[60] Zur rechtlichen Problematik derartiger institutionell verselbständigter Gemeinschaftseinrichtungen der Länder vgl. nur *C. Vedder* (Fn. 57), S. 108ff.; 143ff., 196ff.; *W. Blümel* (Fn. 21), § 101 Rdnrn. 167ff.; *J. Pietzcker* (Fn. 59), S. 29ff., 52ff., 60ff.; *G. Kisker*, Kooperation im Bundesstaat, 1971, S. 251ff., ferner *P. Lerche*, Art. 83 Rdnrn. 116ff. (1983), in: Maunz/Dürig (m.w.N. der umfangreichen älteren Literatur in Fußn. 383).

[61] Vgl. zu den Staatsverträgen als den Instrumenten formeller (rechtsverbindlicher) Selbstkoordinierung eingehend *C. Vedder* (Fn. 57), dort insbes. S. 57ff., 86ff., 124ff., 149ff., 222ff., 289ff., 379ff.; vgl. ferner *W. Rudolf* (Fn. 50), § 105 Rdnrn. 49ff.; *P. Kirchhof*, Mittel staatlichen Handelns, in: J. Isensee / P. Kirchhof (Hrsg.), Handbuch des Staatsrechts der Bundesrepublik Deutschland, Bd. III, 1989, § 59 Rdnrn. 154ff.; *J. Pietzcker* (Fn. 59), S. 46ff.; außerdem *H.P. Rill*, Gliedstaatsverträge, 1972.

[62] Zur Vertragspraxis im Bereich der Kultusministerkonferenz vgl. etwa *T. Oppermann*, Bildung, in: I. von Münch (Hrsg.), Besonderes Verwaltungsrecht, 8. Aufl. 1988, S. 773, 828ff.; *ders.*, Kulturverwaltungsrecht, 1969, S. 565ff.; *P. Glotz / K. Faber*, Richtlinien und Grenzen des

oder zwischen Bund und Ländern sind schon häufiger[64]. Im Regelfall zeigen die beteiligten Länderbürokratien jedoch eine große Vorliebe für informelle, rechtlich nicht verbindliche Absprachen, die rechtswissenschaftlich nur schwer faßbar sind (oft ist auch schon deren Text gar nicht so ohne weiteres zugänglich).[65]

Das Ergebnis dieses geradezu zwanghaften Zuges in die auf Vereinheitlichung der Standards von Gesetzgebung und Verwaltungspraxis gerichtete Länderzusammenarbeit hat ein kritischer Begleiter der deutschen Bundesstaatsentwicklung mit den bösen Worten charakterisiert, die verbliebenen Eigenkompetenzen seien für die Ländern vor allem Raum gewesen, „sich durch inhaltlich parallele Landesgesetzgebung gewissermaßen selbst gleichzuschalten"[66].

Die generelle rechtliche Zulässigkeit derartiger Kooperation ist inzwischen weitgehend unstreitig.[67] Auch die Grenzen der zulässigen Kooperation sind in der Rechtslehre mittlerweile recht klar umschrieben.[68] Das schon am Problem der ‚Politikverflechtung' zwischen Bund und Ländern beschriebene Problem der ‚Entparlamentarisierung' stellt sich zwar im Ansatz ähnlich wie bei der Mitwirkung der Länder über den Bundesrat und der Bund-Länder-Kooperation im Rahmen der Gemeinschaftsaufgaben und Finanzhilfen.[69] Da von den Kooperationsabsprachen zwischen den Ländern in aller Regel aber keine unmittelbare Bindungswirkung für die Landtage ausgeht, diese bei den (eher seltenen) Staats-

---

Grundgesetzes für das Bildungswesen, in: Benda/Maihofer/Vogel, Handbuch des Verfassungsrechts, 1983, S. 999, 1039ff., außerdem jüngst *C. Vedder* (Fn. 57), S. 63ff.

[63] Zum Staatsvertrag über die Neuordnung des Rundfunkwesens vom 1./3.4. 1987 vgl. *R. Riker*, Der Rundfunkstaatsvertrag – Grundlage einer dualen Rundfunkordnung in der Bundesrepublik Deutschland, NJW 1988, S. 453ff.; zum Zentralproblem des Rundfunkstaatsvertrages von 1991 vgl. *C. Engel*, Vorsorge gegen die Konzentration im privaten Rundfunk mit den Mitteln des Rundfunkrechts – eine Analyse von § 21 Rundfunkstaatsvertrag 1991, ZUM Sonderheft 1993, S. 557ff.; vgl. ferner *C. Vedder* (Fn. 57), S. 67ff.

[64] Zur Unterscheidung von Staatsverträgen und Verwaltungsabkommen und zur umfangreichen Praxis der Verwaltungsabkommen vgl. *W. Rudolf* (Fn. 50), § 105 Rdnrn. 52f., 56; *P. Kirchhof* (Fn. 61), § 59 Rdnr. 155; *J. Pietzcker* (Fn. 59), S. 47f.; ausführlich ferner *R. Grawert*, Verwaltungsabkommen zwischen Bund und Ländern in der Bundesrepublik Deutschland, 1967, S. 32ff., 50ff., 82ff., 105ff., 144ff.

[65] Zur schwierigen Frage, wann bei sogen. ‚Kooperationsabsprachen' (etwa Beschlüssen von Ressortministerkonferenzen) rechtliche Bindungswirkung eintritt und wann es sich nur um politisch bindende ‚Gentlemen's Agreements' handelt, vgl. *W. Rudolf* (Fn. 50), § 105 Rdnrn. 59f., *J. Pietzcker* (Fn. 59), S. 51f., ferner *R. Grawert* (Fn. 64), S. 59ff.

[66] *P. Lerche* (Fn. 24), S. 188.

[67] Vgl. nur *W. Rudolf* (Fn. 50), § 105 Rdnrn. 73ff.; *J. Pietzcker* (Fn. 59), S. 55ff.; *K. Stern*, Staatsrecht I (Fn. 4), S. 756ff.; *G. Kisker* (Fn. 60), S. 85ff.

[68] Vgl. etwa *C. Vedder* (Fn. 57), S. 121ff., 143ff.; *W. Rudolf* (Fn. 50), § 105 Rdnrn. 79ff.; *J. Pietzcker* (Fn. 59), 58ff.; *P. Lerche*, Art. 83 Rdnrn. 95ff. (1983), in: Maunz/Dürig; *H.F. Zacher*, Grundlagen und Grenzen interföderativer Kooperation, BayVBl. 1971, S. 375ff.; *G. Kisker* (Fn. 60), S. 114ff., 169ff., 193ff., 212ff.; *R. Grawert* (Fn. 64), S. 131ff.

[69] Vgl. insoweit nur *W. Leisner*, Schwächung der Landesparlamente durch grundgesetzlichen Föderalismus, DÖV 1968, S. 389ff.; *H.C.F. Liesegang / R. Plöger*, Schwächung der Parlamente durch den kooperativen Föderalismus?, DÖV 1971, S. 228ff.; *H. Lenz* (Fn. 5), S. 157ff.; *H. Eicher*, Der Machtverlust der Landesparlamente, 1988, S. 76ff.; vgl. ferner jüngst *H.C. Röhl*, Staatliche Verantwortung in Kooperationsstrukturen, Die Verwaltung 29 (1996), S. 487, 499ff.

verträgen vielmehr formell zustimmen müssen, ansonsten die getroffenen Absprachen ignorieren können, ist das Problem jedoch insoweit weniger gravierend als bei den rein auf exekutiver Ebene getroffenen Mehrheitsentscheidungen der Bund-Länder-Kooperation.[70] Anderes gilt allenfalls bei der formellen Übertragung von Kompetenzen an Organe anderer Länder oder Gemeinschaftseinrichtungen.[71] Da derartige Kompetenzübertragungen aber wiederum grundsätzlich der Zustimmung der Landesparlamente bedürfen[72], sind die parlamentarischen Prärogativen auch insoweit in der Regel gewahrt.

Weit ernster zu nehmen sind dagegen die aus politikwissenschaftlicher Perspektive geäußerten Bedenken, die auf den Aspekt der Verwischung der Verantwortlichkeiten hinweisen. *Peter Lerche* hat diese Problematik rechtlich in die Kategorien der Verantwortungszurechenbarkeit und der Verantwortungserhaltung zu fassen gesucht, als rechtliche Gebote, die bei der Kooperation zwingend zu beachten seien.[73] Ob die allgemeine, eher verfassungspolitische denn verfassungsrechtliche Problematik der Verwischung politischer Verantwortlichkeiten im Geflecht der Kooperation damit wirklich zureichend zu erfassen ist, mag bezweifelbar sein, wenn auch diese Thematisierung des Grundproblems in der Markierung der rechtlichen Grenzen der Länderzusammenarbeit sicherlich über die bislang eher unzureichenden Ansätze rechtswissenschaftlicher Bearbeitung hinausführt.

Die politischen Folgen der intensiven Länderzusammenarbeit, mit deren rechtsdogmatischer Verarbeitung sich die Verfassungsrechtswissenschaft eher schwertut[74], sind von den Politikwissenschaftlern unter dem Stichwort der ‚Politikverflechtungsfalle' vielfach beschrieben worden: Entscheidungen auf der zentralen Ebene werden angesichts der Mitentscheidungsrechte (und Blockademöglichkeiten) der gegenläufige Interessen verfolgenden Akteure immer schwieriger; Entscheidungen auf der darunterliegenden Ebene der Landespolitik sind dagegen – angesichts der im Zuge der ‚Politikverflechtung' immer enger gewordenen ‚autonomen' Handlungsspielräume der Länder – kaum mehr möglich.[75] Der vielfach beschworene Vorteil föderaler Systeme, Problemlösungen dezentral zu suchen, unter Anpassung an die jeweiligen Gegebenheiten, und diese dann in einem quasi experimentellen Prozeß zu verfeinern und zu perfektionieren, wird tendenziell blockiert. Eigenständige, vielleicht gar tatsächlich experimentelle Problemlösung durch ein Land ist kaum mehr möglich – gefordert wird der Konsens in den Ko-

---

70 Vgl. allerdings *J. Pietzcker* (Fn. 59), S. 75 (m.w.N. in Fußn. 170).

71 Vgl. zu den Grenzen der Kompetenzübertragung *W. Rudolf* (Fn. 50), § 105 Rdnrn. 61ff.; *J. Pietzcker* (Fn. 59), S. 58ff., aber auch *C. Vedder* (Fn. 57), S. 146ff.

72 Vgl. nur *W. Rudolf* (Fn. 50), § 105 Rdnr. 62; *J. Pietzcker* (Fn. 59), S. 47; *C. Vedder* (Fn. 57), S. 156ff.

73 *P. Lerche*, Art. 83 Rdnrn. 107ff., 111ff. (1983), in: Maunz/Dürig.

74 Vgl. in diesem Sinne auch *J. Pietzcker* (Fn. 59), S. 67.

75 Vgl. nur die Nachweise oben Fn. 9, ferner *F. W. Scharpf*, Die Politikverflechtungsfalle: Europäische Integration und deutscher Föderalismus im Vergleich, Politische Vierteljahresschrift 26 (1985), S. 323ff., sowie *H. Klatt*, Parlamentarisches System und bundesstaatliche Ordnung – Konkurrenzföderalismus als Alternative zum kooperativen Bundesstaat, Aus Politik und Zeitgeschichte B 31/1982, S. 3ff., 9f.

operationsgremien, der allzuoft nur die Übereinstimmung des ‚kleinsten gemeinsamen Nenners‘ wird sein können.[76]

Das konstatierte Phänomen der tendenziellen Politikblockade sollte allerdings nicht dazu verführen, die Instrumente der Kooperation zwischen den Ländern pauschal als Irrweg zu denunzieren. Der Koordinationsbedarf in einem schon von der Verfassung auf Verflechtung angelegten System wie dem Bundesstaat des Grundgesetzes ist enorm.[77] Die Vorstellung, die das unitarische Denken der Anfangsjahre der Bundesrepublik kennzeichnete – Koordination sei im Prinzip allein der Direktionsgewalt des Bundes vorbehalten, freiwillige Kooperation der Länder zeige insoweit nur ungenügende zentrale Steuerungskompetenzen des Bundes an – geht sicherlich fehl. Der Bundesstaat beruht im Kern auf der Komplementarität von hierarchisch-autoritärer Steuerung – ‚direktiver Koordination‘ – durch den Bund im Rahmen seiner Kompetenzen und freiwillig-kooperativer Koordination auf der Basis der Gleichordnung der staatlichen Körperschaften.[78] Sicherlich kann der Bundesstaat in Kernbereichen nicht auf das Instrumentarium der ‚direktiven Koordination‘ verzichten; die auf Gleichordnung und Interessenausgleich in einem Verhandlungssystem beruhende freiwillige Kooperation aber ist wohl zweifellos das einem bundesstaatlichen System außerhalb des Kerns der Bundeskompetenzen weit angemessenere Instrumentarium als Weisung und Aufsicht durch den Bund als übergeordnete Einheit.

Bedenkt man die politischen Mühen, die ‚direktive‘ Steuerung durch (zustimmungspflichtige) Bundesgesetze, Rechtsverordnungen der Bundesregierung und bundeseinheitliche Verwaltungsvorschriften kostet, so ist die freiwillige Kooperation sicherlich das weit flexiblere Instrument. Der informelle Charakter der Absprachen[79] sichert geradezu diese Flexibilität, wird doch in deren Rahmen ein Ausscheren einzelner Länder bei Veränderung der Lage nicht ausgeschlossen; die formalen Anforderungen an die Setzung vereinheitlichender Standards sind geringer, ebenso die Anforderungen an deren Änderung.[80] Kann man sich einmal nicht auf gemeinsames Vorgehen einigen, so ist dies auch kein Schaden; im Gegensatz zur formalisierten Rechtsetzung im ordentlichen Verfahren entsteht hier kaum ein politischer Gesichtsverlust, denn die Kooperation ist ja per definitionem freiwillig. Das kooperationsunwillige Land kann sich immer auf seine verfassungsrechtlich unbestritten gegebene Alleinzuständigkeit zurückziehen.[81]

---

[76] Vgl. allerdings dazu *J. Pietzcker* (Fn. 59), S. 69f., 72ff.

[77] Vgl. insoweit auch rechtsvergleichend die Landesberichte von *P. Pernthaler* zu Österreich und von *T. Fleiner-Gerster* zur Schweiz sowie den rechtsvergleichenden Generalbericht von *M. Bothe*, in: C. Starck (Hrsg.), Zusammenarbeit der Gliedstaaten im Bundesstaat, 1988, S. 77ff., 127ff., 175ff.

[78] Vgl. *W. Rudolf* (Fn. 50), § 105 Rdnrn. 20ff. sowie *C. Vedder* (Fn. 57), S. 379ff.

[79] Vgl. zur fehlenden Rechtsverbindlichkeit der meisten Absprachen *W. Rudolf* (Fn. 50), § 105 Rdnr. 34.

[80] Daher werden verschiedentlich auch Bedenken gegen zu weitgehende vertragliche Verfestigungen der Kooperation erhoben – vgl. etwa *P. Lerche*, Art. 83 Rdnr. 112 (1983), in: Maunz/Dürig.

[81] *J. Pietzcker* (Fn. 59), S. 69.

Angesichts dieser evidenten Vorteile des Instrumentariums der freiwilligen ‚Selbstkoordinierung' sollte der Siegeszug der Mechanismen informeller Kooperation nicht mehr mit den Vorbehalten und Bedenken versehen werden, die noch in den Sechziger Jahren zum Standardrepertoire der Kritik am bundesstaatlichen System unter dem Grundgesetz gehörten. Der informelle, rechtlich schwer faßbare Charakter des Instrumentariums bereitet der Verfassungsrechtslehre naturgemäß Unbehagen; es ist aber gerade diese geringe rechtliche Formalisierung, die für die Politik den Charme des Instrumentariums ausmacht. Wie das Schicksal so mancher in Kooperationsgremien konsentierter Musterentwürfe zu vereinheitlichten Gesetzen zeigt, bleibt den Ländern auf diesem Wege glücklicherweise immer der Notausgang in eigene, abweichende Gestaltungen offen, der im Bundesstaat als ein Positivum zu fördern sein sollte – wenn er auch dem unitarischen Impuls nach einheitlichen Lösungen zuwiderläuft.

13.4. Die ‚Bundestreue' in der Bundesstaatsrechtslehre und -praxis unter dem Grundgesetz

Probleme müßte insofern eher die weitgehend unbefragte Übertragung des Instituts der ‚Bundestreue' auf das Bundesstaatsrecht unter dem Grundgesetz bereiten, tendiert ausgreifender Gebrauch der Figur der Bundestreue doch dazu, die Handlungsoptionen (und Verfahrensregeln), die die Beteiligten im Rahmen der informellen Selbstkoordination möglichst im Vorrechtlichen zu halten suchen, rechtlich zu verfestigen und als Gebote aus dem allgemeinen Grundsatz der Bundestreue Bund und Ländern verpflichtend aufzugeben.[82]

In der neueren Literatur finden sich tatsächlich zunehmend Stimmen, die aus den Grundsätzen der Bundestreue eine ‚Pflicht zur Kooperation' abzuleiten suchen.[83] So wird – gestützt auf die Judikatur des Bundesverfassungsgerichts – konstatiert, aus einer einmal begonnenen Koordination dürfe ein Land nicht ohne hinreichenden sachlichen Grund und nicht ohne Rücksichtnahme in zeitlicher und sachlicher Hinsicht ausbrechen.[84] Für den Bund bestehe umgekehrt die Pflicht – dies hat das Verfassungsgericht ja schon im Fernsehurteil von 1961 betont – nicht einige Länder, etwa aus parteipolitischen Gründen, von der Kooperation und deren Früchten auszuschließen. Auch eine originäre Pflicht der Länder

---

[82] Vgl. auch zu den Gefahren einer zu ausgreifenden, ‚überdehnenden' Inanspruchnahme der Grundsätze der Bundestreue *H. Bauer*, Die Bundestreue, 1992, S. 193f., ferner *C. Vedder* (Fn. 57), S. 260ff., 291ff.

[83] Vgl. etwa *J. Pietzcker* (Fn. 59), S. 65f.; *A. Bleckmann*, Zum Rechtsinstitut der Bundestreue – Zur Theorie der subjektiven Rechte im Bundesstaat, JZ 1991, S. 900, 901f.; *J. Isensee*, Idee und Gestalt des Föderalismus im Grundgesetz, in: J. Isensee / P. Kirchhof (Hrsg.), Handbuch des Staatsrechts der Bundesrepublik Deutschland, Bd. IV, 1990, § 98 Rdnr. 142, 160.

[84] *J. Pietzcker* (Fn. 59), S. 65; *D. Carl*, Kompetenz und Pflicht des Bundes zur Unterstützung strukturschwacher Regionen, AöR 114 (1989), S. 450, 482f.

zur Kooperation meint man aus Entscheidungen wie dem Numerus-clausus-Urteil, in Zusammenhang mit den Geboten der Bundestreue, ableiten zu können.[85]

Das Institut der Bundestreue entfaltet – so könnte man meinen – damit ein Potential der rechtlichen Durchformung der intraföderativen Beziehungen, das unweigerlich in ihr angelegt zu sein scheint. Schon einmal – in Zusammenhang mit dem Fernseh-Urteil von 1961 – hat ja ein Bundesverfassungsrichter allen Ernstes erklärt, die Bundestreue (in der Form natürlich, die ihr die Rechtsprechung des Bundesverfassungsgerichts gegeben hatte) sei darauf angelegt, zum Kernstück eines neuen, Bund und Länder rechtlich integrierenden neuen Bundesstaatsrechts zu werden.[86]

Doch sollte die Dogmengeschichte des Bundestreue-Topos insoweit zu einiger Vorsicht mahnen. Seit ihrer rechtsdogmatischen ‚Entdeckung' durch *Rudolf Smend* hat der Gedanke der Bundestreue sich als ein äußerst schillerndes Konzept erwiesen, das je nach bundesstaatstheoretischer Prämisse zur Begründung völlig entgegengesetzter Ergebnisse verwendet werden kann.[87] Daß das Bundesverfassungsgericht die Bundestreue ohne nähere Begründung in seinen allerersten Entscheidungen aufgriff und zu einer Zentralfigur seiner bundesstaatsrechtlichen Rechtsprechung erhob[88], hätte eigentlich angesichts dieses geschichtlichen Hintergrundes ein gewisses Befremden auslösen müssen. Doch Kritik aus der Rechtslehre regte sich zunächst kaum.[89] Im Zuge der Traditionsvergewisserung neigte man vielmehr ganz generell dazu, die Bundestreue zum selbstverständlichen Bestand der „deutschen bundesstaatlichen Tradition"[90] zu zählen, einer Tradition, die man weithin auch noch durch den „Vorrang des Bundesinteresses" geprägt sah.

Was insoweit praktisch nie gestellt wurde, war die eigentlich naheliegende Frage, ob eine so deutlich aus dem monarchischen Traditionsgehalt der Bismarck-Verfassung abgeleitete Kategorie wie die Bundestreue überhaupt auf ein so ganz anders geartetes Verfassungssystem wie das des Grundgesetzes ohne weiteres übertragbar war.[91] Die völlige Auswechslung der staatstheoretischen Grundlagen hätte hier zur

[85] *J. Pietzcker* (Fn. 59), S. 66; vgl. auch *H. Bauer* (Fn. 82), S. 349, der von der „allgemeinen Aufgabe der Bundestreue" schreibt, „die Egoismen des Bundes und der Länder in Grenzen zu halten".

[86] Siehe *W. Geiger*, Die wechselseitige Treuepflicht von Bund und Ländern, in: A. Süsterhenn (Hrsg.), Föderalistische Ordnung, 1961, S. 113, 114f.

[87] Vgl. nur die Darstellung der Dogmengeschichte des Instituts der Bundestreue bei *H. Bauer* (Fn. 82), S. 38ff., 66ff.

[88] Siehe oben 7.3.; vgl. außerdem *H. Bauer* (Fn. 82), S. 143ff. und *H.J. Faller*, Das Prinzip der Bundestreue in der Rechtsprechung des Bundesverfassungsgerichts, in: Festschrift für Theodor Maunz zum 80. Geburtstag, 1981, S. 53, 54ff.

[89] Vgl. insoweit *H. Bauer* (Fn. 82), S. 152ff., aber auch S. 156ff.

[90] So z.B. *W. Grewe*, Das bundesstaatliche System des Grundgesetzes, Deutsche Rechts-Zeitschrift 1949, S. 349, 350.

[91] Vgl. vor allem die von *K. Hesse*, Grundzüge des Verfassungsrechts der Bundesrepublik Deutschland, 20. Aufl. 1995, S. 117, geltendgemachten Bedenken, ferner *P. Lerche*, Föderalismus als nationales Ordnungsprinzip, VVDStRL 21 (1964), S. 66, 88ff.; vgl. aber auch *H. Bauer* (Fn. 82), S. 218ff., 228ff.

Vorsicht gemahnen müssen[92]; doch dem unitarischen Geist der Mehrheit in Verfassungsrechtslehre und Verfassungsgerichtsbarkeit kam die Weimarer ‚unitarische Mutation' der Bundestreue allzu gelegen, als daß man sich in skrupulöser Prüfung der Übertragbarkeit historischer Kategorien hätte aufhalten wollen.[93]

Man mag den mit der Argumentation in Kategorien der ‚Bundestreue' verbundenen Rekurs auf allgemeine „Treuevorstellungen" heute als Ausdruck eines „etwas nibelungenhaften deutschen Denkens" belächeln[94] – die Zeitgenossen haben diese Anklänge an Untergrundstömungen deutschen Denkens aber wohl kaum gestört. Was ein gewisses (eher untergründiges) Unbehagen auslöste, war eher die Unberechenbarkeit der darauf gestützten Rechtsprechung. Die Kette der einschlägigen Entscheidungen belegte allzu deutlich, daß Begriffe wie ‚Bundestreue' im Grunde Blankettbegriffe sind, über die verfassungspolitische – in diesem Fall bundesstaatstheoretische – Vorstellungen der entscheidenden Gremien bzw. Personen Eingang in das Recht finden. Wer in welcher Form der Gegenseite die ‚Treue' zu halten hat, ist eine Frage der Vorstellungen von ‚angemessenem' Verhalten, die im Kern außerrechtlich begründet sind. Steuernd wirken insoweit nicht die Rechtsinstitute und die in den rechtlichen Begriffen gespeicherten Grundentscheidungen, sondern die vorrechtlichen Konzepte über ‚Sitte und Anstand', aber auch über institutionelle Rollenverteilungen und ‚institutionelles Gleichgewicht'.

Was die Bundestreue im konkreten Fall bedeutet, wie „die gebotene Rücksicht" im Einzelfall aussehen soll, ist einem derartigen Grundsatz direkt nicht zu entnehmen. Letztlich ist es allein das Verfassungsgericht, das diesen Grundsatz konkretisieren kann.[95] Der Konkretisierung sind dabei – angesichts der völligen Unbestimmtheit der normativen Grundlagen bzw. des dogmatischen Ableitungszusammenhanges der Bundestreue[96] – kaum Grenzen gesetzt. Gegen dieses Bedenken läßt sich zwar anführen, auch andere Verfassungsgrundsätze wie das Verhältnismäßigkeitsprinzip oder der Wesentlichkeitsgrundsatz seien im Kern zutiefst unbestimmt[97]; der Grundsatz der Bundestreue teile diese Problematik nur mit anderen Rechtsgrundsätzen des Verfassungsrechts.

---

[92] Vgl. diesbezüglich auch *H. Bauer* (Fn. 82), S. 124ff.

[93] Vgl. die an dieser Haltung geübte Kritik durch *P. Lerche* (Fn. 91), S. 88ff.

[94] So *P. Lerche* (Fn. 24), 197; gegen diese Kritik polemisierend – als Phänomen des „Zeitgeistes" – *J. Isensee* (Fn. 83), § 98 Rdnr. 151.

[95] Siehe als Kritik an der völligen Unbestimmtheit des Bundestreuegrundsatzes *K. Hesse*, Der unitarische Bundesstaat, 1961, S. 7ff., sowie *ders.* (Fn. 91), S. 117f.; vgl. ferner *C. Vedder* (Fn. 57), S. 261ff.

[96] Dieses Problem räumt selbst *H. Bauer* ein – *ders.* (Fn. 82), S. 218ff., 234ff. Der von *Bauer* unternommene Versuch, die Bundestreue auf den allgemeinen Rechtsgrundsatz von ‚Treu und Glauben' zu stützen (aaO., S. 243ff.), ist wohl noch der vielversprechendste Versuch, der etwas haltlosen Bundestreuejudikatur eine dogmatische Verortung zu geben; die Probleme der mangelnden dogmatischen Disziplinierung in der Begründung und Entfaltung der Kategorie aber bleiben. Vgl. auch den noch weniger überzeugenden Versuch von *A. Bleckmann* (Fn. 83), S. 901ff.

[97] So *H. Bauer* (Fn. 82), S. 251, ferner *J. Isensee* (Fn. 83), § 98 Rdnr. 156.

Am Problem ändert dies jedoch nichts. Normkonkretisierung bedeutet in einem derartigen Fall – angesichts der Unbestimmtheit des Grundsatzes – ganz ersichtlich Rechtsschöpfung. Nun ist dies nicht eine Besonderheit der Bundestreueproblematik. Jede Normkonkretisierung ist – wie wir aus der neueren Rechtstheorie wissen – letztlich Rechtschöpfung, Kreation einer Einzelfallnorm im Blick auf die rechtlichen Vorgaben.[98] Ist der zu konkretisierende Rechtssatz aber derart vage wie das Prinzip der Bundestreue, so kreiert der Rechtsanwender notgedrungen nicht nur Einzelfallnormen, sondern ein ganzes Geflecht an konkretisierenden Unterprinzipen, Zwischennormen, rechtlichen Obersätzen, ohne die das allgemeine Prinzip überhaupt nicht handhabbar wäre. Letztlich läßt sich das ganze Verfahrensrecht des Zusammenspiels der bundesstaatlichen Institutionen als eine Konkretisierung, als eine Emanation des allgemeinen Grundsatzes der Bundestreue begreifen, der all die konkreten Rechtssätze tendenziell zu überformen, zu ergänzen, ja zu ersetzen droht.[99] Konkret normierte Verhaltenspflichten können korrigiert werden im Blick auf die Bundestreue, deren ‚wahren Gehalt' sie unter Umständen verkannt haben, können bisweilen auch ersetzt werden durch angemessenere Konkretisierungen des Bundestreuegrundsatzes.[100] Soweit keine konkrete rechtliche Normierung für ein bestimmtes Verhalten aufweisbar ist, lassen sich aus dem ‚beherrschenden Grundsatz' immer ergänzende, die ‚Rechtslücke' auffüllende Verhaltensnormen ableiten, so man denn will.[101] Einen der rechtlichen Überformung entzogenen Bereich des ‚Außerrechtlichen', des ‚Politischen', kann es angesichts eines derart umfassend alle Beziehungen zwischen den Institutionen des Bundesstaates ergreifenden Grundsatzes eigentlich nicht mehr geben.[102] Jede Streitfrage ist potentiell eine Rechtsfrage, für die eine Antwort aus den Tiefen des Grundsatzes der Bundestreue aufweisbar ist.[103]

In einem Verfassungssystem, das sich viel auf seine Rechtsstaatlichkeit zugute

---

[98] Vgl. nur *F. Müller*, Juristische Methodik, 2.Aufl. 1976, sowie *R. Rhinow*, Rechtsetzung und Methodik. Rechtstheoretische Untersuchungen zum gegenseitigen Verhältnis von Rechtsetzung und Rechtsanwendung, 1979, S. 124ff., 195ff., 232ff.

[99] Vgl. als Beispiel eines solchen Verständnisses *M. Kloepfer*, Verfassung und Zeit, Der Staat 13 (1974), S. 457, 466; ähnlich auch *B.-O. Bryde*, Die Einheit der Verwaltung als Rechtsproblem, VVDStRL 46 (1988), S. 181, 192, 214f.

[100] Die Gefahr der ‚Überformung des geschriebenen Rechts' räumt auch *H. Bauer* ein – *ders.* (Fn. 82), S. 251.

[101] Siehe *H. Walter*, Unlauterer Wettbewerb unter Bundesländern?, DÖV 1967, S. 622, 625 Fußn. 13: „Die Bundestreue trägt zweifellos die Gefahr in sich, als Formel, in die sich alles und jedes hineininterpretieren läßt, leicht zur Hand zu sein, wenn ein bestimmtes Ergebnis als ‚fallgerecht' erscheint."

[102] Kritisch insoweit *K. Hesse*, Der unitarische Bundesstaat, 1961, S. 9f. sowie *H. W. Bayer*, Die Bundestreue, 1961, S. 48.

[103] Siehe nur *J. Isensee* (Fn. 83), § 98, Rdnr. 157: „Die ausdrücklichen Regelungen des Grundgesetzes und der Grundsatz der Bundestreue sind in dem Sinne einander komplementär, daß sie, zusammengenommen, das Verhältnis von Bund und Ländern zueinander und das Verhältnis der Länder untereinander in der bundesstaatlichen Verfassungsordnung *lückenlos* regeln." – Unterstreichung hinzugefügt.

hält, mag man dies nur für konsequent halten.[104] Für einen Bereich der inter-institutionellen Beziehungen wie den des Bund-Länder-Verhältnisses – oder gar den des Verhältnisses zwischen den Ländern – ist ein derartiger ‚Imperialismus' des Rechts aber nicht ohne Probleme. Wie die Untersuchung gezeigt haben dürfte, suchen Bund und Länder bestimmte Bereiche der politischen Beziehungen und Interaktionen ganz bewußt aus der Verrechtlichung herauszuhalten, um sich politische Handlungsspielräume zu erhalten. Sie müssen dies konsequenterweise tun, wollen sie sich den Bundesstaat als Raum der zunächst rein politischen Integration erhalten, in dessen Gefüge immer aufs Neue nach Gemeinsamkeiten gesucht werden muß, aber auch Unterschiedlichkeiten ausgelebt werden müssen.

Wandelt man aber mit einem auf totale Durchdringung der politischen Beziehungen angelegten Rechtsgrundsatz wie dem der Bundestreue tendenziell alle Beziehungen in Rechtsbeziehungen um, so zerstört man diese Freiräume, in denen Entscheidungen nach taktischen Erwägungen, nach (im Ansatz nicht nur legitimen, sondern für einen Politiker schlicht notwendigen) Überlegungen sachlicher bzw. politischer Opportunität getroffen werden. Gemeinsamkeit und Differenz, Integration und Subsidiarität sind im Ansatz keine rechtlichen Kategorien, sondern politische Leitkonzepte. An die Stelle der politischen Entscheidungsparameter werden im Gefolge potentiell rechtliche Parameter gesetzt, mit allen Folgen.[105] Einfaches Recht wird dann zur (rein deklaratorischen) Konkretisierung der Prinzipien der Bundestreue[106]; auch der notwendige Inhalt der einfachgesetzlichen Regelungen kann als von der Bundestreue vorgezeichnet aus abstrakten Prinzipien abgeleitet werden, im Extremfall unter Vernichtung jeglichen Regelungsspielraums für den Gesetzgeber.[107]

Besonders tückisch ist die Verengung der Handlungsspielräume im Bereich der Kooperation zwischen Bund und Ländern und in der freiwilligen ‚Selbstkoordinierung' der Länder. Wie dargelegt, beruht das Funktionieren des bundesstaatli-

---

[104] Siehe *J. Isensee* (Fn. 83), § 98, Rdnr. 156 und *H. Bauer* (Fn. 82), S. 250f. (unter Verweis auf *Isensee*): Einen „Reservatbereich des Politischen gegenüber dem normativen Leitungsanspruch der Verfassung" könne es im Verfassungsstaat nicht mehr geben; die rechtliche Zügelung des Politischen sei „die ureigene Aufgabe der Verfassung als rechtlicher Grundordnung". Ein „Politikvorbehalt" des Verfassungsrechts scheitere schon daran, daß „das Politische kein eigenständiger, kompetenzrechtlich definierbarer Sachbereich" sei. Genau dies – einen ‚Politikvorbehalt' des Verfassungsrechts – hat aber nie ein Kritiker der Bundestreuelehren gefordert. Es geht um ein teleologisches, im Kern verfassungspolitisches Argument, das hinter dem funktionell-rechtlichen Argument steht, nicht um die Konstituierung des Politischen als eines ‚eigenständigen, kompetenzrechtlich definierbaren Sachbereiches'.

[105] Vgl. zum Problem der Verschiebung der Entscheidungsparameter im Gefolge der ‚Konstitutionalisierung' politischer Streitfragen *K. Hesse*, Funktionelle Grenzen der Verfassungsgerichtsbarkeit, in: Recht als Prozess und Gefüge. Festschrift für Hans Huber zum 80. Geburtstag, 1981, S. 261ff.; *G.F. Schuppert*, Funktionell-rechtliche Grenzen der Verfassungsinterpretation, 1980, S. 4ff.

[106] So z.B. für bestimmte Fragen *J. Lücke*, Das Gebot der Rücksichtnahme in der länderüberschreitenden Raumordnung, VerArch 70 (1979), S. 293, 295ff.; *H.-U. Evers*, Das Recht der Energieversorgung, 2. Aufl. 1983, S. 62.

[107] Vgl. die Ansätze in dieser Richtung bei *H. Bauer* (Fn. 82), S. 328ff.

chen Systems in diesen Bereichen gerade auf der relativen Freiheit von rechtlichen Bindungen, auf der politischen Entscheidungsfreiheit, sich angesichts bestimmter Probleme für Kooperation oder eben auch gegen Kooperation entscheiden zu können, unter Umständen gar für den Konflikt mit dem Bund oder anderen Ländern. Diesen Konflikt vorschnell durch Deduktionen aus abstrakten Rechtsprinzipien auflösen zu wollen, denaturiert allzuleicht das ganze bundesstaatliche System. Ein Bundesstaat, der qua Rechtssatz des Bundesverfassungsrechts den Gliedstaaten aufgäbe, in bestimmten Situationen im Bereich ihrer eigenen Kompetenzen die autonome Wahrnehmung ihrer Befugnisse aufzugeben zugunsten der Aufgabenerfüllung im ‚Verbund', würde tendenziell auch noch die letzten Reste der politischen Autonomie der Länder beseitigen, und damit die Fundamente von deren Eigenstaatlichkeit.

Nun soll dies nicht besagen, der Grundsatz der Bundestreue sei völlig überflüssig und habe daher ersatzlos zu entfallen – obwohl ein rechtsvergleichender Blick, der lehrt, daß andere Bundesstaaten auch ohne einen derartigen Rechtsgrundsatz auskommen, eine solche Forderung durchaus nahelegen könnte. Was aber auf jeden Fall als notwendig erscheint, ist ein sehr viel bewußterer Umgang mit den Kategorien der Bundestreue in Rechtsprechung und Rechtslehre.[108] Wenn man schon über Konkretisierungen des Bundestreuegrundsatzes das Bundesstaatsrecht auffüllt mit Ableitungen aus allgemeinen verfassungspolitischen und bundesstaatstheoretischen Prämissen[109], so sollte man sich wenigstens offen Rechenschaft ablegen über die Gestalt, die historische Fundierung und die verfassungspolitischen Folgerungen derart in Rückgriff genommener theoretischer Vorverständnisse.[110] Daß dies in der Rechtsprechung des Bundesverfassungsgerichts bislang zureichend erfolgt sei, wird aber niemand behaupten können.

Nur wenn man über die eigentlich das Entscheidungsverhalten steuernden theoretischen und politisch-praktischen Vorüberlegungen in einen offenen Diskurs eintritt, besteht eine Chance, die Auffüllung des geschriebenen Bundesstaatsrechts mit Ableitungen aus ungeschriebenen Rechtsgrundsätzen intellektuell nachvollziehbar und rational kontrollierbar zu gestalten.[111] Anderenfalls droht

---

108 Siehe auch die Plädoyers für stärkere Zurückhaltung im Umgang mit der Bundestreue durch *K. Hesse* (Fn. 91), S. 116ff.; *H.D. Jarass*, Art. 20 Rdnr. 12, in: Jarass/Pieroth, GG-Komm., 3. Aufl. 1995; *J. Isensee* (Fn. 83), § 98, Rdnr. 157; *R. Stettner*, Grundfragen einer Kompetenzlehre, 1983, S. 406; vgl. außerdem aus schweizerischer Perspektive *A. Kölz*, Bundestreue als Verfassungsprinzip?, Schweizerisches Zentralblatt für Staats- und Gemeindeverwaltung 81 (1980), S. 145, 162ff., 167ff., 176f.

109 Vgl. *J. Isensee* (Fn. 83), § 98, Rdnr. 157, der die „Transformationsfunktion" des Grundsatzes der Bundestreue betont: Er setze „objektive Strukturelemente der Bundesverfassung" in praktikable und justitiable Pflichten um.

110 Die Anknüpfung an die immer wieder von *Friedrich Müller* erhobene methodische Forderung, möglichst viele Elemente des Vorverständnisses zu rationalisieren und kontrollierbar in den juristischen Begründungszusammenhang einzuführen, ist bewußt – vgl. etwa *F. Müller*, Normstruktur und Normativität, 1966, S. 50f.; *ders.*, Juristische Methodik, 2. Aufl. 1976, S. 137.

111 Vgl. als Versuch, in diesem Sinne über bereichsspezifische Konkretisierungen den Grundsatz in seiner Anwendung rational kontrollierbar werden zu lassen, *H. Bauer* (Fn. 82), S. 253ff., 261ff., 303ff., 325ff.

bundesstaatliche Integration – und Bundestreue ist nichts anderes als eine rechtliche Ausprägung des verfassungstheoretischen Konzeptes der Integration[112] – in ein zentral gesteuertes Gefüge abhängiger Selbstverwaltungskörperschaften zu mutieren, von staatlichen Untergliederungen, die in ihren wechselseitigen Beziehungen und Interaktionen voll rechtlich determiniert sind.

13.5. Europäische Integration und die Krise des ‚Beteiligungsföderalismus'

13.5.1. Die Rahmenbedingungen – Europäische Gemeinschaft und Bundesländer

Neben die Tendenz, die politischen Beziehungen zwischen Bund und Ländern immer weiter zu verrechtlichen, tritt als weiteres Problem die drohende Aushöhlung der kompetentiellen Stellung der Länder im Gefolge der europäischen Integration. Das Problem ist nicht wirklich neu, existiert im Grunde schon seit der Gründung der Europäischen Gemeinschaften, insbesondere der Europäischen Wirtschaftsgemeinschaft. Schon früh suchten die Länder über den Bundesrat und die diversen Kooperationsgremien Einfluß auf die Bundesregierung in Rechtsetzungsvorhaben zu nehmen, die auch die Länder betrafen[113] – und dies sind im System des deutschen Vollzugsföderalismus, in dem ein Großteil des Bundesrechts durch die Landesverwaltungen vollzogen wird, sehr viele Vorhaben. Schon im Zustimmungsgesetz zu den Römischen Verträgen war insoweit in Art. 2 eine Unterrichtungspflicht zugunsten des Bundesrates und ein entsprechendes Anhörungsrecht verankert worden.[114]

Rechtlich problematisiert wurden jedoch in der Literatur zunächst vor allem Fragen des Vollzuges von Gemeinschaftsrecht durch Bund und Länder. Wer die Normen des Gemeinschaftsrechts in den Bereichen Rechtsetzung und Verwaltung zu vollziehen hatte, war nicht nur im Einzelfall oft schwierig zu bestimmen, sondern war zunächst auch – in der Literatur zumindest – im Grundsätzlichen umstritten.[115] Anfänglich wurde den Ländern von einer in der Literatur stark vertretenen Strömung ganz generell die Zuständigkeit für den Vollzug des Gemeinschaftsrechts bestritten, da es sich insoweit – so die Behauptung dieser unitari-

---

[112] So *W.-R. Schenke*, Die Verfassungsorgantreue, 1977, S. 30, ferner *K. Stern*, Staatsrecht I (Fn. 4), S. 701.

[113] Vgl. dazu etwa *C. Sasse*, Bundesrat und Europäische Gemeinschaft, in: Bundesrat (Hrsg.), Der Bundesrat als Verfassungsorgan und politische Kraft, 1974, S. 333, 335ff., 351ff.

[114] Vgl. nur *C. Sasse* (Fn. 113), S. 335ff.

[115] Vgl. zu dieser Debatte *M. Zuleeg*, Das Recht der Europäischen Gemeinschaften im innerstaatlichen Bereich, 1969, S. 314ff.; *H.E. Birke*, Die deutschen Bundesländer in den europäischen Gemeinschaften, 1973, S. 121ff.; *R. Riegel*, Überlegungen zum Problem der EG-Richtlinien und nationalen Rahmenkompetenz, EuR 1976, S. 79, 87; *H.H. Schwan*, Die deutschen Bundesländer im Entscheidungssystem der Europäischen Gemeinschaften, 1982, S. 145ff.

schen Lehre – grundsätzlich um Fragen der ‚Auswärtigen Gewalt' bzw. ‚Integrationsgewalt' handele[116] – eine Position, deren Konsequenzen, so sie sich durchgesetzt hätte, unabsehbar gewesen wären für das bundesstaatliche System des Grundgesetzes.

Unter den Gemeinschaftsrechtlern bildete sich jedoch früh ein weitgehender Konsens, das Gemeinschaftsrecht überlasse die Frage der Vollzugszuständigkeit völlig dem nationalen Recht; die Frage der Durchführungskompetenz müsse sich insoweit allein an den Vorgaben des grundgesetzlichen Systems der Kompetenzverteilung ausrichten. Die daraus dann in der internen deutschen Debatte gezogene Schlußfolgerung war im Prinzip einleuchtend: Soweit eine Materie den Ländern zu Gesetzgebung und Verwaltung zugewiesen ist, sind die Länder dementsprechend auch zur Durchführung des Gemeinschaftsrechts berufen.[117] Daß die über die Frage der Vollzugszuständigkeit geführte Debatte im übrigen weitgehend akademischen Charakter getragen hatte, zeigt sich an dem Umstand, daß die Staatspraxis schon seit Gründung der Gemeinschaften nach dieser Maßgabe – Vollzug durch die insoweit nach nationalem deutschen Recht für das Problem zuständige Behörde – verfahren war.[118]

Soweit man – wie überwiegend geschehen – den Ländern im Rahmen der innerstaatlichen Kompetenzverteilung eine erhebliche Rolle im Vollzug des Gemeinschaftsrechts zugestand, stellte sich ergänzend die Frage nach Ableitung und Umfang der Rechtspflicht, Rechtsakte der EG durch eigene Rechtsetzung auszuführen. Sowohl die Länderpflicht zum Vollzug des Gemeinschaftsrechts wie die Frage der eventuellen zwangsweisen Durchsetzung dieser Pflicht bereiteten der Literatur einiges Kopfzerbrechen.[119]

---

[116] Vgl. die Nachweise bei *M. Zuleeg* (Fn. 115), S. 315 Fußn. 73 und bei *H.H. Schwan* (Fn. 115), S. 148 Fußn. 57, 149 Fußn. 62.

[117] *M. Zuleeg* (Fn. 115), S. 315; *H.P. Ipsen*, Europäisches Gemeinschaftsrecht, 1972, S. 220 (Rz. 9/26); *W. Bünten*, Staatsgewalt und Gemeinschaftshoheit bei der innerstaatlichen Durchführung des Rechts der Europäischen Gemeinschaften durch die Mitgliedstaaten, 1977, S. 162ff., 172ff.; *R. Riegel*, Gliedstaatskompetenzen im Bundesstaat und Europäisches Gemeinschaftsrecht, DVBl. 1979, S. 245, 251; *W. Rudolf*, Bundesländer und Europäisches Gemeinschaftsrecht, in: Festschrift für Hans-Jürgen Schlochauer, 1981, S. 117, 128; *P. Selmer*, Zur bundesstaatlichen Lastenverteilung bei der Anwendung von Geldleistungsvorschriften der Europäischen Gemeinschaft, in: Gedächtnisschrift für Christoph Sasse Bd. 1, 1981, S. 229, 232; *H.H. Schwan* (Fn. 115), S. 168ff.; *P. Lerche*, Kommentierung zu Art. 83 Rdnr. 51 (1983), in: Maunz/Dürig; *E. Grabitz*, Die Rechtsetzungsbefugnis von Bund und Ländern bei der Durchführung von Gemeinschaftsrecht, AöR 111 (1986), S. 1, 25f., 29; *A. Weber*, Rechtsfragen der Durchführung des Gemeinschaftsrechts in der Bundesrepublik, 1987, S. 27ff., 47ff.; *W. Kössinger*, Die Durchführung des Europäischen Gemeinschaftsrechts im Bundesstaat, 1989, S. 39ff., 52ff.; *R. Streinz*, Der Vollzug des Europäischen Gemeinschaftsrechts durch deutsche Staatsorgane, in: J. Isensee / P. Kirchhof (Hrsg.), Handbuch des Staatsrechts der Bundesrepublik Deutschland, Bd. VII, 1992, § 182 Rdnrn. 53, 58ff.

[118] Vgl. nur *W. Kössinger* (Fn. 117), S. 46f.

[119] Vgl. nur *H.P. Ipsen*, Als Bundesstaat in der Gemeinschaft, in: Festschrift für Walter Hallstein, 1966, S. 248, 264; *M. Zuleeg* (Fn. 115), S. 318ff.; *ders.*, Zum Standort des Verfassungsstaats im Geflecht der internationalen Beziehungen, DÖV 1977, S. 462, 466; *ders.*, Art. 24 Abs. 1 Rdnr. 33, in: Alternativkommentar Bd. 1, 2. Aufl. 1989; *H.H. Schwan* (Fn. 115), S. 154ff.; *A. Weber*

Die Debatte um die ‚allmähliche Aushöhlung' der Länderkompetenzen, die zusehends als notwendige Folge des fortschreitenden Prozesses der europäischen Integration gesehen wird, begann dagegen erst in den Achziger Jahren richtige Aufmerksamkeit in der breiteren juristischen (und politischen) Öffentlichkeit zu finden.[120] Verwunderlich ist dies nicht, war angesichts der Probleme, in die das Projekt der Integration im Verlaufe der Siebziger Jahre geraten war, eine ernsthafte Bedrohung der Länderkompetenzen doch nur schwerlich auszumachen. Erst das von Kommissionspräsident Delors vorangetriebene Projekt der Vollendung des gemeinsamen Binnenmarktes, das mit der Einheitlichen Europäischen Akte von 1986 seine vertragliche Gestalt fand, aktivierte eine breitere Debatte über die Stellung der Länder im Prozeß der europäischen Integration.[121] Die Ergänzung des EWG-Vertrages durch die Einheitliche Europäische Akte (EEA) führe – so argumentierten Mitte der Achziger Jahre auf einmal die Länder – „zu wesentlichen Eingriffen in die föderative Struktur des Grundgesetzes" und wirke sich erheblich zum Nachteil der Länder aus, „weil sowohl deren eigener Hoheitsbereich als auch der grundgesetzlicher Mitwirkungsbefugnis an der Bundesgesetzgebung betroffen werden"[122]. Die damit entflammte Debatte führte in den folgenden Jahren zu einer Vielzahl rechtswissenschaftlicher Stellungnahmen in Monographien, Zeitschriftenbeiträgen, Sammelbänden und Vorträgen.[123] Der nur noch schwer zu

(Fn. 117), S. 30ff.; *S. Schmidt-Meinecke*, Bundesländer und Europäische Gemeinschaft, 2.Aufl. 1988, S. 31; *W. Kössinger* (Fn. 117), S. 74ff. (m.w.N.).;

[120] Vgl. als einschlägige Veröffentlichungen zu Anfang der Achziger Jahre insbes. *D. Blumenwitz*, Europäische Gemeinschaft und Rechte der Länder, in: Gedächtnisschrift für Christoph Sasse Bd. 1, 1981, S. 215ff.; *W. Rudolf* (Fn. 117), S. 117ff.; *R. Morawitz*, Die Zusammenarbeit von Bund und Länder bei Vorhaben der Europäischen Gemeinschaft, 1981, S. 9ff.; *H.H. Schwan* (Fn. 115), S. 15ff., 90ff.; *G. Jaspert*, Der Bundesrat und die europäische Integration, Aus Politik und Zeitgeschichte B 12/1982, S. 17ff.; vgl. ferner *W. Rudolf*, Mitwirkung der Landtage bei völkerrechtlichen Verträgen und bei der EG-Rechtsetzung, in: Festschrift für Karl Carstens, 1984, Bd. 2, S. 757ff., sowie *P. Malanczuk*, European Affairs and the „Länder" (States) of the Federal Republic of Germany, Common Market Law Review 22 (1985), S. 237ff.

[121] Siehe etwa *A. Weber*, Die Bundesländer und die Reform der Gemeinschaftsverträge, DVBl. 1986, S. 800ff.; *G. Ress*, Die Europäischen Gemeinschaften und der deutsche Föderalismus, EuGRZ 1986, S. 549ff.

[122] So die Stellungnahme des Bundesrates zur EEA vom 16. 5. 1986, BR-Drs. 150/86 Beschluß, S. 2 unter A 1; vgl. auch zu den Forderungen des Bundesrates *G. Ress* (Fn. 121), S. 549ff., *M. Borchmann*, Bundesstaat und europäische Integration – Die Mitwirkung der Bundesländer an Entscheidungsprozessen der EG, AöR 112 (1987), S. 586, 605ff. (insbes. S. 611ff.) und *R. Hrbek*, Doppelte Politikverflechtung: Deutscher Föderalismus und Europäische Integration, in: R. Hrbek / U. Thaysen (Hrsg.), Die Deutschen Länder und die Europäischen Gemeinschaften, 1986, S. 17, 21ff.

[123] Aus der praktisch nicht mehr zu überschauenden Literatur zur Problemstellung vgl. nur *G. Ress* (Fn. 121), S. 549ff.; *R. Hrbek / U. Thaysen* (Hrsg.), Die Deutschen Länder und die Europäischen Gemeinschaften, 1986; *E. Stoiber*, Auswirkungen der Entwicklung Europas auf die Länder der Bundesrepublik Deutschland, Europa-Archiv 42 (1987), S. 543ff.; *S. Magiera / D. Merten* (Hrsg.), Bundesländer und Europäische Gemeinschaft, 1988; *H.-J. Blanke*, Die Bundesländer im Spannungsfeld zwischen Eigenstaatlichkeit und und Europäischer Integration, in: D. Heckmann / K. Meßerschmidt (Hrsg.), Gegenwartsfragen des öffentlichen Rechts, 1988, S. 53ff.; *R. Streinz*, Die Auswirkungen des Europäischen Gemeinschaftsrechts auf die Kompetenzen der

überschauenden Diskussion haften dabei auch durchaus Züge von Übertreibung an – wenn auch der sachliche Hintergrund der Befürchtungen unbestreitbar ist und ernstgenommen zu werden verdient.[124]

13.5.2. Der Kampf der Länder um Beteiligung an den europapolitischen Entscheidungsprozessen

Die Möglichkeiten der Abhilfe gegenüber dem drohenden Verlust an ‚Eigenstaatlichkeit' der Länder, die in das Zentrum dieser Debatte rückten, sind symptomatisch für das Selbstverständnis der politischen Akteure im deutschen ‚Beteiligungsföderalismus'. Die Mitwirkung der Bundesländer an den Entscheidungsprozessen der EG, über direkte Einflußnahme auf die gemeinschaftlichen Entscheidungsgremien oder über Teilhabe an der Festlegung der deutschen Verhandlungsposition in den europäischen Institutionen, war der Punkt, auf den die Diskussion sich schnell zentrierte.[125]

Angesichts der Auswirkungen der Integration auf das bundesstaatliche Kompetenzteilungsgefüge ist dieser Schwerpunkt im Ansatz auch durchaus verständlich. Während im Ergebnis die eigenen Gesetzgebungsbefugnisse der Länder

---

deutschen Bundesländer, ebda., S. 15ff.: *H.J. Schütz*, Bund, Länder und Europäische Gemeinschaften, Der Staat 28 (1989), S. 201ff.; *F. Ossenbühl*, Föderalismus und Regionalismus in Europa. Landesbericht Bundesrepublik Deutschland, in: ders. (Hrsg.), Föderalismus und Regionalismus in Europa, 1990, S. 117, 146; *W. Renzsch*, Deutsche Länder und europäische Integration, Aus Politik und Zeitgeschichte B 28/1990, S. 28ff.; *K. Hailbronner*, Die deutschen Bundesländer in der EG, JZ 1990, S. 149ff.; *R. Streinz*, Der Verfassungsstaat als Glied einer Europäischen Gemeinschaft, DVBl. 1990, S. 945ff.; *W. Graf Vitzthum*, Der Föderalismus in der europäischen und internationalen Einbindung der Staaten, AöR 115 (1990), S. 281ff. (insbes. S. 288ff.); *H. Steinberger und E. Klein*, Der Verfassungsstaat als Glied einer Europäischen Gemeinschaft, VVDStRL 50 (1991), S. 9ff., 56ff., 97ff.; *B. Vogel / G.H. Oettinger* (Hrsg.), Föderalismus in der Bewährung, 1992; *M. Zuleeg*, Die Stellung der Länder und Regionen im europäischen Integrationsprozeß, DVBl. 1992, S. 1329ff.; *M. Brenner*, Der unitarische Bundesstaat in der Europäischen Union, DÖV 1992, S. 903ff.; *T. Remmers*, Europäische Gemeinschaften und Kompetenzverlust der deutschen Länder, 1992; *P. Dröll*, Die deutschen Bundesländer und die Europäische Gemeinschaft, 1992; *I. Pernice*, Europäische Union: Gefahr oder Chance für den Föderalismus in Deutschland, Österreich und der Schweiz?, DVBl. 1993, S. 909ff.; *M. Hilf* und *T. Stein*, Europäische Union: Gefahr oder Chance für den Föderalismus in Deutschland, Österreich und der Schweiz?, VVDStRL 53 (1994), S. 9ff., 27ff.; *J. Schwarze*, Kompetenzverteilung in der Europäischen Union und föderales Gleichgewicht, DVBl. 1995, S. 1265ff.; *H.-P. Donoth*, Die Bundesländer in der Europäischen Integration. Die bundesstaatliche Ordnung in der Bundesrepublik Deutschland bei der Verwirklichung der Europäischen Union – eine Analyse unter besonderer Berücksichtigung des neugefaßten Art. 23 GG, 1996; *H. Bethge*, Deutsche Bundesstaatlichkeit und Europäische Union, in: Staat – Wirtschaft – Steuern. Festschrift für Karl Heinrich Friauf zum 65. Geburtstag, 1996, S. 55ff.

[124] Vgl. zu dieser Frage grundlegend *M. Schröder*, Bundesstaatliche Erosionen im Prozeß der Europäischen Integration, JöR NF 35 (1986), S. 83ff.

[125] Vgl. etwa *M. Schröder* (Fn. 124), S. 92ff.; *A. Weber* (Fn. 121), S. 800ff.; *G. Ress* (Fn. 121), S. 549ff.; *K.O. Nass*, Staaten oder Regionen? Die Bundesländer in der Europäischen Gemeinschaft, in: Festschrift für Hans von der Groeben, 1987, S. 285, 287ff.; *M. Schweitzer*, Beteiligung der Bundesländer an der europäischen Gesetzgebung, ZG 7 (1992), S. 128ff.

wohl doch nur am Rande tangiert werden[126] und in der herrschenden Konstruktion der Durchführungsverantwortlichkeiten auch die Verwaltungsbefugnisse der Länder nicht wirklich in Mitleidenschaft gezogen werden[127], erleidet die Teilhabe der Länder an der gesamtstaatlichen politischen Entscheidungsfindung, und insbesondere an der Rechtsetzung der übergeordneten Ebenen, durch die Verlagerung von Hoheitsbefugnissen auf die Gemeinschaft tiefgreifende Einbußen.[128] Das für die Verfassungsentwicklung der letzten Jahrzehnte so kennzeichnende ‚Kompensationsgeschäft' – Verlagerung der Regelungsbefugnis auf die zentrale Ebene gegen das verbriefte Recht der Mitsprache an der inhaltlichen Gestaltung dieser Regelungen (über das Erfordernis der Zustimmung der Ländermehrheit im Bundesrat) wird durch die Verlagerung der entsprechenden Kompetenzen auf die Gemeinschaft unweigerlich ausgehebelt.[129] Die Mitentscheidungsbefugnisse verschwinden spurlos, die entsprechenden Regelungen entziehen sich in der Folge fast völlig der institutionalisierten Einflußnahme seitens der Länder.

Die Konzentration der Länder auf die Behebung dieses Mangels an Einflußnahmerechten ist in den Kategorien des ‚Beteiligungsföderalismus' durchaus konsequent, löst aber nicht wirklich die Probleme, sondern schafft eher neue Probleme als daß die vorhandenen Fragen einer befriedigenden Antwort zugeführt würden.[130] Die Entwicklung der Partizipationsmöglichkeiten der Länder an der Definition der deutschen Europapolitik demonstriert anschaulich diesen Befund.

War im Zustimmungsgesetz zu den Römischen Verträgen[131] 1957 nur eine Unterrichtungspflicht der Bundesregierung gegenüber Bundesrat (und Bundestag) und ein entsprechendes Anhörungsrecht der Länder festgeschrieben worden[132],

---

126 So auch *G. Ress* (Fn. 121), S. 555, sowie *C. Tomuschat*, Bundesstaats- und Integrationsprinzip in der Verfassungsordnung des Grundgesetzes, in: Magiera/Merten (Fn. 123), S. 21, 28ff.; vgl. aber auch die etwas anderen Bewertungen durch *W. Kössinger* (Fn. 117), S. 25f., *M. Schröder* (Fn. 124), S. 87ff.; *R. Streinz* (Fn. 123), S. 15ff.; *H.-P. Donoth* (Fn. 123), S. 40ff.

127 Siehe nur *W. Kössinger* (Fn. 117), S. 27f.; vgl. allerdings jüngst auch *C. Koenig*, Bedürfen die Bundesländer einer institutionalisierten Hilfestellung beim Verwaltungsvollzug von Europäischem Gemeinschaftsrecht?, DVBl. 1997, S. 581ff.

128 Vgl. etwa *G. Ress* (Fn. 121), S. 554; *E. Grabitz*, Die deutschen Länder in der EG-Politik: verfassungsrechtliche Grundlagen, in: Hrbek/Thaysen (Fn. 123), S. 169, 174ff.; *K.O. Nass* (Fn. 125), S. 290ff.; *C. Tomuschat* (Fn. 126), S. 28; *G. Jaspert*, Die Beteiligung des Bundesrates an der europäischen Integration, in: Magiera/Merten (Fn. 123), S. 87, 89.

129 Siehe zu diesem Dilemma der Länder *F.W. Scharpf*, Regionalisierung des europäischen Raums. Die Zukunft der Bundesländer im Spannungsfeld zwischen EG, Bund und Kommunen, in: Cappenberger Gespräche der Freiherr-vom-Stein-Gesellschaft Bd. 23, 1989, hier zitiert nach; *F.W. Scharpf*, Optionen des Föderalismus in Deutschland und Europa, 1994, S. 92ff.

130 Kritisch zum vorrangigen Abstellen auf den Gedanken der ‚Kompetenzkompensation' auch schon *M. Schröder* (Fn. 124), S. 90f., 97ff.; *C. Tomuschat* (Fn. 126), S. 36ff.; *J.A. Frowein*, Bundesrat, Länder und europäische Einigung, in: Bundesrat (Hrsg.), Vierzig Jahre Bundesrat, 1989, S. 285, 295; *T. Remmers* (Fn. 123), S. 194ff..

131 BGBl. 1957 II, 753.

132 Vgl. zum Unterrichtungsverfahren nach Art. 2 ZustG 1957 *R. Morawitz* (Fn. 120), S. 27ff.; *H.H. Schwan* (Fn. 115), S. 108ff.; *M. Borchmann* (Fn. 122), S. 588ff.; *R. Hrbek* (Fn. 122), S. 25f.; *G. Ziller*, Die EG-politische Mitwirkung des Bundesrates, in: Hrbek/Thaysen (Fn. 123), S. 89, 92ff.; *G. Jaspert* (Fn. 128), S. 90ff.; *M. Schweitzer* (Fn. 123), S. 131f.; *C. Schede*, Bundesrat und Eu-

so begannen die Länder bald in Entsprechung zu ihrer im ‚Lindauer Abkommen' konsentierten Beteiligung am Abschluß völkerrechtlicher Verträge eine verbesserte Einbeziehung in Vorhaben der Europäischen Gemeinschaften zu fordern.[133] Erste diesbezügliche Konzessionen gestand in einem Briefwechsel Bundeskanzler Helmut Schmidt 1979 den Ländern zu, als er „im Wege einer pragmatischen Überbrückung unterschiedlicher Rechtspositionen der Bundesregierung und der Länder"[134] die Grundlage für ein verbessertes Beteiligungsverfahren zu schaffen versprach.[135] Die im Gefolge von der Bundesregierung eingeräumten erweiterten Unterrichtungspflichten des Bundes gegenüber den Ländern, sowie entsprechende Darlegungs-, Anhörungs- und Hinzuziehungsrechte der Länder und Rechtfertigungspflichten des Bundes, reichten den Ländern aber nicht aus.[136]

Das Zustimmungsgesetz zur Einheitlichen Europäischen Akte[137] bot den Ländern diesbezüglich eine erste Möglichkeit, ihre wirkliche Beteiligung an der deutschen Mitwirkung in Rechtsetzungsvorhaben der Gemeinschaften zu erzwingen.[138] Die Dominanz des Denkens in Kategorien der ‚Kompetenzkompensation' und des ‚Beteiligungsföderalismus' kam dabei in der 1985/86 durchgesetzten Entscheidung für das Bundesratsmodell zum Tragen.[139] Die Teilhabe der Länder an der Europapolitik wurde im Bundesrat angesiedelt und damit gebündelt: Der Bundesrat war nach Art. 2 des Zustimmungsgesetzes „umfassend und zum frühestmöglichen Zeitpunkt über alle Vorhaben im Rahmen der Europäischen Ge-

---

ropäische Union. Die Beteiligung des Bundesrates nach dem neuen Artikel 23 des Grundgesetzes, 1994, S. 34f.

[133] Vgl. *U. Oetting*, Bundestag und Bundesrat im Willensbildungsprozeß der Europäischen Gemeinschaften, 1973, S. 176ff.; *H.H. Schwan* (Fn. 115), S. 112ff.; *M. Borchmann* (Fn. 122), S. 593f.; *K.O. Nass* (Fn. 125), S. 289; *G. Jaspert* (Fn. 128), S. 94f.; *S. Schmidt-Meinecke* (Fn. 119), S. 17ff., 28ff.; *M. Hamberger*, Europäische Integration und föderale Eigenständigkeit der deutschen Bundesländer, 1988, S. 37ff.

[134] So *H.-J. Vogel*, Zu einigen aktuellen verfassungspolitischen Problemen im Bund-Länder-Verhältnis, in: Festschrift für Wolfgang Zeidler Bd. 2, 1987, S. 1059, 1060; vgl. ferner *C. Schede* (Fn. 132), S. 36f.; *D. Blumenwitz* (Fn. 120), S. 225f.; *W. Rudolf* (Fn. 117), S. 132f.

[135] Zum Briefwechsel zwischen Bundeskanzler H. Schmidt und Bundesratspräsident J. Rau vgl. *R. Morawitz* (Fn. 120), S. 57ff., 69ff., ferner *H.H. Schwan* (Fn. 115), S. 116ff. und *M. Borchmann* (Fn. 122), S. 594f.; die Texte der Schreiben sind abgedruckt bei *R. Morawitz* (Fn. 120), Anhang V und VI (S. 102ff., 105).

[136] Vgl. zu den Gründen dafür *H.H. Schwan* (Fn. 115), S. 123ff.; *M. Borchmann* (Fn. 122), S. 596; *K.O. Nass* (Fn. 125), S. 289f.; *G. Ziller*, (Fn. 132), S. 92; *G.-B. Oschatz / H. Risse*, Europäische Integration und deutscher Föderalismus, Europa-Archiv 43 (1988), S. 9, 11f.; *R.W. Strohmeier*, Möglichkeiten der Einflußnahme auf den Entscheidungsprozeß der Europäischen Gemeinschaften durch die Deutschen Bundesländer nach Einrichtung von Länderbüros in Brüssel, DÖV 1988, S. 633, 634; *R. Hrbek*, Die Beteiligung der deutschen Länder an den innerstaatlichen Beratungen und Entscheidungen in EG-Angelegenheiten (insbesondere im Licht von Art. 2 EEA-Gesetz und der Bund-Länder-Vereinbarung), 1988, S. 8ff..

[137] BGBl. 1986 II, 1102.

[138] Zu den Vorbehalten der Länder gegen die EEA vgl. *K.O. Nass* (Fn. 125), S. 294ff.

[139] Zur Entstehungsgeschichte des Gesetzes vgl. insbes. *M. Borchmann* (Fn. 122), S. 605ff. m.w.N., ferner *R. Morawitz*, Die Zusammenarbeit von Bund und Ländern bei der Wahrnehmung von EG-Aufgaben – Erfahrungen und Reformbestrebungen, in: Magiera/Merten (Fn. 123), S. 45, 49ff.

meinschaft, die für die Länder von Interesse sein könnten", zu unterrichten. Vor ihrer Zustimmung zu Beschlüssen der Europäischen Gemeinschaft hatte die Bundesregierung, soweit wesentliche Interessen der Länder betroffen waren, dem Bundesrat Gelegenheit zur Stellungnahme zu geben – und diese Stellungnahme dann bei den Verhandlungen auch zu berücksichtigen. Waren von der behandelten Regelung Materien der ausschließlichen Gesetzgebung der Länder betroffen, so durfte die Bundesregierung gemäß Art. 2 des Zustimmungsgesetzes von der Stellungnahme „nur aus unabweisbaren außen- und integrationspolitischen Gründen abweichen", unterlag bei entsprechenden Abweichungen konsequenterweise auch einer Begründungspflicht. Schließlich war die Bundesregierung verpflichtet, auf Verlangen der Länder – soweit möglich – Ländervertreter zu den Beratungsgremien der Kommission und des Rates hinzuzuziehen.[140] Konkretisiert wurden diese an sich schon sehr ausführlichen Modalitäten der Beteiligung in einer aufgrund Art. 2 Abs. 6 des Zustimmungsgesetzes abzuschließenden Bund-Länder-Vereinbarung.[141]

Gegen diese Lösung wurden zu Recht bald erhebliche verfassungsrechtliche Bedenken geäußert.[142] Insbesondere die erstrebte Bindung der Bundesregierung an die Stellungnahme des Bundesrates wurde in ihrer Verfassungsmäßigkeit bezweifelt, greife der Bundesgesetzgeber damit doch unzulässig in verfassungsrechtliche Zuständigkeiten der Bundesregierung ein.[143]

---

[140] Zum Mitwirkungsverfahren nach Art. 2 des Zustimungsgesetzes zur EEA vgl. *E. Grabitz*, Die deutschen Länder in der Gemeinschaft – Das Ratifizierungsgesetz zur Einheitlichen Europäischen Akte aus der Sicht des Grundgesetzes, EuR 1987, S. 310, 314ff.; *G. Ress*, Das deutsche Zustimmungsgesetz zur Einheitlichen Europäischen Akte – Ein Schritt zur „Föderalisierung" der Europapolitik, EuGRZ 1987, S. 361ff.; *R. Hrbek* (Fn. 136), S. 12ff.; *E. Haas*, Die Mitwirkung der Länder bei EG-Vorhaben – Neuere Entwicklungen im Gefolge der Luxemburger Akte, DÖV 1988, S. 613ff.; *C. Tomuschat* (Fn. 126), S. 33ff.; *M. Schweitzer* (Fn. 123), S. 132ff.; *H.-P. Donoth* (Fn. 123), S. 74ff.

[141] Der Text der Bund-Länder-Vereinbarung vom 17. 12. 1987 ist abgedruckt als Anhang I bei *W. Kössinger* (Fn. 117), S. 168ff., sowie im Sammelband von Magiera/Merten (Fn. 123), S. 263ff.; vgl. zum Inhalt der Vereinbarung auch *W. Kössinger* (Fn. 117), S. 114f.; *M. Borchmann*, Die Europäischen Gemeinschaften im Brennpunkt politischer Aktivitäten der Bundesländer, DÖV 1988, S. 623, 624ff.; *R. Hrbek* (Fn. 136), S. 14ff.; *R. Morawitz* (Fn. 139), S. 57ff., *H.-P. Donoth* (Fn. 123), S. 82ff., ferner zu den Streitpunkten bei der Aushandlung der Vereinbarung *G. Memminger*, Die Zusammenarbeit von Bund und Ländern bei der Wahrnehmung von EG-Aufgaben – Erfahrungen und Reformbestrebungen, in: Magiera/Merten (Fn. 123), S. 61, 66ff.

[142] Siehe insbes. *J.A. Frowein* (Fn. 130), S. 292ff., aber auch schon *M. Schröder* (Fn. 124), S. 100f.; *E. Grabitz* (Fn. 128), S. 179; *G. Ress* (Fn. 140), S. 367ff., sowie *ders.* (Fn. 121), S. 554ff. (insbes. S. 557f.); *R. Morawitz* (Fn. 139), S. 45, 53ff.; *D. Blumenwitz* (Fn. 134), S. 218; vgl. allerdings auch *C. Tomuschat* (Fn. 126), S. 34ff. (insbes. 39f.) und *E. Klein* (Fn. 123), S. 91f.

[143] Siehe *J.A. Frowein* (Fn. 130), S. 292ff. und *R. Morawitz* (Fn. 139), S. 53f. sowie *H.-P. Donoth* (Fn. 123), S. 79ff.; vgl. auch die Zweifel bezüglich der Kompetenz des Bundesgesetzgebers zu einer derartigen Regelung bei *E. Grabitz* (Fn. 128), S. 179, und bei *R. Morawitz* (Fn. 139), S. 54.

13.5.3. Der neue Art. 23 GG – Konsolidierung der Mitwirkung der Länder über den Bundesrat

Die vorgetragenen Bedenken führten allerdings in der Folge nicht dazu, daß Bund und Länder die Beteiligungskonstruktion des Zustimmungsgesetzes zur EEA noch einmal kritisch überdacht hätten. Im Gegenteil, den schon anläßlich der EEA erhobenen Forderungen der Länder, die verstärkte Beteiligung der Länder an EG-Rechtssetzungsverfahren bei Gelegenheit auch in der Verfassung zu verankern[144], trug man im Verfahren der Zustimmung zum Maastricht-Vertrag durch Verabschiedung des neuen Art. 23 GG Rechnung.[145]Die vorher nur auf einfachgesetzlicher Ebene festgelegte Beteiligung der Länder über den Bundesrat wurde damit in der Verfassung verankert.[146] Die verfassungspolitische Problematik der Bundesratslösung bleibt mit dieser Festschreibung der Bundesratslösung in der Verfassung zwar bestehen – vor allem natürlich der Strukturbruch, der in der Wahrnehmung von ausschließlichen Länderbelangen durch den Bundesrat liegt; verfassungsrechtlich aber ist die Konstruktion der Bündelung der Länderinteressen über den Bundesrat seitdem kaum mehr angreifbar.[147] Die Details der Regelung zur Beteiligung von Bundestag und Bundesrat hat der Verfassunggeber übrigens erneut dem einfachen Gesetzgeber überlassen; das entsprechende ‚Gesetz über die Zusammenarbeit von Bund und Ländern in Angelegenheiten der Europäischen Union' (EUZBLG) erging am 12. März 1993[148], ergänzt durch eine Bund-Länder-Vereinbarung vom 29. Oktober 1993[149].

---

[144] Vgl. dazu *G. Ress* (Fn. 121), S. 554; *M. Borchmann* (Fn. 141), S. 627f.; *M. Schweitzer* (Fn. 123), S. 138ff.

[145] Vgl. aus der umfangreichen Literatur zu Entstehung und Inhalt des neuen Art. 23 GG insbes. *R. Streinz*, Art. 23 Rdnrn. 1ff., 15ff., 90ff., in: Sachs, GG-Komm. (Fn. 4); *H.-P. Donoth* (Fn. 123), S. 91ff., 197ff.; *M. Paul*, Die Mitwirkung der Bundesländer an der Rechtsetzung der Europäischen Gemeinschaften de lege lata und de lege ferenda, 1996, S. 18ff.; *K. Schmalenbach*, Der neue Europaartikel 23 des Grundgesetzes im Lichte der Arbeit der Gemeinsamen Verfassungskommission, 1996, S. 32ff., 52ff., 87ff., 104ff. *O. Rojahn*, Art. 23 Rdnrn. 1ff., in: von Münch/Kunig, GG-Komm., Bd. 2, 4. Aufl. 1995; *G.-B. Oschatz / H. Risse*, Die Bundesregierung an der Kette der Länder? – Zur europapolitischen Mitwirkung des Bundesrates, DÖV 1995, S. 437ff.; *P. Kunig*, Mitwirkung der Länder bei der europäischen Integration: Art. 23 des Grundgesetzes im Zwielicht, in: Verfassungsrecht im Wandel. Festschrift zum 180jährigen Bestehen der Carl Heymanns Verlag KG, 1995, S. 591ff.; *R. Breuer*, Die Sackgasse des neuen Europaartikels (Art. 23 GG), NVwZ 1994, S. 417ff.; *C. Schede* (Fn. 132), S. 45ff.; *R. Scholz*, Europäische Union und deutscher Bundesstaat, NVwZ 1993, S. 817, 820ff.; *U. Di Fabio*, Der neue Art. 23 des Grundgesetzes. Positivierung vollzogenen Verfassungswandels oder Verfassungsneuschöpfung?, Der Staat 32 (1993), S. 191ff.; *P. Wilhelm*, Europa im Grundgesetz: Der neue Artikel 23, BayVBl. 1992, S. 705ff.;

[146] Vgl. auch *V. Neßler*, Die „neue Ländermitwirkung" nach Maastricht, EuR 1994, S. 216, 221ff.

[147] Zu den gleichwohl gegen die Mitwirkungskonstruktion des Art. 23 Abs. 4 und 5 GG erhobenen Bedenken vgl. nur *R. Breuer* (Fn. 145), S. 417ff. sowie *H.-P. Donoth* (Fn. 123), S. 239ff. ; vgl. aber auch *C. Schede* (Fn. 132), S. 203ff., 213ff.

[148] BGBl. 1993 I, 313; vgl. dazu auch *G.-B. Oschatz / H. Risse* (Fn. 145), S. 441ff., sowie *C.*

Verfassungsrechtlich abgesichert wurde im Zuge der Einfügung des neuen Art. 23 GG mit dem 38. Änderungsgesetz zum Grundgesetz vom 21.12. 1992 auch eine eventuelle Delegation der Beschlußfassung des Bundesrates in Europaangelegenheiten an die neue Europakammer des Bundesrates.[150] Diese ‚Europakammer' war als gesondertes Unterorgan des Bundesrates schon im Zuge des Beteiligungsverfahrens nach dem Zustimmungsgesetz zur EEA durch Änderung der Geschäftsordnung des Bundesrates geschaffen worden.[151] Gegen die Übertragung der Beschlußbefugnis vom Plenum auf einen Ausschuß allein durch Änderung der Geschäftsordnung waren allerdings zu Recht verfassungsrechtliche Bedenken erhoben worden.[152] Durch die Einfügung des neuen Absatzes 3 a in Art. 52 GG, der nun vorsieht, daß Beschlüsse der Europakammer „als Beschlüsse des Bundesrates gelten", hat man jetzt den geltendgemachten Bedenken den Boden zu entziehen gesucht, die gegen die Ausübung der Mitwirkungsrechte des Bundesrates durch einen Ausschuß erhoben worden waren.[153]

Die Verlagerung der Länderbeteiligung in die ‚Europakammer' des Bundesrates scheint unter praktischen Gesichtspunkten zunächst auch gute Gründe für sich zu haben.[154] Das Plenum des Bundesrates ist im normalen Procedere im Ernstfall zu schwerfällig für diese Aufgabe; die Zeitvorgaben, die eingehalten werden müssen, soll die Teilhabe der Länder bzw. des Bundesrates an der Festlegung der deutschen Position im Rat effektiv sein, sind im ordentlichen Verfahren oft nur schwer zu erfüllen, tagt das Bundesratsplenum doch infolge der Terminschwierigkeiten seiner ordentlichen Mitglieder (Landesminister) nur in größeren Zeitabständen.[155] Der unter verfassungssystematischer Perspektive konstatierte Strukturbruch, der in der Wahrnehmung ausschließlicher Länderkompetenzen durch den Bundesrat liegt, wird allerdings in dieser Konstruktion gedoppelt: Nicht nur die einzelnen Länder werden so europapolitisch mediatisiert, auch das Bundesratsplenum (und die von ihm eingesetzten Fachausschüsse) würden aus

---

Schede (Fn. 132), S. 87ff., ferner *M. Hilf* (Fn. 123), S. 18, der § 5 Abs. 2 und 3 EUZBLG für verfassungswidrig hält.

[149] Abgedruckt in: Handbuch des Bundesrates 1993/94, S. 168ff.; vgl. dazu auch *M. Borchmann*, Neue Bund-Länder-Vereinbarung über die Zusammenarbeit in Angelegenheiten der Europäischen Union, EuZW 1994, S. 172f.

[150] Daß die staatsorganisationsrechtliche Fundierung der Konstruktion der ‚EG-Kammer' Sinn der Einfügung dieser Vorschrift war, ergibt sich eindeutig aus dem Bericht der Gemeinsamen Verfassungskommission – BR-Drs.800/93, S. 25; vgl. auch *G.-B. Oschatz / H. Risse* (Fn. 145), S. 449. Vgl. ferner *G. Robbers*, Art. 52 Rdnr.16, in: Sachs, GG-Komm. (Fn. 4) und *C. Schede* (Fn. 132), S. 104ff.

[151] Vgl. zur Schaffung der ‚EG-Kammer' im Gefolge des Beteiligungsverfahrens nach dem EEAG *W. Kössinger* (Fn. 117), S. 116ff.; *G.-B. Oschatz / H. Risse*, Bundesrat und Europäische Gemeinschaften – Neue Verfahrensregeln der Bundesrats-Geschäftsordnung für EG-Vorlagen, DÖV 1989, S. 509, 513ff.; *P. Dröll* (Fn. 123), S. 106ff.

[152] Vgl. insbes. *J.A. Frowein* (Fn. 130), S. 295f.

[153] *G.-B. Oschatz / H. Risse* (Fn. 145), S. 448.

[154] So z.B. *E. Klein* (Fn. 123), S. 92.

[155] Vgl. zu den organisatorischen und terminlichen Schwierigkeiten des Bundesrates im Umgang mit den ihm eingeräumten Beteiligungsrechten *G.-B. Oschatz / H. Risse* (Fn. 145), S. 449.

dem Entscheidungsverfahren tendenziell ausgeblendet, wäre die ‚Europakammer' nach dem Vorbild des 1988 geschaffenen EG-Kammer organisiert. Europapolitik würde in der Folge auch innerhalb der Landesregierungen zentralisiert; tendenziell verschöbe sich – im Interesse einer effizienten Wahrnehmung der Beteiligungsrechte – die Koordination der einzelnen Länder- bzw. Ressortbelange aus dem Kabinettskollegium in die hierarchische Steuerung durch die Staatskanzleien, die den Vertreter in der Europakammer instruieren würden.

Nun hat der Bundesrat aber in seiner auf der Grundlage des neuen Art. 23 GG und des EUZBLG geänderten Geschäftsordnung[156] im Ergebnis keinen wirklichen Gebrauch gemacht von der ihm eingeräumten Möglichkeit, die in Art. 52 Abs. 3 a GG vorgesehene Europakammer zu einem effizienten Beschlußorgan in der Behandlung eilbedürftiger europapolitischer Vorlagen zu machen. Im Gegensatz zur alten EG-Kammer gibt es in der neuen Europakammer kein Umfrageverfahren mehr, und auch die Möglichkeit, nicht nur Bundesratsmitglieder und deren Vertreter, sondern unter Umständen auch Beauftragte der Landesregierungen abstimmen zu lassen, ist in der entsprechenden Bestimmung der Geschäftsordnung nicht enthalten.[157] Die Europakammer teilt damit dann aber das grundlegende Problem des Plenums: Außerhalb der regulären Bundesratssitzungen ist eine Entscheidung angesichts der Terminprobleme der Mitglieder der Landesregierungen praktisch nicht zustandezubringen. Die Folgen dieser ‚Selbstgenügsamkeit' des Bundesrates, die letztlich wohl auf den Widerstand der Einzelressorts und (Bundesrats-)Fachausschüsse gegen eine zu starke Bündelung der europapolitischen Vorlagen in der Europakammer zurückgeht, waren absehbar: In den ersten anderthalb Jahren ihres Bestehens hat die Europakammer gerade ein einziges Mal getagt. Weitere Sitzungen zu eilbedürftigen Vorlagen seien zwar – wie in einer Darstellung von Praktikern aus dem Bundesratssekretariat zu lesen ist – verschiedentlich für erforderlich gehalten worden. Sie sind jedoch nicht mehr einberufen worden, da entsprechende Rundfragen bei den Landesregierungen ergaben, daß die Beschlußfähigkeit der Kammer in der Kürze der Zeit nicht herbeiführbar sein würde.[158] Zumindest in der Ausgestaltung, die ihr die jüngste Änderung der Geschäftsordnung des Bundesrates gegeben hat, erweist sich die Europakammer damit als Totgeburt.[159]

13.5.4. Die Bewertung des neuen Mitwirkungsverfahrens und die ergänzenden Formen der Einflußnahme auf die Europapolitik

Die Erfahrungen mit dem neuen Mitwirkungsverfahren des Art. 23 GG scheinen in einer bilanzierenden Betrachtung folglich eher zwiespältig zu sein. Die Effektivierung der Beteiligung des Bundesrates über die in Art. 52 Abs. 3 a GG vorgese-

[156] Siehe BR-Drs.820/93.
[157] *G.-B. Oschatz / H. Risse* (Fn. 145), S. 448f.; *M. Hilf* (Fn. 123), S. 19.
[158] So *G.-B. Oschatz / H. Risse* (Fn. 145), S. 449 Fußn.117.
[159] *G.-B. Oschatz / H. Risse* (Fn. 145), S. 449.

hene Europakammer, die die Belange der einzelnen Ressorts zu bündeln gehabt hätte, ist bisher an den in den Ländern fest verankerten Ressortinteressen gescheitert. Praktisch läuft die Beteiligung der Länder weiter über die einzelnen Fachausschüsse des Bundesrates, mit einer Bündelung der einzelnen Ressortstellungnahmen in der Beschlußfassung des Plenums aufgrund der vorausgehenden landesinternen Koordinierung in den Landesregierungen.[160] Zu schnellen Reaktionen ist dieses Verfahren jedoch kaum geeignet; im Zweifel bleiben die Ländervertreter in Brüssel auf sich gestellt und die Bundesregierung kann die Verhandlungspositionen mangels beachtlicher Vorgaben des Bundesrates nach eigenen Vorstellungen festlegen. Die Dramatik der Warnungen, die Bundesregierung werde mit dem neuen Beteiligungsverfahren völlig ‚an die Kette gelegt', haben sich letztlich als grundlos erwiesen.[161]

Als ein kaum jemals auftretendes Problem erweist sich wohl auch die zunächst im Zusammenhang mit dem Beteiligungsverfahren nach dem Zustimmungsgesetz zur EEA problematisierte Wahrnehmung eigentlicher Länderbelange durch den Bundesrat.[162] In der Praxis zeigt sich, daß – entgegen des zunächst von den Ländern in den Vordergrund gestellten Argumentes des Schutzes vor Einbrüchen in die ausschließlichen Länderkompetenzen – das Beteiligungsverfahren weniger die eigenen Kompetenzen der Länder sichert als ganz allgemein die Mitwirkung des Bundesrates an der europäischen Rechtsetzung gewährleistet, über die Festlegung der deutschen Verhandlungsposition im Ministerrat. Die in Art. 23 Abs. 4 und 5 GG sowie eingehender im EUZBLG vorgesehenen Abstufungen in der ‚Bindungswirkung' der Stellungnahme des Bundesrates[163] scheinen sich in der Praxis als doch weitgehend theoretischer Natur zu erweisen. Angesichts der Vielzahl von in ihrer Bedeutung nicht geklärten unbestimmten Begriffen und Generalklauseln in der Formulierung der unterschiedlichen Beteiligungsfälle stellt es sich im Ernstfall schon als schwierig heraus, einen Streitfall einer bestimmten Beteiligungskategorie des § 5 EUZBLG zuzuordnen; nahezu unmöglich ist es wohl in der Folge, Konsens über die Reichweite der Bindung der Bundesregierung zu erzielen.[164]

Einfluß wird insoweit im Ergebnis eher durch die Einbringung der inhaltlichen Argumente der Länder ausgeübt, unabhängig von der formellen Bindungswirkung der einzelnen Stellungnahmen. Das äußerlich scheinbar auf Mitentschei-

---

160 Vgl. *G.-B. Oschatz / H. Risse* (Fn. 145), S. 450f.

161 Siehe nur *G.-B. Oschatz / H. Risse* (Fn. 145), S. 444, 451f.; zu den ursprünglichen Befürchtungen vgl. exemplarisch *C. Schede* (Fn. 132), S. 229ff.

162 Vgl. zu den diesbezüglichen verfassungsrechtlichen Bedenken, die im Rechtsausschuß des Bundesrates die Mehrheit der Ländervertreter gegen die Bundesratslösung votieren ließ, nur *R. Morawitz* (Fn. 139), S. 55.

163 Vgl. dazu eingehend *G.-B. Oschatz / H. Risse* (Fn. 145), S. 441ff., ferner *R. Streinz*, Art. 23 Rdnrn. 104ff., in: Sachs, GG-Komm. (Fn. 4); *R. Breuer* (Fn. 145), S. 427; *C. Schede* (Fn. 132), S. 106ff.

164 Siehe nur *G.-B. Oschatz / H. Risse* (Fn. 145), S. 443f., außerdem *R. Streinz*, Art. 23 Rdnrn. 106ff., in: Sachs, GG-Komm. (Fn. 4); *O. Rojahn*, Art. 23 Rdnrn. 59ff., in: von Münch/Kunig, GG-Komm., Bd. 2,. 4. Aufl. 1995.

dungsrechte in bestimmten Bereichen zielende Stellungnahmeverfahren des Art. 23 Abs. 5 GG nähert sich damit im praktischen Ergebnis doch wieder dem Regeltypus des informalen Verfahrens der Abstimmung von Bundes- und Länderinteressen nach dem gängigen Muster des ‚kooperativen Föderalismus'. Die ‚Politikverflechtung' ist zwar auf europäische Angelegenheiten ausgedehnt worden, aber ohne daß die Handlungsprärogative der Bundesregierung in diesem Bereich wirklich hätte angetastet werden können. Aus strukturellen Gründen scheinen die Länder kaum in der Lage zu sein, in angemessener Zeit ihre Interessen so zu einer einheitlichen Position zu bündeln, daß der Bundesregierung und deren Vertretern in der Verhandlungsführung ein echter Widerpart entstünde. Auch die Einschaltung des Bundesrates vermag daran nichts zu ändern.[165]

Eine wirkliche ‚Kompetenzkompensation' für die verlorengegangene Befugnis zur Mitsprache bei der Bundesgesetzgebung ist also über indirekte Verfahren der Teilhabe an der Festlegung der deutschen Verhandlungsposition in den Gremien der Gemeinschaft kaum zu erzielen. Dies ist insofern problematisch, als angesichts der Erfordernisse des Art. 79 Abs. 3 GG eine derartige ‚Kompensation' für verlorengegangene bzw. verlorengehende Mitentscheidungsbefugnisse in der Rechtsetzung sinnvoll gewesen wäre.[166] Die Identitätsklausel des Art. 79 Abs. 3 GG gewährleistet schließlich nicht nur das Bundesstaatsprinzip als solches mit der „Gliederung des Bundes in Länder", also die Eigenstaatlichkeit der Länder, sondern gewährleistet auch „die grundsätzliche Mitwirkung der Länder bei der Gesetzgebung". Wandert aber die (von den Ländern zu vollziehende) Gesetzgebung aus dem Kompetenzbereich des Bundes ab, in die Hände der Europäischen Gemeinschaft, so ist es eigentlich naheliegend, an die Stelle der Mitwirkung bei der Bundesgesetzgebung die Mitwirkung an der Rechtsetzung auf der Ebene der Gemeinschaft zu setzen – und so zu sichern, daß die Sachargumente der mit der Vollziehung betrauten Verwaltungsbehörden weiterhin in die Rechtsetzung Eingang finden.[167] Doch funktioniert – wie dargestellt – eine derartige ‚Kompetenzkompensation' über Mitwirkung der Länder an der Festlegung der deutschen Verhandlungsposition im Bereich der Angelegenheiten der Europäischen Gemeinschaft nicht wirklich.

Auch über eine direkte Beteiligung der Länder an den Entscheidungsfindungsprozessen auf europäischer Ebene ist Abhilfe insoweit nicht ernstlich zu erwar-

---

[165] Vgl. in diesem Sinne *F.W. Scharpf* (Fn. 129), S. 108, aber auch schon *R. Morawitz* (Fn. 139), S. 48, 56.

[166] Skeptisch zum Gedanken der ‚Kompetenzkompensation' in diesem Bereich, und schon gar zur Ableitung eines Anspruchs auf Mitwirkung in den zum Ministerrat entsandten Delegationen aus dem Gedanken der Kompensation, *C. Tomuschat*, Art. 24 Rdnr. 106 (Zweitbearb. 1981), in: Bonner Kommentar; vgl. außerdem die Kritik am Kompensationsgedanken durch *J.A. Frowein* (Fn. 130), S. 295, sowie *M. Schröder* (Fn. 124), S. 99ff.

[167] Vgl. auch die in Hinsicht auf Art. 79 Abs. 3 GG von *G. Ress* (Fn. 121), S. 555f. angestellten Erwägungen, ferner *T. Maunz*, Verfügung des Bundes über Hoheitsrechte eines Landes, in: Gedächtnisschrift für Günther Küchenhoff, 1987, S. 291, 293ff.; *G. Ziller* (Fn. 132), S. 95f.; *C. Schede* (Fn. 132), S. 222ff.

ten.[168] Der im Zuge des Maastricht-Vertrages neugeschaffene Ausschuß der Regionen[169] ist kein echtes Entscheidungsgremium der Gemeinschaft, sondern ein Konsultativorgan. Eine spätere Aufwertung zu einer ‚dritten Kammer', einer dem Bundesrat ähnlichen Vertretung der Regionalexekutiven, wie von den Ländern teilweise propagiert, ist nahezu ausgeschlossen. Status und Kompetenzen der in diesem Gremium vertretenen Gebietskörperschaften sind viel zu unterschiedlich für eine derartige Rolle, einmal davon abgesehen, daß ein Dreikammersystem völlig unpraktikabel wäre.[170]

Die den Ländern in Art. 23 Abs. 6 GG (n.F.) eingeräumte Möglichkeit der Teilhabe an der Verhandlungsführung im Ministerrat im Wege der Übertragung der Stimmführung für die Bundesrepublik auf einen vom Bundesrat benannten Vertreter der Länder, „wenn im Schwerpunkt ausschließliche Gesetzgebungsbefugnisse der Länder betroffen sind", wird aller Voraussicht nach keine allzu große praktische Bedeutung erlangen.[171] Zwar wurde damit das im Kontext der Treffen der für die kulturelle Zusammenarbeit zuständigen Minister schon seit einer entsprechenden Protokollerklärung des Bundeskanzlers gegenüber den Ministerpräsidenten der Länder im Jahre 1983 praktizierte Verfahren der Vertretung der Bundesrepublik durch einen Landesminister[172] – in diesem Fall den Vorsitzenden der Kultusministerkonferenz – für den gesamten Bereich der ‚ausschließlichen Länderkompetenzen' verallgemeinert, dies allerdings nur in Form einer ‚Soll'-Bestimmung und mit entsprechenden Kautelen der Abstimmung mit der Bundesregierung unter Wahrung der „gesamtstaatlichen Verantwortung des Bundes".[173] Zudem ist die Tatbestandsvoraussetzung des Art. 23 Abs. 6 („Wenn im Schwerpunkt ausschließliche Gesetzgebungsbefugnisse der Länder betroffen sind...") äußerst dehnbar und sehr unterschiedlicher Auslegung zugänglich.

---

168 *T. Stein* (Fn. 123), S. 41ff.

169 Vgl. insoweit *R. Theissen*, Der Ausschuß der Regionen (Artikel 198 a – c EG-Vertrag). Einstieg der Europäischen Union in einen kooperativen Regionalismus?, 1996, dort insbes. S. 106ff., 206ff.; *T. Christiansen*, Second Thoughts on Europe's „Third Level": The European Union's Committee of the Regions, Publius. The Journal of Federalism 28 (1996), S. 93ff.; *C. Tomuschat* (Hrsg.), Mitsprache der dritten Ebene in der europäischen Integration: Der Ausschuß der Regionen, 1995; *W. Clement*, Der Regionalausschuß – mehr als ein Alibi?, Staatswissenschaften und Staatspraxis 4 (1993), S. 159ff.; *E. Bassot*, Le Comité des Régions. Régions francaises et Länder allemands face à un nouvel organe communautaire, Revue du Marché commun et de l'Union européenne 1993, S. 729ff.; *U. Hoppe / G. Schulz*, Der Ausschuß der Regionen, in: F.H.U. Borkenhagen u.a. (Hrsg.), Die deutschen Länder in Europa, 1992, S. 26ff.

170 *M. Borchmann*, Ausschuß der Regionen – die große Illusion?, EuZW 1994, S. 449, ferner *M. Hilf* (Fn. 123), S. 16 und *I. Pernice* (Fn. 123), S. 917.

171 Vgl. zu den praktischen Problemen bei der Übertragung der Verhandlungsführung auf einen Ländervertreter *G.-B. Oschatz / H. Risse* (Fn. 145), S. 446f.

172 Vgl. zu dieser Praxis *W. Kössinger* (Fn. 117), S. 120ff.; *R. Morawitz* (Fn. 139), S. 48; *G. Memminger* (Fn. 141), S. 69.

173 Vgl. zur Auslegung des Art. 23 Abs. 6 GG und zu dessen Konkretisierung in § 6 Abs. 1 EUZBLG *G.-B. Oschatz / H. Risse* (Fn. 145), S. 446f., sowie *R. Streinz*, Art. 23 Rdnrn. 113ff., in: Sachs, GG-Komm. (Fn. 4).

Es bleibt damit für die Länder einzig die auch schon bislang praktizierte Möglichkeit, über Beobachter und informale Kontakte zu Kommission und Ministerrat sowie den einschlägigen Bundesministerien die Rechtsetzung im Vorfeld zu beeinflussen.[174] Der Status des ‚Beobachters der Länder' hat dabei weiterhin keine einvernehmliche Regelung gefunden.[175] Nachdem die Versuche, die Mitarbeiter des ‚Beobachters' in Brüssel in die Ständige Vertretung der Bundesrepublik zu integrieren, Mitte der Achziger Jahre an Statusfragen gescheitert sind[176] und die Länder daraufhin sukzessive ihre Repräsentanzen in Brüssel aufbauten[177], umgekehrt der Bundesgesetzgeber in Art. 2 Abs. 5 EEAG bzw. nunmehr in § 6 Abs. 1 EUZBLG die Möglichkeit vorgesehen hat, vom Bundesrat benannte Vertreter der Länder zu Verhandlungen in den Beratungsgremien der Kommission und des Rates hinzuzuziehen[178], hat sich die indirekte Beteiligung an der europäischen Rechtsetzung auf zwei völlig getrennte Spuren aufgespalten. Auf der einen Seite stehen der ‚Beobachter der Länder' bzw. dessen Brüsseler Mitarbeiter und die Vertretungen der einzelnen Länder in Brüssel: Ohne jeglichen formalen Status sammeln diese Ländervertreter als eine Art Lobby über informale Kontaktnetze zu Kommission und Vertretungen der Mitgliedstaaten Informationen und suchen indirekt auf Rechtsetzungsvorhaben Einfluß zu nehmen.[179] Zugleich sind nach der Regelung des § 6 Abs. 1 EUZBLG für zahlreiche Brüsseler Gremien vom Bundesrat Vertreter der Länder benannt worden, die – formell als Vertreter des Mitgliedstaates Bundesrepublik Deutschland – in den einzelnen Fach- und Beratungsgremien die Ansichten und Belange der Länder zu Gehör bringen. Das Verfahren der Entsendung von Ländervertretern nach § 6 Abs. 1 EUZBLG scheint übrigens weitgehend reibungslos zu funktionieren, sich damit in der Praxis zu bewähren.[180] Das Problem der Koordinierung der einzelnen Ressortbelange, und damit der Integration der einzelnen Teilpolitiken zu einer übergreifenden politischen Konzeption, scheint allerdings in diesem Punkt bisher kaum gelöst zu

---

[174] Vgl. zu dieser seit langem praktizierten informellen Einflußnahme *P. Dröll* (Fn. 123), S. 109; *W. Kössinger* (Fn. 117), S. 122f.; *O. Hahn*, EG-Engagement der Länder: Lobbyismus oder Nebenaußenpolitik?, in: Hrbek / Thaysen (Fn. 123), S. 105ff. Zu deren Wirksamkeit vgl. auch *C.-D. Ehlermann*, Die Einflußnahme der deutschen Länder auf den Entscheidungsprozeß in der Europäischen Gemeinschaft aus Brüsseler Sicht, in: Hrbek/Thaysen (Fn. 123), S. 139ff.

[175] Zur Institution des Länderbeobachters vgl. *W. Kössinger* (Fn. 117), S. 119f.; *P. Dröll* (Fn. 123), S. 108f.; *M. Borchmann* (Fn. 141), S. 625ff.; *F. Stöger*, Aufgaben und Tätigkeit des Beobachters der Länder bei den Europäischen Gemeinschaften, in: Magiera/Merten (Fn. 123), S. 101ff.; *R. Hrbek* (Fn. 122), S. 26f.

[176] Vgl. *W. Kössinger* (Fn. 117), S. 119; *G. Memminger* (Fn. 141), S. 69f., *F. Stöger* (Fn. 175), S. 109, 116f.

[177] Vgl. dazu insbes. *K. Zumschlinge*, Die Informationsbüros der Bundesländer in Brüssel, Die Verwaltung 22 (1989), S. 217ff., ferner *R. Morawitz* (Fn. 139), S. 58.

[178] Vgl. insoweit *G.-B. Oschatz / H. Risse* (Fn. 145), S. 445f. sowie zur Vorläuferregelung des Art. 2 Abs. 5 EEAG *M. Borchmann* (Fn. 141), S. 625.

[179] Vgl. *U. Fastenrath*, Länderbüros in Brüssel – Zur Kompetenzverteilung für informales Handeln im auswärtigen Bereich, DÖV 1990, S. 125ff.

[180] So *G.-B. Oschatz / H. Risse* (Fn. 145), S. 446.

sein.[181] Weder der Bundesrat in seiner bisherigen Arbeitsstruktur noch irgendwelche anderen gemeinsamen Ländergremien scheinen organisatorisch in der Lage zu sein, die große Zahl an Ländervertretern im Detail zu instruieren und politisch zu steuern. Die Beteiligung bleibt damit aber zerfasert und den Ressortegoismen ausgeliefert, gibt dem Bund zudem Gelegenheit, nicht nur die einzelnen Länder, sondern auch die einzelnen Ressorts und Fachabteilungen gegeneinander auszuspielen.

13.5.5. Die Kompetenzen der Länder im Prozeß der europäischen Integration

Alle Versuche der Länder, über die Beteiligung an den Verfahren der europäischen Rechtsetzung maßgeblichen Einfluß auf die Gestaltung der von ihnen anzuwendenden Rechtsnormen zu nehmen, analog der Beteiligung des Bundesrates an der Bundesgesetzgebung, sind im Ergebnis weitgehend gescheitert – und müssen wohl auch aus strukturellen Gründen weitgehend scheitern.[182] Eine wirkliche Mitbestimmung in der Formulierung der deutschen Europapolitik wäre nicht nur verfassungspolitisch (und -rechtlich) problematisch, da sie die Befugnisse der Bundesregierumg im Bereich der Auswärtigen Beziehungen schwer in Mitleidenschaft ziehen müßte, sondern hat sich auch organisatorisch als praktisch nicht durchführbar erwiesen. Die personellen Kapazitäten der Landesbürokratien sind zum Teil schon angesichts der heute bestehenden Beteiligungsmöglichkeiten überfordert[183]; zur verantwortlichen Führung internationaler Verhandlungen in einem Gremium wie dem Europäischen Rat sind die Länder als Gruppe ganz offensichtlich weder personell noch zeitlich in der Lage. Die Fähigkeit der Länder, über den Bundesrat oder gar Zwischen-Länder-Gremien ressortübergreifende Politik zu formulieren und Verhandlungsprozesse flexibel zu steuern, unter permanenter Neubestimmung der politischen Prioritäten, ist ersichtlich zu unterentwickelt, um diese Funktion sinnvoll wahrnehmen zu können.[184]

Die Möglichkeiten für eine Bewahrung des bundesstaatlichen Gefüges der deutschen Verfassung können daher nicht in einem System immer weiterer ‚Politikverflechtung' im Blick auf europapolitische Belange liegen, sondern dürften einzig und allein in der Durchsetzung des Konzeptes der Subsidiarität liegen.[185] Welche Funktion in diesem Zusammenhang der Verankerung des Subsidiaritätsprinzips in Art. 3 b EGV zugeschrieben werden kann, ist allerdings eher unsicher.[186] Ohne Zweifel stellt es zwar einen wichtigen Schritt dar, das Subsidiaritäts-

---

[181] Vgl. nur *G.-B. Oschatz / H. Risse* (Fn. 145), S. 446, 451.

[182] Vgl. etwa die insoweit skeptischen Bemerkungen aus Sicht einer Landesverwaltung von *F. Hennecke*, Aufgabenverflechtung zwischen Europäischer Gemeinschaft, Bund und Ländern, dargestellt am Beispiel des Umweltschutzes, in: Magiera/Merten (Fn. 123), S. 217, 227f.

[183] Vgl. nur *G.-B. Oschatz / H. Risse* (Fn. 145), S. 446.

[184] Siehe in diesem Sinne *F.W. Scharpf* (Fn. 129), S. 108.

[185] Siehe in diesem Sinne etwa *C. Tomuschat* (Fn. 126), S. 41f. sowie *T. Stein* (Fn. 123), S. 38.

[186] Vgl. zum kaum noch überschaubaren Schrifttum zum Subsidiaritätsprinzip des Art. 3 b

prinzip als allgemeine Kompetenzausübungsschranke im primären Gemeinschaftsrecht verankert zu sehen; der Verweis auf die Subsidiaritätsklausel des Vertrages stellt ein gewichtiges Argument für Bund und Länder dar, wenn es gilt, überzogene Normierungsprojekte der europäischen Institutionen zu Fall zu bringen.[187] Das Subsidiaritätsprinzip des Art. 3 b EGV ist jedoch – das sollte bedacht werden – eine allgemeine Kompetenzausübungsregel, keine Spezialgarantie für die deutschen Bundesländer. Im Prinzip regelt es zunächst einmal die Beziehungen zwischen Gemeinschaft und Mitgliedstaaten, erfaßt die Länder kompetenzwahrend also nur mittelbar.[188]

Die Garantie des Subsidiaritätsprinzips in Art. 3 b des Gemeinschaftsvertrages ist zudem notwendigerweise relativ unbestimmt gehalten. Dies spricht zwar nicht gegen die eventuelle Effektivierung des Grundsatzes als eines Rechtsprinzips. Der EuGH hat schon zahlreichen überaus unbestimmten Rechtsgrundsätzen zu überraschender Effektivität verholfen. Die traurige Geschichte der deutschen Version des Subsidiaritätsprinzips in Art. 72 Abs. 2 GG sollte jedoch insoweit vor übertriebenem Optimismus warnen. Selbst bei gutem Willen sind Gerichte nur bedingt geeignet zur Konkretisierung eines im Kern diffizile politische Abwägungen erfordernden Grundsatzes wie des Subsidiaritätsprinzips. Wird dieser Grundsatz aber auch noch als von außen aufgezwungen empfunden, wie nach 1949 Art. 72 Abs. 2 GG und tendenziell heute der Subsidiaritätsgrundsatz im Gemeinschaftsrecht, so wird man nicht mit allzu intensiven Bemühungen einer gerichtlichen Effektivierung des die weitere Entwicklung des Systems behindernden Subsidiaritätsgrundsatzes rechnen können. Wächter des Subsidiaritätsprinzips ist im Ernstfall der EuGH. Dessen primär am teleologischen Gedanken des ‚effet utile' orientierte Rechtsprechung zur Konkretisierung des Gemeinschaftsrechts läßt es nicht als übermäßig wahrscheinlich erscheinen, daß das Subsidiari-

EGV die Literaturübersicht bei *H. Lecheler*, Das Subsidiaritätsprinzip – Strukturprinzip einer Europäischen Union, 1993, S. 148ff., ferner *M. Hilf* (Fn. 123), S. 10 Fußn. 25 ; vgl. außerdem die grundlegenden Untersuchungen durch *S. U. Pieper*, Subsidiarität. Ein Beitrag zur Begrenzung der Gemeinschaftskompetenzen, 1994, und *C. Calliess*, Subsidiaritäts- und Solidaritätsprinzip in der Europäischen Union, 1996, dort insbes. S. 61ff., 139ff., sowie als zusammenfassende Darstellung *ders.*, Das gemeinschaftsrechtliche Subsidiaritätsprinzip (Art. 3b EGV) als „Grundsatz der größtmöglichen Berücksichtigung der Regionen", AöR 121 (1996), S. 509ff. sowie *R. Bieber*, Subsidiarität im Sinne des Vertrages über die Europäische Union, in: K.W. Nörr / T. Oppermann (Hrsg.), Subsidiarität: Idee und Wirklichkeit, 1997, S. 165ff.

[187] Vgl. etwa *T. Stein* (Fn. 123), S. 40, und *C. Calliess* (Fn. 186), AöR 121 (1996), S. 530ff.., aber auch *S. Magiera*, Föderalismus und Subsidiarität als Rechtsprinzipien der Europäischen Union, in: H. Schneider / W. Wessels (Hrsg.), Föderale Union – Europas Zukunft?, 1994, S. 72, 92ff. sowie die Beiträge von *M. von Donat*, *R. Hach*, *E. Vetter*, *W. Möschel*, *R. Sturm* und *A. Héritier* in dem Sammelband von R. Hrbek (Hrsg.), Das Subsidiaritätsprinzip in der Europäischen Union – Bedeutung und Wirkung für ausgewählte Politikbereiche, 1995, S. 9ff., 17ff., 35ff., 45ff., 57ff., 87ff.

[188] So zu Recht *T. Stein* (Fn. 123), S. 38 und *I. Pernice* (Fn. 123), S. 915; vgl. außerdem *P. Badura*, Bewahrung und Veränderung demokratischer und föderativer Verfassungsprinzipien der in Europa verbundenen Staaten, Zeitschrift für Schweizerisches Recht 1990 I, 115, S. 126.

tätsprinzip in Zukunft auf judiziellem Wege zu einem tragenden Prinzip der gemeinschaftsrechtlichen Kompetenzordnung ausgebaut wird.[189]

Gleichwohl stehen die Chancen für eine Beachtung des Grundsatzes der Subsidiarität zugunsten der Länder nicht schlecht. Dies hängt weniger mit der abstrakten rechtlichen Gewährleistung von Subsidiaritätskonzepten zusammen als mit der im Ansatz durchaus komplementären Struktur der Kompetenzen von Gemeinschaft und Ländern. Als zunächst reine Wirtschaftsgemeinschaft hat die EG den Schwerpunkt ihrer Zuständigkeiten eindeutig im Bereich der Materien, die nach der Kompetenzordnung des Grundgesetzes dem Bund zugeordnet sind.[190] Gemeinschaftsrechtlich überformt werden zunächst einmal die Regelungen im ‚Recht der Wirtschaft', die nach Art. 74 Nr. 11 GG der Gesetzgebung des Bundes zugeordnet sind, daneben aber auch eine ganze Reihe anderer Gesetzgebungsmaterien des Bundes.[191]

Gesetzgebungskompetenzen der Länder wurden lange Zeit nur am Rande betroffen.[192] Zwar hat sich dies im Gefolge der letzten Jahrzehnte verändert. Einen wirklich systematischen Zugriff der Gemeinschaft auf Materien der Ländergesetzgebung gibt es gleichwohl bis heute nicht und wird es wohl auch in Zukunft nicht geben. Einzig im Bereich des Umweltschutzes, in dem den Ländern vor allem mit dem Wasserrecht wichtige Kompetenzen verblieben sind, hat die Gemeinschaft nunmehr eine unmittelbare Rechtsetzungskompetenz, die sie zur flächendeckenden gemeinschaftsrechtlichen Regulierung berechtigen würde.[193]

Im Bereich der Bildungs- und Kulturpolitik, die man als den eigentlichen Kern der Landesgesetzgebung wird bezeichnen können, gab es dagegen bis vor kurzem nur relativ indirekte Ausstrahlungswirkungen der gemeinschaftsrechtlichen Regelungen, von bestimmten Spezialkompetenzen der Gemeinschaft wie der für Berufsausbildung abgesehen.[194] Seit den ersten einschlägigen Verordnungen und

---

[189] Vgl. nur *M. Hilf* (Fn. 123), S. 14; *T. Stein* (Fn. 123), S. 38ff.; *S. Magiera* (Fn. 187), S. 97; *H.-J. Blanke*, Normativer Gehalt und Justiziabilität des Subsidiaritätsprinzips nach Art. 3b EGV, in: R. Hrbek (Fn. 187), S. 95ff.

[190] So zu Recht *W. Kössinger* (Fn. 117), S. 24.

[191] Vgl. *W. Kössinger* (Fn. 117), S. 24.

[192] Vgl. insoweit *W. Kössinger* (Fn. 117), S. 25f.; *C. Tomuschat* (Fn. 126), S. 29ff.; *E. Lichtenstern*, Die Gesetzgebung im Spannungsverhältnis zwischen Bund und Ländern, 1979, S. 131ff.

[193] Vgl. zur Kompetenzverflechtung im Bereich des Umweltschutzes und zur bisherigen Rechtsetzungstätigkeit der Gemeinschaften die beiden Referate von *L. Krämer* und *F. Hennecke*, Aufgabenverflechtung zwischen Europäischer Gemeinschaft, Bund und Ländern, dargestellt am Beispiel des Umweltschutzes, in: Magiera/Merten (Fn. 123), S. 189ff., 217ff., ferner *P. Dröll* (Fn. 123), S. 23ff.

[194] Vgl. dazu im Einzelnen *O. Nowoczyn*, Bildungspolitische Kompetenzen der Europäischen Gemeinschaft nach Maastricht, 1996, S. 11ff., 205ff., 247ff.; *S. Cludius*, Die Kompetenzen der Europäischen Gemeinschaft für den Bereich der Bildungspolitik, 1995, S. 9ff., 67ff., 123ff., 157ff.; *M. Schröder*, Europäische Bildungspolitik und bundesstaatliche Ordnung, 1990, S. 7ff., 36ff.; vgl. außerdem *P. Dröll* (Fn. 123), S. 46ff. und *C. Eiselstein*, Verlust der Bundesstaatlichkeit? Kompetenzverluste der Länder im kulturellen Sektor vor dem Hintergrund von Art. 79 III GG, NVwZ 1989, S. 323, 328ff. sowie der Sammelband von *R. Hrbek* (Hrsg.), Europäische Bildungspolitik und die Anforderungen des Subsidiaritätsprinzips, 1994.

den anschließenden Entscheidungen des EuGH zur Auswirkung der Arbeitnehmerfreizügigkeit auf die Gewährung von Ausbildungsbeihilfen[195] ist zwar geläufig, daß die Grundfreiheiten des EWG-Vertrages auch Auswirkungen auf die Bildungspolitik der Länder haben können.[196] Mit der umfangreichen Rechtsetzung zu Fragen der Anerkennung von Diplomen und Abschlüssen hat der Gemeinschaftsgesetzgeber dann auch wichtige Fragen der Schul- und Hochschulpolitik berührt[197], wenn auch von der Regelungstechnik her im Wege einer eher indirekten Regulierung, denn die Gemeinschaft regelt in diesen Rechtsakten ja nicht direkt die Ausbildungsgänge, sondern stellt in der Regel nur Mindestanforderungen für die gegenseitige Anerkennung von schulischen und beruflichen Abschlüssen auf.[198] Erst die neue ‚Kulturkompetenz' der EG gemäß Art. 126 und 127 EWGV könnte hier stärkere Einbrüche des Gemeinschaftsrechts bewirken[199], wenn auch unter dem Druck der allgemeinen Subsidiaritätsdiskussion eine ausgreifende Inanspruchnahme dieser Kompetenz durch die Gemeinschaften eher unwahrscheinlich ist[200].

Für das Hauptkampffeld der von den Ländern in den letzten Jahren angestrengten Abwehrschlacht gegen den Gemeinschaftsgesetzgeber, die Rundfunkpolitik, lassen sich ähnliche Feststellungen treffen. Eigentlich ist unbestreitbar, daß es sich bei Rundfunk und Fernsehen um eine doppelgesichtige Materie handelt – eine Materie mit stark kulturellem Gepräge auf der einen Seite, eminent wirtschaftsrechtlichen Bezügen auf der anderen Seite. Je weiter die Kommerzialisierung des Rundfunksektors voranschreitet, desto stärker verschiebt sich dabei notwendigerweise der Schwerpunkt auf das Wirtschaftsrecht. Daß die Gemein-

---

[195] Siehe v.a. die Verordnung (EWG) Nr. 1612 vom 15. 10. 1968 – ABl. 1986, L 257, 2 – sowie daran anschließend insbes. die Entscheidungen im Fall Casagrande – EuGH, Slg. 1974, 773, 779 – und Gravier – EuGH, Slg. 1985, 606; vgl. dazu auch *S. Cludius* (Fn. 194), 123ff., 140ff., *P. Dröll* (Fn. 123), 56ff., *O. Nowoczyn* (Fn. 194), S. 209ff.; *M. Schröder* (Fn. 194), S. 22ff., sowie *M.A. Dauses*, Grundlagen der Rechtsprechung des Europäischen Gerichtshofes – Auswirkungen auf Bund und Länder, BayVBl. 1989, 609, 613ff.

[196] Siehe dazu insbes. *T. Oppermann*, Europäisches Gemeinschaftsrecht und deutsche Bildungsordnung, 1987, sowie jüngst auch *M. Böck*, Deutsches Bildungsverwaltungsrecht und Europa, 1996.

[197] Vgl. nur *O. Nowoczyn* (Fn. 194), S. 247ff.; *S. Cludius* (Fn. 194), S. 97ff.; *W. Kössinger* (Fn. 117), S. 25; *P. Dröll* (Fn. 123), S. 53ff.

[198] Vgl. dazu eingehend *S. Cludius* (Fn. 194), S. 97ff. sowie *O. Nowoczyn* (Fn. 194), S. 252ff.

[199] Vgl. zur mit dem Maastricht-Vertrag geschaffenen neuen ‚Kulturkompetenz' der EG *O. Nowoczyn* (Fn. 194), S. 101ff.; *S. Cludius* (Fn. 194), S. 67ff.; *D. Staudenmayer*, Europäische Bildungspolitik – vor und nach Maastricht, BayVBl. 1995, S. 321, 325ff.; *H.-J. Blanke*, Europa auf dem Weg zu einer Bildungs- und Kulturgemeinschaft, 1994; *B. Wittkowski*, Bildungsrechtliche Folgen des Maastricht-Vertrages aus deutscher Sicht, RdJB 1994, S. 316ff.; *J.E. Feuchthofen*, Die Neuordnung der europäischen Bildungspolitik, RdJB 1994, S. 326ff.; *K. Lenaerts*, Education in European Community Law after „Maastricht", Common Market Law Review 31 (1994), S. 7ff.; *G. Ress*, Die neue Kulturkompetenz der EG, DÖV 1992, S. 944ff.

[200] Siehe *I. Hochbaum*, Kohäsion und Subsidiarität – Maastricht und die Länderkulturhoheit, DÖV 1992, S. 285ff.; *D. Staudenmayer* (Fn. 199), S. 329f.; *I.E. Schwartz*, Subsidiarität und EG-Kompetenzen: Der neue Titel „Kultur", Medienvielfalt und Binnenmarkt, AfP 1993, S. 409ff., außerdem *T. Stein* (Fn. 123), S. 35.

schaft keinerlei legitimen Regulierungsansatz hätte, wird man insoweit kaum behaupten können. Sicherlich wird man über einzelne Punkte immer wieder streiten können, wie die Quote für europäische Eigenproduktionen in der Rundfunkrichtlinie. Daß aber mit derartigen Annexregelungen der Kompetenzbereich der Länder im Kern betroffen sei, ist ernstlich wohl kaum zu behaupten.[201]

Auch im Bereich der Verwaltung gibt es für die Länder unbestreitbar Einschränkungen ihrer Handlungsfreiheit. Die regionale Struktur- und Wirtschaftspolitik ist hier das immer wieder angeführte Beispiel[202], vor allem die in ihrer Strenge zunehmend verschärfte Beihilfenaufsicht der Kommission. Politische Gestaltungsspielräume in einem für die Länder wichtigen Bereich werden hier auf empfindliche Weise eingeschränkt. Doch zugleich ist evident, daß eine Disziplinierung der ausufernden Subventionspraxis volkswirtschaftlich sinnvoll ist, überdies den Ländern auch im Rahmen der gemeinschaftsrechtlichen Beihilfenkontrolle weite Spielräume verbleiben.[203]

Dies ist – das wird weithin unterschlagen – übrigens ganz typisch für gemeinschaftsrechtliche Normierungen. Richtlinien als das außerhalb der Agrarpolitik typische Regulierungsinstrument lassen nicht nur per definitionem weite Ausführungsspielräume. Auch die gemeinschaftsrechtliche Rechtskontrolle durch den EuGH gesteht den mitgliedstaatlichen Vollzugsbehörden – und das sind im deutschen Verwaltungssystem in der Regel die Landesverwaltungen – weite Beurteilungs- und Ermessensspielräume zu, die nur sehr bedingt gerichtlicher Kontrolle zugänglich sind.[204] Die Steuerung der Verwaltung bleibt insoweit – ganz im

---

201 Vgl. etwa *T. Stein* (Fn. 123), S. 35 und *C. Tomuschat* (Fn. 126), S. 29; siehe allerdings den Beschluß des Bundesrates vom 20. 2. 1987 zum Vorschlag der Rundfunkrichtlinie, BR-Drs. 259/86, Ziff. 1 („nicht hinnehmbare(r) Eingriff in den Kernbereich ihrer Rundfunkhoheit"), ferner im gleichen Sinne *G. Memminger*, Bedeutung des Verfassungsrechtsstreits zur EG-Rundfunkrichtlinie, DÖV 1989, S. 846ff. Zur gemeinschaftsrechtlichen Überformung des Rundfunkrechts allgemein siehe nur *F. Ossenbühl*, Rundfunk zwischen nationalem Verfassungsrecht und Europäischem Gemeinschaftsrecht, 1986, sowie *C.-E. Eberle*, Das europäische Recht und die Medien am Beispiel des Rundfunkrechts, AfP 1993, S. 422ff. und *M. Pechstein*, Subsidiarität der EG-Medienpolitik?, in: H. Siedentopf (Hrsg.), Europäische Integration und nationalstaatliche Verwaltung, 1991, S. 121ff.

202 Vgl. insoweit aus Ländersicht *M. Schneider*, Einwirkungen der EG-Kommission auf die Zuständigkeiten der Länder, in: Magiera/Merten (Fn. 123), S. 233, 245ff., außerdem *W. Reh*, Möglichkeiten und Grenzen der Beteiligung der Bundesländer an der Gestaltung der europäischen Politik, in: H. Siedentopf (Hrsg.), Europäische Integration und nationalstaatliche Verwaltung, 1991, S. 85ff.

203 Siehe etwa *G. Püttner*, Regionale Wirtschafstpolitik als zentrales Aufgabenfeld eigenverantwortlicher Landespolitik und das Beihilfen-Kontroll-Regime der EG, in: Vogel/Oettinger (Fn. 123), S. 65ff., ferner *T. Stein* (Fn. 123), S. 34 und *K.O. Nass* (Fn. 125), S. 297ff.

204 Vgl. zur Kontrolldichte bei der gerichtlichen Überprüfung von Rechtsakten des Gemeinschaftsrechts durch den EuGH insbes. *E. Schmidt-Aßmann*, .in: F. Schoch / E. Schmidt-Aßmann / R. Pietzner (Hrsg.), VwGO-Kommentar, 1996, Einleitung Rdnr. 131; *M. Brenner*, Der Gestaltungsauftrag der Verwaltung in der Europäischen Union, 1996, S. 384ff.; *W.A. Adam*, Die Kontrolldichte-Konzeption des EuGH und deutscher Gerichte, 1993, S. 197ff., 217ff.; *M. Herdegen / S. Richter*, Die Rechtslage in den Europäischen Gemeinschaften, in: J.A. Frowein (Hrsg.), Die

Gegensatz zum Gefüge der Bundesgesetzgebung – weitenteils in Händen der politischen Aufsichtsorgane, sprich: der Landesregierungen.

Das System des Gemeinschaftsrechts bietet insofern im Ansatz weit bessere Voraussetzungen zur Wahrung der Länderprärogativen im Bereich der Verwaltung als das deutsche System des Gesetzesvollzuges. Es wäre Aufgabe einer föderalistischen Staatsrechtslehre, aber auch der Bundes- und Landesgesetzgeber wie der Gerichte, hier für eine Bewahrung der vom Gemeinschaftsrecht gezielt offengehaltenen Spielräume einzutreten. Der vielfach in den bundesrechtlichen Ausführungsregelungen zu Richtlinien der Gemeinschaft anzutreffenden Verengung derartiger Handlungs- und Gestaltungsspielräume wäre in diesem Kontext ebenso entgegenzutreten wie der unbesehenen Übertragung der deutschen Dogmatik zur vollen Nachprüfbarkeit der unbestimmten Rechtsbegriffe auf Klauseln, die im System des Gemeinschaftsrechts eigentlich als normative Beurteilungs- und Konkretisierungsermächtigungen zugunsten der Verwaltung gedacht sind.[205]

Würde dieser Problematik die gebührende Beachtung geschenkt. so wären die Perspektiven der Länder im weiteren Fortgang der europäischen Integration gar nicht einmal schlecht. Entgegen ihren eigenen Befürchtungen sind die Länder – wie *Fritz Scharpf* zu Recht herausgestrichen hat – keineswegs die großen Verlierer bei immer weiterer Vollendung des Integrationsprojektes.[206] Angesichts der im Grundgesetz niedergelegten funktionalen Kompetenzteilung zwischen Bund und Ländern sind im Gegenteil auf längere Sicht die eigentlichen Kompetenz- und Bedeutungsverluste eher bei der Bundesregierung und insbesondere beim Bundestag zu erwarten.

Die Erweiterung der Normierungszuständigkeiten in Händen der Gemeinschaftsorgane geht weitgehend zu Lasten der Gesetzgebungszuständigkeiten des Bundes. Während die Bundesregierung für diesen Verlust an eigener Kompetenz noch durch die Mitwirkung an den Entscheidungsprozessen der Gemeinschaft entschädigt wird, wird sich der Bundestag in immer mehr Bereichen in genau der Lage sehen, die für die Landtage im System der innerdeutschen Bund-Länder- und Zwischen-Länder-Kooperation typisch ist: Die politischen Entscheidungen werden in inter-gouvernementalen Verhandlungen zwischen den Exekutiven ausgehandelt, die Parlamente degenerieren tendenziell zu reinen Bestätigungsorganen.[207]

Sollen die auch bei EG-Verordnungen und Richtlinien noch verbleibenden Handlungsspielräume sinnvoll ausgenutzt werden, so wird dies weitgehend auf Ebene der Landesverwaltung (und der begleitenden Rechtsetzung der Länder) geschehen müssen. Adäquate Gestaltung der Rahmenbedingungen und Standortfaktoren ist mit bundeseinheitlicher Gesetzgebung nicht zu erzielen. Man wird

---

Kontrolldichte bei der gerichtlichen Überprüfung von Handlungen der Verwaltung, 1993, S. 209, 244ff.; *J. Schwarze*, Europäisches Verwaltungsrecht Bd.I, 1988, S. 280ff.

[205] Siehe in diesem Sinne *E. Schmidt-Aßmann* (Fn. 204), Einleitung Rdnr. 131, sowie eingehend jüngst *M. Brenner* (Fn. 204), S. 385ff.

[206] *F.W. Scharpf* (Fn. 129), S. 109.

[207] Ebda.

sich umgekehrt eher fragen müssen, ob der im Zuge des Integrationsprozesses zunehmende ökonomische Druck auf die in Deutschland ansässigen Unternehmen nicht geradezu nach Rückverlagerung von Steuerungsbefugnissen auf die regionale und lokale Ebene verlangt, eine Erweiterung der autonomen politischen Handlungsspielräume der Länder erzwingen wird, und damit Entflechtung und Dezentralisierung, soll der Staat überhaupt noch in die Lage versetzt werden, eine die Wettbewerbsprozesse sinnvoll beeinflußende Politik betreiben zu können.[208]

---

[208] So *F.W. Scharpf* (Fn. 129), S. 108ff., insbes. S. 114f.; vgl. auch im gleichen Sinne *R. Jochimsen*, Europäische Perspektiven und Implikationen für den Finanzausgleich in der Bundesrepublik Deutschland, Staatswissenschaften und Staatspraxis 4 (1993), S. 118ff., insbes. S. 126f.

14. Kapitel:

Die Finanzverfassung als Extremform der ‚Politikverflechtung'

14.1. Die Finanzverfassung des Grundgesetzes als Ausprägung eines Konzeptes des ‚Verbundföderalismus'

Ein ganz besonderes Hindernis auf dem Weg zu einer Entflechtung und Dezentralisierung der verfassungsrechtlichen Funktionenteilung stellt die Finanzverfassung des Grundgesetzes dar.[1] Wohl so ziemlich alle Beobachter sind sich darin einig, daß das unter dem Grundgesetz entwickelte Modell der ‚horizontalen Politikverflechtung' im Bereich der Finanzverfassung seine extremste Gestalt angenommen hat.[2] Die Finanzverfassung, wie sie sich im Verlaufe der letzten fünf Jahrzehnte in der Staatspraxis entwickelt hat, spiegelt insoweit geradezu paradigmatisch die unitarische Bundesstaatskonzeption der deutschen Politik wie der deutschen Bundesstaatsrechtslehre wider. Die Finanzverfassung ist unter dieser Perspektive auch der Teil der Bundesstaatsverfassung, der mit einer material verstandenen Garantie der Bundesstaatlichkeit in Art. 79 Abs. 3 GG in der schärfsten Spannung steht, läßt sich doch mit guten Gründen die Frage stellen, ob das im Zuge der mehrfach aufeinanderfolgenden ‚Finanzreformen' ausgeprägte System ei-

---

[1] Vgl. als allgemeine Darstellungen der Finanzverfassung *R. Wendt*, Finanzhoheit und Finanzausgleich, in: J. Isensee / P. Kirchhof (Hrsg.), Handbuch des Staatsrechts der Bundesrepublik Deutschland, Bd.IV, 1990, § 104 Rdnrn. 1ff., 16ff., 48ff., 72ff.; *M. Kloepfer*, Finanzverfassung, Finanzausgleich, in: Evangelisches Staatslexikon Bd.I, 3.Aufl. 1987, Sp. 878ff.; *F. Klein*, Bund und Länder nach der Finanzverfassung des Grundgesetzes, in: E. Benda / W. Maihofer / H.-J. Vogel, Handbuch des Verfassungsrechts, 1983, S. 863ff.; *H. Fischer-Menshausen*, Vorbem. zu Art. 104 a-109 GG, in: von Münch, GG-Komm. Bd. 3, 2.Aufl. 1983; *K. Stern*, Das Staatsrecht der Bundesrepublik Deutschland Bd.II, 1980, S. 1111ff.; *K. Vogel*, Die bundesstaatliche Finanzverfassung des GG (Art. 104 a bis 108 GG), JA 1980, S. 577ff.; *P. Selmer*, Finanzordnung und Grundgesetz, AöR 101 (1976), S. 238ff., 399ff.

[2] Siehe etwa den Problemaufriß im Schlußbericht der Enquête-Kommission Verfassungsreform, BT-Drs. 7/5924 , 9. 12. 1976, S. 195ff.; vgl. ferner *E.-W. Böckenförde*, Sozialer Bundesstaat und parlamentarische Demokratie. Zum Verhältnis von Parlamentarismus und Föderalismus unter den Bedingungen des Sozialstaats, in: Festschrift für Friedrich Schäfer, 1980, S. 182, 193f.; *H.U. Scupin*, Verfassungswandel im föderativen Bereich des Grundgesetzes durch Zusammenwirken von Bund und Ländern, in: Festschrift für Theodor Maunz zum 80. Geburtstag, 1981, S. 261, 267ff.; *W. Rudolf*, Wende im Bundesstaat?, in: Freiheit und Verantwortung im Verfassungsstaat. Festgabe zum 10jährigen Jubiläum der Gesellschaft für Rechtspolitik, 1984, S. 343, 346ff.

nes ‚Steuerverbundes' wirklich noch die finanzwirtschaftlichen Grundlagen eines bundesstaatlichen Gefüges sichert.

Wirft man einen Blick auf die deutsche Verfassungsgeschichte, insbesondere auf die Entstehungsgeschichte des Grundgesetzes und die anschließende Verfassungsentwicklung der Bundesrepublik, so hat diese Tendenz zur ‚Verbundlösung' ihre ganz eigene Logik. Seit Anbeginn, seit den Beratungen des Herrenchiemseer Verfassungskonvents und dann des Parlamentarischen Rates, war die Finanzverfassung der am heftigsten umstrittene und in der entscheidenden Phase der Verfassunggebung auch der am stärksten umkämpfte Punkt.[3] Hier prallten Unitarier und überzeugte Föderalisten unmittelbar aufeinander, weitgehend ohne Möglichkeit zum Kompromiß, und hier spielte sich auch im Kern die massive Intervention der alliierten Militärgouverneure ab. Der Versuch, der insoweit unverkennbar unitarisch gesonnenen Mehrheit im Parlamentarischen Rat in den Arm zu fallen und gegen deren Widerstand ein föderales ‚Trennsystem' zu verankern, stieß aber nicht nur auf den entschiedenen Widerstand der betroffenen Politiker, sondern wurde auch weithin von den Experten aus der Finanzverwaltung abgelehnt.[4] Daß das dank der Besatzungsmächte in Abschnitt X des Grundgesetzes dann doch ansatzweise kodifizierte Trennsystem in der Praxis mehrheitlich als ‚undurchführbar' angesehen und dementsprechend in der weiteren Umsetzung sabotiert wurde, schließlich in der Ausführungsgesetzgebung alsbald ‚umgebogen' wurde zu neuen Gestaltungen eines Bund-Länder-Verbundes, darf angesichts des Zeitgeistes der Gründungsjahre der Bundesrepublik nicht verwundern.[5]

Auch in einer weiteren historischen Perspektive ist der extreme Pendelausschlag im Bereich der Finanzverfassung übrigens alles andere als erstaunlich. Im Rückblick auf gut hundert Jahre deutsche Verfassungsgeschichte könnte man die Ausprägungen, Reformen und Reformforderungen im Bereich der Finanzverfassung geradezu als so etwas wie ein Seismogramm für die herrschenden Strömungen der Bundesstaatslehre bezeichnen. Bismarck hatte zunächst die Reichsverfassung von 1867/1871 gerade im Bereich der Finanzverfassung ganz gezielt in staa-

---

[3] Vgl. dazu eingehend oben 4.5.6., ferner die Darstellungen zur Entstehungsgeschichte des Abschnitts X des Grundgesetzes von *H. Höpker-Aschoff*, Das Finanz- und Steuersystem des Bonner Grundgesetzes, AöR 75 (1949), S. 306ff.; *R.W. Füsslein*, in: K.-B. von Doemming / R.W. Füsslein / W. Matz, Entstehungsgeschichte der Artikel des Grundgesetzes, JöR NF 1 (1951), S. 750ff., 763ff.; *K. Vogel / P. Kirchhof*, Vorbem. zu Art. 104a – 115 GG Rdnrn. 59ff. (1971), in: Bonner Kommentar; *W. Renzsch*, Finanzverfassung und Finanzausgleich, 1991, S. 54ff.

[4] Siehe nur *H. Höpker-Aschoff* (Fn. 3), S. 328ff.; *W. Grewe*, Das Grundgesetz. Die verfassungsrechtlichen Grundlagen der Bundesrepublik Deutschland, Deutsche Rechts-Zeitschrift 1949, S. 313, 314; *G. Wacke*, Das Gesetz über die Finanzverwaltung. Über seine Unvereinbarkeit mit dem Grundgesetz, FinanzArchiv 12 (1950/51), S. 713, 717f.

[5] Vgl. dazu eingehend oben 6.3.; vgl. außerdem *K. Vogel / P. Kirchhof* (Fn. 3), Rdnrn. 71ff.; *H. Fischer-Menshausen* Vorbem. zu Art. 104 a-109 GG Rdnrn. 6ff., in: von Münch, GG-Komm. Bd. 3, 2. Aufl. 1983; *R. Caesar / K.-H. Hansmeyer*, Finanzen und öffentliche Verwaltung – Die finanzwirtschaftliche Entwicklung seit 1949, in: K.G.A. Jeserich / H. Pohl / G.-C. von Unruh (Hrsg.), Deutsche Verwaltungsgeschichte V, 1987, S. 919, 927ff.; *W. Renzsch* (Fn. 3), S. 75ff., 101ff.

tenbündischer Form gehalten – man denke an seine Erfahrungen mit dem parlamentarischen Budgetrecht im preußischen Haushaltskonflikt, der es ihm wohl geraten erscheinen ließ, das Reich (und den Reichstag) von den Gliedstaaten weiter in finanzieller Abhängigkeit halten zu lassen. Die Versuche, diesen Zustand nennenswert zu verändern, scheiterten bis zum Ersten Weltkrieg immer wieder am Widerstand der auf ihre Rechte pochenden Einzelstaaten.[6]

Die Weimarer Republik brachte den gegenläufigen Pendelausschlag.[7] Während im allgemeinen die Preuß'schen Vorstellungen vom ‚dezentralisierten Einheitsstaat' nicht durchgesetzt wurden, durch weitgehende Konzessionen an die Länder verwässert werden mußten, gelang unter dem Druck der katastrophalen Finanzlage des Reiches mit den Erzberger'schen Finanzreformen eine nachhaltige Zentralisierung der Finanzverfassung, die die Länder fast völlig mediatisierte, sie zu ‚Kostgängern' des Reiches herabdrückte.[8]

Das Erbe der zentralistischen Weimarer Finanzverfassung erschien der Mehrheit der politischen Kräfte wie den Finanzverwaltungen nach 1945 fraglos als bewahrenswert, stellte es doch einen äußerst wirksamen Garanten der Rechtseinheit dar, die man allgemein so verzweifelt zu verteidigen suchte.[9] Die von den Alliierten betriebene Zerschlagung der einheitlichen Finanzverwaltung wurde schon 1951 mit dem Finanzverwaltungsgesetz abzubiegen gesucht.[10] Die Aufteilung der großen Steuerblöcke – Einkommensteuer für die Länder, Umsatzsteuer für den Bund – konterkarierte man mit den Bemühungen um einen Steuerverbund. Der ‚kleine Steuerverbund' wurde 1955 geschaffen – die ursprünglich den Ländern vorbehaltene Einkommensteuer wurde zur Gemeinschaftssteuer umge-

---

[6] Vgl. dazu oben unter 2.2. Text bei Fußn.75–80 – m.w.N.; vgl. auch eingehend *A. Haenel*, Deutsches Staatsrecht Bd.I, 1892, S.361ff.; *E.R. Huber*, Deutsche Verfassungsgeschichte seit 1789, Bd.III: Bismarck und das Reich, 1963, S.945ff.; *H. Pagenkopf*, Der Finanzausgleich im Bundesstaat, 1981, S.85ff.; *K.M. Hettlage*, die Finanzverwaltung (Steuern, Zölle), in: K.G.A. Jeserich / H. Pohl / G.-C. von Unruh (Hrsg.), Deutsche Verwaltungsgeschichte III, 1984, S.250ff., ferner *K. Vogel / P. Kirchhof / H. Walter*, Vorbem. zu Art.104 a-115 GG Rdnrn.7ff., in: Bonner Kommentar; *R. Wendt* (Fn.1), § 104 Rdnrn.7ff.

[7] Zur Weimarer Finanzverfassung siehe oben unter 3.2., Text bei Fußn.67–82 – m.w.N.; vgl. ferner eingehend *O. Bühler*, Die Zuständigkeitsverteilung auf dem Gebiete des Finanzwesens, in: G. Anschütz/R. Thoma (Hrsg.), Handbuch des Deutschen Staatsrechts, Bd.I, 1930, S.321, 327ff.; *E.R. Huber*, Verfassungsgeschichte Bd.VI: Die Weimarer Reichsverfassung, 1981, S.488ff.; *K. Vogel / P. Kirchhof / H. Walter*, Vorbem. zu Art.104 a-115 GG Rdnrn.12ff., in: Bonner Kommentar; *H. Pagenkopf* (Fn.6), S.108ff.; *K.M. Hettlage*, Das Reich als Republik 1918–1932: Die Finanzverwaltung, in: K.G.A. Jeserich / H. Pohl / G.-C. von Unruh (Hrsg.), Deutsche Verwaltungsgeschichte IV, 1985, S.177ff.; *R. Wendt* (Fn.1), § 104 Rdnrn. 11ff.

[8] Zu den Erzberger'schen Finanzreformen vgl. nur *G. Schulz*, Zwischen Demokratie und Diktatur. Verfassungspolitik und Reichsreform in der Weimarer Republik, Bd.I, 1963, S.215ff.; *F. Menges*, Reichsreform und Finanzpolitik, 1971, S.184ff.; *H. Pagenkopf* (Fn.6), S.113ff.

[9] Vgl. zur dementsprechend negativen Aufnahme der Herrenchiemseer Vorschläge im Parlamentarischen Rat *R.W. Füsslein*, JöR NF 1 (1951), S.750ff., 763ff.

[10] Zur Konstruktion des FVG vgl. *G. Wacke* (Fn.4), S.714ff.; *R. Caesar / K.-H. Hansmeyer* (Fn.5), S.929f., außerdem *W. Henle*, Die Ordnung der Finanzen in der Bundesrepublik Deutschland, 1964, S.121f.

staltet.[11] Der ‚große Steuerverbund' der Finanzreform von 1969 – auch die Umsatzsteuer wurde zur gemeinsamen Steuer von Bund und Ländern – begrub dann endgültig das Trennsystem, wie es der ursprünglichen Fassung des Grundgesetzes zugrundegelegen hatte.[12]

Der kurze Verweis auf die geschichtlichen Hintergründe der deutschen Finanzverfassung liefert einen Erklärungsansatz, warum die bundesstaatliche Finanzverfassung des Grundgesetzes im Ergebnis durch erhebliche Widersprüche geprägt ist.[13] Die von den Alliierten erhobenen Forderungen nach einem finanzwirtschaftlichen Trennsystem und die unitarischen Vorstellungen der deutschen Finanzexperten, die eine Rekonstruktion des zentralistischen Weimarer Systems anstrebten, sind im Grundgesetz einen labilen Formelkompromiß eingegangen, der auch durch die tiefgreifenden Umgestaltungen der Finanzverfassung in den auf die Verfassunggebung folgenden Jahrzehnten nicht stimmiger geworden ist.

In der Grundkonstruktion ist die Verfassung nach wie vor durch das Konzept eines Trennsystems bestimmt, in dem die Ertragshoheit über bestimmte Steuern den unterschiedlichen Gebietskörperschaften zugewiesen wird – entweder Bund, Ländern oder Gemeinden.[14] Die das Gros der Steuereinnahmen erbringenden Gemeinschaftssteuern – Einkommen- und Körperschaftsteuer sowie Mehrwertsteuer – sind insoweit nur die sprichwörtliche Ausnahme, die die Regel bestätigt.[15]

Da die Aufteilung der Ertragshoheit auf Bund, Länder und Gemeinden, also konkret die Zuweisung eigener Steuereinnahmen vor allem an die Länder, 1948/49 ersichtlich nicht zu vermeiden war, wies der Parlamentarische Rat die von der Ertragshoheit abgespaltene Gesetzgebungshoheit über die Steuern getrennt Bund oder Ländern zu, und zwar im Ergebnis fast ausschließlich dem Bund.[16] Die Zerlegung der Steuerhoheit in die drei Stufen der Gesetzgebungshoheit, Ertragshoheit und Verwaltungshoheit geht auf den Vorschlag des Berichterstatters *Höpker-Aschoff* im Finanzausschuß des Parlamentarischen Rates zurück. Indem man Ge-

---

[11] Siehe dazu oben 6.3.2.3.; vgl. außerdem eingehend *W. Renzsch* (Fn. 3), S. 130ff.; *H. Pagenkopf* (Fn. 6), S. 176ff.; *W. Henle* (Fn. 10), S. 225ff.

[12] Zur Geschichte der Großen Finanzreform 1969 siehe ausführlich oben 9.2., ferner insbes. *W. Renzsch* (Fn. 3), S. 209ff. und *K. Vogel / P. Kirchhof*, Vorbem. zu Art. 104 a-115 GG Rdnrn. 82ff. (1971), in: Bonner Kommentar; *H. Fischer-Menshausen* , Vorbem. zu Art. 104 a-109 GG Rdnrn. 9ff., in: von Münch, GG-Komm. Bd. 3, 2. Aufl. 1983.

[13] Vgl. zu den ‚inneren Spannungen' der Finanzverfassung *K.H. Friauf*, Das Verhältnis von Bund und Ländern im Bereich der Finanzverfassung, in: W.A. Kewenig (Hrsg.), Deutsch-Amerikanisches Verfassungsrechtssymposium 1976, 1978, S. 177, 181, ferner *H. Pagenkopf* (Fn. 6), S. 148f.

[14] Vgl. nur *R. Wendt* (Fn. 1), § 104 Rdnrn. 51f., ferner *T. Maunz*, Kommentierung zu Art. 106 Rdnrn. 17f. (1978), in: Maunz/Dürig (kategorisiert das System der Finanzverfassung in den Ergebnissen als ‚Mischsystem'), *H. Siekmann*, Vorbem. vor Art. 104 a Rdnr. 26 sowie Art. 106 Rdnr. 2, in: M. Sachs (Hrsg.), Kommentar zum Grundgesetz, 1995, und *D. Carl*, Bund-Länder-Finanzausgleich im Verfassungsstaat, 1995, S. 26f.

[15] Vgl. *R. Wendt* (Fn. 1), § 104 Rdnrn. 53ff.

[16] Siehe nur *H. Siekmann*, Art. 105 Rdnrn. 5ff., in: M. Sachs (Hrsg.), Kommentar zum Grundgesetz, 1995; *R. Wendt* (Fn. 1), § 104 Rdnr. 20.

setzgebungshoheit und Ertragshoheit voneinander trennte, konnte man Länder und Gemeinden mit eigener Steuerbasis versehen, wie von den Alliierten gefordert, ohne die angestrebte Einheitlichkeit der Steuererhebung im ganzen Staatsgebiet nennenswert zu tangieren.[17]

Über die im Ergebnis fast ausschließliche Zuweisung der Steuergesetzgebungshoheit an den Bund ist das Recht der Steuererhebung praktisch vollständig der Gestaltung des Bundesgesetzgebers überantwortet.[18] Wie die insoweit sehr heftigen Diskussionen im Parlamentarischen Rat zeigen, war dieses Ergebnis von der Mehrheit auch ganz bewußt angestrebt, da – so wurde überwiegend argumentiert – zur Erhaltung der Rechts- und Wirtschaftseinheit in weitem Umfang eine einheitliche Steuergesetzgebung erforderlich sei.[19] Die in die gleiche Richtung gehenden Erwägungen des ,Troeger-Gutachtens' führten 1969 schließlich zur endgültigen Konsolidierung der Steuergesetzgebungshoheit des Bundes.[20] In der seit 1969 geltenden Fassung des Art. 105 GG ist dem Bundesgesetzgeber ein nahezu umfassender Zugriff auf die Steuergesetzgebung zugestanden[21]; der Bundesgesetzgeber hat demnach die konkurrierende Gesetzgebung über all „die übrigen Steuern", die nicht Gegenstand der ausschließlichen Bundesgesetzgebung nach Art. 105 Abs. 1 GG sind.[22] Der Bund hat die ihm zugestandene Gesetzgebungszuständigkeit auch in weitem Umfange ausgeschöpft, so daß von den heute existierenden Steuern fast alle, selbst diejenigen, die allein den Ländern und Gemeinden zufließen, bundeseinheitlich geregelt sind.[23]

Vertretbar war selbst im Parlamentarischen Rat eine derartige Fremdbestimmung der Länderfinanzen aber natürlich nur, soweit man den Ländern über den Bundesrat eine Mitsprache an der Gestaltung der sie betreffenden Steuergesetzgebung einräumte. Die Finanzverfassung hat damit das zwischenzeitlich für das Bund-Länder-Verhältnis typisch gewordene Kompensationsgeschäft – Einheitlichkeit der Rechtsetzung gegen Mitsprache der Länder über den Bundesrat – an

---

[17] So z.B. *R. Wendt* (Fn. 1), § 104 Rdnr.21.

[18] Vgl. nur *R. Wendt* (Fn. 1), § 104 Rdnrn. 20ff.; *H. Fischer-Menshausen*, Art. 105 Rdnrn. 12ff., in: von Münch, GG-Komm. Bd. 3, 2.Aufl. 1983; *T. Maunz* Art. 105 Rdnrn. 39ff. (1979), in: Maunz/Dürig; *K. Vogel / H. Walter*, Zweitbearb. Art. 105 Rdnrn.56ff., insbes. Rdnrn.61, 68 (1971), in: Bonner Kommentar.

[19] Vgl. nur *R.W. Füsslein*, JöR NF 1 (1951), S. 750ff., 766; *W. Renzsch* (Fn. 3), S. 61f.; *K. Stern*, Staatsrecht II (Fn. 1), S. 1112f.

[20] Vgl. zur im Zuge der Finanzreform 1969 erfolgten Änderung des Art. 105 GG *K. Vogel / H. Walter*, Zweitbearb. Art. 105 Rdnrn.63ff.(1971), in: Bonner Kommentar.

[21] Vgl. zu den wenigen Ausnahmebereichen noch von den Ländern geregelter Steuern *H. Siekmann*, Art. 108 Rdnrn. 27ff., in: M. Sachs (Hrsg.), Kommentar zum Grundgesetz, 1995; *R. Wendt* (Fn. 1), § 104 Rdnrn. 33ff., 38ff.; *T. Maunz* Art. 105 Rdnrn. 55ff. (1979), in: Maunz/Dürig; *K. Vogel / H. Walter*, Zweitbearb. Art. 105 Rdnrn. 82ff. (1971), in: Bonner Kommentar.

[22] Vgl. zu den Voraussetzungen und Grenzen der Inanspruchnahme dieser konkurrierenden Kompetenz *H. Siekmann*, Art. 105 Rdnrn. 16ff., in: M. Sachs (Hrsg.), Kommentar zum Grundgesetz, 1995; *R. Wendt* (Fn. 1), § 104 Rdnrn. 27ff.; *K. Vogel / H. Walter*, Zweitbearb. Art. 105 Rdnrn. 75ff. (1971), in: Bonner Kommentar.

[23] Vgl. nur *K.H. Friauf* (Fn. 13), S. 185, sowie *R. Wendt* (Fn. 1), § 104 Rdnr.32.

einem extrem wichtigen Fragenkreis früh vorgeformt.[24] Die Folgen dieser bereits im Grundgesetz angelegten ‚Politikverflechtung' machen der Bundesregierung und Bundestagsmehrheit allerdings zusehends das Leben schwer – Finanzpolitik ist angesichts der umfassenden Zustimmungsrechte des Bundesrates gegen die Ländermehrheit nicht durchzusetzen. Weichen Bundesratsmehrheit und Mehrheit im Bundestag voneinander ab – wie in den letzten beiden Jahrzehnten nahezu zur Regel geworden – dann erfordert dies in finanzpolitischen Fragen letztlich eine Art Konkordanzsystem, auf das das politische Gefüge der Bundesrepublik noch nicht eingestellt ist.[25]

Das dergestalt etablierte Verbundsystem sichert zwar die (zentrale) Koordination der Steuererhebung durch Bund und Länder, indem die Bestimmung der Besteuerungsgrundlagen wie des Besteuerungssatzes in die Hände eines einheitlichen Entscheidungsgefüges gelegt wird.[26] Rechts- und Wirtschaftseinheit sowie Gleichmäßigkeit der Besteuerung werden so bestmöglich gewährleistet – allerdings tendenziell auf Kosten anderer Belange der Bundesstaatsverfassung.[27] Denn das von der Finanzverfassung zu verarbeitende Dilemma, die anzustrebende ‚praktische Konkordanz' widerstreitender verfassungspolitischer Zielsetzungen[28], ist wesentlich komplexer als die herrschende Orientierung auf Rechtseinheit und Steuergleichheit vermuten läßt. Dies kommt ohne weiteres in der vielfach proklamierten allgemeinen Aufgabenstellung der bundesstaatlichen Finanzverfassung zum Ausdruck: Aufgabe sei es, die „Einzelverbände des Bundesstaates am Gesamtertrag der nationalen Steuerleistung wie dem Finanzaufkommen überhaupt dergestalt zu beteiligen, daß sie im Rahmen ihrer verfassungsmäßigen Aufgaben und Befugnisse einen ausreichenden und rechtlich gesicherten Handlungsspielraum für eine eigenständige Politik erhalten, zu selbstverantwortlicher Haushaltswirtschaft befähigt, zugleich aber auch verpflichtet werden, in ihrer Haushaltsführung aufeinander und auf die begrenzte steuerliche Leistungsfähigkeit der Volkswirtschaft Rücksicht zu nehmen"[29].

---

[24] Zur Bedeutung der Zustimmungsgesetze im Bereich der Finanzverfassung vgl. *R. Wendt* (Fn. 1), § 104 Rdnrn. 22; *T. Maunz* Art. 105 Rdnr. 61 (1979), in: Maunz/Dürig; *K. Stern*, Staatsrecht II (Fn. 1), S. 1123; *K. Vogel / H. Walter*, Zweitbearb. Art. 105 Rdnrn. 127ff. (1971), in: Bonner Kommentar.

[25] Vgl. in diesem Sinne auch schon *G. Lehmbruch*, Parteienwettbewerb im Bundesstaat, 1976, S. 158ff., insbes. S. 162ff.

[26] Siehe zum Leitsatz der „steuerlichen Einheitlichkeit der Lebens- und Wirtschaftsverhältnisse" nur *R. Wendt* (Fn. 1), § 104 Rdnr. 42, außerdem *D. Carl* (Fn. 14), S. 19ff. Kritisch zur Überspannung des Einheitlichkeitsgedankens in der Finanzverfassung dagegen *P. Selmer*, Grundsätze der Finanzverfassung des vereinten Deutschlands, VVDStRL 52 (1993), S. 10, 19ff.

[27] Siehe dazu jüngst *P. Selmer* (Fn. 26), S. 20ff.; vgl. auch aus wirtschaftswissenschaftlicher Perspektive *H. Zimmermann*, Föderalismus und „Einheitlichkeit der Lebensverhältnisse" – Das Verhältnis regionaler Ausgleichsziele zu den Zielen des föderativen Staatsaufbaus, in: K. Schmidt (Hrsg.), Beiträge zu ökonomischen Problemen des Föderalismus, 1987, S. 35ff.

[28] Siehe dazu auch *R. Wendt* (Fn. 1), § 104 Rdnr. 84, sowie *F. Kirchhof*, Grundsätze der Finanzverfassung des vereinten Deutschlands, VVDStRL 52 (1993), S. 71, 81ff.

[29] So *R. Wendt* (Fn. 1), § 104 Rdnr. 48 in Anlehnung an *H. Fischer-Menshausen*, Art. 106 Rdnr. 1, in: von Münch, GG-Komm. Bd. 3, 2. Aufl. 1983.

Nicht nur die wechselseitige Abstimmung der Steuererhebung und Haushaltsführung von Bund und Ländern sowie die Rücksichtnahme auf die Begrenztheit der steuerlichen Ressourcen ist demnach Aufgabe der Finanzverfassung, sondern auch die Garantie eines eigenständigen finanzwirtschaftlichen Handlungsspielraums für die Politik der Länder und deren Befähigung zu selbstverantwortlicher Haushaltswirtschaft.[30] Ob die grundgesetzliche Finanzverfassung, wie sie sich im Verlaufe der letzten Jahrzehnte entwickelt hat, aber diese zweite Kategorie von Zielen nicht zugunsten der ersten Zielkategorie weitgehend vernachlässigt, ist überaus fraglich – und zwar nicht nur in der Perspektive der Länder, sondern auch in bezug auf den Bund, dessen autonome Handlungsspielräume im Verbundsystem ja auch eingeschränkt werden.[31]

Die perfekte Sicherung von Rechtseinheit und Steuergleichheit hat ihren Preis – und zwar einen hohen Preis. Eigenständige Verfügungsgewalt der Länder über die Höhe ihrer Einnahmen ist in der Finanzverfassung der Bundesrepublik praktisch ausgeschlossen.[32] Die Höhe der den Ländern zufließenden Steuern wird vom Bund in Abstimmung mit der Mehrheit der Länder (über die Zustimmung des Bundesrates) festgesetzt, mit dem daraus erwachsenden Problem, daß Finanzpolitik insoweit nur im Verbund stattfinden kann. Bund und Länder müssen sich über diese Steuern verständigen; eine autonome, und damit im Ansatz flexible Finanzpolitik ist ausgeschlossen. Jedes Vorhaben einer Reform der steuerrechtlichen Regelungen führt insoweit zu Kompensationsforderungen der Länder und zu komplizierten Verhandlungen über Kreuz, die nur in mehr oder weniger unbefriedigenden Paketlösungen enden können.[33] Die zur Zeit laufende Debatte über eine (verfas-

---

[30] Siehe etwa *H. Siekmann*, Art. 107 Rdnr. 3, in: M. Sachs (Hrsg.), Kommentar zum Grundgesetz, 1995; *P. Selmer*, Das BVerfG an der Schwelle des finanzwirtschaftlichen Einigungsprozesses, JuS 1995, S. 978, 979; *D. Birk*, Art. 107 Rdnr. 2, in: Alternativkommentar z. GG, Bd. 2, 2. Aufl. 1989.

[31] Siehe vor allem *R. Wendt*, Neuorientierung der Aufgaben- und Lastenverteilung im „sozialen Bundesstaat", Staatswissenschaften und Staatspraxis 4 (1993), S. 56ff., insbes. S. 70ff.

[32] Zur daraus resultierenden Forderung nach Entflechtung der Finanzen von Bund und Ländern, die seit der Finanzreform 1969 immer wieder erhoben worden ist, siehe nur *O. Barbarino*, Die Reformbedürftigkeit der gegenwärtigen Finanzverfassung, in: Politikverflechtung zwischen Bund, Ländern und Gemeinden, 1975, S. 103ff.; *F.W. Scharpf / B. Reissert / F. Schnabel* (Hrsg.), Politikverflechtung II, 1977, S. 232ff.; *G. Kisker*, Kooperation zwischen Bund und Ländern in der Bundesrepublik Deutschland, DÖV 1977, S. 689ff.; *E. Heinsen*, Die Reform der Finanzreform, in: Politik als gelebte Verfassung. Festschrift für Friedrich Schäfer, 1980, S. 233ff., insbes. S. 238ff.; *H. Klatt*, Interföderale Beziehungen im kooperativen Bundesstaat, VerwArch 78 (1987), S. 186, 200ff.; *F.W. Scharpf*, Der Bundesrat und die Kooperation auf der „dritten Ebene", in: Bundesrat (Hrsg.), Vierzig Jahre Bundesrat, 1989, S. 121, 148ff.; *K.-D. Henke / G.F. Schuppert*, Rechtliche und finanzwissenschaftliche Probleme der Neuordnung der Finanzbeziehungen von Bund und Ländern im vereinten Deutschland, 1993, S. 22ff., 32ff., 55ff.; *K.-D. Henke*, Maßnahmen zur Stärkung der Eigenstaatlichkeit der Länder und die Finanzierung der deutschen Einheit, Staatswissenschaften und Staatspraxis 4 (1993), S. 10ff.

[33] Manche Kommentatoren des Systems der Finanzverfassung versuchen diesen Befund – in deutlicher Anlehnung an die Integrationslehre – ins Positive zu wenden. In der föderalen Kernfrage der Steuerverteilung offenbare sich ein „Grundzug des Bundesstaates": Föderalismus sei „kein fertiges, endgültig verfassungsrechtlich festgelegtes System, sondern eine offene, bewegli-

sungsrechtlich gebotene) Neuregelung der Vermögens- und Erbschaftsteuern demonstriert anschaulich das Konfliktpotential des so geschaffenen Verbundes.

Die nach dem ursprünglichen Ansatz eines Trennsystems ausschließlich der Ertragshoheit der Länder zugewiesenen Steuern sind – bezogen auf die Gesamtvolumina der öffentlichen Einnahmen und Ausgaben – in der Relation eher unbedeutende Größen.[34] Die Hauptmasse der Einnahmen von Bund und Ländern stammt nicht aus diesen allein dem Bund oder den Ländern zugewiesenen Steuern und Abgaben, sondern stammt aus den beiden großen Blöcken der Gemeinschaftssteuern, der Einkommen- und Körperschaftsteuer sowie der Mehrwertsteuer.[35]Aufgeteilt auf Bund und Länder entweder nach einem in der Verfassung festgelegten fixen Verteilungsschlüssel – 50 zu 50 nach Abzug des Gemeindeanteils bei der Einkommen- und Körperschaftsteuer – oder nach einem turnusmäßig neuanzupassenden variablen Verteilungsmodus wie bei der Mehrwertsteuer, bilden die Gemeinschaftsteuern per definitionem ein System des Steuerverbundes.[36] Änderungen an diesen Steuern haben immer erhebliche Auswirkungen auf die Haushalte von Bund und Ländern; dementsprechend umkämpft sind alle einschlägigen Neuregelungen.[37] Die Leitsätze für die Festsetzung der Umsatzsteueranteile von Bund und Ländern, die Art. 106 Abs. 3 GG gibt, insbes. das Prinzip der gleichmäßigen Deckung der „notwendigen Ausgaben", löst das Problem nicht wirklich, schiebt es doch Bundestag und Bundesrat die Beurteilung der Frage zu, was eigentlich „notwendige Ausgaben" von Bund und Ländern sind.[38] Die Beantwortung dieser haushaltspolitischen Grundfrage ist demnach nicht autonom jeweils von Bund und Ländern vorzunehmen, sondern obliegt für den Hauptblock der Umsatzsteuer Bund und Ländergesamtheit gemeinsam. Die Finanzpolitik wird von der Verfassung insoweit schon im Ansatz zur ‚konzertierten Aktion' gezwungen, zur Abstimmung zwischen Bund und Ländermehrheit. Die Grundlinien der Finanzpolitik werden damit im Kern aber nicht mehr im Konkurrenzsystem der parlamentarischen Demokratie über Mehrheitsentschei-

---

che Ordnung, in der ursprüngliche Impulse der Verfassunggebung ständig wirksam bleiben; keine vorgegebene Staatseinheit, sondern ein permanentes Verfahren, in dem gleichberechtigte Partner die staatliche Einigung als Daueraufgabe zu erfüllen haben" – *R. Wendt* (Fn. 1), § 104 Rdnr.61.

[34] Vgl. *R. Wendt* (Fn. 1), § 104 Rdnr.52.

[35] *H. Siekmann*, Art. 106 Rdnr.12, in: M. Sachs (Hrsg.), Kommentar zum Grundgesetz, 1995; *R. Wendt* (Fn. 1), § 104 Rdnr.53.

[36] Art. 106 Abs. 3 GG; vgl. zum System der Verteilung der Gemeinschaftsteuern auch *H. Siekmann*, Art. 106 Rdnrn. 13ff., in: M. Sachs (Hrsg.), Kommentar zum Grundgesetz, 1995, sowie *R. Wendt* (Fn. 1), § 104 Rdnrn. 54ff.

[37] *K.H. Friauf*, Der bundesstaatliche Finanzausgleich, JA 1984, S. 618, 620; *R. Wendt* (Fn. 1), § 104 Rdnrn. 55, 60.

[38] Vgl. zu den daraus resultierenden Problemen und den Versuchen der normativen Konturierung des Begriffs der „notwendigen Ausgaben" in Art. 106 Abs. 3 S. 4 Nr. 1 GG nur *H. Siekmann*, Art. 108 Rdnr.14, in: M. Sachs (Hrsg.), Kommentar zum Grundgesetz, 1995; *R. Wendt* (Fn. 1), § 104 Rdnrn. 56ff.; *H. Fischer-Menshausen*, Art. 106 Rdnr.26 a, in: von Münch, GG-Komm. Bd. 3, 2. Aufl. 1983; *K. Vogel / H. Walter*, Zweitbearb. Art. 106 Rdnrn. 54ff. (1972), in: Bonner Kommentar.

dungen bestimmt, sondern im Verhandlungssystem des kooperativen Föderalismus über Kompromisse zwischen Bund und Ländermehrheit, im Wege politischer Tauschgeschäfte und Paketlösungen.

Der zur Sicherung der Rechts- und Wirtschaftseinheit angestrebte ‚Steuerverbund‘ zwingt die politischen Akteure also notwendig zur Aushandlung politischer Kompromisse auf der inter-gouvernementalen Ebene. Finanzpolitik wird damit relativ unbeweglich, da sie auf breite Konsensbildung angewiesen ist, wird auch unfähig zur Rücksichtnahme auf lokale und regionale Besonderheiten, zur Anpassung an unterschiedliche Gegebenheiten, denen einzig über Generalklauseln und Ermessensbestimmungen in den bundesrechtlich geregelten Steuergesetzen noch Rechnung zu tragen ist. Diese ‚offenen Normen‘ des Steuerrechts stellen aber wiederum das System des Verwaltungsvollzuges im Bereich der Finanzverwaltung vor schwierige Probleme.[39] Soll hier ansatzweise Rechtsgleichheit über Gleichheit des Verwaltungsvollzuges gesichert werden, so bedarf es eines ausgefeilten Instrumentariums der zentralen Steuerung der Finanzverwaltung. Über die Ausgestaltung der Finanzverwaltung als eines besonderen Typus der Bundesauftragsverwaltung hat sich der Bund im Grundsatz auch weitreichende Ingerenzbefugnisse gesichert.[40] Die Komplexität des Aufsichts- und Steuerungsinstrumentariums der Auftragsverwaltung hat allerdings in der Praxis zur Herausbildung eines ausgeprägten Kooperationsmechanismus geführt, in dem das Verwaltungshandeln der Finanzbehörden kaum über das klassische Weisungsinstrumentarium der Auftragsverwaltung, sondern über in speziellen Kooperationsgremien zwischen Bund und Ländern abgestimmte Verwaltungsvorschriften und Weisungen der Landesfinanzverwaltungen gesteuert wird.[41]

14.2. *Länderfinanzausgleich als Dauerproblem der Finanzverfassung*

Eine ähnliche Präferenz für Verbundlösungen zeigt das deutsche Finanzverfassungssystem auch in den Fragen der Verteilung der auf die Länder entfallenden

[39] Vgl. zur grundgesetzlichen Regelung des Systems der Finanzverwaltung *K. Stern*, Das Staatsrecht der Bundesrepublik Deutschland, Bd.II, 1980, S.1175ff., ferner *K. Vogel / M. Wachenhausen*, Zweitbearb. Art.108 Rdnrn.1ff. (1971), in: Bonner Kommentar, und *H. Siekmann*, Art.108 Rdnrn.1ff., in: M. Sachs (Hrsg.), Kommentar zum Grundgesetz, 1995; vgl. außerdem zur organisations- und verfahrensrechtlichen Praxis auf der Grundlage des Art.108 GG *J. Bonsels*, Einwirkungs-und Mitwirkungsrechte des Bundes bei der Verwaltung der Steuern durch die Länder, 1995, S.39ff., 79ff., 105ff.

[40] Zu den (über die normalen Befugnisse der Bundesauftragsverwaltung hinausgehenden) Ingerenzrechten des Bundes nach Art.108 GG vgl. *R. Wendt* (Fn.1), § 104 Rdnr.101; *H. Siekmann*, Art.108 Rdnr.23, in: M. Sachs (Hrsg.), Kommentar zum Grundgesetz, 1995; vgl. ferner *J. Bonsels* (Fn.39), S.143ff., 167ff.

[41] Zur Praxis der koordinierten (Länder-)Verwaltungsvorschriften entsprechend der Bund-Länder-Vereinbarung vom 15.1. 1970 vgl. einerseits *J. Bonsels* (Fn.39), S.115ff., andererseits *G.L. Orlopp*, Auftragsverwaltung im Steuerrecht, in: Festschrift für Franz Klein, 1994, S.597, 601ff.

Steuern.[42] Bei den Steuern, deren Ertragshoheit allein den Ländern zusteht, bereitet die „primäre“ Verteilung, also die Zuweisung der den Ländern „originär zustehenden Finanzausstattung“[43], zunächst keine großen Probleme. Zwar bedarf es bereits hier ergänzend koordinierender (Zuständigkeits-)Regelungen, die bei (Länder-)grenzüberschreitenden Sachverhalten die Fragen der örtlichen Zuordnung regeln; doch da auch diese Steuern der Bundesgesetzgebung unterfallen, obliegt die Festlegung der Zuständigkeits- und Zuordnungsregeln sowieso dem Bundesgesetzgeber, der keine nennenswerten Schwierigkeiten mit der Konstruktion einschlägiger Normen hat. In der Regel ist hier den Ländern das örtliche Aufkommen zugewiesen, das von ihren Finanzverwaltungen vereinnahmt wird.[44]

Weitaus schwieriger stellt sich dies Problem bei der Verteilung der Erträge aus den beiden großen Gemeinschaftssteuern dar.[45] Bei der Einkommensteuer, die ja nach der ursprünglichen Konstruktion des Art. 106 GG eine allein den Ländern zufließende Steuer war, wurde zunächst rein nach lokaler Vereinnahmung verteilt, auf der Grundlage des Wohn- bzw. Firmensitzes des Steuerschuldners.[46] Insbesondere bei der Lohnsteuer, aber auch der Körperschaftsteuer führte dies allerdings erkennbar zu groben Verzerrungen, wurden doch Zentralorte (wie Hamburg), in denen sich die Firmensitze großer Unternehmen konzentrieren, in diesem System stark begünstigt. Die insgesamt auftretenden erheblichen Ungleichgewichte im lokalen Steueraufkommen führten zudem zu extremen Unterschieden in der Finanzausstattung – zulasten der strukturschwachen Flächenstaaten.[47]

Das Problem der Finanzkraftunterschiede hat man in der Folge schon durch die Umgestaltung der Modalitäten der Steuerverteilung zu mildern gesucht, ebenso wie durch die Einbeziehung der Umsatzsteuer in den ‚Steuerverbund', de-

---

[42] Vgl. allgemein zu den Mechanismen der Einnahmenverteilung *K. Vogel*, Grundzüge des Finanzrechts des Grundgesetzes, in: J. Isensee / P. Kirchhof (Hrsg.), Handbuch des Staatsrechts der Bundesrepublik Deutschland, Bd.IV, 1990, § 87 Rdnrn. 27ff.; zu den konkreten Grundsätzen der horizontalen Steuerertragsaufteilung vgl. insbes. *R. Wendt* (Fn. 1), § 104 Rdnrn. 67ff., ferner *D. Carl* (Fn. 14), S. 26ff.

[43] Siehe zur Unterscheidung zwischen „primärer“ Verteilung und „sekundärem“ Ausgleich BVerfGE 72, 330, 385; vgl. außerdem *H. Siekmann*, Vorbem. vor Art. 104 a Rdnrn. 23, 29ff., in: M. Sachs (Hrsg.), Kommentar zum Grundgesetz, 1995; *K. Vogel / H. Walter*, Zweitbearb. Art. 106 Rdnrn. 27f. (1972), in: Bonner Kommentar.

[44] Vgl. *H. Siekmann*, Art. 107 Rdnrn. 5ff., in: M. Sachs (Hrsg.), Kommentar zum Grundgesetz, 1995; *D. Carl* (Fn. 14), S. 34f.; *R. Wendt* (Fn. 1), § 104 Rdnr. 67; *T. Maunz*, Art. 107 Rdnrn. 14ff. (1983), in: Maunz/Dürig; *H. Fischer-Menshausen*, Art. 107 Rdnrn. 8f., in: von Münch, GG-Komm. Bd. 3, 2. Aufl. 1983. Vgl. auch zu Sinn und Zweck dieses Aufteilungskriteriums *R. Mußgnug*, Der horizontale Finanzausgleich auf dem Prüfstand des Bundesverfassungsgerichts, JuS 1986, S. 872, 873f.

[45] Vgl. zum System dieser Aufteilung eingehend *K. Vogel / P. Kirchhof*, Zweitbearb. Art. 107 Rdnrn. 76ff. (1971), in: Bonner Kommentar.

[46] Zur Geschichte der Aufteilungsregeln des Art. 107 Abs. 1 GG vgl. nur *K. Vogel / P. Kirchhof*, Zweitbearb. Art. 107 Rdnrn. 1ff. (1971), in: Bonner Kommentar.

[47] Vgl. zu den Problemen der Gründungsjahre der Bundesrepublik *W. Renzsch* (Fn. 3), S. 27ff., 101ff.

ren Aufteilung vorrangig nach Einwohnerzahl schon einen starken Ausgleichseffekt hat.[48] In die Kriterien der horizontalen Steuerertragsaufteilung hat man verschiedene bedarfsorientierte Gesichtspunkte miteingebaut[49], zudem durch das Verfahren der Zerlegung bei der Aufteilung der Einkommensteueranteile die Verzerrungen, die aus der alleinigen Verteilung nach örtlicher Vereinnahmung resultieren, abzubauen gesucht[50]. Jede dieser zusätzlichen Modifikationen des ursprünglichen, im Ansatz sehr klaren Kriteriums der örtlichen Vereinnahmung ist allerdings finanzwirtschaftlich ein Problempunkt, man könnte auch sagen: ein Politikum, das zu Manipulationen einlädt. Die beiden letzten Finanzausgleichsentscheidungen des Bundesverfassungsgerichts aus den Jahren 1986 und 1992 sind dafür lehrreiche Beispiele.[51]

Nicht viel besser sieht es bei dem daran anschließenden Schritt des eigentlichen Finanzkraftausgleichs zwischen den Ländern aus.[52] Durch die Verfassung normativ vorstrukturiert ist die Gestaltung des Finanzausgleichs zwischen den Ländern kaum.[53] Das Verfassungsgericht hat hier zwar durch einige abstrakte Leitlinien

[48] Zum Ausgleichseffekt der Verteilung nach Einwohnerzahl und zum ergänzenden Bedarfsausgleich aus einem Viertel des den Ländern zustehenden Umsatzsteueranteils vgl. *H. Siekmann*, Art. 107 Rdnrn. 12ff., in: M. Sachs (Hrsg.), Kommentar zum Grundgesetz, 1995; *R. Wendt* (Fn. 1), § 104 Rdnr. 68; *T. Maunz*, Art. 107 Rdnrn. 38ff. (1983), in: Maunz/Dürig; *K. Vogel / P. Kirchhof*, Zweitbearb. Art. 107 Rdnrn. 78ff. (1971), in: Bonner Kommentar.

[49] Vgl. eingehend *K. Vogel / P. Kirchhof*, Zweitbearb. Art. 107 Rdnrn. 38ff. (1971), in: Bonner Kommentar, ferner *G.F. Schuppert / R. Dahrendorf*, Verfassungsrechtliche und finanzwissenschaftliche Aspekte des Länderfinanzausgleichs, 1985, S. 51ff., 87ff.; *P. Selmer / C. Brodersen*, Finanzverfassungsrechtliche Grundfragen des horizontalen Finanzausgleichs, 1984, S. 40ff., 59ff.; *P. Selmer* (Fn. 26), S. 48ff.; *D. Carl* (Fn. 14), S. 61ff.

[50] Siehe §§ 2 bis 5 ZerlG; zum Institut der Steuerzerlegung nach Art. 107 Abs. 1 S. 2 GG vgl. auch *H. Siekmann*, Art. 107 Rdnrn. 8ff., in: M. Sachs (Hrsg.), Kommentar zum Grundgesetz, 1995; *R. Wendt* (Fn. 1), § 104 Rdnr.67; *H. Fischer-Menshausen*, Art. 107 Rdnr.10, in: von Münch, GG-Komm. Bd. 3, 2.Aufl. 1983; *T. Maunz*, Art. 107 Rdnrn. 29ff. (1983), in: Maunz/Dürig; *K. Vogel / P. Kirchhof*, Zweitbearb. Art. 105 Rdnrn. 75ff. (1971), in: Bonner Kommentar. Zur Problematik der geltenden Zerlegungsregeln und zu den Reformalternativen vgl. auch *K.-D. Henke / G.F. Schuppert* (Fn. 32), S. 94ff.

[51] BVerfGE 72, 330ff. und BVerfGE 86, 148ff.; siehe dazu auch oben 10.2.1.6., außerdem die Anmerkungen zum ersten Urteil von 1986 von *R. Mußgnug* (Fn. 44), S. 872ff., *F. Voss*, Der Finanzausgleich im Bundesstaat. Betriebs-Berater 1986, S. 1581ff., *W. Patzig*, Länderfinanzausgleich und Bundesergänzungszuweisungen aus der Sicht des Bundesverfassungsgerichts, DÖV 1986, S. 1037ff., *C. Landfried*, Die Rolle des Bundesverfassungsgerichtes im Finanzstreit zwischen Bund und Ländern, in: H.-H. Hartwich / G. Wewer (Hrsg.), Regieren in der Bundesrepublik IV, 1992, S. 133ff.; vgl. schließlich zum zweiten Urteil von 1992 auch *T. Maunz*, Länder und Gemeinden im Finanzausgleich, BayVBl. 1993, S. 449ff., *U. Häde*, Solidarität im Bundesstaat, DÖV 1993, S. 461ff. und *P. Selmer* (Fn. 30), S. 978ff. sowie *M. Stauch*, Haushaltsnotlage und Sanierung von Ländern der Bundesrepublik Deutschland, in: Gegenrede. Festschrift für Ernst Gottfried Mahrenholz, 1994, S. 487ff.

[52] Siehe dazu eingehend *R. Wendt* (Fn. 1), § 104 Rdnrn. 72ff.; vgl. ferner *H. Siekmann*, Art. 107 Rdnrn. 18ff., in: M. Sachs (Hrsg.), Kommentar zum Grundgesetz, 1995 und *P. Kirchhof*, Der Verfassungsauftrag zum Länderfinanzausgleich als Ergänzung fehlender und als Garant vorhandener Finanzautonomie, 1982, S. 5ff. sowie aus finanzwissenschaftlicher Sicht den grundlegenden Beitrag von *H. Zimmermann*, Allgemeine Probleme und Methoden des Finanzausgleichs, in: Handbuch der Finanzwissenschaft Bd.IV, 3.Aufl. 1983, S. 3ff.

ein normatives Fundament zu entwickeln gesucht. Letztlich beschränken sich die Leitlinien aber auf einige elementare Grundsätze, die dem Prozeß politischer Gestaltung der Finanzausgleichsmechanismen nur ansatzweise etwas Konturen geben.[54] Der horizontale Finanzausgleich des Art. 107 Abs. 2 GG korrigiere – so heißt es in der Finanzausgleichsentscheidung von 1986 – die Ergebnisse der primären Steuerverteilung unter den Bundesländern, soweit diese „auch unter Berücksichtigung der Eigenstaatlichkeit der Länder aus dem bundesstaatlichen Gedanken der Solidargemeinschaft heraus unangemessen sind"[55]. Das Grundgesetz wolle – so drückte das Verfassungsgericht den Sinngehalt der Regelungen aus – die unterschiedliche Finanzkraft der Bundesländer „angemessen ausgeglichen" wissen, gebe den ausgleichsberechtigten Ländern „Ansprüche" und belaste die ausgleichspflichtigen Länder mit „Verbindlichkeiten". Damit ziehe es „der auch durch ihre Finanzausstattung unterfangenen Autonomie der Länder angesichts deren Bedeutung für die Entwicklung der Lebensverhältnisse in der Bundesrepublik" dort Grenzen, wo die Unterschiede in der Finanzkraft innerhalb des Bundesstaates als nicht mehr angemessen" angesehen werden könnten.[56] In der Bestimmung des Art. 107 Abs. 2 GG verwirkliche sich „ein bündisches Prinzip des Einstehens füreinander, das nicht nur im Verhältnis von Bund und Ländern, sondern auch im Verhältnis der Länder untereinander" gelte. Dieses Prinzip verpflichte die einzelnen Länder „ungeachtet ihrer Eigenstaatlichkeit und finanziellen Selbständigkeit zu gewissen Hilfeleistungen an andere, finanziell leistungsschwache Länder". In diesem sie rechtfertigenden Grund sei zugleich auch die Grenze dieser Hilfeleistungspflicht angelegt.[57]

Wie die Ausprägung dieses „bündischen Prinzips des Einstehens füreinander" im Detail auszusehen hat, bleibt den Verhandlungen zwischen den Ländern überlassen. Angesichts der in den Fünfziger Jahren evident gewordenen Unfähigkeit der Länder, untereinander zu einer vernünftigen Lösung zu gelangen[58], hat der verfassungsändernde Gesetzgeber die Aufgabe der endgültigen Festlegung der Ausgleichsmechanismen allerdings schon mit der Finanzverfassungsnovelle 1955 dem Bundesgesetzgeber zugewiesen.[59] Das Grundgesetz habe – so heißt es im Ur-

---

[53] Siehe insoweit *R. Prokisch*, Die Justiziabilität der Finanzverfassung, 1993, S. 230ff., ferner *P. Selmer* (Fn. 26), S. 50ff.; *W. Heun*, Strukturprobleme des Finanzausgleichs, Der Staat 31 (1992), S. 205, 228f.; *F. Ossenbühl*, Zur Justiziabilität der Finanzverfassung, in: Festschrift für Karl Carstens Bd. II, 1984, S. 743, 753ff.

[54] Vgl. *R. Prokisch* (Fn. 53), S. 235ff. sowie *P. Selmer* (Fn. 26), S. 50f.; vgl. aber auch die Versuche nachhaltiger Konkretisierung bei *T. Maunz*, Art. 107 Rdnrn. 61ff. (1983), in: Maunz/Dürig, sowie v.a. bei *P. Kirchhof* (Fn. 52), S. 54ff.

[55] BVerfGE 72, 330, 386; vgl. auch zur Problematik des horizontalen Finanzausgleichs *R. Mußgnug* (Fn. 44), S. 874ff.

[56] BVerfGE 72, 330, 386.

[57] BVerfGE 72, 330, 386f.

[58] Vgl. zu den immer wieder gescheiterten Bemühungen der Länder, untereinander zu einem Konsens über Konstruktion und Ausmaß des Finanzausgleichs zu gelangen, *W. Renzsch* (Fn. 3), S. 101ff., 117ff., 123ff.

[59] Zum Hintergrund dieser Änderung des Art. 107 GG in der Finanzreform 1955 vgl. *W. Renzsch* (Fn. 3), S. 130ff.

teil des Bundesverfassungsgerichts vom 24. Juni 1986 – den ‚bündischen' Ausgleich ganz bewußt dem Verfahren des freien Aushandelns der Länder untereinander entzogen, ihn vielmehr in die Verantwortung des Bundesgesetzgebers gelegt. Der Ausgleich sei damit aber, von den Bindungen der Bundestreue einmal ganz abgesehen, nicht einfach der „freien politischen Gestaltung des Bundesgesetzgebers überlassen", sondern gewissen normativen Vorgaben unterstellt, die sich aus Art. 107 Abs. 2 GG ergäben. Politische Verhandlungen zwischen allen Beteiligten seien damit nicht ausgeschlossen; letztlich werde jedoch der Bundesgesetzgeber „von der Verfassung in die Pflicht genommen, die gesetzliche Regelung so zu gestalten, daß sie den normativen Anforderungen des Grundgesetzes genügt".[60]

Weitere Versuche, diese normativen Anforderungen zu konkretisieren, hat es gegeben; eine ganze Reihe sehr komplexer Zweifelsfragen ist aber bis heute offengeblieben. Selbst in den einschlägigen Verfassungsgerichtsentscheidungen sind bestimmte Streitfragen bewußt offengelassen worden, so die überaus strittige Frage, ob die in der stark pauschalierten Einbeziehung der kommunalen Finanzkraft in die Berechnung der Finanzkraftmeßzahl enthaltene Einwohnerwertung nach Maßgabe des sogen. ‚Brecht/Popitz'schen Gesetzes' noch sachangemessen sei. Die Zweifel am Axiom des überproportionalen Anstiegs der Pro-Kopf-Quote des kommunalen Aufwandes mit Zunahme der Siedlungsdichte seien, so stellte das Verfassungsgericht in der letzten Finanzausgleichsentscheidung von 1992 fest, mittlerweile derart stark geworden, daß der Gesetzgeber diese „Erfahrungstatsache" nicht mehr unbefragt seinen Ausgleichskonstruktionen zugrundelegen dürfe.[61] Der damit angebrachte Vorbehalt ist noch sehr dezent formuliert, bedenkt man, daß im Rahmen der kommunalen Gebietsreform immer argumentiert wurde, der Verwaltungsaufwand sinke mit zunehmender Gemeindegröße, weshalb man mit der Fusion von Gemeinden Geld sparen könne (ob dies wirklich zutreffend war, ist allerdings mittlerweile mehr als zweifelhaft). Auch der Aufwand für die Infrastruktur der kommunalen Leistungen, der Institutionen der Daseinsvorsorge, dürfte angesichts des heute geforderten gleichen Niveaus öffentlicher Einrichtungen bei kleiner Gemeindegröße heute eher höher sein als in Ballungsräumen, bedenkt man die Auswirkungen des Verdichtungsgrads auf die Rentabilität öffentlicher Einrichtungen.[62]

Zu umgehen ist das damit angerissene Problem der Pauschalierung von Finanzkraft wie von Finanzbedarf letztlich nicht.[63] Eine Verfassung würde sich völlig

---

[60] BVerfGE 72, 330, 395f.; vgl. als Kritik an der dadurch bewirkten Einengung des Gestaltungsspielraums des Gesetzgebers *F. Voss* (Fn. 51), S. 1583f.

[61] BVerfGE 86, 148, 233ff.

[62] Vgl. zur Problematik des Brecht'schen Gesetzes *G. Färber*, Länderfinanzausgleich und Gemeindefinanzen – Anmerkungen zu einigen häufig übersehenen Tatsachen, in: K. Bohr (Hrsg.), Föderalismus, 1992, S. 85, 109f.

[63] Siehe zu den Problemen der Bemessung von Finanzkraft und Finanzbedarf *P. Selmer* (Fn. 26), S. 44ff.; *R. Wendt* (Fn. 1), § 104 Rdnrn. 77ff., außerdem eingehend *G.F. Schuppert / R. Dahrendorf* (Fn. 49), S. 23ff., 45ff.; *P. Selmer / C. Brodersen* (Fn. 49), S. 26ff.; *F. Ossenbühl*, Verfassungsrechtliche Grundfragen des Länderfinanzausgleichs gemäß Art. 107 II GG, 1984,

übernehmen, wollte sie diese Fragen bis ins Detail regeln. Die erforderliche Konkretisierung kann wohl im Ergebnis nur der politische Prozeß erbringen.[64] Doch stellt die Verfassung Weichen, indem sie die Aufgabe der Konkretisierung bestimmten Instanzen überträgt. Die Ansiedlung dieser Aufgabe beim Bundesgesetzgeber ist insoweit symptomatisch für das deutsche Bundesstaatskonzept. Freie Aushandlung zwischen den Ländern würde nie das unter Gleichheitserfordernissen angestrebte Ausmaß an Finanzkraftnivellierung und das damit verbundene Maß an „Einheitlichkeit der Lebensverhältnisse" erbringen, wie die Geschichte der Verhandlungen um eine staatsvertragliche Regelung des Länderfinanzausgleichs in den Vierziger und Fünfziger Jahren gezeigt hat. Will man aber materielle Homogenisierung der Standards, so muß man die Standardsetzung dem Bund übertragen.

Das Ergebnis ist auf seine Art beeindruckend. Der im Verein zwischen Bund und Ländern geregelte horizontale Finanzausgleich, der seit 1946 immer zwischen ‚reichen' und ‚armen' Ländern umstritten gewesen war, ist bereits im Gefolge der Finanzreform 1969 auf ein Ausmaß der Nivellierung angehoben worden, das seinesgleichen sucht: Festgeschrieben wurde eine Auffüllung der Finanzkraft auf mindestens 95% der durchschnittlichen Finanzkraft und eine Abschöpfung im Falle der ausgleichspflichtigen Länder auf maximal 105% des Länderdurchschnitts.[65] Das Ausmaß der damit erreichten Finanzkraftnivellierung ist im internationalen Vergleich einzigartig für ein bundesstaatliches Gefüge, und letztlich nur mit der ausgeprägten Homogenitätsorientierung der deutschen Bundesstaatspraxis zu erklären.[66]

Selbst wenn man in Rechnung stellt, daß das Ausmaß der tatsächlichen Finanzkraftnivellierung niedriger liegt als nach der offiziellen Richtzahl anzunehmen – die Finanzkraft der Gemeinden, die ihrerseits in einem Finanzverbund mit den Länderfinanzen stecken und deren Haushaltswirtschaft dem Zugriff des Landesgesetzgebers unterliegt, werden nur teilweise in der Berechnung der Finanzkraft nach dem FAG einbezogen[67] – so ist diese starke Finanzkraftnivellierung nicht ohne Probleme. Eine selbständige Haushaltspolitik der Länder trifft unter den Bedingungen eines derartigen Verbundsystems auf große Schwierigkeiten, fallen doch nicht nur die wichtigen Entscheidungen auf der Ausgaben- wie der Einnahmenseite in der Bundesgesetzgebung, sind mithin einzig über die Beteiligung ‚zur gesamten Hand' im Bundesrat beeinflußbar; auch finanzpolitische Erfolge über eine solide Haushaltspolitik sind für den Bürger kaum sichtbar zu machen, werden doch alle über 105% des Länderdurchschnitts hinausreichenden Einnahmen

---

S. 42ff.; *P. Kirchhof* (Fn. 52), S. 28ff.; *P. Lerche*, Finanzausgleich und Einheitlichkeit der Lebensverhältnisse, in: Festschrift für Friedrich Berber, 1973, S. 299, 306ff.

[64] Siehe *G.F. Schuppert / R. Dahrendorf* (Fn. 49), S. 17ff.

[65] Zum Ausmaß der Finanzkraftnivellierung vgl. die Tabelle in BVerfGE 72, 330, 340, außerdem *R. Wendt* (Fn. 1), § 104 Rdnr. 85; *H. Donner*, Aktuelle Probleme des Finanzausgleichs im sozialen Bundesstaat, ZRP 1985, S. 327, 328.

[66] Vgl. dazu auch schon *P. Lerche* (Fn. 63), S. 299ff.

[67] Vgl. *G. Färber* (Fn. 62), S. 103ff.

im System des Finanzausgleichs abgeschöpft. Politische Verantwortlichkeit der regierenden Landespolitiker für die Finanzpolitik des jeweiligen Landes ist damit weitgehend aus den Angeln gehoben, werden doch die Ergebnisse der Länderfinanzpolitik für den Bürger kaum spürbar – das Land kann sparsam oder verschwenderisch wirtschaften, die Höhe der Steuern bleibt immer gleich, da pauschal durch Bundesgesetz festgelegt.[68] Finanzpolitik und Haushaltsgebaren als Themen der landespolitischen Debatte werden tendenziell ausgeschaltet. Politische Anreize für ein vernünftiges Haushaltsgebaren und eine solide Finanzpolitik sind im System des horizontalen Finanzausgleichs, wie er sich in der Bundesrepublik entwickelt hat, nur noch sehr schwach ausgeprägt: Für ein ‚armes', ein strukturschwaches Land lohnen sich politische Bemühungen um eine systematische Stärkung der Finanzkraft kaum, da die dabei erzielten Einnahmenverbesserungen durch entsprechende Kürzungen des Ausgleichsbetrages zunächst voll kompensiert werden; für die finanzstarken Länder lohnt sich eine Politik der systematischen Stärkung der Finanzkraft ebenfalls kaum, werden doch die so auf längere Sicht erzielbaren Mehreinnahmen ab einer bestimmten Höhe vollumfänglich abgeschöpft.[69]

Ein ganz eigenes Problem stellen schließlich die zur Ergänzung des horizontalen Ausgleichs gedachten Bundesergänzungszuweisungen dar.[70] Die hier noch einmal zusätzlich eröffnete Möglichkeit des Ausgleichs besonderer Leistungsschwäche einzelner Länder, also der Kompensation besonderer Ausgabenlasten, ist wiederum sehr ausfüllungsbedürftig.[71] Die nur schwach entwickelte normative Strukturierung der im Grundsatz dem Bundesgesetzgeber obliegenden Ausgestaltung dieses ergänzenden Instruments des Finanzausgleichs ist erneut anfällig gegenüber Versuchungen politischer Manipulation.[72] Zwar hat das Bundesverfassungsgericht auch hier in seiner Rechtsprechung zum Finanzausgleich gegengesteuert, indem es den Bundesgesetzgeber an die Beachtung bestimmter elementarer Grundsätze gebunden hat. Sehr weitreichend in der normativen Strukturierung der Praxis der Ergänzungszuweisungen sind aber auch diese Grundsätze nicht. Entschließe sich der Bund – so leitete das Verfassungsgericht aus allgemei-

---

[68] Zu den daraus folgenden Problemen im Hinblick auf das Demokratieprinzip siehe *P. Kirchhof* (Fn. 52), S. 13ff., sowie *F. Kirchhof*, Empfehlen sich Maßnahmen, um in der Finanzverfassung Aufgaben- und Ausgabenverantwortung von Bund, Ländern und Gemeinden stärker zusammenzuführen?, Gutachten D zum 61. Deutschen Juristentag Karlsruhe 1996 (1996), S. D 53ff.

[69] Vgl. zu den daraus resultierenden Problemen aus finanzwissenschaftlicher Perspektive *S. Homburg*, Anreizwirkungen des deutschen Finanzausgleichs, FinanzArchiv NF 51 (1994), S. 312ff., aber auch schon *P. Kirchhof*, (Fn. 52), S. 37ff.

[70] Siehe insoweit insbes. *P. Selmer* (Fn. 26), S. 53ff.; *H. Siekmann*, Art. 107 Rdnrn. 36ff., in: M. Sachs (Hrsg.), Kommentar zum Grundgesetz, 1995; *R. Wendt* (Fn. 1), § 104 Rdnrn. 86ff.; *T. Maunz*, Art. 107 Rdnrn. 72ff. (1983), in: Maunz/Dürig; *K. Vogel / P. Kirchhof*, Zweitbearb. Art. 107 Rdnrn. 175ff. (1971), in: Bonner Kommentar.

[71] Vgl. nur *R. Prokisch* (Fn. 53), S. 243ff.; *R. Wendt* (Fn. 1), § 104 Rdnr. 87; *F. Ossenbühl* (Fn. 63), S. 113ff.

[72] Man denke nur an die Konstruktion der Bundesergänzungszuweisungen, die sich in der Finanzausgleichsentscheidung von 1986 auf dem verfassungsgerichtlichen Prüfstand befanden – BVerfGE 72, 330, 402ff.

nen Grundsätzen ab – zur partiellen Hilfeleistung gegenüber leistungsschwachen Ländern, könne dies grundsätzlich in zwei Formen erfolgen. Er könne einerseits die Finanzkraft der leistungsschwachen Länder allgemein anheben; dann dürfe er die Zuweisungen allerdings nur so bemessen, daß die Finanzkraft jedes einzelnen Empfängerlandes die durchschnittliche Finanzkraft der Länder nicht übersteige.[73] Berücksichtige der Gesetzgeber bei der Gewährung von Bundesergänzungszuweisungen dagegen Sonderlasten einzelner Länder, sei er „aus dem föderativen Gleichbehandlungsgebot heraus verpflichtet, diese zu benennen und zu begründen". Nur so sei sicherzustellen, daß der Gesetzgeber seiner Pflicht zur Gleichbehandlung der Länder auch bei der Berücksichtigung von Sonderlasten nachkomme. Die Pflicht zur Gleichbehandlung führe jedoch unter diesen Umständen dazu, daß die ausgewiesenen und benannten Sonderlasten bei allen Ländern berücksichtigt werden müßten, bei denen sie vorlägen. Zudem sei der Bundesgesetzgeber verpflichtet, die berücksichtigten Sonderlasten in angemessenen Abständen auf ihren Fortbestand zu überprüfen.[74] Letztlich läuft dies auf ein Gebot der rational nachvollziehbaren Begründung der Gewährungskriterien und auf ein daran anknüpfendes Erfordernis gesetzgeberischer Konsistenz hinaus, mehr nicht.

14.3. Das Problem der Konnexität zwischen Ausgaben und Einnahmen

Ob das damit kursorisch geschilderte System der finanzverfassungsrechtlichen Verteilung der Steuereinnahmen wirklich den allgemeinen verfassungsrechtlichen Anforderungen entspricht, die generell an das System der Finanzverfassung gestellt werden, ist mehr als fraglich. Nach der vielfach wiederholten Feststellung des Bundesverfassungsgerichts sind die Normen der Art. 104ff. GG einer der „tragenden Eckpfeiler der bundesstaatlichen Ordnung des Grundgesetzes".[75] Sie hätten, so führte das Gericht aus, eine Finanzordnung sicherzustellen, die den Gesamtstaat und die Gliedstaaten am Gesamtertrag der Volkswirtschaft sachgerecht beteilige. Bund und Länder müßten im Rahmen der verfügbaren Gesamteinnahmen so ausgestattet werden, daß sie die zur Wahrnehmung ihrer Aufgaben erforderlichen Ausgaben leisten könnten.[76] Das mehrstufige System der Verteilung des Finanzaufkommens nach der bundesstaatlichen Finanzverfassung des Grundgesetzes ziele insoweit darauf ab, Bund und Länder finanziell in die Lage

---

[73] BVerfGE 72, 330, 404.

[74] BVerfGE 72, 330, 405f.; zum Problem der ‚Sonderlasten' vgl. auch *M. Stauch* (Fn. 51), S. 492ff. sowie *P. Selmer*, Sonderbedarfe und Bedarfe aus Sonderlasten der Länder im bundesstaatlichen Finanzausgleich, in: Staat-Wirtschaft-Steuern. Festschrift für Karl Heinrich Friauf, 1996, S. 683ff.

[75] BVerfGE 55, 274, 300; vgl. insoweit auch *H. Siekmann*, Vorbem. vor Art. 104 a Rdnr. 20, in: M. Sachs (Hrsg.), Kommentar zum Grundgesetz, 1995; *R. Wendt* (Fn. 1), § 104 Rdnrn. 3f.; *P. Kirchhof* (Fn. 52), S. 5ff.

[76] BVerfGE 55, 274, 300, ferner BVerfGE 72, 330, 388.

zu versetzen, die ihnen verfassungsrechtlich zukommenden Aufgaben auch wahrzunehmen. Erst dadurch könne die staatliche Selbständigkeit von Bund und Ländern real werden, könnten sich Eigenständigkeit und Eigenverantwortlichkeit der Aufgabenwahrnehmung entfalten.[77] In dieser Perspektive ist es dann auch konsequent, die Garantie der verfassungskräftigen Zuweisung eines angemessenen Anteils am Gesamtsteueraufkommen zum unentziehbaren ‚Hausgut' der Länder zu zählen, das durch Art. 79 Abs. 3 GG auch gegenüber Verfassungsänderungen geschützt sei.[78]

Am Ergebnis der Auseinandersetzungen um die Finanzkompetenzen und die Beteiligung am nationalen Steueraufkommen erweise sich, so betont die einschlägige Literatur zu Recht, ob die beteiligten Gemeinwesen in den Stand gesetzt werden, den ihnen zugedachten Freiheits- und Gestaltungsraum mit Leben zu erfüllen, zeige sich also, ob die allgemeine Kompetenzordnung des Bundesstaates eine wirkliche Realisierungschance erhalte.[79]

Betrachtet man unter diesem Blickwinkel die finanzverfassungsrechtliche Regelung der Verteilung des Steueraufkommens, so kommen Zweifel auf, inwieweit die Verfassungspraxis, die zur allmählichen Umformung der Finanzverfassung geführt hat, der bundesstaatlichen Kompetenzordnung wirklich die beschworene Realisierungschance einräumt. In einem Gefüge, in dem der Zentralstaat praktisch vollumfänglich über Art und Höhe der Einnahmen der Gliedstaaten bestimmt, ist wirkliche Autonomie – im Sinne der Eigenständigkeit und Eigenverantwortlichkeit der Aufgabenwahrnehmung – kaum gewährleistet, wenn die Länder auch über den Bundesrat an der Ausgestaltung ihrer eigenen Steuergrundlagen mitwirken.

Noch handfester werden diese Zweifel, wirft man ergänzend einen Blick auf die Zusammenhänge zwischen Aufgabenverantwortlichkeit und Ausgabenverantwortlichkeit. Über die weitgehend das Verwaltungshandeln der Länder determinierende Bundesgesetzgebung bestimmt der Bund im Kern auch Struktur und Umfang der Verwaltungsausgaben der Länder, zumindest was den weiten Bereich der Geldleistungsgesetze betrifft.[80] Aber selbst außerhalb der eigentlichen Geld-

[77] BVerfGE 72, 330, 383; vgl. auch *K. Vogel*, Grundzüge des Finanzrechts des Grundgesetzes, in: J. Isensee / P. Kirchhof (Hrsg.), Handbuch des Staatsrechts der Bundesrepublik Deutschland, Bd. IV, 1990, § 87 Rdnrn. 12ff., sowie *P. Kirchhof* (Fn. 52), S. 12f., 26f.

[78] BVerfGE 34, 9, 19f.

[79] Siehe etwa *K. Vogel*, Vorbem. zu Art. 104 a-115 Rdnr. 2 (1971), in: Bonner Kommentar (Zweitbearb.); *K.H. Friauf*, Die Finanzverfassung in der Rechtsprechung des Bundesverfassungsgerichts, in: Bundesverfassungsgericht und Grundgesetz Bd. 2, 1976, S. 300ff.; *P. Selmer* (Fn. 1), S. 240f.; *K. Stern*, Staatsrecht II (Fn. 1), S. 1054f.; *H. Fischer-Menshausen*, Vorbem. zu Art. 104 a-109 Rdnr. 5, in: von Münch, GG-Komm. Bd. 3, 2. Aufl. 1983; *R. Mußgnug* (Fn. 44), S. 872ff.; *R. Wendt* (Fn. 1), § 104 Rdnr. 1; *F. Kirchhof* (Fn. 28), S. 81.

[80] Vgl. zum Vollzug der Geldleistungsgesetze *H.H. von Arnim*, Finanzzuständigkeit, in: J. Isensee / P. Kirchhof (Hrsg.), Handbuch des Staatsrechts der Bundesrepublik Deutschland, Bd. IV, 1990, § 103 Rdnrn. 33ff., außerdem *K. Vogel / P. Kirchhof*, Zweitbearb. Art. 104 a Rdnrn. 79ff. (1971), in: Bonner Kommentar; *F. Schoch*, Die Reformbedürftigkeit des Art. 104 a GG, ZRP 1995, S. 387, 389f.; *F. Kirchhof* (Fn. 68), S. D 62f., D 67ff.

leistungsgesetze steuert der Bund über die bundesgesetzlichen Vorgaben des Verwaltungsrechts die Schwerpunktsetzung und Intensität der rechtlich geforderten Verwaltungstätigkeit, bestimmt also auch insoweit in erheblichem Umfang mit über die Verwaltungsausgaben der Länder.[81] Der finanzielle Druck, unter den die Länder in der Folge geraten, erklärt weithin, warum die Länder vielfach in Einzelfällen gar nicht einmal unglücklich sind, wenn bestimmte Verwaltungskompetenzen an den Bund übergehen, solange dieser damit die Kosten des Verwaltungsvollzuges übernimmt. Die Finanzverfassung höhlt insoweit tendenziell die Barrieren aus, die das Grundgesetz in seiner bundesstaatsrechtlichen Kompetenzordnung gegen Verlagerungen wichtiger Verwaltungskompetenzen errichtet hat.

Das geschilderte Problem ist nun natürlich nicht neu, ganz im Gegenteil.[82] Die Verfassungsrechtslehre hat die dahinterstehende Fragestellung mit dem sogen. ‚Konnexitätsgrundsatz' ausdrücklich thematisiert.[83] Die Verteilung von Ausgaben (und Aufgabenverantwortlichkeiten) und die Verteilung der Einnahmen sind nach der Verfassung in einem unmittelbaren Zusammenhang zu sehen. Die Verteilung der Steuererträge soll – so wird die Konnexität im Grundsatz formuliert – letztlich von der Verteilung der Aufgaben und damit zugleich der Ausgaben im Bundesstaat abhängen. Es bestehe folglich ein innerer Zusammenhang zwischen den Bestimmungen des Grundgesetzes über die Aufgabenverteilung auf der einen Seite und der Steuerverteilung andererseits.[84]

In abstracto klingt dieses Leitprinzip, diese „Grundnorm der Finanzverfassung", wie *Hans-Uwe Erichsen* sie genannt hat[85], überaus einleuchtend, beinahe wie eine Selbstverständlichkeit. Der Grundsatz hat nur eine Schwierigkeit, die er mit den meisten ‚Grundnormen' teilt: Das ‚Konnexitätsprinzip' ist so offen und konkretisierungsbedürftig, daß unmittelbare Rechtsfolgen im Detail daraus nicht ohne weiteres abzuleiten sind. Es bedarf der Konkretisierung in einem dafür vorgesehenen Verfahren.[86] Als Konkretisierungsinstanz berufen aber ist letztlich der Gesetzgeber, als Steuergesetzgeber wie als die Sachmaterien der Verwaltung regelnder Gesetzgeber, der im Blick auf die Verteilung von Aufgaben und Ausgaben die Kosten und die Einnahmen verteilt. Nun ist – wie oben geschildert – die Steuergesetzgebungshoheit fast völlig in Händen des Bundes, und ebenso weitgehend die materielle Gesetzgebungskompetenz für die meisten Bereiche des Verwal-

---

[81] Zur Unterscheidung von Verwaltungsausgaben und Zweckausgaben und zur Kostentragung bei den Verwaltungsausgaben vgl. nur *H.H. von Arnim* (Fn. 80), § 103 Rdnrn. 20ff. sowie *K. Vogel / P. Kirchhof*, Zweitbearb. Art. 104 a Rdnrn. 154ff. (1971), in: Bonner Kommentar.

[82] Vgl. nur *H.H. von Arnim* (Fn. 80), § 103 Rdnr. 7.

[83] Zum Konnexitätsgrundsatz siehe insbes. *K. Vogel / P. Kirchhof*, Zweitbearb. Art. 104 a Rdnrn. 14ff. (1971), in: Bonner Kommentar. *H.-U. Erichsen*, Die Konnexität von Aufgabe und Finanzierungskompetenz im Bund-Länderverhältnis, 1968, S. 13ff., 19ff.; vgl. außerdem *K.-D. Henke / G.F. Schuppert* (Fn. 32), S. 59ff. und *F. Kirchhof* (Fn. 68), S. D 27ff. sowie *F. Schoch / J. Wieland*, Finanzierungsverantwortung für gesetzgeberisch veranlaßte kommunale Aufgaben, 1995, S. 127ff.

[84] *H.H. von Arnim* (Fn. 80), § 103 Rdnr. 7.

[85] *H.-U. Erichsen* (Fn. 83), S. 13.

[86] Siehe insoweit auch *H.H. von Arnim* (Fn. 80), § 103 Rdnr. 16.

tungshandelns. Zur Konkretisierung des Konnexitätsgrundsatzes berufen ist damit der Bundesgesetzgeber, der jedoch zugleich handfeste finanzielle Eigeninteressen hat. Daß ergänzend das Bundesverfassungsgericht die Konkretsierung des Grundsatzes übernimmt, oder diese zumindest auf Plausibilität überprüft, wäre zwar denkbar. Geschehen ist dies allerdings bisher nicht, und wohl aus guten Gründen.[87] Ähnlich wie bei der Abwägung, ob ein Bundesgesetz zur Förderung der ‚Einheitlichkeit der Lebensverhält nisse‘ erforderlich ist, bedarf die Konkretisierung des Konnexitätsprinzips komplizierter und im Kern weitgehend politischer Bewertungen.[88] Sieht man genau hin, ließe sich jede Frage der Finanzpolitik als eine Rechtsfrage im Blick auf das Konnexitätsprinzip formulieren. Doch ist es in funktionell-rechtlicher Perspektive wohl kaum anzuraten, jede Streitfrage der Finanzpolitik zu einer (prinzipiell justiziablen) Rechtsfrage zu erklären.[89] Daß die so gestellte Rechtsfrage vollständig vom Verfassungsgericht nachgeprüft – oder gar die inhaltliche Wertung des Gesetzgebers durch eigene Bewertungen des Gerichts ersetzt würde – ist in der Funktionenteilung des Grundgesetzes letztlich nur schwer vorstellbar.[90]

Der Konnexitätsgrundsatz erweist sich damit aber letzten Endes als eine bewußt ‚offene‘ Norm, deren Konkretisierung im Kern den politischen Instanzen übertragen ist, als eine eher programmatische denn juristisch für die Fallösung handhabbare (und damit justiziable) Norm. Er stellt eine einleuchtende programmatische Forderung auf; rechtsförmig durchzusetzen ist diese Programmatik dagegen kaum. Wird die Konkretisierung – wie im System des Grundgesetzes – einem Teil des Bundesstaates (dem Zentralstaat) fast vollständig überantwortet, in der Bestimmung der Einnahmen wie der notwendigen Ausgaben, so darf man sich im Ergebnis kaum verwundern, wenn die Verteilung von Ausgaben und Einnahmen asymmetrisch ausfällt. Schon seit den Anfangsjahren der Bundesrepublik – man denke an den berühmten ‚Juliusturm‘ – hat der Bundesgesetzgeber bekanntlich dafür gesorgt, daß in seinen Haushalten nennenswerte Verfügungsmassen an Finanzmitteln zur Verfügung standen, mit deren Vergabe Einfluß auf die Länder gewonnen werden konnte. Letztlich beruht – wenn man es denn einmal krass formulieren möchte – der ganze ‚kooperative Föderalismus‘ der Art. 91 a, 91 b und 104 a Abs. 4 des Grundgesetzes[91], der aus der ‚Bundesfondsverwaltung‘ hervorgegangen ist, auf einer systematischen Mißachtung des ‚Konnexitäts-

[87] Vgl. allgemein zum Problem der eingeschränkten Justiziabilität der Finanzverfassung *R. Prokisch* (Fn. 53), S. 26ff., 74ff., 109ff., ferner *G.F. Schuppert / R. Dahrendorf* (Fn. 49), S. 12ff., 20f.; *F. Ossenbühl* (Fn. 63), S. 101ff.

[88] Diese Parallele zieht auch *R. Prokisch* (Fn. 53), S. 92ff.

[89] Vgl. auch zur parallelen Problematik beim Finanzausgleich *G.F. Schuppert / R. Dahrendorf* (Fn. 49), S. 12ff.; *F. Ossenbühl* (Fn. 63), S. 103ff.

[90] Siehe auch ergänzend zur generellen Unbestimmtheit der finanzverfassungsrechtlichen Begriffe und zu den daraus resultierenden (kompetenzrechtlich fundierten) Beurteilungsspielräumen *R. Prokisch* (Fn. 53), S. 109ff., insbes. S. 123ff., ferner *F. Kirchhof* (Fn. 28), S. 76f. und *F. Ossenbühl* (Fn. 53), S. 743ff. sowie *F. Kirchhof* (Fn. 68). S. D 31ff.

[91] Vgl. zur finanzverfassungsrechtlichen Problematik der Art. 104 a Abs. 4 und 91 a, 91 b GG *H.H. von Arnim* (Fn. 80), § 103 Rdnrn. 41ff., 63ff.

grundsatzes'. Nur weil der Bund aus von ihm nicht benötigten Finanzmitteln Reserven ansammelt, mit denen er dann die Erfüllung der Länderaufgaben subventionieren kann, sind Institute wie die Gemeinschaftsaufgaben überhaupt denkbar.

Dies ist nicht zwangsläufig und in jedem Fall ein Verstoß gegen den Konnexitätsgrundsatz.[92] Daß der Zentralstaat in einem bundesstaatlichen Gefüge in gewissem Umfang über freie Mittel verfügen muß, um Haushaltsschwächen und Sonderlasten einzelner Gliedstaaten abzufangen, ist eigentlich eine Selbstverständlichkeit. Auf Institute wie die Bundesergänzungszuweisungen oder die Übernahme von Sonderbelastungen nach Art. 106 Abs. 8 GG wird kaum jemals völlig verzichtet werden können. Doch die proportionale Aufteilung der gewährten Mittel – wie vielfach bei den Investitionshilfen und auch bei manchen Gemeinschaftsaufgaben[93] – zeigt an, daß die Ressourcenverteilung grundsätzlich fehlgesteuert ist, daß letztlich – finanzverfassungsrechtlich gesprochen – der ‚Konnexitätsgrundsatz' mißachtet ist, denn es dürfte eigentlich nicht nur nicht Aufgabe des Bundes sein, Länderaufgaben anteilsmäßig zu finanzieren, sondern bei angemessener Aufteilung der Finanzmittel dürfte er dafür auch gar kein Geld haben.

Auch die Bestimmung des Art. 104 a Abs. 3 GG, derzufolge der Bund bei Geldleistungsgesetzen grundsätzlich zumindest drei Viertel der Geldleistungen zu tragen hat, soweit nicht der Bundesrat der Tragung eines Kostenanteils durch die Länder zustimmt[94], ist unter dieser Perspektive ein Sündenfall gegen den Konnexitätsgrundsatz.[95] Während bei der Kostentragungsregelung des Art. 104 a Abs. 2 GG, die dem Bund die Ausgaben der Bundesauftragsverwaltung auferlegt, die Logik der Bestimmung noch einzusehen ist, soweit man die Bundesauftragsverwaltung als ein Surrogat der Bundeseigenverwaltung versteht[96], ist diese Logik bei der Kostenregelung des Abs. 3 des Art. 104 a GG kaum mehr nachzuvollziehen. Erlegt ein Gesetz den Ländern bestimmte durch Gesetz festgelegte Geldleistungen an Dritte auf, auf die nach dem Gesetz ein Rechtsanspruch besteht, so wäre nach den Grundsätzen der Konnexität (ohne Art. 104 a Abs. 3 GG) eigentlich die allgemeine Verteilung der Finanzmittel zwischen Bund und Ländern an-

---

[92] Vgl. aber zum grundsätzlichen Verbot der Finanzierung fremder Aufgaben *H. Siekmann*, Art. 107 Rdnr. 12, in: M. Sachs (Hrsg.), Kommentar zum Grundgesetz, 1995.

[93] Vgl. nur *H. Fischer-Menshausen*, Art. 104 a Rdnr. 48, in: von Münch, GG-Komm. Bd. 3, 2. Aufl. 1983.

[94] Vgl. zur Interpretation dieser Bestimmung insbes. *K. Vogel / P. Kirchhof*, Zweitbearb. Art. 104 a Rdnrn. 79ff., insbes. Rdnrn. 95 (1971), in: Bonner Kommentar, außerdem *T. Maunz*, Art. 104 a Rdnrn. 29ff. (1977), in: Maunz/Dürig und *H.H. von Arnim* (Fn. 80), § 103 Rdnr. 34; teilweise wird allerdings auch – unter Verkennung der ratio legis des Art. 104 a GG – behauptet, daß bei völligem Verzicht des Gesetzes auf eine Kostentragungsregelung Art. 104 a Abs. 3 GG keine Zustimmungsbedürftigkeit auslöse – vgl. etwa *H. Fischer-Menshausen*, Art. 104 a Rdnr. 19, in: von Münch, GG-Komm. Bd. 3, 2. Aufl. 1983.

[95] Kritisch zu dieser Bestimmung jüngst auch *F. Kirchhof* (Fn. 68), S. D 30f., sowie *F. Schoch / J. Wieland* (Fn. 83), S. 133ff.

[96] Vgl. dazu *K. Vogel / P. Kirchhof*, Zweitbearb. Art. 104 a Rdnrn. 72ff. (1971), in: Bonner Kommentar; vgl. allerdings auch *H.H. von Arnim* (Fn. 80), § 103 Rdnr. 29; *F. Schoch / J. Wieland* (Fn. 83), S. 131ff.; *F. Kirchhof* (Fn. 68), S. D 29f.

zupassen. Indem der Bund stattdessen gemäß Art. 104 a Abs. 3 GG einen Großteil der Kosten selbst übernimmt, im Gegenzug dafür aber mit dem Übergang des Vollzuges in die Bundesauftragsverwaltung sich regelmäßig gesteigerte Ingerenzrechte einräumen läßt, umgeht er letztlich die aufgabenadäquate Ausstattung der Länder mit Finanzmitteln, um sich über die Kombination von eigener Kostentragung und Auftragsverwaltung Befugnisse der einheitlichen Steuerung der Landesverwaltungen zu sichern. Zudem gewinnt er über Art. 104 a Abs. 3 GG die Möglichkeit, entgegen der allgemeinen Regel des Art. 104 a Abs. 2 GG (volle Kostentragung bei Auftragsverwaltung) die Länder mit einem Teil der Kosten zu belasten und sich gleichwohl die Steuerungsbefugnisse der Auftragsverwaltung zu sichern.

Doch selbst von diesen bewußt in der Verfassung im Zuge der Großen Finanzreform 1969 verankerten Durchbrechungen der Konnexität abgesehen, wird man nicht unbedingt behaupten können, daß das Prinzip der Konnexität vom Bundesgesetzgeber in der Verfassungspraxis immer sehr ernstgenommen werde.[97] Verlagerungen von Aufgaben zwischen den einzelnen staatlichen Ebenen ohne jeglichen finanziellen Ausgleich gehören zum politischen Alltag der bundesrepublikanischen Staatspraxis.[98] Der Bund nutzt seine Verfügungsgewalt über die ausgabenträchtigen Regelungswerke vielfach, um Lasten auf Länder und Gemeinden abzuschieben – man denke nur an den finanzpolitischen Verschiebebahnhof, der in der Verfassungspraxis im Kreuzfeld von Rentenversicherung, Arbeitslosenversicherung, Krankenversicherung, Pflegeversicherung und Sozialhilfe entstanden ist, mit der unverkennbaren Neigung des Bundesgesetzgebers, bei Bedarf Lasten auf die – von den Ländern über den Kommunalfinanzausgleich mitalimentierten – kommunalen Sozialhilfehaushalte abzuwälzen.[99]

Das Konnexitätsprinzip ist letztlich ein Surrogat für eine autonome Finanzpolitik, in der – unter demokratischer Kontrolle durch das Parlament und letztlich das Wahlvolk – Einnahmen und Ausgaben immer wieder zur Deckung gebracht werden müssen. Den Länderparlamenten aber ist eine derartige Finanzpolitik kaum möglich, werden doch die elementaren Strukturentscheidungen über Ausgaben und Einnahmen gar nicht auf Landesebene gefällt, sondern in der Bundesgesetzgebung. Mangels autonomer landespolitischer Gestaltung dieser Grundfragen staatlicher Finanzpolitik kann es dementsprechend auch keine demokratische Kontrolle der Steuerpolitik und des Haushaltsgebarens der Länder über Wahlen geben. Die dem Konnexitätsprinzip zugeschobene Aufgabe, nämlich die, die finanzpolitische Schwäche der Länder im zentral gesteuerten Verbundsystem der deutschen Finanzverfassung durch ein Normengefüge zu kompensieren, das

---

[97] Konsequenterweise wird dementsprechend auch zusehends eine Reform in Richtung ‚Veranlassungsprinzip‘ bzw. ‚Gesetzeskausalität‘ gefordert – siehe insbes. *F. Schoch* (Fn. 80), S. 390f., sowie *F. Kirchhof* (Fn. 68), S. D 56ff.

[98] Vgl. insoweit eindringlich *F. Kirchhof* (Fn. 68), S. D 58f.; *F. Schoch* (Fn. 80), S. 389f.

[99] Zur Problematik siehe etwa *F. Schoch* (Fn. 80), S. 389f., *F. Kirchhof* (Fn. 68), S. D 59 sowie *F. Schoch / J. Wieland* (Fn. 83), S. 99ff., 119ff., 141ff.

die Kongruenz von Einnahmen und Ausgaben sichert[100], kann dieser Grundsatz aber mangels entsprechender Bestimmtheit nicht erfüllen.

14.4. Die Bundesrepublik – ein Bundesstaat ohne finanzverfassungsrechtliche Grundlage ?

Besieht man sich unbefangen den finanzwirtschaftlichen Befund einer ‚strukturellen Übermacht' des Bundes, der sich in der fast völligen Konzentration von Gestaltungsmacht über Einnahmen und Ausgaben zeigt, so lassen sich Zweifel an der Ausgewogenheit der deutschen Finanzverfassung kaum verdrängen.[101] Es ist unter diesem Blickwinkel klar erkennbar, daß die Verbundwirtschaft der grundgesetzlichen Finanzverfassung nicht wirklich die „Eigenständigkeit und Eigenverantwortlichkeit der Aufgabenwahrnehmung" sichert, die immer als Grundanliegen jeder bundesstaatlichen Finanzverfassung beschworen wird, und daß sie letztlich vor der Aufgabe versagt, die Länder zu „selbstverantwortlicher Haushaltswirtschaft" zu befähigen, die erst den Ländern einen „ausreichenden und rechtlich gesicherten Handlungsspielraum für eine eigenständige Politik" gewährleisten könnte.[102]

Verschärft worden ist dieses Problem noch durch die finanzwirtschaftlichen Folgen der deutschen Vereinigung.[103] Eine direkte Integration der neuen Bundesländer in das etablierte bundesrepublikanische System des horizontalen Finanzausgleichs wäre nicht durchführbar gewesen, ohne die alten Bundesländer in eine tiefe Haushaltskrise zu stürzen.[104] Entweder das Volumen der Ausgleichsmasse

---

[100] Zum Zusammenhang zwischen Kongruenzprinzip und Konnexitätsprinzip vgl. *H.H. von Arnim* (Fn. 80), § 103 Rdnrn. 8f.

[101] Siehe insoweit auch *R. Hendler*, Finanzverfassungsreform und Steuergesetzgebungshoheit der Länder, DÖV 1993, S. 292ff.

[102] Vgl. insbes. *H. Schneider*, Die Grenzen der Leistungsfähigkeit des bundesstaatlichen Finanzausgleichs, in: Gedächtnisschrift für Wilhelm Karl Geck, 1989, S. 701, 716ff.

[103] Vgl. *R. Peffekoven*, Deutsche Einheit und Finanzausgleich, Staatswissenschaften und Staatspraxis 1 (1990), S. 485ff.; *J. Fiedler*, Die Regelung der bundesstaatlichen Finanzbeziehungen im Einigungsvertrag, DVBl. 1990, S. 1263ff.; *S. Franke*, Zur Neuordnung der Finanzverfassung im vereinten Deutschland, VerwArch 82 (1991), S. 526ff.; *W. Patzig*, Zwischen Solidität und Solidarität – Die bundesstaatliche Finanzverfassung in der „Übergangszeit", DÖV 1991, 5S. 78ff.; *M. Kilian*, Das System des Länderfinanzausgleichs und die Finanzierung der neuen Bundesländer, JZ 1991, S. 425ff.; *S. Korioth*, Die Finanzausstattung der neuen Bundesländer, DVBl. 1991, S. 1048ff.; *H. Klatt*, Deutsche Einheit und föderales System, ZBR 1992, S. 225, 226ff.; *W. Heun*, Strukturprobleme des Finanzausgleichs, Der Staat 31 (1992), S. 205ff.; *J. Wieland*, Einen und Teilen. Grundsätze der Finanzverfassung des vereinten Deutschlands, DVBl. 1992, S. 1181ff.; *R. Eckertz*, Der gesamtdeutsche Finanzausgleich im System des geltenden Verfassungsrechts, DÖV 1993, S. 281ff.; *O.-E. Geske*, Unterschiedliche Anforderungen an den neuen Länderfinanzausgleich, Wirtschaftsdienst 1993, S. 71ff.; *D. Carl* (Fn. 14), S. 120ff., 151ff.; *P. Selmer*, Finanzverfassung im Umbruch. Das 3-Phasen-Modell des finanzverfassungsrechtlichen Einigungsprozesses, in: Verfassungsrecht im Wandel. Zum 180jährigen Bestehen der Carl Heymanns Verlag KG, 1995, S. 231ff.

[104] Vgl. zur einschlägigen Diskussion und zu den vorgeschlagenen Regelungsmodellen *D.*

hätte auf Kosten der ausgleichspflichtigen Länder sofort massiv erhöht werden müssen, unter Absenkung der Schwelle, ab der überschießende Einnahmen voll abgeschöpft werden, oder das Ausgleichsniveau (und damit die Höhe der Ausgleichszahlungen an die ausgleichsberechtigten alten Länder) hätte beträchtlich vermindert werden müssen, was unweigerlich einen Haushaltsnotstand in Länder wie Bremen und dem Saarland nach sich gezogen hätte.[105]

Die im Ergebnis verfolgte Alternativstrategie war ihrerseits nicht ohne verfassungsrechtliche Problematik.[106] Über Art. 7 Abs. 3 S. 1 des Einigungsvertrages wurde die Anwendung wesentlicher Teile des Art. 107 GG (Abs. 1 S. 4, Abs. 2) in den neuen Bundesländern suspendiert (bis zum 31. 12. 1994); an deren Stelle trat – eine verfassungsrechtlich bedenkliche Lösung[107] – außerhalb des Verfassungstextes ein provisorisches Regime der völlig anders strukturierten Umsatzsteuerverteilung, ergänzt durch Leistungen aus dem Fonds „Deutsche Einheit“.[108] Provisorische Finanztransfers und kreditfinanzierte Mittel aus Nebenhaushalten bzw. parafiskalischen Sonderfonds[109] traten damit für mehrere Jahre an die Stelle der regulären „sekundären“ Umverteilung der Ländereinnahmen aus dem Steuerverbund.

Das Sonderregime dieser irregulären Finanztransfers wurde sinnvollerweise über den 31. 12. 1994 hinaus nicht verlängert.[110] Die – wohl nur als Übergangsre-

---

Carl (Fn. 14), S. 151 ff. sowie *R. Peffekoven*, Reform des Finanzausgleichs – eine vertane Chance, FinanzArchiv NF 51 (1994), S. 281 ff.

[105] Siehe zu den befürchteten Folgewirkungen einer direkten Einbeziehung der neuen Länder in das System des Finanzausgleichs *R. Peffekoven* (Fn. 103), S. 496 ff., *S. Korioth* (Fn. 103), S. 1053, sowie *R. Eckertz* (Fn. 103), S. 285 ff. und *G.F. Schuppert*, Maßstäbe für einen künftigen Länderfinanzausgleich, Staatswissenschaften und Staatspraxis 4 (1993), S. 26, 28 f.; vgl. auch die ökonometrischen Modellrechnungen zu den unterschiedlichen Varianten einer Integration der neuen Länder in die bundesrepublikanische Finanzverfassung bei *T. Müller-Overheu*, Der bundesstaatliche Finanzausgleich im Rahmen der deutschen Einheit, 1994, S. 87 ff., in dem im Auftrag des Bundesministers für Wirtschaft erstellten Gutachten von *M. Hummel / W. Nierhaus*, Die Neuordnung des bundesstaatlichen Finanzausgleichs im Spannungsfeld zwischen Wachstums- und Verteilungszielen, 1994, S. 55 ff., 67 ff., sowie bei *T. Lenk*, Vergleich alternativer Ausgleichsmechanismen für den Länderfinanzausgleich, Zeitschrift für Wirtschafts- und Sozialwissenschaften 115 (1995), S. 231 ff.

[106] Vgl. insoweit etwa *H. Siekmann*, Art. 107 Rdnr.1, in: M. Sachs (Hrsg.), Kommentar zum Grundgesetz, 1995, ferner ausführlich zur verfassungsrechtlichen Problematik der Übergangsregelungen des Einigungsvertrages *D. Carl* (Fn. 14), S. 128 ff.

[107] Das BVerfG hat allerdings einen Verstoß gegen Art. 79 Abs. 1 GG verneint – BVerfGE 84, 90, 119.

[108] Vgl. zum Übergangsregime auf der Basis des Art. 7 Abs. 3 S. 1 EinV und insbes. zum Fonds „Deutsche Einheit“ *D. Carl* (Fn. 14), S. 120 ff. (m.w.N.), ferner *R. Peffekoven* (Fn. 103), S. 488 ff.; *J. Fiedler* (Fn. 103), S. 1264 ff.; *W. Patzig* (Fn. 103), S. 579 ff.; *S. Korioth* (Fn. 103), S. 1049 ff.; *F. Klein*, Zur Finanzverfassung von Bund und Ländern nach dem Grundgesetz und dem Einigungsvertrag, BayVBl. 1992, S. 49, 50 ff.

[109] Zum verfassungsrechtlichen Problem der Nebenhaushalte und parafiskalischen Finanzströme siehe nur *M. Kilian*, Nebenhaushalte des Bundes, 1993, insbes. S. 741 ff., 863 ff. ferner *F. Kirchhof* (Fn. 28), S. 102 ff. sowie *ders.*, Finanztransfers aus Separathaushalten im Bundesstaat, in: Das akzeptierte Grundgesetz. Festschrift für Günter Dürig zum 70.Geburtstag, 1990, S. 447 ff.

[110] Siehe *R. Eckertz*, Die Aufhebung der Teilung im gesamtdeutschen Finanzausgleich, ZRP

gelung hinnehmbare[111] – Sonderbehandlung der neuen Länder wurde vielmehr im Rahmen des „Föderalen Konsolidierungsprogramms" beendet; Art. 107 GG gilt seitdem auch für die neuen Länder uneingeschränkt.[112] Die Einbeziehung der östlichen Länder forderte allerdings ihren Preis: Der Bund mußte -neben einer ganzen Reihe weiterer finanzpolitischer Zugeständnisse – ganze 7% seiner Umsatzsteueranteile an die Länder abtreten, die damit das erhöhte Finanzausgleichsvolumen finanzierten.[113] Als Folge davon ist eine Intensivierung des Verteilungskampfes zwischen Bund und Ländern zu beobachten: Der Bund sucht seine ‚normalen' Umsatzsteueranteile wiederzuerlangen, während die Länder eine dauerhafte Verschlechterung ihrer Finanzausstattung abzuwenden bemüht sind. Die Eigenausstattung der neuen Länder mit Finanzmitteln ist immer noch äußerst prekär[114], was zugleich verstärkte Verteilungskämpfe im Verhältnis zwischen Ost und West im Gefolge hat. Die neuen Länder bleiben auf ergänzende Mittel des Bundes angewiesen, was erhebliche Einflußmöglichkeiten des Bundes begründet und die gemeinsame Interessenwahrnehmung der Länder erschwert. Zudem hat der Bund – in einer Neuauflage der traditionellen ‚Bundesfondsverwaltung' – in den neuen Ländern finanziellen Einfluß auf Politikbereiche gewonnen, die ihm im Westen bisher versperrt waren (man denke nur an die zahlreichen Subventionen im Bereich der Kultur, die über den Fonds „Deutsche Einheit" fließen). Die als Folge der Vereinigung von zahlreichen Beobachtern prognostizierte weitere Zentralisierung der Finanzverfassung[115] ist daher durchaus eine reale Gefahr, wenn auch die Ländergesamtheit es durch die Einbeziehung der östlichen Länder in das System des Finanzausgleichs vermieden hat, eine Gruppe von Ländern finanzwirtschaftlich dauerhaft an den Tropf von Finanztransfers des Bundes zu hängen.

1993, S. 297, 298ff.; *C. Esser*, Der neue Länderfinanzausgleich: Undurchschaubarkeit als Prinzip, Wirtschaftsdienst 1994, S. 358ff.; *U. Häde*, Die Neuordnung der bundesstaatlichen Finanzbeziehungen, JZ 1994, S. 76, 77f.; *D. Carl* (Fn. 14), S. 170ff.

[111] So zu Recht *H. Siekmann*, Art. 107 Rdnr. 1, in: M. Sachs (Hrsg.), Kommentar zum Grundgesetz, 1995; vgl. auch *P. Selmer* (Fn. 26), S. 31ff.

[112] Siehe das durch Art. 33 des Gesetzes über das ‚Föderale Konsolidierungsprogramm' (FKPG) v. 23. 6. 1993 – BGBl. 1993 I, 944 – eingeführte neue Finanzausgleichsgesetz, das am 1. 1. 1995 in Kraft getreten ist. Vgl. dazu auch *P. Selmer*, Die gesetzliche Neuordnung der bundesstaatlichen Finanzbeziehungen. Verfassungsrechtliche und verfassungsrechtspolitische Bemerkungen zur 2. Phase des finanzverfassungsrechtlichen Einigungsprozesses, FinanzArchiv NF 51 (1994), S. 331ff.

[113] Siehe § 1 Abs. 1 Finanzausgleichsgesetz (Art. 33 FKPG v. 23. 6. 1993, BGBl. 1993 I, 944). Vgl. dazu auch *H. Siekmann*, Art. 106 Rdnr. 14, in: M. Sachs (Hrsg.), Kommentar zum Grundgesetz, 1995.

[114] Siehe nur die Ausführungen des sächsischen Finanzministers *G. Milbradt*, Finanzielle Rahmenbedingungen in den neuen Bundesländern, in: K. Stern (Hrsg.), Vier Jahre Deutsche Einheit, 1995, S. 151ff.

[115] Siehe etwa *J.J. Hesse / W. Renzsch*, Zehn Thesen zur Entwicklung und Lage des deutschen Föderalismus, Staatswissenschaften und Staatspraxis 1 (1990), S. 562, 569ff. sowie *F.W. Scharpf*, Föderalismus an der Wegscheide: eine Replik, ebda., S. 579, 580ff.

Wie im System der deutschen Finanzverfassung die so vielfach als Zielsetzung des Finanzausgleichs propagierte ‚Einheitlichkeit der Lebensverhältnisse' herzustellen sein wird, ohne die zum Maßstab der Einheitlichkeit erhobenen Standards der westlichen Länder abzusenken, ist allerdings bis heute noch unklar.[116] Ob die Ressourcen wirklich ausreichen, die Standards der westlichen Bundesländer in Fragen der Infrastrukturausstattung, der gewährten sozialpolitischen Leistungen, aber auch der Ausstattung der Verwaltungsapparate weiter auf der gewohnten Höhe aufrechtzuerhalten, unter gleichzeitiger Anhebung der entsprechenden Standards in den neuen Ländern auf das Niveau des Westens, ist insgesamt eher fraglich. Das gerade im Bereich der Finanzverfassung immer wieder als ganz zentrales Leitbild propagierte Prinzip der „Einheitlichkeit der Lebensverhältnisse" ist damit – folgt man dem Tenor der vorangegangenen Darlegungen – in eine schwere Krise geraten.[117]

---

[116] *P. Selmer* (Fn. 26), S. 23.

[117] Krisenerscheinungen diagnostizieren auch *P. Selmer* (Fn. 26), S. 18f., 23; *H. Klatt* (Fn. 103), S. 227f.; *F. W. Scharpf* (Fn. 115), S. 580.

15. Kapitel:
Die Rechtseinheit als Leitbild der deutschen Bundesstaatslehre – Kritische Überlegungen zum Topos der ‚Einheitlichkeit der Lebensverhältnisse'

15.1. Die „Einheitlichkeit der Lebensverhältnisse" – ein Verfassungsgebot?

Die im vorausgehenden Kapitel konstatierte Krise des Paradigmas der „Einheitlichkeit der Lebensverhältnisse" verstärkt die Fragen nach Sinn und Zweck wie nach der rechtlichen Natur dieses vielfach beschworenen Leitprinzips der Bundesstaatlichkeit unter dem Grundgesetz. Daß die kritischen Fragen zur Angemessenheit des Einheitsparadigmas gerade im Bereich der Finanzverfassung zuallererst und mit besonderer Schärfe vorgetragen werden, ist dabei nicht verwunderlich. Die Finanzverfassung war schließlich – wie oben dargelegt – seit Anbeginn der Bundesrepublik der bundesstaatliche Problembereich, in dem sich die Dominanz des Einheitsleitbildes von jeher am massivsten bemerkbar gemacht hat. In Fragen der Finanzverfassung war schon der Parlamentarische Rat extrem unitarisch orientiert; der Gedanke eigener Steuertarife (oder auch nur Hebesätze) der Länder mit dementsprechender Unterschiedlichkeit der Steuerhöhen zwischen den Ländern als Folgewirkung, der für traditionelle Bundesstaaten typisch ist, stieß im Parlamentarischen Rat auf entschiedene Ablehnung. Unterschiedliche Steuersätze würden – so die nahezu allgemeine Auffassung 1948/49 – die Wettbewerbsbedingungen verfälschen und die Rechts- und Wirtschaftseinheit unterminieren, an der der deutschen Nachkriegspolitik doch so viel lag.

Das gegenwärtige Zusammenfließen zweier unterschiedlicher Stränge von Kritik am Leitbild der „Einheitlichkeit der Lebensverhältnisse" läßt die unvoreingenommene Auseinandersetzung mit Schwächen und Stärken der traditionellen deutschen Einheitsorientierung im Bundesstaatsrecht allerdings eher schwieriger werden als daß sie zu deren Gelingen beitrüge. Der durch die aktuelle Entwicklung bedingten – man könnte sagen: ‚konjunkturellen' – Kritik am Leitbild der ‚Einheitlichkeit' haftet zu sehr der Beigeschmack des institutionellen Eigeninteresses an, als daß auf dessen Basis eine ernsthafte Diskussion über Einheit und Vielfalt, über Integration und Subsidiarität im Bundesstaatsrecht geführt werden könnte[1]. Wenn auch der Gesichtspunkt der Beschränktheit der Ressourcen und

[1] Vgl. etwa *G.F. Schuppert*, Der bundesstaatliche Finanzausgleich: Status-quo-Denken oder Reformprojekt?, Staatswissenschaften und Staatspraxis 6 (1995), S. 675, 680ff.

die daraus resultierende Frage, ob die vorhandenen Mittel wirklich ausreichen, im Stile der alten Bundesrepublik eine Politik der fast völligen Angleichung der Finanzausstattung zu betreiben, ihre unbestreitbare sachliche Berechtigung aufweisen, so wird der Gesichtspunkt doch meist von Kreisen in die Diskussion eingebracht, die ein allzu offenkundiges Interesse daran haben, möglichst wenig Finanzmittel im Dienste der Solidarität mit den neuen Ländern abzugeben.[2]

Was dadurch tendenziell leider eher verdeckt wird, ist die alte, schon seit langem vorhandene ‚immanente' Kritik an der sachlichen Angemessenheit eines bundesstaatstheoretischen Leitbildes der „Einheitlichkeit der Lebensverhältnisse".[3] Auch dieser Diskussionsstrang hatte übrigens im Kern seine Wurzeln zunächst in der Finanzverfassung, ist die Finanzverfassung doch traditionell – wie geschildert – in besonderem Maße durch die Dominanz des Einheitsleitbildes geprägt; in der Finanzverfassung zeigen sich aber zugleich auch schon seit langer Zeit am deutlichsten die negativen Folgewirkungen eines derartigen Paradigmas.

Die Kritik stammte dabei zunächst aus Fachkreisen der Ökonomie.[4] Das aus der Verfassung abgeleitete Postulat der „Einheitlichkeit der Lebensverhältnisse" sei nicht nur wirtschaftspolitisch überhaupt nicht realisierbar, sondern habe auch in ökonomischer und sozialer Perspektive keineswegs nur positiv zu beurteilende Konsequenzen.[5]

In den juristischen Arbeiten war die Orientierung am Grundsatz der „Einheitlichkeit der Lebensverhältnisse" lange Zeit dagegen kaum hinterfragt.[6] Dies läßt sich besonders einfach wiederum für den Bereich der Finanzverfassung darstellen. Bis in die jüngste Literatur hinein wird dort ungebrochen der Grundsatz der Herstellung „einheitlicher Lebensverhältnisse im Bundesgebiet" als frageloses Leitbild, als ‚ungeschriebenes Rechtsgut der föderativen Finanzverfassung' tradiert.[7] Wie es *Peter Selmer* in seinem Vortrag auf der Staatsrechtslehrertagung

---

[2] Vgl. zu diesen Tendenzen *P. Selmer*, Grundsätze der Finanzverfassung des vereinten Deutschlands, VVDStRL 52 (1993), S. 10, 24.

[3] Vgl. etwa *P. Lerche*, Finanzausgleich und Einheitlichkeit der Lebensverhältnisse, in: Festschrift für Friedrich Berber, 1973, S. 299ff., ferner *H. Fischer-Menshausen*, Unbestimmte Rechtsbegriffe in der bundesstaatlichen Finanzverfassung, in: W. Dreißig (Hrsg.), Probleme des Finanzausgleichs I, 1978, S. 135, 147ff.; vgl. außerdem *W. Renzsch*, Einheitlichkeit der Lebensverhältnisse oder Wettbewerb der Regionen? Sechs Thesen zur Konkurrenz grundlegender Prinzipien im Bundesstaat, Staatswissenschaften und Staatspraxis 8 (1997), S. 87ff.

[4] Vgl. etwa *F. Neumark*, Bemerkungen zu einigen ökonomischen Aspekten der grundgesetzlichen Vorschriften über die Einheitlichkeit der Lebensverhältnisse in der Bundesrepublik Deutschland, in: W. Dreißig (Hrsg.), Probleme des Finanzausgleichs I, 1978, S. 165ff.; *R. Peffekoven*, Zur Neuordnung des Finanzausgleichs, FinanzArchiv NF 45 (1987), S. 181f.; *H. Zimmermann*, Föderalismus und „Einheitlichkeit der Lebensverhältnisse" – Das Verhältnis regionaler Ausgleichsziele zu den Zielen des föderativen Staatsaufbaus, in: K. Schmidt (Hrsg.), Beiträge zu ökonomischen Problemen des Föderalismus, 1987, S. 35ff.

[5] Zu den einzelnen Argumenten vgl. nur *F. Neumark* (Fn. 4), S. 171ff.

[6] Siehe zu dieser Tendenz eingehend *P. Selmer* (Fn. 2), S. 19ff., ferner *H. Hofmann*, Die Entwicklung des Grundgesetzes nach 1949, in: J. Isensee / P. Kirchhof (Hrsg.), Handbuch des Staatsrechts der Bundesrepublik Deutschland, Bd. I, 1987, § 7 Rdnr. 60, und *W. Renzsch*, Finanzverfassung und Finanzausgleich, 1991, S. 282f.

[7] Vgl. etwa *R. Wendt*, Finanzhoheit und Finanzausgleich, in: J. Isensee / P. Kirchhof (Hrsg.),

1992 so treffend beschrieb: Obschon im Grundgesetz „nur höchst unvollkommen ausgeformt", sei doch gerade die Rezeption des Grundsatzes der Herstellung „einheitlicher Lebensverhältnisse" ersichtlich „prägend für die konkrete Bewältigung der dem Bundesstaatsprinzip innewohnenden Spannungslage von Einheit und Vielfalt geworden"[8]. Ob man insoweit wirklich sinnvoll von der „Bewältigung der Spannungslage" sprechen kann, bleibe hier zwar dahingestellt, kennzeichnet doch *Selmer* selbst zwei Sätze weiter das Resultat der so erfolgten Anknüpfung an „das nachdrücklich unitarische Lebensgefühl der Bevölkerung", das einer föderativen Vielfalt der Lebensverhältnisse (im Sinne unterschiedlicher Standards in den Leistungen der öffentlichen Hand) von Beginn an die Zustimmung versagt habe, mit den Worten: „Der unitarische Sozialstaat überwältigte mühelos die bundesstaatliche Differenzierungskomponente."[9]

Die Heranziehung dieses unitarischen Leitmotivs als Begründung für die Erforderlichkeit weitgehend unitarisierender Gestaltung der Finanzverfassung reicht dabei, sieht man genau hin, weit in die Gründungsjahre der Bundesrepublik zurück. Nicht umsonst konnte schon 1955 *Karl Maria Hettlage* nahezu unwidersprochen auf der Staatsrechtslehrertagung verkünden: „Die öffentliche Meinung nimmt schon geringfügige Leistungs- oder Belastungsunterschiede nicht mehr widerspruchslos hin. Ein gleichmäßiger Verwaltungsstandard und eine gleichmäßige Steuerbelastung sind auch im Bundesstaat ein Ideal geworden. Der Kreis der Aufgaben, deren Vollzug keine regionale Mannigfaltigkeit mehr erträgt, wird immer größer."[10] Und die ‚Troeger-Kommission' begründete die Angemessenheit ihrer Vorschläge zur Finanzreform 1966 mit der Feststellung, es werde „das Prinzip der föderativen Freiheit zunehmend von den Forderungen des modernen Sozialstaats überlagert, der die Gleichmäßigkeit der öffentlichen Leistungen und die Einheitlichkeit der Lebensverhältnisse höher bewertet als die Rücksichtnahme auf regionale oder örtliche Besonderheiten".[11]

Die Bundesregierung konnte sich daher weitgehender Zustimmung sicher sein, wenn sie ihren Entwurf zum Finanzreformgesetz 1968 mit den Überlegungen begründete: „Die öffentliche Meinung nimmt wesentliche Leistungs- und Belastungsunterschiede als Preis für eine weitgehende eigenstaatliche Lösung der öffentlichen Aufgaben durch die Länder nicht mehr hin. Annähernd gleichmäßige öffentliche Leistungen ... und eine gleichmäßige Steuerbelastung sind auch im Bundesstaat zur selbstverständlichen Forderung geworden. Das Grundgesetz

---

Handbuch des Staatsrechts der Bundesrepublik Deutschland, Bd.IV, 1990, §104 Rdnr.95; vgl. aber auch schon *H. Pagenkopf*, Harmonisierungsgebote und Nivellierungsverbote im bundesstaatlichen Finanzausgleich, DÖV 1979, 613, sowie *B. Reissert*, Die finanzielle Beteiligung des Bundes an Aufgaben der Länder und das Postulat der „Einheitlichkeit der Lebensverhältnisse im Bundesgebiet", 1975.

[8] *P. Selmer* (Fn.2), S.19f.

[9] *P. Selmer* (Fn.2), S.20.

[10] *K.M. Hettlage*, Die Finanzverfassung im Rahmen der Staatsverfassung, VVDStRL 14 (1956), S.2, 19.

[11] *Kommission für die Finanzreform*, Gutachten über die Finanzreform in der Bundesrepublik Deutschland, 1966, Tz.74.

selbst verpflichtet zur Wahrung der Rechts- und Wirtschaftseinheit und zur Förderung der Einheitlichkeit der Lebensverhältnisse. Kein moderner Bundesstaat, der ein sozialer Rechtsstaat ist, kann sich auf die Dauer einer weitgehenden Angleichung der Lebensverhältnisse entziehen."[12]

Die rechtspolitische Durchschlagskraft der Formel von der „Einheitlichkeit der Lebensverhältnisse" im Bundesgebiet war, wie *Selmer* jüngst konstatierte, „immens".[13] Die verfassungsrechtliche „Verpflichtung zur Wahrung der Rechts- und Wirtschaftseinheit und zur Förderung der Einheitlichkeit der Lebensverhältnisse" wurde praktisch zum Gemeingut in der finanzverfassungsrechtlichen Literatur, ohne daß die normative Herleitung einer derartigen ‚Verfassungspflicht' jemals ernsthaft diskutiert worden wäre. Soweit überhaupt Versuche einer Begründung unternommen wurden, knüpfte man an das Sozialstaatsprinzip an, das seine Ergänzung im „grundgesetzlichen Leitmotiv" der Herstellung der „Einheitlichkeit der Lebensverhältnisse" finde.[14] Insbesondere aus Art. 72 Abs. 2 Ziff. 3 GG wurde insoweit meist pauschal ein „mittelbarer Verfassungsauftrag" abgeleitet. Wie *Hettlage* in der Diskussion der Staatsrechtslehrertagung 1972 argumentierte: Zwar sei dort die Einheitlichkeit der Lebensverhältnisse formal nur als ein Teilziel zur Wahrung der Rechts- und Wirtschaftseinheit neben anderen Zwecken als Anlaß zur Wahrnehmung der konkurrierenden Gesetzgebungskompetenz des Bundes genannt. Aus dieser Kompetenznorm könne und müsse man aber „einen Verfassungsauftrag zur Förderung der Einheitlichkeit der Lebensverhältnisse im gesamten Bundesgebiet ableiten".[15]

Nur wenige kritische Stimmen erhoben sich gegen diese Überanstrengung des Einheitlichkeitsgedankens[16], der das im Bundesstaatsprinzip angelegte Spannungsverhältnis zwischen Einheit und Vielfalt, Integration und Subsidiarität, einseitig zu Lasten der Vielfaltskomponente auflöst.[17] Hingewiesen sei nur auf die den kritischen Punkt der Einheitlichkeitslehre treffende Feststellung von *Peter Lerche*, es sei „nicht unangemessen zu konstatieren, daß die Formel ‚Einheitlichkeit der Lebensverhältnisse' schon eine Art magischen Glanz angenommen" habe. Nicht wenige Probleme blieben auf diese Weise aber verdeckt. Der Trend werde „als Faktum genommen, dem sich die Rechtswelt zu fügen habe".[18] Der objektive Weltgeist als rechtsschöpferische Kraft, das trifft den Argumentationskern der Verkünder der „Einheitlichkeit der Lebensverhältnisse" recht gut – einer ‚Einheitlichkeit'., die von ihnen zur unaufhaltsamen Notwendigkeit stilisiert wird.

---

[12] Regierungsentwurf zum Finanzreformgesetz vom 30.4. 1968, BT-Drs. V/2861, Tz. 10.

[13] *P. Selmer* (Fn. 2), S. 20.

[14] So z.B. *H. Pagenkopf*, Der Finanzausgleich im Bundesstaat, 1981, S. 157f.

[15] *K.M. Hettlage*, Diskussionsbeitrag, VVDStRL 31 (1973), S. 100.

[16] Vgl. insbes. *P. Lerche* (Fn. 3), S. 299ff., außerdem noch *F. Ossenbühl*, Verfassungsrechtliche Grundfragen des Länderfinanzausgleichs gemäß Art. 107 II GG, 1984, S. 25ff.; *P. Kirchhof*, Der Verfassungsauftrag zum Länderfinanzausgleich als Ergänzung fehlender und als Garant vorhandener Finanzautonomie, 1982, S. 15ff.; *K. Stern*, Das Staatsrecht der Bundesrepublik Deutschland Bd. II, 1980, S. 1166ff.; *H. Fischer-Menshausen* (Fn. 3), S. 147ff.

[17] So *P. Selmer* (Fn. 2), S. 22.

[18] *P. Lerche* (Fn. 3), S. 302.

Mit „erstaunlicher Unbekümmertheit“[19] geäußerte Behauptungen von der Existenz eines Verfassungsgebotes der „Einheitlichkeit der Lebensverhältnisse“ finden sich bis heute in der finanzverfassungsrechtlichen Literatur.[20] Im Gefolge der Wiedervereinigung erlebte der Gedanke eines einschlägigen Verfassungsgebotes gar eine deutliche Renaissance. Eine Reihe von Autoren suchte ganz gezielt das Prinzip dafür nutzbar zu machen, die Forderung nach möglichst schneller Angleichung der Lebensverhältnisse als ein rechtliches Gebot verfassungsrechtlich zu fundieren.[21]

Auch außerhalb der Finanzverfassung hat der Gedanke, das im Grundgesetz an einigen Stellen in Bezug genommene Ziel der ‚Einheitlichkeit der Lebensverhältnisse‘ stelle ein Verfassungsgebot, zumindest aber eine Staatszielbestimmung dar, seit Jahrzehnten vielfältige Anhängerschaft gefunden. Schon *Arnold Köttgen* stufte in seinem großangelegten Überblick über den ‚Einfluß des Bundes auf die deutsche Verwaltung‘ aus dem Jahre 1954 Art. 72 GG als eine ausdrückliche grundgesetzliche Anerkennung der „traditionellen Aufgabe des Zentralstaates“ an: „der Wahrung der Rechts- und Wirtschaftseinheit“.[22] Mit dem Siegeszug der Integrationslehre im Konzept des ‚unitarischen Bundesstaates‘ gewann der Gedanke einer unvermeidlichen Unitarisierung, der auch in der Verfassungsinterpretation seinen Ausdruck zu finden habe, weiter an Plausibilität für die Interpreten der Verfassung. *Konrad Hesse* selbst nahm allerdings in seiner paradigmatischen Schrift zum ‚unitarischen Bundesstaat‘ die „Notwendigkeit“ einer „Wahrung der Einheitlichkeit der Lebensverhältnisse“ nur als eine zunächst außerrechtliche, gesellschaftliche Zwangsläufigkeit in Bezug, die das Verfassungsrecht in seiner Verarbeitung der realen gesellschaftlichen Prozesse, der „Verfassungswirklichkeit“, zu berücksichtigen habe.[23] Die sachliche Unitarisierung sei „eine Erscheinung, die aus den Notwendigkeiten der Zeit resultiert; sie aufhalten zu wollen, würde letztlich ein vergebliches Unterfangen sein und die normative Kraft der Verfassung in äußerste Gefahr bringen“.[24] Die Tendenz zur „Wahrung

---

[19] *P. Selmer* (Fn. 2), S. 24.

[20] Vgl. etwa *D. Carl*, Kompetenz und Pflicht des Bundes zur Unterstützung strukturschwacher Regionen, AöR 114 (1989), S. 450, 463ff.; *F. Kirchhof*, Grundsätze der Finanzverfassung des vereinten Deutschlands, VVDStRL 52 (1993), S. 71, 83f.

[21] Vgl. etwa *H. Hohmann*, Der Verfassungsgrundsatz der Herstellung einheitlicher Lebensverhältnisse im Bundesgebiet – Erläutert anhand der fünf neuen Bundesländer, DÖV 1991, S. 191ff.; *W. Ernst*, Die Alternative: Neugliederung des Bundesgebietes, DVBl. 1991, S. 1024, 1028ff.; *M. Kilian*, Das System des Länderfinanzausgleichs und die Finanzierung der neuen Bundesländer, JZ 1991, S. 425, 426; *W. Milbradt*, Finanzausstattung der neuen Bundesländer und gesamtstaatlicher Finanzausgleich im Dienste der Einheit, Staatswissenschaften und Staatspraxis 2 (1991), S. 304, 311; *H.P. Schneider*, Die bundesstaatliche Ordnung im vereinigten Deutschland, NJW 1991, S. 2448, 2451ff.; *W. Heun*, Strukturprobleme des Finanzausgleichs, Der Staat 31 (1992), S. 205, 214; *J. Wieland*, Einen und Teilen. Grundsätze der Finanzverfassung des vereinten Deutschlands, DVBl. 1992, S. 1181, 1182, 1192.

[22] *A. Köttgen*, Der Einfluß des Bundes auf die deutsche Verwaltung und die Organisation der bundeseigenen Verwaltung, JÖR NF 3 (1954), S. 67, 71.

[23] Siehe *K. Hesse*, Der unitarische Bundesstaat, 1962, S. 14ff.

[24] *K. Hesse* (Fn. 23), S. 21.

der Einheitlichkeit der Lebensverhältnisse" als eine „innere Gesetzlichkeit" der Verfassungswirklichkeit zeige sich nirgends deutlicher als in der Selbstkoordinierung der Länder.[25] Nichts könne deutlicher machen, „daß es heute weit mehr auf Einheitlichkeit und Gleichmäßigkeit ankommt als auf die Beachtung regionaler Besonderheiten" als der Drang zur freiwilligen sachlichen Angleichung der landesrechtlichen Zustände und zur Ausbildung einer gleichförmigen Verwaltungspraxis.[26]

In der aus diesem Befund gezogenen Folgerung knüpfte *Hesse* direkt an seinen Lehrer *Smend* an: Es bestätige sich hier die schon für die bundesstaatliche Ordnung der Weimarer Republik von *Rudolf Smend* getroffene Feststellung, daß angesichts der starken sachlichen Unitarisierung im modernen Bundesstaat an die Stelle der den Ländern verlorengegangenen Landesgewalt das Moment ihrer Beteiligung an der Reichsgewalt getreten sei, daß die Länder in dieser Beteiligung ein weiteres Stück politischen Lebens führten und auch hier ihre Staatsnatur verwirklichten.[27] Die als zwangsläufig gesehene Unitarisierung wurde damit ins Positive gewendet, zum Fundament einer neuen Bundesstaatslehre erhoben, als einer neuen Stufe der Einheitsbildung. Das darin steckende Moment einer bewußten Harmonisierung gegenläufiger Prinzipien und Entwicklungen, einer Hegelianischen Aufhebung der Gegensätze in einer neuen Synthese, ist auf seine Art dabei typisch für die Integrationslehre. *Hesse* konnte so die in der traditionellen Bundesstaatslehre behaupteten Antinomien zwischen Bundesstaat und Demokratie, Bundesstaat und Sozialstaat, zwischen politischem Föderalismus und gesellschaftlichem Unitarismus für hinfällig erklären.[28] Bundesstaat und Demokratie etwa ergänzten sich im ‚unitarischen Bundesstaat' auf geradezu ideale Weise. Bundesstaat und Sozialstaat wurden von *Hesse* zu einer neuen Synthese verschmolzen: Der Begriff des ‚unitarischen Bundesstaates' enthalte keineswegs eine contradictio in adjecto, wie oft behauptet, sondern der Wortlaut des Grundgesetzes lasse erkennen, daß der Bundesstaat des Grundgesetzes offenbar auf anderen Grundlagen beruhen solle als der Bundestaat überkommener Prägung; die im „Sozialstaat geforderten Formen einheitlicher und gleichmäßiger Ordnung" stünden nicht notwendig im Widerspruch zu den Gestaltungsformen des unitarischen Bundesstaates, sondern ergänzten diese zu einem neuen Typus von „zukunftsweisender Bedeutung".[29] Die im Sozialstaatsprinzip angesiedelte Forderung nach „einheitlicher und gleichmäßiger Ordnung" war damit in den Begriff des Bundesstaates, als des „sozialen Bundesstaates", implantiert, die alte Spannung zwischen Einheit und Vielfalt zugunsten der sozialstaatlichen Einheitlichkeit aufgelöst.

Was bei *Hesse* in den normativen Konsequenzen nur angedacht und angedeutet worden war, setzte die Literatur der späten Sechziger und frühen Siebziger Jahre

---

[25] *K. Hesse* (Fn. 23), S. 19f.
[26] *K. Hesse* (Fn. 23), S. 20.
[27] *K. Hesse* (Fn. 23), S. 23.
[28] *K. Hesse* (Fn. 23), S. 31ff.
[29] *K. Hesse* (Fn. 23), S. 32f.

unter dem Banne der Leitmotive des ‚unitarischen Bundesstaates' und des ‚kooperativen Föderalismus' dann im Wege der Ableitung aus den herrschenden neuen Konzepten in rechtsdogmatische Detailarbeit um. Die sowieso im Ansatz schon zur einseitigen Auflösung föderaler Spannungslagen in Richtung auf Einheitlichkeit tendierende Integrationslehre wurde in der alltäglichen Praxis der normativen Konkretisierung, aber mehr noch in der Nutzung als Argumentationsarsenal für rechtspolitisch motivierte Positionsbezüge vollends um ihre ursprünglich im Smend'schen Werk angelegten komplementären Bezüge auf Gedanken der Subsidiarität verkürzt. Die für *Hesse* noch außerrechtliche, gesellschaftliche Gesetzmäßigkeit der „Wahrung der Einheitlichkeit der Lebensverhältnisse", auf die nur im Rahmen der Wechselbezüglichkeit zwischen Verfassungsrecht und Verfassungswirklichkeit normativ Rücksicht zu nehmen war, mutierte zum Gegenstand normativer Ableitung, zum Rechtssatz. „Soweit die Einheitlichkeit der Lebensverhältnisse (Art. 72 Abs. 2 Nr. 3 GG)" es gebiete, so liest man dann, sollten die Länder ihr Verhalten daher vertraglich koordinieren, solange der Bund nicht zuständig sei.[30] Die für *Hesse* noch als faktischer Beleg für die Zwangsläufigkeit der Unitarisierung dienende Selbstkoordinierung verwandelte sich so in eine Rechtspflicht, die aus dem Rechtsgrundsatz der ‚Einheitlichkeit der Lebensverhältnisse' abgeleitet wurde.

Das in Art. 72 Abs. 2 Nr. 3 GG und in Art. 106 Abs. 4 S. 2 Nr. 3 GG angesiedelte verfassungsrechtliche Gebot der „Wahrung der Einheitlichkeit der Lebensverhältnisse" wurde zum Gemeingut der rechtspolitischen wie verfassungsrechtsdogmatischen Argumentation.[31] Doch woraus sich das „verfassungsrechtlich verankerte Postulat nach der Herstellung der Einheitlichkeit der Lebensverhältnisse"[32] eigentlich ergeben solle, wurde kaum jemals erläutert – offensichtlich handelte es sich um so etwas wie eine Selbstverständlichkeit.[33] Allenfalls pauschale Verweise auf das Sozialstaatsprinzip und das grundgesetzliche Konzept des ‚sozialen Bundesstaates' finden sich insoweit, um die Qualifikation des Konzepts der ‚Einheitlichkeit der Lebensverhältnisse' als einer „Forderung der Verfassung" zu begründen.[34]

---

30 *R. Groß*, Kooperativer Föderalismus und Grundgesetz, DVBl. 1969, S. 96.

31 Besonders deutlich zutage trat dies in den rechtspolitischen Debatten um die Finanzreform – vgl. nur die entsprechenden Belege bei *W. Patzig*, Soll und Haben der Finanzreform, DVBl. 1969, S. 426, 432f.; vgl. außerdem beispielsweise *F. Wagener*, Aufgaben und Gliederung der Länder im neuen Jahrzehnt, DÖV 1970, S. 154, 1 59f.; *J. Kölble*, Reform der Gemeinschaftsaufgaben?, DVBl. 1972, S. 701, 706f.; *U. Scheuner*, Kooperation und Konflikt – Bund-Länderverhältnis im Wandel, DÖV 1972, S. 585, 590, ferner die bei *P. Lerche* (Fn. 3), S. 299 Fußn. 1 nachgewiesene Literatur.

32 *H. Pagenkopf*, Finanz- und Steuerpolitik in der 5. Legislaturperiode, DÖV 1970, S. 301.

33 Siehe die Kritik an den „tatsächlichen oder scheinbaren Selbstverständlichkeiten", die den deutschen „Zentralismusglaube" fundierten, bei *W. Schmitt-Glaeser*, Rechtspolitik unter dem Grundgesetz, AöR 107 (1982), S. 337, 359.

34 Siehe etwa *P. Feuchte*, Die bundesstaatliche Zusammenarbeit in der Verfassungswirklichkeit der Bundesrepublik Deutschland, AöR 98 (1973), S. 473, 480.

Unter dem Eindruck der methodisch fundierten Kritik, die bald an dieser recht pauschalen Beförderung der „Wahrung der Einheitlichkeit der Lebensverhältnisse" zum Rechtssatz geübt wurde[35], aber auch im Gefolge der allgemeinen Ernüchterung ob der problematischen Seiten des ‚kooperativen Föderalismus' zeigte sich die Literatur ab Ende der Siebziger Jahre wieder vorsichtiger im Umgang mit dem Leitbild der Einheitlichkeit. Wenn dessen rechtliche Qualität nicht bewußt völlig offen gelassen wurde, in Form eines reinen Verweises auf behauptete Zwangsläufigkeiten der gesellschaftlichen Entwicklung, dann behauptete man allenfalls noch so etwas wie eine „regionalpolitische Staatszielbestimmung", die eine „spezifische Ausdrucksform des Sozialstaatsprinzips" darstelle.[36] Wenn überhaupt, dies schälte sich allmählich heraus, dann erwies sich das Sozialstaatsprinzip, in der recht ominösen Verbindung mit dem Bundesstaatsprinzip, die es in der „bisher noch unzureichend aufgeklärten Wortkombination"[37] vom ‚sozialen Bundesstaat'[38] eingegangen ist, als noch am ehesten konsensfähig, um ein rechtsverbindliches Gebot eines „Mindeststandards für wesentliche Lebensverhältnisse" zu begründen.[39] Die Versuche einer Ableitung eines Einheitlichkeitsgebots aus Art. 72 Abs. 2 Nr. 3 GG dagegen stießen fast durchweg auf Ablehnung: Die dort in Bezug genommene „Einheitlichkeit der Lebensverhältnisse" sei nur eine politische Zielvorstellung, die zwar das bundesstaatliche System der Bundesrepublik entscheidend geprägt habe, aus der aber keinesfalls ein Gesetzgebungsauftrag zur Wahrung und Herstellung der Einheitlichkeit der Lebensverhältnisses herausinterpretiert werden dürfe.[40]

Um so erstaunlicher ist die Renaissance, die die pauschale Inanspruchnahme der „Einheitlichkeit der Lebensverhältnisse" als einer aus der Verfassung abzuleitenden Rechtspflicht im Zuge der deutschen Vereinigung erlebt hat. Zum Teil unter ausdrücklicher Anknüpfung an die Literatur der frühen Siebziger Jahre wurde die generelle Behauptung eines aus ‚dem Grundgesetz' abzuleitenden Einheit-

---

[35] Siehe insbes. *P. Lerche* (Fn. 3), S. 299ff.; *G. Lehmbruch*, Verfassungspolitische Alternativen der Politikverflechtung, in: F.W. Scharpf / B. Reissert / F. Schnabel (Hrsg.), Politikverflechtung II, 1977, S. 87, 92; *W. Schmitt-Glaeser* (Fn. 33), S. 358ff.

[36] *H. Fischer-Menshausen* (Fn. 3), S. 147f.

[37] *P. Selmer* (Fn. 2), S. 25.

[38] Vgl. zu dieser Begriffspaarung nur *J. Isensee*, Idee und Gestalt des Föderalismus im Grundgesetz, in: J. Isensee / P. Kirchhof (Hrsg.), Handbuch des Staatsrechts der Bundesrepublik Deutschland, Bd.IV, 1990, § 98 Rdnr.250 sowie eingehend *H. Zacher*, Das soziale Staatsziel, in: J. Isensee / P. Kirchhof (Hrsg.), Handbuch des Staatsrechts der Bundesrepublik Deutschland, Bd.I, 1987, § 25 Rdnrn. 82ff.

[39] Siehe in diesem Sinne z.B. *F. Ossenbühl* (Fn. 16), S. 25ff.; *H. Donner*, Aktuelle Probleme des Finanzausgleichs im sozialen Bundesstaat, ZRP 1985, S. 327, 330; *B. Schmidt-Bleibtreu*, Art. 72 Rdnr.6, in: B. Schmidt-Bleibtreu / F. Klein, Kommentar zum Grundgesetz, 7.Aufl. 1990; *J. Isensee* (Fn. 38), § 98 Rdnr.251; *H.-P. Schneider* (Fn. 21), S. 2451, 2453; *G. Kisker*, Die Bundesländer im Spannungsfeld zwischen deutsch-deutscher Vereinigung und europäischer Integration, in: J.J. Hesse / W. Renzsch (Hrsg.), Föderalstaatliche Entwicklung in Europa, 1991, S. 117, 138; *M. Kilian* (Fn. 21), S. 426; *P. Selmer* (Fn. 2), S. 25f.

[40] So *M. Bothe*, Art. 72 Rdnr.14, in: Alternativkommentar Bd. 2, 2.Aufl. 1989; vgl. außerdem *K. Stern*, Staatsrecht II (Fn. 16), S. 596f.

lichkeitsgebotes wieder aus der Versenkung geholt.[41] Das „Verfassungsgebot der Einheitlichkeit der Lebensverhältnisse" erlebte eine neue Konjunktur als Rechtsfigur, mit der wirtschaftspolitische Forderungen als verfassungsrechtlich geboten erklärt wurden.[42] Der Begriff der Einheitlichkeit der Lebensverhältnisse ist – wie es jüngst ein Wirtschaftswissenschaftler ausdrückte – „zu einem Schlüsselbegriff im Zusammenhang mit der wirtschaftlichen Transformation in Ostdeutschland geworden".[43]

Was allerdings im Gefolge dieser Wiederauflage alter Argumentationstopoi leider eher wieder unklar geworden ist, das ist die verfassungsrechtsdogmatische Herleitung und damit die Rechtsnatur eines derartigen ‚Verfassungsgebotes'. Zeichnete sich vor 1990 nahezu Übereinstimmung darüber ab, daß ein solches Gebot, als Gebot elementarer Mindeststandards für wesentliche Lebensverhältnisse, allenfalls aus dem Sozialstaatsprinzip abzuleiten war, so ist die Frage der Herleitung heute wieder völlig ungewiß geworden. Das vielfach behauptete allgemeine Egalisierungsgebot, das – wenn auch mehr im wirtschaftspolitischen denn im rechtswissenschaftlichen Schrifttum – des öfteren beschworen wird[44], verschiebt das Schwergewicht des Argumentationstopos erkennbar. Auch die Berufung auf Art. 72 Abs. 2 GG erlebte Neuauflagen, und dies trotz der Tatsache, daß der Begriff der „Einheitlichkeit der Lebensverhältnisse" nach der Vereinigung auf Vorschlag der Gemeinsamen Verfassungskommission ganz gezielt aus Art. 72 Abs. 2 GG herausgenommen bzw. durch den Begriff der „Gleichwertigkeit der Lebensverhältnisse" ersetzt wurde.

Nun ist – wie in der Literatur schon vielfach ausgeführt wurde – Art. 72 Abs. 2 GG per se völlig ungeeignet zur Begründung einer Staatszielbestimmung oder eines ‚mittelbaren Verfassungsgebotes'. Als Kompetenzbestimmung eröffnet diese Norm dem Bundesgesetzgeber eine Befugnis, von der dieser Gebrauch machen kann, begründet aber keine Rechtspflicht zum Tätigwerden, schon gar keinen Gesetzgebungsauftrag.

Auch der Gleichheitssatz gibt in diesem Kontext kaum etwas her, hat das Bundesverfassungsgericht doch zu Recht – wie oben schon dargelegt – immer wieder

---

[41] Siehe etwa *H. Hohmann* (Fn. 21), S. 194f., der sich direkt auf den Diskussionsbeitrag von *Hettlage* auf der Staatsrechtslehrertagung 1972 stützt; siehe ferner mit gleicher Tendenz *W. Däubler*, Herstellung einheitlicher Lebensverhältnisse – ein verbindlicher Verfassungsauftrag?, in: R. Hickel u.a. (Hrsg.), Umverteilen – Schritte zur wirtschaftlichen und sozialen Einheit Deutschlands, 1993, S. 229ff.; *W. Arndt*, Zur verfassungsrechtlichen Problematik der Herstellung einheitlicher Lebensverhältnisse in der Bundesrepublik Deutschland, JuS 1993, S. 360ff.; *C. Thimann*, Die „Angleichung der Lebensverhältnisse" in den neuen Bundesländern und die Bedeutung von Vermögen, Staatswissenschaften und Staatspraxis 6 (1995), S. 83, 89ff.

[42] So etwa im Jahresgutachten 1991/92 des Sachverständigenrates zur Begutachtung der gesamtwirtschaftlichen Entwicklung, 1991, Tz.325.

[43] *C. Thimann* (Fn. 41), S. 84.

[44] Vgl. nur die Hinweise bei *C. Thimann* (Fn. 41), S. 84f., 88f.; zur wirtschafts- und strukturpolitischen Problematik einer derartig einseitigen Betonung der ‚Einheitlichkeit der Lebensverhältnisse' vgl. dagegen *W. Renzsch*, Einheitlichkeit der Lebensverhältnisse oder Wettbewerb der Regionen?, Staatswissenschaften und Staatspraxis 8 (1997), S. 86ff.

betont, daß der Gleichheitssatz im Bundesstaat nicht das Vorhandensein vielfältiger Differenzen zwischen den gliedstaatlichen Ordnungen ausschließt.[45] Im Rahmen einer „gerade auf Vielfalt (also Uneinheitlichkeit) angelegten Bundesstaatsordnung“[46] kann es eben keinen Anspruch auf Gleichförmigkeit in allem und jedem geben, sonst wäre über den allgemeinen Gleichheitssatz das – schließlich von Art. 79 Abs. 3 GG zum Identitätskern der Verfassung gerechnete – Bundesstaatsprinzip ausgehebelt.

Einzig das Sozialstaatsgebot liefert Anknüpfungspunkte zu einem Gebot der Herstellung im Ansatz gleichwertiger Lebensverhältnisse, wenn auch für ein Gebot, dessen Geltungsgrund auf eine dermaßen „schmale Basis verwiesen“ ist, so daß man es in „beträchtlicher Distanz zu einem am Wortlaut der ‚Herstellung einheitlicher Lebensverhältnisse im Bundesgebiet‘ sich orientierenden Verständnis“ wird sehen müssen.[47] Das auf dem Sozialstaatsprinzip fußende Gebot der Sicherung eines „Mindeststandards in bezug auf die Versorgung mit öffentlichen Gütern“[48] läuft letztlich nur auf einen elementaren sozialstaatlichen Grundstandard hinaus, auf die nach allgemeiner Auffassung gebotene Schaffung der notwendigen sozialen und ökonomischen Voraussetzungen der realen Verwirklichung grundrechtlicher Freiheiten. Dieser sozialstaatliche Mindeststandard, der die Gewährleistung des Art. 28 Abs. 3 GG unterbaut, hat aber mit der Schaffung substantieller Gleichheit kaum etwas zu tun, mit „Einheitlichkeit der Lebensverhältnisse“ schon gar nichts.

Wenn überhaupt sinnvoll in wirtschaftspolitische Parameter zu fassen, dann läßt sich dies noch am ehesten in das Gebot einer Politik wirtschaftlicher Kohäsion bringen. Aber das Erfordernis einer grundlegenden wirtschaftlichen und sozialen Kohäsion, einer elementaren Grundhomogenität in den Lebens- und Wirtschaftsbedingungen – oder zumindest das Streben danach – ist eigentlich eine Grundbedingung bundesstaatlicher Existenz, eine Selbstverständlichkeit bundesstaatlicher Integration. Ohne ein Mindestmaß an (auch wirtschaftspolitischer und finanzieller) Solidarität unter den Teileinheiten eines Bundesstaates ist das Projekt der Integration verschiedenartiger Gemeinwesen in einem Gefüge der „Einheit in der Vielfalt“, das ein Bundesstaat von seinem Grundansatz her darstellt, eigentlich kaum vorstellbar. Gerade deshalb wird jede Bundesstaatsverfassung – und schon gar gilt dies für das Grundgesetz – in ihren konkreten Ausformungen des Bund-Länder-Verhältnisses entsprechende institutionelle Vorkehrungen zur Realisierung dieser Grundsolidarität treffen. Was ein von diesen Konkretisierungen abgelöster Solidaritätsgrundsatz, als der sich das sozialstaatlich fundierte Gebot der Sicherung einer elementaren Homogenität der Lebensbedingungen letztlich bei genauer Betrachtung herausstellt, aber über die Wirkungen

---

[45] Siehe nur *G. Kisker*, Grundrechtsschutz gegen bundesstaatliche Vielfalt, in: Festschrift für Ernst Bachof, 1984, S. ff.

[46] So *G. Kisker*, Neuordnung des bundesstaatlichen Kompetenzgefüges und Bund-Länder-Planung, Der Staat 14 (1975), S. 183.

[47] So treffend *P. Selmer* (Fn. 2), S.

[48] *F. Neumark* (Fn. 4), S. .

im Grundgesetz positivierter verfassungsrechtlicher Institute wie des Finanzausgleichs hinaus wirklich leisten sollte, ist schwer nachzuvollziehen.

Im Ergebnis steckt hinter den beschriebenen Versuchen, die postulierte Rechtsfigur des ‚Verfassungsgebotes der Einheitlichkeit der Lebensverhältnisse' von den dogmatischen Ableitungszusammenhängen zu lösen und als eigenes Rechtsinstitut zu verselbständigen, wohl auch etwas ganz anderes als die aus den herangezogenen dogmatischen Grundlagen einzig begründbare Sicherung bestimmter elementarer Grundstandards. Es ist im Kern, ähnlich wie bei den analogen (und weitgehend erfolgreichen) Versuchen der dogmatischen Verselbständigung der Bundestreue als eigenständiges Rechtsinstitut, ein Versuch von durchgehend in den unitarischen Denktraditionen des ‚dezentralisierten Einheitsstaates' geprägten Vertretern des ‚Einheitsgedankens', die als ‚negativ' beurteilten Erscheinungen föderaler Vielfalt – und damit Unterschiedlichkeit – zurückzudrängen zugunsten des Konzeptes umfassender Rechtseinheit.[49] Selbst der alte unitarische Gedanke, daß nur die Rechtseinheit Rechtssicherheit verbürge, erlebt in diesem Kontext eine Neuauflage.[50]

15.2. Die Verdrängung der Subsidiarität im deutschen Bundesstaatsdenken

Die Entwicklung der rechtsdogmatischen Auseinandersetzungen um die Figur der „Einheitlichkeit der Lebensverhältnisse" wurde hier bewußt recht ausführlich wiedergegeben, erweist sich doch das „Leitmotiv"[51] der ‚Herstellung einheitlicher Lebensverhältnisse' bei genauem Hinsehen als symptomatisch für das bundesstaatstheoretische Vorverständnis weiter Teile der deutschen Bundesstaatsrechtslehre. Man könnte die „Einheitlichkeit der Lebensverhältnisse" geradezu als das prägende Paradigma der neueren deutschen Bundesstaatslehre bezeichnen – wenn es auch insoweit natürlich viele abweichende Stimmen gibt und gegeben hat.

In diesem Paradigma verschmelzen die zwei entscheidenden Grundprägungen der unitarischen Mehrheitsströmung zu einer unauflöslichen Einheit, bilden eine Synthese: das in Konzepten des ‚dezentralen Einheitsstaates' verhaftete Erbe der Weimarer Reichsreformbewegung, das in den Anfangsjahren die Bundesstaatslehre der jungen Bundesrepublik nachhaltig geprägt hat, und die Rezeption der Smend'schen Integrationslehre, die mit der bahnbrechenden Schrift von *Konrad Hesse* über den ‚unitarischen Bundesstaat' zum zukunftsweisenden Leitbild aufstieg. Für das unitarische Erbe der Reichsreformbewegung war es nicht schwer, in der Folge Verbindungen mit der Integrationslehre einzugehen, hat die Smend'sche Integrationslehre doch schon von ihrer Grundperspektive her eine

---

[49] Instruktiv in dieser Beziehung *C. Degenhart*, Rechtseinheit und föderale Vielfalt im Verfassungsstaat, ZfA 24 (1993), S. ff. (insbes. S. 420ff.: „Rechtseinheit als Postulat des Verfassungsstaates"); vgl. auch *ders.*, Art. 72 Rdnr. 16, in: M. Sachs, GG-Komm., 1995.

[50] Siehe *C. Degenhart* (Fn. 49), S. 421.

[51] So die treffende Kennzeichnung durch *H. Pagenkopf* (Fn. 7), S. 613ff.

einseitige Orientierung auf die Frage der Einheitsbildung.[52] Zwar ist in Smends Grundlagenwerk „Verfassung und Verfassungsrecht" die komplementäre Perspektive der bundesstaatlichen Subsidiarität miteingebaut[53], was nicht verwunderlich ist, war Smend doch stark durch seine Beschäftigung mit Fragen des Bundesstaatsrechts geprägt. Die bei Smend noch angelegte Ergänzung um Aspekte der Subsidiarität ging jedoch in der allgemeinen Fixierung der Theorie auf Fragen der Einheitsbildung und Einheitswahrung allzubald verloren.

Das in den Gründungsjahren der Bundesrepublik noch praktisch gleichberechtigt neben dem Einheitsgedanken stehende Subsidiaritätsparadigma[54] verlor spätestens in den Sechziger Jahren deutlich an Boden in der deutschen Verfassungstheorie und Staatsrechtslehre. Zuallererst hängt dies sicherlich mit der Prägung des Prinzips durch die katholische Kirche zusammen[55], mit der Herkunft des Subsidiaritätsprinzips aus der katholischen Sozialphilosophie (und damit der neuscholastischen Naturrechtsphilosophie)[56]. Die allgemeine Renaissance der Naturrechtslehren und christlicher Ethiklehren nach 1945 hatte in den unmittelbaren Nachkriegsjahren zunächst die Rezeption dieses stark mit neuscholastisch-thomistischem Gedankengut durchsetzten Konzeptes in der Staatsrechtslehre begünstigt.[57] Im Zuge der Erneuerung gesellschaftsorganisch-föderalistischer Ideen versuchten zahlreiche Autoren der unmittelbaren Nachkriegszeit aus dem Subsidiaritätsgedanken ein ganzes System des Bundesstaatsrechts abzuleiten, es zur Basis einer neuen, betont föderalistischen Bundesstaatsrechtslehre auszubauen.[58]

Der allgemeine Siegeszug unitarischer Bundesstaatslehren wie das Vordringen rein positivistischer Arbeit am Verfassungstext auf der Grundlage der zunehmend umfangreich werdenden verfassungsgerichtlichen Rechtsprechung führte

---

[52] Vgl. auch *P. Badura*, Die Methoden der neueren allgemeinen Staatslehre, 1959, S. 184ff.; *R. Bartlsperger*, Die Integrationslehre Rudolf Smends als Grundlegung einer Staats- und Rechtstheorie, 1964, S. 33ff.; *J. Isensee*, Subsidiaritätsprinzip und Verfassungsrecht, 1968, S. 190f.

[53] *R. Smend*, Verfassung und Verfassungsrecht, 1928, S. 118f., 168ff.

[54] Zur Gestalt des Subsidiaritätsprinzips in der katholischen Soziallehre, an die nach 1945 angeknüpft wurde, vgl. die grundlegende Arbeit von *J. Isensee*, Subsidiaritätsprinzip und Verfassungsrecht, 1968, S. 23ff., 28ff., sowie *A. Baumgartner*, „Jede Gesellschaftstätigkeit ist ihrem Wesen nach subsidär". Zur anthropologischen und theologischen Begründung der Subsidiarität, in: K. W. Nörr/T. Oppermann (Hrsg.), Subsidiarität: Idee und Wirklichkeit, 1997, S. 13ff.; zu den älteren philosophischen Grundlagen des Subsidiaritätsprinzips siehe auch *P. Koslowski*, Subsidiarität als Prinzip der Koordination der Gesellschaft, ibid., S. 39ff., und *O. Höffe*, Subsidiarität als staatsphilosophisches Prinzip, ibid., S. 49ff.

[55] *J. Isensee* schreibt aus der Sicht der späten Sechziger Jahre von der „eigentümlichen Allergie", die „einer vorurteilslosen Analyse eines kirchlich formulierten Grundsatzes im Wege" stehe – *J. Isensee* (Fn. 52), S. 17.

[56] Zur Herkunft des Subsidiaritätsprinzips aus der katholischen Soziallehre und zu den scholastischen Prämissen der kirchlichen Naturrechtsphilosophen vgl. *J. Isensee* (Fn. 52), S. 18ff.; vgl. ferner *A. Baumgartner*, „Jede Gesellschaftstätigkeit ist ihrem Wesen nach subsidiär". Zur anthropologischen und theologischen Begründung der Subsidiarität, in: K.W. Nörr / T. Oppermann (Hrsg.), Subsidiarität: Idee und Wirklichkeit, 1997, S. 13ff.

[57] Siehe zum Zusammenhang zwischen der allgemeinen Renaissance des Naturrechts nach 1945 und der Rezeption des Subsidiaritätsprinzips *J. Isensee* (Fn. 52), S. 124ff.

[58] Vgl. dazu nur *J. Isensee* (Fn. 52), S. 130ff. m.w.N.

jedoch in der geistigen Modernisierungsphase der Nach-Adenauer-Jahre zu einer Zurückdrängung des Subsidiaritätsgedankens.[59] So erklärte der Maunz-Schüler *Peter Lerche*, dem man gewiß nicht mangelnde Sensibilität für Fragen der Bundesstaatlichkeit wird nachsagen können, 1962 das Subsidiaritätsprinzip für ungeeignet, die theoretische Basis einer modernen Bundesstaatstheorie abzugeben.[60] Und selbst *Josef Isensee* legte 1968 in seiner grundlegenden Arbeit zu den rechtlichen Dimensionen des Subsidiaritätsprinzips dar, daß es sich um kein rechtstechnisches, sondern nur ein rechtsethisches Prinzip handele.[61]

Das Subsidiaritätsprinzip wurde weitgehend in den Bereich der Dogmengeschichte verbannt; allenfalls eine „juristische Schattenexistenz" in der Allgemeinen Staatslehre und Verfassungstheorie wurde ihm zugestanden.[62] Aus dem gängigen Instrumentarium der Bundesstaatsrechtslehre war es jedoch verschwunden (wenn auch die Gedanken der Subsidiarität untergründig präsent blieben).

Die unerwartete Wiedergeburt des Subsidiaritätsprinzips im Kontext der Debatte um die Kompetenzverteilung im Rahmen der Europäischen Union hat in der Zwischenzeit allerdings zu einer Wiederaufnahme der alten Konzepte geführt. Die Anknüpfung an das Erbe der katholischen Soziallehre wie an die älteren verfassungsrechtlichen Schriften der Nachkriegszeit ist dabei unverkennbar. Bisher bleibt diese ‚Renaissance des Subsidiaritätsgedankens' jedoch weitgehend auf die europarechtliche Debatte beschränkt; auf die innerdeutsche staatsrechtliche Debatte hat die Wiederkehr des Subsidiaritätsparadigmas bisher kaum Auswirkungen gehabt. Die Verdrängung der Subsidiarität aus dem Arsenal der allgemein akzeptierten Argumentationstopoi zeitigt insofern weiter ihre Wirkungen.

Daß die Bundesstaatstheorie sich mit dieser generellen Ausscheidung des Subsidiaritätsgedankens um eine wichtige Dimension bundesstaatlicher Organisation bringt, sollen die folgenden Erwägungen zeigen. Löst man den Subsidiaritätsgedanken ab von seiner Herkunft aus der katholischen Soziallehre und von seinem Verhaftetsein in den Prämissen neuscholastischer Naturrechtsphilosophie, so verliert er gleichwohl nichts von seiner Ausstrahlungswirkung, von seiner Faszination in der Erklärung und konstruktiven Erfassung dezentraler sozialer Organisationsformen. Nun ist allerdings – dies sei eingeräumt – die Rezeption

---

[59] Vgl. die grundsätzlichen rechtswissenschaftlichen Auseinandersetzungen mit dem Subsidiaritätsprinzip in den Arbeiten von *R. Herzog*, Subsidiaritätsprinzip und Staatsverfassung, Der Staat 2 (1963), S. 399ff.; *W. Thieme*, Subsidiarität und Zwangsmitgliedschaft, 1963, S. 12ff., 23ff.; *H. Barion*, Die sozialethische Gleichschaltung der Länder und Gemeinden durch den Bund. Eine konkretisierte Studie zum Subsidiaritätsprinzip, Der Staat 3 (1964), S. 1ff. (insbes. S. 39); *H. Krüger*, Allgemeine Staatslehre, 1964, S. 772ff.

[60] *P. Lerche*, Föderalismus als nationales Ordnungsprinzip, VVDStRL 21 (1964), S. 66, 74ff.

[61] *J. Isensee* (Fn. 52), S. 313f.

[62] So *J. Isensee* (Fn. 52), S. 67 – dort über das Schicksal des Subsidiaritätsgedankens im Gefolge des Siegeszugs der positivistischen Reichsstaatsrechtslehre Laband'scher Prägung; vgl. allerdings für die jüngst auch im Staatsrecht zu beobachtende (Wieder-)Entdeckung des Subsidiaritätsprinzips *T. Oppermann*, Subsidiarität im Sinne des Deutschen Grundgesetzes, in: K. W. Nörr/T. Oppermann (Hrsg.), Subsidiarität: Idee und Wirklichkeit, 1997, S. 215ff., sowie *O. Rojahn*, Rn. 30–33 zu Art. 23, in: von Münch/Kunig, GG-Komm. Bd. 2, 3. Aufl. 1995.

der Subsidiaritätslehre in den Sechziger Jahren gerade an der mit diesem geistesgeschichtlichen ‚Ablösungprozeß' verbundenen theoretischen Schwierigkeit gescheitert. Das Paradigma trug noch zu deutlich die Spuren seiner Genese, war noch zu deutlich den Konzepten katholischer Soziallehre verbunden, als daß es der mehrheitlich protestantisch-liberal geprägten deutschen Staatsrechtslehre willkommen gewesen wäre. Die nunmehr eingetretene erhebliche zeitliche Distanz, vor allem aber die Nutzbarmachung (und Positivierung) des Konzeptes im Diskurszusammenhang des Europäischen Gemeinschaftsrechts sollte mittlerweile eine Situation herbeigeführt haben, in der die vor dreißig Jahren konstatierte „eigentümliche Allergie" eigentlich an Kraft verloren haben sollte.

Doch ein weiteres kommt hinzu, das in den folgenden Darlegungen im Vordergrund stehen soll. Die wissenschaftlichen Forschungen und Entdeckungen der modernen Naturwissenschaften, aber auch die Theorieansätze der im Vordringen begriffenen neo-institutionalistischen Konzeptionen in den Wirtschaftswissenschaften haben dem Gedankengut der Subsidiarität von einer Seite Bestätigung zugeführt, die vor Jahrzehnten noch kaum vorstellbar gewesen wäre. Sind es doch gerade die genuinen Abkömmlinge der säkularen ‚Entzauberung der Welt', die theoretische Physik und die modernen Biowissenschaften, die die alten Fragen nach Chaos und Ordnung, nach Kontingenz und Determination, nach Entstehung von Komplexität und Selbstorganisation komplexer Systeme neu stellen und unter anderer Perspektive, aber mit ähnlichen Ergebnissen zu beantworten scheinen wie die traditionelle Philosophie und Theologie.[63] Die hier versuchten Anknüpfungen an aktuelle Theoriedebatten in diesen ‚Leitwissenschaften' der heutigen Welt, die auf hohem Abstraktionsgrad den früher der Philosophie vorbehaltenen Grundfragen nach dem Ursprung und den Bausteinen des Lebens nachzugehen suchen, scheinen durchaus geeignet, den Blick auf Fragen der Subsidiarität neu zu fokussieren.

15.3. Neubewertung der Subsidiarität I – Chaostheorie und Selbstorganisation komplexer Systeme

Verbunden mit den Erkenntnissen der Mathematik zu Fragen der nichtlinearen Gleichungen und – in einer weiteren Perspektive – zur mathematischen Erfassung nichtlinearer dynamischer Systeme[64], haben die naturwissenschaftlichen Grundlagendisziplinen in den letzten 15 Jahren ihr Augenmerk verstärkt auf Probleme der Erforschung und theoretischen Erfassung nichtlinearer Systeme und gleich-

---

[63] Vgl. zu dieser faszinierenden Entwicklung *E. Scheibe*, Gibt es eine Annäherung der Naturwissenschaften an die Geisteswissenschaften, in: J. Assmann / T. Hölscher (Hrsg.), Kultur und Gedächtnis, 1988, S. 65ff.

[64] Vgl. dazu etwa *G. Jetschke*, Mathematik der Selbstorganisation. Qualitative Theorie nichtlinearer dynamischer Systeme und gleichgewichtsferner Strukturen in Physik, Chemie und Biologie, 1989, insbes. S. 103ff., 112ff., 171ff.; vgl. ferner jüngst den knappen Abriß von *J. Schopman*, Chaos Theory, the End of Physicalism?, Journal for General Philosophy of Science 26 (1995), S. 135ff.

gewichtsferner Strukturen gelenkt.[65] Der Ausgangsbefund ist dabei relativ simpel: Modellrechnungen zu hochkomplexen natürlichen Systemen – wie der Entwicklung des Wetters – haben ergeben, daß das klassische naturwissenschaftliche Paradigma des ‚Physikalismus', die potentielle exakte Berechenbarkeit in linearen Gleichungen aufgrund angenommener Regularität der natürlichen Phänomene, in der Erfassung der realen Naturvorgänge scheitert.[66] Um beim Beispiel des Wetters zu bleiben: Kleine Abweichungen in den der Modellrechnung zugrundegelegten Ausgangsbedingungen führen nicht – wie bei klassischen linearen Systemen – zu kleinen Abweichungen in den Ergebnissen, sondern potenzieren sich im Laufe der Zeit und können bei entsprechendem Zeitablauf zu völlig unterschiedlichen Resultaten führen. Die Abhängigkeit des Großsystems von den vielfältig untereinander rückgekoppelten Subsystemen läßt die Entwicklung des Gesamtsystems ‚chaotisch' werden.[67]

Die Grundlagenforschungen der letzten Jahre in Physik, Chemie und Biologie haben letztlich die Dominanz chaotischer Systeme in der Natur erwiesen.[68] Im Gegensatz zu den klassischen Annahmen haben sich zugleich chaotische Systeme als sehr viel stabiler erwiesen als strikt lineare Systeme.[69] Das Herz z.B. – so hat die medizinische Forschung erwiesen – schlägt nicht, wie ursprünglich idealtypisch angenommen, völlig regelmäßig, in strikter Periodizität.[70] Ein derartiges völlig regelmäßiges System wäre, wie man mittlerweile weiß, viel zu fragil und störungsanfällig, würde von jeder inneren oder äußeren Störung aus seiner Ordnung geworfen. Sehr viel besser erfaßen läßt sich die gewöhnliche Funktionsweise des Herzens in den Kategorien eines chaotischen Systems, das von einem Attraktor in einem Zustandszyklus gehalten wird.[71]

Aus diesen Erkenntnissen hat sich das neue Paradigma des ‚deterministischen Chaos' entwickelt.[72] Der zunächst als paradox erscheinende Begriff nimmt dabei zweierlei Befunde in den Blick.[73] Zum einen handelt es sich bei den erfaßten Phänomenen um echte deterministische Systeme: Ist der Anfangszustand gegeben, so

---

[65] Vgl. insoweit nur *I. Prigogine*, Die Gesetze des Chaos, 1995, insbes. S. 11ff., 35ff., *W.H. Steeb / A. Kunick*, Chaos in dynamischen Systemen, 2.Aufl. 1989, insbes. S. 37ff., 75ff., sowie *W. Seifritz*, Wachstum, Rückkopplung und Chaos. Eine Einführung in die Welt der Nichtlinearität und des Chaos, 1987; vgl. ferner die populärwissenschaftliche Darstellung von *J. Gleick*, Chaos – die Ordnung des Universums. Vorstoß in Grenzbereiche der modernen Physik, 1988. dort insbes. S. 54ff., 90ff., 301ff., 418ff.

[66] *J. Schopman* (Fn. 64), S. 136ff.

[67] Vgl. zum klassischen Beispiel der Wetterberechnung nur *J. Schopman* (Fn. 64), S. 136ff.

[68] Vgl. nur *G. Jetschke* (Fn. 64).

[69] Vgl. auch *S. Kauffman*, Der Öltropfen im Wasser. Chaos, Komplexität, Selbstorganisation in Natur und Gesellschaft, 1995, S. 114ff., 141ff.

[70] Siehe zum Beispiel der Herzfunktion *J. Schopman* (Fn. 64), S. 141.

[71] Zum Konzept des Attraktors vgl. etwa *S. Kauffman* (Fn. 69), S. 122ff.

[72] Vgl. dazu insbes. *H.G. Schuster*, Deterministic Chaos. An Introduction, 2.Aufl. 1988, dort vor allem S. 7ff., 221ff.

[73] Die folgende Erläuterung folgt den Darlegungen von *K.J. Düsberg*, Deterministisches Chaos: Einige wissenschaftstheoretisch interessante Aspekte, Journal for General Philosophy of Science 26 (1995), S. 11.

sind die Zustände zu allen späteren Zeitpunkten eindeutig bestimmt. Zugleich ist das langfristige Verhalten eines chaotischen Systems aber irregulär: Weder gibt es eine allmähliche Annäherung an einen stationären Zustand, an einen Fixpunkt, noch geht das System auf die Dauer über in eine periodische Bewegung, einen Grenzzyklus, oder in eine quasiperiodische Bewegung, einen Torus, vielmehr irrt es für alle Zeiten scheinbar regellos im Zustandsraum umher.[74] Charakteristisch ist für chaotische Systeme das, was man die „sensitive Abhängigkeit von den Anfangsbedingungen" nennt: Eng benachbarte Anfangszustände, deren Verschiedenheit unmerklich sein kann, weil innerhalb der Grenzen der Beobachtungs- bzw. Meßgenauigkeit liegend, führen im späteren Verlauf, zumindest auf längere Sicht, zu total unterschiedlichen Konsequenzen.[75]

In das Blickfeld der Naturwissenschaften geraten damit Prozesse der nichtlinearen Dynamik des Wandels mit ihren unregelmäßigen Schwankungen jenseits des Gleichgewichtszustandes, die die Sozial- und Staatswissenschaften seit langem beschäftigen.[76] Mit der „Entdeckung von Zeit und Komplexität in den Naturwissenschaften"[77] rücken, etwas anders formuliert, die klassischen Fragen des Verhältnisses von Gesetzmäßigkeit und Kontingenz in das Zentrum, da diese Fragen die Untersuchung der Prozesse und Strukturen fern des Gleichgewichtes bestimmen.[78] Ungleichgewichtige, dissipative Strukturen und turbulente Bewegungen dominieren, wie die Chaosforschung ergeben hat, die Normalität der Natur. Was allerdings auf der makroskopischen Ebene als turbulent und irregulär erscheint, ist auf der mikroskopischen Ebene hochgradig organisiert.[79] Bei zunehmendem Ungleichgewicht nähern sich die dissipativen Strukturen Verzweigungspunkten, an denen der katastrophische Umschlag in einen chaotischen Zustand erfolgt. Dieses Chaos hat jedoch Struktur und geht regelmäßig in eine neue Ordnung über. Die Veränderungen von einer geordneten in eine turbulente und schließlich chaotische Struktur unterliegen dabei gewissen Regeln. Zu diesen Regeln gehört die Abhängigkeit des chaotischen Prozesses von den Anfangs- und Verlaufsbedingungen, wobei allerdings die Kategorie der Kausalität gegenüber den traditionellen naturwissenschaftlichen Ansätzen eine entscheidende Modifizierung erfährt. Gleiche Ursachen werden kaum jemals gleiche Folgen haben, weil nichtlineare Prozesse ausgesprochen spezifisch sind. Mit den Worten eines Pioniers der Chaosforschung: „Das Gesamtverhalten läßt sich nicht mehr allein aus einem allgemeingültigen Gesetz ableiten. Jedes System stellt einen gesonderten Fall dar, jede Reihe von chemischen Reaktionen muß untersucht werden und

---

[74] *K.J. Düsberg* (Fn.), S. 11.

[75] Ibid.

[76] Vgl. *W.L. Bühl*, Sozialer Wandel im Ungleichgewicht. Zyklen, Fluktuationen, Katastrophen, 1990, S. 143ff.

[77] So der Untertitel eines Klassikers der Chaosforschung – *I. Prigogine*, Vom Sein zum Werden, 5.Aufl. 1988.

[78] *E. Scheibe* (Fn. 63), S. 79.

[79] *I. Prigogine / I. Stengers*, Dialog mit der Natur. Neue Wege naturwissenschaftlichen Denkens, 1986, S. 150.

kann zu einem qualitativ verschiedenen Verhalten führen."[80] Kleine Änderungen können insoweit unabsehbare Folgen auslösen, da die „innerliche Komplexität" des Systems so groß ist, daß keine noch so genaue Analyse zu einer Prognose über das Verhalten des Systems führen kann.[81]

Aus einer großen Anzahl mikroskopischer Prozesse entsteht in nichtlinearen Systemen eine makroskopische Struktur, die nicht in der Summe der Eigenschaften der mikroskopischen Elemente aufgeht. Es entsteht damit eine neue Sichtweise von Kausalität, Komplexität und Stabilität.[82] Denn auch chaotisches Geschehen, das mit den Anfangsbedingungen, dem Verlauf der Bifurkationen und mikroskopischen Aktivitäten auf komplexe Weise zusammenhängt, ist nicht völlig beliebig, sondern unterliegt einer Dialektik von Zufall und Notwendigkeit. Phasen der Stabilität mit einer Vorherrschaft deterministischer Gesetze wechseln sich ab mit Phasen der Instabilität.[83] In das Zentrum rücken damit sowohl die Verlaufsmuster des Wechsels zwischen Stabilität und Instabilität wie die sich immer wieder ausbildenden Strukturen deterministischer Ordnung. Die Beobachtungen vor allem der modernen Biowissenschaften, der Biochemie wie der Evolutionsbiologie, führen im Ergebnis zu einem Phänomen der ‚Selbstorganisation komplexer Systeme'[84], das von einzelnen Naturwissenschaftlern tendenziell auch schon auf die evolutionäre Selbstorganisation gesellschaftlicher Systeme übertragen wird.[85]

Vorreiter dieses theoretischen Übertragungsprozesses sind dabei bisher eindeutig die Wirtschaftswissenschaften. Markt und Unternehmen lassen sich ohne Problem als chaotische Systeme begreifen, Abbau von unternehmensinternen Hierarchien und Dezentralisierung der Entscheidungsprozesse als Strategien der Flexibilisierung in Kategorien der Chaostheorie formulieren.[86] Schlagworte wie die vom ‚fraktalen Unternehmen' machen schon längst in der betriebswirtschaftlichen Organisationslehre die Runde. Im Blickpunkt steht dabei vor allem das In-

---

[80] *I. Prigogine / I. Stengers* (Fn. 79), S. 153.

[81] Ibid., S. 298; vgl. auch *R. Lewin*, Die Komplexitätstheorie – Wissenschaft nach der Chaosforschung, 1993, S. 23ff.

[82] Siehe dazu *C. Landfried*, Politikorientierte Folgenforschung. Zur Übertragung der Chaostheorie auf die Sozialwissenschaften, 4. Aufl. 1994, S. 19f.

[83] *I. Prigogine / I. Stengers* (Fn. 79), S. 204; vgl. auch eingehend *H.G. Schuster* (Fn. 72).

[84] Siehe dazu vor allem jüngst *S. Kauffman* (Fn. 69), insbes. S. 145ff., 175ff., 229ff., 309ff.; vgl. aber auch schon *ders.*, The Origin of Order: Self-Organization and Selection in Evolution, 1993, ferner *R. Lewin*, Die Komplexitätstheorie – Wissenschaft nach der Chaosforschung, 1993, dort insbes. S. 42ff.

[85] So z.B. *S. Kauffman* (Fn. 69), S. 363ff., 396ff.

[86] Vgl. nur *S. Kauffman* (Fn. 69), S. 364f., sowie *A. Pinkwart*, Chaos und Unternehmenskrise, 1992, S. 25ff., 69ff.; vgl. ferner allgemein aus betriebswirtschaftlicher Perspektive *A. Picot*, Ökonomische Theorien der Organisation – Ein Überblick über neuere Ansätze und deren betriebswirtschaftliches Anwendungspotential, in :L D. Ordelheide u.a. (Hrsg.), Betriebswirtschaftslehre und ökonomische Theorie, 1991, S. 143ff.; *R. Bühner*, Betriebswirtschaftliche Organisationslehre, 6. Aufl. 1992, S. 124ff.; *M. Kopel*, Kontrolliertes Chaos: Ein Ausweg aus der Unternehmenskrise, Zeitschrift für Betriebswirtschaft 66 (1996), S. 487ff.

formations- und Steuerungsproblem. Märkte, aber auch größere Unternehmen sind als Systeme derart komplex, daß sich die Wirkungsgefüge informatorisch nicht mehr wirklich zureichend erfassen lassen, geschweige denn daß die Anpassungsreaktionen an die sich stetig verändernden Märkte zentral gesteuert werden könnten. Allzuviele relevante Informationen gehen in den klassischen Hierarchien verloren, und selbst bei umfassender Information wären die vielfältigen Vernetzungen und Rückkopplungen für eine zentrale Stelle kaum mehr zu übersehen, geschweige denn daß die Folgen zu treffender Entscheidungen wirklich zutreffend einzuschätzen wären. Zumindest für die Betriebswirtschaftslehre hat sich unter dem Einfluß dieser Erkenntnisse der alte Glaube, daß mit steigender Organisationsgröße die Effizienz der Aufgabenerledigung dank zunehmender Arbeitsteilung zunehme, längst als ein fataler Fehlschluß erwiesen.[87]

Für die Sozialwissenschaften ist dagegen bisher eher noch umstritten, inwieweit Konzepte der Chaosforschung wirklich transferierbar sind.[88] Theorietransfer erfordere – so lautet der gängige Einwand – eine Isomorphie zwischen den physikalischen, chemischen und sozialen Welten, die nicht vorhanden sei.[89] Allenfalls ließen sich durch Analogien die eigenständige Theoriebildung und die empirische Forschung in den Sozialwissenschaften anregen. Propagiert wird dies vor allem für die politikwissenschaftliche ‚Folgenforschung', wo man sich – ähnlich wie in den Naturwissenschaften und der Ökonomie – mit hochkomplexen Systemen konfrontiert sieht, bei denen unerwartete Ereignisse und Umstände eine wichtige Rolle spielen und schon geringfügige Veränderungen und Schwankungen der Rahmenbedingungen zu weitreichenden Folgen (i.S. von gravierenden Veränderungen) führen können.[90] Auch soziale Systeme in modernen, funktional differenzierten Gesellschaften sind durch komplexe Interaktionen und Interdependenzen und durch eine mehr oder weniger enge Kopplung von Prozessen geprägt, für die eher Unregelmäßigkeiten und Schwankungen, Verknüpfungen von Gleichgewicht und Ungleichgewicht, Übergänge von Ordnung zu Turbulenz und Chaos (und Übergänge zurück zu neuen Ordnungszuständen) kennzeichnend sind als lineare Muster simpler Regelmäßigkeiten, deren volle Determiniertheit sie als berechenbar erscheinen ließe.

---

[87] Vgl. etwa jüngst *A. Picot / T. Ripperger / B. Wolff*, The Fading Boundaries of the Firm: The Role of Information and Communication Technology, Journal of Institutional and Theoretical Economics 152 (1996), S. 65ff. sowie die grundlegenden Darstellungen von *P. Milgrom / J. Roberts*, Economics, Organization and Management, 1992, dort insbes. S. 538ff., 575ff., und *J. C. Jarillo*, Strategic Networks. Creating the Borderless Organization, 1993.

[88] Vgl. insbes. *C. Landfried* (Fn. 82), S. 16ff. (m. w. N. der einschlägigen Literatur), auch *G. Leidig*, Rechtsökologische Forschung und Chaostheorie – Möglichkeiten und Grenzen einer multidisziplinären Wissenschaft in Rahmen der Rechtstheorie, Zeitschrift für öffentliches Recht 52 (1997), S. 127ff.

[89] So *C. Landfried* (Fn. 82), S. 22f.

[90] Ebda., 23ff., S. 102ff.

15.4. Neubewertung der Subsidiarität II – Autopoiese und ‚Bounded Rationality'

Die Versuchung, Theorieansätze der Chaos- und Komplexitätsforschung ganz generell auf soziale Systeme zu übertragen, liegt angesichts des beschriebenen Grundbefundes sicherlich nahe. Wohl der prominenteste Versuch einer derartigen allgemeinen Übertragung von Kategorien der modernen Natur- und Biowissenschaften auf die sozialwissenschaftliche Theoriebildung ist dabei sicherlich der systemtheoretische Ansatz, der es unternommen hat, das Konzept der ‚Autopoiese' bzw. der ‚autopoietischen Systeme' auf die Erforschung sozialer Gefüge umzumünzen. Der Begriff stammt aus der Biochemie und kennzeichnet in sich abgeschlossene und sich selbst immer wieder neu erzeugende Systeme.[91] Ob er in seiner ursprünglichen Bedeutung wirklich auf soziale Systeme übertragbar ist, scheint übrigens eher zweifelhaft. Zumindest von den Naturwissenschaftlern, die ihn entwickelt haben, wird dies angezweifelt, da soziale Subsysteme kaum jemals im eigentlichen Sinne als ‚autopoietisch' definierbar seien, wie Zellstrukturen, für die der Begriff geprägt wurde; zwar seien auch soziale Systeme in hohem Maße selbstreferentiell, aber niemals sich selbst erzeugend wie Zellsysteme. Sinnvoller sei es insoweit, wie *Francisco J. Varela* vorschlägt, von autonomen Systemen zu sprechen.[92]

Die mit dem Begriff der ‚Autopoiese' operierende soziologische Theoriebildung[93] hat mittlerweile erheblichen Einfluß gewonnen, wobei sie inzwischen auch deutlich in die Rechtstheorie ausstrahlt[94]. Es wäre wohl mehr als vermessen, hier einen Abriß der Systemtheorie geben zu wollen, oder gar sich auf eine kritische Auseinandersetzung mit ihr einzulassen. Worauf es an dieser Stelle allein ankommen soll, ist das Aufzeigen des für den vorliegenden Untersuchungszusammenhang relevanten Punktes der ‚Selbstreferentialität' sozialer Systeme. Versteht man mit *Luhmann* das politische System und die gesellschaftlichen Teilsysteme jeweils als autopoietisch, also als sich selbst erneuernde und auf sich selbst bezogene Systeme, dann stellt sich in der Folge die Frage der Steuerungsleistung, die das politische und rechtliche System überhaupt noch für das Gesamtgefüge wahrnehmen können. Ist es unter dieser Prämisse überhaupt noch denkbar, daß das politische System als Gefüge politischer Integration der gesellschaftlichen Teilsysteme diese steuert und koordiniert? Nimmt man Luhmanns Prämisse ernst, dann ist genau dies unmöglich, ist es ausgeschlossen, daß das politische System

---

[91] *H.M. Maturana / F.J. Varela*, Der Baum der Erkenntnis, 1987.

[92] Siehe *F. Varela*, Autonomie und Autopoiese, in: S. Schmidt (Hrsg.), Der Diskurs des radikalen Konstruktivismus, 3.Aufl. 1990, S.119ff.

[93] Vgl. insbes. *N. Luhmann*, Die Wirtschaft der Gesellschaft, 2.Aufl. 1989, insbes. S.324ff., aber auch schon *ders.*, Soziale Systeme, 1984, S.242ff., 593ff.

[94] Siehe nur *G. Teubner*, Recht als autopoietisches System, 1989, S.21ff., 61ff., ferner *K.-H. Ladeur*, Selbstorganisation sozialer Systeme und Prozeduralisierung des Rechts, in: D. Grimm (Hrsg.), Wachsende Staatsaufgaben – sinkende Steuerungsfähigkeit des Rechts, 1990, S.187, 197ff.

auf gesellschaftliche Teilsysteme Einfluß nimmt. Die einzelnen Teilsysteme ‚reden' notwendigerweise aneinander vorbei, da jedes System eine eigene Sprache, einen eigenen Code besitzt. Wenn Kommunikation über die Systeme hinweg als prinzipiell unmöglich gilt, und für *Luhmann* tut sie dies tendenziell, dann kann das politische System seine Steuerungsintentionen nicht an gesellschaftliche Teilbereiche weitergeben. Politische Steuerung muß denknotwendig scheitern.[95]

Es sei eine (überholte) Vorstellung des 19.Jahrhunderts, so *Luhmann*, daß von der Politik geleistet werden müsse, was die Wirtschaft an Selbststeuerung nicht erbringen könne. Es falle zwar schwer, den Begriff der Steuerung aufzugeben und „die Zukunft einfach kommen zu lassen, wie sie kommt", doch sei nicht zu erkennen, wie die mit der Konzeption politischer (und rechtlicher) Steuerung verbundenen Erwartungen zu retten seien.[96] Nun ist dies in seiner Zuspitzung sicherlich überzogen. Systematisch ausgeblendet werden in dieser Perspektive die Interdependenzen zwischen den einzelnen gesellschaftlichen Systemen, die Abhängigkeiten und Beschränkungen der Handlungsfreiheit, die von den anderen Systemen in Form von Rahmenbedingungen und zu berücksichtigenden Entscheidungsfaktoren gesetzt werden. Die autopoietische Systemtheorie ist insofern – dies der Vorwurf, der wohl zu Recht gegen sie erhoben worden ist – immer noch nicht komplex genug, um die Realität differenzierter Gesellschaften zu beschreiben und zu erklären.[97] Mit der einseitigen Betonung der Selbststeuerung und der Intra-System-Betrachtung werden die Intersystem-Beziehungen vernachlässigt. Doch gerade die Beziehungen zwischen den gesellschaftlichen Teilsystemen müßten – so die Einwände vor allem der Politikwissenschaftler – im Mittelpunkt der Analyse stehen, wenn man die Wechselwirkungen und gegenseitigen Einflußnahmen der Teilsysteme aufeinander erfassen und beschreiben, also das Gesamtgefüge begreifen will.[98] Die autopoietische Systemtheorie überschätzt – so der wohl gewichtigste Einwand – die wechselseitige Undurchschaubarkeit der Systeme; gleichzeitig unterschätzt sie Probleme des Wissens und der Macht.[99] Das politische und rechtliche System können, wie jedes Teilsystem, Kommunikationsbarrieren überwinden und sich um Informationen aus den anderen Teilsystemen bemühen, können sich so durchaus eine vernünftige Datenbasis für Einwirkungen (und rechtliche Steuerung) verschaffen. Die Kommunikationsprobleme, die *Luhmann* zur unabänderlichen Struktur der Systeme erhebt, sind insofern kein Grunddatum, das Kommunikation denknotwendig scheitern läßt, sondern nur Teil der gesellschaftlichen Realität, der Steuerung als so schwierig erscheinen läßt.[100]

---

[95] Siehe *N. Luhmann*, Politische Steuerung. Ein Diskussionsbeitrag, PVS 30 (1989), S.4, 8.

[96] *N. Luhmann*, Die Wirtschaft der Gesellschaft, 2.Aufl. 1989, S.324f.

[97] So z.B. *C. Landfried* (Fn.82), S.12f.

[98] Siehe etwa *W.L. Bühl* (Fn.76), S.51.

[99] *C. Landfried* (Fn.82), S.13, aber auch die Einzelstudien in dem Sammelband von *R. Mayntz/F. W. Scharpf* (Hrsg.), Selbstregelung und politische Steuerung, 1995..

[100] Vgl. auch *F.W. Scharpf*, Politische Steuerung und politische Institutionen, PVS 30 (1989), S.10f.

Diese berechtigten Einwände sollten nun aber nicht dazu verleiten, den Erkenntnisgewinn durch die Systemtheorie und das von ihr transformierte Konzept der ‚autopoietischen System' zu unterschätzen. Die Systemtheorie schärft den Blick für „Eigensinn und die Borniertheit funktionsspezifischer Kommunikationssysteme"[101]. Steuernde Eingriffe der Politik in gesellschaftliche Lebensbereiche wie Versuche rechtlicher Regulierung der gesellschaftlichen Teilsysteme können desintegrierende Folgen haben, weil sie allzuoft der Struktur des zu steuernden Bereiches nicht gemäß sind. *Gunther Teubner* hat insoweit von einem „regulatorischen Trilemma" gesprochen, weil Politik, Recht und gesellschaftliche Teilbereiche unterschiedliche Relevanzkriterien besitzen und eine strukturelle Kopplung der drei sich selbst steuernden Systeme kaum gelingt.[102] Politische und rechtliche Steuerung wird damit vorrangig zu einem Problem der Informationsverarbeitungskapazität, ähnlich wie in der Ergebnisse der Chaosforschung rezipierenden betriebswirtschaftlichen Organisationslehre. Bürokratische Großorganisationen sind unter diesem Blickwinkel tendenziell unfähig, angemessen auf Veränderungen in den vielen gesellschaftlichen Teilsystemen zu reagieren und in gesellschaftliche Prozesse einzugreifen, da die Informationsverarbeitungskapazität eines hierarchisch strukturierten Apparates, der die Entscheidungsprozesse in einer schmalen Spitze zentralisiert, völlig ungenügend ist, um die soziale Realität in ihrer Komplexität zu verarbeiten. Als sehr viel erfolgversprechender erscheint es in dieser Perspektive, Großorganisationen in viele dezentrale Teilsysteme zu zerlegen, mit eigener Reaktions- und Entscheidungsmacht, also überkomplexe Regelkreisläufe in viele kleinere Teilregelkreise zu zerlegen, die über Möglichkeiten der Selbstorganisation verfügen. Das dezentral angesammelte Wissen über die Veränderungen der Märkte und der Gesellschaft wird so sehr viel besser genutzt. Koordination findet dann, wie in modernen ‚corporate networks', eher dezentral in Verhandlungssystemen statt als zentral über hierarchische Steuerung. Konzipiert man das systemtheoretische Problem der Kommunikationsstörung zwischen Teilsystemen, der durch die jeweils anderen Relevanzkriterien der Subsysteme eingeschränkten Informationsverarbeitungskapazität dergestalt in eine Frage sozialer Organisation, so ergibt sich letztlich eine systemtheoretische Umformulierung des Subsidiaritätsprinzips.[103]

Noch schärfer in den Blick gerät das informationsökonomische Problem der beschränkten Informationsverarbeitungskapazität wirtschaftlicher und politischer Organisationen in der aktuellen wirtschaftswissenschaftlichen Debatte um „bounded rationality".[104] Das Konzept der ‚bounded rationality', schon vor Jahr-

---

[101] *F.W. Scharpf* (Fn. 100), S. 19.

[102] *G. Teubner*, Verrechtlichung – Begriffe, Merkmale, Grenzen, Auswege, in: F. Kübler (Hrsg.), Verrechtlichung von Wirtschaft, Arbeit und sozialer Solidarität, 1984, S. 289, 316.

[103] Vgl. in diesem Sinne etwa *H. Willke*, Die Steuerungsfunktion des Staates aus systemtheoretischer Sicht, in: D. Grimm (Hrsg.), Staatsaufgaben, 1994, S. 685, 694.

[104] Vgl. dazu etwa die Referate und Diskussionsbeiträge bei *R. Richter (ed.)*, Views and Comments on Bounded Rationality as Applied to Modern Institutional Economics, Journal of Institutional and Theoretical Economics 146 (1990), S. 648ff.

zehnten entstanden aus dem Unbehagen ob der unrealistischen Modellannahme des perfekt informierten, profitmaximierenden ,homo oeconomicus' in der ökonomischen Klassik, stellt die Beschränkungen und Verzerrungen der Rationalität bei den handelnden wirtschaftlichen Akteuren in den Vordergrund. Ökonomische Akteure, so formulierte schon der Begründer des Ansatzes, *H. Simon*, im Jahre 1957, sind „intendedly rational, but only limitedly so"[105]. Mag auch der grundsätzliche Wille zu rationalem Handeln in der Regel gegeben sein, so kann Rationalität in der Regel immer nur sehr beschränkt rational sein, betrachtet man es aus der Distanz und der ex-ante-Perspektive. Wirtschaftliches und politisches Handeln geschieht regelmäßig auf beschränkter Informationsgrundlage, damit in Situationen erheblicher Ungewißheit, und es geschieht unter selektiver Wahrnehmung und subjektiver Gewichtung der vorhandenen Informationen.[106] Auswahl und Verarbeitung der Informationen ist in hohem Maße kulturell bestimmt und durch soziale Rollen geprägt. Der Ansatz kann sich hier problemlos auf neuere psychologische und soziologische Forschungen berufen, die die soziale Modelliertheit jeder Wahrnehmung, die „gesellschaftliche Konstruktion der Wirklichkeit" im Wissen und Verstehen der Menschen aufgezeigt haben.[107]

Erste Anwendungen dieses Modells auf die Analyse von rechtlichen Institutionen[108] und politischen Organisationsformen[109] zeigen, daß die rechtlichen und politischen Institutionen moderner Gesellschaften diesem Problem in vielfacher Weise Rechnung tragen. Sowohl Gewaltenteilung wie die diversen Formen der Dezentralisierung von Entscheidungssystemen lassen sich als Vorkehrungen begreifen, dem Problem der ,bounded rationality' Rechnung zu tragen und über den Einbezug vieler verschiedener Akteure mit unterschiedlichen Beschränkungen der Wahrnehmung und unterschiedlichen Schwerpunkten der Informationsverarbeitung dafür zu sorgen, daß nicht über den in zentralisierten Organisationen häufig auftretenden Kurzschluß von Wahrnehmungsraster zu Informationsverarbeitung relevante Informationen völlig ausgeblendet werden.[110] Das Phänomen der ,bounded rationality' spricht insoweit für Organisationsstrukturen, die Pluralität – und damit plurale Abbildung unterschiedlicher Entscheidungsgesichtspunkte – im eigentlichen Entscheidungsprozeß gewährleisten, es spricht

[105] Zitiert nach *E.G. Furubotn / R. Richter*, Vorwort zum Heft „Symposium on New Institutional Economics: Bounded Rationality and the Analysis of State and Society", Journal of Institutional and Theoretical Economics 150/1 (1994), S. 11, 11f.

[106] Vgl. zum Problem aus psychologischer Perspektive *D. Kahneman*, New Challenges to the Rationality Assumption, Journal of Institutional and Theoretical Economics 150 (1994), S. 18ff.

[107] Vgl. insbes. die schon geradezu als Klassiker der Wissenssoziologie geführte Studie von *P.L. Berger / T. Luckmann*, Die gesellschaftliche Konstruktion der Wirklichkeit, 5.Aufl. 1977, insbes. S. 21ff., 72ff., 139ff.

[108] Siehe in dieser Richtung *C. Engel*, Legal Responses to Bounded Rationality in German Administration, Journal of Institutional and Theoretical Economics 150 (1994), S. 145ff.

[109] Vgl. insbes. *T. Moe / M. Caldwell*, The Institutional Foundations of Democratic Government: A Comparison of Presidential and Parliamentary Systems, Journal of Institutional and Theoretical Economics 150 (1994), S. 171ff.

[110] Vgl. zum Problem etwa *T. Moe / M. Caldwell* (Fn. 109), S. 173ff.

aber vor allem für Mechanismen der Reduktion von Komplexität über Dezentralisierung von Aufgaben an kleinere Einheiten – und damit letztlich für Subsidiarität im klassischen Sinne.[111]

15.5. Neubewertung der Subsidiarität III – Hayeks Konzeept der ‚spontanen Ordnungen' und die Neue Institutionenökonomik

Eine Frage bleibt allerdings bei der informationsökonomischen Begründung der Subsidiarität offen: Wie ist die effiziente Koordination der verschiedenen, im Ansatz eigenständig handelnden Teileinheiten zu gewährleisten, also wie ist die Integration des Gefüges aus teilweise gegensätzliche Eigeninteressen verfolgenden Einzelakteuren zu einem Gesamtsystem zu gewährleisten? Bedarf es nicht letztlich doch einer hoheitlich koordinierenden Instanz, im Bundesstaat also letztlich einer mit Aufsichts- und Weisungsbefugnissen gegenüber den Gliedstaaten ausgestatteten Zentralinstanz, die über ihre Koordinationsbefugnis im Zweifel dann doch wieder Entscheidungsprozesse hierarchisieren und zentralisieren kann? Auch das reformulierte Subsidiaritätsprinzip vermag nicht aus sich heraus die für den Integrationsansatz prinzipiell im Vordergrund stehende Frage zu beantworten, wie die Einheitsbildung in einem gestuften System subsidiär zuständiger Teileinheiten bewerkstelligt werden kann – außerhalb der zentralen Steuerung durch den Bund als Agenten des gesamtstaatlichen Interesses. Die Vorbehalte der durch das Integrationsparadigma geprägten deutschen Bundesstaatslehre gegenüber einer theoretischen Konstruktion des Bundesstaates aus dem Subsidiaritätsprinzip haben hier ihren sachlichen Kern.

Über diesen Punkt, über den das durch Konzepte des ‚dezentralisierten Einheitsstaates' und der Integration geprägte unitarische Bundesstaatsdenken nur schwer hinwegkommt, gelangt man nur hinaus, wenn man statt des postulierten Erfordernisses zentraler Koordination die (alternativen) Mechanismen der freiwilligen ‚Selbstkoordination' in den Blick nimmt, die Marktteilnehmer in einem System der ‚Koordination durch Vertrag' vollziehen, aber auch Subsysteme eines politischen Gesamtsystems in nur über Verhandlungssysteme koordinierten Bereichen. Lernen kann man in der Analyse dieser jeweils ‚spontan' über ‚Verhandlungslösungen' hergestellten Koordination vor allem von *Friedrich August von Hayek*, dem Klassiker der politischen Ökonomie, der sehr grundlegend über die Unterschiede zwischen hierarchisch-hoheitlich koordinierten Zentralverwal-

---

[111] Siehe *A. Picot*, Subsidiaritätsprinzip und ökonomische Theorie der Organisation, in: Dienstprinzip und Erwerbsprinzip. Festschrift für Karl Oettle, 1991, S. 102ff., ferner *ders. / B. Wolff*, Institutional Economics of Public Firms and Administrations. Some Guidelines for Efficiency-Oriented Design, Journal of Institutional and Theoretical Economics 150 (1994), S. 211ff.; vgl. als zusammenfassende Darstellungen der neueren Ansätze der sozial- und wirtschaftswissenschaftlichen Organisationstheorie auch *T. Groß*, Grundzüge der organisationswissenschaftlichen Diskussion, in: E. Schmidt-Aßmann/W. Hoffmann-Riem (Hrsg.), Verwaltungsorganisationsrecht als Steuerungsressource, 1997, S. 139ff., sowie *A. Kieser*, Anleitung zum kritischen Umgang mit Organisationstheorie, in: ders. (Hrsg.), Organisationstheorien, 2. Aufl. 1995, S. 1ff.

tungssystemen und über Wettbewerbsprozesse koordinierten Marktsystemen nachgedacht hat.[112] *Hayek* verdanken wir in diesem Kontext die idealtypische Unterscheidung zwischen ‚Organisation‘ und ‚spontaner Ordnung‘. ‚Organisation‘ bezeichnet dabei eine Ordnung, in der die Teile nach einem vorgefaßten Plan zueinander in Beziehung gebracht werden, während ‚spontane Ordnung‘ ein System bezeichnet, in dem die Akteure prinzipiell Handlungsfreiheit genießen, also frei sind ihre eigenen Pläne zu verfolgen, während sie zugleich über die spontane Selbstorganisation in ausgehandelten Formen der Koordination zur Bildung einer Gesamtordnung beitragen.[113]

Die Pointe der ‚spontanen Ordnung', also der im Wettbewerbssystem durch freiwillige Kooperation gebildeten Gesamtordnung, ist nun bei *Hayek* das im Verlaufe dieser Arbeit schon mehrfach thematisierte informationsökonomische Problem der effizienten Nutzung von möglichst viel Informationen. Die ‚spontane Ordnung‘ ermöglicht sehr komplexe Systeme, die in ihrer Komplexität nie zu planen wären; sie eröffnet gleichzeitig die Möglichkeit für alle Beteiligten, mehr Wissen zu nutzen als jeder einzeln für sich jemals gewinnen könnte.[114] Dieser informationsökonomische Vorteil der Wettbewerbsordnung, das Ausspielen der experimentellen Entdeckungsverfahren des Marktes, bedingt im Kern den eigentlichen Vorteil der Koordination über ‚spontane Ordnungen‘ gegenüber der Organisation, in der tendenziell nur das in den zur Entscheidung berufenen Spitzen akkumulierte Wissen wirklich genutzt werden kann.[115]

Nun bedeutet ‚spontane Ordnung‘ nicht das Fehlen von Regeln. Im Gegenteil: Konstituierendes Element der ‚spontanen Ordnungen‘ ist das Handeln nach Regeln. Diese Regeln aber sind im Prinzip rein prozedurale Regeln, im Gegensatz zur Anweisung in der Organisation, die materiale Vorgaben setzt. Während in Organisationen „Regeln für die Durchführung zugewiesener Aufgaben“ vorgegeben werden, die Stellung des einzelnen in einer festen Struktur durch Befehl bestimmt wird, ist spontanen Ordnungen eine Hierarchie von Zwecken ebenso fremd wie die Gewährleistung bestimmter Ergebnisse zugunsten oder zu Lasten definierter Personen oder Personengruppen.[116] Gerade weil ‚spontane Ordnun-

---

112 Vgl. zu Hayek und dessen Neuansatz der politischen Philosophie jüngst die eingehende Untersuchung von *C. Zeitler*, Spontane Ordnung, Freiheit und Recht. Zur politischen Philosophie von Friedrich August von Hayek, 1995, insbes. S. 30ff., 90ff., 123ff.; vgl. ferner *I. Pies*, Normative Institutionenökonomik. Zur Rationalisierung des politischen Liberalismus, 1993, S. 42ff., 260ff.

113 Siehe *F.A. von Hayek*, Arten der Ordnung (1963), in: *ders.*, Freiburger Studien, 1969, S. 32, 34f.

114 Siehe *F.A. von Hayek*, Die Ergebnisse menschlichen Handelns, aber nicht menschlichen Entwurfs (1967), in: ders., Freiburger Studien, 1969, S. 97ff.; vgl. auch *E.-J. Mestmäcker*, Organisation in spontanen Ordnungen, 1992, S. 11ff.

115 Siehe *F.A. von Hayek*, Der Wettbewerb als Entdeckungsverfahren (1968), in: ders. Freiburger Studien, 1969, S. 249ff., vgl. aber auch – mit ähnlicher Zielrichtung – aus der Perspektive der modernen Organisationstheorie *W. Scholl*, Die Produktion von Wissen zur Bewältigung komplexer organisatorischer Situationen, in: R. Fisch/M. Boos (Hrsg.), Vom Umgang mit Komplexität in Organisationen, 1990, S. 107ff.

116 Vgl. insoweit grundlegend *F.A. von Hayek*, Grundsätze einer liberalen Gesellschaftsordnung (1967), in: *ders.*, Freiburger Schriften, 1969, S. 108ff., insbes. S. 112f.

gen' prinzipiell keine vorgegebenen Ziele kennen, sind sie im Kern sehr viel flexibler und passen sich leichter an Wandlungen der gesellschaftlichen Präferenzen und Prioritäten an; umgekehrt können sie aber natürlich, im Gegensatz zur Organisation, nicht garantieren, daß in einer vorgegebenen Zweckhierarchie das Wichtige vor dem weniger Wichtigen erreicht wird.[117]

Begreift man, wie *Hayek* dies getan hat, wie aber auch die neuen institutionalistischen Schulen der Ökonomie dies zusehends tun[118], die Ausbildung und Fortentwicklung sozialer Institutionen als einen fortwährenden Selektionsprozeß, in dem die den Bedürfnissen der Menschen und den Anforderungen der Situation besser angepaßten Institutionen auf Dauer die weniger funktionalen Institutionen verdrängen[119], so wird die prinzipielle Überlegenheit der spontanen Ordnungen über Formen hierarchischer Organisation leicht einsichtig. Ihre Überlegenheit beruht im evolutionstheoretischen Ansatz *Hayeks* und des Institutionalismus auf deren größerer Anpassungsfähigkeit[120], die letztlich aus der angemesseneren Lösung der informationsökonomischen Probleme resultiert: Weil spontane Ordnungen eine gegenüber hierarchischen Organisationen deutlich erhöhte Informationsverarbeitungskapazität und damit verbesserte Mechanismen der Rückkoppelung an die ihren Erfolg bestimmende Umwelt haben, sind sie entwicklungsoffener als hierarchisierte Organisationen und vermögen sie deshalb Gesellschaften auf längere Sicht effizienter zu organisieren als reine Strukturen der Organisation.[121]

Setzte man diese Argumentation absolut, so wäre kaum mehr einzusehen, wofür es eigentlich der hierarchisch strukturierten Organisation bedürfte – und insbesondere natürlich des Staates als der paradigmatischen Form der Organisation im Sinne *Hayeks*. Im Hayek'schen Oeuvre ist die Antwort auf diese Frage nur ansatzweise zu finden. Er hat sich zwar in seinem Grundlagenwerk über „Die Verfassung der Freiheit" eingehend mit den klassischen liberalen Rechtfertigungen des Staates auseinandergesetzt, dem Schutz vor gesellschaftlicher Gewalt und der Sicherung der Rechtsbefolgung.[122] Für die vielfältigen Gestaltungen der (auf Marktintervention zielenden) Ordnungspolitik im wirtschafts- und sozialpolitischen Bereich geben diese klassischen Rechtfertigungen des Staates aber kaum etwas her.

Antworten zeichnen sich insoweit erst in den Arbeiten der Neuen Institutionenökonomik ab.[123] *Mancur Olson* hat, ausgehend von der Theorie der öffentli-

---

[117] Ibid., S. 112.

[118] Zur evolutionstheoretischen Fundierung der Neuen Institutionenökonomik siehe insbes. die Werke von *Douglass C. North* – siehe etwa *D.C. North*, Institutions, Institutional Change, and Economic Performance, 1990; vgl. auch als knappe, zusammenfassende Darstellung *ders.*, Institutions and Credible Commitment, Journal of Institutional and Theoretical Economics 149 (1993), S. 11ff.

[119] Siehe nur *F.A. von Hayek*, Die Verfassung der Freiheit, 2. Aufl. 1983, S. 30ff., 49ff., 68ff.

[120] Siehe zum Konzept der kulturellen Evolution bei Hayek und zum dahinterstehenden Gedanken der institutionellen Selektion *C. Zeitler* (Fn. 112), S. 66ff.

[121] Siehe nur *F.A. von Hayek* (Fn. 119), 37ff., S. 46f.

[122] Siehe *F.A. von Hayek* (Fn. 119), S. 161ff., 178ff., 264ff.

[123] Siehe dazu die zusammenfassende Darstellung durch *R. Richter / E.G. Furubotn*, Neue In-

chen Güter, die Probleme untersucht, die aus der mangelnden Beschränkbarkeit der Nutzung derartiger öffentlicher Güter resultieren.[124] Es entsteht – so ergaben die Analysen – im Gefolge des institutionellen Problems mangelnder sozialer Restriktionen der Nutzung öffentlicher Güter ein situativer Defekt, durch den die beteiligten Akteure mit bestimmten Restriktionen konfrontiert werden, die ihre Interaktionen instabil werden lassen. Objektiv konstatierbare Gruppeninteressen erweisen sich in der Folge als kaum organisierbar, können (trotz theoretisch vorhandenem Interesse jedes einzelnen an der Verfolgung des Gruppeninteresses) nicht kollektiv verfolgt und durchgesetzt werden.[125] Das sogen. ‚Free Rider'-Problem führt zu individuellen Handlungsanreizen, die kollektives Handeln systematisch unterlaufen. Aus einer etwas anderen Perspektive hat die vor allem von *Oliver E. Williamson* entwickelte Transaktionskostentheorie ähnliche Probleme bearbeitet.[126] Ausgehend von den grundlegenden Arbeiten von *Ronald Coase*, hat *Williamson* sich zunächst mit den Fragen nach der Funktion vertikaler Integration in Unternehmensstrukturen befaßt. Wie kommt es, so die Grundfrage[127], daß in einem – in Hayek'scher Terminologie ausgedrückt – grundsätzlich auf dem Vorrang spontaner Ordnung beruhenden Wettbewerbssystem Marktteilnehmer in nicht unerheblichem Ausmaß auf Formen der Organisation zurückgreifen, um die Koordination ihrer Wirtschaftstätigkeit auf eine sichere Basis zu stellen? Neben der oben schon behandelten informationsökonomischen Frage der ‚bounded rationality' hat *Williamson* in diesem Kontext vor allem das Problem des sogen. ‚Opportunismus' als treibende Kraft dieses Dranges zur Organisation identifiziert.[128] Auf Dauer angelegte und mit erheblichen Investitionen verbundene Austauschverhältnisse begründen – so kann man das Problem knapp formulieren – die Versuchung, die in der Arbeitsteiligkeit angelegte Abhängigkeit des anderen Vertragspartners auszubeuten zur Erzielung zusätzlicher ‚Renten'.[129] Nutzenmaximierung ist auch durch Arglist und Täuschung möglich, durch bewußt vorgenommene Vertragsverletzungen, das Nicht-Einhalten von Zusagen, die Erpressung der Gegenseite mit der Entwertung ihrer vorgenommenen langfristigen Investitionen. Ausschließen läßt sich derartiger Opportunismus prinzipiell nur in der Organisation, die Arbeitsteilung durch zentrale Anweisungen koordiniert. Trotz der relativen Ineffizienz der ‚Organisation' als Form der Koordinierung von menschlichem Handeln kann in bestimmten Situationen die Umfor-

---

stitutionenökonomik (1996), ferner programmatisch *R.H. Coase*, The New Institutional Economics, Journal of Institutional and Theoretical Economics 140 (1984), S. 229ff.

[124] Siehe *M. Olson*, Die Logik des kollektiven Handelns, 2.Auf. 1985.

[125] Vgl. insoweit auch zusammenfassend *I. Pies* (Fn. 112), S. 199ff.

[126] Siehe insbes. *O.E. Williamson*, Die ökonomischen Institutionen des Kapitalismus. Unternehmen, Märkte, Kooperationen, 1990; vgl. auch zusammenfassend *ders.*, The Evolving Science of Organization, Journal of Institutional and Theoretical Economics 149 (1993), S. 36ff., ferner *I. Pies* (Fn. 112), S. 221ff.

[127] Vgl. auch mit ähnlicher Frage *K.J. Arrow*, The Limits of Organization, 1974.

[128] Siehe *O.E. Williamson*, Die ökonomischen Institutionen des Kapitalismus. Unternehmen, Märkte, Kooperationen, 1990, Kapitel 2.

[129] Vgl. auch die Skizze der Konzeption von Williamson bei *I. Pies* (Fn. 112), S. 224ff.

mung gleichberechtigter Austauschbeziehungen in Formen der ‚Organisation' durchaus einen Sinn haben.[130]

Man mag nun fragen, was für einen Nutzwert diese Ansätze und Debatten der Institutionenökonomik für die Frage des Subsidiaritätsprinzips haben, schon gar in seiner Anwendung auf den Bundesstaat. Auch die Gliedstaaten, selbst die Gemeinden sind schließlich Formen der staatlich-hoheitlichen Organisation, sind damit unbezweifelbar ‚Organisationen' im Hayek'schen Sinne. Wie soll sich die Frage der angemessenen Kompetenzverteilung zwischen staatlichen Organisationen aus Forschungen zu den Institutionen des Marktes beantworten lassen?

Die Frage ist berechtigt, greift aber zu kurz. Natürlich sind auch Gliedstaaten im Bundesstaat, auch Kreise und Gemeinden, hierarchisch verfaßte ‚Organisationen'. In den Bereichen, in denen der Bundesstaat über Aufsichts- und Weisungsbefugnisse verfügt, bilden auch Bund und Länder zusammen eine ‚Organisation'. Der eigentlich interessante Bereich aber ist der eigene Aufgabenbereich der Gliedstaaten, der Kreis der von den Ländern eigenverantwortlich wahrgenommenen Aufgaben. Die Gliedstaaten als autonome staatliche Gebietskörperschaften sind hier prinzipiell mit Handlungsfreiheit ausgestattete, Funktionen eigenständig und eigenverantwortlich wahrnehmende kollektive Akteure. Das Verhältnis zwischen Gliedstaaten wie das Verhältnis der Staaten zum Bund läßt sich in den Bereichen eigener Kompetenzwahrnehmung durchaus analog zu Marktgefügen als ein Wettbewerbssystem begreifen, in dem die kollektiven Akteure prinzipiell Handlungsfreiheit genießen, also frei sind ihre eigenen Pläne zu verfolgen, während sie zugleich über die spontane Selbstorganisation in ausgehandelten Formen der Koordination zur Bildung einer Gesamtordnung beitragen.[131] Die Länder bilden insoweit im Bereich ihrer eigenen Kompetenzen auch so etwas wie ‚spontane Ordnungen' aus, wenn sie ihre Handlungen auf der Basis der Gleichheit koordinieren und in ihrer Aufgabenerfüllung abstimmen.

Soweit sich die Vertreter der Neuen Instutionenökonomik mit Fragen des Föderalismus befaßt haben[132] – und dies liegt im Gefolge der klassischen Ansätze zu einer politökonomischen Theorie des Föderalismus durchaus nahe[133] – so haben sie auch durchwegs diese Konstruktion des Bundesstaates als eines Wettbewerbssystems zugrundegelegt. Tendenziell weist die Neue Institutionenökonomik in der Folge eine Neigung auf, Formen bundesstaatlicher Organisation als überlegen gegenüber den traditionellen Formen zentralstaatlicher Organisation anzuse-

---

130 Siehe nur *O.E. Williamson*, The Evolving Science of Organization, Journal of Institutional and Theoretical Economics 149 (1993), S. 37, 43ff.

131 Für eine derartige Sicht vgl. etwa *D.J. Elazar*, American Federalism. A View from the States, 3. Aufl. 1984, S. 1ff., 51ff., 232ff.

132 Siehe insbes. *B.R. Weingast*, Constitutions as Governance Structures: The Political Foundations of Secure Markets, Journal of Institutional and Theoretical Economics 149 (1993), S. 286, 290ff.

133 Vgl. nur aus der deutschen Literatur *H.F. Wust*, Föderalismus. Grundlage für Effizienz in der Staatswirtschaft, 1981, insbes. 15ff., 161ff., sowie *E. Thöni*, Politökonomische Theorie des Föderalismus. Eine kritische Bestandsaufnahme, 1986.

hen.[134] Föderalistische Gefüge seien grundsätzlich überlegen, so der zentrale Gedanke, da in der im Bundesstaat hergestellten ‚Konkurrenz der regulativen Einheiten' eine ‚Gefangennahme' des Staates durch ‚vested interests' ausgeschlossen werde.[135] Der Staat werde so gezwungen, auf die Bedürfnisse seiner Bürger wie der lokalen Wirtschaft Rücksicht zu nehmen, denn der im Zentralstaat mögliche Ausweg in monopolistische Strukturen und Kartellbildungen sei in der Konkurrenzsituation der Gliedstaaten ausgeschlossen.

Zum informationsökonomischen Vorteil des ‚polyzentrischen' Systems, das über die Pluralität der Entscheidungsträger sehr viel mehr Informationen in die Gestaltung der Ordnung einbringt und nutzt als das monokratische System, tritt damit eine flexibilitätssichernde Funktion des auf Subsidiarität aufgebauten Systems. Der einfache Ausweg ‚vermachteter' Systeme, wenn sie mit unangenehmen Problemen konfrontiert werden, die Problemleugnung und -verdrängung, dann folgend die Versuchung zur protektionistischen Konservierung überlieferter Strukturen, wird im ‚polyzentrischen' System des Föderalismus tendenziell ausgeschlossen. Soweit die bundesstaatliche Organisation tatsächlich einen Wettbewerb der regulatorischen Einheiten zugelassen hat, verhindert deren Konkurrenz in der Regel die Verkrustung, die in der einzelne organisierte Gruppen regelmäßig über Gebühr privilegierenden Konservierung vorhandener Strukturen durch protektionistische Regelungen liegt.

Eine zentrale Kompetenz bleibt in dieser Perspektive nur da wirklich nötig, wo aus der Problematik der öffentlichen Güter oder aus Problemen des ‚Opportunismus' funktionierende Koordination der dezentralen Einheiten nicht denkbar ist. Vor allem das ‚Opportunismusproblem' ist aus bundesstaatlichen Systemen sattsam bekannt. Eine Zentralisierung der Aufgabenerfüllung wird dann unumgänglich. Ansonsten aber ist die subsidiäre Aufgabenerfüllung durch die dezentralen Einheiten vorzuziehen, können diese doch sehr viel problemangepaßtere Lösungen erbringen, die lokal vorhandenen Informationen zum Problem tatsächlich nutzen, auch die Versuchung zur Verweigerung der Problemlösung unterlaufen.

15.6. Bundesstaat als dynamisches Mehrebenensystem

Die geschilderten neuen Fragestellungen, Analyseansätze und theoretischen Einsichten der Forschungen zu Chaos und Selbstorganisation komplexer Systeme, der neueren Organisationstheorie und der Hayek'schen Arbeiten ebenso wie der Neuen Institutionenökonomik sind von der politikwissenschaftlichen Theorie tendenziell auch schon zu einem bereichsspezifischen neuen Ansatz der Analyse föderaler Systeme transformiert worden. Seit ungefähr zehn Jahren erfreut sich im soziologischen und politikwissenschaftlichen Diskurs das Paradigma der „Mehrebenenverflechtung" zunehmenden Interesses.[136] Thematisiert wird damit

---

[136] Vgl. insbes. *M. Jachtenfuchs / B. Kohler-Koch*, Einleitung: Regieren im dynamischen

– auf dem Hintergrund der Ergebnisse der neueren sozialwissenschaftlichen Organisationstheorie – die Einsicht, daß sich Regierung und Verwaltung im modernen Staat immer weniger unter der Kategorie der hierarchischen Steuerung sinnvoll begreifen lassen. Ganz besonders gilt dies natürlich für föderale Systeme, die schon im Ansatz starke Züge eines durch Verhandlungs- und Kooperationsbeziehungen geprägten sozialen Gefüges aufweisen.

Die organisations- und institutionentheoretische Untersuchung der Mehrebenen-Problematik steckt allerdings noch in den Anfängen. Obwohl es sich dabei im Ansatz um ein zentrales Problem des Regierens in modernen Gesellschaften handelt, sind die tatsächlichen Kenntnisse über das Zusammenspiel unterschiedlicher Handlungsebenen und über die darin angelegte Eigendynamik sozialer Systeme mit dynamischer Mehrebenenverflechtung noch völlig unzureichend.[137] Dies gilt, obwohl man als sicher unterstellen kann, daß Verhandlungssysteme ganz anderen institutionellen Gesetzmäßigkeiten folgen als klassisch hierarchische Systeme auf der Basis mehrheitsdemokratischer Verfahren. Daß aus dieser Unterschiedlichkeit der Spielregeln partiell eine Inkompatibilität zwischen föderalen Verhandlungssystemen und demokratischen Mehrheitsverfahren erwächst, ist dabei schon seit langem erkannt.[138]

Das analytische Instrumentarium zur Durchdringung dynamischer Mehrebenensysteme diente – aus dem Entstehungskontext heraus wird dies verständlich – zunächst hauptsächlich der Erfassung der Funktionsprobleme korporativer und föderaler Systeme, ja ist partiell geradezu aus der theoretischen Erfassung derartiger Funktionsprobleme entstanden. Das Konzept der „Politikverflechtung" stand zunächst vielfach Pate bei der Erfassung und theoretischen Konzeptualisierung von Phänomenen der Mehrebenenverflechtung. Zwar sind die Mehrebenensysteme als Verhandlungssysteme im Ansatz flexibler als die hochformalisierten hierarchischen Systeme mit mehrheitsdemokratischen Verfahren. Verhandlungssysteme sind meist wenig formal strukturiert, sind vielfach ad hoc-Gebilde, die zur Lösung einzelner Probleme gebildet und nach Erreichung des Zieles genauso schnell wieder aufgelöst werden. Der Zwang, nach für alle Seiten akzeptierbaren Lösungen zu streben und die damit einhergehende Angewiesenheit der Akteure auf Kompromißbildung sichert zwar möglichst umfassende Berücksichtigung al-

---

Mehrebenensystem, in: M. Jachtenfuchs / B. Kohler-Koch (Hrsg.), Europäische Integration, 1996, S. 15ff.; *A. Benz*, Verhandlungssysteme und Mehrebenen-Verflechtung im kooperativen Staat, in: Regierungssystem und Verwaltungspolitik. Beiträge zu Ehren von Thomas Ellwein, 1995, S. 83ff.; *ders.*, Mehrebenen-Verflechtung: Verhandlungsprozesse in verbundenen Entscheidungsarenen, in: A. Benz / F.W. Scharpf / R. Zintl (Hrsg.), Horizontale Politikverflechtung. Zur Theorie von Verhandlungssystemen, 1992, S. 147ff.; *F.W. Scharpf*, Koordination durch Verhandlungssysteme: Analytische Konzepte und institutionelle Lösungen, ibid., S. 51ff.; *A. Büssing*, Die Interaktion der Ebenen als Problem komplexer Organisationen, in: R. Fisch / M. Boos (Hrsg.), Vom Umgang mit Komplexität in Organisationen, 1990, S. 107ff.

[137] Vgl. *A. Benz*, in: Regierungssystem und Verwaltungspolitik. Beiträge zu Ehren von Thomas Ellwein (Fn. 138), S. 83.

[138] Siehe *A. Benz* (Fn. 139), S. 88ff., sowie *ders.* , in: Benz/Scharpf/Zintl (Fn. 138), S. 153ff., 159ff.

ler relevanten Interessen, enthält aber zugleich ein hohes Blockadepotential.[139] Um dieses Blockadepotential zu minimieren und die für eine erfolgreiche Arbeit notwendige Atmosphäre der allseitigen Kooperations- und Konzessionsbereitschaft, der Orientierung auf eine integrative Problemlösung zu kultivieren, versuchen Verhandlungspartner in der Folge, sich von Außeneinflüssen möglichst abzuschirmen. Als Konsequenz ist für Verhandlungssysteme beinahe regelmäßig ein Drang zur Herausbildung isolierter Entscheidungssysteme zu beobachten, die sich über die Nicht-Öffentlichkeit der zentralen Verhandlungen nach außen abschließen. Koordination der sich so immer weiter fragmentierenden einzelnen Entscheidungssysteme wird zusehends zum entscheidenden Problem.[140]

Die daraus erwachsenden Funktionsdefizite der Mehrebenenverflechtung sind für den Fall der Kooperations- und Verhandlungssysteme des deutschen Bundesstaates nun schon vor zwei Jahrzehnten unter dem Stichwort „Politikverflechtungsfalle" beschrieben und analysiert worden. Der neue Ansatz der „Mehrebenensysteme" vermag diese Phänomene der „Überverflechtung" jetzt nur theoretisch einleuchtend zu konzeptualisieren und einen analytischen Rahmen zu deren Untersuchung zur Verfügung zu stellen. Doch erklären die Untersuchungen zu Strukturen der Mehrebenenverflechtung nicht nur die immanente Blockadeanfälligkeit der prinzipiell auf Kooperation und Verhandlung beruhenden Verflechtungsstrukturen im Mehrebenensystem. Auch die prinzipiellen Vorteile der Mehrebenensysteme treten in den neueren Forschungen deutlicher zutage als dies in den älteren Arbeiten zur Frage der „Politikverflechtung" der Fall war.[141] Gerade weil Mehrebenenstrukturen grundsätzlich instabil sind und sich durch eine hohe Eigendynamik und beträchtliche Flexibilität auszeichnen, können sich die Akteure an den Schnittstellen zwischen Verhandlungsystem und parlamentarischem System auch leichter den Blockaden entziehen, die auf einer einzelnen Ebene bzw. in einem einzelnen System auftreten als die ganz in einem System gefangenen Akteure. Die an den Schnittstellen agierenden Regierungsvertreter können die strukturelle Flexibilität von Mehrebenenstrukturen strategisch nutzen, um je nach Situation eine Entscheidung im einen oder anderen Bereich zu suchen. Diese Flexibilität in den Entscheidungsstrukturen gestattet es „den Vertretern der politischen Führung, auf Problemzuspitzungen und Blockadegefahren in einer Entscheidungsebene zu reagieren, indem sie auf eine andere Ebene ausweichen und dort zumindest Rahmenvorgaben für eine Problemlösung erreichen. Durch geschicktes Lavieren zwischen den Ebenen können sie sich Bindungen entziehen, wenn dies für ihre Handlungsfähigkeit notwendig ist."[142] Diese Befreiung von formalen Regeln in einzelnen Entscheidungsebenen wird ihnen zumindest bei akuten gesellschaftlichen Konflikten und hohem Problemdruck auch meist nach-

---

[139] Vgl. insoweit eingehend *F.W. Scharpf*, Einführung: Zur Theorie von Verhandlungssystemen, in: Benz/Scharpf/Zintl (Fn. 138), S. 11ff., sowie *ders.*, Koordination durch Verhandlungssysteme: Analytische Konzepte und institutionelle Lösungen, ibid., S. 51ff.

[140] *A. Benz* (Fn. 139), S. 86f.

[141] Siehe etwa *A. Benz*, in: Benz/Scharpf/Zintl (Fn. 138), S. 197ff.

[142] *A. Benz* (Fn. 139), S. 98.

gesehen. Zwar können sie sich nie dauerhaft aus dem Regelkontext ihrer spezifischen Ebene lösen, „sind also prinzipiell gezwungen, den strukturellen Anforderungen der jeweiligen Entscheidungskontexte in ihrer Politik gerecht zu werden"[143]. Mit anderen Worten: Punktuell können sich Regierungsvertreter auf Kosten der sie stützenden Partei verständigen; auf Dauer müssen sie jedoch die Verfahren der Mehrheitsdemokratie respektieren, denen sie ihr Amt und ihre Legitimation als Akteur im Verhandlungssystem verdanken. In gleicher Weise können Kooperationsbeziehungen punktuell abgebrochen werden, wenn parteipolitische Konflikte hochschlagen; auf Dauer aber ist es sinnvoll, Verhandlungssysteme zu stabilisieren. Über Netzwerke, die quer zu beiden Entscheidungsebenen liegen, kann verhindert werden, daß derartige situative Reaktionen der Akteure, also punktuelle Ausstiege aus den Regelmechanismen der einzelnen Entscheidungsebenen, die Verbindungen zwischen den Ebenen zerstören. Sie garantieren den Bestand von Verbindungsstrukturen, die vielfach nur latent bleiben, aber im Bedarfsfall aktiviert werden können, um destruktive Konflikte und Blockaden zu verhindern.[144]

Dem Phänomen der „Mehrebenenverflechtung" wohnt somit, all der inhärenten Gefahren der „Überverflechtung" zum Trotz, eine hohe systemische Rationalität inne. Es sichert ein „multistabiles" Gleichgewicht der Entscheidungsstrukturen. Einzelne sachbezogene Entscheidungskontexte können prinzipiell verselbständigt werden, um das Gemeinsamkeitspotential der Sachrationalitäten zur kooperativen Problemlösung zu nutzen. Über die Rückbindung der in den Verhandlungssystemen agierenden Regierungsvertreter an das mehrheitsdemokratische Verfahren wird gleichzeitig ein Mechanismus der Kontrolle etabliert, der zumindest eine gewisse Koordination und Integration der einzelnen Fachpolitiken gewährleistet. Flexibilität der Entscheidungsfindung wird so mit der Bewahrung der ebenenspezifischen Regelmechanismen gekoppelt.

Allerdings hat dieses System flexiblen Hin- und Herwanderns zwischen den unterschiedlichen Ebenen der Entscheidungsfindung natürlich zugleich die Tendenz in sich, die Bindung an die überkommenen Regelsysteme hinter sich zu lassen. Die Politikwissenschaften haben die entsprechenden Gefahren dynamischer Mehrebenensysteme sowohl am Beispiel des deutschen kooperativen Bundesstaates wie am Beispiel der europäischen Integration eindringlich beschrieben. Beide Systeme lassen sich unschwer als Gefüge der „Mehrebenenverflechtung" begreifen, mit all den Vor- und Nachteilen, die derartige Systeme gestufter Entscheidungsfindung aufweisen.[145]

Was damit in den Vordergrund tritt, ist die strukturelle Ähnlichkeit, die zwischen der föderalen Aufspaltung staatlicher Aktivität im Bundesstaatsgefüge und

---

[143] *A. Benz* (Fn. 139), S. 98.

[144] Vgl. *A. Benz* (Fn. 139), S. 98f.

[145] Zur Analyse des Systems der europäischen Integration aus dem Blickwinkel des „Mehrbenenensystems" siehe insbes. *M. Jachtenfuchs / B. Kohler-Koch* (Fn. 138), S. 15ff.; *F.W. Scharpf*, Autonomieschonend und gemeinschaftsverträglich. Zur Logik einer europäischen Mehrebenenpolitik, in: ders., Optionen des Föderalismus in Deutschland und Europa, 1994, S. 131ff.

der Arbeitsteiligkeit bei der Erfüllung öffentlicher Aufgaben im quasi-föderalen Gefüge der Europäischen Gemeinschaft besteht. Beide „Mehrebenensysteme" verkoppeln unterschiedliche Stufen der Gesetzgebungs-, Regierungs- und Verwaltungstätigkeit in einem äußerst flexiblen Verbund miteinander, um so über Mechanismen der Kooperation und Verhandlung gemeinsame Aufgabenwahrnehmung mit den Effizienzvorteilen grundsätzlich dezentraler Aufgabenzuständigkeit zu verbinden. Um raumgreifende Zentralisierung der Aufgabenzuständigkeit zu vermeiden, verkoppeln beide Mehrebenensysteme die Koordination über zentrale, wenn auch im Grundsatz ausgehandelte Rechtsetzung mit einem System dezentralen administrativen Vollzuges. Beide Systeme müssen insoweit um ein „multistabiles" Gleichgewicht bemüht sein, müssen verhindern, daß zentrale Rechtsetzung in Fremdbestimmung durch eine anonyme Zentrale umkippt, müssen aber zugleich verhindern, daß der dezentrale Vollzug die Koordination durch Setzung gemeinsamer rechtlicher Standards aushebelt und zu einer reinen Fassade denaturiert. Beide Beispielsfälle eines Mehrebenensystems müssen daher bemüht sein, im Sinne eines dynamischen Gleichgewichts zwischen zentraler Koordination und regionaler Autonomie die beiden gegenläufigen Prinzipien der Subsidiarität und der Integration in einen ständig neu zu bestimmenden Ausgleich zu bringen.

Das neue Paradigma der „Mehrebenenverflechtung" erinnert insofern immer wieder daran, daß der deutsche Bundesstaat wie das quasi-föderale Gefüge der europäischen Integration in ihrer Grundaufgabe wie in ihrem Grunddilemma vergleichbar sind – sie müssen die vorgefundene (und nicht nur zu bewahrende, sondern fortzuentwickelnde) Vielfalt der Glieder in einen Ausgleich bringen mit dem gegenläufigen Prinzip der „Einheit des Bundes" – anders formuliert: sie müssen nach „Vielfalt in der Einheit" streben, oder sie werden scheitern.[146] Die Balance zwischen beiden Faktoren allerdings ist – und dies hat das Paradigma des „dynamischen Mehrebenensystems" zum Glück äußerst deutlich herausgearbeitet – stets Wandlungsprozessen unterworfen. Föderale Systeme sind – dies ist eine alte Erkenntnis – dynamisch in ihrer Grundstruktur. Wollen sie Bestand haben, so müssen sie permanent um Integration der disparaten Teile bemüht sein; zugleich darf aber die Integration nicht zum Selbstzweck werden, im Sinne einer ein für alle Male zu erreichenden Homogenität. Föderale Systeme, Mehrebenensysteme basieren auf der Heterogenität der Teile, sind zur Integration überhaupt nur in der Lage auf der Grundlage der im bündischen Verbund bewahrten und zugleich dynamisierten Differenz der in ihnen aufgehobenen Glieder.

[146] So auch – mit Blick auf das deutsche Bundesstaatsgefüge – *W. Renzsch* (Fn. 44), S. 98.

Schlußfolgerungen

Integration und Subsidiarität im Deutschen Bundesstaatsrecht

Der Gedankengang führt so zurück auf die an den Anfang der Überlegungen gestellte gemeinschaftsrechtliche Debatte um die rechte Ausbalancierung von Integration und Subsidiarität. Beide Konzepte bzw. Prinzipien, ‚Integration' wie ‚Subsidiarität', sind dem heutigen deutschen Juristen vorzugsweise als Konzepte des europäischen Gemeinschaftsrechts geläufig. Beides aber sind genuine Konzepte deutscher Verfassungstheorie, mit einer schon recht langen Historie, die in die tieferen Schichten deutschen Verfassungsdenkens hinabreicht. Sieht man genau hin, weisen unter der hier gewählten Perspektive der Dialektik von Integration und Subsidiarität das Gemeinschaftsrecht und das deutsche Bundesstaatsrecht mehr Parallelen auf, als die deutsche Staatsrechtslehre gemeinhin zuzugeben bereit ist.

Nimmt man die festgestellte Parallelität der Problemstellung ernst, so muß man im Vergleich Defizite im Bundesstaatsdenken der deutschen Verfassungsrechtslehre feststellen. Die dem institutionellen Europa gegenüber angemahnte rechte Gewichtung des Prinzips der Subsidiarität, das im Verhältnis zum erkennbar im Zentrum der Gemeinschaftsentwicklung stehenden Ziel der Integration immer wieder ins Hintertreffen zu geraten droht, stünde auch der deutschen Verfassungsrechtslehre wohl an. Not täte auch der zutiefst integrationistisch ausgerichteten deutschen Bundesstaatsrechtslehre eine Besinnung auf die Subsidiarität zentraler Aufgabenerfüllung, sicherlich im gleichen Maße wie dies von ihr gegenüber dem institutionellen Europa immer wieder angemahnt wird.

Die im Verlauf der Untersuchung festgestellte einseitige Gewichtsverteilung hängt sicherlich mit einer Fehleinschätuzng des Subsidiaritätsprinzips zusammen, die in der deutschen Verfassungstheorie seit Jahrzehnten endemisch ist. Dabei sollten die hier ausgebreiteten Befunde der naturwissenschaftlichen Chaos- und Komplexitätsforschung, der sozialwissenschaftlichen Systemtheorie, der institutionalistischen Schulen der Ökonomie (klassischer wie moderner Prägung) und des politikwissenschaftlichen Ansatzes der Mehrebenenverflechtung eigentlich verdeutlicht haben, daß es sich beim Subsidiaritätsprinzip keineswegs um ein überholtes Konzept handelt, das aufgrund seiner Verwurzelung in den traditionellen Kategorien der katholischen Soziallehre jeder Übertragbarkeit auf moderne Verhältnisse entbehre. Jüngste rechtswissenschaftliche Arbeiten werden sich dieses Befundes glücklicherweise auch zunehmend bewußt.[1]

---

[1] Siehe etwa *G.F. Schuppert*, Selbstverwaltung, Selbststeuerung, Selbstorganisation – Zur Be-

Die Fragen einer Neubewertung des Subsidiaritätsprinzips sind damit allerdings für die Verfassungsrechtswissenschaft nicht wirklich gelöst. Ein unmittelbarer Transfer der theoretischen Ansätze selbst benachbarter Disziplinen bereitet methodisch durchweg erhebliche Schwierigkeiten. Besonders deutlich ist dies für die referierten Überlegungen der Neuen Institutionenökonomik, die doch vom Grundansatz her der Rechtswissenschaft eigentlich sehr nahe stehen, in der Privatrechtswissenschaft auch schon zu durchaus fruchtbaren Verbindungslinien geführt haben.[2] Für den Bereich des Bundesstaatsrechts stellt sich jedoch das Problem, daß die Ansätze der Neuen Institutionenökonomik, die ja primär in den USA entwickelt wurden, durch und durch von der Anschauung des amerikanischen Bundesstaatssystems geprägt sind. Das deutsche Bundesstaatsmodell ist aber gerade bewußt kein Modell des „competitive federalism", fehlt den deutschen Ländern doch die Möglichkeit zu einer wirklich eigenständigen Wirtschaftspolitik, im Sinne einer autonomen wirtschaftsrechtlichen Regulierung der ökonomischen Rahmenbedingungen auf Gliedstaatsebene. Von ‚regulatorischer Konkurrenz' läßt sich im deutschen Föderalismus kaum sprechen, und auch der in fast allen traditionellen Bundesstaaten hochentwickelte ‚Finanzföderalismus'[3], als Konkurrenz der Steuergesetzgeber, ist im deutschen System praktisch nicht existent. Die noch vorhandenen Ansätze einer eigenständigen Finanz- und Wirtschaftspolitik der Länder, insbesondere eines Standortwettbewerbes um Industrieansiedlungen, sind zwar für die regionale Strukturpolitik von großer Bedeutung[4]; für ‚regulatorische Konkurrenz' geben sie jedoch keine wirkliche Grundlage mehr ab.

Man könnte nun diesen Negativbefund dazu benutzen, das deutsche Bundesstaatsmodell als fehlgeleitet hinzustellen. Dies war nicht die Zielsetzung dieser Arbeit, die sich um ein immanentes Verständnis der Bauprinzipien und Funktionsgesetzlichkeiten des traditionellen deutschen Bundesstaatsmodells bemüht. Theoretische Ansätze wie die des ‚Konkurrenzföderalismus' sind prima facie ungeeignet, die Konstruktion des Bundesstaates unter dem Grundgesetz zu erklären.[5] In einem ganz abstrakten, theoretischen Blickwinkel aber hilft gleichwohl

grifflichkeit einer Wiederbelebung des Subsidiaritätsgedankens, AöR 114 (1989), S. 127ff.; *H. Schulze-Fielitz*, Staatsaufgabenentwicklung und Verfassung, in: D. Grimm (Hrsg.), Wachsende Staatsaufgaben – sinkende Steuerungsfähigkeit des Rechts, 1990, S. 11, 35ff.; *F. Hufen*, Die Grundrechte und der Vorbehalt des Gesetzes, ebda., S. 273, 284ff.; *P. Häberle*, Die Entwicklung des Föderalismus in Deutschland – insbesondere in der Phase der Vereinigung, in: J. Kramer (Hrsg.), Föderalismus zwischen Integration und Sezession, 1993, S. 201, 216ff.

[2] Siehe nur *R. Posner*, The New Institutional Economics Meets Law and Economics, Journal of Institutional and Theoretical Economics 149 (1993), S. 73ff.

[3] Vgl. zu diesem Konzept finanzwissenschaftlicher Prägung *H.-C. Recktenwald*, Finanzföderalismus. Eine empirische Analyse im internationalen Vergleich, Die Verwaltung 16 (1983), S. 1ff., ferner *H.F. Wust*, Föderalismus. Grundlage für die Effizienz in der Staatswirtschaft, 1981, S. 225ff.

[4] Vgl. *D. Braun*, Der bundesdeutsche Föderalismus an der Wegscheide. Interessenkonstellationen, Akteurskonflikte und institutionelle Lösungen, Staatswissenschaften und Staatspraxis 7 (1996), S. 101ff.

[5] Anderer Ansicht aber jüngst *C. Calliess*, Die Justiziabilität des Art. 72 Abs. 2 GG vor dem Hintergrund von kooperativem und kompetitivem Föderalismus, DÖV 1997, S. 889ff.

jeder der referierten Ansätze zu einem vertieften Verständnis auch der deutschen Bundesstaatsproblematik.[6] Alle im vorangegangenen Kapitel skizzierten Argumente für föderale Strukturen, für die Zerlegung des Staates in ein Gefüge autonomer staatlicher (Teil-)Einheiten, die sich im Grundsatz in einem System ‚spontaner Ordnungen' selbst koordinieren, setzen die Möglichkeit voraus, daß die Teileinheiten unterschiedliche politische Entwicklungspfade verfolgen, ja quasiexperimentell die Bandbreite der verschiedenen politischen Optionen erkunden. Dies erfordert nicht notwendig ‚regulatorische Konkurrenz' im Sinne eines ‚Konkurrenzföderalismus', kann man doch die zugelassene Bandbreite der im System möglichen politischen Lösungen unterschiedlich weit oder eng festlegen (über die Verteilung der Kompetenzen auf Zentral- und Gliedstaaten). Das Eröffnen ‚experimenteller' politischer Spielräume, die Möglichkeit unterschiedlicher Entwicklungspfade verlangt aber zumindest im Grundsätzlichen Toleranz gegenüber inhaltlichen Divergenzen in Rechtsetzung und Rechtsanwendung; denn Dezentralisierung (bzw. allgemein föderalistische Abstufung von Staatlichkeit auf verschiedene Ebenen) ergibt nur einen Sinn, wenn die staatliche Einheit, auf die Befugnisse übertragen werden, Spielräume zu eigenem Handeln hat, also die Möglichkeit zu inhaltlich verschiedenen Ansätzen in Politik und Verwaltungspraxis. Jedes bundesstaatliche Modell ist insofern notwendig auf die Bewahrung und Förderung von Vielfalt ausgerichtet, auch in der Konstruktion der Rechtsordnung – ohne diese Grundorientierung wäre die Entscheidung für ein bundesstaatliches Modell sinnlos.

Der Entwicklungspfad, der in der Bundesrepublik seit ihrer Gründung unter dem Leitmotiv der ‚Einheitlichkeit der Lebensverhältnisse' beschritten worden ist[7], muß unter diesem Blickwinkel als zutiefst problematisch erscheinen. Ohne den Willen zur Pluralität der rechtlichen Lösungsansätze wird der Bundesstaat zur Belastung. Er verursacht dann nur noch erhöhte Transaktionskosten. Die – in historischer Perspektive nachvollziehbare, aber theoretisch sicherlich einseitige – Orientierung der deutschen Verfassungsrechtslehre auf den allein zentripetal verstandenen Integrationsgedanken bedarf insoweit ohne Zweifel der Korrektur, entzieht sie doch im Ergebnis der Grundentscheidung für das bundesstaatliche System die eigentliche sachliche Legitimation. Eine Besinnung auf die Stärken des föderalen Systems – den „Wettbewerb der Systeme" – tut not[8], will man nicht den

---

[6] In diesem Sinne siehe auch *R. Mayntz*, Föderalismus und die Gesellschaft der Gegenwart, AöR 115 (1990), S. 232ff., insbes. S. 241f., sowie allgemein für die rechtswissenschaftliche Bearbeitung der staatlichen Organisationsstrukturen *E. Schmidt-Aßmann*, Verwaltungsorganisationsrecht als Steuerungsressource – Einleitende Problemskizze –, in: E. Schmidt-Aßmann / W. Hoffmann-Riem (Hrsg.), Verwaltungsorganisationsrecht als Steuerungsressource, 1997, S. 9, 33ff.; vgl. aber auch schon *W. Schreckenberger*, Föderalismus als politischer Handlungsstil, VerwArch 69 (1978), S. 341, 346.

[7] Vgl. zu dieser Entwicklung unter finanzwissenschaftlicher Perspektive *H. Edling*, Entwicklungstendenzen im bundesdeutschen Föderalismus – Das Popitzsche „Gesetz" von der „Anziehungskraft des größten Etats", DÖV 1987, S. 579ff.

[8] Zu ähnlichen Forderungen gelangt die Mehrzahl der politikwissenschaftlichen Autoren, die

nach Art. 79 Abs. 3 GG zum Identitätskern der Verfassung gerechneten Bundesstaat auf ‚kaltem Wege' allmählich ausgehöhlt sehen.

In bundesstaatstheoretischer Sicht gilt somit: Integration und Subsidiarität gehören beide zwingend zusammen in der Gewährleistung des Bundesstaates, gehören letztlich beide schon rein konstruktiv notwendig zum Bundesstaat.[9] Ohne das Grundbedürfnis nach Integration wäre die Vergemeinschaftung bestimmter Aufgaben in den Händen der Bundesorgane sinnlos, wäre die Möglichkeit der freiwilligen Kooperation auf der koordinationsrechtlichen Ebene völlig ausreichend. Ohne den Wunsch nach Subsidiarität bedürfte es umgekehrt keines Bundesstaates, vermag doch der zentralistische Einheitsstaat im Prinzip sehr viel nachhaltiger und sicherer das Bedürfnis nach Einheitlichkeit zu decken als der Bundesstaat.

Integration und Subsidiarität sind mithin beides komplementäre Prinzipien, die nur im Zusammenwirken einen funktionierenden Bundesstaat ergeben.[10] Unter diesem Blickwinkel ist jedoch durchaus zu bezweifeln, ob das Subsidiaritätsprinzip wirklich erst – wie gelegentlich behauptet – mit der Novellierung des Grundgesetzes und der Einfügung des neuen Art. 23 GG zum tragenden Bestandteil des grundgesetzlichen Normenbestandes geworden ist.[11] Versteht man das Subsidiaritätsprinzip – in dem hier vertretenen weiten Verständnis – als einen notwendigen Bestandteil jeder bundesstaatlichen Konstruktion, so wird man es als von Anfang an im grundgesetzlichen Bundesstaatsprinzip angelegt sehen müssen.

Der Grundsatz der Subsidiarität bildet in dieser Sicht also – in seinem dialektischen Zusammenspiel mit dem Konzept der Integration – den Kern des vom Grundgesetz in Art. 79 Abs. 3 GG für änderungsfest erklärten Bundesstaatsprinzips. Aus ihm ergibt sich das materiale Substrat, das mit der vom Grundgesetz ausgesprochenen Bestandsgarantie für die Bundesstaatlichkeit der Verfügungsgewalt des verfassungsändernden Gesetzgebers entzogen worden ist. Die verfassungsgerichtliche Formel vom „unentziehbaren ‚Hausgut' der Länder im Bundesstaat" findet letztlich im Gedanken der Subsidiarität ihre tiefste innere Rechtfertigung. Wie das Bundesverfassungsgericht es ausgedrückt hat: „Ob die Länder der Bundesrepublik ‚Staaten' sind oder von Körperschaften ‚am Rande der Staatlichkeit' zu ‚höchstpotenzierten Gebietskörperschaften' in einem dezentralisierten Einheitsstaat herabsinken, läßt sich nicht formal danach bestimmen, daß sie eine eigene Verfassung besitzen und daß sie über irgendein Stück vom Gesamtstaat unabgeleiteter Hoheitsmacht verfügen, also irgendeinen Rest von Gesetzge-

sich mit Fragen des Föderalismus beschäftigen – vgl. etwa *D. Braun* (Fn. 4), S. 122ff. (m.w.N. der einschlägigen Literatur).

[9] Siehe dazu nur die umfassende Aufarbeitung der modernen Bundesstaatstheorie bei *M. Frenkel*, Föderalismus und Bundesstaat, Bd. 1: Föderalismus, 1984, dort insbes. S. 221ff.

[10] Vgl. insoweit die grundlegende Arbeit von *A. Benz*, Föderalismus als dynamisches Konzept: Zentralisierung und Dezentralisierung im föderativen Bundesstaat, 1985.

[11] So etwa *T. Oppermann*, Subsidiarität im Sinne des deutschen Grundgesetzes, in: K.W. Nörr / T. Oppermann (Hrsg.), Subsidiarität: Idee und Wirklichkeit, 1997, S. 215, 218ff.

bungszuständigkeit, Verwaltungszuständigkeit und justizieller Zuständigkeit ihr eigen nennen. In solcher Sicht könnten die Länder in ihrer Qualität als Staaten durch Grundgesetzänderungen nach und nach ausgehöhlt werden, so daß am Ende nur noch eine leere Hülse von Eigenstaatlichkeit übrig bliebe. Die Länder im Bundesstaat sind nur dann Staaten" – fährt das Gericht fort – „wenn ihnen ein Kern eigener Aufgaben als ‚Hausgut' unentziehbar verbleibt. Was immer im einzelnen dazu gehören mag, jedenfalls muß dem Land die freie Bestimmung über seine Organisation einschließlich der in der Landesverfassung enthaltenen organisatorischen Grundentscheidungen sowie die Garantie der verfassungskräftigen Zuweisung eines angemessenen Anteils am Gesamtsteueraufkommen im Bundesstaat verbleiben."[12]

Dieser Versuch der Bestimmung eines der politischen Gestaltung entzogenen materialen Substrats an Bundesstaatlichkeit sollte ernstgenommen werden. Es ist dabei sicherlich nicht nur die Organisationshoheit der Länder und eine im Ansatz aufgabenadäquate Finanzausstattung der Länder, die man dem beschworenen ‚Hausgut' der Länder als Kern der Bundesstaatlichkeit wird zurechnen müssen. Auch ein ernstzunehmender Restbestand an Gesetzgebungskompetenzen und die grundsätzliche Autonomie der Länder im Verwaltungsbereich, also der Grundsatz der landeseigenen Verwaltung mit der entsprechenden Beschränkung des Bundes auf eine reine Rechtsaufsicht, wird man unter diesen Kernbestand an Eigenbefugnissen der Länder zählen müssen.

Doch es ist nicht nur der materiale Gehalt des Bundesstaatsprinzips im Rahmen des Art. 79 Abs. 3 GG, der gesteigerter Bemühungen der Verfassungsrechtsdogmatik um einer näheren Bestimmung bedürfte, sondern auch das Verhältnis des Bundesstaatsprinzips als eines der vier tragenden Staatsstrukturprinzipien zu den anderen Verfassungsgrundsätzen der Demokratie, der Sozialstaatlichkeit und der Rechtsstaatlichkeit. Daß das Bundesstaatsprinzip in der Verfassungspraxis mannigfaltige Friktionen zu den genannten drei anderen Säulen der grundgesetzlichen Verfassungsarchitektur aufweist, dürfte angesichts der im zweiten Teil unternommenen Analyse der Entwicklung des Bundesstaates unter dem Grundgesetz eigentlich evident sein. Am einfachsten ist insoweit noch die Spannung zum Demokratieprinzip aufzulösen, stammt diese Spannung doch weitgehend aus unitarischen Verformungen des deutschen Demokratieverständnisses. Nur soweit man Demokratie unter dem Grundgesetz in den Kategorien der französischen Demokratievorstellung der ‚république une et indivisible' versteht, das Verfassungssystem der Bundesrepublik im Gefolge in ein unitarisches Gefüge auf das Gesamtvolk bezogener demokratischer Rückkoppelung und über hierarchische Steuerung vermittelter demokratischer Legitimation auch der Verwaltung auflöst, besteht eine Spannung zwischen Demokratie und Bundesstaat. Versteht man dagegen Demokratie – ganz im Sinne der altdeutschen Herrschaftsvertrags- und Konsoziationsmodelle – auf der Basis eines gestuften Aufbaus des Staates von unten nach oben, bei dem Herrschaft der steten Legitimation durch den im-

[12] BVerfGE 34, 9, 19f.

mer wieder neu zu aktivierenden Konsens der Beherrschten im Sinne der Delegation staatlicher Aufgabenerfüllung auf die höhere Ebene bedarf, so stärkt das Bundesstaatsprinzip eher das Demokratieprinzip als daß es in Widerstreit mit ihm geriete. Die über das dem Bundesstaatsprinzip immanente Prinzip der Subsidiarität prinzipiell gesicherte Allokation der Aufgabenzuständigkeit auf der denkbar niedrigsten staatlichen Ebene, die zur Aufgabenerfüllung in Betracht kommt, gewährleistet über den Vorrang der möglichst kleinen, und damit überschaubaren und basisnahen Gemeinschaften ein gestuftes Gefüge der Entscheidungseinheiten. Je kleiner aber die politische Einheit, so könnte man als politischen Erfahrungssatz formulieren, desto größer das Gewicht der Stimme des einzelnen Bürgers. Der Bundesstaat stellt sich unter diesem Blickwinkel als eine Optimierung der Demokratie, und nicht als deren Durchbrechung dar.[13]

Evidente Schwierigkeiten bestehen dagegen im Blick auf das Sozialstaatsprinzip. Die Verfassungsrechtslehre hat häufig einen scharfen Gegensatz postuliert zwischen Sozialstaatlichkeit und Bundesstaatlichkeit. Versteht man Sozialstaatlichkeit als Grundsatz der größtmöglichen Egalisierung und Homogenisierung der Lebensbedingungen und der Möglichkeiten der Bedürfnisbefriedigung, so ist dieser Gegensatz auch durchaus real. Der Bundesstaat als ein Gefüge der ‚Vielfalt in der Einheit' ist orientiert auf die Bewahrung und produktive Weiterentwicklung der in der Gesellschaft vorgefundenen Differenzen. Vorstellungen der Sozialstaatlichkeit als einer möglichst weitgehenden Herstellung von Gleichheit in den Lebensbedingungen, den gesellschaftlichen Rahmenbedingungen (und milieubedingten Prägungen) der Menschen, verträgt sich sicherlich nur schwer mit einem traditionalen Verständnis von Bundesstaatlichkeit, das gerade auf Verfestigung regionaler und landsmannschaftlicher Divergenz angelegt ist. Doch ist ein derart egalitär-formalistisches Verständnis des Sozialstaatsprinzips nicht denknotwendig im Grundgesetz angelegt. Verfassungsrechtslehre wird sich insoweit um Herstellung praktischer Konkordanz zu bemühen haben, die im Ernstfall auch eine bundesstaatskompatible Revision sozialstaatlicher Vorverständnisse und Zielvorgaben anzustreben hätte.[14] So ist es beispielsweise nur schwer mit dem Grundgedanken der bundesstaatlichen Subsidiarität vereinbar, wenn der Bundesgesetzgeber den Ländern bis in das letzte Detail vorschreibt, wie diese ihre Beamten zu besolden haben – was notwendig eine weitgehende Egalisierung der Besoldungsstrukturen im Gefolge hat. Zwar ist inzwischen Gemeingut, daß mit dem gleichen Gehalt, mit dem etwa ein Polizeivollzugsbeamter im Bayerischen Wald

[13] Vgl. etwa *W. Schreckenberger* (Fn. 6), S. 344f., oder *T. Evers*, Durch Teile Eins. Nationalstaat, Republik und Demokratie als Kategorien des Föderalismus in der politischen Moderne, in: T. Evers (Hrsg.), Chancen des Föderalismus in Deutschland und Europa, 1994, S. 45, 67ff.; aus rechtsvergleichender Perspektive skeptisch gegenüber diesem Argument dagegen *M. Bothe*, Föderalismus – ein Konzept im geschichtlichen Wandel, ibid., S. 19, 26f.

[14] Siehe dazu auch aus politikwissenschaftlicher Sicht *W. Renzsch*, Einheitlichkeit der Lebensverhältnisse oder Wettbewerb der Regionen? Sechs Thesen zur Konkurrenz grundlegender Prinzipien im Bundesstaat, Staatswissenschaften und Staatspraxis 8 (1997), S. 87ff., der postuliert, die Grundsätze der ‚Einheitlichkeit der Lebensverhältnisse' und des ‚Wettbewerbs der Regionen' seien von der Politik „in ein ‚angemessenes' Verhältnis zueinander zu setzen" (S. 87).

ein angemessenes Leben führen kann, er in München ein Leben unterhalb der Armutsgrenze zu führen gezwungen wird. Doch ein sozialstaatliches Denken in Kategorien formaler Gleichheit verdrängt immer wieder diese völlig unterschiedlichen Wirkungen formaler Gleichbehandlung. Dabei verstößt derartige ‚Gleichmacherei' nicht nur gegen das Alimentationsprinzip, sondern hebelt tendenziell auch die zum unentziehbaren ‚Hausgut' der Länder gezählte Organisationshoheit der Länder aus. Eigentlich wäre unter dem Blickwinkel der Herstellung praktischer Konkordanz mit dem Bundesstaatsprinzip das sozialstaatliche Gleichbehandlungsprinzip sinnvoll nur als Gebot des ‚suum cuique' zu verstehen. Der vom Bundesverfassungsgericht zu Anfang der Siebziger Jahre gegenüber der Besoldungsgesetzgebung des Bundes angebrachte Vorbehalt, eine weitgehende Gleichschaltung der Besoldungsstrukturen sei nur insoweit mit Art. 79 Abs. 3 GG zu vereinbaren, als der Bund in Ausübung seiner Kompetenz aus Art. 74 a Abs. 1 GG durch die verfassungsrechtliche Pflicht zu bundesfreundlichem Verhalten im Detail der Besoldungsvereinheitlichung zur Rücksichtnahme auf die Länder verpflichtet sei[15], ist bisher jedoch nahezu folgenlos geblieben. Ob das Gefüge bundeseinheitlicher Besoldungsstrukturen tatsächlich vollumfänglich mit der Verfassung vereinbar ist und nicht den geforderten Ausgleich zwischen sozialstaatlicher Gleichheit der Rahmenbedingungen und bundesstaatlicher Wahrung der Vielfalt verfehlt, muß im Blick auf die so statuierte Beschränkung der Gesetzgebungsbefugnisse des Bundes jedoch in Frage gestellt werden.

Am unproblematischsten erscheint bei oberflächlicher Betrachtung das Verhältnis zwischen Rechtsstaatsprinzip und Bundesstaatsprinzip. Aus der traditionellen Wahrnehmung des Bundesstaates als Gefüge der Gewaltenteilung erscheint der Bundesstaat zunächst einmal als ein Element der Verstärkung der Rechtsstaatlichkeit.[16] Doch dreht man die Perspektive um, fragt weniger nach der Leistung des Bundesstaates für Rechtsstaat und Gewaltenteilung, sondern nach den Gefahren, die von Grundsätzen der Rechtsstaatlichkeit für das Bundesstaatsgefüge ausgehen, so erweist sich die Problematik der wechselseitigen Beeinflussung und der Herstellung praktischer Konkordanz als besonders abgründig. Sieht man genau hin, so geht von der landläufigen Vorstellung des Rechtsstaates als eines Staates, dessen Handeln rechtlich voll determiniert zu sein habe, die bei weitem größte Gefahr für die Existenz der Bundesstaatlichkeit aus. Die Übersteigerungen des Rechtstaatsdenkens, die in der weitgehenden Negierung der Eigenständigkeit der Verwaltung gegenüber dem Gesetzgeber die ‚vollziehende Gewalt' zu einer Art ‚Subsumtionsautomat' hat transformieren wollen, bedroht den deutschen Bundesstaat in seinem Kernbestand. ‚Vollziehende Gewalt' ist im deutschen Bundesstaatsmodell zuvörderst die Landesgewalt; im ‚Gesetzesvoll-

---

[15] BVerfGE 34, 9, 20f.

[16] Siehe etwa *K. Stern*, Föderative Besinnungen, in: Recht als Prozeß und Gefüge. Festschrift für Hans Huber, 1981, S. 319ff., hier zitiert nach: K. Stern, Der Staat des Grundgesetzes. Ausgewählte Schriften und Vorträge, 1992, S. 98, 102, sowie zusammenfassend oben Kapitel 11.3. (m.w.N. der einschlägigen Literatur); skeptisch gegenüber dieser gängigen Argumentationslinie dagegen aus rechtsvergleichender Perspektive *M. Bothe* (Fn. 13), S. 25f.

zug', in der Verwaltung findet die Landesstaatsgewalt unter dem Grundgesetz ihren Schwerpunkt. Leugnet man jedoch die Eigenständigkeit dieser Aufgabe, erklärt man sie zum Annex der (weitgehend dem Bund obliegenden) Gesetzgebung, so erschüttert man das tragende Gerüst der grundgesetzlichen Bundesstaatlichkeit in seinen Grundfesten. Besinnung nicht nur auf die Integrationsaufgabe des Bundesstaates, sondern auch auf die zugleich konstitutive Subsidiarität eines jeden Gefüges bundesstaatlicher Ordnung tut insoweit not.

Das Bundestaatsprinzip ist – dies sei hier nochmals betont – nur angemessen zu verstehen, wenn man die unauflösliche Wechselbezüglichkeit von Integration und Subsidiarität immer wieder in den Blick nimmt. Beide Prinzipien sind aber keine Konkretisierungen, sondern letztlich eher Abstrahierungen des Bundesstaatsprinzips, Ergebnisse einer formalen Dekonstruktion des Bundesstaatsgedankens. Problem beider Prinzipien ist folglich – zumindest unter der Perspektive des Rechtsdogmatikers – die Unbestimmtheit, Offenheit dieser eher programmatischen denn rechtstechnischen Leitsätze. Beide Prinzipien können im Prozeß verfassungsrechtlicher Konkretisierung mit sehr unterschiedlichem Gehalt gefüllt werden, sind extrem divergierender Einzelausformung offen, vor allem soweit es um die gegenseitige Zuordnung und Abwägung der widerstreitenden Belange von Integration und Subsidiarität geht. Völlig unterschiedliche Modelle können unter den Leitsternen von Integration und Subsidiarität ersonnen werden – und sind ja auch tatsächlich ersonnen worden – ohne daß einem dieser Modelle der Vorwurf gemacht werden könnte, das Prinzip der ‚Integration' oder das Prinzip der ‚Subsidiarität' seien insoweit verletzt. Mit anderen Worten: Die Verfassungsrechtsdogmatik würde sich völlig übernehmen, wollte sie im Wege der Ableitung aus den beiden Leitprinzipien der Integration und der Subsidiarität ein spezifisches Bundesstaatsmodell als verfassungsrechtlich gebotene Vorgabe deduzieren. Die Leistungsfähigkeit des begrifflich-hermeneutischen Verfahrens der Verfassungsrechtswissenschaft wäre damit eindeutig überstrapaziert.[17]

Konkretisiert werden die Konzepte der Integration und Subsidiarität zunächst einmal vorrangig durch die Verfassung selbst. Die Verfassung in ihren konkreten Bestimmungen positiviert die Leitideen, verleiht ihnen konkrete Gestalt in der Form spezifischer Kompetenzzuweisungen und Kompetenzabgrenzungen, in Verschränkungen zwischen Bundes- und Landesgewalt, Mechanismen der hierarchischen Koordination wie der freiwilligen Kooperation zwischen Bund und Ländern sowie zwischen den Ländern. Diese Positivierungen der allgemeinen Rechtsideen im Text der Verfassung sind der primäre Maßstab der Verfassungsrechtswissenschaft, nicht abstrakte Bundesstaatslehren oder Modelle der Bundesstaatstheorie.[18]

Dies soll nicht heißen, Bundesstaatstheorie spiele keine Rolle bei der Konkretisierung der Verfassung, oder dürfe legitimerweise keine Rolle bei der Arbeit der

---

[17] Siehe mit gleicher Zielrichtung zum Subsidiaritätsprinzip *J. Isensee*, Subsidiaritätsprinzip und Verfassungsrecht, 1968, S. 313ff.

[18] Siehe nur *J. Isensee* (Anm. 17), S. 313.

zur Konkretisierung der Verfassung berufenen Instanzen spielen. Ersteres zu behaupten, wäre absurd: Die ausführliche verfassungsgeschichtliche Analyse zur Verfassungsentwicklung des Bundesstaates unter dem Grundgesetz im zweiten Teil dieser Arbeit dürfte mehr als genügend belegt haben, daß Axiome der Bundesstaatstheorie und verfassungspolitische Prämissen eine kaum zu überschätzende Rolle bei der Ausformung des bundesstaatlichen Modells in Verfassungspraxis wie Verfassungsrechtsprechung gespielt haben. Die zweite Behauptung, die Erwägungen der Bundesstaatstheorie jede legitime Funktion in der verfassungsrechtlichen Argumentation bestreitet, wäre angesichts der oft fatalen Rolle dieser selten wirklich hinterfragten theoretischen Prämissen zwar verständlich, letztlich aber blauäugig: Kein Rechtsanwender, auch der noch so um theoretische Reflexion seiner Prämissen bemühte Rechtswissenschaftler, entkommt wirklich den Beschränkungen und Verzerrungen seines Vorverständnisses. Wenn überhaupt, dann kann er sich allenfalls durch systematische Bewußtmachung und Offenlegung der theoretischen Prämissen seines Vorverständnisses um rationale Kontrolle des Vorgangs der Rechtskonkretisierung bemühen, mehr nicht.

Unter diesem Leitsatz der rationalen Kontrolle des Vorverständnisses soll hier nun nicht eine neue Bundesstaatslehre entwickelt werden, oder die vorhandenen Theorien auf ihre Eignung überprüft und bewertet werden. Zwar gäbe es insoweit manch offene Frage: Ob das in den Sechziger Jahren verworfene dreigliedrige Bundesstaatsmodell wirklich so absurd war wie behauptet, wäre durchaus in Frage zu stellen. Eingehende Beschäftigung mit den Problemen des Bundesstaatsrechts beweist, daß der heuristische Nutzen des Dreigliedrigkeitsmodells im Ergebnis weit höher ist als der des heute als herrschend angesehenen Zweigliedrigkeitsmodells.[19] Abstrakte Modelle der Konstruktion des Bundesstaates und deduktiv entwickelte Bundesstaatstheorien sind aber wohl tatsächlich – wie in der Verfassungsrechtslehre vielfach betont wird – kaum geeignet, die Arbeit der Verfassungsrechtsdogmatik zu erleichtern, eher im Gegenteil, verführen sie doch leicht zu einem von der Norm sich ablösenden Konstruktivismus.

Deduktionen aus allgemeinen Modellen der Verfassungstheorie – dies sei auf dem Hintergrund der ausführlichen Analysen der Verfassungsentwicklung der Bundesrepublik noch einmal betont – erweisen sich immer wieder als gefährlich für die Verfassungsrechtswissenschaft wie für die gerichtliche und politische Praxis. Besonders heikel werden diese Deduktionen, wenn die theoretischen Prämissen der Diskussion entzogen bleiben, nicht aus dem theoretischen Arsenal der Verfassungstheorie, sondern aus dem Fundus der scheinbaren ‚Selbstverständlichkeiten‘ des Alltagsverständnisses geschöpft werden. In welchem Maße Verfassungsrechtspraxis und -lehre unter diesen Bedingungen dazu neigen, die Konstruktion der Verfassung zu überformen und auf ihre Vorstellungen zurechtzu-

---

[19] Vgl. nur die konstruktiven Anleihen bei der Dreigliedrigkeitslehre im grundlegenden Beitrag von *J. Isensee*, Idee und Gestalt des Föderalismus im Grundgesetz, in: J. Isensee / P. Kirchhof (Hrsg.), Handbuch des Staatsrechts der Bundesrepublik Deutschland, Bd.IV, 1990, § 98 Rdnrn. 81 ff.

stutzen, zeigt die oben ausgebreitete Geschichte des deutschen Bundesstaatsrechts zur Genüge. An vermeintliche Selbstverständlichkeiten anknüpfende Argumentationstopoi wie z.B. die Figur des ,institutionellen Gleichgewichts' transportieren unausweichlich verfassungspolitische Vorverständnisse in die Auslegung bzw. Konkretisierung des Verfassungstextes. Dies ist im Grundsatz auch kaum zu vermeiden – angesichts der ,Offenheit' des Verfassungstextes bedarf es des Rückgriffs auf solche allgemeinen Kategorien. Wenn schon auf vorgeprägte theoretische Konzepte und – im Rahmen teleologischer Argumentation – auf verfassungspolitische Erwägungen zurückgegriffen wird, dann sollten die dahinterstehenden verfassungspolitischen Fragen aber offen diskutiert werden, und nicht in der meta-juristischen Verkleidung von scheinbar keiner weiteren Begründung bedürftigen Übernahmen aus Verfassungstheorie und Bundesstaatslehre vor dem kritischen Auge der Öffentlichkeit versteckt werden.

Selbst soweit offen in verfassungspolitischen Kategorien geführt, leidet aber die deutsche Debatte vielfach unter einem Mangel an theoretischer Reflexion. Als prototypisches Beispiel sei hier die oben mehrfach behandelte Debatte zum Problem der Länderneugliederung angeführt. Mängel an Offenheit gegenüber politischen Erwägungen wird man der einschlägigen Literatur kaum vorwerfen können. Im Gegenteil: Die Neugliederung wird vielfach geradezu zum verfassungspolitischen Allheilmittel verklärt, mit dem alle Gebrechen der bundesstaatlichen Struktur des deutschen Staates zu heilen seien.[20] Der perfekte unitarische Bundesstaat scheint dabei als Leitbild durch, in dem die Einheitlichkeit sich sogar auf den Zuschnitt der Länder erstreckt. Gleich groß, wirtschaftlich und sozial ausgewogen zusammengesetzt, abgelöst von allen historischen Vorprägungen sollten diese neuen Länder idealtypisch sein. Ob die dabei verinnerlichte Vorstellung vom unitarischen Bundesstaat jedoch wirklich dem Bundesstaatsprinzip des Grundgesetzes angemessen ist, wird insoweit kaum jemals in den Blick genommen.

Aus der Debatte ausgeklammert bleibt damit die Frage, ob ein Gefüge, dessen Teileinheiten völlig zur Disposition der Zentralgewalt stehen, die je nach Gusto von den ,Verwaltungsreform'-Spezialisten der Zentrale umgemodelt werden können, unabhängig von den historisch geprägten Zugehörigkeitsgefühlen und Identitätsbedürfnissen der betroffenen Bevölkerungen, wirklich noch die Bezeichnung ,Bundesstaat' verdiente. Einmal abgesehen von den inhaltlichen Kriterien der ,Territorialreform' – auch scheinbar höchst rationale Organisationsmodelle unterliegen intellektuellen Moden, wie das Beispiel der Kommunalreformen der Siebziger Jahre gezeigt haben dürfte – setzt der ,Bundesstaat' als Typus staatlicher Organisation etwas voraus, was derartige technokratische Reformvorstellungen a priori negieren: Der Bundesstaat beruht auf der Vorstellung der – wenn auch beschränkten – Selbstbestimmung der durch vorgehende historische Prozesse in staatlichen Einheiten zu eigenen Gemeinwesen verfaßten Bevölkerungsgruppen. Selbst wenn diese ,Staatsvölker' in keiner Weise durch ,objektive' Krite-

[20] Vgl. etwa *H. Klatt*, Bundesstaaten vor den Herausforderungen der Gegenwart, Staatswissenschaften und Staatspraxis 1 (1990), S.588, 593ff.

rien wie Rasse, Sprache, Religion, Kultur voneinander geschieden sind, so sind sie doch durch das Bewußtsein unterschiedlicher historischer Zugehörigkeiten voneinander getrennt. Unterschiedliche Geschichte aber schafft unterschiedliche kollektive Identitäten. Letztlich sind es nicht die scheinbar unabänderlichen, vorgegebenen Eigenschaften wie Sprache und Kultur, die eine Gruppe von Menschen zur ‚Schicksalsgemeinschaft', zum Volk zusammenschweißen, sondern es ist das gemeinsam erlittene historische Schicksal. Funktionierende Bundesstaatlichkeit beruht letztlich auf der Existenz solcher vorgeformter historischen Einheiten, auf vorhandenen kollektiven Identitäten historischer Prägung. Ohne den Willen zur Bewahrung dieser Identitäten wären die Komplikationen des bundesstaatlichen Modells überflüssig; nur die Abgrenzung der ‚Anderen' von den durch gleiche Gruppenzugehörigkeit mit uns Verbundenen, der ‚Wir'-Gruppe, schafft letztlich den Boden, auf dem die Unterschiedlichkeiten bundesstaatlicher Gefüge nicht nur hingenommen, sondern gewollt werden.

In dem 1949 ganz evidenten Mangel derartiger historischer Identitäten, die als Fundierung der recht willkürlich zusammengeschnittenen neuen Länder hätten dienen können, lag sicherlich eine fundamentale Schwäche der grundgesetzlichen Bundesstaatlichkeit begründet. Die Funktionsträger der neuen Einheiten waren sich des improvisierten Charakters der von ihnen geführten Gebilde allzusehr bewußt, kannten den allgemein empfundenen Mangel an historischen Traditionen zur Genüge. Die Entscheidung des Grundgesetzes für einen ‚labilen Bundesstaat' hatte darin ihre sachlichen Fundamente. Doch zugleich wurden die politischen Organe der neuen Länder, aber auch des Bundes sehr schnell der Stärke der im Bewußtsein der Menschen weiterlebenden historischen Zugehörigkeiten und kollektiven Identitäten gewahr. Die komplizierte – und von manipulativen Elementen nicht freie – Geschichte der Südweststaatsgründung, dann die zahlreichen Volksbewegungen auf Rückgliederung und Wiederherstellung alter Länder belehrten die Politik sehr bald, daß der Glaube, mit der Katastrophe der Jahre 1933 bis 1945 seien die alten regionalen Identitäten ausgelöscht, ein Trugschluß gewesen war. Das Zögern, dann Widerstreben des Bundes, die Neugliederung ‚von oben', gegen den Willen der betroffenen Bevölkerungen, an die Hand zu nehmen – und Neugliederungen, die von einer wirklichen Zustimmung getragen gewesen wären, gab es nicht, wenn man nicht die Länder Schaumburg-Lippe oder Oldenburg wiederherstellen wollte – zeugt insofern von einem gesunden Realismus der deutschen Politik. Wie blauäugig nehmen sich dagegen in der Rückschau die Forderungen und Vorschläge der Verwaltungswissenschaftler und Verfassungsrechtslehrer aus, die unter Verweis auf Art. 29 GG immer wieder die ‚umfassende Neugliederung' forderten, obwohl für eine derartige Umwälzung niemals die Bereitschaft in den betroffenen Volksteilen vorhanden war – und gegen den dezidierten Willen des Volkes läßt sich in der Demokratie eben nichts verwirklichen.[21]

[21] Siehe auch *P. Häberle* (Fn. 1), S. 226ff.

Letztlich zeigt sich an diesem Beispiel, daß selbst die Bundesrepublik im Untergrund über sehr viel mehr ‚föderales Substrat', im Sinne verwurzelter historischer Identitäten, verfügt als man gemeinhin wahrhaben will – und dieses ‚Substrat' hat sich im Verlaufe der beinahe fünfzig Jahre ihres Bestehens noch enorm verfestigt. Wie unter Verweis auf die Theorie der ‚meritorischen Güter' von Ökonomen betont wird, sollte man übrigens territorial gebundene kollektive Identität als ein positives Gut sehen, als ein im Laufe der Jahre und Generationen sich akkumulierendes Gut, das eine Art Investition darstellt, die aus dem politischen und bürgerlichen Engagement vieler Generationen hervorgeht und sich aus zahllosen Hinzufügungen bildet.[22] Je älter ein Gemeinwesen ist, desto gewichtiger wird diese Investition und desto stärker wird die Bindungs- und Integrationskraft eines Gemeinwesens und die daraus entstehende Identifizierung der Menschen mit ihm. Die Identität ist unter dieser Perspektive ein flüchtiges, sorgsam zu pflegendes Gut. Es schafft Verhaltenssicherheit für die betroffenen Menschen, gewährleistet eine gewisse Überschaubarkeit der sozialen (und administrativen) Umwelt, liefert einen Anknüpfungspunkt für Engagement und bietet Orientierungspunkte für die ‚Verortung' des einzelnen Menschen in der Welt. Eine Zerstörung des Gebildes, in dem die kollektive Identität verkörpert ist, wird in der Regel dann auch als eine Art geistiger ‚Enteignung' empfunden, erregt dementsprechende Entrüstung und mobilisiert Widerstände.[23] Länderneugliederung ist demzufolge nichts, womit man leichtfertig umgehen könnte; im Gegenteil, Neugliederung gegen den Willen der betroffenen Bevölkerungen ist ein äußerst gefährlicher politischer Akt der ‚Entfremdung', der in einem Bundesstaat ausgeschlossen sein sollte, entwertet er doch zutiefst das mit bundesstaatlicher Organisation genährte Gefühl der ‚Selbstbestimmung', drückt Bevölkerungsgruppen zu Objekten der Fremdbestimmung herab. Die Streichung aller Möglichkeiten einer Neugliederung gegen den Willen der betroffenen Bevölkerungsgruppen sollte man insoweit nicht als einen Sündenfall gegen den ‚Geist des Grundgesetzes' werten, wie vielfach geschehen, sondern als einen Akt der bundesstaatlichen Normalisierung, der den Bestands- und Vertrauensschutz der Gliedstaaten als Gefüge der ‚Selbstbestimmung' gewährleistet, als Gebilde eigener Organisations- und Verfassungshoheit, die in der Volkssouveränität des jeweiligen Landesvolkes wurzelt.

Diese Kritik an der stillschweigenden Einbeziehung bundesstaatstheoretischer Axiome in die Verfassungsrechtsdogmatik soll nun nicht besagen, daß Bundesstaatstheorie nichts Sinnvolles zur Auslegung bzw. Konkretisierung der Bundesstaatsverfassung beizutragen hätte. Als ein geradezu klassisches Beispiel ließe sich insoweit die ‚Bedürfnisklausel' des Art. 72 Abs. 2 GG anführen, die in ihrer alten, aber auch in ihrer neuen Version Fragen des Verhältnisses von Integration und Subsidiarität aufwirft. Ob ein „Bedürfnis nach bundesgesetzlicher Regelung besteht, weil ... die Wahrung der Rechts- oder Wirtschaftseinheit, insbesondere

---

[22] *P. Bohley*, Chancen und Gefährdungen des Föderalismus, in: K. Bohr (Hrsg.), Föderalismus, 1992, S. 31, 53ff.

[23] *P. Bohley* (Anm. 22), S. 54.

die Wahrung der Einheitlichkeit der Lebensverhältnisse über das Gebiet eines Landes hinaus sie erfordert" – um die wichtigste Variante der alten Fassung zu nehmen – oder ob „die Herstellung gleichwertiger Lebensverhältnisse im Bundesgebiet oder die Wahrung der Rechts- oder Wirtschaftseinheit im gesamtstaatlichen Interesse eine bundesgesetzliche Regelung erforderlich macht", so die neue Fassung, ist eine Frage, die allein unter Rückgriff auf Methoden begrifflich-hermeneutischer Textinterpretation nicht sinnvoll zu beantworten ist.

Der im Rahmen der Konkretisierung dieser ‚offenen' Norm erforderlichen Abwägung zwischen Erfordernissen der Integration und der Subsidiarität könnte die Hereinnahme ökonomischer Erwägungen bzw. Theorieansätze nur angeraten werden, hat die neo-institutionalistische Ökonomie doch mittlerweile eine ganze Reihe interessanter Ansätze zur Beantwortung der Frage nach der ‚Effizienz' von Entscheidungsstrukturen bzw. Institutionensystemen entwickelt. Die Frage, wie organisatorische Effizienz zu bemessen ist, läßt sich – so der Ausgangsbefund – nur im Blick auf das Problem der Externalitäten beantworten. ‚Effizient' ist eine Verlagerung der Kompetenzzuweisung auf die höhere Ebene demnach, wenn dadurch bestimmte suboptimale Zustände, die aus der Existenz negativer oder positiver externer Effekte herrühren, in Richtung auf eine verbesserte Nutzung der Ressourcen verändert werden.[24] Dies kann sich entweder auf die Ausschaltung negativer externer Effekte beziehen, bei denen der einzelne Staat nicht mit den vollen Kosten der betreffenden Aktivität belastet wird, deshalb einen verminderten Anreiz zur Vermeidung der entsprechenden Kosten hat (man denke an grenzüberschreitende Umweltverschmutzung, bei der ein Großteil der Schäden in Nachbarstaaten anfällt).[25] Suboptimalität der Aufgabenzuweisung kann sich aber auch aus positiven externen Effekten ergeben, bei denen andere Staaten aus einer Aktivität Vorteile ziehen, ohne zugleich an den für die Aktivität zu erbringenden Kosten beteiligt zu sein, also das sogen. ‚Trittbrettfahrerproblem' (man denke an den Finanzaufwand der Stadtstaaten für Kultur und höhere Bildung, der von den nicht an den Kosten beteiligten Umlandgemeinden mitgenutzt wird). Auch Kostenfragen lassen sich ohne weiteres in den Kategorien eines Effizienzproblems fassen. Würde eine Kompetenzverlagerung auf die höhere Ebene zur besseren Ausnutzung von Größenvorteilen führen („economies of scale")[26], so ist die Ansiedlung der Aufgabe auf der unteren Ebene tendenziell aufgrund suboptimaler Ressourcennutzung ineffizient. Auch soweit Kompetenzverlagerung zu synergetischen Effekten („economies of scope") zu führen geeignet ist, stellen sich Probleme der Effizienz.

---

[24] *A. Picot*, Subsidiaritätsprinzip und ökonomische Theorie der Organisation, in: P. Faller / D. Witt (Hrsg.), Dienstprinzip und Erwerbsprinzip. Festschrift für Karl Oettle, 1991, S. 102, 106ff.

[25] Vgl. dazu *H.-W. Sinn*, Wieviel Brüssel braucht Europa? – Subsidiarität, Zentralisierung und Fiskalwettbewerb im Lichte der ökonomischen Theorie, Staatswissenschaften und Staatspraxis 5 (1994), S. 155, 165ff.

[26] Vgl. zum Argument der ‚economies of scale' bei der Allokation von Aufgabenverantwortlichkeiten *C.B. Blankart*, Öffentliche Finanzen in der Demokratie. Eine Einführung in die Finanzwissenschaft, 2.Aufl 1994, S. 508ff.

Man könnte diese Argumente – läse man die Verfassung unter ökonomischem Blickwinkel – ohne Probleme in die ursprüngliche, aber auch die neue Fassung des Art. 72 Abs. 2 GG hineinlesen: Der Bedingung der alten Ziffer 1 läge dann das „economies of scale"-Argument zugrunde, der Ziffer 2 das Problem der Externalitäten, der Ziffer 3 die Gefahr des ‚trading down', des ‚Wettbewerbs nach unten'. Eine derartige Lesart veranschaulicht allerdings zugleich die inhärente Problematik der traditionellen Fassung des Art. 72 Abs. 2 GG, die ersichtlich die gleiche Schwäche aufwies wie die traditionelle ökonomische Effizienzargumentation: Eine Beschränkung auf den statischen Kostenvergleich, also auf die Frage nach derjenigen Organisationsform, die zu einer Minimierung der berechenbaren Kosten führt, bleibt solange irreführend, als sie nur die positiven Effekte der Hochzonung von Aufgabenzuständigkeiten erfaßt, aber nicht deren Nachteile.[27] Fragt man immer nur nach Größenvorteilen, Synergieeffekten, Externalitäten und Gefahren des ‚Wettbewerbs nach unten', so wird die Aufgabenerledigung auf der zentralen Ebene nahezu immer als ‚effizienter' erscheinen als die dezentrale Aufgabenzuständigkeit.

Im Zentrum der Versuche, ökonomische Argumente nicht nur gegen, sondern auch für die vertikale Aufteilung von Kompetenzen zu finden, steht dabei offensichtlich das Wettbewerbsargument.[28] Als Kehrseite der Kostenvorteile, die sich aus einer Kompetenzverlagerung auf die höhere Ebene ergeben können, steht unter diesem Blickwinkel der Nachteil im Vordergrund, daß ein möglicher Wettbewerb zwischen den einzelnen Teileinheiten entfällt. Die mit dem Wettbewerb der staatlichen Einheiten verbundene Erweiterung des Möglichkeitsspielraums der Bürger wird zwar nicht immer nur vorteilhaft sein. Das berühmte Problem des ‚Wettbewerbs nach unten' ist in einem Wettbewerbssystem kaum auszuschließen, ebensowenig wie die spieltheoretisch nachzuweisende Möglichkeit, daß der Wettbewerb in einem Zustand suboptimaler Ressourcennutzung einfriert.[29] Der

---

[27] Siehe *K. Homann / C. Kirchner*, Das Subsidiaritätsprinzip in der Katholischen Soziallehre und in der Ökonomik, in: L. Gerken (Hrsg.), Europa zwischen Ordnungswettbewerb und Harmonisierung. Europäische Ordnungspolitik im Zeichen der Subsidiarität, 1995, S. 45, 57ff.

[28] Vgl. zu diesen ökonomischen Rechtfertigungen des Föderalismus insbes. *C.B. Blankart* (Anm. 26), S. 501ff.; vgl. außerdem *E. Thöni*, Politökonomische Theorie des Föderalismus. Eine kritische Bestandsaufnahme, 1986, S. 67ff., ferner die in dem von G. Kirsch herausgegebenen Reader enthaltenen grundlegenden Arbeiten von *W.E. Oates*, Fiscal Federalism (1972), 15ff., *G. Tullock*, Federalism: Problems of Scale (1969) und *C.M. Tiebout*, An Economic Theory of Fiscal Decentralization (1961) – deutsch in: G. Kirsch (Hrsg.), Föderalismus, 1977, S. 15ff., 27ff., 36ff., – sowie *R. Eichenberger*, The Benefits of Federalism and the Risk of Overcentralization, Kyklos 47 (1994), S. 403ff.

[29] Allgemein zum Wettbewerb zwischen staatlichen Einheiten (und zu dessen positiven wie negativen Folgen) vgl. *M.E. Streit / W. Mussler*, Wettbewerb der Systeme und das Binnenmarktprogramm der Europäischen Union, in: L. Gerken (Hrsg.), Europa zwischen Ordnungswettbewerb und Harmonisierung. Europäische Ordnungspolitik im Zeichen der Subsidiarität, 1995, S. 75ff., insbes. S. 83ff.; *V. Vanberg / W. Kerber*, Institutional Competition Among Jurisdictions: An Evolutionary Approach, Constitutional Political Economy 5 (1994), S. 193ff.; *H.-W. Sinn*, The Taming of Leviathan – Competition Among Governments, Constitutional Political Economy 3 (1992), S. 172ff.

für den Bürger aus dem Wettbewerb der staatlichen Einheiten erwachsende Vorteil ist insofern immer ungewiß. Es läßt sich aber doch – aller Unsicherheit zum Trotz – mit Gewißheit sagen, daß die Einbuße dieser Chance auf verbesserte Angebote öffentlicher Güter für die Bürger in jedem Fall einen Verlust darstellt.

Ob unter diesem Aspekt einer Nutzung des ‚Wettbewerbs als Entdeckungsverfahren' der Drang des deutschen Bundesstaatsrechts zur Zentralisierung der Aufgabenzuständigkeiten wirklich immer nur als Optimierungsprozeß begriffen werden sollte, wie die Systematik des alten Art. 72 Abs. 2 GG zu suggerieren schien, muß eher bezweifelt werden.[30] Zwar hat das deutsche Bundesstaatssystem – zumindest im Bereich der Gesetzgebung – die Transaktionskosten durch zentrale Aufgabenerledigung soweit wie möglich minimiert; auch das Problem der externen Effekte kann in einem System bundeseinheitlicher Gesetzgebung kaum auftreten. Der Möglichkeit der Anpassung an differierende Präferenzstrukturen und an lokal variierende Problemsituationen, die mit dezentralisierten Systemen regelmäßig verbunden ist[31], hat das deutsche System sich in diesem Kontext jedoch weitgehend begeben. Auch die Flexibilität und Innovationsfreudigkeit des Gesetzgebers wird durch die Konzentration aller wichtigen Regulierungsvorhaben beim Bund nicht unbedingt gefördert. Der ‚Wettbewerb als Entdeckungsverfahren', die traditionelle Stärke föderalistischer Systeme, droht im deutschen Bundesstaat fast völlig zu verkümmern. Daß eben dies in der Logik des deutschen Bundesstaatsmodells liegt, zumindest soweit die Gesetzgebung betroffen ist, dürfte kaum zu bestreiten sein. Verfassungspolitisch mag man diesen Punkt gleichwohl bemängeln. Verfassungsrechtlich ist er jedoch – dies sollte sich der Verfassungsrechtler immer wieder vor Augen führen – kaum zu beanstanden, denn der Schwerpunkt der Länderkompetenzen liegt nun einmal nach dem vom Grundgesetz zugrundegelegten Bundesstaatsmodell im Bereich der Verwaltung, und nicht bei der Gesetzgebung.

Die Kerngarantie der Bundesstaatlichkeit in Art. 79 Abs. 3 GG ist insoweit eindeutig die Norm der Verfassung, bei deren Interpretation der Einbezug bundesstaatstheoretischer Argumente am dringendsten erforderlich, aber zugleich auch am gefährlichsten ist. Am gefährlichsten ist dieser Rekurs, weil der Rückgriff auf unspezifische Konzepte der Bundesstaatstheorie allzuleicht die vom Verfassunggeber gewählte Konstruktion des Bundesstaates im Grundgesetz (oder Teile davon) als unvereinbar mit einem in Art. 79 Abs. 3 GG hineingelesenen allgemeinen Phänotyp des Bundesstaates ausgeben könnte. Allzu spezifisch (und dynamisch) darf die Konkretisierung des Bundesstaatsprinzips andererseits aber auch nicht ausfallen. Soll die Gewährleistung des Bundesstaatsprinzips in Art. 79 Abs. 3 GG irgendeine steuernde Kraft gegenüber dem verfassungsändernden Gesetzgeber

---

30 Zum für die Verfassungsgeschichte der Bundesrepublik prägenden Prozeß der Unitarisierung im Bereich der Rechtsetzung vgl. nur *R. Hendler*, Unitarisierungstendenzen im Bereich der Gesetzgebung, Zeitschrift für Gesetzgebung 1987, S. 210ff.

31 Zur divergierenden Bewertung dieses traditionell zugunsten der höheren Problemlösungsfähigkeit bundesstaatlicher Systeme angeführten Argumentes vgl. nur *M. Frenkel* (Fn. 9), S. 151ff. einerseits, *M. Bothe* (Fn. 13), S. 27f. andererseits.

entfalten, so darf die Konkretisierung des Prinzips nicht ganz den politischen Organen anheimgegeben werden, sondern muß im Blick auf einen in Art. 79 Abs. 3 GG verankerten ‚Bundesstaat des Grundgesetzes' über eine Typisierung dem Zugriff der Legislative entzogen werden.

Im Blick auf den im Grundgesetz ausgeformten (deutschen) Typus des Bundesstaates wird man die im Verlaufe der Arbeit herausgearbeitete Entwicklung der Stellung der Länder im Bereich der Verwaltung für weit problematischer halten müssen als die dazu parallel gehende Verlagerung von Gesetzgebungskompetenzen auf den Bund. Das Bundesstaatsmodell des Grundgesetzes ist sowieso in starkem Maße auf Rechtseinheit ausgerichtet; die zusätzliche Anreicherung der Gesetzgebungskompetenzen des Bundes, die vor allem zu Ende der Sechziger und Anfang der Siebziger Jahre erfolgte, hat dieses Bild nur marginal verändert. Gleiches wird man dagegen von der Entwicklung der Verwaltungskompetenzen nicht sagen können. Die nachhaltige Einschränkung der Handlungs- und Entscheidungsspielräume der Landesverwaltungen durch das Axiom der vollen gerichtlichen Nachprüfbarkeit der unbestimmten Rechtsbegriffe und auch durch die zusehends intensive Ermessenskontrolle hat eine Gleichschaltung der Landesbehörden bewirkt, die noch für den Verfassungsgeber 1948/49 schwer vorstellbar gewesen ist. Die darin liegende Beseitigung von Handlungsspielräumen der Verwaltung – und damit von Flexibilität des Vollzuges – ist bundesstaatsrechtlich deshalb zutiefst bedenklich, weil der Schwerpunkt der Kompetenzausstattung der Länder – wie ausgeführt – im Bereich der Verwaltung liegt. Beseitigt man die Handlungsspielräume der Länder im Verwaltungsbereich, so beseitigt man letztlich – von den schmalen Kernbereichen der ländereigenen Gesetzgebung abgesehen – die Eigenverantwortlichkeit der Länder als eigenständiger, mit demokratischen Rückkoppelungsprozessen versehener autonomer staatlicher Einheiten.

Der hier in Gang gekommene Prozeß einer voranschreitenden Gleichschaltung der Länder droht mehr und mehr, mit der Garantie der Länderstaatlichkeit als einem Kerngehalt des in Art. 79 Abs. 3 GG gewährleisteten Bundesstaatsprinzips zu kollidieren –ja man kann die Frage stellen, ob die Verletzung des Art. 79 Abs. 3 GG in diesem Bereich nicht schon längst Teil der Verfassungswirklichkeit ist. Die Besinnung auf die funktionell-rechtlichen Sinngehalte von Ermessen und unbestimmtem Rechtsbegriff ist unter dieser Perspektive dringend nötig. Nur wenn künftig wieder vermehrt Rücksicht darauf genommen wird, daß die grundgesetzliche Konstruktion der Aufspaltung von Gesetzgebungs- und Verwaltungskompetenzen und die daran anschließende, grundsätzlich getrennte Zuweisung an Bund und Länder einzig dann einen wirklichen Sinn ergibt, wenn mit der Zuweisung von Verwaltungskompetenzen echte Gestaltungsspielräume verbunden sind, kann der sich abzeichnende Einbruch in die Kernbereiche der Kompetenzausstattung der Länder vermieden werden, der in einer völligen bundesrechtlichen Bindung der Länder läge.

Beinahe noch krasser fällt der in dieser Untersuchung erhobene Problembefund in Fragen der Finanzverfassung aus. Die sukzessive Umformung der grundgesetzlichen Finanzverfassung in ein völlig vom Bundesgesetzgeber beherrschtes Verbundsystem droht, der Bundesstaatlichkeit des Grundgesetzes das finanzwirtschaftliche Fundament zu entziehen. Nicht nur das in Jahrzehnten herausgebildete System des Finanzausgleichs, das die finanzwirtschaftlichen Rahmenbedingungen der Länderstaatlichkeit weitgehend nivelliert hat, begründet das Risiko, das System demokratischer Rückkoppelung und politischer Verantwortlichkeit aus den Angeln zu heben, das für die demokratische Grundlegung des deutschen Bundesstaates konstitutiv ist.[32] Beinahe größer noch ist auf Dauer die Gefahr für den Bestand des Bundesstaates, die von der völligen Mißachtung der Grundsätze der ‚Konnexität' ausgeht. Die Länder sind nicht nur in ihrer Einnahmenstruktur weitgehend fremdbestimmt, sondern unterliegen auch in ihrer Ausgabenstruktur weitgehend dem Belieben des Bundesgesetzgebers.

Mit der Mediatisierung im Verwaltungsbereich und der gleichzeitigen Fremdbestimmung in der finanzwirtschaftlichen Mittelausstattung und Mittelverwendung wird letztlich nicht nur jeder Rest an institutionellem Wettbewerb ausgeschaltet. sondern zugleich entstehen ungeahnte Kontrollprobleme. Je größer das institutionelle Gefüge ist, desto größer sind – dies ein Befund der ‚Neuen Institutionenökonomik' – die Kontrollprobleme, desto höher in der Regel dann auch die Kosten der Kontrollmechanismen. Überschreitet die Komplexität des errichteten Gebildes – und damit verbunden der Mangel an Transparenz der darin ablaufenden Entscheidungsprozesse – ein bestimmtes Maß, so wird Kontrolle weitgehend unmöglich. Der Verantwortungsstrang bzw. Legitimationszusammenhang, der im Verfassungsstaat des Grundgesetzes institutionell über demokratische Rückkoppelungsprozeduren abgesichert ist, bricht dann tendenziell zusammen. Individuelle Verantwortlichkeit der Handelnden ist kaum mehr festzustellen.[33]

Wir stehen hier wieder einmal vor einer fatalen Ähnlichkeit zwischen der Problematik der deutschen Bundesstaatsverfassung und den strukturellen Defiziten der Organisationsstruktur der Europäischen Union[34], denn genau der oben beschriebene Zusammenbruch der Verantwortungsstränge bzw. Legitimationszusammenhänge ist im Ergebnis die Gefahr, die dem deutschen Bundesstaatsgefüge (wie dem bündischen Gefüge der Europäischen Union[35]) drohen. Das kompli-

---

[32] Vgl. insoweit nur *W. Renzsch* (Fn. 14), S. 94ff. sowie *R. Peffekoven /U. Kirchhoff*, Deutscher und europäischer Finanzausgleich im Lichte des Subsidiaritätsprinzips, in: K.W. Nörr / T. Oppermann (Hrsg.), Subsidiarität: Idee und Wirklichkeit, 1997, S. 105, 109ff., ferner *H.-P. Schneider*, Der Föderalismus im Prozeß der deutsch-deutschen Vereinigung, in: T. Evers (Hrsg.), Chancen des Föderalismus in Deutschland und Europa, 1994, S. 79, 87ff.

[33] Daraus wird in der politikwissenschaftlichen Literatur zunehmend die Forderung nach einer ‚Bundesstaatsreform' im Sinne der ‚Entflechtung' von Aufgabenverantwortlichkeiten und Finanzzuständigkeiten abgeleitet – siehe nur exemplarisch *W. Renzsch* (Fn. 14), S. 99ff.

[34] Zu den Bezügen zwischen Föderalismustheorie und der Debatte um die richtige Organisation der Gemeinschaft vgl. *S. Magiera*, Föderalismus und Subsidiarität als Rechtsprinzipien der Europäischen Union, in: H. Schneider / W. Wessels (Hrsg.), Föderale Union – Europas Zukunft?, 1994, S. 71ff.

[35] Vgl. dazu nur *P. Graf Kielmannsegg*, Integration und Demokratie, in: M. Jachtenfuchs / B. Kohler-Koch (Hrsg.), Europäische Integration, 1996, S. 47ff.

zierte System des Zusammenwirkens zwischen Bundesgesetzgebung, Bundesregierung und Landesverwaltung ist so schwer durchschaubar, daß demokratische Kontrolle der Verwaltung tendenziell versagt.[36] Für die grundlegenden Richtungsentscheidungen, die der Bundesgesetzgeber im Rahmen des Gesetzgebungsverfahrens trifft, ist Verantwortlichkeit noch leicht zuzuweisen. Für die politischen Entscheidungen, die in der Umsetzung dieser Gesetze ergänzend zu treffen sind, hat die Verfassung ursprünglich das demokratische Rückkoppelungsgefüge des parlamentarischen Systems im Land als Kontrollmechanismus vorgesehen. Daß diese Kontrolle funktioniert, setzt aber voraus, daß von der demokratisch verantwortlichen Landesexekutive tatsächlich die substantiellen Entscheidungen getroffen werden. Je mehr an Entscheidungen im Rahmen der Konkretisierung der Bundesgesetzgebung nun entweder über Kooperationsgremien in Verhandlungsprozessen zwischen Bund und Ländern fallen oder von der Landesverwaltung an die Verwaltungsgerichte übergehen, desto schwieriger wird der Kontrollprozeß. Die Bundesgesetzgebung ist dafür kaum verantwortlich, hat sie die konkreten Entscheidungen doch nicht wirklich präjudiziert. Die Landesverwaltung ist ebensowenig verantwortlich, wurde ihr die Entscheidung doch von den Kooperationsgremien oder den Gerichten ‚aufgezwungen'.

Es entsteht eine Situation der ‚Diffusion von Verantwortlichkeit' – eine Situation, die für jedes Bundesstaatsystem eine existentielle Gefahr darstellen muß. Dieser Gefahr, die durch die Entwicklung der nunmehr beinahe fünfzig Jahre Bundesstaatspraxis unter dem Grundgesetz eindringlich belegt wird[37], sollte sich jede rechtsdogmatische Arbeit an der Konkretisierung der Bundesstaatsverfassung bewußt bleiben. Bedroht wird hier letztlich nicht nur der Kernbestand des Bundesstaatsprinzips; auch das Demokratieprinzip wird tendenziell in Mitleidenschaft gezogen. Funktionierende Demokratie setzt im Bundesstaat mit seinen unterschiedlichen Ebenen demokratischer Rückkoppelung eine halbwegs klare Zurechnung von (Aufgaben-)Verantwortung und klare Stränge demokratischer Legitimation und Kontrolle voraus. ‚Politikverflechtung' und untergründige Zentralisierung über Mitspracherechte des Bundes hebeln dieses System der Aufgabenverantwortung und demokratischen Kontrolle jedoch mehr und mehr aus. Die verfassungsrechtlichen Grenzen aus Art. 79 Abs. 3 GG, die sich insoweit einem fortschreitenden Ausbau des ‚kooperativen Föderalismus' in den Weg stellen, sind bisher noch recht wenig ausgeleuchtet, standen auch nicht im Zentrum dieser Arbeit. Daß derartige Grenzen bestehen, im Ergebnis eine Umformung des Bundesstaates in einen ‚dezentralisierten Einheitsstaat' verfassungsrechtlich ausgeschlossen ist, sollte eigentlich mit Art. 79 Abs. 3 GG außer Streit gestellt sein. Nur wenn man sich des mit dem Prozeß schleichender Zentralisierung verbunde-

[36] Siehe dazu auch schon *F.W. Scharpf*, Die Politikverflechtungsfalle. Europäische Integration und deutscher Föderalismus im Vergleich, Politische Vierteljahresschrift 26 (1985), S. 323ff.

[37] Vgl. nur *H. Klatt*, Die Rolle der Parlamente im föderativen Entscheidungsprozeß, Jahrbuch zur Staats- und Verwaltungswissenschaft 3 (1989), S. 119ff.; *W. Zeh*, Bund-Länder-Kooperation und die Rolle des Landesparlaments, in: H. Klatt (Hrsg.), Baden-Württemberg und der Bund, 1989, S. 119ff.

nen Problems bewußt wird – eines Problems, das aus den Eigenheiten des deutschen Bundesstaatsmodells seine besondere Schärfe erhält – läßt sich das organisationsrechtliche Gefüge des Grundgesetzes systemgerecht und unter Wahrung der Anforderungen des Art. 79 Abs. 3 GG weiterentwickeln, ohne Gefahr zu laufen, den Bundesstaat stillschweigend preiszugeben – und damit auf die großen Vorteile zu verzichten, die eine bundesstaatliche Organisation letzten Endes gewährt.

Literaturverzeichnis

Abromeit, Heidrun, Der verkappte Einheitsstaat, Opladen 1992.

Achterberg, Norbert, Zulässigkeit und Schranken stillschweigender Bundeszuständigkeiten im gegenwärtigen deutschen Verfassungsrecht, AöR 86 (1961), S. 63–94.

–, Die Entscheidung über das Bedürfnis für die Bundesgesetzgebung (Art. 72 Abs. 2 GG), DVBl. 1967, S. 213–220.

–, Deutschland nach 30 Jahren Grundgesetz, VVDStRL 38 (1980), S. 55–108.

–, Allgemeines Verwaltungsrecht, Heidelberg 1982.

Adam, Winfried Anselm, Die Kontrolldichte-Konzeption des EuGH und deutscher Gerichte. Eine vergleichende Untersuchung der gerichtlichen Kontrolle im Dienst-, Außen- und Binnenwirtschaftsrecht, Baden-Baden 1993 (Schriftenreihe Europäisches Recht, Politik und Wirtschaft Bd. 159).

Aders, Thomas, Die Utopie vom Staat über den Parteien. Biographische Annäherungen an Hermann Höpker Aschoff (1883–1954), Frankfurt/Main u.a. 1994 (Münchner Studien zur neueren und neuesten Geschichte Bd. 9).

Albert, Helmut, Die Föderalismusdiskussion im Zuge der deutschen Einigung, in: Kurt Bohr (Hrsg.), Föderalismus. Demokratische Struktur für Deutschland und Europa, München 1992, S. 1–29.

Albiez, Robert / Bury, Carola / Glunk, Karl / Grund, Reinhold / Neumayer, Karl H. / Weinacht, Paul-Ludwig, Der überspielte Volkswille: Die Badener im südwestdeutschen Neugliederungsgeschehen 1945–1970) – Fakten und Dokumente, Karlsruhe 1992.

Alexy, Robert, Ermessensfehler, JZ 1986, S. 701–716.

Alternativkommentar zum Grundgesetz für die Bundesrepublik Deutschland, Bd. 1: Art. 1–37, 2. Aufl. Neuwied 1989; Bd. 2: Art. 21–146, Neuwied 1984.

Amar, Akhil Reed, Of Sovereignty and Federalism, The Yale Law Journal 96 (1987), S. 1425–1520.

Angermeier, Heinz, Die Reichsreform 1410–1555. Die Staatsproblematik Deutschlands zwischen Mittelalter und Gegenwart, München 1984.

Anschütz, Gerhard, Bismarck und die Reichsverfassung, Berlin 1899.

–, Die kommende Reichsverfassung, Deutsche Juristen-Zeitung XXIV (1919), Sp. 113–126.

–, Der Aufbau der obersten Gewalten im Entwurf der deutschen Reichsverfassung, Deutsche Juristen-Zeitung 24 (1919), Sp. 199–206.

–, Das preußisch-deutsche Problem, Tübingen 1922 (Recht und Staat H.22).

–, Drei Leitgedanken der Weimarer Reichsverfassung, Tübingen 1923 (Recht und Staat H.26).

–, Der deutsche Föderalismus in Vergangenheit, Gegenwart und Zukunft, VVDStRL 1 (1924), S. 11–34.

–, Die Verfassung des Deutschen Reichs vom 11. August 1919. Ein Kommentar für Wissenschaft und Praxis, 14. Aufl. Berlin 1932.

Anschütz, Gerhard / Thoma, Richard (Hrsg.), Handbuch des Deutschen Staatsrechts (Das öffentliche Recht der Gegenwart Bd. 28), 2 Bde. Tübingen 1930/32.

Anschütz, Gerhard, Aus meinem Leben (Herausgegeben und eingeleitet von Walter Pauly, Frankfurt/M. 1993).

Antoni, Michael, Zustimmungsvorbehalte des Bundesrates zu Rechtsetzungsakten des Bundes – Die Zustimmungsbedürftigkeit von Bundesgesetzen, AöR 113 (1988), S. 329–423.

–, Zustimmungsvorbehalte des Bundesrates zu Rechtsetzungsakten des Bundes – Die Zustimmungsbedürftigkeit von Rechtsverordnungen und allgemeinen Verwaltungsvorschriften, AöR 114 (1989), S. 220–252.

–, Sozialdemokratie und Grundgesetz, Bd. 1: Verfassungspolitische Vorstellumngen der SPD von den Anfängen bis zur Konstituierung des Parlamentarischen Rates 1948, Berlin 1991; Bd. 2: Der Beitrag der SPD bei der Ausarbeitung des Grundgesetzes im Parlamentarischen Rat, Berlin 1992.

Apelt, Willibald, Vom Bundesstaat zum Regionalstaat. Betrachtungen zum Gesetzentwurf über den endgültigen Reichswirtschaftsrat, Berlin 1927.

–, Geschichte der Weimarer Reichsverfassung, München 1946.

–, Betrachtungen zum Bonner Grundgesetz, NJW 1949, S. 481–485.

Aretin, Karl Otmar von, Das Alte Reich 1648–1806, Bd. 1: Föderalistische oder hierarchische Ordnung (1648–1684), Stuttgart 1993.

Arndt, Hans-Wolfgang, Zur verfassungsrechtlichen Problematik der Herstellung einheitlicher Lebensverhältnisse in der Bundesrepublik Deutschland, JuS 1993, S. 360–364.

Arnim, Hans Herbert von, Finanzzuständigkeit, in: Josef Isensee / Paul Kirchhof (Hrsg.), Handbuch des Staatsrechts der Bundesrepublik Deutschland, Bd. IV, Heidelberg 1990, § 103, S. 987–1019.

Arnold, Volker, Stärkung der Eigenverantwortlichkeit der Länder und Finanzierung der deutschen Einheit: Co-Referat, Staatswissenschaften und Staatspraxis 4 (1993), S. 78–84.

Arrow, Kenneth J., The Limits of Organization, New York 1974.

Asmussen, Claus / Eggeling, Ulrich, Empfehlungen des Bundesrates zur Stärkung des Föderalismus in Deutschland und Europa, VerwArch 84 (1993), S. 230–259.

Aulehner, Josef, Art. 93 I Nr. 2 a GG – abstrakte Normenkontrolle oder föderative Streitigkeit?, DVBl. 1997, S. 982–988.

Bachof, Otto, Verfassungswidrige Verfassungsnormen?, Tübingen 1951 (Recht und Staat 163/164).

–, Beurteilungsspielraum, Ermessen und unbestimmter Rechtsbegriff im Verwaltungsrecht, JZ 1955, S. 97–102.

–, Neue Tendenzen in der Rechtsprechung zum Ermessen und zum Beurteilungsspielraum, JZ 1972, S. 641–646.

Badura, Peter, Die Methoden der neueren allgemeinen Staatslehre, Erlangen 1959.

–, Auftrag und Grenzen der Verwaltung im sozialen Rechtsstaat, DÖV 1968, S. 446–455.

–, Verfassungsfragen der Finanzplanung, in: Festgabe für Theodor Maunz zum 70. Geburtstag, München 1971, S. 1–18.

–, Staat, Recht und Verfassung in der Integrationslehre. Zum Tode von Rudolf Smend (15. Januar 1882 – 5. Juli 1975), Der Staat 16 (1977), S. 305–325.

–, Gestaltungsfreiheit und Beurteilungsspielraum der Verwaltung, bestehend aufgrund und nach Maßgabe des Gesetzes, in: Festschrift für Otto Bachof, München 1984, S. 169–189.

–, Staatsrecht. Systematische Erläuterung des Grundgesetzes für die Bundesrepublik Deutschland, München 1986.

–, Die parlamentarische Demokratie, in: Josef Isensee / Paul Kirchhof (Hrsg.), Handbuch des Staatsrechts der Bundesrepublik Deutschland, Bd. I, Heidelberg 1987, S. 953–986.

–, Der Bundesrat in der Verfassungsordnung, in: Bundesrat (Hrsg.), Vierzig Jahre Bundesrat, Baden-Baden 1989, S. 317–335.

–, Bewahrung und Veränderung demokratischer und föderativer Verfassungsprinzipien der in Europa verbundenen Staaten, Zeitschrift für Schweizerisches Recht 1990 I, S. 115–134.

–, Die Finanzverfassung im wiedervereinigten Deutschland, in: Verfassungsrecht im Wandel. Zum 180jährigen Bestehen der Carl Heymanns Verlag KG, Köln u. a. 1995, S. 3–23.

–, Das Kreuz im Schulzimmer. Inhalt und rechtliche Tragweite des Beschlusses des Bundesverfassungsgerichts vom 16. 5. 1995, BayVBl. 1996, S. 33–39, 71–77.

Bäumlin, Richard, Staat, Recht und Geschichte. Eine Studie zum Wesen des geschichtlichen Rechts, entwickelt an den Grundproblemen von Verfassung und Verwaltung, Zürich 1961.

Barbarino, Otto, Entfaltung der eigenen Angelegenheiten der Länder unter den Aspekten der

Aufgabenbereiche und ihrer Finanzierung, in: Entwicklung der Aufgaben und Ausgaben von Bund, Ländern und Gemeinden, Berlin 1971 (Schriftenreihe der Hoochschule Speyer Bd. 47), S. 81–108.

–, Zur Revision des Grundgesetzes: Planerische und finanzielle Aspekte des Bund-Länder-Verhältnisses unter besonderer Berücksichtigung der Gemeinschaftsaufgaben, DÖV 1973, S. 19–23.

–, Zur Reformbedürftigkeit der gegenwärtigen Finanzverfassung, in: Politikverflechtung zwischen Bund, Ländern und Gemeinden, Berlin 1975 (Schriftenreihe der Hochschule Speyer Bd. 55), S. 103–120.

Barbey, Günther, Zur verfassungsrechtlichen Problematik des Staatsvertrages über die Vergabe von Studienplätzen, DVBl. 1973, S. 233–239.

Barion, Hans, Die sozialethische Gleichschaltung der Länder und Gemeinden durch den Bund. Eine konkretisierte Studie zum Subsidiaritätsprinzip, Der Staat 3 (1964), S. 1ff.

Barschel, Uwe, Die Staatsqualität der deutschen Länder. Ein Beitrag zur Theorie und Praxis des Föderalismus in der Bundesrepublik Deutschland, Heidelberg / Hamburg 1982 (Schriftenreihe des Lorenz-von-Stein Instituts Bd. 2).

Bartlsperger, Richard, Die Integrationslehre Rudolf Smends als Grundlegung einer Staats- und Rechtsphilosophie, Diss. Erlangen 1964.

–, Das Verfassungsrecht der Länder in der gesamtstaatlichen Verfassungsordnung, in: Josef Isensee / Paul Kirchhof (Hrsg.), Handbuch des Staatsrechts der Bundesrepublik Deutschland, Bd.IV, Heidelberg 1990, S. 457–478.

Bassot, Étienne, Le Comité des Régions. Régions francaises et Länder allemands face à un nouvel organe communautaire, Revue du marché commun et de l'Union européenne 1993, S. 729–739.

Batt, Helge-Lothar, Verfassungspolitik im vereinigten Deutschland. Die Gemeinsame Verfassungskommission von Bundestag und Bundesrat, Staatswissenschaften und Staatspraxis 5 (1994), S. 211–253.

Battis, Ulrich / Gusy, Christoph, Einführung in das Staatsrecht, 2.Aufl. Heidelberg 1986.

Bauer, Hartmut, Die Bundestreue. Zugleich ein Beitrag zur Dogmatik des Bundesstaatsrechts und zur Rechtsverhältnislehre, Tübingen 1992 (Jus Publicum Bd. 3).

Baumgartner, Alois, „Jede Gesellschaftstätigkeit ist ihrem Wesen nach subsidiär". Zur anthropologischen und theologischen Begründung der Subsidiarität, in: Knut Wolfgang Nörr / Thomas Oppermann (Hrsg.), Subsidiarität: Idee und Wirklichkeit, Tübingen 1997, S. S. 13–22.

Bauschke, Erhard, Bundesstaatsprinzip und Bundesverfassungsgericht: eine systematische Darstellung föderalistischer und zentralistischer Tendenzen in der Rechtsprechung des Bundesverfassungsgerichts, Berlin 1970 (zugl. Diss. Berlin 1971).

Bayer, Hermann-Wilfried, Die Bundestreue, Tübingen 1961.

Becker, Peter, Die Gemeinschaftsaufgabe „Verbesserung der regionalen Wirtschaftsstruktur", Die Verwaltung 5 (1972), S. 59–79.

–, Politikverflechtung in der Gemeinschaftsaufgabe „Verbesserung der regionalen Wirtschaftsstruktur", in: Fritz W. Scharpf / Bernd Reissert / Fritz Schnabel (Hrsg.), Politikverflechtung II, Kronberg/Ts. 1977, S. 29–38.

Benda, Ernst, Rechtspolitische Grundsätze und Vorschläge für die 6. Legislaturperiode, ZRP 1969, S. 210–212.

–, Föderalismus in der Rechtsprechung des Bundesverfassungsgerichts, in: Probleme des Föderalismus. Deutsch-Jugoslawisches Symposium Belgrad 1984, Tübingen 1985, S. 71–83.

–, Neuere Entwicklungen im amerikanischen Föderalismus, in: Gegenrede: Aufklärung-Kritik-Öffentlichkeit. Festschrift für Ernst Gottfried Mahrenholz, Baden-Baden 1994, S. 957–974.

Benz, Arthur, Föderalismus als dynamisches Konzept: Zentralisierung und Dezentralisierung im föderativen Staat, Opladen 1985.

–, Perspektiven des Föderalismus in Deutschland, DÖV 1991, S. 586–598.

–, Mehrebenen-Verflechtung: Verhandlungsprozesse in verbundenen Entscheidungsarenen, in: Arthur Benz / Fritz W. Scharpf / Reinhard Zintl, Horizonatle Politikverflechtung. Zur Theorie von Verhandlungssystemen, Frankfurt a.M. u.a. 1992, S. 147–205.

–, Verfassungsreform als politischer Prozeß – Politikwissenschaftliche Anmerkungen zur aktuellen Revision des Grundgesetzes –, DÖV 1993, S. 881–889.
–, Verhandlungssysteme und Mehrebenen-Verflechtung im kooperativen Staat, in: Wolfgang Seibel / Arthur Benz (Hrsg.), Regierungssystem und Verwaltungspolitik. Beiträge zu Ehren von Thomas Ellwein, Opladen 1995, S. 83–102.
Benz, Wolfgang, Föderalistische Politik in der CDU/CSU. Die Verfassungsdiskussion im Ellwanger Kreis, Vierteljahreshefte für Zeitgeschichte 25 (1977), S. 776–820.
–, Von der Besatzungsherrschaft zur Bundesrepublik. Stationen einer Staatsgründung 1946–1949, Frankfurt/M. 1984.
Berger, Peter L. / Luckmann, Thomas, Die gesellschaftliche Konstruktion der Wirklichkeit. Eine Theorie der Wissenssoziologie, 5.Aufl. Frankfurt/M. 1977 (Original erscheinen als: The Social Construction of Reality, New York 1966)..
Berger, Raoul, Federalism: The Founders_ Design, Norman/Oklahoma 1987.
Bernhardt, Rudolf, Der Abschluß völkerrechtlicher Verträge im Bundesstaat. Eine Untersuchung zum deutschen und ausländischen Bundesstaatsrecht, Köln / Berlin 1957.
–, Verfassungsrecht und völkerrechtliche Verträge, in: Josef Isensee / Paul Kirchhof (Hrsg.), Handbuch des Staatsrechts, Bd.VII, Heidelberg 1992, S. 571–597.
Bertossa, Francesco, Der Beurteilungsspielraum. Zur richterlichen Kontrolle von Ermessen und unbestimmten Gesetzesbegriffen im Verwaltungsrecht, Bern 1984 (Abhandlungen zum schweizerischen Recht NF H.489).
Bethge, Herbert, Verfassungsgerichtsbarkeit im Bundesstaat, BayVBl. 1985, S. 257–263.
–, Grundrechtssicherung im föderalen Bereich, AöR 110 (1985), S. 169–218.
–, Bundesstaat, in: Staatslexikon der Görres-Gesellschaft, Bd. 1, 7.Aufl. Freiburg/Brsg. u.a. 1985, Sp. 993–999.
Bettermann, Karl August, Die Rechtsweggarantie des Art. 19 Abs. 4 GG in der Rechtsprechung des Bundesverfassungsgerichts, AöR 96 (1971), S. 528–567.
Bieber, Roland, Subsidiarität im Sinne des Vertrages über die Europäische Union, in: Knut Wolfgang Nörr / Thomas Oppermann (Hrsg.), Subsidiarität: Idee und Wirklichkeit, Tübingen 1997, S. 165–183.
Biewer, Ludwig, Reichsreformbestrebungen in der Weimarer Republik. Fragen zur Funktionalreform und zur Neugliederung im Südwesten des Deutschen Reiches, Frankfurt a.M./Bern 1980 (Europäische Hochschulschriften, Reihe III: Geschichte und ihre Hilfswissenschaften, Bd. 118).
Bilfinger, Carl, Der Einfluß der Einzelstaaten auf die Bildung des Reichswillens, Tübingen 1923.
–, Der deutsche Föderalismus in Vergangenheit, Gegenwart und Zukunft, VVDStRL 1 (1924), S. 35–59.
–, Das Reichsstatthaltergesetz, AöR NF 24 (1934), S. 131–165.
Birk, Dieter, Stärkung der Eigenstaatlichkeit der Länder und Finanzierung der deutschen Einheit, Staatswissenschaften und Staatspraxis 4 (1993), S. 85–90.
Birke, Hans Eberhard, Die deutschen Bundesländer in den Europäischen Gemeinschaften, Berlin 1973.
Bismarck, Hans, Grenzen des Vermittlungsausschusses, DÖV 1983, S. 269–279.
Blair, Philip M., Federalism and Judicial Review in West Germany, Oxford 1981.
Blank, Joseph-Theodor, Regierungsplanung und parlamentarische Kontrolle, DVBl. 1978, S. 193–200.
Blankart, Charles B., Öffentliche Finanzen in der Demokratie. Eine Einführung in die Finanzwissenschaft, München 2.Aufl. 1994.
Blanke, Edzard, Die Verfassungswirklichkeit der Landesgesetzgebung, ZG 5 (1990), S. 1–13.
Blanke, Hermann-Josef, Die Bundesländer im Spannungsverhältnis zwischen Eigenstaatlichkeit und Europäischer Integration, in: Dirk Heckmann / Klaus Meßerschmidt (Hrsg.), Gegenwartsfragen des Öffentlichen Rechts, Berlin 1988, S. 53–81.
–, Europa auf dem Weg zu einer Bildungs- und Kulturgemeinschaft, Köln u.a. 1994.
–, Normativer Gehalt und Justiziabilität des Subsidiaritätsprinzips nach Art. 3b EGV, in: Rudolf

Hrbek (Hrsg.), Das Subsidiaritätsprinzip in der Europäischen Union – Bedeutung und Wirkung für ausgewählte Politikbereiche, Baden-Baden 1995, S. 95–118.

Bleckmann, Albert, Völkerrecht im Bundesstaat? Gedanken zum zweiten Coburg-Urteil des Bundesverfassungsgerichts vom 30. Januar 1973, Schweizerisches Jahrbuch für internationales Recht 29 (1973), S. 9–48.

–, Zum Rechtsinstitut der Bundestreue – Zur Theorie der subjektiven Rechte im Bundesstaat, JZ 1991, S. 900–907.

–, Zur Zuständigkeitsverteilung zwischen Bund und Ländern: Bezieht sich Art. 30 GG auf die gesamte staatliche Tätigkeit?, DVBl. 1985, S. 832–837.

–, Zur Bindung der Länder an die Ziele der Bundespolitik, DÖV 1986, S. 125–132.

Blümel, Willi, Bundesstaatsrechtliche Aspekte der Verwaltungsvorschriften. Zur verfassungswidrigen Praxis im Bereich der Bundesauftragsverwaltung, AöR 93 (1968), S. 200–243.

–, Verwaltungszuständigkeit, in: Josef Isensee / Paul Kirchhof (Hrsg.), Handbuch des Staatsrechts der Bundesrepublik Deutschland, Bd. IV, Heidelberg 1990, S. 857–963.

Blumenwitz, Dieter, Europäische Gemeinschaft und Rechte der Länder, in: Europa der Zweiten Generation. Gedächtnisschrift für Christoph Sasse, Baden-Baden 1981, Bd. 1, S. 215–227.

Bluntschli, Johann Caspar, Allgemeine Staatslehre, 6. Aufl. Stuttgart 1886.

Böckenförde, Ernst-Wolfgang, Planung zwischen Regierung und Parlament, Der Staat 11 (1972), S. 429–458.

–, Sozialer Bundesstaat und parlamentarische Demokratie. Zum Verhältnis von Parlamentarismus und Föderalismus unter den Bedingungen des Sozialstaats, in: Politik als gelebte Verfassung. Festschrift für Friedrich Schäfer, Opladen 1980, S. 182–199.

–, Der Zusammenbruch der Monarchie und die Entstehung der Weimarer Republik, in: Kurt G.A. Jeserich / Hans Pohl / Georg-Christoph von Unruh (Hrsg.), Deutsche Verwaltungsgeschichte, Bd. 4: Das Reich als Republik und in der Zeit des Nationalsozialismus, Stuttgart 1985, S. 1–23.

–, Die verfassunggebende Gewalt des Volkes – Ein Grenzbegriff des Verfassungsrechts, Frankfurt a.M. 1986 (Würzburger Vorträge zur Rechtsphilosophie, Rechtstheorie und Rechtssoziologie H. 4).

–, Demokratie als Verfassungsprinzip, in: Josef Isensee / Paul Kirchhof (Hrsg.), Handbuch des Staatsrechts der Bundesrepublik Deutschland, Bd. I, Heidelberg 1987, S. 887–952.

Böckenförde, Ernst-Wolfgang (Hrsg.), Moderne deutsche Verfassungsgeschichte (1815–1918), Köln 1972.

Böckstiegel, Karl-Heinz, Wegfall der Geschäftsgrundlage und clausula rebus sic stantibus im Staatsvertrags- und Völkerrecht – BVerfGE 34, 216, JuS 1973, S. 759–764.

Boehl, Henner Jörg, Landesverfassunggebung im Bundesstaat. Zur Neukonstituierung der Länder im beigetretenen Teil Deutschlands, Der Staat 30 (1991), S. 573–593.

Böhringer, Anton, Die Mitwirkung der Landesparlamente im Bereich der Gemeinschaftsaufgaben, ZParl 1 (1970), S. 173–181.

Bohley, Peter, Chancen und Gefährdungen des Föderalismus, in: Kurt Bohr (Hrsg.), Föderalismus. Demokratische Struktur für Deutschland und Europa, München 1992, S. 31–84.

Bohr, Kurt (Hrsg.), Föderalismus. Demokratische Struktur für Deutschland und Europa, München 1992.

Boldt, Hans, Deutsche Verfassungsgeschichte, Bd. 1: Von den Anfängen bis zum Ende des älteren deutschen Reiches 1806, München 1984.

Bonsels, Johannes, Einwirkungs- und Mitwirkungsrechte des Bundes bei der Verwaltung der Steuern durch die Länder, Frankfurt a.M. u.a. 1995 (Europäische Hochschulschriften, Reihe II: Rechtswissenschaft, Bd. 1796).

Borchmann, Michael, Krankenhausfinanzierung und Kostendämpfung, DÖV 1983, S. 145–153.

–, Bundesstaat und europäische Integration – Die Mitwirkung der Bundesländer an Entscheidungsprozessen der EG –, AöR 112 (1987), S. 586–622.

–, Der Bundesrat – Essential der föderativen Ordnung in der Bundesrepublik, Staat und Recht 40 (1991), S. 24–31.

–, Neue Bund-Länder-Vereinbarung über die Zusammenarbeit in Angelegenheiten der Europäischen Union, EuZW 1994, S. 172–173.
–, Ausschuß der Regionen – die große Illusion?, EuZW 1994, S. 449.
Bornhak, Conrad, Die vertragsmäßigen Grundlagen der Reichsverfassung, AöR 7 (1890), S. 329–364.
–, Wandlungen der Reichsverfassung, in: AöR 26 (1910), S. 373–400.
Bothe, Michael, Die Kompetenzstruktur des modernen Bundesstaates in rechtsvergleichender Sicht, Berlin / Heidelberg / New York 1977 (Beiträge zum ausländischen öffentlichen Recht und Völkerrecht Bd. 69).
–, Föderalismus – Ein Konzept im geschichtlichen Wandel, in: Tilmann Evers (Hrsg.), Chancen des Föderalismus in Deutschland und Europa, Baden-Baden 1994, S. 19–31.
Bovermann, Günter, Bundesländer oder Provinzen? – Neugliederung als Angelpunkt, DÖV 1974, S. 6–9.
Bracher, Karl Dietrich, Die Auflösung der Weimarer Republik, 5. Aufl. Villingen 1971 (Schriften des Instituts für Politische Wissenschaft Bd. 4).
Bräuer, Karl, Probleme der Finanzverfassung und Finanzverwaltung in der Bundesrepublik, DÖV 1955, S. 584–586.
Bräutigam, Hans Otto, „Grundgesetzreform" – Den Auftrag des Einigungsvertrages nicht erfüllt, RdJB 42 (1994), S. 435–438.
Braun, Dietmar, Der bundesdeutsche Föderalismus an der Wegscheide. Interessenkonstellationen, Akteurskonflikte und institutionelle Lösungen, Staatswissenschaften und Staatspraxis 7 (1996), S. 101–135.
Braun, Otto, Deutscher Einheitsstaat oder Föderativssystem, Berlin 1927.
Brecht, Arnold, Das Zuständigkeitsreferat und die Beschlüsse des Unterausschusses der Länderkonferenz, Reich und Länder 3 (1929/30), S. 70–77.
–, Die Beschlüsse des Unterausschusses der Länderkonferenz zum Organisationsreferat, Reich und Länder 3 (1929/30), S. 265–270.
Brenner, Michael, Der unitarische Bundesstaat in der Europäischen Union – Zum Ausgleich unitarischer und föderativer Strukturen in der Bundesrepublik Deutschland vor dem Hintergrund eines vereinten Europa, DÖV 1992, S. 903–911.
–, Der Gestaltungsauftrag der Verwaltung in der Europäischen Union, Tübingen 1996 (Jus Publicum Bd. 14).
Breuer, Rüdiger, Die Sackgasse des neuen Europaartikels (Art. 23 GG), NVwZ 1994, S. 417ff.
Brie, Siegfried, Der Bundesstaat. Eine historisch-dogmatische Untersuchung. Erste Abtheilung: Geschichte der Lehre vom Bundesstaate, Leipzig 1872.
–, Zur Lehre von den Staatenverbindungen, Grünhut's Zeitschrift 11 (1884), S. 85–159.
Brintzinger, Ottobert L., Subventionsrechtliche Probleme der Wohnungsbauförderung, DÖV 1980, S. 189–204.
Brohm, Winfried, Kompetenzüberschneidungen im Bundesstaat – Rechtsdogmatische Konsequenzen der Gondelbahn-Entscheidung des Bundesverfassungsgerichts, DÖV 1983, S. 525–531.
–, Die staatliche Verwaltung als eigenständige Gewalt und die Grenzen der Verwaltungsgerichtsbarkeit, DVBl. 1986, S. 321–330.
Brunner, Otto, Land und Herrschaft, 5. Aufl. Wien 1965.
Bryde, Brun-Otto, Die Einheit der Verwaltung als Rechtsproblem, VVDStRL 46 (1988), S. 181–216.
–, Die bundesrepublikanische Volksdemokratie als Irrweg der Demokratietheorie, Staatswissenschaften und Staatspraxis 5 (1994), S. 305–330.
Bucher, Erwin, Die Bundesverfassung von 1848, in: Handbuch der Schweizer Geschichte, Bd. 2, Zürich 1977, S. 987–1018.
Bühl, Walter L., Sozialer Wandel im Ungleichgewicht. Zyklen, Fluktuationen, Katastrophen, Stuttgart 1990.
Bühner, Rolf, Betriebswirtschaftliche Organisationslehre, München 6. Aufl. 1992.

Bülck, Hartwig, Föderalismus als nationales und internationales Ordnungsprinzip, VVDStRL 21 (1964), S. 1–65.
Bülow, Birgit von, Die Staatsrechtslehre der Nachkriegszeit (1945–1952), Berlin / Baden-Baden 1996 (Berliner Juristische Universitätsschriften Bd. 2).
Bünten, Wilfried, Staatsgewalt und Gemeinschaftshoheit bei der innerstaatlichen Durchführung des Rechts der Europäischen Gemeinschaften durch die Mitgliedstaaten, Berlin 1977.
Büssing, André, Die Interaktion der Ebenen als Problem komplexer Organisationen, in: Rudolf Fisch / Margarete Boos (Hrsg.), Vom Umgang mit Komplexität in Organisationen, Konstanz 1990 (Konstanzer Beiträge zur sozialwissenschaftlichen Forschung Bd. 5), S. 63–94.
Bulling, Manfred, Die unnötige Politikverflechtung, in: Fritz W. Scharpf / Bernd Reissert / Fritz Schnabel (Hrsg.), Politikverflechtung II, Kronberg/Ts. 1977, S. 104–116.
Bullinger, Martin, Der Anwendungsbereich der Bundesaufsicht. Zum Konkordatsurteil des Bundesverfassungsgerichts, AöR 83 (1958), S. 279–308.
–, Die Zuständigkeit der Länder zur Gesetzgebung, DÖV 1970, S. 761–777, 797–801.
–, Ungeschriebene Kompetenzen im Bundesstaat, AöR 96 (1971), S. 237–285.
–, Ermessen und Beurteilungsspielraum – Versuch einer Therapie, NJW 1974, S. 769–773.
–, Das Ermessen der öffentlichen Verwaltung – Entwicklung, Funktionen, Gerichtskontrolle –, JZ 1984, S. 1001–1009.
–, Verwaltungsermessen im modernen Staat. Landesberichte und Generalbericht der Tagung für Rechtsvergleichung 1985 in Göttingen, Baden-Baden 1986.
Bundesministerium der Finanzen (Hrsg.), Gutachten zum Länderfinanzausgleich in der Bundesrepublik Deutschland, erstattet vom Wissenschaftlichen Beirat beim Bundesministerium der Finanzen, Bonn 1992 (Schriftenreihe des Bundesministeriums der Finanzen H.47).
Busch, Eckart, Verfassungsfragen des Bundesrates und der kommunalen Ebene, Aus Politik und Zeitgeschichte B 28 /1977, S. 18–25.
Caesar, Rolf / Hansmeyer, Karl-Heinrich, Finanzen und öffentliche Verwaltung – Die finanzwirtschaftliche Entwicklung seit 1949, in: K.G.A. Jeserich / H. Pohl / G.-C. von Unruh (Hrsg.), Deutsche Verwaltungsgeschichte, Bd. 5: Die Bundesrepublik Deutschland, Stuttgart 1987, S. 919–954.
Calliess, Christian, Subsidiaritäts- und Solidaritätsprinzip in der Europäischen Union. Vorgaben für die Anwendung von Art. 3b EGV am Beispiel der gemeinschaftlichen Wettbewerbs- und Umweltpolitik, Baden-Baden 1996 (Schriften des Europa-Instituts der Universität des Saarlandes – Rechtswissenschaft, Bd. 10).
–, Das gemeinschaftsrechtliche Subsidiaritätsprinzip (Art. 3b EGV) als „Grundsatz der größtmöglichen Berücksichtigung der Regionen", AöR 121 (1996), S. 509–543.
–, Die Justitiabilität des Art. 72 Abs. 2 GG vor dem Hintergrund von kooperativem und kompetitivem Föderalismus, DÖV 1997, S. 889–899.
Carl, Dieter, Kompetenz und Pflicht des Bundes zur Unterstützung strukturschwacher Regionen, AöR 114 (1989), S. 450–491.
–, Europäische Integration und bundesstaatlicher Finanzausgleich, NVwZ 1994, S. 947–952.
–, Bund-Länder-Finanzausgleich im Verfassungsstaat, Baden-Baden 1995.
Carré de Malberg, Raymond, Contribution à la Théorie Générale de l'Etat, 2 Bde., Paris 1920.
Cattepoel, Jan, Ermessen und Beurteilungsspielraum, VerwArch 71 (1980), S. 140–160.
Die CDU/CSU im Parlamentarischen Rat. Sitzungsprotokolle der Unionsfraktion. Eingeleitet und bearbeitet von Rainer Salzmann, Stuttgart 1981 (Forschungen und Quellen zur Zeitgeschichte, Bd. 2).
Christiansen, Thomas, Second Thoughts on Europe's „Third Level": The European Union's Committee of the Regions, Publius: The Journal of Federalism 26 (1996), S. 93–116.
Clement, Wolfgang, Der Regionalausschuß – Mehr als ein Alibi?, Staatswissenschaften und Staatspraxis 1993, S. 159–174.
Cludius, Stefan, Die Kompetenzen der Europäischen Gemeinschaft für den Bereich der Bildungspolitik, Frankfurt/M. u.a. 1995 (Europäische Hochschulschriften, Reihe II: Rechtswissenschaft, Bd. 1772).

Coase, Ronald H., The New Institutional Economics, Journal of Institutional and Theoretical Economics 140 (1984), S. 229–231.
Craig, Gordon A., Deutsche Geschichte 1866–1945, München 1981.
Currie, David P., The Constitution of the Federal Republic of Germany, Chicago und London, 1994.
Czermak, Fritz, Abschließendes zum Beurteilungsspielraum?, NJW 1992, S. 2612–2613.
Czybulka, Detlef, Die Legitimation der öffentlichen Verwaltung, unter besonderer Berücksichtigung ihrer Organisation sowie der Entstehungsgeschichte zum Grundgesetz, Heidelberg 1989 (Augsburger Rechtsstudien Bd. 3).
Däubler, Wolfgang, Herstellung einheitlicher Lebensverhältnisse – ein verbindlicher Verfassungsauftrag?, in: Rudolf Hickel u.a. (Hrsg.), Umverteilen – Schritte zur wirtschaftlichen und sozialen Einheit Deutschlands, Bonn 1993, S. 229–246.
Dahlgrün, Rolf, Die Problematik der haushaltswirtschaftlichen Unabhängigkeit von Bund und Ländern, in: Finanzwissenschaft und Finanzpolitik. Erwin Schoettle von Freunden und Kollegen gewidmet, Tübingen 1964, S. 15–29.
Dahrendorf, Ralf, Gesellschaft und Demokratie in Deutschland, München 1965.
Danwitz, Thomas von, Bundesauftragsverwaltung und Bundesingerenzen nach Art. 85 Abs. 4 GG, DVBl. 1992, S. 1005–1013.
Dauses, Manfred A., Grundlagen der Rechtsprechung des Europäischen Gerichtshofes – Auswirkungen auf Bund und Länder, BayVBl. 1989, S. 609–617.
Degenhart, Christoph, Rechtseinheit und föderale Vielfalt im Verfassungsstaat, ZfA 24 (1993), S. 409–426.
Denninger, Erhard, Staatsrecht, Bd. 2, Reinbek 1979.
–, Der Einzelne und das allgemeine Gesetz, Kritische Justiz 28 (1995), S. 425–438.
Dernedde, C., Der Bund und die Länder, Deutsche Verwaltung 1949, S. 315–318.
Deuerlein, Ernst, CDU/CSU 1945–1957. Beiträge zur Zeitgeschichte, Köln 1957.
–, Föderalismus. Die historischen und philosophischen Grundlagen des föderativen Prinzips, München 1972.
Dichgans, Hans, Eine verfassunggebende Nationalversammlung?, ZRP 1968, S. 61–63.
–, Vom Grundgesetz zur Verfassung. Überlegungen zu einer Gesamtrevision, Düsseldorf / Wien 1970.
–, Ohnmacht der Parlamente, ZParl 1 (1970), S. 237–244.
Dieners, Peter, Länderrechte in der Bundesauftragsverwaltung, DÖV 1991, S. 923–927.
Diestelkamp, Bernhard, Die Verfassungsentwicklung in den Westzonen bis zum Zusammentritt des Parlamentarischen Rates (1945–1948), NJW 1989, S. 1312–1318.
Dietlein, Max Josef, Zulässigkeitsfragen bei der Anrufung des Vermittlungsausschusses, AöR 106 (1981), S. 525–548.
–, Der Dispositionsrahmen des Vermittlungsausschusses, NJW 1983, S. 80–89.
Dietze, Lutz, Berechtigungswesen und Rechtsstaatsprinzip, JZ 1976, S. 114–125.
Dittmann, Armin, Bildungsplanung als Gemeinschaftsaufgabe, Bad Honnef 1975.
–, Rechtsweg und Rechtshängigkeit als Probleme des Länderstreites um Bonus und Malus – Ein Beitrag zu Art. 93 Abs. 1 Nr. 4 GG und §§ 50 Abs. 1 Nr. 1, 90 Abs. 2 VwGO, DVBl. 1978, S. 244–248.
–, Die Bundesverwaltung. Verfassungsgeschichtliche Grundlagen, grundgesetzliche Vorgaben und Staatspraxis ihrer Organisation, Tübingen 1983 (Tübinger rechtswissenschaftliche Abhandlungen Bd. 56).
–, Gleichheitssatz und Gesetzesvollzug im Bundesstaat. Föderative Ungleichheiten beim Vollzug von Steuergesetzen, in: Das akzeptierte Grundgesetz. Festschrift für Günter Dürig zum 70. Geburtstag, München 1990, S. 221–239.
–, Erziehungsauftrag und Erziehungsmaßstab der Schule im freiheitlichen Verfassungsstaat, VVDStRL 54 (1995), S. 47–74.
Doehring, Karl, Das Staatsrecht der Bundesrepublik Deutschland, 3. Aufl. Frankfurt a.M. 1984.
–, Allgemeine Staatslehre, Heidelberg 1991.

Doemming, Klaus-Berto von / Füsslein, Rudolf Werner / Matz, Werner, Entstehungsgeschichte der Artikel des Grundgesetzes, JöR NF 1 (1951), S. 1–941.

Doepfner, Andreas (Hrsg.), Keine Angst vor Europa. Föderalismus als Chance, Zürich / Graz 1992.

Dohna, Alexander Graf zu, Das Werk von Weimar, in: Recht und Staat im Neuen Deutschland. Vorlesungen gehalten in der Deutschen Vereinigung für Staatswissenschaftliche Fortbildung, herausgeg. v. B. Harms, Bd.I, Berlin 1929, S. 68–97.

Donner, Hartwig, Aktuelle Probleme des Finanzausgleichs im sozialen Bundesstaat, ZRP 1985, S. 327–333.

Donoth, Hans-Peter, Die Bundesländer in der Europäischen Union. Die bundesstaatliche Ordnung in der Bundesrepublik Deutschland bei der Verwirklichung der Europäischen Union – eine Analyse unter besonderer Berücksichtigung des neugefaßten Art. 23 GG, Frankfurt/M. u.a. 1996 (Verfassungs- und Verwaltungsrecht unter dem Grundgesetz Bd. 22).

Doppler, Heinrich, Finanzpolitik und Föderativprinzip. Möglichkeiten und Grenzen einer Effizienzsteigerung globalsteuernder Finanzpolitik im demokratisch-föderativen, sozialen Rechtsstaat, Düsseldorf 1975.

Dreißig, Wilhelmine (Hrsg.), Probleme des Finanzausgleichs I, Berlin 1978 (Schriften des Vereins für Sozialpolitik NF 96/I).

Dreyer, Michael, Föderalismus als ordnungspolitisches und normatives Prinzip. Das föderative Denken der Deutschen im 19. Jahrhundert, Frankfurt/M. 1987 (Europäische Hochschulschriften Reihe XXXI: Politikwissenschaften Bd. 102).

Dröll, Peter, Die deutschen Bundesländer und die europäische Gemeinschaft. Rechte und Pflichten, dargestellt am Beispiel von Umwelt, Bildung und Kultur, Pfaffenweiler 1992.

Duchhardt, Heinz, Deutsche Verfassungsgeschichte 1495–1806, Stuttgart 1991.

Düsberg, Klaus-Jürgen, Deterministisches Chaos: Einige wissenschaftstheoretisch interessante Aspekte, Journal for General Philosophy of Science 26 (1995), S. 11–24.

Duso, Giuseppe / Krawietz, Werner / Wyduckel, Dieter (Hrsg.), Konsens und Konsoziation in der politischen Theorie des frühen Föderalismus, Berlin 1997 (Rechtstheorie, Beiheft 16)

Dux, Günter, Bundesrat und Bundesaufsicht, Berlin 1963 (Schriften zum Öffentlichen Recht Bd. 9).

Eberle, Carl-Eugen, Das europäische Recht und die Medien am Beispiel des Rundfunkrechts, AfP 1993, S. 422–429.

Eckertz, Rainer, Die Aufhebung der Teilung im gesamtdeutschen Finanzausgleich, ZRP 1993, S. 297–301.

–, Der gesamtdeutsche Finanzausgleich im System des geltenden Verfassungsrechts, DÖV 1993, S. 281–291.

–, Bundesstaat und Demokratie. Ein Problem politischer Einheit?, in: Offene Staatlichkeit. Festschrift für Ernst-Wolfgang Böckenförde zum 65. Geburtstag, Berlin 1995, S. 13–28.

Edling, Herbert, Entwicklungstendenzen im bundesdeutschen Föderalismus – Das Popitzsche „Gesetz" von der „Anziehungskraft des größten Etats", DÖV 1987, S. 579–586.

Ehard, Hans, Das Verhältnis zwischen Bund und Ländern und der Bundesrat, BayVBl. NF 7 (1961), S. 1–4.

–, Aufgabe und Bewährung des Bundesrates, in: Adolf Süsterhenn (Hrsg.), Föderalistische Ordnung, Koblenz 1961, S. 95–112.

Ehlermann, Claus-Dieter, Die Einflußnahme der deutschen Länder auf den Entscheidungsprozeß in der Europäischen Gemeinschaft aus Brüsseler Sicht, in: Rudolf Hrbek / Uwe Thaysen (Hrsg.), Die deutschen Länder und die Europäischen Gemeinschaften, Baden-Baden 1986, S. 139–148.

Ehlers, Dirk, Verwaltung und Verwaltungsrecht im demokratischen und sozialen Rechtsstaat, in: Hans-Uwe Erichsen (Hrsg.), Allgemeines Verwaltungsrecht, 10.Aufl. 1995, S. 1–110.

Ehmke, Horst, Grenzen der Verfassungsänderung, Berlin 1953.

–, „Ermessen" und „unbestimmter Rechtsbegriff" im Verwaltungsrecht, Tübingen 1960 (Recht und Staat H.230/231).

–, Prinzipien der Verfassungsinterpretation, VVDStRL 20 (1963), S. 53–102.
–, Wirtschaft und Verfassung, Karlsruhe 1961.
Ehringhaus, Henner, Der kooperative Föderalismus in den Vereinigten Staaten von Amerika, Frankfurt a.M. 1971.
Eichenberger, Reiner, The Benefits of Federalism and the Risk of Overcentralization, Kyklos 47 (1994), S. 403–420.
Eicher, Hermann, Der Machtverlust der Landesparlamente. Historischer Rückblick, Bestandsaufnahme, Reformansätze, Berlin 1988 (Beiträge zum Parlamentsrecht Bd. 14).
Eimers, Enno, Das Verhältnis von Preußen und Reich in den ersten Jahren der Weimarer Republik (1918–1923), Berlin 1969 (Schriften zur Verfassungsgeschichte Bd. 11).
Eiselstein, Claus, Verlust der Bundesstaatlichkeit? Kompetenzverluste der Länder im kulturellen Sektor vor dem Hintergrund von Art. 79 III GG, NVwZ 1989, S. 323–330.
Elazar, Daniel J., American Federalism. A View from the States, 3. Aufl. New York 1984.
Ellwein, Thomas, Gesetzgebung, Regierung, Verwaltung, in: Ernst Benda / Werner Maihofer / Hans-Jochen Vogel (Hrsg.), Handbuch des Verfassungsrechts der Bundesrepublik Deutschland, Berlin / New York 1983, S. 1093–1147.
Engel, Christoph, Vorsorge gegen die Konzentration im privaten Rundfunk mit den Mitteln des Rundfunkrechts – eine Analyse von § 21 Rundfunkstaatsvertrag 1991, ZUM Sonderheft 1993, S. 557–585.
–, Legal Responses to Bounded Rationality in German Administration, Journal of Institutional and Theoretical Economics 150 (1994), S. 145–162.
Erbguth, Wilfried, Bundesstaatliche Kompetenzverteilung im Bereich der Gesetzgebung – Aktuelle Entwicklungen und allgemeine Grundlagen –, DVBl. 1988, S. 317–327.
–, Erosion der Länderstaatlichkeit. Art. 30 GG und unitarische Entwicklungen national- wie gemeinschaftsrechtlichen Ursprungs, in: Verfassungsrecht im Wandel. Zum 180jährigen Bestehen der Carl Heymanns Verlag KG, Köln u.a. 1995, S. 549–569.
Erdmann, Karl Dietrich, Die Weimarer Republik (Gebhardt, Handbuch der deutschen Geschichte, dtv-Ausgabe Bd. 19) München 1980.
Die Ergebnisse der Enquête-Kommission Verfassungsreform und die verfassungsrechtliche Fortentwicklung der Bundesrepublik. Ein Cappenberger Gespräch, Köln 1977 (Cappenberger Gespräche der Freiherr-vom-Stein-Gesellschaft e.V. Bd. 13).
Erichsen, Hans-Uwe, Die Konnexität von Aufgabe und Finanzierungskompetenz im Bund-Länderverhältnis, Bad Homburg v.d.H. / Berlin / Zürich 1969 (Aktuelles Recht Bd. 6).
–, Verfassungsrechtsgeschichtliche Prolegomena zur Bestimmung von Standort und Funktion des Bundesrates, in: Der Bundesrat als Verfassungsorgan und politische Kraft. Beiträge zum fünfundzwanzigjährigen Bestehen des Bundesrates der Bundesrepublik Deutschland, herausgeg. vom Bundesrat, Bad Honnef/Darmstadt 1974, S. 9–33.
–, Die sog. unbestimmten Rechtsbegriffe als Steuerungs- und Kontrollmaßgaben im Verhältnis Gesetzgebung, Verwaltung und Rechtsprechung, DVBl. 1985, S. 22–29.
–, Allgemeines Verwaltungsrecht, 10. Aufl. Berlin / New York 1995.
Ernst, Werner, Wozu Neugliederung?, DÖV 1974, S. 12–14.
–, Ein Beitrag zum Problem der Neugliederung des Bundesgebiets, DVBl. 1986, S. 981–985.
–, Die Alternative: Neugliederung des Bundesgebiets, DVBl. 1991, S. 1024–1031.
Eschenburg, Theodor, Bundesrat – Reichsrat – Bundesrat. Verfassungsvorstellungen und Verfassungswirklichkeit, in: Der Bundesrat als Verfassungsorgan und politische Kraft. Beiträge zum fünfundzwanzigjährigen Bestehen des Bundesrates der Bundesrepublik Deutschland, herausgeg. vom Bundesrat, Bad Honnef/Darmstadt 1974, S. 35–62.
–, Jahre der Besatzung 1945–1949, Stuttgart/Wiesbaden 1983 (Geschichte der Bundesrepublik Deutschland Bd. 1).
Esser, Clemens, Der neue Länderfinanzausgleich: Undurchschaubarkeit als Prinzip, Wirtschaftsdienst 1994, S. 358–364.
Esser, Josef, Vorverständnis und Methodenwahl in der Rechtsfindung. Rationalitätsgarantien der richterlichen Entscheidungspraxis, Frankfurt/M. 1970.

Evers, Hans-Ulrich, Das Recht der Energieversorgung, 2.Aufl. Baden-Baden 1983.
Evers, Tilman, Durch Teile Eins – Nationalstaat, Republik und Demokratie als Kategorien des Föderalismus in der politischen Moderne, in: Tilman Evers (Hrsg.), Chancen des Föderalismus in Deutschland und Europa, Baden-Baden 1994, S. 45–76.
Evers, Tilman (Hrsg.), Chancen des Föderalismus in Deutschland und Europa, Baden-Baden 1994 (Föderalismus-Studien Bd. 2).
Faber, Heiko, Verwaltungsrecht, 3. Aufl. Tübingen 1992.
Fabio, Udo di, Der neue Art. 23 des Grundgesetzes. Positivierung vollzogenen Verfassungswandels oder Verfassungsneuschöpfung?, Der Staat 32 (1993), S. 191–217.
Färber, Gisela, Länderfinanzausgleich und Gemeindefinanzen – Anmerkungen zu einigen häufig übersehenen Tatsachen, in: Kurt Bohr (Hrsg.), Föderalismus. Demokratische Struktur für Deutschland und Europa, München 1992, S. 85–122.
Faller, Hans Joachim, Das Prinzip der Bundestreue in der Rechtsprechung des Bundesverfassungsgerichts, in: Festschrift für Theodor Maunz zum 80. Geburtstag, München 1981, S. 53–69.
Fastenrath, Ulrich, Kompetenzverteilung im Bereich der auswärtigen Gewalt, München 1986 (Münchener Universitätsschriften / Reihe der Juristischen Fakultät, Bd. 66).
–, Länderbüros in Brüssel – Zur Kompetenzverteilung für informales Handeln im auswärtigen Bereich, DÖV 1990, S. 125–136.
Fenske, Hans, Die Verwaltung im Ersten Weltkrieg, in: Kurt G.A. Jeserich / Hans Pohl / Georg-Christoph von Unruh (Hrsg.), Deutsche Verwaltungsgeschichte, Bd. 3: Das Deutsche Reich bis zum Ende der Monarchie, Stuttgart 1984, S. 866–908.
Feuchte, Paul, Neugliederung: Versagen von gestern – Chance von morgen. Anpassung als Aufgabe bundesstaatlicher Politik und Verwaltung, DÖV 1968, S. 456–465.
–, Wege und Umwege zu einer neuen Struktur, in: Festschrift für Gebhard Müller, Tübingen 1970, S. 59–76.
–, Hochschulbau als Gemeinschaftsaufgabe, Die Verwaltung 5 (1972), S. 199–222.
–, Die bundesstaatliche Zusammenarbeit in der Verfassungswirklichkeit der Bundesrepublik Deutschland, AöR 98 (1973), S. 473–528.
–, Die Neugliederung im Rahmen der bundesstaatlichen Probleme, DÖV 1974, S. 9–12.
–, Die rechtliche Ordnung der Verwaltung im Bundesstaat und ihre Entwicklung, in: Kurt G.A. Jeserich / Hans Pohl / Georg-Christoph von Unruh (Hrsg.), Deutsche Verwaltungsgeschichte, Bd. 5: Die Bundesrepublik Deutschland, Stuttgart 1987, S. 123–153.
Feuchthofen, Jörg E., Die Neuordnung der europäischen Bildungspolitik. Auf dem Weg zu einem stärkeren Bildungsprofil der Union, RdJB 1994, S. 326–339.
Fiedler, Jürgen, Die Regelung der bundesstaatlichen Finanzbeziehungen im Einigungsvertrag, DVBl. 1990, S. 1263–1270.
Fiedler, Wilfried, Die Verteilung der Gesetzgebungskompetenzen. Zum Schlußbericht der Enquête-Kommission Verfassungsreform, DÖV 1977, S. 580–586.
Fisch, Rudolf / Boos, Margarete (Hrsg.), Vom Umgang mit Komplexität in Organisationen: Konzepte – Fallbeispiele – Strategien, Konstanz 1990 (Konstanzer Beiträge zur sozialwissenschaftlichen Forschung Bd. 5).
Fischer-Menshausen, Herbert, Die Länder im künftigen Finanzausgleich, DÖV 1948, 10–19; DÖV 1948, 57–61; DÖV 1949, S. 401–407.
–, Die Abgrenzung der Finanzverantwortung zwischen Bund und Ländern, DÖV 1952, S. 673–679.
–, Die staatswirtschaftliche Bedeutung des neuen Finanzausgleichs, DÖV 1955, S. 261–265.
–, Das Finanzverfassungsgesetz, DÖV 1956, S. 161–171.
–, Mittelfristige Finanzplanung im Bundesstaat, in: Joseph H. Kaiser (Hrsg.), Planung III, Baden-Baden 1968, S. 73–109.
–, Unbestimmte Rechtsbegriffe in der bundesstaatlichen Finanzverfassung, in: Wilhelmine Dreißig (Hrsg.), Probleme des Finanzausgleichs, Berlin 1978, S. 135–163.
Flämig, Christian, Hochschule in der bundesstaatlichen Verfassungsordnung, in: Christian Flämig u.a. (Hrsg.), Handbuch des Wissenschaftsrechts Bd.I , Berlin u.a. 1982, S. 91–120.

Fleiner-Gerster, Thomas, Allgemeine Staatslehre, 2. Aufl. Berlin / Heidelberg u.a. 1995.
Foelz-Schroeter, Marie Elise, Föderalistische Politik und nationale Repräsentation 1945–1947. Westdeutsche Länderregierungen, zonale Bürokratien und politische Parteien im Widerstreit, Stuttgart 1974.
Först, Walter (Hrsg.), Die Länder und der Bund. Beiträge zur Entstehung der Bundesrepublik Deutschland, Essen 1989.
Foitzik, Jan, Die sowjetische Militäradministration in Deutschland. Organisation und Wirkungsfelder in der SBZ, Aus Politik und Zeitgeschichte B 11/1990, S. 43–51.
Forsthoff, Ernst, Die unmittelbare Reichsaufsicht, AöR NF 19 (1930), S. 61–82.
–, Die Umbildung des Verfassungsgesetzes, in: Festschrift für Carl Schmitt, Berlin 1959, S. 35–62.
–, Über Mittel und Methoden moderner Planung, in: Joseph H. Kaiser (Hrsg.), Planung III, Baden-Baden 1968, S. 21–38.
–, Lehrbuch des Verwaltungsrechts, 10.Aufl. München 1973.
Forsthoff, Martin, Die Auswahl bei der Hochschulzulassung, DÖV 1984, S. 331–337.
Franke, Siegfried F., Zur Neuordnung der Finanzverfassung im vereinten Deutschland, VerwArch 82 (1991), S. 526–542.
Franßen, Everhard, Der Vermittlungsausschuß – politischer Schlichter zwischen Bundestag und Bundesrat? Bemerkungen zur Stellung des Vermittlungsausschusses im Gesetzgebungsverfahren, in: Die Freiheit des Anderen. Festschrift für Martin Hirsch, Baden-Baden 1981, S. 273–292.
–, (Un)bestimmtes zum unbestimmten Rechtsbegriff, in: Festschrift für Wolfgang Zeidler, Berlin 1987, S. 429–455.
Frenkel, Max, Föderalismus und Bundesstaat, Bd.I: Föderalismus, Bern 1984; Bd.II: Bundesstaat, Bern 1986.
–, Apologie des Kleinkarierten. Missverständnisse und Fehlkonzeptionen, in: Andreas Doepfner (Hrsg.), Keine Angst vor Europa. Föderalismus als Chance; Zürich / Graz 1992, S. 81–89.
Friauf, Karl Heinrich, Öffentliche Sonderlasten und Gleichheit der Staatsbürger, in: Festschrift für Hermann Jahrreiß zum 80. Geburtstag, Köln u.a. 1974, S. 45–66.
–, Die Finanzverfassung in der Rechtsprechung des Bundesverfassungsgerichts, in: Bundesverfassungsgericht und Grundgesetz. Festgabe aus Anlaß des 25jährigen Bestehens des Bundesverfassungsgerichts, Bd. 2, Tübingen 1976, S. 300–330.
–, Das Verhältnis von Bund und Ländern im Bereich der Finanzverfassung, in: Wilhelm A. Kewenig (Hrsg.), Deutsch-Amerikanisches Verfassungsrechtssymposium 1976, Berlin 1978, S. 177–205.
–, Der bundesstaatliche Finanzausgleich, JA 1984, S. 618–629.
Fricke, Eberhard, Zur Mitwirkung der Parlamente bei der Regierungsplanung. Ein Beitrag aus der Sicht der Haushaltspraxis, DÖV 1973, S. 406–410.
Friedberg, Robert, Preußen in dem Entwurf der künftigen Reichsverfassung, Deutsche Juristen-Zeitung 24 (1919), Sp. 193–199.
Friedrich, Carl J., Der Verfassungsstaat der Neuzeit, Berlin / Göttingen / Heidelberg 1953 (Enzyklopädie der Rechts- und Staatswissenschaft, Abt. Staatswissenschaft).
Friedrich, Manfred, Der Methoden- und Richtungsstreit. Zur Grundlagendiskussion der Weimarer Staatsrechtslehre, AöR 102 (1977), S. 161–209.
–, Bundesrat und Landesparlamente, ZParl 6 (1975), S. 48–76.
–, Paul Laband und die Staatsrechtswissenschaft seiner Zeit, in: AöR 111 (1986), S. 197–218.
Friesenhahn, Ernst, Die Rechtsentwicklung hinsichtlich der Zustimmungsbedürftigkeit von Gesetzen und Verordnungen des Bundes, in: Der Bundesrat als Verfassungsorgan und politische Kraft. Beiträge zum fünfundzwanzigjährigen Bestehen des Bundesrates der Bundesrepublik Deutschland, herausgeg. vom Bundesrat, Bad Honnef/Darmstadt 1974, S. 251–276.
Fröhler, Ludwig, Wie verhält sich Art. 125 zu Art. 72 Abs. 2 Grundgesetz?, DVBl. 1950, S. 490–493.
Fromme, Friedrich Karl, „Totalrevision" des Grundgesetzes. Eine situationsbedingte Forderung als Ausdruck des sich wandelnden Verfassungsverständnisses, Zeitschrift für Politik 17 (1970), S. 87–117.

–, Gesetzgebung im Widerstreit: Wer beherrscht den Bundesrat? Die Kontroverse 1969–1976, Stuttgart 1976.

Frotscher, Werner, Überblick über die Verwaltungsorganisation in den Bundesstaaten, in: Kurt G.A. Jeserich / Hans Pohl / Georg-Christoph von Unruh (Hrsg.), Deutsche Verwaltungsgeschichte, Bd. 3: Das Deutsche Reich bis zum Ende der Monarchie, Stuttgart 1984, S. 407–434.

–, Organisation der Reichsverwaltung und der Länderverwaltungen einschließlich Vorschläge zur Reichsreform, in: Kurt G.A. Jeserich / Hans Pohl / Georg-Christoph von Unruh (Hrsg.), Deutsche Verwaltungsgeschichte, Bd. 4: Das Reich als Republik und in der Zeit des Nationalsozialismus, Stuttgart 1985, S. 112–137.

Frowein, Jochen Abr., Die selbständige Bundesaufsicht nach dem Grundgesetz, Bonn 1961 (Bonner Rechtswissenschaftliche Abhandlungen Bd. 50).

–, Der Eingliederungsvertrag im Völkerrecht und im Staatsrecht, ZaöRV 30 (1970), S. 1–18.

–, Gemeinschaftsaufgaben im Bundesstaat, VVDStRL 31 (1973), S. 13–50.

–, Bemerkungen zu den Beziehungen des Bundesrates zu Bundestag, Bundesregierung und Bundespräsident, in: Der Bundesrat als Verfassungsorgan und politische Kraft. Beiträge zum fünfundzwanzigjährigen Bestehen des Bundesrates der Bundesrepublik Deutschland, herausgeg. vom Bundesrat, Bad Honnef/Darmstadt 1974, S. 115–126.

–, Deutscher Föderalismus der Gegenwart, Hannover 1981 (Schriftenreihe der Niedersächsischen Landeszentrale für Politische Bildung. Grundfragen der Demokratie, Folge 2).

–, Die Konstruktion des Bundesstaates, in: Probleme des Föderalismus. Deutsch-Jugoslawisches Symposium Belgrad 1984, Tübingen 1985, S. 47–58.

–, Bundesrat, Länder und europäische Einigung, in: Bundesrat (Hrsg.), Vierzig Jahre Bundesrat, Baden-Baden 1989, S. 285–302.

–, Die Entwicklung des Bundesstaates unter dem Grundgesetz, in: Rechtsentwicklung unter dem Bonner Grundgesetz. Ringvorlesung der Juristischen Fakultät der Ruprecht-Karls-Universität Heidelberg, im Auftrag der Fakultät herausgegeben von Reinhard Mußgnug, Heidelberg 1990, S. 17–31.

–, Konkurrierende Zuständigkeit und Subsidiarität. Zur Kompetenzverteilung in bündischen Systemen, in: Wege und Verfahren des Verfassungslebens. Festschrift für Peter Lerche zum 65. Geburtstag, München 1993, S. 401–410.

Frowein, Jochen Abr. (Hrsg.), Die Kontrolldichte bei der gerichtlichen Überprüfung von Handlungen der Verwaltung, Berlin u.a. 1993 (Beiträge zum ausländischen öffentlichen Recht und Völkerrecht Bd. 106).

Fuß, Ernst-Werner, Die Nichtigerklärung der Volksbefragungsgesetze von Hamburg und Bremen, AöR 83 (1958), S. 383–422.

–, Die Bundestreue – ein unentbehrlicher Rechtsbegriff?, DÖV 1964, S. 37–42.

Garlichs, Dietrich, Grenzen staatlicher Infrastrukturpolitik. Bund-Länder-Kooperation in der Fernstraßenplanung, Königstein/Ts. 1980.

Geiger, Willi, Das Bund-Länder-Verhältnis in der Rechtsprechung des Bundesverfassungsgerichts, BayVBl. 1957, S. 301–307, 337–343.

–, Die wechselseitige Treuepflicht von Bund und Ländern, in: Adolf Süsterhenn (Hrsg.), Föderalistische Ordnung, Koblenz 1961, S. 113–128.

–, Mißverständnisse um den Föderalismus, Berlin 1962 (Schriftenreihe der Juristischen Gesellschaft e.V. Berlin H. 8).

–, Föderalismus in der Verfassungsordnung der Bundesrepublik Deutschland (Verhältnis von Bund und Ländern), in: Hochschule für Verwaltungswissenschaften Speyer (Hrsg.), Zur Struktur der deutschen Verwaltung, Berlin 1967 (Schriftenreihe der Hochschule Speyer Bd. 33), S. 12–27.

Geiger, Rudolf, Grundgesetz und Völkerrecht, München 1985.

Geis, Max-Emanuel, Die „Kulturhoheit der Länder" – Historische und verfassungsrechtliche Aspekte des Kulturföderalismus am Beispiel der Bundesrepublik Deutschland, DÖV 1992, S. 522–529.

–, Geheime Offenbarung oder Offenbarungseid? Anmerkungen zum „Kruzifix-Beschluß" des Bundesverfassungsgerichts, RdJB 43 (1995), S. 373–386.

Gelberg, Karl-Ulrich, Hans Ehard. Die föderalistische Politik des bayerischen Ministerpräsidenten 1946–1954, Düsseldorf 1992 (Forschungen und Quellen zur Zeitgeschichte Bd. 18).

Gerber, Carl Friedrich von, Grundzüge eines Systems des Deutschen Staatsrechts, 2. Aufl. Leipzig 1869.

Gerken, Lüder (Hrsg.), Europa zwischen Ordnungswettbewerb und Harmonisierung. Europäische Ordnungspolitik im Zeichen der Subsidiarität, Berlin/Heidelberg u.a. 1995.

Geske, Otto-Erich, Unterschiedliche Anforderungen an den neuen Länderfinanzausgleich, Wirtschaftsdienst 1993, S. 71–78.

Gierke, Otto von, Das deutsche Genossenschaftsrecht, Bd. 1: Rechtsgeschichte der deutschen Genossenschaft, Berlin 1868; Bd. 2: Geschichte des deutschen Körperschaftsbegriffs, Berlin 1873; Bd. 3: Die Staats- und Korporationslehre des Alterthums und Mittelalters und ihre Aufnahme in Deutschland, Berlin 1881; Bd. 4: Die Staats- und Korporationslehre der Neuzeit, Berlin 1913.

–, Labands Staatsrecht und die deutsche Rechtswissenschaft, Schmollers Jahrbuch 7 (1883), S. 1097–1195.

Giese, Friedrich, Kommentar zur Verfassung des Deutschen Reiches vom 11. August 1919, 3.Aufl. Berlin 1921.

Gilligan, Thomas W., Information and the Allocation of Legislative Authority, Journal of Institutional and Theoretical Economics 149 (1993), S. 321–341.

Gimbel, John, Amerikanische Besatzungspolitik in Deutschland 1945–1949, Frankfurt/M. 1971 (Original als: The American Occupation of Germany, Stanford 1968).

Gleick, James, Chaos – die Ordnung des Universums. Vorstoß in Grenzbereiche der modernen Physik, München 1988 (Original erschienen als „Chaos – Making a New Science", New York 1987).

Glotz, Peter / Faber, Klaus, Richtlinien und Grenzen des Grundgesetzes für das Bildungswesen, in: Ernst Benda / Werner Maihofer / Hans-Jochen Vogel (Hrsg.), Handbuch des Verfassungsrechts der Bundesrepublik Deutschland, Berlin / New York 1983, 999–1057.

Glum, Friedrich, Der künftige deutsche Bundesstaat, München 1946.

–, Zwischen Wissenschaft, Wirtschaft und Politik. Erlebtes und Erdachtes in vier Reichen, Bonn 1964.

–, Die staatsrechtliche Struktur der Bundesrepublik Deutschland, Bonn 1965.

Göldner, Detlef, Integration und Pluralismus im demokratischen Verfassungsstaat. Bemerkungen zur Doppelfunktion von Einheit und Gegensatz im System des Bonner Grundgesetzes, Tübingen 1977 (Tübinger Rechtswissenschaftliche Abhandlungen Bd. 43).

Görg, Hubert, Probleme der Bundesfinanzverfassung, in: Staats- und verwaltungswissenschaftliche Beiträge, herausgeg. von der Hochschule für Verwaltungswissenschaften Speyer, Stuttgart 1957, S. 205–235.

Götz, Volkmar / Klein, Hans Hugo / Starck, Christian (Hrsg.), Die öffentliche Verwaltung zwischen Gesetzgebung und richterlicher Kontrolle. Göttinger Symposion, München 1985.

Golay, John Ford, The Founding of the Federal Republic of Germany, Chicago 1958.

Goroncy, Peter, Gemeinschaftsaufgaben und Parlamente, ZRP 1970, S. 61–64.

–, Der Mitwirkungsbereich des Bundes bei den Gemeinschaftsaufgaben nach Art. 19 a und 91 b des Grundgesetzes, DÖV 1970, S. 109–114.

–, Das Zusammenwirken von Bund und Ländern bei den Gemeinschaftsaufgaben nach Artikel 91 b des Grundgesetzes, DVBl. 1970, S. 310–317.

–, Mitwirkungsbereich und Zusammenwirken bei den Gemeinschaftsaufgaben. Erwiderung, DÖV 1971, S. 85–86.

Grabbe, Hans-Jürgen, Die deutsch-alliierte Kontroverse um den Grundgesetzentwurf im Frühjahr 1949, Vierteljahreshefte für Zeitgeschichte 26 (1978), S. 393ff.

Grabitz, Eberhard, Die Rechtsetzungsbefugnis von Bund und Ländern bei der Durchführung von Gemeinschaftsrecht, AöR 111 (1986), S. 1–32.

–, Die deutschen Länder in der EG-Politik: verfassungsrechtliche Grundlagen, in: Rudolf Hrbek / Uwe Thaysen (Hrsg.), Die deutschen Länder und die Europäischen Gemeinschaften, Baden-Baden 1986, S. 169–180.
–, Die deutschen Länder in der Gemeinschaft – Das Ratifizierungsgesetz zur Einheitlichen Europäischen Akte aus der Sicht des Grundgesetzes, EuR 1987, S. 310–321.
Grawert, Rolf, Verwaltungsabkommen zwischen Bund und Ländern in der Bundesrepublik Deutschland, Berlin 1967 (Schriften zum öffentlichen Recht Bd. 57).
–, Finanzreform und Bundesstaatsreform, Der Staat 7 (1968), S. 63–83.
–, Zusammenarbeit und Steuerung im Bundesstaat, Der Staat 14 (1975), S. 229–252.
–, Zur Verfassungsreform, Der Staat 18 (1979), S. 229–258.
–, Die Bedeutung gliedstaatlichen Verfassungsrechts in der Gegenwart, NJW 1987, S. 2329–2338.
–, Staatsvolk und Staatsangehörigkeit, in: Josef Isensee / Paul Kirchhof (Hrsg.), Handbuch des Staatsrechts der Bundesrepublik Deutschland, Bd. I, Heidelberg 1987, S. 663–690.
–, Reich und Republik – Die Form des Staates von Weimar. Ein Rückblick auf die Verfassungsberatungen im Jahre 1919, Der Staat 28 (1989), S. 481–504.
Greiner, Bernd, Die Morgenthau-Legende. Zur Geschichte eines umstrittenen Plans, Hamburg 1995.
Greulich, Susanne, Länderneugliederung und Grundgesetz. Entwicklungsgeschichte und Diskussion der Länderneugliederungsoption nach dem Grundgesetz, Baden-Baden 1995 (Nomos Universitätsschriften Bd. 164).
Grewe, Wilhelm, Antinomien des Föderalismus, Schloß Bleckede a.d. Elbe 1948 (Recht und Zeit. Rechtswissenschaftliche Studien zu Gegenwartsfragen, Heft 3).
–, Das Grundgesetz. Die verfassungsrechtlichen Grundlagen der Bundesrepublik Deutschland, Deutsche Rechts-Zeitschrift 1949, S. 265–270 (Teil 1), S. 313–317 (Teil 2).
–, Das bundesstaatliche System des Grundgesetzes, Deutsche Rechts-Zeitschrift 1949, S. 349–352.
–, In welchem Rahmen wird sich die künftige Bundesgesetzgebung abspielen?, in: Bundesrecht und Bundesgesetzgebung. Bericht über die Weinheimer Tagung des Instituts zur Förderung öffentlicher Angelegenheiten in Frankfurt am Main am 22. und 23. Oktober 1949, Frankfurt/M. 1950, S. 28–52.
Grézer, Otto, Die Länderneugliederung als Voraussetzung eines erfolgreichen Föderalismus, BayVBl. 1974, S. 90–99.
Grimm, Dieter, Die Revision des deutschen Grundgesetzes, Österreichische Zeitschrift für Politikwissenschaft 6 (1977), S. 397–418.
Grosch, Georg, Die Gründung des Norddeutschen Bundes und des Deutschen Reiches, in: AöR 29 (1912), S. 126–187.
Gross, Rolf, Selbstkoordinierung der Länder, NJW 1966, S. 1488–1491.
–, Die verfassungsrechtliche Würdigung der Kooperationsformen bei Bund und Ländern. Zugleich ein Beitrag zum Troeger-Gutachten, NJW 1967, S. 1001–1006.
–, Kooperativer Föderalismus und Grundgesetz, DVBl. 1969, S. 93–96, 125–128.
Groß, Thomas, Grundzüge der organisationswissenschaftlichen Diskussion, in: Eberhard Schmidt-Aßmann / Wolfgang Hoffmann-Riem (Hrsg.), Verwaltungsorganisationsrecht als Steuerungsressource, Baden-Baden 1997, S. 139–150.
Grossekettler, Heinz, Ökonomische Maßstäbe für den Bund-Länder-Finanzausgleich, Staatswissenschaften und Staatspraxis 4 (1993), S. 91–109.
Grund, Henning, „Preußenschlag" und Staatsgerichtshof im Jahre 1932, Baden-Baden 1976 (Studien und Materialien zur Verfassungsgerichtsbarkeit Bd. 5).
Grundmann, Herbert, Wahlkönigtum, Territorialpolitik und Ostbewegung im 13. und 14. Jahrhundert (Gebhardt, Handbuch der deutschen Geschichte, dtv-Ausgabe Bd. 5) München 1973.
Grzeszick, Bernd, Vom Reich zur Bundesstaatsidee. Zur Herausbildung der Föderalismusidee als Element des modernen deutschen Staatsrechts, Berlin 1996 (Schriften zum öffentlichen Recht Bd. 705).
Gunlicks, Arthur B., Prinzipien des amerikanischen Föderalismus, in: Paul Kirchhof / Donald P.

Kommers (Hrsg.), Deutschland und sein Grundgesetz.Themen einer deutsch-amerikanischen Konferenz, Baden-Baden 1993, S. 99–133.
Gygi, Fritz, Bundesverwaltungsrechtspflege, 2.Aufl. Bern 1983.
–, Verwaltungsrecht, Bern 1986.
Haas, Albrecht, Aufgaben und Wirken des Bundesrates bei der Auslegung und Fortentwicklung des Grundgesetzes, in: Bundesrat (Hrsg.), Zehn Jahre Bundesrat, Bonn 1959, S. 119–136.
Haas, Diether, Bundesgesetze über Organisation und Verfahren der Landesbehörden (Art. 84 Abs. 1 des Grundgesetzes), AöR 80 (1955), S. 81–101.
Haas, Evelyn, Die Mitwirkung der Länder bei EG-Vorhaben – Neuere Entwicklungen im Gefolge der Luxemburger Akte, DÖV 1988, S. 613–623.
Häberle, Peter, Das Bundesverfassungsgericht im Leistungsstaat. Die Numerus-clausus-Entscheidung vom 18.7. 1972, DÖV 1972, S. 729–740.
–, Die offene Gesellschaft der Verfassungsinterpreten. Ein Beitrag zur pluralistischen und „prozessualen" Verfassungsinterpretation, JZ 1975, S. 297–305.
–, Lebende Verwaltung trotz überlebter Verfassung? Zum wissenschaftlichen Werk von Ernst Forsthoff, JZ 1975, S. 685–689.
–, Verfassung als offener Prozeß. Materialien zu einer Verfassungstheorie der offenen Gesellschaft, Berlin 1978.
–, Verfassungslehre als Kulturwissenschaft, Berlin 1982.
–, Die verfassunggebende Gewalt des Volkes im Verfassungsstaat – eine vergleichende Textanalyse, AöR 112 (1987), S. 54–92.
–, Die Entwicklung des Föderalismus in Deutschland – insbesondere in der Phase der Vereinigung, in: Jutta Kramer (Hrsg.), Föderalismus zwischen Integration und Sezession, Baden-Baden 1993 (Föderalismus-Studien Bd. 1), S. 201–243.
Häde, Ulrich, Solidarität im Bundesstaat – Die Entscheidung des Bundesverfassungsgerichts vom 27.5. 1992 zum Länderfinanzausgleich (BVerfGE 86, 148) –, DÖV 1993, S. 461–470.
–, Die Neuordnung der bundesstaatlichen Finanzbeziehungen, JZ 1994, S. 76–85.
Haegert, Wilhelm, Organe der Länder auf Bundesebene?, NJW 1961, S. 1137–1140.
Haenel, Albert, Studien zum Deutschen Staatsrechte, Erste Studie, Die vertragsmäßigen Elemente der Deutschen Reichsverfassung, Leipzig 1873.
–, Deutsches Staatsrecht. Bd.I: Die Grundlagen des deutschen Staates und die Reichsgewalt, Leipzig 1892.
Hahn, Ottokar, EG-Engagement der Länder: Lobbyismus oder Nebenaußenpolitik?, in: Rudolf Hrbek / Uwe Thaysen (Hrsg.), Die deutschen Länder und die Europäischen Gemeinschaften, Baden-Baden 1986, S. 105–110.
Hailbronner, Kay, Die deutschen Bundesländer in der EG, JZ 1990, S. 149–158.
–, Verfassungsrechtliche Fragen des Hochschulzugangs, Wissenschaftsrecht 29 (1996), S. 1–48.
Haller, Heinz, Wandlungen in den Problemen föderativer Staatswirtschaften, Finanzarchiv 27 (1968), S. 249–270.
Halstenberg, Friedrich, Die Fortentwicklung der bundesstaatlichen Struktur seit 1949 und ihre Auswirkungen auf den Bundesrat, in: Der Bundesrat als Verfassungsorgan und politische Kraft. Beiträge zum fünfundzwanzigjährigen Bestehen des Bundesrates der Bundesrepublik Deutschland, herausgeg. vom Bundesrat, Bad Honnef/Darmstadt 1974, S. 127–150.
Hamberger, Markus, Europäische Integration und föderale Eigenständigkeit der deutschen Bundesländer, Diss. Augsburg 1988.
Hansmeyer, Karl-Heinrich, Ökonomische Aspekte des Föderalismus, in: Probleme des Föderalismus. Deutsch-Jugoslawisches Symposium Belgrad 1984, Tübingen 1985, S. 107–118.
Harbich, Jürgen, Der Bundesstaat und seine Unantastbarkeit, Berlin 1965 (Schriften zum Öffentlichen Recht Bd. 20).
Harms, Katharina, Kompetenzen des Bundes aus der „Natur der Sache", Der Staat 33 (1994), S. 409–428.
Harnischfeger, Horst, Planung in der sozialstaatlichen Demokratie, Neuwied / Berlin 1969.
Hartung, Bernhard, Die Praxis des Lindauer Abkommens, Köln 1984.

Hartung, Fritz, Deutsche Verfassungsgeschichte vom 15. Jahrhundert bis zur Gegenwart, 9. Aufl. Stuttgart 1969.
Hase, Wolf Rüdiger von, Die Mitverantwortungstheorie als Verfassungsdurchbrechung, DÖV 1973, S. 838–843.
Hasselsweiler, Ekkehart, Der Vermittlungsausschuß – Verfassungsgrundlagen und Staatspraxis, Berlin 1981 (Schriften zum Öffentlichen Recht Bd. 397).
Hatschek, Julius, Deutsches und Preussisches Staatsrecht, 2. Aufl., neubearbeitet und herausgegeben von Paul Kurtzig, Berlin 1930.
Hausmann, Josef, Das Deutsche Reich als Bundesstaat, in: AöR 33 (1915), S. 82–114.
Haverkate, Görg, Gewißheitsverluste im juristischen Denken. Zur politischen Funktion der juristischen Methode, Berlin 1977 (Schriften zur Rechtstheorie H. 73).
–, Verfassungslehre. Verfassung als Gegenseitigkeitsordnung, München 1992.
Hayek, Friedrich August von, Die Verfassung der Freiheit, 2. Aufl. Tübingen 1983 (Original erschienen als: The Constitution of Liberty, New York/London 1960).
–, Freiburger Studien. Gesammelte Aufsätze, Tübingen 1969.
Heckel, Martin, Das Kreuz im öffentlichen Raum. Zum „Kruzifix-Beschluß" des Bundesverfassungsgerichts, DVBl. 1996, S. 454–481.
Heidegger, Hermann, Die deutsche Sozialdemokratie und der nationale Staat 1870–1920, Göttingen 1956.
Hein, Dieter, Zwischen liberaler Milieupartei und nationaler Sammlungsbewegung. Gründung, Entwicklung und Struktur der Freien Demokratischen Partei 1945–1949, Düsseldorf 1985 (Beiträge zur Geschichte des Parlamentarismus und der politischen Parteien Bd. 76).
Heinig, Paul-Joachim, Die Vollendung der mittelalterlichen Reichsverfassung, in: R. Mussgnug (Red.), Wendemarken in der deutschen Verfassungsgeschichte. Tagung der Vereinigung für Verfassungsgeschichte in Hofgeismar vom 11.3. – 13.3. 1991, Berlin 1993, S. 7–31.
Heinke, Siegfried, Die Staats- und Finanzverfassung der Bundesrepublik in ihrem Widerstreit zur Verfassungswirklichkeit, in: Finanzwissenschaft und Finanzpolitik. Erwin Schoettle von Freunden und Kollegen gewidmet, Tübingen 1964, S. 49–76.
Heinsen, Ernst, Die Reform der Finanzreform, in: Politik als gelebte Verfassung. Festschrift für Friedrich Schäfer, Opladen 1980, S. 233–254.
–, Der Kampf um die Große Finanzreform 1969, in: R. Hrbek (Hrsg.), Miterlebt – Mitgestaltet. Der Bundesrat im Rückblick, Stuttgart 1989, S. 187–223.
Heintzen, Markus, Die Beidseitigkeit der Kompetenzverteilung im Bundesstaat, DVBl. 1997, S. 689–693.
Held, Joseph von, Die Verfassung des deutschen Reichs vom staatsrechtlichen Standpunkte betrachtet. Ein Beitrag zu deren Kritik, Leipzig 1872.
Held, Kurt, Der autonome Verfassungsstil der Länder und das Bundesratsveto nach Art. 84 Abs. 1 GG, AöR 80, (1955), S. 50–80.
Heller, Hermann, Die Krisis der Staatslehre (1926), in: H. Heller, Gesammelte Schriften, Bd. 2, Leiden 1971, S. 3–30.
–, Die Souveränität. Ein Beitrag zur Theorie des Staats- und Völkerrechts, Berlin 1927 (Beiträge zum ausländischen öffentlichen Recht und Völkerrecht H. 4).
–, Bemerkungen zur staats- und rechtstheoretischen Problematik der Gegenwart, AöR 55 (1929), S. 321–354.
–, Ist das Reich verfassungsmässig vorgegangen? (1932), in: H. Heller, Gesammelte Schriften, Bd. 2, Leiden 1971, S. 405–410.
–, Staatslehre, herausgegeben von Gerhart Niemeyer, Leiden 1934.
Hempel, Wieland, Der demokratische Bundesstaat, Berlin 1969 (Schriften zum Öffentlichen Recht Bd. 96).
Hendler, Reinhard, Unitarisierungstendenzen im Bereich der Gesetzgebung, ZG 2 (1987), S. 210–227.
–, Umweltabgaben und Steuerstaatsdoktrin, AöR 115 (1990), S. 577–609.
–, Finanzverfassungsreform und Steuergesetzgebungshoheit der Länder, DÖV 1993, S. 292–299.

Henke, Klaus-Dirk, Maßnahmen zur Stärkung der Eigenstaatlichkeit der Länder und die Finanzierung der deutschen Einheit, Staatswissenschaften und Staatspraxis 4 (1993), S. 10–25.
–, Möglichkeiten zur Stärkung der Länderautonomie, Staatswissenschaften und Staatspraxis 6 (1995), S. 643–658.
Henke, Klaus-Dirk / Schuppert, Gunnar Folke, Rechtliche und finanzwissenschaftliche Probleme der Neuordnung der Finanzbeziehungen von Bund und Ländern im vereinten Deutschland, Baden-Baden 1993 (Schriften zur Innenpolitik und zur kommunalen Wissenschaft und Praxis Bd. 9).
Henke, Wilhelm, Die verfassunggebende Gewalt des deutschen Volkes, Stuttgart 1957.
–, Bestand und Wandel im Recht der politischen Parteien, DVBl. 1979, S. 369–378.
Henle, Wilhelm, Glanz und Elend der Finanzreform, BayVBl. 1955, S. 225–228.
–, Die Förderung von Landesaufgaben aus Bundesmitteln, in: Gemeinschaftsaufgaben zwischen Bund, Ländern und Gemeinden (Schriftenreihe der Hochschule Speyer Bd. 11), Berlin 1961, S. 63–78.
–, Finanzausgleich im Widerstreit, DÖV 1962, S. 201–207.
–, Die Ordnung der Finanzen in der Bundesrepublik Deutschland, Berlin 1964.
–, Finanzreform zwischen Föderalismus und Fiskalpolitik. Gedanken zum Troeger-Gutachten, DÖV 1966, S. 608–619.
–, Die Finanzreform und die Beschaffenheit des Staates, DÖV 1968, S. 396–404.
Hennecke, Frank, Aufgabenverflechtung zwischen Europäischer Gemeinschaft, Bund und Ländern, dargestellt am Beispiel des Umweltschutzes, in: Siegfried Magiera / Detlef Merten (Hrsg.), Bundesländer und Europäische Gemeinschaft, Berlin 1988, S. 217–231.
Hennis, Wilhelm, Verfassung und Verfassungswirklichkeit – ein deutsches Problem, Tübingen 1968; neu abgedruckt in: W. Hennis, Die mißverstandene Demokratie (Freiburg i. Brsg. 1973), S. 53–73.
–, Auf dem Weg in eine ganz andere Republik. Die geplante Verfassungsreform verschiebt die Statik des Grundgesetzes, in: Frankfurter Allgemeine Zeitung Nr. 48 v. 26. 2. 1993, S. 35.
Hensel, Albert, Grundsätzliches zur Reform des Finanzausgleichsrechts, Steuer und Wirtschaft 3 (1924), Sp. 577–604.
Henseler, Paul, Begriffsmerkmale und Legitimation von Sonderabgaben, Baden-Baden 1984 (Studien und Materialien zur Verfassungsgerichtsbarkeit Bd. 26).
Herdegen, Matthias, Strukturen und Institute des Verfassungsrechts der Länder, in: J. Isensee / P. Kirchhof (Hrsg.), Handbuch des Staatsrechts der Bundesrepublik Deutschland, Bd. IV (1990), S. 479–516.
–, Beurteilungsspielraum und Ermessen im strukturellen Vergleich, JZ 1991, S. 747–751.
–, Neugliederung des Bundesgebietes im Spannungsfeld zwischen staatsrechtlicher Kontinuität und Effizienzerwartung, in: Kurt Bohr (Hrsg.), Föderalismus. Demokratische Struktur für Deutschland und Europa, München 1992, S. 123–137.
Hertl, Norbert, Die Treuepflicht der Länder gegenüber dem Bund und die Folgen ihrer Verletzung, Diss. Würzburg 1956.
Herzog, Roman, Bundes- und Landesstaatsgewalt im demokratischen Bundesstaat, DÖV 1962, S. 81–87.
–, Das Problem der staatlichen Autorität im westdeutschen Verfassungssystem, Zeitschrift für Politik NF 10 (1963), S. 145–161.
–, Zwischenbilanz im Streit um die bundesstaatliche Ordnung, JuS 1967, S. 193–200.
–, Der Einfluß des Bundesrates auf die Gesetzgebung und Verwaltung des Bundes seit 1949, in: Der Bundesrat als Verfassungsorgan und politische Kraft. Beiträge zum fünfundzwanzigjährigen Bestehen des Bundesrates der Bundesrepublik Deutschland, herausgeg. vom Bundesrat, Bad Honnef/Darmstadt 1974, S. 235–249.
–, Konsequenzen aus den unterschiedlichen Mehrheiten in Bundestag und Bundesrat für eine Interessenwahrnehmung der Länder, ZParl 7 (1976), S. 298–307.
–, Wandel des Föderalismus in der Bundesrepublik Deutschland, in: Detlef Merten / Rudolf Morsey (Hrsg.), 30 Jahre Grundgesetz, Berlin 1979 (Schriftenreihe der Hochschule Speyer Bd. 78), S. 41–54.

–, Subsidiarität, in: Evangelisches Staatslexikon, herausgeg. von Roman Herzog u.a, 3.Aufl. Stuttgart 1987, Sp.3564–3571.

–, Ermessen, in: Evangelisches Staatslexikon, 3.Aufl. Stuttgart 1987, Bd.1, Sp.731–734.

–, Stellung des Bundesrates im demokratischen Rechtsstaat, in: Josef Isensee / Paul Kirchhof (Hrsg.), Handbuch des Staatsrechts der Bundesrepublik Deutschland, Bd.II, Heidelberg 1987, §44, S.467–487.

–, Aufgaben des Bundesrates, in: Josef Isensee / Paul Kirchhof (Hrsg.), Handbuch des Staatsrechts der Bundesrepublik Deutschland, Bd.II, Heidelberg 1987, §45, S.489–503.

–, Zusammensetzung und Verfahren des Bundesrates, in: Josef Isensee / Paul Kirchhof (Hrsg.), Handbuch des Staatsrechts der Bundesrepublik Deutschland, Bd.II, Heidelberg 1987, §46, S.505–522.

–, Die Beziehungen des Bundesrates zu Bundestag und Bundesregierung (insbesondere die Information nach Art.53 S.3 GG), in: Bundesrat (Hrsg.), Vierzig Jahre Bundesrat, Baden-Baden 1989, S.167–178.

–, Verfassung und Verwaltungsgerichte – zurück zu mehr Kontrolldichte?, NJW 1992, S.2601–2605.

–, Staat und Recht im Wandel. Einreden zur Verfassung und ihrer Wirklichkeit, Goldbach 1993 (Bibliotheca Eruditorum 1).

Hesse, Helmut, Finanzausgleich im Bundesstaat: Implikationen für Europa, Staatswissenschaften und Staatspraxis 4 (1993), S.43–55.

Hesse, Joachim Jens, Gemeinschaftsaufgaben, in: Fritz W. Scharpf / Bernd Reissert / Fritz Schnabel (Hrsg.), Politikverflechtung II, Kronberg/Ts. 1977, S.5–17.

Hesse, Joachim Jens / Benz, Arthur, Staatliche Institutionspolitik im internationalen Vergleich, Jahrbuch zur Staats- und Verwaltungswissenschaft Bd.2 (1988), S.69–111.

Hesse, Joachim Jens / Renzsch, Wolfgang, Zehn Thesen zur Entwicklung und Lage des deutschen Föderalismus, in: Staatswissenschaften und Staatspraxis 1 (1990), S.562–578.

Hesse, Konrad, Die normative Kraft der Verfassung. Freiburger Antrittsvorlesung, Tübingen 1959 (Recht und Staat in Geschichte und Gegenwart H.222); neu abgedruckt in: K. Hesse, Ausgewählte Schriften, Heidelberg 1984, S.3–18.

–, Die verfassungsrechtliche Stellung der politischen Parteien im modernen Staat, VVDStRL 17 (1959), S.11–52.

–, Der unitarische Bundesstaat, Karlsruhe 1962.

–, Aspekte des kooperativen Föderalismus in der Bundesrepublik Deutschland, in: Festschrift für Gebhard Müller, Tübingen 1970, S.141–160; neu abgedruckt in: K. Hesse, Ausgewählte Schriften, Heidelberg 1984, S.148–163.

–, Bundesstaatsreform und Grenzen der Verfassungsänderung, AöR 98 (1973), S.1–52.

–, Funktionelle Grenzen der Verfassungsgerichtsbarkeit, in: Recht als Prozess und Gefüge. Festschrift für Hans Huber zum 80. Geburtstag, Bern 1981, S.261–272.

–, Das Grundgesetz in der Entwicklung der Bundesrepublik Deutschland. Aufgabe und Funktion der Verfassung, in: Ernst Benda / Werner Maihofer / Hans-Jochen Vogel (Hrsg.), Handbuch des Verfassungsrechts der Bundesrepublik Deutschland, Berlin / New York 1983, S.3–27.

–, Ausgewählte Schriften. Herausgegeben von Peter Häberle und Alexander Hollerbach, Heidelberg 1984 (Freiburger Rechts- und Staatswissenschaftliche Abhandlungen, Bd.45).

–, Grundzüge des Verfassungsrechts der Bundesrepublik Deutschland, 1. Aufl. Karlsruhe 1967, 19. Aufl. Heidelberg 1993, 20. Aufl. Heidelberg 1995.

Hettlage, Karl M., Die Finanzverfassung im Rahmen der Staatsverfassung, VVDStRL 14 (1956), S.2–36.

–, Alternative zur Neugliederung: Neuregelung des Finanzausgleichs, in: Neugliederung der Länder, Loccumer Protokolle 3/1968, S.69–84.

–, Probleme einer mehrjährigen Finanzplanung, Finanzarchiv 27 (1968), S.235–248.

–, Mitplanung und Mitfinanzierung von Länderaufgaben durch den Bund. Zur Problematik der Gemeinschaftsaufgaben (Art.91a GG) und der Bundesfinanzhilfen (Art.104a Abs.4 GG), in:

Einigkeit und Recht und Freiheit. Festschrift für Karl Carstens zum 70. Geburtstag, Bd. 2, Köln u.a. 1984, S. 613–625.
–, Die Finanzverwaltung (Steuern, Zölle), in: Kurt G.A. Jeserich / Hans Pohl / Georg-Christoph von Unruh (Hrsg.), Deutsche Verwaltungsgeschichte, Bd. 3: Das Deutsche Reich bis zum Ende der Monarchie, Stuttgart 1984, S. 250–263.
–, Die Finanzverwaltung, in: Kurt G.A. Jeserich / Hans Pohl / Georg-Christoph von Unruh (Hrsg.), Deutsche Verwaltungsgeschichte, Bd. 4: Das Reich als Republik und in der Zeit des Nationalsozialismus, Stuttgart 1985, S. 177–201.
Heun, Werner, Der staatsrechtliche Positivismus in der Weimarer Republik, Der Staat 28 (1989), S. 377–403.
–, Die Sonderabgaben als verfassungsrechtlicher Abgabentypus – Zur Sonderabgabenrechtsprechung des BVerfG, DVBl. 1990, S. 666–676.
–, Strukturprobleme des Finanzausgleichs. Finanzverfassungsrechtliche Integration der neuen Bundesländer und die Frage einer Reform der grundgesetzlichen Finanzverfassung, Der Staat 31 (1992), S. 205–232.
Heydte, Friedrich August Frhr. von der, Föderalismus, Volkssouveränität und Parteien, in: Adolf Süsterhenn (Hrsg.), Föderalistische Ordnung, Koblenz 1961, S. 129–143.
Heyen, Erik Volkmar, Der Bundesrat – ein Rat der autonomen Kabinette?, Der Staat 21 (1982), S. 191–202.
Hilf, Meinhard, Europäische Union: Gefahr oder Chance für den Föderalismus in Deutschland, Österreich und der Schweiz?, VDStRL 53 (1994), S. 7–25.
Hill, Hermann, Normkonkretisierende Verwaltungsvorschriften, NVwZ 1989, S. 401–410.
Hinkel, Karl Reinhard, Zur Leistungsfähigkeit der Politikverflechtung aus Landessicht, in: Fritz W. Scharpf / Bernd Reissert / Fritz Schnabel (Hrsg.), Politikverflechtung II, Kronberg/Ts. 1977, S. 94–103.
Hintze, Otto, Staat und Verfassung. Gesammelte Abhandlungen zur Allgemeinen Verfassungsgeschichte, herausgeg. von Gerhard Oestreich, 3.Aufl. Göttingen 1970.
Hippel, Ernst von, Ungeschriebenes Verfassungsrecht, VVDStRL 10 (1952), S. 1–32.
His, Eduard, Geschichte des neuern Schweizerischen Staatsrechts, Bd. 3: Der Bundesstaat von 1848 bis 1914, Basel 1938.
Hocevar, Rolf, Verfassungsreform zwischen Evolution und Revolution, ZParl 26 (1995), S. 24–41.
Hochbaum, Ingo, Kohäsion und Subsidiarität – Maastricht und die Länderkulturhoheit, DÖV 1992, S. 285–292.
Höffe, Otfried, Subsidiarität als staatsphilosophisches Prinzip, in: Knut Wolfgang Nörr / Thomas Oppermann (Hrsg.), Subsidiarität: Idee und Wirklichkeit, Tübingen 1997, S. 49–67.
Höfling, Wolfram, Die Prüfungsentscheidungen des Bundesverfassungsgerichts und die Dogmatik des exekutiven Beurteilungsspielraums, RdJB 1995, S. 387–397.
Hölscheidt, Sven, Die Praxis der Verfassungsverabschiedung und der Verfassungsänderung in der Bundesrepublik, ZParl 26 (1995), S. 58–84.
Hoepfner, W., Zur Auslegung von Artikel 72, 125 Grundgesetz, MDR 1949, S. 654–656.
Höpker-Aschoff, Hermann, Deutscher Einheitsstaat. Ein Beitrag zur Rationalisierung der Verwaltung, Berlin 1928.
–, Das Finanzwesen, DÖV 1949, S. 282–285.
–, Das Finanz- und Steuersystem des Bonner Grundgesetzes, AöR 75 (1949), S. 306–331.
Hofmann, Hasso, Bundesstaatliche Spaltung des Demokratiebegriffs?, in: Festschrift für Karl H. Neumayer zum 65. Geburtstag, Baden-Baden 1985, S. 281–298.
–, Die Entwicklung des Grundgesetzes nach 1949, in: Josef Isensee / Paul Kirchhof (Hrsg.), Handbuch des Staatsrechts der Bundesrepublik Deutschland, Bd. I, Heidelberg 1987, S. 259–319.
–, Zur Verfassungsentwicklung in der Bundesrepublik Deutschland, Staatswissenschaften und Staatspraxis 6 (1995), S. 155–181.
Hofmann, Jochen, Das Urteil des Bundesverfassungsgerichts zum Investitionshilfegesetz (InvHG) – Sonderabgaben und Grundgesetz, DVBl. 1986, S. 537–545.

Hohmann, Harald, Der Verfassungsgrundsatz der Herstellung einheitlicher Lebensverhältnisse im Bundesgebiet – Erläutert anhand der fünf neuen Bundesländer, DÖV 1991, S. 191–198.

Holch, Georg, Die Finanzhilfen des Bundes nach Art. 104 a Abs. 4 GG – Verfassung und Verfassungswirklichkeit, DÖV 1973, S. 115–121.

Hollerbach, Alexander, Auflösung der rechtsstaatlichen Verfassung?, AöR 85 (1960), S. 241–270.

Homann, Karl / Kirchner, Christian, Das Subsidiaritätsprinzip in der Katholischen Soziallehre und in der Ökonomik, in: Lüder Gerken (Hrsg.), Europa zwischen Ordnungswettbewerb und Harmonisierung, Berlin/Heidelberg u.a. 1995, S. 45–69.

Homburg, Stefan, Eine Theorie des Länderfinanzausgleichs: Finanzausgleich und Produktionseffizienz, FinanzArchiv NF 50 (1993), S. 458–486.

–, Anreizwirkungen des deutschen Finanzausgleichs, FinanzArchiv NF 51 (1994), S. 312–329.

Hoppe, Ursel / Schulz, Günther, Der Ausschuß der Regionen, in: Franz H.U. Borkenhagen / Christian Bruns-Klöss / Gerhard Memminger / Otti Stein (Hrsg.), Die deutschen Länder in Europa, Baden-Baden 1992, S. 26–35.

Hrbek, Rudolf, Bundesrat und Neugliederung. Parteipolitische Machtverschiebungen durch Neugliederungsmodelle?, ZParl 3 (1972), S. 150–161.

–, Doppelte Politikverflechtung: Deutscher Föderalismus und Europäische Integration. Die deutschen Länder im EG-Entscheidungsprozeß, in: Rudolf Hrbek / Uwe Thaysen (Hrsg.), Die deutschen Länder und die Europäischen Gemeinschaften, Baden-Baden 1986, S. 17–36.

–, Die Beteiligung der deutschen Länder an den innerstaatlichen Beratungen und Entscheidungen in EG-Angelegenheiten (insbesondere im Licht von Art. 2 EEA-Gesetz und der Bund-Länder-Vereinbarung), Saarbrücken 1988 (Vorträge, Reden und Berichte aus dem Europa-Institut, Nr. 117).

–, Der Ertrag der „Verfassungsdebatte" von Maastricht. Ein Erfolg für den Föderalismus und die deutschen Länder, in: Europarecht – Energierecht – Wirtschaftsrecht. Festschrift für Bodo Börner zum 70. Geburtstag, Köln u.a. 1993, S. 125–149.

Hrbek, Rudolf (Hrsg.), Europäische Bildungspolitik und die Anforderungen des Subsidiaritätsprinzips, Baden-Baden 1994.

Hrbek, Rudolf (Hrsg.), Das Subsidiaritätsprinzip in der Europäischen Union – Bedeutung und Wirkung für ausgewählte Politikbereiche, Baden-Baden 1995 (Schriftenreihe des Arbeitskreises für Europäische Integration e.V., Bd. 36).

Hrbek, Rudolf / Thaysen, Uwe (Hrsg.), Die Deutschen Länder und die Europäischen Gemeinschaften. Referate und Diskussionsbeiträge eines Symposiums der Deutschen Vereinigung für Parlamentsfragen am 20./21. Juni 1986 in Stuttgart, Baden-Baden 1986.

Huber, Ernst Rudolf, Deutsche Verfassungsgeschichte seit 1789, Bd. 1, Stuttgart 1957, Bd. 2, Stuttgart 1960, Bd. 3, Stuttgart 1963, Bd. 4, 2. Aufl. Stuttgart 1982, Bd. 5, Stuttgart 1978, Bd. 6, Stuttgart 1981, Bd. 7, Stuttgart 1984.

Hüchting, Paul, Der Finanzausgleich unter den Ländern, DÖV 1955, S. 288–293.

–, Muß die Finanzreform scheitern?, DÖV 1955, S. 38–45.

Hüttl, Adolf, Kooperativer Föderalismus und Gemeinschaftsaufgaben, DVBl. 1967, S. 433–439.

Hufen, Friedhelm, Kulturstaatlichkeit und Bundesstaat, in: Probleme des Föderalismus. Deutsch-Jugoslawisches Symposium Belgrad 1984, Tübingen 1985, S. 199–219.

–, Die Bedeutung gliedstaatlichen Verfassungsrechts in der Gegenwart, BayVBl. 1987, S. 513–520.

–, Die Grundrechte und der Vorbehalt des Gesetzes, in: Dieter Grimm (Hrsg.), Wachsende Staatsaufgaben – sinkende Steuerungsfähigkeit des Rechts, Baden-Baden 1990, S. 273–289.

Humborg, Franz-Egon, Die Vergabe von Studienplätzen durch die ZVS, DVBl. 1982, S. 469–477.

Hummel, Marlies / Nierhaus, Wolfgang, Die Neuordnung des bundesstaatlichen Finanzausgleichs im Spannungsfeld zwischen Wachstums- und Verteilungszielen, München 1994 (ifo studien zur finanzpolitik 54).

Imboden, Max / Rhinow, René A., Schweizerische Verwaltungsrechtsprechung. Die Rechtsgrundsätze der Verwaltungspraxis erläutert an Entscheiden der Verwaltungsbehörden und Gerichte, 2 Bde., 5. Aufl. Basel 1976.

Ipsen, Hans Peter, Grundgesetz und richterliche Prüfungszuständigkeit, Deutsche Verwaltung 1949, S. 486–492.
–, Über das Grundgesetz, Hamburg 1950 (Hamburger Universitätsreden 9).
–, Wochend' und Grundgesetz (Zur Auslegung der Artikel 12, 72, 74, 123, 125, 129 GG), DVBl. 1950, S. 385–392.
–, Rechtsfragen der Wirtschaftsplanung, in: Joseph H. Kaiser (Hrsg.), Planung II, Baden-Baden 1966, S. 63–112.
–, Als Bundesstaat in der Gemeinschaft, in: Probleme des europäischen Rechts. Festschrift für Walter Hallstein, Frankfurt a.M. 1966, S. 248–265.
–, Europäisches Gemeinschaftsrecht, Tübingen 1972.
–, Zum Schlußbericht der Enquête-Kommission Verfassungsreform, DÖV 1977, S. 537–544.
–, Die Bundesrepublik Deutschland in den Europäischen Gemeinschaften, in: Josef Isensee / Paul Kirchhof (Hrsg.), Handbuch des Staatsrechts der Bundesrepublik Deutschland, Bd. VII, Heidelberg 1992, S. 767–815.
Ipsen, Jörn, Staatsorganisationsrecht (Staatsrecht II), 2. Aufl. Neuwied/Frankfurt 1989.
Isensee, Josef, Subsidiaritätsprinzip und Verfassungsrecht. Eine Studie über das Regulativ des Verhältnisses von Staat und Gesellschaft, Berlin 1968 (Schriften zum Öffentlichen Recht Bd. 80).
–, Öffentlicher Dienst, in: Ernst Benda / Werner Maihofer / Hans-Jochen Vogel (Hrsg.), Handbuch des Verfassungsrechts der Bundesrepublik Deutschland, Berlin / New York 1983, S. 1149–1198.
–, Beamte, in: Staatslexikon der Görres-Gesellschaft, Bd. 1, 7. Aufl. Freiburg/Brsg. u.a. 1985, Sp. 584–600.
–, Der Föderalismus und der Verfassungsstaat der Gegenwart, AöR 115 (1990), S. 248–279.
–, Idee und Gestalt des Föderalismus im Grundgesetz, in: Josef Isensee / Paul Kirchhof (Hrsg.), Handbuch des Staatsrechts der Bundesrepublik Deutschland, Bd. IV, Heidelberg 1990, S. 517–691.
–, Einheit in Ungleichheit: der Bundesstaat – Vielfalt der Länder als Legitimationsbasis des deutschen Föderalismus, in: Kurt Bohr (Hrsg.), Föderalismus. Demokratische Struktur für Deutschland und Europa, München 1992, S. 139–162.
–, Mit blauem Auge davongekommen – das Grundgesetz. Zu Arbeit und Resultaten der Gemeinsamen Verfassungskommission, NJW 1993, S. 2583–2587.
Jachtenfuchs, Markus / Kohler-Koch, Beate, Einleitung: Regieren im dynamischen Mehrebenensystem, in: Markus Jachtenfuchs / Beate Kohler-Koch (Hrsg.), Europäische Integration, Opladen 1996, S. 15–44.
Jacobi, Erwin, Einheitsstaat oder Bundesstaat, Leipzig 1919.
Jahn, Friedrich-Adolf, Empfehlungen der Gemeinsamen Verfassungskommission zur Änderung und Ergänzung des grundgesetzes, DVBl. 1994, S. 177–187.
Jahn, Gerhard, Tendenzen zum „Parteienbundesstaat" seit 1969, ZParl 7 (1976), S. 291–297.
Jahrreiss, Hermann, Die Gliederung des Bundes in Länder. Bundesstaat im Sinne des Grundgesetzes für die Bundesrepublik Deutschland, in: Gedächtnisschrift für Hans Peters, Berlin / Heidelberg / New York 1967, S. 533–546.
Jarass, Hans D. / Pieroth, Bodo, Grundgesetz für die Bundesrepublik Deutschland. Kommentar, München 1990, 3. Aufl. München 1995.
Jarillo, J. C., Strategic Networks. Creating the Borderless Organization, Oxford 1993.
Jaspert, Günter, Der Bundesrat und die europäische Integration, Aus Politik und Zeitgeschichte B 12/1982, S. 17–32.
–, Die Beteiligung des Bundesrates an der Europäischen Integration, in: Siegfried Magiera / Detlef Merten (Hrsg.), Bundesländer und Europäische Gemeinschaft, Berlin 1988, S. 87–100.
Jellinek, Georg, Die Lehre von den Staatenverbindungen, Wien 1882.
–, Der Kampf des alten mit dem neuen Recht, Heidelberg 1907 (Nachdruck in: Georg Jellinek, Ausgewählte Schriften und Reden, Bd. I, Berlin 1911, S. 392–427).
Jellinek, Walter, Gesetz, Gesetzesanwendung und Zweckmäßigkeitserwägung, Tübingen 1913.

–, Revolution und Reichsverfassung, Bericht über die Zeit vom 9.November 1918 bis 31. Dezember 1919, JöR Bd.IX (1920), S.1–128.

–, Die Wandlungen in den Aufgaben und im Zuständigkeitsverhältnis von Reich und Ländern: Von der Reichsgründung bis zum Jahre 1919, in: Recht und Staat im Neuen Deutschland. Vorlesungen gehalten in der Deutschen Vereinigung für Staatswissenschaftliche Fortbildung, herausgeg. v. B. Harms, Bd.I, Berlin 1929, S.127–151.

Jerusalem, Franz W., Zentralismus und Föderalismus, in: Verfassung und Verwaltung in Theorie und Wirklichkeit. Festschrift für Wilhelm Laforet, München 1952, *S.* 37–50.

Jeserich, Kurt G.A. / Pohl, Hans / von Unruh, Georg-Christoph (Hrsg.), Deutsche Verwaltungsgeschichte, Bd.I: Vom Spätmittelalter bis zum Ende des Reiches, Stuttgart 1983; Bd.2: Vom Reichsdeputationshauptschluß bis zur Auflösung des Deutschen Bundes, Stuttgart 1983; Bd.III: Das Deutsche Reich bis zum Ende der Monarchie, Stuttgart 1984; Bd.IV: Das Reich als Republik und in der Zeit des Nationalsozialismus, Stuttgart 1985; Bd.V: Die Bundesrepublik Deutschland, Stuttgart 1987.

Jesch, Dietrich, Unbestimmter Rechtsbegriff und Ermessen in rechtstheoretischer und verfassungsrechtlicher Sicht, AöR 82 (1957), S.163–249.

Jetschke, Gottfried, Mathematik der Selbstorganisation. Qualitative Theorie nichtlinearer dynamischer Systeme und gleichgewichtsferner Strukturen in Physik, Chemie und Biologie, Braunschweig/Wiesbaden 1989.

Jochimsen, Reimut, Zum Aufbau und Ausbau eines integrierten Aufgabenplanungssystems und Koordinatensystems der Bundesregierung, in: Joseph H. Kaiser (Hrsg.), Planung VI, Baden-Baden 1972, S.35–61.

–, Europäische Perspektiven und Implikationen für den Finanzausgleich in der Bundesrepublik Deutschland. Neun Thesen, Staatswissenschaften und Staatspraxis 4 (1993), S.118–135.

Juchum, Gerhard, Verwaltungsvorschriften im Einkommensteuerrecht, ZG 6 (1991), S.56–72.

Die Kabinettsprotokolle der Bundesregierung. Herausgeg. von Hans Booms. Bd.1: 1949, bearb. von U. Enders und K. Reiser, Boppard 1982.

Kägi, Werner, Die Verfassung als rechtliche Grundordnung des Staates. Untersuchungen über die Entwicklungstendenzen im modernen Verfassungsrecht, Zürich 1945.

Kahl, Wilhelm, Entspannung des Unitarismus, Deutsche Juristen-Zeitung 28 (1923), Sp.700–706.

Kahneman, Daniel, New Challenges to the Rationality Assumption, Journal of Institutional and Theoretical Economics 150 (1994), S.18–36.

Kaiser, Gerhard, Zur Ableitung des Verfassungsprinzips des „bundesfreundlichen Verhaltens" aus dem Begriff des Bundesstaates, DÖV 1961, S.653–658.

Kaiser, Joseph H., Die Erfüllung der völkerrechtlichen Verträge des Bundes durch die Länder. Zum Konkordatsurteil des Bundesverfassungsgerichts, ZaöRV 28 (1957/58), S.526–558.

–, Exposé einer pragmatischen Theorie der Planung, in: Joseph H. Kaiser (Hrsg.), Planung I, Baden-Baden 1965, S.11–34.

Der Kampf um den Südweststaat. Verhandlungen und Beschlüsse der gesetzgebenden Körperschaften des Bundes und des Bundesverfassungsgerichtes, München 1952.

Karpen, Ulrich, Die verfassungsrechtliche Grundordnung des Staates – Grundzüge der Verfassungstheorie und Politischen Philosophie, JZ 1987, S.431–442.

Karpen, Ulrich / Rickert, Beate, Die gescheiterte Reform des Art.75 Nr.1 a GG. Ist ein Schritt in die hochschulpolitische Kleinstaaterei verhindert worden?, RdJB 42 (1994), S.456–466.

Karpen, Ulrich / Rönn, Matthias von, Bericht über die Rechtsprechung des Bundesverfassungsgerichtes und der Länderverfassungsgerichte zum Bundesstaatsprinzip, JZ 1990, S.579–585.

Katzenstein, Dietrich, Rechtliche Erscheinungsformen der Machtverschiebung zwischen Bund und Ländern seit 1949, DÖV 1958, S.593–604.

Kauffman, Stuart A., The Origin of Order: Self-Organization and Selection in Evolution, New York 1993.

–, Der Öltropfen im Wasser. Chaos, Komplexität, Selbstorganisation in Natur und Gesellschaft, München 1995 (Original erschienen als: At Home in the Universe, New York 1995).

Kaufmann, Erich, Bismarcks Erbe in der Reichsverfassung, Berlin 1917.
–, Gesammelte Schriften, Bd.III: Rechtsidee und Recht, Göttingen 1960.
Keller, Dieter, Zum Einfluß des Bundes bei der Finanzierung von Maßnahmen im Rahmen der Gemeinschaftsaufgabe Hochschulbau, DÖV 1977, S.844–848.
Kelsen, Hans, Allgemeine Staatslehre, Berlin 1925.
–, Das Problem der Souveränität und die Theorie des Völkerrechts, 2. Aufl. Tübiingen 1928.
–, Der soziologische und der juristische Staatsbegriff, 2. Aufl. Tübingen 1928.
–, Wesen und Entwicklung der Staatsgerichtsbarkeit, VVDStRL 5 (1929), S.30–88.
–, Der Staat als Integration, Wien 1930.
–, Das Urteil des Staatsgerichtshofs vom 25. Oktober 1932, Die Justiz 8 (1932/33), S.65–91.
Kern, Ernst, Zur Auslegung von Artikel 72 und 125 Grundgesetz, MDR 1950, S.68–71.
Kersten, Jens, Homogenitätsgebot und Landesverfassungsrecht, DÖV 1993, S.896–902.
Kewenig, Wilhelm A., Kooperativer Föderalismus und bundesstaatliche Ordnung. Bemerkungen zur Theorie und Praxis des kooperativen Föderalismus in den USA unter besonderer Berücksichtigung der „grants-in-aid“, der Bundeshilfsprogramme, AöR 93 (1968), S.433–484.
–, Zur Revision des Grundgesetzes: Planung im Spannungsverhältnis von Regierung und Parlament, DÖV 1973, S.23–32.
–, Bundesrat und föderatives System im Lichte der Arbeiten der Enquête-Kommission Verfassungsreform, in: Der Bundesrat als Verfassungsorgan und politische Kraft. Beiträge zum fünfundzwanzigjährigen Bestehen des Bundesrates der Bundesrepublik Deutschland, herausgeg. vom Bundesrat, Bad Honnef/Darmstadt 1974, S.453–478.
Kielmannsegg, Peter Graf, Vom Bundestag zum Bundesrat. Die Länderkammer in der jüngsten deutschen Verfassungsgeschichte, in: Bundesrat (Hrsg.), Vierzig Jahre Bundesrat, Baden-Baden 1989, S.43–61.
–, Integration und Demokratie, in: Markus Jachtenfuchs / Beate Kohler-Koch (Hrsg.), Europäische Integration, Opladen 1996, S.47–71.
Kieser, Alfred (Hrsg.), Organisationstheorien, 2. Aufl. Stuttgart 1995.
Kiesinger, Kurt Georg, Gedanken zur Arbeit des Bundesrates, in: Gedächtnisschrift Hans Peters, Berlin / Heidelberg / New York 1967, S.547–557.
Kilian, Michael, Das System des Länderfinanzausgleichs und die Finanzierung der neuen Bundesländer, JZ 1991, S.425–431.
–, Nebenhaushalte des Bundes, Berlin 1993 (Tübinger Schriften zum Staats- und Verwaltungsrecht Bd.18).
Kimminich, Otto, Historische Grundlagen und Entwicklung des Föderalismus in Deutschland, in: Probleme des Föderalismus. Deutsch-Jugoslawisches Symposium Belgrad 1984, Tübingen 1985, S.1–15.
–, Deutsche Verfassungsgeschichte, 2.Aufl. Baden-Baden 1987.
–, Der Bundesstaat, in: Josef Isensee / Paul Kirchhof (Hrsg.), Handbuch des Staatsrechts der Bundesrepublik Deutschland, Bd.I, Heidelberg 1987, S.1113–1150.
Kirchhof, Ferdinand, Finanztransfers aus Separathaushalten im Bundesstaat. Sozialversicherung, Rundfunk, European Recovery Program, in: Das akzeptierte Grundgesetz. Festschrift für Günter Dürig zum 70. Geburtstag, München 1990, S.447–467.
–, Grundzüge der Finanzverfassung des vereinten Deutschlands, VVDStRL 52 (1993), S.71–110.
–, Empfehlen sich Maßnahmen, um in der Finanzverfassung Aufgaben- und Ausgabenverantwortung von Bund, Ländern und Gemeinden stärker zusammenzuführen?, Gutachten D zum 61. Deutschen Juristentag Karlsruhe 1996, München 1996.
Kirchhof, Paul, Der Verfassungsauftrag zum Länderfinanzausgleich als Ergänzung fehlender und als Garant vorhandener Finanzautonomie. Zur Vereinbarkeit des Finanzausgleichsgesetzes mit Art.107 Abs.2 GG, Köln 1982.
–, Die Identität der Verfassung in ihren unabänderlichen Inhalten, in: Josef Isensee / Paul Kirchhof (Hrsg.), Handbuch des Staatsrechts der Bundesrepublik Deutschland, Bd.I, Heidelberg 1987, S.775–814.
–, Mittel staatlichen Handelns, in: Josef Isensee / Paul Kirchhof (Hrsg.), Handbuch des Staatsrechts der Bundesrepublik Deutschland, Bd.III, Heidelberg 1988, §59, S.121–209.

–, Staatliche Einnahmen, in: Josef Isensee / Paul Kirchhof (Hrsg.), Handbuch des Staatsrechts der Bundesrepublik Deutschland, Bd.IV, Heidelberg 1990, § 88, S. 87–233.
–, Der deutsche Staat im Prozeß der europäischen Integration, in: Josef Isensee / Paul Kirchhof (Hrsg.), Handbuch des Staatsrechts der Bundesrepublik Deutschland, Bd.VII, Heidelberg 1992, § 183, S. 855–887.
–, Brauchen wir ein erneuertes Grundgesetz?, Heidelberg 1992 (Motive-Texte-Materialien Bd. 61).
–, Die Sonderabgaben, in: Staat-Wirtschaft-Steuern. Festschrift für Karl Heinrich Friauf zum 65. Geburtstag, Heidelberg 1996, S. 669–682.
Kirsch, Guy (Hrsg.), Föderalismus, Stuttgart / New York 1977.
Kisker, Gunter, Kooperation im Bundesstaat. Eine Untersuchung zum kooperativen Föderalismus in der Bundesrepublik Deutschland, Tübingen 1971 (Tübinger Rechtswissenschaftliche Abhandlungen Bd. 33).
–, Die Beziehungen des Bundesrates zu den Ländern, in: Der Bundesrat als Verfassungsorgan und politische Kraft. Beiträge zum fünfundzwanzigjährigen Bestehen des Bundesrates der Bundesrepublik Deutschland, herausgeg. vom Bundesrat, Bad Honnef/Darmstadt 1974, S. 151–172.
–, Neuordnung des bundesstaatlichen Kompetenzgefüges und Bund-Länder-Planung, Der Staat 14 (1975), S. 169–199.
–, Kooperation zwischen Bund und Ländern in der Bundesrepublik Deutschland, DÖV 1977, S. 689–696.
–, Grundrechtsschutz gegen bundesstaatliche Vielfalt?, in: Festschrift für Otto Bachof zum 70. Geburtstag, München 1984, S. 47–61.
–, Ideologische und theoretische Grundlagen der bundesstaatlichen Ordnung in der Bundesrepublik Deutschland – Zur Rechtfertigung des Föderalismus, in: Probleme des Föderalismus. Deutsch-Jugoslawisches Symposium Belgrad 1984, Tübingen 1985, S. 23–37.
Klatt, Hartmut, Parlamentarisches System und bundesstaatliche Ordnung – Konkurrenzföderalismus als Alternative zum kooperativen Bundesstaat, Aus Politik und Zeitgeschichte B 31/1982, S. 3–24.
–, Interföderale Beziehungen im kooperativen Bundesstaat – Kooperation und Koordination auf der politischen Leitungsebene, VerwArch 78 (1987), S. 186–206.
–, Die Rolle der Parlamente im föderativen Entscheidungsprozeß, Jahrbuch zur Staats- und Verwaltungswissenschaft 3 (1989), S. 119–156.
–, Das föderative System der Bundesrepublik als Rahmen für das Verhältnis von Land und Bund, in: Hartmut Klatt (Hrsg.), Baden-Württemberg und der Bund, Stuttgart 1989, S. 19–55.
–, Bundesstaaten vor den Herausforderungen der Gegenwart, Staatswissenschaften und Staatspraxis 1 (1990), S. 588–602.
Klein, Eckart, Die Kompetenz- und Rechtskompensation. Überlegungen zu einer Argumentationsfigur, DVBl. 1981, S. 661–667.
–, Der Einigungsvertrag – Verfassungsprobleme und -aufträge, DÖV 1991, S. 569–578.
–, Der Verfassungsstaat als Glied einer europäischen Gemeinschaft, VVDStRL 50 (1991), S. 56–96.
Klein, Franz, Gemeinschaftsaufgaben zur Bewältigung der Staatsaufgaben im föderativen Staatsaufbau, DÖV 1968, S. 153–156.
–, Bund und Länder nach der Finanzverfassung des Grundgesetzes, in: Ernst Benda / Werner Maihofer / Hans-Jochen Vogel (Hrsg.), Handbuch des Verfassungsrechts der Bundesrepublik Deutschland, Berlin / New York 1983, S. 863–897.
Klein, Friedrich, Bundesverfassungsgericht und Südweststaatsfrage, AöR 77 (1951/52), S. 452–464.
–, Von der föderativen zur stärker unitarischen Gestaltung des Fiunanzwesens in der Bundesrepublik Deutschland, in: Festschrift für Friedrich Giese, Frankfurt/M. 1953.
–, Verfassungsrechtliche Grenzen der Gemeinschaftsaufgaben, in: Gemeinschaftsaufgaben zwischen Bund, Ländern und Gemeinden (Schriftenreihe der Hochschule Speyer Bd. 11), Berlin 1961, S. 125–174.

–, Das Verhältnis von Gesetzgebungszuständigkeit und Verwaltungszuständigkeit nach dem Grundgesetz, AöR 88 (1963), S. 377–410.
–, Die Regelung der Gemeinschaftsaufgaben von Bund und Ländern im Grundgesetz. Eine kritische Würdigung, Der Staat 11 (1972), S. 289–312.
Klein, Hans Hugo, Demokratie und Selbstverwaltung, in: Festschrift für Ernst Forsthoff zum 70. Geburtstag, München 1972, S. 165–185.
–, Das Bundesrats-Urteil des Bundesverfassungsgerichts, ZParl 5 (1974), S. 485–495.
–, Verwaltungskompetenzen von Bund und Ländern in der Rechtsprechung des Bundesverfassungsgerichts, in: Bundesverfassungsgericht und Grundgesetz. Festgabe aus Anlaß des 25jährigen Bestehens des Bundesverfassungsgerichts, Bd. 2, Tübingen 1976, S. 277–299.
–, Der Bundesrat der Bundesrepublik Deutschland – die „Zweite Kammer", AöR 108 (1983), S. 329–370.
–, Die Legitimation des Bundesrates und sein Verhältnis zu Landesparlamenten und Landesregierungen, in: Bundesrat (Hrsg.), Vierzig Jahre Bundesrat, Baden-Baden 1989, S. 95–111.
Kloepfer, Michael, Verfassung und Zeit, Der Staat 13 (1974), S. 457–470.
–, Die Verfassungsmängel des „Mängelberichts". Zum Bericht der Bundesregierung über die strukturellen Probleme des föderativen Bildungssystems, ZRP 1978, S. 121–123.
–, Finanzverfassung, Finanzausgleich, in: Evangelisches Staatslexikon, herausgeg. von Roman Herzog u.a., Bd. 1, 3. Aufl. Stuttgart 1987, Sp. 878–893.
–, Verfassungsänderung statt Verfassungsreform. Zur Arbeit der Gemeinsamen Verfassungskommission, Berlin / Baden-Baden 1995 (Berliner Juristische Universitätsschriften, Reihe Öffentliches Recht Bd. 1).
Knies, Wolfgang, Der Bundesrat: Zusammensetzung und Aufgaben. Zum Schlußbericht der Enquête-Kommission Verfassungsreform, DÖV 1977, S. 575–580.
Koch, Hans-Joachim, Unbestimmte Rechtsbegriffe und Ermessensermächtigungen im Verwaltungsrecht: Eine logische und semantische Studie zur Gesetzesbindung der Verwaltung, Frankfurt a.M. 1979.
Koch-Weser, Erich, Einheitsstaat und Selbstverwaltung, Berlin o.J. (1928).
Kock, Peter Jakob, Bayerns Weg in die Bundesrepublik, Stuttgart 1983 (Studien zur Zeitgeschichte Bd. 22).
Kölble, Josef, Verwaltungsabkommen zwischen Bund und Ländern, DÖV 1960, S. 650–661.
–, Gemeinschaftsaufgaben zwischen Bund und Ländern sowie zwischen den Ländern. Arten, Formen und Ziele, in: Gemeinschaftsaufgaben zwischen Bund, Ländern und Gemeinden (Schriftenreihe der Hochschule Speyer Bd. 11), Berlin 1961, S. 17–62.
–, „Gemeinschaftsaufgaben" der Länder und ihre Grenzen, NJW 1962, S. 1081–1085.
–, Bildungs- und Forschungsförderung als Aufgabe von Bund und Ländern, DÖV 1964, S. 592–595.
–, Finanzreform und Bundesstaatsprinzip. Zu den Vorschlägen der Sachverständigenkommission für die Finanzreform betr. die Institutionalisierung von „Gemeinschaftsaufgaben" im Grundgesetz (Art. 85a), DÖV 1967, S. 1–9.
–, Warum eigentlich Föderalismus? – Zur Frage der Rechtfertigung des deutschen Bundesstaates im Industriezeitalter, in: Föderalismus in der Bundesrepublik Deutschland, Loccumer Protokolle 32/1967, S. 20–29.
–, Föderalismus – warum?, ZRP 1968, S. 8–9.
–, Entwicklung der Bundesaufgaben und ihrer Finanzierung im Hinblick auf das Grundgesetz, in: Entwicklung der Aufgaben und Ausgaben von Bund, Ländern und Gemeinden, Berlin 1971 (Schriftenreihe der Hochschule Speyer Bd. 47), S. 41–75.
–, Reform der Gemeinschaftsaufgaben? – Zur Weiterentwicklung des Instituts der Gemeinschaftsaufgaben nach Artikel 91a, 91b und 104a Abs. 4 GG, DVBl. 1972, S. 701–712.
Koellreutter, Otto, Der Deutsche Staat als Bundesstaat und als Parteienstaat, Tübingen 1927 (Recht und Staat H. 51).
–, Integrationslehre und Reichsreform, Tübingen 1929 (Recht und Staat H. 65).
–, Deutsches Staatsrecht, Stuttgart und Köln 1953.

Kölz, Alfred, Bundestreue als Verfassungsprinzip?, Schweizerisches Zentralblatt für Staats- und Gemeindeverwaltung 81 (1980), S. 145–178.
Koenig, Christian, Bedürfen die Bundesländer einer institutionalisierten Hilfestellung beim Verwaltungsvollzug von Gemeinschaftsrecht?, DVBl. 1997, S. 581–588.
König, Klaus, Funktionen und Folgen der Politikverflechtung, in: Fritz W. Scharpf / Bernd Reissert / Fritz Schnabel (Hrsg.), Politikverflechtung II, Kronberg/Ts. 1977, S. 75–86.
Kössinger, Winfried, Die Durchführung des Europäischen Gemeinschaftsrechts im Bundesstaat. Bund-Länder-Verhältnis und Europäisches Gemeinschaftsrecht, Berlin 1989 (Schriften zum Öffentlichen Recht Bd. 570).
Kössler, Alfred, Die Bundestreue der Länder und des Bundes, Diss. München 1960.
Köstlin, Thomas, Die Kulturhoheit des Bundes, Berlin 1989 (Tübinger Schriften zum Staats- und Verwaltungsrecht Bd. 3).
Köttgen, Arnold, Das Verwaltungsverfahren als Gegenstand der Bundesgesetzgebung, DÖV 1952, S. 422–425.
–, Der Einfluß des Bundes auf die deutsche Verwaltung und die Organisation der bundeseigenen Verwaltung, JöR NF 3 (1954), S. 67–147.
–, Die Kulturpflege und der Bund, in: Staats- und verwaltungswissenschaftliche Beiträge, herausgeg. von der Hochschule für Verwaltungswissenschaften Speyer, Stuttgart 1957.
–, Der Einfluß des Bundes auf die deutsche Verwaltung und die Organisation der bundeseigenen Verwaltung Berichtszeit: 2. und 3. Legislaturperiode), JöR NF 11 (1962), S. 180–311.
–, Fondsverwaltung in der Bundesrepublik, Stuttgart u.a. 1965 (res publica Bd. 14).
Kohl, Helmut, Die Zukunft Mittelwestdeutschlands, Neugliederung der Länder, Loccumer Protokolle 3/1968, S. 97–109.
Kommission für die Finanzreform, Gutachten über die Finanzreform in der Bundesrepublik Deutschland, Stuttgart u.a. 1966.
Konow, Gerhard, Kooperativer Föderalismus und Gemeinschaftsaufgaben. Bemerkungen zum Gutachten über die Finanzreform in der Bundesrepublik Deutschland, DÖV 1966, S. 368–375.
–, Zustimmungsbedürfigkeit von Änderungsgesetzen?, ZRP 1973, S. 158–162.
Kopel, Michael, Kontrolliertes Chaos: Ein Ausweg aus der Unternehmenskrise, Zeitschrift für Betriebswirtschaft 66 (1996), S. 487–503.
Kopp, Ferdinand O., Handlungsspielräume der Verwaltung und Kontrolldichte gerichtlichen Rechtsschutzes, in: Volkmar Götz / Hans Hugo Klein / Christian Starck (Hrsg.), Die öffentliche Verwaltung zwischen Gesetzgebung und richterlicher Kontrolle. Göttinger Symposion, München 1985, S. 146–164.
Kopp, Reinhold, Föderalismus – demokratische Struktur für Deutschland und Europa, in: Kurt Bohr (Hrsg.), Föderalismus. Demokratische Struktur für Deutschland und Europa, München 1992, S. 163–199.
Korioth, Stefan, Integration und Bundesstaat. Ein Beitrag zur Staats- und Verfassungslehre Rudolf Smends, Berlin 1990 (Schriften zum Öffentlichen Recht Bd. 587).
–, Die Finanzausstattung der neuen Bundesländer. Übergangsprobleme der bundesstaatlichen Finanzverfassung, DVBl. 1991, S. 1048–1058.
–, Erschütterungen des staatsrechtlichen Positivismus im ausgehenden Kaiserreich, AöR 117 (1992), S. 212–238.
Koschnick, Hans, Der Bundesrat zwischen Länderinteressen, gesamtstaatlicher Verantwortung und Parteipolitik, in: Bundesrat (Hrsg.), Vierzig Jahre Bundesrat, Baden-Baden 1989, S. 81–89.
Koselleck, Reinhard, Bund, Bündnis, Föderalismus, Bundesstaat, in: Geschichtliche Grundbegriffe. Historisches Lexikon zur politisch-sozialen Sprache in Deutschland, Bd. 1 (1972), S. 582ff.
Koslowski, Peter, Subsidiarität als Prinzip der Koordination der Gesellschaft, in: Knut Wolfgang Nörr / Thomas Oppermann (Hrsg.), Subsidiarität: Idee und Wirklichkeit, Tübingen 1997, S. 39–48.
Kowalsky, Bernd, Die Rechtsgrundlagen der Bundestreue, Diss. München 1970.

Krämer, Ludwig, Aufgabenverflechtung zwischen Europäischer Gemeinschaft, Bund und Ländern, dargestellt am Beispiel des Umweltschutzes, in: Siegfried Magiera / Detlef Merten (Hrsg.), Bundesländer und Europäische Gemeinschaft, Berlin 1988, S. 189–216.

Kratzer, Jakob, Zu Art. 72 Abs. 2 und 125 des Grundgesetzes, DVBl. 1950, 396–398.

–, Zustimmungsgesetze, AöR 77 (1951), S. 266–283.

Kratzsch, Otger, Verfassungsrechtliche Probleme einer Mitwirkung der Landesparlamente an Bundesratsangelegenheiten, DÖV 1975, S. 109–116.

Krebs, Walter, Verwaltungsorganisation, in: Josef Isensee / Paul Kirchhof (Hrsg.), Handbuch des Staatsrechts der Bundesrepublik Deutschland, Bd. III, Heidelberg 1988, S. 567–621.

Kremer, Bernd Mathias, Der Westfälische Friede in der Deutung der Aufklärung. Zur Entwicklung des Verfassungsverständnisses im Hl. Röm. Reich Deutscher Nation vom Konfessionellen Zeitalter bis ins späte 18. Jahrhundert, Tübingen 1989 (Jus ecclesiasticum Bd. 37).

Kretschmer, Gerald, Verfassungsreform – eine immerwährende Aufgabe?, DVBl. 1977, S. 415–418.

–, Rechtsetzung und Vollzug innerstaatlicher und völkerrechtlicher Normen im Bundesstaat, Aus Politik und Zeitgeschichte B 28 /1977, S. 26–31.

Kröger, Klaus, Die Entstehung des Grundgesetzes, NJW 1989, S. 1318–1324.

Kröning, Volker, Kernfragen der Verfassungsreform. Plädoyer für eine Konzentration auf das Wesentliche, ZRP 1991, S. 161–166.

Krohn, Wolfgang / Küppers, Günther / Paslack, Rainer, Selbstorganisation – Zur Genese und Entwicklung einer wissenschaftlichen Revolution, in: Siegfried J. Schmidt (Hrsg.), Der Diskurs des radikalen Konstruktivismus, Frankfurt a.M. 1987, S. 441–465.

Krüger, Hartmut, Zur Bedeutung des Art. 72 Abs. 2 GG für die Gesetzgebungskompetenz des Bundes, BayVBl. 1984, S. 545–551.

Krüger, Herbert, Völkerrecht im Bundesstaat, in: Um Recht und Gerechtigkeit. Festgabe für Erich Kaufmann, Stuttgart und Köln 1950, S. 239–248.

–, Verfassungswandlung und Verfassungsgerichtsbarkeit, in: Staatsverfassung und Kirchenordnung, Festgabe für Rudolf Smend zum 80. Geburtstag, Tübingen 1962, S. 151–170.

–, Allgemeine Staatslehre, Stuttgart 1964.

Kubel, Alfred, Bewährungen und Versäumnisse im Bundesstaat, in: R. Hrbek (Hrsg.), Miterlebt – Mitgestaltet. Der Bundesrat im Rückblick, Stuttgart 1989, S. 50–64.

Kuckuk, Günter, Probleme des Vollzugs von Rahmengesetzen, DÖV 1978, S. 354–360.

Kühne, Jörg-Detlef, Die Reichsverfassung der Paulskirche, Frankfurt/M. 1985.

Kunig, Philip, Mitwirkung der Länder bei der europäischen Integration: Art. 23 des Grundgesetzes im Zwielicht, in: Verfassungsrecht im Wandel. Zum 180jährigen Bestehen der Carl Heymanns Verlag KG, Köln u.a. 1995, S. 591–605.

Kunze, Renate, Kooperativer Föderalismus in der Bundesrepublik. Zur Staatspraxis der Koordinierung von Bund und Ländern, Stuttgart 1968 (Sozialwissenschaftliche Studien H. 12).

Kutscher, Hans, Verfassungsrechtliche Fragen aus der Praxis des Bundesrats, DÖV 1952, S. 710–713.

Laband, Paul, Das Staatsrecht des Deutschen Reiches, Bände I und II, 1. Aufl. Tübingen 1876; 4. Aufl. Tübingen/Leipzig 1901.

–, Die Wandlungen der deutschen Reichsverfassung, Dresden 1895.

–, Die geschichtliche Entwicklung der Reichsverfassung seit der Reichsgründung, in: JöR 1 (1907), S. 1–46.

Lachmann, Günter, Die Gemeinschaftsaufgabe Hochschulbau. Eine Untersuchung zur gesamtstaatlichen Planung im föderalistischen System, Der Staat 14 (1975), S. 49–68.

Ladeur, Karl-Heinz, Selbstorganisation sozialer Systeme und Prozeduralisierung des Rechts. Von der Schrankenziehung zur Steuerung von Beziehungsnetzen, in: Dieter Grimm (Hrsg.), Wachsende Staatsaufgaben – sinkende Steuerungsfähigkeit des Rechts, Baden-Baden 1990, S. 187–216.

Lamberty, Karl-Heinz, Die Stellung der Liberalen zum föderativen Staatsaufbau in der Entstehungsphase der Bundesrepublik Deutschland 1945–1949, Phil. Diss. Bonn 1983.

Lammers, Hans-Heinrich / Simons, Walter (Hrsg.), Die Rechtsprechung des Staatsgerichtshofs für das Deutsche Reich und des Reichsgerichts auf Grund Artikel 13 Absatz 2 der Reichsverfassung, Bände I-V, Berlin 1929ff.

Landfried, Christine, Mut zum Chaos, in: Gegenrede: Aufklärung-Kritik-Öffentlichkeit. Festschrift für Ernst Gottfried Mahrenholz, Baden-Baden 1994, S.45–55.

–, Die Rolle des Bundesverfassungsgerichts im Finanzstreit zwischen Bund und Ländern, in: Hans-Hermann Hartwich / Göttrik Wewer (Hrsg.), Regieren in der Bundesrepublik IV. Finanz- und wirtschaftspolitische Bestimmungsfaktoren des Regierens im Bundesstaat – unter besonderer Berücksichtigung des deutschen Vereinigungsprozesses, Opladen 1992, S.133–146.

–, Politikorientierte Folgenforschung. Zur Übertragung der Chaostheorie auf die Sozialwissenschaften, 4.Aufl. Speyer 1994 (Speyerer Forschungsberichte 100).

Lange, Klaus, Die Legitimationskrise des Bundesrates, in: Festschrift für Erwin Stein zum 80. Geburtstag, Bad Homburg v.d.H. 1983, S.181–198.

–, Das Weisungsrecht des Bundes in der atomrechtlichen Auftragsverwaltung, Baden-Baden 1990.

Lassar, Gerhard, Die reichseigene Verwaltung, in: Recht und Staat im Neuen Deutschland. Vorlesungen gehalten in der Deutschen Vereinigung für Staatswissenschaftliche Fortbildung, herausgeg. v. B. Harms, Bd.I, Berlin 1929, S.207–248.

Laubinger, Hans-Werner, Grundrechtsschutz durch Gestaltung des Verwaltungsverfahrens, VerwArch 73 (1982), S.60–85.

Laufer, Heinz, Der Bundesrat als Instrument der Opposition? Eine Funktionsanalyse der Länderkammer unter den Bedingungen divergierender Mehrheitskonstellationen in Bundestag und Bundesrat, ZParl 1 (1970), S.318–341.

–, Das föderative System der Bundesrepublik Deutschland, 4. Auflage München 1981.

Laun, Rudolf von, Der Staatsrechtslehrer und die Politik, AöR 43 (1922), S.145–199.

Lecheler, Helmut, Das Subsidiaritätsprinzip – Strukturprinzip einer Europäischen Union, Berlin 1993.

–, Der öffentliche Dienst, in: Josef Isensee / Paul Kirchhof (Hrsg.), Handbuch des Staatsrechts der Bundesrepublik Deutschland, Bd.III, Heidelberg 1988, §72, S.717–773.

Lechner, Hans, Zur Entwicklung der Rechtsstellung des Bundesrats, DÖV 1952, S.417–422.

Le Fur, Louis / Posener, Paul, Bundesstaat und Staatenbund in geschichtlicher Entwicklung, Breslau 1902.

Lehmbruch, Gerhard, Parteienwettbewerb im Bundesstaat, Stuttgart u.a. 1976.

–, Verfassungspolitische Alternativen der Politikverflechtung, in: Fritz W. Scharpf / Bernd Reissert / Fritz Schnabel (Hrsg.), Politikverflechtung II, Kronberg/Ts. 1977, S.87–93.

Leibholz, Gerhard, Der Status des Bundesverfassungsgerichts. Material – Gutachten, Denkschriften und Stellungnahmen mit einer Einleitung, JöR NF 6 (1957), S.110–221.

Leibholz, Gerhard / Hesselberger, Dieter, Die Stellung des Bundesrates und das demokratische Parteiensystem in der Bundesrepublik Deutschland, in: Der Bundesrat als Verfassungsorgan und politische Kraft. Beiträge zum fünfundzwanzigjährigen Bestehen des Bundesrates der Bundesrepublik Deutschland, herausgeg. vom Bundesrat, Bad Honnef/Darmstadt 1974, S.99–113.

Leidig, Guido, Rechtsökoöogische Forschung und Chaostheorie – Möglichkeiten und Grenzen einer multidisziplinären Wissenschaft im Rahmen der Rechtstheorie, Zeitschrift für öffentliches Recht 52 (1997), S.127–146.

Leisner, Walter, Schwächung der Landesparlamente durch grundgesetzlichen Föderalismus. Vertikale gegen horizontale Gewaltenteilung, DÖV 1968, S.389–396.

–, Föderalismus als kooperativer Dialog. Vorschläge für eine Effizienzsteigerung der Bundesstaatlichkeit, ZRP 1969, S.14–16.

Leisner, Walter, Der Bund-Länder-Streit vor dem Bundesverfassungsgericht: Prozeßregelungen für einen vergangenen Föderalismus?, in: Bundesverfassungsgericht und Grundgesetz. Festgabe aus Anlaß des 25jährigen Bestehens des Bundesverfassungsgerichts, Bd.1, Tübingen 1976, S.260–291.

–, Staatseinung. Ordnungskraft föderaler Zusammenschlüsse, Berlin 1991.

Lemke, Helmut, Föderalismus, ein verfassungsrechtliches Relikt?, DÖV 1972, S. 657–660.

–, Kompetenzen der Länderparlamente und ihre Verteidigung, in: Politik als gelebte Verfassung. Festschrift für Friedrich Schäfer, Opladen 1980, S. 200–209.

Lenaerts, Koen, Education in European Community Law after „Maastricht", Common Market Law Review 31 (1994), S. 7–41.

Lenk, Thomas, Vergleich alternativer Ausgleichsmechanismen für den Länderfinanzausgleich, Zeitschrift für Wirtschafts- und Sozialwissenschaften (ZWS) 115 (1995), S. 231–273.

Lenz, Carl Otto, Die Planung in der Enquête-Kommission Verfassungsreform, ZParl 3 (1972), S. 174–175.

Lenz, Helmut, Die Landtage als staatsnotarielle Ratifikationsämter? Eine Bestandsaufnahme föderalistischer Praxis am Maßstab der Hessischen Verfassung, DÖV 1977, S. 157–164.

Leonardy, Uwe, Entscheidungszwänge zur Neugliederung des Bundesgebietes, ZParl 4 (1973), S. 175–182.

Lerche, Peter, Stil, Methode, Ansicht. Polemische Bemerkungen zum Methodenproblem, DVBl. 1961, S. 690–701.

–, Föderalismus als nationales und internationales Ordnungsprinzip, VVDStRL 21 (1964), S. 66–104.

–, Aktuelle föderalistische Verfassungsfragen, München 1968.

–, Finanzausgleich und Einheitlichkeit der Lebensverhältnisse, in: Festschrift für Friedrich Berber, München 1973, S. 299–319.

–, Zur Angreifbarkeit von Weisungen des Bundes im Rahmen der Bundesauftragsverwaltung, BayVBl. 1987, S. 321–324.

–, Zustimmungsgesetze, in: Bundesrat (Hrsg.), Vierzig Jahre Bundesrat, Baden-Baden 1989, S. 183–198.

–, Prinzipien des deutschen Föderalismus, in: Paul Kirchhof / Donald P. Kommers (Hrsg.), Deutschland und sein Grundgesetz.Themen einer deutsch-amerikanischen Konferenz, Baden-Baden 1993, S. 79–98.

–, „Kompetenz-Kompetenz" und das Maastricht-Urteil des Bundesverfassungsgerichts, in: Verfassungsrecht im Wandel. Zum 180jährigen Bestehen der Carl Heymanns Verlag KG, Köln u.a. 1995, S. 409–424.

Lewin, Roger, Die Komplexitätstheorie – Wissenschaft nach der Chaosforschung, Hamburg 1993 (Original erschienen als: Complexity: Life on the Edge of Chaos, New York 1992).

Lex, Hans Ritter von, Die Entwicklung des Verhältnisses von Bund und Ländern in der Bundesrepublik, in: Verfassung und Verwaltung in Theorie und Wirklichkeit. Festschrift für Wilhelm Laforet, München 1952, *S.* 51–58.

–, Die Grundlagen unserer föderativen Staatsordnung, in: Vom Bonner Grundgesetz zur gesamtdeutschen Verfassung. Festschrift für Hans Nawiasky, München 1956, S. 237–244.

–, Die Bereitschaftspolizeien der Länder, ihr Entstehen, ihre Bedeutung für die innere Sicherheit im Bundesgebiet, in: Festschrift für Hans Ehard, München 1957, S. 123–135.

Ley, Richard, Föderalismus-Diskussion innerhalb der CDU/CSU, Mainz 1978 (Konrad-Adenauer-Stiftung / Beiträge zu Wissenschaft und Politik, Bd. 17)

Lichtenberg, Peter / Burckhardt, Jürgen / Elchlepp, Dietrich, Gemeinschaftsaufgabe Hochschulbau, Bad Honnef 1971.

Lichtenstern, Elisabeth, Die Gesetzgebung im Spannungsverhältnis zwischen Bund und Ländern, Frankfurt a.M. 1979 (Schriften zum Staats- und Völkerrecht Bd. 12).

Liebrecht, Heinz, Der kooperative Föderalismus, DVBl. 1967, S. 72–75.

–, Zur Rechtfertigung des Föderalismus heute und zu den Grenzen zulässiger Länderkooperation, DVBl. 1969, S. 97–103.

Liesegang, Helmuth C.F., Die Beteiligung der Parlamente bei der Aufstellung von Plänen durch die Exekutive, ZParl 3 (1972), S. 162–173.

Liesegang, Helmuth C.F. / Plöger, Rainer, Schwächung der Parlamente durch den kooperativen Föderalismus?, DÖV 1971, S. 228–236.

Limberger, Gerhard, Die Kompetenzen des Bundesrates und ihre Inanspruchnahme. Eine empirische Untersuchung, Berlin 1982 (Schriften zum Öffentlichen Recht Bd. 435).

Linck, Joachim, Zur Einflußnahme der Landesparlamente auf die Landesregierungen in Bundesratsangelegenheiten, DVBl. 1974, S. 861–866.

Lindemann, Helmut, Das antiquierte Grundgesetz. Plädoyer für eine zeitgemäße Verfassung, Hamburg 1966.

Littmann, Konrad, Über einige Untiefen der Finanzverfassung, Staatswissenschaften und Staatspraxis 2 (1991), S. 31–45.

Loebel, Hans-Christoph, Neuere Rechtsprechung zum Schulrecht, RdJB 42 (1994), S. 506–524.

Loebenstein, Edwin, Der Föderalismus – Ein Instrument im Dienste der Demokratie und des Rechtsstaates, in: Dimensionen des Rechts. Gedächtnisschrift für René Marcic, Bd. 2, Berlin 1974, S. 827–872.

Loeser, Roman, Theorie und Praxis der Mischverwaltung, Berlin 1976 (Schriften zum Öffentlichen Recht Bd. 295).

–, Die bundesstaatliche Verwaltungsorganisation in der Bundesrepublik Deutschland. Verwaltungsverflechtungen zwischen Bund und Ländern, Baden-Baden 1981.

–, System des Verwaltungsrechts, Bd. I: Allgemeine Lehren, Methoden und Techniken, Bd. II: Verwaltungsorganisation, Baden-Baden 1994.

Loewenstein, Karl, Verfassungsrecht und Verfassungsrealität. Beiträge zur Ontologie der Verfassungen, AöR 77 (1951/52), S. 387–435.

–, Verfassungslehre, Tübingen 1959.

Löwer, Wolfgang, Zuständigkeiten und Verfahren des Bundesverfassungsgerichts, in: Josef Isensee / Paul Kirchhof (Hrsg.), Handbuch des Staatsrechts der Bundesrepublik Deutschland, Bd. II, Heidelberg 1987, S. 737–848.

Lücke, Jörg, Zur Finanzierungskompetenz des Bundes nach Art. 104 a GG, DÖV 1977, S. 495–500.

–, Bundesfreundliches und bürgerfreundliches Verhalten. Zur bürgerbezogenen Ergänzungsbedürftigkeit des Grundsatzes des bundesfreundlichen Verhaltens, Der Staat 17 (1978), S. 341–367.

–, Das Gebot der Rücksichtnahme in der länderüberschreitenden Raumordnung, VerwArch 70 (1979), S. 293–308.

Lüthje, Jürgen, Staatsvertrag über die Vergabe von Studienplätzen verfassungswidrig?, ZRP 1973, S. 141–145.

Luhmann, Niklas, Soziale Systeme. Grundriß einer allgemeinen Theorie, Frankfurt/M. 1984.

–, Die Wirtschaft der Gesellschaft, 2. Aufl. Frankfurt/M. 1989.

–, Politische Steuerung. Ein Diskussionsbeitrag, Politische Vierteljahresschrift 30 (1989), S. 4–9.

Lundmark, Thomas, Die Bedeutung der Gliedstaaten im amerikanischen Verfassungssystem, DÖV 1992, S. 417–425.

Lutz, Peter F., Wege zur Neugliederung des Bundesgebietes nach dem Scheitern der Länderfusion Berlin-Brandenburg, Staatswissenschaften und Staatspraxis 7 (1996), S. 137–161.

Mäding, Erhard, Entwicklung der öffentlichen Aufgaben, in: Kurt G.A. Jeserich / Hans Pohl / Georg-Christoph von Unruh (Hrsg.), Deutsche Verwaltungsgeschichte, Bd. 4: Das Reich als Republik und in der Zeit des Nationalsozialismus, Stuttgart 1985, S. 92–110.

März, Wolfgang, Bundesrecht bricht Landesrecht. Eine staatsrechtliche Untersuchung zu Artikel 31 des Grundgesetzes, Berlin 1989 (Tübinger Schriften zum Staats- und Verwaltungsrecht Bd. 1).

Magiera, Siegfried, Föderalismus und Subsidiarität als Rechtsprinzipien der Europäischen Union, in: Heinrich Schneider / Wolfgang Wessels (Hrsg.), Föderale Union – Europas Zukunft?, München 1994, S. 71–98.

Magiera, Siegfried / Merten, Detlef (Hrsg.), Bundesländer und Europäische Gemeinschaft. Vorträge und Diskussionsbeiträge der Verwaltungswissenschaftlichen Arbeitstagung 1987 des Forschungsinstituts für öffentliche Verwaltung bei der Hochschule für Verwaltungswissenschaften Speyer, Berlin 1988 (Schriftenreihe der Hochschule Speyer Bd. 103.

Maihofer, Werner, Kulturelle Aufgaben des modernen Staates, in: Ernst Benda / Werner Maihofer / Hans-Jochen Vogel (Hrsg.), Handbuch des Verfassungsrechts der Bundesrepublik Deutschland, Berlin / New York 1983, S. 953–997.

Majer, Diemut, Verfassungsgerichtsbarkeit und Bund-Länder-Konflikte. Ein Beitrag zu den Empfehlungen der Enquête-Kommission Verfassungsreform zur Erweiterung der Kompetenzen des Bundesverfassungsgerichts, Berlin 1981 (Schriften zum Öffentlichen Recht Bd. 398).

Malanczuk, Peter, European Affairs and the „Länder" (States) of the Federal Republic of Germany, Common Market Law Review 22 (1985), S. 237–272.

Mangoldt, Hans von, Vom heutigen Standort der Bundesaufsicht, Berlin 1966.

Mangoldt, Hermann von, Das Bonner Grundgesetz. Kommentar, Berlin und Frankfurt a.M. 1953.

Mangoldt, Hermann von / Klein, Friedrich, Das Bonner Grundgesetz. Kommentar, 2. Auflage Berlin und Frankfurt/M. 1957.

Mangoldt, Hans von / Klein, Friedrich / Pestalozza, Christian, Das Bonner Grundgesetz. Kommentar, Bd. 8: Art. 70 bis Art. 75 – Die Gesetzgebungskompetenzen, 3. Aufl. München 1996.

Mann, Bernhard / Nüske, Gerd Friedrich, Die Verwaltung in den einzelnen Staaten: Württemberg, in: Kurt G.A. Jeserich / Hans Pohl / Georg-Christoph von Unruh (Hrsg.), Deutsche Verwaltungsgeschichte, Bd. 2: Vom Reichsdeputationshauptschluß bis zur Auflösung des Deutschen Bundes, Stuttgart 1983, S. 551–583.

Markull, Wilhelm, Kommentar zum Gesetz über den Finanzausgleich zwischen Reich, Ländern und Gemeinden (Finanzausgleichsgesetz, früher Landessteuergesetz) in der Fassung vom 23. Juni 1923, Berlin 1923 (Die Deutschen Finanz- und Steuergesetze in Einzelkommentaren Bd. 6).

Marnitz, Siegfried, Die Gemeinschaftsaufgaben des Art. 91 a GG als Versuch einer verfassungsrechtlichen Institutionalisierung der bundesstaatlichen Kooperation. Eine verfassungsrechtliche und verfassungspolitische Untersuchung, Berlin 1974 (Schriften zum Öffentlichen Recht Bd. 240).

Martin, Albrecht, Möglichkeiten, dem Bedeutungsverlust der Landesparlamente entgegenzuwirken, ZParl 15 (1984), S. 278–290.

Martitz, Friedrich von, Das Staatsrecht des deutschen Reichs von P. Laband. Eine Kritik, ZStW 32 (1876), S. 555–573.

Maturana, Humberto M. / Varela, Francisco J., Der Baum der Erkenntnis, Bern 1987.

Mauersberg, Jasper, Ideen und Konzeption Hugo Preuß' für die Verfassung der deutschen Republik 1919 und ihre Durchsetzung im Verfassungswerk von Weimar (Europäische Hochschulschriften Reihe II Rechtswissenschaften Bd. 1145, Frankfurt/M. 1991).

Maunz, Theodor, Ungeschriebene Bundeszuständigkeit, DÖV 1950, S. 643–646.

–, Deutsches Staatsrecht, München und Berlin 1951.

–, Die Finanzverfassung im Rahmen der Staatsverfassung, VVDStRL 14 (1956), S. 37–63.

–, Volksbefragung und Bundesstaat, BayVBl. 1958, S. 305.

–, Grundgesetz und Volksbefragungsgesetze, DÖV 1959, S. 1–5.

–, Die Kulturhoheit der deutschen Länder, in: Adolf Süsterhenn (Hrsg.), Föderalistische Ordnung, Koblenz 1961, S. 83–94.

–, Pflicht der Länder zur Unabhängigkeit?, NJW 1962, S. 1641–1645.

–, Die Verfassungsmäßigkeit der Finanzreform, NJW 1968, S. 2033–2035.

–, Die Abgrenzung des Kulturbereichs zwischen dem Bund und den Ländern, in: Festschrift für Gebhard Müller, Tübingen 1970, S. 257–274.

–, Gemeinschaftsaufgaben im Bildungsbereich, in: Um Recht und Freiheit. Festschrift für Friedrich August Freiherr von der Heydte, Berlin 1977, S. 1053–1065.

–, Verfassungsrechtliche Folgerungen aus dem Investitionshilfeurteil, BayVBl. 1985, S. 161–165.

–, Das konkurrierende Bundesgesetz, in: Der Bundesfinanzhof und seine Rechtsprechung: Grundfragen – Grundlagen. Festschrift für Hugo von Wallis zum 75.Geburtstag, Bonn 1985, S. 511–519.

–, Verfügung des Bundes über Hoheitsrechte eines Landes, in: Recht und Rechtsbesinnung. Gedächtnisschrift für Günther Küchenhoff, Berlin 1987, S. 291–299.
–, Staatlichkeit und Verfassungshoheit der Länder, in: J. Isensee / P. Kirchhof (Hrsg.), Handbuch des Staatsrechts der Bundesrepublik Deutschland, Bd. IV (1990), S. 427–441.
–, Verfassungshomogenität von Bund und Ländern, in: Josef Isensee / Paul Kirchhof (Hrsg.), Handbuch des Staatsrechts der Bundesrepublik Deutschland, Bd. IV, Heidelberg 1990, S. 443–456.
–, Der Verfassungsstaat als Glied einer europäischen Gemeinschaft, BayVBl. 1990, S. 545–549.
–, Länder und Gemeinden im Finanzausgleich, BayVBl. 1993, S. 449–452.
Maunz, Theodor / Dürig, Günter, Kommentar zum Grundgesetz, München 1958ff.
Maunz, Theodor / Zippelius, Reinhold, Deutsches Staatsrecht, 28. Aufl. München 1991.
Maurer, Hartmut, Allgemeines Verwaltungsrecht, 10. Aufl. München 1995.
Mayer, Hans, Die Krisis der deutschen Staatslehre und die Staatsauffassung Rudolf Smends, Diss. Köln 1931.
–, Verfassungsbruch oder Verfassungsschutz? Staatsrechtliche Bemerkungen zum Konflikt Reich-Preußen, Die Justiz 7 (1931/32), S. 545–564.
Mayer, Otto, Republikanischer und monarchischer Bundesstaat, AöR 18 (1903), S. 337–372.
Mayntz, Renate, Föderalismus und die Gesellschaft der Gegenwart, AöR 115 (1990), S. 232–247.
Mayntz, Renate / Scharpf, Fritz W. (Hrsg.), Gesellschaftliche Selbstregelung und politische Steuerung, Frankfurt a.M. 1995.
Medicus, Franz Albrecht, Reichsreform und Länderkonferenz. Die Beratungen und Beschlüsse der Länderkonferenz und ihrer Ausschüsse, Berlin 1930.
Mehde, Veit, Gesetzgebungskompetenz des Bundes zur Aufteilung der Verschuldungsgrenzen des Vertrags von Maastricht?, DÖV 1997, S. 616–624.
Meibom, Hanspeter von, Die Mitwirkung der Länder im Bereich der auswärtigen Gewalt, NJW 1968, S. 1607–1610.
Meinck, Jürgen, Weimarer Staatslehre und Nationalsozialismus. Eine Studie zum Problem der Kontinuität im staatsrechtlichen Denken in Deutschland 1928 bis 1936, Frankfurt / New York 1978.
Meißner, Otto, Das Staatsrecht des Reichs und seiner Länder, 2. Aufl. Berlin 1923.
Mejer, Otto, Einleitung in das Deutsche Staatsrecht, 2. Aufl. Freiburg / Brsg. und Tübingen 1884.
Memminger, Gerhard, Die Zusammenarbeit von Bund und Ländern bei der Wahrnehmung von EG-Aufgaben – Erfahrungen und Reformbestrebungen, in: Siegfried Magiera / Detlef Merten (Hrsg.), Bundesländer und Europäische Gemeinschaft, Berlin 1988, S. 61–71.
–, Bedeutung des Verfassungsrechtsstreits zur EG-Rundfunkrichtlinie, DÖV 1989, S. 846–850.
Menges, Franz, Reichsreform und Finanzpolitik. Die Aushöhlung der Eigenstaatlichkeit Bayerns auf finanzpolitischem Wege in der Zeit der Weimarer Republik, Berlin 1971 (Beiträge zu einer historischen Strukturanalyse Bayerns im Industriezeitalter Bd. 7).
Menzel, Walter, Die verfassungspolitischen Entscheidungen im Grundgesetz, Deutsche Verwaltung 1949, S. 312–315.
Merten, Detlef, Landesgesetzgebungspflichten kraft Bundesrahmenrechts?, in: Festschrift zum 125jährigen Bestehen der Juristischen Gesellschaft zu Berlin, Berlin/New York 1984, 431–456.
–, Grundgesetz und Verfassungen der neuen deutschen Länder, in: Willi Blümel / Siegfried Magiera / Detlef Merten / Karl-Peter Sommermann, Verfassungsprobleme im vereinten Deutschland, Speyer 1993 (Speyerer Forschungsberichte 117), S. 47–62.
Merten, Detlef (Hrsg.), Föderalismus und Europäische Gemeinschaften unter besonderer Berücksichtigung von Umwelt und Gesundheit, Kultur und Bildung, Berlin 1990
Mestmäcker, Ernst-Joachim, Organisationen in spontanen Ordnungen, Freiburg/Brsg. 1992 (Friedrich A. von Hayek-Vorlesung 1991).
Meyer, Albert, Der bundesstaatliche Finanzausgleich vor dem Bundesverfassungsgericht, BayVBl. 1986, S. 321–326.
Meyer, Georg, Staatsrechtliche Erörterungen über die Deutsche Reichsverfassung, Leipzig 1872.
Meyer, Georg / Anschütz, Gerhard, Lehrbuch des Deutschen Staatsrechts, 7. Aufl. München und Leipzig 1919.

Meyer, Hans, Das Finanzreformgesetz. Probleme einer Verfassungsänderung, DÖV 1969, S.261–269.
–, Das ramponierte Grundgesetz, KritV 76 (1993), S.399–428.
Meyer-Teschendorf, Klaus G., Territoriale Neugliederung nicht nur durch Bundesgesetz, sondern durch Staatsvertrag – Empfehlungen der Gemeinsamen Verfassungskommission zu Art.29 und 118 a GG, DÖV 1993, S.889–895.
–, Die Vorschläge der Gemeinsamen Verfassungskommission zur Reform des Gesetzgebungsverfahrens, DÖV 1994, S.766–777.
Meyers, Franz, Die föderalistische Struktur der Bundesrepublik Deutschland, in: Adolf Süsterhenn (Hrsg.), Föderalistische Ordnung, Koblenz 1961, S.43–61.
Milbradt, Georg, Finanzausstattung der neuen Bundesländer und gesamtstaatlicher Finanzausgleich im Dienste der Einheit, Staatswissenschaften und Staatspraxis 2 (1991), S.304–315.
–, Finanzielle Rahmenbedingungen in den neuen Bundesländern, in: Klaus Stern (Hrsg.), Vier Jahre Deutsche Einheit, München 1995, S.151–181.
Milgrom, Paul / Roberts, John, Economics, Organization, and Management, Englewood Cliffs, NJ 1992.
Mintzel, Alf, Geschichte der CSU. Ein Überblick, Opladen 1977.
Mode, Richard, Doppelsouveränität im deutschen Reiche, Berlin 1900.
Moe, Terry / Caldwell, Michael, The Institutional Foundations of Democratic Government: A Comparison of Presidential and Parliamentary Systems, Journal of Institutional and Theoretical Economics 150 (1994), S.171–195.
Möller, Alex, Steuerpolitik vor großen Aufgaben. Um die Neuordnung unserer Finanzverfassung, „Vorwärts" vom 29.11. 1961.
–, Steuerhoheit und Finanzkraft der öffentlichen Hand seit 1949, in: Finanzwissenschaft und Finanzpolitik. Erwin Schoettle von Freunden und Kollegen gewidmet, Tübingen 1964, S.137–159.
Mößle, Wilhelm, Die Verfassungsautonomie der Mitgliedstaaten des Deutschen Bundes nach der Wiener Schlußakte, Der Staat 33 (1994), S.373–394.
Mohl, Robert von, Encyklopädie der Staatswissenschaften, 2. Aufl. Freiburg i. Brsg. und Tübingen 1872.
–, Das deutsche Reichsstaatsrecht. Rechtliche und politische Erörterungen, Tübingen 1873.
Mols, Manfred, Allgemeine Staatslehre oder politische Theorie? Interpretationen zu ihrem Verhältnis am Beispiel der Integrationslehre Rudolf Smends, Berlin 1969 (Ordo Politicus Bd.10).
–, Integrationslehre und politische Theorie, AöR 94 (1969), S.513–553.
–, Integration, in: Staatslexikon, herausgeg. von der Görres-Gesellschaft, Bd.3, 7. Aufl. Freiburg/Brsg. 1987, Sp.111–118.
Moraw, Peter, Organisation und Funktion von Verwaltung im ausgehenden Mittelalter (ca. 1350–1500), in: Kurt G.A. Jeserich / Hans Pohl / Georg-Christoph von Unruh (Hrsg.), Deutsche Verwaltungsgeschichte, Bd.1: Vom Spätmittelalter bis zum Ende des Reiches, Stuttgart 1983, S.21–65.
–, Von offener Verfassung zu gestalteter Verdichtung. Das Reich im späten Mittelalter 1250–1490, Frankfurt a.M. / Berlin 1985; Studienausgabe Frankfurt a.M. / Berlin 1989.
Morawitz, Rudolf, Die Zusammenarbeit von Bund und Ländern bei Vorhaben der Europäischen Gemeinschaften, Berlin 1973.
–, Die Zusammenarbeit von Bund und Ländern bei der Wahrnehmung von EG-Aufgaben – Erfahrungen und Reformbestrebungen, in: Siegfried Magiera / Detlef Merten (Hrsg.), Bundesländer und Europäische Gemeinschaft, Berlin 1988, S.45–60.
Morsey, Rudolf, Die Entstehung des Bundesrates im Parlamentarischen Rat, in: Der Bundesrat als Verfassungsorgan und politische Kraft. Beiträge zum fünfundzwanzigjährigen Bestehen des Bundesrates der Bundesrepublik Deutschland, herausgeg. vom Bundesrat, Bad Honnef/ Darmstadt 1974, S.63–77.
–, Die öffentlichen Aufgaben und die Gliederung der Kompetenzen zwischen Norddeutschem

Bund, Reich und Bundesstaaten, in: Kurt G.A. Jeserich / Hans Pohl / Georg-Christoph von Unruh (Hrsg.), Deutsche Verwaltungsgeschichte, Bd. 3: Das Deutsche Reich bis zum Ende der Monarchie, Stuttgart 1984, S. 128–137.

–, Die Erfüllung von Aufgaben des Norddeutschen Bundes und des Reiches durch Behörden des Bundes und des Reiches, in: Kurt G.A. Jeserich / Hans Pohl / Georg-Christoph von Unruh (Hrsg.), Deutsche Verwaltungsgeschichte, Bd. 3: Das Deutsche Reich bis zum Ende der Monarchie, Stuttgart 1984, S. 138–186.

–, Die Zeit des Nationalsozialismus 1933–1945: Die verfassungspolitische Entwicklung, in: Kurt G.A. Jeserich / Hans Pohl / Georg-Christoph von Unruh (Hrsg.), Deutsche Verwaltungsgeschichte, Bd. 4: Das Reich als Republik und in der Zeit des Nationalsozialismus, Stuttgart 1985, S. 696–706.

Morsey, Rudolf, Verfassungsschöpfung unter Besatzungsherrschaft: Die Entstehung des Grundgesetzes im Parlamentarischen Rat, DÖV 1989, S. 471–482.

Müller, Edda, Der Stand der Neugliederungsdiskussion, DÖV 1974, S. 1–2.

Müller, Friedrich, Normstruktur und Normativität, Berlin 1966.

–, Juristische Methodik und politisches System. Elemente einer Verfassungstheorie II, Berlin 1976.

–, Juristische Methodik, 2.Aufl. Berlin 1976; 6.Aufl. Berlin 1995.

Müller, Gebhard, Bundestreue im Bundesstaat, in: Führung und Bildung in der heutigen Welt. Festschrift für Kurt Georg Kiesinger, Stuttgart 1964, S. 213–234.

Müller, Lothar / Zeitler, Franz-Christoph, Zuständigkeiten bei der Verwaltung der Finanzen durch den Bund und die Länder, Deutsche Steuer Zeitung 1975, S. 467–474.

Müller, Martha Dagmar, Auswirkungen der Grundgesetzrevision von 1994 auf die Verteilung der Gesetzgebungskompetenzen zwischen Bund und Ländern, Münster 1996.

Müller-Brandeck-Bocquet, Gisela, Perspektiven des deutschen Föderalismus nach der Verfassungsreform, Der Staat 29 (1996), S. 143–157.

Müller-Overheu, Thilo, Der bundesstaatliche Finanzausgleich im Rahmen der deutschen Einheit, Frankfurt/M. u.a. 1994 (Europäische Hochschulschriften, Reihe V: Volks- und Betriebswirtschaft, Bd. 1480).

Müller-Volbehr, Jörg, Fonds- und Investitionshilfekompetenz des Bundes, München 1975 (Münchener Universitätsschriften / Reihe der Juristischen Fakultät, Bd. 32).

–, Gemeinschaftsaufgaben und Investitionshilfe. Vorschläge der Enquête-Kommission Verfassungsreform des Bundestages zur Neuregelung, DVBl. 1978, S. 313–318.

Münch, Ingo von, Gemeinschaftsaufgaben im Bundesstaat, VVDStRL 31 (1973), S. 51–86.

–, Zuständigkeiten im Bereich der Gesetzgebung, in: Probleme des Föderalismus. Deutsch-Jugoslawisches Symposium Belgrad 1984, Tübingen 1985, S. 143–156.

–, Grundgesetz-Kommentar, 3 Bde., 2.Aufl. München 1981/1983; Bd. 2: 3.Aufl. München 1995; Bd. 1: 4.Aufl. München 1992.

Murswiek, Dietrich, Die verfassunggebende Gewalt nach dem Grundgesetz für die Bundesrepublik Deutschland, Berlin 1978 (Schriften zum Öffentlichen Recht Bd. 343).

Mußgnug, Reinhard, Die zweckgebundene öffentliche Abgabe, in: Festschrift für Ernst Forsthoff zum 70. Geburtstag, München 1972, S. 259–301.

–, Die rechtlichen und pragmatischen Beziehungen zwischen Regierung, Parlament und Verwaltung, in: Kurt G.A. Jeserich / Hans Pohl / Georg-Christoph von Unruh (Hrsg.), Deutsche Verwaltungsgeschichte, Bd. 3: Das Deutsche Reich bis zum Ende der Monarchie, Stuttgart 1984, S. 109–127.

–, Die Ausführung der Reichsgesetze durch die Länder und die Reichsaufsicht, in: Kurt G.A. Jeserich / Hans Pohl / Georg-Christoph von Unruh (Hrsg.), Deutsche Verwaltungsgeschichte, Bd. 3: Das Deutsche Reich bis zum Ende der Monarchie, Stuttgart 1984, S. 186–206.

–, Die Ausführung der Reichsgesetze durch die Länder und die Reichsaufsicht, in: Kurt G.A. Jeserich / Hans Pohl / Georg-Christoph von Unruh (Hrsg.), Deutsche Verwaltungsgeschichte, Bd. 4: Das Reich als Republik und in der Zeit des Nationalsozialismus, Stuttgart 1985, S. 330–348.

–, Der horizontale Finanzausgleich auf dem Prüfstand des Bundesverfassungsgerichts – BVerfG, NJW 1986, 2629, JuS 1986, S. 872–879.
–, Zustandekommen des Grundgesetzes und Entstehen der Bundesrepublik Deutschland, in: Josef Isensee / Paul Kirchhof (Hrsg.), Handbuch des Staatsrechts der Bundesrepublik Deutschland, Bd.I, Heidelberg 1987, S. 219–257.
–, (Red.), Wendemarken in der deutschen Verfassungsgeschichte. Tagung der Vereinigung für Verfassungsgeschichte in Hofgeismar vom 11.3. – 13.3. 1991, Berlin 1993 (Beiheft 6 zu ‚Der Staat').
Mutius, Albert von, Grundrechtsschutz contra Verwaltungseffizienz im Verwaltungsverfahren, NJW 1982, S. 2150–2160.
Mutius, Albert von / Sperlich, Klaus, Prüfungen auf dem Prüfstand – Die Beschlüsse des Bundesverfassungsgerichts vom 17.4. 1991 zur gerichtlichen Kontrolle von Prüfungsentscheidungen, DÖV 1993, S. 45–53.
Nass, Klaus Otto, Staaten oder Regionen? Die Bundesländer in der Europäischen Gemeinschaft – Anmerkungen zu einer nicht endenden Diskussion, in: Eine Ordnungspolitik für Europa. Festschrift für Hans von der Groeben, Baden-Baden 1987, S. 285–302.
Nawiasky, Hans, Die Bestimmungen der Reichsverfassung über die Gebietsgewalt der Länder, Hirth's Annalen 1919, S. 1–25.
–, Der Bundesstaat als Rechtsbegriff, Tübingen 1920.
–, Die Grundgedanken der Reichsverfassung, München und Leipzig 1920.
–, Der föderative Gedanke in und nach der Reichsverfassung, in: Politische Zeitfragen 3 (1921), S. 137–160.
Nawiasky, Hans, Weg und Ziele einer föderalistischen Ausgestaltung der Reichsverfassung, Deutsche Juristen-Zeitung 28 (1923), Sp. 706–710.
–, Die Auslegung des Art. 48 Abs. 2 RV, AöR NF 9 (1925), S. 1–55.
–, Grundprobleme der Reichsverfassung, Erster Teil: Das Reich als Bundesstaat, Berlin 1928.
–, Zum Leipziger Urteil. Staatsrechtliche und staatspolitische Betrachtungen, BayVBl. 80 (1932), S. 338–345.
–, Die Grundgedanken des Grundgesetzes für die Bundesrepublik Deutschland, Stuttgart und Köln 1950.
–, Allgemeine Staatslehre, Dritter Teil: Staatsrechtslehre, Einsiedeln u.a. 1956.
–, Die volle Bedeutung des bundesverfassungsgerichtlichen Fernsehurteils in föderalistischer Sicht, Zeitschrift für Politik NF 8 (1961), S. 135–138.
Nell-Breuning, Oswald von, Subsidiaritätsprinzip, in: Staatslexikon, herausgeg. von der Görres-Gesellschaft, 6. Aufl. Freiburg/Brsg. 1962, Bd. 7, Sp. 826–833.
Neßler, Volker, Die „neue Ländermitwirkung" nach Maastricht, EuR 1994, S. 216–229.
Neumark, Fritz, Bemerkungen zu einigen ökonomischen Aspekten der grundgesetzlichen Vorschriften über die Einheitlichkeit der Lebensverhältnisse in der Bundesrepublik Deutschland, in: Wilhelmine Dreißig (Hrsg.), Probleme des Finanzausgleichs, Berlin 1978, S. 165–175.
Neunreither, Karlheinz, Der Bundesrat zwischen Politik und Verwaltung, Heidelberg 1959.
Niclauß, Karlheinz, Demokratiegründung in Westdeutschland. Die Entstehung der Bundesrepublik 1945–1949, München 1974.
Niehues, Norbert, Stärke gerichtlicher Kontrolle von Prüfungsentscheidungen, NJW 1991, S. 3001–3006.
Nierhaus, Michael, Strukturprobleme des gesamtdeutschen Bundesstaates, in: Germania restituta. Wissenschaftliches Symposion anläßlich des 60. Geburtstags von Klaus Stern, Köln u.a. 1993, S. 35–45.
Nipperdey, Thomas, Deutsche Geschichte 1800–1866, München 1983.
–, Der Föderalismus in der deutschen Geschichte, in: T. Nipperdey, Nachdenken über die deutsche Geschichte, München 1986, S. 60–109.
Nipperdey, Thomas, Deutsche Geschichte 1866–1918, Bd.II: Machtstaat vor der Demokratie, München 1992.
Nörr, Knut Wolfgang / Oppermann, Thomas (Hrsg.), Subsidiarität: Idee und Wirklichkeit. Zur Reichweite eines Prinzips in Deutschland und Europa, Tübingen 1997.

North, Douglass C., Institutions, Institutional Change, and Economic Performance, Cambridge 1990.
–, Institutions and Credible Commitment, Journal of Institutional and Theoretical Economics 149 (1993), S. 11–23.
Nowoczyn, Oliver, Bildungspolitische Kompetenzen der europäischen Gemeinschaft nach Maastricht, Frankfurt/M. u.a. 1996 (Europäische Hochschulschriften / Reihe II: Rechtswissenschaft, Bd. 1939).
Nuscheler, Franz / Steffani, Winfried (Hrsg.), Pluralismus. Konzeptionen und Kontroversen, München 1972.
Obermayer, Klaus, Die Beurteilungsfreiheit der Verwaltung, BayVBl. 1975, S. 257–263.
Oestreich, Gerhard, Verfassungsgeschichte vom Ende des Mittelalters bis zum Ende des alten Reiches (Gebhardt, Handbuch der deutschen Geschichte Bd. 11) (Taschenbuchausgabe 1974).
Oeter, Stefan, Erprobung der konstitutionellen politischen Ökonomie an Einzelfragen – Föderalismus, in: Cristoph Engel / Martin Morlok (Hrsg.), Das Öffentliche Recht als ein Gegenstand ökonomischer Forschung, Tübingen 1997, S. 119–155.
Oetting, Ulf, Bundestag und Bundesrat im Willensbildungsprozeß der Europäischen Gemeinschaften, Berlin 1973.
Olson, Mancur, Die Logik des kollektiven Handelns, 2. Aufl. Tübingen 1985 (Original erschienen als: The Logic of Collective Action. Public Goods and the Theory of Groups, Cambridge 1965).
Oppermann, Thomas, Kulturverwaltungsrecht. Bildung – Wissenschaft – Kunst, Tübingen 1969.
–, Gemeinsame Bildungs- und Forschungsfinanzierung durch Bund und Länder nach Art. 91 b und Art. 104 a Grundgesetz, DÖV 1972, S. 591–598.
–, Nach welchen rechtlichen Grundsätzen sind das öffentliche Schulwesen und die Stellung der an ihm Beteiligten zu ordnen?, Gutachten C für den 51. Deutschen Juristentag, Verhandlungen des Einundfünfzigsten Deutschen Juristentages, Stuttgart 1976, Bd. I Teil C, München 1976.
–, Europäisches Gemeinschaftsrecht und deutsche Bildungsordnung, 1987.
–, Gemeinschaftsaufgabe Hochschulbau. Neue Perspektiven nach zwei Jahrzehnten, in: Das akzeptierte Grundgesetz. Festschrift für Günter Dürig zum 70. Geburtstag, München 1990, S. 411–429.
–, Subsidiarität im Sinne des deutschen Grundgesetzes, in: Knut Wolfgang Nörr / Thomas Oppermann (Hrsg.), Subsidiarität: Idee und Wirklichkeit, Tübingen 1997, S. 215–226.
Ordelheide, Dieter u.a. (Hrsg.), Betriebswirtschaftslehre und ökonomische Theorie, Stuttgart 1991.
Orlopp, Gerd L., Auftragsverwaltung im Steuerrecht. Der Streit über das Weisungsrecht des Bundesministers der Finanzen und seine pragmatische Beilegung, in: Steuerrecht – Verfassungsrecht – Finanzpolitik. Festschrift für Franz Klein, Köln 1994, S. 597–610.
Oschatz, Georg-Berndt / Risse, Horst, Europäische Integration und deutscher Föderalismus, Europa-Archiv 43 (1988), S. 9–16.
–, Bundesrat und Europäische Gemeinschaften – Neue Verfahrensregeln der Bundesrats-Geschäftsordnung für EG-Vorlagen, DÖV 1989, S. 509–519.
–, Die Bundesregierung an der Kette der Länder? – Zur europapolitischen Mitwirkung des Bundesrates, DÖV 1995, S. 437–452.
Ossenbühl, Fritz, Verwaltungsvorschriften und Grundgesetz, Bad Homburg v.d.H. u.a. 1968.
–, Tendenzen und Gefahren der neueren Ermessenslehre, DÖV 1968, S. 618–627.
–, Renaissance der administrativen Beurteilungsermächtigung, DÖV 1972, S. 401–405.
–, Die Zustimmung des Bundesrates beim Erlaß von Bundesrecht, AöR 99 (1974), S. 370–436.
–, Zustimmung und Verantwortung des Bundesrates beim Erlaß von Bundesgesetzen, in: Festschrift für Hermann Jahrreiß zum 80. Geburtstag, Köln u.a. 1974, S. 161–180.
–, Vom unbestimmten Gesetzesbegriff zur letztverbindlichen Verwaltungsentscheidung, DVBl. 1974, S. 309–313.
–, Die Interpretation der Grundrechte in der Rechtsprechung des Bundesverfassungsgerichts, NJW 1976, S. 2100–2107.

–, Anmerkung zum Urteil des BVerfG v. 19.10. 1982 (Staatshaftungsgesetz), DÖV 1982, S. 987–989.
–, Verfassungsrechtliche Grundfragen des Länderfinanzausgleichs gem. Art. 107 II GG, Baden-Baden 1984 (Studien und Materialien zur Verfassungsgerichtsbarkeit Bd. 24).
–, Zur Justitiabilität der Finanzverfassung, in: Einigkeit und Recht und Freiheit. Festschrift für Karl Carstens, Bd. 2, Köln u.a. 1984, S. 743–755.
–, Rundfunk zwischen nationalem Verfassungsrecht und Europäischem Gemeinschaftsrecht, 1986.
–, Föderalismus nach 40 Jahren Grundgesetz, DVBl. 1989, S. 1230–1237.
–, Weisungen des Bundes in der Bundesauftragsverwaltung, Der Staat 28 (1989), S. 31–48.
–, Föderalismus und Regionalismus in Europa. Landesbericht Bundesrepublik Deutschland, in: ders. (Hrsg.), Föderalismus und Regionalismus in Europa, Baden-Baden 1990, S. 117–165.
–, Verfassungsrechtliche Aspekte des atomrechtlichen Planfeststellungsverfahrens, in: Bürger – Richter – Staat. Festschrift für Horst Sendler, München 1991, S. 107–119.
–, Gedanken zur Kontrolldichte in der verwaltungsgerichtlichen Rechtsprechung, in: Rechtsstaat zwischen Sozialgestaltung und Rechtsschutz. Festschrift für Konrad Redeker zum 70. Geburtstag, München 1993, S. 55–70.
–, Rechtsquellen und Rechtsbindungen der Verwaltung, in: Hans-Uwe Erichsen (Hrsg.), Allgemeines Verwaltungsrecht, 10.Aufl. Berlin u.a. 1995, S. 113–203.
Ott, Hugo, Die Verwaltung in den einzelnen Staaten: Baden, in: Kurt G.A. Jeserich / Hans Pohl / Georg-Christoph von Unruh (Hrsg.), Deutsche Verwaltungsgeschichte, Bd. 2: Vom Reichsdeputationshauptschluß bis zur Auflösung des Deutschen Bundes, Stuttgart 1983, S. 583–608.
Otto, Volker, Das Staatsverständnis des Parlamentarischen Rates. Ein Beitrag zur Entstehungsgeschichte des Grundgesetzes für die Bundesrepublik Deutschland, Bonn 1971 (Beiträge zur Geschichte des Parlamentarismus und der politischen Parteien, Bd. 42).
Pagenkopf, Hans, Die Finanz- und Steuerpolitik in der 5. Legislaturperiode des Deutschen Bundestages, DÖV 1970, S. 299–308.
–, Harmonisierungsgebote und Nivellierungsverbote im bundesstaatlichen Finanzausgleich, DÖV 1979, S. 613–622.
–, Der Finanzausgleich im Bundesstaat: Theorie und Praxis, Stuttgart u.a. 1981
Papier, Hans-Jürgen, Die Stellung der Verwaltungsgerichtsbarkeit im demokratischen Rechtsstaat, Berlin / New York 1979 (Schriftenreihe der Juristischen Gesellschaft zu Berlin H.58).
–, Zur verwaltungsgerichtlichen Kontrolldichte, DÖV 1986, S. 621–628.
–, Verwaltungsverantwortung und gerichtliche Kontrolle, in: Verwaltung im Rechtsstaat. Festschrift für Carl Hermann Ule, Köln u.a. 1987, S. 235–255.
Der Parlamentarische Rat 1948–1949. Akten und Protokolle, herausgeg. für den Deutschen Bundestag von Kurt Georg Wernicke, für das Bundesarchiv von Hans Booms, Bd. 1: Vorgeschichte, bearb. von Johannes Volker Wagner, Boppard 1975; Bd. 2: Der Verfassungskonvent auf Herrenchiemsee, bearb. von Peter Bucher, Boppard 1981; Bd. 3: Ausschuß für Zuständigkeitsabgrenzung, bearb. von Wolfram Werner, Boppard 1986; Bd. 4: Ausschuß für das Besatzungsstatut, bearb. von Wolfram Werner, Boppard 1989; Bde.5/I und 5/II: Ausschuß für Grundsatzfragen, bearb. von Eberhard Pikart und Wolfram Werner, Boppard 1993; Bd. 6: Ausschuß für Wahlrechtsfragen, bearb. von Harald Rosenbach, Boppard 1994.
Patzig, Werner, Der „allgemeine Lastenverteilungsgrundsatz" des Art. 106 Abs. 4 Nr. 1 des Grundgesetzes. Prolegomena zu einer Reform der Finanzverfassung der Bundesrepublik, AöR 86 (1961), S. 245–319.
–, Der kooperative Föderalismus. Bemerkungen zum Sachverständigengutachten über die Finanzreform, DVBl. 1966, S. 389–396.
–, Gegenwartsfragen des Finanzverfassungsrechts. Zugleich ein Beitrag zu einem neuen Verständnis des Bundesstaates, AöR 92 (1967), S. 297–357.
–, Soll und Haben der Finanzreform, DVBl. 1969, S. 429–436.
–, Konjunktursteuerung im Bundesstaat. 10 Jahre Erfahrungen mit dem Stabilitäts- und Wachstumsgesetz, DVBl. 1977, S. 841–848.

–, Länderfinanzausgleich und Bundesergänzungszuweisungen aus der Sicht des Bundesverfassungsgerichts, DÖV 1986, S. 1037–1043.

–, Zwischen Solidität und Solidarität – Die bundesstaatliche Finanzverfassung in der „Übergangszeit", DÖV 1991, S. 578–586.

Paul, Michael, Die Mitwirkung der Bundesländer an der Rechtsetzung der Europäischen Gemeinschaften de lege lata und de lege ferenda, Frankfurt/M. u.a. 1996 (Europäische Hochschulschriften / Reihe II: Rechtswissenschaft, Bd. 1963).

Pauly, Walter, Anfechtbarkeit und Verbindlichkeit von Weisungen in der Bundesauftragsverwaltung, Berlin 1989 (Schriften zum Öffentlichen Recht Bd. 568).

–, Weisungsabwehr in der Bundesauftragsverwaltung, DÖV 1989, S. 884–890.

–, Der Methodenwandel im deutschen Spätkonstitutionalismus, Tübingen 1993 (Jus publicum, Bd. 7).

–, Souveräner Staat und Staatenverbindungen, in: Georg Jellinek, Die Lehre von den Staatenverbindungen, herausgeg. und eingeleitet von W. Pauly, Goldbach 1996 (Bibliothek des Öffentlichen Rechts Bd. 3), S. VII-XLV.

Pechstein, Matthias, Subsidiarität der EG-Medienpolitik?, in: Heinrich Siedentopf (Hrsg.), Europäische Integration und nationalstaatliche Verwaltung, Stuttgart 1991, S. 121–134.

Peffekoven, Rolf, Zur Neuordnung des Finanzausgleichs, FinanzArchiv NF 45 (1987), S. 181–228.

–, Deutsche Einheit und Finanzausgleich, Staatswissenschaften und Staatspraxis 1 (1990), S. 485–511.

–, Reform des Finanzausgleichs – eine vertane Chance, FinanzArchiv NF 51 (1994), S. 281–311.

Peffekoven, Rolf / Kirchhoff, Ulrike, Deutscher und europäischer Finanzausgleich im Lichte des Subsidiaritätsprinzips, in: Knut Wolfgang Nörr / Thomas Oppermann (Hrsg.), Subsidiarität: Idee und Wirklichkeit, Tübingen 1997, S. 10–130

Peine, Franz-Josef, Anmerkung zum Urteil des BVerfG vom 19. 10. 1982, JZ 1983, S. 142–143.

Pernice, Ingolf, Europäische Union: Gefahr oder Chance für den Föderalismus in Deutschland, Österreich und der Schweiz?, DVBl. 1993, S. 909–924.

Pernthaler, Peter, Allgemeine Staatslehre und Verfassungslehre, 1. Aufl. Wien / New York 1986, 2. Aufl. Wien und New York 1996.

Pestalozza, Christian, Die Bedeutung gliedstaatlichen Verfassungsrechts in der Gegenwart, NVwZ 1987, S. 744–751.

–, Artikel 70 bis Artikel 75: Die Gesetzgebungskompetenzen, Bd. 8 von: Hermann von Mangoldt / Friedrich Klein (Hrsg.), Das Bonner Grundgesetz. Kommentar, 3. Aufl. 1996.

Peters, Hans, Deutscher Föderalismus, Köln 1947.

–, Die Stellung des Bundes in der Kulturverwaltung nach dem Bonner Grundgesetz, in: Um Recht und Gerechtigkeit. Festschrift für Erich Kaufmann, 1950, S. 281–298.

–, Die Gewaltentrennung in moderner Sicht, Köln / Opladen 1954 (Arbeitsgemeinschaft für Forschung des Landes Nordrhein-Westfalen / Geisteswissenschaften, H.25).

–, Geschichtliche Entwicklung und Grundfragen der Verfassung, Berlin / Heidelberg u.a. 1969.

Pfeiffer, Gerd, Selbstkoordinierung und Gemeinschaftseinrichtungen der Länder, NJW 1962, S. 565–567.

Pfetsch, Frank R., Verfassungspolitik der Nachkriegszeit. Theorie und Praxis des bundesdeutschen Konstitutionalismus, Darmstadt 1985 (Erträge der Forschung Bd. 238).

Pfitzer, Albert, Organisation und Arbeit des Bundesrates, in: Bundesrat (Hrsg.), Zehn Jahre Bundesrat, Bonn 1959, S. 137–147.

Picot, Arnold, Subsidiaritätsprinzip und ökonomische Theorie der Organisation, in: Dienstprinzip und Erwerbsprinzip. Festschrift für Karl Oettle, Baden-Baden 1991, S. 102–116.

–, Ökonomische Theorie der Organisation – Ein Überblick über neuere Ansätze und deren betriebswirtschaftliches Anwendungspotential, in: Dieter Ordelheide / Bernd Rudolph / Elke Büsselmann (Hrsg.), Betriebswirtschaftslehre und ökonomische Theorie, Stuttgart 1991, S. 143–170.

Picot, Arnold / Wolff, Brigitta, Institutional Economics of Public Firms and Administrations:

Some Guidelines for Efficiency-Oriented Design, Journal of Institutional and Theoretical Economics 150 (1994), S. 211–232.

Picot, Arnold / Ripperger, Tanja / Wolff, Brigitta, The Fading Boundaries of the Firm: The Role of Information and Communication Technology, Journal of Institutional and Theoretical Economics 152 (1996), S. 65–79.

Pieper, Stefan Ulrich, Subsidiarität. Ein Beitrag zur Begrenzung der Gemeinschaftskompetenzen, Köln u.a. 1994.

Pieroth, Bodo, Amerikanischer Verfassungsexport nach Deutschland, NJW 1989, S. 1333–1337.

Pies, Ingo, Normative Institutionenökonomik. Zur Rationalisierung des politischen Liberalismus, Tübingen 1993 (Die Einheit der Gesellschaftswissenschaften Bd. 78).

Pietzcker, Jost, Zusammenarbeit der Gliedstaaten im Bundesstaat. Landesbericht Bundesrepublik Deutschland, in: Christian Starck (Hrsg.), Zusammenarbeit der Gliedstaaten im Bundesstaat,Baden-Baden 1988, S. 17–76.

–, Zuständigkeitsordnung und Kollisionsrecht im Bundesstaat, in: Josef Isensee / Paul Kirchhof (Hrsg.), Handbuch des Staatsrechts der Bundesrepublik Deutschland, Bd.IV, Heidelberg 1990, S. 693–721.

Pinkwart, Andreas, Chaos und Unternehmenskrise, Wiesbaden 1992 (Beiträge zur betriebswirtschaftlichen Forschung Bd. 69).

Pistorius, Theodor von, Das neue Reichsfinanzrecht, JöR Bd.X (1921), S. 1–26.

Poetzsch-Heffter, Fritz, Vom Staatsleben unter der Weimarer Verfassung (vom 1. Januar 1920 bis 31. Dezember 1924), JöR 13 (1925), S. 1–248.

–, Handkommentar der Reichsverfassung vom 11. August 1919, 3.Aufl. Berlin 1928.

–, Vom Staatsleben unter der Weimarer Verfassung II. Teil (vom 1. Januar 1925 bis 31. Dezember 1928), JöR 17 (1929), S. 1–141.

Poetzsch-Heffter, Fritz / Ule, Carl-Hermann / Dernedde, Karl / Brennert, Joachim, Vom Staatsleben unter der Weimarer Verfassung III.(letzter) Teil (vom 1. Januar 1929 bis 31. Januar 1933), JöR 21 (1933/34), S. 1–204.

Pollmann, Klaus Erich, Parlamentarismus im Norddeutschen Bund 1867–1870, Düsseldorf 1985.

Popitz, Johannes, Die Wandlungen in den Aufgaben und im Zuständigkeitsverhältnis von Reich und Ländern auf Grund der Weimarer Verfassung, in: Recht und Staat im Neuen Deutschland, herausgeg. v. B. Harms, Bd.I, Berlin 1929, S. 176–206.

–, Die staatsrechtlichen Grundlagen des öffentlichen Finanzwesens, unter besonderer Berücksichtigung des Finanzausgleichs zwischen Reich und Ländern, in: Recht und Staat im Neuen Deutschland, herausgeg. von B. Harms, Bd.I, Berlin 1929, S. 176–206.

–, Der Finanzausgleich und seine Bedeutung für die Finanzlage des Reichs, der Länder und Gemeinden, Berlin 1930 (Veröffentlichungen des Reichsverbandes der Deutschen Industrie).

Posner, Richard A., The New Institutional Economics Meets Law And Economics, Journal of Institutional and Theoretical Economics 149 (1993), S. 73–87.

Posser, Diether, Der Bundesrat und seine Bedeutung, in: Ernst Benda / Werner Maihofer / Hans-Jochen Vogel (Hrsg.), Handbuch des Verfassungsrechts der Bundesrepublik Deutschland, Berlin / New York 1983, S. 899–952.

–, Der Vermittlungsausschuß, in: Bundesrat (Hrsg.), Vierzig Jahre Bundesrat, Baden-Baden 1989, S. 203–211.

Preuß, Hugo, Gemeinde, Staat, Reich als Gebietskörperschaften. Versuch einer deutschen Staatskonstruktion auf Grundlage der Genossenschaftstheorie, Berlin 1889 (Nachdruck Aalen 1964).

–, Das deutsche Volk und die Politik, Jena 1916.

–, Großdeutsch, Kleindeutsch und die Idee des nationalen Staates, in: H. Preuß, Obrigkeitsstaat und großdeutscher Gedanke. Zwei Vorträge, Jena 1916, S. 27–57.

–, Die Wandlungen des deutschen Kaisergedankens, Berlin 1917.

–, Deutschlands Republikanische Reichsverfassung, 2. Aufl. Berlin 1923.

Prigogine, Ilya, Vom Sein zum Werden. Zeit und Komplexität in den Naturwissenschaften, 5. Aufl. München 1988.

–, Die Gesetze des Chaos, Frankfurt/New York 1995 (Edition Pandora Bd. 29 / Europäische Vorlesungen VI).
Prigogine, Ilya / Stengers, Isabelle, Dialog mit der Natur. Neue Wege naturwissenschaftlichen Denkens, München 1986.
Probleme des Föderalismus. Referate auf dem Symposium „Föderalismus in der SFR Jugoslawien und in der Bundesrepublik Deutschland – ein Vergleich" vom 19.-21. März 1984, Tübingen 1985.
Prokisch, Rainer, Die Justiziabilität der Finanzverfassung, Baden-Baden 1993 (Studien und Materialien zur Verfassungsgerichtsbarkeit Bd. 56).
Pruns, Herbert, Gemeinschaftsaufgabe „Verbesserung der Agrarstruktur und des Küstenschutzes" (GemAgrG). Erfahrungen und Probleme der Rahmenplanung, DÖV 1973, S. 217–227.
–, Finanzierungszuständigkeiten des Bundes im Aufgabenbereich des Bundesministers für Ernährung, Landwirtschaft und Forsten (BML). Eine kritische Darstellung, DÖV 1976, S. 217–227.
Püttner, Günter, Die Länderneugliederung als Problem der politischen Machtverteilung im Gesamtstaat, DÖV 1971, S. 540–541.
–, Handlungsspielräume der Verwaltung und Kontrolldichte gerichtlichen Rechtsschutzes, in: Volkmar Götz / Hans Hugo Klein / Christian Starck (Hrsg.), Die öffentliche Verwaltung zwischen Gesetzgebung und richterlicher Kontrolle. Göttinger Symposion, München 1985, S. 131–145.
–, Vierzig Jahre Grundgesetz – vierzig Jahre Föderalismus, in: 40 Jahre Bundesrepublik Deutschland – 40 Jahre Rechtsentwicklung. Ringvorlesung der Juristischen Fakultät der Universität Tübingen 1989, hrsg. von Knut Wolfgang Nörr, Tübingen 1990, S. 71–79.
Quaritsch, Helmut, Der unerfüllte Verfassungsauftrag, in: Neugliederung der Länder, Loccumer Protokolle 3/1968, S. 7–22.
Randelzhofer, Albrecht, Völkerrechtliche Aspekte des Heiligen Römischen Reiches nach 1648, Berlin 1967.
–, Staatsgewalt und Souveränität, in: Josef Isensee / Paul Kirchhof (Hrsg.), Handbuch des Staatsrechts der Bundesrepublik Deutschland, Bd. I, Heidelberg 1987, S. 691–708.
Rauscher, Anton / Hollerbach, Alexander, Subsidiaritätsprinzip, in: Staatslexikon, herausgeg. von der Görres-Gesellschaft, Bd. 5, 7. Aufl. Freiburg/Brsg. 1989, Sp. 386–390.
Recktenwald, Horst Claus, Finanzföderalismus. Eine empirische Analyse im internationalen Vergleich, Die Verwaltung 16 (1983), S. 1–15.
Redeker, Konrad, Fragen der Kontrolldichte verwaltungsgerichtlicher Rechtsprechung, DÖV 1971, S. 757–762.
–, Verfassungsrechtliche Vorgaben zur Kontrolldichte verwaltungsgerichtlicher Rechtsprechung, NVwZ 1992, S. 305–309.
Redeker, Konrad / Oertzen, Hans-Joachim von, Verwaltungsgerichtsordnung. Kommentar, 11. Aufl. Stuttgart u.a. 1994.
Reh, Werner, Möglichkeiten und Grenzen der Beteiligung der Bundesländer an der Gestaltung der europäischen Politik – Eine Untersuchung der Einflußnahme Nordrhein-Westfalens am Beispiel der Kohle- und Regionalpolitik der EG, in: Heinrich Siedentopf (Hrsg.), Europäische Integration und nationalstaatliche Verwaltung, Stuttgart 1991, S. 85–108.
Rehm, Hermann, Allgemeine Staatslehre, Freiburg i. Brsg. 1899.
Reissert, Bernd, Die finanzielle Beteiligung des Bundes an Aufgaben der Länder und das Postulat der „Einheitlichkeit der Lebensverhältnisse im Bundesgebiet", Bonn 1975.
Remmele, Adam, Vorschläge für die Reichs- und Länder-Reform, Karlsruhe 1929.
Remmers, Thomas, Europäische Gemeinschaften und Kompetenzverluste der deutschen Länder, Frankfurt/M. u.a. 1992 (Europäische Hochschulschriften, Reihe II: Rechtswissenschaften, Bd. 1286).
Rengeling, Werner, Gesetzgebungszuständigkeit, in: Josef Isensee / Paul Kirchhof (Hrsg.), Handbuch des Staatsrechts der Bundesrepublik Deutschland, Bd. IV Heidelberg 1990, S. 723–856.

Rennert, Klaus, Die „geisteswissenschaftliche Richtung" in der Staatsrechtslehre der Weimarer Republik, Berlin 1987 (Schriften zum Öffentlichen Recht Bd. 518).

–, Der deutsche Föderalismus in der gegenwärtigen Debatte um eine Verfassungsreform, Der Staat 32 (1993), S. 269–286.

Renzsch, Wolfgang, Deutsche Länder und europäische Integration. Kompetenzverluste und neue Handlungschancen in einem „Europa der Regionen", Aus Politik und Zeitgeschichte B 28/1990, S. 28–39.

–, Alfred Kubels Vorschläge zur Neuordnung des bundesstaatlichen Finanzausgleichs, in: Idee und Pragmatik in der politischen Entscheidung. Alfred Kubel zum 75. Geburtstag, Bonn 1984, S. 167–177.

–, Finanzverfassung und Finanzausgleich: Die Auseinandersetzungen um ihre politische Gestaltung in der Bundesrepublik Deutschland zwischen Währungsreform und deutscher Vereinigung (1948 bis 1990), Bonn 1991.

–, Einheitlichkeit der Lebensverhältnisse oder Wettbewerb der Regionen? Sechs Thesen zur Konkurrenz grundlegender Prinzipien im Bundesstaat, Staatswissenschaft und Staatspraxis 8 (1997), S. 87–108.

Reschke, Hans, Die Neugliederung des Bundesgebietes, DVBl. 1973, S. 728–732.

Ress, Georg, Die Europäischen Gemeinschaften und der deutsche Föderalismus, EuGRZ 1986, S. 549–558.

–, Das deutsche Zustimmungsgesetz zur Einheitlichen Europäischen Akte – Ein Schritt zur „Föderalisierung" der Europapolitik, EuGRZ 1987, S. 361–367.

–, Die neue Kulturkompetenz der EG, DÖV 1992, S. 944–955.

Reuß, Hermann, Der unbestimmte Rechtsbegriff, DVBl. 1953, S. 649–655.

Reuter, Konrad, Praxishandbuch Bundesrat. Verfassungsrechtliche Grundlagen, Kommentar zur Geschäftsordnung / Praxis des Bundesrates, Heidelberg 1991.

Rhinow, René A., Rechtsetzung und Methodik. Rechtstheoretische Untersuchungen zum gegenseitigen Verhältnis von Rechtsetzung und Rechtsanwendung, Basel 1979 (Basler Studien zur Rechtswissenschaft H. 122).

–, Verwaltungsgerichtsbarkeit im Wandel, in: Staatsorganisation und Staatsfunktionen im Wandel. Festschrift für Kurt Eichenberger zum 60. Geburtstag, Basel 1982, S. 657–672.

Richter, Ingo, Bildungsverfassungsrecht. Studien zum Verfassungswandel im Bildungswesen, Stuttgart 1973.

–, Alternativen zur Kompetenzverschiebung im Bildungsföderalismus, DÖV 1979, S. 185–193.

Richter, Rudolf (Hrsg.), Views and Comments on Bounded Rationality as Applied to Modern Institutional Economics, Journal of Institutional and Theoretical Economics 146 (1990), S. 648–748.

Richter, Rudolf / Furubotn, Eirik G., Neue Institutionenökonomik, Tübingen 1996.

Ricker, Reinhard, Der Rundfunkstaatsvertrag – Grundlage einer dualen Rundfunkordnung in der Bundesrepublik Deutschland, NJW 1988, S. 453–457.

Ridder, Helmut K. J., Finanzausgleich und Grundgesetz. Bemerkungen zum Urteil des Bundesverfassungsgerichts vom 20. Febr. 1952, AöR 78 (1952/53), S. 237–242.

Riegel, Reinhard, Überlegungen zum Problem der EG-Richtlinien und nationalen Rahmenkompetenz, EuR 1976, S. 79–90.

–, Gliedstaatskompetenzen im Bundesstaat und Europäisches Gemeinschaftsrecht, DVBl. 1979, S. 245–251.

Rietdorf, Fritz, Die Gemeinschaftsaufgaben – ein Schritt zur gemeinsamen Aufgabenplanung von Bund und Ländern?, DÖV 1972, S. 513–519.

–, Die Neuordnung des Bundesgebiets – eine Existenzfrage des föderativen Systems, DÖV 1974, S. 2–6.

Rill, Heinz Peter, Gliedstaatsverträge, 1972.

Rinck, Hans-Justus, Zur Abgrenzung und Auslegung der Gesetzgebungskompetenzen von Bund und Ländern, in: Festschrift für Gebhard Müller, Tübingen 1970, S. 289–300.

Ringelmann, Richard, In welchem Rahmen wird sich die künftige Bundesgesetzgebung abspielen?, in: Bundesrecht und Bundesgesetzgebung. Bericht über die Weinheimer Tagung des Instituts zur Förderung öffentlicher Angelegenheiten in Frankfurt am Main am 22. und 23. Oktober 1949, Frankfurt/M. 1950, S. 13–28.

Rixecker, Roland, Grenzüberschreitender Föderalismus – eine Vision der deutschen Verfassungsreform zu Art. 24 Abs. 1 des Grundgesetzes, in: Kurt Bohr (Hrsg.), Föderalismus. Demokratische Struktur für Deutschland und Europa, München 1992, S. 201–220.

Röhl, Hans Christian, Staatliche Verantwortung in Kooperationsstrukturen. Organisationsrechtsfragen am Beispiel des Wissenschaftsrates und der Deutschen Forschungsgemeinschaft, Die Verwaltung 29 (1996), S. 487–510.

Roellecke, Gerd, Prinzipien der Verfassungsinterpretation in der Rechtsprechung des Bundesverfassungsgerichtes, in: Bundesverfassungsgericht und Grundgesetz. Festgabe aus Anlaß des 25jährigen Bestehens des Bundesverfassungsgerichts, Bd. 2, Tübingen 1976, S. 22–49.

–, Staatsrechtslehre und politische Situation der Bundesrepublik im Spiegel der Schriften von Konrad Hesse und Günter Dürig, Der Staat 26 (1987), S. 95–102.

Roellenbleg, Rainer R., Zwischengliedstaatliche Verträge und Institutionen. Zugleich einige Bemerkungen zu den Urteilen des Bundesverwaltungsgerichts vom 5. 11. 1965 und vom 28. 1. 1966, DÖV 1968, S. 225–235.

Röper, Erich, Aspekte der Neugliederung des Bundesgebiets, Der Staat 14 (1975), S. 304–346.

–, Änderungen von Art. 29 GG – verfassungswidriges Verfassungsrecht?, DVBl. 1975, S. 810–813.

Röpke, Wilhelm, Föderalismus – national und international, Neue Zürcher Zeitung vom 24. 5. 1949,

Rohatyn, Sigmund, Die verfassungsrechtliche Integrationslehre, Zeitschrift für öffentliches Recht 9 (1930), S. 261–284.

Rohn, Stephan / Sannwald, Rüdiger, Die Ergebnisse der Gemeinsamen Verfassungskommission, ZRP 1994, S. 65–73.

Rohwer-Kahlmann, Harry, Verfassungsrechtliche Schranken der Zustimmungsgesetze (Art. 84 Abs. 1 GG), AöR 79 (1953/54), S. 208–226.

Ronellenfitsch, Michael, Die Mischverwaltung im Bundesstaat, Erster Teil: Der Einwand der Mischverwaltung. Studien über die Verwaltungsformen in der Verfassungsentwicklung 1866–1975, Berlin 1975 (Schriften zum Öffentlichen Recht Bd. 277).

Rothstein, Siegmar, Die Londoner Sechsmächtekonferenz 1948 und ihre Bedeutung für die Gründung der Bundesrepublik Deutschland, Jur. Diss. Freiburg/Brsg. 1968.

Rottmann, Frank, Die „wesensmäßige und historische Zugehörigkeit" und der Gesichtspunkt der „Rechtseinheit" als Elemente zur Konkretisierung von Kompetenznormen. Zum Beschluß des Bundesverfassungsgerichts vom 28. 11. 1973, DVBl. 1974, S. 407–410.

Rottmann, Joachim, Deutschland nach dreißig Jahren Grundgesetz. Zur Jahrestagung 1979 der Vereinigung der deutschen Staatsrechtslehrer, DVBl. 1981, S. 439–442.

Rudolf, Walter, Zum System der staatlichen Rechtsordnungen in der Bundesrepublik Deutschland, DÖV 1966, S. 73–77.

–, Völkerrecht und deutsches Recht. Theoretische und dogmatische Untersuchungen über die Anwendung völkerrechtlicher Normen in der Bundesrepublik Deutschland, Tübingen 1967 (Tübinger Rechtswissenschaftliche Abhandlungen Bd. 19).

–, Bund und Länder im aktuellen deutschen Verfassungsrecht, Bad Homburg v.d.H. / Berlin / Zürich 1968.

–, Föderalismus und Neugliederung, DÖV 1971, S. 28–31.

–, Die Bundesstaatlichkeit in der Rechtsprechung des Bundesverfassungsgerichts, in: Bundesverfassungsgericht und Grundgesetz. Festgabe aus Anlaß des 25jährigen Bestehens des Bundesverfassungsgerichts, Bd. 2, Tübingen 1976, S. 233–251.

–, Bundesländer und Europäisches Gemeinschaftsrecht, in: Staatsrecht – Völkerrecht – Europarecht. Festschrift für Hans-Jürgen Schlochauer, Berlin / New York 1981, S. 117–136.

–, Mitwirkung der Landtage bei völkerrechtlichen Verträgen und bei der EG-Rechtsetzung, in: Einigkeit und Recht und Freiheit. Festschrift für Karl Carstens zum 70. Geburtstag, Köln u.a. 1984, Bd. 2, S. 757–772.

–, Wende im Bundesstaat?, in: Freiheit und Verantwortung im Verfassungsstaat. Festgabe zum 10jährigen Jubiläum der Gesellschaft für Rechtspolitik, München 1984, S. 343–356.
–, Aktuelle Probleme und Entwicklungstendenzen des Föderalismus in der Bundesrepublik Deutschland, in: Probleme des Föderalismus. Deutsch-Jugoslawisches Symposium Belgrad 1984, Tübingen 1985, S. 227–244.
–, Kooperation im Bundesstaat, in: Josef Isensee / Paul Kirchhof (Hrsg.), Handbuch des Staatsrechts der Bundesrepublik Deutschland, Bd.IV, Heidelberg 1990, § 105, S. 1091–1132.
Rumpler, Helmut (Hrsg.), Deutscher Bund und deutsche Frage 1815–1866 (Wiener Beiträge zur Geschichte der Neuzeit Bd. 16/17) Wien/München 1990.
Rupp, Hans G., Zum Problem der Bundestreue im Bundesstaat, in: Festgabe für Carlo Schmid, Tübingen 1962, S. 141–152.
Rupp, Hans Heinrich, Grundfragen der heutigen Verwaltungsrechtslehre, Tübingen 1965 (Tübinger rechtswissenschaftliche Abhandlungen Bd. 15).
–, Art. 3 GG als Maßstab verfassungsgerichtlicher Gesetzeskontrolle, in: Bundesverfassungsgericht und Grundgesetz. Festgabe aus Anlaß des 25jährigen Bestehens des Bundesverfassungsgerichts, Bd. 2, Tübingen 1976, S. 364–389.
–, Vom Wandel der Grundrechte, AöR 101 (1976), S. 161–201.
–, Bemerkungen zur neueren Diskussion über den bundesdeutschen Föderalismus, in: Freiheit und Verantwortung im Verfassungsstaat. Festgabe zum 10jährigen Jubiläum der Gesellschaft für Rechtspolitik, München 1984, S. 377–383.
Rybak, Hubertus / Hofmann, Hans, Verteilung der Gesetzgebungsrechte zwischen Bund und Ländern nach der Reform des Grundgesetzes, NVwZ 1995, S. 230–235.
Rydon, Joan / Wolfsohn, H.A., Federalism in West Germany. The Functions and Relations of the Different Levels of Government, Canberra 1980 (Advisory Council for Inter-governmental Relations Information Paper No.8).
Sachs, Michael, Das Staatsvolk in den Ländern. Überlegungen zur Landesstaatsangehörigkeit und zur staatsbürgerlichen Gleichheit im Bundesstaat, AöR 108 (1983), S. 68–91.
–, Die Bedeutung gliedstaatlichen Verfassungsrechts in der Gegenwart, DVBl. 1987, S. 857–866.
Sachs, Michael (Hrsg.), Grundgesetz-Kommentar, München 1996.
Sachverständigenkommission für die Neugliederung des Bundesgebietes, Vorschläge zur Neugliederung des Bundesgebiets gemäß Art. 29 des Grundgesetzes, Bericht vorgelegt im November 1972, Bonn 1973.
Sachverständigenrat zur Begutachtung der gesamtwirtschaftlichen Entwicklung, Jahresgutachten 1991/92, Stuttgart 1991.
Sacksofsky, Ute, Landesverfassungen und Grundgesetz – am Beispiel der Verfassungen der neuen Bundesländer, NVwZ 1993, S. 235–240.
Sailer, Christian, Die Dauerkrise der Landesparlamente, BayVBl. 1978, S. 713–723.
Sander, Eberhard, Der „Wasserpfennig" – eine Abgabe mit oder ohne staatliche Gegenleistung, DVBl. 1990, S. 18–23.
Sandtner, Walter, Ein Jahr Enquête-Kommission Verfassungsreform, DVBl. 1972, S. 324–328.
–, Das föderative System und seine Fortentwicklung, BayVBl. 1973, S. 421–426.
–, Die Enquête-Kommission Verfassungsreform in der 6. Legislaturperiode des Deutschen Bundestages, DVBl. 1973, S. 774–779.
Sannwald, Rüdiger, Die Reform der Gesetzgebungskompetenzen nach den Beschlüssen der Gemeinsamen Verfassungskommission von Bundesrat und Bundestag, DÖV 1994, S. 629–637.
–, Die Reform des Grundgesetzes, NJW 1994, S. 3313–3320.
Sasse, Christoph, Bundesrat und europäische Gemeinschaft, in: Der Bundesrat als Verfassungsorgan und politische Kraft. Beiträge zum fünfundzwanzigjährigen Bestehen des Bundesrates der Bundesrepublik Deutschland, herausgeg. vom Bundesrat, Bad Honnef/Darmstadt 1974, S. 333–363.
Sauter, Alfred, Die Zustimmungsbedürftigkeit von Bundesgesetzen unter besonderer Berücksichtigung des Art. 84 Abs. 1 GG, in: Steuerrecht – Verfassungsrecht – Finanzpolitik. Festschrift für Franz Klein, Köln 1994, S. 561–575.

Schäfer, Friedrich, Die Zukunft des Föderalismus angesichts der Finanzreform – aus der Sicht des Bundes, in: Föderalismus in der Bundesrepublik Deutschland, Loccumer Protokolle 32/1967, S. 58–73.

Schäfer, Hans, Bundesaufsicht und Bundeszwang, AöR 78 (1952/53), S. 1–49.

–, Der Bundesrat, Köln/Berlin 1955.

–, Wie steht es um unsere bundesstaatliche Ordnung?, NJW 1961, S. 1281–1284.

–, Die bundesstaatliche Ordnung – ein immerwährendes Problem Weimars und eine noch offene Frage Bonns, DVBl. 1969, S. 420–429.

–, Ein Plädoyer für die baldige und vernünftige Neugliederung des Bundesgebietes. Zugleich eine Würdigung des Berichts der Sachverständigenkommission vom November 1972, DVBl. 1973, S. 732–739.

–, Der Vermittlungsausschuß, in: Der Bundesrat als Verfassungsorgan und politische Kraft. Beiträge zum fünfundzwanzigjährigen Bestehen des Bundesrates der Bundesrepublik Deutschland, herausgeg. vom Bundesrat, Bad Honnef/Darmstadt 1974, S. 277–297.

Scharpf, Fritz W., Planung als politischer Prozeß, Die Verwaltung 4 (1971), S. 1–30.

–, Planung als politischer Prozeß: Aufsätze zur Theorie der planenden Demokratie, Frankfurt a.M. 1973.

–, Politische Planung zwischen Anspruch und Realität, in: Politik als gelebte Verfassung. Festschrift für Friedrich Schäfer, Opladen 1980, S. 93–103.

–, Die Politikverflechtungsfalle: Europäische Integration und deutscher Föderalismus im Vergleich, Politische Vierteljahresschrift 26 (1985), S. 323–356.

–, Politische Steuerung und politische Institutionen, Politische Vierteljahresschrift 30 (1989), S. 10–21.

–, Der Bundesrat und die Kooperation auf der „dritten Ebene", in: Bundesrat (Hrsg.), Vierzig Jahre Bundesrat, Baden-Baden 1989, S. 121–162.

–, Föderalismus an der Wegscheide: eine Replik, in: Staatswissenschaften und Staatspraxis 1 (1990), S. 579–587.

–, Koordination durch Verhandlungssysteme: Analytische Konzepte und institutionelle Lösungen, in: Arthur Benz / Fritz W. Scharpf / Reinhard Zintl, Horizontale Politikverflechtung. Zur Theorie von Verhandlungssystemen, Frankfurt a.M. u.a. 1992, S. 51–96.

–, Entwicklungslinien des bundesdeutschen Föderalismus, in: Bernhard Blanke / Hellmut Wollmann (Hrsg.), Die alte Bundesrepublik – Kontinuität und Wandel (1992), S. 146–159.

–, Optionen des Föderalismus in Deutschland und Europa, Frankfurt/New York 1994.

Scharpf, Fritz W. / Reissert, Bernd / Schnabel, Fritz, Politikverflechtung: Theorie und Empirie des kooperativen Föderalismus in der Bundesrepublik, Kronberg/Ts. 1976.

–, Politikverflechtung II: Kritik und Berichte aus der Praxis, Kronberg/Ts. 1977.

Schaumann, Wilfried, Verträge zwischen Gliedstaaten im Bundesstaat, VVDStRL 19 (1961), S. 86–130.

Schede, Christian, Bundesrat und Europäische Union. Die Beteiligung des Bundesrates nach dem neuen Artikel 23 des Grundgesetzes, Frankfurt/M. u.a. 1994 (Schriften zum Staats- und Völkerrecht Bd. 56).

Scheibe, Erhard, Gibt es eine Annäherung der Naturwissenschaften an die Geisteswissenschaften?, in: Jan Assmann / Tonio Hölscher (Hrsg.), Kultur und Gedächtnis, Frankfurt/M. 1988, S. 65–83.

Schenk, Hans J., Ansätze zu einer Verwaltung des Deutschen Bundes, in: Kurt G.A. Jeserich / Hans Pohl / Georg-Christoph von Unruh (Hrsg.), Deutsche Verwaltungsgeschichte, Bd. 2: Vom Reichsdeputationshauptschluß bis zur Auflösung des Deutschen Bundes, Stuttgart 1983, S. 155–165.

Schenke, Wolf-Rüdiger, Die Verfassungsorgantreue, Berlin 1977 (Schriften zum Öffentlichen Recht Bd. 325).

–, Verfassung und Zeit, AöR 103 (1978), S. 566–602.

–, Die verfassungsrechtlichen Grenzen der Tätigkeit des Vermittlungsausschusses. Dargestellt am Beispiel des 2. Haushaltsstrukturgesetzes, Berlin 1984 (Schriften zum Öffentlichen Recht Bd. 466).

–, Verwaltungsprozeßrecht, 3. Aufl. Heidelberg 1995.

Scheuner, Ulrich, Die nationale Revolution. Eine staatsrechtliche Abhandlung, AöR NF 24 (1934), S. 166–220, 261–344.

–, Die Rechtsprechung des Bundesverfassungsgerichts und das Verfassungsrecht der Bundesrepublik Deutschland, DVBl. 1952, S. 613–618, 645–649.

–, Der Bereich der Regierung, in: Rechtsprobleme in Staat und Kirche. Festschrift für Rudolf Smend zum 70. Geburtstag, Göttingen 1952, S. 253–301.

–, Das Wesen des Staates und der Begriff des Politischen in der neueren Staatslehre, in: Staatsverfassung und Kirchenordnung, Festgabe für Rudolf Smend zum 80. Geburtstag, Tübingen 1962, S. 225–260.

–, Struktur und Aufgabe des Bundesstaates in der Gegenwart. Zur Lehre vom Bundesstaat, DÖV 1962, S. 641–648.

–, Artikel ‚Staat', in: Handwörterbuch der Sozialwissenschaften Bd. 12 (1965), 653–664; neu abgedruckt in: U. Scheuner, Staatstheorie und Staatsrecht. Gesammelte Schriften, Berlin 1978, S. 19–44.

–, Verfassungsrechtliche Probleme einer zentralen staatlichen Planung, in: Joseph H. Kaiser (Hrsg.), Planung I, Baden-Baden 1965, S. 67–89.

–, Wandlungen des Föderalismus der Bundesrepublik, DÖV 1966, S. 513–520.

–, 50 Jahre deutsche Staatsrechtswissenschaft im Spiegel der Verhandlungen der Vereinigung der Deutschen Staatsrechtslehrer, Teil I: Die Vereinigung der Deutschen Staatsrechtslehrer in der Zeit der Weimarer Republik, AöR 97 (1972), S. 349–374.

–, Eine zweckrationale Gestaltung der föderalen Ordnung. Zum Sachverständigenbericht zur Neugliederung des Bundesgebietes, DÖV 1974, S. 16–20.

–, Zur Entwicklung der politischen Planung in der Bundesrepublik Deutschland, in: Im Dienst an Recht und Staat. Festschrift für Werner Weber, Berlin 1974, S. 369–389.

Schieder, Theodor, Vom Norddeutschem Bund bis zum Ende der Monarchie. Grundzüge der politischen Entwicklung und geistige Grundlagen, in: Kurt G.A. Jeserich / Hans Pohl / Georg-Christoph von Unruh (Hrsg.), Deutsche Verwaltungsgeschichte, Bd. 3: Das Deutsche Reich bis zum Ende der Monarchie, Stuttgart 1984, S. 1–16.

–, Nationalismus und Nationalstaat. Studien zum nationalen Problem im modernen Europa. Herausgegeben von Otto Dann und Hans-Ulrich Wehler, 2. Aufl. Göttingen 1992.

Schiffer, Eugen, Zur Diktatur des Bundesrats, Deutsche Juristen-Zeitung XX (1915), Sp. 1158–1163.

Schiffers, Reinhard (Bearb.), Grundlegung der Verfassungsgerichtsbarkeit. Das Gesetz über das Bundesverfassungsgericht vom 12. März 1951, Düsseldorf 1984 (Quellen zur Geschichte des Parlamentarismus und der politischen Parteien, Reihe 4 Bd. 2).

Schindler, Peter, Mißbrauch des Bundesrates? Dokumentation einer aktuellen Auseinandersetzung, ZParl 5 (1974), S. 157–166.

Schlink, Bernhard, Bemerkungen zum Stand der Methodendiskussion in der Verfassungsrechtswissenschaft, Der Staat 19 (1980), S. 73–107.

–, Die Entthronung der Staatsrechtswissenschaft durch die Verfassungsgerichtsbarkeit, Der Staat 28 (1989), S. 161–172.

Schmalenbach, Kirsten, Der neue Europaartikel 23 des Grundgesetzes im Lichte der Arbeit der Gemeinsamen Verfassungskommission. Motive einer Verfassungsänderung, Berlin 1996 (Schriften zum Europäischen Recht Bd. 29).

Schmid, Carlo, Die politische und staatsrechtliche Ordnung der Bundesrepublik Deutschland, DÖV 1949, S. 201–207.

Schmidt, Georg, Der Westfälische Frieden – eine neue Ordnung für das Alte Reich?, in: R. Mussgnug (Red.), Wendemarken in der deutschen Verfassungsgeschichte. Tagung der Vereinigung für Verfassungsgeschichte in Hofgeismar vom 11.3. – 13.3. 1991, Berlin 1993, S. 45–72.

Schmidt, Gerold, Die neue Subsidiaritätsprinzipregelung des Art. 72 GG in der deutschen und europäischen Wirtschaftsverfassung, DÖV 1995, S. 657–668.

Schmidt, Hans-Jürgen, Zum Verhältnis von Bundesrat und Landesparlamenten. Modelle organisatorischer Reform, DÖV 1973, S. 469–476.

Schmidt, Kurt (Hrsg.), Beiträge zu ökonomischen Problemen des Föderalismus, Berlin 1987 (Schriften des Vereins für Sozialpolitik NF 166).
Schmidt, Walter, Der bundesstaatliche Aufbau der Bundesrepublik Deutschland, Diss. Frankfurt/M. 1961.
–, Das Verhältnis von Bund und Ländern im demokratischen Bundesstaat des Grundgesetzes, AöR 87 (1962), S. 253–296.
Schmidt-Aßmann, Eberhard, Verwaltungsverantwortung und Verwaltungsgerichtsbarkeit, VVDStRL 34 (1976), S. 221–274.
–, Das allgemeine Verwaltungsrecht als Ordnungsidee und System, Heidelberg 1982 (Schriftenreihe der Juristischen Studiengesellschaft Karlsruhe H.155).
–, Vorüberlegungen zu einem neuen Städtebaurecht, DVBl. 1984, S. 582–588.
–, Der Rechtsstaat, in: Josef Isensee / Paul Kirchhof (Hrsg.), Handbuch des Staatsrechts der Bundesrepublik Deutschland, Bd.I, Heidelberg 1987, S. 987–1043.
–, Deutsches und Europäisches Verwaltungsrecht – Wechselseitige Einwirkungen, DVBl. 1993, S. 924–936.
–, Einleitung, in: Friedrich Schoch / Eberhard Schmidt-Aßmann / Rainer Pietzner (Hrsg.), Verwaltungsgerichtsordnung. Kommentar, München 1996.
–, Verwaltungsorganisationsrecht als Steuerungsressource – Einleitende Problemskizze –, in: Eberhard Schmidt-Aßmann / Wolfgang Hoffmann-Riem (Hrsg.), Verwaltungsorganisationsrecht als Steuerungsressource, Baden-Baden 1997 (Schriften zur Reform des Verwaltungsrechts Bd. 4), S. 9–63.
Schmidt-Aßmann, Eberhard / Groß, Thomas, Zur verwaltungsgerichtlichen Kontrolldichte nach der Privatgrundschul-Entscheidung des BVerfG, NVwZ 1993, S. 617–625.
Schmidt-Bleibtreu, Bruno / Klein, Franz, Kommentar zum Grundgesetz der Bundesrepublik Deutschland, 7.Aufl. Neuwied 1990.
Schmidt-Eichstaedt, Gerd, Ermessen, Beurteilungsspielraum und eigenverantwortliches Handeln der Verwaltung, AöR 98 (1973), S. 173–195.
Schmidt-Meinecke, Stefan, Bundesländer und Europäische Gemeinschaft, 2.Aufl. Speyer 1988 (Speyerer Forschungsberichte H.59).
Schmidt-Salzer, Joachim, Der Beurteilungsspielraum der Verwaltungsbehörden: Zum Verhältnis zwischen Verwaltung und Verwaltungsgerichtsbarkeit, Berlin 1968.
Schmitt, Carl, Die Diktatur des Reichspräsidenten nach Art. 48 der Reichsverfassung, VVDStRL 1 (1924), S. 63–104.
–, Die Diktatur von den Anfängen des modernen Souveränitätsgedankens bis zum proletarischen Klassenkampf, 2. Aufl. München/Leipzig 1928.
–, Verfassungslehre, München und Leipzig 1928.
–, Der Hüter der Verfassung, AöR NF 16 (1929), S. 161–237.
–, Hugo Preuss: Sein Staatsbegriff und seine Stellung in der deutschen Staatslehre, Tübingen 1930.
–, Die Verfassungsmäßigkeit der Bestellung eines Reichskommissars für das Land Preußen, Deutsche Juristen-Zeitung XXXVII (1932), Sp. 953–958.
Schmitt, Rudolf W., Der Bundesrat – Keine Zweite Kammer? Bemerkungen zum Beschluß des Bundesverfassungsgerichts vom 25. Juni 1974, BayVBl. 1974, S. 685–688.
Schmitt Glaeser, Walter, Rechtspolitik unter dem Grundgesetz. Chancen – Versäumnisse – Forderungen, AöR 107 (1982), S. 337–386.
Schnapp, Friedrich E., Der Verwaltungsvorbehalt, VVDStRL 43 (1985), S. 172–201.
Schneider, Hans, Die Zustimmung des Bundesrates zu Gesetzen, DVBl. 1953, S. 257–261.
–, Staatsverträge und Verwaltungsabkommen zwischen deutschen Bundesländern, DÖV 1957, S. 644–651.
–, Verträge zwischen Gliedstaaten im Bundesstaat, VVDStRL 19 (1961), S. 1–85.
Schneider, Hans-Peter, Kooperation, Konkurrenz oder Konfrontation? Entwicklungstendenzen des Föderalismus in der Bundesrepublik, in: Arno Klönne u.a., Lebendige Verfassung – das Grundgesetz in Perspektive, Neuwied / Darmstadt 1981, S. 91–126.

–, Die bundesstaatliche Ordnung im vereinigten Deutschland, NJW 1991, S. 2448–2455.
–, Der Föderalismus im Prozeß der deutsch-deutschen Vereinigung, in: Tilman Evers (Hrsg.), Chancen des Föderalismus in Deutschland und Europa, Baden-Baden 1994, S. 79–93.
–, Das Grundgesetz – auf Grund gesetzt? Die Deutschen haben wenig Talent zur Verfassungsreform, NJW 1994, S. 558–561.
Schneider, Harald, Die Grenzen der Leistungsfähigkeit des bundesstaatlichen Finanzausgleichs, in: Verfassungsrecht und Völkerrecht. Gedächtnisschrift für Wilhelm Karl Geck, Köln u.a. 1989, S. 701–736.
Schneider, Michael, Einwirkungen der EG-Kommission auf die Zuständigkeiten der Länder, S. 233–248.
Schneider, Peter, Kooperative Elemente im Föderalismus, in: Föderalismus in der Bundesrepublik Deutschland, Loccumer Protokolle 32/1967, S. 40–49.
Schnorr, Gerhard, Die Stellung der Ländervertretungen im System der deutschen Verfassungen seit 1815, AöR 76 (1950/51), S. 259–289.
Schnoor, Herbert, Zur Lage der Länderverwaltung nach 30 Jahren Grundgesetz, DÖV 1979, S. 355–362.
Schoch, Friedrich, Die Reformbedürftigkeit des Art. 104 a GG, ZRP 1995, S. 387–391.
Schoch, Friedrich / Wieland, Joachim, Finanzierungsverantwortung für gesetzgeberisch veranlaßte kommunale Aufgaben, Baden-Baden 1995 (Kommunalrecht – Kommunalverwaltung Bd. 16).
Schockenhoff, Volker, Wirtschaftsverfassung und Grundgesetz. Die Auseinandersetzungen in den Verfassungsberatungen 1945–1949, Frankfurt a.M. / New York 1986.
Schodder, Thomas F. W., Föderative Gewaltenteilung in der Bundesrepublik Deutschland – Eine Untersuchung ihrer gegenwärtigen Wirkungen und Probleme, Frankfurt a.M. u.a. 1989 (Europäische Hochschulschriften Reihe II Bd. 787).
Schöck, Thomas, Innerstaatliche Kooperation beim Vollzug von Steuergesetzen in der Bundesrepublik Deutschland, Steuer und Wirtschaft 1977, S. 22–30.
Schönert-Röhlk, Frauke, Aufgaben des Zollvereins, in: Kurt G.A. Jeserich / Hans Pohl / Georg-Christoph von Unruh (Hrsg.), Deutsche Verwaltungsgeschichte, Bd. 2: Vom Reichsdeputationshauptschluß bis zur Auflösung des Deutschen Bundes, Stuttgart 1983, S. 286–300.
Scholl, Udo, Der Bundesrat in der deutschen Verfassungsentwicklung. Reichsverfassung von 1871 und Grundgesetz, Berlin 1982 (Schriften zum Öffentlichen Recht Bd. 407).
Scholl, Wolfgang, Die Produktion von Wissen zur Bewältigung komplexer organisatorischer Situationen, in: Rudolf Fisch / Margarete Boos (Hrsg.), Vom Umgang mit Komplexität in Organisationen, Konstanz 1990 (Konstanzer Beiträge zur sozialwissenschaftlichen Forschung Bd. 5), S. 107–128.
Scholz, Rupert, Verwaltungsverantwortung und Verwaltungsgerichtsbarkeit, VVDStRL 34 (1976), S. 145–220.
–, Ausschließliche und konkurrierende Gesetzgebungskompetenz von Bund und Ländern in der Rechtsprechung des Bundesverfassungsgerichts, in: Bundesverfassungsgericht und Grundgesetz. Festgabe aus Anlaß des 25jährigen Bestehens des Bundesverfassungsgerichts, Bd. 2, Tübingen 1976, S. 252–276.
–, Landesparlamente und Bundesrat, in: Einigkeit und Recht und Freiheit. Festschrift für Karl Carstens zum 70. Geburtstag, Bd. 2, Köln u.a. 1984.
–, Die Zustimmung des Bundesrats zu Rechtsverordnungen des Bundes, DÖV 1990, S. 455–461.
–, Gesetzgebung und Politikgestaltung aus der Mitte der Landesparlamente, ZG 6 (1991), S. 26–39.
–, Europäische Union und deutscher Bundesstaat, NVwZ 1993, S. 817–824.
Schopman, Joop, Chaos Theory, the End of Physicalism?, Journal for General Philosophy of Science 26 (1995), S. 135–142.
Schreckenberger, Waldemar, Föderalismus als politischer Handlungsstil, VerwArch 69 (1978), S. 341–360.
Schröcker, Sebastian, Ungeschriebenes Verfassungsrecht im Bundesstaat. Zum 100. Gründungsjahr des deutschen Bundesstaates, Der Staat 6 (1966), 137–161, S. 315–340.

Schröder, Meinhard, Bundesstaatliche Erosionen im Prozeß der europäischen Integration, JöR NF 35 (1986), S. 83–102.
–, Europäische Bildungspolitik und bundesstaatliche Ordnung, Baden-Baden 1990 (Schriftenreihe Europäisches Recht, Politik und Wirtschaft Bd. 140).
Schücking, Walter, Neue Ziele der staatlichen Entwicklung, 2. und 3. Auflage Marburg 1913.
Schüle, Adolf, Die Informationspflicht der Bundesregierung gegenüber dem Bundesrat, in: Festschrift für Carl Bilfinger, Köln und Berlin 1954, S. 441–471.
Schütz, Hans-Joachim, Bund, Länder und Europäische Gemeinschaften. Kritische Anmerkungen zur Übertragung von Hoheitsrechten der Länder auf zwischenstaatliche Einrichtungen durch den Bund, Der Staat 28 (1989), S. 201–224.
Schulte, Martin, Zur Rechtsnatur der Bundesauftragsverwaltung, VerwArch 81 (1990), S. 415–435.
Schultze, Rainer-Olaf, Föderalismus als Alternative? Überlegungen zur territorialen Reorganisation von Herrschaft, ZParl 21 (1990), S. 475–490.
–, Statt Subsidiarität und Entscheidungsautonomie – Politikverflechtung und kein Ende: Der deutsche Föderalismus nach der Vereinigung, Staatswissenschaften und Staatspraxis 4 (1993), S. 225–255.
Schulz, Gerhard, Zwischen Demokratie und Diktatur. Verfassungspolitik und Reichsreform in der Weimarer Republik, Bd. I: Die Periode der Konsolidierung und der Revision des Bismarckschen Reichsaufbaus 1919–1930, Berlin 1963; Bd. II: Von Brüning zu Hitler. Der Wandel des politischen Systems in Deutschland 1930–1933, Berlin/New York 1992.
Schulze, Hagen, Otto Braun oder Preußens demokratische Sendung, Frankfurt/M., Berlin, Wien 1977.
Schulze-Fielitz, Helmuth, Das Bundesverfassungsgericht im Netz seiner Rechtsprechung, DVBl. 1982, S. 328–340.
–, Staatsaufgabenentwicklung und Verfassung. Zur normativen Kraft der Verfassung für das Wachstum und die Begrenzung der Staatsaufgaben, in: Dieter Grimm (Hrsg.), Wachsende Staatsaufgaben – sinkende Steuerungsfähigkeit des Rechts, Baden-Baden 1990, S. 11–47.
–, Neue Kriterien für die verwaltungsgerichtliche Kontrolldichte bei der Anwendung unbestimmter Rechtsbegriffe, JZ 1993, S. 772–781.
Schuppert, Gunnar Folke, Funktionelle Grenzen der Verfassungsinterpretation, Königstein/Ts. 1980 (Forum Rechtswissenschaft Bd. 4).
–, Der Zugang zu den Universitäten – eine Bilanz der Rechtsprechung des Bundesverfassungsgerichts zum numerus clausus, in: Die Freiheit des Anderen. Festschrift für Martin Hirsch, Baden-Baden 1981, S. 567–594.
–, Self-restraints der Rechtsprechung – Überlegungen zur Kontrolldichte in der Verfassungs- und Verwaltungsgerichtsbarkeit, DVBl. 1988, S. 1191–1200.
–, Selbstverwaltung, Selbststeuerung, Selbstorganisation – Zur Begrifflichkeit einer Wiederbelebung des Subsidiaritätsgedankens, AöR 114 (1989), S. 127–148.
–, Maßstäbe für einen künftigen Länderfinanzausgleich, Staatswissenschaften und Staatspraxis 4 (1993), S. 26–42.
–, Der bundesstaatliche Finanzausgleich: Status-quo-Denken oder Reformprojekt?, Staatswissenschaften und Staatspraxis 6 (1995), S. 675–699.
–, Rigidität und Flexibilität von Verfassungsrecht. Überlegungen zur Steuerungsfunktion von Verfassungsrecht in normalen wie in „schwierigen" Zeiten, AöR 120 (1995), S. 32–99.
Schuppert, Gunnar Folke / Dahrendorf, Frank, Verfassungsrechtliche und finanzwissenschaftliche Aspekte des Länderfinanzausgleichs, Baden-Baden 1985 (Studien und Materialien zur Verfassungsgerichtsbarkeit Bd. 29).
Schuster, Heinz Georg, Deterministic Chaos. An Introduction, 3. Aufl. Weinheim 1995.
Schwan, Hartmut Heinrich, Die deutschen Bundesländer im Entscheidungssystem der Europäischen Gemeinschaften. Beschlußfassung und Durchführung, Berlin 1982 (Schriften zum Öffentlichen Recht Bd. 433).
Schwartz, Ivo E., Subsidiarität und EG-Kompetenzen. Der neue Titel „Kultur" – Medienvielfalt

und Binnenmarkt, AfP 1993, S. 409–421.

Schwarz, Hans-Peter, Vom Reich zur Bundesrepublik. Deutschland im Widerstreit der außenpolitischen Konzeptionen in den Jahren der Besatzungsherrschaft 1945–1949, 2. Auflage Stuttgart 1980.

Schwarze, Jürgen, Europäisches Verwaltungsrecht. Entstehung und Entwicklung im Rahmen der Europäischen Gemeinschaft, 2 Bde., Baden-Baden 1988.

–, Kompetenzverteilung in der Europäischen Union und föderales Gleichgewicht – Zu den Forderungen der deutschen Bundesländer im Hinblick auf die Regierungskonferenz 1996 –, DVBl. 1995, S. 1265–1269.

Schweitzer, Michael, Beteiligung der Bundesländer an der europäischen Gesetzgebung, ZG 7 (1992), S. 128–148.

Scupin, Hans Ulrich, Verfassungswandel im föderativen Bereich des Grundgesetzes durch Zusammenwirken von Bund und Ländern, in: Festschrift für Theodor Maunz zum 80. Geburtstag, München 1981, S. 261–279.

Seebass, Friedrich, Eine Wende im Prüfungsrecht? Zur Rechtsprechung des BVerfG und ihren Folgen, NVwZ 1992, S. 609–618.

Seeger, Julius, Finanzierung von Länderaufgaben durch den Bund, DÖV 1968, S. 781–788.

Seifert, Jürgen, Totalrevision: Drohung mit dem Verfassungsbruch, Kritische Justiz 2 (1969), S. 169–175.

Seifert, Karl-Heinz / Hömig, Dieter (Hrsg.), Taschenkommentar zum Grundgesetz für die Bundesrepublik Deutschland, 4. Aufl. Baden-Baden 1991.

Seifritz, Walter, Wachstum, Rückkopplung und Chaos. Eine Einführung in die Welt der Nichtlinearität und des Chaos, München 1987.

Selmer, Peter, Finanzordnung und Grundgesetz. Die Rechtsprechung des Bundesverfassungsgerichts in Finanz- und Steuersachen, AöR 101 (1976), S. 238–269, 399–462.

–, Zur bundesstaatlichen Lastenverteilung bei der Anwendung von Geldleistungsvorschriften der Europäischen Gemeinschaft, in: Europa der Zweiten Generation. Gedächtnisschrift für Christoph Sasse, Baden-Baden 1981, Bd. 1, S. 229–245.

–, Grundsätze der Finanzverfassung des vereinten Deutschlands, VVDStRL 52 (1993), S. 11–70.

–, Die gesetzliche Neuordnung der bundesstaatlichen Finanzbeziehungen. Verfassungsrechtliche und verfassungsrechtspolitische Bemerkungen zur 2. Phase des finanzverfassungsrechtlichen Einigungsprozesses, FinanzArchiv NF 51 (1994), S. 331–357.

–, Das BVerfG an der Schwelle des finanzwirtschaftlichen Einigungsprozesses – BVerfGE 86, 148, JuS 1995, S. 978–984.

–, Sonderbedarfe und Bedarfe aus Sonderlasten der Länder im bundesstaatlichen Finanzausgleich, in: Staat-Wirtschaft-Steuern. Festschrift für Karl Heinrich Friauf zum 65. Geburtstag, Heidelberg 1996, S. 683–703.

Selmer, Peter / Brodersen, Carsten, Finanzverfassungsrechtliche Grundfragen des horizontalen Finanzausgleichs, Hamburg 1984 (Schriften zum Wirtschaftsverfassungsrecht und Wirtschaftsverwaltungsrecht Bd. 23).

Sendler, Horst, Skeptisches zum unbestimmten Rechtsbegriff, in: Verwaltung im Rechtsstaat. Festschrift für Carl Hermann Ule, Köln u.a. 1987, S. 337–358.

Seydel, Max von, Der Bundesstaatsbegriff, ZGStW 28 (1872), S. 185ff. (nachgedruckt in: Max von Seydel, Staatsrechtliche und politische Abhandlungen, Freiburg i.B. und Leipzig 1893, S. 1–89.

–, Commentar zur Verfassungs-Urkunde für das Deutsche Reich, 2. Aufl. Freiburg i.Brsg./Leipzig 1897.

Sinn, Hans-Werner, The Taming of Leviathan – Competition Among Governments, Constitutional Political Economy 3 (1992), S. 172–194.

–, Wieviel Brüssel braucht Europa? – Subsidiarität, Zentralisierung und Fiskalwettbewerb im Lichte der ökonomischen Theorie, Staatswissenschaften und Staatspraxis 5 (1994), S. 155–186.

Sippl, Barbara, Zur Mitwirkung der Länder an der Gesetzgebung des Bundes, in: Arbeitender Staat. Studien zur Regierung und Verwaltung – Klaus König zum sechzigsten Geburtstag, Baden-Baden 1995.

Smend, Rudolf, Ungeschriebenes Verfassungsrecht im monarchischen Bundesstaat, in: Festgabe für Otto Mayer, Tübingen 1916, S.247–270.

–, Die politische Gewalt im Verfassungsstaat und das Problem der Staatsform, in: Festgabe der Berliner Juristischen Fakultät für Wilhelm Kahl, Tübingen 1923, III S.1–25.

–, Verfassung und Verfassungsrecht, München und Leipzig 1928.

–, Artikel ‚Integrationslehre', in: Handwörterbuch der Sozialwissenschaften 5 (1956), 299–302; neu abgedruckt in: R. Smend, Staatsrechtliche Abhandlungen und andere Aufsätze, 3. Aufl. Berlin 1994, S.475–481.

–, Artikel ‚Integration', in: Evangelisches Staatslexikon, 2.Aufl. Stuttgart/Berlin 1975, Sp.1024–1027; neu abgedruckt in: R. Smend, Staatsrechtliche Abhandlungen und andere Aufsätze, 3. Aufl. Berlin 1994, S.482–486.

Soell, Hermann, Sind die Gemeinschaftsaufgaben nach Art.91a GG ein geeignetes Instrument zur Weiterentwicklung des föderativen Systems, in: Festschrift für Ernst Forsthoff zum 70. Geburtstag, München 1972, S.397–431.

–, Das Ermessen der Eingriffsverwaltung, Heidelberg 1973 (Heidelberger rechtsvergleichende und wirtschaftsrechtliche Studien Bd.4).

Sörgel, Werner, Konsensus und Interessen. Eine Studie zur Entstehung des Grundgesetzes für die Bundesrepublik Deutschland, Stuttgart 1969 (Frankfurter Studien zur Wissenschaft von der Politik Bd.V).

Sokolish, Heinz-Gerd, Investitionshilfekompetenz des Bundes nach Art.104 a Abs.4 GG und Finanzausgleich, DVBl. 1977, S.848–851.

Späth, Lothar, Föderalismus heute, Der Bürger im Staat 29 (1979), S.52–58.

Spanner, Hans, Zur Rechtskontrolle des bundesfreundlichen Verhaltens, DÖV 1961, S.481–486.

–, Über Finanzreform und Bundesstaat. Ab- oder Umbau des Bundesstaates unter besonderer Berücksichtigung der Gemeinschaftsaufgaben, in: Festgabe für Theodor Maunz zum 70. Geburtstag, München 1971, S.375–389.

Stäbler, Franz, Finanzrechtliche Auswirkungen des Investitionshilfeabgaben-Urteils, BayVBl. 1985, S.165–169.

Staff, Ilse, Wissenschaftsförderung im Gesamtstaat, Berlin 1971.

Stamm, Thomas, Zwischen Staat und Selbstverwaltung: Die deutsche Forschung im Wiederaufbau 1945–1965, Köln 1981.

Starck, Christian, Finanzausgleich und Finanzhilfen im Bundesstaat, JZ 1975, S.363–365.

–, Das Verwaltungsermessen und dessen gerichtliche Kontrolle, in: Bürger – Richter – Staat. Festschrift für Horst Sendler, München 1991, S.167–181.

–, Stärkere Bundesländer für Europa, in: Frankfurter Allgemeine Zeitung Nr.47 v. 25.2. 1992, S.13.

–, Die Bundesstaatlichkeit und die Gemeinsame Verfassungskommission, in: Vertrauen in den Rechtsstaat. Festschrift für Werner Remmers, Köln u.a. 1995, S.159–172.

–, Zusammenarbeit der Gliedstaaten im Bundesstaat. Landesberichte und Generalbericht der Tagung für Rechtsvergleichung 1987 in Innsbruck, Baden-Baden 1988 (Studien und Materialien zur Verfassungsgerichtsbarkeit Bd.40).

Stauch, Matthias, Haushaltsnotlage und Sanierung von Ländern der Bundesrepublik Deutschland, in: Gegenrede: Aufklärung-Kritik-Öffentlichkeit. Festschrift für Ernst Gottfried Mahrenholz, Baden-Baden 1994, S.487–500.

Staudenmayer, Dirk, Europäische Bildungspolitik – vor und nach Maastricht, BayVBl. 1995, S.321–330.

Steeb, Willi-Hans / Kunick, Albrecht, Chaos in dynamischen Systemen, 2.Aufl. Mannheim/Wien/Zürich 1989.

Stein, Ekkehart, Verfassungsgebung, Verfassungsanwendung und soziale Wirklichkeit, in: Arno Klönne u.a., Lebendige Verfassung – das Grundgesetz in Perspektive, Neuwied / Darmstadt 1981, S.1–24.

–, Staatsrecht, 15. Aufl. Tübingen 1995.

Stein, Torsten, Europäische Union: Gefahr oder Chance für den Föderalismus in Deutschland, Österreich und der Schweiz?, VVDStRL 53 (1994), S.27–47.

Steinberg, Rudolf, Handlungs- und Entscheidungsspielräume des Landes bei der Bundesauftragsverwaltung unter besonderer Berücksichtigung der Ausführung des Atomgesetzes, AöR 110 (1985), S. 419–446.

–, Bundesaufsicht, Länderhoheit und Atomgesetz, Heidelberg 1990 (Forum Rechtswissenschaft Bd. 23).

Steinberger, Helmut, Sovereignty, in: Rudolf Bernhardt (Hrsg.), Encyclopedia of Public International Law, Instalment 10, Amsterdam u.a. 1987, S. 397–418.

–, Der Verfassungsstaat als Glied einer europäischen Gemeinschaft, VVDStRL 50 (1991), S. 9–55.

Steiner, Udo, Verfassunggebung und verfassunggebende Gewalt des deutschen Volkes, Berlin 1966 (Schriften zum Öffentlichen Recht Bd. 34).

Stelkens, Paul / Bonk, Heinz J. / Sachs, Michael, Verwaltungsverfahrensgesetz. Kommentar, 4. Aufl. München 1993.

Stern, Klaus, Gesetz zur Förderung der Stabilität und des Wachstums der Wirtschaft. Einige Grundsatzfragen, DÖV 1967, S. 657–662.

–, Totalrevision des Grundgesetzes?, in: Festgabe für Theodor Maunz zum 70. Geburtstag, München 1971, S. 391–414.

–, Die föderative Ordnung im Spannungsfeld der Gegenwart. Politische Gestaltung im Miteinander, Nebeneinander und Gegeneinander von Bund und Ländern, in: Politikverflechtung zwischen Bund, Ländern und Gemeinden, Berlin 1975 (Schriftenreihe der Hochschule Speyer Bd. 55), S. 15–40.

–, Der Schlußbericht der Enquête-Kommission Verfassungsreform des Deutschen Bundestages, ZRP 1977, S. 12–17.

–, Die Föderativstruktur im Grundgesetz und im Vorstellungsbild der Enquête-Kommission Verfassungsreform des Deutschen Bundestages, in: Die Ergebnisse der Enquête-Kommission Verfassungsreform und die verfassungsrechtliche Fortentwicklung der Bundesrepublik. Ein Cappenberger Gespräch, Köln 1977, S. 51–72.

–, Das Staatsrecht der Bundesrepublik Deutschland, Bd. I, 2. Aufl. München 1984; Bd. II, München 1980.

–, Föderative Besinnungen, in: Recht als Prozeß und Gefüge. Festschrift für Hans Huber zum 80. Geburtstag, Bern 1981, 319–331; nachgedruckt in: Klaus Stern, Der Staat des Grundgesetzes. Ausgewählte Schriften und Vorträge, Köln u.a. 1992, S. 98–110.

–, Deutschlands Verfassung, in: Bitburger Gespräche Jahrbuch 1995/I, S. 1–28.

Stern, Klaus (Hrsg.), Vier Jahre Deutsche Einheit. Verbesserung der gesetzlichen, administrativen und finanzstrukturellen Rahmenbedingungen in der Bundesrepublik Deutschland. Fachsymposion am 17. und 18. Oktober 1994 in Dresden, München 1995.

Stern, Klaus / Schmidt-Bleibtreu, Bruno (Hrsg.), Einigungsvertrag und Wahlvertrag mit Vertragsgesetzen, Begründungen, Erläuterungen und Materialien, München 1990.

Stettner, Rupert, Grundfragen einer Kompetenzlehre, Berlin 1983 (Schriften zum Öffentlichen Recht Bd. 447).

Stier-Somlo, Fritz, Wege der Erneuerung der Weimarer Reichsverfassung, ZgesStW 78 (1924), S. 496–585.

–, Deutsches Reichs- und Landesstaatsrecht, Bd. I, Berlin und Leipzig 1924 (Grundrisse der Rechtswissenschaft Bd. XVIII).

–, Die verfassungsrechtliche Entwicklung in Preußen seit dem Jahre 1918, in: Recht und Staat im Neuen Deutschland, herausgeg. von B. Harms, Bd. I, Berlin 1929, S. 249–279.

–, Artikel ‚Verfassung, Verfassungsrecht', in: Handwörterbuch der Rechtswissenschaft, Bd. VI, Berlin und Leipzig 1929, S. 387–395.

Stober, Rolf, Rechtsstaatliche Übersteuerung. Der Rechtsstaat in der Rechtsetzungsfalle, in: Klaus Stern (Hrsg.), Vier Jahre Deutsche Einheit, München 1995, S. 65–96.

Stöger, Fritz, Aufgaben und Tätigkeit des Beobachters der Länder bei den Europäischen Gemeinschaften, in: Siegfried Magiera / Detlef Merten (Hrsg.), Bundesländer und Europäische Gemeinschaft, Berlin 1988, S. 101–120.

Stoiber, Edmund, Auswirkungen der Entwicklung Europas zur Rechtsgemeinschaft auf die Länder der Bundesrepublik Deutschland, Europa-Archiv 42 (1987), S. 543–552.

Stolleis, Michael, Verwaltungsrechtswissenschaft und Verwaltungslehre 1866–1914, in: Kurt G.A. Jeserich / Hans Pohl / Georg-Christoph von Unruh (Hrsg.), Deutsche Verwaltungsgeschichte, Bd. 3: Das Deutsche Reich bis zum Ende der Monarchie, Stuttgart 1984, S. 85–108.
–, Besatzungsherrschaft und Wiederaufbau deutscher Staatlichkeit 1945–1949, in: Josef Isensee / Paul Kirchhof (Hrsg.), Handbuch des Staatsrechts der Bundesrepublik Deutschland, Bd.I, Heidelberg 1987, S. 173–217.
–, Geschichte des öffentlichen Rechts in Deutschland, Bd.II: Staatsrechtslehre und Verwaltungswissenschaft 1800–1914, München 1992.
–, Verwaltungsrechtswissenschaft in der Bundesrepublik Deutschland, in: Dieter Simon (Hrsg.), Rechtswissenschaft in der Bonner Republik. Studien zur Wissenschaftsgeschichte der Jurisprudenz, Frankfurt/M. 1994 (Suhrkamp Taschenbuch Wissenschaft 1120), S. 227–258.
Stoltenberg, Gerhard, Legislative und Finanzverfassung 1954/55. Parlamentarische Willensbildung in Bundestag, Bundesrat und Vermittlungsausschuß, Vierteljahreshefte für Zeitgeschichte 13 (1965), S. 236–271.
Stralenheim, Henning Frhr. von, „Zweites Deutsches Fernsehen" als öffentlichrechtliche Anstalt der Länder – „Staatenbund im Bundesstaat?", BayVBl. 1962, S. 70–72.
Strauß, Franz-Josef, Die Finanzverfassung, München 1969.
–, Die Zukunft des Bundesstaats, in: Leidenschaft zur praktischen Vernunft. Helmut Schmidt zum Siebzigsten, Berlin 1989, S. 470–480.
Streinz, Rudolf, Die Auswirkungen des Europäischen Gemeinschaftsrechts auf die Kompetenzen der deutschen Bundesländer, in: Dirk Heckmann / Klaus Meßerschmidt (Hrsg.), Gegenwartsfragen des Öffentlichen Rechts, Berlin 1988, S. 15–51.
–, Der Verfassungsstaat als Glied einer europäischen Gemeinschaft, DVBl. 1990, S. 949–963.
–, Der Vollzug des Europäischen Gemeinschaftsrechts durch deutsche Staatsorgane, in: Josef Isensee / Paul Kirchhof (Hrsg.), Handbuch des Staatsrechts der Bundesrepublik Deutschland, Bd.VII, Heidelberg 1992, § 182, S. 817–854.
Streit, Manfred E. / Mussler, Werner, Wettbewerb der Systeme und das Binnenmarktprogramm der Europäischen Union, in: Lüder Gerken (Hrsg.), Europa zwischen Ordnungswettbewerb und Harmonisierung, Berlin/Heidelberg u.a. 1995, S. 75–107.
Strickrodt, Georg, Das Recht des ersten Votums in der Politik des Bundesrats, DÖV 1950, S. 525–529.
–, Die Finanzverfassung des Bundes als politisches Problem, Tübingen 1951 (Schriftenreihe der Hochschule Speyer H.6).
Strohmeier, Rudolf W., Möglichkeiten der Einflußnahme auf den Entscheidungsprozeß der Europäischen Gemeinschaften durch die Deutschen Bundesländer nach Einrichtung von Länderbüros in Brüssel, DÖV 1988, S. 633–637.
Stürmer, Michael (Hrsg.), Das kaiserliche Deutschland. Politik und Gesellschaft 1870–1918, Düsseldorf 1970.
Sturm, Friedrich, Die Finanzverantwortung von Bund, Ländern und Gemeinden bei der Erfüllung staatlicher Aufgaben. Zugleich ein Beitrag zu dem Entwurf eines Finanzreformgesetzes der Bundesregierung, DÖV 1968, S. 466–475.
Süsterhenn, Adolf, Senats- oder Bundesratssystem? Zum Problem der Gewaltenteilung innerhalb der Legislative, in: Staats- und verwaltungswissenschaftliche Beiträge, herausgeg. von der Hochschule für Verwaltungswissenschaften Speyer, Stuttgart 1957, S. 73–95.
–, Föderalismus und Freiheit, in: Adolf Süsterhenn (Hrsg.), Föderalistische Ordnung, Koblenz 1961, S. 27–41.
Tatarin-Tarnheyden, Edgar, Integrationslehre und Staatsrecht, ZgesStW 85 (1928), S. 1–20.
Tettinger, Peter J., Rechtsanwendung und gerichtliche Kontrolle im Wirtschaftsverwaltungsrecht, München 1980 (Studien zum öffentlichen Recht und zur Verwaltungslehre Bd. 24).
Teubner, Gunther, Verrechtlichung – Begriffe, Merkmale, Grenzen, Auswege, in: Friedrich Kübler (Hrsg.), Verrechtlichung von Wirtschaft, Arbeit und sozialer Solidarität, Baden-Baden 1984, S. 289–344.
–, Recht als autopoietisches System, Frankfurt/M. 1989.

Theissen, Robert, Der Ausschuß der Regionen (Artikel 198 a – c EG-Vertrag). Einstieg der Europäischen Union in einen kooperativen Regionalismus?, Berlin 1996 (Hamburger Studien zum Europäischen und Internationalen Recht Bd. 9).
Theuersbacher, Paul, Gerichtliche Kontrolle der Prüfungsentscheidungen im Antwort-Wahl-Verfahren der medizinischen und pharmazeutischen Prüfungen, BayVBl. 1991, S. 649–653.
Thieme, Werner, Subsidiarität und Zwangsmitgliedschaft, Saarbrücken 1963.
–, Für eine Totalrevision des Grundgesetzes, ZRP 1969, S. 32–33.
–, Föderalismus im Wandel. Analyse und Prognose des Verhältnisses von Bund und Land Nordrhein-Westfalen von 1949 bis 1975, Köln u.a. 1970.
–, Verwaltungslehre, 4. Aufl. Köln u.a. 1984.
–, Vierzig Jahre Bundesstaat – Rückblick, Entwicklung und Ausblick, DÖV 1989, S. 499–508.
Thimann, Christian, Die „Angleichung der Lebensverhältnisse" in den neuen Bundesländern und die Bedeutung von Vermögen, Staatswissenschaften und Staatspraxis 6 (1995), S. 83–110.
Thöni, Erich, Politökonomische Theorie des Föderalismus. Eine kritische Bestandsaufnahme, Baden-Baden 1986 (Schriften zur öffentlichen Verwaltung und öffentlichen Wirtschaft Bd. 84).
Thoma, Richard, Die Staatsgerichtsbarkeit des Deutschen Reiches, in: Die Reichsgerichtspraxis im deutschen Rechtsleben. Festgabe der juristischen Fakultäten zum 50jährigen Bestehen des Reichsgerichts, 1.Bd.: Öffentliches Recht, Berlin und Leipzig 1929, S. 179–200.
Tiemann, Burkhard, Gemeinschaftsaufgaben von Bund und Ländern in verfassungsrechtlicher Sicht, Berlin 1970 (Schriften zum Öffentlichen Recht Bd. 131).
–, Die neuen Gemeinschaftsaufgaben (Art. 91a, b GG) im System des Grundgesetzes, DÖV 1970, S. 161–166.
–, Gemeinschaftsaufgaben und bundesstaatliche Kompetenzordnung, DÖV 1970, S. 725–730.
–, Die Grundsatzgesetzgebung im System der verfassungsrechtlichen Gesetzgebungskompetenzen, DÖV 1974, S. 229–237.
Timmer, Reinhard, Neugliederung des Bundesgebiets und künftige Entwicklung des föderativen Systems, in: Raumordnung und Eigentumsordnung. Festschrift für Werner Ernst, München 1980, S. 463–500.
Tomuschat, Christian, Die Auslegung von „Zwischenländerrecht". Bemerkungen zum Beschluß des Bundesverfassungsgerichts vom 27. 11. 1974, DÖV 1975, S. 453–456.
–, Bundesstaats- und Integrationsprinzip in der Verfassungsordnung des Grundgesetzes, in: Siegfried Magiera / Detlef Merten (Hrsg.), Bundesländer und Europäische Gemeinschaft, Berlin 1988, S. 21–43.
Triepel, Heinrich, Unitarismus und Föderalismus im Deutschen Reiche, Tübingen 1907.
–, Die Reichsaufsicht. Untersuchungen zum Staatsrecht des Deutschen Reiches, Berlin 1917.
–, Streitigkeiten zwischen Reich und Ländern. Beiträge zur Auslegung des Artikels 19 der Weimarer Reichsverfassung, in: Festgabe der Berliner Juristischen Fakultät für Wilhelm Kahl, Tübingen 1923, II 1–118.
–, Der Föderalismus und die Revision der Weimarer Reichsverfassung, Zeitschrift für Politik 14 (1924), S. 193–230.
–, Staatsrecht und Politik. Rede beim Antritte des Rektorats der Friedrich-Wilhelms-Universität zu Berlin am 15. Oktober 1926, Berlin 1927.
–, Wesen und Entwicklung der Staatsgerichtsbarkeit, VVDStRL 5 (1929), S. 2–29.
–, Die Entscheidung des Staatsgerichtshofs im Verfassungsstreite zwischen Preußen und dem Reiche, Deutsche Juristen-Zeitung XXXVII (1932), Sp. 1501–1508.
Trossmann, Hans, Bundestag und Vermittlungsausschuß, JZ 1983, S. 6–13.
Trute, Hans-Heinrich, Zur Entwicklung des Föderalismus in den Vereinigten Staaten von Amerika, Zeitschrift für ausländisches öffentliches Recht und Völkerrecht 49 (1989), S. 191–256.
Tschentscher, Thomas, Inhalt und Schranken des Weisungsrechts des Bundes aus Art. 85 III GG, Diss. Bonn 1988.
Ule, Carl Hermann, Zur Anwendung unbestimmter Rechtsbegriffe im Verwaltungsrecht, in: Forschungen und Berichte aus dem öffentlichen Recht. Gedächtnisschrift für Walter Jellinek, München 1955, S. 309–330.

Ullmann, Hans-Peter, Staatsverwaltung an der Wende vom 18. zum 19. Jahrhundert, in: R. Mussgnug (Red.), Wendemarken in der deutschen Verfassungsgeschichte. Tagung der Vereinigung für Verfassungsgeschichte in Hofgeismar vom 11.3. – 13.3. 1991, Berlin 1993, S. 123–138.

Die Unionsparteien 1946 – 1950. Protokolle der Arbeitsgemeinschaft der CDU/CSU Deutschlands und der Konferenzen der Landesvorsitzenden, bearbeitet von Brigitte Kaff, Düsseldorf 1989 (Forschungen und Quellen zur Zeitgeschichte, Bd. 17).

Unruh, Georg-Christoph von, Die Lage der deutschen Verwaltung zwischen 1945 und 1949, in: Kurt G.A. Jeserich / Hans Pohl / Georg-Christoph von Unruh (Hrsg.), Deutsche Verwaltungsgeschichte, Bd. 5: Die Bundesrepublik Deutschland, Stuttgart 1987, S. 70–86.

Usteri, Johann Martin, Theorie des Bundesstaates, Zürich 1954.

Vallender, Klaus A., Unbestimmter Rechtsbegriff und Ermessen, in: Mélanges André Grisel, Neuchâtel 1983, S. 819–841.

Vanberg, Victor / Kerber, Wolfgang, Institutional Competition Among Jurisdictions: An Evolutionary Approach, Constitutional Political Economy 5 (1994), S. 193–219.

Vanberg, Viktor, Subsidiarity, Responsive Government and Individual Liberty, in: Knut Wolfgang Nörr / Thomas Oppermann (Hrsg.), Subsidiarität: Idee und Wirklichkeit, Tübingen 1997, S. 253–269.

Varela, Francisco J., Autonomie und Autopoiese, in: Siegfried Schmidt (Hrsg.), Der Diskurs des radikalen Konstruktivismus, 3.Aufl. Frankfurt/M. 1990, S. 119–132.

Vedder, Christoph, Intraföderale Staatsverträge. Instrumente der Rechtsetzung im Bundesstaat, Baden-Baden 1996 (Föderalismus-Studien Bd. 6).

Vetter, Joachim, Die Bundesstaatlichkeit in der Rechtsprechung des Staatsgerichtshofs der Weimarer Republik, Baden-Baden 1979 (Studien und Materialien zur Verfassungsgerichtsbarkeit Bd. 13).

Vialon, Friedrich K., Haushaltsrecht, 2. Aufl. Berlin 1959.

Vitzthum, Wolfgang Graf, Die Bedeutung gliedstaatlichen Verfassungsrechts in der Gegenwart, VVDStRL 46 (1988), S. 7–56.

–, Der Föderalismus in der europäischen und internationalen Einbindung der Staaten, AöR 115 (1990), S. 281–307.

Vogel, Bernhard, Föderalismus und Parlamentarismus. Erfahrungen in der Bundesrepublik Deutschland mit zwei Strukturprinzipien des demokratischen Bundesstaats, ZParl 19 (1988), S. 540–548.

–, Mehr Länder, weniger Föderalismus?, Staatswissenschaften und Staatspraxis 1 (1990), S. 129–131.

Vogel, Bernhard / Oettinger, Günther H. (Hrsg.), Föderalismus in der Bewährung, Stuttgart 1992.

Vogel, Friedrich, Stärkung des Föderalismus durch Selbstbeschränkung in der Bundesgesetzgebung, in: Freiheit und Verantwortung im Verfassungsstaat. Festgabe zum 10jährigen Jubiläum der Gesellschaft für Rechtspolitik, München 1984, S. 493–504.

–, Der Vermittlungsausschuß, in: Bundesrat (Hrsg.), Vierzig Jahre Bundesrat, Baden-Baden 1989, 213–225.

Vogel, Hans-Jochen, Die bundesstaatliche Ordnung des Grundgesetzes, in: Ernst Benda / Werner Maihofer / Hans-Jochen Vogel (Hrsg.), Handbuch des Verfassungsrechts der Bundesrepublik Deutschland, Berlin / New York 1983, 809–862.

–, Zu einigen aktuellen verfassungspolitischen Problemen im Bund-Länder-Verhältnis, in: Festschrift für Wolfgang Zeidler, Bd. 2, Berlin u.a. 1987, S. 1059–1075.

–, Die Reform des Grundgesetzes nach der deutschen Einheit – Eine Zwischenbilanz, DVBl. 1994, S. 497–506.

Vogel, Klaus, Die bundesstaatliche Finanzverfassung des Grundgesetzes, JA 1980, S. 577–583.

–, Grundzüge des Finanzrechts des Grundgesetzes, in: Josef Isensee / Paul Kirchhof (Hrsg.), Handbuch des Staatsrechts der Bundesrepublik Deutschland, Bd.IV, Heidelberg 1990, § 87, S. 3–86.

Vogel, Walter, Westdeutschland 1945–1950. Der Aufbau von Verfassungs- und Verwaltungseinrichtungen über den Ländern der drei westlichen Besatzungszonen, Teil I, 2. Aufl. Boppard 1989 (Schriften des Bundesarchivs 2).

Voigt, Alfred, Ungeschriebenes Verfassungsrecht, VVDStRL 10 (1952), S. 33–45.

Volkert, Wilhelm, Die Verwaltung in den einzelnen Staaten: Bayern, in: Kurt G.A. Jeserich / Hans Pohl / Georg-Christoph von Unruh (Hrsg.), Deutsche Verwaltungsgeschichte, Bd. 2: Vom Reichsdeputationshauptschluß bis zur Auflösung des Deutschen Bundes, Stuttgart 1983, S. 503–550.

Voss, Friedrich, Der Finanzausgleich im Bundesstaat. Nach dem Urteil des Bundesverfassungsgerichts vom 24. Juni 1986, Betriebs-Berater 1986, S. 1581–1587.

Wacke, Gerhard, Das Finanzwesen der Bundesrepublik. Die Einwirkungen der Finanzfunktion auf Gesetzgebung, Verwaltung und Rechtsprechung im Bonner Grundgesetz, Tübingen 1950 (Beihefte zur Deutschen Rechts-Zeitschrift 13).

–, Das Gesetz über die Finanzverwaltung. Über seine Unvereinbarkeit mit dem Grundgesetz, Finanz-Archiv NF 12 (1950/51), S. 713–724.

Wagener, Frido, Neubau der Verwaltung. Gliederung der öffentlichen Aufgaben und ihrer Träger nach Effektivität und Integrationswert, Berlin 1969 (Schriftenreihe der Hochschule Speyer Bd. 41).

–, Aufgaben und Gliederung der Länder im neuen Jahrzehnt, DÖV 1970, S. 154–161.

–, System einer integrierten Entwicklungsplanung im Bund, in den Ländern und in den Gemeinden, in: Politikverflechtung zwischen Bund, Ländern und Gemeinden, Berlin 1975 (Schriftenreihe der Hochschule Speyer Bd. 55), S. 129–165.

–, Gemeinsame Rahmenplanung und Investitionsfinanzierung. Zum Schlußbericht der Enquête-Kommission Verfassungsreform, DÖV 1977, S. 587–592.

–, Der öffentliche Dienst im Staat der Gegenwart, VVDStRL 37 (1979), S. 215–266.

Wagner, Hellmut, Zum Weisungsrecht des Bundes im atomrechtlichen Genehmigungsverfahren – Voraussetzungen und Rechtsschutz, DVBl. 1987, S. 917–924.

Wahl, Rainer, Notwendigkeit und Grenzen langfristiger Aufgabenplanung, Der Staat 11 (1972), S. 458–482.

–, Empfehlungen zur Verfassungsreform. Zum Schlußbericht der Enquête-Kommission Verfassungsreform, AöR 103 (1978), S. 477–521.

–, Risikobewertung der Exekutive und richterliche Kontrolldichte – Auswirkungen auf das Verwaltungs- und das gerichtliche Verfahren, NVwZ 1991, S. 409–418.

Waitz, Georg, Grundzüge der Politik nebst einzelnen Ausführungen, Kiel 1862.

Walter, Hannfried, Unlauterer Wettbewerb unter Bundesländern?, DÖV 1967, S. 622–628.

Weber, Albrecht, Rechtsfragen der Durchführung des Gemeinschaftsrechts in der Bundesrepublik, Köln u.a. 1988 (Osnabrücker rechtswissenschaftliche Abhandlungen Bd. 12).

–, Die Bundesländer und die Reform der Gemeinschaftsverträge – Zur Mitwirkung der gesetzgebenden Körperschaften bei der Änderung und Durchführung der Gemeinschaftsverträge, DVBl. 1986, S. 800–806.

Weber, Max, Parlament und Regierung im neugeordneten Deutschland, München und Leipzig 1918.

Weber, Werner, Weimarer Verfassung und Bonner Grundgesetz, Göttingen 1949.

–, Gegenwartsprobleme der Verwaltungsordnung, DÖV 1951, S. 509–518.

–, Spannungen und Kräfte im westdeutschen Verfassungssystem, Stuttgart 1951; 2. Auflage Stuttgart 1958.

–, Die Verfassung der Bundesrepublik in der Bewährung, Göttingen 1957.

–, Die Gegenwartslage des deutschen Föderalismus, Göttingen 1966.

–, Zum Bericht der Sachverständigenkommission für die Neugliederung des Bundesgebietes, DÖV 1974, S. 14–15.

Wehner, Gerd, Die Deutschlandpolitik der Westalliierten von 1945 bis 1955, Aus Politik und Zeitgeschichte B 51/1989, S. 3–12.

Weichmann, Herbert, Finanzplanung als neue staatliche Aufgabe, Finanzarchiv 27 (1968), S. 220–234.

Weides, Peter, Mitwirkung des Bundesrats bei der Änderung eines zustimmungspflichtigen Bundesgesetzes, JuS 1973, S. 337–342.

Weinacht, Paul-Ludwig, Der Weg in den Südweststaat, in: Der Weg in den Südweststaat. Herausgeg. von der Landeszentrale für politische Bildung Baden-Württemberg, Karlsruhe 1991, S. 310–323.

Weingast, Barry R., Constitutions as Governance Structures: The Political Foundations of Secure Markets, Journal of Institutional and Theoretical Economics 149 (1993), S. 286–311.

Wendt, Rudolf, Finanzhoheit und Finanzausgleich, in: Josef Isensee / Paul Kirchhof (Hrsg.), Handbuch des Staatsrechts der Bundesrepublik Deutschland, Bd. IV, Heidelberg 1990, § 104, S. 1021–1089.

–, Neuorientierung der Aufgaben- und Lastenverteilung im „sozialen Bundesstaat“, Staatswissenschaften und Staatspraxis 4 (1993), S. 56–77.

Wenke, Hans, Die Kulturverwaltung im Verhältnis von Bund und Ländern, in: Vom Bonner Grundgesetz zur gesamtdeutschen Verfassung. Festschrift für Hans Nawiasky, München 1956, S. 269–297.

Wengst, Udo, Staatsaufbau und Regierungspraxis 1948–1953. Zur Geschichte der Verfassungsorgane der Bundesrepublik Deutschland, Düsseldorf 1984 (Beiträge zur Geschichte des Parlamentarismus und der politischen Parteien Bd. 74).

Wessel, Franz, Die Verwaltung, Deutsche Verwaltung 1949, S. 327–330.

Weyhausen, Heiko, Steuerverwaltung und bundesstaatliche Verfassungsordnung, Köln 1982 (Steuerwissenschaft Bd. 12).

Wieland, Joachim, Einen und Teilen. Grundsätze der Finanzverfassung des vereinten Deutschlands, DVBl. 1992, S. 1181–1193.

Wildhaber, Luzius, Bestandesänderungen in Bundesstaaten, in: Recht zwischen Umbruch und Bewahrung. Festschrift für Rudolf Bernhardt, Berlin u. a. 1995, S. 905–933.

Wilhelm, Paul, Europa im Grundgesetz: Der neue Artikel 23, BayVBl. 1992, S. 705–710.

Williamson, Oliver E., Die ökonomischen Institutionen des Kapitalismus. Unternehmen, Märkte, Kooperationen, Tübingen 1990 (Original erschienen als: The Economic Institutions of Capitalism, New York 1985).

–, The Evolving Science of Organization, Journal of Institutional and Theoretical Economics 149 (1993), S. 36–63.

Willke, Helmut, Die Steuerungsfunktion des Staates aus systemtheoretischer Sicht, in: Dieter Grimm (Hrsg.), Staatsaufgaben, Baden-Baden 1994, S. 685–711.

Willoweit, Dietmar, Die Entwicklung und Verwaltung der spätmittelalterlichen Landesherrschaft, in: Kurt G. A. Jeserich / Hans Pohl / Georg-Christoph von Unruh (Hrsg.), Deutsche Verwaltungsgeschichte, Bd. 1: Vom Spätmittelalter bis zum Ende des Reiches, Stuttgart 1983, S. 66–143.

–, Deutsche Verfassungsgeschichte. Vom Frankenreich bis zur Teilung Deutschlands, München 1990.

Winkelmann, Ingo, Die Bundesregierung als Sachwalter von Länderrechten – Zugleich Anmerkung zum EG-Fernsehrichtlinien-Urteil des Bundesverfassungsgerichts, DÖV 1996, S. 1–11.

Winter, Gerd, Rechtsschutz gegen Weisungen in der atomrechtlichen Bundesauftragsverwaltung, DVBl. 1985, S. 993–998.

Wipfelder, Hans-Jürgen, Der Föderalismus, VBlBW 1982, 353–357, S. 394–397.

–, Die Theoreme „Natur der Sache“ und „Sachzusammenhang“ als verfassungsrechtliche Zuordnungsbegriffe, DVBl. 1982, S. 477–486.

Wisser, Thomas, Die Diktaturmaßnahmen im Juli 1930 – Autoritäre Umwandlung der Demokratie?, in: Offene Staatlichkeit. Festschrift für Ernst-Wolfgang Böckenförde zum 65. Geburtstag, Berlin 1995, S. 415–434.

Wittkowski, Bernd, Bildungsrechtliche Folgen des Maastricht-Vertrages aus deutscher Sicht, RdJB 1994, S. 317–325.

Wittmayer, Leo, Schwächen der neuen deutschen Bundesstaatslehre, Zeitschrift für öffentliches Recht 3 (1922/23), S. 503–530.

Wolff, Ernst, Wie weit gilt nach Artikel 123 bis 126 des Grundgesetzes bisheriges Recht fort?, Deutsche Rechts-Zeitschrift 1950, S. 1–6.

Wolff, Hans Julius, Verwaltungsrecht I, 5.Aufl. München 1963.

Wolff, Hans J. / Bachof, Otto / Stober, Rolf, Verwaltungsrecht I, 10.Aufl. München 1994.

Wolfrum, Edgar, Französische Besatzungspolitik und deutsche Sozialdemokratie, Düsseldorf 1991 (Beiträge zur Geschichte des Parlamentarismus und der politischen Parteien Bd. 95).

Würkner, Joachim, BVerfG auf Abwegen? Gedanken zur Kontrolldichte verwaltungsgerichtlicher Rechtsprechung, NVwZ 1992, S. 309–312.

Würtenberger, Thomas, Staatsverfassung an der Wende vom 18. zum 19. Jahrhundert, in: R. Mussgnug (Red.), Wendemarken in der deutschen Verfassungsgeschichte. Tagung der Vereinigung für Verfassungsgeschichte in Hofgeismar vom 11.3. – 13.3. 1991, Berlin 1993, S. 85–108.

Wust, Herbert F., Föderalismus. Grundlage für Effizienz in der Staatswirtschaft, Göttingen 1981 (Abhandlungen zu den wirtschaftlichen Staatswissenschaften Bd. 20).

Wyduckel, Dieter, Ius Publicum. Grundlagen und Entwicklung des Öffentlichen Rechts und der deutschen Staatsrechtswissenschaft, Berlin 1984 (Schriften zum Öffentlichen Recht Bd. 471).

–, Der Bundesrat als Zweite Kammer – Zur verfassungsrechtlichen Stellung des Bundesrats im Gesetzgebungsverfahren, DÖV 1989, S. 181–192.

–, Föderalismus als rechtliches und politisches Gestaltungsprinzip bei Johannes Althusius und John C. Calhoun, in: G. Duso / W. Krawietz / D. Wyduckel (Hrsg.), Konsens und Konsoziation in der politischen Theorie des frühen Föderalismus, Berlin 1997 (Rechtstheorie, Beiheft 16), S. 259–293.

Zachariä, Heinrich Albert, Deutsches Staats- und Bundesrecht, Göttingen 2.Aufl. 1853.

Zacher, Hans, Verwaltung durch Subventionen, VVDStRL 25 (1967), S. 308–400.

–, Grundlagen und Grenzen interföderativer Kooperation, BayVBl. 1971, S. 321–324.

–, Das soziale Staatsziel, in: Josef Isensee / Paul Kirchhof (Hrsg.), Handbuch des Staatsrechts der Bundesrepublik Deutschland, Bd.I (1987), § 25, S. 1045–1111.

Zech, Jürgen, Zuständigkeiten bei der Verwaltung der Bundesfernstraßen durch die Länder und Gemeinden, DVBl. 1987, S. 1089–1095.

Zeh, Wolfgang, Perspektiven für eine Grundgesetzreform, ZRP 1972, S. 171–173.

–, Planung und Finanzverfassung im kooperativen Föderalismus, Aus Politik und Zeitgeschichte B 28 /1977, S. 32–38.

–, Bund-Länder-Kooperation und die Rolle des Landesparlaments, in: Hartmut Klatt (Hrsg.), Baden-Württemberg und der Bund, Stuttgart 1989, S. 119–146.

Zeidler, Karl, Gedanken zum Fernseh-Urteil des Bundesverfassungsgerichts, AöR 86 (1961), S. 361–404.

Zeitler, Christoph, Spontane Ordnung, Freiheit und Recht. Zur politischen Philosophie von Friedrich August von Hayek, Frankfurt/M. u.a. 1995 (Analysen zum Wandel politisch-ökonomischer Systeme Bd. 11).

Ziegler, Jürgen, Zum Dualismus Bodenrecht – Bauordnungsrecht: Einzelfragen, Gehalt des Bauordnungsrechts, (Bundes-)Baugesetzbuch, ZfBR 1980, S. 275–286.

–, Ein formulierter Vorschlag zur Aufnahme des Bauordnungsrechts in ein (Bundes-)Baugesetzbuch, DVBl. 1984, S. 378–383.

Ziller, Gebhard, Der Bundesrat, Bonn 3. Aufl. 1970.

Ziller, Gebhard / Oschatz, Georg-Berndt, Der Bundesrat, 9.Aufl. Düsseldorf 1993.

Ziller, Gebhard, Zum Spannungsverhältnis zwischen Bundestag und Bundesrat im Gesetzgebungsverfahren, in: Parlamentarische Demokratie – Bewährung und Verteidigung. Festschrift für Helmut Schellknecht, Heidelberg 1984, S. 135–152.

–, Die EG-politische Mitwirkung des Bundesrates, in: Rudolf Hrbek / Uwe Thaysen (Hrsg.), Die deutschen Länder und die Europäischen Gemeinschaften, Baden-Baden 1986, S. 89–103.

Zimmermann, Bernd, Die Kontrolldichte gerichtlichen Rechtsschutzes gegen Weisungen in der Bundesauftragsverwaltung – ein Problem der Zuständigkeitsverteilung zwischen BVerfG und BVerwG?, DVBl. 1992, S. 93–97.

Zimmermann, Horst, Allgemeine Probleme und Methoden des Finanzausgleichs, in: Handbuch

der Finanzwissenschaft, herausgeg. von Fritz Neumark unter Mitwirkung von Norbert Andel und Heinz Haller, Bd.IV, 3.Aufl. Tübingen 1983, S. 3–52.
–, Föderalismus und „Einheitlichkeit der Lebensverhältnisse" – Das Verhältnis regionaler Ausgleichsziele zu den Zielen des föderativen Staatsaufbaus, in: Kurt Schmidt (Hrsg.), Beiträge zu ökonomischen Problemen des Föderalismus, Berlin 1987, S. 35–69.
Zinn, Georg August, Der Bund und die Länder, AöR 75 (1949), S. 291–306.
–, Welche deutschen und besatzungsrechtlichen Rechtsnormen gelten als Bundesrecht weiter?, in: Bundesrecht und Bundesgesetzgebung. Bericht über die Weinheimer Tagung des Instituts zur Förderung öffentlicher Angelegenheiten in Frankfurt am Main am 22. und 23. Oktober 1949, Frankfurt/M. 1950, S. 53–77.
–, Die Bundesaufsicht nach dem Grundgesetz, DÖV 1950, S. 522–524.
Zorn, Philipp, Das Staatsrecht des Deutschen Reiches, Bd.I: Das Verfassungsrecht, 2. Aufl. Berlin 1895.
–, Die Entwicklung der Staatsrechtswissenschaft seit 1866, in: JöR I (1907), S. 47–81.
Zuleeg, Manfred, Das Recht der Europäischen Gemeinschaften im innerstaatlichen Bereich, Köln u.a. 1969 (Kölner Schriften zum Europarecht Bd. 9).
–, Zum Standort des Verfassungsstaats im Geflecht der internationalen Beziehungen, DÖV 1977, S. 462–467.
–, Die Stellung der Länder und Regionen im europäischen Integrationsprozeß, DVBl. 1992, S. 1329–1337.
Zumschlinge, Konrad, Die Informationsbüros der Bundesländer in Brüssel. Zu den verschiedenen Informations- und Mitwirkungsmöglichkeiten der Bundesländer in Angelegenheiten der Europäischen Gemeinschaften, Die Verwaltung 22 (1989), S. 217–236.
Zweigert, Konrad, Duktus der Rechtsprechung des Ersten Senats des Bundesverfassungsgerichts und einige Erinnerungen an seine Anfangszeit, in: Das Bundesverfassungsgericht 1951–1971, Karlsruhe 1971, S. 95–120.

Sach- und Personenregister

(Personen wurden in das Register aufgenommen, soweit der Haupttext auf sie verweist)

Jus Publicum

Beiträge zum Öffentlichen Recht

Alphabetisches Verzeichnis

Bauer, Hartmut: Die Bundestreue. 1992. *Band 3.*
Blanke, Hermann-Josef: Vertrauensschutz im deutschen und europäischen Verwaltungsrecht. 1999.
Böhm, Monika: Der Normmensch. 1996. *Band 16.*
Brenner, Michael: Der Gestaltungsauftrag der Verwaltung in der Europäischen Union. 1996. *Band 14.*
Classen, Claus Dieter: Die Europäisierung der Verwaltungsgerichtsbarkeit. 1996. *Band 13.*
Danwitz, Thomas von: Verwaltungsrechtliches System und Europäische Integration. 1996. *Band 17.*
Detterbeck, Steffen: Streitgegenstand und Entscheidungswirkungen im Öffentlichen Recht. 1995. *Band 11.*
Di Fabio, Udo: Risikoentscheidungen im Rechtsstaat. 1994. *Band 8.*
Enders, Christoph: Die Menschenwürde in der Verfassungsordnung. 1997. *Band 27.*
Epping, Volker: Die Außenwirtschaftsfreiheit. 1998. *Band 32.*
Felix, Dagmar: Einheit der Rechtsordnung. 1998.
Gröschner, Rolf: Das Überwachungsrechtsverhältnis. 1992. *Band 4.*
Häde, Ulrich: Finanzausgleich. 1996. *Band 19.*
Heckmann, Dirk: Geltungskraft und Geltungsverlust von Rechtsnormen. 1997. *Band 28.*
Hermes, Georg: Staatliche Infrastrukturverantwortung. 1998. *Band 29.*
Holznagel, Bernd: Rundfunkrecht in Europa. 1996. *Band 18.*
Huber, Peter-Michael: Konkurrenzschutz im Verwaltungsrecht. 1991. *Band 1.*
Korioth, Stefan: Der Finanzausgleich zwischen Bund und Ländern. 1997. *Band 23.*
Kluth, Winfried: Funktionale Selbstverwaltung. 1997. *Band 26.*
Lehner, Moris: Einkommensteuerrecht und Sozialhilferecht. 1993. *Band 5.*
Lücke, Jörg: Vorläufige Staatsakte. 1991. *Band 2.*
Manssen, Gerrit: Privatrechtsgestaltung durch Hoheitsakt. 1994. *Band 9.*
Masing, Johannes: Parlamentarische Untersuchungen privater Sachverhalte. 1998. *Band 30.*
Morlok, Martin: Selbstverständnis als Rechtskriterium. 1993. *Band 6.*
Oeter, Stefan: Integration und Subsidiarität im deutschen Bundesstaatsrecht. 1998. *Band 33.*
Pauly, Walter: Der Methodenwandel im deutschen Spätkonstitutionalismus. 1993. *Band 7.*
Puhl, Thomas: Budgetflucht und Haushaltsverfassung. 1996. *Band 15.*
Reinhardt, Michael: Konsistente Jurisdiktion. 1997. *Band 24.*
Rozek, Jochen: Die Unterscheidung von Eigentumsbindung und Enteignung. 1998. *Band 31.*
Schulte, Martin: Schlichtes Verwaltungshandeln. 1995. *Band 12.*
Sobota, Katharina: Das Prinzip Rechtsstaat. 1997. *Band 22.*
Sodan, Helge: Freie Berufe als Leistungserbringer im Recht der gesetzlichen Krankenversicherung. 1997. *Band 20*
Sommermann, Karl-Peter: Staatsziele und Staatszielbestimmung. 1997. *Band 25.*
Trute, Hans-Heinrich: Die Forschung zwischen grundrechtlicher Freiheit und staatlicher Institutionalisierung. 1994. *Band 10.*
Ziekow, Jan: Über Freizügigkeit und Aufenthalt. 1997. *Band 21.*